山东明清进士通览

明代卷

刘廷銮 孙家兰 编著

山东文艺出版社

前　言

　　中国的科举制度自隋草创迄清终结，经过乡试、会试、殿试等阶段的层层选拔，有案可查的，大约产生了十一万余名进士。这些人构成了封建社会知识分子的特殊群体。他们既是政治精英，协助帝王治国理民，又在文、史、哲、艺等诸多领域有所建树。记录这些精英们的史料，历代《登科录》、《题名录》仅仅简略地录入他们的姓名（明清两代字号阙如）、籍贯、榜次、科次、甲次、名次等内容，更详细的背景资料，如字号、生卒年、家族、仕历、事迹等，除诸史列传、人物总集外，大都零落散漫于方志、朱卷、档案、碑传、笔记杂著等文献中。

　　衷集残丛，献征乡里，参集证史，前代学者在进士传略的纂辑方面做出了很多的尝试和努力，但形成的著作依旧寥寥无几，并且也不够完善，仍然解决不了了解故实或查证有些相关人物时的难题。正因如此缺憾，当代史学界人士纷纷予以关注，一时间，考证性文章、总录类著作竞相呈现，渐渐几成显学之势。在这些著作中，由浙江大学龚学明教授主持编写的《中国历代登科总录》最为突出。该选题1995年立项，2003年入选"国家社会科学基金项目"，在他2008年11月发文介绍该书时，编写工作已经进行了十多个年头，并且预计到2011年"书稿可望全部完成"，但我们至今未见其书出版，可想工程之大、耗时之长、工作之繁。

　　不为生人立传，盖棺方可论定，是古代史家为史、志的编写确立的原则。编志者在志书中为贤达人士作传多冠以耆旧、先贤、士林、乡宦等类名。那些登科入仕，无至高官，历迹不彰，艺术不显，著作又不见于后世的人，正史无载，往往杂入"人物门"之中。

　　作者编著这部通览，大概缘起于对进士墨迹的兴趣。在考镜过程中，求诸史传，或为史传所未载；求诸志乘，或为志乘所未及；求诸碑记，或为碑记所未考；遍寻群籍，有的唾手可拾，有的竟日无功，东鳞西爪，或有或无，一部十七史竟不知从何说起。遂发宏愿，积沙集腋，冀成一部展卷即得之书，以绝同病疾苦。

　　作者构建此书的脉络非常清晰：举明清两朝进士《题名碑记》为纲目，系山东府州县志人物述记为内容，然后质之于史。其中在利用前代旧志上最费功力。旧志未经校勘裁正，有很多陋劣之处，诸如：逞臆而言、守凿支离、不知裁剪、言之无文、自相矛盾、弗参互考、崇尚异端、大乖志例、胪列己文、过于夸饰、考核不精、予夺不当、体例不善、叙述不详、去取不严、关系不载、版刻漶漫、字迹不清、错讹漏倒、出典晦奥、指类泥古、用语艰涩、古今干格等等，不胜枚举。这些弊病大大加深了承旧治新的难度。清人张瑛在《兴义府志序》中针对性地指出，修志"征引必著书名，稽溯必详原委，采摭必求关郡，条目必求分明，访册必求信凭，引书稍加裁节；俚言必去，晦语必芟；矛盾必无，论断必有；一事必至互考，各说必求并存；至间载己文，仅数篇见意，而扬政德，则一字不登；列传核实必严，诸志夸词必削；考核必求一是，予夺必餍众心；体例悉本前人，叙述折衷聚讼；去取俱有深意，关系尽为大书"。这些要求作者大都做到了，而且更有所发凡。

"修郡志，郡守责也"，作者夫妇无借众手，以二人之力，行郡守之责，成就百万言之著，亦贤达人也。观是书，庶可叹止。

罗燕生
2014年10月1日

编写说明

一、《山东明清进士通览》分明代卷、清代卷，是索检明、清两代进士传略性史料的工具书。

二、依据《明清进士题名碑录》榜载籍贯，收入山东明代进士一千八百七十六名，清代进士二千二百八十五名（不含山东寄籍进士三十九名）。明代进士，籍贯有户籍、乡贯之分，户籍又有各种籍别。而清代只有户籍。由此，收入范围有所不同。根据行政区划的变化，凡当时属于山东和以后划入山东及域属山东的，均予以收入。山东地方旧志记载，而《明清进士题名碑录》不载的，且无科分甲次的，以存疑之原因，没有收入（如福山于汉津）。对本属外省误载为山东的和本属山东而误载为外省的，予以纠正。

三、明代共八十九科，清代共一百一十四科（不含博学鸿词科、经济特科、翻译科）。为整体体现山东各科所取进士数量、甲第名次，并使读者查找方便，以科甲年为先后顺序，每一科甲年，又以进士甲第名次为前后顺序，按上下两卷，分别编有明、清两代进士姓氏笔画索引及进士人名索引。如查某一名进士，可先在进士姓氏笔画索引中查到该进士姓氏笔画，依据其姓氏笔画，即可在进士人名索引中查到该进士姓名，进而按其姓名在科分中找到该进士的传略资料。

四、清代康熙以后所取"博学鸿词科"、"经济特科"者，附入当年会试所取进士之中。

五、本书所载人物的生平事迹，主要依据山东地方旧志所编写，对旧志中出于各种原因的过度赞誉、故意掩饰及错讹失实，参照各种权威资料及最新研究成果，予以纠正。对某些人物的籍贯、职务、事迹等，如记载存在争议，有两说或多说的，予以并存，以保持其客观性。

六、本书以人名为正目，所写进士，主要包括其姓名、字号、籍贯、科甲名次、授职、宦绩和著述等。对各人物一般不作学术上的评价，但对特定人物，亦寓褒贬于字里行间。

七、进士具有地域性和家族性，明、清两代尤为突出。对所写进士族亲的先辈、同辈、后辈，凡文武举人、进士，七品以上官员，有文学、书法、绘画、医术、算学等方面成就的，均在进士传略中予以扼要介绍。

八、本书人物的姓名，以常见于史籍为准，其他如早名、改名、榜名等，亦介绍于正目之中。

九、进士的生卒年，有稽可考者，一律注明。不详者，则省略，或用"?"表示。

十、进士的字号，以科甲和宦职时常用为准，其他如晚号、别号、别署等，也尽量酌情收入。对朝廷所赐进士谥号，是朝廷在进士卒后按其生前事迹评定褒贬给予的称号，事涉对其一生的评价，关系重大，故全部收入。出自民间的乡谥、私谥的称号，也尽量酌情收入。

十一、本书人物中的纪年，以帝王年号表示，并加注公元纪年。

十二、本书仅为传略，而非传记，所以提供的只是进士一些主要的参考资料。读者要更好更全面地对人物进行了解，还需查找地方志等相关书籍。

十三、本书附有明、清两代《山东行政区划》、《纪年表》、《主要文职官员品级表》、《科举程序图》、《主要参考书目》及《山东清代寄籍进士》，以供读者作为辅助参考。

刘廷銮　孙家兰

2014年8月30日

目　录

前　言 …………………………… 1	正统十年乙丑科 …………………… 28
编写说明 ………………………… 1	正统十三年戊辰科 ………………… 30
山东明代进士姓氏笔画索引 …… 1	景泰二年辛未科 …………………… 32
山东明代进士人名索引 ………… 1	景泰五年甲戌科 …………………… 34
洪武四年辛亥科 ………………… 1	天顺元年丁丑科 …………………… 37
洪武十八年乙丑科 ……………… 2	天顺四年庚辰科 …………………… 40
洪武二十一年戊辰科 …………… 5	天顺八年甲申科 …………………… 42
洪武二十四年辛未科 …………… 6	成化二年丙戌科 …………………… 45
洪武二十七年甲戌科 …………… 7	成化五年己丑科 …………………… 49
洪武三十年丁丑科 ……………… 8	成化八年壬辰科 …………………… 53
建文二年庚辰科 ………………… 10	成化十一年乙未科 ………………… 55
永乐二年甲申科 ………………… 11	成化十四年戊戌科 ………………… 58
永乐四年丙戌科 ………………… 13	成化十七年辛丑科 ………………… 61
永乐九年辛卯科 ………………… 14	成化二十年甲辰科 ………………… 64
永乐十年壬辰科 ………………… 15	成化二十三年丁未科 ……………… 68
永乐十三年乙未科 ……………… 16	弘治三年庚戌科 …………………… 73
永乐十六年戊戌科 ……………… 18	弘治六年癸丑科 …………………… 79
永乐十九年辛丑科 ……………… 19	弘治九年丙辰科 …………………… 82
永乐二十二年甲辰科 …………… 20	弘治十二年己未科 ………………… 87
宣德二年丁未科 ………………… 21	弘治十五年壬戌科 ………………… 90
宣德五年庚戌科 ………………… 22	弘治十八年乙丑科 ………………… 94
宣德八年癸丑科 ………………… 23	正德三年戊辰科 …………………… 101
正统元年丙辰科 ………………… 24	正德六年辛未科 …………………… 106
正统四年己未科 ………………… 26	正德九年甲戌科 …………………… 111
正统七年壬戌科 ………………… 27	正德十二年丁丑科 ………………… 118

正德十六年辛巳科⋯⋯⋯⋯⋯ 122	万历二十三年乙未科⋯⋯⋯⋯⋯ 281
嘉靖二年癸未科⋯⋯⋯⋯⋯⋯ 126	万历二十六年戊戌科⋯⋯⋯⋯⋯ 287
嘉靖五年丙戌科⋯⋯⋯⋯⋯⋯ 133	万历二十九年辛丑科⋯⋯⋯⋯⋯ 293
嘉靖八年己丑科⋯⋯⋯⋯⋯⋯ 138	万历三十二年甲辰科⋯⋯⋯⋯⋯ 301
嘉靖十一年壬辰科⋯⋯⋯⋯⋯ 145	万历三十五年丁未科⋯⋯⋯⋯⋯ 307
嘉靖十四年乙未科⋯⋯⋯⋯⋯ 150	万历三十八年庚戌科⋯⋯⋯⋯⋯ 314
嘉靖十七年戊戌科⋯⋯⋯⋯⋯ 154	万历四十一年癸丑科⋯⋯⋯⋯⋯ 322
嘉靖二十年辛丑科⋯⋯⋯⋯⋯ 159	万历四十四年丙辰科⋯⋯⋯⋯⋯ 330
嘉靖二十三年甲辰科⋯⋯⋯⋯ 165	万历四十七年己未科⋯⋯⋯⋯⋯ 336
嘉靖二十六年丁未科⋯⋯⋯⋯ 175	天启二年壬戌科⋯⋯⋯⋯⋯⋯ 342
嘉靖二十九年庚戌科⋯⋯⋯⋯ 182	天启五年乙丑科⋯⋯⋯⋯⋯⋯ 351
嘉靖三十二年癸丑科⋯⋯⋯⋯ 187	崇祯元年戊辰科⋯⋯⋯⋯⋯⋯ 360
嘉靖三十五年丙辰科⋯⋯⋯⋯ 191	崇祯四年辛未科⋯⋯⋯⋯⋯⋯ 366
嘉靖三十八年己未科⋯⋯⋯⋯ 195	崇祯七年甲戌科⋯⋯⋯⋯⋯⋯ 374
嘉靖四十一年壬戌科⋯⋯⋯⋯ 200	崇祯十年丁丑科⋯⋯⋯⋯⋯⋯ 380
嘉靖四十四年乙丑科⋯⋯⋯⋯ 205	崇祯十三年庚辰科⋯⋯⋯⋯⋯ 388
隆庆二年戊辰科⋯⋯⋯⋯⋯⋯ 214	崇祯十五年壬午科⋯⋯⋯⋯⋯ 396
隆庆五年辛未科⋯⋯⋯⋯⋯⋯ 224	崇祯十六年癸未科⋯⋯⋯⋯⋯ 397
万历二年甲戌科⋯⋯⋯⋯⋯⋯ 235	
万历五年丁丑科⋯⋯⋯⋯⋯⋯ 239	附件一：山东明代行政区划⋯⋯ 403
万历八年庚辰科⋯⋯⋯⋯⋯⋯ 246	附件二：明代主要文职官员品级表
万历十一年癸未科⋯⋯⋯⋯⋯ 253	（一至九品）⋯⋯⋯⋯⋯⋯ 404
万历十四年丙戌科⋯⋯⋯⋯⋯ 259	附件三：明清科举程序图⋯⋯⋯ 408
万历十七年己丑科⋯⋯⋯⋯⋯ 265	附件四：明代纪年表⋯⋯⋯⋯⋯ 409
万历二十年壬辰科⋯⋯⋯⋯⋯ 273	附件五：主要参考书目⋯⋯⋯⋯ 413

山东明代进士姓氏笔画索引

- 二　画　丁
- 三　画　万于马
- 四　画　乌亓仇公孔尹巴方毛牛王车
- 五　画　丘丛冯卢史叶宁左田白石艾边
- 六　画　乔任光关刘匡华吕孙安巩庄成曲朱毕江汤纪许邢齐
- 七　画　何佟冷吴宋张时李杜来杨步汪沈苏言谷辛连迟邵邸邹陆陈佀
- 八　画　单周呼国孟季官尚屈岳庞房承林武罗苗范郁郑金
- 九　画　侯俎俞修南咸姚姜昝柳段洪相祝胡胥荣赵郝钟须
- 十　画　倪党原唐夏姬徐敖栗栾桑殷浦秦耿聂袁贾郭钱陶顾高
- 十一画　商宿崔常康扈曹梁萧勒逯阎隋随黄龚
- 十二画　傅彭曾温焦程葛董蒋谢韩
- 十三画　楚甄蒲蒿蓝褚解路雷靳鲍
- 十四画　熊管綦翟臧蔚蔡蔺裴谭
- 十五画　樊滕潘颜
- 十六画　冀穆薛霍
- 十七画　戴檀魏

山东明代进士人名索引

（按姓氏笔画排列）

二　画					
丁　仁	洪武二十四年	于　范	弘治十八年	马三乐	嘉靖四十四年
丁　本	正统十年	于　桂	正德六年	马大儒	万历十七年
丁　玘	景泰二年	于　锦	嘉靖二十三年	马之骥	天启五年
丁　恒	洪武二十一年	于　慧	嘉靖五年	马云龙	崇祯十三年
丁　贵	正德三年	于　鲸	隆庆二年	马从龙	万历二十年
丁　珝	成化二十年	于　戀	天顺元年	马文炜	嘉靖四十一年
丁允元	崇祯四年	于天经	万历十四年	马文健	嘉靖三十五年
丁孔暲	正德九年	于风阶	成化十七年	马汝骥	嘉靖二十三年
丁永成	嘉靖二十九年	于永清	万历十一年	马应龙	万历二十年
丁汝夔	正德十六年	于有年	隆庆二年	马应祥	弘治九年
丁自劝	万历三十二年	于达真	万历五年	马应梦	嘉靖四十四年
丁希孔	嘉靖二十九年	于若瀛	万历十一年	马性淳	万历二十六年
丁应璧	嘉靖四十一年	于思睿	嘉靖五年	马朝卿	正德六年
丁志方	洪武十八年	于重华	崇祯四年	四　画	
丁鸣陛	万历四十一年	于慎行	隆庆二年	乌从善	嘉靖二十三年
丁惟宁	嘉靖四十四年	马　训	弘治十八年	亓　珍	天启五年
丁盛世	嘉靖三十二年	马　龙	成化十四年	亓之伟	天启二年
丁慎行	隆庆二年	马　拯	万历十一年	亓诗教	万历二十六年
丁懋逊	万历八年	马　珮	嘉靖二十年	仇维祯	万历四十七年
丁懋儒	嘉靖四十四年	马　愉	宣德二年	公　鼐	万历二十九年
三　画		马　棋	成化二十年	公一扬	嘉靖三十八年
万　旬	正统元年	马　豫	宣德八年	公勉仁	弘治三年
于　茂	成化二十年	马　懋	成化十四年	公家臣	隆庆五年
		马九德	嘉靖十四年	公跻奎	嘉靖十四年

孔公恂　景泰五年	王　化　正德十六年	王　昺　嘉靖二年
孔弘颐　万历三十五年	王　民　嘉靖二十三年	王　洙　万历二十三年
孔尚则　崇祯十三年	王　汉　崇祯十年	王　洽　万历三十二年
孔胤圭　崇祯十年	王　玉　宣德五年	王　玹　成化二十三年
孔闻诗　天启二年	王　生　崇祯十三年	王　珍　天启二年
孔闻谭　天启二年	王　用　永乐二年	王　苽　弘治九年
孔闻籍　天启五年	王　用　成化二十三年	王　钧　正德九年
尹　龙　成化五年	王　礼　永乐十三年	王　恕　洪武三十年
尹　任　崇祯十三年	王　价　嘉靖二十九年	王　晓　隆庆五年
尹　约　嘉靖三十八年	王　伟　弘治十八年	王　晟　正统元年
尹　纶　嘉靖十七年	王　达　嘉靖十四年	王　浩　万历二十三年
尹　旻　正统十三年	王　问　成化五年	王　珣　成化五年
尹　庭　嘉靖二十九年	王　佐　洪武二十一年	王　都　万历十四年
尹　禧　宣德二年	王　佑　成化十七年	王　都　天启五年
尹尚贤　嘉靖二年	王　宏　成化八年	王　铉　弘治十五年
巴思明　正德九年	王　宏　成化十四年	王　基　嘉靖四十四年
方　岳　嘉靖三十五年	王　秀　正德九年	王　崧　正德三年
方　规　洪武三十年	王　纲　正统元年	王　彬　洪武十八年
方元彦　万历十四年	王　纶　成化二十三年	王　敕　成化二十年
方守地　万历四十一年	王　言　嘉靖二十年	王　教　隆庆五年
毛　纪　成化二十三年	王　轩　成化二十三年	王　渐　嘉靖三十二年
毛　渠　嘉靖五年	王　坦　成化五年	王　珵　崇祯七年
毛　槩　嘉靖十四年	王　杲　正德九年	王　绶　弘治六年
毛九华　万历四十七年	王　环　成化二十年	王　温　成化十四年
毛自道　嘉靖三十五年	王　绍　弘治六年	王　湘　嘉靖四十四年
毛宗鲁　宣德五年	王　育　正统十三年	王　溁　万历三十八年
毛思义　弘治十五年	王　质　成化二十年	王　琨　万历四十四年
牛　曾　洪武十八年	王　录　万历二年	王　琮　成化二十年
牛天麟　正德三年	王　举　成化十一年	王　谟　嘉靖四十一年
王　云　弘治十五年	王　宪　弘治三年	王　辇　嘉靖四十一年
王　允　正统十年	王　春　景泰五年	王　道　正德六年

王　道	正德十六年	王支泰	崇祯十六年	王应豸	天启二年
王　雄	成化八年	王文政	嘉靖三十二年	王应楫	万历三十二年
王　雄	正德六年	王见宾	万历二年	王应璧	嘉靖二十九年
王　旒	嘉靖二年	王世臣	正德九年	王志举	崇祯元年
王　楠	嘉靖二十三年	王世雍	嘉靖十四年	王时中	弘治三年
王　楫	万历四十七年	王丕修	崇祯十三年	王纳言	正德十二年
王　聘	嘉靖二年	王业弘	万历十七年	王纳谏	万历四十四年
王　靖	洪武三十年	王业昌	崇祯十年	王良贵	嘉靖二十六年
王　颐	宣德八年	王东儒	正德九年	王运熙	崇祯十六年
王　瑶	嘉靖五年	王四聪	天启二年	王际亨	崇祯十年
王　镇	正统十年	王幼慈	隆庆五年	王命新	万历三十八年
王　璟	成化八年	王弘道	嘉靖十一年	王国宾	万历三十二年
王　懋	成化十一年	王正容	嘉靖二十年	王国儒	崇祯十年
王　翼	洪武二十一年	王用贤	正德三年	王孟煦	万历十四年
王　瓒	弘治三年	王用康	嘉靖二十九年	王孟震	万历二十三年
王万象	天启五年	王用谟	万历二十年	王学书	隆庆五年
王三聘	嘉靖二十年	王乔年	嘉靖二十九年	王宗性	嘉靖二十三年
王三锡	正德十二年	王光贲	天启二年	王岳锡	万历十一年
王士桢	万历二十六年	王再聘	万历五年	王建泰	万历三十八年
王大平	嘉靖十七年	王守正	万历十七年	王所谘	崇祯七年
王大年	万历四十一年	王成德	万历十七年	王昌时	崇祯四年
王子蕙	嘉靖四十四年	王汝训	隆庆五年	王昌胤	崇祯十年
王与胤	崇祯元年	王汝孝	嘉靖五年	王泽永	万历三十五年
王之士	隆庆二年	王汝言	嘉靖三十二年	王述善	天启二年
王之垣	嘉靖四十一年	王汝楫	嘉靖八年	王厘土	万历十四年
王之都	万历二十三年	王至善	正德十二年	王复兴	万历二十九年
王之猷	万历五年	王邦裕	嘉靖二年	王宣化	隆庆二年
王之翰	万历十四年	王佐才	万历三十五年	王宫臻	崇祯元年
王元宾	嘉靖四十四年	王君赏	嘉靖三十八年	王思诚	崇祯四年
王化贞	万历四十一年	王启祚	崇祯十六年	王政敏	崇祯十六年
王天民	正德十二年	王希贤	嘉靖十四年	王祖嫡	隆庆五年

王胤懋	崇祯四年	王嘉祥	嘉靖四十一年	卢士㴖	天启五年
王重光	嘉靖二十年	王嘉谟	嘉靖十七年	卢应祯	嘉靖二年
王钟岱	万历二十九年	王嘉谟	万历十四年	卢学礼	万历五年
王家植	万历三十二年	王察言	嘉靖三十二年	卢宗哲	嘉靖十四年
王继光	万历五年	王肇林	嘉靖四十四年	史兰	景泰五年
王调鼎	崇祯四年	王鳌永	天启五年	史永安	万历四十一年
王起蛟	万历二十三年	王麟趾	万历八年	史邦直	隆庆二年
王崇义	嘉靖十七年	车从衡	万历二十六年	史高先	万历三十八年
王崇仁	正德三年	**五　画**		史高胤	万历四十七年
王崇文	弘治六年	丘橓	嘉靖二十九年	叶洪	嘉靖八年
王崇俭	嘉靖二十年	丘云章	嘉靖四十四年	叶廷秀	天启五年
王崇献	弘治九年	丘云肇	万历二十六年	叶敬愿	万历二十年
王梦鲤	万历十一年	丘文学	嘉靖二十九年	宁昊	弘治九年
王象云	天启五年	丘禾实	万历二十六年	左杰	嘉靖八年
王象斗	万历二十三年	丘志充	万历四十一年	左之宜	万历八年
王象节	万历二十年	丛兰	弘治三年	左其人	崇祯十年
王象坤	嘉靖四十四年	丛文蔚	隆庆二年	左季贤	嘉靖二年
王象恒	万历二十三年	冯俨	永乐十三年	左懋泰	崇祯七年
王象春	万历三十八年	冯续	天顺八年	左懋第	崇祯四年
王象晋	万历三十二年	冯琦	万历五年	田玉	正德十六年
王象乾	隆庆五年	冯裕	正德三年	田美	正德九年
王象蒙	万历八年	冯瑷	万历二十三年	田登	弘治九年
王虚白	崇祯四年	冯谨	永乐二年	田稔	嘉靖三十五年
王琢玉	隆庆二年	冯士标	崇祯十三年	田濡	嘉靖八年
王禄兆	万历十四年	冯子履	隆庆二年	田三戒	嘉靖三十二年
王道一	万历二十三年	冯允中	成化十一年	田大有	嘉靖十一年
王道平	万历二十九年	冯世巩	崇祯十六年	田升年	天启五年
王道正	万历十四年	冯可宾	天启二年	田如京	万历五年
王雅量	万历三十二年	冯惟讷	嘉靖十七年	田汝颖	嘉靖三十八年
王嘉言	嘉靖三十五年	冯惟重	嘉靖十七年	田所赋	万历四十四年
王嘉宾	嘉靖四十一年	卢亨	成化二十三年	白楹	天启五年

石 岩	万历十四年	任福民	嘉靖三十五年	刘 清	成化十一年
石 星	嘉靖三十八年	光 懋	嘉靖四十四年	刘 隅	嘉靖二年
石 昭	成化二十三年	关 扬	万历二十年	刘 善	永乐十六年
石 鲸	嘉靖二十三年	刘 田	弘治十八年	刘 棠	弘治三年
石 巍	成化十七年	刘 华	崇祯四年	刘 祺	正德十二年
石存礼	弘治三年	刘 早	嘉靖四十一年	刘 禄	嘉靖二十三年
石迁高	嘉靖八年	刘 玠	成化十四年	刘 策	万历二十九年
石茂华	嘉靖二十三年	刘 约	成化二十三年	刘 超	万历十七年
石维屏	万历二十九年	刘 达	弘治十二年	刘 廓	嘉靖三十二年
艾 洪	弘治九年	刘 佐	嘉靖十四年	刘 概	成化二十年
边 贡	弘治九年	刘 坚	永乐四年	刘 溥	天顺元年
六 画		刘 孝	弘治十八年	刘 溥	弘治九年
乔 迁	嘉靖二年	刘 纲	宣德八年	刘 瑜	弘治三年
乔 岱	弘治十五年	刘 芳	洪武三十年	刘 福	正统元年
乔 淳	天启二年	刘 进	永乐十三年	刘 雍	正德十二年
乔宗启	万历三十二年	刘 庚	隆庆二年	刘 魁	成化二年
乔学诗	万历五年	刘 昂	成化五年	刘 儒	弘治十五年
任 芹	隆庆二年	刘 泽	弘治十二年	刘 濂	成化十四年
任 忠	正德六年	刘 经	弘治十五年	刘 璿	正德三年
任 洧	嘉靖八年	刘 绅	成化二十三年	刘 灌	成化五年
任 淳	正德十六年	刘 英	弘治十二年	刘 瓒	成化二年
任 潜	崇祯四年	刘 金	万历二年	刘 璘	成化五年
任 瀛	嘉靖十四年	刘 阜	永乐二年	刘一孚	嘉靖三十八年
任万里	嘉靖十四年	刘 城	正德六年	刘一相	万历五年
任士凭	嘉靖二十六年	刘 彧	正统四年	刘一鹤	天启二年
任孔当	崇祯十三年	刘 拯	洪武十八年	刘三宅	万历二年
任文献	弘治六年	刘 祐	嘉靖三十二年	刘三英	万历十四年
任光谓	天启二年	刘 钟	正统七年	刘三畏	嘉靖十七年
任者泰	崇祯四年	刘 栾	弘治九年	刘士骥	万历三十二年
任彦棻	万历二十三年	刘 珝	正统十三年	刘大文	万历十四年
任彦蘗	万历十七年	刘 翀	永乐十年	刘大实	嘉靖十七年

刘大武	万历十一年	刘怀恕	万历五年	华 珩	弘治十二年
刘不息	隆庆二年	刘运隆	崇祯七年	吕 让	洪武二十七年
刘中立	隆庆五年	刘进明	万历三十八年	吕 阳	嘉靖二十九年
刘之沂	万历二十六年	刘扬谦	洪武二十七年	吕 佑	弘治六年
刘允浩	崇祯十六年	刘学易	嘉靖十七年	吕 逊	万历四十一年
刘天民	正德九年	刘宗岱	嘉靖三十八年	吕 荫	嘉靖二十六年
刘开文	崇祯元年	刘承恩	正德九年	吕 棠	永乐十三年
刘业嵘	崇祯十年	刘明镆	崇祯十年	吕一凤	万历八年
刘尔牧	嘉靖二十三年	刘注东	嘉靖十四年	吕一奏	万历四十七年
刘弘光	万历四十七年	刘思中	隆庆五年	吕三才	隆庆五年
刘弘绪	崇祯七年	刘亮采	万历二十年	吕封齐	万历三十二年
刘正宗	崇祯元年	刘洛生	嘉靖十七年	吕调羹	嘉靖八年
刘正衡	崇祯四年	刘重庆	万历三十八年	吕弼周	崇祯元年
刘龙光	崇祯十年	刘钟英	正德三年	吕鹏云	万历四十四年
刘兆文	万历十七年	刘复崑	崇祯十六年	孙 乐	弘治十八年
刘师鲁	隆庆五年	刘振基	隆庆五年	孙 仪	正德九年
刘汝立	万历八年	刘效祖	嘉靖二十九年	孙 玄	万历五年
刘汝松	嘉靖二年	刘祯庆	崇祯七年	孙 旬	万历二年
刘汝桂	万历二年	刘梦阳	正德九年	孙 沔	弘治十五年
刘汝康	万历十一年	刘梦熊	正德六年	孙 识	成化十四年
刘羽翔	正统十年	刘鸿训	万历四十一年	孙 昂	正德十六年
刘伯缙	隆庆二年	刘鸿儒	万历三十八年	孙 昱	正统十三年
刘余泽	万历二十三年	刘景沂	正德六年	孙 昺	嘉靖十四年
刘余祐	万历四十四年	刘鲁生	嘉靖二十六年	孙 架	万历八年
刘启元	隆庆二年	刘源清	正德九年	孙 洪	景泰五年
刘启先	万历十七年	刘嘉遇	万历四十一年	孙 珂	景泰五年
刘希龙	正德九年	刘澄甫	正德三年	孙 珉	景泰二年
刘希孟	隆庆五年	刘濬源	崇祯十三年	孙 玺	弘治三年
刘希稷	正德十六年	匡 铎	嘉靖四十四年	孙 珪	成化十四年
刘应节	嘉靖二十六年	匡延年	崇祯十年	孙 琉	万历八年
刘应宾	万历四十一年	匡翼之	成化二十三年	孙 珮	隆庆二年

孙　敬	成化二年	孙复初	正德九年	朱本端	弘治十二年
孙　琰	成化十七年	孙梦豸	嘉靖三十五年	朱光熙	万历四十七年
孙　禄	弘治九年	孙维城	隆庆五年	朱延禧	万历二十三年
孙　谦	崇祯元年	孙萃簋	嘉靖二十三年	朱廷焕	崇祯七年
孙　遇	正统元年	孙善继	万历十七年	朱应昌	成化二十三年
孙　崟	万历二十九年	孙景昌	崇祯十三年	朱周业	万历二十九年
孙　毓	宣德二年	孙景燿	天启二年	朱崇道	嘉靖四十一年
孙　磐	弘治九年	孙温如	万历八年	朱翌辩	崇祯十五年
孙　擎	弘治十八年	孙湛吾	万历十一年	朱鸿谟	隆庆五年
孙　镛	正统元年	孙肇兴	天启二年	朱朝聘	万历八年
孙一脉	崇祯十三年	安　仁	洪武二十一年	朱舜民	嘉靖二十年
孙三杰	天启五年	安　宅	嘉靖十四年	朱舜年	万历四十四年
孙之獬	天启二年	安　伸	万历三十五年	朱童蒙	万历三十八年
孙允中	嘉靖二年	安　重	万历三十五年	朱鼎延	崇祯十六年
孙凤毛	崇祯十三年	安　曦	万历三十五年	朱熙载	嘉靖二十三年
孙文义	洪武十八年	巩思宪	正德九年	朱翰臣	万历二年
孙止孝	天启二年	庄　谦	万历四十七年	毕　用	成化二年
孙以仁	嘉靖四十一年	成　勇	天启五年	毕　亨	景泰五年
孙必大	万历三十五年	成守节	嘉靖三十二年	毕　亨	成化十一年
孙光辉	嘉靖八年	成明枢	万历四十四年	毕　孝	成化十四年
孙如兰	万历三十二年	曲　锐	成化十七年	毕　昭	弘治十二年
孙延长	万历三十二年	曲迁乔	万历五年	毕生辉	天启二年
孙延泂	万历四十七年	曲和声	崇祯七年	毕自严	万历二十年
孙廷铨	崇祯十三年	朱　庄	永乐二年	毕自肃	万历四十四年
孙似古	崇祯四年	朱　纯	天启二年	毕拱辰	万历四十四年
孙体元	万历二十九年	朱　纲	嘉靖二十六年	江　东	嘉靖八年
孙孟和	正德三年	朱　润	嘉靖五年	江　南	嘉靖五年
孙孟举	弘治十八年	朱　清	天顺八年	江中信	万历十一年
孙建宗	崇祯十六年	朱　清	成化二十年	江孔遂	崇祯元年
孙承泽	崇祯四年	朱　瞻	洪武十八年	汤维新	崇祯元年
孙茂槐	崇祯十五年	朱之蕃	万历二十三年	纪　绣	嘉靖五年

纪五常　隆庆二年	邢慎言　万历三十五年	吴国相　嘉靖二十六年
纪公巡　嘉靖二十九年	齐　整　宣德二年	吴思敬　嘉靖三十二年
纪克一　隆庆二年	齐一经　隆庆五年	吴闻诗　万历二十六年
纪腾蛟　崇祯十六年	齐君荣　万历三十五年	吴崇礼　万历十四年
许　凤　弘治十五年	齐宗道　嘉靖十七年	吴教传　嘉靖三十八年
许　振　正德三年	**七　画**	吴孟祺　嘉靖八年
许　起　天顺元年	何　亮　弘治十五年	吴鸿功　万历十七年
许　彬　永乐十三年	何　复　崇祯七年	吴鸿洙　万历十四年
许　锐　成化十七年	何尔健　万历十七年	吴道行　万历五年
许　路　正德三年	何应瑞　万历三十八年	吴道卿　隆庆五年
许　鹏　成化二十三年	何思谨　嘉靖三十八年	宋　仕　隆庆五年
许云涛　隆庆五年	何显宗　万历三十八年	宋　汉　成化十四年
许云鹏　正德六年	何海晏　嘉靖二十三年	宋　沧　正德三年
许东望　嘉靖十七年	佟　珍　成化十一年	宋　果　天启五年
许用中　嘉靖二十三年	冷起元　嘉靖二十年	宋　玫　天启五年
许成名　正德六年	吴　昕　万历二十六年	宋　恺　弘治六年
许其进　天启二年	吴　岳　嘉靖十一年	宋　钺　正德六年
许维新　万历十七年	吴　昶　嘉靖二十三年	宋　焘　万历二十九年
许舜民　万历二十六年	吴　润　成化二年	宋　琮　崇祯元年
邢　义　成化二十年	吴　铠　正德九年	宋　锐　正德十二年
邢　干　天顺八年	吴　鼎　崇祯四年	宋　蓁　永乐二年
邢　邦　嘉靖三十八年	吴　楷　万历十四年	宋　槃　万历二十九年
邢　侗　万历二年	吴　溥　成化八年	宋　毓　弘治九年
邢　玠　隆庆五年	吴一元　崇祯四年	宋　端　成化八年
邢　润　洪武二十一年	吴之美　隆庆五年	宋　德　天顺元年
邢有怍　万历十四年	吴中传　万历二年	宋　璜　崇祯十三年
邢其任　万历三十五年	吴从鲁　万历四十四年	宋　黻　天顺四年
邢如默　嘉靖八年	吴允中　万历二十六年	宋　霸　崇祯十三年
邢尚简　嘉靖二十年	吴世良　正德十二年	宋之普　崇祯元年
邢秉仁　嘉靖五年	吴应奎　万历二年	宋文明　嘉靖二十六年
邢泰吉　天启二年	吴良辅　正德十六年	宋可久　天启五年

宋廷训	万历十七年	张　俊	洪武三十年	张　敬	万历五年
宋伯华	隆庆二年	张　宪	洪武二十一年	张　斌	洪武三十年
宋应亨	天启五年	张　恂	正德十六年	张　斐	正统十三年
宋国相	万历五年	张　显	弘治六年	张　锐	洪武三十年
宋鸣梧	万历四十七年	张　柱	嘉靖二十六年	张　禄	正德十六年
宋祖乙	崇祯七年	张　标	嘉靖十四年	张　谟	成化二十年
宋祖舜	万历四十四年	张　相	嘉靖五年	张　雄	成化十一年
宋统殷	万历三十八年	张　荣	嘉靖二十九年	张　廉	成化二年
宋继发	崇祯元年	张　顺	永乐九年	张　谨	天顺四年
宋继先	嘉靖二十九年	张　铁	嘉靖八年	张　鉴	成化十七年
宋继登	万历三十二年	张　宾	天顺元年	张　僎	万历三十八年
宋鸿儒	万历二十六年	张　宾	成化十一年	张　瑶	万历十七年
宋景云	万历四十七年	张　晓	万历三十五年	张　瑶	天启五年
宋翼明	崇祯七年	张　晟	成化十四年	张　端	崇祯十六年
张　凤	成化二年	张　梧	崇祯四年	张　鼐	成化十一年
张　让	嘉靖二年	张　海	成化二年	张　潜	嘉靖十七年
张　伦	成化五年	张　润	成化二十三年	张　澜	嘉靖四十四年
张　凫	嘉靖八年	张　烛	隆庆五年	张　蕙	嘉靖二十九年
张　玘	景泰二年	张　烨	万历十一年	张　镕	弘治十八年
张　孚	正统元年	张　祯	成化十七年	张　鲤	万历三十八年
张　岚	嘉靖二十三年	张　诺	弘治九年	张　翰	正统十年
张　志	永乐十六年	张　钲	万历八年	张　翱	永乐二年
张　志	万历五年	张　敏	洪武三十年	张　濬	正德九年
张　忻	天启五年	张　旆	万历三十二年	张　瀚	弘治三年
张　纲	景泰五年	张　旍	嘉靖八年	张一元	隆庆五年
张　诏	嘉靖十七年	张　焕	嘉靖四十四年	张一厚	嘉靖五年
张　录	正德六年	张　第	隆庆五年	张一通	嘉靖四十四年
张　忠	弘治十二年	张　铭	嘉靖三十五年	张九贤	万历四十一年
张　玩	正德九年	张　鸾	弘治三年	张九叙	弘治十八年
张　经	弘治十八年	张　善	成化二十年	张九歌	嘉靖四十一年
张　诩	嘉靖三十八年	张　惠	弘治十八年	张三极	万历二十年

张三杰	万历四十一年	张尔木	万历二十九年	张时俊	万历四十一年
张士第	天启五年	张尔忠	崇祯四年	张良弼	弘治六年
张大中	嘉靖二十三年	张幼安	崇祯七年	张其忠	万历二十三年
张大业	嘉靖三十五年	张正蒙	正德三年	张和中	万历十四年
张大年	崇祯十六年	张光纪	万历二十三年	张国柱	万历三十八年
张子立	嘉靖五年	张光绪	万历十一年	张李彦	万历三十二年
张子忠	万历五年	张光裕	万历二十六年	张宗孔	万历二十年
张子顺	嘉靖二十三年	张印立	崇祯十年	张宗衡	万历四十一年
张中鸿	万历八年	张吉士	崇祯十三年	张尚友	万历四十一年
张五典	万历二十三年	张名藩	万历二年	张绍简	万历四十四年
张从容	万历四十七年	张延祚	崇祯十三年	张若獬	崇祯七年
张允抡	崇祯七年	张守蒙	嘉靖二十三年	张若麒	崇祯四年
张允恭	天启二年	张延登	万历二十年	张茂兰	弘治十八年
张允捷	崇祯十年	张廷箴	万历四十七年	张鸣凤	弘治九年
张元俊	天启五年	张汝蕴	万历八年	张修吉	隆庆二年
张凤骞	成化八年	张自悟	万历三十五年	张勉仁	崇祯十年
张凤翔	弘治十二年	张至发	万历二十九年	张笃敬	万历二十年
张凤翔	万历二十九年	张西铭	嘉靖二十六年	张振秀	万历三十八年
张凤翼	天启五年	张邦彦	嘉靖二十六年	张崇德	正德九年
张天性	正德九年	张问之	嘉靖二年	张梦鲤	嘉靖三十五年
张天瑞	成化十七年	张问行	万历二十年	张梦鲸	万历三十八年
张孔教	万历二十九年	张问明	万历二十九年	张盛美	天启五年
张文灿	崇祯元年	张克温	弘治十八年	张绪伦	崇祯四年
张文昭	天顺八年	张宏弼	崇祯七年	张维翰	隆庆五年
张文炫	万历二十六年	张宏德	天启五年	张巽言	嘉靖三十二年
张文锦	弘治十二年	张希尹	正德十二年	张敦善	万历二十年
张丕吉	崇祯十六年	张希召	嘉靖四十一年	张景华	正德九年
张世则	万历二年	张希贤	嘉靖二十六年	张登云	隆庆五年
张世科	万历五年	张希稷	嘉靖三十八年	张登高	嘉靖二十年
张东光	万历四十一年	张应奎	成化十七年	张舜臣	嘉靖十四年
张四知	天启二年	张志孝	嘉靖三十二年	张嗣诚	万历二十三年

张新诏	万历三十五年	李 苘	嘉靖四十一年	李 锡	正德九年
张福臻	万历四十一年	李 质	洪武三十年	李 毓	成化十一年
张毓泰	天启二年	李 俊	洪武二十七年	李 蕃	万历四十一年
张聚秀	天启五年	李 勋	嘉靖四十一年	李 燧	嘉靖二十三年
张德政	嘉靖五年	李 宪	成化二十年	李 璞	弘治十二年
张懋熺	崇祯七年	李 柰	宣德二年	李 骥	洪武十八年
张彝训	隆庆五年	李 栋	嘉靖八年	李 瓒	弘治九年
张耀采	万历三十五年	李 逊	成化十一年	李 麟	景泰五年
时执亮	洪武四年	李 逊	崇祯十五年	李一科	嘉靖三十二年
李 丁	隆庆五年	李 钦	弘治六年	李乃兰	万历三十八年
李 仁	嘉靖二年	李 晟	成化五年	李九官	万历三十五年
李 介	成化五年	李 泰	建文二年	李三奇	万历四十七年
李 凤	正德六年	李 泰	正统四年	李三畏	嘉靖二十六年
李 木	景泰五年	李 烨	景泰二年	李士元	正德十二年
李 仪	洪武十八年	李 珣	正统十二年	李士元	万历四十七年
李 华	成化十四年	李 铎	弘治十五年	李士翱	嘉靖二年
李 庄	正德九年	李 冕	嘉靖五年	李与善	嘉靖四十一年
李 江	嘉靖三十八年	李 勖	永乐四年	李中行	万历三十八年
李 纲	永乐二年	李 培	万历十七年	李之茂	万历四十四年
李 纲	天顺元年	李 彬	万历四十七年	李元吉	弘治十五年
李 良	成化二十三年	李 淳	嘉靖十一年	李化龙	万历十一年
李 良	嘉靖八年	李 森	天顺元年	李化熙	崇祯七年
李 芳	成化二年	李 植	崇祯七年	李天麟	万历八年
李 芳	万历八年	李 琚	正德三年	李开先	嘉靖八年
李 豸	嘉靖二十六年	李 瑛	成化八年	李文芝	嘉靖二年
李 侨	嘉靖二十三年	李 谦	洪武二十四年	李文辉	正德三年
李 岩	崇祯十年	李 谦	成化五年	李日成	崇祯十三年
李 录	正德十六年	李 嵩	弘治十二年	李以谦	万历二年
李 昆	弘治三年	李 楫	万历四十七年	李本固	万历二十年
李 洞	嘉靖二十年	李 鉴	成化二十三年	李民质	万历十一年
李 秉	正统元年	李 锡	正统十年	李用和	嘉靖十七年

李用质	崇祯十三年	李承祖	弘治三年	杜　栋	嘉靖三十二年
李用茨	嘉靖三十五年	李经世	崇祯元年	杜　泰	弘治十八年
李用敬	嘉靖二十年	李若讷	万历三十二年	杜　辂	嘉靖四十一年
李节义	正德六年	李若琳	天启二年	杜　潜	万历八年
李先芳	嘉靖二十六年	李思孝	万历十七年	杜　璿	嘉靖三十二年
李先著	万历五年	李思明	成化十一年	杜三策	天启二年
李如桧	万历二十三年	李思恭	万历二十六年	杜华先	万历十一年
李尧民	万历二年	李春开	万历十一年	杜其初	天启二年
李延寿	成化五年	李炯然	天顺元年	杜其萌	嘉靖四十四年
李廷相	弘治十五年	李笃培	万历三十八年	杜承式	万历二十九年
李成巳	万历十七年	李顺孙	正德十二年	杜朝聘	嘉靖八年
李有实	万历十七年	李悦心	崇祯七年	杜嘉庆	崇祯四年
李汝相	万历八年	李烨然	万历三十八年	来　仪	崇祯十三年
李迁梧	嘉靖三十八年	李继宗	嘉靖二十年	杨　贤	嘉靖十一年
李邦珍	嘉靖二十九年	李逢时	嘉靖二十三年	杨　迥	正德十六年
李邦魁	嘉靖三十二年	李梦龙	弘治六年	杨　津	嘉靖三十八年
李伯华	万历十四年	李盛枝	崇祯七年	杨　洵	万历二十年
李呈祥	崇祯十六年	李森先	崇祯十三年	杨　选	嘉靖二十三年
李应荐	万历四十一年	李景登	万历二十年	杨　顺	嘉靖二十年
李应期	万历四十四年	李缙征	崇祯元年	杨　健	永乐十六年
李时济	嘉靖二十年	李舜臣	嘉靖二年	杨　益	洪武三十年
李时渐	嘉靖三十五年	李鲁生	万历四十一年	杨　益	正统七年
李时辉	万历十七年	李廉仲	崇祯十年	杨　谊	永乐十六年
李际元	正德六年	李献明	崇祯元年	杨　焕	洪武三十年
李际明	万历四十七年	李翰章	成化八年	杨　琏	洪武二十七年
李其茂	崇祯七年	李赞明	崇祯十三年	杨　荣	成化十一年
李学诗	嘉靖五年	李徽猷	万历十一年	杨　琦	崇祯四年
李学诗	嘉靖四十四年	李攀龙	嘉靖二十三年	杨　缙	嘉靖五年
李宗学	景泰五年	李骥千	万历五年	杨　概	正德十二年
李宜春	隆庆五年	杜　玧	弘治九年	杨　溥	成化二年
李建和	万历四十四年	杜　诗	万历二十六年	杨　锦	嘉靖三十五年

杨櫅	万历二十年	步允迁	嘉靖十七年	迟大成	天启五年
杨巍	嘉靖二十六年	汪渊	永乐二年	迟凤翔	嘉靖二十三年
杨瓒	正统十三年	汪三益	万历三十五年	邵新	嘉靖八年
杨士鸿	万历十七年	汪克章	正德三年	邸存性	万历四十四年
杨士聪	崇祯四年	汪应泰	万历十四年	邹祥	成化十七年
杨凤翥	万历四十七年	汪承爵	万历二十三年	邹袭	成化二年
杨文忠	万历三十二年	沈迅	崇祯四年	陆垫	万历十四年
杨本鋮	崇祯四年	沈润	崇祯十六年	陆一鹏	崇祯十三年
杨世凤	嘉靖三十二年	沈渊	嘉靖四十四年	陈宁	万历二十年
杨东野	万历五年	苏文	洪武三十年	陈玉	弘治六年
杨巨鲸	万历三十八年	苏壮	崇祯四年	陈礼	洪武三十年
杨光溥	成化五年	苏京	崇祯十年	陈立	宣德五年
杨师震	嘉靖二十三年	苏述	万历三十五年	陈节	永乐二年
杨观光	崇祯元年	苏祐	嘉靖五年	陈玑	弘治十五年
杨邦宪	万历三十五年	苏泰	成化十四年	陈达	天顺八年
杨君玺	嘉靖三十二年	苏继	嘉靖二十六年	陈卣	永乐十三年
杨应奎	正德六年	苏谦	永乐二年	陈序	万历四十七年
杨其休	万历八年	苏肆	宣德八年	陈志	嘉靖二十年
杨国相	正德九年	苏锡	弘治十二年	陈忠	成化十一年
杨学礼	弘治九年	苏文洪	洪武十八年	陈明	嘉靖二年
杨绍震	万历四十一年	苏民瞻	万历二十九年	陈经	正德九年
杨勉学	嘉靖十一年	苏光泰	万历十七年	陈宪	嘉靖四十一年
杨挺高	嘉靖二十年	言芳	成化五年	陈珍	成化十一年
杨种斯	崇祯十三年	谷中虚	嘉靖二十三年	陈哲	永乐十六年
杨胤贤	嘉靖二十年	谷继宗	嘉靖五年	陈烨	嘉靖四十一年
杨耿光	万历十四年	辛童	嘉靖十一年	陈谊	成化二年
杨梦衮	万历四十七年	辛广恩	崇祯十三年	陈勖	万历十一年
杨维垣	万历四十四年	辛如金	隆庆二年	陈勖	成化十七年
杨献可	嘉靖八年	辛应乾	嘉靖四十一年	陈清	天顺八年
杨嘉运	万历三十五年	连璧	崇祯十三年	陈理	成化八年
杨觐光	万历三十五年	迟矿	崇祯十年	陈谏	弘治六年

陈　策	弘治十八年	陈梦琓	天启二年	周显宗	嘉靖八年
陈　谟	弘治三年	陈梦鹤	嘉靖二十六年	周祖尧	嘉靖二年
陈　鼎	成化二年	陈赞化	天启二年	周爱访	崇祯十六年
陈　鼎	弘治十八年	侣　钟	成化二年	周班爵	万历八年
陈　辀	嘉靖五年	**八　画**		周朝瑞	万历三十五年
陈　璘	正统十年	单　崇	万历三十八年	呼为卿	嘉靖三十二年
陈　颢	景泰二年	单文彪	嘉靖二年	国　盛	正统十三年
陈九畴	弘治十五年	单明诩	万历四十七年	国　瑀	成化二十三年
陈九畴	万历五年	周　弁	成化十四年	孟　凤	弘治三年
陈三策	万历五年	周　导	弘治十二年	孟　易	正德十六年
陈文昭	正德九年	周　京	万历四十一年	孟　秋	隆庆五年
陈主直	万历三十五年	周　易	隆庆二年	孟　麟	成化二十年
陈可大	嘉靖四十四年	周　试	崇祯十六年	孟一脉	隆庆五年
陈可荐	万历四十七年	周　诗	万历二年	孟三迁	万历二十六年
陈必听	万历三十二年	周　诗	万历三十五年	孟养性	嘉靖十七年
陈守愚	嘉靖二年	周　举	弘治十五年	季东鲁	万历十一年
陈廷芝	嘉靖四十一年	周　洪	成化十一年	官　贤	弘治三年
陈观衡	嘉靖二十六年	周　继	嘉靖四十四年	官　廉	天顺八年
陈伯友	万历二十九年	周　冕	成化十一年	官　箴	万历二十六年
陈应荐	嘉靖四十四年	周　滋	嘉靖三十二年	尚　达	正统四年
陈时明	正德十六年	周万镒	万历三十五年	尚　肃	洪武二十七年
陈其学	嘉靖二十三年	周士皋	万历三十八年	屈　祥	天顺元年
陈其猷	万历二十六年	周之乐	万历二十三年	岳　相	嘉靖三十八年
陈宗仁	嘉靖二十年	周文斗	崇祯元年	岳　粹	嘉靖二十六年
陈忠翰	嘉靖三十五年	周永春	万历二十九年	岳万阶	万历十一年
陈所问	万历十四年	周如纶	万历十四年	岳储精	万历二十三年
陈鸣珂	崇祯元年	周如砥	万历十七年	庞　嵒	洪武三十年
陈宸诵	崇祯十年	周而淳	崇祯十年	庞　璁	弘治六年
陈宸铭	崇祯十六年	周自邠	万历四十四年	庞时雍	万历二十年
陈调元	崇祯十六年	周伯达	崇祯十年	房　明	成化十四年
陈载春	万历八年	周时中	嘉靖三十二年	房　楠	万历二十九年

房 瀛	弘治六年	郑 信	弘治十五年	俞 璧	崇祯十六年
房之骐	崇祯元年	郑 钧	洪武四年	修廷献	崇祯十年
房可壮	万历三十二年	郑 真	嘉靖二十六年	南 兆	万历五年
房如式	隆庆二年	郑 瑄	正统十年	南洙源	崇祯十年
房守士	万历五年	郑 瑜	崇祯十三年	咸怀良	隆庆二年
承 林	嘉靖十一年	郑 端	弘治六年	姚 升	永乐十三年
林 洙	嘉靖二十三年	郑之范	万历三十八年	姚 鋐	万历十七年
林 琼	嘉靖五年	郑文柄	正德三年	姚文渊	弘治九年
林文英	万历八年	郑光溥	嘉靖十七年	姚宗温	万历三十二年
林起元	崇祯十年	郑存仁	嘉靖二十九年	姚择扬	崇祯四年
武 卫	成化十四年	郑问玄	崇祯十三年	姚绍祖	嘉靖二十九年
武 衢	成化二十年	郑德崇	正德六年	姚德重	万历二年
武之大	万历二十年	金 城	嘉靖十七年	姜 佐	弘治九年
武图功	万历三十二年	金 炼	万历三十五年	姜 冈	弘治六年
武建邦	嘉靖三十五年	金 鲤	正德六年	姜 垓	崇祯十三年
武起潜	天启五年	金新祚	万历四十四年	姜 埰	崇祯四年
罗 璋	弘治九年	**九 画**		姜一学	崇祯四年
罗志儒	崇祯元年	侯 仪	永乐二年	姜仲轼	万历十四年
罗国士	崇祯十年	侯 宁	嘉靖八年	姜兆齐	万历四十一年
苗 微	洪武三十年	侯 祁	嘉靖三十二年	姜兆张	天启二年
苗 灏	景泰五年	侯 度	嘉靖十一年	姜廷珤	嘉靖三十五年
范 阶	嘉靖二十三年	侯 珮	嘉靖十一年	姜周辅	弘治十二年
范 伸	成化二十三年	侯 钺	嘉靖二十年	姜金胤	崇祯十六年
范 瑟	嘉靖十一年	侯 庸	洪武十八年	姜润身	嘉靖五年
范大儒	嘉靖二十九年	侯东莱	嘉靖二十九年	姜继曾	嘉靖三十二年
范中彦	万历四十四年	侯正鹄	万历二十九年	昝 诚	成化五年
范复粹	万历四十七年	侯庆远	万历十一年	柳 佐	万历十四年
范淑泰	崇祯元年	侯廷柱	嘉靖三十五年	段 锦	嘉靖二十六年
郁 纶	景泰五年	侯提封	万历三十五年	段复兴	崇祯七年
郑 杰	嘉靖四十四年	俎如兰	崇祯十三年	洪 汉	成化八年
郑 直	嘉靖十七年	俞 价	万历十七年	洪 遇	嘉靖二十三年

洪良范　万历二十六年	赵　效　万历三十八年	赵思敏　万历十四年
相　枢　弘治三年	赵　润　成化八年	赵拱极　万历十七年
相大成　崇祯元年	赵　堪　崇祯七年	赵胤昌　万历四十四年
祝　寿　正德三年	赵　焞　嘉靖四十四年	赵振基　天启五年
祝　福　成化二十三年	赵　焱　正德十二年	赵继本　嘉靖十四年
祝尧焕　嘉靖三十二年	赵　鉴　成化二十三年	赵继鼎　天启二年
胡　节　嘉靖二年	赵　缮　天顺四年	赵惟鱼　万历二年
胡　经　成化二十三年	赵　鲲　嘉靖八年	赵惟恭　永乐四年
胡　泉　洪武三十年	赵　燿　隆庆五年	赵慎修　嘉靖四十四年
胡　澄　天顺四年	赵　璧　成化十四年	赵鹏程　万历三十八年
胡　璘　成化五年	赵士骥　崇祯十年	郝　洁　万历五年
胡　鳌　弘治六年	赵大纲　嘉靖二十年	郝　绸　崇祯十年
胡士标　万历二十六年	赵之鼎　崇祯十年	郝　晋　崇祯元年
胡东渐　万历二十三年	赵云翔　隆庆二年	钟　英　嘉靖二年
胡汝桂　嘉靖三十五年	赵元夫　嘉靖八年	钟　谭　崇祯十六年
胡行知　万历二十九年	赵开成　崇祯十三年	钟羽正　万历八年
胡来贡　隆庆二年	赵文燿　嘉靖二十年	须　澜　嘉靖二年
胡尚英　万历四十七年	赵见图　崇祯元年	**十　画**
胡振奇　崇祯十年	赵世卿　隆庆五年	倪　汤　隆庆五年
胡致和　嘉靖二十六年	赵弘文　崇祯十年	倪宗岳　正德十六年
胥洪诰　万历二十六年	赵光远　万历十七年	党　馨　隆庆二年
荣尔奇　崇祯十六年	赵同言　嘉靖十七年	原一魁　万历五年
赵　任　万历十一年	赵时晋　万历四十一年	唐　恺　成化十四年
赵　池　隆庆二年	赵进美　崇祯十三年	唐　焕　万历四十四年
赵　伸　正德九年	赵国璧　隆庆五年	夏　云　洪武二十七年
赵　玒　正德十二年	赵建德　万历二十九年	夏　忠　景泰五年
赵　纲　天顺八年	赵秉伦　弘治十二年	夏　清　永乐十六年
赵　迪　宣德八年	赵秉忠　万历二十六年	夏梦祯　天启五年
赵　宦　嘉靖四十四年	赵秉枢　崇祯七年	姬之策　万历二十九年
赵　昶　正德九年	赵秉衡　天启五年	徐　广　成化八年
赵　相　景泰五年	赵亮采　成化二十年	徐　舟　成化二年

徐 行	正统十年	浦之浩	嘉靖二十年	袁胤隆	崇祯十年
徐 图	万历十一年	浦延祐	万历四十一年	袁继业	嘉靖二十九年
徐 牧	万历四十一年	秦 纮	景泰二年	贾 枢	嘉靖十一年
徐 标	天启五年	秦 祐	正德十二年	贾 真	永乐二年
徐 准	万历十一年	秦 崇	天顺四年	贾 馆	嘉靖四十四年
徐 淮	弘治六年	秦士文	万历三十二年	贾 璘	正德十二年
徐 淮	嘉靖二年	秦士奇	天启五年	贾三近	隆庆二年
徐 智	成化十七年	秦士桢	天启二年	贾三策	万历四十一年
徐 锾	万历二十三年	秦大夔	万历八年	贾希夷	万历五年
徐 暹	弘治十五年	耿 明	弘治九年	贾我年	崇祯十年
徐 璘	成化二十三年	耿 直	建文二年	贾毓祥	万历三十八年
徐九鸿	万历二十六年	耿如杞	万历四十四年	郭 广	天启二年
徐之蛟	万历三十八年	耿鸣世	隆庆二年	郭 汝	隆庆五年
徐以贞	成化十四年	耿鸣雷	万历二十六年	郭 良	天顺元年
徐尔恒	万历三十八年	耿庭柏	万历二十年	郭 钰	成化二十年
徐光前	万历三十五年	耿章光	崇祯十年	郭 玺	天顺八年
徐成治	天启二年	聂 贞	永乐十六年	郭 堵	隆庆二年
徐承祖	嘉靖二十三年	聂 栎	嘉靖十七年	郭 鼎	天顺八年
徐逢聘	万历二十九年	聂 瑄	弘治九年	郭 濂	弘治十八年
徐维楫	嘉靖四十四年	聂 震	洪武十八年	郭 镗	成化二年
徐耀宗	嘉靖三十二年	袁 声	崇祯十六年	郭大纶	嘉靖三十八年
敖 山	成化十四年	袁 恺	崇祯四年	郭从朴	嘉靖八年
栗 祁	嘉靖四十一年	袁 祯	成化二年	郭允厚	万历三十五年
栾 瑄	永乐十六年	袁 弼	成化十四年	郭东山	弘治九年
栾尚约	嘉靖二十九年	袁 葵	崇祯四年	郭东藩	嘉靖二十六年
桑 溥	正德九年	袁 摈	弘治十八年	郭四维	隆庆二年
桑学夔	万历二十年	袁 瓒	成化二十三年	郭竹征	天启二年
殷 学	嘉靖十一年	袁士伟	正德十六年	郭邦光	嘉靖二十三年
殷士儋	嘉靖二十六年	袁士奇	嘉靖五年	郭志仁	万历三十八年
殷云霄	弘治十八年	袁化中	万历三十五年	郭时叙	嘉靖二年
浦 鋐	正德十二年	袁轩冕	嘉靖五年	郭宗皋	嘉靖八年

郭尚友	万历二十九年	高 锵	万历二十九年	崔邦亮	万历十四年
郭朝宾	嘉靖十四年	高 默	万历四十四年	崔近思	嘉靖二十九年
郭慎独	天启二年	高一登	隆庆二年	常 序	嘉靖五年
郭凝鼎	崇祯元年	高大化	嘉靖三十八年	常 济	弘治三年
钱 楷	嘉靖四十四年	高允兹	崇祯七年	常 康	万历四十四年
钱允灿	万历二十六年	高文豸	正德六年	常 裕	万历十七年
陶嘉璋	万历十七年	高可法	天启二年	康万民	崇祯七年
顾 铎	正德十二年	高弘图	万历三十八年	康丕杨	万历二十年
顾 绶	嘉靖四十四年	高斗光	万历四十七年	康绍宗	成化十七年
顾 颐	万历二十六年	高名衡	崇祯四年	康迪吉	嘉靖二十三年
顾四明	万历二十三年	高有闻	万历四十四年	扈永通	嘉靖十一年
顾光祖	天启二年	高尚志	嘉靖十一年	曹 玉	弘治三年
顾连璧	万历二年	高知止	万历十一年	曹 凯	正统十年
高 中	永乐二年	高知彰	崇祯四年	曹 昕	万历二十九年
高 出	万历二十六年	高凌汉	嘉靖二年	曹 杰	永乐十三年
高 式	永乐四年	高攀枝	万历二十年	曹 英	成化十一年
高 时	隆庆二年	**十一画**		曹 铁	万历五年
高 奉	宣德八年	商 诰	嘉靖三十五年	曹 恩	正德六年
高 岳	成化二十年	宿 度	嘉靖三十八年	曹 珖	万历二十九年
高 举	万历八年	宿应参	嘉靖二十三年	曹 琏	万历二十九年
高 奎	正德九年	崔 升	成化五年	曹 琛	弘治九年
高 显	弘治十二年	崔 珣	天顺元年	曹 楷	万历十一年
高 荐	隆庆五年	崔 铣	弘治十八年	曹 璁	正德九年
高 朗	永乐二年	崔 锦	成化二十年	曹 璜	万历十四年
高 桂	万历五年	崔 喦	弘治九年	曹 曙	嘉靖二年
高 珩	崇祯十六年	崔 燝	万历二十九年	曹一凤	嘉靖三十八年
高 崇	正统十三年	崔孔昕	嘉靖三十二年	曹一贯	嘉靖十四年
高 捷	万历三十二年	崔文奎	成化二十年	曹一麟	嘉靖三十五年
高 弼	成化二年	崔文翰	成化十四年	曹廷辅	天启二年
高 琦	嘉靖五年	崔尔屼	崇祯十五年	曹自守	嘉靖三十八年
高 简	崇祯十六年	崔廷槐	嘉靖五年	曹邦辅	嘉靖十一年

曹铨衡	天启二年	隋所居	万历三十五年	龚　治	嘉靖二年
梁　用	永乐十三年	随　府	嘉靖四十四年	龚秉德	嘉靖二十年
梁　式	隆庆二年	随承业	嘉靖三十八年	**十二画**	
梁　成	嘉靖二十年	黄　臣	正德六年	傅　汉	洪武十八年
梁　材	天顺元年	黄　纬	嘉靖三十八年	傅　国	万历四十一年
梁　谷	正德六年	黄　和	万历三十二年	傅　皓	洪武四年
梁　玺	成化二十年	黄　质	弘治十八年	傅上瑞	崇祯十三年
梁　谨	天顺八年	黄　钟	正统七年	傅弘都	万历三十二年
梁　镛	成化二年	黄　卿	正德三年	傅汉臣	嘉靖五年
梁之垣	万历三十五年	黄　流	正德三年	傅光宅	万历五年
梁宜生	万历八年	黄　祯	嘉靖二年	傅希说	成化二年
梁承学	隆庆二年	黄　耕	洪武十八年	傅思明	嘉靖三十五年
梁绍儒	嘉靖二十年	黄　堂	弘治十八年	傅钟秀	崇祯元年
萧　凯	天顺四年	黄　琏	成化十七年	彭　翱	永乐十九年
萧　渊	弘治三年	黄　甄	景泰五年	彭占祺	正德九年
萧大才	万历二年	黄　澍	永乐十九年	彭遇颽	崇祯十六年
萧大亨	嘉靖四十一年	黄子美	万历八年	曾　砺	万历十四年
萧运泰	天启五年	黄中色	万历十一年	曾　清	景泰五年
勒　玺	成化五年	黄作孚	嘉靖三十二年	曾　镒	嘉靖三十二年
逯中立	万历十七年	黄希周	嘉靖二十三年	温　萃	正德九年
阎　江	成化十七年	黄国光	正德十六年	温　新	嘉靖十七年
阎　芹	万历二年	黄国泰	正德六年	温　濡	正德九年
阎　邻	嘉靖八年	黄图安	崇祯十年	温如春	嘉靖三十二年
阎　闳	正德十二年	黄图昌	崇祯元年	温如璋	嘉靖三十五年
阎　济	建文二年	黄宗昌	天启二年	焦　显	景泰五年
阎　宽	正统七年	黄宗庠	崇祯十六年	焦　竑	万历十七年
阎　盛	洪武十八年	黄祖年	崇祯七年	焦　馨	万历二十九年
阎　辅	嘉靖二年	黄家瑞	崇祯七年	程　轨	嘉靖十七年
阎　琮	成化八年	黄献吉	隆庆二年	程　绅	嘉靖十七年
阎　漳	嘉靖四十四年	黄嘉宾	正德九年	程　绍	万历十七年
阎光潜	嘉靖二十九年	黄嘉善	万历五年	程　瑶	嘉靖十一年

程鸣伊	嘉靖三十八年	谢启光	万历三十五年	蒿　宾	嘉靖十七年
葛　缙	嘉靖十四年	谢国宾	嘉靖二十年	蓝　田	嘉靖二年
葛　瑾	洪武十八年	谢继迁	崇祯十年	蓝　章	成化二十年
葛　曦	万历十一年	韩　介	万历八年	蓝近任	万历四十七年
葛如麟	万历三十八年	韩　昂	成化十四年	褚德培	崇祯元年
葛守礼	嘉靖八年	韩　忞	嘉靖三十五年	解　敏	成化五年
葛含馨	崇祯元年	韩　荆	弘治十二年	解如桐	万历二十三年
葛应斗	万历四十七年	韩　昫	永乐十九年	解延年	正统七年
董　宣	弘治三年	韩　容	隆庆五年	解明瑞	嘉靖三十五年
董　基	万历八年	韩　浚	万历二十六年	路　迎	正德三年
董　琦	弘治十八年	韩　普	成化二十三年	路　楷	嘉靖二十九年
董　锐	弘治六年	韩　智	弘治三年	路可由	嘉靖二十年
董　澜	万历八年	韩　源	崇祯元年	路周道	万历二十六年
董三迁	嘉靖四十四年	韩　瑜	永乐四年	雷稽古	嘉靖三十八年
董中行	天启二年	韩　福	永乐十三年	靳于统	天启二年
董中言	正德十六年	韩　魏	万历十四年	靳学曾	嘉靖二十三年
董元学	万历八年	韩一右	嘉靖十七年	靳学颜	嘉靖十四年
董可威	万历二十三年	韩必显	隆庆二年	鲍　辇	弘治六年
董国光	万历十一年	韩光先	万历四十四年	鲍克宽	成化二年
董建中	弘治十八年	韩克忠	洪武三十年	鲍继文	弘治十二年
董嗣谌	天启五年	韩应元	嘉靖四十四年	**十四画**	
蒋　旸	正德十六年	韩志道	万历二年	熊　佑	成化五年
蒋　昺	成化二年	韩取善	万历五年	管怀理	嘉靖八年
蒋希孔	隆庆二年	韩学信	万历十四年	管嘉祯	嘉靖二年
蒋春芳	万历八年	韩昌谷	崇祯十六年	管嘉福	嘉靖三十二年
谢　升	万历三十五年	韩萃善	万历二年	綦　才	万历十四年
谢　孚	永乐四年	**十三画**		翟　鹏	正德三年
谢　绶	成化二十年	楚　烟	天启五年	翟　銮	弘治十八年
谢　敬	天顺元年	甄　沛	嘉靖三十八年	翟　澄	嘉靖二十年
谢九仪	嘉靖十一年	甄　津	嘉靖三十八年	翟　瓒	正德九年
谢廷策	万历十七年	蒲生汶	万历二十年	翟凤翀	万历三十二年

翟汝孝	嘉靖二十三年	滕 谧	正德三年	薛志义	嘉靖四十四年
翟汝俭	嘉靖二十三年	潘 榛	万历二十年	薛近洙	万历四十四年
臧尔劝	万历二十年	潘士良	万历四十一年	霍从教	万历八年
臧尔令	天启二年	潘士美	万历四十一年	**十七画**	
臧惟一	嘉靖四十四年	潘子霓	嘉靖三十二年	戴 继	嘉靖八年
蔚 钟	嘉靖三十五年	潘国重	万历二十年	戴 新	永乐二年
蔡 英	洪武十八年	潘敦复	万历十一年	戴梦桂	嘉靖十四年
蔡 麟	天顺元年	颜习孔	崇祯十年	檀芳邃	万历二十年
蔡完梅	崇祯十五年	颜思忠	万历二十三年	魏 元	天顺元年
蔺 琦	成化十七年	颜胤绍	崇祯四年	魏 绅	成化十七年
蔺刚忠	崇祯四年	**十六画**		魏 勋	嘉靖四十四年
裴文焕	万历三十二年	冀 炼	嘉靖二十三年	魏 清	宣德二年
谭 肃	成化十四年	穆 深	万历二十年	魏 琯	崇祯十年
谭 溥	宣德八年	穆孔晖	弘治十八年	魏 濬	万历五年
谭性教	万历三十八年	穆文熙	嘉靖四十一年	魏公济	正德九年
十五画		薛 理	永乐二十二年	魏希佐	嘉靖十四年
樊 敬	洪武三十年	薛 樟	嘉靖二十三年	魏尚纯	嘉靖十一年
樊继祖	正德六年	薛凤翔	万历三十五年	魏尚纶	嘉靖十七年
滕 纪	弘治十八年	薛文江	天启五年	魏肯构	天启五年

洪武四年辛亥科

　　本科举行后，洪武五年明太祖下旨停止科举，历十二年，至洪武十七年重新恢复。本科录取：一甲三名，二甲一十七名，三甲一百名。其中山东三名。

【傅　皓】阳谷县人。洪武二年（1369）举人，三甲第五十六名进士。官江南江阴县县丞。

【时执亮】东阿县人。洪武二年（1369）举人，三甲第七十三名进士。官福建同安县县丞。为任公勤廉恕，以礼让抚育民人，吏民安乐。

【郑　钧】章丘县（今改市）人。洪武二年（1369）举人，三甲第九十八名进士。官江西万载县县丞。

洪武十八年乙丑科

本科因榜眼练子宁、探花黄子澄在永乐时被削籍置法，明成祖下令将本科题名碑仆毁。因此，《题名碑录》中有许多进士缺名。虽据各省通志及其他资料补充了一部分，但仍不能完全。本科录取：一甲三名，二甲一百零七名，三甲三百六十二名。其中山东十六名。

【侯　庸】字景中。平度州（今改市）人。七岁时，父坐累谪福建。庸稍长，母告之。故悲痛自誓，愿勤学立身，以赎父罪。洪武十七年（1384）举人，翌年联捷二甲第十九名进士。授吏科给事中。以忠慎为太祖所亲遇，乘间自请纳官代父谪戍，词甚哀切，皇帝怜悯，诏还其父，至闽迎而归。皇帝嘉其孝，得到重用。洪武二十年（1387），署吏部尚书。洪武二十二年（1389），实授吏部左侍郎。洪武二十三年（1390），劾翰林学士刘三吾授经晋王世子怠职，刘三吾被降国子监助教，后虽复官升迁，但在洪武三十年（1397）坐会试所取皆南方人，以老免死戍边。庸于洪武二十三年（1390）致仕。卒祀乡贤。

【牛　曾】禹城县（今改市）人。二甲第二十三名进士。授广东道监察御史。

【聂　震】长山县（今属邹平县）人。洪武十七年（1384）举人，翌年联捷二甲第四十九名进士。洪武二十二年（1389），由户部员外郎，升至左侍郎。为政持大体，端谨有守，凡诸司事不决者，悉为裁定。洪武二十九年（1396），以事免。

【葛　瑾】沂水县人。洪武十七年（1384）举人，翌年联捷二甲第七十四名进士。洪武二十八年（1395），升至兵部右侍郎。次年免。

【李　骥】字尚德。郯城县人。《明史》有传。《明史》、《沂州府志》、《郯城县志》均误载为洪武二十六年（1393）举人，且其传记中均为未载明为进士。骥为二甲第一百零三名进士。授户科给事中，时关、市检查盘问商旅，发及囊箧，骥上奏止之。遂坐事免官。建文时，被荐用河南新乡县知县，招流亡，给以农具，复业者数千人。母丧去官，民相率奏留者数四，不许。永乐初，改补直隶东安县知县，事有病民，辄奏于朝，又被罢免。侍郎李昶等交荐，擢刑部郎中。其奏陈十余事，多见采纳。以坐累被谪役保安。洪熙时，有诏求贤，被荐为监察御史，上陈经国利民十事，仁宗嘉纳。宣德五年（1430）巡视仓场，有军人高祥盗仓粟，骥执而鞫之。高祥父妄言，高祥与张贵同盗，骥受张贵等贿独问罪高祥。刑部侍郎施礼遂论骥死刑。骥上章自辩,宣宗曰:"御史既擒盗,安肯纳贿。"命偕都察院再讯,骥果冤枉。宣宗切责施礼,而复骥原官。擢骥河南知府,政绩卓著。河南境内多盗,骥推行火甲法,一户被盗,一甲偿之。对犯盗者,大署其门曰"盗贼之家"。又撰《劝教文》,自是人咸改行,道不拾遗。郡有伊王府,藩王数次请嘱,骥拒而不从。有中官及校卒虐民,又为骥所抑。藩王十分痛恨,及冬至,令骥以四更往陪位行礼。及骥如期至,却诬骥后期,执而桎梏之。次日乃释。骥奏闻,宣宗愤怒,贻书让王,将府中左右悉逮置于法。骥持身端恪,在任六年卒,年七十。士民赴吊,皆哭失声。子邻,永乐举人,驸马都尉府学录;孙泰,正统进士,刑部主事;曾孙执谦,天顺举人,府通判。

【黄　耕】济阳县人。洪武十七年(1384)举人,翌年联捷三甲第六名进士。授承直郎。

【朱　瞻】莒州(今属日照市)人。洪武十七年(1384)举人,翌年联捷三甲第十四名进士。

【孙文义】原名文进。馆陶县(今属河北省)人。《山东通志》、《东昌府志》、《馆陶县志》误载为洪武二十三年(1390)举人。三甲第二十七名进士。授监察御史,以监造榆林版籍著有劳绩,御笔改名文义。遂为权奸所排挤,卒于官,祀乡贤。

【李　仪】改名文吉。邹平县人。三甲第四十三名进士。《山东通志》、《济南府志》、《邹平县志》误载为洪武二十年(1387)举人,二十一年(1388)年进士。历为都察院右左金都御史、詹事府少詹事、工部右侍郎、刑部右侍郎。建文元年(1399)免职。

【苏文洪】恩县(今属德州市)人。三甲第六十五名进士。

【王　彬】(?—1402)字文质。滋阳县(今兖州市)人。一说东平州(今改县)人。《明史》有传。三甲第六十九名进士。授监察御史。建文元年(1399)秋,燕王朱棣举兵至江北,时彬巡按江淮,驻扬州,与镇抚崇刚坚守城中。当时,燕王兵力强大,城中人心不齐,无守城决心。守将王礼想举城投降,彬将王礼及其党拘捕入狱。镇抚崇刚负责练兵,彬负责修守,昼夜不懈。有一力士能举千斤,侍从彬的左右。燕王兵飞书城中,上写:"缚王御史降者,官三品。"有想投降者害怕那位大力士,而不敢动手。王礼弟王崇,买通力士之母,将力士骗出,乘机缚彬献城,彬与崇刚皆不屈而死。正德中祀扬州名宦祠。

洪武十八年乙丑科

【蔡　英】原籍江西南昌县，移籍山东禹城县（今改市）。三甲第七十四名进士。授陕西澄城县知县。

【刘　拯】沂水县人。洪武十七年（1384）举人，翌年联捷三甲第七十九名进士。授监察御史。

【阎　盛】高苑县（今高青县）人。洪武十七年（1384）举人，翌年联捷三甲第八十五名进士。仕至翰林院侍讲学士。

【傅　汉】济阳县人。洪武十七年（1384）举人，翌年联捷三甲第一百三十一名进士。仕至兵科给事中。

【丁志方】（？—1402）聊城县（今聊城市）人。洪武十七年（1384）举人。本科因题名碑仆毁，故造成很多进士缺名或名次不清。据《山东通志》补阙志方为进士，但甲次不明。授直隶吴桥县知县，迁监察御史。建文时燕王军攻南京，其和谢升、董镛等人誓以死报国。燕师入金川门，志方抚榇号哭，被执不屈，于金陵木末亭尽节，年四十二。万历十七年（1589），巡抚疏请为志方与铁铉、陈迪、胡子昭、高巍、王省、郑华建祠，并祀为"七忠烈"。万历十九年（1591），巡按钟仕民复檄县建专祠。孙琏，成化举人，知县；曾孙孔暲，正德进士，布政司参政。

洪武二十一年戊辰科

本科录取：一甲三名，二甲一十四名，三甲七十八名。其中山东六名。

【丁　恒】临淄县（今淄博市临淄区）人。洪武二十年（1387）举人，翌年联捷三甲第八名进士。

【王　翼】原名李翼。鱼台县人。《山东通志》误载为洪武二十六年（1393）举人。三甲第十三名进士。洪武二十九年（1396），仕至兵部右侍郎。洪武三十一年（1398）致仕。

【邢　润】诸城县（今改市）人。洪武二十年（1387）举人，翌年联捷三甲第十六名进士。仕至刑科给事中，以直谏死。

【安　仁】高密县（今改市）人。洪武二十年（1387）举人，翌年联捷三甲第十九名进士。授监察御史。

【王　佐】宁阳县人。洪武二十年（1387）举人，翌年联捷三甲第四十九名进士。

【张　宪】临朐县人。洪武二十年（1387）举人，翌年联捷三甲第五十一名进士。

洪武二十四年辛未科

本科录取：一甲三名，二甲一十二名，三甲一十六名。其中山东二人。

【丁　仁】东平州（今改县）人。洪武十七年（1384）举人，三甲第六名进士。仕至吏部侍郎。

【李　谦】滋阳县（今兖州市）人。三甲第七名进士。

洪武二十七年甲戌科

本科录取：一甲三名，二甲三十一名，三甲六十六名。其中山东六名。

【尚　肃】齐河县人。洪武二十六年（1393）举人，翌年联捷三甲第八名进士。授直隶文安县知县。

【李　俊】寿张县（1964年撤销，分属山东阳谷和河南范县）人。洪武二十年（1387）举人，三甲第三十名进士，未仕卒。

【吕　让】《题名碑录》载姓吴。字克逊。即墨县（今改市）人。洪武十七年（1384）举人，三甲第四十一名进士。授行人司行人，两度出使明朝属国安南抚谕。元朝末年，安南乘机向北越过当年元世祖划定的疆界，侵占了由广西管辖的中国五县领土。明初，安南权臣黎季犛篡夺实权，年轻的国王陈日炬成了傀儡。洪武二十九年（1396），明太祖选派行人陈诚、吕让前往安南，拟要回安南所侵土地。黎氏诡辩不还。陈诚和吕让共同写了《谕安南国王书》，对黎氏发出了严正警告。二人回国之后，向朝廷进行了详细陈述，使朝廷进一步了解了安南局势。不久，黎氏杀陈日炬，诛灭陈氏宗族，自称安南国王，并诡称受国人推戴，派使请明朝承认。永乐元年（1403），明廷先派行人杨渤前往查访。杨渤受黎氏蒙骗，听信其谎言，致使明廷封黎氏之子为安南国王，失地却未得归还。之后朝廷又派行人吕让和丘智前往调查实情。吕让和丘智弄清了事情真相，也看清了黎氏父子敌视中国的嘴脸，坚决拒绝黎氏送给的黄金、沉檀等名贵礼物，并郑重劝告黎氏父子应吸取历史教训，勿与中国为敌。不久，黎氏父子即与明朝交兵，终被擒俘。吕让回国之后，被授监察御史，出为陕西按察司佥事。

【刘扐谦】德州（今德州市）人。洪武二十六年（1393）举人，翌年联捷三甲第四十三名进士。为德州进士第一人。德州进士张海在《科第题名记》中称其："所谓破天荒，遂以节义文章名天下者。"时称硕儒的进士刘盛为其弟子。扐谦仕至知府。

【杨　琏】蒲台县（今属滨州市）人。少有俊才，以天下为己任，属文若决口江河。洪武十七年（1384）举人，三甲第五十一名进士。洪武三十年（1397），由行人司行人，出为陕西右布政使，又迁江西左布政使。建文四年（1402）九月，被谪戍兴州。琏为政所至有声，士大夫呼为杨夫子。

【夏　云】沂水县人。洪武十七年（1384）举人，三甲第六十名进士。授监察御史。

洪武三十年丁丑科

本科三月殿试时，中进士的都是南方士子。明太祖将试官治罪，自阅试卷，取中六十一人，完全是北方人。因此世称春夏榜，也称南北榜。本科夏榜录取一甲三名，二甲二十九名，三甲二十九名。其中山东十八名。

【韩克忠】（？—1425）字守信。武城县人。洪武二十九年（1396）举人，翌年联捷夏榜一甲第一名进士，状元，授翰林院修撰。以学行淳笃得太祖信任。擢国子监司业，时学政弛废，乃创立法制，编订监规，兴废补坏，遂得重振。建文时任河南按察司佥事。永乐改元，谪为涿鹿县知县。洪熙初，起为监察御史，不久卒。

【王　恕】长清县（今济南市长清区）人。其姿才英敏，万余言可立就。洪武十七年（1384）举人，夏榜一甲第二名进士，榜眼，授翰林院编修。官至知府而终，未能施展抱负，士论惜之。

【李　质】临淄县（今淄博市临淄区）人。洪武二十九年（1396）举人，翌年联捷夏榜二甲第四名进士。授直隶宁津县知县。

【张　锐】字可行。济宁州（今济宁市）人。洪武十七年（1384）举人，为夏榜二甲第六名进士。授詹事府左春坊左司谏，侍读懿文太子。以忠言谠论，遭同列忌恨，被谪直隶南和县知县。靖难兵至，锐以先侍东宫不出迎，被谪戍山西兴县。仁宗登极求贤，以举荐授河南河阴县知县。未几引归，筑亭洸水之上，与故人觞咏以终老。

【苗　微】临邑县人。洪武二十九年（1396）举人，翌年联捷夏榜二甲第八名进士。永乐元年（1403），由通政司左参议，出为云南按察使。

【王　靖】博兴县人。洪武二十三年（1390）举人，夏榜二甲第十名进士。授河南中牟县知县。

【张　俊】益都县（今青州市）人。洪武二十三年（1390）举人，夏榜二甲第十六名进士。授河南汲县知县。

【樊　敬】（？—1433）字守一。郓城县人。洪武二十年（1387）举人，夏榜二甲第二十一名进士。初授詹事府左春坊司谏，改行人司司副。以声望历为鸿胪寺丞、少卿、正卿。永乐八年（1410），以左通政（县志载右通政）镇守真定。后从驾北征归，以行军司马镇守济宁，总兵以下悉听节制。永乐二十二年

（1424），升刑部左侍郎。宣德二年（1427）督饷广西，遂被下狱。次年复职，仍为刑部侍郎。曾过故里驻节城南草堂，吟咏唱和，有先忧后乐气象。宣德八年（1433）十月致仕。正统八年（1443）病卒。

【胡　泉】汶上县人。洪武二十九年（1396）举人，翌年联捷夏榜二甲第二十四名进士。授直隶宝坻县知县。

【杨　益】县志载作溢。滕县（今滕州市）人。洪武二十三年（1390）举人，夏榜二甲第二十七名进士。工书法。

【苏　文】恩县（今属德州市）人。洪武二十六年（1393）举人，夏榜三甲第一名进士。授山西陵川县知县，升知州。在燕王起兵争夺惠宗皇位中死难。

【杨　焕】历城县（今济南市）人。洪武二十三年（1390）举人，夏榜三甲第七名进士。仕至户科给事中。

【张　斌】汶上县人。洪武十七年（1384）举人，夏榜三甲第九名进士。授监察御史。

【刘　芳】长清县（今济南市长清区）人。洪武二十九年（1396）举人，翌年联捷夏榜三甲第十一名进士。授知县。

【张　敏】益都县（今青州市）人。洪武二十三年（1390）举人，夏榜三甲第十二名进士。授直隶新安县知县。

【庞　昌】博兴县人。洪武二十三年（1390）举人，夏榜三甲第二十一名进士。仕至户部郎中。

【方　规】济阳县人。洪武二十六年（1393）举人，夏榜三甲第二十四名进士。授江西安仁县知县。

【陈　礼】济阳县人。洪武二十九年（1396）举人，翌年联捷夏榜三甲第二十六名进士。授山西霍州同知。

建文二年庚辰科

本科录取：一甲三名，二甲三十七名，三甲七十名。其中山东三名。

【阎　济】济宁州（今济宁市）人。建文元年（1399）举人，翌年联捷三甲第四十四名进士。授监察御史。

【耿　直】章丘县（今改市）人。建文元年（1399）举人，翌年联捷三甲第五十六名进士。授湖广荆州府推官。

【李　泰】齐东县（今属邹平县）人。建文元年（1399）举人，翌年联捷三甲第七十名进士。授河南临彰县知县。

永乐二年甲申科

本科录取：一甲三名，二甲九十三名，三甲三百七十四名。其中山东十五名。

【苏　谦】青城县（今属高青县）人。永乐元年（1403）举人，翌年联捷三甲第一百零五名进士。授直隶衡水县知县。

【宋　蓁】县志载作臻。高密县（今改市）人。三甲第一百九十七名进士。

【戴　新】字景一。平度州（今改市）人。永乐元年（1403）举人，翌年联捷三甲第二百零四名进士，选庶吉士。侍仁宗读，呼为长戴，而不名。改部主事，以坐累谪戍。未几，特宥复职，累官云南右布政使。以再征麓川时，督理军储，供应不乏，赐赉甚厚。

【侯　仪】历城县（今济南市）人。永乐元年（1403）举人，翌年联捷三甲第二百二十八名进士。仕至知府。

【张　翱】单县人。洪武二十六年（1393）举人，三甲第二百三十六名进士。授南直隶丹徒县知县。

【汪　渊】泰安州（今泰安市）人。永乐元年（1403）举人，翌年联捷三甲第二百三十八名进士。由监察御史，仕至按察司副使。

【冯　谨】邹县（今邹城市）人。永乐元年（1403）举人，翌年联捷三甲第二百五十一名进士。授行人司行人。

【刘　阜】济阳县人。洪武二十九年（1396）举人，三甲第二百六十三名进士。授知县。

【李　纲】《题名碑录》载籍高密县（今改市）。省志载胶州（今改市）。三甲第二百七十一名进士。仕兵科给事中。性至孝，廉介俭约，朝野称为孝廉。卒于京师，贫不能殓，乡人同仕者赙赗得归葬。

【贾　真】泰安州（今泰安市）人。永乐元年（1403）举人，翌年联捷三甲第二百七十七名进士。由监察御史，仕至按察司副使。

【陈　节】益都县（今青州市）人。三甲第二百九十五名进士。仕至工部员外郎。

【朱　庄】临邑县人。自幼记忆非凡，有敏辩之才，称神童。邑有大狱，知县虽为长吏，却屡次削稿，皆因不中法式，而被监司勘驳。特召庄至庭撰稿，其参验今昔案例，言词凿凿，可当判决之爰书。有沉碑在渊，庄用手为目，且扪且读，如同披牍。十七岁，由洪武二十九年（1396）举人，考取三甲第三百零三名进士。惜未几卒。时有:"当堂看稿老吏不如,水底摩碑一字不遗"之赞语。

【高　朗】莱芜县(今莱芜市)人。洪武间举人(科分失考),三甲第三百二十二名进士。授监察御史。

【王　用】平原县人。永乐元年(1403)乡试解元,翌年联捷三甲第三百五十九名进士。授行人司行人。

【高　中】高苑县(今属高青县)人。永乐元年(1403)举人,翌年联捷三甲第三百六十六名进士。仕至江西瑞州府知府。

永乐二年甲申科

永乐四年丙戌科

本科录取：一甲三名，二甲六十五名，三甲一百五十一名。其中山东六名。

【谢　孚】民籍清平县（今属聊城市），乡贯南直隶当涂县。建文元年（1399）举人，三甲第三十六名进士。

【韩　瑜】章丘县（今改市）人。永乐三年（1405）举人，翌年联捷三甲第四十五名进士。授监察御史。

【刘　坚】字子固。濮州（今属河南范县）人。永乐三年（1405）举人，翌年联捷三甲第五十八名进士。授茂州知州，兴学养士，发展农桑，均平赋役，讼狱稀少，以治绩闻时。迁宁王府左长史，正色匡辅。时郡主去世，其仪宾王爽受禄如故，坚请停削，王爽怒奏坚侮慢，坚被逮。久之得白，王爽被流放辽东，坚被复职。嗣王嘉其守法，礼待如初。后以母丧归，不再复起。

【李　勖】字勉之。德平县（今属德州市）人。永乐三年（1405）举人，翌年联捷三甲第七十二名进士。授监察御史，巡按广西，声誉昭著。尤工诗，所至皆有题咏。卒祀乡贤。

【高　式】濮州（今属河南范县）人。永乐三年（1405）举人，翌年联捷三甲第一百二十三名进士。授知县。

【赵惟恭】济宁州（今济宁市）人。永乐三年（1405）举人，翌年联捷三甲第一百四十三名进士。仕至贵州按察司副使。

永乐九年辛卯科

本科于永乐七年（己丑）会试后，因明成祖去北京巡狩，至辛卯三月才回京举行廷试。因此本科也称己丑科。本科录取一甲三名，二甲三十二名，三甲四十九名。其中山东一名。

【张　顺】齐河县人。永乐元年（1403）举人，三甲第二十二名进士。授广东道监察御史。

永乐十年壬辰科

本科录取：一甲三名，二甲三十九名，三甲六十四名。其中山东一名。

【刘　翀】字云高。济宁州（今济宁市）人。永乐六年（1408）乡试解元，二甲第三名进士。授礼科给事中。宣宗为太子时，改翰林院检讨，劝学东宫。宣宗南京监国时，翀以丧母归。宣宗登极，起翀为翰林院修撰，侍经筵，甚受优宠，赐玉冠，又手绘《十八学士瀛洲图》题诗赐之。

永乐十三年乙未科

明初会试原在南京，自本科始，改在北京举行。本科录取一甲三名，二甲九十五名，三甲二百五十三名。其中山东十名。

【韩　福】字以德。胶州（今改市）人。年过二十岁尚未读书，从父入城见知州优礼诸生，始发愤向学。永乐九年（1411）举人，二甲第二十六名进士。屡迁陕西巩昌府知府，以廉能考最，士民建生祠祀之。以都察院右副都御史，巡抚宁夏，累建边功。以老疾告归，七十岁卒。朝廷遣官谕祭。入巩昌名宦祠和本邑乡贤祠。子绅，景泰举人，工部员外郎。

【姚　升】邹县（今邹城市）人。永乐十二年（1414）举人，翌年联捷二甲第三十三名进士，选庶吉士，改监察御史。

【吕　棠】字希召。济宁州（今济宁市）人。姿秉魁梧，善诗文。永乐十二年（1414）举人，翌年联捷二甲第九十四名进士，选庶吉士，改补户部主事，升员外郎。出为陕西乾州知州，擢长芦盐运同知。以疾归，放情诗酒，以终其身。

【陈　卣】馆陶县（今属河北省）人。永乐十二年（1414）举人，翌年联捷三甲第六十三名进士。授监察御史，激扬无私。擢陕西按察司佥事，为政严明，吏员慴慴奉法。累官大理寺少卿，士林重之。卒祀乡贤。

【刘　进】长清县（今济南市长清区）人。永乐三年（1405）举人，三甲第六十九名进士。仕至河南开封府知府。

【梁　用】武城县人。永乐十二年（1414）举人，翌年联捷三甲第七十四名进士。由行人司行人，改监察御史。

【王　礼】朝城县（今属莘县）人。永乐九年（1411）举人，三甲第八十四名进士。授监察御史。

【曹　杰】夏津县人。永乐十二年（1414）举人，翌年联捷三甲第一百一十八名进士。授户部主事。

【许　彬】（1391—1467）字道中，号东鲁。宁阳县人。《明史》有传。少以文学名。永乐九年（1411）举人，三甲第一百七十七名进士，选庶吉士，授检讨，升修撰。与修仁宗、宣宗两朝实录。正统十二年（1447），出典福建乡试，号称得人。正统十四年（1449），受内阁大臣曹鼐举荐，提督四夷馆，升大理寺少卿，转太常寺少卿。景泰元年（1450），明与瓦剌部议和，英宗将获释还朝，遣彬至宣府奉迎。英宗让彬书罪己诏及谕群臣敕，并遣祭土木阵亡官军。以此受知，回京擢太常寺卿。石亨在景泰八年（1457）春正月，见代宗病重，遂与曹吉祥、徐有贞等密谋迎立英宗。英宗复辟，石亨以首功，晋爵忠国公。彬因参与夺门之谋，进礼部右侍郎兼翰林院学士，入为内阁大臣。七月，为石亨所忌，出为南京礼部左侍郎，又贬为陕西布政司参政，至则乞休去。宪宗即位，命彬以侍郎致仕，遂卒，年七十六，赠礼部尚书，谥"襄敏"。彬器量宏远，学问醇正，著有《东鲁先生文集》十卷和《诗集》四卷。《明史》评其："性坦率，好交游，不能择人，一时浮荡士多出其门。晚参大政，方欲杜门谢客，而客恶其变态，竞相腾谤，竟不安其位。"子：超，宣德举人；起，天顺进士，户部观政。

【冯　俨】金乡县人。永乐九年（1411）举人，三甲第二百一十九名进士。授刑部主事。

永乐十六年戊戌科

本科录取：一甲三名，二甲七十五名，三甲一百七十二名。其中山东八名。

【刘　善】掖县（今莱州市）人。永乐六年（1408）举人，二甲第五十六名进士。授户部主事。

【栾　瑄】字廷玉。胶州（今改市）人。永乐九年（1411）举人，二甲第五十八名进士。初官刑部员外郎。有中贵被逮下狱，同官顾望不敢问，瑄独去审问，中贵服罪，一时直声大著。时山西大同多事，瑄被荐为大同府知府，相度机宜，依山为堑绵亘千余里，设兵捍御，境内以安。致仕，卒于家，祀乡贤。曾孙骊，正德举人，知州（一说知县）；骊子尚约，嘉靖进士，监察御史。

【夏　清】昌乐县人。永乐十五年（1417）举人，翌年联捷三甲第八名进士。由行人司行人，仕至山西太原府知府。

【杨　健】淄川县（今淄博市淄川区）人。永乐十二年（1414）举人，三甲第八十六名进士。授监察御史，正直不阿。

【杨　谊】济宁州（今济宁市）人。永乐十二年（1414）举人，三甲第一百三十六名进士。由监察御史，仕至湖广左布政使。

【张　志】益都县（今青州市）人。永乐九年（1411）举人，三甲第一百四十六名进士。仕至礼部郎中。

【陈　哲】夏津县人。永乐十五年（1417）举人，翌年联捷三甲第一百六十四名进士。授直隶博野县知县，有善政，得民心。宣德初，以旧官还职将解去，士民卧辙攀辕不忍舍，诉于巡按监察御史乞留。监察御史上报朝廷，又复任原职。

【聂　贞】泰安州（今泰安市）人。永乐十五年（1417）举人，翌年联捷三甲第一百七十二名进士。仕至工部员外郎。

永乐十九年辛丑科

本科录取：一甲三名，二甲四十九名，三甲一百四十九名。其中山东三名。

【韩　昫】省志载作煦。胶州（今改市）人。永乐十二年（1414）举人，三甲第四十名进士。授监察御史。

【彭　翱】滕县（今滕州市）人。永乐十八年（1420）举人，翌年联捷三甲第一百零二名进士。为郑王府奉祀。工书法。

【黄　澍】益都县（今青州市）人。永乐六年（1408）举人，三甲第一百零八名进士。仕至浙江严州府知府。

永乐二十二年甲辰科

本科录取：一甲三名，二甲四十七名，三甲九十八名。其中山东一名。

【薛　理】历城县（今济南市）人。永乐二十一年（1423）举人，翌年联捷三甲第四十八名进士。授户科给事中。宣德初，中官骄横，理论劾剀切。出为湖广衡州府知府，有惠政。曾捐俸资助贫乏之士。在任数年，以疾乞归。

宣德二年丁未科

本科录取：一甲三名，二甲三十五名，三甲六十三名。其中山东六名。

【马　愉】（1395—1447）字性和，号澹轩。临朐县人。《明史》有传。性至孝。幼敏慧，四岁属对协声律。提学奇其文，勉之曰："必魁天下，勿自足。"永乐十八年（1420）乡试第三名举人，一甲第一名进士，状元，授修撰。宣德九年（1434），特简史官及庶吉士三十七人入学文渊阁，以愉为首。正统元年（1436），充经筵讲官，进侍读，与修《宣宗实录》。再进侍讲学士。时大宦官王振专擅朝政，内阁大臣杨士奇、杨荣怕王振控制内阁，共商举贤者入阁理事。正统五年（1440）二月，愉入直文渊阁，参预机务。旋进翰林学士、礼部右侍郎。愉为官端重简默，门无私谒。论事务宽厚，每奏言皆得皇上赞许。正统十一年（1446）归省。次年以病卒，年五十三。赠礼部尚书兼翰林学士，谥"襄敏"。在明代，赠官兼职，自此始。著有《澹轩文集》八卷。

【李　奈】（1390—1462）字时珍。蒙阴县人。世代为农。宣德元年（1426）举人，翌年联捷三甲第十一名进士。初授行人司行人，迁南京监察御史，务持风裁，纠举不避权要，尤恶贪暴官吏，号铁板李御史。治狱明决，多断疑案。升陕西布政司左参议，简阅士马，发粮赈荒，西人号为李佛。为人风雅，堪称楷模。深研经学，著有《春秋管窥》行世。子：炯然，天顺进士，户部郎中；灿然，成化举人，府推官。孙梦龙，弘治进士，按察司副使、兵备道。

【魏　清】昌邑县（今改市）人。宣德元年（1426）举人，翌年联捷三甲第四十名进士。授监察御史。

【孙　毓】商河县人。永乐二十一年（1423）举人，三甲第四十一名进士。授监察御史，弹劾不避权贵，谳狱多所平反。升陕西布政司右参政，以廉勤著名。天顺元年（1457），迁陕西右布政使。天顺四年（1460），改左布政使。其上疏论户部尚书年富，年富以陕西频用兵，毓不善治饷为由，请黜毓。帝知其忠，特令毓致仕。

【齐　整】济宁州（今济宁市）人。永乐二十一年（1423）乡试解元，三甲第四十八名进士。仕至户部郎中。

【尹　禧】德州（今德州市）人。永乐二十一年（1423）举人，三甲第四十九名进士。授行人司行人。

宣德五年庚戌科

本科录取：一甲三名，二甲三十五名，三甲六十二名。其中山东三名。

【王　玉】武城县人。永乐二十一年（1423）举人，三甲第五名进士，选庶吉士，授检讨。由翰林院侍讲，迁河南按察司副使，卒于官。

【陈　立】泰安州（今泰安市）人。永乐二十一年（1423）举人，三甲第四十二名进士。授陕西陇西县知县。

【毛宗鲁】字葵轩。原籍掖县（今莱州市），后占籍平度州（今改市）。宣德四年（1429）举人，翌年联捷三甲第四十四名进士。授监察御史。

宣德八年癸丑科

本科录取：一甲三名，二甲三十五名，三甲六十一名。其中山东七名。

【高　奉】字克敬。掖县（今莱州市）人。宣德七年（1432）举人，翌年联捷二甲第二十九名进士。由户部郎中，出为南直隶淮庆府知府，修学宫，兴义塾，引士子弦诵其中。

【刘　纲】字建极。禹城县（今改市）人。性至孝。三甲第六名进士。授刑科给事中，升礼科都给事中，转陕西布政司参政。为官三十余年，所至有声。致仕，甘淡薄，出入多徒行，远不辞劳，乡人称其盛德。卒祀乡贤。

【谭　溥】字泽民。昌邑县（今改市）人。宣德七年（1432）举人，翌年联捷三甲第十八名进士。由刑部主事，迁苑马寺少卿，革除马政之弊。天顺二年（1458）五月，由江西布政司右参政，迁陕西左布政使，清介自持，不为阿附。天顺五年（1461）六月，朝廷念其清直，擢为南京户部左侍郎，未逾年卒。柩回，行李单窭，一无赢储。

【苏　肆】字习之。东阿县人。宣德四年（1429）举人，三甲第十九名进士。曾试政刑部，与修《宣宗实录》。授户部陕西司主事，被户部尚书奏遣往处大名、河间两府争田不决和永平大饥赈济。升本部郎中，部事多倚重。以刑部右侍郎薛希琏为正使、肆为副使，持节册封周王之后。出为两淮盐运使。丁父忧，未阕而卒，年五十。其聪察警敏，刚直不阿，居官有声，时称贤良。子俊，天顺举人，知县。

【赵　迪】字长吉。成武县人。宣德四年（1429）乡试亚魁，三甲第二十三名进士。（县志误载一甲三名）。有异才，轰动京师。授兵部主事，居官狂放不羁，傲忽时贤，多形于诗。解官归，多与词客啸傲山巅水涯间，人以李青莲比之。

【马　豫】字彦安。临清州（今改市）人。先祖文卿元朝万户，因乱由云中迁居临清。豫为宣德七年（1432）举人，翌年联捷三甲第五十五名进士。官大理寺寺副，谳狱称平。英宗北伐，豫疏谏不从，愿随驾督军，在土木堡失利，死于阵中。天顺间，英宗复辟，悯其忠，赠大理寺寺正，录其子孙太学读书。嘉靖间，按察司副使张邦教为立褒忠坊。

【王　颐】栖霞县（今改市）人。宣德四年（1429）举人，三甲第六十名进士。授行人司行人。

正统元年丙辰科

本科录取：一甲三名，二甲三十五名，三甲六十二名。其中山东八名。

【王　纲】字振纪。黄县（今龙口市）人。性朴雅，家贫躬稼而不废学。宣德十年（1435）举人，翌年联捷二甲第五名进士。授户部主事，升陕西按察司佥事。督理屯田，临事敬慎不苛人，虽盛怒也不疾言厉色，士卒仰戴。署理提学，校阅精审，儒生颂服。屡疏求退，诏许进阶按察司副使。及归，囊无赢余，唯书籍数卷，人皆称清白吏。

【张　孚】东平州（今改县）人。少贫力学。二甲第十八名进士。仕至户部郎中。为官操履清慎，子孙不免饥寒。

【孙　遇】字际时。福山县（今烟台市福山区）人。有诗才，称神童。宣德十年（1435）举人，翌年联捷二甲第二十五名进士。授户部主事，外差所至无染，曾督粮庄浪。正统九年（1444），受内阁大臣杨溥特荐，擢南直隶徽州府知府，均徭厘弊，吏民畏爱。土木堡之变时，处置军器相助。景泰元年（1450），遇父去世，欲回家守制，徽州百姓亟请在职守孝，朝廷允之。景泰五年（1454），徽州遭灾，休宁、黟县、祁门三县盗起骚动，巡按御史欲调兵弹压，遇急忙制止曰："此饥民耳，一用兵，祸且延。"遂带人直抵境内，谕以祸福，并加赈济，境内大安。遇母去世时，又意欲归里守制，徽州百姓再次恳留守孝，朝廷再次允之。为徽州知府十八年，一意慈惠，不务炫赫。天顺八年（1464），升江西右布政使，徽民知不可留，作诗送行，有"如今荣满留无计，拟向金门借寇公"之句。江西京官给事中萧彦庄的家人横行乡里，官畏势不敢断。其不畏权势，秉公断案，民呼为"青天"。成化三年（1467），升河南（《山东通志》误载浙江）左布政使。是年冬，翰林院侍读彭华与萧彦庄密谋，弹劾吏部尚书李秉（曹县人）十二罪状，诬遇与李秉同乡同年进士，是朋党。明宪宗听信谗言，将遇去官。其不辩，致仕归卒。子中有三进士：珂，大理寺丞；珪，右布政使；琰，尚宝司少卿。孙中有两进士：乐，布政司参政；檠，知县。明代全县共考取七名进士，其家中占六名。

【李　秉】（？—1489）字执中。曹县人。《明史》有传。少孤力学。宣德十年（1435）乡试解元，翌年联捷三甲第九名进士。初观政刑部，授福建延平府推官，治才精敏。因捕治沙县豪强被诬下狱，按察司副使为其昭雪，将豪强置于法。由此知名,被授都察院经历,遂改户部主事。以建言整饬宣府屯田和革除两淮盐课之弊,被代宗立进户部郎中。景泰二年(1451),命佐户部右侍郎刘琏督饷宣府,其揭发刘琏侵牟,刘琏被逮。其被擢都察院右佥都御史,督饷宣府,参赞军务,上阵边备六事。次年,受命兼理宣府巡抚,并提督军务。秉尽心边计,弹劾总兵官等贪纵之军官,招徕流民。所上条奏一百一十章,多被允行。天顺初年,以南京都察院右佥都御史,总督江南粮储。不久,又受命巡抚大同,以专擅罪下狱,罢官为民。三年后复职。天顺八年(1464)三月,以都察院右副都御史,巡抚宣府。八月,迁都察院左都御史。掌大计,黜罢贪残,倍于往年。成化二年(1466)八月,奉命整饬大同边备;九月,总督辽东军务。其间,举荐和劾罢一批将帅,连获大捷,受到朝廷嘉奖,加太子少保。次年十二月,升吏部尚书,锐意整饬仕路,以黜庸劣者数百人,致怨谤纷起。翰林院侍读彭华与给事中萧彦庄弹劾他十二大罪,一时气势汹汹,处被下狱之危险境地。时会试举子不平,愿罢试以赎。秉被去职致仕,临行官属饯行,皆欷歔有泣下者。秉慷慨告别诸人,登车而去。秉家居二十年,荐疏十余上竟不起。弘治二年(1489)卒,赠太子太保,谥"襄敏"。子:聪(知县)、明(府同知)、智(右军都督府经历)和孙邦直、孟晋皆举人。

【刘　福】字庆之。益都县(今青州市)人。宣德十年(1435)举人,翌年联捷三甲第十七名进士。授户科给事中。景泰间,上疏言英宗还自瓦剌当复位,不合时论,被外补山西布政司参议,迁参政。历官三十余年,以疾致仕,家无资,人皆重之。父湣,永乐举人,布政司参政。

【王　晟】字景兆。郓城县人。宣德十年(1435)举人,翌年联捷三甲第二十名进士。授刑部主事,升员外郎。英敏刚直,鞫狱平恕。出为浙江按察司佥事,专理山场银课。时浙江丽水、青田诸县山贼啸聚劫掠,晟招募勇敢者,杀山贼数百人。不久,山贼又起,官兵亦不能抵抗,遂被执不屈遭杀。事闻朝廷,遣官谕祭,赠布政司参议。

【万　旬】字希龄。济宁州(今济宁市)人。宣德七年(1432)举人,三甲第三十六名进士。授南京兵部主事,监督京储,以廉能称。未几,改京师兵部。旋升南京户部郎中。岁余,出为陕西庆阳府知府,仕至浙江布政司参政。

【孙　镛】滨州(今滨州市)人。宣德十年(1435)举人,翌年联捷三甲第四十三名进士。仕至湖广襄阳府知府。

正统四年己未科

本科录取：一甲三名，二甲三十五名，三甲六十一名。其中山东三名。

【刘　彧】字著章。益都县（今青州市）人。正统三年（1438）举人，翌年联捷二甲第十二名进士。授工部主事，升至郎中。出为河南彰德府知府，持身正大，约己爱民。居乡恂恂不见喜愠之色，学问醇实，不尚浮华，人以君子称。子清，成化进士，给事中。

【尚　达】字谦善。东平州（今改县）人。正统三年（1438）乡试解元，翌年联捷二甲第三十一名进士。授兵科给事中，正直敢言。时司礼监太监王振，以狡黠得英宗欢心，掌内外章奏、朱批票拟，威福刑赏均由己出。达对王振擅政横行，诱惑英宗北狩，多次上疏谏止，但英宗不予理睬，愤惋而卒。正是太监王振，在正统十四年（1449），挟帝亲征瓦剌，于土木堡全军覆没，英宗被俘，王振亦为乱兵所杀。

【李　泰】郯城县人。正统三年（1438）举人，翌年联捷三甲第十五名进士。授刑部主事。祖父骥，洪武进士，知府，著名循吏；父邻，永乐举人，驸马都尉府学录；子抎谦，天顺举人，府通判。

正统七年壬戌科

本科录取：一甲三名，二甲五十名，三甲九十六名。其中山东五名。

【解延年】字世纪。栖霞县（今改市）人。正统六年（1441）乡试亚元，翌年联捷二甲第十二名进士。授户部主事，升员外郎。出为四川重庆府（一说顺庆府）知府，为官廉慎，尤笃意绥靖，赞扬贤哲，讽励后进。凡民间利弊，不时兴除。见当地土产能资民生，预写名品教民备荒，以"孜孜为民"称。去职时，行囊中仅书籍数卷而已，人为之颂曰："才华不减文翁化，廉洁犹嫌刘宠钱。"卒祀重庆名宦祠和本邑乡贤祠。著有《策学指归》、《物类集说》、《经穴图解》等。

【刘　钟】碑作子钟。字廷振，一字颐贞。《题名碑录》载东平州（今改县）人。省志载汶上县。《滋阳县志》载，其祖籍北直隶玉田县，祖父官至山东按察使，殁于兖州，其眷属遂安家兖州，更为滋阳县（今兖州市）。钟赋性颖悟，酷嗜古人书画，触目即能摹揭。永乐十八年（1420）举人，二甲第三十三名进士。以工部营缮司郎中，出为湖广布政司右参议，分守荆襄道。值刘千斤之变，大兵进剿，其筹防转饷，措理裕如。事平告归，益以翰墨自娱，尤精墨竹，不知老之将至，登门求书画者众多。七十三岁卒。著有《诗文集》。兴隆庄镇四竹亭村，原有四块石碑，上镌风雨老嫩四竹图，即钟所绘，此村以此得名。

【杨　益】字光谦。临清州（今改市）人。少孤，祖母与母同孀居。正统六年（1441）举人，翌年联捷三甲第十六名进士。任职户部，至试政郎中。乞终养，母丧哀毁。服除，补户部郎中，改福建盐运使，卓有廉声。

【黄　钟】昌乐县人。三甲第二十三名进士。授吏部主事。

【阎　宽】字德厚。乐安县（今属东营市）人。宣德十年（1435）乡试经魁，三甲第四十七名进士。授监察御史，正色立朝，弹劾不避权贵。巡按畿北、湖广，皆以体悉民隐、整饬吏治为急务。还朝为怨家所中伤，下锦衣卫狱。初宽以不受津要请托，曾忤锦衣卫指挥马顺，马顺乘机报复，将宽遣戍铁岭，命下裹疮就道。居戍所三年，怡然自得，唯以不得躬养老父为恨。在家侍父之子溥病卒，痛父老而无所倚，感愤成疾，卒于戍所。子江，成化进士，户部主事。

正统十年乙丑科

本科录取：一甲三名，二甲五十名，三甲九十七名。其中山东十名。

【王　镇】字景安。济宁州（今济宁市）人。性孝友，志淡泊。正统六年（1441）举人，二甲第二十八名进士。官刑科给事中。景泰间，劾内侍单增著直声。英宗复辟，石亨、曹吉祥恃功骄横。镇密以上闻，石亨遂坐事伏法。曹吉祥十分愤怒。会杨暄疏奏曹吉祥恶迹，镇再次予以弹劾。由此，英宗被激怒，将镇谪为江西按察司照磨。未几，曹吉祥果以孙镗出师之日，焚东华门，变起仓促。孙镗回师予以讨平，识者以为镇有先见之明。

【王　允】字执中。历城县（今济南市）人。少孤，励志读书。事亲曲尽孝爱，父母殁，各庐墓三年。正统六年（1441）举人，三甲第二十一名进士。授监察御史，巡按南直隶，奏请剿捕劫掠盗贼。出为浙江温州府知府，以恤贫弱去蠹弊为首务。有山贼出没罗阳，允亲入巢穴设计擒获。有故宦裔高士逊孙女鬻为婢，为之代赎择配。根除粮长造成的宿弊，一改累达万两的税粮积欠。设立官渡，禁止竞渡溺人。天顺元年（1457）四月，升山西按察使。天顺七年（1463）六月，又升湖广左布政使。丁忧，服除，于成化五年（1469）改山西左布政使。所至以清洁称。次年三月致仕，五月罢职。

【徐　行】单县人。正统九年（1444）举人，翌年联捷三甲第二十四名进士。仕至陕西布政司参议。

【曹　凯】字宗元。益都县（今青州市）人。《明史》有传。正统六年（1441）举人，三甲第四十三名进士。授刑科给事中。为人磊落多壮节。英宗北征，劝谏甚力，但不听从。土木堡之变，英宗被俘。凯痛哭竟日，声彻禁廷。在廷论时，诸大臣都要求将怂恿英宗亲征的太监王振满门抄斩，但与王振为党的锦衣卫指挥使马顺，却从中阻挠，凯与王竑等人，愤怒至极，将马顺当廷殴击致死。其直声震天下。迁左给事中。林聪劾何文渊、周旋，诏宽恕，凯上殿力争，二人即被交付审讯。福建巡按许仕达与刑部侍郎薛希琏相讦，命凯往勘，还奏两人互有虚实，而福建有耆老数千人乞留许仕达。皇帝乃命许仕达继续留任，且敕薛希琏勿构隙。擢浙江布政司右参政，劾镇守都督李信擅募民为军，糜饷万余石，李信虽获宽恕，但诸助李信募军者皆获罪。在浙数年，名声甚著。凯初为给事中时，常劾武清侯石亨，石亨得志，凯被降南直隶庐州府经历。石亨败，受举荐，先后出为江西赣州、南康府知府。成化十年（1474）致仕，卒于家。

【李　锡】字祐之。临清州（今改市）人。正统九年（1444）举人，翌年联捷三甲第四十六名进士。由户科给事中，出为陕西布政司参议。为政刚直不阿，务持大体。

【刘羽翔】单县人。正统九年（1444）举人，三甲第七十二名进士。以江西按察司佥事，充任提学。

【陈　璘】字天锡。东平州（今改县）人。正统六年（1441）乡试解元，三甲第八十名进士。授江西道监察御史，立朝敢言，有古谏臣风。

【张　翰】安丘县（今改市）人。正统九年（1444）举人，翌年联捷三甲第八十三名进士。授广东道监察御史。正统十四年（1449），司礼监太监王振挟英宗亲征瓦剌，于土木堡全军覆没，英宗被俘，王振亦为乱兵所杀。郕王摄政，翰与给事中王竑等言王振误国之罪，请籍没其家。一时群臣激愤，将阻挠者殴击致死。由此，直声动朝野。升江西布政司左参议。未几，致仕家居，授徒讲学。巡抚龚某给官地筑室以居，贫约恬静，乡人赞颂。

【郑　瑄】济宁州（今济宁市）人。正统六年（1441）举人，三甲第九十四名进士。授刑部主事。正统十四年（1449），英宗亲征，驻跸土木堡，瑄在扈从列，明军大败，英宗被俘，瑄死于此难之中。

【丁　本】字宏道。峄县（今枣庄市峄城区）人。正统三年（1438）举人，三甲第九十六名进士。授南京户科给事中，转京师礼科。自甘寂寞，刚强正直，博学多闻，尤善为文。景泰初，上奏"灾异迭见"，指陈时弊。天顺间，又与诸科给事中同劾大臣某贿拜朝中官员。两疏为时所称道。仕至福建布政司参议，有惠政。

正统十三年戊辰科

本科录取：一甲三名，二甲五十名，三甲九十七名。其中山东八名。

【刘 珝】（1426—1490）字叔温，号古直。寿光县（今改市）人。《明史》有传。生而颖悟，气识过人，以仁孝闻。十九岁，正统九年（1444）举人。二甲第三十三名进士，选庶吉士，授翰林院编修。天顺元年（1457），升詹事府右春坊右中允，侍讲东宫，讲读侃侃，详陈无少忌讳。翰林学士刘定之称其"讲官第一"。宪宗即位，以旧官僚屡迁太常寺卿，兼侍读。成化三年（1467），与修《实录》，升侍读学士。成化十年（1474），升吏部左侍郎，充经筵讲官。次年，升翰林学士，入阁参与机务。宪宗对其爱重之，每呼"东刘先生"，赐"嘉猷赞翊"（县志载为"嘉谟翊赞"）印章一枚。成化十三年（1477），升吏部尚书，兼职如故。次年，加太子少保、文渊阁大学士。成化十八年（1482），纂修《文华大训》成，为户部尚书，再加太子太保、谨身殿大学士。珝性刚直，自以宫僚旧臣，遇事无所回护。凡军国大事，决疑定难，皆守正不阿。员外郎林俊以劾梁芳、继晓下狱，珝于帝前解之。李孜省辈左道乱政，欲动摇东宫，珝多次密谏，阻止其阴谋得逞。时内阁大臣为万安、刘吉和珝三人。《明史》称："安贪狡，吉阴刻，珝稍优，顾喜谈论，人目为狂躁。"珝素看不惯万安，曾当面斥其负国无耻。万安积恨在心，伺机报复。万安与刘吉（因耐弹劾，时称"刘棉花"）一起设谋排挤。成化十八年（1482），万安见汪直势力渐去，西厂当罢，便邀珝同奏，珝推辞，万安独奏。宪宗见奏章中无珝名，颇为奇怪，便问其理由，万安暗中诬陷珝与汪直关系密切。正好此时，珝之子镒（举人，知县）狎妓事发，宪宗闻知大怒，旋被去职致仕。家居六年，于弘治三年（1490）病逝，年六十五，谥"文和"。嘉靖初，以言官所请，皇帝赐祠额"昭贤"，乃遣官祭之。著有《青宫讲议》二十卷、《古直文集》。弟玥，成化举人，知县。子：钫，知府；鋐，太常寺卿。孙：澄甫，正德进士，布政司参议；渊甫，正德举人，知府。

【高 崇】字维志。金乡县人。性孝友，尤重节义。博学好古。正统十二年（1447）举人，翌年联捷三甲第一名进士。授户科给事中，疏论时事，不避权贵。出为浙江布政司参议。丁母忧，不再复仕。

【孙 昱】济宁州（今济宁市）人。正统十二年（1447）举人，翌年联捷三甲第三十二名进士。仕至山西布政司左参政。

【国　盛】字永盛。淄川县（今淄博市淄川区）人。正统十二年（1447）举人，翌年联捷三甲第三十八名进士。由工科给事中，升都给事中。景泰四年（1453），与给事中曹鼐抗章论内官毛长随罪恶状，适遇毛长随于禁门外，盛与曹鼐手格杀之。历为直隶顺天府丞、太仆寺少卿、通政司右通政。卒于官。

【尹　旻】(1421—1503)字同仁。历城县（今济南市）人。少颖异力学。正统十二年（1447）乡试解元，翌年联捷三甲第四十二名进士，选庶吉士，改吏科给事中。时国家多故，旻建白多有正议。天顺初，迁刑科左给事中，奏事殿内。帝伟其貌，欲大用之。擢通政司参议，陕西用兵，命往督饷，上安边十策。母丧归，起补吏部右侍郎，转左侍郎。成化九年（1473），升吏部尚书，先后加太子太保、太子太傅。久掌铨政，选法公平，"甄别人物，随才授任，各得其职"，时有"公道不如王恕，选法不如尹旻"之谣。其又善以智数笼络人。但与内阁大臣万安、翰林学士彭华不协，二人特别妒忌他，将他的深结者刘珝、王越相继弹劾而去，其势力渐处孤立。时得宠方士李孜生也对旻不断干扰惑乱，乡人、部属官员相继被问罪谪官，旻受牵连被落太子太傅，降为太子少保。尤其是其子龙被以招权纳贿下狱，多所株连，又被革去太子少保。成化二十二年（1486），旻以尚书致仕。县志载其："有才智，急功名，素附丽中人。"弘治十六年（1503）卒，年八十二，赠太子太保，谥"恭毅"。父宏，永乐举人，知府；子龙，成化进士，翰林，侍讲。

【张　斐】掖县（今莱州市）人。性敏慧，读书过目辄成诵。正统九年（1444）乡试解元，三甲第四十三名进士。仕至户部郎中。奉使卒于辽东，归囊萧俭，时称其廉，祀乡贤。

【王　育】泰安州（今泰安市）人。正统十二年（1447）举人，翌年联捷三甲第六十一名进士。由户部员外郎，历山西布政司左参政、右布政使、左布政使。成化十年（1474），降陕西布政司右参政。两年后致仕。

【杨　瓒】字廷器。寿张县（1964年撤销，分属山东阳谷县和河南范县）人。正统十二年（1447）举人，翌年联捷三甲第九十四名进士。由监察御史，升吏科给事中，有敢言风。仕至陕西布政司参议。

景泰二年辛未科

本科录取：一甲三名，二甲七十五名，三甲一百二十三名。其中山东六名。

【孙　珉】字宗理。齐东县（今属邹平县）人。正统九年（1444）举人，二甲第二十一名进士。授户科给事中，务存大体，上陈时弊，皆报可。以忤权贵归休。著有《诗集》行世。

【张　玑】字宗瑢。齐东县（今属邹平县）人。天性聪明，过目成诵。正统九年（1444）举人，二甲第五十五名进士。授云南道监察御史。卒于官，无嗣。

【陈　颢】州志载作灏。济宁州（今济宁市）人。正统六年（1441）举人，三甲第十六名进士。仕至太仆寺丞。

【李　烨】省志载作华。沂州（今临沂市）人。景泰元年（1450）举人，翌年联捷三甲第五十一名进士。仕至给事中。

【秦　纮】（1426—1505）字世缨。单县人。《明史》有传。正统十二年（1447）举人，三甲第八十三名进士。授南京监察御史，以劾治内官傅锁八罪，及谏止去江南采翠毛鱼鮁之内使，受到权贵忌恨中伤，被借考察坐谪湖广驿丞。天顺初，迁直隶雄县知县。奉御杜坚捕杀天鹅，十分暴横，纮执杖其从者，坐下诏狱。宪宗即位，纮迁陕西葭州知州，改秦州，继升巩昌府知府。又以陕西西安府知府，擢陕西布政司右参政。以平乱之功，进俸一级。成化十三年（1477），迁都察院右佥都御史，巡抚山西。举奏镇国将军奇涧等罪，奇涧之父庆成王钟镒为子奏辩，且诬告纮，纮被逮入狱。但查无实据，内官尚享奉命籍没其家，以所得敝衣数事上奏。宪宗惊叹曰："纮贫一至此耶。"即将纮释放，赐钞万贯旌之。并夺奇涧等三人爵，庆城王亦削禄三分之一。又升纮为都察院右佥都御史，巡抚河南。不久，又以都察院右佥都御史，巡抚宣府。因与总兵官周玉等抗击鞑靼小王子入犯大同、宣府等地有功，进都察院左佥都御史，仍为巡抚。未几，奉召回京，理院事。迁户部右侍郎。受万安以尹旻同党所诬，被降广西布政司右参政，继而又升福建左布政使。弘治元年（1488），纮受吏部尚书王恕举荐，以都察院右副都御史，督理漕运，兼巡抚凤阳。翌年三月，又以都察院右都御史，总督两广军务。参劾总兵官安远侯柳景贪暴，柳景被逮下狱。柳景联姻周太后家，有得力靠山，讦纮不已。诏并逮纮，但廷鞫无罪。柳景被治罪，纮亦被罢归。廷臣以可大用，连疏请留纮，数月后被起用为南京户部尚书。弘治十一年（1498）引疾去。弘治十四年（1501）秋，西部边陲战事吃紧，言者谓纮有威名，虽老可用。诏起户部尚书兼都察院右副都御史，总制三边军务。纮驰至固原，劾败将，易守将，练壮士，兴屯田，申明号令，军声大振。又奏边备规划，参劾为梗宁夏巡抚刘宪，帝下诏斥责刘宪，纮的谋略得以实施。其修筑诸边城堡一万四千余所，垣堑六千四百余里。固原屹为重镇。纮又以意作战车，名"全胜车"，诏颁其式于诸边。在事三年，四镇晏然，前后经略西陲者莫及。弘治十七年（1504）加太子太保，召还视部事。纮以年老连章力辞，乞致仕。次年九月卒，年八十，赠少保，谥"襄毅"。著有《秦襄毅自订年谱》一卷。纮廉介绝俗，妻孥菜羹麦饭常不饱。性刚果，勇于除害，不自顾虑，士大夫识与不识称为伟人，"一代之能臣"。

【丁　珏】章丘县（今改市）人。正统十二年（1447）举人，三甲第九十九名进士。仕至南京工部员外郎。

景泰二年辛未科

景泰五年甲戌科

本科录取：一甲三名，二甲一百二十九名，三甲二百一十七名。其中山东十七名。

【孔公恂】字文宗。曲阜县（今改市）人。孔子五十八世孙。事继母极孝。正统九年（1444）举人，二甲第十四名进士。天顺元年（1457），授礼科给事中，言论侃侃，屡有建白。奉敕赏边及审理嘉定县滞狱，皆以能干称。被以大圣人之后，举荐为詹事府少詹事，侍东宫讲读。宪宗即位，改其大理寺左少卿，其言臣世儒家，不通法律，乃复为少詹事。成化二年（1466），以上章言兵事，为诸武臣所不满，给事中、监察御史交章驳之，被下狱，谪湖广汉阳府知府。后复故秩，莅南京詹事府少詹事。著有《文集》二十卷。

【苗　灏】德州（今德州市）人。景泰元年（1450）举人，二甲第三十八名进士。仕至知府。

【焦　显】字文明。德州（今德州市）人。景泰元年（1450）举人，二甲第九十六名进士。授湖广道监察御史，巡视紫荆等关，威名大著。巡按四川，布宣恩威，平息侵扰，边境以靖。委勘皇庄，悉以其田归原主，贵戚惮之。后以言事过激，被降红城子驿丞。受举荐，累迁河南彰德府知府。

【李宗学】字致用。峄县（今枣庄市峄城区）人。为人敬慎，嗜学能文。事父至孝，居丧哀毁。正统九年（1444）举人，选县教谕。考取二甲第一百零二名进士。授刑部主事，仕至福建泉州府知府，有清廉之誉。县志载：宗学考取举人后，礼部尚书吕震欲以给事中荐举，推辞不就。吕震已早于宣德元年（1426）卒，与史实不符。子澤，贡生，知县。

【李　木】字时升。曹县人。正统九年（1444）举人，二甲第一百二十四名进士。授礼科给事中，绳纠得体。改尚宝司丞，持节封秦、鲁二王。宪宗即位，命祝山川之神。升尚宝司卿，持节封唐王。奏请严格皇城四门点闸守卫，进出持铜符比验真伪，以防混点让小人乘间败事，上可其奏，赐以皇明御制及《贞观治要》、《欧阳文忠公集》、《资治通鉴纲目》等书。仕至南京光禄寺卿，卒于官。木性友爱，举先人遗产悉让其弟之子炘、焜。兄之子辉，早孤，抚育如己子。

【王　春】字载阳。济宁州（今济宁市）人。景泰元年（1450）举人，三甲第十六名进士。授监察御史。成化时，历浙江、江西、云南按察司佥事，所在有声归以耕读课子孙。善大小篆及隶楷。以寿终。

【曾　清】军籍直隶德州卫（域属山东），乡贯江西兴国县。正统十二年（1447）举人，三甲第十八名进士。授监察御史。

【郁　纶】字理之。德州（今德州市）人。景泰四年（1453）举人，翌年联捷三甲第四十六名进士。授浙江崇德县知县，明敏有为。时官署久废，纶自学校、坛壝、河渠、街巷、市肆，都逐一规划治理。教育生徒授以礼议程式。有大盗为患，设方略擒获。其性刚直，不能脂韦，忤当道被罢归，邑人以为恨事。

【李　麟】省志载作璘。字文瑞。巨野县人。景泰元年（1450）举人，三甲第一百一十三名进士。授湖南道监察御史。自少好学不倦，苦心经史，扶持正直，沮抑奸邪，朝中权贵皆敬畏。以疾卒于家。

【毕　亨】（1420—1488）字文康。军籍河南卫，乡贯单县。景泰四年（1453）举人，翌年联捷三甲第一百二十名进士。授南京陕西道监察御史。天顺间，升至福建福州府知府，以廉能称。迁应天府尹，在任以省事节费为先。成化七年（1471）十二月，以都察院右副都御史，巡抚南直隶等地，兼总督漕粮和浙西财赋。次年七月，被逮旋释，仍任巡抚。成化十二年（1476）六月，以处事不如其志，致仕。弘治元年（1488）六月卒。

【赵　相】单县人。景泰四年（1453）举人，翌年联捷三甲第一百二十一名进士。

【夏　忠】军籍直隶德州左卫（域属山东），乡贯南直隶当涂县。正统十二年（1447）举人，三甲第一百三十名进士。授主事。

【史　兰】历城县（今济南市）人。景泰元年（1450）乡试解元，三甲第一百三十六名进士。由监察御史出为知府。

【张　纲】（1421—1478）字大振。长清县（今济南市长清区）人。自幼读书过目成诵。景泰元年（1450）举人，三甲第一百三十八名进士。为监察御史时，有朝中权贵曹吉祥欲庇护一指挥孽庶夺嫡荫，纲疏奏阻之，人呼为"真御史"。奉命出按宁藩，削其护卫军士。巡按湖广，有李总兵馈遗千金，纲将其劾奏落职。知者咏之曰："持节曾巡三楚地，却金能继四知名。"所至风裁茂著。成化六年（1470），由湖广按察司副使，升按察使。成化八年（1472）四月，擢都察院右佥都御史，掌管院事，整饬边备。是年九月，以都察院左佥都御史，巡抚顺天、永平、密云等。次年，改巡抚苏州等。成化十一年（1475），又回任巡抚顺天、永平、密云等。在其任巡抚期间，不断传来御寇捷报，宪宗曾曰："西有王钺，北有张纲，朕何忧哉。"此年八月，以患痹疾归。成化十四年

景泰五年甲戌科

(1478)五月卒,年五十八。父谨,以举人被荐拔与修《文皇帝实录》,仕至知府。

【黄　甄】寿光县(今改市)人。正统十二年(1447)举人,三甲第一百六十一名进士,选庶吉士,改工科给事中。天顺中,陕西大水,上疏赈济称旨。升工科都给事中。成化三年(1467),南京雷震午门正楼,甄上疏修省,语涉忌讳,有权阉从旁诬陷毁谤,被降河南陕州知州(《明代职官年表》载降湖广宁乡县知县),连续十八年没有调迁,解组归。陕人感其德,祀名宦祠。曾孙激,嘉靖举人,知县。

【孙　珂】(1424—1488)字廷珍。福山县(今烟台市福山区)人。幼承家学,少年聪颖。正统十二年(1447)举人,三甲第一百八十九名进士。授广东道监察御史,出巡江浙,参赞荆襄。徽州曾是父遇为官之地,珂每到徽州见到民众时,总是行大礼,或有颠沛力为扶持,民众赞扬遇有贤德之子。迁南京大理寺丞,出为潞州府知府。以拒干请结怨,被构陷,谪戍宣府。后得赐归。父遇,正统进士,左布政使。弟:珪,成化进士,翰林,右布政使;琰,成化进士,尚宝司少卿。子檠,弘治进士,知县;侄乐,弘治进士,布政司参政。一门六进士,荣耀乡里。

【孙　洪】(?—1488)字伯大。昌邑县(今改市)人。正统十二年(1447)举人,三甲第一百九十八名进士。授兵部主事,两广发生叛乱,奉敕征剿。擢本部郎中,旋改礼部。会慈懿皇后去世,葬礼悉从其议。出为山西布政司右参政,改河南,赈抚流民,处置有方。升河南右布政使,疏浚滏河,以兴水利。成化十五年(1479)七月,由河南左布政使,以都察院右副都御史,巡抚大同。次年,升都察院左副都御史,仍巡抚大同。累立边功,食二品俸。成化十七年(1481)三月,改巡抚河南。成化十九年(1483)三月,为周王府仪宾刘宜所讦,下诏狱,旋命致仕归。弘治元年(1488)五月卒。孙昂,正德进士,按察司佥事、兵备道。

景泰五年甲戌科

天顺元年丁丑科

本科录取：一甲三名，二甲九十七名，三甲一百九十四名。其中山东十五名。

【许　起】宁阳县人。景泰四年（1453）举人，二甲第十二名进士。观政户部。父彬，永乐进士，翰林，内阁大臣；兄超，宣德举人。

【刘　溥】字大济。武定州（今属滨州市）人。少有异质，一目重瞳，读书四五遍即成诵。年长则赅洽群籍。景泰四年（1453）举人，三甲第三十九名进士。授南京户部主事，在官谨恕敬业，旋以耳聋解任。既归，愈加力学。所居曰"静斋"，终日吟咏其中，神情闲远，略无尘滓，绅佩之士，乐与之交，谓大济胸中可以运船，过州境者无不造庐景德也。七十六岁卒，遗《静斋文稿》八卷。

【蔡　麟】官籍陕西都司绥德卫，乡贯山东阳信县。正统九年（1444）举人，三甲第五十七名进士。仕至山西布政使。

【于　戀】字文勉。莱阳县（今改市）人。幼而颖敏超绝，淹贯经史，谈历代政事了如指掌，下笔迥异人。景泰四年（1453）举人，三甲第六十二名进士。授工部虞衡司主事，监造山东临清宫砖，凡过舟付载有定额，一权贵舟不受载，杖而遣之。调吏部文选司主事，升员外郎。有故旧谒选求得美秩，戀正色拒绝。之后此人循例得美秩，以为戀意，袖白金数镒以谢，其严却而与绝交。丁父忧，服除，补礼部祠祭司员外郎，升精膳司郎中。出为河南布政司右参议，多善政。有中贵欲发临漳古墓取珍藏，戀以律令禁止。历任八年，服食如寒士。巡按御史戴中以其清直举荐，升布政司左参政，督理粮税，豪强屏迹。以耿介不阿，为人所谤，左迁广西布政司右参议，其一无所报，怡然就道。有同僚闵其空囊，特送百金，坚却不受。弘治元年（1488）正月，带病巡察郡县而卒。子凤阶，成化进士，大理寺卿。

【梁　材】滕县（今滕州市）人。景泰四年（1453）举人，三甲第六十七名进士。初授刑部主事，历经四迁，于成化十四年（1478），由山西按察司副使，升按察使。后无考。裔孙伟，乾隆进士，知县。

【李　纲】（1425—1479）字廷张。长清县（今济南市长清区）人。《明史》有传。自髫龄即以奇才称。幼从父入都，坠于车下，车辙过体，竟无损伤，人皆惊奇。景泰四年（1453）举人，三甲第七十二名进士。授监察御史，执法不挠，令权贵畏惧。巡按南畿、浙江，风裁甚著。在浙江参劾查办赃吏四百余人，时称铁御史。宪宗即位，首请黜胡僧伎士。升太仆寺少卿，巡查畿辅马政，尽却馈遗。去冀州时遇盗，盗者问差役曰："太仆李公耶？是何从得金。"即不启箧而去。成化十三年（1477），擢都察院右佥都御史，转左佥都御史，总督漕运，兼巡抚凤阳，剖奸剔弊，江政肃清。成化十五年（1479）六月卒于任，年五十五。其峭直耿介，与物寡合。有平江伯陈锐擅权横肆，官民罹虐，纲悉绳以法。在纲病逝时，平江伯陈锐假借经纪后事，即馆检箧笥中，发现唯图书及敝衣而已。平江伯陈锐哭而言曰："愚不识公，忍为梗教。今入冰壶中，始觉心胆俱寒，不期乌府有此铁御史也。"遂据实奏闻，御书"清正忠勤，勋业茂著"赐之，破格祭葬，入乡贤祠。曾孙与善，嘉靖进士，按察司副使。

天顺元年丁丑科

【魏　元】（1423—1478）字景善。朝城县（今属莘县）人。幼失父，事母以孝闻。为学克自奋励。正统十二年（1447）举人，三甲第九十一名进士。授礼科给事中。时宪宗宠宫人万氏，其兄弟怙宠恣肆，无敢言者。元独抗疏论之，奏章七上不报，元到殿廷，免冠泣陈，宪宗怒曰："宫中事外人何得知？"元曰："鼓钟于宫，声闻于外，陛下所为何可欺人。"宪宗默然良久，谢遣之。由是诸万稍自敛束。万历四年（1576），慈懿皇后崩，时仪以为不当祔庙，元曰："万代纲常孰大于此。"与工科给事中徐恪交章论辩，皇帝被感动，遂得成礼。又疏言当发库赈济灾民，不可崇信异教，宜节缩宫中奢费，整肃吏治等。虽宪宗优诏褒奖，但未能用。成化四年（1468），由礼科左给事中迁礼科都给事中。出为福建布政司右参政，巡视海道，兼理军储。有商人持千金贿赂，元怒曰："吾昔贫窭未尝以不义取一钱，今幸贵何用金？"将来者叱出。丁母忧，服阕，补江西布政司右参政，以劳瘁卒于官。

【谢　敬】军籍直隶德州左卫（域属山东）。景泰元年（1450）举人，三甲第九十三名进士。授主事。

【宋　德】字大本。嘉祥县人。景泰元年（1450）举人，三甲第九十六名进士。授工部主事。

【李炯然】蒙阴县人。三甲第一百一十六名进士。授户部主事，升至郎中。时江北大饥，奉命前往赈济，日夜操劳，积劳成疾，卒于徐州。其身后囊无余资，遗诗一首："强颜人世已多年，一事无成馆遽捐。仕路那知终粉署，宦囊谁信只青毡。死生有命吾何恨，俯仰无惭世漫怜。寄与故园诸子弟，好将清白继家传。"安徽凤阳一带士民立祠祀之。父柰，宣德进士，布政司左参议；弟灿然，成化举人，府推官；子梦龙，弘治进士，按察司副使、兵备道。

【李　森】字时茂。历城县（今济南市）人。景泰元年（1450）举人，三甲第一百四十三名进士。授户科给事中，负气敢言，每奏先舁棺于外。宪宗时，森请禁朝觐官科敛征求害于民。上奏禁滥封爵位，不能"玩公器，弃大柄"。还上奏在京文官三品以上，例令子孙一人入监读书，弊端颇多，宜停此例。升本科右给事中，借灾异多发，条陈十事，即正心、谨学、亲贤、无逸、纳谏、重民、恤军、用贤、选将、抑奢，皇帝嘉纳之。以贵倖侵夺民产，森率诸给事中上疏劝谏："法祖为治，出令必行，毋以私恩废公义。"山西、山东等地发生灾害，森请蠲赋赈济。万贵妃专宠后宫莫得进，致使皇帝未有储嗣，言者对皇帝虽有劝谏，但不敢明说，唯森抗疏上言，皇帝心中有怒气，欲借事斥之。时森已再迁左给事中，会有户科都给事中缺补，吏部列森名上呈，诏予外任。部拟外任福建兴化府知府，皇帝仍不准，被出为河南怀庆府通判。未几，投劾而归，不再复出。另说，森因疏劾万贵妃家人骄横，指斥之言甚凯切，而被谪定州同知，未任而卒。

【崔　珣】字伯王。堂邑县（今聊城市东昌府区）人。早孤，以善事兄闻。景泰四年（1453）举人，三甲第一百五十一名进士。授山西临县知县，考绩为三晋之最。丁忧，服除，再补江西庐陵县知县，旋卒。其清谨友爱，士林惜之。

【张　宾】德州（今德州市）人。景泰四年（1453）举人，三甲第一百五十四名进士。授监察御史。成化四年（1468），慈懿皇后崩，将别葬。魏元偕同官三十九人，康永韶偕同官四十一人，伏哭文华门。时监察御史中，有畏缩不前者。宾叱之曰："君等独不受国恩耶？何为首鼠两端。"乃同往力谏，忠义所感，足以起懦孱者。成化十四年（1478）正月，由布政司左参政，迁山西右布政使。两年后致仕。

【郭　良】字克忠。馆陶县（今属河北省）人。景泰元年（1450）举人，三甲第一百六十二名进士。授陕西朝邑县知县，锄梗嘘弱，吏民悦服。累官光禄寺少卿。居官内行淳和，乡党无间言。

【屈　祥】德州（今德州市）人。景泰四年（1453）举人，三甲第一百九十三名进士。授藩王府长史。

天顺四年庚辰科

本科录取：一甲三名，二甲五十名，三甲一百零三名。其中山东六名。

【张　谨】肥城县（今改市）人。景泰七年（1456）举人，二甲第三十四名进士，选庶吉士。奉差赈济，活者甚众。重学校。劾边将。成化十九年（1483）三月，由布政司右参政，迁河南右布政使（县志载左布政使）。成化二十三年（1487）正月，降山西布政司右参政。

【萧　凯】字虞佐。军籍直隶武定守御千户所（域属山东）。家贫，所居以破席为扉，但其不接流俗，唯与刘溥相往还。刘溥天资颖异，读书过目辄记，凯奋力追赶。刘溥成进士，凯更加发愤力学，寒暑无闲息。在景泰四年（1453）考中举人后，终又考取三甲第十一名进士。仕至四川按察司佥事。

【赵　缙】字希成。临清州（今改市）人。景泰四年（1453）举人，三甲第十八名进士。由礼部郎中，升至河南布政司参政，所至有惠政。

【宋　黻】字景章。莱阳县（今改市）人。生而岐嶷，赋性坚定，言动不苟。其天性笃孝，曾言："养生送死有缺，不能瞑目。"景泰元年（1450）举人，三甲第三十八名进士。初为观政，奉户部檄赍赏辽东官军，却宴拒遗，处断在己。为监察御史七年，清肃俭约，毫无私干。奉敕巡关务，至修实政，高深如度，训练必精。时大同有警，饥民流入京师，众议述荒政施济之，黻曰："此为老生常谈，何如按奸赃，省冗费，以惠及百姓。"上陈备边四事，皆得其宜民。在出师荆襄时，主张"兵贵精，不贵多"。巡按大同，值妖僧惑众，误从者几千人，中丞欲剿灭之，黻认为不可，只杀其魁首，余皆全活。有柴甲兄弟七人，本非为盗，为怨家所诬，已毙四人，而三人仍当大辟，黻查清予以释放。擢浙江按察司副使，平反冤狱，用刑平当。其为秀才时，即坚挺无所挠，同辈曰："景章他日仕必廉洁敢死。"黻为官后曰："不可以常品料，必珠玉满前、鼎镬在侧，斯时始见真廉敢死耳。"卒祀乡贤。孙应亨，天启进士，郎中。

【胡　澄】字永清。堂邑县（今聊城市东昌府区）人。天顺三年（1459）举人，翌年联捷三甲第五十七名进士。授河南仪封县知县，侦破杀人疑案，县人以为神。擢监察御史。卒祀仪封名宦祠。

【秦　崇】（？—1491）字智崇。单县人。博学能诗。天顺三年（1459）举人，翌年联捷三甲第九十三名进士。成化四年（1468）十月，由兵科右给事中，升都给事中。在谏垣有敢言声。成化七年（1471）五月，改南京太仆寺少卿。成化十七年（1481）七月，改南京光禄寺卿。弘治元年（1488）四月，在丁忧服除后，又改南京太仆寺卿。弘治三年（1490）正月，出为南直隶应天府尹。次年八月病卒。

天顺四年庚辰科

天顺八年甲申科

天顺七年（癸未）会试，因试场焚燬，改至八月举行，殿试也推迟到次年（甲申）三月。因此本科也称癸未科。本科录取一甲三名，二甲七十五名，三甲一百六十九名。其中山东十一名。

【郭　玺】（1433—1474）字文瑞。成武县人。少失父，事母甚孝。景泰四年（1453）举人，二甲第三十八名进士，选庶吉士。以请解馆激怒内阁首辅李贤，遂授工部营缮司主事，风岸卓卓。有得宠宦官黄顺命家人嘱以私，玺叱之。黄顺惧罪折其家人二指，面奏玺"侵削酷暴"，玺被逮捕责问，人皆危之，玺固自若。宪宗复命搜其家，唯图书、旧衣、破篚、补被而已。宪宗怒责黄顺曰："尔奏郭玺如彼是诬之也。"将黄顺黜之南京。迁玺兵部武库司主事，升吏部员外郎。其家无私谒，有公事不能决者一言定之。有同部主事姚璧投书嘱以私事，玺予揭发。刚直之声，闻于朝野。宪宗曾书其名于御屏曰："清介官郭玺。"成化十年（1474）得疾，乃上疏乞归，命未下而卒，年四十一。

【陈　清】（1438—1521）字廉夫。益都县（今青州市）人。天顺三年（1459）举人，二甲第四十九名进士。授户部主事，升员外郎、郎中。弘治十二年（1499），由山西布政司左参政，迁都察院右副都御史，巡抚郧阳等处。弘治十四年（1501），迁户部右侍郎，提督仓场，陈言三十四事，清理马房冗费十八万。正德元年（1506）五月，迁南京工部尚书。忤刘瑾，为瑾矫诏令致仕。正德十六年（1521）六月卒。父俊，举人，县教谕；子策，知县。

【梁　谨】武城县人。天顺三年（1459）举人，二甲第五十一名进士。授户部主事，升员外郎。出为陕西布政司参议。

【赵　纲】县志载作钢。济宁州（今济宁市）人。天顺三年（1459）举人；三甲第十六名进士。授行人司行人。

【朱　清】字熙之。济宁州（今济宁市）人。景泰元年（1450）举人；三甲第三十七名进士。官南京兵科给事中。时军政不肃，壮者投权门，老弱备行伍。清奉诏核阅，弹劾不避权势，清出精兵。有人劝其隐默自全，清曰："某受天子耳目，寄早夜，惧负平生，顾唯身家自利乎？默默不出一语，以冒宠荣，宁不内愧。"后终与权贵忤，被谪四川布政司照磨。巡抚荐其才，转浙江天台县知县，卒于官。

【陈　达】字兼善。日照县（今日照市东港区）人。景泰四年（1453）举人，三甲第六十四名进士。由户部主事，仕至河南怀庆府知府，有惠政。有巨盗纵横，达单骑往谕遂散其众。有故人密以金托者其人死，达将金召还其子，乡人以为难。岁大饥，教民以豆做粥，全活者众多。沁济河洪水暴涨，冲毁古阳堤，达督众抢修，三个月告成，百姓立石颂扬。卒祀乡贤。

【官　廉】字汝清。平度州（今改市）人。生而岐嶷，骨相器宇不凡。七岁入塾能文，语辄惊人。十九岁，天顺六年（1462）举人。三甲第一百二十一名进士。为人刚而不躁，介而能容，与人相交有始终。授工部虞衡司主事，改户部福建司，出督浙木，监理京仓，宿弊尽除。成化十四年（1478），直隶静海贵戚侵渔民田，廉奉命按治。又奉命到直隶河间府赈济水灾饥民，经多方筹划，全活者数万人。上奏六事，即广赈籴、公地利、除民患、裁冗员、宽马政、修武备，皆报可。旋升本部员外郎，凡奏牍必嘱议而后进。成化十六年（1480），景州阜平一带皇庄侵占民田数万顷，廉奉命查办，内侍语廉曰："田如归我，讲官可得也。"廉曰："以万人命易一官，吾弗为也。"廉将所占之田尽归于民。升本部郎中，督饷蓟东，矢勤矢慎，毫不懈怠，旧日宿蠹悉革之。不三年，比旧储增加三倍。其向朝廷建议，在丰润县新建仓储，将南方供应蓟东的粮饷分一半储于此地，以供山海关、永平驻军之需，大大减轻了士兵"移兵就食"之苦。正拟大用，以病卒，仅四十一岁。其为官精明果敢，有胆略，人赞其"不愧古国士风"。生平孜孜问学，诗必以李、杜为法，又酷嗜晋人遗帖，虽疾犹临仿不辍。著有《运甓稿》、《瀛洲集》、《蓟东集》等。弟贤，弘治进士，提学；侄一夔，正德举人，府同知，著有《环亭集》；曾孙延泽，隆庆举人，知县，多著述。

天顺八年甲申科

【张文昭】字应奎。军籍山东平山卫。乡贯江西萍乡县。天顺六年（1462）举人，三甲第一百四十六名进士。为刑部郎中时，明断疑狱，多所平反。弘治元年（1488），由河南按察司副使升至按察使。弘治三年（1490）三月，迁都察院右佥都御史，巡抚贵州（县志误载为云南、贵州）。在任驾驭将校，有恩有威；安抚少数民族，归心悦服。次年三月，奉召回京协理院事，参佐风纪，锐精治理，朝野惮其威棱。丁母忧，特诏予祭。卒于家，祀乡贤。

【冯　续】字承宗。昌邑县（今改市）人。天顺三年（1459）举人，三甲第一百四十七名进士。授兵部主事，命守山海关，劾巡抚不职，夺其官。迁户部郎中，监理通、徐二州税务，总管蓟东边储，以廉能称。奉命出赈陕西饥民，全活甚众。擢山西布政司右参政,升至左布政使。弘治四年(1491)十月,迁都察院右副都御史,巡抚陕西,筹划边务,恩威并行,军民仰戴。弘治七年(1494),以甘州被寇,受劾为民。

【邢　干】军籍云南临安卫,乡贯山东沂水县。天顺三年(1459)举人,三甲第一百五十二名进士。仕至部郎中。

【郭　鼎】武城县人。景泰七年(1456)举人,三甲第一百六十七名进士。授户部主事,改浙江处州府通判。

成化二年丙戌科

本科录取：一甲三名，二甲九十八名，三甲二百五十二名。其中山东二十二名。

【鲍克宽】县志载作克恭。官籍山东兖州护卫，乡贯南直隶寿州。天顺三年（1459）举人，二甲第二十二名进士。仕至府同知。

【毕　用】军籍辽东定远前卫，乡贯山东巨野县。成化元年（1465）举人，翌年联捷二甲第四十一名进士。仕至河南怀庆府知府。

【杨　溥】省志载作浦。军籍直隶德州左卫（域属山东），乡贯山东掖县（今莱州市）。成化元年（1465）举人，翌年联捷二甲第五十一名进士。仕至按察司佥事。

【邹　袭】原籍江西永新县。康熙《山东通志》载军籍济南卫。二甲第六十名进士。仕至南京兵部武选司郎中。居官清苦，及归杜门三十余年不出，以诗文自娱，士大夫往谒者未曾干以私，乡人推重之。

【张　海】（1436—1498）字文渊。德州（今德州市）人。天顺三年（1459）乡试解元，二甲第八十七进士。授户科给事中，升至户科都给事中（县志载为吏科），上陈时政得失，参劾两京大臣，以刚直不屈称。由直隶顺天府丞，改云南鹤庆军民府知府。弘治元年（1488），迁顺天府尹。次年十一月，迁兵部右侍郎。据《明史》载，弘治时，吐鲁番阿黑麻，攻侵哈密，轻视朝廷。朝廷乃薄其赐赉，或拘留使臣，却其贡物，敕责令悔罪。朝廷在哈密立陕巴为忠顺王。阿黑麻进攻哈密，执陕巴。弘治六年（1493）四月，朝廷命海以都察院佥都御史、兵部左侍郎，与都督同知缑谦二人，赴哈密经略此事，目的是降敕严责，令还陕巴与侵地。几经周折，目的并没有达到，而是放弃陕巴，哈密终没还。时以为庸臣。海回京后，言官交章劾其经略无功，被下狱，降山西布政司右参政。年余卒。有诗稿藏于家。

【高　弼】字良佐。武城县人。立身行己，俱有成矩。二十岁始受学。三十岁，于成化元年（1465）考中举人，翌年联捷二甲第九十六名进士。授户部主事，升员外郎，以廉慎称。成化间，在北征时以纳饷功，迁陕西布政司参议，为分守道员，处置边粮，蒙慰赐币。升布政司参政。以疾致仕。

【傅希说】字某成。武城县人。天顺三年（1459）举人，三甲第九名进士。授户部主事。弘治四年（1491）五月，由河南按察司副使，升广西按察使，有政声。弘治七年（1494）四月，以战事忤当道，被左迁浙江处州府知府，卒于官。

【孙　敬】安丘县（今改市）人。天顺三年（1459）举人，三甲第二十二名进士。授监察御史。

【袁　祯】字贞志。原籍江西丰城县，移籍山东兖州（今改市）。天顺六年（1462）举人，三甲第四十三名进士。授安徽歙县知县，为政廉明，以清白自励，凡利民事，皆因势利导之，吏民爱戴。仕至监察御史。

【吴　润】字公泽。德平县（今属德州市）人。性敏悟，读书过目成诵。天顺六年（1462）与弟同榜举人，三甲第四十七名进士。仕至户部云南司员外郎。敦尚素节，如同寒士。以病卒于官。祖父达，永乐举人，知府；弟溥，成化进士，未仕卒。

【刘　魁】（？—1501）字士元。高唐州（今改县）人。天顺三年（1459）举人，三甲第一百零三名进士。授南直隶赣榆县知县，多劳绩。擢监察御史，巡按苏、松、常、镇盐政，弭盗有功。时淫雨害稼，魁抗疏力请得蠲贷，士民肖像祀之。监临浙江乡试，人无间言。以直道被左迁湖广黄梅县丞。丁母忧归。弘治初，屡荐不起，卒于家。著有《勉疆斋稿》（《山东通志》载《强勉稿》）。子孝，弘治进士，按察司佥事。

【刘　瓒】字廷璧。益都县（今青州市）人。成化元年（1465）举人，翌年联捷三甲第一百四十三名进士。仕至陕西按察司副使。

【陈　谊】德州（今德州市）人。景泰四年（1453）举人，三甲第一百四十六名进士。仕至知府。

【张　凤】济宁州（今济宁市）人。景泰七年（1456）举人，三甲第一百六十四名进士。授南京户部主事。

【徐　舟】字楫之。曹州（今菏泽市）人。天顺六年（1462）举人，三甲第一百六十五名进士。授行人司行人，奉使楚、豫，谢绝馈遗。诸王礼币亦却之不受。擢监察御史，巡按直隶、山西盐政，请发枉法银给受掠边民。跟从兵部尚书项忠出征有功。还京，劾宦官汪直不法。督学畿内。又掌京畿道监察御史，上疏十事，首斥异端，复论阁臣及内宠，声震朝廷。出为四川按察司副使，整饬叙泸兵备道，平乱赈济。未几，出使抚谕琉球。回京，在协征西番中，以功最超擢兵部侍郎，仍督军务。丁母忧，以疾休致，六十八岁卒于家，崇祀乡贤。父思学，举贤良方正，知县。

【张　廉】字惟洁。益都县（今青州市）人。天顺三年（1459）举人，三甲第一百八十一名进士。授吉王府长史。

【郭　镗】字子声。恩县（今属德州市）人。成化元年（1465）举人，翌年联捷三甲第一百八十四名进士。擢兵科给事中，知无不言。成化六年（1470），郊祀甘露降，大臣欲称贺，镗力持不可。时河湟兵不解，奉诏经略，易置诸将。事竣，上陈备边三十策，宪宗皆嘉纳。由都给事中，迁通政司右参议。成化十六年（1480）八月，迁都察院右佥都御史，巡抚宣府。次年，改巡抚大同。奏请加强边备设施，参劾中官不法事。成化二十年（1484）二月，又巡抚辽东。以坐"大同匿虏事"，追论被谪四川射洪县知县。旋升云南按察司佥事，以疾乞归。镗博通群籍，喜读兵书。曾谓其弟曰："我病缓，汝病急，可取弦、韦各一名，居以自儆。"因号弦庵。弟钰，成化进士，未仕。孙桢，嘉靖举人，知县。

【梁　镛】高唐州（今改县）人。天顺三年（1459）举人，三甲第一百九十名进士。仕至浙江布政司右参议。

【李　芳】字德馨。利津县人。有文行。天顺六年（1462）举人，三甲第二百零四名进士。授监察御史，谨敕奉法，不避贵势。有内珰令人诬兵部尚书项忠图谋不轨，芳上疏为其申辩澄清。巡按山西，值岁荒，奏请发帑赈饥，存活者数以万计。又巡按畿内八府，治绩卓著。成化二十年（1484），由江西按察司副使，升按察使，剔弊除奸，凡可为国为民者率先攘臂为之，没有顾忌。成化二十三年（1487）正月致仕，六月被除名。为官数十年，不置家产，归时如儒士，宦囊萧然。筑草堂两楹，集弟侄数十人教授举子业。祖父益，洪武岁贡，右布政使；父聪，永乐举人，县教谕。

【蒋　昺】（1443—1515）字克明。丘县（今属河北省）人。天顺六年（1462）举人，三甲第二百零八名进士。初授行人司行人，擢贵州道监察御史。以弹劾统领西厂的御马监太监汪直，被贬四川建昌卫知事。后由南直隶长洲县等知县，擢按察司佥事，先后分巡湖广辰沅道和山西河东道。致仕归。

【侣　钟】（1439—1511）字大器。郓城县人。《明史》有传。天顺六年（1462）举人，三甲第二百一十名进士。授监察御史，巡按两淮盐政，继而又巡按浙江，回京掌诸道章奏。宦官汪直讽钟劾时为兵部右侍郎的马文升，钟不肯，被诬受杖。以都察院都御史王越荐，擢大理寺丞，迁右少卿。成化二十年（1484），大同告急，朝廷命钟巡视保定诸府。遂以都察院右副都御史巡抚其地，兼提督紫荆等关。河间濒海民地为势家所据，钟予夺还。次年五月，迁刑部右侍郎。

母去世，钟租赁运艘载母柩归，督漕总兵官王信劾奏，钟被逮下吏部审查。又会当路逐吏部尚书尹旻党，而钟与尹旻为同乡，乃贬为云南曲靖府知府，改南直隶徽州府，复入为大理寺左少卿。弘治三年（1490），以都察院右副都御史，巡抚苏、松诸府，尽心救济饥荒。弘治七年（1494），召为户部右侍郎，总督仓场。旋改吏部右左侍郎。弘治十一年（1498），迁都察院右都御史。弘治十三年（1500），升为户部尚书。弘治十五年（1502），钟上"天下会计之数"，认为"常入之赋，以蠲免渐减，常出之费，以请乞渐增，入不足当出。今太仓无储，内府殚绌，而冗食冗费日加于前"，劝说皇帝"惕然省忧，力加损节"。并请敕谕廷臣共求所以足用之术。皇帝下廷臣议，议上十二事，其多涉及权幸所不便者。疏留数月不下，钟乃复言之。其他皆报可，而事关权幸者终格不行。东厂侦事者发钟子受金事，钟屡疏乞休，命驰驿归。弘治十七年（1504）致仕。正德时，权阉刘瑾摭钟在部时事，致罚米者三。钟于正德六年（1511）卒，年七十二。子璞，弘治举人，府同知；曾孙海清，万历举人，著有《玉树馆集》。

【陈　鼎】字孟安。曹州（今菏泽市）人。自幼颖悟过人。为诸生时知州试之，叹曰"奇才"。成化元年（1465）举人，翌年联捷三甲第二百一十八名进士。由浙江龙游县知县，擢监察御史，巡按南直隶，奏改太仓为州，方便于民。所至摧奸击暴，虽权贵亦不挠。仕至湖广按察司副使。

成化五年己丑科

本科录取：一甲三名，二甲七十五名，三甲一百六十九名。其中山东二十名。

【言　芳】字时荣。邹平县人。博学谨守。天顺六年（1462）举人，二甲第十四名进士。仕至直隶广平府知府，多善政。

【尹　龙】字舜臣。历城县（今济南市）人。成化四年（1468）举人，翌年联捷二甲第十八名进士，选庶吉士，授编修。未几，升侍讲。内阁大学士万安深疾其父，唆使言官劾龙招权纳贿，被逮下诏狱，命三法司、锦衣卫鞫之，旋黜为民。祖父宏，永乐举人，知府；父旻，正统进士，翰林，吏部尚书。

【杨光溥】沂水县人。成化元年（1465）举人，二甲第三十三名进士。授刑部主事，升至郎中。时魏国公兄弟仇讦累年，光溥理之即决。出为山西按察司副使。致仕归。工诗文，著有《沂州文集》、《剪灯琐谈》、《月屋樵吟》、《梅花集咏》、《素封亭稿》传世。

【勒　玺】字荆玉。曹县人。成化元年（1465）举人，二甲第五十九名进士。授刑部主事。

【李　介】（1445—1498）初字守贞，改字守正，号贞庵。高密县（今改市）人。成化元年（1465）举人，二甲第六十一名进士，选庶吉士，改监察御史。其遇事辄论奏，忤帝意，遭廷杖。巡按两浙盐政，还京掌河南道事。以四方灾伤，上陈时政数事，多被采用。受上司指派，作为总揽，率同列论奏被廷杖者。为监察御史九载，又历大理寺右丞、右少卿、左少卿。弘治元年（1488），以都察院右佥都御史，巡抚宣府，旋召回都察院佐事。先后升兵部右左侍郎。弘治十年（1497）夏，大同有战事，奉命以都察院左佥都御史，总督军务，兼理粮饷。其分遣将士，授以方略，四道并出，威声大振。其检查沿边城堡，视其要害，以为筹划，上陈二十余事，皆被议行。弘治十一年（1498）正月，以积劳卒于官，年五十四。赠兵部尚书，赐祭葬，祀乡贤。子昆，弘治进士，都察院右副都御史、巡抚；孙光祚，知府。

【崔　升】宣统《山东通志》载原籍山东乐安县（今属东营市），《题名碑录》载军籍河南安阳县。二甲第六十五名进士。历工部主事，迁兵部武选司员外郎。时星变诏求直言。升疏言宦官梁芳、李孜省和妖僧继晓罪，"请亟诛窜"。被改职南京，时九卿条奏为激切者。虽触帝怒，以方修省，故不罪。而险被以皇帝密谕迁贬远恶之地。后历外任延安府知府、四川布政司参政。守官廉居，常服布袍，生活俭朴。归里三十年，八十岁卒。子铣，弘治进士，翰林，南京礼部右侍郎。

【昝　诚】高密县（今改市）人。幼好学，事母尽孝。成化元年（1465）举人，二甲第七十一名进士。屡迁兵部郎中，事无巨细，必尽心力。受到兵部尚书余子俊器重，所条奏便宜二十条，多被采行。

【王　珣】字润德。曹县人。元进士、户部尚书茂世孙。天顺六年（1462）举人，三甲第二十六名进士。授河南太康县知县，改信阳县。擢南京四川道监察御史，巡按苏、松。按例，凡获盗三百者，可升四品俸。时部中所获达数千人，珣不肯杀人求进，复按非实，多所平反。升浙江湖州府知府，制定均赋办法，以防多寡、轻重不均而构成民病。弘治六年（1493），升河南布政司右参政，先后迁右左布政使。弘治十一年（1498）十月，迁都察院右副都御史，巡抚宁夏。宁夏孤悬河北而境土狭小，实行先守后战，浚贺兰山渠，以广屯田，并借以阻敌骑冲突。所上陈宁夏十事，备边六事，应议八事，皆见允行。弘治十五年（1502）致仕，卒于家，赐祭葬。著有《边备奏稿》、《边务奏稿》各十卷和《应议奏稿》、《南轩诗稿》各二卷。七子中，有一举人（崇儒）、四进士（崇仁、崇文、崇献、崇俭）。

【胡　璘】济阳县人。成化四年（1468）举人，翌年联捷三甲第三十四名进士。授监察御史。

【李　晟】字孔阳。濮州（今属河南范县）人。成化四年（1468）举人，翌年联捷三甲第三十七名进士。有经世之志。授河南宜阳县知县，召试监察御史，后改都察院经历。晟喜谈兵，又上言边事，渐渐不乐于政务。出为湖广汉阳府通判，仍热衷于谈论军事，对政务更加讨厌。被奏谪云南曲靖府知事，不赴。弘治中，上其所著《文武通训》、《六经举要》、《正兵跋语》、《正兵要旨》、《法象备用》、《前后兵极》诸书，会大臣有举荐，诏改都察院照磨，命往大同参军事，至则更造兵车、火器三十四具。镇巡大臣亦器重其才，授其湖广郧阳府同知，但并非己志。其又上所著《平寇兵戎》、《经世通略》，不报，乃告归。其还著《安攘六论》、《古今经略》二书。晟自比诸葛武侯，每议论旁若无人，故人多恶之。八十二岁卒。

【李　谦】滋阳县（今兖州市）人。景泰四年（1453）举人，三甲第六十一名进士。由兵科给事中，升湖广布政司参议。

【李延寿】新城县（今桓台县）人。天顺六年（1462）举人，三甲第六十六名进士。由太常寺博士，擢监察御史。以直谏被谪南直隶绩溪县主簿。其政绩显著，绩溪人为立去思碑。为人刚正廉洁，不屈不挠，有古大臣风。历河南布政司右参政、浙江按察使、陕西右布政使（县志载为左布政使）。卒祀乡贤。

【刘　灌】字惠民。济宁州（今济宁市）人。景泰七年（1456）举人，三甲第八十五名进士。授户部主事，监理汤山草场，禁除代纳。京师饥，诏出官粟平粜，灌檄宛平、大兴检给，不准豪猾私卖要利，谷价顿平。又督通州、天津诸仓。仕至本部员外郎，卒于官。

【王　坦】字彦平。平原县人。天顺六年（1462），举人，三甲第一百零六名进士。由礼科给事中，升至刑科都给事中。正直敢言，不避权贵。疏言不宜待番僧以殊礼。对秋后录囚，建言宜从容详狱，务令得情实。有皇庄戚畹侵夺民产，请遣官详勘，还之于民。外戚王源，为锦衣卫都指挥使，本来赐地二十顷，家奴怙势，仍侵占静海县民田一千二百二十余顷。经坦举劾使其受到皇帝切责，并归还多占民业。内阁首辅彭时擅权，多失政，坦直言论之。因积忤上意太多，被坐谪广西北流县主簿，却处之夷然。又屡迁南直隶扬州府知府，仕至布政司参政。其高风亮节为世人推重之。

【熊　佑】字良佐。博兴县人。成化元年（1465）举人，三甲第一百零九名进士。任南直隶镇江府知府时，值岁大祲，请蠲逋税，平粜官府储粮，煮粥赈饥，全活无数。修筑练湖石堰，以便蓄泄。开凿鲍村、陈渎等港，以收束丁角、延陵诸水。开引烂泥洪水，灌溉沙田千顷。对所属三邑徭户亲加编审，胥吏不得上下插手作弊。兴学校，举孝廉，铸祭器，严庙祀。巡抚王端毅以"有公辅之器"举荐，弘治十年（1497）二月，由陕西布政司右参政，迁湖广右布政使，又升四川左布政使。弘治十七年（1504）致仕。

【刘　昂】字廷举。海丰县（今无棣县）人。天顺三年（1459）举人，三甲第一百一十七名进士。授工科给事中，升户科都给事中。简静刚直，弹劾不避贵幸。以建言被严旨谪云南姚安军民府通判，旋擢四川叙州府知府。岁值荒歉，勤加抚育。丁父忧，除服，补陕西庆阳府知府。为官清明，多有惠政，一方安定。去之日，士民攀辕遮道相送。升浙江布政司参政，未及任而卒。祀庆阳名宦祠和本邑忠义孝悌祠。

【刘　瓛】（？—1515）字廷珍。榜载军籍山东济南卫，乡贯江西安福县。成化四年（1468）乡试解元，翌年联捷三甲第一百五十八名进士。授刑部广东司主事，

成化五年己丑科

升至郎中。才识明决，折讼称平。据《广东省志》载：其历至大理寺丞，在成化十三年（1477），被贬广东连州知州，以治绩迁南直隶苏州府同知。璘于弘治九年（1496）十一月，由陕西布政司左参议，以都察院佥都御史，巡抚大同。在任多奏边备，募兵买马，勤于用事。弘治十二年（1499），马营被敌军攻陷，璘闻警不仅不调兵，反而派遣给事中吴世忠等往按之。璘为此被召还别用为大理寺左少卿。吴世忠劾其"废弛边备，隐匿边情，贻患地方。不该戴罪调用，而应重罚。请以军法议处其罪"。但孝宗以已有前旨为由，并未对璘进行追究。正德二年（1507）十一月，又以都察院左佥都御史，巡抚辽东。次年八月，加都察院右副都御史。未一年致仕。正德十年（1515）病卒。璘自为墓志，只写生平勤苦之节而已。弟现，知县。

【王　问】武城县人。成化四年（1468）举人，翌年联捷三甲第一百六十一名进士。由部郎中出为直隶永平府知府，有政绩。以山西布政司参政致仕。子行可，弘治举人，刑部员外郎。

【张　伦】黄县（今龙口市）人。幼好学，知孝让。成化四年（1468）举人，三甲第一百六十二名进士。授户部主事，督通州粮储。例有朝中权贵监理，极为掣肘，伦杜请托，抑权要，严出入，仓场肃清，权贵信服，以礼相待。升户部郎中，督理大同军饷，率兵援助朝廷平乱受到奖赏。转兵部武选司郎中，以守正不阿，忤权贵意，被谪南直隶和州同知。以治绩升浙江衢州府知府，力平冤狱。其致仕时，囊无百金，民攀辕泣恋不舍。曾孙名藩，万历进士，南京工部员外郎。

【解　敏】德州（今德州市）人。成化元年（1465）举人，三甲第一百六十九名进士。授部主事。

成化八年壬辰科

本科录取：一甲三名，二甲七十八名，三甲一百七十名。其中山东十三名。

【王　宏】军籍留守左卫，乡贯山东文登县（今改市）。成化七年（1471）举人，翌年联捷二甲第六十名进士。仕至河南右布政使。

【李翰章】滋阳县（今兖州市）人。成化元年（1465）举人，二甲第六十五名进士。仕至部员外郎。

【赵　润】济宁州（今济宁市）人。成化元年（1465）举人，三甲第八名进士。仕至户部郎中。

【张凤骞】邹平县人。成化四年（1468）举人，三甲第二十六名进士。仕至太仆寺丞。

【宋　端】字民表。祖籍湖广江阴县，移籍山东阳信县。天顺三年（1459）举人，三甲第三十五名进士。仕至南直隶徽州府同知。

【吴　溥】字公济。德平县（今德州市）人。天顺六年（1462）与兄同榜举人，三甲第三十七名进士。通五经性理之学。未授官卒。祖父达，永乐举人，知府；兄润，成化进士，户部员外郎。

【李　瑛】军籍腾骧右卫，乡贯武定州（今属滨州市）。三甲第四十八名进士。

【阎　琮】蓬莱县（今改市）人。景泰七年（1456）举人，三甲第五十一名进士。历大理寺评事、江西南昌府知府、河南布政司参政。

【王　雄】字镇远。夏津县人。性刚方。成化七年（1471）举人，翌年联捷三甲第五十四名进士。授刑部主事，升至郎中，廉能有声。有监察御史不法，众难其审理，交雄审讯，依法行事，令其折服，人赞称："不畏强御，唯有王雄。"雄越数年致仕卒。

【王　璟】（1447—1533）字廷采，号东皋。沂州（今属莒县）人。《明史》有传。成化七年（1471）举人，翌年联捷三甲第八十七名进士。授河南登封县知县，以清节闻。历两京监察御史。弘治十三年（1500）七月，由光禄寺少卿，迁南京鸿胪寺卿。次年，迁都察院右佥都御史，清理两淮盐政。弘治十六年（1503）九月，以都察院右佥都御史，巡抚浙江。浙东大饥，奉命赈荒，奏行荒政十事，多所全活。次年十二月，以都察院右佥都御史，巡抚保定，提督雁门等关。武宗立，诏许太监夏绶、张峻、傅琮等人，在地方加收苛捐杂税，甚至包括苇场税、小河往来客货税。又以皇庄田地故，逮捕百姓二百余人，以致造成畿南骚动。璟抗疏切谏，尚书韩文等力持之，使管庄太监得以召还。正德元年（1506）四月，引疾致仕。正德三年（1508），被刘瑾矫诏罢职，冠带闲住。正德六年（1511）二月，在刘瑾被诛后，璟被再度起用，以都察院右佥都御史，巡抚山西。其制火枪万余，枪藏毒箭六枝，农民军闻之，不敢入晋境。是年十月，迁都察院右副都御史，回京掌理院事。正德八年（1513）三月，迁兵部右侍郎；七月，改吏部右侍郎。次年二月，转吏部左侍郎。正德十年（1515）五月，以都察院右都御史，总督甘肃，旋召还，先后为都察院右左都御史，加太子少保。正德十六年（1521）四月致仕。嘉靖十二年（1533）卒，年八十七。赠少保，谥"恭靖"，祀乡贤。

成化八年壬辰科

【徐　广】字居仁。曹州（今菏泽市）人。成化四年（1468）举人，三甲第一百零一名进士。授南直隶句容县知县，为政三载，有政声。丁母忧，服阕，授监察御史，未赴任而卒。

【陈　理】军籍直隶德州左卫（域属山东），乡贯南直隶溧水县。成化七年（1471）举人，翌年联捷三甲第一百零四名进士。授知县。

【洪　汉】（1441—1510）字天章，号云庵。章丘县（今改市）人。成化四年（1468）举人，三甲第一百四十六名进士。授工部主事，屡迁江西布政司左参政。以平乱功，又升四川右布政使、陕西左布政使。弘治十一年（1498）十一月，擢都察院右副都御史，巡抚大同，条陈地方便宜八事，多见施行。会朔州白天星陨，汉奏以为夷狄侵中原之兆。不久，边师失利。汉上疏自劾，并劾失事者。由此，竟为中贵所构陷，在弘治十三年（1500）六月召还，被革职。归里之日，贫不能自给。时有人鸣不平，以白灰书于朝堂，有"陈尧重贿翻留职，洪汉无钱却去官"之句。台省交章举荐其才猷素著，宜重新起用。但因忌恨者当道阻挠，终未能复官。正德五年（1510）卒，年七十，祀乡贤。

成化十一年乙未科

本科录取：一甲三名，二甲九十五名，三甲二百零二名。其中山东十八名。

【陈　珍】军籍辽东义州卫，乡贯山东青州（今改市）。成化十年（1474）乡试解元，翌年联捷二甲第三十名进士。

【杨　荣】济宁州（今济宁市）人。成化七年（1471）举人，二甲第三十八名进士。仕至南京礼部员外郎。

【毕　亨】（？—1515）字嘉会。新城县（今桓台县）人。成化十年（1474）乡试亚元，翌年联捷二甲第六十八名进士。授吏部主事，升员外郎、郎中。历顺天府丞、两淮盐运同知（以诖误左迁）和按察司副使。弘治十五年（1502）六月，由湖广布政司右参政，升浙江右布政使，迁陕西左布政使。弘治十七年（1504）五月，迁都察院右副都御史，巡抚甘肃。次年又改巡抚凤阳。丁忧，服除，于正德三年（1508）八月，补南京工部右侍郎。十月，兼都察院右佥都御史，赈济河南。正德四年（1509）六月，改京师工部右侍郎，旋升工部尚书。次年九月，改南京工部尚书。亨器度宏伟，忠鲠狷介，为政三十余年，风裁凛凛，所至有冰蘖声。以奏宦官不当立祠，被罢归。正德五年（1510）致仕。正德十年（1515）卒于家，祀乡贤。父理，天顺举人，知县；子昭，弘治进士，都察院右副都御史、巡抚。

【王　懋】沂州（今临沂市）人。成化十年（1474）举人，翌年联捷二甲第九十五名进士。仕至郎中。

【曹　英】字世杰。寿张县（1964年撤销，分属山东阳谷县和河南范县）人。天顺六年（1462）举人，三甲第二十名进士。授河南永宁县知县，有治声。擢监察御史，振肃风纪，时称"铁面御史"。仕至浙江按察司佥事。

【佟　珍】军籍辽东定辽中卫，乡贯山东青州府。三甲第二十七名进士。

【周　洪】字宽夫。武城县人。成化四年（1468）举人，三甲第七十九名进士。授河南项城县知县，奏毁贵戚不法所建店舍，及时灭蝗不为成灾。擢监察御史，屡陈时政，多见采纳。时山西大饥，建议调粟赈济，活民数万。以言事谪四川永宁宣抚司经历，改河南光山县知县，多有惠政，光山人为立生祠。擢四川按察司佥事，又赈济饥民千余人。以鲠直忤权贵，旋致仕。卒祀乡贤。子延龄，弘治举人，知县。

【李思明】济宁州（今济宁市）人。成化十年（1474）举人，翌年联捷三甲第八十三名进士。正德四年（1509）八月，由湖广布政司右参政，先后迁广东右左布政使。正德六年（1511）正月去职闲住。

【王　举】邹县（今邹城市）人。成化元年（1465）举人，三甲第九十四名进士。授南直隶赣榆县知县。

【陈　忠】莒州（今属日照市）人。成化十年（1474）举人，翌年联捷三甲第一百零一名进士。由刑部郎中，出为浙江处州府知府。平生守正不阿，孤介廉洁，清操始终如一。子言，弘治举人，府同知。

【张　宾】（1439—1517）字廷宾，号东庄。单县人。未第时，夜读书，邻女就之，叱不纳。成化十年（1474）举人，翌年联捷三甲第一百三十四名进士。授睢宁县知县，改金坛县。升监察御史。巡按山海关、真定。其与吏部尚书王恕、户部尚书李敏和给事中赵铉，先后奏请治太监蒋琮罪，宪宗不听。出为湖广按察司佥事。弘治十八年（1505），由浙江按察司副使，升江西按察使，抑制宁藩，不受请托。正德二年（1507）正月，迁南京光禄寺卿，以拒贿得罪逆宦刘瑾，迫令致仕。正德十二年（1517）卒，年七十九，赐祭葬，祀乡贤。著有《增补武林旧事》八卷、《澹居草》等。

【冯允中】茌平县人。天才俊逸，髫龄连第。成化十年（1474）举人，翌年联捷三甲第一百四十四名进士。仕至江西按察司副使，以廉能称。父伦，成化举人，府推官。

【李　毓】军籍武功中卫，乡贯山东武定州（今滨州市）人。三甲第一百四十七名进士。

【张　鼐】（？—1510）字用和。历城县（今济南市）人。《明史》有传。成化七年（1471）举人，三甲第一百五十名进士。授山西襄陵县知县，擢监察御史。宪宗末年，数忤言官，鼐力谏不止。以劾宪宗所宠方士李孜省和妖僧继晓、方士邓常恩等，帝心恶之。其巡按江西，就"盗贼多强宗佃仆"事，与巡抚闵珪交奏，鼐被诬为尹旻党（尹旻，历城县人，吏部尚书），闵珪与鼐均被谪官。鼐被贬湖广郴州通判。孝宗即位，鼐被起用河南按察司佥事，进布政司参议。又以协治黄陵冈连迁按察司副使、按察使。值黄河泛涨，督治有功，民为立生祠。弘治十五年（1502）八月，迁都察院右佥都御史，巡抚辽东。时军政久弛，所上定马制、核屯粮、清隐占、稽客户、减军伴数事，悉被允行。劾分守中官刘恭贪虐罪。修筑边墙千余里。鼐之前四任巡抚多得罪去，而鼐被以能称。弘治十八年（1505）十二月，改巡抚宣府。正德元年（1506），迁都察院右副都御史，总理都察院事。有吏杀人，刘瑾纳重贿，欲求宽免，萧执不可，而被改为南京都察院右都御史。又受刘瑾诬陷，被逮下狱削职为民。刘瑾诛，萧复原官。学者称其柏山先生。正德五年（1510）八月卒。祖父璘，永乐举人，光禄寺署丞。

【周　冕】泰安州（今泰安市）人。成化四年（1468）举人，三甲第一百五十五名进士。仕至太仆寺丞。父昭，宣德举人，周王府长史。弟旻，成化举人，知州。

【李　逊】字敬之。阳信县人。成化元年（1465）举人，三甲第一百六十二名进士。授大理寺评事，升寺副，多所平反疑狱。奉命赈济关中，遇大疫千方百计施以救治，全活十余万众。弘治九年（1496）二月，由陕西按察司副使，整饬洮岷兵备道，升四川按察使，扶民绳恶，善政卓著。

【张　雄】字鹏飞。范县（今属河南省）人。天顺六年（1462）举人，三甲第一百八十一名进士。授吏科给事中，奉敕核饷四川，还朝升都给事中。会大臣有树党援者，雄都不依附，被某人设谋中伤，谪四川乌蒙军民府。未几，移南直隶滁州通判，迁湖广均州知州。改南直隶应天府治中。告归，六十五岁卒。

【刘　清】益都县（今青州市）人。天顺六年（1462）举人，三甲第一百九十七名进士。授给事中。父彧，正统进士，知府。

成化十一年乙未科

成化十四年戊戌科

本科录取：一甲三名，二甲一百一十名，三甲二百三十七名。其中山东二十四名。

【毕　孝】军籍河南卫，乡贯山东单县。成化十三年（1477）举人，翌年联捷二甲第二十六名进士。

【敖　山】（1441—1496）字静之，号石棱。莘县人。成化元年（1465）乡试解元，二甲第三十名进士，选庶吉士，授编修。从成化二十三年（1487）三月始，以按察司副使，先后充江西、山西提学。督学七载，两省士风丕变，科第得人。对儒学造诣颇深，遇人开口论道，据经传旁引曲证，多人所不能及。所撰篇章，峡驶川腾，奔放恣横，不刻意雕饰，而自给准绳。其文流布八方，与直隶浚县王越齐名，号称"江北二杰"。晚年数学精到。平生著述甚多，有《石棱传》、《灿然集》、《先天手策》传世。以疾归卒，祀乡贤。

【刘　濂】字宗周。临清州（今改市）人。操行狷洁。成化七年（1471）举人，二甲第三十三名进士。以工部郎中，榷税芜湖。升广西布政司参政。时广西山林土寇兴起，濂率官军进剿，对妄杀予以谴责。由此被记为首功。以病卒于任，囊无余钱，由左布政使舒清帮助，方得移柩归里。

【孙　珪】福山县（今烟台市福山区）人。幼承家学，行文有奇气。成化七年（1471）举人，二甲第四十一名进士，选庶吉士，改监察御史。由礼科左给事中，升都给事中。弘治十一年（1498）十一月，由山西布政司右参政，转陕西右布政使。弘治十五年（1502）正月致仕。父遇，正统进士，左布政使；兄珂，景泰进士，南京大理寺丞；弟琰，成化进士，尚宝司少卿。侄：檠，弘治进士，知县；乐，弘治进士，布政司参政。一门六进士，传为佳话。

【赵　璧】字润夫。军籍府军卫，乡贯山东历城县（今济南市）。成化七年（1471）举人，二甲第四十五名进士。授刑科给事中。时万妃家人骄横，璧奏劾，被谪四川荥经县主簿。弘治初年，改南直隶无为州通判，旋迁知州。又出为陕西按察司佥事，行至永昌卫金川堡，遇鞑靼千余骑，其挺身与战，斩首数十级，夺马数十匹。旋卒于官。朝廷嘉其功，遣官以羊、酒祀其家。

【袁　弼】章丘县（今改市）人。成化七年（1471）举人，二甲第五十九名进士。仕至刑部员外郎。子：公冕，弘治举人，府通判，多著述；崇冕，虽布衣，工词曲，亦多著述；轩冕，嘉靖进士，知府。

【崔文翰】曲阜县（今改市）人。天顺六年（1462）举人，二甲第八十名进士。授礼部主事。

【王　宏】军籍锦衣卫镇抚卫，乡贯山东日照县（今日照市岚山区）人。成化七年（1471）举人，三甲第二十四名进士。仕至按察司副使。

【李　华】军籍云南大理卫，乡贯山东莒州（今属日照市）人。成化十三年（1477）举人，翌年联捷三甲第二十七名进士。

【徐以贞】字本良。长山县（今属邹平县）人。性颖异，美姿容。成化十三年（1477）举人，翌年联捷三甲第五十六名进士。授直隶宁晋县知县，发奸摘伏，邑内肃然。听讼明察，有经年未决者，立为剖决。丁母忧，服阕，奏乞再授宁晋县知县，至则政事益励，邑得大治。擢福建道监察御史，以奏事不称旨，被外任福建松溪县知县，迁直隶霸州知州。又入为工部郎中，监修河南藩王府，劾中官周某浪费物料。出为河南怀庆府知府。正德四年（1509）三月，由河南布政司左参政，迁都察院右佥都御史，巡抚延绥。以"督师斩寇甚多"之近年未见之大捷，被特赐金币。是年十月，以忤刘瑾被逮下狱，罢官为民。次年五月，以西部战事，被起复巡抚保定（县志误载为顺天），兼理屯田。再次遭刘瑾中伤，被谪南直隶凤阳府同知。正德七年（1512）乞归，以原官致仕。著有《文集》行世。卒后，谥"忠正"，祀乡贤。

【苏　泰】历城县（今济南市）人。成化七年（1471）举人，三甲第六十五名进士。仕至按察司副使。

【房　明】长清县（今济南市长清区）人。成化四年（1648）举人，三甲第一百一十三名进士。仕至南直隶扬州府知府。卒祀乡贤。

【宋　汉】字天章。胶州（今改市）人。成化七年（1471）举人，三甲第一百二十九名进士。授直隶庆云县知县，以考最擢福建道监察御史，巡按两浙、畿辅，革奸剔蠹，风裁大著。升湖广按察司副使。以疾归。

【孙　识】字以蓄。商河县人。成化四年（1468）举人，三甲第一百三十四名进士。授户部主事，升至郎中，以狷介著名。出为陕西平凉府知府，兴利除奸，赈贫掩骼，作兴人才，屡辨疑狱。改湖广汉阳府，治绩尤多。居乡孝友，动必以礼乡人。子：孟和，正德进士，知府；孟举，弘治进士，按察司佥事。

【周　弁】高密县（今改市）人。成化元年（1465）举人，三甲第一百四十九名进士。授户部主事。

成化十四年戊戌科

【武　卫】沂水县人。成化十三年（1477）举人，翌年联捷三甲第一百五十七名进士。选庶吉士，授编修。历侍讲、侍讲学士。弘治十六年（1503）三月，升翰林院学士。正德元年（1506）四月，迁太常寺少卿，仍兼翰林院学士。侍讲经筵，多所献纳。以疾归，卒谥"文恪"。兄衢，成化进士，监察御史。

【马　龙】（？—1509）字文祥。齐东县（今属邹平县）人。成化七年（1471）举人，三甲第一百五十八名进士。授刑科给事中，被谪陕西岐山县县丞，改三原县知县。历河南汝宁府同知、开封府知府及湖广襄阳府知府。又迁浙江布政司参议、陕西按察司副使和广东、江西按察使，所在卓有政声。正德三年（1508）正月，在江西先后升右左布政使。次年病卒。父獒，贡生，府通判。

【马　懋】字德昭。军籍腾骧右卫，乡贯山东馆陶县（今属河北省）。成化十三年（1477）举人，翌年联捷三甲第一百七十五名进士。由行人司行人，升至刑部郎中。正德三年（1508）十二月，由四川布政司左参政，先后迁福建右左布政使，所在有治绩。正德六年（1511）正月去职闲住。

【张　晟】章丘县（今改市）人。成化十年（1474）举人，三甲第一百八十一名进士。授监察御史，出为山西太原府知府。

【唐　恺】字虞卿。阳信县人。成化十三年（1477）举人，翌年联捷三甲第一百九十二名进士。授户部主事，改刑部。出为南直隶扬州府知府，清操愈著，门无私谒。时扬州盐课年数万缗，过去的知府皆入私室，恺尽登记在册，一无所取。以疾卒于官。父诏，府同知。

【王　温】字景和。长清县（今济南市长清区）人。成化十年（1474）举人，三甲第一百九十四名进士。授监察御史，铁面虬髯，抨击权贵。时盐为利薮，而权贵却影射盐课累商，温上疏批驳，忤逆宦刘瑾意，被诬以"术取盐课，巧文沽誉"，遭到廷杖，而温却处之裕如。后以目疾乞归，于西郭外，营治花园，琴书诗酒，偃仰其间，不以世间浮沉为然，将缙绅所赠《骢马赋》、《花园文》刊行于世。

【韩　昂】军籍云南右卫，乡贯山东济宁州（今济宁市）。三甲第一百九十七名进士。

【谭　肃】字本恭。寿张县（1964年撤销，分属山东阳谷县和河南范县）人。成化四年（1468）举人，三甲第二百零一名进士。授直隶鸡泽县知县，民为立去思碑。历南京监察御史、陕西按察司副使，持廉守法如一。

【刘　玑】字玉衡。临清州（今改市）人。成化七年（1471）举人，三甲第二百零四名进士。由兵科给事中，屡迁湖广郧阳府知府，刚正不阿。子梦阳，正德进士，户部主事。

成化十七年辛丑科

本科录取：一甲三名，二甲九十五名，三甲二百名。其中山东十八名。

【张天瑞】（？—1504）字文祥，号云坪。清平县（今属聊城市）人。幼颖悟，读书一览辄能记忆。博览群书，为诗文宗匠，远近走请无虚日。十四岁为生员时，知县闻其聪敏，限题令赋诗，天瑞应声立就，以大器目之。成化十三年（1477）举人，一甲第三名进士，探花，授编修。与修《宪宗实录》。由翰林院侍讲学士，仕至詹事府左春坊左庶子。暇则以修学著书为事。著有《云坪集》四卷和《经筵讲义》、《东宫讲章》、《云坪遗诗》各一卷。曾以"貂"字韵，酌酒挥毫，不假思索，连续四十叠，使满座皆惊，诗名大噪。弘治十七年（1504）卒。孝宗遣使祭葬，于礼有加。

【魏　绅】（1451—1506）字廷佩。曲阜县（今改市）人。孝其母，母殁庐墓三年。成化十三年（1477）举人，二甲第十五名进士。授刑部主事，升员外郎、郎中，改南京大理寺右丞。讯案不避权贵，执法如山。弘治十一年（1498）二月，迁都察院右佥都御史，巡抚山西。弘治十六年（1503）八月，迁都察院右副都御史，巡抚南直隶苏、松。先后任巡抚七年，多有治绩。岁旱奏免民税四分之一。在山西增筑边墙四十里，墩堡五十余所，孝宗玺书褒奖。迁刑部右侍郎。正德元年（1506）卒，年五十六。

【阎　江】字朝宗。乐安县（今属东营市）人。幼承家学。其为庠生时，父宽（正统进士、监察御史）受诬遭戍铁岭，其随父身边。成化四年（1468）举人，二甲第二十四名进士。授户部主事。事继母，尤以孝闻。

【石　巍】字民望。曹县人。少英敏，博览群书，造诣精深。成化七年（1471）乡试解元，二甲第三十三名进士。授行人司行人，持节封蜀王，却其所赐白镪文锦。改工部都水司主事，转兵部武选司，上陈安边六事。时佞幸李孜省横行，被六十一人连章弹劾，稿出巍手。李孜省忌恨，会其私人为椽吏，窃敕命，将巍降为湖广永州府通判。李孜省败，巍升南直隶宁国府同知，多有惠政。岁大浸，军士乏粮，巍出俸金助之。讲授学徒，多所成就。学者称雪斋先生。在任三载，升南直隶苏州府知府，未赴卒，年四十二。入名宦祠。著有《小学家礼》、《周易论语集旨》、《西征记》。

【陈　勖】（？—1511）字时勉。单县人。成化十三年（1477）举人，二甲第六十二名进士。授户部主事,屡迁通政司参议。奉诏整治山西宁武等关积弊,多所建白。正德三年(1508)九月,由太仆寺卿,升户部右侍郎。其与户部尚书韩文等,劾逆宦刘瑾,被以左侍郎致仕。刘瑾诛,起原官,以户部左侍郎总督粮储。正德六年(1511)七月卒。子策,弘治进士,知府。

【康绍宗】县志载姓唐。军籍永清右卫,乡贯山东武定州(今属滨州市)。成化十三年(1477)举人,二甲第八十四名进士。仕至河南布政司参议。

【张应奎】蒲台县(今属滨州市)人。博学嗜古,才名籍甚。成化七年(1471)举人,三甲第一名进士。由太常寺博士,擢监察御史,巡视京城九门,严肃神明,人人畏服。为民间制井,率皆小口,仅容牛心斗汲者,无溺井之患。巡河东盐政,多善政,百姓为立生祠。兄应宿,成化举人,县教谕。

成化十七年辛丑科

【孙　琰】(约1427—?)福山县(今烟台市福山区)人。性聪敏,多识典故,行文有才气,直抒胸臆。其诗作天真流露,不假填塞,颇有名声。成化十三年(1477)举人,三甲第三名进士。授中书舍人,仕至尚宝司少卿。晚年致仕。工书法,尤擅小楷,严整精到,法度森严。父遇,正统进士,左布政使。兄:珂,景泰进士,南京大理寺丞;珪,成化进士,翰林,右布政使。子乐,弘治进士,布政司参政;侄桀,弘治进士,知县。一门六进士,倍加荣耀。

【许　锐】军籍山东登州卫,乡贯浙江鄞县。成化十六年(1480)举人,翌年联捷三甲第八名进士。授行人司行人,改监察御史。弘治初,中侍梁方、陈喜、韦兴辈,以先朝宠臣擅权乱政,锐将他们劾罢之。时台阁条诏阻塞言路,锐乃力陈其奸,以修省事。劾罢阁老刘吉、徐溥和监寺李兴、郭镛。巡按南畿,屏奸旌直,人服其公。适星变,上陈修政弭灾八事。以忤当道,出为山西按察司佥事。旋陈情归养老母,三次上疏未允,忧郁成疾卒。

【张　祯】平度州(今改市)人。成化四年(1468)举人,三甲第三十四名进士。正德五年(1510)六月,由河南布政司左参政,迁按察使。八月,罢职为民。

【黄　琏】济阳县人。成化十年(1474)举人,三甲第四十七名进士。由府同知升至都察院副都御史。

【邹　祥】德州(今德州市)人。为宋中书令熹后裔,徽宗赐先祖一门四杰图。成化四年(1468)举人,三甲第五十六名进士。授直隶南宫县知县,时尚严苛,祥独宽厚。升南直隶高邮州知州,州多富豪,吏舞文弄法,祥访为民害者数人置于法,境内肃然。入为户部员外郎,升至郎中。谢病归,不复出。子颐贤,正德举人,府通判,著有《芦南集》。

【于风阶】(1461—1514) 字世和。莱阳县（今改市）人。以孝友闻。少颖过目辄成诵，被呼为小夫子。十九岁，于成化十六年（1480）考中举人，翌年联捷三甲第一百四十七名进士。授行人司行人，擢刑部员外郎、郎中。出为浙江嘉兴府知府，升至云南布政司参政。正德六年（1511）十二月，由太仆寺少卿，升南京太仆寺卿。正德八年（1513）九月，又升为南京大理寺卿。所至有声。在刑部时，雪久冤之狱，封谢金于公。在嘉兴时，岁饥发廪赈济，全活数万人。为官八迁，历三十载，以廉明仁惠称。五十三岁卒，赐祭葬。王守仁为撰墓志。著有《抱拙稿》三十卷，但毁于兵火，仅遗诗文数篇，学者奉为圭璧。父懋，天顺进士，布政司左参政。

【张　鉴】历城县（今济南市）人。成化七年（1471）举人，三甲第一百八十一名进士。授部主事。

【徐　智】字景哲。范县（今属河南省）人。成化十年（1474）举人，三甲第一百八十六名进士。由户部改刑部主事，皆有劳绩，卒于官。

【曲　锐】(？—1511) 字朝仪。莱阳县（今改市）人。家贫力学，遂驰声。二十四岁，于成化十六年（1480）考中举人，翌年联捷三甲第一百八十七名进士。授大理寺评事，升副寺丞。以考最升四川按察司佥事，狱无停滞，民有"曲不解担"之谣。丁继母忧，起复补福建按察司佥事，未就道，改升四川按察司副使，整饬松潘兵备道。未几，奔父丧，服阕，补授兵科给事中。正德二年（1507）正月，又由河南按察司副使，升陕西按察使，克持宪体，关内肃然。是年十二月，以都察院左佥都御史，巡抚宁夏。其间升南京礼部侍郎，授都察院右副都御史，仍巡抚宁夏。时刘瑾用事，以锐"累迁意有所不足"，即捏旨令其在彼冠带闲住。刘瑾伏诛，奉诏还乡衔如故。锐有治能，狱无滞囚，民人德之。居家以诗酒为乐。不几月，子川与儿媳以疾殁，锐哀痛伤神而卒。祀乡贤。

【王　佑】肥城县（今改市）人。成化七年（1471）举人，三甲第一百九十一名进士。仕至户部郎中。历官二十余年，理饷无缺，吏胥无敢纤毫侵蚀，以廉能称。

【蔺　琦】(1441—1511) 字廷玺。德平县（今属德州市）人。成化十年（1474）举人，三甲第一百九十五名进士。授兵科给事中，迁右左都给事中，条陈时务，多所裨益。弘治十五年（1502）正月，由应天府丞，升顺天府尹，居官知民疾苦，为政以抚民为本，声播朝野。弘治十八年（1505）十一月致仕。正德六年（1511）卒，年七十一。赐祭葬，祀顺天名宦祠。

成化十七年辛丑科

成化二十年甲辰科

本科录取：一甲三名，二甲九十四名，三甲二百零三名。其中山东二十三名。

【王　敕】（1446—1511）字嘉谕，登第后宪宗更其字为懋纶。号云芝，后又易号为竹泉。历城县（今济南市）人。其体貌魁梧，生性聪慧，博学多能。成化七年（1471）乡试亚元，一甲第三名进士，探花，授编修。成化二十三年（1487），因受吏部尚书尹旻（历城县）之子尹龙一案牵连，贬为山西绛州通判。弘治三年（1490），授四川提学佥事，长达十二年，考遗书，遵国典，定祭祀乐舞之式。弘治十四年（1501）十二月，又迁河南提学副使。正德二年（1507）二月，迁南京国子监祭酒。正德四年（1509），在朝廷考察京官时，敕令自陈，旋致仕归。县志将其列入仙释列传，载其善风角，习堪舆，推验多中，并著书若干种。常谈仙论道，平生多怪，人以为仙，传说颇多。能博识古器，目所未涉，能知为何代物。著有《五经通旨》、《大成乐谱》、《漫吟稿》、《云芝稿》。据有的史料称：敕以才自负，不检点自己的言行，常被士林看轻。其为祭酒时，贪放尤著，名声并不好。居家杜门不出，仅二年卒。

【崔文奎】（1451—1534）字应宿，号松溪。新泰县（今改市）人。成化十三年（1477）举人，二甲第十四名进士。授刑部主事，升员外郎、郎中，治狱从宽。督理辽东兵饷。正德初，历河南按察司副使、山西布政司参政和河南布政司左参政、右左布政使。正德七年（1512）六月，以都察院右副都御史，充南京总督粮储。正德十年（1515）二月，改南京工部右侍郎。嘉靖元年（1522），迁南京都察院右都御史，旋改南京工部尚书。为官清洁恪勤，天下推为长者。嘉靖四年（1525）四月致仕。嘉靖十三年（1534）十一月病卒，年八十四。朝廷遣使祭葬，赠太子少保，谥"康简"，祀乡贤。

【刘　概】字大节。济宁州（今济宁市）人。五岁而孤，无兄弟，其母孙氏三十年守节，将其抚育成立。成化十三年（1477）举人，二甲第二十一名进士。授南直隶寿州知州，毁境内淫祠几尽，三年教化大行。弘治初，上言刑赏予夺，必由大臣奏请，台谏集议，而后可行，权力不能下移。以吏科给事中汤鼐言事，受株连而被下狱。概曾送汤鼐白金，并寄书谓夜梦一人，骑牛几堕，汤鼐手挽之得不仆。又见汤鼐手执五色石引牛就道，人骑牛谓朱，乃国姓意者，国将倾赖汤鼐扶之而引君当道也。二人自相标榜，诋毁时政。由此，概被定为朋党，以坐妖言律斩，赖大臣论救，以定妖言罪不当，才免一死，被谪戍海州，竟死于戍所。

【郭　钰】《题名碑录》载作玉。恩县（今属德州市）人。成化四年（1468）举人，二甲第三十二名进士，未仕卒。兄镗，成化进士，都察院右佥都御史、巡抚。

【高　岳】泰安州（今泰安市）人。成化十六年（1480）乡试解元，二甲第三十三名进士。仕至陕西乾州知州。妻高宜人，嗜学能文，教子孙严而有方。子霖（知州）、云与孙桂皆举人。

【孟　麟】榜名姓臧，改姓孟。字瑞鲁，号西野。曲阜县（今改市）人。成化十九年（1483）举人，翌年联捷二甲第四十名进士。授工部主事，升至郎中。提督南畿水利，上奏兴修水利六事，痛惩势家侵占河防官湖者。正德四年（1509）九月，由山西布政司右参政，转陕西右布政使。坐事谪浙江按察司副使，迁福建布政司右参政。以方直忤时，去职家居。嘉靖初，复官陕西右布政使，卒于任。父纪，景泰举人，县训导；弟凤与其为孪生子，弘治进士，南京刑部尚书。

【于　茂】字时俊。宁海州（今烟台市牟平区）人。成化十三年（1477）举人，三甲第二名进士。由行人司行人，改监察御史。屡迁陕西按察司副使，分巡兵备道。以考核官吏事，奏劾都察院都御史周季麟，被降调福建泉州府同知，旋升陕西平凉府知府。后又至陕西按察司佥事。

【王　质】字上古。官籍万全都司怀来卫，乡贯山东济宁州（今济宁市）人。三甲第十六名进士。初为吏科给事中。弘治十五年（1502）十月，由太仆寺少卿，升正卿。次年十一月，改光禄寺卿。正德元年（1506）五月，迁都察院右佥都御史，巡抚贵州，兼军务。正德四年（1509）五月致仕。

【张　善】历城县（今济南市）人。成化十六年（1480）举人，三甲第四十名进士。仕至湖广布政司参议。

【邢　义】字介夫，号东厓。济阳县人。成化十六年（1480）举人，三甲第五十三名进士。授直隶长垣县知县，抚恤百姓，惩治奸猾，大得士民心。丁父忧，起补南直隶睢宁县知县。以报最擢监察御史，凡关国计民生皆正色直陈，巡按京畿、山右等处。正德二年（1507）十二月，由陕西按察司副使，升为按察使，秉要执本，惩恶扬善，关中为之肃清。次年，丁母忧归。正德四年（1509），被勒令为民。正德六年（1511）五月，起复河南按察使，清白之操始终不渝。次年五月，被罢职，已六十岁。归里远器简出，依然寒素，共推人伦师表。

成化二十年甲辰科

【马　棋】军籍直隶德州左卫（域属山东），乡贯山东益都县（今青州市）。成化十九年（1438）举人，翌年联捷三甲第六十三名进士。授监察御史。

【武　衢】沂水县人。成化十三年（1477）举人，三甲第八十七名进士。屡迁监察御史。以疏劾骄横寿宁，忤旨落职，归家卒。弟卫，成化进士，太常寺少卿。

【蓝　章】字文绣。即墨县（今改市）人。成化十三年（1477）举人，三甲第九十八名进士。初为南直隶婺源、潜山县知县，皆有治声。擢贵州道监察御史，巡按浙江、山西，弹劾不避权贵。屡迁都察院右佥都御史，以忤刘瑾下狱，被谪江西抚州通判。刘瑾被诛复起，正德五年（1510）四月，由陕西按察司佥事，迁都察院右佥都御史，巡抚陕西。次年，升都察院右副都御史，仍任巡抚。时内旨催造毡帐甚急，靡费亿万，章抗疏请停之，不报。两驻汉中，用武侯八阵为合变图说，出奇制胜，平乱获胜。正德九年（1514）正月，升南京刑部右侍郎（《山东通志》载工部侍郎），兼都察院左佥都御史，多所平反疑案。奉敕清理两淮、长芦盐政，条奏四事，议格不行。正德十一年（1516）十二月，疏请乞休归，七十四岁卒，赐祭葬，祀名宦、乡贤祠。著有《大劳山人遗稿》一卷、《八阵合变图说》一卷、《西巡录》四卷。子田，嘉靖进士，监察御史。

【王　环】字鲁辙。平阴县人。以才学著闻。成化十三年（1477）举人，三甲第一百零六名进士。授河南内乡县知县，有善政。以病卒于官，祀乡贤。

【赵亮采】齐河县人。成化七年（1471）举人，三甲第一百一十八名进士。仕至长芦盐运使。连丁父母忧，庐于墓侧，朝夕哭奠。卒祀乡贤。子：夔，正德举人；焱，正德进士。二人皆知县。

【崔　锦】军籍直隶山海卫，乡贯山东寿光县（今改市）人。三甲第一百二十二名进士。

【谢　绶】（？—1512）字朝章，号西楼。朝城县（今属莘县）人。性凝重，不苟言笑，十岁能属文，提学毕瑜见而惊奇。成化十三年（1477）举人，三甲第一百二十六名进士。授直隶任丘县知县，省刑缓征，问民疾苦，举废坠，禁骁暴，课树艺。暇日教授诸生，成名者甚众。任职三载，擢南京监察御史。孝宗时，守备南京太监蒋琮，怙宠恣肆，犯有起第凿金陵雨花台伤皇陵气诸罪，绶劾其不法，琮自缢于狱中。巡按山西，都督李翊剥削士卒，数为不法，绶将其劾罢。巡按两浙，岁饥民多流徙，绶奏停造进罗绮费巨万。升湖广按察司副使，谳狱多所平反。武宗即位，刘瑾擅权，招通贿赂，绶无所赠送，且与之抗争。刘瑾忌恨，乃密勘往事治其罪，给予罚谷千斛，谪四川按察司佥事，蜀道险绝，绶曰："当死国，险何足计。"抚军令其审理按察司某检校犯罪案，其子夜奉千金，绶将其连夜下狱。刘瑾诛，升南京太仆寺少卿，又召为大理寺少卿。曾录死罪千余，但无冤者。正德六年（1511），迁都察院右金都御史，巡抚大同，赞理军务。其简稽军实，黜逐贪暴，督理屯饷，威声远震。次年，以劳瘁卒于边陲，朝廷遣官谕祭。

【张　谟】字大谋，一字大谟。蒙阴县人。三甲第一百七十名进士。由给事中出为广东布政司参议。居官清廉，有惠政。以年老乞休，寿至一百零二岁。

【王　琮】字良玉。堂邑县（今聊城市东昌府区）人。成化十六年（1480）举人，三甲第一百七十一名进士。授刑部主事，升员外郎、郎中。卒于官。

【丁　珝】海丰县（今无棣县）人。《山东通志》载沾化县人。成化七年（1471）举人，三甲第一百七十五名进士。授户部主事，升员外郎。出为云南按察司副使。正德中，权宦刘瑾欲与其攀缘结交，恐不听从，以计招之。珝笑曰："吾为国宪臣，岂降志此贼乎。"刘瑾闻知大怒，矫旨逮下狱。刘瑾伏诛，得以释放，未及起用而卒。祀乡贤祠。父福，正德举人。

【李　宪】字循古。临清州（今改市）人。性简厚，通《易》学。成化四年（1468）举人，三甲第一百八十名进士。官工部郎中，督建四川寿王府。以病卒于任。

【梁　玺】字朝用。聊城县（今聊城市）人。早岁，博览群籍，善属文。成化十九年（1483）举人，翌年联捷三甲第一百九十名进士。授南京户部主事，督中都军储，严核漏隐，日渐赢余，粒米不以自利。事竣，擢吏部考功司员外郎。丁母忧，未赴任，卒于家。祖父栋，永乐举人，府同知；子相，弘治举人，知县；孙承学，隆庆进士，按察司副使；曾孙衍祚，万历举人。

【朱　清】沂州（今临沂市）人。成化元年（1465）举人，历经十九年，方考取三甲第二百零三名进士。仕至给事中。

成化二十三年丁未科

本科录取：一甲三名，二甲一百一十名，三甲二百三十八名。其中山东二十三名。

【卢　亨】字永泰。商河县人。母周氏，济阳县望族，孝慈勤俭，相夫训子，绰有古名媛仪范。成化十六年（1480）举人，二甲第十五名进士。授兵科给事中，迁礼科左给事中。居谏垣十余年，多所建言。弘治十一年（1498），迁尚宝司卿。次年迁右通政。正德四年（1507），迁南京太常寺卿。其天性忠厚，未曾与人相忤。有犯者旁观不堪，亨视之若未犯己。正德初，刘瑾用事，许以美秩，让亨往见，其不屈服，上章引年致仕。卒赐祭葬。子杰，正德举人，知州。

【王　纮】（？—1515）字朝言。滨州（今滨州市）人。成化十三年（1477）举人，二甲第二十二名进士。授礼科给事中，改户科右给事中。正德二年（1507）五月，由江西布政司右参议、右参政，迁云南右布政使。正德四年（1509）正月，迁湖广左布政使。是年六月，迁南京礼部右侍郎。八月，以都察院右副都御史，巡抚大同。次年正月，被罢归。正德十年（1515）五月卒。弟绶，弘治进士，按察司副使。

【王　轩】字廷冕。宁海州（今烟台市牟平区）人。二甲第四十三名进士。授山西忻州知州。以平乱有功，迁南京户部员外郎，旋升郎中。出为陕西凤翔府知府。父麒，知县。

【刘　约】字博之，别号黄石。东阿县人。成化十六年（1480）举人，二甲第五十四名进士。由吏部验封司郎中，出为河南布政司参政。时徽王府请民间荒田若干以租种，约组织属吏往勘，发现并非荒田，乃尽为垦田，即上奏以田还民，民曰"刘公田"。徽王贿赂权阉刘瑾，刘瑾派遣他使勘之，将垦田给予徽王，而将约逮捕。刘瑾被诛，乃复故官。约为人修伟，有仪观，器识超越，子孙甚盛，皆彬彬文雅。平生好客，四方过者皆往请，与其欢饮，门外车马不绝，而家无赢余。始约聘徐氏女，女忽病目失明，女家愿解聘，并返还聘礼，约终不解聘，其后女目忽开，即徐夫人也。徐夫人生有四子，两举进士，皆为名臣。子：田，弘治进士，户部员外郎；隅，嘉靖进士，都察院副都御史、巡抚。

【匡翼之】字朝敬，一字云溪。军籍山东胶州千户所，乡贯南直隶赣榆县。祖上征战有功，世袭千户。翼之幼岐嶷，稍长有奇誉。成化十六年（1480）举人，二甲第九十七名进士。授南京贵州道监察御史，巡按浙江，尤重江防，赏罚分明，风裁大著。有店户通巡库内监，侵渔百姓，翼之严法绳之。补京师云南道监察御史，弹章十余上。奉旨赴陕西清军，复校戎籍，行无冤伍。孝宗谓廷臣曰："清军御史如匡翼之者，清得七分。"既而巡按贵州，整饬吏治，褫罢惰员，一省愕然。升四川按察司副使，时土番猖獗，翼之亲其营垒，谕以祸福，酋长率众乞降，乃得平息。以在贵州查办千户王寿贪赃，触犯刘瑾，被矫诏降改浙江桐庐县知县。翼之至，延问民间疾苦，罢除南北过往大吏供给，桐庐人立碑颂扬。刘瑾被诛，翼之迁河南汝宁府同知，未至，擢湖广按察司佥事，继而又改陕西布政司参议、江西按察司副使。朝廷以总制陕西三边左都御史杨一清之请，特命翼之为陕西行苑马寺卿。丁母忧，服阕，补广东按察使。有土豪杀叔父者，托监军阉臣焦坚贿赂求脱。翼之曰："法官可受贿耶。"立杀土豪。未几，以病卒于官，年六十二。其柩行，士民北首攀泣者百余里。钦赐祭葬，祀乡贤。孙铎，嘉靖进士，按察司佥事；曾孙延年，崇祯进士，中书舍人。

【张　润】泰安州（今泰安市）人。成化二十二年（1486）举人，翌年联捷二甲第一百一十名进士。授行人司行人。

【范　伸】《题名碑录》载籍曲阜县（今改市）人。亦说滋阳县（今兖州市）人。成化二十二年（1486）举人，翌年联捷三甲第九十一名进士，选庶吉士，授检讨。为藩王府长史。

【祝　福】济宁州（今济宁市）人。成化七年（1471）举人，三甲第一百名进士，选庶吉士，授检讨。

【李　良】（？—1514）军籍神武左卫，乡贯山东齐河县。三甲第一百零三名进士。历光禄寺少卿、大理寺左丞、大理寺左少卿、光禄寺卿。正德七年（1512）罢职。正德九年（1514）卒。

【李　鉴】济宁州（今济宁市）人。成化二十二年（1486）举人，翌年联捷三甲第一百零七名进士。授监察御史，巡按山西盐政。

【王　用】字士贤。安丘县（今改市）人。少负气节，有胆略。成化二十二年（1486）举人，翌年联捷三甲第一百零八名进士。授行人司行人，擢监察御史，侃侃不阿，以其面黑号为"真铁面御史"。时大同有警，左侍郎许某、太监金某拥兵不出，用予以举劾，并陈边镇事宜，孝宗嘉纳之。后升四川夔州府知府，未几，致仕。

【国　珤】滨州（今滨州市）人。成化二十二年（1486）举人，翌年联捷三甲第一百一十三名进士。授监察御史。

【许　鹏】乐安县（今属东营市）人。成化十九年（1483）举人，三甲第一百一十六名进士。授直隶浚县知县。

【赵　鉴】（1454—1537）字克正。寿光县（今改市）人。成化二十二年（1486）举人，翌年联捷三甲第一百二十七名进士。授浙江萧山县知县，创丁田相折法，百姓得便利，被推而广之。擢广东道监察御史，巡视南直隶马政，监理两淮盐法。又掌京畿道。奉命巡按宣、大二镇，劾平江伯陈锐等，面对犯境之敌，率师逗留不进。且陈方略甚悉。于是，将士奋勇，连战皆捷。时刘瑾用事，虽鉴被数推京寺要职，但都未能实现。在京任职十五年，出为南直隶安庆府知府，旋改顺德府，抵制刘瑾"煽虐"行径，政尚宽和，民获安宁。正德八年（1513）正月，由浙江布政司右参政，迁陕西右布政使。是年十二月，以都察院右副都御史，巡抚甘肃。值岁大灾，疏请发内帑赈济，又向当地富绅借款施粥救急，无数贫民赖以存活。大饬边备，却土番复哈密侵地，被武宗玺书嘉劳。正德十年（1515），改南京都察院右副都御史，掌理院事，并清理闽、浙盐法。升都察院左副都御史。正德十六年（1521），由南京大理寺卿，改南京刑部尚书。嘉靖二年（1523），转京师刑部尚书。宁王朱宸濠叛乱被平息后，被坐罪者众多，鉴奏请只处置首恶，释其株连者，获得活命者二百余人。嘉靖五年（1526），鉴乞休获准。世宗赐诗一首以示嘉许。嘉靖十六年（1537）卒，年八十四，赠太子太保，谥"康敏"。

【朱应昌】字会期，号敬斋。夏津县人。成化十九年（1483）乡试亚元，三甲第一百二十八名进士。授直隶元城县知县，劝农兴学，剖决明允，无冤滞。以治行异等，擢浙江道监察御史。应昌天性严毅，不尚鸷击，风裁屹然。未几，卒于京都。父玉，景泰举人，县训导，著有《慎斋稿诗文》。

【毛　纪】（1463—1545）字维之，号鳌峰逸叟。掖县（今莱州市）人。《明史》有传。成化二十二年（1486）乡试解元，翌年联捷三甲第一百三十六名进士，选庶吉士。弘治初，授检讨，进修撰，充经筵讲官，侍东宫讲读。与修《会典》告成，迁侍读。武宗即位，升詹事府左谕德。因坐《会典》小误，降侍读。与修《孝宗实录》成，擢侍读学士，充经筵讲官。正德五年（1510），由翰林院学士，升户部右侍郎，转礼部右侍郎。正德七年（1512），奔丧归。正德十年（1515），服阕，补吏部左侍郎，拜礼部尚书，兼翰林院学士，掌詹事府。乌思藏入贡,其使言有活佛能前知祸福。武宗遣中官刘允往迎,携锦衣官一百三十人,卫卒及私仆隶数千人,刍粮、舟车费以百万计。纪等以"公私烦费,不可胜言","重加此累,恐生意外变",再三上疏劝谏,均不听。郊祀毕,纪请勤朝讲,又以储嗣未定,乞请早定大计,武宗亦不听。正德十二年(1517),以礼部尚书,兼东阁大学士,入为阁臣。其年秋,又加太子太傅、文渊阁大学士。正德十四年(1519),宁王朱宸濠反于江西,武宗率江彬等亲征,纪佐杨廷和居守京师。正德十六年(1521),武宗还京,纪被加少保,改户部尚书,兼武英殿大学士。是年二月,武宗病死,纪与杨廷和等奏请皇太后把江彬收监,然后奉武宗遗诏,将兴献王长子迎入宫中,立为皇帝,是为世宗。因迎驾有功,纪被封为伯爵,力辞不就。嘉靖初争大礼,世宗欲以生父兴献王为"皇考",而纪等大臣力主以孝宗为"皇考",称生父为叔。开始世宗依众议,三年后又决意改回。群臣力谏,下狱者百余人,当廷杖死者十七人。杨廷和、蒋冕先后辞官。纪成为首辅,仍持己见,遂遭世宗"要结朋党,背君报私"的斥责。纪上疏,再陈己见,批评世宗答罚廷臣的做法,劝谏世宗"法祖典学,任贤纳谏,审是非,辨忠邪,以养和平之福"。并力请辞官而去,被批准。为首辅仅三月,明伦大典成,被追论夺官。纪有学识,居官廉静简重,正色立朝,有古大臣之风。居里,不问政事,结"五老忘形会",赋诗填词。著有《鳌峰类稿》二十六卷、《海庙集》四卷和《密勿稿》、《辞荣录》、《归田杂识》各一卷。并纂修成第一部《莱州府志》。嘉靖二十四年(1545)病逝,年八十三,赠太保,谥"文简"。四子:菜,正德举人,府推官;槩,嘉靖进士,户部员外郎;槃,嘉靖举人,知州;渠,嘉靖进士,南京太仆寺卿。

【袁 瓒】《题名碑录》载姓彭,既仕复姓袁。军籍山东胶州千户所,乡贯江西龙泉县。成化十三年(1477)举人,三甲第一百四十名进士。授南京刑部主事。性沉毅,勤奋治事。部有疑狱,即让瓒审理,多所平反。孙:继祖,嘉靖举人,知县;继业,嘉靖进士,太仆寺少卿。曾孙学古,万历举人;玄孙胤隆,崇祯进士,未仕。

【王 玹】海丰县(今无棣县)人。成化十三年(1477)举人,三甲第一百六十九名进士。仕至户部员外郎。

【徐 璘】军籍山东登州卫,乡贯南直隶昆山县。成化二十二年(1486)举人,翌年联捷三甲第一百七十九名进士。授监察御史。

【韩 普】滋阳县(今兖州市)人。成化十六年(1480)举人,三甲第一百九十一名进士。由监察御史,升至河南按察司副使。卒祀乡贤。

【胡　经】字纬之。滨州(今滨州市)人。成化十九年(1483)举人,三甲第二百一十九名进士。据《明代职官年表》载:正德七年(1512)五月,其由陕西按察司副使迁山西按察使。次年七月,迁浙江右布政使。丁母忧,卒于家。县志等书记载,经在任山西按察使时,以执法勘贵戚夺民田事,忤刘瑾被削籍。刘瑾已在正德五年(1510)被诛,与史实不符。

【石　昭】滨州(今滨州市)人。成化十三年(1477)举人,三甲第二百二十名进士。授户部主事,仕至山西布政使。

【刘　绅】掖县(今莱州市)人。成化十三年(1477)举人,三甲第二百三十名进士。授监察御史,以天气异常借机上疏论时政得失,多见采纳。奉命巡察陕西刑狱,平反者甚多。出为云南按察司副使,以病卒于任。居乡曲犯而不较,人服其度量。

弘治三年庚戌科

本科录取：一甲三名，二甲九十名，三甲二百零五名。其中山东二十二名。

【李　昆】（1471—1532）省志载作琨。字承裕，号东冈。高密县（今改市）人。弘治二年（1489）举人，翌年联捷二甲第七名进士。历刑、礼、兵部主事。中官何鼎（一名文鼎）奏言寿宁侯张鹤龄兄弟二人无人臣礼被下狱，监察御史疏救被斥责，昆上言为何鼎和监察御史鸣不平。孝宗将在城外建延寿塔，昆上言请求罢役。正德初，朝中群小用事，昆上请黜邪枉、进忠直、杜宦戚。又建言节约朝廷内外侈费。以上皆不报。升兵部员外郎、郎中。因忤权宦刘瑾，被谪山西解州知州。迁陕西按察司佥事、按察司副使，充任提学。正德九年（1514）正月，由湖广按察使，改湖广右布政使，迁陕西左布政使。正德十年（1515）七月，以都察院右副都御史，巡抚甘肃。边陲有大强盗邦卜等，屡次抢劫居人商旅财物，甚至敌杀官军，又在庄浪镇羌盆口等处，将西域进贡马匹抢去。昆奉旨选发官兵，直抵巢穴，设法抚剿，斩首恶一二十人，收回原抢财务、马匹等，受到朝廷褒奖。遂生骄怠，致有后患。昆偶视按察司，见监狱墙边白骨丛积，乃为远年罪犯死者，遂于城外作义塚埋葬。甘肃婚嫁多论财，军人因贫未娶者千余人，昆适当助以金、布。正德十三年（1518）三月，被佞幸钱宁以私怨中伤，先是被逮入狱，继而降调浙江按察司副使。世宗即位，被恢复原官，以都察院左副都御史，巡抚直隶顺天。未几，入为兵部右侍郎，大同军乱，奉命抚定。改兵部左侍郎，患疾告归。嘉靖十一年（1532）卒，年六十二。著有《东冈诗稿》五卷行世。祀乡贤。父介，成化进士，兵部左侍郎。

【李承祖】济宁州（今济宁市）人。成化十三年（1477）举人，二甲第十七名进士。授吏部主事。

【相　枢】字拱北。博兴县人。弘治二年（1489）举人，翌年联捷二甲第十九名进士。官山西布政司参议，执法不避权势，耻为脂韦之行。以忤权阉刘瑾，为其所陷害，以刚直称。

【韩　智】（1455—1506）字愚夫。滋阳县（今兖州市）人。五岁能书大字，被称奇童。成化二十二年（1486）举人，二甲第三十五名进士。由礼、兵科给事中，升工科都给事中。在谏垣十余年，议论剀切，风裁蔚然。时朝廷有度僧道之令，智争之不得，乃于监度执行之际，严立程式，不合格者多引去。有盐商依附贵戚，以牟大利，廷臣累疏仍不能改变，而智却执奏愈坚，不屈不挠。所上诸疏，多见采纳。出按宣府边储，钩稽明审，一清浮冒之弊。其才高嗜学，博览群书。著有《澹庵稿》。五十一岁，因父母相继去世，而哀痛致疾卒。入祀乡贤。华盖殿大学士李东阳为其撰写墓表。侄元仕，嘉靖举人。

【官　贤】字汝俊。平度州（今改市）人。成化十三年（1477）举人，二甲第六十一名进士。授刑部主事，被谪河南汝州同知，兴修水利，贮粟济民。以考最累迁陕西按察司佥事、提学，政声大著。抚按两院交相举荐，却以忤刘瑾归。其教授太泉书院，不谈荣进，谢绝通显要，以著述自娱。著有《太泉集》。兄廉，天顺进士，户部郎中；子一夔，正德举人，府同知，著有《环山亭集》。

【曹　玉】字廷美，一字廷佩。嘉祥县人。成化十九年（1483）举人，三甲第十名进士。授南直隶溧水县知县。以卓异升云南道监察御史，正色立朝，不避权贵。巡按庐、扬等地，秉公执法，为当朝所不容，改陕西按察司佥事。正德中，会广西土官思田之变，命玉往抚，玉至思田即降。论功当迁，受人妒忌，被抑未得升用。旋致仕。弟琛，弘治进士，户部主事。

【丛　兰】（1456—1523）字廷秀，号丰山。文登县（今改市）人。自幼聪慧好学，经常夜诵达旦，经、史、兵、医、数等无不涉猎。成化十九年（1483）举人，三甲第三十八名进士。授户科给事中。上奏《清宁宫灾六事疏》，直陈政弊。其刚正不阿，拒与排斥、拉拢他的中官汪直、梁芳等为伍，且劾中官梁芳、陈喜、汪直、韦兴及工部右侍郎林凤、大常寺卿崔志端等奸党，奸党被废。擢兵科右给事中。因联络同僚合台谏救直言获罪的中官何鼎（一名文鼎），而触怒皇帝被下狱。真相大白后，兰历通政司右左参议、右通政、左通政，监理延绥屯田。因其耿直敢言，屡疏政事，刘瑾恶之，矫旨严责，欲施加害。刘瑾被诛，其于正德五年（1510）九月，由通政使，迁户部右侍郎。以都察院右佥都御史，总督宁夏、延绥、甘肃粮储。其上《边塞军务十事疏》，提出革除弊病、巩固边防的对策。正德八年（1513）五月，以都察院右都御史，总督宣大、三关，巡视兼督饷。其上《修设砦堡以防边患疏》，边陲得以安治。正德十年（1515），以都察院右都御史，总督漕运，兼巡抚凤阳，除旧弊，建新章。著有《漕运录》，名传后世。其上《再乞天恩给银两亟为拯救疏》，截取漕粮数万石赈济饥民。水漕主事王銮，因直言要事，触犯上司，遭诬入狱。兰上疏全力营救获释。正德十二年（1517），其上《恳乞天恩取回出使内臣刘允等疏》，直斥宦官刘允以迎佛使，征调船只五百余艘，役民数万人，劳民伤财，必将贻害国家。次年五月，解去漕务之职专任巡抚。适值宁王朱宸濠反叛，移镇瓜洲，精心设防，镇守南土。正德十五年（1520）冬，升南京工部尚书，时已六十四岁。嘉靖元年（1522）三月，致仕。次年二月卒，年六十八，赠太子少保。兰从政三十余年，共上疏谏三百余篇，其中一百一十篇辑为《丰山奏议》六卷。裔孙大为，清雍正进士，知县。

【王时中】（1466—1542）字道夫，号海山。黄县（今龙口市）人。《明史》有传。成化二十二年（1486）举人，三甲第六十五名进士。授河南鄢陵县知县，破获男女通奸杀夫疑案。授监察御史，督京畿马政。正德初，议吏部尚书人选，时中诋刘大夏昏耄、闵珪和媚，两人求退，而让阉党焦芳得之，时论咎时中。巡按宣府、大同，逮系武职贪污者百余人。为东厂太监丘聚所奏，刘瑾逮时中下狱，加重枷于都察院门。时中病重，其妻往视，遇到都察院都御史刘宇，一边大哭，一边痛骂。刘宇不得已，言于刘瑾，将时中释放，谪戍铁岭卫。刘瑾被诛，时中起为四川按察司副使，迁湖广按察使。正德十二年（1517）四月，迁都察院右佥都御史，巡抚宁夏。世宗即位，时中被召为都察院右副都御史。嘉靖四年（1525）五月，迁兵部右侍郎，次年改左侍郎，旋成兵部尚书，提督团营。嘉靖六年（1527）三月，引疾致仕，六月又复任。不久，又还籍听勘。嘉靖十年（1531）四月，被重新起用兵部尚书。监察御史郭希愈疏请重视兵部侍郎的选用，以近臣有才者两人分掌边方、内地军务。时中言："非祖宗临时遣将意。"世宗从其议。世宗欲用王宪为兵部尚书，将其改为刑部尚书。监察御史冯恩，曾疏诋时中，而时当冯恩下狱时，时中上疏相救，主张从宽，人称长者。由此获罪去职闲住。嘉靖十五年（1536），遇赦复官致仕。嘉靖二十一年（1542）卒于家，年七十七。著有《海山集》、《奏议》等。

【董　宣】字朝用。曹州（今菏泽市）人。豪爽负气，博学善属文。成化二十二年（1486）举人，三甲第七十九名进士。授浙江德清县知县，时称其能，有政声。

【孙　玺】青城县（今高青县）人。三甲第八十六名进士。授山西长子县知县，清慎公勤，积粟备饥，修城御盗，民为立石志思。补南直隶嘉定县知县，多异政。仕至平凉府知府。

【王　宪】（1465—1537）字维纲，号荆山。东平州（今改县）人。《明史》有传。弘治二年（1489）举人，翌年联捷三甲第九十二名进士。由直隶阜平、滑县知县，入为监察御史。巡按苏、松等处，严惩私设水牢之豪家，一方肃然。正德初，擢大理寺丞，迁都察院右佥都御史，清理甘肃屯田。正德五年（1510），

弘治三年庚戌科

以都察院右副都御史，巡抚辽东。次年，丁忧，服阕，改巡抚郧阳。旋又改巡抚大同。以应州御敌功封世职。正德十一年（1516），迁户部右侍郎，兼都察院左佥都御史，巡抚陕西。次年，迁兵部右侍郎。近畿刘六、刘七、赵遂起事，偕太监张忠、都督朱泰捕之。又以功封世职。武宗南征宁王朱宸濠反叛时，命宪以兵部左侍郎，兼都察院左佥都御史，率户、兵、工三部郎中各一人，督理军储。南征归来，以中旨代王琼为兵部尚书，兼督团营。世宗即位，被给事中史道弹劾罢职。嘉靖四年（1525），廷推邓廷瓒及宪为陕西三边总督，言官力持不可，世宗坚持用宪为总督。其部将王宰、史经连战获胜，玺书褒奖。吉囊数万骑渡河，从石臼墩深入，宪督总兵官郑卿、杭雄、赵瑛等分据要害之地予以反击，五日四捷，斩首三百余级，获马驼和器杖无数。世宗大喜，加宪太子太保，再次封世职。嘉靖十一年（1532），改南京兵部尚书，参赞机务。不久，又为都察院左都御史。朔州告急，廷推宪为宣、大总督，宪不肯行，曰："我甫入中台何见驱亟也。"给事中夏言、赵廷瑞劾宪托疾避难，被罢归。未几，世宗念及其功劳，又召为兵部尚书，兼督团营。所上平敌、边防、练兵、叙功等，世宗皆嘉纳。大同兵变，宪初言首乱当诛，余宜散遣，而殿阁大学士张孚敬与宣、大总督刘源清力主用兵，宪乃不敢坚持前议。时刘源清攻城不下，北方外族又内侵，上请别遣大臣抵御北方入侵，自己专门攻城。宪亦听从其奏，论者多指责，以为错误。嘉靖帝后来醒悟，认为大同重镇不宜破坏，乃采纳宪的先前建议，改变策略，乱亦旋定。为此，刘源清获罪。宪以年满七十岁告归。七十三岁卒，赠少保，谥"康毅"。著有《督府奏议》、《王少保西巡稿》、《王康毅公大理驳议》。子汝孝，嘉靖进士，都察院右副都御史、巡抚。

【萧　渊】字文静。堂邑县（今聊城市东昌府区）人。少时，于成化十六年（1480）考中举人，三甲第一百零九名进士。由行人司行人，擢监察御史，多所弹劾。出为山西按察司佥事，以忤权珰谪河南郑州知州。州故有杀人狱，久不能决，渊查获凶犯，以命抵罪，州人以为神。以守城战功升陕西按察司副使，整饬潼关兵备道，讨平商洛间起事者，上闻玺书褒美。以疾致仕，卒祀乡贤。

【常　济】济宁州（今济宁市）人。成化七年（1471）举人，三甲第一百一十七名进士。授南直隶婺源县知县。

【陈　谟】历城县（今济南市）人。弘治二年（1489）举人，翌年联捷三甲第一百一十九名进士。授部主事。

【张　瀚】博平县（今属茌平县）人。弘治二年（1489）举人，翌年联捷三甲第一百二十名进士。授浙江太平县知县，以卓异入为户部主事，监税浒墅关。为避免催税病商，特置一小闸，令船不满料者从此出入，则不收税。升本部员外郎，出为湖广布政司参议。

【刘　棠】章丘县（今改市）人。成化二十二年（1486）举人，三甲第一百二十五名进士。由刑部主事，升至陕西行太仆寺少卿。

【孟　凤】（1456—1526）榜名姓臧，后改姓孟。字瑞周，号梧冈。曲阜县（今改市）人。弘治二年（1489）乡试解元，翌年联捷三甲第一百四十七名进士。授浙江嵊县知县，以卓异升福建道监察御史，又改浙江道。巡按宣、大和江西，整饬边务，不惧宗亲，以刚直不阿称。出为河南怀庆府知府，开浚会通河渠，灌溉民田两千余顷。擢山东布政司左参政，改河南，迁按察使。其将每日所处理案件张贴于墙上，公之于众，刑狱以清。又迁山西右布政使，转河南左布政使。正德十年（1515）十二月，迁都察院右副都御史，巡抚保定。次年九月，改都察院左副都御史，巡抚直隶顺天。正德十三年（1518）五月，总督漕运，兼巡抚凤阳。正德十六年（1521）五月，迁刑部右侍郎。嘉靖元年（1522）二月，提督宣、大军务，十二月回部。次年二月，又提督宣大并山西三关军务。八月回部。在边陲多年，严举劾，饬兵伍，补马匹，选将领，作士气，谨烽堠，明赏罚，裁冗费，苏民困，使外敌不敢侵扰，士民得安定。嘉靖三年（1524）六月，由刑部左侍郎，迁南京刑部尚书。嘉靖五年（1526）卒于官，赠太子少保，谥"文简"。父纪，景泰举人，县训导；兄麟与其为孪生子，成化进士，右布政使。

【石存礼】字敬夫，号来山。益都县（今青州市）人。弘治二年（1489）举人，翌年联捷三甲第一百五十二名进士。授行人司行人，升至南京户部郎中，出为浙江绍兴府知府，勤求民隐，尽除吏弊，以忤当道罢归。家居三十余年，唯以耕读课子为务，非公事未曾一接显贵。其不乐治生产，欲以清白遗子孙。与友人结诗社，辑有《海岱会集》。父铭，成化举人，府通判；子鲸，嘉靖进士，户科给事中；孙茂华，嘉靖进士，兵部尚书，太子太保。

【王　瓒】军籍山东登州卫。入载《蓬莱县志》。成化二十二年（1486）举人，三甲第一百七十二名进士。仕至礼科给事中。

【公勉仁】（？—1516）字尚德，号西埠。蒙阴县人。三甲第一百七十八名进士。授行人司行人，改江西道监察御史，升太仆寺少卿。正德初年，因忤逆宦刘瑾，

弘治三年庚戌科

被降改四川布政司参议。历四川按察司副使、按察使。正德七年（1512）七月，以战功屡升至都察院右佥都御史，巡抚大同。丁忧，服阕，在正德十年（1515）十二月，补巡抚南赣、丁漳等。次年，命巡抚郧阳。因推荐辅助官员留京，未及赴任，七月卒。守边十年，练兵修垒，边陲无警，颇有政声。著有《东山集》。自其始，其子孙科甲连第。子奎跻，嘉靖进士，按察司副使；孙一扬，嘉靖进士，工部郎中；曾孙家臣，隆庆进士，翰林，户部主事；玄孙鼐，万历进士，礼部侍郎。

弘治三年庚戌科

【刘　瑜】文登县（今改市）人。弘治二年（1489）举人，翌年联捷三甲第一百八十九名进士。仕至陕西布政司左参政。

【张　鸾】安丘县（今改市）人。成化十九年（1483）举人，三甲第二百零三名进士。仕至河南按察司佥事。

弘治六年癸丑科

本科录取：一甲三名，二甲九十名，三甲二百零五名。其中山东二十名。

【张良弼】字征梦，号惩轩。历城县（今济南市）人。五岁能作字。父进为直隶滦州通判，良弼随游京师读书。成化二十二年（1468）举人，二甲第二十八名进士。初观政礼部，擢户科给事中，令中官所畏惧。连丁父母忧。弘治十六年（1503），服除补原官。次年，命勘延绥边储。弘治十八年（1505）八月，迁兵科右给事中。十月，迁礼科左给事中。武宗即位，刘瑾窃权，良弼抗疏数其罪，武宗心动，责备刘瑾，刘瑾忌恨，极力构陷良弼。良弼有病，却强令其查勘宣府仓，而日使卫卒至其卧室，以视病为名，进行窥探。待良弼赴宣府，即被诬以奸党，榜其姓名于朝，与华盖殿大学士刘健等五十七人皆落职。正德五年（1510），刘瑾伏诛，其他得罪者皆重新录用，直到正德十二年（1517），受吏部尚书陆完举荐，方才起用湖广布政司参议，提督太和、太岳诸宫观，因宫观内设内侍司香仪，久且干预宫观事。良弼曰："安能与若辈一朝居耶。"以病求去，抵家而卒，年五十八。

【陈　谏】蒙阴县人。三甲第五名进士。

【姜　闶】字容庵。黄县（今龙口市）人。天性明敏。成化二十二年（1486）举人，三甲第十四名进士。历浙江、山西府推官，升陕西兰州知州。在任严立名节，持法矜恕，不附权贵，以兴学校、正风俗为先务，吏民畏爱。值刘瑾擅权，接纳边将徐谦贿赂，将闶中伤，被谪戍甘肃。闶宠辱不惊，诗文自娱。后告归林泉。著《文集》、《家谱》藏于家塾。自号"容庵逸老"，时人赞其风节。

【郑　端】军籍山东临清卫，乡贯直隶盐城县。弘治五年（1492）举人，翌年联捷三甲第二十六名进士。正德五年（1510）九月，由河南按察司副使，升陕西按察使。次年正月，罢职为民。

【张　显】济宁州（今济宁市）人。弘治五年（1492）举人，翌年联捷三甲第四十名进士，选庶吉士，授检讨。

【庞　瑭】军籍武功左卫，乡贯恩县（今属德州市）。弘治五年（1492）举人，翌年联捷三甲第四十三名进士。由中书舍人，仕至湖广岳州府知府。

【宋　恺】蒙阴县人。三甲第五十八名进士。授浙江道监察御史，正色立朝，弹劾权贵。仕至直隶真定府知府。

【王　绶】字朝仪。滨州（今滨州市）人。弘治五年（1492）举人，翌年联捷三甲第六十二名进士。授监察御史，仕至按察司副使。多所条奏，有直声。以文章闻世。兄纶，成化进士，都察院右副都御史、巡抚。

【王　绍】字继宗。曹州（今菏泽市）人。成化十六年（1480）举人，三甲第七十名进士。授南京太常寺博士，擢监察御史。巡按贵州，监军督战，平叛有功。时受刘瑾嫉妒，出为陕西按察司副使。历陕西布政司右参政、山西按察使、陕西右布政使、浙江左布政使。正德十三年（1518）七月，迁南京光禄寺卿。正德十六年（1521）考绩令自陈，致仕归。值大疫，捐金输粟施药，存活者甚众。

【徐　淮】武城县人。弘治五年（1492）举人，翌年联捷三甲第九十八名进士。授直隶饶阳县知县，廉洁有为，多有善政，民为立碑。屡迁浙江杭州府知府，以抗中官谪贵州按察司经历，改抚州通判。其清苦自励，以病卒于官，贫不能殓，同僚为备柩。子子栋，正德举人，知县。

【李梦龙】蒙阴县人。幼承家学。三甲第一百零八名进士。授南直隶宣城县知县，改直隶定州知州。以治行卓异升按察司副使、兵备道。值内饥外患，梦龙调度有方，兵民皆赖之。祖父柰，宣德进士，布政司左参议；父炯然，天顺进士，户部郎中。一门三进士，名声显扬。

【胡　鳌】滨州（今滨州市）人。成化十九年（1483）举人，三甲第一百一十一名进士。

【陈　玉】（？—1526）字德卿。军籍山东沂州卫，乡贯直隶高邮州。成化二十二年（1486）举人，三甲第一百二十三名进士，选庶吉士。改授监察御史，清正敢言。弘治十一年（1498），以按察司副使，充直隶提学。弘治十七年（1504），又以浙江（县志载为福建）按察司副使，充任提学。两任提学长达十年，取舍悉当。正德四年（1509）十一月，迁应天府丞。正德八年（1513）三月，由都察院右佥都御史，迁右副都御史。在刘瑾擅权时，清正立身，秉公不阿，拒绝宁藩贿赂。正德九年（1514）二月，迁兵部右侍郎，转左侍郎。正德十四年（1519）四月，升南京都察院左都御史。嘉靖元年（1522）致仕，世宗手敕褒美。嘉靖五年（1526）卒，赠太子少保，祀乡贤。

【李　钦】军籍龙骧卫，乡贯山东滨州（今滨州市）。弘治五年（1492）举人，翌年联捷三甲第一百二十四名进士。仕至南直隶太仓州知州。

【董　锐】军籍直隶兴州左卫，乡贯山东昌邑县（今改市）。弘治二年（1489）举人，三甲第一百三十名进士。嘉靖四年（1525）七月，由甘肃行太仆寺卿，迁河南右布政使。嘉靖六年（1527）去职。

【王崇文】（？—1520）字叔武。曹县人。弘治二年（1489）举人，三甲第一百四十三名进士，选庶吉士，改户部主事，明敏果断，章奏欲进必经其手。历本部员外郎、郎中。会武宗即位，差承运库太监王瓒、崔果往南京、浙江织造，二人奏讨长芦盐运司官盐一万二千引，变卖银两，买办织造物料。时崇文与司属官李梦锡、徐廷用，以气节相尚，向尚书韩文言："今新政之初，不可准盐课织造。"经上奏，只请与六千引，内监惮之。正德二年（1507），擢江西按察司副使、提学。丁父忧，服除，改四川按察司副使、提学，士风丕变。又擢山西布政司右参政，雪冤狱，平盗贼。宗藩禄米常私兑，吏缘为奸，崇文惩治为害重者二十余人，此弊得除。父老携子弟求识其面曰："慎重民命，立布政以来未有也。"正德十二年（1517）正月起，先后又升河南右左布政使，民众赞其"有先公惠爱风"。正德十四年（1519）三月，迁都察院右副都御史，巡抚保定，兼提督紫荆等关。以病未赴，于次年二月卒，赐葬祭，祀乡贤。著有《兼山遗稿》。父珣，成化进士，都察院右副都御史、巡抚。兄：崇儒，弘治举人，知县；崇仁，弘治进士，按察司副使。弟：崇献，弘治进士，翰林，都察院左佥都御史、巡抚；崇俭，弘治进士。子称，嘉靖举人。

【鲍　辇】寿光县（今改市）人。成化十六年（1480）举人，三甲第一百五十六名进士。

【房　瀛】字登之。费县（《题名碑录》载为黄县，应为误记）人。为人谦逊执礼，廉介自持。弘治五年（1492）举人，翌年联捷三甲第一百六十名进士。正德初，授监察御史。权宦刘瑾，分遣监察御史查盘天下仓库，奉命者多倚其权势，恣意妄行，过于苛刻。独瀛在查核中，一身正气，公正无私，令人敬畏。适刘瑾被诛，由湖广按察司副使，升按察使。年余，改河南按察使。皇帝访知其治行，特加优礼，赐《四书》、《通鉴》、《医方选要》各一部。以疾终于官。

【任文献】字国光。郯城县人。少颖异，诗赋援笔立就。弘治五年（1492）举人，翌年联捷三甲第一百七十三名进士。授监察御史，巡按两浙，清理军伍，搜匿索逃，上下畏服。后致仕隐居东庄，日唯吟咏自乐。撰有《东庄八景诗》。

【吕　佑】字子启。德平县（今属德州市）人。成化十九年（1483）举人，三甲第一百八十六名进士。授户部山西司主事，榷税河西关，剔弊恤商，人皆称之。

弘治九年丙辰科

本科录取：一甲三名，二甲九十五名，三甲二百名。其中山东二十五名。

【李 瓒】（？—1532）字宗器。军籍锦衣卫，乡贯山东濮州（今属河南范县）。弘治五年（1492）举人，二甲第二名进士。授刑部主事，升员外郎，迁通政司参议。以不屈刘瑾，被谪江西饶州府通判。刘瑾诛，起用江西按察司佥事。正德十年（1515）十月，由大理寺左少卿，迁都察院右佥都御史，巡抚顺天。次年九月，改巡抚保定等处，提督紫荆等关。正德十三年（1518）二月，迁通政使，掌鸿胪寺事。次年六月，以都察院左副都御史，经略居庸、山海关等处边关建镇，所在修筑堡城、募兵设隘，劳绩著闻，被赐白金文绮。正德十六年（1521）十二月，迁工部右侍郎，兼都察院左佥都御史，总理河道。嘉靖三年（1524）九月，以户部右侍郎，总督京储。两年后，升户部尚书，仍总督京储。嘉靖九年（1530）五月致仕。嘉靖十一年（1532）病卒，赠太子太保。子廷相，弘治进士，南京户部尚书。

【王 荩】字惟忠。军籍锦衣卫，生长京师。乡贯山东潍县（今潍坊市）。弘治八年（1495）举人，翌年联捷二甲第十六名进士。授户部主事，以忤刘瑾入狱，被除名发回原籍，茅屋蔬食，谈道自乐。刘瑾诛，被授监察御史。嘉靖元年（1522），由浙江布政司右参政，迁江西左布政使。次年，以都察院右副都御史，巡抚河南。年余，改巡抚陕西。所至惠爱及民。嘉靖五年（1526）十月，改工部右侍郎，兼都察院右佥都御史，总理大木。旋以疾告归。弟蒉，嘉靖举人。

【张 诺】字承之。滨州（今滨州市）人。少颖异，读书过目成诵，有神童之誉。弘治八年（1495）举人，翌年联捷二甲第二十九名进士。授河南道监察御史，劾逆宦刘瑾，被外谪直隶广平府通判。刘瑾败，屡迁至四川按察司副使。

【艾 洪】字德裕。滨州（今滨州市）人。弘治五年（1492）举人，二甲第四十一名进士。授兵科给事中，转左给事中，升都给事中。因多所弹劾，以忤逆宦刘瑾，在宣德二年（1507），被削籍归。《明史》称洪等"皆海内号忠直者"。其通达治体，条奏切中时宜，每得皇帝嘉可。刘瑾败，于正德八年（1513），起为福建布政司左参政。

【孙 禄】字天锡。栖霞县（今改市）人。《明史》有传。弘治二年（1489）举人，二甲第五十一名进士。初授户部主事，受特命升大同督粮郎中。天性刚直，执法不屈不挠，屡遭参劾屹然不动，虽勋戚贵族莫不避威敛手。及抵大同，剔蠹惩奸，军储获济。一向支放每年羡余六七万两，悉归主者。禄丝毫不取，悉输内帑。逆宦刘瑾索要，禄抵制不给，受诬陷遭罢免禁锢，被释为民。刘瑾被诛，被复故官。出为南直隶扬州府知府，多有善政。时值武宗南巡，供奉浩繁，禄酌剂得宜，宫中太监也未能从中横取。有倖臣捕诸富商索贿，禄不答应，自己也一并被逮。当释放后，吏部上奏，禄治行第一，钦旌苦节，特赐宴以荣。升山西布政司右参政，仍管知府事。以忤监察御史张某，又被降改原官。嘉靖元年（1522），又由河南布政司右参政，历浙江右布政使、湖广左布政使、应天府尹。嘉靖二年（1523），以疾告归。嘉靖帝降旨慰问，并遣御医珍视。未几卒，祀乡贤。

【宋　毓】德州（今德州市）人。成化二十二年（1486）举人，二甲第六十二名进士。仕至知府。

【耿　明】字晦之。馆陶县（今属河北省）人。少颖敏嗜学。成化二十二年（1846）举人，二甲第七十二名进士。授贵州道监察御史，巡视北城及内库等，所在有风裁，论列无所避忌。巡按云南，劾奏数十名官员。有妖巫以巫术为人驱邪治病，致使病人昏死，后又苏醒过来。有司欲按谋杀未果处理。明告曰："此辈妖术所杀不知几何人，这次幸而发觉，如宽恕他又当害人，不该赦免。"从而，将妖巫处死。正德间，以同十三道监察御使共劾刘瑾，为刘瑾所忌恨，被出为浙江湖州府知府，赈贫救灾，摧暴扶良。以治最擢江西布政司左参政，督饷佐兵，剪除贼盗。以疾告归卒，祀乡贤。著有《风云亭稿》。曾孙如杞，万历进士，巡抚。

【罗　璋】历城县（今济南市）人。弘治五年（1492）举人，二甲第八十名进士。由河南道监察御史，先后出为河南彰德、直隶大名府知府。

【杨学礼】武定州（今属滨州市）人。弘治八年（1495）举人，翌年联捷二甲第八十九名进士。仕至陕西布政司参政。

【张鸣凤】（1465—1561）清平县（今属聊城市）人。《明史》有传。弘治二年（1489）举人，三甲第十三名进士。初授浙江永康县知县，有政绩。擢监察御史，以刚直敢言称。时宦官"八虎"（县志称"八党"）窃柄，朝政日非。鸣凤等十三道监察御史一起，上疏极谏，疏中直指太监马永成、魏彬、刘瑾、傅兴、高凤、罗祥、丘聚、谷大用、张永辈，共同蒙蔽皇帝，日进鹰犬、歌舞、角抵之戏，导帝宴游。疏至，朝事已变，内阁大臣刘健、谢迁皆被逐。于是，鸣凤等人，又上公疏，请留刘健、谢迁而将马永成、刘瑾等太监问罪。刘瑾发怒，将上疏的鸣凤等监察御史，均逮下诏狱，各杖三十，除名。刘瑾被诛后，鸣凤复起湖广按察司佥事，升副使。以丁母忧归卒。

【郭东山】（1470—1530）字鲁瞻，号石崖。掖县（今莱州市）人。天资聪敏。早孤，事母笃孝。弘治五年（1492）举人，三甲第二十六名进士。授直隶浚县知县，入为监察御史。正德二年（1507），巡按宣、大。以劾逆宦忤刘瑾，被构陷下狱免官。刘瑾败，复起四川按察司佥事，持法廉平。以征战功，升按察司副使、兵备道。仕至四川布政司右参政。致仕，卒于家。子从朴，嘉靖进士，知府。

【王崇献】字季征。曹县人。弘治八年（1495）乡试亚元，翌年联捷三甲第二十九名进士，选庶吉士，改礼部主事。以刘瑾擅权引疾去。刘瑾恨其避己，将其削籍为民。刘瑾诛，起用兵部职方司主事，上陈镇压山东、浙江民变六事，悉见采用，被赐白金文绮。西北边患，被荐用总制。以功升兵部武选司员外郎，旋转车驾司郎中。奉命征南直隶、浙江驿转役银，尽革积弊，岁余得银四十余万两。正德十三年（1518），升南京尚宝司卿，以佞幸钱宁专政又引疾去。嘉靖七年（1528），又被起用南京通政司右参议，未几，升太常寺少卿，进南京太仆寺卿。嘉靖十二年（1533），以都察院右佥都御史，巡抚宁夏。偶感时事，三疏乞休得归。家居三十余年，屡荐不起，匾其堂曰："三己"。所著有《孙子释疑》、《小学撮要》、《礼记择言》、《双清诗集》、《韵语拾遗》等书。卒祀乡贤。父珣，成化进士，都察院右副都御史、巡抚。兄：崇儒，弘治举人，知县；崇仁，弘治进士，按察司副使；崇文，弘治进士，翰林，都察院右副都御史、巡抚。弟崇俭，弘治进士。

【刘　栾】章丘县（今改市）人。弘治二年（1489）举人，三甲第四十三名进士。仕至河东盐运使。

【姚文渊】字宗瀚。平原县人。身材高大，卓异不凡。弘治五年（1492）乡试经魁，三甲第四十八名进士。授河南汤阴县知县，严明而能断。行取户部主事，升员外郎、郎中。榷税杭州，除课外之羡。出为河南汝宁府知府，振疲剔蠹，力治战后疮痍。凡藩王府和宦官怙宠腴民者，皆惮其威棱而不敢放纵。以治才调河南开封府知府，旋升陕西按察司副使，分治肃宁，壮兵强防，边陲获安。又历布政司右参政、按察使、右布政使，平反冤狱，惩治奸猾，百僚振肃。在陕西前后十三载，多有建树。嘉靖九年（1530），因为人耿直，与朝廷观风者相议不合，拂衣而归，被罢免。生平无储蓄，无妾，敦友爱，恤故旧，乡人称颂。

【孙　磐】字伯坚。军籍辽东定远中卫，乡贯山东掖县（今莱州市）。弘治八年（1495）举人，翌年联捷三甲第六十八名进士。仕至按察司佥事。

【崔　昺】县志载作杲。滨州（今滨州市）人。弘治五年（1492）举人，三甲第九十八名进士。仕至陕西庆阳府同知。

【马应祥】军籍陕西西安左卫，乡贯山东高苑县（今属高青县）。弘治八年（1495）举人，翌年联捷三甲第一百零二名进士。仕至按察司副使、提学。

【田　登】字有年。成武县人。弘治八年（1495）乡试亚魁，翌年联捷三甲第一百二十七名进士。授直隶乐亭县知县。以治行擢江西道监察御史，出按谳狱，不泥文卷，多所平反。著有《吟呻一览诗集》行世。

【杜　玠】字仲纯，号仁斋。滕县（今滕州市）人。祖上尚武，多为武官。自父纪从文，为县训导。玠弘治八年（1495）举人，翌年联捷三甲第一百三十九名进士。授直隶庆云县知县，以治行高等，擢户部主事，升刑部员外郎、郎中。出为山西按察司佥事，时有顺天府文安县刘六（名宠），正德时，被中官诬为盗，遂举事，转战山东等地，玠乃告诫巡按御史杜某，山东为邻境，应加强防备，但其以为多事，竟不设备。继而刘六等果破壶关，杜某大恐，反让玠在城薄民稀的沁州设防，意欲使玠失败。玠至则塞险隘，缮城浚池，备粟谷，置兵器，盛旗帜，操练民军，严阵以待。刘六等见有备，竟不敢入境，引他道而去。杜某由是惭愧，而以玠计行事。有民为刘六等所掳者乘间逃归，当道抓捕邀功，玠皆与释放。太原府定襄有饥民千余，聚匿山谷中，巡抚欲以反民发兵擒捕，玠认为有司不能备荒于平日，民无所食，乃相聚山谷，强丐以延数月之命。如急捕之，不是北走边陲，就是以死拒之。治乱民如治乱绳，应抚而解散之。玠遂筹划方略数事，巡抚令州县照办，数月悉平。由此名声籍甚，但有人颇忌恨。玠虽外恭谨身弱不胜衣，但言若出口，而肩任大事屹然山立，不可夺也。时隰州知州贪赃枉法，声名狼藉，被玠闻知，而此知州对其贿赂千金，以求和解，玠即告发其事，知州被坐贪罢职。庆成王冒支禄米九千余金，玠奉巡抚檄调查，庆成王求解不得，仍求巡抚，巡抚却为其开脱，告玠曰："宗室禄粮当权益处之。"玠持论甚力，巡抚知其不可改变，也忌恨他，无可奈何，竟夺檄中止此事。玠知为人所忌恨，又忤巡抚意，乃上疏以母老引疾乞归，诏许以山西布政司参政致仕。玠为官廉平，归居卑陋旧庐，奉母至孝，夫妻相待如宾，教子弟先孝谨而后文艺。七十三岁卒，祀乡贤。

弘治九年丙辰科

弘治九年丙辰科

【姜　佐】字廷辅。滨州（今滨州市）人。弘治八年（1495）举人，翌年联捷三甲第一百五十七名进士。授直隶藁城县知县，治行卓越。擢广西道监察御史，以忤逆宦刘瑾，被谪南直隶安东县知县。又累官至按察司佥事。致仕，卒于家，寿九十六。

【聂　瑄】县志载作宣。军籍金吾右卫，乡贯山东平原县。成化二十二年（1486）举人，三甲第一百六十七名进士。授南直隶婺源县知县，升南京山西道监察御史。仕至陕西行太仆寺卿。

【宁　杲】军籍辽东海州卫，乡贯山东蓬莱县（今改市）。三甲第一百七十一名进士。

【刘　溥】（1457—1518）字润民，号博庵。新城县（今桓台县）人。成化十九年（1483）举人，三甲第一百七十四名进士。授直隶藁城县（一说永宁县）知县，持法平恕。以报最擢山西道监察御史，风裁凛然。时刘瑾败，溥审问称旨。出为直隶顺德府知府，以治河事，忤巡抚罢归。卒祀乡贤。

【边　贡】（1476—1532）字廷实，号华泉。历城县（今济南市）人。《明史》有传。生有异质，襁褓中从祖母受章句辄成诵。弘治八年（1495）乡试第四名举人，翌年联捷三甲第一百八十六名进士。授太常寺博士，时孝宗重祠事，贡骏奔唯谨，偶以告不与，孝宗即私语左右曰："何不见年少官人耶。"弘治十八年（1505），擢兵科给事中，峻直敢言，屡劾中官。会孝宗去世，上疏劾太监张瑜与太医刘泰、高廷和用药之误，又劾太监苗逵与保国公朱晖、右都御史史琳用兵之失。迁太常寺丞，以不善事刘瑾，出为卫辉府知府，改荆州府。以治行为天下之最，擢山西按察司副使、提学。丁父忧，服除，起补河南按察司副使、提学，申条教，勤考校，士风大振。又丁母忧。世宗即位，起为京师太常寺少卿，改南京太仆寺卿。又为京师太常寺卿，提督四夷馆。嘉靖七年（1528），转南京刑部右侍郎，拜户部尚书。贡早负才名，美风姿，所交悉海内名士。久官留都，悠闲无事，游览江山，挥毫浮白，夜以继日。嘉靖十年（1531），都察院右副都御史劾其纵酒废职，旋罢归。筑万卷楼于湖上，所著书籍金石古文甚富。次年遭火灾几尽，贡仰天大哭曰："甚于丧我也！"旋发病而卒，年五十七，赐祭葬。其肆力古文，尤长于诗，风格婉约，与李梦阳、何景明等称"前七子"。著有《华泉集》传世。子习，亦能诗。

【曹　琛】字廷贽。嘉祥县人。成化二十二年（1486）乡试亚元，三甲第一百九十八名进士。授南京户部主事。兄玉，弘治进士，按察司佥事。

弘治十二年己未科

本科录取：一甲三名，二甲九十五名，三甲二百零二名。其中山东十八名。

【张凤翔】祖籍山东巨野县，移籍陕西洵阳县。弘治十一年（1498）举人，翌年联捷二甲第二十三名进士。授户部主事。

【毕　昭】字蒙斋。新城县（今桓台县）人。弘治五年（1492）举人，二甲第二十六名进士。由任职部吏出为河南汝宁府知府，兴学养民，境内大治，汝民树碑记其事。正德十六年（1521）十二月，由陕西布政司右参政，先后升为右左布政使。嘉靖二年（1523）八月，以都察院右副都御史（县志载佥都御史），巡抚山西，兼督紫荆关。嘉靖四年（1525）二月，以侍母疾告归。嘉靖六年（1527）三月，被劾令服阕。家居二十余年，未及大用卒，朝议惜之。祀乡贤。祖父理，天顺举人，知县；父亨，成化进士，工部尚书。

【张文锦】（？—1524）字阃夫。军籍辽东广宁左屯卫，乡贯山东安丘县（今改市）。二甲第六十名进士。授户部主事。正德初为刘瑾陷害，被斥为民，设教泰山。刘瑾伏诛，迁本部郎中，督税陕西。出为南直隶安庆府知府，以拒宁王朱宸濠反叛功，擢太仆寺卿。嘉靖元年（1522）六月，迁都察院右副都御史，巡抚大同，参赞军务。文锦性刚烈，锐意整治，以拒敌得重名。文锦见大同北无险可守，议设五堡。先是参将贾鉴督役严厉，已引起士兵怨恨，及堡成，又徙镇卒二千五百家驻守，士兵惧怕行边，发生兵乱，将参将贾鉴杀死。文锦将乱兵招入城内，索治首乱者，乱兵又将文锦杀死。此乱由文锦操切无序所致，当时没有得到朝廷哀恤，对兵乱者也赦而不问。万历中，追赠其都察院右都御史。天启初，追谥"忠愍"。

【刘　达】军籍武骧左卫，乡贯山东滨州（今滨州市）人。弘治八年（1495）举人，二甲第七十二名进士。正德十一年（1516）九月，由左通政，以都察院左佥都御史，巡抚宣府。正德十三年（1518）二月，升都察院右副都御史，仍为巡抚。次年二月，改巡抚直隶顺天，整饬蓟州军务。正德十六年（1521）四月，被夺职下狱，戍边辽东。嘉靖五年（1526）四月，改戍定边卫。

【朱本端】军籍锦衣卫，乡贯山东陵县。弘治十一年（1498）举人，翌年联捷三甲第六名进士。仕至按察司佥事。

【周　导】祖籍南直隶长洲，移籍山东历城县（今济南市）。成化二十二年（1486）

举人，三甲第八名进士。仕至知府。父溥，景泰解元，知县；弟程（知县）、秀（府同知）皆弘治举人。

【李　嵩】滨州（今滨州市）人。弘治二年（1489）举人，三甲第十名进士。由监察御史，仕至南直隶常州府知府。

【赵秉伦】字宗道。蓬莱县（今改市）人。弘治八年（1495）举人，三甲第四十一名进士。授陕西咸宁县知县，以所为三十六事，称其卓异。擢监察御史。值孝宗辞世，建议以送终大事为先，劾诸近臣哭临亵慢之罪。其又劾纠勋戚侵田，条奏边陲防务，悉见施行。以丁父忧去任，立朝不满三载，风裁赫然。卒祀乡贤。

【张　忠】泰安州（今泰安市）人。弘治八年（1495）举人，三甲第六十三名进士。仕至山西平阳府知府。

【刘　泽】字济民。济宁州（今济宁市）人。弘治十一年（1498）举人，翌年联捷三甲第九十二名进士。授南直隶吴江县知县，擢刑科给事中。时刘瑾用事，泽不为所屈，被除名。刘瑾伏诛，泽复职。以在山东济宁率众守城御敌功，升山西按察司佥事，整饬雁北兵备道（驻代州）。鞑靼俺答入犯岢岚，巡抚以泽谙兵俾参军事，斩级甚多，受到朝廷奖赏。历山西按察司副使、布政司左参政、右布政使。向巡抚密告围剿白莲教起事。嘉靖二年（1523）十二月，由陕西左布政使，升都察院右副都御史，整饬蓟州边备，兼巡抚直隶顺天，建城堡三十余区，京畿无警。嘉靖六年（1527）正月，被劾回籍听勘。家居数年卒。

【苏　锡】字介福，号槐轩。滨州（今滨州市）人。弘治八年（1495）举人，三甲第九十六名进士。授太湖县知县，以卓异入为山西道监察御史。正德四年（1509），巡按江南诸府，革赋税之弊端，以稍苏民困。丁母忧后，擢江西建昌府知府。城中民居栉比，多火灾，锡筹火政防备，民称之。年四十六卒于官。

【鲍继文】曲阜县（今改市）人。成化二十二年（1486）举人，三甲第一百零二名进士。仕至太仆寺卿。

【高　显】字德彰。濮州（今属河南范县）人。弘治八年（1495）举人，三甲第一百二十四名进士。由直隶魏县知县擢户科给事中，改刑科。时逆宦刘瑾用事，显首论内阁大臣焦芳阿附不职，并劾督臣征讨无功，朝野惮之。出为湖广按察司佥事，以战功升陕西按察司副使。因刚直遭忌解官。卒时，发箧笥所藏，唯图书及几件酒具而已。

【刘　英】掖县（今莱州市）人。成化二十二年（1486）举人，三甲第一百三十名进士。仕至江西宁州知州。

【华　珩】字鸣朝。章丘县（今改市）人。弘治八年（1495）举人，三甲第一百三十五名进士。授直隶元城县知县，革除吏弊，断狱如神，裁汰冗费，与民休息。擢监察御史，有直声。忤权阉刘瑾，庆幸刘瑾被除，才躲过祸殃。卒祀乡贤。

【韩　荆】（？—1539）字建芳。阳信县人。弘治八年（1495）举人，三甲第一百四十七名进士。授中书舍人，迁户科给事中，持正不阿。正德十一年（1516），由京师太常寺少卿，迁南京太仆寺卿。嘉靖二年（1523），改南京太常寺卿。次年，升都察院副都御史，总督南直隶粮储。所至清正无私，执法如山。在任太仆寺卿时，有受奖僚属过年时送贺礼以示答谢，荆对他们道："若以不却为恭，恐怕你们都会汗颜。"总督南储时，有监守违例征价，其查积年羡余，悉寘于法。嘉靖六年（1527）二月，升南京工部右侍郎，众起浮言，三月致仕而归，囊无余资。荆自题曰："官至九卿还有债，年登七秩尚无孙。"其清苦可知。卒后，赐祭葬，祀乡贤。

【姜周辅】字名世。胶州（今改市）人。弘治二年（1489）举人，三甲第一百五十九名进士。授大理寺左评事，数定疑狱。奉命鞫狱山西，多所平反。迁陕西按察司佥事，力革屯田积弊。

【李　璞】滋阳县（今兖州市）人。弘治十一年（1498）举人，翌年联捷三甲第一百六十名进士。授山西道监察御史，出为直隶真定府知府。父成，景泰举人，县训导；叔父克恭，天顺举人，苑马寺卿。

弘治十五年壬戌科

本科录取：一甲三名，二甲九十五名，三甲一百九十九名。其中山东十六名。

【李廷相】(1481—1544) 字梦弼，号蒲汀。军籍锦衣卫，乡贯山东濮州（今属河南范县）。弘治十四年（1501）举人，一甲第三名进士，探花，授编修。刘瑾擅权，恶其不附，将其改为兵部主事。后升员外郎、郎中。刘瑾被诛，复为詹事府右中允，兼翰林院修撰，升侍讲学士，充经筵讲官。武宗游猎，廷相进讲《百姓足君孰与不足》，剀切指陈，被武宗大加赞赏为"真学士"。嘉靖六年（1527），升至南京吏部右侍郎，以养疾归。嘉靖十年（1531），复任南京吏部右侍郎。次年，丁忧归。嘉靖十四年（1535），改京师兵部右侍郎，迁左侍郎。次年八月，兼侍读学士，充经筵讲官。十一月，改礼部左侍郎，兼职如故。嘉靖十六年（1537），迁南京户部尚书，总督京储。嘉靖十八年（1539）二月，加太子宾客，南巡扈从。三月被降二级，旋致仕。其与父筑"来鹤楼"，所藏书籍及古字画极富。著有《南铨集》。嘉靖二十三年（1544）七月卒，年六十四，赠太子少保，谥"文敏"。父瓒，弘治进士，户部尚书。

【毛思义】字继贤，号海隅。阳信县人。负性刚毅，学识赅敏。为诸生时，每以忠孝自许。父得疾渴思冰不得而卒，其终身不复饮冰。弘治十四年（1501）举人，翌年联捷二甲第五十一名进士。授户部主事，转工部都水司郎中。开挖月河，以杀水势，公私便利。正德九年（1514），出为直隶永平府知府。武宗东巡，太监矫旨作孽，假选妇女，阖邑惊逃。思义出晓谕谓："主上方在谅阴中，岂肯自坏纲常，以狥此不令之色乎。大抵阉宦虚张声势，以为谋利之阶耳。"由是阉宦愧恨，以忤江彬，被诬奏逮捕下狱。监察御史交章相救，被谪云南安宁州知州。从嘉靖元年（1522）起，历浙江布政司右参政、右布政使、左布政使。嘉靖八年（1529）十月，迁都察院右副都御史，总督漕运，兼巡抚凤阳。次年二月，改总理粮储，兼巡抚应天。嘉靖十年（1531）二月，又为南京总督粮储。所至皆著伟绩。次年致仕，归里囊无余资，唯积书数万卷。六十七岁卒，赐祭葬，祀乡贤。著有《海隅集》、《永平录》传世。曾孙晔，诸生，精痘疹医术。

【郑　信】字德孚。东平州（今改县）人。弘治五年（1492）举人，二甲第七十名进士。授兵部主事，升至郎中。出为湖广黄州府知府，转河东盐运使，未赴任卒。

【徐　暹】字进甫。历城县（今济南市）人。《明史》有传。以孝闻。幼嗜学，攻读不辍。弘治五年（1492）举人，二甲第七十二名进士。由观政都察院，授南京工科给事中。时刘瑾方窃权，因灾异上言七事，论劾勋贵内官诸不法罪。又奏留被刘瑾落职的内阁大臣刘健、谢迁等官员，大忤刘瑾，皇帝亦大怒，暹被械系下狱，杖击几死，贬黜为民。其家居七年，足不入城市，耕薄田以自给。刘瑾败，被起用监察御史，升山西按察司佥事。有晋王府官员，以事馈金，暹将其斥退，以法处之。正德八年（1513），以战功授按擦司副使。因忧勤致疾，卒于官，年四十九。孙承祖，嘉靖进士，知县。

【周　举】字尚宾。郯城县人。弘治五年（1492）举人，二甲第七十三名进士。授户部主事，屡迁河南怀庆府知府。此地已年余不雨，到任三日，斋戒请祷，巧合即降雨。又补贵州思南府知府，府旧无城郭，虎白天食人，举筑砖城以保护百姓。其撰有《擒虎记》，民感其德，为立生祠。旋升云南按察司副使，卒于官。

【陈九畴】字禹学。曹州（今菏泽市）人。弘治十四年（1501）举人，翌年联捷二甲第八十七名进士。授刑部主事，有重囚越狱，人莫敢追拿，九畴挺槊追回逃犯，名重京师。正德初，录囚南畿，忤刘瑾被谪广东阳山县知县。刘瑾被诛，复故官。由本部郎中迁陕西按察司副使，整饬肃州兵备道，练卒伍，缮营垒。番酋进犯嘉峪关，复又以骏马乞和，九畴视破其所行为外合内应之计，没有上当，番酋失去内应，遂拔帐而走。兵部尚书王琼坐九畴失事罪，将九畴入狱。世宗即位，起故官，擢都察院右佥都御史，巡抚甘肃。嘉靖三年（1524）秋，吐鲁番的酋长（正德初嗣速檀）满速儿，据哈密，兵围肃州，九畴自甘州驰援败之。论功进都察院副都御史，被赐金币。九畴上言，番酋敢入犯者，主要是通过来朝纳贡和纵使商贩获得虚实，应加强防备，使其内无所恃，必不敢犯。时为陕西三边的总督杨一清采其建议。嘉靖四年（1525）春，九畴致仕。番人先在京师散布蜚语，言肃州之围，由九畴"激变"所致。时为内阁大臣的杨一清言事已前决，不必追责。世宗不听，将九畴入狱，欲定死罪。刑部尚书胡世宁上言："我掌刑部而杀忠臣，还不如杀我。"又申辩道："文臣中有勇有谋而能舍身保国者，无人能及九畴。"九畴仅得免死，被谪戍极边，居十年方赦还，以病卒于家。追谥"忠襄"。

【王　云】字天章。诸城县（今改市）人。弘治二年（1489）举人，二甲第八十

弘治十五年壬戌科

名进士。授南京刑部主事，升员外郎、郎中，守法不挠。出为陕西平凉府知府。以母丧归，服除，起补浙江严州府知府，被罢职。子儒，嘉靖举人。

【李元吉】字守正。堂邑县（今聊城市东昌府区）人。少博学，盛文誉，提学常举其文以励六郡之士。弘治十一年（1498）举人，三甲第十六名进士，选庶吉士，改吏部主事，升至文选司郎中。为人有气节，以廉峻称。遇事感慨，激发张目，论列是非，务争大体。一日与工部议事不合，即投笔拂袖而还。朝中官员往往相指畏。升右通政，告归。嘉靖初，召为太仆寺卿，坚辞不起。僻居村墅，动中绳尺，对台省故旧问遗和州府竿牍概不回复。间有车马问访，则逡巡引避。终老于田园，祀乡贤。

【刘　经】恩县（今属德州市）人。弘治五年（1492）举人，三甲第二十三名进士。授浙江永嘉县知县，仕至陕西按察司佥事。子黄钟，嘉靖举人，知县。

【陈　玑】祖籍浙江余姚县，移籍山东临清州（今改市）。弘治十一年（1498）举人，三甲第六十九名进士。仕至太仆寺丞。

【刘　儒】恩县（今属德州市）人。弘治五年（1492）举人，三甲第七十三名进士。授府推官。

【何　亮】军籍山东登州卫，乡贯南直隶当涂县。弘治十一年（1498）举人，三甲第九十名进士。授直隶广宗县知县，时河决曲为疏引，水不为患。改陕西咸宁县知县。秦俗婚姻尚财，其谕以古礼，士贫不能葬娶者，捐俸以给，多有惠政。擢南京户科给事中，劾刘瑾悖逆不臣，险些遭祸。刘瑾被诛，奏以将其财贿充为边备之用。出为湖广汉阳府知府，厘弊除奸，百废俱举。未几，以疾卒于官。按察司副使蔡潮为立祠祀之。

【孙　河】鱼台县人。以文名当时。三甲第九十四名进士。授大理寺评事，改工部主事，升至郎中。出为陕西临洮府知府，以不畏强御著声朝野。

【王　铉】民籍黄县（今龙口市），军籍辽东定辽左卫。三甲第一百一十三名进士。

【乔　岱】字希申，号龙溪。章丘县（今改市）人。弘治十四年（1501）举人，翌年联捷三甲第一百三十三名进士。由行人司行人，授四川道监察御史，巡按两浙盐政。时逆宦刘瑾盗弄威权，侵牟盐利，岱以未能满足其奢望，被谪南直隶太平府教授，继而又改河南禹州（元曰钧州）通判。以守城功，迁河南永城县知县。在掘城堤时得万余金，将兵火之后的残破城池完善。又调江西庐陵县，以重典惩治健讼，士民帖服。奉都宪之命，到邻县平乱获胜，受到朝廷嘉奖，赐予银牌。初庐陵天旱已久，到任即云结雨注，四郊沾足。故一时有"永城赐银，庐陵赐雨"之歌。年余，由南直隶广德州知州，升江西瑞州府同知，专理军政。丁父忧，服阕，补山西按察司佥事，事无巨细，莫不迎刃而解，州县吏民有事案至，多不解行囊已决断而归。以母老乞假，卒于家。

【许　凤】章丘县（今改市）人。弘治十一年（1498）举人，三甲第一百七十一名进士。授监察御史。

【李　铎】（1478—1529）字孔教，号望石。莱阳县（今改市）人。生而颖拔，始读书即能文，文有奇气。弘治十四年（1501）举人，翌年联捷三甲第一百九十二名进士。授行人司行人，先后改户、刑科给事中，升至刑科都给事中。正德间，刘瑾窃权，国家多事。铎独敢言，不迂不矫，谏诤得体。刘瑾被诛，受其陷害者百余人，铎首疏抗言皆免于死。未几，擢南京大理寺右丞，改京师大理寺左丞，多有平反。迁大理寺右少卿，改左少卿。时西夷贡者多留中国，特命铎相机区处，遣发千余人。正德十六年（1521）五月，迁都察院右佥都御史，巡抚宣府。嘉靖三年（1524）五月，以都察院右副都御史，巡抚陕西。是年八月，因大同军乱，又改巡抚大同。所至皆治绩卓著。在赴大同时，适母丧，以边务特旨夺情。后世宗念其劳，特赐其母祭葬。其归里三载，疾发而卒，年五十一。子洞，嘉靖进士，工部郎中；孙祖树，万历例贡，知县。

弘治十八年乙丑科

本科录取：一甲三名，二甲九十五名，三甲二百零五名。其中山东二十八名。

【崔　铣】原籍山东安乐县（今属东营市），从为官之父徙居河南安阳（军籍）。二甲第一名进士，选庶吉士，授编修。忤逆宦刘瑾，出为南京吏部主事。刘瑾败，复故官，充经筵讲官，进侍读。引疾归，读书讲学。世宗即位，擢南京国子监察酒。嘉靖三年（1524），议大礼，大学士蒋冕等去位，而张璁、桂萼等骤得贵用。铣上疏求去，且劾张璁、桂萼等，皇帝不悦，令致仕。历十五年，被荐用詹事府少詹事，擢南京礼部右侍郎，未几疾作卒，谥"文敏"。名列儒林，造诣颇深。作《政议十篇》。父升，成化进士，布政司参政。

【翟　銮】（1477—1546）字仲鸣，号石门。军籍锦衣卫，乡贯山东诸城县（今改市）。二甲第十名进士，选庶吉士。历刑部主事、侍读、翰林学士、礼部右侍郎。嘉靖六年（1527）六月，以吏部左侍郎，兼翰林院学士，入为文渊阁大学士，参与机务。次年，又加礼部尚书。嘉靖十二年（1533）十一月，丁忧归。久不召，其与内阁大臣夏言谋。嘉靖十八年（1539），受夏言等举荐，改兵部尚书，兼都察院右都御史，充行边使。因广受诸边将吏馈遗，归以贿赂权贵，于嘉靖十九年（1540）正月，又以礼部尚书，入为内阁大臣，兼武英殿大学士，又先后加太子少保、太子太保。嘉靖三十一年（1542）八月，代夏言为内阁首辅。后以其子中进士有弊端，为严嵩所攻，于嘉靖二十三年（1544）八月，削籍。嘉靖二十五年（1546）卒，年七十。嘉靖三十八年（1559）复原官，谥"文懿"。

【张九叙】字禹功。商河县人。弘治五年（1492）举人，二甲第三十八名进士，选庶吉士。正德间，授户科给事中，历刑科右给事中和户、工科左给事中。会刘瑾窃权，有辽王府李校尉者，依仗刘瑾权势，以不法侵占府田若干，上命九叙查办，得实置于法。时人以为九叙危险，刘瑾竟不能祸及。刘瑾被诛，九叙又与谢都给事中，指摘奸党，朝野称快。武宗喜西僧术，江彬得倖，权势莫比，旨下工部，起少府为江彬居住，九叙奏请罢之。武宗死后，江彬连同四子同被处死。九叙劾兵部尚书王琼和内阁大臣梁储不法，王琼被论死戍边，梁储被去职。九叙升吏科都给事中，转太仆寺少卿，调太常寺，提督四夷馆。嘉靖五年（1526），迁南京都察院右佥都御史，提督操江，擒获江洋巨盗黄保、孙二，江河肃然。时旱蝗蔽天，九叙上《修德回天疏》，忤执政者。再疏乞退不许。后被劾去职，回籍别用，抑郁疽发而卒。著有《皇明疏抄》。祖父绅，宣德举人，知州；父咨，天顺举人，盐运使；弟九霄，弘治举人，州通判。

【陈　策】字万言。单县人。弘治八年（1495）举人，二甲第三十九名进士。授礼部主事，升户部郎中。出为河南彰德府知府，以忤严嵩被罢归。父勖，成化进士，户部左侍郎。

【袁　宾】德州（今德州市）人。弘治八年（1495）举人，二甲第八十七名进士。授大理寺寺正，出为河南南阳府知府。以考最为天下第一，历升山西按察司副使、陕西按察使和江西右布政使。嘉靖十五年（1536），升陕西左布政使。嘉靖十七年（1538）五月，擢南京应天府尹。次年五月，迁都察院右副都御史，巡抚陕西，被劾未任卒。宾居官刚正，不畏权贵，以廉苦自励。孙勿，以门功授知县，有祖父风。

【黄　质】字文之。《题名碑录》载籍恩县（今属德州市）。《曹州府志》载为山东范县（今属河南省）。弘治十一年（1498）举人，三甲第六名进士。正德初，授永清县知县，擢户科给事中。时刘瑾窃权，质上疏多指斥太监，刘瑾怨恨，会有江西疑狱命往谳之。事毕还，刘瑾已诛，旋改礼科给事中。适乾清宫火灾，质借机上言要恤民以固邦本。又有止游畋、广言路、慎名器、公赏罚、重储蓄、察守令诸奏。朝廷嘉其直，出为湖广布政司参议，剿巨盗，平起事。又由浙江按察司副使，改湖广按察司副使，整饬辰沅兵备道。以事左迁，遂解任归，不久卒。

【张　镕】军籍府军左卫，乡贯直隶东明县（1963年划归山东菏泽专区）。弘治十四年（1501）举人，三甲第四十名进士。授山东海丰县知县。

【孙　乐】（1488—?）福山县（今烟台市福山区）人。少年机敏，聪明嗜学。弘治十七年（1504）举人，翌年联捷三甲第四十二名进士。授浙江秀水县知县，以卓异升南直隶京畿道监察御史。又出为陕西按察司副使，分巡河西道（驻鄜州）。升至四川布政司参政。晚年致仕。祖父遇，正统进士，左布政使；父琰，成化进士，尚宝司少卿。伯父：珂，景泰进士，南京大理寺丞；珪，成化进士，翰林，右布政使。堂兄檠，弘治进士，知县。一门六进士，声名远播。

【董　琦】（1472—1546）字天粹，号东楼。阳信县人。弘治十七年（1504）举人，翌年联捷三甲第四十四名进士。刚直不阿，百折不回。初授山西高平县知县，有逆宦刘瑾恶党入境，给这个地方带来祸殃已经不是第一次。适有按察司佥事至，琦拜访请教，佥事劝其："听之，勿要招致祸害。"但琦不惧诘责，将横行的阉党依法处置。为政三载，升户部主事，督理居庸关粮储，不辞劳苦。再督刍石渠，在诸厂中，有许多中贵驻牧射利渔民，琦杜私交，平出纳，使中贵敛手。丁母忧，服除，又复职督刍训象。有佞幸钱宁逆党怙恶作奸，琦予以追究查办。恶党捏造罪名上奏，上察为诬告，将诬告者治罪。有朝中大吏欲以陆运代替水运，琦上疏建言："现在民力竭尽，而陆运的车辀之利，多为宦官所获，不如由西湖至京漕运最便利。"疏上，中官忌恨，暗中"墨污其牍"，被坐以"不敬"之罪，下锦衣卫狱，三个月才释放。由户部员外郎，出为陕西按察司佥事。再督储甘肃，籍名娼给渔猎，一无所容。中贵侧目，恶党王欣独加诬奏，朝廷命锦衣官校，远去万里，将其逮捕，入狱三年。世宗即位，琦被起复山西按察司佥事，奉命巡视大同，贪官污吏闻至解绶而去。改河南道监察御史，劾宗室不法者二人，纠正藩王府侵夺民田二百顷。升河南布政司参议，有赵府将军右泾，怂恿属下狐鼠作孽，巡抚、按察使令琦讯查，琦以法制裁，朝野肃然。其致仕后，优游林下二十载而卒，年七十五，祀乡贤，入高平名宦祠。太史吕柟称其："政学两善，明于法之用不失经之体。"子邦政，道员，有著述。

【郭　濂】祖籍山西榆次县，移籍山东济阳县。弘治十一年（1498）举人，三甲第五十名进士。授兵部主事。

【穆孔晖】（1479—1539）字伯潜，号玄庵。堂邑县（今聊城市东昌府区）人。少颖悟，下笔古奥绝人。沉静端凝，为识者器重。弘治十七年（1504）乡试解元，翌年联捷三甲第六十名进士，选庶吉士，授检讨。正德四年（1509），与修《孝宗实录》成。时刘瑾擅权，卿佐皆跪谒，而孔晖只作长揖。刘瑾怒，矫旨改其南京礼部主事。刘瑾被诛，还旧职，充会试同考官。正德七年（1512），迁南京国子监司业，改翰林院侍讲，充经筵讲官。嘉靖元年（1522），充顺天乡试副主考官。以与修《武宗实录》成，于嘉靖四年（1525），升詹事府左春坊左庶子，兼侍讲学士。嘉靖七年（1528），加京师尚宝司卿。嘉靖九年（1530），升翰林院学士，掌院事。次年春，以阴雨误讲，上章自劾，降南京尚宝司卿。嘉靖十一年（1532），转南京太仆寺卿，又改南京太常寺卿。第二年，以疾致仕。卒赠礼部右侍郎，谥"文简"，予祭葬，祀乡贤。孔晖资禀深纯，问学尤邃，初为古文辞有声，既乃弃去深研理学，晚学宗王守仁，且融入佛道学说，同时学者无论趋向同异，一皆宗仰。其著述甚多，有《读易录》、《尚书困学》、《前汉通纪》、《诸史通编》、《游艺集》、《大学千虑》、《玄庵晚稿》等传世。

【陈　鼎】（？—1527）字大器。军籍直隶德州卫（域属山东），乡贯山东郓城县。迪（洪武至建文间礼部尚书，被诛）四世孙。弘治十七年（1504）举人，翌年联捷三甲第一百一十名进士。授礼科给事中，劾中官廖堂侄冒籍倖举河南乡试，将其除名。时盗匪起，条陈弭盗机宜，与巨珰争辩不屈，被下狱罢归。世宗即位，复职。出为河南布政司参议。嘉靖五年（1526），以战功由陕西按察司副使，升浙江按察使。次年，迁应天府尹，未至任而卒。崇祀乡贤、忠孝祠。子其学，嘉靖进士，南京刑部尚书。曾孙：梦玠，天启进士，吏部郎中；梦玮，知县。

【张克温】恩县（今属德州市）人。三甲第一百一十三名进士。

【殷云霄】（1480—1516）字近夫，号石川。寿张县（1964年撤销，分属山东阳谷县和河南范县）人。生而长眉碧目，口可容拳。读书数行下，既成诵终身不忘。弘治十四年（1501）举人，三甲第一百一十五名进士。登第后，以疾归。居家著书授徒，远近从之。正德六年（1511），授南直隶靖江县知县，又改浙江青田县。所在皆明察有断，不劳而治。升南京工科给事中，敢于直言，上疏论事，切中时弊。武宗南游，纳一有孕之妇马姬入宫，其上书力谏，并引吕不韦事讽喻。精通理学，以文章名世，为当时"十才子"之一。建蓄艾堂，聚书数千卷。其著述较多，有古乐府四百篇和《石川集》、《明道录》等。卒于任，年仅三十七。父玘，成化举人，知县。

【孙　檗】（1446—？）福山县（今烟台市福山区）人。生而颖异，仪容倜傥，孝友天成。尤嗜读书，经史子集无不淹贯，以诗文名，工书法。弘治八年（1495）举人，三甲第一百二十名进士。授直隶任丘县知县，持身以礼，不苟言笑，对上不迎奉，对下不施威，轻徭役，遵法刑，多有惠政。任丘有不少运河岸堤地，两岸多是水草树丛，知府欲将这些荒废土地丈量在内，征收赋粮，檗严词拒绝。知府嫌其迂腐，在京察中，将其列为不称职。旋以母病致仕，除几箱书籍外，别无他物。居家闭门谢客，以读书自娱。著有诗文多卷传世。祖父遇，正统进士，左布政使；父珂，景泰进士，南京大理寺丞。叔父：珪，成化进士，翰林，右布政使；琰，成化进士，尚宝司少卿。堂弟乐，弘治进士，布政司参政。一门六进士，影响深远。

【杜　泰】长清县（今济南市长清区）人。弘治十七年（1504）举人，翌年联捷三甲第一百二十五名进士。授直隶饶阳县知县。

【董建中】（1475—1516）字汤民，号东岩。寿张县（1964年撤销，分属山东阳谷县和河南范县）人。弘治十七年（1504）举人，翌年联捷三甲第一百二十七名进士。授行人司行人，升监察御史，敦厚刚方，为事精悍。正德九年（1514），巡按顺天。时值永平大水，民众以捕鱼为生。有权阉毁其网具，妇人与子痛哭于野。建中查得实情，上疏弹劾，权阉惧而自缢。其将至任丘县，又有权阉先据其府，盛列健卒以待。有官员请建中避而勿入，建中不许，直入坐堂，阅政如常，权阉大惊退去。盗魁赵某弟，假装自首，实为贼谍为间者，立命斩杀，并修城以备。正德十年（1515），其得痹疾，以父丧归，四十二岁卒。

【张　经】民籍阳信县，军籍辽东沈阳中卫。弘治十四年（1501）举人，三甲第一百三十六名进士。授监察御史，以论宦官，被谪云南，卒于途中。

【于　范】字觉甫。郓城县人。弘治十七年（1504）举人，翌年联捷三甲第一百三十九名进士。授河南辉县知县，改浙江嘉兴县。入为户部主事，升员外郎、郎中，督理蓟镇边储，革除夙弊。出为河南府知府，裁抑权贵，豪猾敛迹。又调广西浔州府知府，未几归卒。著有《廪丘文集》。

【刘　田】字伯耕，别号东溪。东阿县人。为人俊爽玉立，豪宕磊落，不肯折节而中，慈厚无城府。二十余岁，由弘治十一年（1498）举人，考取三甲第一百四十三名进士。授直隶元氏县知县，为治严明，不阿权贵，而能抚循百姓。正德时，权阉刘瑾派遣中官二人刺事畿内，所至长吏郊外迎谒。及入元氏县，高坐堂上，田被召至，其见二人不起，厉声曰："咄！阉胡不为长者，下坐。"二人大惊而起，欲呼其徒对田进行污辱，而田上前提其一人，掷于堂下，召吏缚送狱中。其又厉声道："若矫诏探事郡国，吾上书请之。"二人窘迫，伏地求解，乃得去。二人走告知府，知府恐惧，赠以千金。二人告知刘瑾，刘瑾欲将田置于死地，且无人敢出面保护。田毫无畏惧，取酒大饮歌呼。幸遇刘瑾被诛，而得不死。被召为户部主事，升员外郎。正德十二年（1517），奉命督理江南漕运，时漕政久弛，卫军勒索成风，而吏勿敢笞其一卒。田将他们悉绳之以法，如期完成督理任务。其卒于官，仅三十九岁。父约，成化进士，布政司参政；弟隅，嘉靖进士，都察院副都御史、巡抚。

【马　训】益都县（今青州市）人。弘治十一年（1498）举人，三甲第一百五十二名进士。仕至陕西按察司佥事。

【张　惠】字天泽。宁海州（今烟台市牟平区）人。弘治十七年（1504）举人，翌年联捷三甲第一百六十六名进士。授陕西咸宁县知县，行取工部主事，抽分芜湖，纤介不苟。以本部郎中出为河南彰德府知府，奏革临彰王府镇国将军禄米三分之一，谪其家中七人戍边。由此惠亦被降河东盐运司同知，恚愤卒。

【孙孟举】商河县人。弘治八年（1495）举人，三甲第一百六十九名进士。由刑部主事，仕至河南按察司佥事。县志载："事实失传"。父识，成化进士，知府；兄孟和，正德进士，亦知府。

【刘　孝】字必先。高唐州（今改县）人。弘治八年（1495）举人，三甲第一百七十四名进士。初为直隶献县、河间县知县，奉公勤民，不饰厨传，两邑争颂其美。升刑部员外郎，出为山西按察司佥事。赴任不带家属，以免"家累相随"。办案宽猛适宜，人皆畏而爱之，无敢以私相求。因公至陕西凤翔府，以病卒。知府率属员入看其囊箧，别无长物。著有《东林诗文稿》。父魁，成化进士，监察御史。

【滕　纪】军籍留守前卫，乡贯山东莱阳县（今改市），三甲第一百七十五名进士。

【张茂兰】（1470—1535）字德馨。章丘县（今改市）人。少有至性，一介必慎取与。弘治十一年（1498）举人，三甲第一百八十九名进士。授直隶巨鹿县知县，为政简易，视民如子。丁父忧，服阕，补直隶任丘县知县，以"兵甲完具，楼橹屹然"，使城得以保全。时兵荒，上救荒四事，多见施行。盗闻其清，相戒不入境。有饥民剪伐官柳，茂兰闻知曰："孟氏有言，先仁民而后爱物，岁饥穷民无所得食，不得已折木作薪，采叶充食，以缓须臾之死，岂能多去严厉禁止呢？"又多购书籍，以劝学者。兵荒之余，人不废业。茂兰以清廉自誓，爱憎分明。有文行高者过县，茂兰仰慕其名，以礼相待，自称弟子。有监察御史以记功至，因未去出迎，而被诘责，茂兰仰视曰："公此来何为也？"监察御史怒道："奉命剿贼记功，难道独你不知道吗？"茂兰曰："离贼之地相距八百里，倘若有冒功者何从知之，滥杀平民者何从知之，不责己去职之远，而责令奉迎之近，诚所未喻。"监察御史越加愤怒，知其为强项令，即驱车而去。有无故监察御史，以事被逮，茂兰相迎数十里外，关心备至，时方严冬，制衣裘相送，令监察御史感叹道："今古人也，暖不增衣，寒不减叶，吾见其人矣！"茂兰两为知县，布衣蔬食，不名一钱，不以妻孥自随。迁户部主事，虽然饷军辽阳、监兑临清、榷税九江，但其廉洁自励，一无染指，封还羡金。升户部郎中，总理宣府粮储，以固疾辞为给事中。被论劾降河南汝宁府通判，刚三月，弃官归里。为郎中时，冬无絮衣，馈遗皆不受。有许多大吏以"高风亮节"、

"天下清官"、"名流"交相举荐,被起用为河东盐运司同知,但茂兰不赴。在乡筑室长山之阴,精研经传,授徒山中。茂兰嗜饮酒。嘉靖十四年(1535)卒,年六十五。乡人称东谷先生,祀乡贤。

【黄　堂】字允升。临清州(今改市)人。弘治十一年(1498)举人,三甲第一百九十二名进士。仕至太常寺少卿。平生力学,著有《皇极经世书》。

【王　伟】省志载作玮。字士元。即墨县(今改市)人。弘治十七年(1504)举人,翌年联捷三甲第二百零一名进士。父玑,成化举人。

弘治十八年乙丑科

正德三年戊辰科

本科录取：一甲三名，二甲一百一十五名，三甲二百三十一名。其中山东二十四名。

【汪克章】祖籍浙江余姚县，移籍山东宁阳县。弘治十四年（1501）举人，二甲第二十一名进士。仕至广东按察司佥事。

【张正蒙】滨州（今滨州市）人。弘治十四年（1501）举人，二甲第二十七名进士。授刑部主事，仕至陕西汉中府知府。

【郑文柄】字炯之。军籍山东济宁卫，乡贯湖广黄冈县。少孤，有奇气，九岁能文。弘治十一年（1498）举人，二甲第五十六名进士。授南京户部主事，监后湖图籍，中贵颇惮之。奉命清两浙逋赋，势豪闻风输纳。旋司榷扬州，一钱不染。改兵部主事，升至郎中，所上言预修储蓄、买补战马、精选将领、勤练士卒、严信赏罚和优恤困兵等六事，皆见施行。搭救忤刘瑾之监察御史程有年。诋乌斯藏活佛之谬。奉命督理御马监，不畏权阉，敢于坚持己见。靖难之役后，牧马仅空名，沿江牧场牧地为居民所占，计亩入租已很久，大珰建议"清查欲以缴利"，文柄力阻遂寝。出为南直隶宁国府知府，仅两月，以丁忧归卒。贫几不能殓，靠按察司佥事钱江楼帮助方安葬。子孙贫困，刘松石督河至济宁，为买西郭田六十亩以赡之。著有《云山集》行世。子真，嘉靖进士，按察司副使。

【路　迎】字宾旸。汶上县人。弘治十七年（1504）举人，二甲第五十九名进士。授南京兵部主事，升员外郎、郎中。历湖广襄阳和南直隶松江、淮安三府知府，恺悌廉平，惠爱百姓，制驭胥吏，操切精严，治绩第一。又历陕西、湖广按察司副使和河南布政司左参政、浙江按察使。嘉靖十三年（1534）八月，迁都察院右佥都御史，巡抚宣府，军士骄横，治理有方，上下皆服。嘉靖十五年（1536）十二月，改巡抚郧阳。嘉靖十七年（1538）七月，以都察院右副都御史，改巡抚山西。次年，丁忧。嘉靖二十一年（1542）十月，又巡抚陕西。嘉靖二十三年（1544）二月，先后迁兵部右左侍郎，升兵部尚书，兼督团营。次年，上疏乞休，忤旨罢职，从容上道。善诗文。八十岁卒，赐祭葬。侄槐，嘉靖举人。子：楩，知府；楷，嘉靖进士，户部主事。玄孙周道，万历进士，府教授。

【王用贤】军籍义勇后卫右所，乡贯山东莱阳县（今改市）。二甲第六十三名进士。官同知。

【滕　谧】字危言。掖县（今莱州市）人。幼孤，事母以孝闻。弘治十四年（1501）举人，二甲第六十四名进士。授户部主事，督饷古北口，以廉洁称。出为南直隶镇江府知府，升至湖广按察司副使。致仕归。

【李　琚】字汝佩。沾化县人。弘治十四年（1501）举人，二甲第七十一名进士。授户部主事，升员外郎，旋改工部，督木称职，上赐银帛。升本部营缮司郎中。对监理之建筑工程，多所节省。有同乡友卒于京师，琚捐俸置棺出衣殓之。棺木寄旅邸时，逆宦刘瑾弄权下令，说是天下降雨，是京城寄柩为祟，要全部焚烧。琚趁夜间以十五金雇人将棺潜移郊观中，又以八金贿观主保密，棺得获全后，同乡友之子持金往谢，琚不受。卒祀忠义祠。

【刘钟英】字汝申。峄县（今枣庄市峄城区）人。幼奇颖，读书一目数行，落笔数千言立就。弘治十七年（1504）举人，二甲第七十三名进士。授刑部贵州司主事，谳狱平恕。升兵部武选司员外郎。兵部尚书闻其才识，特推主奏稿，所上章皆出其手，多称旨，故一时声名大著。但钟英性率直，不能屈节，为权贵忌恨，被外任知州，后升至知府。

【王崇仁】字仲安。曹县人。弘治十四年（1501）乡试第三名举人，二甲第七十七名进士。授工部营缮司主事。时土木繁兴，太监竞为请托，崇仁秉公办事，上下肃然。正德八年（1513），盗起兖、豫，奉诏征讨，综理诸营器具，事先备办，兵戢无哗。改刑部山西司主事，对涉权贵下狱事，皆据法治之。正德十年（1515），出为江西按察司佥事。宁王朱宸濠潜蓄异志，其妻党素来横行，江洋盗倚援大肆剽掠，当道者不敢问裁。崇仁裁以法，戮其魁首。朱宸濠欲以重币为饵进行中伤，但崇仁坚辞不受。正德十六年（1521），迁陕西按察司副使，整饬洮岷兵备道。以言事当道不用，引疾而归。著有《录醜稿》。卒祀乡贤。父珣，成化进士，都察院右副都御史、巡抚；兄崇儒，弘治举人，知县。弟：崇献，弘治进士，翰林，都察院右佥都御史、巡抚；崇文，弘治进士，翰林，都察院右副都御史、巡抚；崇俭，弘治进士。

【翟　鹏】(1481—1545)字志南，号联峰。军籍直隶抚宁卫，乡贯山东武定州（今属滨州市）。二甲第一百零七名进士。嘉靖七年（1528）正月，由陕西按察使擢都察院右佥都御史，巡抚宁夏。嘉靖九年（1530）九月，以劾总兵官赵瑛失事，反为所评，被夺职。嘉靖二十年（1541），鞑靼俺答入掠山西。由此起鹏

正德三年戊辰科

故官，先是于当年八月，总督直隶、山西、河南，继而又于次年三月，加兵部右侍郎，总督宣、大。在宣、大以乞饷触帝怒，受事仅百日而罢。七月，又以俺答再入，再起鹏故官，总督山东、河南。其于边务颇能经心，官至都察院右副都御史、兵部尚书。后以俺答大入，被下狱谪戍死。隆庆元年（1567）复秩。

【黄　流】济阳县人。弘治二年（1489）举人，二甲第一百零九名进士。仕至部员外郎。

【丁　贵】滨州（今滨州市）人。正德二年（1507）举人，翌年联捷三甲第二十三名进士。仕至陕西临洮府知府。

【刘　璘】商河县人。三甲第二十九名进士。授大理寺评事，左迁广西苍梧县县丞。

【宋　沧】字伯涛。巨野县人。正德二年（1507）举人，翌年联捷三甲第五十二名进士。初授中书舍人，转刑部员外郎，清雪冤枉，执法公允。迁鸿胪寺少卿，升左通政。其貌伟声扬，奏陈明敏，闻者动色。曾疏陈时政六事，皆切时宜。嘉靖九年（1530）六月，迁都察院右佥都御史，巡抚四川。以屡立战功受到世宗褒奖，于次年十月，加都察院右副都御史，仍巡抚四川。世宗每念沧功，又知其熟于礼，曾曰："天下巡抚，皆如宋沧，朕真无忧矣！"一日，世宗传札，擢沧礼部侍郎，掌鸿胪寺事。主者奏沧有功，镇守边陲，不宜改职于寺卿。此事旋终止。沧连上五疏乞休，被允准归里卒。《明代职官年表》载：嘉靖十二年（1533）六月，被革职。乡人慕其忠孝，崇祀乡贤。工诗文，著有《台文稿》、《秉忠定议》各十卷，《巨野县志》载其诗八首。

【刘澄甫】字子静，号山泉。寿光县（今改市）人。弘治十四年（1501）举人，三甲第六十四名进士。授行人司行人，迁广西道监察御史。博学善诗文，居官尚风化。巡按两淮盐课时，有豪商李宣纳资为指挥，横行江淮间，澄甫将其擒治，人心大快。再巡按大同，首劾代藩与镇抚相结为害者。太监张忠提军出塞，澄甫裁以正律，兵得勿扰。擢山西布政司参议，分守偏头关。值武宗西巡，澄甫供事唯谨，地方攸赖。武宗无嗣，疏请选宗室之贤，育养东宫，蒙赏甚厚。以谤致仕归卒。著有《山泉集》。祖父珝，正统进士，内阁大臣，太子太保，谨身殿大学士；父钫，知府；弟渊甫，正德举人，知府；孙三宅，万历进士，吏科给事中。

【许　路】字由之。军籍山东平山卫，乡贯南直隶宿松县。弘治十七年（1504）举人，三甲第九十名进士。屡迁刑部郎中，遇事敢言。因谏武宗南巡，遭受廷

正德三年戊辰科

杖。嘉靖初，议大礼，再受廷杖。出为陕西按察司副使，整饬洮岷兵备道。对数次内侵临、巩的边族，厉兵回击，前后斩首三百余级，招服四十余族。改广西右江兵巡道（驻宾州），恩威并用，诸族均服，皇帝赐以金币。世宗命师征安南，路为监军，多有谋划之功。以疾告归。敦睦乡曲，吊死问疾，不避风雨。子孙皆彬彬有礼，以诗书显名。

【祝　寿】字静庵。历城县（今济南市）人。弘治十七年（1504）举人，三甲第一百二十二名进士。由两淮盐运同知，擢贵州黎平府知府，刚正沉毅，禁令整齐，编置里甲，民皆称便。其贤声上闻，迁云南布政司右参政。嘉靖十二年（1533）五月，升河南右布政使。嘉靖十四年（1535）正月致仕。

【牛天麟】（？—1557）聊城县（今聊城市）人。弘治十七年（1504）举人，三甲第一百三十九名进士。授河南武陟县知县，时盗匪猖獗，天麟筑修城池，加强防守，城得无恙，民赖以安。入为监察御史。历直隶河间府知府、陕西按察司副使、山西布政司右参政、浙江按察使。嘉靖十五年（1536）三月，由主督屯田之都察院右佥都御史，巡抚甘肃。十一月，加都察院右副都御史，仍巡抚甘肃。嘉靖十八年（1539）七月，迁大理寺卿。嘉靖二十年（1541）四月致仕。嘉靖三十六年（1557）十二月卒。

【冯　裕】（1479—1545）字伯顺，一字闾山。军籍辽东广宁左屯卫，乡贯山东临朐县。幼失父母，由叔母池氏抚养成立。弘治十七年（1504）举人，三甲第一百五十一名进士。授南直隶华亭县知县，治务廉平。值水灾，以上田代输逋租十分之一，民困得以缓解。有大吏忌恨之，诬以"歉岁加赋"，百姓替其申辩，事乃得白。有张文冕为权宦刘瑾心腹，横行乡里。刘瑾授意予以祖纵，裕至裁抑之，无所徇庇。张文冕诉于刘瑾，刘瑾使人窥探裕的过失，欲将其逮治，其不为所动。适刘瑾被诛，裕迁直隶晋州知州，多惠政。又行取南京户部员外郎，掌出纳，皆依定制，忤权贵，又欲加害，却难寻其过失，其仍执法如故。年余，迁本部郎中。裕在户部供职十二年后，被外派陕西平凉府知府，因延误赴任时间，早已任命新的知府。后被改命贵州石阡府知府，此地为苗民居住区，屡屡发生械斗。裕至布告苗民，严禁私斗，凡伤人致死者，一律偿命，无所祖纵。故苗民皆服其治。迁贵州按察司副使，龙里土酋死，其兄侵之，酋妻率众与角，合兵数万，远近震恐，裕往谕即听命解散，事得平息。裕曾谓："希宠者负君，媚人者负己，谋身者负人。"裕在贵州七年，时已五十六岁，即于朝廷大计前，提前乞休。居乡与诗友八人结诗社，辑有《海岱会集》付梓以传。六十七岁卒。子：惟健，嘉靖举人；惟重，嘉靖进士，行人；惟敏，嘉靖举人，府通判；惟讷，嘉靖进士，光禄寺卿。世孙士标，崇祯进士，按察司副使。

【孙孟和】字节之。商河县人。弘治十七年（1504）举人，三甲第一百六十四名进士。授直隶广平县知县，改滑县。以守城御敌之功，擢湖北道监察御史，风裁严峻，人不敢干以私。巡按山西，督战却敌，劾总兵傅铎等不谨，封守赏罚分明。正德十二年（1517），武宗亲临大同，召其至前慰劳曰："尔御史中好官，朕当赐予。"有锦衣、银牌、带袱之赐。宁王朱宸濠反叛，从征纪功，多所建白。武宗崩，劾太监张永及安边伯朱泰等，皆正其罪，朝野震动。孟和被左迁南直隶六安州通判，没有愤意。改直隶吴桥县知县，兴文教，全名节。转直隶真定府同知，旋升知府，厚风化，励节义，毫不懈怠。以病乞休，家无中人之产。著有《西巡激扬录》、《南征纪功录》。父识，成化进士，知府；弟孟举，弘治进士，按察司佥事。

【李文辉】军籍青州左卫，乡贯山东诸城县（今改市）。三甲第一百六十九名进士。授行人司行人。

【许　振】军籍山东兖州卫。三甲第二百零六名进士。

【王　崧】军籍山东临清卫，乡贯南直隶常熟县。弘治五年（1492）乡试解元，三甲第二百一十二名进士。授监察御史，擢直隶顺德府知府。

【黄　卿】字时庸（荣），号海亭。益都县（今青州市）人。正德二年（1507）举人，翌年联捷三甲第二百一十六名进士。由南直隶武进县、河南涉县知县，迁山西应州知州，所至皆以能称。升南京刑部郎中，出为山西太原府知府。在太原修废决滞，仅五个月获大治。擢浙江布政司右参政，改陕西，再改山西。嘉靖十八年（1539），升江西右布政使，又迁左布政使。次年遇饥荒，上请发帑赈济，全活万众。是年入觐途中卒。卿嗜学，老而弥笃。著有《编苕集》、《编苕诗话》、《闲抄漫记》、《拟珠集》等。

正德三年戊辰科

正德六年辛未科

本科录取：一甲三名，二甲一百一十五名，三甲二百三十一名。其中山东二十四名。

【许成名】（？—1551）字思仁，号龙石。聊城县（今聊城市）人。少颖异，但困于诸生，常著论见志。其天性长厚，不以名自高，乡邻亲戚有急，皆倾身营救。弘治十七年（1504）举人，二甲第一名进士，传胪，选庶吉士，授编修。历詹事府右谕德、翰林院侍读学士。嘉靖初，上重文学，命辅臣推荐有才望者，群推成名。历湖广提学、太常寺卿、国子监祭酒、南京吏部右侍郎，礼部右左侍郎，兼翰林院学士。前后为讲官十年，主持纂修《武宗实录》、《大明会典》。其博学工诗善书，诗尤工近体，为文典丽宏伟，所赋《禁中春晓》，艺林传诵。著有《龙石集》。嘉靖二十六年（1547）八月致仕，嘉靖三十年（1551）十一月病卒。

【黄　臣】（？—1546）字伯麟，号安厓。济阳县人。弘治十七年（1504）举人，二甲第十名进士，选庶吉士。入史馆，博洽高雅，文名籍甚。历吏科给事中、礼科左给事中、工科都给事中，多所建白，皆言人所不能言。嘉靖三年（1524），参议大礼，与群臣跪伏左顺门，忤旨被廷杖。既而鉴其忠，甚委任之。疏劾久窃重柄的太监萧敬，谏止为正一真人张彦頨更造府第。嘉靖七年（1528），出为山西布政司右参政。历四川右布政使、陕西左布政使。嘉靖十三年（1534）六月，迁都察院右副都御史，巡抚陕西。嘉靖十五年（1536）七月，以都察院右副都御史，督理两淮盐法，清介不染，未曾私囊一钱。挂冠时，策蹇东归，行李萧然。嘉靖二十五年（1546）卒。著述甚富，有《安厓文集》、《安厓奏议》、《安厓诗话》、《筐草寄傲》等，惜多散佚，惟《登峨山》及《过太塚》诗行世。

【刘　城】一作成。新城县（今桓台县）人。县志载后归东明县，复姓樊。正德五年（1510）举人，翌年联捷二甲第二十一名进士。

【许云鹏】字时亨。堂邑县（今聊城市东昌府区）人。弘治十七年（1504）举人，二甲第二十九名进士。授户部主事，升至兵部职方司郎中。时武宗打着亲征宁王朱宸濠反叛的幌子，以威武大将军镇国公之名南巡，云鹏上疏直言："恳祈停止游幸，以保宗社事。今陛下舍皇帝之尊，而以将军国公自卑，无故降为臣庶之名，此不祥之甚，臣不知其解也。饥馑荐至，民不聊生，乘兴所过取办必繁，左右近倖之臣搜刮骚扰，势所必至穷民卖妻鬻子，不足免罪，将引起社会动荡。且皇帝外出，极不安全。此举非陛下本心，不过江彬诸群小导之。陛下奈何以祖宗社稷之重，供群小娱乐之私？请停罢南巡，将导诱群小明正典刑。"云鹏一番忠谏，不仅未被采纳，反遭廷杖。未几，出为山西布政司参议，又迁按察司副使。卒祀乡贤。

【任　忠】蓬莱县（今改市）人。弘治十四年（1501）举人，二甲第四十一名进士。授给事中，每疏不避权阉，而词旨忠婉，能动采纳。出守天雄，捐俸资士。出为易州兵备道，训习兵马，为北辅倚仗。从嘉靖十二年（1533）始，历浙江布政司右左参政、江西按察使、浙江右左布政使。嘉靖十五年（1536）十一月，以都察院右副都御史，巡抚陕西。嘉靖十七年（1538）正月卒于官，赐祭葬。崇祀乡贤、忠孝祠。

【曹　恩】军籍直隶德州左卫（域属山东），乡贯浙江乌程县。弘治十四年（1501）举人，二甲第四十九名进士。仕至知府。

【王　道】（1487—1547）字纯甫，号顺渠。武城县人。少颖悟不凡。十八岁，于弘治十七年（1504）考中举人。二甲第六十六名进士，选庶吉士。时山东盗起，将奉祖母避地江南，上请改南直隶应天府教授。又由南京礼部主事，改吏部主事，先后为考功、文选司员外郎，选用官员公平，门无私谒。受辅臣举荐，擢詹事府左春坊左谕德。未几，以疾告归。乡居十余年，杜门讲学，足迹不涉公府。嘉靖间，又起用为南京国子监祭酒，科条严肃，经义德行各有章程。旋以疾乞归，因台臣论荐，用为南京太常寺卿。嘉靖二十五年（1546）十月，迁户部右侍郎，旋改礼部右侍郎，掌国子监祭酒事。次年五月，迁吏部右侍郎。七月，以病卒于官，赠礼部尚书，谥"文定"，祀乡贤。其学由博返约，不欲标列门户。虽宗王守仁心学，但并不囿于其说，有所发展、创新，学说中带有浓厚的唯物主义色彩。著述颇丰，有《大学亿》、《老子亿》等六种，持论多前儒所未及。

【梁　谷】（1483—1533）字仲用。东平州（今改县）人。美须髯，倜傥不羁。初游学王守仁之门，为诗文雄浑绮丽，受到王守仁器重。正德二年（1507）举人，二甲第八十七名进士。授吏部稽勋司主事。以挟私诬奏，降补南直隶寿州同知。时寿州大水，谷尽力规划，城得不没。转太仓州知州，海盗作乱，予以剿平。以丁忧归，起复转德王府左长史。著有《经书讲义》、《梁左史集》及杂集数十卷。父觐，正统举人，按察司副使。

【金　鲤】临清州（今改市）人。正德五年（1510）举人，翌年联捷三甲第四名进士。仕至按察司副使。

【宋　钺】军籍武功中卫，乡贯山东武定州（今属滨州市）。三甲第九名进士。仕至知府。

【马朝卿】字忠甫，一字忠佽，号南泉。阳信县人。弘治十四年（1501）举人，三甲第十八名进士。授南直隶丹徒县知县，历南京户部主事、员外郎、郎中，正直敢言。嘉靖初，因坐争大礼事，被夺俸。后出为河南彰德府知府，以循吏著名。

【樊继祖】字孝甫，号双岩。郓城县人。弘治十四年（1501）举人，三甲第二十名进士。由河南临颍县知县，以战功擢监察御史。奉命巡茶马、庄田，摧抑权贵，尽除凤蠹。屡迁江西布政司右参政。嘉靖十二年（1533）十月，值大同兵叛，上命以都察院右佥都御史，巡抚大同，前往抚平之。嘉靖十四年（1535）八月，升都察院右副都御史，仍巡抚大同。次年召还，掌理都察院事。嘉靖十六年（1537），擢兵部左侍郎，提督荆州、山海关等处边备。嘉靖十九年（1540），以兵部尚书兼都察院右都御史，总督宣、大。屡为鞑靼俺答所败，而却以捷闻，为监察御史参劾，于嘉靖二十一年（1542）二月，被革职回籍听勘。次年三月，起改工部尚书，兼都察院右副都御史，总理湖广大木。十二月，加太子太保，回籍候缺。嘉靖二十四年（1545）致仕。是年十二月，削籍闲住。修故草堂，日啸咏其间。卒于家。著有《云朔行稿》、《南园漫兴》、《双岩奏稿》、《十友传》、《山海纪稿》、《金丹集》行世。

【高文豸】黄县（今龙口市）人。三甲第四十名进士。

【王　雄】军籍锦衣卫，乡贯山东长山县（今属邹平县）。正德五年（1510）举人，翌年联捷三甲第四十二名进士。

【郑德崇】汶上县人。弘治十四年（1501）举人。三甲第六十九名进士。授浙江德清县知县。

【杨应奎】（1486—1542）字文焕，一字渑谷。益都县（今青州市）人。父鸾，诸生，累举不第，善古文诗词和飞白书。应奎秉承家学，幼有大志，以宋臣范文正自期，名其堂"后乐庄"。正德五年（1510）举人，翌年联捷三甲第八十五名进士。授浙江仁和县知县，入为兵部主事，转礼部员外郎。时世宗入继大统，议崇奉兴献王，应奎随尚书毛澄、侍郎汪俊等联合执奏。出为陕西临洮府知府，整理驿政，引洮水灌田，有惠政。改河南南阳府，遇岁荒，赈济饥民，活数万人。又修陂堰以灌民田。为两府修志。两地感其德，立去思碑和生祠。以讹误免官，囊无余财。《中国历代人名大辞典》载：嘉靖中，以礼部侍郎，丁忧致仕归。居乡与缙绅结阳溪吟社，相互唱和，优游林泉。有诗赋文名。著有《渑谷集》若干卷。嘉靖二十一年（1542）卒，年五十六，祀乡贤。

【李　凤】昌邑县（今改市）人。天资奇敏，弱冠作《悲秋赋》。正德二年（1507）举人，三甲第一百一十四名进士。初为河南温县、嵩县知县，多惠政。擢工部主事，以耿直外任南直隶常州府通判，旋改寿州知州。中都宦官恣虐，凤劾罢之。擢户部员外郎，及去题署楼曰："心留白日青天在，手拂光风霁月归。"再迁工部郎中，擢山西按察司副使、提学。

【刘景沂】字同仁。长清县（今济南市长清区）人。弘治八年（1495）举人，三甲第一百二十四名进士。由教官授南直隶睢宁县知县。性虽豪放，口无恶声，恬静自怡。为政简易平恕，不尚刑罚，累年积逋赋税，靠劝谕报完。尤留心文教，督课赈贫，学士戴如父师。任职三年，以奏最升南京户部主事，竟以耿直为台臣所忌恨，旋急流勇退，弃官而归。其提笔沉吟，不随世俗，为时人称道。父铉，贡生，藩王府长史。

【于　桂】字德芳。军籍府军右卫，乡贯山东昌邑县（今改市）。三甲第一百八十三名进士。嘉靖十一年（1532）二月，由四川布政司右参政，迁陕西按察使。四月，以都察院右佥都御史，巡抚延绥。所至豪强敛迹。嘉靖十五年（1536）九月，迁都察院右副都御史，巡抚郧阳，未至被劾致仕。

【刘梦熊】汶上县人。正德五年（1510）举人，翌年联捷三甲第一百九十三名进士。授南直隶庐江县知县。

【黄国泰】临清州（今改市）人。弘治十七年（1504）举人，三甲第一百九十四名进士。仕至户部员外郎。

【李际元】字通甫。阳谷县人。正德五年（1510）举人，翌年联捷三甲第二百一十四名进士。授河南怀庆府推官，以风裁升兵部职方司主事，差守山海关，禁取商利，与武臣龃龉，以称疾归。又起复为兵部车驾司主事，值御驾南征，修兵马，备舟楫，运筹综理，劳苦功高，皇帝以金帛奖赏。升本部武库司员外郎，出为陕西按察司佥事，整饬榆林兵备道。遇水没镇靖营城，有拯济功，军士全活者众。丁父忧，起补四川叙泸兵备道，以水土不宜病，疏三上不报，抚、按奏请改调，始得归，未几致仕。工诗，县志载其诗多首。卒祀乡贤。

【张　录】字宗制，号虚庵。成武县人。正德五年（1510）举人，翌年联捷三甲第二百二十八名进士。初授太常寺博士，擢贵州道监察御史，清介敢言。时西域贡狮子，录上言："明主不贵异物，永图当慎俭德，请却其贡。"嘉靖初，伏阙争大礼，被下狱廷杖。嘉靖三年（1524），大同将士为都察院右副都御史、巡抚张文锦激变，掠军器甲胄以叛，代王惊逃，及张文锦死，将士稍安。朝廷以户部侍郎胡瓒兴师问罪，复使录出按，且奉玺书持礼币庆慰代王。胡瓒锐意贪功，将士复变。录至宣布朝廷恩威，将士放弃甲胄兵器填满街巷，各归本卫。录建言："愿广圣德，任贤才，明赏罚，慎才用，练甲兵，以为安边服远之本。"以议兴献大礼，与张璁相左，不数月，张璁骤登枢要。录复劾曰："祖宗之法不可变，侥倖之途不可启。"为张璁所忌恨，受其报复，以建言两被杖责，处之坦如。旋巡按山西，污吏敛迹。虽权贵有犯者，亦不少贷。曲阳李午作乱当诛，贿嘱权贵得免。录疏发其事，却被谪戍南丹卫，后被释归。有当道举荐者，亦不往谢。有劝其通书执政者，其笑曰："吾昔以言而失官，今复以言而求官乎？"其家居二十年卒。

【李节义】字方池。茌平县人。正德二年（1507）乡试解元，三甲第二百三十名进士。由山西道监察御史，仕至陕西按察司佥事。直言时政，毫不避讳。裁决严毅，不可干以私。有恭勤洁白之操，且始终如一。

正德九年甲戌科

本科录取：一甲三名，二甲一百三十五名，三甲二百五十八名。其中山东三十八名。

【陈文昭】濮州（今属河南范县）人。正德八年（1513）乡试解元，翌年联捷二甲第二十八名进士。仕至户部员外郎。

【曹　骢】原籍山东诸城县（今改市），移籍南直隶霍丘县。二甲第五十一名进士。仕至部郎中。

【赵　伸】省志载作绅。军籍直隶德州左卫（域属山东），乡贯山东掖县（今莱州市）。正德八年（1513）举人，翌年联捷二甲第八十二名进士。仕至知府。

【桑　溥】字汝公。濮州（今属河南范县）人。正德八年（1513）举人，翌年联捷二甲第一百名进士。由知县迁陕西华州知州，理讼如神。历陕西按察司佥事、按察司副使、按察使，整饬固原兵备道，从督、抚大破入犯鞑靼之兵。嘉靖六年（1527）十一月，迁浙江按察使，以忤浙中权贵落职归里。居家农桑自给，教读子弟，喜济人艰危，以著述吟诗为娱。著有《宦游》、《闲居》二集。父春，成化举人，府推官。

【刘天民】（1486—1541）字希尹，号函山。历城县（今济南市）人。少有痘病，九岁遇一妪刺其十指而愈。幼聪慧，日记千言。随父读书京邸，遂通经史。正德二年（1507）举人，二甲第一百零七名进士。授户部福建司主事，改吏部文选司。正德十四年（1519），疏谏武宗南巡，被罚长跪五日，廷笞三十。嘉靖元年（1522），署本司员外郎，次年实授。改署稽勋司郎中。嘉靖三年（1524），泣谏大礼，又被廷笞三十。先是从宽改调文选司郎中，未履任被谪戍。不久命下免除，天民感知遇，大推小补官员，尽秉公办理。有给事中陈某常着补衣见部，为天民所斥，其乃上疏指摘，天民被外谪南直隶寿州知州。有给事中八次上章论救不成。凡京官外谪者，出都门多以眼纱自蔽，天民过吏部，恰有方验封吏数千咸集。有识者曰："此吾恩主，无罪左迁者。"众拥之马不得行，天民掷眼纱于地曰："吾无愧于衙门，使诸君得见吾面目耳。"抵任值岁饥，救灾振乏民无菜色。嘉靖七年（1528），迁南京宗人府经历。次年，迁南京刑部广西司郎中。嘉靖九年（1530），迁河南按察司副使，分巡大梁道。时上命刑部、锦衣卫鞫治河南囚重刑者一千五百余人，天民力持得平反者七百人。嘉靖十一年（1532），为监察御史胡某所论，以才力不及改四川按察司副使，去时，士民攀泣，日久方出郭。嘉靖十四年（1535），在考察中被以冠带闲住致仕归里。其日集宾友啸傲山水间，所诗有风格，多关时事，似杜甫晚年。好为词曲，雅俗皆称之。著有《函山集》、《蛩吟集》等。嘉靖二十年（1541），受巡抚举荐，命未下，而天民已卒，年五十六。

正德九年甲戌科

【刘希龙】字仁甫。安丘县（今改市）人。正德五年（1510）举人，二甲第一百二十八名进士。授工部主事，监理乾清宫工程，忤阉宦刘养敷，被逮锦衣卫狱。有人欲为希龙贿免，希龙曰："吾当直毙，何事枉全。"旋被谪直隶河间府通判。刘养敷死，希龙起户部主事，饷军辽东，有羡金累数千两，边臣按旧例欲隐匿不报，向其啖以金貂，希龙从容拒绝，悉署正支。巡视天津仓场，羡金日倍于往年，希龙一无所染。嘉靖三年（1524），升本部郎中，督宣府粮储，不让豪珰倖臣从中勾结奸商渔利，惩治怙势奸商，边储为之一清。嘉靖五年（1526），出为河南卫辉府知府，汝王就藩卫辉，左右骄纵，希龙依法办事，汝王乃摭拾数事闻于朝廷，祸几不测，而希龙却越加严正不阿，终获清白。嘉靖十年（1531），擢河南按察司副使，竟以谗言被罢归。

【翟　瓒】字廷献。昌邑县（今改市）人，正德八年（1513）举人，翌年联捷三甲第六名进士。授工科给事中，慷慨有大节，伉直敢言。武宗好游猎，瓒上疏极谏。出为河南按察司佥事，升副使。参与镇压山西潞城陈卿起事。嘉靖十三年（1534），由湖广按察使，以都察院右佥都御史，巡抚湖广，平乱立功受赏。嘉靖十五年（1536），丁忧归，屡荐不起，日置酒召故旧为乐。著有《虫吟草》。临卒，所置诸产，多召其主还之。

【张　濬】字深甫。黄县（今龙口市）人。童时英绝流辈，长以文学显人。弘治十四年（1501）举人，三甲第十二名进士。授南直隶常熟县知县，为政识大体，首重教化，辟邪教，抑豪强，扶善类，恤民隐，兴学校，举逸贤，理冤狱，开荒田，劝农桑，整肃法纪，申明教条，皆有治绩。为人凛凛，无敢私遗者。临政则平易近人，惜官不久卒于任。子子立，嘉靖进士，都察院右佥都御史、巡抚。

【陈　经】（1481—1550）字伯常，号东渚。益都县（今青州市）人。正德五年（1510）举人，三甲第二十名进士。授兵科给事中，正直敢言。正德末，举劾江彬、钱宁余党，词涉当道，武宗览而壮之曰："此髯（经多髯）给事也！"世宗登极，被擢通政司参议，历通政使、户部尚书（总督京储）、礼部尚书（署通政司事)、兵部尚书（兼提督团营），加太子少保。时西北多战事，经殚心筹划，至忘寝食，所上防御事，皆允行。曾铣议复河套，经力陈不可，忤内阁首辅夏言意，执意乞归。嘉靖二十九年（1550），又起户部尚书，命下数日而卒，赐祭葬。其性方介，立朝三十余年，门无私谒，卒后囊无私遗。诗文与草书并妙，人得其手迹辄珍藏。子：梦鹤，嘉靖进士，工部主事；梦草，衡王府左长史。

【黄嘉宾】字国贤。嘉祥县人。正德八年（1513）举人，翌年联捷三甲第二十四名进士。授河南府推官，断狱明决，案无留讼。入为兵部主事，升员外郎，持正不阿，人不敢干以私。武宗西狩，未几又南巡，嘉宾上疏切谏，逢帝怒，两受廷杖，得不死，言事愈厉。由太常寺丞，历尚宝司、光禄寺、太仆寺少卿。以太仆寺卿致仕。

【吴　铠】省志载作恺。字文济。阳谷县人。正德五年（1510）举人，三甲第三十六名进士。授行人司行人，迁南京监察御史。丁父忧，服除，改京师河南道监察御史，励节守贞，激浊扬清，风裁凛然。巡按畿内、淮扬，风纪肃清，奸暴屏迹。擢福建按察司佥事，果敢有为。以卓异被举荐为陕西布政司参政，未几，升云南按察使。嘉靖十六年（1537）四月，以都察院右佥都御史，巡抚陕西宁夏。以病卒于官，赐祭葬，祀乡贤。工诗文，《阳谷县志》载其诗多首。

【王世臣】昌邑县（今改市）人。正德八年（1513）举人，翌年联捷三甲第三十七名进士。授南直隶如皋县知县，清慎刚明，兴废补弊，活饥民，谳大狱，至忘寝食，屡被章荐。卒于官。

【王　秀】字士英，号实斋。莱阳县（今改市）人。少英敏博学，善属文。正德五年（1510）举人，三甲第四十九名进士。授陕西长安县知县，延见父老，问民疾苦，禁止吏役出入豪右，皆不敢私谒。先是赋税多逋，秀著为令，无敢后交者。有檄增甘肃粮千石，秀力请而止。以卓异擢广东道监察御史，弹劾不避权贵。巡按浙江，有知府惮其威望，望尘下拜，秀以为人有欲则无刚，竟以罪斥之。再巡按山西，除赃吏，锄豪强，一时风裁凛然。升至南康府知府。曾孙丕修，崇祯进士，行人。

【张崇德】沂州（今临沂市）人。弘治十四年（1501）举人，三甲第五十三名进士。仕至按察司佥事。

【温　莘】省志载作莘。字聚之。堂邑县（今聊城市东昌府区）人。正德二年（1507）举人，三甲第九十八名进士。官大理寺右寺丞。父玺，成化举人；兄乾，弘治举人，户部员外郎。

【彭占祺】（？—1543）字朝吉。费县人，正德二年（1507）举人，三甲第九十九名进士。授浙江永嘉县知县，廉明爱士，号称"彭青天"。镇守太监索贿，独有占祺抗拒之。为政三载，行李萧条，如同寒士。擢湖广道监察御史，巡视芦沟桥，兼理中城。奉使甘肃洮岷等处。巡按北畿，多所纠正冤狱。有犯罪者，使人带着钱物到费县贿赂其弟占禄，求为自己说情开脱罪责，占禄对行贿者谕以法度，将其斥责而去。擢浙江按察司佥事，操守愈坚。为怨恨者所中伤，被以考察不佳之名罢免。中丞刘源清等交章论荐，以明其屈。皇帝有可复用之诏，吏部考功司知而悔之。占祺宣告朝廷："某当去官，以谢清议。"嘉靖二十二年（1543）卒，祀乡贤。

正德九年甲戌科

【王　钧】军籍山东济阳卫，乡贯青城县（今属高青县）。正德八年（1513）举人，翌年联捷三甲第一百一十五名进士。仕至按察司佥事。

【李　庄】字敬夫。军籍直隶蓟州卫，乡贯山东阳信县。弘治十四年（1501）举人，三甲第一百二十四名进士。授河南临颍县知县。

【赵　昶】安丘县（今改市）人。正德五年（1510）举人，三甲第一百三十一名进士。仕至河南怀庆府知府。

【巴思明】新城县（今桓台县）人。弘治十四年（1501）举人，三甲第一百三十四名进士。授行人司行人。以疏劾佞幸江彬专擅，下锦衣卫狱，罚跪午门五日。思明自知必死，告家人曰："吾既死国，不愧于家，幸慰吾父母勿过悲也。"会有申救者，被杖四十，谪国子监学正。嘉靖改元，复官。由兵科给事中，又以忤权奸，外补浙江按察司佥事，以执法严明称。任职二年，旌疏五上，方期大用，竟以病卒。祀乡贤。

【李　锡】号晋卿。临邑县人。少有大志，貌端严，望之如神人。正德八年（1513）举人，翌年联捷三甲第一百三十五名进士。授行人司行人，以谏武宗南巡受杖，被贬国子监学录。擢监察御史，循资工科都给事中。武宗去世，遗诏召兴献王长子嗣位。嘉靖三年（1524），世宗继统不继嗣，尊生父为兴献皇帝。锡参与争大礼，偕弟录与众臣伏阙痛哭，哭声彻殿。世宗大怒，遂将其与杨慎等三百人，并系诏狱，越日再受杖。被谪外，仕至山西布政司参政，卒于官。工诗。弟录，正德进士，知府。兄弟二人，被并称"联璧"。

【王　杲】字景初，号蒲湾。汶上县人。《明史》有传。正德二年（1507）举人，三甲第一百四十八名进士。授山西临汾县知县，威信大行，治行为山西第一。擢江西道监察御史，巡视山西茶马。会大祲之年，诏遣中贵二人分守兰靖，杲即上言：穷边饥年，不宜额外设官，以增派困民，应取回内廷，以尽扫除之职。又诏遣中官二人督织造，杲又上疏劝谏。以上皆不报不纳。杲劾总兵官赵文贪赃枉法，亦寝不治。巡按苏、松，江南大饥，多方赈济，民赖以全。入掌河南道监察御史，升太仆寺少卿，转大理寺右少卿。嘉靖十五年（1536），迁都察院右佥都御史，协理院事。嘉靖十八年（1539），又由都察院右副都御史，迁户部右侍郎。河南大饥，命杲往赈，屡请发帑量口给食，由五万两，追加到十五万两，全活无算。事竣赐银币。嘉靖二十年（1541）七月，又以都察院右都御史，总督漕运，兼巡抚凤阳。请改折两年漕运十之三，以所省转输费治运艘，以解军民困敝。次年九月，升户部尚书，加太子少保。以诏买龙涎香，久而未获，受诬陷下狱戍雷州，卒于贬所。隆庆元年（1567），都给事中辛自修等交章白其冤，穆宗遣官营葬，赠太子太保，祀乡贤。子世雍，嘉靖进士，按察司副使。

【魏公济】号沂野。民籍山东费县，乡贯山西汾州。幼聪敏，日记万言。正德五年（1510）举人，三甲第一百五十名进士。为人正直，不喜奔竞。屡迁浙江湖州府知府，除奸剔弊，政平讼清。有当权者索求土物，公济予以控告，却遭诬陷免官。归田三十余年，唯以诗书自娱，教授子孙。有当道者举荐，以疾推辞。八十四岁卒。

【刘源清】（？—1550）字汝澄，号东圃。东平州（今改县）人。其忠贞出自天性，崛起寒素，伟干负气，临危不顾利害。正德五年（1510）举人，三甲第一百五十四名进士。授江西进贤县知县。宁王朱宸濠反叛，进贤县地处纵横交贯的要道，源清做好战守准备，揭旗大书"誓死报国"四字，并积薪环室，告诫属下曰："事急点火烧我家，宁死不受叛贼之辱。"朱宸濠妃亲娄伯与阉官乐圃，以兵欲穿越县境。源清招募勇士二百名，从叛军背后杀出，获斩娄伯、乐圃等人。叛军移檄源清交涉，源清将来使立斩，使叛军未能穿越县境，遏止了他们向东进兵的企图。武宗南征朱宸濠，王守仁起兵与源清联系共同攻打叛军，将叛军歼灭。源清以功升监察御史，又迁大理寺左丞。嘉靖六年（1527）六月，以都察院左佥都御史，巡抚宣府（县志载宣、大），调度兵马，岁省四十万金。嘉靖十年（1531）四月，擢都察院右副都御史，仍巡抚宣府。嘉靖十二年（1533）二月，迁兵部左侍郎，兼都察院右副都御史，总督宣、大。值大同军叛乱，源清等人力主用兵，奉命讨伐，但久攻不下。又奉命"首乱当诛，余宜散遣"。由郎中詹荣对叛军分化瓦解，斩杀叛军首领，迫使叛军投降。礼部侍郎黄绾借机中伤源清，源清被捕入狱，削籍为民。嘉靖二十九年（1550）八月，起复听用，未赴卒。隆庆初，言官交章追论，复官赠兵部尚书，赐祭葬。著有《宣大奏议》、《军门轨范》。子尔牧，嘉靖进士，户部郎中。

【张景华】（1482—1555）字时美，号白溪。郯城县人。性孝友，幼侍父病，废寝忘食。父将其出嗣给长兄，则号泣为之代责。正德五年（1510）举人，三甲第一百五十五名进士。授江西吉水县知县，剖决如流，有"鬼神破胆"之谣。请筑砖城，以固捍御，百姓赖以无忧。迁监察御史，巡按三晋，敢于直谏。武定侯郭勋，怙宠骄恣，众莫敢言，景华上疏弹劾，声震朝野。历都察院右佥都御史、右副都御史（理院事）。嘉靖二十一年（1542）十月，由山东左布政使，迁都察院右都御史，总督漕运，兼巡抚凤阳。景华为政，尤重加强边防，拯恤兵民，凡关国家大计皆排群哗而力为之。其在《乞赈安东等处饥民疏》中，直言不讳上报灾情："安东等州县连岁旱荒，人民饥馁，卖妻鬻子，号声响彻于里间。扶老携童，菜色并僵于道路。"主张从速放赈，以救百姓于水火之中。其在《议处海赣等州县逋税疏》中，反对无休止地加重赋税，逼得农民走投无路，不堪重负。时严嵩柄国，众多官员贿通以得到荐举，而景华却一无所馈。严嵩为笼络他，曾派人以双缣为赠，景华拒之，将原物送还。严嵩大恨，授意言官以蜚语中伤，旋被去职闲住。家居十余年卒，入祀乡贤。工诗文，撰有《山西奏议》、《樵枚琐谈》、《摄心录》、《双槐解》、《穿杨中的说》等。孙印贞，崇祯贡生，知县，工书，著有《冰玉堂稿》。

【张天性】濮州（今属河南范县）人。弘治十七年（1504）举人，三甲第一百六十二名进士。仕至山西按察司副使。

【田　美】濮州（今属河南范县）人。正德五年（1510）举人，三甲第一百八十名进士。仕至光禄寺少卿。

【王东儒】济阳县人。正德五年（1510）举人，三甲第一百八十二名进士。官都督府经历。

【孙复初】军籍直隶沈阳中屯卫，乡贯山东招远县（今改市）。正德五年（1510）举人，三甲第一百八十三名进士。

【杨国相】字巨卿。阳信县人。弘治十四年（1501）举人，三甲第一百八十九名进士。授大理寺评事，升至尚宝司少卿。

【张　玩】历城县（今济南市）人。正德八年（1513）举人，翌年联捷三甲第一百九十四名进士。授直隶滑县知县,仕至太仆寺少卿。

【孙　仪】平度州(今改市)人。正德五年(1510)举人,三甲第二百一十八名进士。仕至户部员外郎。

【刘梦阳】临清州(今改市)人。弘治十七年(1504)举人,三甲第二百一十九名进士。授户部主事。有文誉。父玑,成化进士,知府。

【温　濡】招远县(今改市)人。生平嗜学,有眉山癖。为文浑涵光芒,几于形神俱似。弘治十七年(1504)乡试经魁,三甲第二百二十三名进士。由监察御史,仕至山西布政司参政。弟潮,嘉靖举人,府通判。

【刘承恩】历城县(今济南市)人。正德八年(1513)举人,翌年联捷三甲第二百二十四名进士。

【高　奎】字文征。长清县(今济南市长清区)人。弘治十七年(1504)举人,以会试副榜授陇州学正。又考取三甲第二百二十六名进士。授南直隶建平县知县,时为凋敝之邑,累年逋赋,奎多方抚绥,不刑罚,而赋亦完。任职三年,以奏最擢户部员外郎,榷税苏州,督储江南,清廉震世。世宗朝,廷议大礼,奎抗疏犯颜,被廷笞。再疏求归,筑圃南郭,与二三耆旧,寄傲其中。处乡坦易和气,绝无贵人态度。山东巡抚胡缵宗评其:"始见杂而博,继见严而直,三见详而惠,四见敏而勤。"

【巩思宪】字廷章。东平州(今改县)人。正德五年(1510)举人,三甲第二百三十七名进士。授河南洛阳县知县,升至户部员外郎。

【丁孔暲】聊城县(今聊城市)人。弘治十七年(1504)举人,三甲第二百四十五名进士。仕至布政司参政。精音乐,长于声律。先人遗产及所存俸稽,皆均让兄弟。曾祖父志方,洪武进士,监察御史;祖父毅,知县;父琏,成化举人,知县。

正德九年甲戌科

正德十二年丁丑科

本科录取：一甲三名，二甲一百一十五名，三甲二百三十一名。其中山东二十名。

【李士元】字伯大。曹州（今菏泽市）人。正德八年（1513）举人，二甲第三名进士。授户部主事，监收太仓，起露天谷仓台基，免除阴雨损坏及下僚支收留难之苦。旋以疾卒。父凤，正德举人，府推官；子松、楠，皆嘉靖举人、知县。

【王三锡】字承恩。曹州（今菏泽市）人。孝友好施。正德五年（1510）乡试解元，二甲第四十七名进士，选庶吉士，授编修。与修《武宗实录》，据事直书，被赏赐。升翰林院侍讲，出为四川布政司参政，人称良吏。

【刘　雍】昌乐县人。正德五年（1510）举人，二甲第六十四名进士。授户部主事，出使九江，以廉洁著声。出为陕西按察司佥事，升副使。嘉靖十四年（1535）七月，由广东布政司左参政，迁陕西按察使。嘉靖十六年（1537）七月，升江西右布政使。善属文，能诗歌，博达典雅，彬彬蔚茂。其政事、文学兼而有之。

【王至善】户籍历城县（今济南市），军籍湖广襄阳卫。正德十一年（1516）举人，翌年联捷二甲第七十六名进士。仕至浙江布政司参议。

【李　珣】省志载作恂。字五瑞。清平县（今属聊城市）人。正德八年（1513）举人，二甲第九十九名进士。授户部主事，奉职恭谨，且不废学。丁父忧，服除，补刑部主事，升员外郎，迁兵部车驾司，所至有政声。出为南直隶镇江府知府，数月称治。再丁母忧，起补南直隶苏州府知府，又移江西建昌府。苏州繁华，镇以简静；建昌僻陋，治以坦夷。两地人皆称其德。擢陕西按察司副使，迁辽东行苑马寺卿。嘉靖十八年（1539）十一月，受巡抚举荐，升陕西按察使，剖析积案，废寝忘食，以劳瘁卒，年五十二。另有载调任河南右布政使，未至而卒。

【贾　璘】字文璧。阳信县人。正德十一年（1516）举人，翌年联捷三甲第十名进士。仕至户部员外郎。

【张希尹】军籍山东临清卫，乡贯山西万泉县。弘治十七年（1504）举人，三甲第三十四名进士。仕至湖广武昌府知府。

【宋　锐】新城县（今桓台县）人。正德二年（1507）举人，三甲第五十二名进士。

授直隶武强县知县，以廉明著。擢部主事，累官贵州铜仁府知府。以忤当道被谪。其持身劲直，服官清峻，士论重之。卒祀乡贤。

【王纳言】字允中。淄川县（今淄博市淄川区）人。正德五年（1510）举人，三甲第五十八名进士。授户部主事，榷税河西关，监兑南直隶。以本部郎中总督大同粮储。时大同兵不靖，人皆危之。纳言抚驭得宜，军民咸服。嘉靖八年（1529），擢陕西布政司左参议。平凉多宗室，以难治称。纳言至，以时给其禄粮，察其暴横之尤者，依法绳其左右及其姻亲，民得获安。征兵讨平巨盗。旋升陕西按察司副使，继改河南。世宗南幸至卫辉府遭遇火灾，一时省中大吏皆罹重咎，而纳言独无虞。嘉靖十八年（1539），升陕西布政司右参政，谢职归里。年六十余，以疾终。

【赵　焱】齐河县人。正德十一年（1516）举人，翌年联捷三甲第八十二名进士。授河南叶县知县。父亮采，成化进士，盐运使；兄燮，正德举人，知县。

【吴世良】博平县（今茌平县）人。正德二年（1507）举人，三甲第一百一十名进士。授刑部主事，升员外郎、郎中。出为陕西平凉府、湖广黄州府知府。

【阎　闳】省志载作鋐。字尚友。临清州（今改市）人。十七岁，于正德二年（1507）考中举人。三甲第一百一十七名进士，选庶吉士。丁忧，服除，补吏科给事中。世宗即位，连上八疏议政，尤其是对"宰相以定策功进伯爵"、"大赏迎扈诸臣"，经闳抗言力争遂寝。闳与史道、曹嘉称"馆中三杰"，后俱以事得谴，闳被谪云南蒙自县丞。一年，诏复原官，上疏求致仕，不许。都察院都御史刘世扬赞扬道："天下廉吏七人，闳在首列。"两台交相举荐，迁河南按察司佥事，升浙江按察司副使，改贵州提学。闳又连上五疏乞罢，终得致仕。居乡杜门谢客，以读书为娱。早以文章名世，著有《奏草泪余》、《甘子苇斋文记》、《甘子苇斋诗记》和《南行北还》诸稿四十余卷。

【顾　铎】字孔振。博兴县人。髫年辄为有司所知，声名籍甚。正德初年有盗贼入境，众皆逃走，铎独守已死未殓的父亲尸旁，盗贼见其无惧容曰："空城中唯此一人，必孝子也。"未惊动而去。正德十一年（1516）举人，翌年联捷三甲第一百三十名进士。授浙江山阴县知县，严明威断，吏不为奸，闻其风者皆懔然。升至刑部郎中。世宗即位后，铎率同官参与论争大礼，抗疏被廷杖。出为河南汝宁府知府，秋发大蝗，灭蝗不为灾。以积谷三十万石，获上考调河南开封府知府。黄河决口，铎昼夜行七百里，查勘地形，疏浚赵皮寨河道以泄洪水，使府城得以保全。以按察司副使，分巡汝南道（驻信阳州），率兵击擒拥众数万的高宠，但当道忌其功，仅赐金帛而已。迁陕西行太仆寺卿，此官被视为仕途冷局，铎率不经意，至则大加饬理，马政一新。其积书万卷，致仕筑一楼居其中，每夜得句辄呼灯录之，至一夜二三起而不倦。子龙山，例贡，博学嗜古，著有《云古诗稿》十二卷。

【秦　祐】临清州（今改市）人。正德十一年（1516）举人，翌年联捷三甲第一百三十七名进士。仕至礼科给事中。

【李顺孙】字继先。利津县人。正德八年（1513）举人，三甲第一百四十一名进士。授直隶南乐县知县，有德政。擢刑部主事，屡迁陕西布政司参议，擿发奸隐，吏畏如神。常巡行郡邑，见有数人形如鬼魅，顺孙惊问其人，泣告有商贾之辈，为发财逼迫他们挖矿，痛苦百端，不见天日。顺孙即以兵将商贾拘捕，使数百人得以释还。以母老归养，后诏复前职，亦不再复出。八十余岁卒。父洁，弘治举人，县教谕。

【王天民】鱼台县人。府志载为永乐十二年（1414）举人，离中进士时间相隔一百余年，显为误记。天民为三甲第一百七十三名进士。授大理寺评事，理狱中州，多所平反。出为河南彰德府知府，以善政著闻。弟秀民，嘉靖举人，府通判。

【刘　祺】寿光县（今改市）人。正德八年（1513）举人，三甲第一百九十二名进士。由兵科左给事中，升户科都给事中。

【浦　鋐】字汝器，号竹堂。军籍山东登州卫，乡贯南直隶嘉定县。入载《蓬莱县志》。正德二年（1507）举人，三甲第二百零一名进士。授洪洞县知县，擢监察御史。以亲老乞归终养。服阕，复职。嘉靖初廷议大礼，劾郭勋奸贪，应罢兵权，忤旨被夺俸三月。时尚书林俊、陶琰征入而复出，而太监秦文则既出复入，鋐上疏切谏，并言："非内君子外小人，以保泰之道也。"巡按居庸关，上陈边务、时政各六事。掌河南道监察御史，除奸屏邪，了无避忌。有人劾鋐为专擅者，被冠带闲住十八年（省志载七年）。后被举荐起用，授浙江道监察御史，巡按陕西，连上四十疏，多有惠政。总督杨守礼请破格擢用，未报。时监察御史杨爵言事下狱，鋐上疏申救，世宗见疏大怒，立遣缇骑逮治。秦民远近奔送舍车下者常万人，皆号哭曰："愿还我使君。"至京，受尽酷刑，七日而死。隆庆改元，赠光禄寺少卿，谥"忠烈"。敕建忠烈祠。有《全陕政要集》、《竹堂奏议》、《竹堂诗集》行世。子之云，知县；孙朝柱，知州。

【赵　玑】历城县（今济南市）人。正德十一年（1516）举人，翌年联捷三甲第二百零九名进士。仕至周王府长史。

【杨　概】德州（今德州市）人。正德五年（1510）举人，三甲第二百二十九名进士。授部主事。

正德十二年丁丑科

正德十六年辛巳科

　　本科于正德十五年（庚辰）会试后，因武宗南巡，殿试未及举行，次年二月武宗殁，至世宗接位后方举行殿试。因此本科也称庚辰科。本科录取：一甲三名，二甲一百一十名，三甲二百一十七名。其中山东十九名。

【李　录】临邑县人。正德十一年（1516）举人，二甲第八十名进士。由户部郎中，出为陕西临洮府知府。嘉靖三年（1524），其与兄锡一起，以争大礼，伏阙痛哭，被与杨慎等三百人，并系诏狱，受到杖责。录有才藻，善书法。兄锡，正德进士，布政司参政。兄弟二人，被以"联璧"称。

【王　道】军籍山东临清卫，乡贯江西鄱阳县。正德二年（1507）举人，二甲第八十六名进士。

【孟　易】军籍山东临清卫，乡贯山西蒲州。二甲第九十三名进士。仕至太仆寺卿。

【王　化】滨州（今滨州市）人。正德十一年（1516）乡试解元，二甲第一百零八名进士。授监察御史。以建言忤时，外迁云南鹤庆军民府知府，旋被夺职。

【孙　昂】昌邑县（今改市）人。正德二年（1507）举人，三甲第四十名进士。授山西翼城县知县，多惠政。入为礼部主事，纂修《典礼》，升本部员外郎。出为四川按察司佥事，整饬叙泸兵备道，抚绥有方，边获安宁。疏乞致仕。居家十八年，轻势好善，不立町畦，乡人称德。祖父洪，景泰进士，都察院左副都御史、巡抚。

【吴良辅】观城县（今属莘县）人。正德十一年（1516）举人，三甲第四十七名进士。授南直隶武进县知县。

【董中言】县志载作仲言。蒙阴县人。三甲第七十七名进士，选庶吉士。仕至部员外郎。工诗。

【丁汝夔】（？—1550）字大章。沾化县人。正德十四年（1519）举人，三甲第八十八名进士，选庶吉士。嘉靖初，授礼部主事，改吏部，以争大礼被杖谪。后复其官，连续升迁，历陕西布政司右参政和山西按察使、右左布政使。嘉靖十八年（1539）七月，擢都察院右副都御史，巡抚甘肃。嘉靖二十一年（1542）九月，在丁忧服除后，又巡抚保定。次年九月，改总督南京粮储，兼应天巡抚。嘉靖二十四年（1545）四月，入京为都察院左副都御史，坐事降湖广布政司左参政。嘉靖二十六年（1547）二月，迁都察院左佥都御史，巡抚河南。嘉靖二十八年（1549）十月，由吏部右左侍郎，升兵部尚书，兼督团营。上陈边务十事，皆报可。时鞑靼俺答常内侵，而内阁首辅严嵩窃权，边帅以贿进，疆事大坏。第二年，俺答由古北口内犯，掠怀柔，围顺义，分掠昌平、三河，犯明陵，杀掠甚多，史称"庚戌之变"。时京师空虚，禁军仅四五万人，且半数在大臣家应役，老弱参半，在伍者亦涕泣不敢前。从武库索要兵器，管库的宦官还像从前那样勒索贿赂，不能按时分发。严嵩亲党大将军仇鸾所领兵漫无纪律，抢掠民间，亦无法治其罪。俺答兵抢掠近京师，汝夔请督诸将出城作战，而以侍郎谢兰署部事。帝责其推委，命居中如故。汝夔征询严嵩，严嵩曰："塞上败或可掩也，失利辇下，帝无不知，谁执其咎？寇饱自飏去耳。"汝夔不敢主战，诸将亦闭营，致使俺答兵肆掠无忌，八日方去。汝夔被下狱，世宗欲行诛以惩后。汝夔求救于严嵩，严嵩曰："我在必不令公死。"及见世宗甚怒，竟不敢言。以汝夔守备不设，即日斩于市，枭其首，妻流三千里，子戍铁岭。汝夔临刑，始悔为严嵩所卖。方廷讯时，兵部职方司郎中王尚学当从坐，汝夔曰："罪在尚书，郎中无与。"乃得减死论戍，闻者为泣下。穆宗即位，始得复官。

【倪宗岳】字镇卿。濮州（今属河南范县）人。正德五年（1510）举人，三甲第九十三名进士。嘉靖改元，擢山西道监察御史，以伏阙谏大礼受廷杖。遂命巡按真定等府，综核有司，贪婪之吏闻风避去。此地多风沙，不可耕种，而仍按亩收税，宗岳疏请蠲除，并建议分贮米万石，以不至百姓流亡。巡抚贪纵不职，宗岳将劾之。但其得疾卧床不起，巡抚造访，宗文拿出弹劾巡抚的文稿，让巡抚阅看，并曰："某疾恐不起，公当自省。"旋卒于真定之公署，年仅三十七。

【张　恂】字淳夫。阳谷县人。正德十四年（1519）举人，三甲第一百名进士。擢四川道监察御史，丰姿修整，忠正不阿。巡按畿内、山西，所在风纪著闻。平反刘云、许臣等人冤狱，捕获杨恭、毕胜等盗首，远近畏服，奉若神明。升陕西按察司佥事，果毅敢为，不避艰险。又改四川叙泸兵备道，约束将士，各族慑服。丁母忧，卒于家，祀乡贤。

【杨　迥】字俊卿。曹县人。正德十四年（1519）举人，三甲第一百一十名进士。授南直隶池州府推官。子尔定，嘉靖举人。

【蒋　旸】字文辉。乐安县（今属东营市）人。正德八年（1513）举人，三甲第一百三十四名进士。授南直隶沭阳县知县，抚流移，劝耕种，兴学校，饬兵防。以奏最擢江西道监察御史，纠弹无所回避。督河东盐政，巡按畿辅，皆遇岁裈，力请赈恤。在河东，平山寇。在畿辅，擒获以妖术煽乱者。以伉直为权贵所中伤，被谪吉州知州，创石城以卫民。升贵州按察司佥事。时土官相仇杀，旸措置如法，全境得安宁。致仕归，以寿终。著有《两巡奏议》《归藏漫稿》。

【张　禄】字岱野。平原县人。正德二年（1507）举人，三甲第一百四十六名进士。授河南陈留县知县，入为福建道监察御史，巡按宣府。仕至河南布政司参议。工诗。

【田　玉】字德温，号小村。利津县人。正德十四年（1519）举人，三甲第一百五十一名进士。授浙江丽水县知县，有能名。以卓异调升，邑中耆老告诉新任知县，愿为玉立碑以表去思。知府潘公操笔大书曰："官已离任，民尚怀思，足证爱字之政，浃洽人心。"其擢南京江西道监察御史，奉命捕江洋群盗，事竣赐金帛。旋转浙江按察司佥事，督苏、松、常、镇水利，时有朝中掌管重臣，嘱以导引海塘阴便己私，玉不听，忤其意，遂中伤之。玉乞归养，怀志以殁。父禛，弘治举人，官阶正二品。

【陈时明】字际丰。堂邑县（今聊城市东昌府区）人。生有异禀，强记绝人。有力善射。嗜酒，每夜读书，其妻则为其煽炉暖酒，边饮边读，连饮数十升，更加敏捷，饮中所读，过目不忘。如饮酒不足，则昏昏欲睡，读书亦不力。应试时，亦饮酒助兴，则文思泉涌，摇笔立就。正德十一年（1516）举人，三甲第一百八十名进士。授兵科给事中。嘉靖初，以争大礼，偕诸谏官，伏阙痛哭，世宗震怒，受到杖责，其他人受杖皆委仆，而时明则豪志更壮，叫号指斥，仍谏不止，人称"耐杖给事中"。正德之末，边防久弛，时明上陈边略七千余言，皆切中要害。宦官崔文，诱导皇帝诵经设醮滥用内帑至六十万，给事中刘最弹劾，却被对品调外。时明上疏切谏，痛斥崔文，为刘最喊冤。疏入，既不报，亦未以罪。历户、礼二科右左给事中。会大同军叛，杀死都御史。诏户部侍郎胡瓒往讨，而分巡道难选。时明慨然请行，旋出为大同布政司参议，先于胡瓒到达，至即授计于都督桂勇，擒斩其首恶，乱得平定。被迁四川松潘兵备道。以治行称最，升陕西布政司右参政，分守关西道。西戎入犯，时明引劲骑伏击，获大胜。时值酷暑，解甲中风，致病而卒，年五十。朝廷给钱以葬，祀乡贤。

【袁士伟】原籍南直隶亳州，移籍山东肥城县（今改市）。正德十四年（1519）与弟同榜举人，三甲第一百九十一名进士。由大理寺评事，仕至河东盐运使。弟士奇，嘉靖进士，按察司佥事。

【任　淳】字原樸。堂邑县（今聊城市东昌府区）人。孝悌端诚，不苟言笑。正德八年（1513）举人，三甲第一百九十三名进士。由行人司行人，擢监察御史。后以"有慨于中"，对当政有所不满，而弃官归里。十余年中，台章交荐不起，终老于乡。其诗文刻峭奇拔，著有《石鳞集》若干卷。

【黄国光】临清州（今改市）人。正德十四年（1519）举人，三甲第二百零二名进士。仕至河南按察司佥事。

【刘希稷】字农卿。武城县人。少聪慧，博通五经百家。正德八年（1513）乡试经魁，三甲第二百一十六名进士。授户部主事，忠清端恪，督理大同军饷，羡余尽归于部。父丧哀毁卒。贫无殓具，宗党为治棺衾，巡按监察御史为理葬事。著有《西田外集》。祀忠义孝悌祠。

正德十六年辛巳科

嘉靖二年癸未科

本科录取：一甲三名，二甲一百四十二名，三甲二百六十五名。其中山东三十三名。

【李舜臣】（1499—1559）字懋钦，一字梦虞，号愚谷，又号未邨居士。乐安县（今属东营市）人。性简重，不乐纷华，不轻然诺。所学"屏绝俗，尚一意于古"。正德十四年（1519）举人，为会试会元，殿试二甲第一名进士，传胪。授户部主事，改吏部文选司。时世宗继统不继嗣，追尊父为兴献皇帝，舜臣参与诸臣合词力争，相率哭于宫门外，忤旨受廷杖，被罢职。后被起用，升本部员外郎。以江西按察司佥事，充任提学。历南京国子监司业、应天府丞，升至太仆寺卿。嘉靖二十年（1541），引疾归。闲居二十余年。殚精于经史，尤潜心于汉儒诂训。谓汉儒去古未远，其说可信，以六书正汉儒注疏舛误。为文不务华丽，专崇风味，称一时名品。与章丘李中麓、庆阳李空同齐名。著有《易卦辱言》、《尚书说》、《诗序考》、《毛诗出比》、《毛诗问言》、《穀梁三例》、《四经读》、《易经外编》、《左传读》、《礼经读》、《三经考》、《六经直言》、《古文考》、《籀文考》、《愚谷集》等。嘉靖三十八年（1559）卒。

【周祖尧】东平州（今改县）人。正德十四年（1519）举人，二甲第三十七名进士。由南京户部郎中，升至两浙盐运使，以廉静称。

【蓝　田】（1477—1555）字玉甫，号北泉。即墨县（今改市）人。神颖天成，日诵数千言，为文宏肆奇拔。十六岁，于弘治五年（1492）考中举人，历经三十余年，方考取二甲第六十一名进士。授河南道监察御史。嘉靖初年，大礼议起，田七次上疏，偕同官撼门哭谏，被廷杖几死。给事中陈洸阿附张璁、桂萼，以议礼得宠，先后劾殿阁大学士费宏、吏部尚书杨旦等十余人。田特疏论之，直声颇震。被派巡按父亲曾任巡抚的陕西，修其旧政，上疏当兴革者十数事。边陲人有谣："一按一抚，一子一父，虏不犯边，民得安堵。"不久，张璁掌都察院，田被罢归，讲学于可止轩。家居三十余年，不入公门，唯与诸生讲学不倦。曾修孔庙，葬孤贫，远近颂其德。虽先后荐疏三十余，但终不起。著有《北泉文集》、《东归倡和》、《白斋表话随笔》、《续笔》等，被誉为"万言倚马才"。嘉靖三十四年（1555）卒，祀乡贤。父章，成化进士，南京刑部右侍郎。

【曹　曙】济宁州（今济宁市）人。正德八年（1513）举人，二甲第一百零八名进士。仕至兵部员外郎。

【黄　祯】一作征。字德兆，号北海野人。安丘县（今改市）人。少有重名。正德十四年（1519）举人，二甲第一百一十三名进士。为兵部武选司郎中时，坐署失火，被下狱免官。复起吏部文选司郎中，以监察御史洪垣参劾，又被下狱免官。祯磊落自负，为文力追古人，不为靡丽之语。好为诗，与乐安同榜进士李舜臣齐名，有"李黄"之称。著有《北海野人稿》一卷，《四库全书》存目录之。

【陈守愚】字如愚，号愚泉。寿张县（1964年撤销，分属山东阳谷县和河南范县）人。生而颖敏，治行文章超群，人以台辅期之。正德十一年（1516）举人，三甲第三名进士。授行人司行人，改兵科左给事中，升刑科都给事中。前后所上十余疏，其有五疏，即"均恩赦过"、"急救边荒"、"广睿思以图化理"、"远闻见以备采纳"、"去佞臣以顺人心"，最切时务。一生持忠义气节，虽干上怒，而忠直不变。出为四川布政司左参政，以终养老人告归。服阕，补湖广布政司参政，分守湖南道。时长沙、宝庆二郡久旱，田多龟坼，颗粒无收，军民惶骇。守愚上呈两院，紧急赈贷，以解民困，并储粮以备再荒。家居时，潜心纂修《寿张县志》（未刻）。卒于故里。

【高凌汉】字抑之。东平州（今改县）人。正德十四年（1519）举人，三甲第十九名进士。授浙江绍兴府推官，入为南京户部主事，督税杭州钞关，往时督税者，多贪财肥己，凌汉一无所取。致仕，仍一贫士。为人坦率，不立城府，遇人无亲疏，皆出肺腑以相示。

【龚　治】军籍羽林前卫，乡贯山东堂邑县（今聊城市东昌府区）。嘉靖元年（1522）举人，翌年联捷三甲第六十三名进士。授河南封丘县知县，屡迁湖广承天府知府。

【徐　淮】军籍锦衣卫，乡贯山东武定州（今属滨州市）。三甲第七十名进士。授监察御史。

【陈　明】历城县（今济南市）人。正德十一年（1516）举人，三甲第七十七名进士。仕至浙江按察司佥事。

【阎　辅】曹州（今菏泽市）人。正德十四年（1519）举人，三甲第七十八名进士。

【尹尚贤】字宾卿。掖县（今莱州市）人。正德十四年（1519）举人，三甲第八十二名进士。授浙江台州府通判。

【郭时叙】济阳县人。正德十一年（1516）举人，三甲第九十名进士。由按察司佥事，升布政司参议。

【刘汝松】历城县（今济南市）人。正德十四年（1519）举人，三甲第一百名进士。屡迁户部郎中，奉命督饷。出为陕西汉中府知府。工诗文。

【左季贤】（1507—1526）字晋卿。丘县（今属河北省）人。少负才名，读书目下数行。十六岁，于嘉靖元年（1522）考中举人，翌年联捷三甲第一百零二名进士。授南直隶苏州府推官，律己方正，处事严明，案无留牍，政声大著。惜在任未二载，以疾卒于官。

【卢应祯】肥城县（今改市）人。嘉靖元年（1522）举人，翌年联捷三甲第一百零四名进士。授江西南昌府推官，治狱明慎。行取工部主事，升员外郎、郎中。出为陕西布政司参议。以山西按察司副使，分巡雁门道。

【乔　迁】字子木。定陶县人。正德二年（1507）举人，三甲第一百三十一名进士。授河南郾城县知县，有治才。改洛阳县，县多豪强，以法绳之。升南直隶广德州知州，又补山西永宁州（元曰石州）。州之宗室岁入禄米争夺纷竞，不可清理。迁故明敏，详审无哗者。入为户部员外郎，升郎中，性不能媚人，引疾告归。常告诫其子侄曰："置田莫占便宜，子孙多种几年；置宅莫占便宜，子孙多住几年。"八十二岁卒。

【钟　英】军籍武骧右卫，乡贯山东滋阳县（今兖州市）。三甲第一百四十三名进士。授知县。

【胡　节】潍县（今潍坊市）人。嘉靖元年（1522）举人，翌年联捷三甲第一百五十二名进士。授河南通许县知县，升至江西布政司参议。

【孙允中】官籍鲁王府仪卫司（域属山东兖州），乡贯南直隶合肥县。三甲第一百八十二名进士。仕至山西按察司佥事。嘉靖十二年（1533）大同兵变，入城抚定。著有《云中纪变》。

【李文芝】字元征。东平州（今改县）人。正德十四年（1519）举人，三甲第一百九十一名进士。初为湖广道监察御史，升至按察司副使，兵备保定，有惠政。工诗文，著有《柘泉类稿》、《柘泉乐府》。

【管嘉祯】字吉甫。高密县（今改市）人。嘉靖元年（1522）举人，翌年联捷三甲第一百九十二名进士。授南直隶无锡县知县，以治行称最擢吏部主事，廉明谨饬，无敢干以私者。弟嘉福，嘉靖进士，府同知。

【张　让】字克让。诸城县（今改市）人。少孤，甚贫，与兄恭相依励志向学，书过目辄不忘。正德八年（1513）举人，三甲第一百九十三名进士。历河南荥泽、杞县和山西荥河县知县，擢南京太仆寺丞，又补京师太仆寺丞。让有志行，不可少屈，恶奔竞之习，故科滞下僚二十余年，恬不为意。以无嗣为忧，晚得一子不育，遂于官舍中自缢，人甚惜之。

【刘　隅】(1489—1566) 字叔正，号范东。东阿县人。美丰姿，博学工文，以才名世。少时读书，坐卧一楼，悬绠汲食器，三年不下。正德八年（1513）举人，三甲第一百九十六名进士。授行人司行人，擢福建道监察御史。当时朝中大臣进退，皆世宗独断，左右无敢言者。吏部尚书乔宇被夺职，独隅主持正义，以"宇海内人望"上疏奏留，人皆钦敬。巡按江北，清理冤抑，纠绳贪残，击断丑恶。出为南直隶提学。改四川按察司佥事，擒山寇李绍祖，被赐白金文绮。世宗南幸承天，隅在河上为龙舟除道，并奉命寻回所失行宫御前珠旗。嘉靖十八年（1539）三月，上命其为河南按察使。不久，又升为都察院右佥都御史，巡抚保定。奉旨建沙河行宫，宫成，升都察院右副都御史。隅沉毅，有大略，善用兵。会边境多事，下令所部修缮城邑，百家之聚，皆有雉堞。协助各省兵吏，剿灭流劫七省的巨盗王士举，论功又赐白金文绮。隅用兵不惜小费，厚赏勇士，挥金若弃，若有失律，必置重典，故皆乐于听命。有监察御史以"犒军费巨"参劾，隅于嘉靖二十一年（1542）八月，被罢归，听候处理。家居近三十年，筑精舍于东流泉上，与一二故知泛泳呼啸其间，部使过客皆避而不见。嘉靖四十五年（1566）无疾而终，年七十七。工书善弈棋。著有《家藏集》、《奏议》、《治河通考》、《古籍分韵》等。父约，成化进士，布政司参政；兄田，弘治进士，户部员外郎。

【单文彪】单县人。嘉靖元年（1522）举人，翌年联捷三甲第一百九十九名进士。仕至陕西西安府知府。

【王　昺】(1491—1566) 字承晦，号杏里。章丘县（今改市）人。正德十一年（1516）举人，三甲第二百零一名进士。初为太常寺博士，改监察御史，出为江西布政司左参议、陕西按察司副使。嘉靖二十二年（1543）十一月，由甘肃行太仆寺卿，迁四川按察使。次年，迁陕西右布政使，转左布政使。嘉靖二十八年（1549）六月，降改浙江布政司左参政。从嘉靖三十年（1551）始，又历福建按察使、河南右布政使、山西右布政使。嘉靖三十四年（1555）十一月，迁湖广左布政使。嘉靖三十六年（1557）四月，迁都察院右副都御史，巡抚云南。次年，迁南京工部右侍郎。不久，革职闲住。于嘉靖四十五年（1566）卒，年七十六。历官守法奉公，勤劳尽职。为监察御史巡按河东盐课时，积余

嘉靖二年癸未科

嘉靖二年癸未科

银十余万两，用此先将拖欠边饷补还，又将剩余预解边镇以备不足。巡按真定时，获鹿县有李姓继母闭室焚死丈夫，诬告其子所纵火，其子被入狱待决十余年。定州有李姓者父，以患恶疾自缢，继母诬告其子所谋害，其子被捕入狱。昺查明两案为冤屈，将两子释放。经过昺平反的冤案，释放负屈男女多达百余人。在西宁时，采取抚治政策，虽番汉错居，但边境静谧。在陕西时，裁抑太监织造料价银二十余万两，不循旧规，分派直给官银，以弥侵羡。由此忤织造太监刘清，欲将其下狱谪官，但刚逮至京城，刘清即死，而将其释放。却被降职分守浙江杭嘉湖道，至嘉兴，力筑城郭，防止倭寇进犯。有湖广麻阳兵回，掳掠男妇子女四百余人，匿之舟中，因惧怕昺检搜，而全部放出。昺讯其乡贯，发给廪食遣还。在云南时，先扬以兵威，又加以抚谕，消除劫掠为患的土寇。开挖盘龙江，既免除当地水患，又获土田灌溉之利，士庶对其感念不已。著有《同伦类训》。

【王邦裕】字子修。堂邑县（今聊城市东昌府区）人。正德十一年（1516）举人，三甲第二百一十一名进士。授户部主事。父臣，弘治举人，户部郎中，乞休加太仆寺少卿。

【王　聘】（？—1558）字念觉。利津县人。性颖异，童时不好嬉，文雅而向学。以孝闻。嘉靖元年（1522）举人，翌年联捷三甲第二百一十二名进士。授陕西盩厔县知县，大兴水利，厘革奸蠹。在任三年，擢户科给事中，转兵科。为监察御史务持大体，不立异以求矫矫之名。兵部发生火灾，廷议对有关官员治罪，聘抗章谓："火乃天灾，非其辜。"以忤旨被降南直隶太仓州通判。江洋盗起，聘开诚招抚，谕以利害，歼其魁首，得以安宁。朝廷使臣上奏其治绩，被赐以金帛羊酒。旋迁浙江萧山县知县，节省开支，用于急需，修陂塘，抑豪右，萧民赞颂。又迁南京户部郎中，出为河南卫辉府知府，惠政泽民。嘉靖十八年（1539），世宗南巡，卫辉行宫发生火灾，聘以守臣被论杖几死，贬官流配辽东安乐州，即日携家前往。诏许冠带闲住，但聘乞自效，从戎古北口。撰军中机宜四事，上呈杨虞坡，令其惊异。嘉靖三十七年（1558）卒于边陲。聘器度开豁，不饰边幅，又诚敬恭俭，所至有歌颂。子甲，隆庆举人，知府。

【张问之】字子蕃。直隶庆云县（1964年漳卫新河以南划归山东，仍名庆云县）人。嘉靖元年（1522）举人，翌年联捷三甲第二百一十六名进士。授行人司行人，转司副，改工部员外郎，升至郎中。嘉靖中，监督营建宫殿，督造砖五万，费时三年以上，窑户有不胜其累而自杀者。其上陈烧造艰辛，绘图以进，上嘉之，增定砖价，窑民获安，为立德政碑。又督建九庙，皆有佳绩，蒙恩受赏。擢湖广布政司参议，转四川按察司副使，整饬威、茂等州，强边防，镇民变，被赐金帛，以旌其功。四十八岁告归。著有《烧砖奏议》（一说《造砖图说》）。

【李士翱】字如翰，号长白。长山县（今属邹平县）人。正德十一年（1516）举人，三甲第二百二十名进士。授南直隶潜山县知县，改婺源县。以能理繁之绩，擢山西道监察御史，巡按两淮盐课，奏发隐匿羡余银八十万两，上嘉之，特赐金币。再巡按苏、松，铮铮有声。出为湖广荆州府知府。旧例沙市税钱皆官自没，士翱请以补宗室禄米之费。又筑公安、监利长堤百里，以御水患。郡民有"贤太守，真父母"之谣。嘉靖二十一年（1542）九月，由湖广布政司右参政，升山西按察使。次年十月，迁陕西右布政使。十二月，升都察院右副都御史，巡抚宁夏，无烽火之警。从嘉靖二十六年（1547）三月起，先后迁大理寺卿、户部右左侍郎，总督仓场。从嘉靖二十八年（1549）十二月起，又历工部、刑部、户部尚书。次年八月，以忤严嵩落职。家居十载，杜门著书，告诫子弟勿扰公府，远近颂扬。隆庆三年（1569）复原官，赠太子少保。著有《长白集》行世。卒祀乡贤。孙邦潢，万历举人，知州。

【须　澜】军籍直隶德州左卫（域属山东）。乡贯直隶华亭县。正德十四年（1519）举人，三甲第二百四十一名进士。授监察御史。著有《石林集》。

【王　旒】济阳县人。弘治十七年（1504）举人，三甲第二百五十六名进士。由刑部员外郎，仕至知府。

【李　仁】（1488—1552）字元夫。东阿县人。生而资性颖异，超越伦辈，长身玉立，目光炯炯，音吐洪亮，人望而钦敬。正德十四年（1519）乡试解元，三甲第二百六十三名进士。授行人司行人，充陕西乡试副主考官。连升吏科给事中、礼科右给事中、户科都给事中。为言官五载，不事琐细，专论大事。因论詹事府詹事在选用官员上"乃自内批，不由吏部推，以为倖途"，由是忤旨被杖下锦衣卫狱。不久，世宗知其言直，予以复职。少师杨一清劾宁夏分守布政司参议张崇德贪酷，欲置之极法，仁奉命往勘，得其确有笞责军职之事，而所耗之资用于修造公廨，并未入私囊。上奏只罢其职，而不处死，时论以为公正。又有给事中孙应奎，极言吏部尚书汪鋐奸邪，皇帝震怒，将孙应奎下狱。仁即抗疏论汪鋐，为孙应奎申诉，孙应奎被复职。由是汪鋐大恨仁，寻隙中伤，未几，被谪直隶开州通判。汪鋐又言凡迁谪者不得速转，仁遂居开州四年。汪鋐被去官后，仁始转湖广汉阳府通判，再迁南京刑部员外郎、郎中。因清廉自介，又累受贬谪，生活十分困苦，母死竟至出内人钏具以供殓葬。丁忧三年，补授户部郎中，擢河南按察司副使，迁布政司右参政。嘉靖二十五年（1546），转太仆寺少卿。次年四月，以都察院右佥都御史，巡抚保定。嘉靖二十八年（1549）二月，以都察院右副都御史，改巡抚宣府。旋又调巡抚大同。所至皆有治绩。是年十一月，以御鞑靼兵失利，被谪陕西神木县典史。《中国历代人名大辞典》载：又官至兵部侍郎，以忤严世蕃归。嘉靖三十一年（1552）病卒，年六十四。

嘉靖五年丙戌科

本科录取：一甲三名，二甲九十名，三甲二百零八名。其中山东二十七名。

【邢秉仁】临清州（今改市）人。正德十一年（1516）举人，二甲第十八名进士。观政都察院。自秉仁始，其子孙科甲连第，有"一门四进士"之誉。子邦，嘉靖进士，布政司参政；孙其任，万历进士，按察司副使；曾孙泰吉，天启进士，户部员外郎。

【袁士奇】原籍直隶亳州，移籍山东肥城县（今改市）。正德十四年（1519）举人，二甲第三十名进士。由部主事仕至河南按察司佥事。兄士伟，正德进士，盐运使。

【毛　渠】（1496—1547）字公泽，一字世泽，号石溪。掖县（今莱州市）人。嘉靖四年（1525）乡试解元，翌年联捷二甲第四十八名进士，选庶吉士，改工部主事。历礼部主事、员外郎、郎中和太常寺少卿、右通政、太仆寺卿、南京太仆寺卿。嘉靖二十四年（1545）致仕。为官清白，不坠家声。嘉靖二十六年（1547）卒，年五十一。父纪，成化进士，翰林，内阁大臣。兄：渠，正德举人，府推官；渠，嘉靖进士，户部员外郎；渠，嘉靖举人，知州。子延魁，嘉靖举人。

【纪　绣】字思纲。利津县人。以孝友闻。正德十四年（1519）举人，二甲第六十名进士。授礼部主事，历刑部员外郎、郎中。会有诬告勋臣不法者，绣独抗疏明其冤。奉命审核京畿内狱，对存疑者推复再三，省释千余人。擢南直隶凤翔府知府，清慎恻怛，治有良绩。旋以陕西按察司副使，分巡陕西兵备道，调给军饷充足。以功受褒奖，赐白金。以疾告归。嘉靖二十八年（1549），诏补贵州按察司副使，缮修威清卫等处边防设施。在征讨苗民起事中，躬冒暑瘴，督兵渡盘江，卒于行署。为人明鉴，自命高洁，读书务得圣贤旨趣，为文不蹈袭，时号"有理学"。

【林　琼】字廷献。临清州（今改市）人。正德十一年（1516）举人，二甲第六十三名进士。授刑部主事，升至郎中。天性简澹，论事依古义。有天文生董至诬建昌侯谋逆，被下狱。琼查得实情，认为实系诬告，力辩建昌侯无罪，触怒上峰，被罢职。建昌侯终因此未被诛。琼归里，杜门扫迹，奖掖后进，一时名士多出其门。时人谓其："节概磊落，如严霜孤柏，挺立独秀。"门人镌其所著之文曰《霜柏稿》。

【王汝孝】字绍甫。东平州（今改县）人。才气横溢，学问渊博，文笔典雅雍容。嘉靖四年（1525）举人，翌年联捷二甲第八十名进士。以礼部郎中，改翰林院修撰。历山西按察司副使、提学和陕西布政司左参政，皆有声迹。嘉靖二十三年（1544），擢福建按察使。嘉靖二十六年（1547），先后为河南右左布政使。嘉靖二十八年（1549），迁都察院右副都御史，巡抚顺天。次年，驻兵蓟州，误听谍报者之言，鞑靼俺答至大溃败，致使俺答纵横内地，焚掠八日而去。兵部尚书丁汝夔和汝孝被下狱论死。汝孝因有战功免去死罪，被戍边而卒。著有《王中丞集》。父宪，弘治进士，都察院左都御史、兵部尚书。

【于思睿】青城县（今属高青县）人。正德八年（1513）举人，二甲第八十七名进士。授工部督水司主事，升营缮司员外郎。督修仁寿宫，严出纳，节省以数万计。转本部虞衡司郎中，出为江西瑞州府知府。卒于官。其清操亮节，大为士类推服。

【张德政】平阴县人。嘉靖元年（1522）举人，二甲第八十八名进士。授户部福建司主事，升湖广司员外郎。

【傅汉臣】平度州（今改市）人。嘉靖元年（1522）举人，三甲第二十五名进士。授监察御史，巡按顺天等处。

【张　相】临清州（今改市）人。正德八年（1513）举人，三甲第三十一名进士。仕至提学御史。工诗。

【高　琦】武城县人。嘉靖四年（1525）举人，翌年联捷三甲第四十四名进士。授南直隶歙县知县，刚正不阿，以忤当道谢病归。子可大，嘉靖举人。

【苏　祐】（1492—1571）省志载作祜。字允吉，一字舜泽，号谷原。濮州（今属河南范县）人。正德八年（1513）举人，三甲第四十五名进士。初为吴县、束鹿县知县，皆有惠政。入为广东道监察御史，巡按宣、大。时大同军乱，杀总兵官李瑾，祐奉旨监军讨伐，授镇抚王宁计，将此乱平定。以江西按察司副使充提学。历山西布政司参政、大理寺少卿。嘉靖二十四年（1545）三月，迁都察院右佥都御史，巡抚保定。嘉靖二十六年（1547）四月，迁都察院右副都御史，巡抚山西。嘉靖二十八年（1549）五月，迁刑部右侍郎，又改兵部右左侍郎。嘉靖二十九年（1550）六月，先署理后实授，总督宣、大军务，守边有功，升二品俸。嘉靖三十二年（1553）六月，以都察院右都御史、兵部尚书，仍总督宣、大军务。次年，总兵官岳懋诬奏其"不请兵饷"，被逮下狱。经部

嘉靖五年丙戌科

查，祐数请兵饷，奏牍故在。因祐为监察御史时，曾论劾严嵩，严嵩乘机中伤，被逮削籍为民。隆庆四年（1570）复官致仕。次年卒，年八十。朝廷遣官祭葬，祀乡贤。祐善诗，文辞骈丽，诗格粗豪奔放。著有《孙吴集解》一卷、《三关纪要》一卷、《法家哀集》、《谷原诗集》八卷、《谷原文草》十卷、《适旃琐语》、《三巡集》八卷、《奏疏》诸书。子：濂，嘉靖贡生，府通判；澹，嘉靖举人，布政司都事。孙光勋，武举人。

【陈　辀】字子虚，号近山。历城县（今济南市）人。嘉靖四年（1525）举人，翌年联捷三甲第六十九名进士。授江西建昌府推官，临事无大小，立见隐微。奉命督造图册，工省弊清，前后有司无能及者。两署知县，俱著能声。又由山西保德州知州，升陕西临洮府知府。及解组，布衣角巾，徒步怀刺（名帖），大有古人风。

【姜润身】军籍锦衣卫，乡贯山东胶州（今改市）。正德八年（1513）举人，三甲第九十名进士。授南直隶盐城县知县，以治行卓异擢监察御史，巡按山西、畿辅，皆著风规，墨吏敛迹。仕至直隶顺天府丞，致仕归。

【于　慧】军籍牧马千户所，乡贯山东莱阳县（今改市）。三甲第一百零一名进士。授直隶鸡泽县知县。

【杨　缙】号竹村。寿张县（1964年撤销，分属山东阳谷县和河南范县）人。幼以圣贤自期，言行悉追古人。山东两任提学皆褒为超群之才。嘉靖四年（1525）举人，翌年联捷三甲第一百零二名进士。授直隶迁安县知县，教士课农，以礼让为治。改山西翼城县，兴水利，毁淫祠，旌节孝，剔蠹弊，受到大吏褒奖。连丁父母忧，居丧遵古礼。起补山西阳城县知县，教养兼举，人心爱戴，皆以古循良称。先后擢南京户部主事和京师刑部员外郎。上请告归，读书授徒，研精殚思，学者称为杨夫子。又授浙江湖州府知府，时值荒歉，欲与按察使一起上奏，按察使为难，缙直奏于朝，请蠲租给赈。户部尚书览疏喜曰："真贤守也！"复奏获允。为官一尘不染，多有善政。四十七岁卒。子胤贤，嘉靖进士，按察司副使、兵备道。

【张一厚】平原县人。嘉靖元年（1522）举人，三甲第一百零七名进士。授直隶获鹿县知县，改南直隶当涂县。入为南京户部主事，升至郎中。出为浙江处州府知府，升至浙江按察司副使，分巡海防道。工诗。

【袁轩冕】章丘县（今改市）人。正德十一年（1516）举人，三甲第一百一十四名进士。仕至直隶河间府知府。父弼，成化进士，刑部员外郎。兄：公冕，弘治

嘉靖五年丙戌科

举人，府通判，多著述；崇冕，虽布衣，工词曲，亦多著述。

【王　瑶】高唐州（今改县）人。正德十四年（1519）举人，三甲第一百一十五名进士。初为河南内乡、直隶藁城和南直隶泰兴县知县，入为户部主事，升为郎中。仕至山西按察司佥事。亲老乞养，屡荐不起。

【朱润】字伯雨。益都县（今青州市）人。嘉靖四年（1525）举人，翌年联捷三甲第一百二十二名进士。授南直隶巢县知县，改武进县。擢南京户科给事中，弹劾不避权贵。出为南直隶松江府知府，被谪浙江宁波府同知，卒于官。性简静不阿，自家居至宦谪，人不见其喜愠之色。四十六岁卒，士林惜之。著有《毛诗通解》、《四书通解》各若干卷。

【李学诗】（1503—1541）字正夫。平度州（今改市）人。嘉靖四年（1525）举人，翌年联捷三甲第一百二十六名进士。授直隶永平府推官，执法无所纵，屡决疑狱，不尚钩距，而奸止刑稀。以治最擢吏部稽勋司主事，先后升考功司、文选司员外郎，秉公办事，考评黜陟皆允当，以年轻有为而闻名于公卿间。嘉靖十二年（1533），受大臣举荐授翰林院编修，继而又授修撰，为詹事府左春坊左中允，充经筵讲官。嘉靖十七年（1538），充会试同考官，又充顺天乡试主考官，以得人称。嘉靖二十年（1541）卒于京。好为诗，从政之余多吟咏，著有《桃花洞集》传世。侄如珠，嘉靖举人，知县。

【李　冕】字端甫。天性颖敏。章丘县（今改市）人。正德十一年（1516）举人，三甲第一百二十九名进士。授直隶魏县知县，时值连年荒歉，民多流亡，冕发粟赈济，全活甚众。尤重人才，所识拔者多成名士。擢监察御史，升至云南右布政使。为政清廉，拒受馈遗不下万金。独喜施予，戚友赖以举火者数百家。卒祀乡贤。

【崔廷槐】字公桃。平度州（今改市）人。少颖敏励学，善属文。嘉靖元年（1522）举人，三甲第一百七十五名进士。授山西阳曲县知县，以忤上官贬陕西神木县典史。迁直隶束鹿县知县，滹沱河决口，水逼城堤且溃，人情汹汹，廷槐率众冒雨抢堵，奋战数昼夜，城得不坏。复开渠泄水，水害解除。屡迁按察司佥事，充四川提学。又历水利和驿传诸任，皆正直有声。博学多识，长于诗，著有《楼溪集》。弟廷枫，嘉靖岁贡，知县；子桓，嘉靖解元；孙燽，万历进士，知县。

【谷继宗】字嗣兴，号少岱。《题名碑录》载官籍山东济南卫，乡贯山东临淄县（今淄博市临淄区）。幼好学，家贫常走寺庙拨炉灰取遗炷，其母绾为一束，以照

嘉靖五年丙戌科

夜读。正德八年（1513）举人，三甲第一百七十八名进士。官南直隶宜兴县知县。其以积忧而目瞽，依靠章丘李开先以避人，章丘士人争携酒肴招待之。居住九十日，作诗数百篇，赠李开先长律一百七十句，虽有目者检类书为之，不能及其详雅。后遇良医刺疗复明。其诗集在崇祯十二年（1639）尽毁于火。县志载："继宗有诗名，亦能填词，倚待而就，但诗俱未工，可传世者绝罕。"

【江　南】济阳县人。正德十四年（1519）举人，三甲第一百八十三名进士。由太仆寺丞，出为按察司佥事。著有《归田乐养册》。

【常　序】字子顺。堂邑县（今聊城市东昌府区）人。嘉靖元年（1522）举人，三甲第一百八十九名进士。授南直隶庐江县知县，抑折豪强，声名远播。入为兵科左给事中，迁户科都给事中。时兵部尚书刘源清，讨大同叛军受挫无功，被系刑部狱。唯有序援引八议之典申救，世宗怒，亦将其下狱。未几，察其无他事，乃释放。奉诏募军延绥，将途中所知民间疾苦，据实上奏，特旨赈恤，存活甚众。丁忧，卒于家。

【张子立】字元礼。黄县（今龙口市）人。自奉清约，好古文。嘉靖四年（1525）举人，翌年联捷三甲第一百九十三名进士。授行人司行人，擢监察御史，巡按两浙，郡守惮其风裁，望尘下拜。子立曰："人有欲故无刚。"予以斥之。嘉靖二十三年（1544）四月，由山西布政司右参政，升按察使。旋以都察院右佥都御史，巡抚延绥，修城堡，通水利，军民赖之。嘉靖二十五年（1546），用兵西夏，失利被逮下狱，士民号泣遮道，为其立碑学宫。被谪戍陕西固原州，杜门谢客，常思亲东望，挥泪成疾而卒。生平耽好藏书，购求满架，凡石室秘书古今文辞，以至兵法、医卜之类，数以万计，悉钤识以"东黄张氏书籍之印章"。家藏《唐诗记事》二十卷锲板，为世所珍惜，经兵火尽毁。父潜，正德进士，知县。

嘉靖八年己丑科

本科录取：一甲三名，二甲九十五名，三甲二百二十五名。其中山东三十名。

【郭宗皋】（1499—1588）字君弼。福山县（今烟台市福山区）人。生而颖敏，八岁属对工伟绝异，十岁能文有奇气，十三岁父病衣不解带若成人。嘉靖七年（1528）举人，翌年联捷二甲第二十名进士。在金殿策对时，陈述朝政六事，皆切中时弊，令宰执忌恨，不数日，宗皋等二十名庶吉士，全部被诏免，是科无庶吉士。宗皋被授刑部河南司主事。嘉靖九年（1530），奉差会同监察御史审决直隶真定、保定诸府重囚，多所平反，以明恕闻。次年，又偕给事中潘大宾，典试浙江，为副主考官，号称得人。改兵部武选司主事。以清廉治事，迁湖广道监察御史，巡视京通诸仓。嘉靖十二年（1533），星陨如雨，太子死，大同兵乱，举朝无一人敢言者，独宗皋直言上《星变疏》，奉劝嘉靖帝"惇崇宽厚，察纳忠言，勿专以严明为治"。嘉靖帝大怒，将其廷杖四十。嘉靖十四年（1535），巡按江浙、顺天等地，皆骑马，不坐轿，执法如山，对污吏、猾胥、土豪、盐盗之积奸难除者，摘发不令漏网。嘉靖十六年（1537），朝中有人讨好权臣，欲推举保定巡抚刘夔任职都察院，唯宗皋上疏力排众议，认为刘夔曾举荐劣迹昭著的李时（华盖殿大学士、内阁首辅之子），有诌媚之行，不可升迁。朝廷以其所论不实，罚俸两月。但其直声震动朝野，有"铁头御史"之号。次年，擢山西按察司副使，分巡雁门道，又改易州道。嘉靖二十三年（1544），由陕西布政司右参政，擢大理寺少卿，旋迁都察院右佥都御史，巡抚顺天。以获知鞑靼俺答将率骑四十万余内侵，请派京营、山东、河南兵为援，但俺答并未入侵，被以所报不实夺俸一年。又因请筑古北口等地城堡，被疑有贪冒之嫌，遂革职听处。之后事实查清，复为原职，以兵部右侍郎巡抚大同。嘉靖二十八年（1549），总督宣、大军务。次年，宗皋以俺答内侵，大同失陷，而被逮入狱，杖一百，革职谪戍陕西靖虏卫。在靖虏卫长达十七年，宗皋见当地农民皆用盐碱地种植水稻，收获颇丰，产生了致仕回乡导民种水稻的想法。隆庆元年（1567），穆宗即位，宗皋被起用为刑部右侍郎。又历兵部右侍郎、南京都察院右都御史、南京兵部尚书，参赞机务。隆庆二年（1568），言官奏称宗皋衰老平庸，其亦以年老求去，被允准归里。其在本地四十亩盐碱地里，试种水稻成功。万历十六年（1588），宗皋病逝，赠太子太保，谥"康介"。著有《康介公遗集》、《内经便读》、《陶节菴伤寒六书》等。父天锡，弘治举人，刑部郎中，著有《野航吟稿》二卷；孙尔池，万历举人，运同。

【张 旍】字邦建。长清县（今济南市长清区）人。仪度整肃，有志向，就塾时即知名。嘉靖四年（1525）举人，二甲第二十二名进士。授南京户部主事，奉派督办浦口漕粮，往年之粮多被巨猾揽持，累致积逋，而害及百姓。旍上陈六事，批准进行专项治理，巨猾宿奸敛束，浦口所属之处，无不肖像家祀。未久，以病卒于任。兄旂、旄皆正德举人，潘王府长史。

【李开先】字伯华，号中麓。章丘县（今改市）人。《明史》有传。生而卓异，七岁能文。嘉靖七年（1528）举人，翌年联捷二甲第六十七名进士。初为户部主事，转吏部，升员外郎、郎中。擢太常寺少卿，提督四夷馆。为内阁首辅、吏部尚书夏言所忌，被罢归。家居治田产，蓄声伎，优游林下近三十年。开先为著名文学家、戏曲作家，尤工词曲，为嘉靖八才子之一。文章"尽洗诘亢之调，而一归恬雅"。其才思敏捷，每为文一篇辄万言，为诗一韵辄百首，皆纵笔而就，不为巉刻之语，而有天然自在之趣。其诗歌豪放，词曲不循格律，诙谐调笑，信手放笔。关中康德涵、王敬夫夙擅才名，意不可一世，见开先词，皆折节倒屣，不敢以前辈自居。其主张"戏曲语言俗雅俱备"，"明白而不难知"。性好蓄书，藏书名闻天下。自谓藏曲最富，有"词山曲海"之目。其还善长棋艺，精通象棋，被誉为"海内无两手"，嘉靖帝封他"天下第一棋"，著有《象棋歌》流传至今。性好客，座上常满，被称为中麓先生。所著有《闲居集》、《词谑》、《揭要集》、《经义待质》、《梧桐雨》等。曾刻元乔梦符、张小山小令。作戏曲传奇《宝剑记》，又有《登坛记》（未见流传）。父淳，正德举人；孙衡，万历举人，工诗善画。

【任 洧】蒙阴县人。二甲第七十一名进士。仕至部员外郎。

【孙光辉】字华国，号夹谷。淄川县（今淄博市淄川区）人。生有奇姿，英拔有声。嘉靖七年（1528）举人，翌年联捷三甲第十四名进士，选庶吉士。以抗疏忤旨，被左迁直隶真定府推官，正直无私，行以严治，阖郡禀仰。其自告奋勇，率三百骑，剿平啸聚山中者巢穴，擒获魁首。以伉直忤上官，被劾改河南南阳县知县。旋迁南京户部主事。不久，致仕归。家居无愠色，买山凿石为洞，祀先师孔子及古佐命之臣，以寓己志后。以野服游京师，上边事疏。上呈所著《青词》数十卷，其言本于《道德经》，本将用之，为执政者所阻。性孝，释褐三日，即购花襆为父裸衣，父恶其华，怒挞二百，无怨言。母疾，步祷颜文姜祠，一步一拜，匍匐二十里不为劳。有卓越之才，奇异之为，时称畸人。孙之獬，天启进士，翰林，明翰林院侍讲，清礼部左侍郎。曾孙伯龄，清顺治进士，左通政。

嘉靖八年己丑科

【李　良】(？—1561) 字遂伯。长清县（今济南市长清区）人。嘉靖四年（1525）举人，三甲第十五名进士。由陕西汉中府推官，擢为监察御史，严毅刚正，大有忠直之声。时内阁首辅怨恨户部郎中高奎，唆使良参劾，良不相从，据实参论。首辅愤怒，将其改任大理寺评事，众人皆认为其处危险境地，但其却置之不顾。被外补陕西按察司佥事，值边境不靖，良协助总督精心谋划，夺得抗击外犯的黑水之捷，诏赐金帛。以屡立战功，连续得到升迁。嘉靖二十四年（1545）五月，由陕西布政司右参政，升河南按察使。嘉靖二十八年（1549）五月，迁都察院右佥都御史，巡抚宣府。次年九月罢免。居乡敛迹，不与政事，唯课农教子。大吏交荐不出。嘉靖四十年（1561）五月，无疾而终，赐祭葬，祀乡贤。甥：张其忠，万历进士，户部主事；张其孝，举人，按察司副使。

【侯　宁】(？—1578) 字怀德。东平州（今改县）人。嘉靖七年（1528）举人，翌年联捷三甲第二十名进士。授江南淮安府推官，历工部主事、山西道监察御史、吏科给事中、刑部郎中、湖广按察司佥事、河南布政司左参议。致仕卒，祀乡贤。

【葛守礼】(1505—1578) 字与立，一字与川。德平县（今属德州市）人。《明史》有传。嘉靖七年（1528）乡试解元，翌年联捷三甲第二十四名进士。授河南彰德府推官，平冤狱，决疑案。迁兵部主事，改礼部，升至郎中。世宗知其廉正，授河南按察司副使、提学。从嘉靖二十五年（1546）起，历山西布政司参政、按察使和陕西右左布政使。嘉靖二十九年（1550）七月，以都察院右副都御史，巡抚河南。次年三月，入为户部右侍郎。六月，以户部右侍郎，兼都察院右佥都御史，总督宣、大粮饷。九月，迁吏部右左侍郎。嘉靖三十四年（1555）四月，迁南京礼部尚书。以忤严嵩勒令致仕。隆庆元年（1567）正月，起户部尚书，奏定国计簿式，颁行天下。隆庆四年（1570）二月，改刑部尚书。十一月，改都察院左都御史。所奏吏治之事，上皆嘉纳。守礼熟识治体，严正立朝，徐阶、高拱、张居正先后用事，其独立不阿，周旋其间，为朝野所推重。万历三年（1575）六月，加太子少保致仕。万历六年（1578）五月卒，赠太子太保，谥"端肃"，赐祭葬，崇祀专祠。著有《静思稿》。子元祉，拔贡，知县。孙：昕，尚宝司卿；曦，万历进士，南京国子监司业。

【邵　新】字循善。堂邑县（今聊城市东昌府区）人。正德十四年（1519）举人，三甲第三十九名进士。授浙江永嘉县知县，考课为天下最，旋卒。

【左　杰】恩县（今属德州市）人。嘉靖四年（1525）举人，三甲第五十九名进士。初为浙江余姚县知县，改上虞县。历户部主事、工部员外郎、河南布政司参议、陕西按察司副使。仕至河南布政司参政。

【周显宗】濮州（今属河南范县）人。嘉靖元年（1522）举人，三甲第六十二名进士。仕至陕西汉中府知府。

【田　濡】（1496—1576）字少生，号南畹。聊城县（今聊城市）人。嘉靖七年（1528）举人，翌年联捷三甲第六十四名进士。由行人司行人，授工科给事中，升刑科都给事中。上疏请宽恕议大礼诸臣杨慎等。在监修都城时，劾治从中侵钱的中官。劾吏部尚书汪鋐、武定侯郭勋贪横，使之受到罢斥。借星变陈修省六事。由南京太仆寺少卿，升太仆寺卿。对"南畿苦赋，北畿苦养"的马政之弊，奏请以额马赋十之三，其七以金代输北寺，受到嘉许。嘉靖二十三年（1544），以疾致仕。万历四年（1576）卒，年八十。濡喜读史书，操行高洁，雍容娴雅，不出危言，语出必中。又善治家睦族，郡人对其家政甚为赞服。

【赵元夫】字大之。东平州（今改县）人。嘉靖元年（1522）举人，三甲第七十名进士。授刑部主事，改监察御史，升至太仆寺卿。为人沉潜厚重，无他嗜好，独精研坟典。为官廉慎，及归足迹不至公府，以读书自娱。

【吕调羹】濮州（今属河南范县）人。嘉靖元年（1522）举人，三甲第七十四名进士。授兵部主事。父端，正德举人，知县。

【邢如默】临邑县人。嘉靖四年（1525）举人，三甲第八十九名进士。授直隶浚县知县，称循良。入为监察御史，升至工、吏科都给事中，受到阁臣所嫉妒，被谪府推官而归。居乡铲迹忘机，不识人间巧伪事，课农教子，孝友敦睦，众推乡贤。祖父政，成化举人，知县；子仕，嘉靖举人。

【石迁高】恩县（今属德州市）人。嘉靖七年（1528）举人，翌年联捷三甲第一百零六名进士。授直隶内黄县知县，入为工科给事中，升户科（县志未载职务），出为直隶大名府知府。历江西按察司副使、河南布政司右参政、陕西按察使和四川右左布政使。嘉靖二十八年（1549）五月，迁都察院右副都御史，巡抚山西。是年卒。

【张皀】字羽卿。莱阳县（今改市）人。正德十一年（1516）举人，三甲第一百零

嘉靖八年己丑科

八名进士。授山西襄垣县知县，改直隶蠡县。擢户部郎中，出为河南彰德府知府，所至吏事精核。其天性渊奥，尤好吟咏，所为古诗歌，逼真唐人风调，有逍遥远举之志。

【阎　邻】字德甫。东平州（今改县）人。嘉靖元年（1522）举人，三甲第一百零九名进士。仕至大理寺少卿。初聘某氏，以疾盲一目，女家请罢婚，邻坚执不可，论者称赞。侄光潜，嘉靖进士，按察司副使。

【赵　鲲】字子南，号九岭。寿张县（1964年撤销，分属山东阳谷和河南范县）人。赋性严毅，持己端方，文宗秦汉，诗拟盛唐，书法遒劲，逼真颜柳。正德十一年（1516）举人，三甲第一百一十四名进士。授河南临颍县知县，政尚宽平，不事烦苛。以卓异升南京大理寺评事，谳狱平允，多所平反。出为陕西汉中府知府，大盗胡海珠依山险为寇四十余年，鲲以计擒之，境内悉平。历陕西、云南按察司副使，整饬兵备道。有义举，捐金三百修葺文庙。以病卒于官。居官清勤，囊无余资。著有《九岭集》，包括《遗稿》六卷、《读书日记》六卷、《选隽》二卷。

【李　栋】字直卿。民籍寿张县（1964年撤销，分属山东阳谷和河南范县），军籍陕西宁夏卫。嘉靖元年（1522）举人，三甲第一百二十名进士。历河南杞县、山西安邑县等县知县，升户部主事，又改吏部。

【江　东】（？—1565）字伯阳，号芳溪。朝城县（今属莘县）人。生而颖异魁秀，七岁能文。嘉靖四年（1525）举人，三甲第一百二十五名进士。授工部主事，以廉能升员外郎、郎中。外任山西，历按察司佥事、副使和右左布政使，深沉有大略，所至清宁。嘉靖三十一年（1552）十月，以都察院右副都御史巡抚辽东，宽严并济，军民拥戴。嘉靖三十三年（1554）三月，擢兵部右侍郎，兼都察院右佥都御史，总督陕西三边。因疾未至任。嘉靖三十五年（1556）正月，起改总督宣、大。次年三月，迁兵部右左侍郎，仍总督宣、大。嘉靖三十九年（1560）三月，升户部尚书，遂改南京兵部尚书，兼都察院右副都御史，参赞机务，加太子少保。奉诏讨平江南倭寇之乱，战功卓著。上陈海防八事，世宗皆悦从。嘉靖四十年（1561）五月，以池河士兵哗变被解任，回籍听用。十二月，仍起用兵部尚书，协理戎政。次年四月，总督宣、大，加太子太保。通州告急，世宗震惊，闻东勤王至，赐尚方剑，便宜行事。其督六镇援兵，七日解京围。世宗褒奖赐扇："攸奠邦本。"嘉靖四十四年（1565）病卒，赠少保，谥"恭襄"。孙：世茂，万历举人；世带，工部郎中。

【张　铁】字君赐。冠县人。嘉靖元年（1522）举人，三甲第一百四十一名进士。初为湖广襄阳、直隶河间二府推官，选授礼部主事，升至郎中，累迁陕西布政司参政。性简静，不随俗，中年妻亡，不再娶，屏居乡墅，人罕识其面。精凝气定，老而不衰，九十七岁卒。子澜，嘉靖进士。

【郭从朴】字文伯。掖县（今莱州市）人。嘉靖元年（1522）举人，三甲第一百四十四名进士。授户部主事，升至郎中。出为陕西巩昌府知府。父东山，弘治进士，布政司参政。

【管怀理】号复斋。临邑县人。家贫力学，不喜为脂韦。嘉靖元年（1522）举人，三甲第一百四十五名进士。初为观政，旋授监察御史。嘉靖十二年（1533），由礼科右给事中，改户科都给事中，所抨击尽贵戚，一时直声震动朝野。遂用外补，世宗久而怪问曰："髯给事（怀理多髯）安在乎？"其历江西按察司副使、陕西右布政使、湖广左布政使。后累疏乞归，以诗书自娱。

【叶　洪】字子源。军籍直隶德州卫（域属山东），乡贯浙江余姚县。嘉靖元年（1522）举人，三甲第一百五十五名进士。授户科给事中，升工科右给事中。性刚毅，遇事敢言，弹劾不避权贵。所上数十疏，皆言军国大事，俱载《世宗实录》。又疏请改德州左卫二卫学，附山东乡试，诸生便利。不久，以弹劾内阁首辅张孚敬、吏部尚书汪鋐专权纳贿，被责夺俸。后汪鋐修怨，坐洪浮躁，贬宁国县丞，遂夺职而归。有先人遗田百亩在西河上，结庐于中，人莫窥其面。其宏才渊学，直节正气。台省抚按交章举荐，竟格于旧例而止。学宫无树，其植柏三百株。倾心奖拔士类，孜孜不倦，迫不及待。自壮及老，竟日危坐，七十五岁无疾而终。孙敬愿，万历进士，知县。

【戴　继】字叔嗣。曹县人。嘉靖元年（1522）举人，三甲第一百六十七名进士。其为刑科给事中时，上方励精政学，每侍讲经筵，丰姿俊雅，瞻者起敬，上尤重之。又由工科右给事中，迁都给事中。其勇于担当，上奏治河十二策，被采纳。有中贵为其党培植亲信，继封驳不徇以私。吏部尚书汪鋐，排陷善类，威权日甚，暗中笼络继，让其归附自己，并许以美官。而继谢绝不与交往，并偕科道劾之。鋐被罢职，继也去位。时年方强壮，杜门不出，监司守令罕见其面。有举荐三十余疏，终不复出。建鲁川书院，延请大儒教授学徒，乡邦称慕，学者从游，称鲁川先生。

【吴孟祺】（1497—1568）字元寿。宁阳县人。性耿介，笃志力学，为文铲去浮华，独标精理，人目为"百鸟中孤凤"。嘉靖七年（1528）举人，翌年联捷三甲第

嘉靖八年己丑科

一百八十三名进士。授江南五河县知县,关吏肆虐,为害商旅,力请上官停收关税,并将巨猾六人置于法,恩威大著。设计擒拿在湖中以操舟捕鱼为名伺间劫掠的强盗,四境以安。建书院,收湖田租息以资膏火。巡抚将其政绩榜行所属诸县以仿效。以才调任河南洛阳县,治声益著。内迁刑部主事,因给以"谋逆入狱"的外戚张延龄(寿宁侯张鹤龄之弟)平反,忤世宗意获罪,被杖谪直隶祁州同知。大吏委其办理均赋役事,唯务"藏富于民,勿轻报富于官",百姓感激。旋升祁州知州,转南京户部员外郎,升郎中,所在称职。外迁陕西西安府知府,以"不贪、不酷、不谄、不傲"八字自箴。世宗特敕孟祺以陕西按察司副使,整饬重新设立的潼关兵备道。在任数载,盗息民安,治行在秦中称最。时严嵩窃权,纲纪日弛,孟祺虽年不满五十,即绝意仕进,谢政东归。优游林下二十余载,唯杜门著书课子。隆庆二年(1568)七月病卒,年七十一。著有《义命箴规》、《拙修迕言》、《六泉漫稿》、《警庵文集》。被崇祀五河名宦祠和本邑乡贤祠。弟:孟禄,嘉靖举人,府通判;孟雄,嘉靖岁贡,府学教授;孙以谅,万历岁贡,知府。

【王汝楫】 德州(今德州市)人。正德十四年(1519)举人,三甲第一百八十四名进士。授监察御史。

【杜朝聘】 东阿县人。嘉靖元年(1522)举人,三甲第一百八十六名进士。仕至直隶真定府同知。父萱,成化举人,知府。

【杨献可】 青城县(今属高青县)人。天性聪颖,博学能文,人称异才。嘉靖七年(1528)举人,翌年联捷三甲第二百一十九名进士。授行人司行人,卒于官。

嘉靖十一年壬辰科

本科录取：一甲三名，二甲八十名，三甲二百三十三名。其中山东十九名。

【辛　童】字吉卿。安丘县（今改市）人。嘉靖十年（1531）举人，翌年联捷二甲第四十二名进士。授刑部主事，升员外郎、郎中。出为陕西按察司佥事，升至山西布政司左参议。族兄乐，嘉靖举人，知县；侄应乾，嘉靖进士，南京兵部左侍郎。

【范　瑟】字孔和，一字柏峰。历城县（今济南市）人。嘉靖四年（1525）举人，二甲第四十四名进士，选庶吉士，授编修。为经筵讲官，充会试同考官。嘉靖十八年（1539），被谪开州通判。以战功擢南京户部主事，历员外郎、郎中。嘉靖二十四年（1545），迁四川布政司参议，分守上川南道。有"都蛮之叛"，不主张以兵讨之，乃身往喻以朝廷威信，事得平息。嘉靖二十九年（1550），升陕西按察司副使，分巡西宁道。其文武通才，性刚直，爱礼人。时属番骄横，攻打堡塞，烽烟四起，诸将不能抵御。瑟至练兵马，运粮草，乘其虚自领奇兵将其击溃，连获大捷。事闻，尚书上其功，未报。却以他奏报被免官，时仅四十一岁。卒于家。

【吴　岳】（1501—1568）字汝乔。汶上县人。《明史》有传。嘉靖七年（1528）举人，二甲第七十一名进士。授户部主事，升至郎中。督饷宣府，积羡金数千，有吏员劝其自纳，岳正色曰："羡金即正饷，以为利甚耻之。"先后出为南直隶庐州、直隶保定府知府，务持大体，不尚苛细。在庐州时，税课年万金，旧例所结余供府用，岳改代邮传费。西山林木故供官用，岳允许百姓亦可开采使用。历山西按察司副使、浙江布政司参政、湖广按察使、山西右布政使，所至以清静得民。嘉靖三十四年（1555）十一月，迁都察院右佥都御史，巡抚保定，奏裁征发冗费十之六七，民力遂宽。是年以养病归。嘉靖四十四年（1565）四月，以都察院右副都御史，巡抚贵州。五月迁都察院左副都御史，协理院事。次年正月，先后为吏部右左侍郎。在京察时，发现给事中胡应嘉滥用职权，大肆安插同乡私党，甚至将因过罢黜者重新委以重任。岳当即奏请查处，但被中书院扣押。岳愤然向内阁申诉，中书院被问责，胡应嘉受到谴处。隆庆元年（1567）三月，迁南京礼部尚书。十月，改南京吏部尚书。上疏陈六事，皇帝嘉纳。隆庆四年（1570）九月，改南京兵部尚书，参赞机务。旋探家而卒，诏赠太子少保，谥"介肃"。岳清持躬严整，望冠一时。户部尚书马森赞曰："我平生见到的真正清廉节操之士，只有吴岳、谭太初（进士，南京户部尚书）。"岳在庐州为知府时，一日在京口偶遇同科进士、苏州知府王廷，两人决定去金山一游。启程时，王廷见岳只提酒一瓶、肉一斤和些许蔬菜，戏问："就带这么点？"岳笑而答道："这些足够咱俩食用了。"岳善诗词，文风深沉典雅，不尚辞藻，尤以自我炫耀为耻。著有《望湖遗稿》一卷行世。兄岚，嘉靖举人，府同知。

嘉靖十一年壬辰科

【魏尚纯】（？—1568）号嵩麓。军籍河南仪卫司，乡贯山东滕县（今滕州市）。三甲第十名进士。授行人司行人，升户部员外郎、郎中。以卓异出为陕西布政司左参议，历湖广按察司副使、陕西行太仆寺卿、陕西布政司右参政、山西按察使、山西右布政使。嘉靖四十一年（1562）二月，又由陕西右布政使，改山西左布政使，迁顺天府尹。嘉靖四十二年（1563）十一月，升都察院右副都御史，巡抚保定。次年五月致仕。嘉靖四十五年（1566），起改大理寺卿。隆庆元年（1567）二月，改工部左侍郎。六月，迁南京工部尚书。十月致仕。次年十月卒。

【贾　枢】字慎卿。商河县人。嘉靖四年（1525）举人，三甲第四十四名进士。授河南叶县知县，改山西襄垣县，任事明断，豪猾敛手。擢刑部主事，升员外郎、郎中，折狱称平。出为陕西按察司佥事，分巡陇右道，秉正持公，讼清盗息。丁父忧，起补河南按察司佥事，整饬睢陈兵备道，申雪冤狱，擒恒山大盗李邦珍等。仕至山西布政司参议，以疾致仕。优游林下十余年，引掖后进，多所成就。著有《习刑稿》、《商河县志略》。

【殷　学】字时敏，号虚川。东阿县人。为人端恪凝重，风神秀爽，不妄笑语，威严而有城府。嘉靖七年（1528）举人，三甲第五十三名进士。授南直隶合肥县知县，以才选山西道监察御史，所上数疏，皆直指权贵，敢言别人所难言。论事持大体，不为琐屑事。善为弹文，其言人美恶不过数语，而描绘人之情态如画。嘉靖二十年（1541），巡按保定，保定多中贵田宅，其近戚骄悍不可训学。学揭隐击奸，远近皆服。嘉靖二十二年（1543），巡按陕西。不久，迁南京户部主事，升至刑部郎中。嘉靖二十七年（1548），擢陕西按察司佥事。又以河南按察司副使，充任提学。丁母忧，服阕，补陕西按察司副使，整饬潼关兵备道。嘉靖三十二年（1553），升河南布政司参政，分守汝南道（驻南阳）。未一年，又升为浙江按察使。历山西右布政使、陕西左布政使。嘉靖三十六年（1557）三月，以都察院右副都御史，巡抚陕西。时关中地震，民死伤者十有六七。其选任良吏，分部存抚，大出仓粟赈贷，秦民以安。嘉靖三十八年（1559）四月，升南京兵部右侍郎，道中召入京师协理戎政。其虽屡次升迁，未曾以谢严嵩父子。严嵩父子对其忌恨在心。不久，其以疾求退，严世蕃操纵监察御史弹劾其"有所规避"。其闻有劾，上疏自讼，严嵩以劾章未下而先自讼为由，将其夺爵为民。归里一年卒，年五十九。其后二十年，子三礼，以荫为光禄寺丞，上求两宫，诏复父故官。

【李　淳】濮州（今属河南范县）人。嘉靖四年（1525）举人，三甲第八十六名进士。仕至湖广辰州府知府。

【扈永通】字一贯。曹县人。嘉靖四年（1525）举人，三甲第八十八名进士。初授中书舍人，考选兵科给事中，历户、工科，转兵科都给事中。在职剔奸厘蠹，赫赫有声。时掖廷有变，谋逆宫人杨金英等十六家论法族诛，永通疏请男女十五岁以下，发功臣为仆，世宗许之。永通督修园丘，斥冒支以巨万计。上言禁兵多被暗中占朝受事，得以迅速清理。永通遭到权贵怨恨，转南京太仆寺少卿，旋改光禄寺卿。嘉靖三十一年（1552）九月，擢应天府尹。当事者欲借民为兵，抵御倭寇。永通认为民出赋又为兵是二役，不可行。由于经划制胜方略，留都恃以获安。嘉靖三十三年（1554）六月，改顺天府尹。十一月被权贵中伤，降河南按察司副使。旋转广东布政司参政，迁河南右左布政使。以曾祖母病重，乞归。著有《会溪类稿》四卷。

【谢九仪】章丘县（今改市）人。嘉靖七年（1528）举人，三甲第九十六名进士。授直隶雄县知县，办理兴学校、崇节义、裁冗费、惩奸贪等六事，百废俱新，一时以才吏称。嘉靖三十一年（1552），屡迁至河南左布政使。次年三月，迁都察院右副都御史，巡抚陕西。嘉靖三十三年（1554）三月，迁户部右侍郎。十月，改兵部右侍郎，协理戎政。嘉靖三十五年（1556）五月，又先后为兵部左侍郎、户部左侍郎。次年二月，改调南京用，旋致仕。父肃智，工诗能文，福建盐运副使。

【高尚志】字德崇。冠县人。嘉靖十年（1531）举人，翌年联捷三甲第一百零八名进士。授直隶浚县知县。入为礼部主事，值文渊阁，管理诰敕。出为陕西平凉府知府，升至河东盐运使。有俊才，博极群书，著述多散佚。

【杨　贤】字子庸。济宁州（今济宁市）人。嘉靖七年（1528）举人，三甲第一百三十四名进士。授陕西西安府推官，升至湖广武昌府知府。屡迁陕西按察司副使，整饬洮岷兵备道（驻岷州），西边无警。于洮水之上，修九十六空桥，人免冲溺。又历陕西布政司参政、按察使。隆庆四年（1570）八月，由湖广右布政使，迁四川左布政使。大计卓异，赐宴南宫，号为第一。迁南京光禄寺卿，改太仆寺卿。隆庆六年（1572），致仕归。生平持身廉谨，处物谦和，临事刚果，所至有声。有人劝其趋附权要，贤曰："事皆有命，况天地鬼神森然在上，吾将谁欺？"著有《诗文集》若干卷。

【侯　珮】范县（今属河南省）人。嘉靖七年（1528）举人，三甲第一百四十九名进士。仕至苑马寺少卿。

【侯　度】字宪甫，号介潭。东阿县人。嘉靖十年（1531）举人，翌年联捷三甲第一百五十名进士。初试政户部，委收太仓军储，厘革旧弊，对从中渔猎者绳之以法。授南直隶淮安府推官，协从监察御史谳狱，从不随声附和，务求核实量刑。有江都富室依势杀人，以重金贿赂权贵为之请解，度已查清杀人实情，富室用千金贿赂度，度毅然拒受，将杀人者置于法。泗州有良民被诬为盗者，虽府中官吏知其冤，但避嫌不管，度查实为冤，尽予开释。擢四川道监察御史，遇事果敢，不畏强御，大吏倚重，难理之事，多委属办理。奉命巡按宣、大，简练士伍，饬严纪律，军政大治，受玺书褒奖，晋俸一级。又巡按山西，将曾任山西布政司右参政的江西右布政使曹嘉参劾罢职。巡按河南，河南官员为向中官进奉，对各郡邑百般盘剥。有湖广贡使路过河南，为盗所劫，当道请捐帑以补偿，度不许，贡使将度告向朝廷，度被逮受杖刑，因受刑过重，行于途中而卒，仅四十四岁。度为廉吏，卒后身无余资，诸监察御史商量凑金殓葬。

【承　林】军籍直隶德州左卫（域属山东）。嘉靖十年（1531）举人，翌年联捷三甲第一百五十八名进士。授知县。

【田大有】（1504—1581）字豫甫，号思斋。东平州（今改县）人。性好读书，多所涉猎，有博雅之称。嘉靖四年（1525）举人，三甲第一百六十四名进士。授行人司行人，改河南道监察御史，以敢言被谪河南禹州（元曰钧州）通判。未几，迁工部郎中，出为陕西庆阳府知府，兴学治戎，贤声茂著。守城御敌，出奇制胜，威震西边。以母老乞归，遂不复出。为人才略优长，伉直负气。居家孝友敦睦，有古人风。著有《田御史集》。

【王弘道】县志载作宏道。字士达。沾化县人。性纯孝。嘉靖七年（1528）举人，三甲第一百八十六名进士。授陕西凤翔府推官，平反疑案尤多。署理府事时，有羡金千余，同僚曰："君家贫，取而无伤也。"弘道拒受。其冰蘖自矢，始终不渝，强御藩戚，使之敛手。遭监察御史与布政使讦奏，被逮锦衣卫狱。在狱中二年，不为所动，日夕诵《左氏春秋》。后得昭雪，擢南京监察御史，敢于慷慨直言，有揽辔澄清之志。居三月，病卒。祀忠孝祠。

【杨勉学】字菊屋。茌平县人。嘉靖十年（1531）举人，翌年联捷三甲第一百八十七名进士。授江南道监察御史，升至湖广按察司副使。刚方清介，弹劾不避权贵。致仕，归囊萧然，家无石储。

【曹邦辅】（1503—1575）字子忠，号东村。定陶县人。《明史》有传。生而颖异，器局凝重。嘉靖十年（1531）举人，翌年联捷三甲第二百零三名进士。初为直隶元城、南和县知县，以廉干闻。擢云南道监察御史，弹击无所避。巡按河东盐政，所入倍于常额。巡按陕西，劾总督张珩等冒功，皆被谪戍。先后出为湖广、河南按察司副使。河南柘城师尚诏起事，破一府、二州、八县，众至数万，一时震动。邦辅督师镇压，将其击破，擒斩六百余人，师尚诏也在莘县被擒。邦辅以功被诏赐银币。嘉靖三十四年（1555）三月，由山西右参政，迁浙江按察使。五月，以都察院右佥都御史，巡抚应天。时倭患正烈，进犯南京等地。邦辅亲披甲胄率兵追杀，从陶宅至太湖，多有斩获。尤以火器破贼舟，俘斩六百余人。前任剿倭总督赵文华欲攘其功，邦辅捷书先奏，赵文华大恨。赵文华上奏其"避难击易"，后任剿倭总督杨宜亦奏其"故违节制"。邦辅被逮，谪戍朔州。隆庆元年（1567），邦辅被起补都察院左副都御史，协理院事。又升兵部右侍郎，协理戎政。旋以兵部左侍郎兼都察院右佥都御史，总督蓟辽、保定等处军务。上陈修治边墙非上策，宜急练兵，而后边事可议。以都察院左都御史召还，未几，转南京户部尚书。万历元年（1573）八月，以年老乞休。万历三年（1575）卒，年七十三。居官四十年，家无余资。赠太子少保，谥"忠烈"，并诏遣官员为营修坟墓。著有《军机事宜》、《名将方略》、《樽俎对谈》等。

【程　珫】字子彬。军籍直隶德州左卫（域属山东），乡贯山东掖县（今莱州市）。所学以穷理尽性为主。嘉靖十年（1531）举人，翌年联捷三甲第二百一十四名进士。授河南怀庆府推官，廉介明决，案无留牍。入为兵部武库司主事，屡迁尚宝司卿。以守正不阿，被左迁户部主事。又历四川、陕西、浙江、广东布政司参议等职。嘉靖四十三年（1564），迁山西按察使。隆庆元年（1567）五月，升江西右布政使。次年正月致仕。所至锄强扶弱，奸胥猾吏望风屏迹。居乡不营利，不请托，门庭寂然。曾有人怀金乞救一行刺者，立斥之去。为人勤俭洁修，至老不易居第。后筑一舍笑曰"静轩"，日诵读徜徉其中，寒暑不辍。丧亲哀毁骨立。尤喜成就后学。六十六岁终。著有《右丞稿》行世。

嘉靖十四年乙未科

本科录取：一甲三名，二甲九十五名，三甲二百二十七名。其中山东二十二名。

【任　瀛】字峄峰。军籍山东兖州护卫，乡贯山西文水县。嘉靖七年（1528）举人，二甲第五名进士，选庶吉士，改监察御史。嘉靖二十一年（1542），由左给事中，升户科都给事中（县志误载兵科）。其廉介刚正，棱棱有气节。每抵掌论天下事，慷慨动人。久在谏垣多有建白，风裁著闻。擢直隶顺天府丞。嘉靖二十八年（1549）二月，迁都察院右佥都御史，巡抚郧阳。嘉靖三十年（1551）三月，改南京都察院右佥都御史，提督操江。告归，卒于家，祀乡贤。在故里立有"黄门都谏坊"、"督抚三藩坊"。子：彦棻，万历进士，布政司参议；彦蘖，万历进士，南京户科给事中。父子三进士，荣耀至极。

【张　标】字汝式。寿光县（今改市）人。幼有孝行。嘉靖十三年（1534）举人，翌年联捷二甲第二十名进士。授南京刑部主事，讯谳平反，不阿权贵。擢直隶保定府知府，又改浙江严州、湖广德安府。三任皆以持正称。在浙江时，值岁饥，多方赈恤，万民得重生。因其"惠于牧下，而方于事上"，故所至而不得长久，但士民却赞颂其德。以致仕归。著有《全丹集要》十卷。弟柱，嘉靖进士，右布政使；子烛，隆庆进士，知县；侄荣与孙大堃皆万历举人。

【公跻奎】原名志厚。蒙阴县人。二甲第二十九名进士。以工部郎中，出为山西潞安府知府，不畏强御，令宗室藩王府慑服。升湖广按察司副使，整饬辰沅兵备道，镇压苗民起事有功。调任广西，值兰州土官反攻田州，督府战之不胜，跻奎奉命，往设方略，不数日歼其魁首，将事平息。父勉仁，弘治进士，巡抚。跻奎有五子，皆学有所成。一载，知县；一鸣，有文名，县丞；一扬，嘉靖进士，工部郎中；一跃，岷州卫经历；一翔，京卫千户。孙家臣，隆庆进士，翰林，户部主事；曾孙鼐，万历进士，翰林，礼部侍郎；玄孙光国，崇祯间投笔从军，副总兵。

【刘注东】茌平县人。嘉靖十年（1531）举人，二甲第四十五名进士。仕至知府。

【曹一贯】字唯夫，号鲁庵。莘县人。嘉靖七年（1528）举人，二甲第五十一名进士。仕至南京兵部武选司员外郎。

【刘　佐】德州（今德州市）人。嘉靖十年（1531）举人，二甲第七十五名进士。

仕至山西布政司参议，分守冀北道。所至多有声绩。生平不为请托营利，置义田二百亩，以赡族中贫者，乡人称颂。著有《遂初堂诗》。

【毛　榘】字世节。掖县（今莱州市）人。嘉靖四年（1525）举人，三甲第二名进士。仕至户部员外郎。父纪，成化进士，翰林，内阁大臣；兄莱，正德举人，府推官。弟：檠，嘉靖举人，知州；渠，嘉靖进士，太仆寺卿。

【王　达】字子泉。滨州（今滨州市）人。嘉靖元年（1522）举人，三甲第九名进士。授行人司行人，改监察御史，累官至山西巡抚。所至有政绩。居乡奖引后进，一时仰为师范，卒祀乡贤。

【马九德】军籍直隶德州左卫（域属山东）。嘉靖十年（1531）举人，三甲第三十八名进士。嘉靖三十二年（1553），屡迁山西按察使。嘉靖三十五年（1556），以都察院右佥都御史，巡抚顺天。遂以丁忧归，未再出仕，在家闲住。著有《小东集》。

【张舜臣】（？—1566）字熙伯，号东沙。章丘县（今改市）人。少负俊声。提学试诸生文章，得舜臣卷，以解元许之。继之又得德平葛与川卷，又曰解元必葛与川，舜臣亦第二人也。以后乡试揭晓果如其言。嘉靖七年（1528）举人，三甲第四十名进士。由太仆寺少卿，迁南京太仆寺卿。嘉靖三十一年（1552），改京师太仆寺卿。次年八月，以都察院右佥都御史，巡抚郧阳。又由南京大理寺卿，改京师大理寺卿。嘉靖三十六年（1557）四月，擢户部右侍郎。十一月，改工部右侍郎，提督采大石。嘉靖四十一年（1562）十一月，擢户部左侍郎。次年，迁南京都察院右都御史。嘉靖四十三年（1564）二月，又改南京户部尚书。舜臣为人机警磊落，故所历皆无坎坷。嘉靖四十五年（1566），以疾告归，至邹县卒。赠太子少保。著有《东沙诗稿》。祀乡贤。

【戴梦桂】济阳县人。其品节高尚，曾著《勤俭谦和四箴家训》，事亲以孝闻，抚兄子如己子，对故友急难出财币相助。嘉靖元年（1522）举人，三甲第四十二名进士。授监察御史，历户科左给事中、兵科都给事中。三历谏垣，多有建白，皆关国之大计，一时直声动天下。屡迁陕西布政司参政。以忤权贵被谪外。卒之日，囊无余金，产不加厚。祀乡贤。

【孙　昺】临清州（今改市）人。正德十四年（1519）举人，三甲第七十名进士。授户部主事。

【王世雍】字尧治。汶上县人。嘉靖十年（1531）举人，三甲第九十二名进士。初为直隶藁城县知县，行取兵部主事，屡迁河南按察司副使。时父杲（正德进士，户部尚书，加太子少保）为人所陷谪戍雷州。世雍弃官而侍，恋恋不忍离去。父卒于贬所，扶柩归里，以孝称。

【葛　缙】昌邑县（今改市）人。三甲第一百一十七名进士。初授山西襄垣县知县，办事精悍，颇有政声。嘉靖三十七年（1558）九月，由山西按察使，迁都察院右佥都御史，巡抚山西。十二月，改巡抚保定。所至皆治绩卓著。嘉靖三十九年（1560）四月，以都察院右副都御史，总督宣、大军务。七月，又授兵部右侍郎兼都察院右佥都御史。其命将出塞，屡建奇功。十月回部，先后为兵部右左侍郎。嘉靖四十一年（1562）五月，特命督视辽东军务，建沿边墩堡，多见筹略，名驰漠北。次年二月自陈致仕。两台屡荐不起。兄经，嘉靖举人，府通判。

【任万里】字图南。掖县（今莱州市）人。幼孤，事母极孝。嘉靖十三年（1534）举人，翌年联捷三甲第一百四十四名进士。初授行人司行人，持节册封代王，有馈遗皆谢却。旋擢礼科给事中，刚直敢言，令权贵畏惧。扈从世宗南巡，从官多所凌索，万里极力纠正。未久，以疏宫僚事，忤旨归里。居家足不入城市，闭户研读书史，课农教子。家中仅有茅屋数椽，不蔽风雨。出入控羸马，随一苍头，毫无显贵傲慢之态。荐章十九上，未及起用卒，祀乡贤。

【魏希佐】历城县（今济南市）人。嘉靖十年（1531）举人，三甲第一百六十二名进士。授山西潞安府推官。

【王希贤】济阳县人。嘉靖四年（1525）举人，三甲第一百六十三名进士。

【卢宗哲】（1505—1574）字濬卿，号涞西。军籍直隶德州左卫（域属山东）。嘉靖七年（1528）举人，三甲第一百七十七名进士。世宗亲试庶吉士，得三十人，宗哲居首。授翰林院检讨。初为南京国子监司业，在考绩时严嵩欲罗致手下。宗哲曰："某来考绩，不来讲迁官也。"嘉靖三十年（1551），擢南京尚宝司卿，改南京通政司右参议。嘉靖三十五年（1556），迁南京太常寺少卿，提督四夷馆。次年，升南京太仆寺卿，有赎金三千，按例应自纳。宗哲笑曰："岂有怀金卢濬卿哉。"改调京师光禄寺卿。久之，推户部侍郎，严嵩忌恨居中不报。宗哲请告归。归时，拿出囊中装四十金，召子茂示之曰："此予二十年宦装可受之。"有客人来，在旧居弹琴下棋，酌酒相待，而终不请谒上官。万历二年（1574）卒，年七十。著有《焚余草》。曾孙士淮，天启进士，工部右侍郎；六世孙道悦，康熙进士，知县；七世孙见曾，康熙进士，盐运使。

【安　宅】字子仁，别号似山。冠县人。少颖异，负奇气。十八岁，于嘉靖七年

(1528)考中举人。三甲第一百八十名进士。授直隶保定府推官，虽少不习为吏事，但至任咸刃迎缕解，老吏自愧不如。擢兵科给事中，条奏边陲备御策。改刑科给事中，弹劾不避权贵。充会试同考官，取士称得人。仕至兵科左给事中。以病卒。

【靳学颜】（1514—1571）字子愚，号大宙，晚号两城先生。济宁州（今济宁市）人。《明史》有传。嘉靖十三年（1534）乡试解元，翌年联捷三甲第一百八十三名进士。授河南南阳府推官，刑无滥施，以廉平称。升江西吉安府知府，治行高明。嘉靖三十七年（1558）始，历山西按察使、右布政使和陕西左布政使。隆庆二年（1568）三月，迁光禄寺卿；六月，改太仆寺卿；十二月，以都察院右副都御史，巡抚山西。应诏陈理财，达万余言，所言选兵、铸钱、积谷最切。此疏在当时影响很大，成为名疏。隆庆四年（1570）二月，由工部右侍郎，改吏部，进左侍郎。学颜内行修洁，见内阁首辅高拱专权横行，遂谢病而归。次年六月卒，年五十八。著有《闲存集》、《两城集》、《园志》、《荒稿》、《三楼诗》等。弟学曾，嘉靖进士，按察司副使。

【赵继本】字承德，号蒙泉。历城县（今济南市）人。嘉靖十三年（1534）举人，翌年联捷三甲第一百九十四名进士，选庶吉士，改广东道监察御史。巡按南直隶，平乱有功。劾论焦维章、高仙贪秽不检。时世宗欲南狩，继本抗疏制止，被下狱三日。充北畿提学，选集制艺及唐宋古文，分类成数帙，题曰《举业式程》，刊布八郡。卒于官。孙天肆、天开分别为万历、泰昌举人。

【郭朝宾】（1513—1585）字尚甫，号黄涯。汶上县人。嘉靖十年（1531）举人，三甲第二百零五名进士。其老成浑朴，雅有器局，能任大事，断决神敏，吏不能欺。为官御下宽简，不为苛细。初授户部主事，升至郎中，督饷大同。历陕西、河南按察司副使，迁浙江按察使，先后升右左布政使。隆庆五年（1571）二月，擢顺天府尹。三月，以都察院右副都御史，巡抚浙江，浚陂塘，平冤狱。十一月，入为户部左侍郎，总督仓场。万历二年（1574）六月，迁工部尚书。时张居正柄国，议开泇口、胶莱二河，朝宾心知其难，不肯附和，两集廷议，以请旨得报罢，时以持重称之。万历五年（1577）十一月，累疏致仕。万历十三年（1585）六月卒，年七十二，赐祭葬。

嘉靖十七年戊戌科

本科录取：一甲三名，二甲九十五名，三甲二百二十二名。其中山东二十八名。

【赵同言】字德孚。长清县（今济南市长清区）人。生而颖慧，美如冠玉，髫年以神童称。数岁为文，超出齐右。嘉靖十三年（1534）举人，二甲第六十八名进士。授刑部主事，升至郎中。谳狱北畿，剖决如流，开释冤狱者百余人，为刑部明允者之首。旋以清望，补陕西按察司佥事，然"少年英发，不容于时"，旋弃官而归，年方二十七。以孝友闻名，对父母极尽孝道，对兄弟曲尽情恳。其悠悠林泉五十余年，结社诗酒，奖掖后进，挥笔为文，倚马可待。同类有事，视之若己。乡邻有丧，虽卑且贫者，亦匍匐不辞。

【王嘉谟】安丘县（今改市）人。嘉靖十六年（1537）举人，翌年联捷二甲第八十七名进士。仕至湖广按察司佥事。

【魏尚纶】军籍河南钧州仪卫司，乡贯山东滕县（今滕州市）。三甲第二十二名进士。

【步允迁】军籍顺天府蓟州，乡贯山东高苑县（今属高青县）。嘉靖十六年（1537）举人，翌年联捷三甲第二十七名进士。仕至户部郎中。

【韩一右】青城县（今属高青县）人。嘉靖十六年（1537）举人，翌年联捷三甲第四十八名进士。由行人司行人，授南京广东道监察御史，巡按下江。时严嵩柄政，一右抗章列其罪状，遭严嵩忌恨，出为南直隶扬州府知府，以公允称。嘉靖三十一年（1552），升四川按察司副使，被忌恨者谗毁，遂挂冠而归，仅四十五岁。卒祀乡贤。祖父相，成化举人，知县；父齐，弘治举人，亦知县。

【金　城】字邦卫。历城县（今济南市）人。嘉靖十年（1531）举人，三甲第六十五名进士。授监察御史，在巡按福建时，劾治文武不职不法官员，督促御敌灭盗，并上便宜四事，皆报可。出为南直隶苏州府知府，镇以宽静，处以宏简，不行震悚，能使上安而下服。

【冯惟重】（1504—1539）字汝威，一字芹泉。军籍辽东广宁左卫，乡贯山东临朐县。幼聪慧，五岁起，随父仕宦，读书官衙。十岁时，所作诗文即有可观者。读书一目数行，至精粹处，手必抄录。清河县知县蒋某大赏其文，将女儿嫁与他。嘉靖十三年（1534），与弟同榜举人。又同榜进士，位列三甲第六十六名。

授行人司行人，奉使不受馈赠。嘉靖十八年（1539）夏，世宗南狩，奉命告祭湖南湘水和衡山，沿途谢绝馈遗，冒暑以行，疽发于背。友人劝其返家，惟重谢曰："臣受命于君，应不惜生命，怎能怀首丘之顾，亏死职之义，使父母蒙羞。"终死于途中。惟重诗"清新俊逸，直逼盛唐"，有《大行集》传世。父裕，正德进士，按察司副使；兄惟健，嘉靖举人。弟：惟敏，嘉靖举人，府通判；惟讷，嘉靖进士，光禄寺卿。子子履，隆庆进士，布政司右参政；孙琦，万历进士，礼部尚书。

【程　轨】字信甫，号右川。临清州（今改市）人。嘉靖十年（1531）举人，三甲第六十七名进士。授监察御史。巡按陕西，遇饥荒施以赈济。因祷雨立应，人号"御史雨"。嘉靖三十八年（1559），由山西按察司副使，擢陕西左布政使。次年四月，迁都察院右副都御史，巡抚陕西。嘉靖四十年（1561）五月，充任陕西三边总督。十二月，以战事失利，被劾罢闲住。后又复起为陕西三边总制，以不附严嵩，致仕归。朝廷曾派使探问，见家中四壁萧然，唯以诗文自娱。卒于家。

【刘三畏】字方嵎。昌乐县人。性行廉介，事务通敏。嘉靖十年（1531）举人，三甲第七十名进士。授行人司行人，升刑科给事中。以建言谪官陕西，改任河南洛阳县知县。旋迁南京礼部主事。清正居官，始终如一。杨儒赠诗云："礼闱新渥宠，谏草旧文章。"嘉靖二十五年（1546），邑令朱木创修邑志，三畏时丁忧在家，多所裁定。

【齐宗道】军籍辽东广宁右卫，乡贯山东日照县（今日照市东港区）人。嘉靖十三年（1534）举人，三甲第八十名进士。授四川道监察御史。

【程　绅】（1504—1555）字伯书，号东溟。乐安县（今属东营市）人。父玉为真定县丞，父殁哀毁逾礼，事继母以孝称。幼有异质，力学能文。嘉靖十六年（1537）举人，翌年联捷三甲第八十三名进士。授山西长治县知县，擢刑部陕西司主事，有疑案虽下狱亦与平反。迁陕西按察司佥事，整饬榆林兵备道，剪除宿蠹，军饷充裕。母丧归。起补河南按察司佥事，立社仓，练乡兵，兴水利，民得实惠。决断冤狱，昭雪几千人。迁山西布政司参议，分守河东道。筑坝蒲州城西，以防黄河之险。当地俗尚侈靡婚丧，非大备不举，绅申严约禁，积习为之一变。以战功升山西按察司副使，奉敕总理紫荆等关。以劳积病，卒于任。子鸣伊，嘉靖进士，太仆寺卿。

【郑光溥】字伯公，号一山，益都县（今属淄博市博山区）人。嘉靖十六年（1537）

乡试解元，翌年联捷三甲第八十九名进士。由行人司行人，擢监察御史。屡迁山西按察司佥事、提学。才杰学博，兼通五经，启迪士子"先行谊而后词华"，士习为之一变。升四川布政司参政，政声颇著。

【刘学易】字道甫，号海村。寿光县（今改市）人。嘉靖十三年（1534）举人，三甲第九十名进士。嘉靖三十六年（1557）五月，由大理寺左少卿，迁都察院右佥都御史，巡抚郧阳。嘉靖三十九年（1560）四月，迁大理寺卿。九月，以工部右侍郎，总督采石。次年五月致仕。居官有政声，事亲以孝闻。父颖，以明经为知县。

【李用和】字元乐。益都县（今青州市）人。嘉靖十六年（1537）举人，翌年联捷三甲第九十九名进士。授大理寺评事，迁右寺副。出为河南卫辉府知府，抑强暴，剔奸蠹，政刑明肃，治声大起。会有巨珰纲运过郡，被盗掠去千金，时用和奔父丧去官，亦被坐罪削职。弟用敬，嘉靖进士，光禄寺卿。

【聂　栋】字南石。军籍山东临清卫，乡贯河南祥符县。嘉靖十三年（1534）举人，三甲第一百一十六名进士。仕至户部员外郎。著有《隐园集》。

【刘洛生】恩县（今属德州市）人。嘉靖十六年（1537）举人，翌年联捷三甲第一百一十七名进士。授山西翼城县知县，升南直隶六安州知州，改陕西耀州。兄鲁生，嘉靖进士，知府。

【刘大实】民籍河南确山县，乡贯山东淄川县（今淄博市淄川区）。三甲第一百一十八名进士。

【蒿　宾】省志载姓高。祖籍直隶清河县，移籍山东滕县（今滕州市）。嘉靖十三年（1534）举人，三甲第一百二十五名进士。授南直隶淮安府通判，卒于官。工诗。

【张　诏】济阳县人。嘉靖十六年（1537）举人，翌年联捷三甲第一百五十一名进士。由监察御史，仕至按察司副使。

【张　潜】齐河县人。嘉靖十六年（1537）举人，翌年联捷三甲第一百五十五名进士。授中书舍人。

【郑　直】字子敬。东平州（今改县）人。嘉靖十六年（1537）举人，翌年联捷三甲第一百八十四名进士。授直隶保定府推官，转湖广随州知州，奋励有为，不畏强御，以故未究所用。父维垣，正德举人，府通判。

【冯惟讷】（1513—1572）字汝言，号少洲。军籍辽东广宁左卫，乡贯山东临朐县。《明史》有传。六岁就质问敢言。谨厚沉毅。其与兄惟建、弟惟敏皆以诗文鸣齐鲁间。嘉靖十三年（1534），与二兄惟重，同榜举人。又同榜进士，位列三甲第一百八十六名。授南直隶宜兴县知县，捕治诸豪右侵牟官租者，得金巨万，告之当道者。有部使巡视至县，惟讷因公务没有及时拜谒，以坐蜚语改直隶魏县知县。不久，迁山西蒲州知州，州多强宗大姓，其情法兼用，众皆信服。迁南直隶扬州府同知。丁父忧，起补南京户部郎中，迁兵部车驾司。出为陕西按察司佥事，分巡陇右道，缮城隍，谨斥堠，惩贪墨，平政令。在任五年，边境清谧，四民安业。升河南布政司右参政，迁浙江按察司副使、提学。浙士浮靡，惟讷正文体，敦德行，孝化大行。又历山西布政司参政、按察使和陕西右布政使，清屯田万余顷，事闻于上，被赐金币。擢江西左布政使，核上供瓷器浮费，令民每亩田出一钱雇役，民大感悦，立肖像祠之。隆庆五年（1571），进京入觐，在与吏部评陟官属时，"与太宰廷辩，不少依违"。事竣，以光禄寺卿致仕。及归，爱海浮山之胜，筑室其中，专以著述为事。整理辑录《古诗纪》多达一百五十六卷，被时人称为《昭明文选》的并管之作。另有《冯光禄集》、《风雅广逸》、《楚辞旁注》、《逸诗约注》、《文献通考纂要》、《杜诗删注》等。隆庆六年（1572）三月卒，年六十。父裕，正德进士，按察司副使。兄：惟健，嘉靖举人；惟重，嘉靖进士，行人。弟惟敏，嘉靖举人，府通判；孙珣，万历贡生，府同知；裔孙溥，顺治进士，文华殿大学士。

【许东望】字应鲁。军籍山东平山卫，乡贯南直隶宿松县。嘉靖七年（1528）举人，三甲第一百八十七名进士。授浙江山阴县知县，政尚宽平，百姓爱戴。入为户部员外郎，督江西逋赋，对贵要无所宽容。屡迁浙江布政司参议，分守绍兴道。会倭寇突然侵扰，军兴烦费，东望一切镇以简静，推赤心待下，将卒争相效力。在柯亭凫山战役中，亲督矢石，杀敌数百，同事攘其功，仅进按察司副使。仕至太仆寺卿，致仕。东望廉慈恺悌，不设城府。居家阖扉静坐，习养生家言，手辑古今名方，著有《性命》三编。八十余岁，仍目光炯炯，灯下能书蝇头小楷。

【孟养性】齐河县人，嘉靖十三年（1534）举人，三甲第一百九十八名进士。由浙江德清县知县，屡迁至河南左布政使。嘉靖四十五年（1566）二月，迁都察院右副都御史，巡抚河南。隆庆元年（1567）五月致仕。所至政声颇佳，口碑载道。为人刚方严毅，仪度整肃，与人坦衷和气，蔼若春暖。及退归林泉，洁然介守，竿牍不通，多村居，不入城市，乡党中虽至贫贱者，偶遇必呼而相揖，与语卓然而立，被奉为楷模。

【温　新】军籍河南洛阳中护卫，乡贯山东益都县（今青州市）。三甲第二百零九名进士。

【尹　纶】字汝渔。祖籍德州（今德州市），移籍齐河县。嘉靖十年（1531）举人，三甲第二百一十二名进士。仕至山西按察司副使、兵备道。居乡接引后进，指授讲解穷日无倦色。独捐千金，修倾毁学宫。卒祀乡贤。

【王崇义】字子由，一字子山，号方田。淄川县（今淄博市淄川区）人。十岁，通《易经》、《左传》、《毛诗》、《大戴礼记》。嘉靖十年（1531）举人，三甲第二百一十四名进士。授刑部主事，升员外郎、郎中。正直敢言，治狱公允，反对株连无辜。崇义提武定侯狱，武定侯为信臣素骄横，为防留下后患，崇义提出以误国论罪，法吏从其意见，按律从事。嘉靖二十一年（1542）十月，发生宫嫔之变，世宗险被以杨金英为首的十几名宫女夜间勒死，坐逆诛者有上百人以上。世宗愤怒，欲刑及全族。崇义不惧危险，上疏抗论，株连停止，所活男女七十余人。先后奉使河南等地，审理刑戮案件，皆秉公办理，不徇私情，被奏请矜恕者数百人。出为浙江宁波府知府。月余致仕归。屡征不起，日以经史课子侄，皆相继登贤书。卒祀乡贤。著有《见一山人集》、《见一山人笔谈》、《五经辩》行世。子晓，隆庆进士，大理寺左寺丞。孙：泽永，万历进士，知县；鳌永，天启进士，明巡抚，清工部侍郎；家永，万历举人，知县。

【王大平】安丘县（今改市）人。嘉靖十三年（1534）举人，三甲第二百一十六名进士。仕至湖广长沙府知府。

嘉靖二十年辛丑科

本科录取：一甲三名，二甲九十名，三甲二百零五名。其中山东二十九名。

【赵大纲】省志载作太纲。字万举。滨州（今滨州市）人。才高学富，文名齐鲁。嘉靖十年（1531）乡试亚元，二甲第十一名进士。授南直隶滁州知州，仕致江西布政司参政，所至有重名。著有《诗集》行世。

【赵文燿】（1504—1576）字绚夫，号凤里。莱阳县（今改市）人。以孝闻。赋性颖慧，十岁善属文，十三岁能赋诗。二甲第三十名进士。授户部主事，升至郎中，以廉能称。出为山西按察司佥事，分司口北道。以战守功，升布政司参议，仍守口北道。会诏选各省民兵援蓟门，既罢兵，其改充蓟州兵备道，治军严肃，负气刚介，不能俯仰巡关使者，险遭谪职。奉母归，母卒后，文燿对亲友曰："子道既毕，臣节当尽。"乃赴补陕西按察司副使，饬兵潼关，以忤观察使，被论而归。里居十余载，择筑名园，啸傲山水，饮酒赋诗，悠然自乐，若忘其贵。著有《凤里小稿》存家。七十二岁卒。

【王重光】（1502—1558）字廷宣，号泺川。新城县（今桓台县）人。嘉靖十六年（1537）举人，二甲第四十九名进士。授工部主事，以功升户部员外郎，榷税九江，廉弊窦，除豪猾，岁省国漕数千石。奉命分巡山西大同，守上谷，不阿权贵，平反无辜。嘉靖三十年（1551），条陈上谷机宜十二事，悉中窾要。以伉直忤当事意，改贵州布政司参议，迁贵州按察司副使，参藩、平乱、督采大木，屡著奇绩。在贵州岚烟瘴雨，得疾而卒。朝廷恩恤赐祭，赠太仆寺少卿，敕建忠勤祠，祀乡贤。著有《史论》、《五刑加减律义》、《太仆家训》。子：之垣，嘉靖进士，户部左侍郎；之辅，嘉靖举人，户部员外郎；之城，隆庆恩贡，府同知；之猷，万历进士，按察使。

【李　洞】字伯远，号㟋石。莱阳县（今改市）人。姿仪秀朗，风韵萧远。嘉靖元年（1522）举人，二甲第六十二名进士。授工部虞衡司主事，迁都水司员外郎，升郎中。奉敕督税淮浦，多所裁省。为人慷慨，尚气节，无世俗脂韦态，为忌恨者所侧目，遂拂袖而归。父铎，弘治进士，都察院副都御史、巡抚；子祖树，万历例贡，知县。

【王　言】字代言。军籍山东登州卫，乡贯山东招远县（今改市）。方正简默，与人不假辞色。嘉靖十九年（1540）举人，翌年联捷二甲第六十三名进士，选庶吉士，授江西道监察御史，请粟赈饥。巡按淮、扬、苏、松，正直敢言，弹劾不避权要。严嵩以所劾为其姻亲进行威胁，而言不屈服。时三年大计，本升按察司佥事，严嵩之子严世蕃从中大做文章，将其贬秩巡检驿丞，公论愕然，言拂袖而归。著有《一泉集》、《家训》，修《登州府志》。卒祀乡贤、忠孝祠。

【王正容】字德辉。宁阳县人。永乐举人、顺天府尹贤世孙。少英敏，读书默记不忘，习举业厌薄时尚，独崇典雅。嘉靖十九年（1540）举人，翌年联捷二甲第六十五名进士。以为鲁王府姻戚（四子为鲁府仪宾），按例不获京职，出为河南裕州知州，治民宽猛并济。改南直隶松江府通判，署理知府事，廉介自持，编审徭役，厘剔积弊，揭露奸猾，以神明称。四十岁，被劾而归，筑室城西，闭门却轨，诗酒自娱。抚孤侄如己子。遇大饥，捐资赈恤贫族寒士。长子法祖，贡生，知州。

【谢国宾】字思敬。军籍山东平山卫，乡贯福建晋江。早岁聪敏，志行高迈。嘉靖十年（1531）举人，二甲第六十六名进士。以乞养告归，杜门谢客，蒐猎群籍，善古文辞。人劝其出仕不应。侍老母，敬兄嫂，里中少长皆慕其为人。国宾常悯卫卒，见不胜朘削，尺籍空虚，即上书监司，请予调停，诸役以为国宾做了州县当道都难以办到之事。

【侯　钺】字义甫，号鹰泉。东阿县人。金代进士、丞相挚后裔。为人魁岸大度，戟髯电目，多谋略，有辩才，喜诙谐，和易可亲。资质殊绝，读书日以卷计，三过则终身不忘。嘉靖十三年（1534）举人，二甲第八十八名进士。授工部主事，奉命修元恩桥于涿州之南，朝中的监修官员估计需用资百万，钺向工部尚书报告有二十万而足用。所用大木费可节省，朝中某官员私买的大木十余万可查封征用。桥身高峻，石在河下，千人日挽一石不能上。钺创出天秤，即置杠杆，一头以五百人为锤，一头置石，日上百余石，不逾年而工成。以功诏晋阶一级，受到赏赐。嘉靖二十八年（1549），擢户部郎中，出为山西屯田按察司佥事。次年，擢山西布政司参议，分守宣府。嘉靖三十一年（1552），升山西按察司副使，整饬阳和兵备道，会大将军仇鸾行边，诸官员皆伏谒，而钺却长揖不伏，仇鸾不悦，但与钺谈论边事，则纵横指划，旁若无人。仇鸾赞其才略道："此中岳岳，侯君一人。"其兵备三月，被拜为都察院右佥都御史，巡抚大同。钺善用兵，以为短兵弓弩其技有所不及，唯火器可以制胜。自创火器，工巧过人，试之辄效。时会总兵岳懋死，兵部尚书聂豹以为边兵数败，乃由户部尚书粮饷不继造成，欲移兵败之责于户部以自解。钺主兵视边，聂豹令钺自辩。钺曰："事有不可，吾宁任其咎，不敢为朝廷起大狱。"竟不向户部推委，遂被削籍为民。及归，常乘一白骡，戴笠，跟随苍头一人，游行于田野，与田夫渔夫抵掌笑谑，至挥锄分亩相娱乐。居家朴素，住茅屋，食常粗粝，衣故敝。四方客过拜谒，招待也十分简单，但都乐闻其谈，不愿离去，其风神意气令人飞动，被以人豪称之。钺有重名海内，时值边塞多事，廷臣交相推荐，有诏召用，钺遂卒，年五十九。

【路可由】字子正。曹县人。嘉靖十六年（1537）举人，三甲第八名进士。授行人司行人，奉命册封庆藩，又祭葬衡藩，王府馈遗一无所受。嘉靖二十三年（1544），授江西道监察御史，监斩楚世子。巡检京、通二仓，悉其利弊。巡按南直隶庐州、凤阳等处，风裁峻立。出为直隶保定府知府，又补南直隶安庆府知府，多惠政。擢山西按察司副使，分巡雁门道。以战功加升布政司参政。嘉靖三十七年（1558）三月，以都察院右佥都御史，巡抚辽东。次年正月，革职为民。著有《辽阳奏议》若干卷，《烬余集》二卷。

【李时济】寿光县（今改市）人。嘉靖十九年（1540）举人，翌年联捷三甲第十名进士。授工部主事。

【翟　澄】德州（今德州市）人。嘉靖十三年（1534）举人，三甲第十七名进士。仕至部员外郎。

【龚秉德】原籍江西新建县，移籍山东濮州（今属河南范县）。嘉靖十六年（1537）举人，三甲第十九名进士。仕至襄阳按察司副使。

【王崇俭】字叔度。曹县人。其和易宽厚，与人无竞。遇人有过失，曲为遮掩，暗中教诲，和煦如春风。虽出身名门望族，势利声色一无所染。淡藻摛词脍炙人口。嘉靖十年（1531）举人，三甲第二十一名进士。时已五十二岁。其与宴诗云："穷经自愧年华晚，耿耿犹存一寸丹。""朝日承恩赴玉华，只争父母在天涯。"其忠孝尽可见。在考选庶吉士时，有翰者谓之曰："以君才学，宜居上选，惜年逾三十，若稍减一二，其入选必矣。"崇俭正色道："天下岂有未事君而先欺君乎？"其仅观政通政司，未授官而卒。著有《五桂堂稿》、《春秋笔意》。父珣，成化进士，都察院右副都御史、巡抚。兄：崇儒，弘治举人，知县；崇仁，弘治进士，按察司副使；崇献，弘治进士，翰林，都察院左佥都御史，巡抚；崇文，弘治进士，翰林，都察院右副都御史、巡抚。

【邢尚简】字元敬。昌邑县（今改市）人。嘉靖十九年（1540）举人，翌年联捷三甲第三十七名进士。初授直隶新安、真定县知县。擢监察御史，值北边有警，遵化等三邑百姓惶恐南走，号泣城下，尚简时巡北城，开门接纳，数万人得活命。巡按甘肃，遇岁饥，列状上闻，民获赈恤。筹划边政，屡有奇效。又掌京畿道监察御史，巡按保定。由大理寺丞，迁右少卿。又转都察院右佥都御史。万历四十年（1612），升大理寺卿。丁忧归，屡荐不起。祖父瓘，成化举人，府推官。

【杨　顺】军籍直隶德州左卫（域属山东），乡贯山东文登县（今改市）。嘉靖十九年（1540）举人，翌年联捷三甲第五十一名进士。嘉靖三十四年（1555）十二月，由山西布政司参议，迁都察院右佥都御史，巡抚大同。次年十一月，升都察院右副都御史。

【冷起元】字继贞。益都县（今青州市）人。嘉靖十九年（1540）举人，翌年联捷三甲第六十六名进士。授直隶内黄县知县，简静严毅，民不敢欺。任满报政，上官器重，以为"非百里才也"。迁太仆寺丞，数月以病免。居家十余年，杜门谢客，不谈世务，衣冠服用无异寒素，乡里敬重。

【浦之浩】号北郭。军籍山东登州卫，乡贯南直隶嘉定县。嘉靖十六年（1537）举人，三甲第六十七名进士。授中书舍人，擢浙江道监察御史，巡按上江。复授四川道监察御史，巡按河南，有都司井子田馈金币，之浩曰："不受人馈者，不受侮于人。"井子田惧而退。再巡按陕西，大水漂陷庐舍，有恶少乘机为乱，之浩镇定自若，变乱为安。关中大饥，连疏请赈，全活甚众。出为江西南昌府知府，升江西按察司副使，分巡饶南九江道（驻饶州）。卒后，祀忠烈、乡贤祠。孙延祐，万历进士，知县。

【陈宗仁】省志载作崇仁。潍县（今潍坊市）人。天资颖异，湛深经术。嘉靖十三年（1534）举人，三甲第八十五名进士。授山西洪洞县知县，兴立学校，革除陋规，理讼明决。在任三载，上命以监察御史用，未遇缺卒。

【王三聘】黄县（今龙口市）人。嘉靖十三年（1534）乡试第三名举人，三甲第九十一名进士，选庶吉士，改河南道监察御史。其风裁严峻，弹劾不避权贵，以忤严嵩落职。家居睦族恤邻，于城西南施地作义冢。

【杨胤贤】省志载作尹贤。寿张县（1964年撤销，分属山东阳谷和河南范县）人。嘉靖十九年（1540）举人，翌年联捷三甲第九十三名进士。授直隶永平府推官，迁南京户部主事，升京师户部员外郎。出为山西按察司佥事。以按察司副使，整饬昌平兵备道。父缙，嘉靖进士，知府。

【朱舜民】字虞甫。齐东县（今属邹平县）人。嘉靖十九年（1540）举人，翌年联捷三甲第九十六名进士。由南直隶吴江县知县，屡迁刑部郎中。以按察司副使，兵备应天。仕至江西按察使。

【李继宗】省志载作继宋。祖籍江西永丰县，移籍山东朝城县（今属莘县）。嘉靖七年（1528）举人，三甲第一百零六名进士。授刑部主事。嘉靖三十二年（1553），出为陕西按察司佥事，区处刍饷，调度战守，筑墩墙，严保障，悉中机宜，边陲赖之。初在家时，有王谊者给予帮助，及登第，而谊子甚贫，为置田三百亩以报之。

【梁绍儒】（1509—1573）字存业，一字玉庵。东平州（今改县）人。嘉靖十六年（1537）举人，三甲第一百二十二名进士，选庶吉士，授检讨。阿附严嵩，为言官所劾，被斥外补，不就辞归。绍儒美姿容，善持论。早耽泉石，以著书自娱。著有《梁检讨集》、《上古医经注》、《风角注》、《东平郡志》。

【张登高】军籍山东濮州千户所，乡贯湖广汉阳县。嘉靖十六年（1537）举人，三甲第一百二十四名进士。授南直隶苏州府推官，擢广西道监察御史。巡按顺天等四府，境内多武臣宦寺侵民田宅，登高揭奸锄强，有犯者严惩不贷，诸豪畏避。涿州有民讼知州王得良于锦衣卫者，锦衣卫想逮王得良甚急，王得良诉于登高，登高曰："本朝令甲锦衣卫，不得出百里外捕摄，即有不法，监察御史所按何事？"时都督陆炳掌锦衣卫事，权倾朝野，登高具奏投中官，中官曰："君不知都督乎？胡自苦也。"登高曰："即万死亦存朝廷法。"陆炳深恨，逮其下狱，被刑几毙。落职去时至涿州，涿州民众遮道泣下。隆庆初，又起京畿道监察御史，仕至南京尚宝司卿。致仕，加太常寺少卿。卒祀乡贤。

【李用敬】字仲学，号云坡。益都县（今青州市）人。嘉靖十六年（1537）举人。三甲第一百三十八名进士。授山西壶关县知县，行取兵科给事中。时严嵩柄政，忌恨言事者。用敬独侃侃然，论劾无所挠。大将军仇鸾恃恩骄纵，用敬疏劾之，直声震朝野。南京兵部尚书张经，奉命总督江南剿灭倭寇，严嵩党赵文华（时工部右侍郎）疏言七事，首为祭海神，并请遣官望祭。用敬上疏批驳。赵文华不仅冒功，而且诬劾张经持重兵观望，张经被逮论死。用敬疏救，为其鸣不平。世宗大怒，疑诋毁赵文华，为张经游说，被廷杖落职。穆宗即位，起用言事者，复补用敬户科给事中。其先劾光禄寺丞胡膏逸杀给事中杨允绳，被抵死。又劾总兵陈时、郎中胡应臣不尽职，皆被罢免。用敬先后为兵科、户科都给事中和太仆寺少卿、右通政、光禄寺卿。隆庆五年（1571），以母丧归，遂不复出。以诗文自娱，八十岁后犹能写蝇头小楷。九十岁卒，赐营葬，遣官谕祭。兄用和，嘉靖进士，知府；曾孙友棠，顺治举人。

【陈　志】号逊岩。官籍直隶德州左卫（域属山东），乡贯南直隶宿松县。先世于明初以千户官德州，遂定居此地。嘉靖十九年（1540）举人，翌年联捷三甲第一百五十五名进士。授河南河内县知县，有能名。再补山西高平县，以卓异擢户部主事，迁员外郎。以外用征倭寇，奏请随与同事者。二人往辞内阁，阁臣严嵩与二人言。阁臣徐阶拱手曰："君为谁？"志应曰："户部员外郎陈志。"严嵩曰："陈志是吾所取士，何久不相闻？"志不答而出。遂被擢本部郎中，督饷花马池。卒于家。

【杨挺高】（1512—1592）字叔谦，号微斋。祖籍江西崇仁县，移籍山东金乡县。嘉靖十九年（1540）举人，翌年联捷三甲第一百八十一名进士。授浙江海宁县知县，改平湖县。挺高性孤鲠，疾恶如仇，所至以廉惠称。锦衣卫陆炳是平湖县人，与严嵩相勾结。其母为世宗乳娘，官至左都督、太保兼少傅，威权一时。但挺高不阿附，依法严惩与其家族有牵连的地方恶势力。入为南京工部主事，升至郎中。榷税芜湖关，有羡金八万两，一钱不染，悉出为国帑。以廉洁曾与海瑞同赴御赐清官宴三次。后历官南直隶凤翔府知府、山西右布政使、河南左布政使。时严嵩柄国，朝政黑暗，挺高终以直忤巡按御史，拂衣而归。万历二十年（1592），以八十岁病卒，祀忠义祠。

【梁　成】字公济，号后川。平阴县人。质直廉慎，有古人风。嘉靖十九年（1540）举人，翌年联捷三甲第一百九十一名进士。授行人司行人，擢兵部主事，升至职方司郎中（一说员外郎）。时严嵩专权，苞苴公行，而成廉介执法，不通请谒，众论清官第一。擢江西按察司副使，分巡饶南九江道（驻饶州），以不乐事奔竞，遂挂冠而归。杜门二十年，严嵩败亦不复出，足迹不至公庭。居室朴素，家无长物，以清白自娱。七十九岁卒。

【马　珮】省志载作佩。德州（今德州市）人。嘉靖十三年（1534）举人，三甲第一百九十四名进士。嘉靖三十六年（1557）九月，由山西按察司副使，迁都察院右佥都御史，巡抚顺天。次年九月，去职闲住。

嘉靖二十三年甲辰科

本科录取：一甲三名，二甲九十三名，三甲二百二十六名（实际《题名碑录》仅有二百一十六名，核碑只有一百九十九名）。其中山东四十一名。

【林　洙】字孔源。文登县（今改市）人。天资俊颖，笃于学，常夜里燎薪以读。嘉靖二十二年（1543）举人，翌年联捷二甲第四名进士。授户部主事，饷边羡金，秋毫不染。督清江浦运粮，却常例不受一钱。升本部员外郎，命委收十库料物，中贵讽以多入，洙正色拒之。仕至本部郎中，仅一月卒。棺归，一无所有，乡闾叹服其清白。

【许用中】东阿县人。嘉靖二十二年（1543）举人，翌年联捷二甲第十五名进士。仕至山西布政司参议。

【于　锦】字实甫。军籍山东济宁卫，乡贯山东莱阳县（今改市）。嘉靖二十二年（1543）举人，翌年联捷二甲第四十二名进士。授户部主事，监兑苏松储粮，崇清约，却馈遗。有指挥官贪赃，锦将其置于法。其同伙图谋陷害他，在他临走时，忽然登舟检查其行囊，发现唯有图书而已，乃相顾惊骇而去。又巡视通州储粮，值鞑靼俺答进犯京师，大将军仇鸾自大同率军入卫，以军饷上疏告急，诏令锦随军督饷，锦绁城而出犒师。论功擢河南按察司佥事，又改湖广。有通判以刚方获罪，督抚欲将其戍边，锦以为不可，乃得免除。由江西布政司参议，迁按察司副使。会有兵变，擒其魁首置于法。隆庆四年（1570）十月，由陕西布政司右参政，迁山西按察使。次年三月，改山西右布政使。隆庆六年（1572）二月，迁贵州左布政使。告归，将遗产分给弟与侄，乡人称赞。子若瀛，万历进士，巡抚。

【张大中】临清州（今改市）人。嘉靖十九年（1540）举人，二甲第六十三名进士。仕至户部郎中。

【迟凤翔】字德征，号朐冈。临朐县人。嘉靖二十二年（1543）举人，翌年联捷二甲第七十六名进士。授户部主事，监苏、松漕务，督陕西粮储。旋调山西大同督理军饷。所在俱以廉能称。先后迁兵部职方司、武选司郎中，黜陟严明，不阿权贵。升陕西按察司副使，整饬洮岷兵备道，修武备，兴学校，边境以安。迁布政司右参政，分守泾州道，尤留意人才，吏治称最。嘉靖三十八年（1559）二月，迁都察院右佥都御史，巡抚宣府，以计略绥靖边患。嘉靖四十年（1561）十月，被逮入狱，旋出狱调用，改巡抚郧阳。次年九月，迁大理寺卿。嘉靖四十二年（1563）十一月，又擢户部右侍郎，兼都察院右副都御史，巡抚河南，平定李应麟等起事。嘉靖四十四年（1565）九月，改刑部右侍郎。次年二月，升兵部左侍郎，协理戎政。奉命督修边关，驻昌平御敌，以边功多受赏赐。十月，被降三级。遂丁母忧归，时已七十岁。居乡有懿行，廉静自处，与诸生讲艺不辍。著有《四书说》、《易经说》、《朐冈集》行世。终年约八十，赐祭葬，祀乡贤。

【杨师震】馆陶县（今属河北省）人。嘉靖十九年（1540）举人，二甲第八十一名进士。

【刘尔牧】(1525—1567) 字成卿，号尧麓。东平州（今改县）人。二十岁，于嘉靖二十二年（1543）考中举人，翌年联捷二甲第八十二名进士。授户部主事，升至山西司郎中。在部八年，榷会精核，出纳明敏，户部尚书方钝对其很器重，诸司署奏皆与议决。西苑建醮，诏所征发，尔牧常以帑藏空虚应对，上闻减损其额积，为中贵所嫌。会严世蕃舍人窝占边盐，尔牧参奏，严世蕃忌恨，操纵监察御史以变乱钱法参劾尔牧，尔牧被廷杖一百，削籍。家居十余年，杜门下帷，披阅典籍，自旦至夜手不释卷，里人罕见其面。为文沉浸奥雅，取裁西汉，诗有陶柳风骨，号为名家。隆庆帝即位，廷臣交相举荐，坚却之曰："古者，刑不上大夫，刑人不在君侧。"年四十三卒。著有《户曹奏议》、《使楚奏议》、《诗文类稿》、《分类百家小说》。父源清，正德进士，总督。

【范　阶】字景志，号惠泉。即墨县（今改市）人。嘉靖二十二年（1543）举人，翌年联捷二甲第八十七名进士。以户部郎中，榷税浒墅关，不染一钱。为当时权势所怨恨，谢病归里。其敝衣粝食，与家中佣保共掺作。故旧门人馈以金却不受，当道者登门请谒亦引避不见，琴书自娱，以终老。

【康迪吉】字道夫，号右川。章丘县（今改市）人。嘉靖二十二年（1543）举人，翌年联捷成进士。《题名碑录》载迪吉二人，且为同科、同籍，一为二甲第九十二名，一为三甲第七十一名。县志载为一人。初授户部主事，屡迁山西太原府知府。有兄弟争讼，迪吉予以谴责，并慨然曰："风俗之偷也。汝兄弟垂老不谋旦夕欢，乃以锥刀利相争乎？"迪吉令其同修学宫，告诉等学宫修完，再定曲直。兄弟修学宫月余，相抱而泣，友爱如初。迪吉闻父病，骑马夜驰，险些坠马而死。服除，补直隶保定府知府，卒于官。迪吉曾奉使便道回家，亲戚疑其箧笥中有藏物，但打开后，唯图书数十卷而已。子大壮、大田（知县）皆万历举人。

【陈其学】（约1513—1593）号竹庵，一号行庵。军籍山东登州卫，乡贯南直隶宣城县。迪（洪武至建文间礼部尚书，被诛）五世孙。其才识疏通，资性沉毅，不事趋谒。嘉靖十年（1531）乡试经魁，三甲第五名进士。授行人司行人，擢监察御史。上疏请立东宫，词甚凯切。锦衣卫陆炳威倾朝野，其学首劾之。先后出为庆阳、榆林道，修缮城堡，以功被赐金币。嘉靖四十年（1561）七月，由山西按察使，迁都察院右佥都御史，巡抚大同。嘉靖四十二年（1563）五月，又以都察院右副都御史，改巡抚陕西。嘉靖四十四年（1565）四月，以都察院右副都御史，总督南京粮储。次年三月，改户部右侍郎。四月，改兵部左侍郎，兼都察院右佥都御史，总督陕西三边。十月，回籍听勘。隆庆元年（1567）十一月，起用总督宣、大。在边塞多年，"数彰挞伐之功"。隆庆四年（1570）正月，回籍听用。五月，以都察院右都御史、兵部左侍郎，为神机营提督。十月，迁南京刑部尚书。在刑部，秉公执法，不徇私情。次年八月致仕。居乡二十余年，皇帝两次存问，赠少保。万历二十一年（1593）卒于家，予祭葬，谥"恭靖"。崇祀乡贤、忠孝祠。父鼎，弘治进士，应天府尹。孙：梦玠，天启进士，吏部郎中；梦玮，知县。

【王　民】临清州（今改市）人。嘉靖二十二年（1543）举人，翌年联捷三甲第二十一名进士。授监察御史。

【朱熙载】省志载作颐载。旗籍山东平山卫。嘉靖十六年（1537）举人，三甲第二十二名进士。

【洪　遇】历城县（今济南市）人。嘉靖十九年（1540）举人，三甲第二十八名进士。授浙江秀水县知县，轻役均赋，赈济饥民。仕至陕西西安府知府。

【刘　禄】（1509—1571）字惟学，号后峰。章丘县（今改市）人。有奇质，忠鲠介直，颖敏不群。嘉靖十六年（1537）举人，三甲第四十九名进士。授行人司行人，出使朝鲜，国王敬重倍常，馈遗甚厚，一无所受。又奉命祭茂陵、泰陵及衍圣公，所至咸中礼。选授户科给事中。户部尚书王杲（汶上县人），被权奸严嵩诬陷下狱，谪戍雾州。禄率同科伏阙疏奏极力相救，并劾严嵩子严世蕃受贿有证，被廷杖七十，也被谪广西荔浦县典史。未至谪所，又被革职。既归，足不至公府门，口不讲世务，唯课农训子。构筑"思居亭"，饮酒赋诗以自娱。隆庆初，台省交章举荐，禄不赴，诏复原职，加太常寺少卿。居家十数年卒，年六十三，祀乡贤。

【王　楠】《题名碑录》载作毛楠。军籍直隶德州左卫（域属山东）。嘉靖十年（1531）举人，三甲第五十二名进士。《德州志》载为仕至按察司副使。《明代职官年表》载为：嘉靖二十七年（1548）九月，由尚宝司丞，升至正卿。任尚宝司卿六载。嘉靖三十三年（1554）六月，改南京太仆寺少卿。次年，迁南京鸿胪寺卿。未一年去职闲住。

【何海晏】字治象，号敬庵。平阴县人。嘉靖二十二年（1543）举人，翌年联捷三甲第七十二名进士。授四川顺庆府推官，英敏详明，击断无讳。巡按御史欲试其才，以《嘉陵晚望》为题，海晏援笔立就。诗为："嘉陵烟树锁寒堤，暝色沉沉望欲迷。画阁窗含残照远，文峰堵隐暮云低。乾坤潦倒随萍迹，湖海蓬飘信马蹄。几度风花人自老，江天明月任东西。"其任职三载，以考最擢礼部主事，累官吏部文选司郎中，迁太仆寺少卿。出为河南布政司左参政，分守井陉道。致仕，优游林下三十余年，以亭台池馆、花木竹石为乐。著有《敬庵斋集》《候虫鸣诗集》藏于家。

【薛　樟】字子乔。历城县（今济南市）人。事亲孝。嘉靖二十二年（1543）举人，翌年联捷三甲第七十五名进士。授南直隶山阳县知县，擢广东道监察御史。因疏劾严嵩，遂挂冠归里。严嵩败，台省屡征不起。著有《兰台奏议》诸书。县志又说，樟劾严嵩，名不见于史，有待考证。

【谷中虚】（1525—1585）字子声，号岱宗。海丰县（今无棣县）人。嘉靖二十二年（1543）举人，翌年联捷三甲第七十六名进士。授直隶高阳县知县，擢兵部主事，出守山海关，朝鲜入贡，私馈一无所受。历本部员外郎、郎中。以山西按察司副使，整饬潞安兵备道。时陶真人恃上宠，请建石桥于漳河之上，工部置簿遣真人门下道士募缘，所至强索为害，中虚拘捕道士，与所选建桥官员督理将桥建成，而不加扰于民。嘉靖四十一年（1562）二月，由浙江布政司左参政，升按察使。会台省议减浙饷，中虚曰："食者民之命，减则生变，请汰老弱定营制，卒有思乡者，厚赏而归之。"都察院都御史用其言，公私称便。次年，迁湖广右布政使。十月，迁都察院右佥都御史，巡抚四川，年余改湖广，剿抚并用，平叛治乱有方。嘉靖四十五年（1566）正月，迁都察院右副都御史，巡抚陕西。隆庆二年（1568）七月，起改巡抚浙江，创设外洋水兵战船，以备倭寇。隆庆四年（1570）二月，迁兵部右侍郎，署尚书事，与大吏不协，遂乞归。著有《文集》二卷。其奏议不存稿。六十一岁卒，上谕祭葬，祀乡贤、忠义祠。

嘉靖二十三年甲辰科

【王宗性】沂州（今临沂市）人。嘉靖十六年（1537）举人，三甲第八十一名进士。仕至直隶保定府知府。

【杨　选】字以公。章丘县（今改市）人。《明史》有传。嘉靖十九年（1540）举人，三甲第八十五名进士。授行人司行人，奉使云南，拒收黔国公之馈，以清介称。擢监察御史，巡按畿南郡。以山西按察司副使，整饬易州兵备道。鞑靼俺答兵围大同右卫，大同巡抚朱笈被下狱，革职为民。嘉靖三十七年（1558）三月，选被超拔都察院右佥都御史，巡抚大同。其与侍郎江东、总兵张承勋解大同右卫之围，被上赐金币。是年七月，丁母忧。嘉靖三十九年（1560）十一月，以边事夺情起复原官。次年，升都察院右副都御史，总督蓟辽。上陈封疆极弊十五事，上多从其请。以居庸岔道退敌功，升兵部右侍郎，兼都察院右佥都御史，仍总督蓟辽。五月，阵获辛爱妻义父通汉（县志载为通罕）为质，通汉子以所执官兵哨卒，请易其父，选为牵制辛爱，将其子入质，乃遣还通汉。选驰疏上闻，自诩方略。选及顺天巡抚徐绅等俱受金币之赏。十月，辛爱与把都儿等，举兵自墙子岭、磨刀峪溃墙入犯，京师戒严。由于战防不力，致使敌军大掠三河、顺义，留内地八日不退。《明史》评曰："杨选于边备甚疏，宜不免。"给事中李瑜遂参劾选与徐绅等人，俱逮下诏狱，以"守备不设"论斩。选被斩于市，枭其首示边，妻子流二千里。著有《按畿南郡》、《备兵易州》、《巡抚大同》、《再抚云中》、《总督蓟辽》诸稿。

【黄希周】字宗鲁，号玉淙。滕县（今滕州市）人。少有大志。十二岁执母丧哀如成人。嘉靖七年（1528）举人，三甲第八十九名进士。授南直隶松江府推官，名节自矜，不为婩嬰之行。有王姓富室，遭诬陷在押，官员避嫌不为申辩，希周察知其冤，立予释放。此人为感谢他，送给千金，希周严辞拒受。希周改调时，又送价值千金财物，且追送舟中，希周亦谢绝不收。又历山西平阳府推官、直隶广平府通判。因性刚直，与上官论事，持正直言，从不屈服，故为人所忌恨，被谪南直隶六安州同知。后升陕西邠州知州，改山西朔州。仕至沈王府长史。其致仕后，不治田园，而嗜读书，在小斋之中，手植竹，日抱书，吟咏不倦。七十岁卒，祀乡贤。

【张　岚】字华岩。历城县（今济南市）人。嘉靖二十二年（1543）举人，翌年联捷三甲第九十四名进士。仕至山西布政使司参议。事嫡母曲尽其孝，居丧三年不见妇女。为官清廉，居乡醇谨，乡人赞颂。子志，万历进士，布政司参议；孙情，万历举人，知州。

【石　鲸】字应声。益都县（今青州市）人。嘉靖二十二年（1543）举人，翌年联捷三甲第九十五名进士。授山西曲沃县知县，政绩卓异。行取户科给事中。时严嵩柄政，贿赂公行。鲸以册封归里，即缴节不出。遂改刑科给事中，部檄敦促，乃以亲老致仕，年方三十余。父存礼，弘治进士，知府。

【乌从善】字汝登，号龙江。博平县（今属茌平县）人。嘉靖十三年（1534）举人，三甲第一百零五名进士。由太常寺博士，擢刑科给事中，历户、礼两科右左给事中，兵、礼两科都给事中。严嵩当国，从善抗节不阿。在侍讲经筵时，世宗问治乱之源，从善对曰："治乱之源自敬肆始。"世宗高兴。从善又奏议边事，深得机宜。世宗命监操团营事，纪律严明。有指挥犯法，贿赂从善数千金，以求从宽处理，其拒之。世宗宠信方士，从善抗疏直谏，不报。又疏劾严嵩父子窃权，严嵩忌恨，暗中激起世宗对从善的愤怒，将其夺职。从善归日，唯余行李半肩，世宗感其廉，遂赐环。居乡布衣蔬食，出入徒步，日以讲学为事。

【吴　昶】军籍山东登州卫，乡贯南直隶泰州。嘉靖七年（1528）举人，三甲第一百一十六名进士。授直隶河间府推官，多所平反。擢监察御史，执法不避权贵，巡视山西屯田，荐贤斥墨，风纪肃然，军屯一清。以母老挂冠终养，孝友兼著。前后十三次征召不起，朝野重之。举乡饮大宾。著有《石洞主人稿》。子之美，隆庆进士，知府。

【冀　炼】（1513—1587）字纯夫，号康川。益都县（今青州市）人。生而岐嶷，风骨端重，向学纯笃，自六经及诸大儒遗书，无不成诵。其学以诚敬为主，动止语默皆有法度。嘉靖十三年（1534）举人，三甲第一百二十名进士。授南直隶兴化县知县。丁忧，服阕，补陕西长安县知县。专以孝悌训民，省刑简讼，民化从之。其常曰："一家化，即一家为商周；一邑化，即一邑为唐虞。"闻者以为名言。入为户部主事，升至郎中。督饷宣府，兵饷至即如数颁发。有老吏进曰："此内旧有大人羡余，宜先提存。"炼曰："既尔姑依旧例。"及岁终，出所积分给将士，曰："今岁皇上念汝等守边勤苦，故赐汝等，为卒岁资。"将士同声呼万岁。以伉直久不迁。严嵩败，擢光禄寺少卿，改顺天府丞。嘉靖四十四年（1565）十月，迁都察院右佥都御史，巡抚河南。次年正月，迁都察院右副都御史，巡抚宣府。隆庆二年（1568）三月，转兵部右侍郎，兼都察院右佥都御史，巡视宣、大等处军务。隆庆三年（1569）四月，以劳瘁乞归，六次上疏乃得许可。隆庆六年（1572）八月，起用南京兵部右侍郎；九月，改用北京户部右侍郎，皆辞不赴。其杜门谢客，终日焚香静坐。有人劝其聚徒讲学，也有人劝其著书,皆不应。每语人曰:"人心有一息之怠,便与天地之化不相似。""人心淡然虚止,不容一物,而无所不容。""立志须刚,刚乃能伸万物之上。"万历十五年(1587)卒,年七十四。赠工部尚书,谥"端恪",赐祭葬。生平严正自持,不为矫矫之行,而名节闻海内。卒后,子孙鬻产以供葬事,祀乡贤祠及长安名宦祠。子麟中,宗人府丞;曾孙绍芳,清顺治进士,知县。

【石茂华】(1522—1583)字君采,号毅庵。益都县(今青州市)人。嘉靖二十二年(1543)举人,翌年联捷三甲第一百四十四名进士。授直隶浚县知县,治狱平允,筑堤御水,擒获巨寇,民赖以安。入为户部主事,监督草场。升员外郎、郎中,出为南直隶扬州府知府。以败走倭寇功,迁山西按察司副使。父丧归,复补河南按察司副使,升用陕西布政司参政、按察使。嘉靖四十五年(1566)五月,迁都察院右佥都御史,巡抚甘肃,营卒以饷不时给而闹事,茂华下车即斩其首数人,一军慑伏。隆庆四年(1570)二月,巡抚山西。有敌酋入塞,谋袭老营堡,有门卒为内应,茂华侦知,命副将郭琥以兵先入,将内应门卒入狱,敌至见城壁有旗帜,即顿足而去。次年二月,先后为兵部右左侍郎。万历元年(1573),升都察院右都御史,兼兵部左侍郎,总督陕西三边军务,治乱平叛,诏赐白金文绮。万历五年(1577)二月,擢兵部尚书,兼都察院右副都御史,仍任总督,加太子太保。九月,掌南京都察院事。以母老乞养归。万历十一年(1583),奉命督理关陇赈济,在秦六月,以积劳呕血而卒,年六十二,赠少保,谥"恭襄"。在官四十余年,家资不称其官,论者谓有古大臣风。祖父存礼,弘治进士,知府。子恂、愔,皆官至知府。

【马汝骥】军籍辽东都司全州卫,乡贯山东东阿县。嘉靖二十二年(1543)举人,翌年联捷三甲第一百五十二名进士。仕至陕西按察司佥事。

【徐承祖】历城县(今济南市)人。嘉靖十六年(1537)乡试解元,三甲第一百五十八名进士。历直隶滑县、元氏县知县。祖父暹,弘治进士,按察司副使。

【郭邦光】字元宾。冠县人。嘉靖十年(1531)举人,三甲第一百六十四名进士。授南直隶无锡县知县,有势家黠奴犯法,当道者请为解脱,邦光不听,依法使其抵罪。以贤能授南京户部主事,榷税淮关,减去额外之征,并刊石告知,予以永禁,胥吏不得因缘为奸。出为山西大同府知府,籴粟赈饥,颇得商民之心。以山西按察司副使,整饬怀隆兵备道。以疾归卒。父鼎,岁贡,州同知。子纯熙,嘉靖举人。

【李 侨】(1512—1575)字子高,号仙台子。少有大志,言动不苟。嘉靖二十二年

(1543)举人,翌年联捷三甲第一百六十八名进士。授浙江平湖县知县,有循异声。入为户部主事,旋改兵部职方司,督修重城,运谋紫荆,皆尽职有为。其阅视驻军,务获将志,再蒙金币之赏。又改本部武选司,严革冒滥,吏胥不能为奸。出为浙江绍兴府知府,升浙江按察司副使,整饬宁绍兵备道。其设伏出奇制胜,将进犯倭寇尽歼。嘉靖四十五年(1566),由四川按察使,升为左布政使。竟以耿介,为大吏所难容,旋解绶而归。筑圃城西,灌花理竹,于世务澹如也。

【宿应参】县志载名应麟。字槐亭。掖县(今莱州市)人。嘉靖二十二年(1543)举人,翌年联捷三甲第一百七十五名进士。授行人司行人,历监察御史、知府和按察司副使。仕至苑马寺卿。

【张守蒙】(1510—1569)字启哲,号静泉。滕县(今滕州市)人。家中以农为业。嘉靖十三年(1534)举人,三甲第一百八十四名进士。授南直隶宝应县知县,地当水陆冲要,剖决如流,案无留滞,方两月,以丁母忧归。服除,补河南鄢陵县知县,地虽偏僻,却游刃有余,将随修随坏的土城,率民修成坚固砖城,名声藉藉。擢四川道监察御史,督理屯田。时世宗同日封载壡裕王、载圳景王,就藩开府各赐庄田千顷,守蒙核查先年所没收大将军仇鸾土地数百顷虚直给,成国公与两王府追夺收入,时严嵩之子严世蕃姻连成国公,屡为成国公说情,守蒙对严世蕃曰:"父子有今日者,以为恩出君上乎?抑出成国公乎?奈何视其储贰不如姻家也。"严世蕃虽不再说情,但心中忌恨。升河南按察司佥事,未任竟被左迁山西永宁州(元曰石州)通判。一年,升山西洪洞县知县,再迁随州知州,改郧阳府同知,署房县事。当时,河南府伊王世子典楧,在藩骄横不法,夺取民舍以广其宫,所为宫,崇台连城,拟帝阙。以奉所谓密诏,让府中人呼千岁,大选民间子女七百余,留其姝丽者九十人,不中选者,命以金赎。巡抚、按察使共劾奏,诏责堕其城。但其刚愎,不奉诏,蓄异谋,将前知府诬陷降调。于是,朝廷乃擢守蒙为河南府知府,守蒙至,召其用事爪牙,对他们发出严厉警告,让他们各谏藩王速改之,如导藩王为不法事,将为齑粉矣。藩王恐惧,守蒙也犹豫未有所决。久之,巡抚、按察使复劾藩王不奉诏,诏切责刻期堕其城。藩王疑谋泄漏,乃治兵自卫,引起吏民恐慌。守蒙持重镇静,徐徐堕其城,将藩王所侵夺官民土地,各归其主。藩王乃去护兵,吏民得以安定。守蒙丁父忧时,藩王谋发被废为庶人。守蒙服除后,补河南归德府知府,刚三月,迁盐运使。隆庆二年(1568),入觐疾作,乃上疏乞骸骨归,家居一年而卒，年五十九。

【张子顺】字聚甫，号裕庵。军籍直隶德州左卫（域属山东），世袭千户。乡贯河南唐县。嘉靖二十二年（1543）乡试解元，翌年联捷三甲第一百九十二名进士。授户部主事，会计允当，以贤能名于时。督饷晋阳，不凭借催科，军需悉备。暇则与诸生讲学，义理渊微，辞藻雄浑，人才多所成就，故从游者甚众。值大同有警，咸宁侯仇鸾统师往御。仇鸾悍骜贪暴，嘱子顺主饷，告谓宜加礼而厚遗之。子顺不顾接待如常，及仇鸾事败，人咸服其有定识。出为山西潞安府知府，任职三载，又升按察司副使，整饬密云兵备道。唐荆川经略边务，雅重其德器。

【孙萃蓬】历城县（今济南市）人。三甲第一百九十六名进士。据碑补阙，《题名碑录》未载。

【李　燧】字晦夫。金乡县人。嘉靖二十二年（1543）举人，翌年联捷三甲第二百一十名进士。授行人司行人，迁户部主事，督饷通州。时鞑靼俺答入犯，京师戒严，燧与同事协力战守四昼夜无宁息，转饷得不失。升本部员外郎。出为河南按察司佥事，平乱立大功，被赏赐白金文绮，威名大著。擢浙江按察司副使，分司杭嘉湖兵备道。时浙江有倭寇之患，燧严饬守具，倭寇不敢侵犯。嘉靖三十六年（1557）十月，由湖广布政司参政，超拔都察院右佥都御史，巡抚淮扬。其性严毅，任事勇决，所至豪猾屏迹。为忌者所中伤，于嘉靖三十八年（1559）八月，改调南京兵部右侍郎。次年五月，改京师兵部右侍郎。嘉靖四十年（1561）五月，迁南京兵部尚书，参赞军务。嘉靖四十四年（1565）十二月致仕。次年十月卒，赠太子少保，谥"襄敏"，祀乡贤。父檠，正德举人，太仆寺少卿。

【李逢时】字化甫。军籍直隶德州卫（域属山东），乡贯江西赣县。嘉靖十九年（1540）举人，三甲第二百一十二名进士。授行人司行人，迁湖广道监察御史，声著台班。巡按宣、大，刚正不阿，风采岳立。巡按徐淮，剿平大盗李子强，以功赐金。以不附奸臣赵文华，出为湖广按察司副使，分巡荆南道。值汉水数溢，修筑堤防。又会建明堂采木，虽严急，但务为宽恤，事亦立办。升湖广布政司参政，仍守荆南道。隆庆元年（1567），迁山西按察使。次年正月，迁山西右布政使。隆庆四年（1570），升山西左布政使。清宗藩之滥支，以抒民困。廉介自持，备悉百姓疾苦，出纳两平，廪禄均给，人情翕然。次年正月以老致仕，卒于家。子汝材（知县）、汝栋和曾孙允祯分别为万历、隆庆、崇祯举人。

嘉靖二十三年甲辰科

【李攀龙】（1514—1570）字于鳞，号沧溟。历城县（今济南市）人。九岁孤，家贫苦学。嗜诗歌，厌训诂之学，日读古书，里人目为狂生。提学奇其文，首拔之。嘉靖十九年（1540）乡试亚元，三甲第二百一十四名进士。初观政吏部文选司，以疾归。嘉靖二十五年（1546），入京师充顺天乡试同考官，简拔多奇士。次年，授刑部广东司主事，先后升员外郎、郎中。有边将触法不至死罪，某权贵之子恨其不贿赂，必欲致其死罪，攀龙力持不可。此人得救后，自奋功名致大帅。嘉靖三十二年（1553），出为直隶顺德府知府，问民病苦，兴除利害，减不该有的增赋，裁不合理的征费。以卓异擢陕西按察司副使、提学。其与巡抚不合，又会关陕地裂（地震），心悸念母，上疏乞归。家居十年，筑白雪楼，读书其中。隆庆元年（1567），被荐起浙江按察司副使。次年，又为浙江布政司左参政，升河南按察使，人莫敢挠以法。以母丧归里，哀毁致疾，以心痛病卒，年五十七。其官郎署时，与谢榛、宗臣、梁有誉、王世贞、吴国伦、徐中行称"嘉靖七子"（后七子）。七子之名播天下。而以攀龙、王世贞为魁首，操海内文章之柄垂二十年。其持论诗不读盛唐以后人集，文不读西汉以后人作。攀龙有才力，诗以声调称，然古乐府似临摹帖，并无可观。文章失之模拟生涩，而效之者甚众。著有《古今诗删》、《李沧溟集》、《白雪楼诗集》。

【靳学曾】字子鲁。济宁州（今济宁市）人。嘉靖十六年（1537）举人，三甲第二百一十六名进士。授南直隶颍州知州，迁山西平阳府同知，擢南直隶凤阳府知府。以抗击倭寇功，升山西按察司副使，整饬岢岚兵备道。以宽简从事，其曰："民乐吾宽，吾乐吾简。"虽遇灾年，百姓困苦，但也没有发生动乱。以忤当道归。居家筑闲闲堂，以娱亲为乐。著有《诗文集》若干卷行世。兄学颜，嘉靖进士，吏部左侍郎。

【翟汝俭】诸城县（今改市）人。据《山东通志》补阙，列入三甲进士，但无法确定名次。

【翟汝孝】诸城县（今改市）人。据《山东通志》补阙，列入三甲进士，但无法确定名次。

嘉靖二十六年丁未科

本科录取：一甲三名，二甲九十名，三甲二百零八名。其中山东二十五名。

【张邦彦】字元洲。临朐县人。嘉靖十年（1531）举人，二甲第二十一名进士。授工部主事，屡迁陕西延安府知府。以战守功，兵备易州。世宗念其治兵之才，多有金帛赏赐。嘉靖四十二年（1563）十一月，由山西布政司右参政，迁都察院右佥都御史，巡抚大同（一说由巡抚甘肃改大同），边关静谧，威望愈隆。嘉靖四十五年（1566）正月，闻母疾，坚请得归。著有《二十一史录》、《幼学记》、《韦弦录》、《师师堂稿》。弟邦直，嘉靖举人；侄敦善，万历进士，行人司左司副。

【陈梦鹤】（约1510—1580）字子羽。益都县（今青州市）人。幼聪敏，读书过目成诵。十二岁，随父宦京师，撰《大内灯诗》有"愿得光添新蜡烛，不教明月照流亡"之句。所作赋，一时传颂。遇恩例当得荫，让其异母弟梦草。嘉靖十九年（1540）举人，二甲第二十六名进士。父老告归，临行告诫"勿亲当路贵人"。内阁首辅夏言知其才欲罗致之，终不往。授工部主事，监理济宁水利，撰《闸河类考》二卷。旋改兵部武选司主事，撰《武铨邦政》二卷。升河南按察司佥事，以率民兵保卫京师之功，升俸一级。在军中著《治兵余兴》一卷。时严嵩当国，司道迁转咸具谢，独梦鹤不为礼，遂被罢归。居乡结翼雅诗社，以吟咏自娱。晚年咯血，撰《悯病赋》。临终，作《薄葬书》遗子孙。其又著有《雅音萃稿》三十卷、《芝崛山人岁稿》三十卷、《平庄集》一百卷及《西平游览志》、《陈氏家乘》诸书。父经，正德进士，户、礼、兵部尚书，加太子太保；弟梦草，藩王府左长史。

【吴国相】军籍山东登州卫，乡贯南直隶泰州。嘉靖十三年（1534）举人，二甲第三十名进士。授户部主事。

【任士凭】字可依。平原县人。生有异禀，好读书。十八岁，于嘉靖二十二年（1543）考中举人。二甲第四十九名进士，选庶吉士。时严嵩当国，不屑攀附。授礼部主事，旋改吏部，以清正称。历吏部郎中、太常寺少卿、左通政使、光禄寺卿。嘉靖四十五年（1566）三月，迁直隶顺天府尹，禁科派，抑贵戚，京城得以安宁。因奏陈方士张真人"俸赐太滥、怙宠毒民"，险被削黜治罪。是年十月，改南京工部右侍郎，转兵部右侍郎。遂以都察院右佥都御史，巡抚江西。穆宗初政，有上章夺张真人世封者，被臣议贬职江西知府，士凭力言予以停止。士凭正己率属，简静爱民，以忤时乞归。隆庆四年（1570）七月，复改南京刑部右侍郎，以病未赴卒，赐祭葬，祀乡贤。侄光谐，天启进士，知县；孙有勇，万历举人，知县。

【李三畏】汶上县人。嘉靖十九年（1540）举人，二甲第六十三名进士。由刑部主事，仕至江西布政司参议。

【宋文明】祖籍山西洪洞县，移籍山东临清州（今改市）。嘉靖十六年（1537）举人，二甲第六十八名进士。仕至刑部郎中。

【张西铭】（？—1595）字原仁。滨州（今滨州市）人。嘉靖二十五年（1546）举人，翌年联捷二甲第七十二名进士。授刑部主事，升至郎中，三阅秋审，时称公允。出为湖南长沙府知府，历陕西按察司副使、浙江布政司右参政，所至有政绩。嘉靖四十四年（1565）二月，以都察院右佥都御史，巡抚辽东，边疆倚重之。次年正月，以病回籍听用。万历十五年（1587）三月，起改巡抚保定。次年二月，迁南京工部右侍郎。万历十七年（1589）十一月，升南京户部尚书。次年八月致仕。万历二十三年（1595）三月卒，赐祭葬。祀直隶、浙江、陕西名宦祠和本州乡贤祠。

【张希贤】济宁州（今济宁市）人。嘉靖二十二年（1543）举人，二甲第七十六名进士。授户部主事。

【王良贵】字少思。直隶宁津县（1964年划归山东德州专区）人。嘉靖二十五年（1546）举人，翌年联捷二甲第八十四名进士。资性峭直，一尘不染。由户部主事，升至郎中，督通州仓场。值兵变，而权要苛督，人皆自危，良贵从容筹划，众赖以安。出为山西平阳府知府，通变宜民。撰《筹边八议》和《课属十事》。迁按察司副使，兵备霸州，以忤当道罢归。博学能文，宁津之有邑志，实其遗稿。卒祀乡贤。

【郭东藩】字镇夫。金乡县人。嘉靖二十五年（1546）举人，翌年联捷三甲第八十七名进士。由山西闻喜县知县，以惠政迁户部主事，改礼部。出为陕西布政司参议，分守汉中道。再擢按察司副使，被吏议去职归。肆力子史诸书，所著古雅绝伦。年饥，输粟平粜，前后千余石。以举惠于乡，有诏建坊旌表，进三品秩。卒祀乡贤。

【岳　粹】字纯夫。冠县人。孝友好学。嘉靖十九年（1540）举人，三甲第九十九名进士。授山西夏县知县，洁己爱民。入为户部主事，督糟江淮，督饷雁门，果断迅疾。升本部郎中，又督饷云中，调度有方，兵食充足。出为陕西巩昌府知府。及归，周济宗党，咸尽恩意。卒后，人称"岳文正公"。曾孙潜，拔贡，州同知，工书法。

【殷士儋】（1522—1582）字正甫，又字棠川。原籍山东武定州（今属惠民县），移籍历城县（今济南市）。嘉靖十九年（1540）举人，三甲第一百零六名进士，选庶吉士，授检讨。世宗御经筵，问汉霍去病穿城蹋鞠，众莫能对，独士儋剖解甚悉。上称之曰"真翰林"。久之，充裕王（穆宗）讲官，凡关君德治道辄危言激论，裕王为之动色。历詹事府右赞善、翰林院侍讲和詹事府司经局洗马。隆庆元年（1567），升翰林院侍读学士，掌翰林院事。又由礼部右侍郎，迁吏部左侍郎，兼翰林院学士。次年，升礼部尚书，兼理詹事府事。隆庆四年（1570）正月初一、十五两日，日月俱蚀，士儋借此上疏言事，请布德、缓刑、纳谏、节用，饬内外臣工讲求民瘼。从是年十一月起，借助太监陈洪铺垫，先后加太子少保、太子太保、少保，入阁参与机务，并相继加文渊阁、武英殿大学士。未久，于隆庆五年（1571）十一月致仕。其因是：阁臣高拱与士儋素不和，二人先后受到监察御史弹劾，彼此怀疑为对方指使所为，互相攻讦。一次在议事时，二人发生激烈争执，士儋怒不可遏，欲奋臂殴击高拱，张居正从旁阻解。士儋受到排挤，连续上疏辞官，乃逊避而归。居家十一年，以经史自娱，尤以诗名，号"吾乡巨手"，学者称棠川先生。万历十年（1582）病卒，年六十一，追赠太保，谥"文通"，后又改谥"文庄"。著有《金舆山房稿》。祖父畯，成化举人；孙启贤，府同知。

【郑　真】字维诚。军籍山东济宁卫，乡贯湖广黄冈县。嘉靖十六年（1537）举人，三甲第一百一十三名进士。授山西太原府推官，政称平允。城当汾水之冲，修堤环卫，人称"郑公堤"。擢兵部职方司主事，议修边防，动中机宜。升本部郎中，治军尤严。时严嵩秉权，在选储将才上有所请托，真不听从。以与杨继盛善，又俱为徐阶门人，及杨继盛劾严嵩，严嵩对这些人一并猜疑。真被出为江西南康府知府，未赴任，以丁忧去。起补直隶大名府知府，两次入觐，玺书褒美，赐金帛。授按察司副使、兵备道，不赴，以疾归。真博学精敏，诗文雅洁，著有《望云堂文集》、《成斋诗集》若干卷行世。七十八岁卒。父文柄，正德进士，兵部郎中。

【段　锦】恩县（今属德州市）人。嘉靖二十五年（1546）举人，翌年联捷三甲第一百一十五名进士。授山西壶关县知县，惩治宿猾巨奸，严毅有威望。擢陕西道监察御史，以建言被谪直隶深州通判。又迁直隶大名县知县，政敦大体，吏事明决，劝学兴礼，盗贼远遁。议立小滩商税，以济支费，民赖以苏。凡经过使客，闻其名俱迁途而去，不敢入扰。后历为直隶保定府同知、南直隶苏州府知府、河南按察司佥事、陕西布政司参议。所至风采凝重，正气逼人，治绩卓著。

【杨　巍】（1516—1608）字伯谦，号梦山。海丰县（今无棣县）人。嘉靖二十二年（1543）举人，三甲第一百二十一名进士。授南直隶武进县知县，以卓异召补兵科给事中，改吏科。奏议切中时政，多见采纳。出为山西按察司佥事，主驿传裁省羡金二万两。升山西按察司副使，分巡雁门道，在抵御边犯的战守中，屡建大功。嘉靖四十二年（1563）四月，世宗特旨擢都察院右佥都御史，巡抚宣府。次年二月致仕。嘉靖四十五年（1566）十月，又起改都察院右副都御史，巡抚陕西。其将在花马池战役中损失的六千名戍卒补充齐备，又募兵三千人屯垦黄河北岸，防御能力大增。核查藩王府侵占的军屯田亩，悉数追回。隆庆元年（1567），以都察院右副都御史，巡抚山西，单骑行边，葺城堡，裁冗费，强守军，千里边塞，干戈相望，边敌不敢入犯。又谕令将宁乡大盗李九经遣散，边境得以安定。隆庆三年（1569）八月，迁兵部右侍郎，改吏部右左侍郎。朝内发生江南王大臣闯入宫禁事件。张居正授意以刺客罪中伤内阁大臣高拱，而巍力争不可，经审理以盗窃罪判处王大臣死刑，没有株连无辜。万历十年（1582）七月，巍迁南京户部尚书。十二月，又改职京师，历为工部、户部、吏部尚书，先后加太子少保、太子太保。时申时行当国，巍素厉清操，然已年老，多听其指挥。万历十五年（1587）大计，徇时行指，贤否混淆，素望大损。神宗倦于听政，巍率群臣多次劝谏无效，毅然上章乞归。万历十八年（1590）获准致仕，时已七十四岁。九十岁时，神宗派员慰问，加授柱国少保。万历三十六年（1608）病逝，年九十二。上谕祭葬，祀乡贤。著有《四书训略》、《近疏漫录》、《存家诗稿》、《诸家抄诗选》等。子尔陶，万历举人，府同知。

【张　柱】字汝任。寿光县（今改市）人。嘉靖二十二年（1543）举人，三甲第一百二十八名进士。由行人司行人，改户部主事，升至河南府知府。时伊藩肆虐，掠子女，夺民田，劫商纳逋，郡内汹汹。柱上疏劾之，伊王被以罪削禄，士民感泣，为其立祠。柱亦被左迁。又由四川叙州府知府（宣统《山东通志》载为知州），升山西按察司副使。有以弟产投献沈藩者，弟诉于柱，沈王怒捉其而杖杀之。柱缴敕印于沈王，沈王惧怕，送出犯人和行杖者，俱被以命相抵。擢浙江布政司右参政，督理漕运，上交羡金千余两，两蒙赐金币。有巨绅杀人掘墓，无人敢问，柱不避怨谤，鼓动巡按御史劾其罪。隆庆元年（1567）二月，擢江西按察使。次年正月，迁江西右布政使。隆庆三年（1569），被劾归。以劾不实，降一级调用山西布政司右参政，卒于官。著有《读史日抄》二十二卷。兄标，嘉靖进士，知府；子荣，万历举人；侄烛，隆庆进士，知县。

【陈观衡】字养静。东平州（今改县）人。嘉靖二十二年（1543）举人，三甲第一百三十名进士。授陕西汉中府推官，擢监察御史。以事被谪河南汝州通判。后转直隶永年县知县，迁两淮盐运同知，升浙江台州府知府。为人聪察，喜于有为，所在皆有政绩。以疾乞休。

【刘鲁生】恩县（今属德州市）人。嘉靖十年（1531）与弟同榜举人，三甲第一百五十六名进士。授山西曲沃县知县，莅事精勤，刑清政举，多有抚育，吏民畏服。首修《曲沃县志》，以备文献。行取户部主事，升员外郎、郎中，出为河南开封府知府。弟洛生，嘉靖进士，知州。

【苏　继】字子志，号晓峰。寿光县（今改市）人。嘉靖十六年（1537）举人，三甲第一百六十二名进士。授直隶固安县知县，邑离京师仅百里，一切田赋久为权谲者所淆乱，继立命清查，并计亩刻于石。以守城御敌功，补刑部主事，兼署都邑事，会锦衣卫诬良民为盗，继依法护民，百至不能夺。有抚臣以滇南事被逮，皇帝震怒，欲置诸死，继上言据法不至此臣死，不敢奉诏，疏入竟免死。嘉靖四十年（1561），至宣、大审查狱囚，只戮极恶者二人，余悉皆作其他处置。次年，迁本部员外郎，升郎中，办案无冤。嘉靖四十二年（1563），出为浙江嘉兴府知府，奏诛贪酷桐乡县知县。嘉靖四十四年（1565），改河南南阳府知府，严禁胥吏舞文为奸。穆宗即位，应诏上七事，即建皇极、惩遗奸、节冗食、重迁转、取弃遗、建四辅、停钞法，皆切时政。迁都转盐运使，督河东盐政，革除陋弊。隆庆四年（1570）致仕，筑遂闲园，与里中耆旧相娱乐。六十九岁卒。著有《遂闲园稿》等。

【朱　纲】（？—1577）字振甫。曹县人。嘉靖二十五年（1546）举人，翌年联捷三甲第一百六十四名进士。授福建晋江县知县，政绩丕著。应召赴京，涕泣攀留者数千人，为建生祠。擢河南道监察御史，又掌湖广道。先后巡按山西和苏、松、庐、凤等地，兴利除弊，考绩获最。以泗州祖陵功成赐白金。出为陕西按察司副使，分司关南道，剿平巨盗。隆庆二年（1568）三月，由四川布政司右参政,迁四川按察使。次年九月,迁浙江右布政使。隆庆四年(1570)十月,迁福建左布政使。隆庆六年(1572)七月,迁应天府尹。十月,迁都察院右副都御史,巡抚河南。奏建商丘书院以振士风,劾废逆藩以绝祸本。次年十月,以疾疏请致仕。万历五年(1577)卒,赐祭葬,祀乡贤。

【李先芳】(1511—1594)字伯承,号北山。祖籍四川监利县,移籍山东濮州(今属河南范县)。嘉靖十年(1531)举人,三甲第一百八十二名进士。授江西新喻县知县,行取户部主事,升至刑部郎中,改尚宝司丞。奉使册封德藩,迁本司少卿。以事被谪南直隶亳州同知,量移宁国府同知,被劾而归,遂不复出。自负才名,多所傲睨,谙晓音律,尤妙琵琶。壮年罢官,优游林下,享文酒声伎之奉四十余年。中进士之前,诗名已著。在部为官时,其与李攀龙、谢榛等辈倡诗社,后又加入王世贞、宗臣、梁有誉、徐中行、吴国伦。因先芳出为外吏,故不在李攀龙等"嘉靖七子"(后七子)之列。晚年语此,每愤懑不已。其与李攀龙并称"山东二李",邢侗亦最推重之。著述甚富,有《读诗私记》、《江右诗稿》、《李氏山房诗选》、《春秋辩疑》、《汉书注臆》、《老子本义》、《阴符经解》、《北山全集》、《东岱山房稿》、《拾翠轩杂纂》等,共十余种,达二百四十余卷。卒祀乡贤。大学士于慎行为铭其墓。

【李　豸】军籍山东济阳卫,乡贯山东齐东县(今属邹平县)。嘉靖二十五年(1546)举人,翌年联捷三甲第一百九十三名进士。授山西临晋县知县。

【刘应节】(1517—1591)字子和,号白川。潍县(今潍坊市)人。《明史》有传。嘉靖二十二年(1543)乡试经魁,三甲第二百名进士。授户部主事,出为河南怀庆府知府,改直隶顺德府,洁己惠民。以山西按察司副使,分治井陉兵备道,兼辖三关。嘉靖四十三年(1564),由陕西布政司左参政,擢都察院右佥都御史,巡抚辽东。隆庆元年(1567)五月,以丁忧服除后,起补巡抚河南,又改巡抚顺天。隆庆四年(1570)七月,升都察院右副都御史,仍任巡抚。旋以兵部右侍郎,兼都察院右佥都御史,总督蓟辽、保定军务。其奏罢永平、密云、霸州采矿,提出积贮、通漕建议和补兵备边之策,皆为经国大计。万历元年(1573)六月,擢都察院右都御史,兼兵部右侍郎,仍任总督。次年七月,又授南京工部尚书,旋迁京师兵部尚书,又改刑部尚书。锦衣卫冯邦宁,为大太监冯保侄,道遇不引避,应节叱之下。冯保不悦,会云南布政司参政罗汝芳奉表至京,应节出郭与之谈禅,给事中周良寅上疏参劾,应节与罗汝芳皆被罢职。万历十八年(1590)六月卒,赠太子少保。子元功,万历举人,知县。

【胡致和】平原县人。嘉靖二十二年（1543）举人，三甲第二百零一名进士。授户部主事。

【吕　萌】字承之。阳信县人。资性爽朗，学问宏博。嘉靖十九年（1540）举人，三甲第二百零八名进士。授工部主事，转兵部员外郎。以四川按察司佥事致仕。谦恭好义，与人无忤。解组后，陶情诗酒，兴至挥毫烟云满目，远近求书者接踵而至。有文名，著述散佚无存。

嘉靖二十九年庚戌科

本科录取：一甲三名，二甲九十五名，三甲二百二十二名。其中山东二十五名。

【张　荣】军籍山东登州卫，乡贯浙江鄞县。嘉靖十三年（1534）举人，二甲第二十五名进士。授刑部主事。

【阎光潜】字子章。东平州（今改县）人。嘉靖二十八年（1549）举人，翌年联捷二甲第六十二名进士。由户部郎中，出为直隶永平府知府。以陕西按察司副使，分巡西宁道。对相聚山中的饥民，光潜单骑前往，以信义劝谕皆散去。督抚上奏其功。以母老归养。伯父邻，嘉靖进士，大理寺少卿。

【范大儒】字子师。沾化县人。少有神童之誉。嘉靖十九年（1540）举人，二甲第七十九名进士。授湖广均州知州，升至山西按察司副使，分治口北道，调岢岚道。为加强边防，议修滑石涧柏杨岭为屏障。大儒在检查这项工程时，忽传敌至，人皆惊慌而逃，其却席地饮酒不动，实际上并无敌情，众服其卓识，论为"高人"。以疾告归，卒祀乡贤。

【吕　阳】军籍山西平阳卫，乡贯山东曹县。三甲第三名进士。

【王　价】军籍锦衣卫，乡贯山东胶州（今改市）。嘉靖二十八年（1549）举人，翌年联捷三甲第六名进士。仕至知府。子岳锡，万历进士，知府。

【李邦珍】（1513—1594）字同川。肥城县（今改市）人。嘉靖二十五年（1546）举人，三甲第七名进士。授行人司行人，擢浙江道监察御史，为政清廉。巡按顺天，擒巨盗，除仓弊。巡按福建，值倭寇猖獗，大肆烧杀抢掠，民不聊生。而守军将士却惶惧不安，丧失战斗锐气，世宗大怒，将巡抚夺职。邦珍奋然以军旅自任，命诸道兵屯要害，奏留戚继光为副总兵。半月之间，十次上疏，要求援助。朝廷派兵两万，前去助战，并拨金二十万两充作军饷。戚继光率兵与倭寇奋战，倭寇大部被歼，余者从海路逃遁。邦珍回京时，民众遮道挽留不得，绘《海岳澄清图卷》相送。隆庆二年（1568）三月，由大理寺左少卿，迁都察院右佥都御史，巡抚河南。隆庆四年（1570）十月，迁南京都察院右佥都御史，又进副都御史，提督操江，旋回籍听调。卒时，朝廷震悼，特遣山东布政司左参政汪应蛟前往致祭文。祀乡贤。

【郑存仁】匠籍山东临清州卫河提举司。嘉靖二十八年（1549）举人，翌年联捷三甲第三十一名进士。授监察御史。

【崔近思】滨州（今滨州市）人。嘉靖十六年（1537）举人，三甲第三十二名进士。由工部郎中，仕至山西按察司副使，充任井陉道。父巍，成化举人，府同知。

【王应璧】聊城县（今聊城市）人。嘉靖十三年（1534）举人，三甲第三十七名进士。仕至知府。

【张　蕙】号抑斋。平原县人。嘉靖二十八年（1549）举人，翌年联捷三甲第三十八名进士。授刑部主事，升至郎中。历四川按察司佥事、河南布政司参议。以按察司副使，先后分司昌平、甘肃道。又迁山西布政司参政，升按察使。所至新庙学，禁淫祠，擿奸伏，均徭赋，恤孤独，以廉明公恕称。隆庆五年（1571）三月，迁都察院右佥都御史，巡抚宁夏。因战乱不断，民多逃亡，城多毁坏。蕙经营缮治，招徕抚辑，裁抑强宗，民赖以安。其曾赋诗："一官报国心唯赤，万事无惭面不红。"次年四月去官归（《明代职官年表》载调外任），创修县志，志未成而卒。侄仁，嘉靖举人，知府。

【王用康】汶上县人。嘉靖二十八年（1549）举人，翌年联捷三甲第八十二名进士。仕至通政司参议。

【丘　橓】（1516—1585）字茂实，号月林。原籍寿光县（今改市），移籍山东诸城县（今改市）。家中甚贫，努力向学。嘉靖二十二年（1543）乡试亚元，三甲第八十六名进士。性强直好搏击，清节为时所称。授行人司行人，遣封庆藩，却受金币。擢刑科给事中。嘉靖三十四年（1555）七月，倭寇六七十人失道流劫，自太平直逼南京。南京兵部尚书张时彻等闭城不敢出，阅二日引去。监察御史劾张时彻及守备诸臣罪，张时彻上疏其事，词多隐护。橓劾其欺君罔上，张时彻及南京兵部侍郎陈洙皆被去职。时世宗久不视朝，严嵩专权，贿赂公行。橓言权臣不宜独任，朝纲不宜弛，严嵩深忌恨之。橓转户科给事中。劾山西巡抚杨宗气、巡按杨储，大计曲庇属员。复上疏言今日士风大坏者有六：谄卑、奢靡、请托、躁竞、干谒、贿赂，词甚激切。不久，劾严嵩党羽宁夏巡抚谢淮、应天府尹孟淮贪黩，皆被坐免。严嵩败，橓劾由严嵩进者顺天巡抚徐绅等五人，世宗为黜其三。徐绅被论死系狱。橓迁兵科都给事中。刚上任的湖广巡抚方廉，贿台省臣各五金，橓不受，而将其劾罢。劾南京兵部尚书李遂、镇守两广总兵平江伯陈王谟、锦衣卫指挥魏大经咸以贿进，魏大经下吏，陈王谟革任。浙江总兵官卢镗素贪暴，却以老病乞休，世宗已经允许，橓揭发其八罪，将其革职。嘉靖四十二年（1563），敌犯通州，蓟辽总督杨选被论罪逮斩。

樧偕其僚陈善后事宜，指切边弊。世宗以樧不早劾杨选，杖六十，斥为民。樧归，仅敝衣一箧、图书一肩而已。穆宗在潜邸闻而重之，曰："丘给事幸无死哉。"隆庆二年（1568），樧被起为礼科给事中，不至。遂改擢南京太常寺少卿，又进大理寺少卿。以丧子致疾免归。神宗立，言官交章举荐，但张居正恶之，不召。万历十一年（1583）秋，再起为右通政使。未上任，即改擢都察院左副都御史。以一柴车就道，既入朝，上陈吏治积弊八事，以图痛惩吏弊，挽回久坏之人心，振作方新之士气。神宗称善，下诏全国奉行，不执行者治罪。樧被升任刑部右侍郎。但诏下三月，却仍是"大官怒肆，小吏贪残，小民怨咨"。樧急愤万分，将生死置之度外，上疏直陈朝廷执法不严之事例，请求神宗罢斥自己，以儆有位。其言辞激烈而诚恳，神宗为之动容，便"优诏报之"。不久，樧奉命去荆州籍没已亡故的张居正财产，其不计前嫌，秉公执法，朝野交口称赞。回朝后，升刑部左侍郎，增俸一秩。遂拜南京吏部尚书，七十岁卒于官。赠太子少保，谥"简肃"，予祭葬。子：云章，嘉靖进士，知州；云肇，万历进士，知府。

【丘文学】祖籍江西永丰县，移籍山东博平县（今属茌平县）。嘉靖二十五年（1546）举人，三甲第八十七名进士。由行人司行人，擢监察御史。巡按北畿南四郡，值大旱之年，文学与抚台议赈，见其犹豫不决，遂毅然特疏上闻，诏发帑银数万两，数郡赖以存活。历陕西、山西、四川按察司佥事，仕至贵州布政司参议。归里，以俸银置产业，尽与其弟，乡人盛赞之。

【刘效祖】（1522—1589）字仲修，号念庵。滨州（今滨州市）人。寓居京师。嘉靖十九年（1540）举人，三甲第九十二名进士。授河南卫辉府司理，迁户部主事，屡迁陕西按察司副使。因恃才傲物，与时龃龉，被罢归。长于诗词，篇籍流传，禁中皆知其名。著有《四镇三关志》、《春秋窗稿》、《词脔》等。

【尹　庭】（1513—?）字子绍。肥城县（今改市）人。嘉靖二十五年（1546）举人，三甲第九十八名进士。初授河南郏县知县，治理为天下第一。擢湖广道监察御史，初建言，即连上七疏奏劾严嵩父子，触上怒，被廷杖罢归，直声震动朝野。卒祀乡贤。

【侯东莱】（?—1583）字儒完。掖县（今莱州市）人。嘉靖二十五年（1546）举人，三甲第一百零六名进士。屡迁陕西按察司副使，分巡西宁道。隆庆五年（1571）十一月，由陕西布政司右参政，迁河南按察使。次年六月，又迁陕西右布政使。万历元年（1573）二月，升陕西左布政使。次年六月，迁南直隶应天府尹。旋以都察院右副都御史，巡抚甘肃（县志误载为大同）。万历五年（1577）十二月，加兵部右侍郎，兼都察院右佥都御史，继续巡抚甘肃。在巡抚任上，连续长达八年。为官清正廉威，办事井井有条，受到军民拥戴，被目为名宦。万历九年（1581）二月致仕，两年后病卒，赐祭葬。

【路　楷】汶上县人。嘉靖二十二年（1543）举人，三甲第一百二十六名进士。授河南归德府推官，擢陕西道监察御史。鞑靼俺答攻破应州四十余堡，宣、大总督杨顺纵吏士杀良民冒功，楷初奏上，后受杨顺贿、承严嵩嘱，遂尽易前奏。事发，降改云南定边县典史。又因严嵩力，迁南直隶扬州府推官，改户部主事。坐贪纵削职。隆庆初被追劾论斩。高祖父迎，正德进士，兵部尚书；孙周道，万历进士，府教授。

【纪公巡】字行道。恩县（今属德州市）人。数岁能属文。为人孝友、刚直。嘉靖二十八年（1549）举人，翌年联捷三甲第一百四十六名进士。授行人司行人，擢礼科给事中，遇事敢言，毫无忌讳。出为直隶永平府知府，升山西按察司副使，充任蓟州道。改调陕西，整饬固原兵备道。适固原兵变，单骑往抚，遂得平息。迁山西布政司参政，筑城募兵，防卫不辍，边陲获安。升至陕西按察使，以疾归卒。

【宋继先】潍县（今潍坊市）人。嘉靖二十二年（1543）举人，三甲第一百四十八名进士。授陕西凤翔府推官，历户科给事中、通政司参议、浙江按察司佥事。

【栾尚约】胶州（今改市）人。嘉靖二十五年（1546）举人，三甲第一百五十一名进士。授山西道监察御史。高祖父瑄，永乐进士，知府；父骊，正德举人，知州（一说知县）。

【姚绍祖】军籍直隶德州左卫（域属山东）。嘉靖十六年（1537）举人，三甲第一百六十二名进士。授河南彰德府推官，持重老成，仁爱出于至诚，持法详明平恕，人无冤者。迁兵部主事，仕至员外郎。

【袁继业】《题名碑录》载姓彭，复姓袁。军籍山东胶州千户所，乡贯江西龙泉县。嘉靖二十五年（1546）举人，三甲第一百七十三名进士。授中书舍人，擢监察御史，巡行所至，剔厘奸弊。升河南南阳府知府，以善政著闻。迁太仆寺少卿。致仕，卒于家。祖父瓒，成化进士，刑部主事；兄继祖，嘉靖举人，知县；子学古，万历举人；孙胤隆，崇祯进士，未仕。

【王乔年】字耆卿。高密县（今改市）人。为人谨厚，不以贵骄人。嘉靖二十八年（1549）举人，翌年联捷三甲第一百八十八名进士。由直隶固安、河南扶沟县知县，屡迁山西布政司参议。所至一介不取，兴利除弊，诛锄强暴，境内肃然，颇有政声。戚党多待以举火。被祀扶沟名宦和本邑乡贤祠。

【丁希孔】招远县（今改市）人。嘉靖二十五年（1546）举人，三甲第一百九十七名进士。仕至户部郎中。

【丁永成】德州（今德州市）人。嘉靖十九年（1540）举人，三甲第一百九十九名进士。仕至户部郎中。

嘉靖三十二年癸丑科

本科录取：一甲三名，二甲一百零五名，三甲二百九十五名。其中山东三十一名。

【张志孝】字永锡，晚年自号逸适居士。济宁州（今济宁市）人。嘉靖二十五年（1546）举人，二甲第九名进士。授兵部职方司主事，以筑外城功升员外郎，改本部武选司。阅视蓟辽，抡选将吏，多中机宜。又由兵部职方司郎中，升光禄寺少卿，转太仆寺。嘉靖四十五年（1566）正月，迁都察院右佥都御史，巡抚大同。时边备久弛，将骄卒悍，志孝整严师律，宣布恩威，边备得以强化。后被左迁陕西按察司副使，以疾归，将士耆老攀辕遍道，至不得行。归里数年卒。

【曾　镒】军籍直隶德州左卫（域属山东）。嘉靖二十二年（1543）举人，二甲第三十四名进士。仕至陕西行苑马寺少卿。

【周时中】军籍广西桂林右卫，乡贯山东临邑县。二甲第七十九名进士。

【姜继曾】胶州（今改市）人。嘉靖三十一年（1552）举人，翌年联捷三甲第三名进士。授山西道监察御史，擢河南布政司参政。

【张巽言】字竹亭。益都县（今青州市）人。嘉靖十九年（1540）举人，三甲第四十七名进士。由吏部员外郎，仕至陕西布政司参政。

【杨世凤】军籍山东临清卫，乡贯山西绛州。嘉靖二十八年（1549）举人，三甲第五十五名进士。授河南河内县知县，高爽有风纪。岁荒，邑多逋赋，世凤以民贫赋重，上请减免，民感恩不忘。

【刘　廓】寿光县（今改市）人。嘉靖二十五年（1546）举人，三甲第七十名进士。仕至户部郎中。父承学，嘉靖举人，府同知；弟庚，隆庆进士，兵备道。

【杨君玺】军籍彭城卫，乡贯山东文登县（今改市）。嘉靖二十五年（1546）举人，三甲第八十三名进士。仕至两淮盐运使。

【潘子霓】军籍山东济南群牧所，乡贯山西蔚州。嘉靖二十八年（1549）举人，三甲第九十一名进士。仕至户部员外郎。侄雨，嘉靖举人，太仆寺少卿。

【王察言】祖籍山西马邑县，移籍山东朝城县（今属莘县）。嘉靖二十八年（1549）举人，三甲第九十七名进士。授直隶曲周县知县，守洁才优。改浙江嘉善县知县，行取南京刑部主事，升至郎中，以廉能著称。以疾卒于任所。父应，嘉靖举人，监察御史。

【温如春】军籍河南洛阳中护卫，乡贯山东益都县（今青州市）。三甲第一百零七名进士。

【呼为卿】军籍辽东定辽左卫，乡贯山东黄县（今龙口市）。嘉靖二十二年（1543）举人，三甲第一百一十七名进士。授户部主事。

【管嘉福】高密县（今改市）人。有文名，工书法。嘉靖三十一年（1552）举人，翌年联捷三甲第一百二十一名进士。仕至浙江台州府同知。兄嘉祯，嘉靖进士，吏部主事。

【黄作孚】字汝从，号切斋。即墨县（今改市）人。为诸生时，以孝闻名。嘉靖二十五年（1546）举人，三甲第一百五十八名进士。值严嵩当国，刑部郎中杨继盛上疏弹劾严嵩"十罪"与"五奸"，被下狱处死。作孚非常气愤惋惜，一日过严嵩门，朗诵杨继盛临刑赋诗："浩气还太虚，丹心照千古。生平未报恩，留作忠魂补。"严嵩闻知，对作孚忌恨在心。在作孚被授山西高平县知县时，严嵩欲赠之行，作孚不受。不久，作孚被罢归，高平人如失父母。严嵩败亦不复出。卒祀名宦和乡贤祠。

【李邦魁】高密县（今改市）人。博学能文。嘉靖三十一年（1552）举人，翌年联捷三甲第一百八十一名进士。授直隶唐山县知县，廉明慈惠，以劳瘁卒于官。其箧笥中，唯粗绸二端和俸银十余两，左右图书外无长物。

【周　滋】字伯霖，号海庄。军籍青州左卫（《山东通志》载作益都县），乡贯山东诸城县（今改市）。嘉靖二十二年（1543）举人，三甲第一百九十四名进士。授行人司行人，迁云南道监察御史，督理河东盐政，课倍于常格。以劾阁臣私人触忌，出为南直隶徽州府知府，豪贵侵夺学宫地，立将绳之以法，遂解官归里。为人端悫沉毅，有雅量。事母至孝，白首不衰。家居十余年，口不言在官时事，卒时门人私谥贞孝先生。

【崔孔昕】一作孔圻。字晋明。滨州（今滨州市）人。嘉靖二十八年（1549）举人，三甲第一百九十六名进士。初为南直隶镇江府、湖广黄州府推官，皆有治声。屡迁南直隶徽州府知府，惠民造士。转两淮盐运使，在任四载，节羡金五六万两，皆上交朝廷，清议重之。

【刘　祐】《题名碑录》载作祜。字淑修。掖县（今莱州市）人。嘉靖二十八年（1549）举人，三甲第一百九十七名进士。由府推官，擢兵科给事中，慷慨言事，无所曲挠。时严嵩擅权，值会试由进士选庶常，多以赇进和力援而成，祐疏陈严嵩通赂状，诏罢选取庶常。其又劾福建巡抚阮鹗为严嵩党，将其逮捕治罪，革职为民。隆庆元年（1567）十月，由浙江布政司右参政，迁都察院右佥都御史，巡抚大同。隆庆三年（1569）三月，冠带闲住。卒于家。

【李一科】字登庸。东平州（今改县）人。嘉靖三十一年（1552）举人，翌年联捷三甲第二百零五名进士。授河南杞县知县，徙南直隶江都县，入为吏部验封司主事。历官所入俸禄悉与两弟共用之。

【王　渐】潍县（今潍坊市）人。嘉靖三十一年（1552）举人，翌年联捷三甲第二百零七名进士。授河南确山县知县，以廉洁称。入为监察御史，有直声。所至奖廉抑贪，墨吏望风解绶。仕至陕西按察司副使。晚年里居，慎交游，一介不苟，乡人重之。

【祝尧焕】字文征。濮州（今属河南范县）人。嘉靖三十一年（1552）举人，翌年联捷三甲第二百一十七名进士。初授行人司行人，擢南京河南道监察御史，弹劾不避权贵。累迁陕西按察司副使，治兵备边，边陲以安。升湖广布政司右参政。归里，与李先芳共修《濮州志》。

【成守节】字子安，号甘斋。祖籍山西太谷县，移籍山东曹州（今菏泽市）。嘉靖二十八年（1549）举人，三甲第二百二十三名进士。授直隶元氏县知县，兴学校，护善良，平赋清讼，不数月而治。时大祲，奸盗魁，赈贫民。以公事入疆，民送行随车泣曰："生我父母也。"先后为河南道、京畿道监察御史。巡按芦沟，劾部使不职；巡按宣、大，除武弁奸赃；巡按江西，清军输改折之弊。为监察御史，禁侈封，正纲纪，纠贪引廉，务推实政。迁大理寺丞，审狱多所平反。以病卒于官。祀元氏名宦祠与本州乡贤祠。

【王汝言】军籍武骧左卫，乡贯山东滨州（今滨州市）。嘉靖二十八年（1549）举人，三甲第二百二十七名进士。仕至通政司参议。

【徐耀宗】蒙阴县人。三甲第二百二十九名进士。授府推官。

【吴思敬】德州（今德州市）人。嘉庆二十八年（1549）举人，三甲第二百三十八名进士。仕至部郎中。

【田三戒】德州（今德州市）人。嘉靖十六年（1537）举人，三甲第二百四十名进士。授户部主事。

【杜　璿】丘县（今属河北省）人。三甲第二百五十五名进士。

【王文政】潍县（今潍坊市）人。嘉靖二十五年（1546）举人，三甲第二百七十五名进士。授直隶大兴县知县。

【侯　祁】字应文。郓城县人。嘉靖二十八年（1549）举人，三甲第二百七十八名进士。初授直隶深泽县知县，旋调山西荥河县。入为兵部职方司主事，升至车驾司郎中。出为湖广岳州府知府。隆庆元年（1567），主持重修县志。

【杜　栋】字孔材。即墨县（今改市）人。嘉靖二十八年（1549）举人，三甲第二百八十五名进士。由兵部郎中，出为河南怀庆府知府，仕至长芦盐运使。

【丁盛世】字子逢，号东泉。寿张县（1964年撤销，分属山东阳谷县和河南范县）人。嘉靖二十二年（1543）举人，三甲第二百九十名进士。其受知于殿阁大学士徐阶，甚被器重。初授户部浙江司主事，监管通州仓，出纳惟允。丁母忧，起复工部营缮司主事。又丁父忧，起补南京户部河南司主事。时浙江粮运丛脞，朝议遣廉干官员往视盘查。盛世被加员外郎，特授举劾权，星驰受事，入境肃然。以病卒于嘉兴官署。盛世为人忠厚，诚悫端方，正直持己，孝老亲胞，被称纯笃君子。

嘉靖三十五年丙辰科

本科录取：一甲三名，二甲九十名，三甲二百零三名。其中山东二十五名。

【田　稔】字庆甫，号有庵。高唐州（今改县）人。少聪颖能文。嘉靖二十八年（1549）举人，二甲第十名进士。授户部主事，榷税淮南，峻却羡余。出为四川保宁府知府，值土酋不靖，镇以威望，多设方略，使土酋望风逃遁。以不能阿媚当路，徙贵州思南府知府，任职三载，教化大行。告归时，箧中唯图书而已。其与弟共同生活在一起，直到终年。所教子孙皆可为后世楷模。卒祀乡贤。

【杨　锦】（1533—1602）字尚䌹，号月川。益都县（今青州市）人。世业农耕。嘉靖三十四年（1555）举人，翌年联捷二甲第十八名进士。授河南汝州知州，岁饥请赈全活万人。升户部员外郎，管东官厅事，剔宿弊，清漕政，上官赖之。出为山西按察司佥事，分守河东道。平夏县矿盗。裁属县里甲冗差千余人，岁省万金。升陕西布政司参议兼按察司佥事，分守河西道（驻庆阳）。庆阳地处极边，物产凋敝，军饷缺乏，锦严加稽考，疏通盐法，商人毕集，粟米充裕。嘉靖四十五年（1566），边陲有战事，客兵数万往来防击，独至庆阳则刍粮立办，士马得宿饱。延绥巡抚王遴举荐锦有备边御侮才，升按察司副使，兵备靖边，督修靖堡两处，边墙一百四十里，边内人始得安枕。奉命代管河西道，半月之内，将流劫三省的反明势力扫平。迁山西布政司左参政兼按察司佥事，分治蓟州兵备道，修边台一百二十座，种杂树四百四十七万余株。隆庆四年（1570）十月，擢山西按察使，旋以都察院右佥都御史，巡抚甘肃。次年九月，以功受赏，升俸一级。隆庆六年（1572）七月，被调外，降改布政司参政、兵备道。万历元年（1573）七月，冠带闲住。县志载：在巡抚甘肃任上，丁忧归，旋奉母不出，年方三十余岁。著有《汝州志》、《抚甘奏议》、《家珍集》、《惜金日录》、《克复编》等书。万历三十年（1602）卒，年六十九。子邦宪，万历进士，都察院右佥都御史、巡抚。

【张梦鲤】（1533—1597）字汝化，号龙池。莱阳县（今改市）人。父梦大鱼跃梁上，为子起名梦鲤。幼奇俊，无他好，好书，日诵千言，应对机锋骇发，为文大佳，令师避席。嘉靖三十四年（1555）举人，翌年联捷二甲第五十七名进士。授户部主事，监太仓，榷浒墅，一尘不染。改兵部武库司，迁职方司员外郎，升车驾司郎中。以廉洁名，门可罗雀。出为河南开封府知府，为政果敢，治绩卓著。有官员送"赎镂"与"奇羡"，皆遭痛斥和杖遣。迁陕西按察司副使，兵备靖边，所筑塞垣一百二十里，以功被赐金绮。擢山西布政司右参政，主理督饷。受巡抚举荐，历江西按察使和山西右左布政使，所至惩恶扬善，兴利除弊，颂声大著。万历六年（1578）十二月，迁都察院右佥都御史，巡抚顺天。万历九年（1581）二月，以都察院右副都御史，改巡抚甘肃。是年四月，迁大理寺卿。时张居正秉权，梦鲤独无加礼，受到张居正忌恨，即上疏言病告归。仕宦三十年，清操自持，家园仍荆扉槿篱。家居十余年，力田睦族，人称为龙池先生。六十五岁卒于家，予祭葬，谥"恭简"。著有《文绣阁诗草》、《文绣阁文草》各一卷。子嗣诚，万历进士，按察司佥事；孙载征，尚宝司丞；曾孙重曜，崇祯举人。

【毛自道】平原县人。嘉靖二十二年（1543）举人，二甲第六十一名进士。授户部主事，升至郎中。出为山西平阳府知府，升湖广按察司副使。工诗。

【姜廷瑞】字国信。掖县（今莱州市）人。嘉靖二十八年（1549）举人，二甲第六十三名进士。授兵部主事，升至郎中。屡迁山西布政司参议。卒祀乡贤。子兆齐，万历进士，户部郎中。

【解明瑞】字希父，号春宇。军籍直隶建阳卫，乡贯山东莘县。嘉靖二十五年（1546）举人，二甲第八十七名进士。授户部主事。

【马文健】巨野县人。幼家贫，性耿介，不妄交游，专心坟典。嘉靖三十四年（1555）举人，翌年联捷三甲第六名进士。授监察御史，执法不阿。以年例出为四川按察司佥事，屡立战功，威震一方。以忤中贵罢归。居家三十余年，杜门不与外事，未曾私刺公庭。八十三岁卒。

【方　岳】字南湖。军籍山东莱州卫，乡贯湖广麻城县。嘉靖二十八年（1549）举人，三甲第十七名进士。授山西大同府推官，执法如山。升兵科给事中，直声动一时。历陕西按察司佥事、浙江布政司参议。为人负刚直气，为里人所尊敬。

【曹一麟】字伯桢。安丘县（今改市）人。嘉靖二十八年（1549）举人，三甲第四十六名进士。授南直隶吴江县知县，以代督他县逋赋，忤权贵拂袖归。其言行不苟，动必循礼度。兄弟俱先殁，一麟抚育诸侄一如己子。诸亲娴贫者，生有粟帛，殁有赗赙。晚年益恂恂谨厚，多施惠于乡。弟一凤，嘉靖进士，光禄寺少卿。孙铨衡，天启进士，知县。

【李用荧】高唐州（今改县）人。嘉靖三十一年（1552）举人。三甲第五十七名进士。

【侯廷柱】府志载作廷桂。字子任。诸城县（今改市）人。为人乐于交往，循循有矩度。嘉靖三十一年（1552）举人，三甲第五十八名进士。授山西襄陵县知县，有贤声。擢户科给事中，转刑科。时刑部尚书冯天驭负虚望，只是与殿阁大学士徐阶相厚善。廷柱上疏弹劾，徐阶大怒，将廷柱外调河南南阳府知府，尚未赴任，又借京察，将廷柱革职。廷柱叹曰："穷通命也，忌我者何能为？"及归，日游山水间，结友作赋，陶冶性情。六十四岁卒。其诗文存世很少，唯存"怪石铭"，该石背刻铭记云："一拳之石，千仞之精，而能寿，惟吾德贞。"父璧，弘治举人，知州。

【韩　志】军籍四川泸州卫，乡贯山东鱼台县。三甲第七十一名进士。

【胡汝桂】字芳甫。金乡县人。嘉靖三十四年（1555）举人，翌年联捷三甲第一百零一名进士。时议选部曹台省官员，以逾壮为格。汝桂为年龄不及格者，却被掌铨者力主选入刑部主事，旋迁吏部。在吏部十年历四司，升至郎中。两遇京察，清操凛然，选择官员一概谢绝请托，上官不敢嘱以私。由太常寺少卿致仕。宣统《山东通志》载，累官刑部侍郎（《明代职官年表》未见载）。居乡不履公庭，闭门著述，服食如寒素。其好学沉潜，与江右诸公讲阳明之学，海内推为真儒。著有《读易杂言》、《河图解》诸集。卒祀乡贤。

【温如璋】又作汝璋。军籍河南洛阳中护卫，乡贯山东益都县（今青州市）。三甲第一百零五名进士。从县志所载隆庆进士刘庚传记中知：如璋曾为浙江巡按御史，执法如山，上奏将致死人命的太常寺少卿之子，论罪如法。

【王嘉言】临淄县（今淄博市临淄区）人。嘉靖二十八年（1549）举人，三甲第一百一十七名进士。授直隶东明县知县，调江都县，以善理烦剧称。升户部主事，充裕国课，利商便民。以忤权要归里。

【张　铭】字文粹。胶州（今改市）人。嘉靖三十一年（1552）举人，三甲第一百二十三名进士。授户部主事，榷税江西九江关，以卓厉廉明著闻。为同官所忌，受流言蜚语中伤，被左迁州同知。子汝元，万历举人，户部主事；孙桂征，崇祯举人；曾孙懋熺，崇祯进士，监察御史。

【武建邦】馆陶县（今属河北省）人。嘉靖二十五年（1546）举人，三甲第一百三十名进士。

【商　诰】字右川。平原县人。嘉靖二十二年（1543）举人，三甲第一百三十四名进士。授直隶肥乡县知县，升兵部职方司主事。奉命守山海关，以御敌之功，被赐白金。擢本部员外郎，以山西按察司佥事，分司蓟州道。

【张大业】字新所。军籍直隶德州左卫（域属山东），乡贯山东阳信县。嘉靖三十四年（1555）举人，翌年联捷三甲第一百三十六名进士。授南京太常寺博士。本当升迁，以不阿附严嵩，而改户部主事。奉使河西公务，有平乱之功。擢河南府知府，多有惠政。升湖广按察司副使，平金洞土酋，被赐银币。襄藩欲陷良民，大业予以平反。其与张居正弟张居易不协，遂拂衣而归。家居三十年，屡荐不起。

【孙梦豸】昌邑县（今改市）人。幼英敏，克敦孝让。嘉靖三十四年（1555）举人，翌年联捷三甲第一百四十八名进士。授河南灵宝县知县，以循良称。擢河南道监察御史，言事不讳，侃侃有风裁。出为湖广岳州府知府。以疾乞归，屡荐不起。

【傅思明】博平县（今属茌平县）人。嘉靖十六年（1537）举人，三甲第一百六十四名进士。由知县迁兵部主事，升员外郎，先后出为四川、陕西按察司佥事。祖父瑾，永乐举人，州通判。

【陈忠翰】字思翊，号寅轩。濮州（今属河南范县）人。嘉靖二十八年（1549）举人，三甲第一百八十六名进士。授太常寺博士，迁刑部主事，升至郎中。奉旨恤刑山西，多所平反。升河南按察司副使，以铁面无私称。因官衙失火，被论回籍。家居三十余年，布衣蔬食，诵读不辍。著有《知非子集》、《省身便览》、《耕余稿》、《拟古集》、《日录杂记》、《五岳志诗》等。

【蔚　钟】县志载姓尉。字龙田。寿光县（今属改市）人。嘉靖二十八年（1549）举人，三甲第一百九十一名进士。仕至工部郎中。

【任福民】乐安县（今属东营市）人。三甲第二百名进士。

【李时渐】字伯鸿，号磐石。寿光县（今改市）人。嘉靖二十八年（1549）举人，三甲第二百零三名进士。授户部主事，监兑浙江，尽剔宿蠹，漕政一清。出为湖广岳州府知府，筑堤防水，练兵御盗，多善政。以失误被降职，未几，复为浙江台州府知府。此地濒海，倭患时发，时渐策励将士，截获倭船，立有海防之功。擢陕西按察使，旋被诬罢归，时论冤之。时渐处之澹然，自号梦觉生。著述较多，有《三台文献录》二十三卷和《潇湘漫兴稿》、《翠微楼稿》、《应索稿》、《梦觉录》、《赤城杂篇》、《古文学约》各一卷。子之奎，万历举人，知县。

嘉靖三十八年己未科

本科录取：一甲三名，二甲八十五名，三甲二百一十五名。其中山东二十七名。

【曹一凤】字伯仪。安丘县（今改市）人。嘉靖三十七年（1558）举人，翌年联捷二甲第三十三名进士。授南京户部主事，督赋湖湘间，多方区划，不苛不纵，楚人感激。由本部员外郎，升吏部考功司郎中，考察留都官员，鉴别精当，时论称平。其常曰："吾生平之行，无以逾人，非其力不食，非其知不为而已。"未几，擢河南按察司副使，命未下卒。兄一麟，嘉靖进士，知县。

【田汝颖】字登芝，号圃泉。阳信县人。嘉靖三十四年（1555）乡试解元，二甲第八十五名进士。授刑部主事，升兵部员外郎、郎中。历江西布政司参议、河南布政司参议、河南按察司副使、四川布政司左参政，所在政声丕著。五十一岁卒，祀乡贤。

【雷稽古】字汝征。恩县（今属德州市）人。嘉靖三十七年（1558）举人，翌年联捷三甲第十六名进士。授山西平阳府推官，谳狱多平反。擢监察御史，上疏即焚其草。在巡按湖广时，张居正欲夺藩封地，拒绝不与。被左迁南京大理寺（县志未载明职务），毫不介意。又转南直隶应天府丞，掌管织造事。时有诏勿派民间，而公帑匮诎，稽古悉心措办，无间昼夜，遂以疾告归，相隔一年卒。为官清操劲节，二十年如一日。其性孝友鲠介，居家严戒五事，并题写于壁曰："不举放私债，不嘱托公事，不买卖官物，不告害平人，不吞谋田产。"如同在官一样，馈谒声乐皆屏绝。

【甄　沛】字汝泽。鱼台县人。资性沉静，仪度闲雅。为诸生时，即有以天下为己任之志。嘉靖二十八年（1549）举人，三甲第二十三名进士。授河南开封府推官，精明果决，老吏不能欺。旋擢南京工科给事中，独立敢言，皆切军国重务，直声动海内。时工部尚书朱衡，以谷亭旧河难治，改凿新渠，自夏镇达南阳，工役繁多，颇有怨声。沛具疏言之。朱衡害怕阻其大计，遣亲信征求沛的意见，沛乃言："鱼台小邑，既有捞浅夫役，又有黄河口夫，不堪重累。"朱衡为免黄河口夫，遂为永例，桑梓赖之。仕至江西布政司参议。弟津，与沛同榜进士，刑部郎中。时有"二惠竞爽"之誉。

【宿　度】字二山。掖县（今莱州市）人。嘉靖三十四年（1555）举人，三甲第二十七名进士。据《明代职官年表》载：万历二十五年（1597）七月，由山西布政司右参政，迁陕西按察使。县志载：官浙江布政司参政，以晋阶太仆寺卿致仕。性清介，张居正当国，招之不往，更加受人推重。卒祀乡贤。

【公一扬】号亦山。蒙阴县人。幼承家学。三甲第三十一名进士。授大理寺评事，出为河南裕州知州，升工部都水司郎中。著有《闲音集》。逝世后，其家族呈请批准，为其建荣世坊。祖父勉仁，弘治进士，巡抚；父奎跻，嘉靖进士，按察司副使；兄一载，知县；侄家臣，隆庆进士，南京户部主事；侄孙鼐，万历进士，礼部侍郎。

【随承业】省志载姓隋。县志载作成业。聊城县（今聊城市）人。嘉靖三十四年（1555）举人，三甲第五十五名进士。仕至知府。

嘉靖三十八年己未科

【李迁梧】字凤冈。安丘县（今改市）人。为人磊落刚方。嘉靖三十七年（1558）举人，翌年联捷三甲第五十七名进士。授南直隶吴江县知县，与民休息，科条一切罢去。民有陈诉道旁，片语立决，爱民如父母。岁暮放囚而归，及春如期而回。岁祲，蠲赋以活民命。上官对他的这些举动严加监督，且携囚服前往欲加追究，但都被其说服。迁梧操守廉介，不名一钱。有巡按监察御史至县，因供应不备而愤怒，突入县庭及后堂，见故榻敝帷，旁有废簏两只，不设锁具，遂愧叹而去。入为户部主事，升至郎中。督蓟镇军储，羡金悉以归公，一尘不染。出为陕西西安府知府，以丁忧去。旋授山西大同府知府，有部使者至，欲屈之跪，迁梧仅一揖而出。部使羞愧愤怒，以事中伤之。当别调另任，迁梧笑曰："吾可以微罪去矣。"即拂衣而归。家居十余年，县官不识其面，唯好与人饮酒。有人劝其再仕，迁梧不应，辄饮人以酒。五十余岁卒。

【李　江】（？—1598）军籍锦衣卫，乡贯山东武定州（今属滨州市）。嘉靖三十七年（1558）举人，翌年联捷三甲第六十二名进士。万历六年（1578），由四川布政司右参政，迁四川按察使。万历八年（1580），由四川右布政使，迁广东左布政使。万历十一年（1583），以都察院右副都御史，巡抚湖广。万历十四年（1586），迁南京刑部右侍郎。万历十七年（1589），以疾告归。万历二十六年（1598）病卒。

【岳　相】寿光县（今改市）人。仗气好奇。嘉靖三十七年（1558）举人，翌年联捷三甲第七十二名进士。授南直隶武进县知县，御倭备荒，俱有方略。由任职兵部转尚宝司卿，以正言忤当道，被谪南直隶凤阳府通判。累迁光禄寺少卿。又与阁臣意不合，以病告归。居家不治生产，栖身茅茨，衣食仅足，而慷慨好赈施。与人少应接，喜为方外游。暮年得疾旅次，至家而卒。时人论其大节，屡以刚直得罪柄臣，实伟男子也。

【石　星】(1538—1599) 字拱宸，号东泉。直隶东明县（1963年划归山东菏泽专区）人。嘉靖三十七年（1558）举人，翌年联捷三甲第八十名进士。授行人司行人。穆宗即位，授吏科给事中。疏陈保圣躬、讲圣学、勤视朝、速俞允、广听纳、察谗谮六事。劾太监滕祥为奸事，连遭杖击几死，经乡友工部员外郎穆文熙搭救得生，被斥为民。因里中纷传星已毙杖下，其元配郑氏闻之触柱而死。数年后，被起用为原官，历升尚宝司少卿、大理寺右少卿、南京太仆寺卿。因不满张居正专权告归。张居正死，被重新起用，由太仆寺卿，迁都察院左佥都御史，协理院事。又历升都察院左副都御史、兵部右（转左）侍郎和工部尚书兼太子少保、户部尚书。适边疆多事，改兵部尚书兼少保，以乞赐剑平宁夏致仕副总兵哱拜据城反叛之功，世袭锦衣卫正千户。日本进攻朝鲜，朝鲜求援。星信妄人沈惟敬言，"欲以一使胜百万兵"，力主封贡议，谓封丰臣秀吉为日本国王，即可了事。及封事败，被夺职，下狱诛死。妻子亦被戍瘴乡。著有奏疏、诗文若干卷。

【刘宗岱】历城县（今济南市）人。嘉靖三十一年（1552）举人，三甲第八十六名进士。仕至陕西按察司副使。

【王君赏】字汝懋，号四山。淄川县（今淄博市淄川区）人。生而聪慧非常，刻苦攻读不懈。其叔父赞称"吾家千里驹也"。嘉靖三十七年（1558）举人，翌年联捷三甲第一百零七名进士。授中书舍人，擢浙江道监察御史，举劾不避权贵，丰骨棱棱，有埋轮之风。巡视河东盐政，剔蠹胥，锄豪强，盐政以清。奏报时视往例溢额数万，悉出用于屯田和修府学，归来不持一钱。奉命巡按秦中，与张居正告别，张居正嘱曰："秦抚与我有儿女姻亲，闻其为政失僚属心，幸为周旋之。"君赏对曰："秦抚而贤也，敢不唯命是听，若其不贤，亦岂敢枉朝廷之法。"抵任后，遂将秦抚弹劾罢职。张居正愤怒，借京察将其以微罪谪许州通判。半年，即改河南开封府推官，以"铁面冰心"称。次年，入为刑部主事，升员外郎、郎中。以浙江按察司佥事，充任水利道。浙江滨海多水患，君赏筑塘捍潮，不辞劳苦，治理有方。被调秦州治兵，兵安辑。擢陕西行苑马寺卿，在职一年，疏乞终养。归田后，辟园东郊，建水竹亭，与客酹饮弹琴赋诗，盖进退行藏洒如也。年过古稀，无疾而终。

【曹自守】字伯化，一字迈庵。茌平县人。早孤，事母至孝。少聘张氏女，未娶而瞽，其父请罢婚，自守迎娶，里人高其行。嘉靖二十二年（1543）举人，三甲第一百一十三名进士。授南直隶吴县知县，政通人和，俗故奢靡，在任三年，自奉俭约，不购一丝，不宴客。以治行入为吏部主事，升员外郎，检擿诡牒，吏胥无敢因缘为奸。以早衰不乐郎署，乞请外任，授江西按察司副使，分巡饶南九江道（驻饶州），纠墨吏，散客兵，饬纪贞度，郡邑翕然。以病卒于官，祀乡贤。

【黄　纬】益都县（今青州市）人。嘉靖三十四年（1555）举人，三甲第一百二十三名进士。授山西榆次县知县，有政声。

【刘一孚】字贞甫，一字海山。益都县（今青州市）人。颖悟嗜读。嘉靖三十一年（1552）举人，三甲第一百四十名进士。授四川富顺县知县，务持大体，不为苛细，而事皆办好。邻邑有达官某，家居见宾客甚傲慢，一孚独不往，及入觐适某为政，乃被调河南仪封县知县。会河决大祲，一孚筑堤防，蠲租税，政声大起。迁顺天府推官，行取户部主事。久之，升本部员外郎、郎中。嘉靖中，有言官论督臣侵匿兵饷，诏逮其子孙于狱数十年，资产皆尽，终无以偿，一孚请尚书上疏其状，予以释放。京察未得升职，有人谓其一谒要人，可立得所缺，一孚不为。万历四年（1576），擢四川布政司参议，西南少数民族构隙相杀，建昌兵备道议举兵诛之，一孚力主不可用兵，不听用兵果败，人皆服其先见。两年后，升江西按察司副使。告归，十余年卒。一孚性坦率，喜饮酒。居官三十年，操守耿介，不挠不折，为时人所称道。子其远、其速皆万历举人。

【何思谨】字仲勉，号沭滨。莒州（今属日照市）人。三甲第一百四十一名进士。授浙江海盐县知县。性刚正，不阿权贵，未一载，被免官。其杜门著述，诗酒自娱，六十七岁卒。著有《沭滨文集》传世。

【吴教传】《题名碑录》载作教傅。朝城县（今属莘县）人。自幼孝友廉敦，经史淹贯。嘉靖三十七年（1558）举人，翌年联捷三甲第一百六十名进士。初任行人司行人，屡上弛封之疏。改礼部主事，克襄建储之典。出为浙江按察司佥事，擒妖僧，抑豪贵，官民畏服，不敢干以私。补云南按察司佥事，有恶宦子，以人命行贿馈数千金，企图移罪他人。教传斥责道："生者获免，死者何辜？枉法徇情，如神明何！"其坚决拒受，依法处置。以伉直不容于时谢政归。兄道传，嘉靖举人，知县；弟中传，万历进士，按察使。

【杨　津】字汝问。诸城县（今改市）人。嘉靖三十七年（1558）举人，翌年联捷三甲第一百六十二名进士。授南直隶常州府推官。

【程鸣伊】乐安县（今属东营市）人。少承家学。嘉靖三十一年（1552）举人，三甲第一百六十三名进士。授南直隶兴化县知县，爱民好士，垦荒劝农，流亡归附者数千家。历至陕西按察司副使，振法纪，锄豪强。入京为太仆寺卿。工古文词。父绅，嘉靖进士，按察司副使。

【邢　邦】号小岩。临清州（今改市）人。嘉靖十三年（1534）举人，历经二十五年，方考取三甲第一百六十五名进士。授南直隶潜山县知县，屡迁四川布政司参政。为官二十载，以公清著。父秉仁，嘉靖进士，都察院观政；子其任，万历进士，按察司副使；孙泰吉，天启进士，户部员外郎。

【尹　约】平阴县人。嘉靖三十四年（1555）举人，三甲第一百七十八名进士。

【张希稷】高苑县（今高青县）人。嘉靖二十八年（1549）举人，三甲第一百八十三名进士。仕至山西布政司参议。

【高大化】沂水县人。嘉靖三十一年（1552）举人，三甲第一百八十八名进士。授南直隶江阴县知县，刚正不阿，以忤权贵归里卒。

【甄　津】字汝问。鱼台县人。赋性孝友，器宇恢宏。嘉靖三十四年（1555）举人，三甲第一百九十名进士。授南直隶句容县知县，徙无锡县，俱以惠政闻。升至刑部郎中，每遇大狱，多所平反。父母去世后，事兄如亲老，从无倦意。兄沛，与其同榜进士，布政司参议。

【郭大纮】省志载作大伦。军籍锦衣卫，乡贯山东博兴县。嘉靖元年（1522）举人，历经三十八年，方考取三甲第二百零九名进士。仕至户部郎中。

【张　诩】军籍山东登州卫，乡贯直隶兴化县。嘉靖二十八年（1549）举人，三甲第二百一十五名进士。授户部主事。

嘉靖四十一年壬戌科

本科录取：一甲三名，二甲八十五名，三甲二百一十一名。其中山东二十三名。

【陈　烨】（1530—？）字光宇。诸城县（今改市）人。为诸生有志行。赴乡试时，时任知县杨继盛对其很器重，设筵相送。嘉靖三十四年（1555）举人，二甲第五十二名进士。授工部虞衡司主事，榷浙江南关商税，力除夙弊。历本部屯田司员外郎、郎中，奉使督修永陵，以劳绩擢直隶真定府知府，被劾降知州。又迁南京刑部郎中，出为陕西延安府知府。陕西巡抚荐其称："为三边不群之才，诸郡循良之最。"以按察司副使，分巡延宁道。其力饬边政，捕获妖僧，惩治巨盗，数百里倚为长城，被玺书褒奖。以七十高龄致仕。去时，军民绘《巡边图》以献，并立碑颂其德。居乡与当地名士日啸吟超然台上，作《西社八友歌》。工诗文，存有《诗文集》四卷。主修《诸城县志》。父良相，岁贡，工书。

【丁应璧】字为章。寿光县（今改市）人。嘉靖三十七年（1558）举人，二甲第六十一名进士。授南京户部主事，转兵部。值振武兵变后，军心骄悍，朝议欲分其党，莫敢先发。应璧悉心筹划，假借他事，先去其黠鸷者，其恶势渐孤，乃出令分插各伍，无一人敢哗，朝野内外称其能。出为江西南昌府知府，时按察使檄捕大盗余艮，舞文者以金良易之，应璧讯得实情，予以揭穿。被举卓异加三级，先后整饬徽宁池太兵备道和嘉湖兵备道，练兵修备，以积劳卒于官。子秉廉、秉彝（知州）皆万历举人。

【张九歌】字东河。曹州（今菏泽市）人。嘉靖三十四年（1555）举人，二甲第七十一名进士。由户部主事，屡迁陕西按察司副使，分巡陇右道，有能声。致仕归，周恤乡党，童叟莫不近之。卒祀乡贤。子瑶，万历进士，知县；曾孙锷，崇祯举人，好古能诗，居丧哀毁卒。

【张希召】高苑县（今属高青县）人。嘉靖三十一年（1552）举人，二甲第七十七名进士。仕至陕西行太仆寺卿。

【杜　辂】字从殷。泗水县人。嘉靖四十年（1561）乡试第八名举人，翌年联捷三甲第二名进士。初授中书舍人，升至刑部郎中。擢河南按察司副使，分巡汝南兵备道。其清姿玉立，耿介绝俗，精于吏职，治狱平允，无所阿从。以忠正素蒙圣眷，奉命清狱山西，多所平反，内外仰重。但其性淡泊，薄于世味，见柄臣相倾，旋称病求退，不再复仕，时称"真清修之士"。卒于家。兄时，嘉靖举人。

【王　谟】军籍河南颍州卫，乡贯山东东平州（今改县）。三甲第十六名进士。

【孙以仁】军籍山东登州卫，乡贯南直隶昆山县。嘉靖三十四年（1555）举人，三甲第二十一名进士。授河南开封府推官，仕至监察御史。

【辛应乾】（1521—1593）原名子厚。字伯符，号顺庵。安丘县（今改市）人。家中富有，常解衣赠金助贫。嘉靖三十一年（1552）举人，三甲第四十一名进士。授山西长治县知县，以善断案著称。任前，县有王某与妻崔某在南寺避雨，淫僧暗把王某杀死，将崔某藏于密室，并霸占为妻。案发后，诉讼两年，不得解决。应乾至，经过探查走访，以掌握的确凿证据，一审即决。以卓异行取户部浙江司主事，出为直隶永平府知府。万历八年（1580）三月，由山西按察使、兵备道，先后升山西右左布政使。十二月，迁都察院右佥都御使，巡抚山西，严督各关文武官员。其日行远塞，与士卒同甘苦，操练军马，整理器械，修筑城池墩台关堡，储备军饷，预侦敌情，依为长城。万历十一年（1583）二月，迁南京兵部右侍郎，改左侍郎，协理戎政。万历二十一年（1593）夏病卒，赠兵部尚书。其善诗好文，著有《三命全书》、《观象玩占》、《劝善录》各若干卷，《官迹图》一册。

【王嘉祥】字兆兴，号乾峰。莘县人。早孤，至孝。稍长每遇父忌日泣涕不食。事伯父如父。谨遵母训，从不敢妄交游和贪杯勺，以恐伤母心。母卒，哀毁濒死，三年不食酒肉，每哭感动邻里。天性谨慎，每做事善始善终。嘉靖三十七年（1558）举人，三甲第四十三名进士。授山西临晋县知县，改河南陈留县。任内不事奢华，饭蔬藿羹自给，士民颂其廉洁。入为工部主事，升至郎中，督理营缮工程，选择原材物料，力改旧弊，中官难以从中插手为利。以奉派外出，顺便路过故里而卒，祀乡贤。曾祖父琮，成化举人，知县。

【刘　早】胶州（今改市）人。嘉靖二十八年（1549）举人，三甲第四十七名进士。授咸宁县知县（陕西、湖广皆有咸宁，未明所隶），洁己爱民，节省妄费。以考最升南京刑科给事中。

【栗　祁】字子登。夏津县人。早孤，由母教其读书，诸生时即文誉蔚起。嘉靖四十年（1561）举人，翌年联捷三甲第一百一十七名进士。授南直隶徽州府推官，有聚徒格斗讼十余年不决，祁至反复劝谕，而得到化解。迁南京户部主事，榷税杭州，廉慎无与相比。出为浙江湖州府知府，轻徭平赋，不为苛条以烦耳目，吏民安然，民为立德政碑。擢山西按察司副使，兵备怀隆，缮治屏障，秣马训兵，居三年，外敌不敢近塞。又升布政司参政，行边大臣荐其才，拟大用。未几，以疾卒于官，军民追思建威爱祠祀之。

【萧大亨】(1532—1612) 字夏卿，号岳峰。泰安州（今泰安市）人。体貌奇伟。嘉靖四十年（1561）举人，翌年联捷三甲第一百三十六名进士。授山西榆次县知县，累迁户部郎中。奉命驻陕西花马池，整修城防，督饷监兵。归途中闻母卒，赤脚不食，徒步日奔百里，哀毁骨立。服阕，在边疆各省担任布政司、按察司官员近二十年。万历八年（1580）四月，由山西布政司右参政，升都察院右佥都御史，巡抚宁夏。次年四月，又改巡抚宣府。万历十三年（1585），升都察院右副都御史，仍任巡抚。其在两地任巡抚达八年之久，调度井然，恩威并著。万历十五年（1587）回京，迁兵部右侍郎，兼都察院右佥都御史，协理戎政。奉旨护送潞王赴藩，一切裁以法，中官不敢妄为，道中肃然。万历十七年（1589），以都察院右都御史，兼兵部右侍郎，总督宣、大，加太子太保。其在军中享有威望，人称"福神"。从万历二十三年（1595）五月起，先迁刑部尚书，兼署兵部事；后又任兵部尚书，兼署刑部事。其间，又加柱国少保。万历三十六年（1608）致仕。四年后病卒，年八十一，予祭葬，赠太傅。著有《家训》、《今古文钞》、《文章正宗》、《岳峰萧公奏议》、《封藩纪略》、《夷俗记》等行世。子：和中，太仆寺少卿；协中，顺天府治中，战死。

【李　苘】号环洲。寿光县（今改市）人。嘉靖四十年（1561）举人，翌年联捷三甲第一百三十九名进士。屡迁按察司副使，分司霸州道。著有《墨池篇》四十卷、《人物志》六卷。兄芊，嘉靖举人。

【朱崇道】字惟勤，号前渠。费县人。工诗词。提学王某，试以"风乎舞雩"题，崇道有"吹面不寒"之句，得到大加奖赏。嘉靖三十一年（1552）举人，三甲第一百四十一名进士。授南京太常寺博士，转刑部福建司主事，升广东司员外郎，解冤狱，有清节。以乞养老人归，卒祀乡贤。父绅，弘治乡试亚元，知州。

【王之垣】(1527—1604) 字尔式，号见峰。新城县（今桓台县）人。嘉靖三十七年（1558）举人，三甲第一百四十五名进士。授湖广荆州府推官，藩王不法杀人，之垣捕王左右十余人，王怒，不为所动。擢刑科给事中，裁抑中官贵豪，劾诚意伯贪横宰执，有人讽谕，力持不可。又历大理寺左少卿、南京太仆寺卿、京师太仆寺卿、顺天府尹。万历五年（1577）十二月，迁都察院右副都御史，巡抚湖广。万历八年（1580）十月，迁户部右侍郎，改左侍郎，正色立朝，事上接下皆以至诚，有古大臣风。万历十二年（1584）八月称疾归里，不再复出。置祭田以赡族人。万历三十二年（1604）十一月卒，年七十八，赐祭葬，赠户部尚书，祀乡贤。著有《历仕录》（详记其劾诛何心隐事）、《摄生编》、《炳烛编》、《百警编》、《基命录》、《念祖约言》、《惺心楼三编》、《瑯琊游记》。父重光，嘉靖进士，布政司参议；弟：之辅，嘉靖举人，户部员外郎；之城，隆庆恩贡，府同知；之猷，万历进士，按察使。子：象乾，隆庆进士，兵部尚书、总督；象晋，万历进士，布政使。

【陈　宪】字子遵。莱阳县（今改市）人。资性颖敏。嘉靖三十四年（1555）举人，三甲第一百五十七名进士。授湖广石门县知县，改浙江崇德县。擢山西平阳府知府，以儒术缘饰吏事，多惠政。母丧归卒。

【李与善】字子齐。长清县（今济南市长清区）人。嘉靖三十一年（1552）举人，三甲第一百五十八名进士。授直隶宁津县知县，改山西洪洞县，所至轻徭薄赋，劝礼兴乐。以卓异升刑部主事，又改兵部。秉公奉法，廉而有威，颇有曾祖父之风。出为四川按察司佥事，升至山西按察司副使。致仕后，家中房屋已荒变，值秋雨滂沱，撤卧席遮挡之。其敦孝友，尚德义，平日虽言呐呐若不出口，但至行事则侃侃不阿，清操懿行，令士林推服。曾祖父纲，天顺进士，漕运总督兼巡抚，著名循吏。

【李　勋】军籍南京旗手卫，乡贯直隶德州左卫（域属山东）。三甲第一百六十二名进士。任职通政司（州志未载明职务）。

【陈廷芝】军籍忠义后卫，乡贯山东黄县（今龙口市）。嘉靖四十年（1561）举人，翌年联捷三甲第一百六十九名进士。授湖南道监察御史。

【王嘉宾】字国光，号越峰。滕县（今滕州市）人。幼时，并不好显能诵诗，但见祖母操家常责备母亲，便从旁诵诗和说解，祖母喜爱孙儿聪明懂事，自是遂对母亲宽容起来。弱冠时，由嘉靖二十八年（1549）举人，考取三甲第一百八十四名进士。授南直隶太湖县知县，因政尚廉平，办事周密，名声渐渐大起。以卓异擢南京河南道监察御史。世宗时，给事中周怡，参劾严嵩被下狱废官，及穆宗即位，被召起太常寺少卿，复以言事忤旨降职。嘉宾率诸监察御史上疏论救，侃侃数千言，谓方以直言擢升，又何能以直言获罪。神宗即位，在亲近宦官的渐渐诱导下，在宫中游戏玩乐，戎衣走马，荒废朝政。给事中石星疏谏切直，神宗怒而将其廷杖。嘉宾上疏言有七不可，直声动朝内。久之，神宗愈益娱乐，调取户部农用水利专款，大量采购珠宝，在宫内无限度地赏赐，致使户部受困告急，竟还要议置三中丞，分部海内屯盐，以此搜刮钱财，一时人心惶惶。嘉宾上疏极言不可，予以阻止，神宗纳其言，此事得罢。值三年大察官吏，吴中丞特请留用嘉宾主持大察，其又陈六事，部议采纳。朝廷方予超拔任用，适逢嘉宾同诸给事中上疏宦官织造事，疏中有语冒犯某尚书，遂将其出为南直隶宁国府知府。时白莲教聚众起事，嘉宾安排敢死士兵，一鼓擒其魁首董代等十余人，散其余党。在宁国二年，治行为诸郡之最。其连遭父母丧，服除，补直隶大名府知府，节财、兴学、训农一如宁国时。升山西按察司副使，在赴任过里途中，于嘉祥县馆舍会客时，突发病而卒，年五十三。祀乡贤。弟：元宾，嘉靖进士，知府；利宾，隆庆举人，工诗，未仕卒。

【马文炜】（1533—1602）字仲韬，号定宇。安丘县（今改市）人。少孤贫，以孝闻。嘉靖四十年（1561）举人，翌年联捷三甲第一百八十六名进士。授河南确山县知县，以卓异擢监察御史。因查办案件忤严嵩，被贬出京，为湖广德安府知府。未久，迁湖广按察司副使，分巡荆南道，革除流弊，整肃军纪，训练乡勇。重修荆江江堤，百姓称"马公堤"。万历九年（1581）五月，由湖广右参政，迁按察使。又迁江西右左布政使。皇帝遣宦官为张居正治第，豪仆横行，文炜缚治之。万历二十年（1592）二月，以都察院右佥都御史，巡抚江西。其刚正不阿，令行禁止，亲自制定规约十条，严令照办。遭诬陷，被调南京另有任用，文炜力辞告归。居家从事著述。曾主纂第一部《安丘县志》。万历三十年（1602）七月病卒。子从龙（工科给事中）、应龙（礼部郎中）同为万历二十年（1592）进士；孙长春，顺治举人；曾孙澄，顺治进士。

【穆文熙】字敬甫。直隶东明县（1963年划归山东菏泽专区）人。有才名，工诗文。嘉靖四十年（1561）举人，翌年联捷三甲第二百零五名进士。授行人司行人，升左司副。又迁工部、礼部员外郎。在工部时，乡友吏科给事中石星，因弹劾太监滕祥被杖几死，文熙趋救，入谒缇绮二帅曰："公死给事，使主上有杀谏臣名。则不佞，笔不朽。公等为国爱直臣，为万世目爱。"二人感悟，石星得不死，朝野称其气节。以吏部考功司员外郎，出为广东按察司副使。著有《逍遥园集》等行世。

【王　辇】字子侍。阳信县人。嘉靖三十一年（1552）举人，三甲第二百零九名进士。以按察司佥事，充任苑马寺少卿。父利，正德举人，工部郎中。

嘉靖四十四年乙丑科

本科录取：一甲三名，二甲七十七名，三甲三百一十四名。其中山东三十七名。

- 【王　基】(1538—1607) 字启亨，一字对沧。军籍山东青州左卫。嘉靖三十四年（1555）举人，二甲第二十一名进士。授户部主事，督通州马房，不屈服于中贵，宿弊尽绝。升本部员外郎、郎中，时有阁臣欲罗致为私人，基不往，故被左迁两江盐运同知。旋擢山西大同府知府，会代藩有大狱株连日众，久而不决，基审理极速完毕，按察使叹为神明。由山西按察司副使，升布政司右参政，分守河东道，治平阳，练兵马，稽保甲，理冤抑，振饬官吏，存恤孤穷，境内大治。丁母忧，服阕，补原官。修蒲州河古石堤，自是无河患。万历十三年（1585）九月，由湖广布政司参政，迁按察使。又先后迁浙江右左布政使。万历十六年（1588）七月，以都察院右副都御史，巡抚大同，吏民怀德畏威，边境帖服。基拒受其举荐镇将所谢。代藩遣中使深夜敬献一罂珠宝，基将其叱退。万历十八年（1590）八月，又加兵部右侍郎，转左侍郎，仍巡抚大同，引疾归。万历二十六年（1598）八月，再起南京刑部右侍郎。万历三十二年（1604）九月，迁南京户部尚书，兼都察院右副都御史，总督粮储。以病上疏乞归，神宗慰留，且命自择其子之贤者为官。基谢辞曰："臣不能以衰骨为子孙易官也。"次年七月致仕。万历三十五年（1607）十一月卒，年七十，赠太子少保，赐祭葬。著有《云中奏议》若干卷。孙荃可，顺治进士，监察御史。
- 【丘云章】字伯卿。诸城县（今改市）人。幼聪慧，书史一涉即能记忆。工行草书。嘉靖四十年（1561）乡试第三名举人，二甲第三十八名进士。授直隶深州知州，除积弊，杜馈遗，修滹沱河堤岸，仅二十五岁卒于官。父橒，嘉靖进士，南京吏部尚书；弟云肇，万历进士，知府；侄充志，万历进士，布政使。
- 【王子蕙】字乐秋。阳信县人。嘉靖三十七年（1558）举人，二甲第五十五名进士。仕至山西布政司参议。
- 【光　懋】字子英，号吾山。阳信县人。聪明仁恕，奥学通才。嘉靖三十四年（1555）举人，三甲第二十四名进士。历兵、户、吏三科都给事中，累谏议，识大体，所论驿马等疏，国史记载。所上《奏请节用疏》，痛陈输入不足，支出过度，国库空虚。其在疏中建言"财于无益之事不费，无用之地不施，无功之人不赏"。出为河南布政司左参政。致仕。与太仆寺卿震川先生最友善，常以文字相投赠。孙浚，庠生，工诗，善画山水兰石，尤善草书。曾孙岳奇，工诗文，明亡，废弃衣冠，披发佯狂，投井而死，著有《旦复旦传奇》。

【随　府】省志载姓隋。鱼台县人。嘉靖四十三年（1564）举人，翌年联捷三甲第三十一名进士。授部主事，升至山西按察司副使（一说佥事），为兵备道时，政治严明，有神君之目。父鸥与兄荫，皆嘉靖举人，知县。侄镐，武举人，以军功升任知县。

嘉靖四十四年乙丑科

【王象坤】字子厚，号中宇。新城县（今桓台县）人。嘉靖四十三年（1564）乡试解元，翌年联捷三甲第四十七名进士。授河南杞县知县，以卓异不断得到升迁。从万历十三年（1585）始，历江西布政司参政、按察使、浙江右布政使、山西左布政使。所至以实心行实政，兴利除弊，伸冤理枉，有古社稷臣风。卒祀乡贤。著有《火经》一卷。弟象泰，万历乡试亚元。

【周　继】字志斋。历城县（今济南市）人。嘉靖三十七年（1558）举人，三甲第五十二名进士。授直隶任丘县知县，历南京太常寺少卿、太仆寺卿、直隶顺天府尹、太常寺卿。万历十六年（1588），迁都察院右副都御史，巡抚应天，创设条鞭法，疏奏报可，天下便之。镇压自称"顺天安民王"的刘汝国起事，被赐银币。万历十八年（1590）四月，迁南京户部右侍郎，总督粮储。为官爱士恤民，与诸生讲艺谈道不倦，士习翕然丕变。县志将其入方伎列传，称其尤精阳宅之术。在应天时，以阳宅之术，改修儒学文庙，撤学门砖屏，易以树木，且云来春留都必发大魁，果然连续出现两个殿试第一，一个会试第一。由此，众皆以为神。著有阳宅书若干卷。

【徐维楫】军籍锦衣卫，乡贯山东武定州（今属滨州市）。嘉靖四十三年（1564）举人，翌年联捷三甲第六十名进士。授府通判。

【赵慎修】字敬思，一字清廓。胶州（今改市）人。嘉靖三十四年（1555）举人，三甲第六十六名进士。授南直隶盐城县知县，多惠政。擢兵部主事，选职方司郎中。出为南直隶扬州府知府，有廉明声。修筑大堤三百余丈，以利漕运和灌溉。以事去任，后补直隶大名府知府，旋升河南按察司副使，充任驿传道。以亲老告归。著有《清廓诗集》。祖父从龙，弘治举人，府同知；父完璧，由例贡入监，府通判，著有《海壑诗文集》。子效，万历进士，刑部观政。

【赵　焞】字子明。号缉斋。平原县人。嘉靖三十七年（1558）举人，三甲第六十九名进士。授直隶长垣县知县，惩治慓猾，抚慰良民，均平赋役，屡决疑狱。

以考最擢河南道监察御史，巡按广东，剔珠池番舶之厉，及归不持一珠。由江西布政司参议，转陕西按察司副使，充任苑马寺卿，掌牧马之政令。至任清牧屯，足刍豆，数年马大番休。万历八年（1580）四月，迁山西按察使，遂改陕西按察使，仍管苑马寺卿事。以事被谪南京苑马寺少卿。又迁陕西布政司参政，分守陇右道。所驻巩昌土燥乏水，往往掘井数十丈，亦不见水。惇治邻郡古淤河，引水至本郡中，配套支渠，灌溉田地数千亩，民以永利，名曰"赵公河"。又改福建布政司参政，加按察使衔，分守建南道。以年老告归，倡建三阁，完善学宫。向大吏建言减轻本邑繁重徭役和所征数量太多的戎马。卒祀乡贤。侄时成，万历举人；孙见图，崇祯进士。

【韩应元】字云卿。历城县（今济南市）人。嘉靖三十七年（1558）举人，三甲第七十四名进士。初为南直隶无锡、山西怀仁县知县，所至厘正祀典，均平夫役，皆有章可循。入为大理寺评事，改兵部主事，屡迁山西布政司左参政，以功蒙赏。卒祀乡贤。

【丁惟宁】（1548—1616）字汝安，号少滨。祖籍海州，移籍山东诸城县（今改市）。父纯，岁贡，为县教谕。惟宁秉承家学，嘉靖四十三年（1564）举人，翌年联捷三甲第七十七名进士。授直隶清苑县知县，遇事敏练，无留牍，被举治行第一。以母丧归，服除，补山西长治县知县，此地善织，请蠲织室之供。被行取四川道监察御史，侍讲经筵。巡按直隶，真定有白莲教狱，株连千余人，惟宁按之，悉为宽释。巨珰冯保欲让巡抚旌表其乡人，惟宁执不可。时张居正柄国，诸路使者多望风希旨，惟宁无所禀受，张居正为此很不高兴。惟宁被出为河南按察司佥事，治巩县河患，擒私开矿山作乱祸首。万历七年（1579），又以陕西按察司佥事，分巡陇右道。改调江西布政司参议，移疾归。万历十四年（1586），又起督饷陕西，旋授按察司副使，兵备郧襄。郧襄广袤数千里，宗藩岳祠多无名请乞，惟宁节裁过半。时郧阳巡抚李材好讲学，遣步卒供役生徒，又改参将公署为书院，引发官兵激烈矛盾冲突。参将米万春胁持李材上疏嫁祸罪归惟宁及知府沈铁等人。惟宁被贬官三级。旋补官陕西凤翔，不就而归，年仅四十余。居家近三十年，益折节自修，六十九岁卒。子耀亢，顺治贡生，知县，能诗，著有《丁野鹤诗钞》、《赤松游》、《表忠记》、《天史》、《续金瓶梅》等；子耀心与孙大谷，皆崇祯举人，抗清守城殉难。

【沈　渊】（？—1575）字子静，号澄川。新城县（今桓台县）人。嘉靖四十年（1561）举人，三甲第八十一名进士，选庶吉士，授检讨。充会试同考官。神

嘉靖四十四年乙丑科

宗即位，进翰林院编修。以母丧归，起复故职。擢国子监司业，摄大司丞，矩度甚严，国学为之改观。万历三年（1575）病卒，诏守臣临祭，祀乡贤。著有《澄川诗集》二册和《中秘稿》一册。

【赵　焕】（1542—1619）榜载作宦。字文光，号吉亭。掖县（今莱州市）人。《明史》有传。嘉靖四十三年（1564）举人，翌年联捷三甲第九十一名进士。授浙江乌程县知县，继任工部主事、监察御史、顺天府丞、都察院左佥都御史。时首辅张居正专权，其父死，按例应归家守丧，诸多监察御史交章请留，但焕独不署名。万历十四年（1586），应神宗求言诏，向神宗进言，言辞恳切，被嘉纳。自万历十四年（1586）五月起，先后任工部右侍郎、吏部右侍郎、吏部左侍郎。万历十七年（1589）七月，以疾归。万历二十一年（1593）五月，起用南京都察院右都御史，以亲老辞。时焕兄燿（都察院佥都御史，辽东巡抚）亦乞修归养，经吏部议，燿为长子，封疆已久，准其归乡。焕被擢为刑部尚书，因疏救大将李如松和浙江巡按彭应参，忤旨失帝意，旋称病还乡。不久，又将起用南京都察院右都御史和南京吏部尚书，皆不就。家居十六年，于万历四十年（1612），又由工部尚书，改为刑部尚书，兼署兵部，又改兼署吏部。是时，神宗怠于政事，曹署多空，内阁唯一叶向高，六卿仅焕一人，户、礼、工三部只有一个侍郎，兵部连侍郎也没有，都察院八年无正官。其多次上疏要求增补官员，神宗皆留中不报。是年八月，神宗任用焕为吏部尚书，采纳其意见，诸部补侍郎四人，又选补给事中十七人，监察御史五十人。时朝臣党争渐纷，唯焕守正不阿，对凡喜事者，悉予罢黜。焕素有清望，本无派别，因与东林党的政治主张相左，多次遭劾，屡次上疏告归，神宗皆优诏慰留。其请去益力，遂叩首阙前，出城待命，坚称病重，遂弃官归里。万历四十六年（1618），齐党亓诗教势盛，以焕为乡人老而易制，引为吏部尚书，时已七十七岁，既至，一听诗教指挥，素望益损。辽东告警，焕率群臣至文华门，请求神宗临朝议政，神宗置之不理。翌年病卒，年七十八，赠太子少保，祀乡贤。

【张一通】字汝达。直隶宁津县（1964年划归德州专区）人。嘉靖四十年（1561）举人，三甲第九十四名进士。初为山东章丘、阳信和河南辉县知县，贤声屡著。万历初，行取工部营缮司主事，升至郎中。奉命会同抚按三司等官，预算修理显陵祾恩殿等处，一通殚思区划，务使造作如法，财无虚费，甚称上旨。旋升河南南阳府知府，政平讼理，吏畏民怀，有循良之誉。由陕西按察司佥事，改陕西行苑马寺少卿，敕令驻劄靖远卫，整饬兵粮道事务。其持廉奉法，正已卒属，大力清肃仓场，纠察官邪，督缮边堡，修整器械，整理屯田，功绩卓著。

【王　湘】(1528—1593)字太清，号竹阳。军籍山东济宁卫，乡贯山东平度州（今改市）。嘉靖三十四年（1555）举人，三甲第一百一十一名进士，选庶吉士，改监察御史，巡按顺天。入掌内外典察，不避权贵。以忤张居正出为陕西按察司副使，迁浙江布政司右参政。从万历十年（1582）五月起，历浙江、陕西按察使和湖广右左布政使。诏遣锦衣卫，籍没张居正家，湘辅以宽大无所株连。万历十五年（1587）九月，迁南京太仆寺卿，转大理寺卿。万历十七年（1589）二月，回籍听用。湘为人老成练达，恬于进取。万历二十一年（1593）二月卒，年六十六。赐祭葬。子用霖，万历举人。

【郑　杰】历城县（今济南市）人。嘉靖四十年（1561）举人，三甲第一百二十一名进士。授南直隶吴江县知县。

【匡　铎】字淑教，一字松野。官籍山东胶州守御千户所，乡贯南直隶海州。嘉靖三十七年（1558）举人，三甲第一百二十三名进士。历直隶涞水县、山西洪洞县、河南新郑县知县，关心民间疾苦，减少百姓徭役、税银负担，多有惠政。擢监察御史，迁兵科给事中（匡氏族谱作刑科左给事中），弹劾不避权贵，风裁大著。太监冯保与张居正合谋逐阁臣高拱，又欲中伤嫁以奇祸。铎约科道监察御史谒阁臣张居正，正色曰："顾命元臣不宜罗织损国体。"虽事得寝，而张居正怀恨之。铎被外改直隶大名府知府，为消除漳、卫两河水患，于府城北三里筑长堤二十余里，百姓感激，呼为"匡公堤"。铎再次被贬湖广夷陵州知州，又移河南南阳府同知，怡然尽职，无迁谪意。张居正卒，铎擢刑部郎中，出为陕西按察司佥事，兵备宁夏。以疾归，修嘉树园以娱老，七十八岁卒。祀大名府名宦祠和本州乡贤祠。祖父翼之，成化进士，苑马寺卿；子延年，崇祯进士，中书舍人。

【王元宾】字国贤，一字国宾，号对峰。滕县（今滕州市）人。嘉靖四十三年（1564）举人，翌年联捷三甲第一百二十九名进士。授直隶蠡县知县，邑民以梨枣为业，左右人请征春夏税。元宾道："为父母者，主要应该合民心意，梨枣尚未熟，何不少需之。"虽然催科迟缓，但民感其德，无以图报，临期输纳争先恐后。上官知其贤，委以巡边，稽核悉饬，将吏中无敢侵牟者。大吏对其越加器重。所在邑中有一大珰，密讽元宾为其建坊，元宾不应。元宾屡课称最，当擢监察御史，却因此大珰从中作梗，而仅迁大理寺评事。到任后，常与在朝为官而志同道合的同年进士陈五岳、归震川等讲千秋之业,切磋诗文书法。元宾工诗擅书,皆有开创。其博求古法帖,临摹不倦,得欧阳询之骨力,而媚姿横生,绝无俗气。数年后,授江西道监察御史。有中官弟犯杀人罪,请求庇护,元宾拟以命抵偿,中官侧目而视,怀恨在心。有汉阳府知府,用重金贿赂巡视省中某公,元宾知其奸欲奏劾,邯郸张国彦将此案推给元宾。汉阳知府为建极殿大学士徐阶女婿和建极殿大学士高拱门生,徐、高二人执权相逼,事已昭宣,势不可掩,元宾据实上奏。元宾巡按京畿四郡,见有供奉逾礼,即予斥劾,对酷吏贪官毫不宽容。事竣,迁湖广承天府知府。父丧告归,服除,补南直隶宁国府知府。张居正当国,元宾被罢归。后补云中节推,值徐阶再度执政,遂又被罢职。元宾洒然无愠色。居家创一精舍,题之曰"晤言堂",游息其间。见园中长有几株灵芝,更名为"茹芝园",与二三同志盘桓松下,更唱酬和,不减江右风流。著有《滕志》、《茹芝园集》等。兄嘉宾,嘉靖进士,按察司副使;弟利宾,隆庆举人,工诗,未仕卒。

嘉靖四十四年乙丑科

【董三迁】昌邑县(今改市)人。嘉靖四十三年(1564)举人,翌年联捷三甲第一百三十名进士。授山西榆次县知县,清勤爱民,搏击豪右,因不容于时,久不得升迁。后改为陕西延安府通判,未抵任归。

【张　焕】字懋文。益都县(今青州市)人。端凝敏悟,博览群书。嘉靖三十七年(1558)乡试解元,三甲第一百三十九名进士。授山西长治县知县,行取南京户科给事中,奏除积役等五事。巡视营务,条奏重将权、存客兵等五事。署工科给事中,又陈理财六事。诸奏皆如议行。劾应城伯孙文栋胺削营兵,将其夺职。海道久阻,督运强说可行,人米没溺无数,用焕所言,罢停海运。时阁臣互相排陷,任人唯亲,打击异己。焕独中立不阿。万历三年(1575)四月,擢南京尚宝司卿。万历六年(1578)正月,迁南京鸿胪寺卿。万历九年(1581)四月,迁都察院右副都御史,巡抚南赣,擒乱首,破谋反,治绩颇著。在任八月,丁忧归。卒赐祭葬。著有《虚白堂诗草》。子彦芳,万历武进士。

【陈可大】历城县(今济南市)人。嘉靖四十三年(1564)举人,翌年联捷三甲第一百四十名进士。仕至工部郎中。

【臧惟一】(1542—1607)字守中,号理轩。诸城县(今改市)人。性情刚毅,才华出众。嘉靖四十三年(1564)举人,翌年联捷三甲第一百六十三名进士。授南直隶宿松县知县,调太湖县,皆治行第一。擢户部主事,改吏部,升稽勋司员外郎,兼署文选司。受殿阁大学士高拱器重,升稽勋司郎中。万历元年

（1573），以母病告归。旋丁母忧，服除补原官，遂调文选司郎中。时张居正柄国，吏部升迁官员，尚书必伺其意旨，独惟一持不可，尚书亦难改其主张。在新、旧选郎中时，所旧选郎中为张居正近戚，尚书数次相造请，惟一屏绝不与相通。不久，升太常寺少卿，署正卿事，充经筵讲官，奏释疑狱数十人。万历九年（1581）春，扈驾阅兵，神宗赐红罗鸾带。是年九月，由大理寺左少卿，迁太仆寺卿，转光禄寺卿，节浮费以百千计。虽有提升都察院佥都御史的机会，但被张居正阻止而未获。张居正势败，其党附皆被斥去，惟一却超然其外。万历十一年（1583）二月，擢顺天府尹，拒绝权贵请托。次年七月，迁都察院右副都御史，巡抚河南，持大体，除苛细，与民休息。遇旱灾，惟一请免租赋，令郡县开仓赈饥，民无流亡。有农户母牛产下状似麒麟的牛犊，越宿而毙，知县欲以瑞祥之物上报朝廷，被惟一阻止。此事传入内廷，神宗遣人立取进览，惟一疏谏："这实际上是个牛犊怪胎，世上哪有麒麟？安邦定国，皇上爱民，官吏尽职，上下同心治理天下，这才是真正的上天赐福啊！"疏上不报，忤帝意去官。万历二十七年（1599）五月，起为南京兵部右侍郎，治理骄悍之兵，士气大振，秩序井然。维修泊船，打造新船，沿海诸军战力大大提升。万历三十四年（1606），以患痹病乞归。次年九月卒，赐祭葬，赠南京工部尚书。其八子中，尔劝，万历进士，兵部侍郎；尔昌、尔寿抗清战死。

【李学诗】字淑言，号前峰。东阿县人。为人修伟有仪，简重朴雅。十九岁而孤，游学自给。嘉靖四十年（1561）举人，三甲第一百六十四名进士。授山西阳曲县知县，升河南开封府同知，行取兵部武选司郎中。为吏正直无私，法在必行，不避权贵，即使上官下令，凡有不便于民者，亦必再三执请如法，否则不会停止。上官知其正直，对其亦相信重用。阳曲有富人犯法，请以财自赎，学诗道："财者彼之所轻，法者吏之所重，奈何以吾我重易其所轻。"终将犯法者置于法。学诗武选典铨数年，不放过秋毫之弊，禁绝属吏为奸欺诈，选人乃不敢行贿官吏。其积劳成疾，请告归里，卒于舟中。著有《李氏家训》、《忠孝录》。

【钱　楷】字范之。冠县人。少称神童，博涉群书。嘉靖四十三年（1564）乡试亚元，翌年联捷三甲第一百八十七名进士。初为山西安邑、河南临颍县知县，俱有惠政。历户、工、刑三部主事，升至刑部郎中。出为直隶河间府知府，升陕西按察司副使。性刚直，不谐俗，常忤权贵，不惧怕，被罢归。居家十余年卒。喜吟咏，著有《万玉亭集》。卒祀乡贤。父济，宣德举人，监察御史；子允灿，万历进士，知县。

【马三乐】字克性。阳信县人。嘉靖四十三年（1564）乡试亚魁，翌年联捷三甲第一百九十七名进士。授贵州道监察御史，风裁凛然，不避权贵，所上疏皆关军国大计。隆庆五年（1571），三乐会同各道监察御史及六科给事中，上《奏请薛文清从祀孔子庙庭疏》，被允准。以按察司佥事，充任陕西行苑马寺少卿。

【阎　漳】蓬莱县（今改市）人。嘉靖三十七年（1558）举人，三甲第二百零八名进士。由主事仕至苑马寺少卿。

【顾　绶】临清州（今改市）人。嘉靖二十五年（1546）举人，十九年后，考取三甲第二百零九名进士。仕至直隶顺德府知府。

【马应梦】字士征。曹州（今菏泽市）人。嘉靖四十年（1561）举人，三甲第二百二十七名进士。授南直隶池州府推官，改直隶河间县知县。居官宽平仁恕，昭雪积冤，全活甚众。擢监察御史，巡按广东。适有倭患，即檄兵斩获千余，海氛靖息。对各种反明势力，督抚惮举兵议招安，应梦上疏督兵讨平之。屡迁陕西布政司参议。因过里门时，有应梦门人沈思孝上疏论张居正夺情事，被杖过曹州，应梦馆留调理，张居正闻之，借京察将其以他事降调。张居正卒，应梦由直隶霸州通判改山西潞安府推官，迁户部主事，转礼部。又出为陕西按察司佥事。历有显绩，以布政司参议致仕，进阶三品。八十岁无疾终。

【丁懋儒】聊城县（今聊城市）人。嘉靖二十二年（1543）举人，历经二十二年，方考取三甲第二百五十三名进士，仕至知府。能诗文，著有《浯溪三颂》、《巽曲山房集》、《家世诗》。高祖父志方，洪武进士；曾祖父琏，成化举人，知县；伯祖父，孔暲，正德进士，布政司参政。

【杜其萌】字于先。滨州（今滨州市）人。嘉靖二十八年（1549）举人，三甲第二百五十八名进士。授浙江处州府推官，务矜慎，秉公直，不徇嘱托，为遭盗矿者诬陷的青田县百姓叶十三等十余人昭雪。署缙云县事，将当地为非作歹的豪门家仆绳之以法。又署青田县事，革除盐商用量器损害百姓的行径，严惩夺士妻、占民田的凶恶势力。以卓异行取刑部主事，升湖广司员外郎。青田为其立祠，处州将其入名宦祠。

【薛志义】滨州（今滨州市）人。嘉靖四十三年（1564）举人，翌年联捷三甲第二百六十二名进士。授户部主事，仕至四川马湖府知府。

【贾　馆】单县人。嘉靖三十一年（1552）举人，三甲第二百七十三名进士。授刑部主事，升员外郎。出为湖广按察司佥事。居官清约，拙于逢迎。致仕，囊箧萧然。好为人急难，邑秀拔士子不能自存者，即延至家中，予以资助，颇受赞誉。

【张　澜】冠县人。嘉靖三十四年（1555）举人，三甲第二百七十五名进士。《聊城人物大辞典》载，曾任户部主事、岳州知府、太仆寺卿（《明代职官年表》未见载）。父铁，嘉靖进士，布政司参政。

【魏　勋】（约1522—?）号后山。祖籍山西阳曲县，移籍山东临朐县。嘉靖二十五年（1546）举人，三甲第二百八十一名进士。授河南项城县知县，以廉平著。入为户部主事，屡迁通政司参议。以清正自持，不附显要，每日赴司署治官事，归即掩户吟咏，罕与朝士征逐，厌恶奔竞，淡视荣利。为人温雅周慎，人不见其喜愠之色。以病卒于官，身后略无余财，家室贫穷，久之才归葬故里。

【陈应荐】青城县（今属高青县）人。嘉靖二十八年（1549）举人，三甲第三百零八名进士。授工部虞衡司主事，升营缮司员外郎、都水司郎中，督理漕运，时称便利。出为南直隶常州府知府。为官廉洁，拒收馈金。家居不言人过，而胸中泾渭井如，人服其清介有守。子于尧，万历举人，知县。

【王肇林】字少溪。掖县（今莱州市）人。嘉靖三十一年（1552）举人，三甲第三百一十四名进士。授刑部主事，升至郎中。父都，弘治举人，府同知。

隆庆二年戊辰科

本科录取：一甲三名，二甲七十七名，三甲三百二十三名。其中山东三十八名。

【胡来贡】（？—1610）字天中。军籍山东莱州卫，乡贯南直隶泰州。嘉靖四十年（1561）举人，二甲第八名进士。授刑部主事，升至郎中。出为山西平阳府知府，与民休息。以山西按察司副使，分治怀隆，所请修边城，增营汛，禁清凉山樵采，多被大吏采纳。又升山西按察使，整饬岢岚兵备道。万历十年（1582）十一月，以都察院右佥都御史，巡抚大同。万历十三年（1585）九月，升都察院右副都御史，仍巡抚大同。在任谨斥堠，严侦逻，敌不敢近。北岳旧祠浑源，后改祀曲阳。来贡认为，北岳旧祠乃柴望之地，义取适中，而祀曲阳并不合适。其特疏入告，内阁首辅申时行忌恨其直达皇上，而阻止行施。以此忤朝中权要，累疏乞休。万历十五年（1587）致仕，诗酒自娱。万历三十八年（1610）卒，赐祭葬。清雍正时，改为北岳祭祀，果如来贡所议。

【纪五常】字一元，一字鉴塘。胶州（今改市）人。幼有文名。嘉靖三十七年（1558）举人，二甲第十三名进士。授兵部职方司主事，迁户部江西司郎中，皆称职。出为直隶河间府知府，为政务持大体，不事烦苛。曾祖父存仁，成化举人，县教谕。

【于慎行】（1545—1607）字可远，更字无垢。东阿县人。《明史》有传。十七岁，于嘉靖四十年（1561）考中举人。二甲第六十一名进士，选庶吉士，授编修。万历初，与修《穆宗实录》成，进修撰，充经筵讲官。以前皆以翰林院大僚值日讲，慎行等人以史官得此，前所未有。有次讲罢，皇帝拿出御府图画，令讲官分题，慎行不善书，诗成，嘱人书写，俱以实对。皇帝悦，大书"责难陈善"四字相赐，词林传为盛事。有监察御史刘台劾张居正被逮，其僚友皆避匿，独慎行往视。及张居正父丧夺情留任，慎行又偕同官疏谏。张居正闻之而怒，对慎行曰："子吾所厚，亦为此耶？"慎行从容对曰："正以公见厚故耳。"慎行以疾归。张居正去世，慎行被起故官。升詹事府左谕德，仍为日讲官。刑部右侍郎丘橓（诸城人）奉命查抄张居正家，慎行特遗书说情，谓张居正母亲年老，诸子覆巢之下，颠沛可伤。其词语极恳挚。慎行由侍讲学士，擢礼部右侍郎，转左侍郎，改吏部，掌詹事府。不久，又迁礼部尚书。慎行明习典制，诸大礼多所裁定。万历十八年（1590），慎行被卷入国本之争，连上九疏请早立太子。万历帝发怒，严旨诘责。慎行不为慑，复言："册立，臣部职掌，臣等不言，罪有所归。幸速决大计，放归田里。"万历帝不悦，责以"要君疑上，淆乱国本"，其与僚属皆被夺俸。因山东乡试有作弊事，受牵连，遭弹劾，遂引罪乞休。居家十余年，于万历三十三年（1605），始起掌詹事府。两年后，廷推阁臣，诏加太子少保，兼东阁大学士，参与机务。慎行推辞不允，只好就任，时慎行已得疾，及廷谢拜起不如仪，上疏请罪。其归卧于家，上呈遗疏，请皇帝亲大臣、录遣逸、补言官。数日卒，年六十三，赠太子太保，谥"文定"。天启元年（1621），加赠少保。慎行学有原委，贯穿百家，通晓掌故。神宗时，词馆中以慎行及临朐冯琦并为一时文学之冠。著有《读诗漫录》十四卷、《笔尘》十八卷、《谷城山馆诗集》二十卷、《谷城山馆文集》四十二卷，以及《经筵讲章》、《春曹奏议》、《史摘》、《兖州府志》、《东阿县志》等。父玭与兄慎言，皆嘉靖举人。

【王之士】邹平县人。隆庆元年（1567）举人，翌年联捷二甲第六十四名进士。授南直隶颍州知州，抚绥振厉，威惠兼闻，考绩为江北第一。擢南京户部员外郎，以卓异出为南直隶宁国府知府。丁父忧，服除，补南直隶庐州府知府，有忌恨者，向操江总督诬告，被上奏免官。久之，又起用直隶保定府同知。巡按监察御史奏举，擢直隶河间府知府。又被蜚语中伤，被罢归卒。之士性坦荡，推诚接物，但遇事清操自持，坚不可移。在颍州时，有军尉横行不法，为士民之害，之士将查实罪状，报告给巡按监察御史，使之受到重处。庐江县内，有巨盗啸聚数百千人，之士发兵传檄将他们扫除解散。河间府东南地势低洼，多积水，旧任已在南部修桥，之士又连桥至东部，桥长六里，方便行人往来。有僚佐以羡金连续几次致馈之士，均遭其推却。最后，为不忍僚佐再受难堪，便将其金用于平籴之役，以济所支费用。之士重文兴学，所甄奖多成名。其执法无私情，常为人所畏惧，故数次被中伤。本乡进士、知府言芳后裔，以贫穷欲卖言芳墓石，之士力劝不听，便出资买下，使其墓石得以保存。五十七岁卒。子庭对，万历贡生，知县；孙女王氏，工书史，著有《两警录》。

【辛如金】恩县（今属德州市）人。嘉靖三十七年（1558）举人，三甲第九名进士。授直隶永平府推官，被谪江西宁州通判，又改知县。

【刘　庚】寿光县（今改市）人。性质实，有气节。隆庆元年（1567）举人，翌年联捷三甲第二十九名进士。授南直隶池州府推官，升南京刑部主事，专以持法不阿、平反大狱为事。有朝臣相继劾张居正被斥责，庚表示不平，张居正闻知忌恨。乘京察之机，将其降直隶通州州同。张居正死，庚渐升至浙江绍兴府知府，又出为嘉湖道。其秉宪明法越加严厉。有太常寺少卿陈与郊之子贩私盐，将卫尉殴打致死。巡按温如璋交付庚审理，庚据法当以死罪。陈与郊万端终不听，温如璋上疏而定，远近大快。两浙人论方正者，必以庚为首。著有《天游漫草》三卷。父承学，嘉靖举人，府同知；兄廓，正德进士，户部郎中。

【高 时】字念吾。济阳县人。隆庆元年（1567）举人，翌年联捷三甲第四十九名进士。授南直隶山阳县知县，值淮水泛滥，多方赈恤，筑堤二百余里。入为户部主事，升至郎中。督山西粮储，对官役商民无纤毫损害，清誉播传。出为南直隶徽州府知府，剪除奸蠹，百废俱兴。以奏最擢浙江按察司副使。母丧归，起补河南按察司副使，守备防乱，一方宁谧。迁霸州道，申保甲之法，盗贼屏息。万历二十二年（1594），由山西布政司参政，迁陕西按察使。万历二十四年（1596），迁山西右布政使，转左布政使，兴利除弊，昭雪冤狱，巡抚甚倚重。以病卒于官，祀乡贤。子：有恺，廪生，工文擅书，战死；有恒，恩贡生，考授知县未仕卒，著有《草元居诗稿》。孙自诣、自训皆知县。

【贾三近】（1534—1592）字德修，号石葵，别号石屋山人。峄县（今枣庄市峄城区）人。《明史》有传。生于诗书世家，祖父宗鲁、父梦龙皆任教职，且有著述。三近博学多才，未成年即文声大起。二十四岁时，于嘉靖三十七年（1558）乡试经魁。三甲第六十二名进士，选庶吉士，改吏科给事中。疏言时政，多切其弊，声震朝野。隆庆五年（1571），迁吏科左给事中。贵阳土司安氏内部举兵仇杀，三近奉旨前往查办。因安氏事件平息，中道罢遣。时值权臣高拱擅政，三近"不能从"，借机上疏辞归。神宗即位，被起户科都给事中。三近连续三次参劾平江伯陈王谟"贪饕之性，狙狯之才，交纳权豪，联姻贵戚，夤缘起用"，朝廷以其垢秽，停止其得镇湖广。给事中雒遵和监察御史景嵩、韩必显三人，因弹劾兵部尚书谭纶而降三级调用，三近率众官救援，请朝廷收回成命。朝廷推行海运，因常翻船，三近请罢其役，获允准。肃王以行贿袭封辅国将军，又复请庄园，三近上疏弹劾，遂不给予。初有令征赋以八分为率，不及其议罚，三近请地涸敝者减一分，被允准。中官温泰请尽输关税、盐课于内库，三近上疏"课税本饷边，苟归内帑，必误边计"。此事中止。时张居正大权独揽，三近常慨叹："安有天子耳目臣而趋走相门乎？吾不忍为。"由于其不畏权势，敢于直谏，张居正等也惧其三分，不敢奈何，只得"改客礼之"。万历二年（1574），升太常寺少卿，再迁大理寺少卿。万历八年（1580），迁南京光禄寺卿。旋以不满张居正"褊哀多忌，刚愎自用"，第二次辞官归里。万历十二年（1584），在张居正病死后，受举荐，复起为光禄寺卿。八月，以都察院右佥都御史，巡抚保定。万历十四年（1586），山西、河北灾荒严重，三近上《乞破格蠲恤疏》，获得允准。三近开仓散粮，停止租税，设粥厂千余处，就地赈济，每日有二十多万男女老幼的灾民领粥。其还命人另设粥厂救济外省饥民。万历十五年（1587）三月，由巡抚保定转大理寺卿，以父母病重告归。自"西辅归时，有应得金数千，悉留贮库，书卷而外萧然也"。万历二十年（1592）四月，因宁夏致仕副总兵哱拜据城反叛，朝廷拜三近为兵部右侍郎，令其前往平叛。三近以父母年高辞谢。是年十二月，背疽发作而卒，年五十九。朝廷赐金祭葬。三近一生著述多散佚，所知有《东掖奏章》、《西辅封事》、《滑耀编》、《救荒檄》、《煮粥法》、《篋笥藏稿》、《左掖漫录》、《宁鸠子》、《峄县志》等。一说《金瓶梅》为其所作。

【冯子履】（1539—1596）字礼甫，号仰芹。军籍辽东广宁左卫，乡贯山东临朐县。隆庆元年（1567）举人，翌年联捷三甲第七十名进士。授直隶固安县知县，籍青壮为牙兵，亲自训练骑射，捕杀盗匪甚多，境内晏然。入为兵部车驾司主事，升职方司员外郎。出为山西按察司佥事，治兵大同。以筹边功，升山西布政司参议，转按察司副使。万历五年（1577）大计，受忌者参劾，以在山西曾发生兵哗事，被降职一级。子履不服，辞官归里。万历十三年（1585），鞑靼俺答犯境，皇帝命廷臣举荐能吏，子履被举荐为南直隶和州知州，先后历陕西按察司佥事、山西布政司参议、河南按察司副使，先后分治陇右（驻秦州）、大梁、易州等道，力止开矿之役，解散鼓噪军士，恪尽职守，颇有作为。万历二十一年（1593），又迁河南布政司参政，时其子琦已授翰林院侍读学士，以"畏盛满"致仕归。六十七岁卒。祖父裕，正德进士，按察司副使；父惟重，嘉靖进士，行人；子琦，万历进士，礼部尚书。

【郭四维】（1533—？）字汝张，号北野。夏津县人。初生时，适有二指挥使经过避雨立门旁，相顾愕然曰："此贵人也，我等来为门者矣。"稍长状貌奇伟，聪敏过人。解元潘龙收为门生。嘉靖三十四年（1555）举人，三甲第八十八名进士。初为直隶内丘、清苑和陕西紫阳三县知县，以卓异入为刑科给事中，旋转兵科，在谏垣多所建白，刚正不阿。出为南直隶池州府知府，清理刑狱，振兴风化，吏畏民怀。未几，先后擢河南按察司副使、按察使，治兵霸州、密云，遂加布政司参政。诏称其博大有谋，沉雄能断。万历十七年（1589）十月，迁都察院右佥都御史（县志载作副都御史），巡抚宣府，赞理军务，恩威并济，隐然作万里长城者。万历十九年（1591）九月，回籍听调。卒祀乡贤。子：效程，卫千户；则程，光禄寺署丞。

隆庆二年戊辰科

【郭　堵】字宣泽。曹州（今菏泽市）人。嘉靖四十三年（1564）举人，三甲第九十一名进士。授太常寺博士，升户部主事，督通州仓务，以羡粮代完积逋。升本部郎中，督饷大同九边。旧募商中盐，故粟刍称饶，有商贿大珰，议改折色，且已得批准，堵至极言其弊，力持不行。升陕西按察司副使，分巡西宁道，为谗言所中伤落职。又起南直隶泗州知州，升南京刑部郎中。丁父忧，遂绝意仕进。卒祀乡贤。子允厚，万历进士，户部尚书。

【周　易】字尚占。临清州（今改市）人。易博览群书，深究其奥，尤长于古文辞。弱冠即为嘉靖十九年（1540）举人，历经二十八年，方考取三甲第一百零五名进士。初授河南府推官，善折狱。有论杀一家六口者，易查知其冤，使之得以昭雪免死，治狱者忌恨他。有河滩弃地，欲征其租，易道："河徙无常，安知后不为河也。"此事遂寝，士民立碑颂德。因其短于奉迎附和上官，故很久才被擢南直隶安庆府同知。入贺返闻安庆兵变，家人劝其缓往，易不许，兼程赶往安庆。先在河南以不时谒使者，使者于其任后，摭其遗事，将其参奏罢官。六十二岁卒。著有《洛下晥阳稿》。

【蒋希孔】字山宾。滋阳县（今兖州市）人。少醇谨好学，事继母以孝闻，与异母弟友爱尤著，内外无间言。嘉靖四十三年（1564）举人，三甲第一百一十一名进士。初授直隶保定府推官，政简刑清，案无留牍。以湖广德安府同知，擢户部郎中。出为山西平阳府知府，未几，转南直隶扬州府。所至有美政。秩满，升湖广按察司副使，分巡荆南道。在任三年，深得民心，以疾告归，士民上书大吏乞留不得，有老幼数千人，走送二百余里，始泣而去。归里，置义田以赡宗戚之贫者。以寿终。子豸征，崇祯举人，举考廉方正。

【丛文蔚】军籍锦衣卫，乡贯文登县（今改市）。三甲第一百四十七名进士。

【党　馨】字秀芳。益都县（今青州市）人。隆庆元年（1567）举人，翌年联捷三甲第一百五十一名进士。授山西襄垣县知县，迁南直隶徽州府同知。有兄弟争产者，傍引人命相讦，馨责之曰："据尔所云法在不赦，忍以身外长物自断手足耶。"因引咎思过，讼者感泣，誓相友睦。升陕西延安府知府，遇岁大熟，斗粟十钱，馨出库金易粟贮之。逾年大旱，馨将所贮用于赈民度过灾年。历陕西按察司副使、布政司参政、按察使（管参政事）和湖广右布政使。万历十七年（1589）五月，以陕西右布政使兼按察司副使，整饬固原兵备道，军士戴之如慈父母。万历十七年（1589）十二月，以边功升都察院右佥都御史，巡抚宁夏。致仕副总兵哱拜异谋已久，馨至叹曰："此辈如养虎，不早治，患且益深。"乃捕其心腹数人。万历二十年（1592）三月，会军饷不时至，哱拜乃诈惑军心，发动叛乱，以兵威胁馨，馨瞋目叱曰："逆贼不畏天诛耶。"遂骂不绝口而死。天启五年（1625），被追夺官爵诰命。著有《四书会成》、《历代纪年》等。

【梁承学】（1532—1586）字师颜，号心斋。聊城县（今聊城市）人。少孤力学。嘉靖二十八年（1549）举人，三甲第一百六十八名进士。内侍有同姓者，请订宗盟，承学正色谢绝。授陕西延安府推官，为人坦直，谳狱多所平反。以奏最入为南京工部主事，迁户部员外郎、郎中，运筹谋划，悉中时宜。旋以边才擢陕西按察司副使，兵备廊延，缮城堡，饬武备，破土寇，境内肃然。岁饥出粟赈贷，全活甚众。因被人忌恨，遭受谗言，遂拂衣而归。祖父玺，成化进士，吏部员外郎；子衍祚，万历举人。

【于有年】号潜川。临清州（今改市）人。嘉靖四十三年（1564）举人，三甲第一百七十名进士。授监察御史，疏革天下种马。其致仕后，闭户独居，不问外事，士林服其高洁。

【王宣化】字云石。淄川县（今淄博市淄川区）人。隆庆元年（1567）举人，翌年联捷三甲第一百八十名进士。授直隶阜平县知县，改遵化县。擢南京浙江道监察御史，出为湖广汉阳府知府。地当孔道，以失欢张居正公子，故谪深州通判。又历刑部主事、员外郎和山西按察司佥事。一生清白，温厚、醇笃、节俭，以君子称。

【宋伯华】字汝含，号鉴弦。益都县（今青州市）人。嘉靖三十七年（1558）举人，三甲第一百八十九名进士。授南直隶宿迁县知县，遭大水灾，民栖树梢以待命，伯华急出赎锾、薪俸，驾小舟漂泊风浪中，就所止分给而慰劳之。旋请发仓蠲租，民赖以生。由兵部郎中，升南直隶淮安府知府，以仁厚得民心。时吏道严峻苛刻，伯华独持以宽大，故与上官意多龃龉，被夺职。事白，起河南开封府知府，卒于官，汴民痛哭，为之罢市。伯华宽厚简重，家人未曾见其愤怒之色。两守大郡，宦囊萧然。乡人称其父子为行谊者之首。

【刘启元】字乾初。武城县人。嘉靖三十一年（1552）举人，三甲第一百九十一名进士。初为河南鹿邑县知县，居官清慎持大体，以慈爱惠养为先，上官称其"真古循良"。入户部，升至员外郎。特擢河南卫辉府知府，致仕卒于家。入忠义孝悌祠。孙灿如，天启举人；曾孙世永，顺治进士，知县。

【张修吉】高苑县（今属高青县）人。隆庆元年（1567）举人，翌年联捷三甲第二百零四名进士。授河南济源县知县，捐俸运石修筑被洪水所冲毁旧城。升户部主事，管太仓草场，执法严正，一时有辣张之目。出为山西按察司副使，整饬阳和兵备道。以亲老乞养归。

隆庆二年戊辰科

【王琢玉】字文珍，号昆源。莘县人。父常梦人以玉投之，生子遂名琢玉。生有异质，父授《大戴礼记》，每多神解。嘉靖四十三年（1564）举人，三甲第二百零五名进士。初为直隶成安县知县，治行循卓。擢广西道监察御史，巡视两淮盐政，巡按滇南，大振风纪，弹劾无所回避。以刚直忤当道遭忌恨，出为湖广长沙府知府。不久，旋改副转运使，怡然就道，毫无愠色。未几，迁贵州思南府知府。时冉宣尉侵夺民田，有司莫敢问，琢玉却按法处置。其为官多安抚，有惠政，被称为良吏。其连遭父母之丧，服阕，亦不再复出，唯杜门觞咏自娱而已。其天性孝友，尤好施予，不以城府自异，人称寒素之士。终老田家。子嵩龄、鹤龄皆贡生，以工诗、字雅、善操琴名。

【高一登】祖籍直隶句容县，移籍山东清平县（今属聊城市）。嘉靖四十年（1561）举人，三甲第二百一十名进士。授河南永宁县知县，有政声。擢南京户部主事，卒于官。

【房如式】（1527—1612）字宪甫，号吉源。益都县（今青州市）人。嘉靖三十四年（1555）举人，三甲第二百一十三名进士。授行人司行人，持册封蜀藩，藩王、巡抚的馈遗均拒受。擢云南道监察御史。差视两浙盐务，严格执法，吏胥豪强皆敛手不能为弊。巡视江北四府，破例兼任湖北提学。时张居正亲知犯法，暗示如式给予解脱，如式不应，张居正愤曰："吾力谢一御史耶。"未几，被转山西按察司佥事，分巡冀宁道，设计擒斩大盗王太和。迁河南布政司参议，旋成四川按察司副使。以卓异先后升陕西布政司右参政、按察使，严法纪，除烦苛，惩贪墨，宪政一新。华州通判王承恩恃内援甚贪，如式按其罪斥之，竟中其毁谤，降职河南布政司参政。禹州有兄弟皆监察御史，为中贵所重用者，欲以其子请托提学，如式居间阻止，并曰："均宪臣也，己则不自爱，而以挠人焉用之。"如式终不为所通，其子竟黜，兄弟大恨，遂以蜚语中伤提学，并及如式。如式遂谢官而归，以课农训读为事。巡按姚思仁欲再荐于朝，力辞不出。家居二十余年。万历四十年（1612）卒，年八十五。弟如矩，岁贡，知县；子可壮，万历进士，都察院左都御史；曾孙星长，兵部郎中。

【于　鲸】字子长。历城县（今济南市）人。少颖异，九岁通《左氏传》。嘉靖四十三年（1564）举人，三甲第二百三十六名进士。初试政刑部，授刑部湖广司主事，能声籍籍。擢河南道监察御史。巡按真定，黜贪墨，抚善良，吏民帖然。竟以多平反疑狱失权相心，被夺职。回京师，行李萧然。经都察院都御史奏请，被复故官。久之，命巡按顺天，贵戚宦官无敢犯者。又历掌河南道、京畿道监察御史，略无通假，风裁凛然。迁太仆寺少卿。万历十年（1582），护张居正丧还荆州，被议罢归。父丧，昼夜号哭，遂日委顿，不逾年卒。

【韩必显】字用晦。安丘县（今改市）人。隆庆元年（1567）举人，翌年联捷三甲第二百四十一名进士。授陕西洛川县知县，以卓异行取监察御史。时张居正柄国，尚操切，必显独以宽和持论，被谪楚藩幕僚，怡然就道。量移南直隶庐州府推官，平反大狱。屡迁尚宝司卿，升直隶顺天府尹，奉法不阿贵戚，权阉私书一切谢绝。又擢左通政，留意封驳，忧形于色，一时称"任事之才"。万历十四年（1586）七月，迁都察院右佥都御史，巡抚陕西。母丧未赴。不久，致仕。兄必光，嘉靖举人，府通判。

【刘伯缙】字荐卿。历城县（今济南市）人。嘉靖三十四年（1555）举人，三甲第二百四十四名进士。授直隶蠡县知县，行取户部主事，榷北新关税，溢解二万四千余金。出为浙江杭州府知府，两定军民大变。以陕西按察司副使，兵备潞州。伯缙曾自铭："居则为端人正士，出则为循吏良臣。"其虽矫俗太激，遇物寡谐，但自出仕至宦归，无异布衣，邑人咸仰其清标。弟伯绶，万历举人，知府。

【纪克一】胶州（今改市）人。嘉靖三十一年（1552）举人，三甲第二百四十五名进士。仕至浙江处州府同知。

【刘不息】字体道。滋阳县（今兖州市）人。寡言嗜学。隆庆元年（1567）举人，翌年联捷三甲第二百四十六名进士。授直隶宝坻县知县。以治绩卓异，擢户科给事中。又历礼科右左给事中，转吏科都给事中。两主大计，激扬得体，人不敢干以私。先贤曾参为山东嘉祥人，因汉末兵乱，其后裔携家过江寓江西，迄今已二千余年。隆庆年间，礼部移文遍求曾氏子孙，世袭翰林院五经博士，以崇重祀典。有江西富人曾袭，妄图冒袭先贤曾氏进职博士。朝中众议不决，不息按曾氏谱系，上《劾冒袭疏》，予以纠劾，断定曾袭"倚仗财势，冒袭圣裔"。礼部从其复议，驳回曾袭的申辩，并治其违命冒袭之罪，曾氏后裔遂得承袭。擢太仆寺少卿，告归卒于家。东阁大学士于慎行为其撰墓表。有五子，并有文行。子溯（州学正）、潦（县教谕）、润（县教谕），皆先后在崇祯十五年（1642）、十七年（1644），为明王朝殉节，与不息并祀乡贤。

【史邦直】（1538—1586）字忠厚，号正庵。乐陵县（今改市）人。隆庆元年（1567）乡试第三名举人，翌年联捷三甲第二百五十七名进士。授山西临晋县知县，痛除弊政，一时治行称最。邑民怀其恩，立贤令祠，勒像于石祀之。以直道忤时，改陕西西安府同知，留心民间疾苦，安抚百姓，大得民心。超擢河南按察司佥事，又升副使，督淮徐营田、均役、集民，以实心经理，辟田数百万亩，使流亡归来者多达百万户。以不附张居正归。万历十四年（1586）卒，年四十八。子高胤、高先皆万历进士，按察司副使、提学。

【任　芹】字汝献。莱阳县（今改市）人。体貌魁岸，资性沉毅。嘉靖三十七年（1558）举人，三甲第二百五十八名进士。授河南武陟县知县，以卓异擢兵部武库司主事，旋改吏部文选司，选法以清。不久卒。祀武陟名宦祠。

【黄猷吉】祖籍浙江山阳县，移籍山东临清州（今改市）。隆庆元年（1567）举人，翌年联捷三甲第二百六十六名进士。以按察司佥事，充任道员。

【咸怀良】莱阳县（今改市）人。学业精博，文采焕发。嘉靖四十三年（1564）举人，三甲第二百六十七名进士。授南直隶霍丘县知县，历陕西平凉府同知、南直隶凤阳府知府、山西大同兵备道、陕西按察司佥事。以疾归隐林泉，以诗酒自娱，创修县志。其病愈后，在赴京任职途中病故。

【孙　珮】字伯玉。军籍山东青州左卫，乡贯山东诸城县（今改市）。嘉靖四十年（1561）举人，三甲第二百六十八名进士。由户部郎中，仕至陕西布政司参政。

【赵云翔】（？—1594）字元举，号寿峰。平阴县人。积学工文。隆庆元年（1567）举人，翌年联捷三甲第二百七十八名进士。授直隶文安县知县，以明敏见称。改直隶迁安县，以威惠服众。入为户部主事，榷税浒墅等处，以贤闻。改兵部，历武选、职方司郎中。出为陕西按察司副使，加布政司左参政。先后整饬榆林、延绥兵备道。其魁伟豁达，磊磊有度，心计精敏，处事机宜，出人意表。谈说时事，口若悬河。在文安筑堤障水、察奸防寇、制驭貂珰，皆有法度。在迁安，奉命视边，将吏畏怀。在兵备榆林时，常躬行套塞，谕以威德，内外帖然。以母老求归。久之，朝廷以边才议推，未及用卒。祀乡贤。

【耿鸣世】一作明世。字茂谦，号敬亭。新城县（今桓台县）人。嘉靖四十年

(1561）举人，三甲第二百八十八名进士。授直隶邢台县知县。县税重于他邑，乃请减三之一，又引水溉城西田，岁增谷万石。入为户部主事，迁广西道监察御史。巡按河西等地，罢逐贪官三人，余者敛迹。《中国历代人名大辞典》载累官陕西布政司参议。以不阿权贵，忤当道意，投劾而归。著有《春秋释义》、《应天奏议》、《敬亭文略》、《敬亭自定年谱》、《陇西奏议》、《中台奏议》。子庭柏，万历进士，巡抚。

【梁　式】字似之。冠县人。早岁博综，善属文。事父得欢心，待异母弟尤友爱。十八岁，于嘉靖二十二年（1543）考中举人，历经二十五年，方考取三甲第二百九十八名进士。授中书舍人，升礼科给事中，先后出为山西太原、浙江金华府知府，仕至苑马寺卿。著有《秦越行吟》。父宦，嘉靖举人。

【赵　池】（1536—1579）字道涵，号继山。昌乐县人。嘉靖四十年（1561）举人，三甲第三百一十五名进士。授行人司行人，擢监察御史，巡视中城。大珰冯保横行霸道，其侄遇池行驰道不避，池叱之下道，并上章劾冯保纵亲枉法。奉差巡视河东盐政，盐课久不足额，池行视其地曰："盐自足法不善耳。"经其治理，尽除积弊，课税溢超常格。往例有内阁重馈，池不允许，将所羡尽记簿报上。升河南汝宁府知府，抚善良，制强暴。有郡豪高明儒不法，托吏进馈，被池痛斥而去。将高明儒依法惩治。士人房楠被陷冤狱，为之申辩释放。以疾致仕，士民为其立祠。邑人公举崇祀乡贤。

隆庆二年戊辰科

隆庆五年辛未科

本科录取：一甲三名，二甲七十七名，三甲三百一十六名。其中山东三十九名。

【赵国璧】直隶东明县（1963年划归山东菏泽专区）人。隆庆四年（1570）举人，翌年联捷二甲第三十一名进士。由南京户部主事，升京师吏部文选司郎中，出为河南布政司参政。

【吕三才】字子参，一字位吾。临朐县人。生而歧嶷，弱冠知名。隆庆四年（1570）举人，翌年联捷二甲第五十二名进士。授南京户部主事，以连丧父母，在籍守制六年，哀毁，杜门不与时事。服除，起补京师户部主事，监苏、松漕粮，时江南大水，请改以实粮交国赋，为常年粮价折银上交，百姓负担有所减轻，都十分感激。累迁本部员外郎、郎中，出为陕西西安府知府。值岁饥，多方赈恤，活人无数。以考最擢山西按察司副使，兵备大同，修堡练兵，屹为雄镇。迁布政司参政，以功赐白金一镒。三才上安边十策。再迁陕西左布政使，方拟大用，以病归未赴卒。

【张登云】字攀龙。宁阳县人。少颖悟，博学工文。隆庆四年（1570）举人，翌年联捷二甲第五十七名进士。屡迁南直隶凤阳府知府，又升按察司副使，分巡辽海道。解组归，卒于家。好为诗古文辞。规模汉唐，音节笃雅。里居筑日涉园，建有小西湖、瑞芝楼诸景点，与邑名流觞咏其中，也与尚书吴崇礼遥相酬唱。其汇集兖郡诸家诗，编为《鲁雅》。所著有《芝楼草》十卷、《耕余杂语》。与朱东光同刊《中都四子集》六十卷。

【王　教】（1539—1603）字子修，号秋澄。淄川县（今淄博市淄川区）人。家贫，刻苦攻读。嘉靖四十三年（1564）举人，二甲第七十名进士。授户部主事，榷税崇文门、浒墅关，监兑江西储粮，皆廉直介立。补吏部考功司主事，转文选司。万历十三年（1585），充山西乡试主考官，拆卷知解元王浚初为山阴内阁大臣王家屏之子，众人引嫌欲更改为亚元，教以为阅卷时未知为相公子，而录时方知，若抑之等于为私，以文衡不为嫌低昂也。升本部考功司郎中，办理劾疏二百余，对贪墨者，虽原奏轻亦必纠正；而对冤者，不用借助，亦还以清白。转本部文选司郎中，既负重望，秉铨衡益励冰操，杜请托，抑奔竞，凡四选风清弊绝。有请托大珰居间者，教慨然曰："不可当我世，而使士风扫地。"

大珰忌恨，值其推举被谪言官万国钦时，借机激怒皇帝，将文选司一司尽黜，教被革职为民。其离朝有句："丈夫去就寻常事，小帽青衫市主恩。"其归卧山房，谢绝公府长吏造访。在卒后十七年，光宗即位，复原职，赠太常寺卿，抚按命立祠祀之。著有《铨部王先生集》。

【公家臣】字东塘。蒙阴县人。幼承家学。嘉靖四十年（1561）举人，二甲第七十七名进士，选庶吉士，授编修。万历四年（1576），为《会典》纂修，校阅《世宗实录》成，赐金币。内阁首辅张居正父丧不肯解职，以夺情留任，家臣以论夺情，忤张居正意，被谪山西泽州通判。又因遣子相送因此事被杖击谪戍的编修吴中行、检讨赵用贤等人，使张居正对其更加愤恨。其后迁南京户部主事。卒于南直隶滁州，祀乡贤。著有《柳堂集》。曾祖父勉仁，弘治进士，巡抚；祖父跻奎，嘉靖进士，按察司副使；父一载，知县；叔父一扬，嘉靖进士，工部郎中。子：鼐，万历进士，翰林，礼部侍郎；鼏，万历举人，工部主事，工书，多著述。孙光国，崇祯间投笔从军，副总兵。

【王幼慈】军籍直隶德州左卫（域属山东），乡贯山东文登县（今改市）。嘉靖三十四年（1555）举人，三甲第五名进士。授行人司行人。

【王　晓】字小田。淄川县（今淄博市淄川区）人。嘉靖三十七年（1558）举人，三甲第七名进士。授行人司行人，擢浙江道监察御史。巡按两淮盐政，商人得便利。巡按浙江，墨吏望风解印绶去。其好击强宗，气节矫矫。又入掌京畿道，迁大理寺左寺丞。以病卒。父崇义，嘉靖进士，知府。

【李　丁】曹州（今菏泽市）人。隆庆元年（1567）举人，三甲第九名进士。仕至山西按察司副使。

【吴道卿】（？—1598）军籍山东平山卫。入载《聊城县志》。隆庆四年（1570）举人，翌年联捷三甲第二十五名进士。万历二十六年（1598）五月，由四川按察使，迁浙江右布政使。是年卒。

【张　第】字仰峰。茌平县人。嘉靖三十七年（1558）举人，三甲第四十六名进士。由南京户部郎中，出为直隶广平府知府，改陕西临洮府。其器宇恢宏，与人无竞，所至有政声。著有《弄斧集》。

【郭　汝】字子称，号西圃。济宁州（今济宁市）人。六岁而孤，家贫。十三岁始就学。嘉靖四十三年（1564）举人，三甲第七十三名进士。为张居正门生，但独不依附。授直隶任丘县知县，邑处滹沱河下游，屡遭水患，汝筑堤捍水，民赖以安。擢监察御史，督学畿辅，以侃侃不阿忤张居正，张居正令主铨者，以年例外迁江西按察司佥事。时江右屯田，多为豪右隐占，汝至丈量核查，悉以田归军，无敢匿者。擢陕西行太仆寺少卿，所驻灵州为"孤悬绝塞，人情反侧"之地，又值凶荒累年，汝发粟赈恤，一意抚绥。边人黄台吉频年邀赏无餍，汝宣谕威德，皆慑服，岁省币五倍。巡抚以闻加宁夏河东兵粮道衔，辖宁夏之半。迁陕西按察司副使，整饬洮岷兵备道。以御侵除盗功被赐金，加布政司右参政衔，仍管洮岷兵备道。以母病归，极尽孝道，不再复出。为官二十年，家无厚资，室无姬媵。居家口不谈时事，辟灌息园以终，年七十四。

隆庆五年辛未科

【张彝训】字天叙。宁阳县人。聪敏嗜学，淹雅能文。嘉靖四十年（1561）举人，三甲第七十四名进士。授直隶抚宁县知县，改补博野县。入为户部主事，升至郎中。出为陕西布政司参议，和易近民，冰蘖自矢，谢政东归，行李萧然。每历一任，即倾其余资，置庄田分养族亲，号曰"张氏义庄"。卒于家。

【孙维城】（1540—1602）字宗甫，号卫宇。丘县（今属河北省）人。隆庆二年（1568）举人，三甲第八十一名进士。历浚县、太康、任丘三县知县。万历中，擢湖广道监察御史，有直声。抗疏援救因上疏张居正夺情而被遣戍的官员，使这些官员得复原官。以忤大学士许国，出为直隶永平府知府。迁赤城兵备副使，治亭障二百余所，边防甚饬。万历二十九年（1601）五月，由分守宣府右布政使，迁都察院右佥都御史，巡抚延绥。与鞑靼吉囊定和好之议。旋以总兵官麻承恩教唆众卒哗噪事而自劾，帝慰留之。旋得疾卒。

【邢 玠】（1540—1612）字搢伯，号昆田。益都县（今青州市）人。隆庆元年（1567）举人，三甲第八十二名进士。授直隶密云县知县，以卓异擢监察御史，巡按甘肃。历河南按察司佥事、苑马寺少卿、山西行太仆寺卿和山西兵备道副使、右布政使，引疾归。万历十八年（1590）九月，起改都察院右佥都御史，巡抚大同，多有战功。万历二十年（1592）五月，升都察院右副都御史，仍巡抚大同。次年八月，迁南京兵部右侍郎。播州宣慰使杨应龙反叛，败官军于白石。万历二十二年（1594）九月，玠转兵部左侍郎，兼都察院右副都御史，总督四川、贵州军务。玠至征讨杨应龙，杨应龙投降，自缚请罪。次年十二月，迁都察院右都御史。遂改兵部左侍郎。万历二十五年（1597），日本丰臣秀吉又调集十四万陆军和数万水军，海陆并进，侵略朝鲜，朝鲜再次向明朝求救。兵部尚书石星，早在万历二十年（1592）丰臣秀吉悍然发动侵朝战争时，就力主乞和，使战局拖延转胜为败，让日本侵略者赢得喘息时间。这次石星又信妄人沈惟敬言，力主封贡议，谓封丰臣秀吉为日本国王，即可了事。神宗愤怒，命逮石星及沈惟敬。以玠为兵部尚书，兼都察院右副都御史，总督蓟辽军务，经略御倭。玠至蓟辽，一意进兵。初战，玠充分利用地形优势，获得稷山、青山之战的大胜。万历二十五年（1597）十一月，大军齐集，号称百万。神宗发帑金犒军，赐玠尚方剑，告其："大将以下不用命皆斩"。在蔚山之战中出奇制胜，而在岛山之战中却失利溃败。万历二十六年（1598）正月，玠认为此前战役，主要是缺乏强大水军配合才未能取得决定性胜利。其乃增调陈璘、刘綎、邓子龙部入朝作战，把大军分为水陆四路，并与朝鲜水师密切配合，约期进攻。虽互有胜负，但明军已处于战略主动地位，将日军压缩到朝鲜南部釜山一带。是年七月九日，丰臣秀吉病死，倭寇恐慌，准备退兵，玠率大军乘胜追击。在朝鲜南海海面上，中、朝军队并肩作战，与日军展开激烈决战，日军几乎全部被歼，陆军也惨败而归。大捷之后，神宗命凯旋。玠条陈东征善后事宜十事。回京，命总督蓟辽，加太子太保，以功封世职。万历二十九年（1601）二月，升南京兵部尚书，未几疏乞归养，加少保。七十三岁卒，赠太保。著有《征东奏议》、《崇俭录》等书。子：顾言，早卒，赠锦衣卫指挥佥事；从言，知府；慎言，万历进士，布政司参政。孙元吉，锦衣卫指挥佥事。

【张维翰】字忠庵。茌平县人。嘉靖四十三年（1564）举人，三甲第八十五名进士。授河南洛阳县知县，政绩丕著。入为吏部主事，黜陟平允。

【王汝训】（1551—1610）字古师，号泓阳。聊城县（今聊城市）人。幼闻塾师与友人言"志在温饱"，辄奋笔书"立朝行己大节"千余言。师从穆文简，得理学微旨。其性廉介，尽散先世资产与内外戚党，仅留薄田自给。有盗入室，汝训把钥匙交给他，令其自取，仅有破旧衣裳、钱千余和粟数石而已。隆庆四年（1570）举人，翌年联捷三甲第九十六名进士。授直隶元城县知县，入为刑部主事，改兵部。累迁光禄寺少卿。吏科都给事中海宁陈与郊，为内阁大臣王锡爵门生，又依附内阁首辅申时行，行恣甚张。汝训上疏论其罪道："与郊今日荐巡抚，明日荐监司。每疏一出，受贿狼藉。部曹吴正志一发其奸，身投荒徼。吏部尚书杨巍亦尝语侍郎赵焕，谓为小人。乞速罢遣。"杨巍对引用自己弹劾陈与郊，十分生气，将汝训改调南京太常寺少卿。孟秋飨庙，帝不亲行，汝训极谏，皇帝以其言直不怪罪他。万历二十年（1592）十月，迁太仆寺卿，旋改光禄寺。原寺中岁费二十万，至是滥增四万有余。汝训不许，据会典请尽裁内府冗食。次年正月，迁都察院左佥都御史。四月，又以都察院右副都御史，巡抚浙江。汝训疾恶如仇，与巡按御史彭应参共同力劾乌程故尚书董份、

隆庆五年辛未科

祭酒范应期里居不法。范应期自缢而死，其妻诣阙上诉。神宗发怒，汝训被罢职回籍听勘，彭应参被逮下狱，吏部、都察院的一些重要官员亦被以任用非人引罪。汝训家居十余年，又于万历三十六年（1608），被起用为南京刑部右侍郎，不久改工部左侍郎，力除积弊，省冗费数万。万历三十八年（1610）卒，赠工部尚书，谥"恭介"。著有《东昌府志》二十卷、《疏草》二卷及《文集》、《诗稿》等。

【倪　汤】字德远。馆陶县（今属冠县）人。父钦为丰利县丞，卒于官。时汤方弱冠，奉以归葬，家贫授经里中。嘉靖四十年（1561）举人，三甲第一百二十名进士。授山西兴县知县，绳其豪魁，惠训其民，积逋以办。改南直隶芜湖县知县，治绩益显。部使十七次上疏举荐。在其任期将满时，江盗突至，因无城难守，库钱遭攫，受责论调。汤很快设法捕获江盗，追回盗去之银，并请筑城以去。改成安县知县，恩威并施，邑得大治。迁直隶顺天府推官。其归里省墓，以疾卒于家，年四十九。

【张一元】字鸣春，号仁轩。邹平县人。嘉靖四十三年（1564）举人，三甲第一百二十七名进士。授山西阳曲县知县，厘大猾，剔巨蠹，查隐田，清匿赋，大有作为。屡迁吏部考功司郎中。时文选司主持京察的赵南星，以四党为四凶，不仅赶走阁臣安插的私人，而且疏纠阁臣怀私营职，其党攻击赵南星。一元力救，忤阁臣意，被谪四川叙州府同知，未抵任。因言者多助赵南星，赵南星并未受谴。一元亦得不遣。由部郎中，升光禄寺卿。万历二十一年（1593）十月，迁都察院右佥都御史，巡抚河南。遇河南大饥，疏请罢榷酤、留赎金、借邸饷、贷河北漕粮；又请发内帑，绝交际，劝富室助赈，严吏侵赈罪，皆被允行。有大盗李自省挟饥民起事，一元授计按察使平定之。有巡按御史陈某希旨请开矿，一元执奏不可。陈某诬告按察司杀害降者，以此阴撼一元。万历二十三年（1595），一元告归林下，居家多年卒，年六十六。无子，弟一享将独子出嗣给一元为子。此子为延登，万历进士，都察院左都御史、工部尚书、太子少保。

【刘振基】沂水县人。隆庆元年（1567）举人，三甲第一百三十二名进士。登第后仍如寒素。授山西襄垣县知县，以疾告归，襄民怀念，为之立石。

【许云涛】字时化。堂邑县（今聊城市东昌府区）人。嘉靖三十一年（1552）举人，三甲第一百三十四名进士。授直隶滑县知县，有中贵欲与其合谋作弊营利，云涛拒谢曰："忠仆且不欺其主，良臣可欺其君乎？"在任期间，劝垦均役，一以节爱为事。入为户部主事，巡视仓场，榷税九江，不以一钱自利。出为山西按察司佥事，旋升布政司参政，互市无欺。在官五年，兵备大同，边境晏然。以失权贵意，遂告归，杜门不出。其端凝洁清，敦尚实行，常曰："实心种树，必获其利，前彩为花，自欺其眼耳。"为文及书法皆有法度，谈国家典故、九边要害、郡邑文献，一一指诸其掌。八十一岁卒，祀乡贤。

【高　荐】军籍山东青州卫人。入载《益都县图志》。嘉靖三十七年（1558）举人，三甲第一百三十五名进士。授户部主事，仕至山西大同府知府。

【李宜春】字叔芳，号东亭。莘县人。嘉靖四十年（1561）举人。隆庆二年（1568）会试贡士，因父丧当年未参加殿试，后补殿试成三甲第一百三十七名进士。授直隶固安县知县，兴利除害，卓有能名。行取南京户部主事，榷税维扬，冰雪无涅，商民赞颂。转本部郎中，出为四川夔州府知府，振士励俗，庶政咸举。以伉直失权贵欢心，被谪两淮通判。后以才望，又历太仆寺丞、户部郎中、通政司参议。致仕归。

【张　烛】字朗山。寿光县（今改市）人。嘉靖四十三年（1564）举人，三甲第一百五十三名进士。授南直隶华亭县知县，廉明有治绩。父标，嘉靖进士，知府；叔父柱，嘉靖进士，右布政使；子大垄，万历举人。

【刘师鲁】字宗吾。掖县（今莱州市）人。隆庆元年（1567）举人，三甲第一百五十八名进士。授河南祥符县知县。由户部主事，升员外郎、郎中。仕至江西按察司副使。

【韩　容】字可受，号岱野。青城县（今属高青县）人。嘉靖四十年（1561）举人，三甲第一百八十四名进士。授南直隶宜兴县知县。丁忧，服除，由河南武陟县等县知县，迁山西泽州知州。入为南京工部主事，出为广东高州府知府，以母年高告终养。所在剪凶暴，杜请嘱，廉而有为。母丧，服除，厌倦城市嚣尘，以"山月溪风相为宾"，未再出仕。曾祖父相、祖父齐，分别为成化、弘治举人，皆知县。

【赵　燿】（？—1609）字文明。掖县（今莱州市）人。隆庆元年（1567）举人，三甲第二百零四名进士，选庶吉士，改监察御史。巡按江西，以忤张居正归。后复出，升至兵部郎中。万历二十年（1592）九月，由山西按察使，授都察院右佥都御史，巡抚辽东。在任一年，以侍养老人归。居家十五年后，又于万历三十六年（1608）八月，奉命巡抚保定。日军侵犯朝鲜，燿上备倭十事。并上言议和之害，主张"款贡不可轻受"，而兵部尚书石星却反对他的主张，信妄人

隆庆五年辛未科

沈惟敬言，力主封贡议，谓封丰臣秀吉为日本国王，即可了事，及封事败，被下狱论死。人皆佩服燿有先见之明。万历三十七年（1609）四月卒，赠都察院右副都御史。祀乡贤。子胤昌，万历进士，布政司参议。

【齐一经】潍县（今潍坊市）人。隆庆元年（1567）举人，三甲第二百零九名进士。授山西交城县知县，擢给事中，举劾不避权贵。神宗嘉其鲠直，曾书之御屏曰："齐一经强口强舌。"仕至山西布政司参政。

【王祖嫡】字允昌。军籍河南信阳卫，乡贯山东德州（今德州市）。嘉靖三十七年（1558）举人，三甲第二百一十名进士，选庶吉士，授检讨。迁国子监司业。所上《请复建文位号正景泰实录疏》，深得国家大体。仕至两淮盐运同知。著有《书疏丛钞》、《家庭庸言》和《文集》三十七卷。

隆庆五年辛未科

【孟　秋】（1525—1589）字子成，号我疆。茌平县人。隆庆四年（1570）举人，翌年联捷三甲第二百一十七名进士。授昌黎县知县，有善政。入为大理寺左评事，迁兵部职方司员外郎，督山海关军务。万历九年（1581）遭流言中伤，被贬谪。归途中，与妻子共驾一牛车，见者皆为之叹息。后又起刑部主事，仕至尚宝司少卿。万历十七年（1589）卒，年六十五。贫不能具棺，从祀乡贤。天启初，赐谥"清惠"。从邑人张俊觉学，于良知之说有所发明，其与河南新安孟化鲤并称"二惠"。著有《道脉说》、《大道吟》、《气志吟》、《孟我疆集》。

【刘希孟】安丘县（今改市）人。从邑人张俊觉学，于良知之说有所发明。嘉靖四十年（1561）举人，三甲第二百二十九名进士。授安邑、河津县知县，有惠政。擢吏部主事，铨政一新。仕至右通政。

【王象乾】（1546—1630）字子廓，号霁宇。新城县（今桓台县）人。《明史》有传。隆庆四年（1570）乡试亚元，三甲第二百三十二名进士。为官五十余年，仕途顺达。授山西闻喜县知县，升至直隶保定府知府，所至兴利除害，皆治绩卓异。历山西口北道副使、布政司参政。万历二十二年（1594）九月，由山西右布政使，迁都察院右佥都御史，巡抚宣府。万历二十五年（1597）十月，升都察院右副都御史，仍巡抚宣府。巡抚宣府七年，边境安定无事。万历二十九年（1601）正月，以兵部右侍郎、都察院右佥都御史，总督湖广、四川、贵州，并兼巡抚四川。万历三十三年（1605）正月，丁忧归，迁都察院右都御史，兼兵部左侍郎，待服阕起用。万历三十六年（1608）九月，以兵部左侍郎、都察院右都御史，总督蓟辽。万历三十九年（1611），升兵部尚书，兼都察院右副都御史，仍总督蓟辽。次年回都。在天启元年（1621）与崇祯元年（1628），相继又分别总督蓟辽与宣大，先后加太子太傅、太子太师、少师。其督师征边，挫败虎墩兔。机警有胆略，威名著九边。所上《请减福王赡田疏》、《争水西界疏》、《三争水西疆界疏》、《请发帑金以充抚赏疏》、《备陈抚款事宜疏》、《再陈款战事宜疏》为时人所重。崇祯二年（1629）九月致仕，次年病卒，年八十五，赠太师，祀乡贤。著有《忠勤录》、《开天玉律》、《犿峒宣大奏议》、《文选删注》、《音韵类编》。祖父重光，嘉靖进士，布政司参议；父之垣，嘉靖进士，户部左侍郎；弟象晋，万历进士，布政使。

【刘思中】字子睿。军籍大宁都司保定左卫，乡贯山东丘县（今属河北省）。三甲第二百四十九名进士。以按察司副使，分巡郧襄兵备道。仕至布政司参政。

【朱鸿谟】（？—1598）字文甫，号监塘。益都县（今青州市）人。《明史》有传。隆庆四年（1570）举人，翌年联捷三甲第二百五十二名进士。授江西吉安府推官，识邹元标（后成进士，左都御史）于诸生时，对其厚礼之。擢南京监察御史。邹元标及吴中行等，以疏论张居正夺情，被廷杖谪戍贵州都匀卫。鸿谟疏救，语侵张居正，被斥为民。居乡杜门讲学，不入城市。张居正卒，复故官。巡按江西，奏蠲水灾后赋税，请减饶州上贡瓷器，不报。又疏荐因建言削籍者，忤旨夺俸。历光禄寺少卿、太仆寺少卿、大理寺左少卿。迁都察院右佥都御史，提督操江。万历二十一年（1593），迁都察院右副都御使，巡抚应天，请裁上贡织造，报闻。吴中徭役不均，鸿谟令一以田为准，不及百亩者，无役，县为立籍定等差。旋入为刑部右侍郎，守法不阿，狱无滥冤。以疾卒于官，不能成殓，僚属醵金以办。赠刑部尚书，谥"恭介"。

【孟一脉】（1538—1619）字淑孔，号连珠。东阿县人。《明史》有传。生而颖慧，方在髫龄，即以古人期许。稍长益励志，为文语出惊人。隆庆元年（1567）举人，三甲第二百六十七名进士。授山西平遥县知县。平遥地瘠民贫，时以逋额六万余，有六名粮官被处死。一脉愤然道："杀一无罪非仁也，今杀无辜六官铸大错矣。"一脉先是将原定征赋数额推倒，又重新均其地，使无隐粮，革除了征赋中的陋弊。新开垦土地八百顷，招余丁三万耕种。为政五年，积谷多达十万石，自己却从不取利其中。升南京监察御史，以敢于直言称。万历六年（1578）五月，因上疏陈救邹元标诸人，忤张居正，被黜为民。张居正死后，起复故官。上疏陈五事：一是谏阻选宫女扰民；二是劝神宗广开言路，不可"专取宸断"；三是选才任贤，"先实行而后才华"；四是恭俭节约，禁淫奇，去无度，淳化风俗；五是讲求战守之备，整饬边防。所疏言辞激烈，将时弊根源

隆庆五年辛未科

直指神宗。以忤旨,被谪江西建昌府推官,屡迁南京右通政,移疾归。万历四十一年(1613),起用为都察院右佥都御史,巡抚南赣。万历四十三年(1615),廷推都察院左副都御史。未得命,给事中官应震论其纵子骄恣。疏虽留中,一脉竟引疾去。万历四十七年(1619)卒,年八十一,予祭葬,赠都察院右副都御史。

【宋　仕】(?—1618)字原学,一字汝学,号可泉。平原县人。嘉靖四十年(1561)举人,三甲第二百七十六名进士。此科主考官为张居正,时气焰熏灼,但仕屏迹不至其门。授直隶衡水县知县,改遵化县,皆有惠政。入为监察御史,巡按四川,有蜀藩戚某横行,仕将其依法惩治。按亩均赋,奏蠲盐井浮课九千余。再巡按吴中,所兴革十二事,皆为硕划。万历十六年(1588),由大理寺少卿,迁都察院右佥都御史,巡抚保定。时值大灾之年,请蠲请赈,全活无数。杜冒军饷,缮关隘城堡。万历十九年(1591)九月,迁都察院左佥都御史,掌理院事。旋以都察院右副都御史,巡抚应天。次年,迁南京大理寺卿,未几受中伤而告归。在家二十年,筑绎幕园居住。又起复大理寺少卿。万历四十五年(1617),迁南京刑部右侍郎,升南京都察院右都御史,兼摄三部事。屡请补大僚,选言官,不报。次年以劳卒,赠太子少保,赐祭葬。著有《绎幕园集》、《存笥集》、《奏议摘稿》。

【赵世卿】(?—1615)字象贤,号南渚。历城县(今济南市)人。嘉靖四十三年(1564)举人,三甲第二百八十名进士。授南京兵部主事。时张居正当国,政尚严厉。世卿奏匡时五要,即请广取士之额,宽驿传之禁,省大辟,缓催科,开言路。张居正欲重罪之,因吏部尚书王国光相劝,被出为楚王府左长史。次年京察,复坐以不谨,落职归。张居正死,复起户部郎中,出为陕西按察司副使。历为左通政、光禄寺卿、太常寺卿、顺天府尹、大理寺卿。万历二十年(1592)十一月,迁兵部右侍郎,兼都察院右佥都御史,巡抚河南。万历二十一年(1593)八月,改户部右侍郎。万历二十五年(1597)十月,督理仓场。世卿饶有心计,凡所条奏,酌剂盈缩,军国赖之。万历三十年(1602)三月,升户部尚书,兼署吏部,推举无私。时矿税使四出为害,岁入益寡,国用不支,边储告匮,而内供日繁。岁增金花银二十万,官帑日充羡。世卿请复金花银百万故额,罢去续增数量。皇帝不许。世卿乞发内库银百万及太仆马价五十万以济边用,复忤旨切责。世卿又请正江南税监潘相不法罪,且偕九卿数陈其害。皇帝亦不纳。世卿复言脂膏已竭,闾井萧然,丧乱可虞,揭竿非远,不及

隆庆五年辛未科

今罢之，恐后将无及。皇帝亦不省。万历三十二年（1604），苏、松税监刘成以水灾请暂停米税。皇帝以岁额六万，其中米税居半，不当尽停，令以四万为额。世卿上言劝阻，不见回复。是年夏，雷火毁祖陵明楼，妖虫蚀祖陵树木，又大雨坏神道桥梁。神宗下诏咨实政。世卿列出六条理由，恳请罢矿税使。神宗先是优答而不行，直至三十四年（1606）三月，始诏罢矿税使，税亦稍减。但世卿眼见广东、云南、四川税使仍未裁撤，吏民尤苦，民变不断。西北水旱，屡请减租发赈，国用益不支。又奏请捐内帑百万佐军用，皇帝不从。世卿遂连章求去，至十五上，皇帝竟不许。福王将婚，七公主下嫁，用帑数额巨大，世卿谏阻。李廷机辅政，世卿力推之。有廷臣遂疑其为世卿党比，先后有十几名给事中、监察御史参劾，世卿遂杜门乞去。章复十余上，不报。万历三十八年（1610）秋，世卿乃拜疏出城候命。次年十月，乘柴车径去。皇帝闻知，也不问罪。万历四十三年（1615）正月卒，赠太子少保，予祭葬。子铉与孙浚皆知府。

【王学书】字惟忠。滨州（今滨州市）人。嘉靖四十三年（1564）举人，三甲第二百八十七名进士。授行人司行人，奉命办理册封赵藩事，察知诸宗横行，甚至肢解人，有司莫敢问，学书乃申明国例，诸宗皆敛迹。万历十五年（1587）十月，由山西布政司右参政，升按察使。次年十月，调陕西按察使。万历十七年（1589）八月，迁都察院右佥都御史，巡抚宣府。九月，特命持节钺统领三晋战事，屡有献俘功，朝廷依赖无西顾之忧。著有《筹边要略》行世。

【吴之美】军籍山东登州卫，乡贯南直隶泰州。嘉靖二十八年（1549）举人，历经二十二年，方考取三甲第三百名进士。由礼科给事中，仕至河南卫辉府知府，有其父之风。父昶，嘉靖进士，监察御史；曾孙胍㠲，顺治副贡，著有《四书拈笑》、《易经图说》等。

【刘中立】字健甫，号禹坪。禹城县（今改市）人。生而颖敏，十三岁能属文。提学曹云山大奇，召肄于会城书院亲课其业。嘉靖四十三年（1564）举人，三甲第三百零九名进士。授中书舍人，奉使晋藩治葬事，藩府馈以厚币，坚辞不受。迁工科给事中。滹沱水溢，为患畿辅，中立上章言三事，建议拨出钱粮，委派宪臣专责修复故道，而疏入不报。时张居正掌政，中立为其所举士，欲罗致幕下。中立不屈，见其党少司马某，虐焰方张，无敢撄之，即上疏弹劾，同列皆以为处危险境地。中立毅然曰："豺狼当道，他尚问哉。"张居正对其怒目以视，威胁曰："廉得实乎？"中立对曰："君父之前，敢不以实。"毫无惧色。

迁礼科右给事中。奉使册封德藩,还京又迁兵科左给事中。时政尚操切,驿禁尤严,争核违例以猎锐声。河南某知县,遂以龃龆其所不悦者,会事白不治,张居正闻之大怒,使人暗示中立劾之,中立不应。又嘱论某国公,中立亦不应。以此愈失张居正心。中立出为陕西布政司右参议,又迁河南按察司副使,再移山西布政司参政。所至持大体,治狱、捕盗、赈济,多有惠政。万历十六年(1588)十二月,升陕西按察使,厘奸剔弊,官吏肃然。闻父丧,徒跣东奔,抵家触柱悲号,以哀毁过度心痛而卒,年五十,被称"刘佛"。礼部尚书范谦为撰墓志铭。公举祀乡贤。子士骥,万历进士,翰林院检讨;裔孙振斯,清雍正进士,知县。

隆庆五年辛未科

万历二年甲戌科

本科录取：一甲三名，二甲七十名，三甲二百二十六名。其中山东二十二名。

【王　录】字子荐，号龙溪。寿张县（1964年撤销，分属山东阳谷县和河南范县）人。貌丰伟，性宽仁。为诸生时，为提学邹东廓所赞赏。隆庆四年（1570）举人，二甲第三十名进士。授直隶定州知州，州为"最难治理"之地，施以宽慈信义，历经五载，而治化大洽。以卓异升户部员外郎，入都时，百姓泣留，为立去思碑建生祠。第二年，又升户部郎中。督饷蓟镇，按旧例余银三万之多，其出纳唯均，秋毫无取，官军有冰操之颂。在蓟镇拒敌守城中，连续两月不得喘息，以劳致疾卒，年四十七。著有《劝善录》传世。

【孙　旬】字若穆，号浒西。莱阳县（今改市）人。少负俊才。隆庆元年（1567）举人，三甲第六名进士。授行人司行人，擢陕西道监察御史。时张居正为内阁首辅，权倾内外，旬独伉直不附。奉命巡按浙江盐政，值兵变劫持抚军，旬只身诣垒，谕以顺逆，事得平息。复遇民变，条上善后十策，士民赖以宁谧。又巡按江西，裁抑强宗，奏减瓷器。再巡按顺天，贵戚敛手，宦寺屏息，无敢恣意而为者。擢直隶顺天府丞，先后迁大理寺右左少卿，侍讲经筵。以都察院右佥都御史，充南京提督操江，未到官，丁母忧卒。生平不苟取予，有古人风。父绍先、子鸣珂皆贡生、知县；孙茂槐，崇祯进士，亦知县。

【王见宾】字懋钦。军籍山东济南卫，入载《历城县志》。少负英姿，博览群书。隆庆四年（1570）举人，三甲第十九名进士。授河南南阳府推官，疏冤摧猾，多所平反。屡迁河南开封府知府，理烦治剧，士民怀德。治兵渔阳，饬戎马，明赏罚，朝野倚重。万历二十六年（1598）四月，由布政司右参政，迁都察院右佥都御史，巡抚延绥。性沉毅，多才略，每筹划边务，能集思广益，知人善使，故敌畏之。次年十二月，解任回籍。万历三十年（1602）十二月，上准勘明起用。卒祀乡贤。

【韩志道】章丘县（今改市）人。隆庆元年（1567）举人，三甲第二十七名进士。授河南光山县知县。

【刘　金】禹城县（今改市）人。隆庆四年（1570）举人，三甲第三十三名进士。授直隶长垣县知县，入为户部主事。

【姚德重】字怀轩。潍县（今潍坊市）人。嘉靖四十三年（1564）举人，三甲第四十八名进士。授山西榆次县知县,擢户科给事中。值圣节赏赐,敕户部进银二十万,德重上疏极谏,得旨报罢。转礼科给事中,疏请别服色、正名分,被允准。为官俸积置田庐与兄平分。移疾家居,屡荐不起。子宗温,万历进士,知县。

【刘三宅】 字可任。寿光县(今改市)人。嘉靖四十三年(1564)举人,三甲第五十三名进士。授浙江永嘉县知县,才识敏练,剖决如流。以卓异选授吏科给事中,时张居正用事,政尚操切。三宅疏请崇宽大养元气,张居正甚为忌恨,惜暴病而卒,未竟其用。身后囊无十金之积,人皆服其清介。曾祖父珝,正统进士,内阁大臣,太子太保,谨身殿大学士;祖父铉,知府;父澄甫,正德进士,布政司参议;叔父渊甫,正德举人,知府。

【顾连璧】 字曰温,号文岗。博兴县人。幼英敏,美丰仪,有神童之号。于书无所不读,为文博达雄浑。二十四岁时,在嘉靖三十七年(1558)与弟合璧(孪生,后任知县)同榜举人,有"二难"之称。考取三甲第六十名进士。授陕西盩厔县知县,地多矿盗,连璧治以廉平,盗风自息。两次考绩均为关中第一,以卓异召赐宴。朝中使者称其:"力杜请托,威慑权奸,所宜殊擢,以励风宪。"初至盩厔,有某宦父子豪暴闾左,欲强夺某孝廉林木,某孝廉不给,遂将其与叔父一起捕杀。其祖母亦受惊吓而死。连璧闻知愤怒,立讯得实,以法严惩。而该宦为显贵,挟多财诘辩于朝,连上数十章,结果被谴戍。其党盘踞要位者众多,欲中伤连璧,伺机报复。但连璧没有过失,使他们无机可乘,只好叹道:"盩厔县令,实在是能吏,无法下手。"擢浙江嘉兴府知府,按事无滞,刑称不苛。又以浙江按察司佥事,分巡温处道。子颐,万历进士,太仆寺少卿。

【吴中传】 号巽庵。朝城县(今属莘县)人。嘉靖四十年(1561)举人,三甲第六十九名进士。授陕西西安府推官,行取户部主事,管理通州仓,革尽夙弊。万历十二年(1584),升本部郎中,督蓟州兵储,羡金千两悉报部。万历十七年(1589),以南直隶布政司参议,奉敕督理版策,不一年而竣。万历二十一年(1593)十一月,由湖广布政司右参政,升陕西按察使,辩明枉冤,劝善廉污。万历二十三年(1595),改补云南按察使,振纲肃纪,祛吏弊,除奸豪,凛凛有神明称。朝廷正欲大用,却以滇南瘴雾毒染而卒。兄:道传,嘉靖举人,知县;教传,嘉靖进士,按察司佥事。

【吴应奎】 字孟才。东平州(今改县)人。隆庆四年(1570)举人,三甲第九十一名进士。授陕西凤翔府推官。

万历二年甲戌科

【张世则】字惟范，字准斋。原籍郯城县，移籍诸城县（今改市）。生有异姿，十五岁始求学于外。隆庆元年（1567）举人，三甲第九十六名进士。授直隶宝坻县知县，改密云县。为知县五年，以异绩行取吏科给事中。劾陕西巡抚某贪婪，令人大快。出为河南按察司佥事，又劾吏部尚书王国光鬻官黩货，王国光奏辩，神宗谓世则挟私，被贬南直隶仪真县丞。未久，改浙江处州府通判，擢户部主事，升至郎中。为权贵所压抑十年。万历十七年（1589），屡迁四川按察司副使，整饬安绵兵备道，专施恩信，边地诸民族归服。时巡抚欲挑衅少数民族闹事，以趁机立功邀宠，世则不予协助。万历二十一年（1593），转陕西平凉苑马寺卿。次年，迁江西布政司参政，分守湖西道。以管束属下知县，忤与知县相结纳的朝中权势，旋致仕。世则学问淹博，有文才，公务之余，日以著述为事。编纂《貂珰史鉴》、《大学初义》二书上呈朝廷。《大学初义》一书，一遵古本与程朱章句，颇有异同。朝廷将颁行天下，而时为行人的高攀龙，却上疏力诋乃止。又著述《治平要览》，未竟而卒。

【朱翰臣】军籍山东平山卫，乡贯南直隶泰兴县。三甲第一百零八名进士。

【李以谦】字德光，一字从吉，号春台。鱼台县人。丰姿秀雅，文采灿然。隆庆元年（1567）举人，三甲第一百一十一名进士。授直隶保定府推官，旋迁礼科给事中，升户科都给事中。为官清介，独立敢言，所陈俱关国计。而设辞有体，不激不随，每上优旨答之。

【赵惟鱼】齐河县人。少孤贫，聪颖特达，笃学力行。事母菽水，承欢膝下，曲尽敬爱。及母去世，哀毁不食，几致伤生，筑坟高如丘陵，人称纯孝。嘉靖三十七年（1558）乡试亚元，三甲第一百三十五名进士。授河南仪封县知县，未赴任卒于家。

【韩萃善】字惺庵。淄川县（今淄博市淄川区）人。嘉靖四十三年（1564）乡试经魁，三甲第一百四十四名进士。授南直隶常州府推官，历南京户部主事、员外郎、郎中。出为山西太原府知府，升浙江按察司副使，迁陕西布政司右参政。乞终养归。

【刘汝桂】高唐州（今改县）人。嘉靖四十三年（1564）举人，三甲第一百六十五名进士。授直隶束鹿县知县。

【阎　芹】高密县（今改市）人。嘉靖四十年（1561）举人，三甲第一百六十九名进士。屡迁湖广布政司参政，谨恪有清操。其归里不谋厚产，曰："令子孙力耕自给足矣，无多贻骄淫资也。"卒祀名宦、乡贤祠。曾孙士标，清顺治举人，县教谕。

【邢 侗】（1551—1612）字子愿。临邑县人。《明史》有传。隆庆四年（1570）举人，三甲第一百八十二名进士。授直隶南宫县知县，邑得大治，民为立生祠。行取山西道监察御史，巡盐河东，继按三吴，所至疏陈利弊，大有兴革，朝论以廉惠称。擢湖广布政司参议。又以按察司佥事，充陕西行太仆寺卿。以亲老乞归，时方三十余岁。家资巨万，筑来禽馆等二十六景名烁园，攻读习书其中。以"减产奉客，遂致中落"。其博及群书，为文宗六朝，能诗，兼善书法，尤以书法名世。书工二王，同董其昌、米万钟、张瑞图齐名，时人谓邢、张、米、董。又称南董北邢。高丽、琉球人重其书，与黄金同价。著有《来禽馆集》二十九卷、《来禽馆世说新语钞》四卷。墨迹刻石曰《来禽馆帖》。还著有《南宫县志》、《武定州志》、《临邑县志》等。祖父政，成化举人，知州；妹慈静，擅诗词、书画、刺绣，善仿兄书，著有《芝兰室非非草》；子王称，诸生，工诗文，尤擅书法，守城抵御清兵战死；孙师哲，工绘画。

【张名藩】 字镇东。黄县（今龙口市）人。家贫力学，万历元年（1573）举人，翌年联捷三甲第一百八十八名进士。居官清白自励，所至以慈惠称。屡迁南京工部员外郎，有阻防孝陵水患和卫辉王府火灾之功。其捐金修城，赈活饥民，陶成士类，抚养孀节，孝友家庭，惠洽乡邻，受人爱戴。庭无请托之牍，卒后囊箧萧然。祖父伦，成化进士，知府。

【萧大才】 堂邑县（今聊城市东昌府区）人。隆庆四年（1570）举人，三甲第一百九十一名进士。历山西洪洞、湖广襄陵县知县。

【李尧民】（1544—1606）字耕尧，号雍野。原籍济宁州（今济宁市），徙居郓城县。万历元年（1573）举人，翌年联捷三甲第一百九十六名进士。授南直隶长洲县知县，补直隶永年县，皆以廉明著称。擢浙江道监察御史，正色立朝，直言敢谏，功在国本。巡按河东盐务，痛治积弊。又巡按三吴，锐意激扬，山岳为震。万历二十一年（1593），充直隶提学，秉公办事，不受干谒，化如时雨，人文一变。万历二十六年（1598），迁大理寺右少卿，执法平允。仕至应天府尹。以病卒于家。居家孝友，贞介坦夷。天启改元，追赠工部侍郎。著有《快独集》、《皇明文选》、《西台奏议》行世。子瓒，刑部员外郎，著有《珠树馆集》、《落叶诗》。

【周 诗】 德州（今德州市）人。万历元年（1573）举人，翌年联捷三甲第二百零一名进士。仕至知府。著有《宜民录》。

万历五年丁丑科

本科录取：一甲三名，二甲五十七名，三甲二百四十一名。其中山东三十四名。

【王再聘】号莘川。临邑县人。万历元年（1573）乡试经魁，二甲第十七名进士。授工部屯田司主事，升员外郎、郎中。督理太庙乾清宫工程，以称旨赐文绮、御书等。出为直隶真定府知府，却旧例可得一千六百缗，充作正赋，而丝毫不染，以清廉著。擢陕西按察司副使，整饬榆林兵备道。岁祲，请减赋赈济，存活者以万计。荆南、真定、榆林各纪石颂之。

【于达真】亦作达正。历城县（今济南市）人。隆庆四年（1570）举人，万历二年（1574）会试贡士，当年未参加殿试，后补殿试成二甲第二十名进士。由蓟州兵备道，迁山西布政司参议，仕至按察司副使。

【冯　琦】（1558—1603）字用韫，一字琢庵。临朐县人。《明史》有传。幼聪慧，文名远播。万历四年（1576）举人，翌年联捷二甲第二十二名进士，选庶吉士，授编修。张居正赞其："此幼而硕者国器也。"由于深得神宗器重，连续得到升迁。万历二十一年（1593），先以詹事府左庶子，迁翰林院侍读，暂署翰林院事。遂升詹事府少詹事，以翰林院学士，掌理院事。先后为会试同考官和湖广乡试、顺天乡试、武会试主考官。万历二十三年（1595）始，先后擢礼部右侍郎和吏部右左侍郎，兼翰林院学士，充会试主考官，教习庶吉士。在吏部，敢于直言上疏。仅为建储和停收矿税二事，就多次上奏。其极陈士子崇佛教之弊，请约禁。所上疏词汪洋恣肆，每一疏出，皆竞相传录。对冤假错案，皆力排众议，一一平反昭雪。嘉靖间，总督张经，抗倭有大功，却被诬陷冤杀，四十年来未得澄清，琦上疏为其辩白，朝廷为其恤典。内阁首辅沈一贯，与琦素不合，虽琦屡被推荐入阁，但都被其从中作梗而罢。万历二十九年（1601），升礼部尚书，兼翰林院学士。万历三十一年（1603），病逝京师寓所，年四十六，赠太子少保，谥"文敏"。一生勤于著述，有《宗伯集》、《经济类编》、《两朝大政记》、《唐诗类韵》、《北海集》、《通鉴分解》、《宋史纪事本末》、《海岱会集》、《淡然轩集》等。曾祖父裕，正德进士，按察司副使；祖父惟重，嘉靖进士，行人；父子履，隆庆进士，布政司右参政。

【房守士】（1537—1604）字升甫，号备吾。齐河县人。少孤贫，生而颖异，魁梧豁达，多大节。攻读刻苦，凡左国诸史以及纲鉴子书无不成诵。学行兼优，一时无二。为有名孝子。万历元年（1573）乡试亚魁，二甲第三十一名进士。授户部陕西司主事，监管浑石桥仓、天津仓。以卓异升本部郎中，出为湖广承天府知府，不畏权贵，执法如山，得以大治。整饬榆林兵备道，以战守为要，精练兵士，两战皆捷，上赐金币，晋爵一级。又历山西布政司参政、按察使、右布政使和河南左布政使，所至治兵为政，以卓异称。万历二十六年（1598），迁都察院右副都御史，巡抚大同。上备边十数策，上皆嘉纳。强化边防，敌不敢犯。万历二十九年（1601），升兵部右侍郎，兼都察院右佥都御史，仍巡抚大同。次年，回籍养病。以病卒于家，予祭葬，赠都察院右都御史。著有《王中丞集》。

万历五年丁丑科

【韩取善】（？—1618）字惺庵。淄川县（今淄博市淄川区）人。万历元年（1573）乡试经魁，二甲第三十六名进士。授工部主事，改户部，升员外郎、郎中。出为山西布政司参政，先后擢按察使、右布政使。万历二十一年（1593），迁都察院右佥都御史，巡抚辽东。次年免职。万历四十六年（1618）卒。

【王继光】字泉皋。黄县（今龙口市）人。幼奇颖。万历四年（1576）举人，翌年联捷三甲第五名进士。授中书舍人，擢户、刑科给事中，不避权贵，建白有声，皆言人所不敢言。万历二十年（1592），由太常寺少卿，迁都察院右佥都御史，巡抚四川。政修惠洽，拒纳公费二千金，用于资助兵饷。次年，被去职，冠带闲住。居家让产诸弟，善待族人，施粟赈荒。大吏赠以"高义"匾额。优游林泉三十载，以寿终，入祀乡贤。

【黄嘉善】（？—1626）字惟尚，号梓山。即墨县（今改市）人。万历四年（1576）举人，翌年联捷三甲第二十四名进士。授河南叶县知县，屡迁山西大同府知府，会巡抚汰兵，兵噪，嘉善单骑入军谕以利害皆散去。第二天将首恶诛之，事遂定。擢山西按察司副使，整饬大同兵备道。万历二十九年（1601），由山西按察使，迁都察院右佥都御史，巡抚宁夏。先后加都察院右副都御史、兵部左侍郎，仍巡抚宁夏。时中涓督税秦中者，欲持权干扰兵务，请朝廷永加衔镇守，命令旦夕下。嘉善抗疏力持不可，事得停止。嘉善巡抚宁夏九年，休养生息，烽火不惊，宁夏立祠祀之。万历三十八年（1610）三月，以都察院右都御史，兼兵部左侍郎，总督陕西三边，有战守功。万历四十一年（1613），迁兵部尚书，加太子少保，协理京营戎政，条上战守，皆切机宜。万历四十七年（1619）病免。天启元年（1621），又先后加太子太傅、太子太师。天启三年

(1623)致仕，又加少保。三年后病卒，赠太保，予祭葬，崇祀名宦、乡贤祠。著有《抚夏奏议》八卷、《总督奏议》四卷。子：宗庠，崇祯进士；宗臣，崇祯举人，善诗工书。孙培，锦衣卫指挥佥事，以所著《含章馆诗集》受人陷害，被以怀明反清十大罪状，在清康熙八年（1669）被处绞刑。

【南　兆】（？—1600）字吉甫，号明郊。濮州（今属河南范县）人。嘉靖三十四年（1555）举人，历经二十二年，方考取三甲第五十九名进士。初授山西洪洞县知县，廉明有声，百姓拥戴。又改陕西洵阳县知县，升延安府同知，治绩卓异。入为户部主事，升至郎中，以至楚监兑漕粮上交羡金，神宗嘉其廉。特升山西提学，以病告归。万历二十八年（1600）卒。著有《礼记疏要》、《崇雅堂文集》。

【刘一相】（1542—1624）字惟衡，号顷阳。长山县（今属邹平县）人。隆庆四年（1570）举人，三甲第六十三名进士。授山西高平县知县，有豪门子弟恣横里中，一切按治以法。两充乡试同考官，省元皆出其门。擢南京吏科给事中，封事十数上，力排张居正党人。被外任陕西按察司佥事，又谪茂山卫知事。未久，迁山西稷山县知县，多惠政。擢南京兵部车驾司主事，前车驾司主事倪冻立"雇役法"，人皆称便，而貂珰贪弁欲更改，一相坚持不可，一时有"倪翁刘父"之歌。由刑部员外郎，升郎中。出为四川布政司参议，整饬叙泸兵备道。先后两次参与平叛，屡著战功，多有赏赐。改贵阳参议，移守商洛。升陕西按察司副使（一说仕至布政使），清理军屯。以刚直不容于时，旋以母老致仕。曾采录周、秦、汉、魏、六朝、隋、唐之诗，分门别类，编为《诗宿》一书。著有《燕喜堂文集》。子鸿训，万历进士，内阁大臣，文渊阁大学士。世孙：大勤，康熙举人，著有《诗问》、《吹剑集》；大榖，康熙进士，翰林；大鞔，康熙进士。

【张子忠】济宁州（今济宁市）人。万历元年（1573）举人，三甲第七十五名进士。仕至陕西按察司副使。

【乔学诗】（1557—1630）《题名碑录》载姓饶。字言卿，号皓珪。祖籍江西南昌县，移籍山东东阿县。少孤，攻苦力学。万历元年（1573）举人，三甲第七十八名进士。授直隶永平府推官，永平多戚畹邸宅，令人棘手，而学诗依法办事，治行为畿辅之最。奉命主持屯田事务，缮修九门，以功升俸一级。擢南直隶庐州府知府，时值歉年，学诗力为救灾御荒，计划甚为周到，庐州人感恩不尽。改南直隶扬州府知府，屡迁至广东左布政使。其间，曾奉命入蜀入晋，参加救

万历五年丁丑科

荒、捕盗等项事宜，以治行卓异升俸二次，受赏二次，晋序四次。因在岭南中暑湿，行走不便，遂辞归。七十四岁卒。子宗启，万历进士，知州。

【曹　铁】字民威，号爱堂。长清县（今济南市长清区）人。奉事双亲婉容愉色，及当大丧哀毁骨立，远近以孝称。嘉靖四十三年（1564）举人，三甲第九十一名进士。初为直隶东光、南直隶海门二县知县，政绩丕著。巡按御史称其："约己以奉公，去奸以饬法，治成而域中，防固而海上，晏然宣不虚。"旋擢户部郎中，监兑湖广，不以脂膏自润。神宗亲赐金花、锦缎以奖赏之。旋升河南辉卫府知府，时潞王初就藩封，敕谕同往，未及一载，府事不劳而治，潞王大为欣慰。自悦始仕历至黄堂，皆尽职无愧，即告致回籍，退居城南祖庄，自题其斋曰："止足急流勇退，殆为清亭所罕觏。"优游林下二十余年，只字不入公门，朝夕唯课督五子，后皆成名。凡邻里宗族有不能婚葬者，皆竭力周济。居乡恂恂，不立崖岸，大有古人风。公举入祀乡贤。

【张　志】历城县（今济南市）人。隆庆四年（1570）举人，三甲第一百名进士，选庶吉士。仕至湖广布政司参议。父岚，嘉靖进士，布政司参议。

【杨东野】沂水县人。万历元年（1573）举人，三甲第一百零八名进士。授南直隶华亭县知县，以公廉行取河南道监察御史，忤权贵，被谪南直隶庐州府推官。迁兵部主事，因力革积弊触忤堂官，外任陕西布政司参议，分守邠乾道。以京察归里。

【傅光宅】（1547—1604）字伯俊，号金沙居士。聊城县（今聊城市）人。隆庆四年（1570）举人，三甲第一百一十二名进士。授河南灵宝县知县，改南直隶吴县，厘革弊政，用法宽厚，多惠政。擢监察御史。首陈便宜六事，上皆嘉纳。先后巡按两关和浙江、陕西，因疏荐戚继光和疏救监察御史王某等事，以失朝堂意和得罪权贵，先后两次被罢官降职。万历二十一年（1593），以行人司行人，奉使四川，迁南京兵部郎中，补工部郎中，兼理税政。有税监宦官马堂，在临清州征税横行，属下射杀市民，民众怒焚其公署，守臣认为是民众作乱。光宅直言上疏，指陈民众反抗是由宦官不法激变造成。但疏上不报。光宅被外任四川重庆府知府，参与镇压播州土司杨应龙叛乱有功。升四川按察司副使，分巡遵义道。后又改提学。以病归数日卒。光宅乐易阔达，喜欢施予。置学田以赡贫士。书法宗鲁公。著有《奏疏》、《四书讲义臆说》、《诗草》等。入祀乡贤。

【张世科】临邑县人。隆庆元年（1567）举人，三甲第一百二十一名进士。由中书舍人，升户部员外郎、郎中，出为湖广按察司副使。

【李骥千】字伯顾，号友龙。招远县（今改市）人。生而颖异。隆庆元年（1567）举人，三甲第一百二十五名进士。授山西大同府推官，风裁严峻，庭无留犊，令属吏畏惧，皆服从听命，无敢舞文欺者。素刚直，不奉迎，以故忤上官，险遭不测。升南京户部郎中，在职六载，以卓异出为南直隶凤阳府知府。值灾荒，力请蠲田租数十万，民得喘息。出为颍州道，治盗平乱，战绩颇显。骥千为长子，所得俸余，悉分给六个弟为灯火费。为尽孝道，挂冠归里。以遗经课子弟。子逊，崇祯进士，知县。

【陈三策】号如斋。武定州（今属滨州市）人。嘉靖四十三年（1564）举人，三甲第一百三十六名进士。授直隶藁城县知县，改山西襄垣县。擢户部主事，监兑湖广，拒纳常例万金，悉贮库赈边。督理大同军饷。擢浙江按察司副使，以母病乞归侍养。八十八岁卒。

【李先著】军籍锦衣卫，乡贯山东蓬莱县（今改市）。三甲第一百四十一名进士。仕至布政司参政。

【卢学礼】直隶东明县（1963年划归山东菏泽专区）人。隆庆元年（1567）举人，三甲第一百四十三名进士。授山西临汾县知县，行取兵部主事，升员外郎、郎中。出为山东兖州府知府，迁陕西按察司副使。弟学乐，万历举人。

【贾希夷】历城县（今济南市）人。万历四年（1576）举人，翌年联捷三甲第一百五十三名进士。授监察御史，巡按山西。升河南按察司副使，整饬睢陈兵备道。子槐，万历举人。

【王之猷】字尔嘉，号柏峰。新城县（今桓台县）人。隆庆四年（1570）举人，三甲第一百五十七名进士。由山西平阳府推官，升至浙江按察使，分治淮扬道，诘奸戢暴，政务便民。节义所关，奋不顾身，有烈丈夫风。卒祀乡贤。著有《柏峰集》。父重光，嘉靖进士，布政司参议。兄：之垣，嘉靖进士，户部左侍郎；之辅，嘉靖举人，户部员外郎；之城，隆庆恩贡，府同知。子：象恒，万历进士，巡抚；象春，万历进士，吏部郎中；象复，府同知，同子与夔（举人）战死。

【高　桂】字凤翥。潍县（今潍坊市）人。有异质，重气节，双目炯炯如电，读书十行俱下。万历四年（1576）举人，翌年联捷三甲第一百六十二名进士。授南直隶泰兴县知县，以卓异擢礼部仪制司主事，迁祠祭司员外郎。万历十六年（1588）乡试，试前哗传得举已有主名者数人，试后果如此。内阁大臣王锡爵子王衡中解元，内阁大臣申时行婿李鸿中十一名。礼部检试卷郎中孔兼、尚书

万历五年丁丑科

朱赓二人明知为关节，均寝其事。桂愤上《科场大坏疏》，揭露作弊事，并及关节显露者八人。神宗命复试，主事者礼部侍郎于慎行，亦以无甚相悬，可知场中未必有弊搪塞。由是二辅臣对桂非常忌恨。桂被降陕西甘泉县知县，后迁兵部武选司郎中。母丧归，服阕候补，以前怨为当事者所抑，三年多屡推不报。桂遂请告家居二十余年。万历三十九年（1611），始以特旨起贵州按察司副使，时已老矣，即告归。六十八岁卒。

万历五年丁丑科

【郝　洁】栖霞县（今改市）人。万历元年（1573）举人，三甲第一百六十六名进士。授浙江海宁县知县。父如金，隆庆贡生，州同。

【魏　濬】字道原。祖籍福建闽县，移籍山东益都县（今青州市）。万历四年（1576）举人，翌年联捷三甲第一百七十四名进士。授河南开封府推官。

【宋国相】滨州（今滨州市）人。万历四年（1576）举人，翌年联捷三甲第一百七十七名进士。授陕西咸阳县知县。

【田如京】字子庚。东平州（今改县）人。隆庆四年（1570）举人，三甲第一百八十四名进士。

【陈九畴】号东华。历城县（今济南市）人。幼读书别馆，有少妇月下逾垣而至，九畴以疾辞。嘉靖三十四年（1555）乡试亚元，三甲第二百一十四名进士。屡迁山西按察司副使，绝请托，禁仆从，焚逋券，言动不苟，有古君子之风。卒祀乡贤。子载春，万历进士，按察司副使，战死。

【孙　玄】县志载作元。字叔乾。东平州（今改县）人。嘉靖四十年（1561）举人，三甲第二百一十六名进士。仕至四川布政司参政，敕褒"忠国阜民"。其致仕置义田三千亩，以赡族人之贫乏及婚丧不给者。

【吴道行】滨州（今滨州市）人。嘉靖四十年（1561）举人，三甲第二百二十名进士。万历二十六年（1598）五月，由河南布政司参政，迁河南按察使。次年四月，升山西右布政使。万历二十八年（1600）十月，加太仆寺卿致仕。

【刘怀恕】字士行，一字心田。直隶东明县（1963年划归山东菏泽专区）人。隆庆四年（1570）举人，三甲第二百二十三名进士。授南直隶长洲县知县，修吴门堤，有政声。行取监察御史，正色立朝，风裁独持，弹劾不避权贵。先后巡按淮扬、山西，所至逐墨吏，出冤囚，条划边事尤多，被人称为真御史。值两京灾伤，怀恕奏请赈济，存活饥民无数。奉命督理九门工程，工成例当内转，辞不就。久之，始升大理寺左少卿。丁忧，哀毁骨立，居家二十载不赴补。万历三十九年（1611）八月，迁都察院右佥都御史，巡抚郧阳。次年二月病卒。

【原一魁】字葵衷。掖县（今莱州市）人。万历四年（1576）举人，翌年联捷三甲第二百二十四名进士。授直隶魏县知县，选监察御史，升山西按察司佥事，分治昌平道。卒祀乡贤。

【曲迁乔】（？—1618）字允升，号带溪。长山县（今属邹平县）人。隆庆四年（1570）举人，三甲第二百三十名进士。授山西沁水县知县，均徭赋，清冤狱，擒巨盗，治绩卓异。历工、户、礼、刑四科给事中，前后上二十余疏，上皆嘉纳。出为淮扬布政司参政，分黄导淮，治理水患。万历二十六年（1598）十月，由浙江按察使，迁广西右布政使，又改左布政使，"平苗乱，抚土司"。万历三十五年（1607），擢直隶顺天府尹，对貂珰勋戚一切按治以法，畿辅肃然。以安排接待安南国纳贡之功，升通政使，正色立朝，出纳唯允，朝野倚之。万历三十八年（1610），回籍听用。读书务耕，杜门谢客。著有《光裕堂文集》行世。自撰志铭曰："姓虽曲，心则直，事亲竭力，事君尽职，一夫一妇，始终靡忒。"万历四十六年（1618），无疾而终，祀乡贤。

【张　敬】字松石。淄川县（今淄博市淄川区）人。天性淡泊，于世一无所好，独稽古嗜学，尤殚精《左传》、《周礼》。嘉靖三十七年（1558）举人，三甲第二百三十五名进士。授中书舍人，改礼部仪制司主事。礼部故有教习都尉（驸马）一人，从部里官员中选拔。世宗时，为惩戒戚里骄贵，特简此职。敬充其任，诸都尉敬畏。敬重禀律度，谨慎整饬，细密周到。丁父忧，石田茅屋，不异寒俊，聚二三生徒，日夕讲习，寒暑不辍。生平不问家人生产，及卒贫不能葬，士人景慕其清风。著有《张仪部集》行世。子至发，万历进士，内阁大臣，文渊阁大学士。

万历五年丁丑科

万历八年庚辰科

本科录取：一甲三名，二甲五十七名，三甲二百四十二名。其中山东三十二名。

【张中鸿】（1544—1626）字允获，号云洲西滕翁。滕县（今滕州市）人。与弟中鹄皆聪慧秀异，人目为联璧。中鹄好博涉百家，而中鸿则沉默精研举子业。隆庆四年（1570）乡试第八名举人，二甲第十五名进士。授直隶开州知州，天性慈良，每见敲扑之惨，常以扇遮面，但对大豪，则严惩不贷。其小心祗慎，行事如执玉棒，但不畏强御，不徇法徇私，以此失权要意，几中含沙，险被罢免。入为户部郎中，督储延宁，谨出纳，毫不染指。丁父忧，服除，补原官，主开纳，对"贵戚有输金助饷求都督者"和"有输金赎流配者"，均力持不可。出为河南府知府，在大灾之年，煮粥解救饥民，捐俸为流民道路费，所全活甚众。为官两袖清风，不阿附权贵，治行推河南第一。升山西按察司副使、兵备道。时有倭警，王师援朝鲜，所需兵饷甚急，奉督抚之命，其转输兵饷源源不绝。以运饷功，升山西按察使。时有民金得时者，以左道惑众，聚党千人，抚镇欲邀中鸿以反叛勒兵剿捕。中鸿道："多杀人以邀功，吾不忍也。"其据律拟罪为首的三四人，将余党散之。以考绩转右布政使，先后加俸三级。时有忌恨中鸿强直者，散布流言蜚语，进行攻击诬陷。在朝廷大察中，幸主察者知其冤，特疏留用。中鸿知不容于时，坚意请求改调，得徙冀北。后又有追论边关事，再次波及中鸿。中鸿自谓："臣为边道十余年，始终持正，若是而奈何遭此也？"遂致仕，闭门读书，躬督灌园，与故人把酒赋诗，不复问人间事。天启六年（1626），以痔突剧卒，年八十二。孙盛美，天启进士，监察御史。

【孙温如】滨州（今滨州市）人。万历四年（1576）举人，二甲第十八名进士。仕至员外郎。父绶，成化举人。

【李　芳】字时馨。沾化县人。万历七年（1579）举人，翌年联捷二甲第三十六名进士。父训其曰："居官无得罪群黎，即是好官。"芳为官守其训。授直隶景州知州，革弊惩奸，盗贼屏息。擢刑部员外郎，升郎中。出为河南南阳府知府，该地民俗纯朴，治以宽大。丁父忧，服阕，补山西大同府知府，以法裁强宗，绥柔边境，边人称颂。迁山西按察使，又先后升右左布政使。时有为害晋阳的税监，一夕死，巡抚欲"以饮阄司酒罢，而卒于中夜"上报。芳排闼入曰：

"内监之死，万姓快心，今复可使留余毒耶。请削饮酒。"并将籍其私积告之。巡抚称善。改四川左布政使，分守遵义道。乞休，好施予，乡族多受其惠。卒祀景州名宦祠和本邑忠义祠。

【黄子美】字尚仓。祖籍江西南昌县，移籍曲阜县（今改市）。万历四年（1576）举人，二甲第三十七名进士。授南京刑部主事，谳狱平允。出为陕西延安府知府，哱拜之乱，劫掠四出，子美修备地方，郡赖以宁。以考最升按察使，充任监军道，对悍戾权珰皆力拒之，被目为清刚第一官。

【董　基】字巢雄。掖县（今莱州市）人。《明史》有传。隆庆四年（1570）举人，二甲第五十三名进士。授刑部主事。万历十二年（1584），神宗集宦官三千余人，授以戈甲，操练于内廷。兵部尚书张学颜劝谏，不纳。基抗疏言："内廷清严地，无故聚三千之众，轻以凶器尝试，窃为陛下危之。陛下以为行幸山陵，有此三千人可无恐乎？不知此当皆无实用。此三千人安居美食，筋力披靡，聚三千蓄怨之人于肘腋，危无逾此者。且内操以来，赏赍已二万金。长此不已，安有殚竭？有用之财，糜之无用之地，诚可惜也！"疏入，忤旨，命贬二秩，调远方。九卿、给事中、监察御史交章论救，不听，基竟被谪万全都司都事。内阁首辅申时行对司礼监曰："此事系禁廷，诸人环甲执戈，未明而入。设奸人窜其中，一旦缓急，外廷不得闻，宿卫不及备，此公等剥肤患也！"中官悚然，乘间力言，内操遂止。基升南京礼部主事，历员外郎、光禄寺少卿、大理寺丞。又以言事忤旨，被廷杖而归，风采肃然。知府聘其修府志。光宗即位，被起复四川巡抚，未任卒，祀乡贤。

【杨其休】青城县（今属高青县）人。万历七年（1579）举人，翌年联捷三甲第十七名进士。授南直隶苏州府推官，擢吏科给事中。历升户、刑、工科都给事中。万历十九年（1591），泗州大水，河道总理潘季驯浚治不效，其休上疏弹劾，将其放归。未几，其休又疏请建储，被杖革职，天下称其直节。《中国历代人名大辞典》载：以上疏救钟羽正、李献可，忤帝意，罢归。旋卒于家。光宗即位，赠太常寺少卿，立祠学宫，赐祭田春秋致祭。

【秦大夔】号春晖。祖籍南直隶吴县，移籍山东临清州（今改市）。事母至孝，常诵古诗，并曰："难将寸草心，报得三春晖。"故以春晖为己号。万历七年（1579）举人，翌年联捷三甲第二十一名进士。授浙江宁波府推官，谳狱明允。擢监察御史，巡按江西、山西，政声茂著。万历四十二年（1614），屡迁四川按察使。次年六月，又迁陕西右布政使，清钱谷，宽徭役，秦人颂其慈良。

万历八年庚辰科

【董元学】匠籍历城县（今济南市）人。万历七年（1579）举人，翌年联捷三甲第二十七名进士。据《明代职官年表》载：至万历四十年（1612），历湖广布政司右参政、山东济宁兵备道按察使、山西兵备道按察使、河南按察使、湖广右布政使、陕西左布政使。后无考。为人醇谨，寡交游，以笃行君子称。

【李天麟】字公振。军籍牧马千户所，乡贯山东武定州（今属滨州市）。万历七年（1579）举人，翌年联捷三甲第四十二名进士。授监察御史，巡按湖广。至万历三十七年（1609），由陕西布政司参政，升按察使。后无考。著有《楚台记事》、《词致录》。

【霍从教】字似毂。平原县人。隆庆元年（1567）举人，三甲第五十三名进士。授直隶邯郸县知县，改获鹿县，又移山西大同县。以卓异升江西道监察御史，卒祀乡贤。

【梁宜生】字际元。郓城县人。万历七年（1579）举人，翌年联捷三甲第五十九名进士。授南直隶常熟县知县，复补直隶遵化县，皆政尚宽厚。入为户部主事，监税浒墅关，厘革夙弊，悉除羡额，士民为立去思碑。由本部郎中，出为河南彰德府知府，年余，百废修举。丁父忧，卒于家。天性孝友，气度和平，蔼然可亲。

【李汝相】号岩宾。临邑县人。起自田家，苦攻文业。隆庆四年（1570）举人，三甲第六十四名进士。授陕西陇西县知县，为最荒犷之地，其刻意自矢，有冰蘖声。擢户科给事中，刚直不阿。抗疏权珰张某，令其恐惧胆怯。自求外迁，历山西按察司佥事、河南布政司参议。在河南未数月，移疾告归，上台挽之不动去意。居里十余年，杜门扫轨，以稼穑自甘，然若未曾为官者。著有《李参议诗集》二卷、《李山人谬义》、《掖垣疏草》。子若讷，万历进士，布政司参政。

【钟羽正】（1554—1637）字淑濂，号龙渊。益都县（今青州市）人。生而警拔，嶷然卓立，十岁能属文，日诵千言。万历四年（1576）乡试亚元，三甲第六十七名进士。授直隶滑县知县，多惠政。擢礼科给事中，上疏言："朝讲不宜辍，张鲸不宜赦。"不报。又历工科左给事中、吏科都给事中，巡视宣府边务。其刚正敢言，屡劾不职大吏。万历二十年（1592）正月，疏请皇长子出阁豫教，神宗大怒，被斥为民。居家二十余年，杜门潜心理学，不见士大夫。光宗立，起用太仆寺少卿，未至又进本寺卿。天启二年（1622）二月，吏部将用为都察院左副都御史，羽正推荐比自己资格老的佥都御史冯从吾为左副都御史，而自为左佥都御史。十月，迁户部右侍郎，总督仓场。次年二月，升工部尚书。按例阉人冬衣隔岁一给，是年六月群阉千余人请预给，群拥入署，砸碎羽正座位，殴打椽吏，肆意谩骂而去。此为忌恨羽正的魏忠贤构党所为，怂恿群阉发难。羽正连上三疏求罢，被允准回籍调理，加太子太保。逾年，逆党霍维华追理梃击等三案，言羽正"委身门户"，遂被削职夺官。崇祯初复官。崇祯十年（1637）病卒，年八十三。赠太子太保。著有《崇雅堂集》、《青州风土记》。

【刘汝立】濮州（今属河南范县）人。万历四年（1576）举人，三甲第七十六名进士。授监察御史。

【周班爵】沾化县人。万历元年（1573）举人，三甲第八十四名进士。授监察御史。

【王象蒙】字子正，号善吾。新城县（今桓台县）人。为人坦易纯正，不以矫矫立名。至于大节，所关立己，守正屹然如山岳。隆庆元年（1567）乡试亚元，三甲第八十七名进士。初为河南河内和山西阳城、潞城县知县，所至称公正。擢江西道监察御史，所上劾贪将、除悍卒、清盐法、固边围诸疏，尤能切中时弊。巡按应天，疏请赈饥。再巡按四川，上疏陈杨应龙必反，人服其先见。仕至光禄寺少卿。祖父重光，嘉靖进士，布政司参议；父之辅，嘉靖举人，户部员外郎；伯父之垣，嘉靖进士，户部左侍郎。叔父：之城，恩贡，府同知；之献，万历进士，按察使。弟：象斗，万历进士，户部主事；象节，万历进士，检讨。

【朱朝聘】号任庵。祖籍南直隶歙县，移籍山东临清州（今改市）。事亲以孝闻。隆庆四年（1570）举人，三甲第一百零四名进士。授河南推官，清理八郡徭册。擢户科给事中，上裁内供、白冤狱、罢织造诸疏。万历三十三年（1605）十月，由陕西布政司参政，迁陕西按察使，分巡关西道。著有《梦易轩集》诸书。

【左之宜】（1548—1630）字用善，号海楼。莱阳县（今改市）人。万历四年（1576）举人，三甲第一百零五名进士。授南直隶镇江府推官。时有妖僧惑众，居民欲为乱，事发，当道逮党羽以千计，人心摇动，将至大变，之宜紧急处置，除杀其为首者四五人，其余俱释不问，遂得平息。万历十四年（1586），以治绩擢云南道监察御史，仅半载，以建言被谪山西泽州通判，一时朝野上下皆赞其锋棱正气。旋改陕西西安府推官，曾视事三原县，开郑白渠，惠及百姓。三原县知县素以贪著，又以事忤之宜，害怕之宜揭发自己。时泾阳有官枢要者，居间欲以仇报，使人暗示之宜，之宜不许。其戚族多不法事，之宜按法处置，遂以仇恨设谋中伤之宜。万历十八年（1590），迁南京刑部主事，改兵部职方司员

万历八年庚辰科

外郎。其按伍籍，问军实，兵政焕然改观。会两京疏荐边才，吏部尚书等皆称之宜忠直干练可大用，而忌恨之宜者，乃以关中事散布流言蜚语，之宜被再谪河南信阳州通判，既而又改开封府通判。但诬陷他的人仍攻击不已。之宜愤然曰："直道之难，行止固不由人哉。"遂退居不复出。晚年，筑一小园，日盘桓其间。居家四十余年，八十三岁卒。弟之有、之似皆万历举人；子懋赏，天启附贡，海运同知。

万历八年庚辰科

【吕一凤】字舜卿。东平州（今改县）人。万历七年（1579）举人，翌年联捷三甲第一百一十一名进士。授陕西韩城县知县。

【陈载春】号澄渠。历城县（今济南市）人。朴厚温醇，善承亲意，人乐与交。万历元年（1573）举人，三甲第一百二十三名进士。由直隶顺德府知府，仕至河南按察司副使，所莅皆有实政。致仕，杜门谢客，不预外事，屡荐不起，严禁家仆横暴。崇祯十二年（1639），清军攻城，载春守西南城，城陷不屈而死，年八十八。父九畴，万历进士，按察司副使。

【高　举】（？—1624）字鹏程，号东溟。淄川县（今淄博市淄川区）人。为诸生时，家多逋赋，身应公役，而诵读不废。万历四年（1576）举人，三甲第一百三十名进士。授直隶完县知县，改湖广蒲圻县，皆有惠政。擢河南道监察御史，言事侃直无避忌，举劾于掖门殴死平民的太监张德，将其置于法。上言争国本。巡按南畿，不以奥援故有所纵舍。河决淮泗，危害漕运，其时按江北，条上疏浚筑塞之策，当事者遵从获得成功，受到褒奖。为直隶提学，奖拔多孤寒士。擢大理寺丞，迁少卿。万历三十七年（1609）正月，迁都察院右佥都御史，巡抚浙江。清除豪右巨猾。岁节军储百万缗，捐赎锾数千金筑南湖堤。春时，在海上查获安南多舟，有人主张以海盗立杀之，可邀功得殊升。经查安南渔民为暴风飘至，举疏请于朝予以资助遣归，全活千百人。神宗嘉奖，晋俸一级。巡抚浙江五年，于万历四十一年（1613）七月致仕。晚年，静居书带馆，著有《两台疏草》、《抚浙疏草》、《埙篪编》、《陶世名言名文荟选》、《循良模范》、《夜光集韵》行世。天启四年（1624）卒，祀乡贤。孙：玮，顺治进士，府推官；珩，崇祯进士，翰林，清刑部左侍郎；坪，顺治进士，监察御史；璆，康熙进士，未仕。

【董　澜】长清县（今济南市长清区）人。隆庆元年（1567）举人，三甲第一百三十三名进士。仕至河南归德府知府。

【孙　架】昌邑县（今改市）人。万历元年（1573）举人，三甲第一百三十四名进士。授直隶束鹿县知县。弟梁，隆庆举人，未仕。

【王麟趾】字明野。德平县（今属德州市）人。性敏慧，读书一过不忘。万历七年（1579）举人，翌年联捷三甲第一百三十六名进士。初为直隶涞水、内黄和河南河内县知县，擢南京浙江道监察御史，遇事抗论不避权贵。被谪山西徐沟县丞，迁河南洧川县知县，入为户部主事，以直节称。

【张汝蕴】字子发，号逢原。章丘县（今改市）人。万历元年（1573）举人，三甲第一百四十四名进士。授直隶东安县知县，首治猾胥巨盗，境内获安。筑浑河土堤二十余里，消除河水常溢之患。改直隶献县，至则汰积收、公审编、均驿骑、雪冤狱、新庙学、葺公廨、缮斥堠、修桥梁、纂县志等。以治行称最，迁南京工部主事，改户部，升员外郎、郎中。巡视验粮厅，积弊尽去。出监天津仓，锱铢无染。值倭寇侵犯朝鲜，陈奏调班军、借漕粮、固守备、饬营垒数事，皆得采纳。迁宁夏布政司参议，以功赐金。税监王朝横索造成激变，某师陈兵以待，汝蕴反复开说事获寝。税监宦官马堂至，手卮酒慰劳。宦官悦服，减郡税数万缗。遇大灾，请于上台出金赈济。又起大疫，捐资散药，全活甚众。升山西按察司副使，整饬兵备道，士民挽留不成，哭声震野。赴任至邠州，以疾告归，旋卒。所撰论著甚富，有《仕忧草》、《应急草》二种刊行。邢侗为其撰写墓表。子家庆，万历举人；孙笃行，顺治进士，按察司佥事。

【蒋春芳】字实伯。益都县（今青州市）人。万历元年（1573）举人，三甲第一百七十四名进士。授南直隶扬州府推官，清介明决。有弟杀兄嫂，而以盗讼者，累十余年不能决，春芳一讯得实情，人号神君。丁忧，又起补山西大同府推官，以卓异入为河南道监察御史，所至卓有风采。仕至尚宝司卿，卒于官。

【韩　介】临淄县（今淄博市临淄区）人。万历元年（1573）举人，三甲第一百八十二名进士。由南直隶宝应县知县，擢监察御史，遇事敢言，不避权贵。巡视两淮盐政，杜请托，却例金，为时所忌，告归。置田四百亩，以赡族人。岁饥，煮粥救饥，活数千人。

【孙　玒】字玉耳，号湛明。平阴县人。少端重好学，弱冠举孝廉。万历元年（1573）举人，三甲第一百八十八名进士。授浙江钱塘县知县，清操惠政，卓冠一时，去时，邑人立肖像祠之。擢江西道监察御史，独立敢言，不避权贵，疏禁交际，上可其奏，吏弊一清。巡按陕西，值宁夏之变，殚心筹划，平乱有功。再巡按顺天，秉公执法，贵戚敛手。因忤权相，出为山西布政司左参议，分守河东道。时朝廷矿使初出，张扬权势，玒防御禁戢，太监畏惮。以时事渐

万历八年庚辰科

难，动荡加剧，不乐久仕，请告归里。杜门扫轨，不干公府。创建兴文馆，延师教邑中子弟，多所造就。卒祀乡贤。

【张　钲】滨州（今滨州市）人。隆庆四年（1570）乡试解元，三甲第一百九十三名进士。仕至户部郎中。

【杜　潜】高唐州（今改县）人。万历七年（1579）举人，翌年联捷三甲第一百九十八名进士。初授户部主事。万历三十三年（1605）十月，由山西按察使、蓟州兵备道，升至左布政使。以左布政使加按察司副使，命为御倭防海监军，虽战绩卓著，却遭谗言陷害而被杀。万历四十三年（1615）昭雪，叙功追加兵部尚书。

【丁懋逊】（1552—1632）字允节。沾化县人。《明史》有传。隆庆四年（1570）举人，三甲第二百零二名进士。授浙江余姚县知县，著贤声。入为吏科给事中，升户科都给事中。时储位久虚，群臣向神宗力谏不听。礼科给事中李献可，偕六科诸臣上疏言"东宫讲学，刻不容缓，以定长幼"。疏入，神宗大怒，李献可等人分别受到夺俸、廷杖、贬职等处置。懋逊参与疏救，被廷杖削籍。天下高其名。里居三十年。熹宗继位，被起用为太仆寺少卿，旋升太仆寺卿。又升通政使。天启二年（1622）三月，迁工部左侍郎。次年正月，疏辞不允。年八十卒。赠工部尚书，加太子少保，祀余姚名宦祠和本邑忠义祠。子裕庆，庠生，知府，入清不仕，工书法，著有《白石山房文集》。

【林文英】字育所。黄县（今龙口市）人。豁达孝让，苦志向学。隆庆元年（1567）举人，三甲第二百三十六名进士。授中书舍人，擢监察御史，巡按宣府、大同，澄清疆域，宽考青衿。巡按河南，上陈二十事，如禁白莲教、禁海运等，后果贻害二东（广东、山东），人服其识。用罚没贪赃受贿资金，以抵民逋赋。栽植万柳，以固河堤。其监临河南乡试，给中式者各加给钱二十缗。擢江西按察司副使，分治饶南九江道，恩威并著，民为立去思碑。晚年留心颐养，手著《精一图说》。

万历十一年癸未科

本科录取：一甲三名，二甲六十七名，三甲二百七十一名。其中山东二十九名。

【王岳锡】军籍锦衣卫，乡贯胶州（今改市）。万历十年（1582）举人，翌年联捷二甲第三十九名进士。仕至浙江台州府知府。父价，嘉靖进士，知府。

【季东鲁】字国望，一字岱石。德平县（今属德州市）人。万历十年（1582）举人，翌年联捷二甲第四十二名进士。授兵部主事，先后出为湖广襄阳、浙江杭州府知府，擢陕西按察司副使。为政仁明，远近怀之。子永允，万历举人。

【李民质】直隶东明县（1963年划归山东菏泽专区）人。万历元年（1573）举人，二甲第四十六名进士。授工部主事，升员外郎、郎中。出为陕西按察司副使，升按察使。迁河南右布政使。

【曹　楷】临清州（今改市）人。万历七年（1579）举人，三甲第八名进士。授河南道监察御史，升大理寺左寺丞。卒祀乡贤。

【于若瀛】（？—1610）字文若，一字元纲，号念东。军籍山东济宁卫，乡贯山东莱阳县（今改市）。万历十年（1582）举人，翌年联捷三甲第三十二名进士。授南直隶凤阳府推官，擢兵部职方司主事，转河内巡道，洁己持正。入为尚宝司卿，历通政司右参议、太仆寺少卿、通政司右通政。万历三十七年（1609）正月，迁都察院右佥都御史，巡抚陕西，加强边防，多有建树。陕西凤受税珰梁永（御马监监丞）之害。梁永在万历三十四年（1606），曾至陕西横征暴敛，害死富平县知县王正志、渭南县知县徐斗牛。梁永又至，咸宁县（一说咸阳、泾阳）知县满朝荐与之抗衡，被诬以劫贡物逮捕入狱。若瀛上疏曰："国家二百年培养士气，如朝荐不阿权珰者有几人，使其独抱覆盆之冤，纵不为士气惜，宁不为社稷惜乎？"但疏上却被留中。陕西山多田少，又无商贾，却赋税多达万两，若瀛请停征收，得旨征三留一，用于赈饥。兰州织造，尤苦不可支，若瀛请罢之，而未被允准。为此，若瀛叹曰："人贵行其志，志不得行，做官干什么？"仅在任一年，即愤惋发病而卒。追赠都察院副都御史，赐祭葬。若瀛书文诗画，博洽精妙，与东阿于文定齐名，时称山东"二于"。著有《弗告堂集》、《超阁草》二十卷行世。父锦，嘉靖进士，左布政使。

【江中信】字成宇。祖籍浙江仁和县，移籍山东临清州（今改市）。万历七年

（1579）举人，三甲第四十名进士。授直隶真定县知县，岁遇灾荒，急需赈济，未请准即开仓，受到上官责难。改直隶灵寿县知县。不久，擢兵部主事，性情刚直，拒收贿赂，廉介自持。时会以行事不合上意，本部官员尽被落职，无敢言者，独中信上疏力辩，受廷杖，仍不屈。后起补河南陈留县知县，鬻产赈饥。又入为刑部主事，上《十议疏》，语多激烈。以福建提学，乞养告归卒。

【孙湛吾】淄川县（今淄博市淄川区）人。万历七年（1579）举人，三甲第四十四名进士。未仕卒。

【李化龙】章丘县（今改市）人。万历七年（1579）举人，三甲第四十七名进士。由监察御史，屡迁河南布政司左参议。

万历十一年癸未科

【李徽猷】临邑县人。万历十年（1582）举人，翌年联捷三甲第五十二名进士。初为山西安邑、湖广京山、直隶清苑县知县，以卓异擢户部主事，升员外郎、郎中。为主事时，曾充云南乡试主考官。出为陕西按察司佥事，分巡西宁道。时边事日急，徽猷深筹曲算，动中机宜，受到玺书褒嘉，并赐斗牛服，以宠异之。又历山西布政司参议、按察司副使、布政司参政、按察使。复以绩功加左（一说右）布政使。丁母忧，服阕，杜门不出，诗酒自娱。弟宣猷，万历举人，府同知。

【张　烨】滨州（今滨州市）人。万历元年（1573）举人，三甲第六十四名进士。仕至部郎中。

【葛　曦】字仲明，一字凤池。德平县（今属德州市）人。万历四年（1576）乡试解元，三甲第六十五名进士，选庶吉士，授检讨。充会试同考官。学问淹雅，留心经世济民，所论证历象、河渠、马政等，一一可见诸实用。由日讲起居注官，迁南京国子监司业。四十八岁卒。著有《葛太史集》五卷行世。祖父守礼，嘉靖进士，都察院左都御史；父引生，廪生，著有《家礼摘要》、《东山余墨》、《东山论草》；兄昕，尚宝司卿，著有《校刻孝经》、《郎中疏草》、《集玉山房集》、《古法书》。

【高知止】字明甫。平原县人。家贫力学，寒暑不辍。隆庆元年（1567）举人，三甲第七十五名进士。授山西阳曲县知县，新学宫，建义学，置学田，蒸蒸乡化。补直隶大名县知县，又以治剧之才，调长垣县，患足疾告归。知止思虑平原设县最古，却缺少县志，在进士张蕙所修未成县志基础上，博考群书，摭拾闻见，撰修成《平原县志》十卷。所著诗古文甚富。

【潘敦复】夏津县人。隆庆四年（1570）举人，三甲第九十六名进士。先后为山西大同府和河南府知府。父龙，嘉靖解元。

【王梦鲤】字化龙。掖县（今莱州市）人。万历十年（1582）举人，翌年联捷三甲第一百二十二名进士。授直隶大名县知县，改府通判。

【马　拯】字吉甫。武定州（今属滨州市）人。万历十年（1582）举人，翌年联捷三甲第一百二十六名进士。屡迁山西布政司右参政。从万历四十二年（1614）始，历山西、广东按察使和广东、山西右布政使。万历四十四年（1616），擢贵州左布政使。时苗民多起事，人多规避，拯毅然任事，日夜操劳，定策筹饷，终获平息。万历四十七年（1619）以疾致仕。旋卒，赠太常寺卿，予祭葬。

【侯庆远】字公善，号乐庵。滕县（今滕州市）人。天性嗜学，子史百家不离几案。尤娴《周礼》，攻读十余年积卷若干。万历元年（1573）举人，三甲第一百三十二名进士。授山西大同县知县，调滑县，皆有循良声。擢户科给事中，升刑、工、吏科都给事中。拒收贿金，或劝贿者自首，以清正称。迁太常寺少卿，以事降三级调外。为人坦率，喜植菊，不计远近旁求百余种。六十三岁卒，祀乡贤。

【黄中色】（1554—1600）字元采，号守元。滕县（今滕州市）人。少多疾，甚至濒危。病愈后，倜傥廓落，有大志，性嗜学，手不释卷。爱读子史，如《左传》、《战国策》、《管子》、《韩非子》等，皆一一手录。为文好逸宕，多奇气。伯父希周（嘉靖进士，王府长史）曰："他日兴吾门继吾志者，必此子也。"万历七年（1579）乡试经魁，三甲第一百四十九名进士。授河南河内县知县，号称繁难之地。其至清介一尘不染，刚方万仞，为政大要以表彰节孝、维持风化为先。其所理狱讼，务予申冤，抑惩武断，一切犯法者都止杖遣。除大辟军戍而外，未曾拟一罪、罚一人。旧制编户赋粮最重，合之十万有余。上请轻减不成，催科务行宽缓，由此屡受参罚，七载未得升迁，而毫无愠色。引怀河之水，开稻田二百余顷，竹田一百余顷，使境内瘠田尽为沃壤。有豪吏王某罪行累累，中色对其密侦暗访，豪吏为逃避惩罚，给中色送去五百金和明珠、貂帽诸物，中色一见眦裂发指，将其罪行昭示于县衙墙壁之上，立刻将其毙于杖下，全邑士民为之称快，作歌谣赞颂。中色家中较富裕，为官后鬻卖田粮以为供给，一切公费秋毫不取于民，唯饮怀庆水而已。为官数载，产业已损去过半。去怀之日，父老子弟顶盆焚香遮道泣送者数以万计，连绵数里不绝，车马为之不前，一时声名大震。巡方使温淳上疏作为首荐，在吏部考核中，为清官天下第一。被行取吏部文选司员外郎，因吏部在选用朝臣上，触怒皇帝，文选司官员皆被斥贬。中色被谪陕西兴安州同知。居州八月，禄俸毫无所受，无奈抱病而归。在乡结兰社，以诗文为倡酬。著有《文集》二卷、《名义考》（分天地人物四类）、《南华注解》、《管韩摘要》诸书。书宗欧阳询，笔法精妙。居家俭约，无余财。邑之利弊和民之休戚，无不与知县力争之。多年以后，朝廷将中色等官员的谪贬事，皆归咎于权宦，欲重新起用于南京吏部，惜中色已于万历二十八年（1600）病卒，时年四十六。子：昌年，万历举人，未仕早卒；祖年，崇祯进士，道员，战死。孙家瑞，崇祯进士，都察院右佥都御史，战死。

【董国光】（1553—1629）字士彦，号翼名。滕县（今滕州市）人。少时举止端凝，素寡言笑。十八岁，于万历十年（1582）考取举人，翌年联捷三甲第一百七十一名进士。授中书舍人，升至户部郎中。先后监管崇文门、大通桥、蓟镇等地税务和粮储事宜。万历二十九年（1601），升陕西布政司参议，分守关西道（驻平凉）。以边才迁按察司副使，整饬庄浪兵备道。其为官不惜心力，费尽心血，事无巨细，躬亲办理，以至憔悴。立功穷边，数有斩获，垦荒屯田增加沃地近万亩。万历三十八年（1610）告归。万历四十二年（1614），以治边论功，奉旨起用，以陕西右布政使，兵备固原，殚心辑志，严肃法纪，渐次就理，无敢喧啄者。万历四十五年（1617），考满，升左布政使。十二月，迁都察院右副都御史，巡抚延绥。立即解决伍籍被衙役顶冒所造成的空名，选补精锐，加以充实，军容大振。在任三年，节省国家金钱三十余万，誓言将这些钱全部交纳使用于国家边疆之事，以"顺抚逆剿，令甲昭然"，确保边疆长久安定。当时，其查七事条八议，包括缮城、练兵、开屯、清饷和革占役、查虚冒、劾奸弁、参墨吏。因遭人逸言，拂衣归山。天启二年（1622），值壬戌之变，国光微服躲避于肥城等地，返回时家徒四壁，处之晏如。次年，国光为延绥余自强、翟凤翀两任巡抚接续送上赎锾六千余金，以佐旦夕。国光曰："此物原留抵逋负屯课，奈何以贫窭故违吾初念。"两巡抚竟不接受。陕西巡方使上疏荐举，皇帝嘉其功绩，奉旨遇缺即用。国光已厌倦仕途，而不再复出。旋于崇祯二年（1629）春卒，年七十六。

【杜华先】字孝卿。冠县人。少颖异。万历十年（1582）乡试解元，翌年联捷三甲第一百七十三名进士。授行人司行人，迁吏科给事中。万历二十二年（1594）二月，由河南布政司参议，升山西按察司副使、提学。转湖南按察司副使，又改四川。值峒民起事，奉敕充巡抚督剿，获胜受赏。旋引疾归，以劳瘁卒，祀乡贤。著有《立命编》。

【张光绪】军籍直隶河间卫，乡贯直隶庆云县（1964年漳卫新河以南划归山东，仍名庆云县）。三甲第一百七十七名进士。

【于永清】青城县（今属高青县）人。万历十年（1582）举人，翌年联捷三甲第一百八十九名进士。由直隶乐亭县知县，擢湖广道监察御史，改福建道，先后巡按宣府、大同、陕西，所至建白兴革，平反冤狱。著有《四书蒙训》、《举业正传》。刻有《尚书蒙训》。子四裳，顺治进士，知县。孙：重华，崇祯进士，按察使；重寅，顺治进士。

【李春开】字泰寰。长山县（今属邹平县）人。隆庆四年（1570）举人，三甲第一百九十八名进士。授南直隶扬州府推官，条议盐政八事，奸猾敛迹，一郡肃然。考绩为天下第一，擢吏科给事中，遇事敢言。以母老乞归卒，未竟其用，人皆惜之。

【刘汝康】（？—1618）号静台。曹州（今菏泽市）人。万历四年（1576）举人，三甲第一百九十九名进士。授河南汝阳县知县，以循良称。入为监察御史，有直声。万历四十年（1612）十一月，由河南右布政使，迁浙江左布政使。万历四十三年（1615）六月，迁南京太仆寺卿。万历四十五年（1617）四月，调外任，遂归。次年四月卒，赐谕祭，祀乡贤。

【徐　图】字君猷。掖县（今莱州市）人。学术韫藉，娴于吟咏，尤工草书。万历七年（1579）举人，三甲第二百二十二名进士。由南直隶武进县知县，擢监察御史，巡按两淮，举劾不法官吏，断然绳之以法，毫不手软。以忤权贵获罪，被左迁留滞闲局十余年。后复起行人司司正，升户部郎中，未久卒。侄之蛟，万历进士，知县。

【赵　任】字仁甫，一字肩吾。胶州（今改市）人。七岁能文，以神童称。万历十年（1582）举人，翌年联捷三甲第二百二十六名进士。授中书舍人。与李廷机、汤显祖读书中秘，为文友。神宗御试群臣，甲科出身者皆参与，任居第三名。以忤权贵，被谪南直隶太平县丞，转大理寺右评事。终以不能俯仰于时，乞休归。倡捐修学官，宏奖后进，一时从游者甚多。著有《秋水斋诗文集》行世。

【刘大武】字定甫，号靖予。博平县（今属茌平县）人。万历七年（1579）与兄同榜举人，三甲第二百三十一名进士，选庶吉士，改兵部武选司主事，升职方司员外郎、武库司郎中，多有建树。出为河南按察司副使，分巡汝南兵备道，赈饥，弭盗，清屯田，建书院，政声籍甚。以才望闻，特敕其移镇宁武军，父老遮留车不可前，进奏从民请留三年。升陕西布政司参政，兵备陇右，提兵巡塞外，斩首百余级，犯者远遁。以劳疾卒，祀乡贤。兄大文，万历进士，布政司参政。

【陈　勷】字霁野。莒州（今属日照市）人。生而颖异，读书不沾沾章句，能括其意记之。为文以沉博雅丽为宗。万历元年（1573）乡试解元，三甲第二百三十四名进士。由知县擢河南道监察御史，屡迁江西布政司左参议。在莒州倡建和捐修文昌宫、文庙、魁星阁、尊伦阁等，使学宫焕然一新。

【徐　准】字子式。新城县（今桓台县）人。隆庆四年（1570）举人，三甲第二百六十三名进士。授中书舍人，册封秦王，不受馈赠。历直隶永平府知府、辽东布政司参政、山西按察使、云南布政使。坦内直外，政务便民，时为朝中"四君子"之一。

【岳万阶】字允声，号仰山。朝城县（今属莘县）人。以忠孝闻。幼聪慧力学，读书过目不忘，挥毫成章。万历七年（1579）乡试亚魁，三甲第二百六十九名进士。授刑部主事，与刑部尚书酌议省刑八条。升本部员外郎，治狱明慎，用以宽仁，廷尉称平。未几擢浙江衢州府知府，崇文养士，缉暴雪冤，廉法赈荒，诸政皆举。时有嫁女必用一半家产陪嫁之俗，故有生女多不让存活之弊，万阶下令严禁溺女婴，并对溺女婴者予以严惩，使陋俗有所改变。调职陕西，先后以按察司佥事和布政司参政，整饬宁夏河东兵备道和靖远兵备道，以修城练士之功，考最晋两级，转左藩，加正二品俸。万阶为官，兴利锄奸，不避权贵，以为被诬致死属吏申冤，而忤当道，遂拂衣而归。居里喜施予，课子侄，蔬食布袍，徜徉林泉。其只字不进公门，累荐不起。八十一岁卒。弟万陛，南京抚宁侯中军守备，以藏书闻名。

万历十四年丙戌科

本科录取：一甲三名，二甲六十七名，三甲二百八十一名。其中山东三十二名。

【吴鸿洙】字文衢，号凤城。莱芜县（今莱芜市）人。天性过人，以孝友闻。万历七年（1579）举人，二甲第十二名进士。授工部主事，三次监督大工，制节谨度，不令中贵耗蠹其中，节省钱以数十万计。出典四川乡试，时称得人。擢浙江布政司参议，督理漕运，尽祛积弊。时浙东告急，两台择兵备其地者，曰："非吴凤城不可。"疏请鸿洙为浙江按察司副使，兵备浙东，裁制海防。至任，多有建树。驻海上三年，简练士卒，皆精锐可用，东南以安。朝廷拟升其山西布政司参政，整饬岢岚兵备道。浙江巡抚疏请留任，并言："凤城不可一日去浙。"上允准。第二年才去山西赴任，旋卒，祀乡贤。父来朝，岁贡，知县；弟鸿功，万历进士，翰林，布政司参政。

【张和中】字育生。滨州（今滨州市）人。万历十年（1582）举人，二甲第三十九名进士。在任河南汝宁府同知时，父卒于家，哀悔未见父终，欲奉母不仕。母命复出，不敢违背，再出为四川顺庆府知府，升南宁按察司副使，旋告终养。万历四十年（1612），家乡歉收，将家中万石储粮，全部用于赈饥。又以三千金做棉衣散发贫寒者。乡党咸称孝义。

【曹　璜】字于渭，一字伯玉，号磩石，别号元素。益都县（今青州市）人。万历十年（1582）举人，二甲第四十三名进士。由户部郎中出为陕西西安府知府，槲州县有赎镪皆纳谷备赈，并曰："民之膏血，还归于民，官何赖焉。"先后议织造三十二事，开矿九事，以及宗谱、河渠、刑罚、征收、硝铁、行户诸议，皆著为令。其巡行阡陌，一仆一马，人不知为知府。去之日，积谷以数万计。万历二十六年（1598）六月，擢湖广按察司副使、提学，士风大振。闻父病，即日乞归。先后拟起用陕西、福建按察副使，皆辞。又起用为光禄寺少卿，改通政司左参议。会奉使还里，旋乞休，以病卒。生平伉爽，义之所在，虽百折无以易之。与人交无匿情，无饰语。两入觐，不持一物遗贵人。宦游南北，箧中除书籍外无余物，时推清节名臣璜为第一。著有《大云集》、《治术纲目》、《四书遵注纂要》等书。弟：琏，万历进士，户部郎中；珖，万历进士，工部尚书。

【陆　埊】军籍山东登州卫。入载《蓬莱县志》。万历七年（1579）举人，二甲第五十二名进士。屡迁刑部郎中，治狱多所平反。性孤介，与当道不合，被谪运判，怡然就职。清理盐课，公私赖之。博学多著述。著有《海陵集》等。卒祀忠孝祠。

【韩学信】军籍山东平山卫。入载《聊城县志》。万历七年（1579）举人，三甲第一名进士。万历二十一年（1593），为刑科都给事中。万历二十六年（1598），起复工科都给事中。次年，迁河南布政司右参政。仕至布政使。

【姜仲轼】字希瞻。掖县（今莱州市）人。万历七年（1579）举人，三甲第二十七名进士。授户部主事，改吏部。以疏论建储事被罢归。居乡好施。万历四十三年（1615）大饥，煮粥施济，全活甚众。天启初，起用尚宝司少卿，升正卿。卒祀乡贤。孙金胤，崇祯进士，清监察御史。

万历十四年丙戌科

【于天经】字克孝。冠县人。性爽朗，美丰仪。虽家贫，志操皭然。万历十年（1582）举人，三甲第三十二名进士。授山西阳曲县知县，邑属太原府附郭，供应纷繁，天经下车叹曰："奈何举一邑任全省之费。"请减徭赋，分征临邑。使节过者，馈遗不过一餐。为官刚直而办事精详，事无巨细，皆关其手。下乡视察，匹马行县，野食露宿。对此，同官以为作秀，借以显示与众不同。但上官闻知益贤之。又改浙江海盐县知县，地称饶腴，而其独甘清贫，不受一钱，掌管征收赋税的官员，"怀例金嗫嚅不敢进"。以病卒于官，两邑士民皆以肖像祀之。

【汪应泰】号和宇。临清州（今改市）人。万历十年（1582）举人，三甲第三十六名进士。初为浙江诸暨、定海县知县，时遇灾荒，多方赈济，民众得以存活。在诸暨，将盗匪全部擒获置于法。以卓异升陕西凤翔府知府。又受总督李化龙举荐，整饬四川松潘兵备道，协讨播州杨应龙反叛有功。致仕归，恤孤救荒，乡人颂德。

【刘三英】字邦彦。济宁州（今济宁市）人。性孝友。万历十三年（1585）举人，翌年联捷三甲第三十九名进士。授直隶成安县知县，值岁饥，捐租发粟，全活者以万计，流民归者千户。复遇大旱，又为民请命赈济。改直隶元城县知县，扶善良，锄巨猾，听断如流。入为户部郎中，闻父病乞归，会朝鲜告急，例以一郎中转运军饷，难寻合适人选，三英毅然请往，事竣归里，见父病重甚瘦，十分惊骇，以忧虑病卒。弟三俊，万历举人。

【方元彦】临清州（今改市）人。万历十年（1582）举人，三甲第四十四名进士。

授监察御史。

【綦　才】字桂亭。掖县（今莱州市）人。万历元年（1573）举人，三甲第六十三名进士。由举人时的蓬莱县教谕，授河南嵩县知县，著贤声。擢四川道监察御史，巡按江北盐政。值河南荒歉，饿殍载道，其绘图以进，并建言蠲积欠，截漕赈济，皆被允准。复作诗篇以纪灾异。

【陈所问】《山东通志》载作所闻。字尔虚，号云窗。潍县（今潍坊市）人。有大志，美丰容。从学叔祖进士宗仁，博览群书。万历四年（1576）举人，三甲第七十一名进士。授直隶真定县知县，地当九省之冲要，轮蹄如织，冠盖如云，所问曰："吾为朝廷地方官，非为过客供匍匐也，但得委绩有备，一切嫌怨付之。"任满，考绩为郡县第一。万历十九年（1591），遭到过客不悦而中伤，由拟定的京师监察御史，改为南京监察御史。所问道："奉职有状，视建白何如尔，何论南北也。"时国本未立，人情汹汹，所问上《请建储疏》，时论乃危险之举。先后差巡两江和仓场、屯田诸事，无不雷厉风行，风裁凛然。事竣，有公用等项不下万余金，尽输为内帑，以充军饷。朝廷嘉赐重金，其尽散济贫困。以劳得疾，四十三岁卒。除图书敝盖外，两袖清风。由同年柳佐助殡殓，无不赞其洁操。弟所养，万历举人，知县；子调元，崇祯进士，清刑科都给事中。

【周如纶】字叔音，号少东。即墨县（今改市）人。性沉毅，寡言笑。隆庆四年（1570）举人，三甲第八十名进士。授湖广襄阳县知县，清赋额，治巨盗，平滞讼。在迁工部候补时，闻同舍谈科场弊窦，即上《请行复试疏》，公论称快。到职为主事后，会朝鲜以倭仇请兵，兵部尚书议从其请，如纶上疏陈言："王师轻出非体，宜令朝鲜自强，坚壁清野，我乘其敝，倭可一鼓歼也。"疏入不报，竟无功，人皆以为如纶所言为硕划，惜中枢不用。在部以京察被外谪，补山西代州司马。致仕，卒于家。著有《什一草》、《见少集》各一卷。

【赵思敏】蓬莱县（今改市）人。万历十年（1582）举人，三甲第一百零三名进士。授山西武乡县知县，改阳城县，在两地皆以清正著闻。擢刑部主事，卒于京城。扶柩之资犹不足。祀忠孝祠。

【吴崇礼】（1552—1626）字彬卿，别号节庵。宁阳县人。少颖异，知县秦吉士一见即以公辅期之。万历七年（1579）举人，三甲第一百二十四名进士。初为山西蒲县、临晋县知县，治绩卓异。升用监察御史。山东、河南、徐淮等地发生特大水灾，虽山东一些地方所受水灾与其他省份无异，但赈济钱粮却"多寡悬

万历十四年丙戌科

绝"，崇礼上疏乞请朝廷增发钱粮十万及时赈济山东饥民。神宗降旨发钱粮五万赈济。山东所受灾四府合议，欲为崇礼建生祠，以旌其功。崇礼知晓后，疾书制止曰："但愿泽于当世，不求流芳千古，只问心无愧罢了。"崇礼巡按两淮盐政，疏壅剔蠹，积羡归公，分毫无染。时内阁大臣赵志皋子为两淮盐运副使，徇私舞弊，崇礼不避权贵，上疏弹劾。丁忧，服阕，起补原官。巡按淮阳，时值黄河决口，淮河溢流，洪水泛滥，直接威胁到皇陵安全。神宗震怒，将总理河道的舒应龙革职。崇礼以造成灾难的根源在于河漕事权不一，疏请河务与漕运分派专人负责，责权明确，互不干扰。神宗允准，由是河漕两利，而凤阳无水患。又相继巡按两浙和巡关阅兵，并著声绩。万历三十五年（1607），廷推礼部尚书李廷机入阁，台省九列皆具保疏，独崇礼以为不可，其言："台臣职司参驳，不闻有保举也。"是年，改大理寺右寺丞，旋为右少卿，执法明允，多所平反。万历四十年（1612）二月，迁都察院右佥都御史（县志载右副都御史），巡抚顺天。万历四十二年（1614）九月，以兵部右侍郎，兼都察院右佥都御史，总督宣、大军务兼理粮饷，并带管巡抚宣府。为制止平息边乱做出贡献。丁忧归。天启五年（1625），起补为兵部尚书。因崇礼素不依附权阉魏忠贤，遭其忌恨，乃以中旨罢免，而用其阉党王永光为兵部尚书。崇礼旋改南京刑部尚书。次年，以积劳成疾卒，年七十四。予祭葬，赠太子太保，谥"定襄"。著有《三边总图》、《抚蓟奏略》等。子：以询，南京刑部郎中；以诲，户部员外郎。孙应泰，锦衣卫指挥使，明亡殉节。

【王之翰】号宪宇。蒙阴县人。万历十年（1582）举人，三甲第一百三十名进士。授湖广兴山县知县，改南直隶常熟县，爱民下士，有循良声。以忤直忤当道归。后被举荐为兵部主事，推辞不赴，徜徉山水，寿八十四岁。著有《金丹秘诀》二卷、《别墅集》三卷。兄之臣，万历举人，州同知。

【吴　楷】曹州（今菏泽市）人。隆庆四年（1570）举人，三甲第一百三十四名进士。授监察御史，仕至大理寺丞。

【王　都】临清州（今改市）人。万历十年（1582）举人，三甲第一百三十九名进士。授浙江温州府推官。

【王道正】字惟忠，号思泉。军籍府军左卫，乡贯山东沾化县。万历十三年（1585）举人，翌年联捷三甲第一百五十四名进士，选庶吉士，改监察御史。仕至河南归德府知府，政绩卓著。

【李伯华】字新来。掖县（今莱州市）人。万历四年（1576）举人，三甲第一百五十六名进士。授直隶固安县知县,升户部主事。

【王孟煦】安丘县(今改市)人。万历四年(1576)举人,三甲第一百六十五名进士。由翰林累迁至四川布政司参政。工诗,善书法。著有《云耕山房稿》。

【曾 砺】字石甫。阳信县人。天性孝友,诚朴清介。万历四年(1576)举人,三甲第一百六十八名进士,选庶吉士,改授福建道监察御史。时神宗深居宫禁,章奏多留中不发。砺抗疏切谏,请神宗临朝,连续三次上疏,皆不回复。遂以京差巡视北城,贵戚豪猾敛手咋舌,呼为:"鱼头再见。"既而又巡视光禄寺,岁计宫府支用定项不爽锱铢,神宗嘉之。为江西道监察御史时,储位未定,言者辄斥。砺慨然曰:"此臣子尽节时也,敢自爱身家乎!"即上《奏请建储疏》,以切直忤上意,祸几不测,幸赖诸监察御史交章申奏,被出为河南汝州通判,未几,谢病归。数年后,神宗追念其忠直,以原官起用候补。会有司农卿,以俸深推冢宰,砺揭露其贪墨,然而冰山有助,却反欲中伤砺严酷行法。所幸该大吏旋以尅剥兵饷事败,砺乃得解脱。自此,挂冠归里,绝意仕进。居乡筑园,日以深研圣学、启牖后进为己任。著有《大学辩》、《四书正解》、《周易注》、《毛诗疏发微论》等书行世。又究心医术,著有《发微论本草补试效方》等书,治病救人甚众。卒时,室如悬磬,仅有田八十亩,以贻子孙。时称其"心事如青天白日,操守如玉洁冰清"。崇祀乡贤。子明昌、明烈皆以文行世其家。

【柳 佐】(?—1625)号赓虞。临清州(今改市)人。万历十年(1582)举人,三甲第一百七十九名进士。授河南夏邑县知县,清慎廉直。擢监察御史,正直敢言。以劾阁臣赵志皋,被谪归里。居家期间,建永寿寺塔。光宗即位,被重新起用。从天启二年(1622)六月始,由南京太仆寺少卿,历京师太仆寺卿、工部右侍郎、工部左侍郎。天启五年(1625)正月,擢工部尚书,加太子太保。是年三月卒,赐少保,谥"端顺"。据《聊城人物大辞典》载:为工部尚书时,佐将参劾魏忠贤,已命门人曾某作疏,疏成未上而佐已死。魏忠贤闻之,怒鞭其尸二百。

【王禄兆】字惟功,号敏斋。即墨县(今改市)人。隆庆四年(1570)举人,三甲第一百九十五名进士。授工部主事,管节慎库,权衡公平,出纳详审。时获盗银者,指为库中物,被下吏部议,禄兆不置辩,后校勘库贮,毫发不差。由户部郎中,出为云南澂江府知府。此地少数民族错杂,素称难治,禄兆以德化民,劝农桑,兴学校。路南州学旧隶澂江,禄兆请于本处,建庠设师,自捐俸金为创立经费。三年，出为云南临沅道。解组归，五年后卒。

【王嘉谟】军籍豹韬卫，乡贯山东邹平县。三甲第二百零七名进士。

【石　岩】字伯瞻。益都县（今青州市）人。万历十年（1582）举人，三甲第二百一十五名进士。授直隶枣强县知县。高祖父铭（府通判）、曾祖父存仁（知县）、祖父琚、父继节（知府）皆举人。

【崔邦亮】号际虞。直隶东明县（1963年划归山东菏泽专区）人。万历七年（1579）举人，三甲第二百一十七名进士。识度渊凝，风裁岳峙。授陕西渭南县知县，行取河南道监察御史，仕至直隶顺天府丞。为监察御史时，有凛凛之气，悯卫军边塞之苦，奏罢役，蒙恩者为其立祀包旗营。

【刘大文】榜名大受。字彬予。博平县（今属茌平县）人。万历七年（1579）与弟同榜举人，三甲第二百二十一名进士。授大理寺评事，有明允声。出谳江北，全活甚众。使竣过里，置田数百亩，赡养贫宗。补大理寺左寺正，出为南直隶淮安府知府，建书院，减民苦，颂声载道。所条上皆关切民生。升河南按察司副使，充任督粮道，凤蠹一清。再改湖广布政司参政，分守荆西道（兼兵备），立解巨盗，四境晏然。卒祀乡贤。弟大武，万历进士，翰林，布政司参政。

【邢有怀】昌邑县（今改市）人。万历十年（1582）举人，三甲第二百二十五名进士。由江西九江府知府，升至四川按察司副使，整饬威茂兵备道。曾祖父瓘，成化举人，府推官。

【韩　魏】直隶东明县（1963年划归菏泽专区）人。隆庆四年（1570）举人，三甲第二百三十七名进士。授湖广武昌府推官，行取兵部武选司主事，升员外郎。

【杨耿光】平度州（今改市）人。万历四年（1576）举人，三甲第二百六十七名进士。授山西平阳府推官。

【王厘土】号小筠。朝城县（今属莘县）人。早失父，奉母教，奋力鸡窗。万历四年（1576）举人，三甲第二百七十二名进士。授直隶邯郸县知县，兴学造士，修政爱民。时有宦豪虐民者，厘土当面斥责。旋见忤改直隶武强县知县，又改陕西蒲城县，政声益著。三邑皆为立生祠。擢南京部主事，以性情刚直，不为当道所容遂告归。居家睦族恤姻，有不吝百金并田二三顷之举，备受赞誉。孙元机，崇祯举人。

万历十七年己丑科

本科录取：一甲三名，二甲六十七名，三甲二百七十七名。其中山东三十二名。

【焦　竑】（1540—1620）字弱侯，号漪园，又号澹园。军籍南京旗手卫，乡贯日照县（今日照市东港区）人。《明史》有传。元朝末年，竑高祖朔随朱元璋起义军南征北战，立下赫赫战功，被编入朱元璋亲军，屯守京畿南京，授世袭旗手卫副千户军职。因高祖原籍日照，祖父辈占籍南京，故竑把自己的乡贯称之"琅琊焦竑"。竑二十四岁时，于嘉靖四十三年（1564）考中举人，历经二十五年，考取一甲第一名进士，状元。万历十八年（1590），被获准省亲，回故乡日照告祭先祖。竑中状元后，照例授翰林院修撰，并为会试同考官，充任皇长子朱常洛讲官之一。竑打破历来讲官只讲不问的陈规，竭诚启迪。有次皇长子仰视室外群鸟飞鸣，竑即辍讲肃立，待皇长子敛容听，才复讲如初。竑博采历史上皇太子的事迹，编成《养正图说》，给皇太子阅读，受到万历皇帝的大加赞叹。竑生性直率，敢于直陈己见，受到同僚的排挤和诬陷。曾历排众议，为无故受诬陷的初任蓟辽总督的顾养谦等主持公道，遭当权者所忌恨。万历二十二年（1594），设立国史编修馆，受举荐专领国史编修，主持编写了《国史经籍志》。万历二十五年（1597），出任顺天乡试副主考官，其政敌以其录取的九人试卷中"多险诞语"为由上疏弹劾，竑上《谨述科场始末乞赐查以明心迹疏》申辩，但仍被贬为福建福宁州同知。正是在这次乡试中，竑从落选卷中得到徐光启试卷，认定为"此名世大儒无疑也"，毅然将其拔至第一名。徐光启终生不忘知遇之恩，将竑尊为恩师。万历二十七年（1599），竑被削籍为民。竑一生博览群书，严谨论学，尤精于文史、哲学，成为明代晚期著名的思想家、藏书家、古音乐家、文献考据家。竑承接与发展了晚明"泰州学派"的思想革新运动，打破了程朱理学死守教条，把圣人看成不可企及的"圣人思想至上"对人们思想的束缚，所提出的"学道者当扫尽古人刍狗，从自己胸中辟出一片天地"，"人皆可以为尧舜"，"人皆可为圣人"等观念，对世人思想解放起到了重要的启蒙作用。李贽与竑首次会见意大利人、天主教传教士、学者利玛窦，开始接触西学，吸收消化外来思想文化。竑为晚明最大的私人藏书家，建澹图藏书楼，"藏书两楼、五楹俱满"，有"北李（李开先）南焦"之说。竑的著述可划分为三大类：自撰类有《澹园集》、《澹园续集》等二十种，一百七十二卷；评点类有《春秋左传钞》、《九子全书评林正书》等二十七种，一百五十四卷；编纂类有《国朝献征录》、《玉堂丛语》等三十二种，六百七十四卷。三类共计七十九种，一千卷。竑八十岁卒。熹宗时复官赠谕德，赐祭葬，谥"文端"，祀乡贤。竑在历史上享有"巨儒宿学，北面人宗"的崇高学术地位与社会声望。其好友、进士顾起元在其墓志铭中写道："先生之宦绩在金马玉堂，先生之道阶在儒林文苑，先生之大业在名山大河，先生之风致在九州四海，先生之遗思在稷丘槐市"。子润生，云南知府，抵抗张献忠军，城陷不屈死。

万历十七年己丑科

【许维新】（？—1628）字周翰，号茸斋。堂邑县（今聊城市东昌府区）人。万历元年（1573）举人，二甲第二十三名进士。授山西泽州知州，入为户部郎中。先后出为南直隶宁国、松江府知府。升山西按察司副使，整饬河东兵备道。万历四十二年（1614）正月，迁尚宝司卿。次年径自而去，遂降一级调南京，用为南京兵部员外郎。天启二年（1622）五月，由右通政，迁兴禄寺卿。十月，加户部右侍郎，以病致仕。临行前，上陈边防五事，神宗嘉纳。其性毅学邃，必行其志。为官务存大体，能为人所不能为，折强宗，裁悍卒，开废河，强力为事。居家自奉俭约，立家庙宗田以融洽支族，置学田以赡养贫士。文章高古，尤工书法。名宿称其事事皆造第一，乡党后辈呼为许夫子。著有《河东兵事略》、《郡邑谈》及《文集》若干卷。崇祯元年（1628）卒，赠都察院右都御史，赐祭葬，祀乡贤。

【常　裕】字顺甫，号震峰。临朐县人。赋质聪慧，九岁日课数千言，十岁能属文，同学知友皆自谓不及。万历十年（1582）举人，二甲第三十二名进士。授刑部主事，升至郎中。讯狱慈祥，多有减刑者。奉使陕西审查狱囚时，对冤滥者悉予昭雪，免死刑者十四人。升湖广承天府知府，大兴学校，躬为讲导，示以程轨，一时文风丕振，考中甲乙科者数十人。其执法不挠，有势豪掠人妻而沉其夫于江，台使莫敢诘问，裕毅然将其下狱，势豪贿赂万金求免，裕坚却不受，依律惩处，人号为"铁面太守"。万历二十五年（1597）入觐，嘉赉甚厚。迁山西按察司副使，承天士民遮道挽留。至任，又破祁县大猾孟英舞文盗取官银大案，被连坐无牵者得以昭雪，胥隶敛手，不敢触法。以疾致仕，不再复出。筑园种柳莳竹，舒怀吟啸，不与世接。居乡三十年而卒。

【宋廷训】字仰宇。官籍山东靖海卫。入载《文登县志》。万历十三年（1585）举人，二甲第三十七名进士。授户部主事，值宁夏致仕副总兵哱拜之乱，疏请

"视朝听讲，抑畏修省"等事。督税清江浦，尽革常例，纤尘不染。升本部郎中，旋以税绌受谪。山居数年，色养双亲，厚待两弟，开馆诲士，不至公门。后起补刑部郎中，升山西布政司参议，清操彻骨，未三年，颂声载道。告归，士民遮道泣送，行李萧然。抵家年余卒，祀乡贤。著有《孝经详解》、《训女箴》等，皆性命之学。

【李有实】字太华。黄县（今龙口市）人。负气节，赡才博，学以春秋经，孝友天成。万历十年（1582）乡试亚魁，二甲第五十四名进士。观政刑部，以平反冤案著声。推调吏部，耻循顶首陋规，曰："我不以钱易官做。"出为陕西汉中府知府，恤民锄奸，加惠士类，善知人，能于制艺中识其贵贱寿夭。节省驿栈及茶课费数千金，作正项以减民派。筑堰修冷水河，灌田一万二千余亩，民感恩为立生祠。迁陕西按察司副使，分巡西宁兵备道，厉兵清饷，议修三角城，恢复疆防三百里，剿灭巨寇，斩首一百三十六级。因抑势弁扰民，忤权贵引疾去，囊中仅有图书数卷。归休城隅东园，额其轩"独醒"，不接官长，不置媵妾，济众赡族，服食布蔬，事关公益倡义敢为。善古文辞，著有《一经堂广爱录》。熹宗即位，诏复原官，但已早卒。

【吴鸿功】字文勋，号凤岐。莱芜县（今莱芜市）人。生而好学，工诗古文辞。万历十六年（1588）乡试解元，翌年联捷三甲第十一名进士，选庶吉士，改吏科给事中。历陕西按察司副使、山西提学、陕西布政司参政，治绩与文章一时卓著。与兄鸿洙（万历进士，布政司参政）齐名，号称二吴。卒祀乡贤。父来朝，岁贡，知县。

【逯中立】字与权，号确斋。聊城县（今聊城市）人。万历十年（1582）举人，三甲第十三名进士。由行人司行人，擢吏科给事中，遇事敢言。为遭罢斥的行人高攀龙，监察御史吴宏济，南京郎中谭一召、孙继有、安希范鸣不平。抗疏中有："陛下欲安辅臣，则罢言者，不知言者罢，辅臣益不自安。"因忤旨被停俸一年。旋进兵科右给事中。内阁大臣王锡爵举其门生詹事府詹事兼侍读学士刘虞夔为纂修国史总裁，中立力持不可，此议遂寝。吏部文选司郎中顾宪成等，以会推阁臣事遭斥，给事中卢明谀救之亦遭贬秩，中立又抗疏极谏，言词甚为激烈，神宗大怒，降旨切责，不仅将卢明谀革职为民，而且将中立亦贬为陕西按察司知事。中立引疾归里，家徒四壁，与顾宪成、高攀龙、邹元标、冯从吾等，讲学于无锡东林书院，远近从者甚众。家居二十余年，安贫乐道，尤精于易学。其援笔书曰："生而不能显扬是负吾亲也，仕而不能竖立是负吾君也，

万历十七年己丑科

昂昂七尺之躯而甘为碌碌之庸夫是负吾身也。三十而学道，五十四而无闻是为天地间之罔人也，已矣。"卒后，私谥"直方"。光宗即位，追赠光禄寺少卿。著有《读易劄记》、《两垣奏疏》。

【苏光泰】 字文宇，号来卿。军籍锦衣卫，乡贯山东濮州（今属河南范县）。万历十六年（1588）举人，翌年联捷三甲第二十一名进士。初授山西平阳府推官。崇祯元年（1628），由河南管粮按察使，迁河南右布政使。次年，迁云南左布政使。廉明正直，以忼直忤执政，被解职。崇祯帝念其忠直，召复原官，后又解组归里。在时乱中遇害。

万历十七年己丑科

【程　绍】（1562—1637）字公业。军籍直隶德州左卫（域属山东），乡贯山东掖县（今莱州市）。《明史》有传。万历十六年（1588）举人，翌年联捷三甲第二十三名进士。授河南汝宁府推官，廉明仁恕，疑案多所平反。擢户科给事中，弹章屡上，敢于论争。巡视京营，劾副将佟养征等五人行贿求迁，皆置于法。神宗遣使采矿河南，绍两次疏言宜罢，皆不报。迁吏科左给事中。会大计京官，监察御史许闻造讦户部侍郎张养蒙等，语侵吏部侍郎裴应章。绍劾许闻造挟吏部以避计典，且附会阁臣张位。许闻造被贬边方。山西税使张忠以夏县知县韩薰忤己，奏调偏僻之地（一说被逮），绍抗疏力争，神宗怒，将其连同韩薰并斥为民。绍家居奉亲二十年。光宗即位，起太常寺少卿。天启三年（1623）九月，迁太仆寺卿，管少卿事。次年三月，迁都察院右副都御史，巡抚河南。宗室居仪封者为盗窟，绍列上罪状，诏废徙高墙。诸宗惕息相戒，莫敢违法。临漳民耕地漳滨得"受命于天，既寿永昌"玉玺，绍上《报玉玺疏》，疏中有"宜瓦砾置之"等语，并言国之所宝在贤臣，举荐邹元标、冯从吾等。魏忠贤方斥逐耆硕，见之不悦。绍见魏忠贤势炽，引疾归里。德州议建魏忠贤祠，绍率诸绅士力止。崇祯六年（1633），荐起工部右侍郎，二年后，以年老上四疏乞休去。崇祯十年（1637）九月以病卒，年七十六，赠工部尚书。子震，按察司佥事、驿传道；孙先，工部员外郎，著述颇多。

【赵拱极】 军籍忠义前卫，乡贯山东章丘县（今改市）。万历十六年（1588）举人，翌年联捷三甲第二十九名进士。仕至光禄寺少卿。

【杨士鸿】 原名云鸿。字盘石。原籍平原县，移籍禹城县。万历四年（1576）举人，三甲第三十六名进士。授直隶密云县知县，升刑科给事中，改吏科。

【张　瑶】 曹州（今菏泽市）人。万历十六年（1588）举人，翌年联捷三甲第三十九名进士。授直隶蠡县知县。父九歌，嘉靖进士，按察司副使。

【谢廷策】字正甫。军籍直隶德州左卫（域属山东），乡贯江西赣县。万历十六年（1588）举人，翌年联捷三甲第五十名进士。馆选时，有欲为介绍者，廷策谢曰："某甫仕何敢择官。"授陕西高陵县知县，关心百姓疾苦，定条鞭法，以四季输赋税，民称便利。前后开释疑狱甚多。居官五年，以廉能闻。擢监察御史，时神宗深居禁中，朝讲久虚，诸臣多上言蒙谴。廷策入台三月，即上《请复朝讲用直臣疏》，忤旨降一级外调。都察院都御史袁贞吉等连章申救，被再谪山西怀仁县典史。丁母忧，哀毁得疾卒。泰昌时，赠光禄寺少卿。为人孝友清介，卒之日，囊无一金。子升，万历进士，明末为尚书、大学士、太子太傅；降清后为左柱国、大学士、太子太傅、吏部尚书。

【何尔健】字乾室，号明甫。曹州（今菏泽市）人。万历十年（1582）举人，三甲第五十五名进士。授河南鄢陵县知县，有惠政。台省交荐，召拜监察御史。参劾内阁首辅无辅理状，直声大著。会籍没太监张鲸株连百家，尔健力谏释放无罪者。奉命巡按宣、大，墨吏懦将望风解绶去。再巡按辽东，时征税辽东的宦官高淮横行，百姓号诉拥道，尔健收其党余东翥杖杀之，并遍谕所部，有税使辄收下狱。尔健上疏高淮诸不法实事，并以《苦民图》上献，高淮以金贿于尔健家中，尔健拒纳，高淮被召归。升大理寺丞，考满当进阶大理寺卿，力辞。以积瘁致疾，旋以论事被谪，连上四十章乞归，但不得允准，遂卒于京邸。在故里，凡捐学田、立义塚、周贫民、恤寒士，无不尽力。祀乡贤。著有《惠文集》、《御珰疏》。子应瑞，万历进士，工部尚书，加宫保；孙觐，康熙进士，中书舍人。

【李成巳】县志载作姓孟。肥城县（今改市）人。万历十六年（1588）举人，翌年联捷三甲第六十九名进士。由知县仕至河南布政司右参政。

【马大儒】字汉才，别号心董。阳信县人。万历十三年（1585）举人，三甲第七十五名进士。授直隶浚县知县，问民疾苦，惩治奸猾，开白河以兴水利，仅数月得大治。丁父忧，舟行河中，士民夹岸攀送出三百里。服除，补直隶曲周县知县，邑有釜阳河，农民欲傍河治水田，由于上流诸邑，壅以自利，不足浸灌，大儒劝民种植粟秫，教以省力桔槔灌田方法，农作物收获无忧，达到数千石。累迁吏部考功司郎中，时大计期迫，大儒昼夜检稽吏牍，十四日不离岗位，以公允称，人皆服其强敏精审。仕至太常寺少卿。

【任彦蘗】军籍山东都司任城卫，乡贯山西文水县。万历十六年（1588）举人，翌年联捷三甲第八十三名进士。屡迁南京户科给事中。万历中期，监察御史何选以争国本获谴，彦夔上疏救之，语侵阁臣，被谪补外，旋斥为民。卒祀乡贤。父瀛，嘉靖进士，翰林，都察院副都御史、巡抚；弟彦荣，万历进士，布政司参议。

【王业弘】省、府志载作业宏。字又毅。安丘县（今改市）人。万历十六年（1588）举人，翌年联捷三甲第八十八名进士。授直隶永平府推官，谳狱多所平反。行取监察御史，先后巡按两浙、辽左、河南等地盐政、边备等。刚正不阿，敢于直言，劾罢矿使、总兵、巡抚等失职不法官员。上有"广言官开言路"一疏。奉命籍没税监车增赃物数万计，疏请留用于赈饥。巡按河南时，劾斥贪虐不法的鹿邑县知县的行贿之嫌，惩治宁陵豪宦的不法行为，吏治顿肃。升太仆寺少卿，持节封韩藩，事竣抵里，称病不出。

【刘兆文】字薇垣。莱阳县（今改市）人。幼颖悟绝伦，经史外旁及古文，不能句读者，皆怡然悬解。万历七年（1579）举人，三甲第九十五名进士。由河南上蔡县知县，升至河南开封府知府，捐资赡士，输粟赈荒。值漳河泛溢，亲视要害，或遏或导，水不为灾。入觐归里，值母丧，哀毁成疾卒。

【陶嘉璋】官籍山东都司济南卫。万历十六年（1588）举人，翌年联捷三甲第一百零七名进士。仕至河南按察司副使，整饬睢陈兵备道。

【赵光远】字世芳，号裕峰。冠县人。性谦冲，不竞于物。十七岁，于隆庆元年（1567）考取举人，但此后屡参加会试不第，历经二十二年，方考取三甲第一百一十名进士。授直隶平谷县知县，改邢台县，又移陕西泾阳县，所至以宽得民。入为户部主事，奉敕总理昌平饷务，时饷每告匮，乃殚心擘画，度支以充。上敕奖之曰："处脂弗润，握算惟明。"以功擢户部郎中，出为直隶保定府知府。引疾告归，居乡恂谨无异少时，为学者称道。卒祀乡贤。

【刘启先】（1541—1623）字士元。文登县（今改市）人。素性耿直，天性孝友。母病故，哀毁骨立，三年不肉食笑语。两弟相继早亡，所遗子女抚如己出。隆庆四年（1570）举人，三甲第一百四十三名进士。授行人司行人，奉旨册封赵藩，尽却交际馈遗。当道高其品，转南京户部主事。督税水西门，羡金过万余，悉解部。时为南京户部尚书的陈於陛疏请奉旨记录。其遭同僚妒忌，被谪河南陈州同知。旋改邓州，申减浮粮五千余石，蠲宿逋七千余石，平反疑狱三十余人。以伤同僚过峻，再谪两淮盐运通判。转河南怀庆府同知，履勘旧有水利，疏壅通塞。奉委办理河南府赈灾，蠲免洛阳等县钱粮三千有余。升户部江西司郎中，出为江西瑞州府知府。未几，告归。万历四十四年（1616）大祲，死亡枕藉于道，启先煮粥赈饥，存活甚众。置义田三百余亩，以赡族人。捐金助葬，仗义存孤。天启三年（1623）卒，年八十二。著有《春秋说约》、《蛮音陋室稿》、《新元集》等。

【刘　超】字海瀛。寿光县（今改市）人。万历七年（1579）举人，三甲第一百四十四名进士。仕至湖广汉阳府知府。著有《晋游诗》一卷。

【李思孝】直隶东明县（1963年划归山东菏泽专区）人。万历十三年（1585）举人，三甲第一百四十九名进士。授山东昌乐县知县，迁江西道监察御史，升太仆寺少卿。万历三十七年（1609）六月，迁都察院右佥都御史，巡抚河南。万历四十年（1612）十一月致仕。卒赠兵部左侍郎。著有《绿雨亭稿》二卷、《中州奏议》十三卷。

【李时辉】字惟青。益都县（今属淄博市博山区）人。性坦直严介，于物无所好。万历十六年（1588）举人，翌年联捷三甲第一百六十八名进士。授陕西西安府推官，有刚直之誉，遭人嫉妒。其公廉能让，不携家属，独有一笥，每出行部则寄僚长家中，门不键而去，故无人能毁之。后被劾失出，调山西大同府推官，告归数月卒。

【孙善继】《题名碑录》载作继善。字却浮。掖县（今莱州市）人。万历十六年（1588）举人，翌年联捷三甲第一百七十七名进士。授湖广蕲水县知县，时值奇荒，设法赈济，所活人无数。次年，获丰收，修城垣、学宫、官署、鼓楼，士民称颂。擢兵科给事中，憎恶诸词臣优游闲处，计日待迁，上请定额数黜陟之法。迁工科给事中，岁省浮费数万缗。以与时抵触不合，竟挂冠而去。吏部追究擅去诸臣，善继遂与顾天峻等同被削籍。后起补行人司正，不赴。居家筑园亭，辟别墅，以丝竹自娱。所著诗文亦华赡。

【俞　价】字忠轩。宁海州（今烟台市牟平区）人。万历十三年（1585）举人，三甲第一百八十二名进士。授行人司行人，升监察御史，刚介不阿，令贵戚倖臣惧之。首疏册立，悉合朝廷谋略。时有开采之役，价力争罢之。旋以抗疏弹劾中贵，祸几不测，遂被罢职。复起河南巩县知县，迁南京户部郎中，又改兵部，遭到诬陷者的忌恨排挤，遂拂衣而归。居里时，每遇一州利弊，则侃侃与知州相争，乡人多受其惠。卒祀乡贤。

【周如砥】（？—1615）字季平，号砺斋。即墨县（今改市）人。父早殁，母殉节，由伯父抚养，视如所生。万历七年（1579）举人，三甲第二百二十三名进士，选庶吉士，授检讨。历詹事府左赞善、右庶子。擢国子监祭酒，不就，投劾而

万历十七年己丑科

归。以文章名天下，居经筵日，伏阙陈母殉节及伯父母抚养之义词，得旨旌表。每进讲，因事启沃，多所裨益。两典甲子。立朝以端严自持，从不拉扯亲近。及归，郡邑官员罕识其面。有桑梓利弊，直言无隐。邑地瘠赋繁，请蠲溢额，以甦穷黎。岁饥，发粟倡赈。著有《周太史文集》三十二卷、《青藜馆集》四卷、《国史漕运志》二卷、《道德经注》二卷。万历三十六年（1608）去职，冠带闲住。万历四十三年（1615）卒，赠礼部右侍郎，谥"文穆"，赐祭葬，祀乡贤。弟如京，万历举人。子：燦，刑部郎中，出为知府，著有《玉晖堂随笔》；士皋（原名燿），万历进士，未仕卒。

万历十七年己丑科

【王守正】字始轩。沂州（今临沂市）人。其严正自持，为诸生时，有道员闻其言论侃侃，即曰："可卜他年立朝气概。"万历十六年（1588）举人，翌年联捷三甲第二百三十六名进士。为官廉介不阿，仕至四川按察司副使，分巡川北道。卒祀乡贤。孙用模，恩贡，博学善书能诗。

【李　培】字少春。利津县人。少颖异不群，为文操觚立就。万历十六年（1588）举人，翌年联捷三甲第二百三十九名进士。授浙江秀水县知县，在职九年，利兴弊革，以循卓著。邑中人士立石颂之。擢云南道监察御史，多所建明。曾一疏劾二十余人，皆当道权势，正直之声，震动朝野。巡按真定，污吏闻风解绶。复巡按应天。丁忧，卒于家。

【姚　鉉】字元声。馆陶县（今属聊城市）人。万历十六年（1588）举人，翌年联捷三甲第二百七十名进士。历河南商丘、永宁县知县及南直隶和州通判。所至不阿附权贵，执法不挠，断狱多所平反，以强项称。己所俭约，而使百姓富裕。仕至山西按察司副使。子运熙，岁贡，知县，抵抗张献忠义军战死。

【王成德】字象薇。临清州（今改市）人。万历四年（1576）举人，三甲第二百七十七名进士。授直隶真定县知县，抚爱百姓，治理有方。擢刑部主事，谳狱公允。仕至山西布政司参政。以母老乞归，人称其孝。

万历二十年壬辰科

本科录取：一甲三名，二甲五十七名，三甲二百四十四名。其中山东三十一名。

【杨 洵】原名溥。字晖吉，号昆源。济宁州（今济宁市）人。十二岁而孤，刻苦力学。万历四年（1576）乡试亚魁，二甲第七名进士。授南京刑部主事。诚意伯刘世延骄横，诏部审问，洵勘如律。刘世延挟资营脱，驳议再审问，洵执法如故，即定案。擢南直隶扬州府知府，税监鲁保者，南出瓜洲，横行无忌，商民愤怒击毙其牙爪，洵夜趋瓜洲，谕散其众，仅取首事者轻惩而已。税监自觉无理，竟不敢深究而去。出为泰州兵备道，核屯戍，立操规，建崇雅书院，浚盐城旧河，兴利除弊，一切皆力行之。改调江苏，铲除恶徒，以兴沿海商贸。以母老乞归，家居十余载，又起为布政司参政，方三月，谢病去。平生潜心理学，并谓"构大厦必固其基，笃践履尤当慎细微"。著有《述言》、《适堂稿》、《适园草》。卒祀扬州名宦祠。子士聪，崇祯进士，日讲起居注官；孙通久，顺治进士，知县。

【穆 深】号桂阳。历城县（今济南市）人。七岁能文，提学呼为神童。万历十六年（1588）举人，二甲第二十六名进士。仕至吏部稽勋司员外郎。莱州府知府持三千金为其祝寿，深却之。其秉公持正，为权珰所忌恨，竟被削籍，囊箧如洗。不久卒，祀乡贤。弟远，万历举人，知县。《题名碑录》另载有与穆深同名者，也历城县人，为万历二十六年（1598）二甲第六十名进士。但《历城县志》不载，究竟是同一人，还是两人，待考证。

【张宗孔】（1558—1612）字时中，号泗滨。滕县（今滕州市）人。幼聪颖嗜学，为文有奇气。万历十九年（1591）举人，翌年联捷二甲第三十六名进士。在户部任职时，受到尚书杨俊民器重。改工部营缮司主事，规营计算皆综密有法。各色人等，均想从工程中捞取好处，而宗孔核算清晰，毫不让步。有内侍从中说情，且微引宫掖，宗孔也不为动摇，朝廷内外闻之，以有气节赞誉。万历二十五年（1597）八月，充广西乡试主考官，多得俊士。升至工部郎中，整治京城街道，治理通惠河道。乾清、坤宁宫遭火灾后，奉命督理重建，其夜以继日，废寝忘食，神宗嘉其勤劳，屡蒙赏赐。及工成后，受户部尚书杨俊民举荐，出为山西平阳府知府，为政乐易慈良，风力自健，治郡三载，兴利除害，不遗余力。两台首荐，称其"万里长城，三晋罕俪"，"人是君子，心切小民"。万历二十七年（1599），被矿珰诬奏"晋中每岁有余银二十万两"，旨令抚按查解，但经两次反复核查均不属实，使其更加名声大噪。万历二十九年（1601），税珰播害三晋，到平阳商人木行骚扰，需索无厌。朝觐返回的宗孔，致宴宦官，晓陈利害，令其除征正税外，敛手而去。宦官还要请往襄陵、曲沃县，宗孔不许。宦官以入告要挟，宗孔以乞休相争。宦官被宗孔气势所压倒，阖郡免遭荼毒。郡中有在藩宗子，宗孔对其蛮横所举不合法理之事，决不相从，深被忌恨，但亦不顾及。藩邸廪禄数十万，如期发给，毫不染指。诸宗馈遗亦纤毫不受。自奉甚俭，将旧例优厚供给裁革。时号称清官第一的山西巡抚魏允贞，与其称为知己，每遇难剖之事，必请宗孔面商后再奏。每年经费外，所节省万金一一寄库，个人从不动用。丁母忧时，守藏者及亲友劝其应受这笔钱，宗孔正色道："吾何用此为子孙累。"遂同僚友尽发郡邑储粟备赈，并用二千余金葺尧庙、关祠和建造府学奎楼。及归，该部守令各具百金千里相送，宗孔一概却之。其扶柩哀劳，遂患痿痹病。服阙，以山西按察司副使，分治易州道，竟不能出走，居室卧床处之澹如，床笫几席皆箴铭语，尽为寂中所契悟也。告归，十余年卒，年五十五。

万历二十年壬辰科

【臧尔劝】字仲升，号九岩。诸城县（今改市）人。万历十六年（1588）举人，二甲第三十九名进士。授户部山西司主事，改兵部车驾司、礼部主客司。又先后署礼部仪制司员外郎、郎中。擢陕西按察司副使，整饬潼关兵备道，改提学。时年刚二十余，但其"持重不轻假"，所取士多登显秩，人称"水镜"。历河南布政司右参政、浙江按察使、湖广按察使、河南右布政使、广东左布政使，清操甚著。其书"此乡多宝玉，慎勿厌清贫"为座右铭。万历四十六年（1618）二月，迁都察院右副都御史，巡抚宁夏。时哱拜扰犯边境，尔劝激励将士为忠义而战，在贺兰山前，设埋伏，采取诱敌深入之法，将哱拜击溃而逃，斩首数百级。捷报传之京城，神宗玺书褒嘉。万历四十八年（1620）八月，迁户部右侍郎，后又改兵部左侍郎。拟推兵部尚书，命未下，尔劝急流勇退，忽告病归。家居三年，六十四岁卒，赠兵部尚书。无子，以弟尔令子允德为子。父惟一，嘉靖进士，兵部右侍郎；弟尔昌、尔寿皆抗清守城战死。

【陈　宁】历城县（今济南市）人。万历十九年（1591）乡试亚元，翌年联捷二甲第四十一名进士。由直隶广平府知府，仕至陕西按察司副使。

【毕自严】（1569—1638）一作曰严。字景曾，号白阳。淄川县（今淄博市淄川区）

人。《明史》有传。万历十六年（1588）举人，三甲第二十一名进士。授南直隶松江府推官，持法平允，名声大著。入为刑部主事，升工部员外郎、郎中。先后出为山西布政司参议、冀宁道与按察司副使、河东道，陕西布政司参政、洮岷兵备道与按察使（后加右布政使）、榆林兵备道。所在咸有成绩。泰昌时，擢太仆寺卿。天启元年（1621），辽阳陷落，廷议加强海防。自严迁都察院右佥都御史，巡抚天津。并加赞理征东军务衔，专饬海防。在任设镇海诸营，招募水兵万人，安插客兵万人，添置战马千匹，以及战舰、营房、甲胄、军仗、火器等。其采用戚继光遗法，水军先习陆战，军由是可用。参加镇压山东、河北等地教乱。天启二年（1622），加户部右侍郎，兼都察院右佥都御史，总督辽东粮饷。次年，迁都察院右都御史，兼户部左侍郎，仍巡抚天津。天启五年（1625），迁南京都察院右都御史。次年，迁南京户部尚书。在职持正不阿，操履皎洁，无可摘疵，每遇军国大事，流涕上疏以相争。以忤魏忠贤，旋移疾归。思宗即位，被特起户部尚书。时国库空虚，入不敷出，自严先后上疏二十四事，主要有增加盐引、鼓铸铜钱、核查隐田、停建公署、裁汰冗员和尽卖魏忠贤生祠以助饷，皆奏准允行。从自严掌管户部，边饷得以如期发给，被加太子太保。自严以六罪自劾，请罢职，皇帝不允。崇祯六年（1633），被监察御史弹劾，逮系狱中，不久获释，以旧功复官致仕。崇祯十一年（1638）卒，年七十。赠少保。著有《石隐园诗文藏稿》八卷、《疏草》十九卷、《选定古文尚友编》一百卷、《古今四时绝句》一百卷等。弟：自肃，万历进士，都察院右佥都御史、巡抚；自寅，万历举人，南京户部主事，有著述。

【刘亮采】字公严。历城县（今济南市）人。为人警敏和易。万历十九年（1591）举人，翌年联捷三甲第二十九名进士。授河南鹿邑县知县，此邑军民混杂，税粮隐诡，吏莫能究，亮采各正其籍，又善决疑狱，颂声大作。丁父忧，服除，补河南兰阳县知县，教士恤民，锄强扶弱，筑堤修城。去之日，士民攀留，百里不绝。以上考召为户部主事，以病告归。其筑室灵岩寺，葛巾道服，诗酒自娱。曾撰《历城县志》，未就。侏儒滑稽，长于诗词，嬉笑怒骂皆成文章，有诗稿。又善画，能作大字，时称"三绝"。通音律，以舌抵腭作韵，可与丝竹合奏。自知将终，乃旋里卒，年六十五。蒲松龄所著《聊斋志异》中的《刘亮采》，即写其传说。

【马应龙】字伯光。安丘县（今改市）人。万历十九年（1591）举人，翌年联捷三甲第四十四名进士。授河南杞县知县，时大旱，人相食，设粥厂数十，活民无数。杞人深德之。升至礼部郎中。学问淹博，富于著述。著有《杞乘》四十八卷、《道德经注解》二卷、《艺林鉤微录》二十四卷、《词林玉屑》二卷、《文集》若干卷。父文炜，嘉靖进士，巡抚；兄从龙，与其同榜进士，工科给事中。

【耿庭柏】字惟芬。新城县（今桓台县）人。万历十六年（1588）乡试亚元，三甲第四十八名进士。授山西山阴县知县。天启二年（1622）七月，由南京太仆寺少卿，改京师太仆寺卿。十一月，迁都察院右佥都御史，巡抚浙江。其矢志澄清，勤恤民隐，凡可为民请命者，不惜以身殉之。次年卒于任，浙人无论贤愚童叟，无不歔欷流涕。祀乡贤。著有《奏议》若干卷。父鸣世，隆庆进士，监察御史。

万历二十年壬辰科

【檀芳遂】汶上县人。万历十年（1582）举人，三甲第五十七名进士。授直隶河间县知县，升户部主事。

【关　扬】字孝卿。海丰县（今无棣县）人。万历十三年（1585）举人，三甲第五十八名进士。授山西大同县知县，治行为第一。擢监察御史，会星变异常，上《星变弭灾疏》，指陈时政，以求修省。神宗见其直言不讳，览之动色。阉臣高淮至辽东催征赋税，恣肆横行，激起民变，逃归不问。扬上《劾高淮求典兵柄疏》，要求将其诛之。出按金陵，风清弊绝，一以利民为事。以病卒于官。其俸薪所余，仅足备棺衾、办归装而已。著有《云中治略》、《奏疏》。

【武之大】字连城。东平州（今改县）人。其父为吏，因违误官差，应受笞。时之大尚幼，哀官请代不允，见父被笞哀号，其又急又恨，痛苦万分，切齿咬落一指，血流两颊，洒落至地，尚不自知。归家问父："他们为什么打人？"父回答："他们是官员。"又问："什么人可以当官员？"父回答："读书人可以当官员。"从此，之大发愤读书，于万历十九年（1591）考中举人，翌年又联捷三甲第八十一名进士。授山西长子县知县，仕至布政司右参政。卒祀乡贤。

【张延登】（？—1641）字济美，号华东。邹平县人。万历十九年（1591）举人，翌年联捷三甲第八十二名进士。授直隶内黄县知县，以含辛茹苦，为邑额外积谷至六千石，县人为立生祠。改河南上蔡县知县，详停征荒地银，核清逋赋，给耕牛种子，设立粥厂，建共济庄。境内有盗必擒拿。复勘邻封重囚七十余案。对所修大雨坏城数十丈和出派河夫三千人，皆设法弥补，或取办于家。大吏为作德政碑，有"虚家以实国"之语。被行取京职，升至兵科给事中。时廷臣角立，党势方嚣，延登上"感时触事，恭陈无党"和"会议太轻，烦言无用"两疏，皆切中朝中时弊。并在疏中就蒙古部犯辽左事，阐述和、战与战防不力为上中下三策。丁忧，服除，再补吏科给事中。在推举阁臣时，朝中形成两党相争，延登戒偏党，不署名，且上"台臣保举非法"疏，予以参劾。之后又历太仆寺少卿、大理寺少卿、太仆寺卿、湖广巡抚（兼都察院右副都御史）、浙江巡抚、南京都察院右都御史、工部尚书、都察院左都御史等职，加太子少保。崇祯十四年（1641），署刑部尚书，值大赦天下，至六月办结，以劳得怔忡病卒，赐祭葬。其屡典文柄，所奖拔多名臣。著有《诗文集》二十卷、《黄门纪事》十卷。生父一亨，延登为独子，父将其出嗣给伯父一元（隆庆进士，巡抚）为子。一元卒后八年，一亨得疾，延登上言："臣本独子，律不得出继，请归所生。"一亨闻知潜然失声曰："将令吾不得见吾兄于地下。"子：万选，万历贡生，刑部郎中；万钟，崇祯贡生，府推官。孙玺奎，康熙进士，知县。

【叶敬愿】官籍直隶德州左卫（域属山东），乡贯浙江余姚县。万历十三年（1585）举人，三甲第八十四名进士。授直隶乐亭县知县。祖父洪，嘉靖进士，工科右给事中。

【张笃敬】字铭绅。新城县（今桓台县）人。万历七年（1579）乡试第三名举人，三甲第八十五名进士。授直隶元氏县知县，以报最入为户部主事，升员外郎。榷税吴关，清操自矢，以廉干称。卒祀乡贤。

【杨　㮤】官籍直隶德州左卫（域属山东），乡贯直隶任丘县。万历十三年（1585）举人，三甲第九十七名进士。仕至布政司参议。著有《读史管窥》、《金兰集》、《东皋漫录》、《续录》。

【潘国重】潍县（今潍坊市）人。万历七年（1579）举人，三甲第一百零二名进士。授行人司行人。

【张三极】临清州（今改市）人。万历十年（1582）举人，三甲第一百一十一名进士。授直隶顺天府教授。子宗衡，万历进士，总督，兵部右侍郎。

【李景登】军籍辽东都司广宁左卫，乡贯山东益都县（今青州市）。三甲第一百一十四名进士。

【桑学夔】字一卿，号世泽。濮州（今属河南范县）人。万历元年（1573）举人，三甲第一百一十六名进士。授南直隶武进县知县。过去钱粮亏欠太多，积岁难完，官民受其累。学夔改进纳粮办法，使官民称便。入为兵部主事，以忼直触怒宦官被罢归。里居三十年后，又被起复，由兵部主事，历南京光禄寺少卿、应天府丞。仕至太常寺卿。致仕后，关心地方事宜，受到乡民称颂。

【张敦善】（约 1540—?）临朐县人。万历十九年（1591）举人，翌年联捷三甲第一百二十二名进士。官行人司左司副，不久病逝。工诗。父邦直，嘉靖举人；伯父邦彦，嘉靖进士，都察院右佥都御史、巡抚。

【张问行】字汝参。阳信县人。万历十年（1582）乡试经魁，三甲第一百二十五名进士。授陕西汉中府推官。

【庞时雍】字尧封。汶上县人。《明史》有传。万历十六年（1588）举人，三甲第一百三十八名进士。授南直隶丹徒县知县，历户、兵部主事。居官刚直敢言，时内阁大臣沈一贯专权误国，时雍痛恨切齿，闭户具疏之，缮写三昼夜始就。万历三十三年（1605）八月，上奏忤旨被谪广东布政司照磨，改陕西神木县典史，又贬为民。时雍跨蹇出都道中，口占有"生成谁曾是官人，一落尘嚣二十春，幸今还我真头面，衔结何能报至尊"之句。及归，杜门不出，绝口世事。七十余岁以寿终。

万历二十年壬辰科

【康丕扬】（1551—1632）字士遇，号骧汉。陵县人。生而颖敏，读书过目不忘。万历四年（1576）举人，三甲第一百六十五名进士。授直隶宝坻县知县，未一年，改密云县。兵备道委其审理他邑九人盗犯案，丕扬经复审知为冤，立即予以释放。升陕西道监察御史，巡视东城。有僧达观狡黠，通佛教经典，缙绅被其迷惑，麇集其门。丕扬疏言："祸福当杜，宜速惩治。"又巡视十库及中城。初楚宗人华越等狡猾无赖，楚王屡重惩衔恨，华越遂于半年前预撰讨逆檄播传都下。楚王具奏华越非法事，而华越上告谓楚王非先王子。神宗命抚按覆勘。丕扬连上《为楚王辩冤疏》、《参驳楚抚宗人罪疏》，列举华越七罪。遂得旨："雠口难凭，不必再勘。"华越坐诬告，被锢凤阳，降庶人。传有顺天诸生皦生光，从发遣地潜寓京师，夜里散布"污蔑宫闱，动摇国本"的诗书，东厂报告神宗，神宗震怒，命令严缉。被锦衣卫查获，丕扬屡次参与讯治，时有一言定国事之誉。万历三十四年（1606）巡按山西，兼巡边关，旋又委兼管河东盐政，文案山积，皆亲自手批。霍州官员激变良民，聚千余人，丕扬以为迟则乱成，即辍巡驰往，设法将聚者解散，事得平息。次年按辽，差兼提学，厘正文体，士风归正。事竣，督理两淮盐课，详查奸商，严惩不法。丕扬前有治河功，经巡河官员上疏，被命新河为"康济河"。万历三十七年（1609）春归，杜门不问户外事，课子教艺。生平独嗜书，购求万卷，悉评阅。工诗文，著有《北台按辽按晋按淮疏草》、《癸卯两事志略》、《集闻方》、《官传方》等。崇祯五年（1632）秋卒，年八十一。弟丕显，知县。

【李本固】字维宁，号震门。临清州（今改市）人。万历十九年（1591）举人，翌年联捷三甲第一百六十八名进士。历为四个县的知县，并有政声。迁工部任职，出为河南归德府知府，仕至太仆寺少卿。母去世，哀伤过甚得疾卒。本固精易学，著有《古易汇编》等行世。

【蒲生汶】字澄甫。淄川县（今淄博市淄川区）人。万历十三年（1585）举人，三甲第一百七十六名进士。授直隶玉田县知县，闻母患病，弃官而归，抵家母已殁，痛哭失声，呕血数升而卒。

【王用谟】莱阳县（今改市）人。万历十六年（1588）举人，三甲第一百七十八名进士。授行人司行人，升礼部员外郎，奉使高丽。

【潘 榛】号茂昆。邹县（今邹城市）人。万历十三年（1585）举人，三甲第一百八十九名进士。授河南汝阳县知县，值岁饥，捐俸施粥，全活甚众。改直隶青县知县，地多荒芜，赋额不足，榛重视农桑，躬亲劝垦，对无力耕种者，助以牛犁，双方都获利。入为刑部主事，奉敕钦恤山西，每遇疑狱，必为之哀矜，民无冤屈。出为南直隶庐州府知府，又以山西按察司副使，分巡冀宁道。以母病告养，父母相继辞世，榛哀毁致重病而卒。曾修孟母三迁祠及乡贤名宦祠。崇祯五年（1632），奉旨入乡贤祠。

【王象节】（？—1595）字子变，号翼吾。新城县（今桓台县）人。十岁通诗律、工书法。万历十六年（1588）举人，三甲第一百九十六名进士，选庶吉士，授检讨。充国史馆纂修。象节俭朴，但常倾资济人，而自己却要借贷自给。居署中及归私邸，必手持一编，沉心力索。万历二十三年（1595）病卒，入乡贤祠。祖父重光，嘉靖进士，布政司参议；父之辅，嘉靖举人，户部员外郎；伯父之恒，嘉靖进士，户部左侍郎。叔父：之城，隆庆恩贡，府同知；之猷，万历进士，按察使。兄：象蒙，万历进士，光禄寺少卿；象斗，万历进士，户部主事。

【马从龙】字君升。安丘县（今改市）人。万历十三年（1585）举人，三甲第二百名进士。授山西洪洞县知县，有异政。改高平县，邑产粗绸，未曾以一尺一寸入己。入为监察御史，补工科给事中。时神宗"晏处深宫，纲纪废弛，君臣否隔"。从龙上言劝谏十二事，即明治体、重政本、重部院、重言路、严吏治、求人才、察民艰、正士风、理财用、饬边防、清京畿、靖远方。疏入不报。值都城门灾和天气久旱，从龙又上疏言天下之大危机二：一是民心之积怨；二是边饷之告匮。先后章疏数十九上，皆切中时弊，虑无不周。天启二年（1622）

六月,由浙江布政司参政,迁湖广按察使。次年六月,迁浙江右布政使。天启五年(1625)九月,迁太仆寺卿,管西路少卿事。次年四月,迁通政使。八月,以母年迈辞官终养。从天启七年(1627)正月起,朝廷拟起用通政司参议、尚宝司卿、南京大理寺右丞等职,从龙皆不赴。居家十五载,杜门耽经史。有监军中官诬陷其倡逃,被下诏狱,欲置死罪,后遣戍黔南,毅然就道,抵黔南,得中台资送北归,刚及里门,闻京师陷落,即携家南渡,侨寓南直隶句容县,以忧愁而卒。遗命薄葬,勿取柩还乡,曰:"得大明一片不毛之地委骨其中,我心安矣。"著有《掖垣疏草》一卷。父文炜,嘉靖进士,巡抚;弟应龙,与其同榜进士,礼部郎中。

【高攀枝】军籍忠义前卫,乡贯山东临邑县。万历十九年(1591)举人,翌年联捷三甲第二百零三名进士。由河南南阳府推官,仕至云南道监察御史。

万历二十三年乙未科

本科录取：一甲三名，二甲五十七名，三甲二百四十四名。其中山东二十七名。

【朱之蕃】字元升，一字元介，号兰嵎。军籍南京锦衣卫，乡贯山东茌平县。一甲第一名进士，状元，授修撰。历詹事府谕德、庶子、少詹事。天启二年（1622）四月，由南京礼部右侍郎，改京师吏部右侍郎，兼侍读学士，充实录馆副总裁。奉命出使朝鲜，尽却其馈遗。与其国才设疑辩难，赋诗赠答，应对如流。工书画。其所绘竹石兼东坡神韵，山水酷似米芾等大家；其真、行书师赵孟頫，得颜真卿、文徵明笔意，日可万字，腕际有神。朝鲜人乞书，以貂皮、人参为酬。之蕃斥卖以买法书、名画、古器，收藏遂甲于南都。母丧归，不再复仕。其临终前，对子道："人生聚则成形，散则成气，一去一来而已。"笑谈而逝。赠礼部尚书。著有《使朝鲜稿》四卷和《纪胜诗》、《南还杂著》、《落花诗》各一卷。父衣，嘉靖举人，知州。

【冯　瑗】（1572—1624）字德韫，号栗庵，又号谷泉老人。临朐县人。万历二十年（1592）举人，二甲第二十名进士。授湖广茶陵州知州，此处多盗，设计擒杀盗首，众盗四散奔逃。改山西泽州知州，地瘠民苦，宗藩多不法，挟势恣横，瑗为民除患，一裁以法，豪右屏息。中使四处采矿骚扰，入泽境闻其强项，皆敛抑不敢乱为。正值旱灾，闾里萧然，瑗以静休养生息，民无流亡。以考最迁户部贵州司员外郎，宦囊不名一钱。出监两浙漕运，还京疏陈商民疾苦，切中时弊。升本部云南司郎中。户部议选吏员督粮入京，户部尚书赵世卿道："若要派清廉者为此任，非冯瑗莫属。"瑗为任宿弊尽革，不负所望。擢山西布政司参政，父母连丧未赴任。服阕，议补湖广湖南道。吏部尚书郑继之念其才，谓可当要地，遂调开原道。开原居辽之北境，孤悬斗绝，边事方棘，而饷缺兵弱，动辄掣肘。瑗以疾归里。每言及辽事辄叹咤，屡荐不应，以著述为事。著有《黄龙纪事》、《开原图说》等。喜为诗，清新可爱。五十二岁卒。曾祖父裕，正德进士，按察司副使；祖父惟敏，嘉靖举人，府通判，多著述。

【刘余泽】军籍武骧左卫，乡贯山东滨州（今滨州市）。万历四年（1576）举人，二甲第三十三名进士。仕至布政使。

【张嗣诚】字伯行，号从龙。莱阳县（今改市）人。以孝闻齐鲁间，居丧哀毁骨立。

万历十三年（1585）举人，二甲第三十九名进士。授南京户部主事，积蠹尽洗。改补京师工部主事，督修殿工，省节巨万。潞河清木，群请谢绝。万历二十八年（1600），充广东乡试副主考官，称得人。调任礼部，拒绝藩封例外请封，令权贵却步。万历三十五年（1607），提调会试，罢无名费用。升本部郎中。在礼部九年，已推尚宝司卿，奉谕旨而托请藩封，被失贿者以"逾例"诋谤，即告归。万历三十九年（1611）起用，但以前加害他的人，欲将其左迁知府，嗣诚不赴。万历四十三年（1615），入为刑部郎中，奉差南京乘舟落水致疾。万历四十七年（1619），迁山西按察司佥事，分巡冀南道。未几卒，祀乡贤。著有《丽光楼草》。父梦鲤，嘉靖进士，大理寺卿；孙重曜，崇祯举人。

【王象斗】字子极，号瞻吾。新城县（今桓台县）人。万历十六年（1588）举人，二甲第四十六名进士。授户部主事，奉使监兑江西，喜曰："吾父旧游也，成法俱在，小子守而勿失可也。"以公廉世其家。祖父重光，嘉靖进士，布政司参议；父之辅，嘉靖举人，户部员外郎；伯父之垣，嘉靖进士，户部左侍郎。叔父：之城，隆庆恩贡，府同知；之猷，万历进士，按察使。兄象蒙，万历进士，光禄寺少卿；弟象节，万历进士，检讨。

【王　浩】字充伯。临邑县人。万历十九年（1591）与弟洽同榜举人，二甲第五十三名进士。登第后，县里馈与马不受。由户部主事，升员外郎、郎中。有大珰奉上命索要珠宝，价值超过三十万，浩坚执不给，事竟得寝。视易州军饷，条上便宜十二事，商民赖以苏息。出为山西潞安府知府，兴学课士，恤机户，振贫宗，平冤狱，轸孤独，多有惠政。擢河南按察司副使。临行，老幼卧车辙而泣，三日不得行。旋闻父丧归，泣血三年而卒。弟洽，万历进士，兵部尚书。

【王象恒】（？—1622）字微贞，号立宇。新城县（今桓台县）人。万历十六年（1588）举人，三甲第二十七名进士。历祥符、曲周、卢龙等县知县，皆有异政。入为监察御史，巡按顺天，疏劾中官，尽职有为。累迁太仆寺少卿。天启元年（1621）正月，迁都察院右佥都御史，巡抚应天。忠贞忧国，直言敢谏，前后所上《织监参劾非礼疏》、《纠劾不职有司疏》、《东省祸变非常疏》等数十疏，弹劾不避权要。次年，卒于官，赐祭葬，赠兵部右侍郎。著有《西台奏议》、《巡抚奏议》、《绿野草堂集》。祖父重光，嘉靖进士，布政司参议；父之猷，万历进士，按察使。弟：象春，万历进士，吏部郎中；象复，府同知，同子与夔（举人）战死。

【王起蛟】字际云。郓城县人。万历四年（1576）举人，三甲第六十一名进士。授山西洪洞县知县，入为户部主事，督通州仓，卒于官。其究心理学，学者雅重之。

【李如桧】字泰岩。阳信县人。万历十九年（1591）举人，三甲第七十四名进士。授直隶东光县知县，改宝坻县。此邑位居河下流，筑堤预防水害，永除旱患，秋获大丰收。邑有渔、苇二税，朝中所派税监王某，至邑督催，威逼咆哮，如桧力折其锋，使其敛手而去。在任擒妖党、摧强暴、禁衙蠹、招流移、缓征科和兴学劝民，与民休息。在调任直隶河间县时，士民叩阙者数千人，朝廷顺从民意，留于宝坻数载。升兵部主事，榷税山海关，朝中所派税监宦官高淮，征税辽东，贪暴横恣，如桧向朝廷揭露其罪行，将其召归。升兵部武选司郎中。出为陕西按察司副使。天启二年（1622）四月，由湖广布政司右参政，迁山西按察使，整饬阳和兵备道。次年三月，迁山西右布政使，仍兵备阳和。天启五年（1625）十一月，又迁陕西左布政使。所至厘正钱法，公私称便。次年八月，擢太仆寺卿，管京营少卿事，得急症而卒，赠工部右侍郎，赐祭葬。七世孙殿飓，清道光武举人，署把总，镇压捻军阵亡。

【汪承爵】临清州（今改市）人。万历十三年（1585）举人，三甲第七十六名进士。历两淮盐运使、四川兵备道。

【王　洙】字毓泰。掖县（今莱州市）人。万历七年（1579）举人，三甲第七十七名进士。授直隶永年县知县。

【任彦棻】军籍山东都司任城卫，乡贯山西文水县。万历二十二年（1594）举人，翌年联捷三甲第八十八名进士。仕至四川布政司参议。擅文。父瀛，嘉靖进士，翰林，都察院副都御史、巡抚；兄彦蘖，万历进士，南京户科给事中。

【徐　镬】军籍山东登州卫，入载《蓬莱县志》。少孤，事母极孝。万历十九年（1591）举人，三甲第一百三十一名进士。授直隶献县知县，廉敏而有才干，抑强扶弱，远近慑服。升礼部主事。卒祀忠孝祠。

【岳储精】观城县（今属莘县）人。品端才茂，孝友性成。万历二十二年（1594）举人，翌年联捷三甲第一百五十二名进士。授直隶文安县知县，历刑部主事、户部员外郎。出为河南彰德府知府。居官惠民，兴利除弊，多有善政。

【王道一】字万川。黄县（今龙口市）人。天性诚朴，厚重寡言，素负经世济民之才。万历十三年（1585）举人，三甲第一百六十六名进士。授直隶大名县知县，改魏县，以免除河患，民为立生祠。擢工部主事，力辞榷税芜湖关，以廉介称。由本部郎中出为山西汾州府知府，爱民礼士，支宗藩禄米均平。为吏以来，庭无私谒，清介著闻。以疾乞休，民攀留不得，疏上晋阶按察司副使。归里分俸，为族人无妻者婚娶，养族妇之贫者，施舍义塚，赈济饥荒，乐此不疲。巡抚、按察使屡疏荐用不起，至老手不释卷。著有《悟道言》、《日省录》等。卒祀乡贤。

【解如桐】 字龙钦。东平州（今改县）人。万历十九年（1591）举人，三甲第一百六十七名进士。授直隶宁津县知县。亲殁泣血三年。对诸兄弟友爱备至。其读书会心即自抄录，名曰《解颐编》。卒祀乡贤。

万历二十三年乙未科

【王之都】 字尔章，号曙峰。新城县（今桓台县人）。万历十年（1582）举人，三甲第一百六十八名进士。授河南渑池县知县，大兴文教。升至河南开封府知府，拔奸锄恶，士民为立祠于包孝肃公祠右。之都少贫，安于义命，及居官清节自励，应得羡余悉以入公，尤为人所难能。卒祀乡贤。著有《殚心录》十九卷。子：象云，天启进士，布政司参议；象咸，光禄寺署丞，狂放不羁，嗜酒，工草书。

【董可威】 字严甫。益都县（今青州市）人。万历二十二年（1594）举人，翌年联捷三甲第一百八十二名进士。授河南卫辉府推官，折狱平允。升南京吏部考功司主事，主万历三十九年（1611）大计，黜陟允当。迁光禄寺少卿，改直隶顺天府丞。两推巡抚宣、大，皆以母老乞休未赴。丁忧，服阕，补工部侍郎，升尚书。修皇极三大殿成，力辞恩荫，旋告归。其性和平坦易，不露锋芒。诗文宏博典丽，一归大雅。七十二岁卒。祖父汝翰，嘉靖举人，户部郎中，有著述。

【张光纪】 军籍直隶河间卫，乡贯直隶庆云县（1964年漳卫新河以南划归山东，仍名庆云县）。三甲第二百名进士。

【张其忠】 字伯荩，号献宸。长清县（济南市长清区）人。外祖父李良，嘉靖进士，都察院右佥都御史、巡抚。幼时庭训甚严，受督责少有宽容。万历十九年（1951）举人，三甲第二百零六名进士。授直隶浚县知县，清操自励，执法不挠。有世职犯刑章者，其忠拒收其所送之金，唯以国法从事。治狱明断，摘伏发奸，有神君之颂。曾作《劝戒录》，以训诲愚蒙，民风大变。擢户部主事，监兑漕粮，以繁忙劳累致疾而卒。弟其孝，万历举人，按察司副使。

【颜思忠】 字心葵。潍县（今潍坊市）人。万历十六年（1588）举人，三甲第二百零八名进士。授直隶故城县知县，立心和平，为政刚断。擢广西道监察御史，正色立朝，不避嫌怨。五十八岁卒。

【朱延禧】字允修。聊城县（今聊城市）人。万历二十二年（1594）举人，翌年联捷三甲第二百零九名进士，选庶吉士，授检讨。屡迁礼部右侍郎，兼侍读学士，教习庶吉士，充经筵讲官。讲《尚书》反复开陈，熹宗大悦，称为"讲官第一"。天启三年（1623）正月，被拜东阁大学士、礼部尚书，入阁参与机务。未几，又加太子太保、少保和文渊阁大学士。天启五年（1625）正月，又进少傅，加吏部尚书、建极殿大学士。时魏忠贤专权，杨涟、左光斗以劾魏忠贤被逮入狱，延禧上疏论救，毫无结果，其厉声大呼："天道好还，轻杀妄杀，必获冤报。"旨令阁票称魏忠贤"元臣"，延禧坚持以为不可，而大忤魏忠贤。监察御史田景新，阿附魏忠贤，按其意图，上疏劾延禧，于当年六月辞官。崇祯元年（1628）七月，加少师，欲再起用，而其坚辞不出，卒于故里，赠太保，谥"文恭"。著有《畸斋诗文集》五十卷行世。

【张五典】（？—1626）字敕我，号敬吾。阳信县人。生而颖慧。万历二十二年（1594）乡试亚元，翌年联捷三甲第二百一十三名进士。授直隶束鹿县知县，节浮摧奸，兴学育才。改清苑县知县，与民休息。有巨盗袭劫陈姓闽商数万金，盘踞京城权贵家中，追查者不敢至门，陈姓商人叩阍鸣冤。五典奉旨将其捕获，一讯立伏，交出袭劫之金。在任三载，考绩为上等。连丁父母忧，服除，起补山西翼城县知县，其治理才能更加得以施展。行取兵部武选司主事，迁陕西道监察御史。上疏弹劾不法大臣三人，一时令权贵落胆。上"整饬纪纲疏"和"综核吏治疏"，以端风纪。又连丁祖父、祖母忧，服阕，补浙江道监察御史，巡按云南。时辽东不靖，督抚告急，请派得力巡按御史临事。五典奉差按辽，阅事勘功，极用苦心，文武将吏稍有不法，即以惠文三尺弹治之。对监司中贪纵无忌者一以处置。为加强边防，以防不测，上陈六事：复旧军、修堤防、惩欺隐、诘奸细、信赏罚、储粮饷。辽东差竣，奉命署长南道事，旋又奉命巡按苏、松等处，疏请增加南畿乡试录拔名额。巡按三吴，此地为织造之区，供上袍服。时一切内监罢归，有朝中奸棍，却保举内奸吕贵督造三吴，闹得人心惶惶。五典上疏力争，将所派内监罢止。差尚未竣，升山西按察司副使，又历四川布政司参政、山东布政司参政、河南按察使、山东右布政使。天启元年（1621）五月，迁太仆寺卿，乞休不允。天启三年（1623）四月，迁南京大理寺卿。次年四月，以终养告归。天启六年（1626）卒，赠太子太保、兵部尚书。

【胡东渐】（？—1631）字向若。章丘县（今改市）人。万历十九年（1591）举人，三甲第二百二十二名进士。初掌管银库，一尘不染。擢吏部郎中，刚正不阿，遇铨选请托不行，人皆信服。天启七年（1627）正月，由南京太仆寺少卿，升至南京都察院右佥都御史，充提督操江，管理江防。时权阉魏忠贤专权，气焰嚣张，向其索取寄库银四十万两，东渐竟不与，遂免征派，吏民获安。机房胡太监请废营为魏忠贤建生祠，东渐立拒之。后生祠建成，东渐不拜，阉党遂矫旨勒令致仕，其怡然就道。著有《向若诗稿》。崇祯四年（1631）六月卒，祀乡贤。孙世藻，康熙进士，布政司参议。

万历二十三年乙未科

【王孟震】字筠苍。淄川县（今淄博市淄川区）人。万历二十二年（1594）举人，翌年联捷三甲第二百二十八名进士。由观政都察院，授行人司行人，选浙江道监察御史。两上《国本当重疏》尤为剀切。举劾巨珰南宗顺不法状，时神宗静摄已久，诸台谏疏多置之不问，至是特用孟震言，廷杖南宗顺，发充南京。权贵、宦官为之敛手，争相告诫"勿犯髯王"。光宗在东宫嘉其忠直不阿，叹其为"直御史"。巡按辽东。以山西布政司参议，分守冀宁道。以陕西按察司副使，分巡宁夏河东兵粮道。朝廷外察，被降调河南布政司理问。又升工部主事、员外郎、郎中。天启五年（1625）三月，由光禄寺丞，迁尚宝司卿，改通政司右通政。魏忠贤方擅权用事，欲得孟震，屡使人示意，孟震拒不通阿。魏党诬奏孟震党附异类，被杖责，谪戍云南。崇祯元年，魏忠贤被除，孟震被昭雪，复原官。台臣交荐，屡奉谕旨起用，而孟震以老病力辞，优游林泉，数年卒，年七十四。

【顾四明】字孝泉。利津县人。性至孝，为诸生时，家中甚贫，时常断炊，但菽水奉亲怡如也。素嗜学，攻读不倦。万历二十二年（1594）举人，翌年联捷三甲第二百三十名进士。授直隶清苑县知县，视民如子，有舞文弄法者，无所饶恕。此地处冲繁，不能觍腼上官，求改河间府教授，敦名节，课经艺。学府有义租数百石，按籍悉散贫困诸生，毫不为染。又补南直隶应天府教授，迁国子监博士，转户部郎中。监兑苏、松，有存储未解银四十余万两，向充使者私囊，四明全部归为公帑。擢江西吉安府知府，吉安故理学渊薮，四明与诸生讲论文义，所拔识者先后成腾达之士。值大计，被举天下清廉第一。当超擢乃移疾归里。杜门绝迹，出必徒步或乘驴，乡人遇之不知其为仕宦也。邑有大利害，必力白当道。后推按察司副使、提学，而其已早卒。

【周之乐】军籍山东登州卫。入载《蓬莱县志》。万历十六年（1588）举人，三甲第二百四十名进士。

万历二十六年戊戌科

本科录取：一甲三名，二甲六十一名，三甲二百三十二名。其中山东三十名。

【赵秉忠】（1573—1626）字季卿，号岘阳。益都县（今青州市）人。自幼聪慧。提学刘毅特别严厉，在昌乐县主持考试时，发现有考生匿文履中，将其予以重罚。由是命诸生赤脚而入考场，时降大雪，天气非常寒冷，秉忠走上台阶曰："公奈何因一不肖，而困诸才，且贤者辟门之典，固当尔耶。"刘毅承认过错，皆免赤脚。万历二十五年（1597）举人，翌年联捷一甲第一名进士，状元，授修撰。万历三十二年（1604），充会试同考官。万历四十年（1612），为詹事府左庶子兼翰林院侍读，典试江南，所取者中有多人成为一代名臣。天启三年（1623）六月，升詹事府少詹事，兼翰林院侍读学士，充纂修官。秉忠与同官周炳谟在向神宗进呈诸帝实录时，奏请恢复建文帝帝号、庙号。神宗曰："事已久，不便更易。"秉忠道："国事论其当不当，不论久不久。"终于说服为建文帝恢复了帝号、庙号。是年十月，迁礼部右侍郎，掌管詹事府，充日讲官。又加太子宾客。时杨涟参劾魏忠贤二十四大罪，草疏者即秉忠门生缪昌期，缪昌期被魏忠贤陷害下狱论死。魏忠贤指责秉忠，秉忠不予理睬。魏忠贤对秉忠越加仇恨，屡次在熹宗面前诋毁秉忠。熹宗深知秉忠，对魏忠贤道："你说的是著短袍讲经者吗？其人忠心耿耿，朕方欲重用之。"天启四年（1624），秉忠屡次上疏以病乞归，终以礼部尚书致仕归里。但不久就受到刘钟英案件的牵连，以"与刘钟英久倚门户"罪名，同被削籍夺诰。魏党愈演愈烈，被捕入狱者越来越多，朝政更加不可收拾。天启六年（1626），秉忠愤懑而死，年五十三。崇祯三年（1630），被复原官，追赠太子少保，赐祭葬。著有《岘山集》二十五卷、《江西舆地图说》一卷。在其辞世三百五十七年后，于1983年春，其第十三代孙焕彬将其状元卷捐献给国家。状元卷属宫廷机要档案，如何流传其后人，乃是世间之谜。

【顾　颐】博兴县人。万历十六年（1588）举人，二甲第十名进士。授河南磁州知州，浚河建桥，兴修水利，使三千顷粮田得到灌溉。万历三十一年（1603），迁南京兵部车驾司员外郎，升武选司郎中。万历四十年（1612），由河南知府升山西布政司参议，分守冀南道。万历四十三年（1615），又为布政司参政，分守河东道。旋转辽东布政司参政。布政使李维翰与大将军张承胤驻守广宁，颐与副将军驻防辽阳，辖抚顺堡。时抚顺守将降后金，后金袭击抚顺堡，颐率兵出击，追至虎皮驿。后金兵围辽阳，抚院亲至辽阳督战，刻令出击，颐率军深入，山峻涧险，伏兵四起，遭到大败。颐只余残兵，粮饷不继，个人献出俸金及妻子首饰做军饷，以励士气。时敌兵临城下，颐见大势已去，仰天痛哭，整衣冠望阙拜毕，朱书于壁曰："辽疆失守，臣子何颜，无力报国，甘心九泉。"旋自缢。赠太仆寺少卿，赐祭葬。父连璧，万历进士，知府；叔父合璧，嘉靖举人，知县。

万历二十六年戊戌科

【杜　诗】（？—1642）字以兴，号友白。滨州（今滨州市）人。万历二十二年（1594）举人，二甲第五十六名进士。授户部主事，监督京仓。万历四十一年（1613）始，历陕西、湖广布政司参政，分守诸道，颇有作为。据《明代职官年表》所载：万历四十七年（1619）七月，由湖广布政司参政，升湖广按察使。天启元年（1621）四月，加右布政使，管建、燕二道。天启三年（1623）六月，由山西右布政使，改湖广右布政使。天启五年（1625）五月，迁江西左布政使。天启七年（1627）五月，以抵制为逆宦魏忠贤建生祠，而被罢职，在家冠带闲住。崇祯二年（1629）四月，被重新起用为湖广左布政使，向朝廷输羡余银四十七万两，朝野称其廉正。母卒，徒跣扶柩归里。卒祀乡贤祠，入江西、湖广名宦祠。诗为官四十年，性情耿直，清正廉洁，不畏强权，高风亮节。曾刊刻海瑞、范文恪文集。编著有《文选》、《楚辞》、《医问》等行世。

【胥洪诰】阳谷县人。万历二十五年（1597）举人，翌年联捷二甲第五十七名进士。授刑部主事，为政仁明平恕。

【吴　暭】字中阳，号瞻城。莱芜县（今莱芜市）人。万历二十五年（1597）举人，翌年联捷三甲第十五名进士。授河南归德府推官，因刚直不阿，触怒巡按御史，被改调南直隶镇江府，治狱多所平反。迁户部郎中，命管密云粮储，供饷充足，士饱马腾，户部尚书为之赞叹。三年事竣，以羡余归之朝廷。出为河南府知府，道改湖广按察司副使，旋转陕西按察司副使，整饬肃州兵备道。至任严饬将领，严禁支收裁扣，以恤士卒。军中欢呼曰："数年来，今日始获一饱，愿效死力。"由是兵民安堵，危疆如磐石。三载，升陕西布政司参政，整饬靖远兵备道。丁父忧，起补山西按察司副使，分巡冀宁道，又改大同道。大珰陈贵气焰甚张，暭不为所屈，遂遭中伤，谈笑解绶，赋诗以归。其宦囊萧然，杜门却官。性孝友，所得薪俸首先奉母，并分给两弟，次恤乡党。卒祀乡贤。

【孟三迁】定陶县人。万历七年（1579）举人，三甲第二十二名进士。授直隶邯郸县知县。

【钱允灿】字汝诲。冠县人。家学渊源。万历十六年（1588）举人，三甲第二十三名进士。授直隶任丘县知县，调南直隶舒城县，又改直隶武清县，所至以循良称。与侍郎公萧唱和有《诗集》。卒祀乡贤。祖父济，宣德举人，监察御史；父楷，嘉靖进士，按察司副使。

【官　箴】平度州（今改市）人。万历十三年（1585）举人，三甲第二十五名进士。屡迁广西梧州府知府，廉正率属，粤西称生佛。弟成，万历举人，知府。

【高　出】（1574—1633）字孩之，号悬圃。榜载籍莱阳县，后入海阳县。万历二十五年（1597）举人，翌年联捷三甲第三十名进士。初为直隶曲周县知县，改河南卢氏县。擢南京户部主事，升至郎中。出为河南布政司参议，升山西按察使。其不畏权贵，廉洁奉公。在任卢氏县知县时，县内大饥，上请赈济，捐俸救灾，救活饥民数万。在任山西按察使时，获悉恶豪王一民恃势横行乡里，查明罪状，依法惩治。己子私受富商马华堂所藏唐寅画卷十幅，其当众送子入狱悔罪，自己也免薪三个月，以示教子不严之过。其经常微服出访，以体察民情，为民解忧。曾试行改革租佃制，以减轻富户对佃民的盘剥，受益佃民敬献"德泽蓬门"匾额。其受到朝廷内外忌恨者的诬陷，被加以"收买人心，图谋不轨"的罪名。朝廷命其充任辽阳监军道。时在战事不利的情况下，经略辽阳军务的熊廷弼本已扭转战局，但却遭到参劾诋毁而去职。出受到牵连，被贬官降职。天启元年（1621），熊廷弼被重新起用经略辽东军务，其奏明出等无罪，请复官任事。其再次被用为监军道。由于广宁巡抚王化贞，不受熊廷弼节制，实不知兵，轻视大敌，在后金兵进攻时，弃广宁而逃。熊廷弼、王化贞被论死，而出也被以罪下狱，长达十二年，死于狱中。其博学多才，诗文有声，著有《镜山庵全集》传世。

万历二十六年戊戌科

【刘之沂】博兴县人。万历十九年（1591）举人，三甲第四十八名进士。授南直隶盐城县知县，改江都县。邑有寡妇富而无子，以争产讼于官，惶怖出万金为贿。之沂严肃曰："与其贿遗官府，何如分送亲族？"遂升堂均散，以解其讼。内擢兵部主事，出为江西饶州府知府。又以江西按察司副使，分巡岭北道。时抚院杨某与之沂为同年，恶一武弁，欲借之沂之手，将其杀掉。之沂焚香发誓曰："杀人媚人，吾不为也。"自此托病不出。同朝交相举荐，起复为河南按察司副使，充督粮道。旋升湖广布政司参政，分守武昌道，以廉惠闻。致仕，在家乡输丁粮、完军装、焚贷券、还鬻产、助婚葬、施义塚、济饥民、兴水利，恩泽一县。知县过其门，虽在内室，也必起立相迎，家人异之，乃晓之曰："父坐子立礼也，岂有父母行而子弟晏然者乎？"卒后，邑人举祀乡贤祠。

【丘云肇】字似林，号月林（以父号）。诸城县（今改市）人。出嗣为橞子。万历十六年（1588）举人，三甲第七十五名进士。授直隶东明县知县，降河南按察司知事。又迁陕西安定县知县，仕至南直隶庐州府知府。书法瘦劲。工诗。卒后，记其断句有："云高风系马，千年树衰发。承冠两鬓秋，散佚无存者。"有一幼子，早折，遂绝嗣。父橞，嘉靖进士，南京吏部尚书。兄云章，嘉靖进士，知州；侄充志，万历进士，布政使。

【耿鸣雷】号省亭。新城县（今桓台县）人。万历十六年（1588）举人，三甲第八十六名进士。授直隶永年县知县，多异政。擢湖广道监察御史，不阿权贵，弹章数十上，唯立心忠厚，不为苛刻之论。仕至太仆寺卿。卒祀乡贤。子庭梓（增广生）、庭栻（廪生）守城抗清战死。

【丘禾实】军籍贵州新添卫，乡贯山东即墨县（今改市）。三甲第九十四名进士。

【韩　浚】字晶宇，一字邃之。淄川县（今淄博市淄川区）人。万历二十五年（1597）乡试经魁，翌年联捷三甲第九十九名进士。授南直隶嘉定县知县，擢广西道监察御史。时神宗静摄日久，浚疏中有"积怠成玩，积玩成弛"等语，时论称之。先后巡按两浙盐政和江右。又改河南道监察御史。万历四十五年（1617）大计京官，浚佐吏部尚书郑继之，激扬不遗余力，尽斥东林。转大理寺右丞，值山左大饥，浚倡议请赈，获发帑十万。万历四十七年（1619）三月，迁都察院右佥都御史，巡抚保定。次年八月引疾去。天启三年（1623）致仕。

【张光裕】临邑县人。万历二十二年（1594）举人，三甲第一百零二名进士，选庶吉士，授检讨。仕至詹事府右春坊右赞善。

【张文炫】安丘县人。万历二十二年（1594）举人，三甲第一百零三名进士。仕至陕西按察司副使，分巡兵备道。

【王士桢】字衷一，号旭阳。泗水县人。少聪慧，以奇童称。万历十九年（1591）举人，三甲第一百一十四名进士。授行人司行人。丁母忧，服阕，补原官。奉命与给事中夏子阳出使琉球，拒收国王谢金。回国复命，被超授光禄寺少卿。因在海上受惊成疾，旋告归，未几卒。

【陈其猷】字献五。直隶东明县（1963年划归山东菏泽专区）人。万历二十二年（1594）举人，三甲第一百四十名进士。由直隶河间府教授，授国子监助教。

行取户部江西司主事,升至郎中。出为山东按察司副使,升按察使。其献里居醇谨,服官清慎。时魏忠贤作威,杖辱大臣,其献以宽恤受冤监察御史李若星(后成总督兼巡抚),被魏忠贤罢职。居家绝意仕进。时岁大饥,出千金赈灾,奉旨赐坊,其献请止。

【车从衡】字见吾。淄川县(今淄博市淄川区)人。万历十三年(1585)举人,三甲第一百五十六名进士。授河南宁陵县知县,改南京武学教授。入为刑部主事,升员外郎、郎中。以河南南阳府知府致仕。

【洪良范】省志载姓全。字心矩。沂州(今临沂市)人。万历二十二年(1594)乡试解元,三甲第一百六十六名进士。授浙江鄞县知县,筑堤利民。屡迁河南开封府知府,兴修水利,除害兴农。入为户部郎中,督理湖广漕运。又先后出为山西潞安、湖广襄阳府知府,擢河南按察司副使,充任管河道。时汴口连年水灾,良范至三月治理完毕。值巨野白莲教徐鸿儒(自号中兴福烈帝)聚众兴事,捐资守城。卒祀乡贤。

【吴闻诗】号养斋。历城县(今济南市)人。万历十九年(1591)举人,三甲第一百六十八名进士。性磊落不羁。授南直隶天长县知县,饮酒赋诗,不废吏事。卒祀乡贤。

【宋鸿儒】德州(今德州市)人。万历二十五年(1597)乡试解元,翌年联捷三甲第一百七十一名进士。仕至知府。

【亓诗教】莱芜县(今莱芜市)人。万历二十五年(1597)举人,翌年联捷三甲第一百七十六名进士。与周永春为齐党之魁。历湖广荆州、南直隶淮安二府推官,入为礼科给事中。倚内阁首辅方从哲之势自恣。天启三年(1623),坐不谨落职。后得内阁大臣冯铨之助,以中旨起吏科给事中,屡迁太常寺少卿。以无礼于崔呈秀,出为都察院右佥都御史,巡抚河南,旋被劾罢。崇祯初,名入逆案,赎徒为民。

【胡士标】字锦夫。冠县人。有夙慧,未成童嗜读书,父母劝禁不能辍。万历二十二年(1594)举人,三甲第一百七十七名进士。由国子监助教,仕至户部员外郎。中年卒,士论惜之。

【许舜民】(1565—1599)字瞻蒲。潍县(今潍坊市)人。万历十九年(1591)举人,三甲第一百八十一名进士。授直隶河间县知县,居官慈祥,凡事以德化为先。升兵部主事。离任后,县民为立生祠。

【路周道】汶上县人。万历二十二年(1594)举人,三甲第一百八十四名进士。授南直隶庐州府教授。高祖父迎，正德进士，兵部尚书；祖父楷，嘉靖进士，户部主事。

【李思恭】字伯安，号涵默。长清县（今济南市长清区）人，天性长厚，饬躬醇谨，有文名。万历十六年（1588）举人，三甲第一百九十二名进士。授行人司行人，督兵饷而军需以济，封益藩而力却馈遗，其干才清节为人称道。擢南直隶池州府知府，洁己率属，宽徭薄赋，利泽民众。又先后为陕西西宁兵备道和贵州威清兵备道，所至整练将吏，柔抚疆民，团结抗侵。生平志为"鸾凤"，不为"鹰鹯"，甘恬退，耻奔竞，令人敬慕。卒祀乡贤。

【吴允中】字百含。曹州（今菏泽市）人。万历二十二年（1594）举人，三甲第二百零一名进士。先后为河南永城、商丘、杞县知县，革衙蠹，修城，培堤，赈济。擢监察御史，正直敢言，不避权要。奉敕巡按宣、大，兼视学政，核武备，清军饷，省巨费，边政一新。又引桑乾河水，开怀来水田数万顷。会代王溺宠废长，廷议纷然。允中廉其癫末上疏，藩储以安。巡视南城，兼管厂库，节慈圣堂冗费以万计，工竣时，被赐银币。以病疏请致仕。归里，值白莲教起，积极参与镇压。以功补陕西按察司副使，升南京光禄寺少卿，未几卒，祀乡贤。著有《易知录》、《钱粮考》、《疏草》等。

【马性淳】字子厚，号遇斋。阳信县人。万历二十五年（1597）举人，翌年联捷三甲第二百零四名进士。授直隶宁津县知县，因离家较近，族里往来不绝，性淳竭力周旋，不吝不怠。及内擢兵部武选司主事，反而杜门谢客，虽至戚不通一函。大吏嘉其清正。屡迁陕西按察司副使，整饬洮岷兵备道。洮岷为西北边陲，乃军事重镇。性淳至，核饷卒，严斥堠，修器械，每战身先士卒。后眼见时事日非，解组归里。从此，绝口不言当世事，危坐终日，虽盛暑未曾不冠。崇祯十五年（1642）十二月初三日，阳信城被清军攻陷，家人请其潜避，性淳不应，乃整衣冠出，子鸣阶、老仆张汉随行，时明伦堂白刃充庭，徐步至堂中，踞案南向坐，颜色不变，清兵以为是学博，方愕然怪其所为，性淳乃大言："身受国家恩，备立封疆，今坐视乡国沦亡，不能扶救，尚何忍复求活哉。"即不屈大骂而死。子与老仆亦遇害，妻商氏及鸣阶妻李氏，一并自缢。家人从死者三十余口。

【徐九鸿】黄县（今龙口市）人。万历四年（1576）举人，历经二十二年，方考取三甲第二百一十四名进士。授江西饶州府推官。

万历二十九年辛丑科

本科录取：一甲三名，二甲五十七名，三甲二百四十一名。其中山东三十三名。

【张问明】字公远。寿光县（今改市）人。万历十九年（1591）举人，二甲第四名进士。授户部主事，督饷辽左，尽将羡余给予卒伍。监兑湖广，视事大坝，其政务与中贵相涉者，悉持正不阿。又视事通州，剔弊厘奸。会州城毁坏，捐俸葺之。升陕西按察司副使，迁布政司参政，以战功累官至四川右布政使，卒于任所。

【房　楠】字国柱。军籍锦衣卫，乡贯直隶东明县（1963年划归山东菏泽专区）。万历二十二年（1594）举人，二甲第十六名进士。授户部主事，监督九门，廉能有声。改补工部主事，修福王府第，力排众议，节省甚多。升山西布政司参政，沈藩多强宗，恃势扰民，楠执法绳之。有宗室百余人，于戟门大噪，官吏皆惶惧，楠冠服出，从容示以大义，皆唯唯而退。升贵州按察使，为宵小中伤，被降调知州。杨涟等举荐，迁户部郎中，议光宗厚葬礼减大珠之费。擢陕西布政司参议，终以不附权贵，再次被黜，不再出仕，游历诸名区山水。晚年居青州，以病卒。著有《道德经臆测》。子之骐，崇祯进士，右布政使。

【曹　珒】字还素。益都县（今青州市）人。敦孝友，厉名节，以文行清直著。万历二十二年（1594）举人，二甲第二十二名进士。授户部主事，升员外郎、郎中。榷税浒墅关，旧制商船过者，以尺衡船入税，后乃以寸计，岁羡万余金。珒并以尺计，商民交颂。掌管山西大同边储，出入平允，给放及时。各边卒多脱巾思变，独大同欢声四起。珒感痰疾暴卒。兄璜，万历进士，通政司参议；弟珖，万历进士，工部尚书。

【宋　焘】（？—1615）字绎田。泰安州（今泰安市）人。《明史》有传。父母早亡，养于其兄家。幼聪颖过人，发愤苦读。万历二十二年（1594）举人，二甲第三十名进士，选庶吉士，改浙江道监察御史。端直好搏击。巡按南直隶应天诸府。上疏指斥内阁首辅朱赓，朱赓上疏要求将焘斥罢，神宗优诏慰留，被谪平定通判。终因与朱赓抵触不合，而引疾乞归。途中又疏救江西布政司参政姜士昌，同被罢职。居乡筑青岩居，读书著述其中。其与东林诸君子遥相酬唱。万历四十三年（1615），以患背疽卒于家。天启初，赠姜士昌太常寺少卿，焘为光禄寺少卿。后来，又被以东林党削夺。思宗即位，又复原官。著有《泰山纪事》三卷、《青岩居草》、《青岩居漫录》、《落花全韵》、《幽洞玄言》、《理学渊源》、《时习要录》、《州志补遗》等。子之尤，庠生，嗜学工诗，以善书名。

【公　鼐】(1558—1626) 字孝与。蒙阴县人。《明史》有传。二甲第三十五名进士，选庶吉士，授编修。屡迁詹事府左谕德、左庶子，为东宫讲官，引疾归。在朝曾于万历四十三年（1615），疏请山东大饥发给赈济，全活甚众。光宗即位，回京充国子监祭酒。光宗为其亲书"理学名臣"匾文以赠。然而光宗继位不逾一月，就因食红丸而丧命。熹宗即位，迁詹事府詹事，兼翰林院侍读学士，教习庶吉士，充实录馆副总裁。鼐疏请："今实录纂修在即，请将光宗事迹，别为一录。"鼐又以立朝不到半载，言官获谴者至十余人，上疏切谏，并规讽辅臣。因忤旨，受到消责。鼐见魏忠贤专权乱政，自己疏攻又不能成功，便引疾告归。监察御史叶有声，又乘机上疏追论其与李三才为姻，徇私妄荐，被落职闲住，未几卒，年六十九。崇祯初，复官赐恤，追赠礼部尚书，谥"文介"，祀乡贤。著有《问次斋集》一百卷行世。至鼐时，其家族已是五世进士，立有五世石坊。高祖父勉仁，弘治进士，巡抚；曾祖父奎跻，嘉靖进士，按察司副使；叔祖父一扬，嘉靖进士，工部郎中；父家臣，进士，翰林，户部主事；弟鼒，万历举人，主事，工书法，多著述；子光国，崇祯间投笔从军，副总兵。

【曹　珖】(1565—1645) 初名珍，崇祯五年（1632）改名珖。字用韦，号葆素。益都县（今青州市）人。万历二十八年（1600）举人，翌年联捷二甲第三十六名进士。授户部主事，督皇城四门仓。改兵部武选司主事，升至职方司郎中。请东厂太监卢受约束部属，不要仗势欺人，陷害良民。出为河南布政司参政，以疾归。不久，起用为南京太常寺少卿。光宗死，珖上疏力言帝为奸党毒害，宜追究红丸案真相。劾中贵崔文生诸人。从天启二年（1622）始，历光禄寺、太常寺、大理寺卿。时魏忠贤乱政，大狱纷起，杨涟、左光斗等"六君子"被陷入狱。魏党闻知珖在营救这些人，先由给事中潘时闻所劾将其落职归省，冠带闲住。又由监察御史卢承钦以"狎主邪盟"将其诋毁削籍。崇祯元年（1628）十二月，珖被起用为户部右侍郎，督理钱法。崇祯三年（1630）八月，由户部左侍郎，升工部尚书。因督修皇陵有功，加太子少保。时桂王重建府第，议加江西、河南、山东、山西田赋额二万余；浙江逋织造银十余万，巡抚陆完学请编入正额。珖皆持不可。中官张彝宪总理户、工两部事，欲设坐于部堂，珖予以抵制。张彝宪借故诬陷，珖累疏乞请而归。后来，朝廷又任命其为吏部尚书，都察院左都御史，皆辞不就。晚年，安贫崇道，阐发绝学。八十岁卒。著有《大树堂集》、《青州考古文晶汇》、《解经史评》等书。兄：璜，万历进士，通政司参议；琏，万历进士，户部郎中。

【朱周业】字心印。阳信县人。万历二十二年（1594）举人，二甲第四十三名进士。仕至河南布政司右参议。卒祀乡贤。曾孙崇英，增生，精医术。

【杜承式】字言卿，号象元。滨州（今滨州市）人。万历二十八年（1600）举人，翌年联捷二甲第五十一名进士。授刑部主事，恤刑河南，请活疑犯许大明等二十九人，轻拟减释者甚众，一时无冤民。升至本部郎中。出为南直隶常州府知府，有治声。以按察使整饬口北兵备道，谨险隘，躬稽查，法严令行，兵民帖服。万历四十七年（1619）三月，超升都察院右佥都御史，巡抚甘肃。次年，以忤朝中权贵，引疾告归，卒于家。

【姬之策】字曙瀛。滨州（今滨州市）人。万历二十二年（1594）举人，二甲第五十五名进士。授户部主事，升员外郎、郎中。三司钱谷，会计详明，绩获上考。卒祀乡贤。

【侯正鹄】字中鹄。郓城县人。万历二十五年（1597）举人，三甲第十一名进士。授山西太原府推官，用法平允，以风裁著声。入为户部主事，升至郎中。出为陕西汉中府知府，饬理得体，僚属悦服。引疾归，卒于家。其神韵闲远，恂恂若布衣，不喜作势焰事。为文学识渊博，而出以英杰之气。著有《亦咏草》、《交声集》若干卷行世。子提封，万历进士，知县。

【高　锵】字淑振，一字印南。原籍利津县，移籍胶州（今改市）人。万历十三年（1585）举人，为观城县教谕。考取三甲第十四名进士。授山西大同府推官，廉介正直，人不敢干以私。时代藩将废嫡立庶，锵疏请正之。太监王虎以开矿剥民，亦被锵所劾。由是强宗土豪皆敛迹。升湖广宝庆府知府，降改南京户部主事。丁忧，服阕，起用京师户部主事，督理盐政，疏壅剔弊，务去民累。迁河南归德府知府，以宽简称职。擢陕西按察司副使，分巡关内道，改河南驿传道。被罢归，家居八载。受荐举，起复为直隶顺天府通判，清理马政。转户部主事，监兑江西储粮，禁包揽，革耗羡。又迁盐运使分司。卒于官。与父应辰并祀乡贤祠。子漉，贡生，知县，抵抗清军战死。

【张尔木】省志载作尔术、尔本。字毓华。郓城县人。少负气节，每以天下为己任。万历二十八年（1600）举人，翌年联捷三甲第二十一名进士。授河南安阳县知县，政尚严明，执法循理，不为权贵所挠，治盗不敢入境。任期刚满，卒于官,百姓哀慕如丧考妣。著有《历数万年登》行世。

【曹　昕】冠县人。少有异才,博学能文。万历二十八年(1600)举人,翌年联捷三甲第三十一名进士。授直隶肥乡县知县,改蠡县,皆有政声。归里,与知县共商撰修县志,士林推重。卒祀乡贤。

【周永春】字孟泰,号毓阳。金乡县人。幼好学,常通宵达旦。十九岁,于万历十九年(1591)考中举人。三甲第六十九名进士。吏部伟其器,由初选南直隶五河县知县,改山西洪洞县,又调阳曲县。以治绩优异,擢礼科给事中,进都给事中,立朝敢言,奏疏数十上,皆关国计民瘼。升太常寺少卿。与亓诗教为齐党之魁。万历四十六年(1618)八月,迁都察院右佥都御史,巡抚辽东,值丧败之后,调度军饷拮据劳瘁,越二年罢归。天启三年(1623),言官追论开原失陷罪,永春被遣戍。崇祯改元,复原官,未及大用,卒于家。著有《殿诤录》、《兵机密纂》。

【张孔教】字辅之,号卓吾。掖县(今莱州市)人。万历二十五年(1597)举人,三甲第七十一名进士。授行人司行人,时晋藩、周藩相继就封,两为册使,新王酬赠皆却之。升吏科给事中,时内阁大臣沈鲤称贤辅,而内阁首辅沈一贯自以公论不容,请与并退,一起致仕。孔教以"揆路窃弄"弹劾。又举劾辽镇马栋遇敌退缩、滇抚陈用宾弃印失城。吏部文选司鹥缺,某内阁大臣失察,孔教予以参劾。内阁大臣造门谢过,直声震一时。丁父忧,服除,再起吏科左给事中,升都给事中。以"神庙倦勤,望在储贰",上疏言立储之事必不可缓。又疏言边警日至,宜添兵蓟州以备应援,简练京营以壮根本。熹宗初以逆宦魏忠贤用事,厌恶其耿直,将其改太常寺少卿,提督四夷馆。以不使其居言路。孔教乞请告归,不见回复。丁母忧,不再复出,里居二十年。著有《疏稿》数卷。子忻,天启进士,明刑部尚书,清巡抚;孙端,崇祯进士,翰林,清礼部侍郎、国史院大学士。

【刘　策】(?—1630)字愚靖。武定州(今属滨州市)人。万历二十八年(1600)举人,翌年联捷三甲第八十名进士。授河南孟津县知县,捕治黄河大盗。补直隶新城县,均平徭役。擢监察御史,正科场之弊,昭楚宗之冤。被指为叶向高私党,愤而托病辞官。天启二年(1622)八月,由太仆寺少卿,迁都察院右佥都御史,巡抚山西。时蒲坂白莲教欲起,监司议剿,策不同意,乃传檄曰:"枯万骨以俸成功,吾不忍也。"此地白莲教遂解散去。天启四年(1624)八月,迁兵部右侍郎,协理戎政。被劾为东林党人,削籍。崇祯二年(1629)五月,总督蓟辽军务,后金兵由大安口入内地,不能御。次年正月,被逮入狱,论死弃市。著有《详刑录》、《尚友录》、《六卿考订》等。

【王道平】高苑县(今属高青县)人。万历十年(1582)举人,三甲第八十二名进士。授直隶昌黎县知县。

【张凤翔】(? —1657)字稚羽,号蓬元。堂邑县(今聊城市东昌府区)人。万历二十五年(1597)举人,三甲第九十三名进士。授直隶广平府推官,入为吏部稽勋司主事,升至文选司郎中。天启二年(1622)三月,由太常寺少卿,迁都察院右佥都御史,巡抚保定。先后加都察院右副都御史、兵部右侍郎,仍巡抚保定。天启三年(1623)十一月,迁兵部左侍郎,回部理事。天启五年(1625)正月,以忤魏忠贤,先降右侍郎,后被削籍。崇祯元年(1628),魏忠贤被诛,起用吏部左侍郎,升至工部尚书。次年十一月,忤周延儒,以军械不备下狱,被谪戍陕西。崇祯十五年(1642)十一月,召回添注为兵部左侍郎。次年二月,又被夺官下狱。崇祯甲申之变,曾受李自成军拷掠。凤翔至山东东昌府倡士民起兵,旋弃东昌南奔福建,为明唐王浙直总督。清兵南下,投降清廷。顺治三年(1646),授户部右侍郎,疏请减免山东加饷八十三万。转吏部左侍郎,继加都察院左副都御史衔。请设三省总督。顺治八年(1651),升工部尚书,加太子太保。顺治十年(1653)乞休。著有《礼经集注》、《乐经集注》。子幼安,崇祯进士,知县。

【郭尚友】字善孺。潍县(今潍坊市)人。万历二十二年(1594)举人,三甲第一百零五名进士。授陕西咸宁县知县,入为部主事。天启二年(1622)三月,由山西按察使、井陉道,迁河南右布政使,遂改左布政使。天启四年(1624)十二月,迁都察院右佥都御史,巡抚保定。天启六年(1626)七月,迁户部右侍郎,兼都察院右佥都御史,总督漕运,兼巡抚凤阳。次年又加都察院右都御史、户部尚书和太子少保,仍在原任。为官绝侵渔,裕国帑。七十九岁时,上《辞荐疏》,以病乞归。尚友曾在淮安为魏忠贤建生祠,时建生祠者,概入逆案。崇祯元年(1628)六月,被劾免,又削籍。居乡秉性谦和,捐金固圉,贻谋修学。著有《漕抚奏疏稿》行世。

【赵建德】即墨县(今改市)人。万历二十八年(1600)举人,翌年联捷三甲第一百零八名进士。

【张至发】(? —1642)字圣鹄,号宪松。淄川县(今淄博市淄川区)人。《明史》有传。十三岁而孤,师从泰安李少崖先生,既贵刻其语录,名曰《还朴心声》。

万历二十五年（1597）举人，三甲第一百五十六名进士。初为直隶玉田、遵化县知县，行取礼部主事，授监察御史。时齐、楚、浙三党方炽，至发为齐党。巡按河南，福王藩洛阳，中使相望于道，至发以礼裁之，无敢专横。河南饥荒，至发请留饷备赈，又请改折漕粮。还朝，引病归。天启元年（1621），升大理寺丞。天启三年（1623），请终养。魏忠贤党举荐，矫旨令吏部擢用，至发方养亲不出。崇祯五年（1632），起用直隶顺天府丞，授光禄寺卿，精核积弊，多所厘正，遂受帝知。崇祯八年（1635）春，擢刑部右侍郎。六月，升礼部左侍郎兼东阁大学士，与文震孟同成内阁大臣。自世宗朝许赞后，外僚入阁，自至发始。次年六月，加礼部尚书、文渊阁大学士、太子太保。崇祯十年（1637）三月，又加太子太傅、户部尚书。中书舍人黄应恩悍戾，温体仁、至发辈倚任之，恃势恣横。黄应恩受到弹劾，至发极力庇护，连上三疏搭救。思宗不听，将黄应恩削籍。大理寺曹荃又揭发黄应恩赇请事，黄应恩被下狱。至发乃具疏，自谓当去者三，而未尝引疾，忽得旨回籍调理，时人传笑，以为遵旨患病云。至发颇清强，起自外吏，诸翰林多不服，又始终恶异己，不能虚心延揽。思宗亦恶其泄露机密，听任其去。崇祯十四年（1641），思宗思旧臣，特敕召至发等人，独至发四疏辞。次年卒，赠少保。父敬，万历进士，礼部主事；子泰来、泰孚和孙缤皆举人。

【王复兴】字德馨。郓城县人。万历二十八年（1600）举人，翌年联捷三甲第一百六十一名进士。授河南陈留县知县，改祥符县。邑地濒河，多采办梢草，旧规商人市卖后，摊派于邑民，又抬高价格，让百姓一应其役。复兴力请上官，分属开封府各县。历户部主事、郎中，升陕西布政司参议。告归。

【石维屏】字新周。陵县人。万历二十八年（1600）举人，翌年联捷三甲第一百七十五名进士。授直隶献县知县，称循良第一。天启六年（1626）九月，由河南布政司右参政，迁陕西按察使，改右布政使。为按察使时，曾充监军。崇祯三年（1630）二月，迁山西左布政使。所在有廉声。为官三十余年，田产不增。致仕数载卒。

【王钟岱】字蓬岳。濮州（今属河南范县）人。万历十九年（1591）举人，三甲第一百七十七名进士。授职户部，出为浙江按察司佥事。有朝中权贵侵夺民田，反而讼于钟岱，钟岱认为不法无理，未给面子，遂遭怀恨。被侵田百姓悦服，为钟岱立祠鸳湖之上。由此，更加激怒朝中权贵，对其越加仇恨，遂被去职。事闻于上，复出口北兵备道，治军恤民，声绩益著。卒祀乡贤。

【孙　崶】即墨县（今改市）人。万历二十八年（1600）举人，翌年联捷三甲第一百八十二名进士。授大理寺评事。

【宋　槃】（1574—1633）字念莪，号懋吾。乐陵县（今改市）人。万历二十八年（1600）举人，翌年联捷三甲第一百八十六名进士。授山西长子县知县，补直隶魏县，申除县税陋规三百余条。擢南京陕西道监察御史，上奏储讲久虚、贤良远摈、揆地单弱、榷使殃民、封藩非法等十事，以忤直外转陕西陇右道佥事。值岁祲，择壮年饥民给粮修城浚濠，设粥厂以济老幼。迁靖边道参议，升榆林道副使。天启四年（1624）三月，由陕西布政司参政，以战功超擢都察院右佥都御史，巡抚陕西。时逆珰气焰嚣张，攻击东林名士，槃亦为东林，告病回籍。崇祯帝即位，被起用为兵部右侍郎，转左侍郎，署理尚书事，以连获大捷，钦赐银币。崇祯五年（1632）告病回籍，次年病卒，年五十九。赠兵部尚书，赐祭葬，祀乡贤。

【胡行知】字遵闻，号奎峰。潍县（今潍坊市）人。天资聪敏，自幼无书不读，尤喜《南华》。万历二十五年（1597）举人，三甲第一百八十七名进士。历直隶无极县、永年县知县，和气化人，清风励俗，县民比为召杜。

【崔　燽】字盘龙。平度州（今改市）人。万历二十八年（1600）举人，翌年联捷三甲第一百八十九名进士。授湖广蕲水县知县，有循绩。致仕，以传经世其家。祖父廷槐，嘉靖进士，提学；父桓，嘉靖解元。

【陈伯友】（？—1628）字仲怡，号旭窗。济宁州（今济宁市）人。《明史》有传。万历二十八年（1600）举人，翌年联捷三甲第一百九十名进士。授行人司行人，擢刑科给事中。刚为监察御史，即参劾河南巡抚李思孝。屡次上疏：查核邹之麟科场作弊；释放良吏满朝荐、王邦才；严办污辱驸马冉兴让的宦官；力主审查熊廷弼被诬陷。又陈时政谓：拟旨必由内阁，不当内降；福王赴封地，不应改期。曾两次上疏力谏神宗，在疏中直言："陛下清明之心，不幸中年为利所惑，皇帝焉若不足，以致财匮民艰，家成彻骨之贫，人抱伤心之痛。今天下所以杌陧倾危而不可救药者，此也。"但神宗皆不反省。丁忧，及服除，廷议多排东林，遂不出。时大狱起，伯友早有准备，知己处危险境地，怡然题其斋曰"海鸥居"，日与诸弟子讲心性之学。万历四十六年（1618），以年例为河南按察司副使。天启四年（1624），由太仆寺少卿，迁太常寺卿，管少卿事。杨涟劾魏忠贤，伯友亦抗疏极论。次年十二月，监察御史张枢劾其倚附东林，被削籍夺诰。崇祯帝即位，诏复原官，未及用而卒。著有《尽心编》、《通鉴删

万历二十九年辛丑科

正》、《治乱几鉴》、《将相伟略》、《览快》、《览憾》、《海鸥居集》等。子辰铭，崇祯进士，大理寺寺正；侄辰诵，崇祯进士，户部员外郎。

【孙体元】字复一。滨州（今滨州市）人。万历二十八年（1600）举人，翌年联捷三甲第二百零一名进士。授山西大同县知县，捐俸赈饥。擢兵部主事，迁礼部教习驸马，升至郎中。出为河南布政司参政，改山西，所在修学校，除恶豪，士民感颂。

【徐逢聘】字德敷，号海山。蓬莱县（今改市）人。万历二十八年（1600）乡试经魁，翌年联捷三甲第二百二十四名进士。授河南临漳县知县，仕至四川按察司副使，分巡川北道。所至多惠政。为人孝友和蔼，人称长者。著《条鞭议》，民得便利。卒祀乡贤、忠贤祠。

【焦　馨】（？—1641）字宁考，号薇芷。章丘县（今改市）人。万历二十五年（1597）举人，三甲第二百三十六名进士。授中书舍人，两奉使命，馈遗一无所受。迁兵部车驾司员外郎，严核虚冒，邮传肃清。从天启元年（1621）始，历河南按察司副使、按察使、右布政使，先后充任大名、河北道（驻磁州），申严军纪，豪强慑服，措置裕如。天启四年（1624），改山西左布政使，革除军饷供应之弊，变通输纳督饷方式，朝廷颁行推广。天启七年（1627），升都察院右副都御史，巡抚宁夏，劳军奖功，筑城屯荒，立商兴学。时为逆宦魏忠贤建祠，几遍天下，宁镇将吏担心相劝，馨道："倘有祸，我一人担当。"不予建祠。崇祯元年（1628），以事被中伤，解组而归。崇祯十四年（1641）卒，赐祭葬，赠工部右侍郎，祀乡贤。著有《栋云斋文集》。孙：毓瑞，顺治进士，翰林，户部侍郎；毓栋，康熙进士，吏部郎中；毓鼎、康熙进士，知县。祖孙四进士，美名远播。

【苏民瞻】字君惠。军籍直隶武定守御千户所（域属山东）。为诸生时，聘杨氏女，目双瞽，因家甚贫，妇翁欲以妹改为其妻，民瞻不许，竟纳为配。万历二十五年（1597）举人，三甲第二百三十八名进士。授刑部主事，值山陵盗木狱起，株连富室，中贵方眈眈如虎，民瞻抗疏白其事，无辜始赖以安。恤刑山西，卒于平阳。著有《念生草》。祀乡贤。

万历三十二年甲辰科

本科录取：一甲三名，二甲五十七名，三甲二百四十八名。其中山东二十七名。

【乔宗启】字养恬。东阿县人。性孝友，博经史，以理学闻于世。万历二十五年（1597）举人，二甲第十九名进士。初授知州，以丁母忧归。三年后，补陕西华州知州，政尚廉平，以清白吏称。仅任职八月卒。父学诗，万历进士，知府。

【王家植】字木仲。滨州（今滨州市）人。万历二十五年（1597）举人，二甲第二十名进士，选庶吉士，授编修。以宏博著闻。于翰林院上馆规书，因旁及时政，议六部事，痛切详核，神宗嘉悦，赐书赐砚。其引杨绾、杜黄裳故事，面讽权要，以廷诤受朝官嫉妒，至翰林院编修卒，祀乡贤。著述较多，有《三苍学四书礼经剿说》、《史荟》、《史鉴》等行世。

【裴文焕】临清州（今改市）人。万历二十五年（1597）举人，二甲第五十六名进士。授部主事。

【杨文忠】陵县人。万历二十五年（1597）举人，二甲第五十七名进士。以陕西按察司佥事，整饬宁夏河东兵粮道。

【王　洽】（？—1630）字和仲。临邑县人。以孝友闻。万历十九年（1591）与兄浩同榜举人，三甲第三十名进士。初为直隶东光、任丘、长垣县知县，刃游飙发，名重北畿。入为吏部稽勋司主事，升至考功司、文选司郎中，注意搜罗贤才。天启三年（1623）十一月，由太常寺少卿，迁都察院右佥都御史，巡抚浙江。其设方略，靖海氛，两浙奠安。天启五年（1625）五月，受魏忠贤陷害，被夺职闲住。崇祯元年（1628）五月，起迁工部左侍郎。十二月，迁兵部尚书。次年十月，清兵入关，都城戒严，明军节节败退，不能抵御。阁臣周延儒言其疏于防御，调度乖张，被下狱瘐死。著有《两部奏议》、《典察疏略》、《抚浙奏疏》、《瑞露馆文集》、《吾鼎斋尺牍》等。兄浩，万历进士，按察司副使。

【王国宾】茌平县人。万历三十一年（1603）举人，翌年联捷三甲第四十四名进士。授直隶蠡县知县，捐俸浚河，灭蝗除害，受人称赞。

【李若讷】字秀重。临邑县人。生有凤慧。十七岁，于万历十六年（1588）考中举人。历经六次会试，方成三甲第四十九名进士。初为河南夏邑、内乡县知县，升河南归德府同知。入京为户部员外郎、郎中。在朝以不能俯仰权贵，被外补广西太平府知府。历湖广按察司副使、四川布政司参政。为政率依经术，廉洁自持，所至治行异等。时魏忠贤擅行威福，躁进者多染其党，以失败而告终。而若讷却杜绝不与相通，以是超然于进退。致仕后，专以著述为事。著有《五品稿》九卷、《四品稿》十卷、《四品续稿》十卷、《杨花诗二百首》二卷、《训儿义》二卷、《二请堂诗集》等。县志载其诗文三十余篇。父汝相，万历进士，布政司参议；子效廉，中书舍人。

万历三十二年甲辰科

【王象晋】字荩臣，一字康宇。新城县（今桓台县）人。万历二十二年（1594）举人，三甲第五十名进士。初授内阁中书。其先后为河南按察使、浙江右布政使。所至有政绩，识大体，其所为"正乱民之法"、"定漕卒之变"、"杜宗藩之罗织"、"脱同僚之诏狱"等，皆人所不敢为不肯为。七十岁致仕。优游林下二十余年。九十余岁卒。其著述甚多，有《赐问堂集》二十卷、《群芳谱》二十八卷、《清悟斋欣赏编》（不分卷）、《剪桐载笔》（不分卷）、《秦张诗余合璧》二卷等。卒祀乡贤。祖父重光，嘉靖进士，布政司参议；父之垣，嘉靖进士，户部左侍郎；子与胤（出嗣），崇祯进士，提学。

【张李彦】军籍山东濮州所，乡贯湖广汉阳县。万历十三年（1585）举人，三甲第七十七名进士。仕至兵部车驾司郎中。

【傅弘都】县志载洪都。字仲美。武定州（今属滨州市）人。万历三十一年（1603）举人，翌年联捷三甲第八十七名进士。授河南河内县知县，剔奸厘弊，案牍一清。擢户部主事，虽时局艰难，却调停颇善。三十岁卒，惜未究其用。

【黄　和】号慰川。军籍山东沂州卫，乡贯福建泰宁县。万历二十八年（1600）举人，三甲第一百零三名进士。为诸生时路遇遗金还给失主。为人大度，能容小人，而重名德，与人交往一心不变。为直隶固安县知县时，有大珰弟郭成杀人，和依法惩治。屡迁陕西临洮府知府，遇灾年上请赈济，活人数万。出为陕西潼关兵备道，轻裘缓带，处之从容，兵戢民安。旋改苑马寺卿，致仕归卒。祀乡贤。子图昌，崇祯进士，知州。

【孙延长】字恒吾。禹城县（今改市）人。幼贫，朝出为人佣工，暮入读书，常终夜不眠。万历十九年（1591）举人，三甲第一百三十五名进士。授河南虞城县知县，鲠介清廉，爱民如子。以绩擢刑部主事。其居乡多有惠德，婚丧不能举者，委曲补助。值岁连祲，而黍稷早熟，乃尽以济人。抚养戚孤成立，毫无报德之色。

【翟凤翀】字尔腾，号凌元。益都县（今属淄博市博山区）人。《明史》有传。万历二十八年（1600）举人，三甲第一百三十六名进士。历直隶吴桥、任丘县知县，有治声。擢监察御史，敢于直谏，不避权贵。疏荐钟羽正、赵南星、邹元标等。因言："宋季邪诡之徒，终日请禁伪学，信口诋諆。近年号称学者，不幸类此。"出按辽东。为除边患，奏请增兵士，易健将；又请建常平仓，括赎锾，节公费，易粟备荒。神宗善其议，命推行于诸边。故辽阳参将吴希汉失律听勘，以内援二十年不决，且谋复官。凤翀一讯成狱，置之大辟，边人称快。神宗因"梃击"之变，召见廷臣于慈宁宫，凤翀直陈政弊，以忤旨受切责。山东大饥，疏请朝廷拨发十六万金赈济。参劾吕贵、冉登、邢洪等三中官横行不法，极论其罪，触怒神宗，被谪山西按察司经历。同时上疏参劾中官的刑科给事中郭尚宾也被谪江西布政司检校，因一日被谪，时称"二谏"。光宗立，起补户部主事。熹宗初，擢兵部武选司郎中。继而升为南京光禄寺少卿、大理寺右少卿。天启三年（1623），迁都察院右佥都御史，巡抚延绥。受魏忠贤党连章参劾，于天启五年（1625），被革职回籍听勘。崇祯二年（1629），又起为都察院右佥都御史、兵部右侍郎（县志载作左侍郎），巡抚天津。练兵兴漕，卓有成绩。崇祯四年（1631），丁忧归，哀毁过甚卒，赐祭葬，赠兵部尚书。孙延初，清顺治进士，编修；曾孙蕃，清雍正举人。

【王应楫】安丘县（今改市）人。万历二十八年（1600）举人，三甲第一百四十三名进士。仕至河南按察使。

【张 旗】滨州（今滨州市）人。万历七年（1579）举人，历经二十五年，方考取三甲第一百四十六名进士。

【孙如兰】榜载籍莱阳县（今改市）。《牟平县志》载为宁海州（今烟台市牟平区）。万历二十八年（1600）举人，三甲第一百五十四名进士。历直隶保定、大名和湖广襄阳府推官，入为礼、刑部主事。

【丁自劝】字茂淑。诸城县（今改市）人。万历三十一年（1603）举人，翌年联捷三甲第一百五十六名进士。授山西襄陵县知县，时方年少，习簿书如老吏。有朝中贪鸷给事中子杀人，自劝捕其子处死。迁南京工部营缮司主事，督理芦政。会福王上请沿江芦田为汤沐费，朝廷许给。自劝上疏力持不可，此事乃得止。迁兵部车驾司员外郎，升武库司郎中。出为直隶保定府知府，保定多太监，势焰甚张，自劝不给宽容颜色，遭到这些人的忌恨，被罢归。后由巡按御史举荐，起补山西潞安府推官，擢工部虞衡司主事，榷税南新。父丧归，服除，补户部四川司主事，监兑苏、松、常、镇饷，以劳瘁卒于官，年五十四。

【武图功】字言尔，号云台。曹县人。性慷慨，有气概，负经世志。万历二十八年（1600）举人，三甲第一百五十九名进士。初为直隶滑县、湖广黄梅县知县，治水患，兴水利。以卓异升刑部主事，历员外郎、郎中。出为湖广辰州府知府，有驻兵三千，因缺饷哄闹，司军惶急无措，图功挺身而出，晓以大义，众皆慑服。出为湖广辰沅兵备道。以有济变之才，改陕西按察司副使，分巡兵备道。天启初，由于魏忠贤擅权，主持正义的官员多被放逐，图功亦被议落四级。丁父忧，家居四年，僻处大石潭，自号石潭居士，日以歌诗和著述为事。天启五年（1625），补直隶河间府通判，迁刑部郎中。因不依附魏忠贤，告归不成，改南京刑部。熹宗去世，图功自南都星驰京都，哭于思善门，旋告归卒。赠太仆寺卿。其长于诗，著有《白马集》、《大石潭诗草》、《黄石三百言》、《黄石五百言》、《五岳游草》、《五岳诗选》等。

【高　捷】字中白。淄川县（今淄博市淄川区）人。少家贫，荷薪负米，力学养亲。尤潜心理学，著有《四书疏义》、《易学辞象》。万历二十五年（1597）乡试经魁，三甲第一百六十五名进士。授行人司行人，历使荆、鲁、蜀、晋，补司正。勇于自任，跋涉万里，册封蜀藩。擢户部郎中，出为南直隶淮安府知府。遇山左大饥，流民走淮，捷乃严兵以防乱，开仓发粟赈济，煮粥，施药，并赎远来妇女，发给归资。山东官府注册复业者十五万六千余。抚按上疏举荐，以按察司副使，分治淮徐道，疏浚挑筑河工，淮人为立生祠。卒祀乡贤。

【王雅量】（1566—1634）字有容，一字襟海，号左海。费县人。万历二十二年（1594）乡试第三名举人，三甲第一百八十名进士。授山西阳城县知县，知府赞其："仁明间左归心，廉威豪右敛迹。"以卓异行取监察御史，巡按辽东、陕西等地，勤谨尽职，多有建树。丁忧归，参与抵御威逼费县城的白莲教，并疏请朝廷赈济山东灾民。回京后，补四川道监察御史，升大理寺少卿，刚正不阿，秉公执法，为权宦魏忠贤所不容，被迫辞职。崇祯三年（1630），被重新起用光禄寺卿。崇祯五年（1632）二月，被劾以病告归。崇祯七年（1634）九月卒，赐祭葬，赠兵部左侍郎，祀乡贤。工诗文，光绪《费县志》载其碑记、诗文十余篇。子旌贤，天启恩贡，清军南下，费县城陷被捕，不屈被杀。孙介福，清道光进士，知县。

【宋继登】字先之，号渌溪。莱阳县（今改市）人。万历二十八年（1600）举人，三甲第一百八十六名进士。授直隶定兴县知县，忤巨室，被诬去职。当地民众愤惋，向过境大吏遮道喊冤。继登曰："黜陟命也，无愧吾民，吾所得良多。"再起户部主事，升至郎中，榷税崇文门，正课外一无所染。督饷永平，买米充饷，岁省币三万有余，悉交于朝廷。屡迁陕西布政司右参政，整饬宁绍兵备道。以清慎自守，有六万饷羡余，例以归兵备使者，继登曰："这是欺公而为盗臣也。"悉用于招募补伍。天启五年（1625），在大计时又被谪官。后又复起，仕至南京鸿胪寺卿。著有《松荫堂诗集》。父兆祥，万历举人，府同知。弟：继发，崇祯进士，知县；继澄，天启举人。子：琮，崇祯进士，知县；玫，天启进士，工部右侍郎。侄瑚、琏皆崇祯举人。

【姚宗温】字升之。潍县（今潍坊市）人。万历二十五年（1597）举人，三甲第一百九十八名进士。授直隶曲周县知县。父德重，万历进士，礼科给事中。

【吕封齐】字孟赉。巨野县人。性至孝，笃友谊，不轻然诺。喜读《左传》，擅古文辞，诸体具备。其与郡邑大吏相处，语不及私，有所利病，皆奋髯正色，人称海岳先生。万历二十二年（1594）举人，三甲第二百零一名进士。由南直隶凤阳府知府，擢按察司副使，分治颍州道，"清操卓政，厚德深仁"，以勤劳卒于官。南直隶士民怀念他，请祀名宦。邑人公举乡贤。子成乐，禀贡，中书舍人。

【秦士文】（1568—1628）字彬予，一字质之。蒙阴县人。万历二十二年（1594）举人，三甲第二百二十五名进士。授直隶宝坻县知县，补密云县。丁忧，起补山西长治县知县。所至皆有政声。入京为官，仕至礼部郎中，出为陕西布政司右参政，整饬洮岷兵备道。历四载，颂声载道。天启三年（1623）三月，迁山西按察使，旋以丁忧去。天启六年（1626）五月，因边事告急，遂复原官山西按察使，又加右布政使，兵备怀莱。天启六年（1626）七月，迁都察院右佥都御史，巡抚宣府，号令严明，边人詟服。次年正月，蒙古族台吉部入犯，士文指挥若定，斩获甚众，被称为三十余年不多得之奇捷。以功加兵部右侍郎。不久，又迁兵部左侍郎，署京营戎政。崇祯元年（1628）正月，又加兵部尚书，仍管旧事。据文献记载，士文晚年投靠权阉魏忠贤，为魏忠贤在宣府建生祠，曾七次上疏称颂魏忠贤。魏忠贤被除后，士文在钦定逆案中被列入"交结近侍又次等"。崇祯元年（1628）二月，被免职，后又被削籍。又据《蒙阴县志》载：士文在巡抚宣府时，杨廷瑞请建魏忠贤祠，敕颁魏忠贤画像至，士文曰："久不屈兹膝，今日可为奴辈屈耶。"适阳河警报，士文赴援，未参加"膝行匍伏"恭迎魏忠贤画像。崇祯帝即位，士文被劾导迎魏忠贤画像。有人为其辩诬。但遭同乡挟怨以证，遂成定案，而被罢职。著有《抚宣奏议》。弟士桢，天启进士，知州；子瑒，清知府，著有《鸿雪集》。

【陈必听】平度州（今改市）人。万历二十八年（1600）举人，三甲第二百二十六名进士。授中书舍人。弟必允，万历举人，知县。

【刘士骥】（1566—1610）字允良，号祝阳。禹城县（今改市）人。生有异质，早有文名，人称盛德之士。万历十三年（1585）乡试第四名举人，历经十九年，方考取三甲第二百三十二名进士，选庶吉士，授检讨（一说编修）。其留心经世济民之务，考究借鉴典章制度得失，馆课拟议动关一时利弊。念母老且病，乞终养而归。济人利物，不甘自好。其杜门精舍，吟咏而已。事亲孝，与人交不设城府，不嗜酒，不延声伎，不蓄游客，入手一编，出或徒步，闻人过不口出。岁大祲，以状白上官得缓蠲，复倡绅士煮粥供饥者。母逝，哀毁过礼遂不起，临终遗笔自叙生平。年未永，而众论悲之。公举祀乡贤。著有《蟋蟀草》。父中立，隆庆进士，按察使；孙振斯，雍正进士，知县。

【房可壮】（1578—1653）字阳初，一字海客。益都县（今青州市）人。万历三十一年（1603）举人，翌年联捷三甲第二百三十六名进士。授中书舍人。两充顺天乡试同考官。擢监察御史。可壮素倜傥，重然诺，通籍后所交皆海内名士。既为监察御史，更以澄清为己任，纠弹奸邪，不遗余力，直声大著。巡视两淮盐政，却羡金数十万。时魏忠贤用事，势已熏灼，依附者唯恐不及，可壮与同志抗疏弹劾，有"请尚方剑诛魏忠贤"之语，被逮几死，遭贬黜。魏珰败，以河南布政使，分守河南道。以争廷推枚卜忤旨，改南京吏部郎中，历尚宝司卿、太仆寺少卿。因主持浙江乡试，以徇私滥举被削籍。后又补光禄寺卿，擢都察院左副都御史。再以廷推枚卜忤大臣意，被中伤下狱削籍归。清兵入关时，可壮杀死大顺政权益都县令，奉表降清，授大理寺卿。不久，先后升刑部右左侍郎，奏定律例，去烦苛，尚宽大。顺治九年（1652），先后迁都察院右左都御史，劾福建巡抚张学圣、宁夏巡抚孙茂兰贪婪刚愎，皆下部察议。其受监察御史所劾，以老病乞罢，上命以原官致仕。顺治十年（1653）十月卒，年七十五。赐祭葬，赠少保，谥"安恪"。著有《偕园诗草》等。父如式，隆庆进士，按察使；孙星长，兵部郎中。

万历三十五年丁未科

本科录取：一甲三名，二甲五十七名，三甲二百三十八名。其中山东三十四名。

【邢慎言】字养敏。益都县（今青州市）人。万历二十五年（1597）举人，二甲第二十七名进士。授户部主事，尚书赵世卿知其才，命视奏草，时章奏多沉阁，惟出慎言手则以时允行。监管九门盐政，总理有程，商民便之。历本部员外郎、郎中，出为福建按察司佥事，升至布政司参政，先后分守福宁、兴泉道。其缮城垣，饬守具，将吏肃然。以病归。父玠，隆庆进士，总督。

【杨邦宪】（1566—1638）字孝征。益都县（今青州市）人。万历二十八年（1600）举人，二甲第三十一名进士。授户部主事，监潞河仓，出入平准。历本部员外郎、郎中，出为陕西西安府知府，有惠政。由陕西兵备道，升四川布政司参政。丁母忧，服除，补陕西榆林东路道（驻神木县），计擒巨盗麻四等。天启六年（1626）八月，升陕西右布政使，管按察使事，仍兵备榆林。十二月，以都察院右佥都御史，巡抚江西。时三藩王道出江西，供应达数十万，全用官费，而不苦民扰民。崇祯元年（1628）四月免职，八月削籍，时年六十二。崇祯十一年（1638）卒。父锦，嘉靖进士，都察院右佥都御史、巡抚。

【王佐才】（1569—1625）字志伊，号鉴衡。临朐县人。读书日诵万言，为文雄丽闳肆。万历三十一年（1603）乡试第三名举人，二甲第四十一名进士。授户部主事，修仓庾条例，剔除夙弊。监理大通桥、浒墅关税务，一钱不染，羡余悉交国库。升至本部郎中，负责督理京饷。万历四十七年（1619），出为陕西布政司右参政，分守西宁道。西宁乃古湟中地，为边关要塞，又是少数民族杂居地区，内乱时发，外侵不断。佐才以羸卒数千，控制一方，加强守备，恩威并施，边境得以安宁。天启元年（1621），四川告急，佐才被以靖乱之才，擢四川按察使。在赴任已过剑阁途中，西域火落赤部遂趁机大举进犯西宁、凉州一带。朝廷闻报，急命佐才火速返回原任，佐才率部昼夜兼行，向火落赤部展开突然袭击，斩其头领数名。火落赤不意佐才突然而至，大惊曰："王家军飞还耶！"遂全部乞降。以此大功，吏部推荐佐才为延绥巡抚，但被一向忌恨佐才的魏忠贤所阻止，仅升陕西右布政使（《明代职官年表》载为西宁道按察使）。西宁一带地广事繁，佐才奔波视察，有时日行七百里，因劳累过度，终于一病不起。天启五年（1625）七月卒，年五十七。佐才为官清廉，室无余财，竟一时无钱治棺。其妾薛氏自刎以殉，远近闻之，无不为之哀哭。待灵柩东归时，攀送充途，泣声千里。著有《春秋正解》、《湟中纪》及诗稿若干卷，惜皆失传。侄启祚，崇祯进士，清礼科左给事中；侄孙绍先，清康熙进士，府学教授。

【孙必大】字予怀。莱阳县（今改市）人。万历二十二年（1594）举人，二甲第四十二名进士。授户部主事，以廉洁著称。差榷税江西浒墅关，未至卒。祀乡贤。子凤毛，崇祯进士，南京监察御史。

【汪三益】历城县（今济南市）人。万历三十一年（1603）举人，三甲第四名进士。授行人司行人，以正使出使朝鲜。

【谢启光】（1577—1658）章丘县（今改市）人。万历三十一年（1603）举人，三甲第十四名进士。天启六年（1626）六月，升至都察院左佥都御史，掌理院事。是年九月，改南京兵部右侍郎，转左侍郎。次年，去职闲住。崇祯二年（1629），被削籍。顺治元年（1644）归清，授总督仓场户部侍郎。顺治五年（1648）升户部尚书，改工部尚书。以年老致仕。顺治十五年（1658）卒，赠太子太保，谥"僖敏"。喜金石，著有《重刊金石录》、《集古录》等。

【梁之垣】军籍山东登州卫。入载《蓬莱县志》。万历三十四年（1606）举人，翌年联捷三甲第二十名进士。授山西阳曲县知县，宗藩豪横，悉按以法，民赖以安。迁兵部主事，奉使朝鲜，接渡难民千余口。升至按察司副使。博学善诗文，著有《兵鉴》、《东游草》行世。

【周　诗】字伯谂。沾化县人。万历二十二年（1594）举人，三甲第二十八名进士。屡迁河南按察司副使。在任霸州监军道时，闻有起事者拥众数万将至，集麾下将佐授以方略，将佐后退，将其计泄于起事者，起事者突至，诗被杀死。

【袁化中】（？—1625）字民谐，一字熙宇。武定州（今属滨州市）人。万历二十八年（1600）举人，三甲第二十九名进士。历直隶内黄县、陕西泾阳县知县，冰蘖自励，民众称颂。泰昌元年（1620），擢监察御史，刚正不阿，不畏权要，先后劾文武大臣方从哲、毛文龙等，直声震动朝野。熹宗时，疏陈时事可忧者"八言"（即宫禁渐弛，言路渐轻，法纪渐替，贿赂渐章，边疆渐坏，职掌渐失，宦官渐盛，人心渐离），语皆剀切。奉命巡按宣、大，以丁忧归。起补河南道监察御史，会魏忠贤肆恶，继杨涟、左光斗劾魏忠贤后，化中亦抗疏极论其罪，魏中贤恨之入骨。化中又揭露阉党崔呈秀贪赃事，更加引起阉党愤恨，旋遭阉党诬陷，与杨涟、左光斗等"六君子"，均被捕入狱，受尽酷刑，冤死狱中。崇祯初赠太仆寺卿，追谥"忠愍"。

【安　重】字颙若，号生白。日照县（今日照市东港区）人。父节备，为诸城县知县宁嘉祐枉法笞责愤极而卒。重兄进鸣冤上台，被羁不得脱。重十四岁，奉母万氏挝登闻鼓。有科臣上奏："知县嘉祐固当罪，而重以百姓控告县令，法难独全。"神宗诏曰："重为父申冤，乃孝子仁人事也，姑存以风励天下。"父冤遂得伸张。重发愤力学，于万历三十四年（1606）考中举人，翌年联捷三甲第三十四名进士。授直隶大名县知县，在任九月，政绩卓著。以赈饥劳累而卒，祀大名名宦祠和本邑乡贤祠。

【谢　升】（？—1645）字伊晋，号青墩。德州（今德州市）人。万历三十一年（1603）举人，三甲第三十五名进士。从崇祯二年（1629）四月始，历太仆寺少卿、太仆寺卿、光禄寺卿、南京户部右侍郎（总督粮储）、吏部左侍郎、南京吏部尚书，改京师吏部尚书，加太子少保。崇祯十年（1637）二月，被罢职。崇祯十二年（1639）八月，复原官。次年四月，由吏部尚书改礼部尚书，入阁参与机务，加太子太保、东阁大学士。六月，又改户部尚书，加武英殿大学士。崇祯十四年（1641）二月，连加太子太傅、少保，改吏部尚书，兼建极殿大学士。次年四月，坐事削籍。崇祯十七年（1644）七月，降清，被授内院大学士，仍官吏部尚书。次年正月死，赠太师，谥"清义"。父廷策，万历进士，监察御史。

【王泽永】字翔垓。淄川县（今淄博市淄川区）人。万历三十四年（1606）举人，翌年联捷三甲第三十六名进士。授直隶清丰县知县。少年登第，仪状魁梧，性刚直，为人所推服。居官有治声，以病致仕卒。祖父崇义，嘉靖进士，知府。

【齐君荣】字锡之。阳信县人。万历二十二年（1594）举人，三甲第四十八名进士。授户部主事，升至贵州司郎中。

【郭允厚】字万舆，号默千。曹州（今菏泽市）人。万历三十四年（1606）举人，翌年联捷三甲第六十三名进士。授直隶文安县知县，采用展堤法消除水患。丁母忧，起补河南郏县知县，改洛阳县。值福王初封，中使横索供帐，侵夺民田，殴及丞尉，且部派藩禄赡田过侈。允厚躬为布置，力挫其锋，一循旧例。丁父忧，服满，起补陕西西安县知县，未赴任，留部考授兵科给事中。出为湖广按察司副使，督饷沅州，以疾归。天启六年（1626）二月，由太仆寺少卿，擢兵部左侍郎。是时边饷供给不足，特擢户部尚书，殚心筹划，足民裕国。著

万历三十五年丁未科

《会计册》,永为法式。进阶光禄大夫,加宫保,赠及四世。以积劳致疾,屡疏乞休。七十余岁卒。父堵,隆庆进士,按察司副使。

【邢其任】号仔予。临清州(今改市)人。万历三十一年(1603)举人,三甲第六十七名进士。仕至湖广按察司副使。性恬静,惠政及民。工诗文,擅草隶书。著有《黄山谷语集》、《礼星馆集》等。祖父秉仁,嘉靖进士,观政都察院;父邦,嘉靖进士,布政司参政;子泰吉,天启进士,户部员外郎。

【张自悟】改名泼。字孝泉,号念山。乐陵县(今改市)人。万历三十四年(1606)举人,翌年联捷三甲第六十九名进士。由直隶曲周县知县,先后升浙江道、河南道监察御史,敢于直言上疏。巡按山西。光宗嗣位,仅一月而卒。时光宗妃李选侍居乾清宫,自悟与杨涟等力争李选侍不宜居此宫。内阁大臣方从哲持异议,自悟劾之。熹宗即位,自悟上《冲令保护疏》,议禁献女子,并责大臣以无负先帝遗命。奉命巡按河东盐政,豁免贫商五十余家,留赎锾一千八百余两,购谷赈饥。魏忠贤窃政,自悟疏有"便言易人,拔山维艰"等语,魏忠贤忌恨,指使监察御史梁梦环劾自悟为袁化中死党,矫旨削夺。崇祯初,以原官起用。由太仆寺卿,以都察院右副都御史,巡抚河南。以病乞归,五十五岁卒。祀乡贤。

【张耀采】军籍山东临清卫,乡贯山东济宁州(今济宁市)。万历三十一年(1603)举人,三甲第七十六名进士。由湖广岳州府推官,升至兵部郎中。出为山西太原府知府,著廉直声。擢雁门兵备道。魏忠贤遣其党刘朝巡查州邑,耀采以事忤之,遭中伤罢职。再补霸州道副使,又忤大珰,被下狱,遂卒。后悉白其冤。

【陈主直】蒙阴县人。万历三十四年(1606)举人,翌年联捷三甲第一百二十二名进士。授河南商城县知县,清介不染。时值岁饥,多方赈恤,民赖以全活。万历四十一年(1613),升兵科给事中,卒于京城。著有《殷成集》行世。祖父光辉、父腾蛟(知州)皆举人。

【隋所居】字奉素。原籍莱阳县(今改市),移籍诸城县(今改市)。万历十九年(1591)举人,三甲第一百三十一名进士。授中书舍人,两次督饷关西,所至杜绝馈遗,归橐萧然。丁父忧,起补原官。万历四十四年(1616),擢四川道监察御史。万历四十七年(1619),以病归里。所居性笃厚,田宅尽与诸弟。为子珠聘周氏女,女瘘废,周家求解婚,所居不许。家居十年卒,年六十九。

【安　伸】县志载作仲。号葵盟。原籍莒州(今日照市),移籍淄川县(今淄博市淄川区）。万历三十一年（1603）举人，三甲第一百三十六名进士。授直隶武强县知县，改河间县，补山西阳城县。在武强筑滹沱河大堤，以防水溢为灾。擢河南道监察御史，巡视京、通二仓，纠核侵耗，凤弊一清。有《议红丸》一疏，时论为符合事实之议。巡按山西，巡视皇城，厘奸剔弊。有忌恨者，以危辞中伤，但伸不为沮丧。崇祯初，升太仆寺少卿。有耿如杞以不拜魏忠贤祠下狱，伸上疏白其冤，得获昭雪。著有《柱石草》、《簧麓漫吟》行世。

【薛凤翔】字对龙。滨州（今滨州市）人。性孝友，自孩提以至贵显，无不母命是从。万历三十四年（1606）举人，翌年联捷三甲第一百六十五名进士。《明史》载为阉党，为"交结近侍又次等论徒三年输赎为民者"。初授直隶浚县知县，有惠政。举卓异，擢兵科给事中，改户科左给事中，迁吏科都给事中。天启五年（1625）六月，由大理寺左少卿，迁太常寺卿。次年正月始，先后迁工部右左侍郎、工部尚书，连续加太子太保、太子太傅、少傅。崇祯元年（1628），先致仕，后削籍。为官勤慎尽职，未曾一日稍懈。笃爱诸弟，悉体母心所欲，州士皆称颂。

【苏　述】濮州（今属河南范县）人。万历三十四年（1606）举人，翌年联捷三甲第一百六十九名进士。仕至布政使。

【孔弘颐】原籍曲阜县（今改市），移籍四川邻水县。三甲第一百七十三名进士。授知县。

【安　曦】字元旭。长山县（今属邹平县）人。敦孝友，邑人称贤。万历二十八年（1600）举人，三甲第一百七十七名进士。授山西大同县知县，以祗候失监察御史意，有人劝其携金前往请罪，曦不听，为监察御史所劾，被谪为湖广均州通判。充乡试同考官。改南直隶苏州府推官。丁忧，服除，补南直隶镇江府推官，署丹徒县事，水陆额外费用，一切裁免。署常州府事，裁革织造羡金，岁省民钱数万。入为工部主事，督理神庙陵工，奏除侵没冒用诸弊，极力节省。升本部员外郎，督理惠王府工程，以病卒。为政持大体，不附权贵，讯狱明允，所至有声。祀苏州名宦祠和本邑乡贤祠。

【杨观光】（？—1642）号百芝。招远县（今改市）人。聪慧夙成。万历三十四年（1606）乡试亚魁，翌年联捷三甲第一百八十五名进士。为官三十余年，性刚毅，多大节，名声籍甚。初授行人司行人，转礼、兵二部供职。天启五年（1625）十月，由江西布政司右参政，加按察使。迁陕西右布政使，改山东左布政使。次年十二月，又改陕西左布政使，兵备固原。所至，以善断狱、能带兵称，甚得兵民心。去之日，兵民拥道号呼，难以行进。崇祯元年（1628），迁南京太常寺卿，管少卿事。丁忧，服除，于崇祯四年（1631），补南京太仆寺卿。次年，改南京通政使。值孔友德兵变围登莱，情势危急，觐光上疏请兵，但内阁大臣议多异同，其正色予以痛斥，人皆以为觐光处境危险，但其仍处之帖然。以乞养老人归，在家设馆讲学，百里之内，慕名求学者甚多。崇祯十五年（1642）卒，赠南京工部右侍郎。弟观光，崇祯进士，侍读学士。

万历三十五年丁未科

【李九官】字相虞，号雍时。莱芜县（今莱芜市）人。少从谭性教（万历进士、兵备道）游，以古文相切磋，有谭、李之目。其学问文章亦自成一家。万历三十四年（1606）举人，翌年联捷三甲第一百九十三名进士。伟干直节，当事绝无避就。授湖广荆州府推官，斥责税耗五千金。丁父忧，起复山西道监察御史，巡按宣、大。又丁母忧，起补江西道监察御史，巡按浙江。所至严保甲，缮亭障，清屯励士，除弊兴利，治绩卓异。以疾归。著有《聊且园集》及《续集》。

【周万镒】祖籍南直隶长洲，移籍山东历城县（今济南市）。万历三十四年（1606）举人，翌年联捷三甲第一百九十五名进士。授四川道监察御史。

【侯提封】字伯厘。郓城县人。万历二十二年（1594）举人，翌年联捷三甲第一百九十七名进士。授直隶高阳县知县，改任丘县。为政明敏，百废俱兴。尤加意穷苦百姓。以疾卒于官，濒行百姓环柩号泣，络绎于道。提封居乡醇和，仕宦三年，家计落落如故，舆论重之。父正鹄，万历进士，知府。

【张新诏】字积水。掖县（今莱州市）人。万历三十四年（1606）举人，翌年联捷三甲第二百二十名进士。授直隶滑县知县，新学宫，饬祭器，修滑伯祠，旌表孝子，循声大著。擢监察御史。时以杨镐熟谙辽东事，起为兵部左侍郎兼都察院佥都御史，经略辽东，率四路之师攻后金，大败，杜松、马林、刘綎三路军覆没，惟李如柏一军撤还。三帅陷没，朝野震骇，新诏与诸廷臣疏请发帑用人，并逮捕杨镐、李如柏治罪。又论内阁首辅方从哲依违误国。奉命监理京、通二仓，上陈八事，漕政一新。吏部文选司陆某无缺补官，其反复上疏数千言，予以劾纠。熹宗即位，巡按浙江，升湖南按察司佥事，以终养告归。

【徐光前】字匪我，号养充。新泰县（今改市）人。万历二十八年（1600）乡试解元，三甲第二百二十四名进士。授直隶密云县知县。其才高学富，对民情军务剖决如流。卒祀乡贤。

【张　晓】（？—1637）字浴咸，号明衡。益都县（今属淄博市博山区）人。以孝闻。万历二十八年（1600）乡试亚元，三甲第二百二十八名进士。授大理寺评事，升户部主事。以卓异出为山西大同府知府，代藩诸子争立，晓抗论侃侃，嫡嗣赖以确定。升山西按察使，分巡口北道，加强边备，驱侵除乱。天启五年（1625）三月，迁都察院右佥都御史，巡抚宣府（县、府志载作大同）。次年七月，先后擢户部右左侍郎，总督仓场。天启七年（1627）五月，以户部左侍郎，兼兵部尚书、都察院右副都御史，总督宣、大军务，连加太子太保、太子太傅。崇祯元年（1628）正月，又加太子太师，迁兵部尚书，兼都察院右副都御史，仍总督宣、大。八月，引疾候代，免职。次年二月，先被削籍，后被论戍。崇祯十年（1637）卒。顺治八年（1651），崇祀怀仁县名宦祠。子：联轸，万历举人；联翼，顺治拔贡，知县；联箕，顺治进士。孙之翰，顺治乡试亚元，府学教授。

【周朝瑞】（？—1625）字思永，一字衡台。祖籍江西南城县，移籍山东临清州（今改市）。万历二十八年（1600）举人，三甲第二百二十九名进士。授中书舍人。光宗即位，擢吏科给事中，曾陈以"信仁贤、广德泽、远邪佞"为内容的"慎初三要"。因上疏多劾斥中官，中官借故激怒皇帝，将其降职外调。未出京而熹宗即位，诏复原官。又疏请容纳直言、革考选诸弊等，皆被褒纳。天启元年（1621），迁礼科右给事中，时魏忠贤势渐张，熹宗不亲政，大权旁落。朝瑞疏请皇帝亲理万机，降旨谓政委内阁臣，实则内阁如同虚设。天启二年（1622），广宁失守后，皇帝下诏停经筵日讲，朝瑞上疏力持不可，礼部亦疏谏，乃命日讲如故。擢太仆寺少卿。朝瑞因上疏多忤魏忠贤，痛斥魏忠贤心腹徐大化，必欲将其杀之，遂与杨涟等六人（时称"六君子"）被逮下狱，榜掠致死。天下壮其忠节。崇祯五年（1632），追赠大理寺卿，荫一子为刑部主事。福王时，谥"忠毅"。

【金　炼】字伯精。军籍直隶德州左卫（域属山东），乡贯浙江余姚县。父世臣，知县，以"大法小廉"勉其子。炼万历二十五年（1597）举人，三甲第二百三十四名进士。授户部主事，以督漕运功，赐金增秩。屡迁河南布政司参政，升河南按察使，兵备大梁。天启二年（1622）六月，迁江西右布政使。九月又改河南右布政使，兼按察司副使，仍分守大梁道。在中州五年，执法不阿，风采岳立，擒灭妖人和巨盗。署左布政使事。连丁两忧，起补陕西右布政使，驻守平凉道，虽称难治，但弹压肃然，宗民帖息。固原军噪，擒恶首十三人诛之。以病乞归，居家孝友廉静，七十一岁卒，祀乡贤。

【杨嘉运】章丘县（今改市）人。万历三十四年（1606）举人，翌年联捷三甲第二百三十七名进士，选庶吉士。

万历三十八年庚戌科

本科录取：一甲三名，二甲五十七名，三甲二百四十二名。其中山东三十四名。

【徐尔恒】临清州（今改市）人。万历三十四年（1606）举人，二甲第二名进士。仕至工部员外郎。

【史高先】字绍卿，号梦斗。乐陵县（今改市）人。颖悟夙成。万历三十七年（1609）举人，翌年联捷二甲第十九名进士。授南京户部广东司主事，升至郎中。分司浦口，江北解米运亏，先尽厘耗蠹，收辄足额。岁大祲，捐俸济民。出为湖广襄阳府知府，治行卓越。以湖广兵备道佥事，被超用按察司副使、提学。蒐辑刊布《王守仁文集》、《邢侗文集》、《王家植史荟》。四十七岁卒。父邦直，隆庆进士，按察司副使；兄高胤，万历进士，按察司副使、提学。

【宋统殷】字献征，号瀛渚。即墨县（今改市）人。万历三十四年（1606）举人，二甲第三十九名进士。授户部主事，升至郎中。出为南直隶淮安府知府，淮安旧多例金，除之不受。统殷曰："坏天下事者例也，例非法安用。"奉命监军淮海，指授方略，将活跃在徐、沛的白莲教扫平。升至山西宁武兵备道按察使。在县志"褒封"中，记载其曾任布政使（不清何地）。崇祯三年（1630）六月，迁都察院右佥都御史，巡抚山西。会秦中、王英掠河东，统殷擐甲陈戎，三奏大捷。奉密旨，将啸聚谋逆的赵子学擒获。条上镇备戢宁诸长策，周延儒柄国，悉格不用。值绥德紫金梁等以数万兵东渡，时虽兵瘁食殚，但统殷仍慷慨奋励，给敌方造成"大创"。统殷为廓清计，三次上疏，但都遭到周延儒压抑。崇祯五年（1632）九月，被以玩寇削籍听勘。时人称其"马上巡抚"。五十五岁卒，祀乡贤。著有《役言集》四卷、《虚亭偶然》一卷。子慎德，崇祯举人，授知县，未任卒。

【何应瑞】字圣符，号大瀛。曹州（今菏泽市）人。生而颖异，善诗古文，工书法。万历二十八年（1600）举人，二甲第四十五名进士。授户部主事，督理河西税务，减课增商，商民称颂。以报最出为南直隶常州府知府，以镇静筹兵计饷，盗贼无敢入其境。旋为河南提学，力杜请托，甄拔寒士，时称得人。屡迁山西布政司参政，分治大梁道。天启七年（1627）五月，由山西按察使，迁江西右布政使。崇祯四年（1631）四月，迁都察院右副都御使，巡抚河南。以失执政者意停升,仍还江西,三载完成积逋赋税十四万。应瑞连上五疏乞去职。经大吏交章论荐,被起用为广西左布政使,改南京太常寺卿。崇祯十七年(1644)五月,福王朱由崧监国时,迁工部左侍郎,署户部事。又至工部尚书,加宫保。县志载:以因崇祯甲申之变,不食七日而死,祀乡贤。著有《江藩政略》、《抚江奏牍》。父尔健,万历进士,大理寺丞;子觐,康熙进士,中书舍人。

【李烨然】汶上县人。万历三十四年(1606)乡试亚魁,三甲第四十三名进士。以陕西按察司副使,整饬潼关兵备道。

【刘重庆】(1579—1632)字幼孙,号耳枝。掖县(今莱州市)人。家贫,居大泽山红庙石屋内苦读,无钱买纸,采来柿叶习书不辍,后人曾赞:"挥毫大泽龙蛇舞,采向空山柿叶稀。"万历三十四年(1606)举人,三甲第四十五名进士。授直隶献县知县,擢监察御史,以不依附权宦魏忠贤,被斥为杨涟、左光斗党人罢归。崇祯初,再起为监察御史,上疏言:"逆恶诛杀,少雪人恨,神奸漏网,难缓天刑。"其揭发魏忠贤党崔呈秀、李永贞、刘若愚、李实等人,将他们逮捕治罪。历大理寺少卿、通政使。崇祯三年(1630)八月,迁户部右侍郎,理京省钱法事。崇祯五年(1632)春,孔友德兵变围莱州城,重庆连续五次上疏请兵,得旨调关宁兵入援,使城围得解。在援师未至时,兵部尚书熊明遇主抚甚力,而重庆主剿力争不得,遂一愤而死,崇祀乡贤祠。工书法,尤擅草书,得之以为荣。

【葛如麟】(?—1650)字子仁。德平县(今属德州市)人。万历三十一年(1603)举人,三甲第四十八名进士。授山西临晋县知县,改榆次县,德威并济。擢户部主事,督税崇文门,夙弊一清。累迁湖广布政司参议,改陕西潼关兵备道。遇民变,擒杀为首者,不兴大狱。升陕西按察使,仍整饬兵备道。以主帅战死,拟将其谪戍,遂战事获捷,复官归里。顺治七年(1650)卒,乡人谥贞静先生。曾祖父守礼,嘉靖进士,都察院左都御史;祖父引生,廪生,著述颇丰;父昕,尚宝司卿;叔父曦,万历进士,南京国子监司业。

【刘鸿儒】昌乐县人。万历三十七年(1609)举人,翌年联捷三甲第六十一名进士。

【何显宗】官籍直隶德州左卫(域属山东)。万历三十七年(1609)举人,翌年联捷三甲第六十二名进士。仕至工部员外郎。其祖母与母皆早丧夫,守节将其抚养成人。曾上《陈情疏》,请求旌表。

【张 鲤】字禹门,一字翼若,号翔溟。平阴县人。万历二十五年(1597)举人,三甲第六十五名进士。授河南封丘县知县,改祥符县。擢江西道监察御史,正色立朝，直声动朝野。以劾宦官被削夺归里。崇祯二年（1629），授太仆寺少卿，未赴。著有《西台奏议》。卒祀乡贤。

【周士皋】原名燿。字子寅，号明崖。即墨县（今改市）人。万历三十四年（1606）举人，三甲第六十八名进士。工古文辞，与济南王象春齐名。见人困厄如己之疾，不解去不快。其置义田三百亩，以赡族人。故人子陈生失业无依，代赎其业，并为置宅。其观政都察院，未授职卒。著有《雅音会编》。父如砥，万历进士，翰林，国子监祭酒；兄爆，知府，著有《玉晖堂随笔》。

万历三十八年庚戌科

【单 崇】字景姚。高密县（今改市）人。万历三十七年（1609）举人，翌年联捷三甲第八十七名进士。授山西翼城县知县，有惠政。自题官署曰："以能保我黎民，方能保我子孙。"由户部主事，升至郎中，督饷辽东，经略熊廷弼甚倚重之。丁母忧，绝意仕进，督课子侄。崇祯十七年（1644），李自成军攻陷京城，所派官员至高密，崇倡议将其逮押在狱。未久，李自成军张舆攻破高密城，救出逮押官员，将崇擒住令跪，崇不屈被杀。清赐谥"烈愍"，祀乡贤。著有《觉觉文集》、《饷政考》、《涓滴灵》。子：父琴，顺治举人，府学教授，著有《破闷想文集》；父麟，清康熙进士。

【郭志仁】海丰县（今无棣县）人。万历三十四年（1606）举人，三甲第九十九名进士。授直隶清苑县知县。

【徐之蛟】字大朋。掖县（今莱州市）人。万历三十七年（1609）举人，翌年联捷三甲第一百零四名进士。授直隶内黄县知县。伯父图，万历进士，户部郎中。

【贾毓祥】字四塞。平度州（今改市）人。万历二十二年（1594）举人，三甲第一百零八名进士。初为山西太谷、河南安阳县知县，皆有政声。擢陕西道监察御史。时熹宗初位，国事纷纭，毓祥疏请皇帝勤政，与臣下面议，不报。边事日趋危机，毓祥条奏战守无虚日，并劾失事经略、巡抚二人，将其逮治。天启二年（1622），巡按广西，举劾某巡抚奇贪，但巡抚得到魏忠贤私人保护，仅被谴归而已。时魏忠贤煽虐，虽廷臣多有参劾，而皇帝却无动于衷。毓祥愤而上疏参劾魏忠贤，并言："实为国体，非为忠贤也。"由此，魏忠贤更加忌恨，寻机报复。毓祥被命巡按应天、安庆诸府，不久，即令告归。崇祯帝即位，起用为太仆寺卿，迁都察院左副都御史，又以刚直忤上，仅三个月，即请致仕。崇祯四年（1631），孔友德反叛，围攻莱州府城，毓祥与知府共议守城，并与巡抚等人分别上疏哭请援师，朝廷皆不听，城终被攻破，巡抚等人被杀。入清，累征不起。九十二岁卒。子陇明，以父荫右军都督府都事。

【高弘图】（1583—1645）县志载作宏图。字子犹，一字研文，号砭斋。原籍利津县，移籍胶州（今改市）。性沉毅，有器量，博学多识。万历三十七年（1609）举人，翌年联捷三甲第一百一十二名进士。授中书舍人，擢陕西道监察御史。当光宗弥留之际，李选侍（光宗妃）恃宠居乾清宫，谋胁熹宗请册立，事败自缢。熹宗即位后，欲将李选侍的罪行昭示天下，朝廷围绕李选侍展开派系斗争。弘图上疏言："宫闱事秘，言官互争非国体，请两平之。"以坐护同官，被夺俸两年。弘图立朝敢言，上陈时政八患，并劾内阁首辅方从哲，建议起用邹元标、赵南星。奉命巡按陕西，秦王府太监张清仗势侵渔宗室百姓数十百家，弘图依法将其收捕。秦王设宴为张清讲情，但弘图不听。弘图回京后，毅然上奏："请斩张清以谢宗室百姓。"因权臣包庇，未被获准。魏忠贤怀恨外廷官员不附己，矫诏逮捕都察院都御史周宗建、吏部主事周顺昌等人，被下狱者三四十人。弘图上疏指其奸，魏忠贤愤怒，寻找借口将弘图削籍。崇祯元年（1628），魏忠贤败，弘图被起复监察御史，其劾魏忠贤党人，将都察院右佥御史、提督操江刘志选和太仆寺卿梁梦环、左都督田尔耕下狱论死。崇祯三年（1630）春，弘图被擢太仆寺少卿，又连迁都察院左佥都御史、左副都御史。时因死囚越狱，欲将刑部尚书乔允升置重典，都察院左副都御史易应昌也以失中不拟被并系狱中。弘图上疏力持不可。思宗疑为结党，亲临诘责，众皆失色。弘图免冠曰："臣初来自田间，不知有党，党亦不知有臣，退以封事，进曰允升，罪当谪戍，不然臣死不敢奉诏。"思宗怒气旋解。崇祯五年（1632），弘图改工部右侍郎，中官张彝宪新受敕督部事，欲结弘图，并请诣"堂上共坐"，弘图以此为耻，坚辞不就，托病不赴任，七次上疏乞休。以忤旨再次被削籍。居家十载，杜门不出。崇祯十五年（1642），清兵进攻胶州，弘图与当地文武官员协同守城，城赖以全。事上闻，召补弘图为工部右侍郎，改南京兵部右侍郎，旋擢户部尚书。崇祯十七年（1644），李自成攻陷京师，崇祯帝自缢。福王朱由崧在南京被拥立为新主，改弘图为礼部尚书兼东阁大学士，入阁参与机务。不久，又被任命为吏部尚书兼文渊阁大学士，加封太子太傅，给予四世封诰。弘图力辞不受。其与姜曰广协心辅政。但为马士英、阮大铖所忌，谢政而去。因无家可归，流寓会稽。清兵下江南后，逃至野寺中。于顺治二年（1645）绝食九日而死，年六十二。清赐谥"忠直"。著有《太古堂集》、《易解》、《论史》传世。工书法。父梦说，太仆寺丞。

【张 儁】字立所。寿光县（今改市）人。性刚毅。万历十九年（1591）举人，三

万历三十八年庚戌科

甲第一百一十三名进士。授山西平阳府推官，听断明决，有神明之誉。崇祯十五年（1642），平阳被义军陷落，僎闻柏乡县知县丁茂桂、渭南县教谕张䭰先后殉节，对家人曰："此皆吾寿光人也，吾岂丁、张之不若乎？"乃令家人尽出，自刎而死。崇祀平阳名宦祠。

【李乃兰】招远县（今改市）人。万历三十七年（1609）举人，翌年联捷三甲第一百一十九名进士。由部郎中，出为按察司副使，分治广宁道。

【赵　效】字印清。胶州（今改市）人。赋性醇厚，笃学好古文。万历三十四年（1606）举人，三甲第一百二十九名进士。观政刑部，未补官卒，祀乡贤。曾祖父从龙，弘治举人，府同知；祖父完璧，由例贡入监，府通判，著有《海壑诗文集》；父慎修，嘉靖进士，按察司副使。

【李笃培】（1575—1631）字汝植，号仁宇。招远县（今改市）人。少从叔父明馨入山中苦读，博览群书，学识渊博，擅制艺。万历三十七年（1609）乡试亚魁，翌年联捷三甲第一百四十名进士。少时，见意大利传教士利玛窦所介绍的西方算学书，受启发觉悟，即精研数学其法，用"以显测微，以实测虚"的几何原理，长于设计。其著有《中西数学图说》、《方圆图说》（一作《方圆杂说》）。尤其所著《方圆图说》，顷尽毕生精力，"于此书相终始"。该书尤为深奥，多达数十万言，阐述方圆之说。在任工部主事时，国家有大型土木工程，令其督建，限期年内完工，其精心设计施工方案，仅用三个月即告成，工程造价节省二十万两，受到神宗嘉奖。笃培素方严，不通私谒，为朝中权贵所侧目。以亲疾乞终养，居乡十余年，设馆讲学，百里之内，慕名求学者甚多。崇祯四年（1631），无疾而终。

【杨巨鲸】字霁屿。高唐州（今改县）人。少负异才，博览群籍，无所不通，诗古文宗大家。家中富裕，好散财施予。万历二十五年（1597）举人，三甲第一百四十二名进士。历河南罗山、汝阳等县知县，为政"猛以济宽"，被称为"众人母"。方奏最移疾归里。逾三年，升户部福建司主事。在出使归途中卒于异乡舟中，年四十五，朝野痛惜，崇祀乡贤。

【王　溁】字带如。益都县（今青州市）人。少颖慧，能诗，天才逸发，如风生泉涌，善草书，人争相购之。万历三十七年（1609）举人，翌年联捷三甲第一百五十二名进士。由大理寺评事，升至户部郎中。出为山西太原府知府，历山西按察司副使、布政司参政。丁忧，起补为福建提学。以太仆寺少卿致仕。著有《愚谷集》。子遵坦，入清，以战功署都察院都御史、巡抚四川。

【张国柱】字维桢，号宁字。平原县人。万历二十八年（1600）举人，三甲第一百六十二名进士。初为河南临颍县、直隶魏县知县，除害兴利，多有惠政。天启初年，行取户部主事，改礼部，升至郎中。上《积习误国旧辙宜更疏》。出为浙江按察司副使，分巡嘉湖道。擢浙江布政司右参政。天启七年（1627），擢四川按察使。时值奢安继叛，所在惊扰，国柱至任静肃，多所平反，勘定文武将卒功次，无不心服。旋升四川右布政使。崇祯二年（1629），入觐回任途中突发重病，上请告归，却被诬以托病违限落职。崇祯十二年（1639），以守城功复职。崇祯十六年（1643），起用为陕西关西道（驻凤翔），在赴任途中发病而卒。子完臣，顺治进士，部主事；孙拭，康熙举人，工古文辞书法。

【朱童蒙】莱芜县（今莱芜市）人。万历三十一年（1603）举人，三甲第一百七十二名进士。授中书舍人，改兵科给事中，升兵科都给事中。先后为广西、湖广乡试副主考官。出为湖广布政司参政，改太仆寺少卿。天启六年（1626）七月，迁都察院右佥都御史（县志载右副都御史），巡抚延绥。《明史》载：其在延绥为魏忠贤建生祠，且用琉璃瓦，时凡建祠者，概入逆案。《明代职官年表》载：次年十月，回籍守制，免职。崇祯二年（1629）正月，削籍。但县志却载：以功升都察院右都御史，封资政大。

【王建泰】字圣咨。阳信县人。万历三十一年（1603）举人，三甲第一百七十三名进士。授四川重庆府推官，多所昭雪冤案。擢户部主事，以触忌免归。再起刑部主事。屡迁直隶河间府知府，河间为权阉魏忠贤梓里，但建泰依然故我，毫不察言观色行事。魏忠贤败，奉旨籍没其财产，既无漏纵，亦无株连。又由河南按察司副使，改充辽东宁前兵备道。其整饬边务，方有头绪，以丁母忧归，遂不复起。崇祯间，学宫久颓，毅然捐金独力建大成殿，巍然一新。其文名与宦业相埒。著有《岵瞻草》行世。子岑，增广生，著有《韵谱》四册。

【王命新】字又新，号坦山。汶上县人。生而颖异，进士庞时雍见而异之，许女以妻。其博览经史子籍及诸儒语录，淹贯宏达，时称鸿儒。万历三十一年（1603）乡试亚元，三甲第一百七十四名进士。授南直隶常州府推官，介性孤行，执法如山，不屈不挠。以才品擢南京户部主事，督榷淮扬关税务，唯以宽商恤民为急。改南京吏部文选司主事，旋升郎中，转大理寺丞。被魏忠贤逆党以门户中伤，旋罢归。屏迹山居，聚徒讲学。崇祯三年（1630），台省交荐，特旨补南京尚宝司卿，淡泊禄位，与权贵无片纸之通。卒年六十一，通国震悼，崇祀乡贤，并请建特祠以志不朽。著有《千秋馆文集》、《养蒙初训》诸书行世。

【郑之范】字龙图。益都县（今属淄博市博山区）人。万历三十七年（1609）乡试亚元，翌年联捷三甲第一百七十六名进士。授直隶内黄县知县，改直隶永平府推官。入为监察御史，出为辽东开元道。兄之翰，万历举人，知县。

【张振秀】字存宇。临清州（今改市）人。万历三十七年（1609）举人，翌年联捷三甲第一百八十二名进士。初为直隶肥乡等县知县，迁兵部主事，改吏部，更历四司，至文选司员外郎。乞假归。崇祯初，又补吏部，历验封、考功、文选司郎中。擢太常寺少卿，坐事落职。崇祯十五年（1642），清兵至临清，与在籍总兵官刘源清、主事陈兴言、府同知路如瀛等合力备御，城破，皆被杀死。其子令锡亦同死。

【谭性教】字生伯，号笠石。因其植树后宅荒埠，花时霏霏如黄雪，又号黄雪居士。莱芜县（今莱芜市）人。数岁能诗，及长工为古文，苍劲秀雅，为时所宗。万历三十一年（1603）举人，三甲第二百零五名进士。授河南陈留县知县，邑称难治，前任知县多以下考去官。性教清静谨慎，咨访贤士，兴革利弊，境内大治。丁父忧，复补襄城县知县，救荒多异政，上官推广至州县。浚河渠六十里，襄城人为立生祠。充乡试同考官，所举五人，有四人联捷进士。行取南京吏部主事，升至郎中。出为陕西按察司副使，整饬宁夏兵粮道，兼摄提学。"入课铅椠，出督戎马"，有古儒将风。在边烽告急时，以供应快速，令作战三军感激泣下，获花马池、长沙窝之捷。自魏忠贤擅权，生祠遍天下，而宁夏独无，人重其节操气概。以引疾请归，军民遮留者数万人。抵里自作墓志铭，以四快事示子孙。性孝友，兄弟一堂，时人莫不知谭氏家法。著有《黄雪山房集》。

【张梦鲸】字仲鳞。齐东县（今属邹平县）人。万历三十一年（1603）举人，三甲第二百一十名进士。授大理寺评事，历户部主事、员外郎、郎中，榷税浒墅关。以卓异出为河南彰德府知府，赵藩宗人结纳亡命之徒，梦鲸携带壮士一人，突至宗人家，陈说利害，宗人感悟，伏地请死，令其自首，指认不法事，不得推诿。士民为立生祠于西门豹祠侧，称两神君。由河南按察司副使，升布政司参政。以解决民变功，先后升河南按察使、右布政使，整饬睢陈兵备道。仅一年民大悦，立生祠于太昊之墟。又升河南左布政使，两台奏其治行为天下第一。崇祯二年（1629）四月，特擢都察院右副都御史，巡抚延绥，冒暑抵任，以劳战事病卒。《明代职官年表》载"入援，愤死"。赠兵部右侍郎，赐祭葬。

【赵鹏程】号翀南。莱阳县（今改市）人。家贫力学。万历二十五年（1597）举人，三甲第二百一十四名进士。授山西阳曲县（一说太原县）知县，以卓异入为刑部郎中。历湖广辰州府知府、按察司副使、布政司右参政，又降改江西按察司副使。秉性温和，居家慈惠。其著述甚富，遭兵燹悉失。与其父启思并祀乡贤。子锡胤，廪贡，明、清两朝知县。

【刘进明】潍县（今潍坊市）人。万历三十四年（1606）举人，三甲第二百二十二名进士。历浙江台州府、直隶永平府推官。生平不作一欺人语，居乡好施济，治狱尤审慎，令燕赵人仰慕。

【李中行】字与之，号二水。乐安县（今东营市）人。万历三十一年（1603）举人，三甲第二百二十五名进士。授大理寺评事，屡迁南直隶镇江府知府，捕豪猾，建义仓，筑普济桥，除监兑陋例，民利赖之。升陕西按察司副使，治乱有功。因忤某珰去职。崇祯初，起用为贵州按察司副使、提学。擢山西布政司左参政，充督粮道，会土司安位之乱，监五省军征讨，安位就抚贵阳。贵阳人恨之入骨，杀其土目七人。巡按御史苏某欲"穷治"，中行持正不阿，力执不可，乃以终养告归。至镇远，疏劾巡按苏某激发民变状，苏某被罢免，直声远播。丁母忧，服除不赴补。居家多有义举。著有《渑溪草》、《黔中奏疏》。侄楫，万历进士，知府。

【王象春】（1578—1632）宣统《山东通志》误载为象巽，且云进士第二人。字季木，号虞求。新城县（今桓台县）人。万历三十一年（1603）举人，三甲第二百四十名进士。仕至南京吏部考功司郎中，以廉正称。其喜抗论士大夫邪正和党论异同，虽官仅郎中，而时人视为能人党魁。因不随时俯仰，以忤阉党削职。诗文傲睨辈流，无所推逊。著有《地理俯察备要》（不分卷）、《问山亭集》十二卷、《齐音》、《蜡湖集》、《李杜诗评》。祖父重光，嘉靖进士，布政司参议；父之猷，万历进士，按察使；兄象恒，万历进士，巡抚；弟象复，府同知，同子夔（举人）战死。

万历三十八年庚戌科

万历四十一年癸丑科

本科录取：一甲三名，二甲六十七名，三甲二百七十四名。其中山东三十名。

【周　京】字野王。沂州（今临沂市）人。万历四十年（1612）举人，翌年联捷二甲第一名进士，传胪。授礼部主事，奉命封藩于陕西。工诗，著有《金城集》、《吴越游稿》、《贲园草》。工书，学赵松雪，参以率更笔意，所书碑碣人摹拓为法帖。

【王化贞】（？—1632）字肖乾。诸城县（今改市）人。《明史》有传。万历二十五年（1597）举人，二甲第四名进士。由户部主事，迁布政司右参议，分守广宁道。抚蒙古插汉等部有效。天启元年（1621），后金兵南下，辽沈相继陷落。廷议起用熊廷弼，以兵部尚书兼都察院右副都御史，驻山海关，经略辽东军务。又升化贞为都察院右佥都御史，巡抚广宁。化贞招集散亡，兵力稍振，朝廷遂以为其才足倚，悉以河西事付之。在战事上，熊廷弼主守，而化贞主攻，二人遂生相怨，事事龃龉，严重不合，各执己见。化贞实不知兵，轻视大敌，又轻信通敌奸细之言，夸口："愿请兵六万，一举荡平。"朝中兵部尚书张鹤鸣等人，偏信化贞，多"右化贞诋廷弼"，使熊廷弼的"三方并进"之策难以推行，对化贞的"且为奇功，实乃奇祸"的一意孤行难以阻止。实际上，熊廷弼已徒有虚名，失去节制之权。化贞驻广宁，有兵十三万，粮数百万，而熊廷弼只有援辽兵五千人，驻扎在离广宁四十里的右屯。天启二年（1622），后金兵渡辽河，陷西平堡，进攻广宁。在乱军之中，化贞莫知所为，弃广宁仓皇逃走。在大凌河化贞与熊廷弼相遇，化贞哭，熊廷弼微笑曰："六万众一举荡平，竟何如？"是年二月，化贞与熊廷弼同被逮论死。崇祯五年（1632），化贞始伏诛。著有《普门医品》。

【刘鸿训】（1561—1632）字默承，号青岳。长山县（今属邹平县）人。万历三十七年（1609）举人，二甲第二十九名进士，选庶吉士，授编修。充起居注官。神、光二宗相继去世，奉命颁诏朝鲜，刚入境，辽阳陷，朝鲜为造二洋舶，从海道还，沿途收难民，舶重而坏，跳浅沙入小舟，漂泊三日夜，仅得达登州，报命朝廷。赴朝肃礼有加，归无充橐。遭母丧，服阕，补翰林院侍读学士，为詹事府左谕德。又遇父丧归。服除，累官詹事府少詹事，忤魏忠贤，被革职为民。思宗即位，拜礼部尚书兼东阁大学士，入阁参与机务。朝廷遣行人召之，三辞不允。崇祯元年（1628），二月还朝，又加太子太保、文渊阁大学士。是时魏忠贤虽败，但其党犹盛言路，对新进者群起抨击。鸿训至，不惧威胁攻击，贬黜阉党，人心大快。是年十月，以事忤旨削籍，谪戍代州。崇祯五年（1632）正月，卒于戍所。福王时复官。著有《四素山房集》、《皇华集》、《玉海纂》诸书行世。父一相，万历进士，按察司副使；曾孙：大勤，康熙举人，著有《诗问》、《吹剑集》；大毂，康熙进士，检讨；大輓，康熙进士。

【吕　逊】（？—1642）字益之，号庆元。潍县（今潍坊市）人。万历四十年（1612）举人，翌年联捷二甲第三十九名进士。由部郎中，历山西布政司参政、按察使、右布政使。崇祯三年（1630）六月，又迁陕西左布政使，丁忧归。崇祯五年（1632）三月，起改山西左布政使，分守河东道。崇祯七年（1634）二月，以勤劳致患眼疾，致仕归林。提学赞其：〞居乡敦孝友之谊，服官励廉直之操。〞崇祯十五年（1642）卒。

【史永安】（？—1636）字磐石。武定州（今属滨州市）人。万历三十七年（1609）举人，二甲第四十二名进士，选庶吉士，改监察御史。巡按贵州，值土官安邦彦煽乱进攻贵阳，永安集兵固守，自夏至秋，城中食尽，至食草根皮鞯，其饮血誓众，而城得获全。以守城功，擢太仆寺少卿，改太常寺少卿。天启五年（1625）十一月，迁都察院右佥都御史，巡抚宁夏。天启七年（1627）二月，迁兵部右侍郎兼都察院右佥都御史（十一月又加右都御史），总督陕西三边军务。崇祯元年（1628）六月，以建魏忠贤生祠，被劾罢职。崇祯七年（1634）十二月，又以都察院右都御史，管兵部左侍郎事。曾典武会试。乞休归里。崇祯九年（1636）病卒，赠兵部尚书。

【丘志充】（？—1632）字左臣，又字六区（或作六渠）。诸城县（今改市）人。万历三十八年（1610）会试贡士，当年未参加殿试，后补殿试成二甲第六十名进士。由工部郎中，仕至山西布政使，分守怀莱道。后坐事，于崇祯五年（1632）被处死。喜藏书，藏有《金瓶梅》及其续书《玉娇李》的早期抄本，对考证《金瓶梅》一书的早期流传有重要意义。惜志充死后，此书遂不知下落。伯祖父橓，嘉靖进士，南京吏部尚书；父云嵊，举人，知县。

【方守地】祖籍直隶全椒县，移籍山东历城县（今济南市）人。万历四十年（1612）举人，翌年联捷三甲第三十五名进士。授河南商城县知县，入为兵部主事。屡迁四川布政司参政。工诗文。

【杨绍震】号湛元。直隶东明县（1963年划归山东菏泽专区）人。万历二十二年

（1594）举人，三甲第六十六名进士。授陕西朝邑县知县，改南直隶黟县。由国子监助教，升博士。所至有异政。迁户部主事，监督太仓，厘清夙弊。历通政司右参议、左通政。天启六年（1626）九月，升通政使。其抱决胜之信念，上《劾魏珰疏》，要求斩杀魏忠贤、崔呈秀，清除魏忠贤义子义孙，籍没他们的枉法赃私以充军饷。连同此疏，共上十一疏，皆不得行，遂挂冠而去。

【张三杰】（？—1653）观城县（今属莘县）人。少颖慧，勤读书。事亲色养兼至。万历三十七年（1609）举人，三甲第八十三名进士。授大理寺评事，历户部主事、员外郎、郎中。屡迁山西按察使，分治口北道。天启六年（1626）十月，迁都察院右佥都御史，巡抚甘肃。所至有深仁殊绩，兵民怀德畏威。崇祯元年（1628）三月，去职闲住。归里，徜徉林泉，和睦族人，抚恤故旧，不异布衣。顺治十年（1653）卒，祀乡贤。

【李鲁生】沾化县人。万历二十二年（1594）举人，历经十九年，方考取三甲第九十一名进士。《明史》将其列入阉党，为"结交近侍次等充军者"。初为直隶邢台、邯郸和河南仪封、祥符四县知县。历兵科给事中、左给事中，又冒功进太仆寺少卿。其依附权阉魏忠贤，卑污奸险，常参密谋，为"十孩儿"之一。鲁生与阉党李恒茂、李蕃日走吏、兵二部，交通请托，时人为之语曰："官要起问三李。"鲁生与李蕃诣媚魏广微，广微败，改事冯铨，冯铨宠衰，又改事崔呈秀，时号两人为"四姓奴"。时内阁缺人，诏举老成干济者。冯铨资浅，年未及四十，鲁生、李蕃欲令入阁。鲁生遂上言："成即为老，而非必老乎年。干乃称济，而即有济于国。"冯铨果成阁臣。时中旨频出，朝端以为忧，独鲁生上言："执中者帝，用中者玉，旨不从中出而谁出？"举朝大骇。其所荐阮大铖、陈尔翼、张素养、李嵩、张捷辈十一人，悉其私党。周起元劾朱童蒙，鲁生在魏忠贤指使下，将周起元攻倒罢官。疏诋家居内阁大臣韩爌，削其籍。主事吕下问治徽州吴养春狱，株连者数百家，知府石万程不能忍受，弃官而去。鲁生反劾罢石万程。思宗即位，鲁生知大祸临头，由原来上疏攻击辱骂杨涟，摇身变为疏请免杨涟等追赃。给事中汪始亨、颜继祖和监察御史张三谟交章揭发其奸诈，将其罢免。监察御史汪应元再劾，将其削籍遣戍。入清，在乡杀李自成所置县官，得授顺天府丞。以老乞休。旋以故革职为民。

【赵时晋】字进之。平原县人。万历三十七年（1609）举人，三甲第一百二十七名进士。授直隶任县知县，明敏果敢，惩恶爱民。其豁除严重扰民的输载役赋车编户，均役六日而毕。静海大猾李四，聚党劫掠商人，有商人不给予，就将商人杀死抛于河中。时晋选弓兵授以计,将其缚归置于法。遇大灾之年,亲赴民众中,设法散赈。其兴修水利,筑堰建闸,灌溉农田,百姓不忧旱涝。以才干调直隶滑县知县,至则葺庙学,修城垣,惩讼师,并时课诸生,所拔前列者,皆科第报捷。有恶少结伙成群,手持白棒横行乡里,时晋将其一网打尽,无一逃脱者。仕至户部云南司主事。

【李应荐】(？—1639)恩县(今属德州市)人。万历三十七年(1609)举人,三甲第一百二十九名进士。天启间官监察御史。以附魏忠贤,崇祯初入逆案,被削籍。崇祯十二年(1639),清兵入山东,捐资募士,助地方官守城,城破,身被数刃而死。

【潘士良】字舜佐,号虞廷。济宁州(今济宁市)人。幼颖异,为人恬淡俭素,蔼然可亲。万历二十二年(1594)举人,三甲第一百三十一名进士。授直隶蠡县知县,有政声。擢监察御史,巡按三吴,知名士多蒙奖拔。织造太监李实疏请有司行属礼、听参劾,士良同应天巡抚周起元上章纠之。李实又违例擅自勾结机匠,士良再上章纠之。擢太仆寺卿。因具疏极论魏忠贤,被左迁南京太仆寺少卿,改南京光禄寺卿。崇祯元年(1628)正月,召拜大理寺卿。七月,改南京刑部右侍郎。次年二月致仕。李自成军陷京师,士良在籍集众举义兵,尽杀义军所派府、州官员。入清,于顺治二年(1645)七月,以兵部右侍郎、都察院右佥都御史,巡抚郧阳等处。未久,以才不胜解任。顺治四年(1647)二月,复以王光泰举兵反清破郧阳,被追论革职。九十一岁卒。弟:士美,与士良同榜进士,行人;士谦,万历拔贡,府通判。子兆遴,康熙举人,知县。

【张宗衡】(？—1642)字石林。临清州(今改市)人。资禀颖异,善属文。万历三十四年(1606)举人,三甲第一百三十三名进士。授行人司行人,先后出为南直隶松江、河南归德府知府。又由山西按察使,分治口北道。崇祯元年(1628),以都察院右佥都御使,巡抚大同。崇祯四年(1631)三月,迁兵部右侍郎,总督宣、大。李自成军入山西,其屡檄吴襄、尤世威等来援,皆不至。廷臣衔凤嫌,责其"玩寇",被谪戍新疆,不久释归。崇祯十五年(1642),清兵至临清,协同守将据城坚守,城破遭杀。父三极,万历进士,府学教授。

【徐 牧】字舜咨,号吉谦。沾化县人。万历二十五年(1597)举人,三甲第一百三十七名进士。历河南夏邑、嵩县知县,时称有吏才。嵩县有矿洞,设毛兵防奸弊,反而奸弊越多,牧撤毛兵,矿务自清。大吏以治行举荐,入京二载不安排任职,同籍友人谓其:"此有径,科道不难致也。"牧却道:"吾辈自有出处,何贬节为之。"直到四年后,才被补授顺天府教授,又量移国子监博士。崇祯初,以疾卒于京师,祀忠义祠。

【浦延祐】省志载作延祐。祖籍南直隶嘉定县,移籍山东蓬莱县(今改市)。万历三十七年(1609)举人,三甲第一百四十九名进士。授直隶长垣县知县。祖父之浩,嘉靖进士,按察司副使。

【贾三策】字昌言。沾化县人。幼丧母,事父以孝称。万历二十八年(1600)举人,三甲第一百五十一名进士。授直隶广平县知县,向其告密者很多。三策曰:"此奸人陷害善良。"将告密书札尽投于火。改成安县,邑多盗贼,三策严立保甲,群盗不敢入境。白莲教李敬聚众千人,三策擒其魁首,释协从不问。京边佥马累民,三策出俸金,革除里派。擢贵州道监察御史,首陈山东发生旱蝗,民不聊生,得俞旨辅臣议行。以疾告归。

【张尚友】直隶东明县(1963年划归山东菏泽专区)人。万历二十八年(1600)举人,三甲第一百五十三名进士。授河南灵宝县知县,为人高旷不媚上。改山东濮州通判。后又授江西乐平县知县,不赴。著有《惺心绪论》、《课幼庸言》。

【姜兆齐】字表东。掖县(今莱州市)人。万历三十一年(1603)举人,三甲第一百六十九名进士。授直隶灵寿县知县,仕至南京户部郎中。父廷瑶,嘉靖进士,布政司参议。

【张九贤】原名九重,举乡试后改。字共甫。历城县(今济南市)人。万历二十五年(1597)举人,三甲第一百八十五名进士。授山西绛县知县,改汾阳县,皆有惠政。以报最迁刑部主事。时神宗倦勤,廷臣党势已成,九贤无所依附,旋退居林下。其与地方名流饮酒赋诗,徜徉湖山。卒于家。

【刘应宾】(1588—1660)子元桢,别号思皇。沂水县人。万历四十年(1612)举人,翌年联捷三甲第一百九十名进士。初为直隶南宫县知县。天启元年(1621),调入礼部,屡迁吏部郎中。南明福王时,历太常寺少卿、太常寺卿、通政使。清顺治二年(1645)七月降清,以都察院右佥都御史,为安庐池太巡抚,参与镇压徽州金声、江天一等所起抗清义兵。次年十月,因故为洪承畴劾罢。著有《平山堂集》。

【张时俊】沂水县人。万历二十八年(1600)举人,三甲第一百九十五名进士。仕至河南开封府知府,有惠政。卒祀乡贤祠和开封名宦祠。

【潘士美】字德卿。济宁州(今济宁市)人。家贫,不问米盐,所居仅蔽风雨,而处之怡然。万历四十年(1612)举人,翌年联捷三甲第二百零一名。授行人司行人，旋卒。其博学能文，端方正直，曾讲学洙泗之间，多所造就。兄士良，与士美同榜进士，南京刑部右侍郎；弟士谦，万历拔贡，府通判。侄兆遴，清顺治举人，知县。

【张福臻】字惕生，一字澹如。高密县（今改市）人。万历四十年（1612）举人，翌年联捷三甲第二百一十七名进士。由知县擢兵部主事，以边才监军昌平。以按察司佥事，先后充为浙江温处道与陕西巩昌道、榆林道。虽为儒生，但知兵事，对敌屡获大捷。以才能和战功，得到升迁重用。崇祯四年（1631）九月，由布政司参政，迁都察院右佥都御史，巡抚延绥。时反明起事风起云涌，所在频频告警，福臻筹军实，勤训练，剿抚并用。在所辖各地平灭、攻破、解散"黑杀神"、"柴老虎"、"点灯子"、"满天星"、"上天猴"、"独行狼"等起事组织。于鄜延，前后斩首起事者万余人，招降数万人。时总督以杀降为功，福臻力争不得而解任告归。崇祯九年（1636）九月，京师戒严，福臻被起用为兵部右侍郎，兼都察院右佥都御史，总督蓟辽军务，以终养老人归。崇祯十三年（1640）正月，被再次以兵部右侍郎，兼都察院右佥都御史，总督宣、大军务，增边城一万三千丈，屯田二万七千顷，奏报屯息银二十四万七千余两。在两任总督期间，依古法造战车五百辆。崇祯十五年（1642），又命总督蓟辽军务，予告未赴，加兵部尚书。崇祯帝欲以集天下兵十四万人，归其调度指挥。因其守正不阿，旋为言者所抨击，以母老归里，卒于家，祀乡贤。著有《秦事镜》、《杞忧集》、《筹边末议》、《迫鸣草》、《秦中煮粥事宜》、《临颍砖城》、《奏疏》各一卷，杂著二卷。子文明，顺治武进士，广东前卫守备；玄孙尚浤，雍正举人。

【王大年】字穉生，号羲叟。寿张县（1964年撤销，分属山东阳谷和河南范县）人。其祖上四世皆有科第举人，母黄氏博通书史。大年三岁而孤，孝母恭兄。万历三十七年（1609）举人，三甲第二百三十名进士。授河南汝阳县知县，吏事精敏，不务严苛，士民畏怀，凛若神明。擢云南道监察御史，刚直不阿，立朝多伟节，建白皆远大谋划。天启五年（1625），巡视陕西川湖茶马。又加太仆寺少卿，出按甘肃。以阿附魏忠贤，列名逆案。崇祯元年（1628）归里，修学宫，设义田，遇岁饥施济，多有善行。崇祯十五年（1642），清兵破临清城，尽节死。

【李蕃】日照县（今日照市岚山区）人。万历三十七年（1609）举人，三甲第二百三十四名进士。《明史》列为阉党。由庐江县知县，入为监察御史。其与山

万历四十一年癸丑科

东沾化县监察御史李鲁生，皆为魏忠贤心腹。魏党排击忠良，多由其代草。孙承宗请入朝，蕃以王敦、李怀光为比，孙承宗旋还镇。朱国祯当国，不为魏忠贤所喜，蕃将其劾去。始与李鲁生谄魏广微，魏广微败，改事冯铨，冯铨宠衰，又改事崔呈秀，时号两人为"四姓奴"。蕃为畿辅提学，为魏忠贤于天津、河间、真定三处建生祠，呼魏忠贤九千岁。加太仆寺卿，视监察御史事。魏忠贤败，被劾罢职。

万历四十一年癸丑科

【傅　国】（1576—1644）字鼎卿，号丹水，晚号云黄山人。临朐县人。幼聪慧，七岁作《霜林赋》，累千百言。万历二十五年（1597）乡试亚元，屡参加会试不第，构"四友亭"，意欲陶潜、杜甫、苏轼为友，啸吟其中，淡于仕进。三十八岁，考取三甲第二百三十八名进士。授河南通许县知县。尤善断狱，破解诸多疑案，称廉明。以卓异迁户部主事，升员外郎。万历四十七年（1619）六月，兵部右侍郎熊廷弼宣慰辽东，国被加户部郎中衔，跟随总督粮饷，本来节款一百二十万，却被诬贪军饷免官。天启元年（1621），熊廷弼再次经略辽东军务，上疏言国无罪，被复以原职，又跟随总督粮饷，明军溃败，只身逃回故里。其隐居二十二年，不再复出。在凝远楼藏书万卷，杜门绝迹，唯著书自娱。著有《昌国艅艎》十二卷、《云黄集》一百卷、《四书中注》十卷、《毛诗中注》八卷、《周易中注》六卷、《书经补注》十卷、《礼经补注》十卷、《春秋史驳》二十卷、《四大家文选》三十六卷、《咸平刑书》六卷、《咸平阳秋》三卷、《紫蒙秘录》四卷、《韵总》五卷等。崇祯十七年（1644）京师陷落，农民军（县志载土寇）至，国整衣冠，在凝远楼自焚死，所藏书皆燃尽。

【刘嘉遇】字时隆。丘县（今属河北省）人。万历三十一年（1603）举人，三甲第二百四十二名进士。授河南偃师县知县，出冤罪三十余人。升户部主事，改兵部。阉党崔呈秀夺情为兵部尚书，嘉遇大言曰："不祥之身，何可骤登枢密？"崔呈秀大衔之，嘉遇怡然。会熹宗崩，逃过一劫。崇祯四年（1631）十月，由陕西右布政使，迁陕西按察使。次年五月，降山西按察司副使。后无考。

【张东光】字海阳，一字孟旭。临朐县人。万历二十五年（1597）举人，三甲第二百五十二名进士。授河南彰德府推官，至任仅五个月，以母病重屡乞终养，终得旨回籍，不再出仕。崇祯帝即位，诏对终养者加一级。东光曰："所以不仕为母在也，既不能致身以显亲矣。今母已殁，又忍借养亲之名，以为己荣乎？"坚辞不受，闻者叹服。善书法。卒后，乡人公举为纯孝之人，祀乡贤。

【丁鸣陛】字仲玉，号念源。沾化县人。万历四十年（1612）举人，翌年联捷三甲第二百五十三名进士。授河南固始县知县，治盗有方，多有惠政。修学宫、立社学、置义田、资贫生。冬天，制絮衣数百，以给贫者。兴修水利，灌溉田地。发生饥荒，发仓粮赈济。在任七年，大吏上举章二十九次，荐其才能。擢吏部稽勋司主事，又先后改考功、文选司。丁父忧，避阉党专权横行不起。阉党败，又入为吏部稽勋司员外郎，升验封司郎中。力疾治事，卒于京邸。

万历四十四年丙辰科

本科录取：一甲三名，二甲六十七名，三甲二百七十四名。其中山东二十八名。

【唐　焕】字蕴华。益都县（今青州市）人。万历四十年（1612）举人，二甲第二十四名进士。授南京户部主事，监禄米仓，厘奸剔弊，一时称为至便。先后出为直隶保定、大名二府知府，皆有异绩。以河南按察司副使、布政司参政、按察使，先后充水利道、睢陈道、河北道。为水利道时，岁省河工帑金万余两。崇祯初，由河南右布政使，迁山西左布政使。在兵备淮徐时，有号称"四眼王"的李五聚众二千余人为抗，焕设计将其擒获，散其党，远近获安。徐州城圮，自出俸钱重修，不劳民而工成。又筑堤捍河，丰沛间至，百姓赖之。子际盛，拔贡，府同知。

【范中彦】字季美，号廉儒。范县（今属河南省）人。万历四十年（1612）举人，二甲第三十九名进士。授户部主事，监理南石渠七仓草豆，严禁需索，军民便之。升本部员外郎。出为河南归德府知府，迁大名兵备道。又两为监军。据《明代职官年表》所载：崇祯元年（1628）七月，迁湖广按察使，分司荆南道。崇祯三年（1630）十一月，迁浙江右布政使。县志载：历为湖南右布政使、山西左布政使。在为布政使间，遇岁荒，屡请蠲请赈，全活甚众。在家乡布施学田，修建庙宇，建造桥梁，创立书院，多有善举。

【宋祖舜】字淑哲，号鹿游。东平州（今改县）人。万历四十年（1612）举人，二甲第四十九名进士。授户部主事，屡迁陕西布政司参政，分守西宁道。在西凉时，甘肃巡抚提兵入援都城，兵至安定，以"无宁家资"而噪，分掉随营行粮银六千两，杀参将，围巡抚于兰州。沿途诸城皆关闭。巡抚秘密驰书祖舜戒守凉境。祖舜认为，坚拒则败事，应当接纳以解散之。即派遣精干官员驰檄往谕大义，使他们自首，以开生路。祖舜告诫守城者不得闭城，乱兵果至凉州，皆伏阶下泣诉。祖舜曰："尔杀将分金围城罪不可赦，但乱首王进表兄弟已被诛兰州城下，汝曹胁从耳，所分银仍还之官，死可免除也。"乱兵还金五千两，火器悉敛入库。祖舜遣官带领诸兵赴甘州归伍，事得平息。崇祯八年（1635），迁都察院右佥都御史，巡抚郧阳。次年，被削籍。六十七岁卒。子国琛，拔贡，知县，工草书，有《世寿堂法帖》行世；孙起澄，庠生，詹事府录事，亦工书。

【耿如杞】（？—1631）字楚材。馆陶县（今属聊城市）人。《明史》有传。其博览群书，喜谈经济，素娴韬略，且善骑射。万历三十四年（1606）举人，二甲第六十六名进士。授户部主事。天启初，以才调兵部，升至职方司郎中。天启五年（1625），出为陕西布政司参议，迁遵化兵备副使。时顺天巡抚刘诏嘱如杞建魏忠贤生祠，其力执不附。中使陶文悬挂魏忠贤画像于喜峰署，抚镇率文武将吏五拜三稽首，呼九千岁。如杞力持不可，半揖而出。中军刘凤翔痛陈不拜取祸状，如杞厉声曰："吾头不断，膝必不可屈。且吾祖以劾权阉刘瑾得罪，此膝一屈，吾何面目复入坟墓。"中使驰报魏忠贤，魏忠贤指使巡抚刘诏劾之，并罗织罪名，坐赃六千三百，遣缇骑将如杞逮捕下狱，严刑拷问，定为死罪。至秋，将行刑，而思宗即位，魏忠贤伏诛。崇祯元年（1628）三月，由太仆寺卿，迁都察院右副都御史，巡抚山西。崇祯二年（1629）十一月，京师戒严，如杞率总兵官张鸿功带兵五千人驰援。当时规定军到第二天发给粮饷，如杞先到京师，兵部令守通州，次日调昌平，再次日调良乡。因连连调动，军三日不得食，发生了骚乱，并大肆抢掠。崇祯帝大怒，下诏逮捕耿如杞和张鸿功，廷臣莫敢救者。崇祯四年（1631），竟斩于西市。后其子章光（崇祯进士，尚宝司卿，后被清廷逮捕而杀）上疏为父声冤，福王时复官，赠都察院左都御史。如杞著有《与争录》、《抚晋疏稿》、《中丞公集》等行世。曾祖父明，弘治进士，布政司参政；另子大光，以父荫南京刑部主事，善书，著有《诗文集》。

【成明枢】字环伯。曹州（今菏泽市）人。万历三十四年（1606）举人，三甲第一名进士。授太常寺博士，擢吏科给事中，上"饬吏九则"，"纠旷官"，"复选"诸疏，皆切中时弊。奉使封周藩，因藩殿失火，引明枢行礼郡邸，明枢坚持不可，乃改后殿持节入成礼。兖州白莲教起，破郡县城，明枢请专选将领征讨，勿使中官监军，不数月而事定。改礼科给事中，会当册封诸王，因秦王请封，于制不合，一切稽留。明枢连疏三谏，始得旨立杖太监之言当封秦王者。时太监以冬衣给迟哄闹工部署。复传俞旨增选阉官若干名。明枢一并上疏纠之。迁太常寺少卿。卒赐谕祭。

【常　康】字晋候，号济苍。宁海州（今烟台市牟平区）人。万历四十年（1612）举人，三甲第七名进士。授行人司行人，转户部员外郎，署郎中。其矢志清白，上疏切实，多有建树。钦差总督直隶易州粮储，弹压紫荆等关，军民戴若父母，有召杜之称。出为湖广承天府知府，兴利除弊，剔奸救荒，士民为立碑石。升云南按察司副使,分巡临沅道。著有《郓牍集》十册、《松柏堂后集》、《螯恤草》等。卒祀乡贤。

【李应期】号泰寰。沂州(今临沂市)人。万历四十年(1612)举人,三甲第十五名进士。初为浙江宁波、绍兴府推官,民得不冤。擢监察御史,"除皇马之害"。巡按三晋盐政,"赤牛患除"。又巡按陕西,对义军反抚主剿,以忧劳卒。祀乡贤。

【李之茂】字朱仲,号南居。军籍山东莱州卫。入载《掖县志》。万历三十一年(1603)举人,三甲第三十名进士。授直隶河间县知县,有惠政。丁忧归,吏民泣送者数千人。再为河南太康县知县,入为礼部主事,升至户部郎中。出为陕西西安府知府,昭雪永寿县民张璧冤案,张璧绘《清廉遗爱图》记其事。以陕西按察司副使,整饬榆林东路兵备道(驻神木县)。以"多方守御,出奇制胜"之战功,被巡抚荐称:"一尘不染,八面雄才。"被召见入都,与内阁首辅温体仁议不和,改河南驿传道。抵任后,又与巡抚不和,知事不可为,旋请告归。入清,屡征不起。拟授湖南按察司副使、水利盐法道,以病推辞。其坐卧一小室,自笑曰"憩庐",谢绝宾客,人罕见其面。卒于康熙间,祀乡贤。

【吕鹏云】直隶东明县(1963年划归山东菏泽专区)人。万历四十年(1612)举人,三甲第三十三名进士。授山东巨野县知县,升南京浙江道监察御史。

【张绍简】临清州(今改市)人。万历三十七年(1609)举人,三甲第四十九名进士。授直隶东明县知县。

【邸存性】原籍山东临清州(今改市),移籍直隶昌黎县。三甲第七十九名进士。

【朱舜年】原籍山东武定州(今属滨州市),移籍直隶浚县。三甲第九十四名进士。

【高　默】(1586—1639)。字玄之,号西邑。汶上县人。万历四十三年(1615)举人,翌年联捷三甲第一百零三名进士。授直隶元氏县知县,刚正不阿,风节棱棱。由国子监博士,入为刑部主事,升至郎中,持法公平。天启六年(1626),扬州知府刘铎受魏忠贤党诬陷被逮,旨命默主持勘问,默知为冤枉,持正不阿,触怒阉党,欲置之死地,赖阁臣申救,得以降调回籍。崇祯即位,还默故职,风节益励,每遇大狱,曹属观望,独以正折之。出为河南府知府。因之前以藩王租解累民,抗疏弹纠而忤德王,遭萋语中伤,被削籍而归。有文才,工诗,居家娱情诗酒,杜口朝政。崇祯十二年(1639)卒。

【刘余祐】字中徽,号玉吾。《明史》有传。祖籍顺天府宛平县,移籍山东滨州(今滨州市)。三甲第一百二十名进士。由通政使,转兵部右左侍郎,协理戎政。

崇祯甲申之变，先降大顺，继又降清，授原官，历兵、刑、户部尚书。顺治十年（1653），以在刑部时受贿革职，旋死。著有《燕香斋文集》。

【金新祚】字君鼎。高唐州（今改县）人。幼有异质，勤学不倦。居家孝友，和睦邻里。万历三十七年（1609）举人，三甲第一百二十五名进士。授陕西西安府推官，每语人曰："安民必本于察吏，故养马去其害马。"新祚应机立断，对冤狱多所平反，对奸吏毫不姑息。四十二岁，以劳瘁卒于官。祀乡贤。

【吴从鲁】榜载民籍滋阳县（今兖州市）。万历四十三年（1615）举人，翌年联捷三甲第一百二十七名进士。《滋阳县志》载：以都察院副都御史，巡抚四川（《明代职官年表》未见载）。另一说，山西山阴人，仕至四川布政司参议。

【王纳谏】肥城县（今改市）人。万历二十八年（1600）举人，三甲第一百三十一名进士。授直隶雄县知县。天启初，逆宦魏忠贤擅权，有南京织造内监李奉贡御衣，所过驿站大肆骚扰。至雄县不称意，纳谏被劾，百姓合词申辩，保定巡抚胡思伸亦为之请求，得旨降一级调用。后起用山西临汾县知县，未赴而卒。著有《史阁万年》、《三国策删存》、《疏草》、《诗稿》若干卷。卒祀乡贤。

【高有闻】（1579—1655）字非耳，一字谷虚。军籍山东青州左卫，乡贯山东冠县。万历四十三年（1615）举人，翌年联捷三甲第一百三十七名进士。授河南鄢陵县知县，廉明仁恕，审决案件莫不得当。双洎河数次泛溢，有闻开挖支河，其水患解除。因县有五人相继成进士，命曰"文水河"。丁忧，服除，起补河南封丘县知县，值岁歉，代民完逋赋。被举卓异，升户部主事，改礼部仪制司。宗藩请名袭爵，有闻悉绝馈遗。崇祯元年（1628），充武会试同考官，某侍郎托以关节，有闻将信函立焚之。迁吏部文选司员外郎，选用官员公允，以贿进者皆力却。会某侍郎高升，有闻被以前怨谪湖广按察司照磨，又改上林苑监蕃育署丞。其请蠲上供鹅鸭万余。历行人司司正、光禄寺丞，迁尚宝司卿。请假归里。顺治元年（1644）十一月，钦召入京，授大理寺丞，转右通政。次年夏，以病乞归。顺治十二年（1655）春卒，年七十六。

【杨维垣】（？—1645）军籍彭城卫，乡贯山东文登县（今改市）。万历三十四年（1606）举人，三甲第一百六十一名进士。《明史》列为阉党，为"结交近侍次等充军者"。初授行人司行人，擢监察御史。其为魏忠贤党与，首翻梃击案，力排东林党人。其与魏忠贤主谋之一的霍维华相类，为狡黠之徒，"珰炽则借珰，珰败则攻珰"。崇祯即位，其与霍维华等弥缝百方，虑为魏忠贤所累，先攻崔呈秀以自脱，被加太仆寺少卿。旋为监察御史毛羽健等交章力攻，将其削籍入逆案，遣戍淮安。南明弘光时，阮大铖用事，以钱谦益荐，复官通政使，迁都察院左副都御史。其翻逆案，为霍维华等讼冤，章下吏部。南京失守，上吊自杀。

【赵胤昌】县、省志载作印昌、尹昌。字世茂，号芝庭。掖县（今莱州市）人。工骈体文，诗亦清丽可诵。万历四十年（1612）举人，三甲第一百六十九名进士。授直隶曲周县知县，有惠政。邑有水患，筑堤引流，民得永赖。入为监察御史，巡按福建、广东，豪猾敛迹。擢兵科给事中，举劾阁臣丁绍轼，直声震一时。迁行人司副，以平海寇功，升太仆寺卿。其见魏忠贤擅权，引疾而归。崇祯五年（1632）春，孔友德反叛兵围莱州城，以参与守城功，再起用兵部郎中，先后出为四川、陕西两省布政司参议。卒祀名宦与乡贤祠。著有《嘉树园集》。父燿，隆庆进士，巡抚。有五子：士元，贡生，府同知；士亮，贡生，知县；士完，举人；士亮，贡生，知县；士宽，府通判，战死。时称"五龙"。

【王　琨】字友玉。商河县人。万历四十三年（1615）举人，翌年联捷三甲第一百九十八名进士。授直隶真定县知县。以卓异擢礼科给事中，值杨涟弹劾魏忠贤被下大狱，以病乞归。崇祯帝即位，起用河南布政司参议，分守汝南道。以治巨盗之功，又擢湖广布政司参政，镇守襄阳江防道。以病乞休。著有《循职略言》、《游草十刻》。

【田所赋】字献廷。昌乐县人。万历三十七年（1609）举人，三甲第二百二十名进士。授南直隶天长县知县，首建书院月给膏火，抚恤贫寒士子。为民兴利除弊，政绩称最。入为户部主事，屡迁南直隶淮安府知府。

【毕拱辰】（？—1644）字星伯。掖县（今莱州市）人。万历四十三年（1615）举人，翌年联捷三甲第二百三十名进士。由知县，屡迁山西按察司佥事，分巡冀宁道。好学，为诗文奇放不羁，著述不辍。崇祯十七年（1644），李自成军攻陷太原，拱辰被执，斜视押者所佩新刀，押者曰："斜视此刀何为？"拱辰从容道："正欲试此新刀耳。"押者举刀将其杀死。

【李建和】直隶东明县（1963年划归山东菏泽专区）人。万历四十年（1612）举人，三甲第二百三十四名进士。授山东临朐县知县，改莱阳县。以卓异行取刑部主事，屡迁山西潞安府知府。以山西按察司副使，分巡冀宁道。

【毕自肃】字范九，号冲阳。淄川县（今淄博市淄川区）人。其丰质伟干，性沉毅果决，多大略，以经世济民自任，不为涴忍依阿。万历三十一年（1603）举人，三甲第二百四十名进士。授直隶定兴县知县，地当孔道，依法峻拒借差枉道横索逾例者，以是过者多避道去。凡旧例之不便者，削牍申请悉为更定。以

万历四十四年丙辰科

故循声大著，有神君慈母之称。入为礼部主客司主事，升至郎中，持节封肃藩。以边望出为布政司参议，升按察司副使，分巡宁前道。时朝中遣三内监出镇关宁，气焰熏灼，自肃刚正不阿，不为屈从。以功加太仆寺少卿。崇祯元年（1628）正月，迁都察院右佥都御史，巡抚辽东。自肃勇于自任，上陈方略九事，皆为封疆久远之计，大称上旨。时户部以云中告警，乃急西而缓东。自肃连上八九疏，请马价、器械、抚赏、月饷，无一应者。自肃大声疾呼，而时任户部尚书的王永光充耳如故。于是缺饷至四五月，引起宁远闹饷兵变。闹饷者搜其住处，囊空如洗，始方悔悟，乃就伍归队。七月，自肃被逮，气愤不食，口占上疏，上吊自杀。随后被革职，尽夺生前官阶。其兄自严，万历进士，户部尚书（崇祯元年五月二十九日任），连上三疏，为自肃上陈兵变为缺饷所致，乞请纳官赎罪，以恢复自肃原官，而未获允准。其连请四载，终将自肃劳绩记于史册。并亲辑自肃抚辽疏草，名曰《抚辽茶语》，以志其苦。孙盛青，顺治进士，知县。

【韩光先】复姓宁。字忠门。章丘县（今改市）人。万历四十三年（1615）举人，翌年联捷三甲第二百四十六名进士。经五迁，为巡按直隶监察御史，以进贤绌恶为急务，荐举官员三十六人，弹劾官员三人；举荐将才二十四人，弹劾将领一人。奉旨云："此疏独得体要，尝有天下本稿韩光先。"光先又特荐致仕吏部尚书崔景荣、兵部右侍郎（拟由巡抚改迁，未迁）马从聘、大名道丁魁楚。时权阉魏忠贤气焰嚣张，光先上疏力击其奸，请求有为魏忠贤立生祠者，按律惩治。其对于刑狱多所平反，只要有一线生机，即提出驳问，涉及百余人，经反复推敲得开释者数十人。其所上《议召买足饷疏》，尤为惠民通商之要务。奉命稽查边饷，所上"节财用守关塞以固要害"和"察驿递以施轸恤"诸疏，皆蒙上奖，以"嶙峋气骨，直大精神"赞之。著有《本稿》十四卷和论二道、表二道、判十则藏于家。卒祀乡贤。

【周自邠】滨州（今滨州市）人。万历四十三年（1615）举人，翌年联捷三甲第二百六十名进士。

【薛近洙】字道传，一字孔泉。益都县（今青州市）人。生而颖异，父授以《尚书》，随言解悟。其为人沉静，有大志，笃孝友节义，提学使许以国器。万历三十一年（1603）举人，三甲第二百七十名进士。授中书舍人。时魏忠贤擅权，近洙感愤以疾归。著有《经学纂要》、《大学衍义补》等。卒祀乡贤。子凤祚，以历算名于海内，多有著述。

万历四十七年己未科

本科录取：一甲三名，二甲六十七名，三甲二百七十五名。其中山东二十八名。

【李　楫】字皇舟，一字愚东。乐安县（今东营市）人。万历三十四年（1606）乡试解元，二甲第十七名进士。授刑部主事，升员外郎、郎中。时杨涟、左光斗等人因劾魏忠贤下狱而死，楫前往痛哭。魏党衔之。遂出为湖广荆州府知府，属惠藩之封地，中涓尉横行，楫至相戒敛迹。除长阳、远安不当之税，停监兑糟粮之陋例，商民便利。有胥吏进箧金三千，此乃常例，但楫不受。以劳卒于官，年未五十。其为官数十年，陋巷颓垣，依然寒素。著有《河洛解》。伯父中行，万历进士，布政司参政。

【蓝近任】省志载作近仁。字仲逊，号仁举。曹县人。生而颖异，读书数行并下。家甚贫，设帐授徒，从游者百余人。以孝闻。万历四十三年（1615）举人，二甲第三十九名进士。授刑部主事，升至户部郎中。在部遇难事不规避，勇于担当，饷军督储，廉正有方，颂声载道，受到熹宗褒表。魏忠贤侄魏良卿慕其名，将邀饮酒，且曰："蓝公与我薇垣可得也。"近任严辞拒绝。魏忠贤愤怒，但不欲首罪一正人，以失人心。出为陕西临洮府知府，治绩卓著。张慎言以忤魏忠贤被戍肃州卫，路过临洮，留居月余，相待过厚，人皆以为危险。近任笑曰："祸福命也，宦官其奈我何？"在任三载，升按察司副使，整饬肃州兵备道。张慎言在戍所时，当事者以引嫌相劝，近任曰："丈夫当以节义为重，安能以区区为身家计哉。"对张慎言情好益笃，及张慎言赐还，众咸服其雅量。丁母忧归，将理装资斧无给，多靠众人相帮，乃得还里门。在葬母三月后，以悲哀过度而卒。近任虽以濂洛为宗，但亦博通禅学等，于诗词歌赋无不通晓。著有《文集》行世。

【李际明】安丘县（今改市）人。万历三十一年（1603）举人，三甲第十四名进士。仕至南京兵部职方司郎中。

【范复粹】字玉坡，号清六。黄县（今龙口市）人。万历三十七年（1609）举人，三甲第二十一名进士。授河南开封府推官，升监察御史。时廷议将镇守皮岛的左都督毛文龙移调，复粹陈述利害，而没有变动。又疏言袁崇焕功在辽东，而尚宝司卿董懋中却诋为逆党所庇，持论狂谬，董懋中被削籍夺诰。奉命巡按江西，请禁有司害民六事。丁忧，服阕，还朝巡按陕西，上陈边务治标治本之策，以"任将、设防、留饷"为治标，以"广屯、招抚、蠲赋"为治本，思宗褒纳之。擢大理寺右寺丞，进左少卿。崇祯十一年（1638），升礼部左侍郎，兼东阁大学士，入阁参与机务。次年，又先后充任礼部、吏部尚书，加武英殿大学士，太子少保。崇祯十三年（1640）八月，内阁首辅薛国观去职，复粹成首辅，又加太子太保，为吏部尚书，武英殿大学士。崇祯十四年（1641）二月，又加太子太傅、建极殿大学士。五月，以病致仕。明亡后，隐居卢山，建洗心洞，又于石城山构筑松风亭。顺治二年（1645），世祖有诏优之不起，居林下十四年卒。著有《白石山居士十义》、《奏议》、《诗词》等书。

【庄　谦】（约1584—1637）字含光。莒州（今莒南县）人。幼年丧母，家境贫寒，靠卖烧饼为生。其颖敏好学，被塾师免费入教。万历四十年（1612）举人，三甲第二十五名进士。授河南汝宁府推官，升浙江道监察御史。巡按陕西，平反疑狱，剔弊除奸。京察中，被列为"天下第一"。《明史》在阉党列传中，记载谦先后为魏忠贤建生祠两处。时凡建祠者概入逆案。晚年恬淡仕进，告归故里后，以与故友吟诗唱和为娱。

【张从容】沾化县人。万历四十六年（1618）举人，翌年联捷三甲第四十七名进士。授户部主事。

【史高胤】县、省志载作高印、高允。字象贤，号梦瓜。乐陵县（今改市）人。以孝闻。捐学田二百五十亩，以赡贫士。万历三十一年（1603）乡试第五名举人，三甲第六十五名进士。历山西襄陵和直隶东明、元城县知县，卓有循声。迁礼部主事，升至郎中。出为陕西按察司副使、提学，拔真才，绝请托，人称关中夫子。改补巩昌道，署右布政使。六十五岁卒，祀乡贤。父邦直，隆庆进士，按察司副使；弟高先，万历进士，按察司副使、提学。

【张廷箴】诸城县（今改市）人。万历四十年（1612）举人，三甲第六十九名进士。授直隶南宫县知县，升江西南康府同知。

【宋景云】字祥祯。博兴县人。万历三十四年（1606）举人，三甲第九十名进士。授浙江道监察御史，巡按湖广，条陈八议，皆被嘉纳。仕至山西布政司右参议。著有《四书大义》数十卷、《毛诗发微》三十二卷。子祚兴，由中书舍人，以军功升监军道。

【杨凤翥】字六象。济宁州（今济宁市）人。万历四十三年（1615）举人，三甲第一百零一名进士。授直隶获鹿县知县，刚正不阿，以强项称。为宦者所中伤，被谪国子监助教。转刑部主事，恤刑山西，平反大辟一百余人。有太监案，众莫能决，刑部尚书乔允升交凤翥审理，以律定案。出为陕西西安府知府，治盗救灾，抚循有方，边境以宁。以病卒于官，民建祠祀之。

【胡尚英】字瑶宇。临清州（今改市）人。万历四十六年（1618）举人，翌年联捷三甲第一百一十二名进士。选授词林，以不拜魏忠贤生祠被罢归。魏忠贤被除，被重新起用。崇祯四年（1631）十二月，出为南京国子监祭酒。崇祯六年（1633）十二月，升京师翰林院侍读学士、詹事府詹事，充玉牒纂修官。崇祯八年（1635）二月致仕。

【李士元】字德一，号青屿。金乡县人。万历四十年（1612）举人，三甲第一百二十七名进士。授直隶武清县知县，地近京师，多中官族党倚势横恣，士元立法禁之，犯者痛惩不贷。改固安县知县，以刚直忤知府，知府暗揭台使，其被降南京锦衣卫知事。崇祯初，起用山西推官，积狱一清。有原情开释者感恩，以茶进实金花，士元立还其人。入为刑部主事，转户部，奉办大同军饷，日夜焦劳，以至呕血。回京复命时，运粮户数百人及乡老泣送十余里不忍去。升本部员外郎、郎中。出为河南汝宁府知府，洁己爱民。丁忧，囊无余金，贫不能办丧。以哀毁血疾重发卒，年五十一，祀乡贤。

【陈可荐】字擢寰。乐安县（今属东营市）人。少负俊才，有名于时。万历四十六年（1618）举人，翌年联捷三甲第一百二十九名进士。授南直隶临淮县知县，以廉干称。时有护陵中使，依仗权阉之势，不以礼遇对待郡县吏，知府以下皆降低地位迎合，独可荐不为屈服，中使对其大恨，被贬归。再起山西长子县知县，多有治绩。充乡试同考官，所拔皆知名士。入为户部主事，以劳卒。

【吕一奏】字九初。诸城县（今改市）人。万历四十六年（1618）举人，翌年联捷三甲第一百三十二名进士。授直隶宁晋县知县，升户部主事。

【仇维祯】（1576—1652）字羽王，一字庸足。益都县（今青州市）人。万历四十年（1612）举人，三甲第一百四十二名进士。初授中书舍人，见魏忠贤方用事，即乞假归。崇祯初，擢礼科给事中，历户、刑、兵三科，以人才为己任，尤重边才，前后所荐引者不下三十人。边帅多投函致馈，维祯概不启而退回。对黜陟一秉至公，边帅惮其严，亦乐其无私。时崇祯帝深恶苞苴结纳之习，曾对左右叹曰："禁绝交际久矣，举朝谁奉行乎？能绝之者，惟兵科耳。"崇祯三年（1630），充福建乡试副主考官。次年，又充武会试同考官。时周延儒当国，欲笼络维祯，其唯长揖而已，不交一言，周延儒忌恨之。及武会试，周延儒在思

万历四十七年己未科

宗面前称一人为将帅才，实不识一丁者，榜发无其名，思宗非常惊讶，周延儒从中加以诬陷，维祯被谪两浙盐运司知事。之后事白，迁滁州行太仆寺丞。历尚宝司卿、顺天府丞。崇祯十二年（1639）四月，命其为驻守重镇通州兵部右侍郎，督军作战。时京师戒严，战事紧急，维祯得旨，即日单骑就道，时内臣有典兵通州者，闻维祯至，欲移驻他所，维祯疏留之，为台臣所劾，维祯不争辩，引咎辞位。思宗大怒，集廷臣议欲杖责参劾者，廷臣亦言维祯无罪，事乃得解。升南京户部尚书，改南京兵部尚书。以母丧归。入清，被荐举入都，维祯以年老乞归，被许以原官致仕。顺治九年（1652）卒，年七十六。

【刘弘光】县志载作宏光。临邑县人。万历四十三年（1615）举人，三甲第一百六十一名进士。授大理寺左评事，升山西道监察御史。著有《按晋疏稿》、《燕吟》、《云卧斋稿》、《刘李合刻》（与李冒期合著）。

【朱光熙】字淑晦，一字沧崖。滋阳县（今兖州市）人。幼聪颖异凡，稍长下帷读书，鸡鸣乃止。万历二十五年（1597）举人，历经二十二年，方考取三甲第一百六十三名进士。授直隶顺德府推官，治狱仁恕，多所平反。入为礼部主事，会北郊大珰族子，欲以恩例得官，事下所司，光熙力裁抑之。升本部员外郎。告归后，徜徉山水间，以寿终。祀乡贤。

【孙延泂】莱阳县（今改市）人。万历四十三年（1615）举人，三甲第一百七十二名进士。初为山西河津、临汾县知县，转直隶顺天府推官，入为工部郎中，升至太仆寺少卿。卒祀乡贤。

【毛九华】字含章。掖县（今莱州市）人。万历四十三年（1615）举人，三甲第一百七十六名进士。先后任四县知县，所至有声。崇祯元年（1628），擢监察御史。时刚刚由京师礼部侍郎改南京礼部尚书的温体仁，在会推阁臣时，为消除思宗对自己的怀疑，上疏攻击礼部侍郎钱谦益结党受贿，不当与阁臣选，钱谦益被罢官议罪，许多朝臣被坐谦益党，降谪有差。九华劾温体仁居家时，以抑买商人木，为商人所诉，贿赂阉党崔呈秀以免。又揭其在杭州为逆宦魏忠贤建祠，作诗颂扬魏忠贤。思宗留中不报。温体仁恃宠，以污衊入辩。九华再疏温体仁诸不法事，思宗偏袒震怒，欲杖责九华，幸由内阁大臣钱龙锡申救得免。九华得"薄罚"出按河南，旋被罢归。崇祯五年（1632）春，孔友德兵变围莱州城，全城戒严，九华同抚镇策划战守，终得解围，以战功复原官。清初，九华被起用为江宁巡抚，时兵燹未靖，郡县长吏半由军前委署，九华澄清甄别，劾纠假借。朝廷题定免荒地征熟地，九华以蒿莱遍野，上请将熟地中量免三分之二，以苏民困，被允准。岁余，引疾归，行李萧然，时称清介。卒祀乡贤。

【杨梦衮】（？—1632）字岱宗。青城县（今属高青县）人。少刻苦自励，及为诸生有名声。万历四十六年（1618）举人，翌年联捷三甲第一百八十四名进士，选庶吉士，转兵科给事中。以疏劾魏忠贤被夺俸。不久，由太常寺少卿，迁太仆寺卿，加工部尚书，督修三大殿。又加少保兼太子太保。时魏忠贤擅权，党祸锢烈。梦衮虑及祸身，于天启六年（1626）乞归。会魏忠贤败，被言者诋毁，遭削籍。梦衮抑郁，乃屏迹田野间，改变姓名，自号长白山樵。崇祯五年（1632），含恨而殁。其清操卓识，长于诗文。所居图书四壁、茅屋数椽而已。著有《岱宗藏稿》。祖父廷相，正德举人，府同知。

【王 楫】字济川，一字梦符。泰安州（今泰安市）人。万历四十三年（1615）举人，三甲第一百八十六名进士。初为河南柘城、山西安邑县知县。迁户部主事，奉命司饷山海关，时遇兵变，所在朝中与地方官员皆被杀，独其保全。思宗赞其："噪怨不及，操守可知。"崇祯七年（1634）七月，由陕西固原兵备道，迁都察院右佥都御史，巡抚宁夏。崇祯九年（1636）二月，以廉介执法，忤悍将被杀，朝野为之悲伤。

【李三奇】字素予。武城县人。性聪颖，事继母以孝闻。万历四十年（1612）举人，三甲第一百九十三名进士。授河南巩县知县，以病告归。改南直隶松江府教授。又由国子监助教，迁南京户部主事。崇祯十一年（1638）守城而死，赠光禄寺少卿，赐祭葬。子应申，天启举人。

【葛应斗】字季衡。巨野县人。性孝，自髫岁即能竭力事母。父焕，积学能文，早卒。应斗幼孤，秉承父志，发愤下帷，博览群书，文无不工。万历四十年（1612）举人，三甲第一百九十八名进士。初为河南夏邑、陕西三原、直隶邢台三县知县，洁己爱民，所至有声。内擢户科给事中，旋转刑科。有锦衣侍御监都袁某等，为宜兴私人多行不法，应斗抗疏劾之。以为权相所忌恨，拂衣解组去。其高风亮节，为朝野所推重。居乡参与赈饥救疫，抵御白莲教，多有作为。卒祀乡贤。

【陈 序】字观生。曹县人。万历四十六年（1618）举人，翌年联捷三甲第二百一十八名进士。由知县选户科给事中，升至布政司参政。

【高斗光】（？—1646）字拱辰。嘉祥县人。万历三十七年（1609）举人，三甲第二百三十二名进士。初授河南尉氏县等县知县，绝苞苴，屏请托，折狱断刑不畏强御。迁南京都察院经历，历户部员外郎、郎中。出为直隶保定府知府。以按察司副使，分治密云道。崇祯八年（1635），迁都察院右佥都御史，巡抚延绥。崇祯十年（1637），落职。崇祯十四年（1641）十二月，添注兵部右侍郎，提督凤阳等处军饷。次年七月，坐事被逮入狱。降清，授偏沅巡抚，以战事无法赴任，暂留武昌。顺治三年（1646），始进驻荆州。后坐事降级致仕，旋卒。

【单明诩】高密县（今改市）人。万历三十四年（1606）举人，三甲第二百五十名进士。天启七年（1627）八月，迁都察院右都御史，添注兵部右侍郎，巡抚顺天。是年十一月，被劾免官。崇祯元年（1628）三月，削籍。

【李　彬】临清州（今改市）人。万历三十四年（1606）举人，三甲第二百五十六名进士。仕至吏部文选司郎中。

【宋鸣梧】（？—1635）字泰侯，号泰斗。沂州（今临沂市）人。性纯孝，事父与继母得欢心。万历二十八年（1600）举人，三甲第二百六十一名进士。初观政刑部，授行人司行人，与左光斗、缪昌期为莫逆之交。魏忠贤欲招用人才为羽翼，鸣梧不受笼络，予以峻拒。后左光斗、缪昌期被魏党迫害致死，鸣梧上疏激烈抨击逆党，遭到群小忌恨，在主贵州乡试后，被勒令家居。魏忠贤生祠落成，当事者迫胁捐资，鸣梧不予理睬。魏忠贤败，鸣梧复原官，被起用兵科给事中，受命清查魏忠贤家财，无纤毫染指。又由吏科都给事中，累迁至都察院佥都御史。崇祯二年（1629），鞑靼俺答边骑围京城，鸣梧督守德胜门，并上守御十策。崇祯四年（1631），鸣梧奉命监阁臣周延儒军，愤其贪纵，上疏弹劾，不仅没有将其劾倒，反被周延儒诬陷贬为河南按察司照磨。崇祯六年（1633），鸣梧被擢南京太仆寺丞。崇祯七年（1634）十二月，升尚宝司卿。次年五月，由都察院佥都御史，以病卒于京师，赠都察院左副都御史，祀乡贤。其古文瑰丽，著有《羲易集成》、《琅琊文集》。子之普，崇祯进士，翰林，户部左侍郎。

天启二年壬戌科

本科录取：一甲三名，二甲七十七名，三甲三百二十九名。其中山东四十三名。

【董中行】榜载籍直隶华亭（山东莱阳隶苏州卫）。二甲第三名进士。

【秦士桢】蒙阴县人。万历四十三年（1615）举人，二甲第九名进士。历河南信阳、南直隶高邮州知州，有惠政。兄士文，万历进士，兵部尚书。

【郭竹征】字孝生。胶州（今改市）人。幼孤贫，母高氏严督力学，三试童子皆第一。万历四十年（1612）举人，二甲第十三名进士。授户部主事，督饷山海关，节靡费三十万。升本部郎中，出为河南南阳府知府，迁陕西按察司副使，旋调山西布政司参议，治兵平乱有功。时晋藩宗人，有谋夺郡王世封者，竹征力请立其正嗣，阻其奸谋。以母丧归，不再复出。性至孝，读书无不解，为文切中神理，士林宗之。祖父居易，嘉靖举人，知州。

【王四聪】字景虞，号朕耳。鱼台县人。天启元年（1621）举人，翌年联捷二甲第二十三名进士。由吏部主事，升至户部郎中，掌管军饷事。时关外缺粮，四聪与凯阳孙阁部协力筹划，旋无忧。迁直隶永平府知府，锄强抑暴，境内肃然，士民立碑歌颂。其文章与政事都冠绝一时。著有《织履草诗集》。卒入乡贤祠。

【王　珍】县、省志载作瑸、缙。号慕庵。潍县（今潍坊市）人。天启元年（1621）举人，翌年联捷二甲第四十二名进士。仕至湖广右布政使。侄洵，顺治进士，工部郎中。

【邢泰吉】省志载作吉泰。字有象，号大来。临清州（今改市）人。二十岁，于万历四十六年（1618）乡试解元，二甲第五十七名进士。授户部主事，连遭父母之丧，服除，擢户部员外郎，督禄米仓事。至任严加整饬，将运役潜匿私窃等宿弊尽除，存米达万余石。户部疏荐，叙功首列。崇祯时都城告警，各路援兵驰往，均急需粮饷。正当部议选用支饷官员为难时，泰吉慨然出任，其短衣策马，南北奔波，对供给颗粒饷粮必亲自问及，及兵退，积劳成疾，三十二岁卒。据宣统《山东通志·张振秀传》载：崇祯十五年（1642），清兵至临清，城破，泰吉殉难。朝廷对其赠恤有加。泰吉孝友性成，学识渊博，诗文精妙，著有《四夷疆域风俗》、《淳化阁帖评跋》等书。曾祖父秉仁，嘉靖进士，都察院观政；祖父邦，嘉靖进士，布政司参政；父其任，万历进士，按察司副使。

【王应豸】(1580—1632) 字惠文。掖县（今莱州市）人。《明史》有传。万历四十年（1612）举人，二甲第六十名进士。授户部主事，黔南乱发，朝廷发帑金十万犒军，命应豸前往，至则授方略，乱得平息。升户部郎中，督理永平军饷。迁关内副使，劾贪弁巢丕昌，浚关城外濠，凿山成渠，环数十里。《明史》载：应豸谄媚权宦魏忠贤，仅三年，至崇祯初，骤升都察院右都御史，巡抚蓟门。崇祯二年（1629），蓟卒索饷"噪而甲"。参政徐从治已谕散其众。应豸置毒饭中，欲诱而尽杀之，诸军复大乱。崇祯帝命巡按方大任查得其克扣军饷之事，速逮论死。《莱州府志》、《掖县志》所载：时应豸欲毒杀索饷者，系讹传。应豸为崇祯年间所处死十一名巡抚之一。弟汉（初名应骏，因应豸死更名），崇祯进士，巡抚，为叛将所杀。

【杜三策】字毅斋。东平州（今改县）人。万历三十一年（1603）举人，三甲第十名进士。官给事中。时魏忠贤擅权乱政，都察院都御史杨涟参劾其二十四大罪，被旨切责。三策亦愤而疏劾魏忠贤之奸。疏言："举朝皆知忠贤之奸，而独皇上却不知。举朝皆认为忠贤可诛可逐，而独皇上却喜欢。这正是忠贤奸术神不可测之处。杨涟受先帝顾命，为皇上社稷之臣，怎能容忍滔天逆党一日在君侧。方今横流急湍中，正不可少此一砥柱。忠贤擅作威福，流毒内外，那么从这以后，他还畏惧什么呢？诸大臣受害不足惜，殃及皇上怎么办？殃及国家怎么办？殃及二祖十宗呕心沥血治理的天下怎么办？"三策上疏后，被削籍归里。魏忠贤恨之入骨，以矫旨欲逮捕三策，缇骑行至德州，值魏忠贤败，三策得以获免。史称"三策疏劾魏忠贤，与杨涟、高攀龙辈并传千古"。崇祯初，被起复户科给事中，出使册封琉球，力却馈金，不辱使命。崇祯九年（1636）七月，任太仆寺卿（《山东通志》载大理寺卿）。崇祯十一年（1638）四月，迁兵部右侍郎，巡抚天津。《明代职官年表》载：崇祯十二年（1639）三月，获罪罢职。著有《松公奏稿》、《杜中丞集》。卒祀乡贤。

【许其进】字孔与。聊城县（今聊城市）人。少颖异，嗜古，下笔数千言。为诸生时，与朱延禧齐名。万历三十一年（1603）举人，三甲第十八名进士。授南直隶扬州府推官，郡多大商人，其清勤自矢，讼无留牍。有州中商人缪有良、卫可泉等误罹死罪，其查得实情，立予释放。宝应县知县不阿附上官，为强项令，其进在其任期中，以法独力持护，使其免遭妖僧煽乱之祸，设计将妖僧擒之。以卓异擢吏部主事，扬人为建生祠。未几，为忌恨宵小所中伤，旋告归。居家敦睦孝悌，赈急好施。八十一岁卒，祀乡贤。著有《不经录》。

【张四知】字贻白，号岩叟。费县人。《明史》有传。天启元年（1621）举人，翌年联捷三甲第四十四名进士，选庶吉士，授检讨。历国子监察酒（南京）、詹事府詹事、礼部左侍郎，兼侍读学士。崇祯十一年（1638）六月，朝廷召集群臣推举入阁大学士，四知成为候选人之一。给事中张淳劾其为国子监祭酒时有贪污行为。四知愤怒，在崇祯帝面前，极力辩解，诉说自己不党不派，甚为孤立，为廷臣所嫉妒。崇祯帝表现出同情倾向，权臣薛国观窥透帝意，从中极力援助，于崇祯十二年（1639）五月入为内阁大臣，加礼部尚书、东阁大学士。后又加太子少保、太子太保、吏部尚书、武英殿大学士。四知秉政四载，先后为给事中马嘉植和监察御史郑昆贞、曹溶等所劾，崇祯帝皆不采纳，时有"弹章愈多位愈固"之说。崇祯十五年（1642）六月致仕。崇祯十七年（1644），四知降清，被人耻笑为贰臣，名声扫地。《明史》评价其等："皆庸劣充位而已。"

【黄宗昌】字长倩，号鹤岭。即墨县（今改市）人。万历四十三年（1615）举人，三甲第四十七名进士。授直隶雄县知县，邑中多中涓戚党，横行乡里。宗昌下车，诸一惩治。改清苑县知县，值权阉魏忠贤势盛，所建生祠遍及三辅，宗昌独不为建。崇祯即位，擢山西道监察御史。初奏事，即上《纠矫伪疏》，要求清除魏党余孽。又劾周延儒、温体仁。以上所疏，皇帝皆不听不纳。后温体仁、周延儒成为内阁大臣，将宗昌出为巡按湖广，不久罢归。崇祯十五年（1642），清兵围攻即墨，宗昌变卖家产作军饷，率众护城，城得保全。交战中，子基被流矢射死，妇周氏及三妾殉之，时人谓之一门五忠烈。明亡后，宗昌在崂山筑玉蕊楼，隐居深山，专心撰述。著有《疏草》、《崂山志集》、《因人成事录》、《恒山游草》。卒祀名宦、乡贤祠。

【曹铨衡】字衷白。安丘县（今改市）人。天启元年（1621）举人，翌年联捷三甲第五十一名进士。授直隶宁晋县知县，洁己爱民，刻木为隶，征达则持以往，民不知扰。县有驿递之累，前知县要求上官增岁赋千金，上官欲将部分赋金拨付他县，铨衡争曰："百姓自剜其肉，为人补创可乎？"上官意图被阻止。铨衡乃免其半，而以其半解决驿递之难，民力得以舒缓。某内阁大臣家为邻邑，气焰甚张。宁晋县主簿是其门生，借其势，为民害，铨衡予以贬斥，主簿怒恨求去。某内阁大臣发怒，唆使两台对铨衡中伤之。恰会巡按御史潘某入朝，却以循良荐举铨衡，使某内阁大臣更加气愤，欲一并处置，潘某谢病而去。铨衡受到盐运使参劾，被谪官，其去之日，邑民号哭如失慈父母。未几，被补河南汝宁府教授，迁国子监助教，以病卒。祖父一麟，嘉靖进士，知县；叔祖一凤，嘉靖进士，光禄寺少卿。

【乔　淳】军籍顺天府宛平县，乡贯山东临邑县。三甲第五十五名进士。

【李若琳】祖籍山东新城县（今桓台县），移籍顺天府上林苑监蕃育署。《清史稿》有传。天启元年（1621）举人，翌年联捷三甲第六十四名进士，选庶吉士，授检讨。清顺治元年（1644）起原官，旋为詹事府左庶子，升詹事府少詹事，兼国子监祭酒。奏请入监学生考选事宜，得旨允行。时裁詹事府官员，若琳改翰林院侍读学士，仍管国子监祭酒事。请立满洲八旗书院，被下所司议行。顺治二年（1645），请更定孔子神牌，复元制曰大成至圣文宣王，下礼部议，定称大成至圣先师。是年七月，迁弘文院学士，充纂修《明史》副总裁，授礼部左侍郎。顺治五年（1648）七月，升礼部尚书，加太子太保。顺治八年（1651）二月，坐与冯铨朋比为奸，革职。未几卒。

【孙肇兴】（1583—1662）《题名碑录》载姓蒋。字兴公，号振宗。莘县人。万历四十六年（1618）举人，三甲第六十五名进士。授南直隶山阳县知县，治行循卓。其清丈民田，以四亩为一亩，百姓感恩戴德。升工部虞衡司主事，以忤权宦张彝宪，被下狱谪戍。以公论得昭雪，复为兵部主事。入清，擢天津兵备道，迁山西学政。又历江南右布政使、广西左布政使，中途得病告归。杜门五载，以著书为事。被以"山林隐逸，怀才抱德"者举荐，顺治帝召至京师，问以治平之策，肇兴立进《用人惩贪疏》，被授宗人府丞，旋升工部右侍郎，转左侍郎。顺治十四年（1657），以老乞休，七十九岁卒，祀乡贤。著有《四书约说》行世。

【张允恭】字乾吾。掖县（今莱州市）人。天启元年（1621）举人，翌年联捷三甲第六十六名进士。屡迁河南南阳府知府，以卓异升永平道，未赴任。

【张毓泰】（1585—1663）字履素。邹平县（《题名碑录》注为军籍）人。父奇策为乡贤，幼承家学，刻苦自立。万历三十七年（1609）举人，三甲第八十四名进士。授直隶邢台县知县，事无巨细，为必躬亲。以执法明允，公断水利之争，被刻石称颂。崇祯元年（1628），补山西汾阳县知县，时谷价方平，令百姓储谷菜防灾，第二年果遇水灾，设立八厂煮粥供饥者。入冬，乃具煨洞煤炉，令灾民宿住，晚给粆粥，晨饮椒姜汤。灾后疫病起，乃设阳春局，旋散剂药。大灾之年，尤不忘教育，急诸生之急，择立社师四十三人，使教幼童六百天。崇祯五年（1632），改直隶永年县知县，剪除王谦、刘三谦两巨蠹，捐资修学宫及书院，并兴修水利，教民种菱藕。崇祯八年（1635），擢兵部武选司主事。崇祯十年（1637），出为宁武关兵备道，适虎镇贾庄兵溃而回，即略惩弃甲者，吊国殇，恤孤儿。监军宦官牛某颐指气使，在诸道司中独毓泰盛气不退让。以布政司参议，先后分守大梁、通州道。监军十三载，以丁母忧归。清顺治元年（1644）十一月，以人才被征授山西按察使。顺治四年（1647），升江西右布政使。江西有南、赣两府归附，部议豁其本年以前额税，左布政使欲抗章尽征收之。毓泰力争乃免。任满注上考，未几却被革职。康熙二年（1663）卒，年七十八。著有《尚书一得录》、《劝鉴录》、《梦觉录》、《刑汾政纪》、《监军政略》、《宪晋纪略》、《旬宣录》、《引止录》、《家政录略》等。孙：埔，康熙拔贡，知县；埙，康熙举人；玺，康熙进士，知县。

【臧尔令】字玉岩。诸城县（今改市）人。万历四十六年（1618）举人，三甲第一百零四名进士。授直隶元氏县知县，以清操名。在任所需皆取给于家。以卓异被举荐，举荐者向其索金，称可得吏部官员，尔令不予，乃授工部屯田司主事。改礼部仪制司主事，升精膳司员外郎。出为河南布政司参议，分守睢陈道，大有治声。未几，转山西按察司副使，分巡冀南道。有战功，却被嫉妒者掣肘，尔令知事不可为，移疾归。每言及时事，歔欷泣下。崇祯十五年（1642）冬，率子侄守城抵御清兵，城破被杀。子世德、永德和弟尔寿（庆阳府知府）及兄子嗣德皆同日战死。

【朱　纯】字我白。长清县（今济南市长清区）人。生有凤慧。初入塾日读姓书一册，人皆惊奇。家素贫，唯以舌耕自给。天启元年（1621）乡试解元，翌年联捷三甲第一百二十二名进士。授直隶容城县知县，以廉明改治永年县。以考最擢南京福建道监察御史，首劾魏忠贤余党石三畏，石三畏为魏忠贤"十孩儿"之一。一时直声大震。出为陕西庆阳府知府，升陕西布政司参政，分守河西道。时值兵乱奇荒，纯经理有方，兵民皆赖以安。著有《四书存慧》、《登岸集》、《读书约》行世。卒祀乡贤。

【顾光祖】字耀之。军籍山东平山卫。入载《聊城县志》。万历三十四年（1606）举人，三甲第一百二十三名进士。由行人司行人，擢工科给事中，清直之声满长安。魏国公有所请托，光祖纠参之。魏国公衔恨诬以他事，其被降调。崇祯十二年（1639）五月，由光禄寺丞，迁尚宝司卿。虽不在言路，但对国家大利大害之事，无不切实陈请，上多采纳。致仕归。清初，清廷曾召用，因老病未仕，七十八岁卒。

【任光谓】字养纯。平原县人。万历四十六年（1618）举人，三甲第一百四十三名进士。授山西沁水县知县。叔父士凭，嘉靖进士，工、兵、刑部右侍郎。

【陈赞化】字金铉。朝城县（今属莘县）人。性孝友，行坦直，万历三十七年（1609）举人，三甲第一百五十一名进士。授南直隶太湖县知县，破获沉冤十年的屠者杀人案，多有异政。改桐城县，值魏忠贤抄没都察院都御史左光斗家，赞化冒着风险，毅然暗中给以调护，时人为之动容。未几，魏忠贤败，桐城人将其赞颂于朝。擢监察御史，升至刑科给事中。居谏垣，秉道疾邪，风节益峻。有权贵不法畏惧赞化，遣亲信暗中笼络，许以吏科都给事中，赞化以此为耻，连上十章，将其劾罢，声动朝野。历太常寺少卿、太仆寺少卿、左通政、太仆寺卿、都察院左副都御史。以劳瘁呕血，请假归养，途中而卒。赠都察院左都御史，入太湖、桐城名宦祠，祀乡贤。

【陈梦玚】军籍山东登州卫，乡贯南直隶宣城县。迪（洪武至建文间礼部尚书，被诛）七世孙。万历四十三年（1615）举人，三甲第一百五十二名进士。授湖广潜江县知县，迁南京大理寺丞，升吏部考功司郎中。卒祀乡贤。曾祖父鼎，弘治进士，应天府尹；祖父其学，嘉靖进士，南京刑部尚书；弟梦玮，知县。

【孙止孝】字敬止。历城县（今济南市）人。万历三十一年（1603）举人，三甲第一百六十八名进士。由直隶卢龙县知县，升至户部郎中。出为布政司参议，分治密云道。清军两次攻城，皆昼夜坚守，使清兵退去。又施密计，擒获谍者韩僧。以忤权贵归。崇祯十二年（1639），清军攻邑城，止孝捐资犒师，并命子建宗（后成崇祯进士、清太仆寺卿）率族人守东城。城陷，止孝自缢死。兄则孝（诸生）、纯孝（举人），弟永孝，侄惠宗、延宗皆战死。

【姜兆张】字尔玑。掖县（今莱州市）人。天启元年（1621）举人，翌年联捷三甲第一百六十九名进士。授陕西三原县知县，下车问疾苦，锄强暴，风节峻厉。改长安县知县，士庶相送，拥车悲涕。后升监察御史，仕至按察司副使，以劳卒，民立祠祀之。

【王述善】军籍山东登州卫，乡贯山东招远县（今改市）。天启元年（1621）举人，翌年联捷三甲第一百七十八名进士。仕至刑部郎中。

【毕生辉】莱芜县（今莱芜市）人。万历三十七年（1609）举人，三甲第一百八十三名进士。授直隶武清县知县。有董太仆者，欲攘民田为屯田，以张扬其功。生辉力拒不可，竿牍数至不应。为其所中伤，改直隶赞皇县知县。升至南京户部郎中，历管盐政和铜务、九库务，积弊一清。事母至孝，母病请假归，以母

天启二年壬戌科

丧哀毁卒。

【靳于统】字绪卿，号一吾。济宁州（今济宁市）人。幼颖敏绝人，稍长好古文辞。喜饮酒，数斗不醉。又喜为诗，清新隽逸。万历四十年（1612）举人，三甲第一百八十七名进士。授行人司行人，奉命送辅臣吴兴、朱国桢回籍。朱国桢馈以金不受。因王恭厂灾得病，及再奉使江右焚舟致恐病加剧，刚旋里而卒。郡人私谥清介，入祀乡贤。

【孙之獬】（？—1650）字龙拂。淄川县（今淄博市淄川区）人。《清史稿》有传。万历四十三年（1615）举人，三甲第二百三十五名进士，选庶吉士，授检讨。升至翰林院侍讲。曾典顺天乡试，得人称盛。以争《三朝要典》被入逆案削籍。家居二十年，以文业课子孙族人。有义举，必首倡捐资。顺治初，其组织团练拒农民军，斥家财守城。清廷召为礼部左侍郎，议定品级衣冠之制。有西洋人以治历法求伯爵，之獬当廷折之。自请招抚江西，加兵部尚书衔以行，被劾夺官。回籍，于顺治四年（1647），又率乡民顽拒义军，城陷被杀，诸孙从死者七人。生平著述，城破多散佚。有旧刻《懒水园集》、《澄江草》及选刻《宋元诗尘》行世。祖父光辉，嘉靖进士，南京户部主事；子伯龄，顺治进士，左通政。

【高可法】安丘县（今改市）人。万历三十四年（1606）举人，三甲第二百四十一名进士。授户部主事。

【冯可宾】字桢卿。益都县（今青州市）人。万历四十六年（1618）举人，三甲第二百四十三名进士。由浙江湖州府司理，仕至太仆寺少卿。入清隐居不仕。著有《石蒲斋诗集》、《岕茶牋》。曾辑编《广百川学海》。父起震，岁贡，善画竹，董其昌、邢侗极称之。

【郭慎独】直隶东明县（1963年划归山东菏泽专区）人。万历三十一年（1603）举人，三甲第二百七十一名进士。授河南安阳县知县。

【孔闻谋】字元伏。曲阜县（今改市）人。至圣裔。天启元年（1621）举人，翌年联捷三甲第二百七十四名进士。授行人司行人，屡迁礼部仪制司郎中。出为河西分巡道。岁馑民饥，剽劫四起。闻谋率兵千余人，仅用六日，剿除十八寨的剽劫者。迁按察司副使，奉檄平庆阳之乱，并定边兵之变。皇帝嘉其能，将嘱之重任，闻谋竟谢病归。入清，当事者荐诸于朝，以上疏得罪，后遇赦，不再复出。

【徐成治】祖籍南直隶歙县，移籍山东峄县（今枣庄市峄城区）。万历四十六年

天启二年壬戌科

（1618）举人，三甲第二百八十三名进士。授礼部仪制司主事。

【杜其初】（？—1640）莒州（今属日照市）人。天启元年（1621）举人，翌年联捷三甲第二百八十七名进士。屡迁浙江绍兴府知府，任满致仕。崇祯十三年（1640）卒于家。子李，庠生，在崇祯十五年（1642）抗清守城中不屈而死。

【孙景燿】字毓华。济宁州（今济宁市）人。天启元年（1621）乡试亚元，翌年联捷三甲第二百九十一名进士。授直隶广宗县知县，改魏县。被移上林苑监丞。又迁南京工部营缮司主事，升至郎中，监理宝源局。因疾免。其以耕读传家，继起为望族，发祥自景燿始。

【亓之伟】（？—1644）字坦之，号超凡。莱芜县（今莱芜市）人。天启元年（1621）举人，翌年联捷三甲第二百九十二名进士。授直隶成安县知县，改浚县。以强直闻，有铁面不发私书之颂。入为户部主事，监兑苏、松、常镇漕粮，适上海知县漂没漕米万余石，户部尚书坐之伟罪，会上亲赐问得未减，被谪为陕西西安府经历，人为之不平，而之伟处之澹如也。升宣府推官，时大珰王坤督理军务，抚军以下肃然震悚，独之伟持正不阿。复为户部主事，榷税浒墅关。升本部员外郎，监兑草场。擢直隶河间府知府，对权豪和巨珰悉裁以法，百姓赖之。时义军大起，邻县多陷，之伟加强防守。高阉督师所至烦扰，之伟预设营房千余间于城外，百姓获安。其收养逃难妇女，得山东一百五十口，悉给资费遣归。升山西阳和兵备道，李自成军渡河，守将与义军暗通，胁迫之伟投降，之伟不从，被杀。清初祀乡贤。父才，万历举人；子必迪，康熙举人。

【王光贲】观城县（今属莘县）人。性介品方。万历四十六年（1618）举人，三甲第二百九十七名进士。屡迁户部郎中，称廉能。以避逆宦魏忠贤致仕归，累征不起。卒祀乡贤。

【曹廷辅】安丘县（今改市）人。万历三十四年（1606）举人，三甲第三百名进士。授礼部主事。

【刘一鹤】原名业鸿。字二清。堂邑县（今聊城市东昌府区）人。万历三十七年（1609）举人，三甲第三百零六名进士。孝悌洁清。为学行不由径，根柢濂洛，而畛域不立，人乐与交往。虽成进士，仍布衣素食。未仕。卒祀乡贤。

【赵继鼎】德州（今德州市）人。万历四十六年（1618）举人，三甲第三百零七名进士。入清，于顺治五年（1648），由直隶顺天府丞，迁太仆寺卿，改太常寺卿。次年，先后为都察院右左副都御使。顺治八年（1651），改授户部右侍郎。次年，充殿试读卷官。顺治十一年（1654）休致。

天启二年壬戌科

【孔闻诗】字四可。曲阜县（今改市）人。至圣裔。性恬澹，从未轻言人过。万历四十六年（1618）举人，三甲第三百一十六名进士。授中书舍人，升吏科给事中，正论侃侃。其明习掌故，又好旁询民生疾苦及边海阨塞险要之事。崇祯元年（1628），魏珰余党未除，闻诗疏纠八丑（为端士品、肃铨政、稽援纳、慎署官、严政教、重恩荫、清兵饷、恤驿递），又陈时务二策，思宗嘉纳之。直声震一时。母丧归，服阕，当事者忌其耿直，出为山西按察司副使，分治井陉道。之后又被降调河南布政司参议，分守大梁督粮道，其未受任，归家七年卒。

【郭　广】字涵之。齐东县（今属邹平县）人。万历三十四年（1606）举人，三甲第三百二十四名进士。经屡迁，以按察司副使，充宁前监军。时饷缺兵变，执抚而噪，祸几不测，广借钞插盟，解围谈笑间，兵静边安。以忧劳卒于官，赠太仆寺少卿。

天启五年乙丑科

本科录取：一甲三名，二甲五十七名，三甲二百四十名。其中山东三十七名。

【徐　标】（1591—1644）字准明，号鹤洲。济宁州（今济宁市）人。幼有圣童之誉，读书慕节烈，慨然有当世志。万历四十六年（1618）举人，二甲第十名进士。授河南信阳州知州，躬行境内劝农桑。以卓异迁工部都水司郎中，督察南河淤塞，建议在决口处修石堤，以防水患。出为河南按察司佥事，兼布政司参议，兵备淮徐，立有战功。崇祯期间，以破敌之功，思宗欲升徐州为府，以标作为统领，统大名、归德、徐兖，联络四省，便宜行事，援剿李自成等农民义军。母丧归，起补凤泗监军。崇祯十五年（1642）十一月，迁都察院右佥都御史，巡抚保定。次年二月，加提督紫荆关兼海防军务。五月，思宗召对，见其慷慨陈时事得失、内外机宜，大加赞赏。标复奏屯田、车战诸策，达数千言，思宗高兴纳之。并谕曰："雪耻复雠，治军歼贼，一以付卿。"标抵任，又劾属吏不法，条上兴屯、选练及地方利病二十余疏，皆被允行。李自成军进攻山西，标被加兵部右侍郎，兼都察院右佥都御史，总督畿南、山东、河北军务，仍兼巡抚保定。不久，宣、大相继陷落，改督师援兵。李自成派使劝降，标将来使斩首，誓死捍卫京师。在真定城，标被内叛中军谢加福杀死，以献城降李自成。福王弘光时赠兵部尚书。标博学能文，赋诗草檄咄嗟立就。著有《忠孝廉节集》四十卷、《金石韵府》、《患备考》二卷、《河防律令》二卷、《兵机纂要》四卷、《小筑迄言》、《小筑近集》诸书行世。

【董嗣谌】《题名碑录》载作嗣湛。莱阳县（今改市）人。天启元年（1621）乡试亚魁，二甲第十一名进士。授户部主事，升至郎中。出为河南归德府知府。升河南按察使，分巡汝南道。兄嗣朴，天启举人，按察司副使。

【张凤翼】字异羽，一字羽明，别号潜山。堂邑县（今聊城市东昌府区）人。天启元年（1621）举人，二甲第三十三名进士。授兵部车驾司主事，升至武库司郎中。出为河南布政司参政，分守大梁道。刑科给事中陈赞化弹劾内阁首辅周延儒引凤翼为证，周延儒恨之入骨，将其左迁霸州右参政，旋免。崇祯十六年（1643）九月，由陕西宁夏兵备道，迁都察院右佥都御使，巡抚延绥。时李自成军已攻陷延安，凤翼兼程赴援，赶至柳树涧与李自成军相遇，兵败，不屈而死。喜读《汉书》，尤好《易》，性情刚直，不避艰险，为民除害，深受百姓爱戴。

【魏肯构】字子贲。曲阜县（今改市）人。性孝友。万历四十年（1612）举人，二甲第三十八名进士。授户部陕西司主事，掌管下粮厅，称廉平。魏忠贤欲与通谱，肯构不答应。魏忠贤欲加害，会以丁忧去职。服阕，补兵部职方司主事，升至武选司郎中。出为四川下川南道，奉檄入援内江战事。入清，授河南河北道，岁余乞休归。卒祀乡贤。

【卢士㴖】（1588—1653）字德水，一字紫房。军籍直隶德州左卫（域属山东），乡贯直隶涞水县。九岁而孤，哀毁如成人，事母及兄姊以孝友闻。万历四十三年（1615）举人，二甲第四十六名进士。授户部主事，乞请侍养老人归。服阕，补礼部主事，改监察御史。参赞漕运，时久旱河竭，盗贼纵横，所上条议皆报可。《明代职官年表》载：崇祯十七年（1644）六月，为南京工部右侍郎，移疾归。居乡倡议讨伐义军，与乡人擒杀义军所派官员。清军进入山东，欲征召为原官，辞病不赴，屏居尊水园，纵酒佯狂而终。其雅好赋诗，最慕少陵。家中藏书万卷，与客饮醉，隤然自放，有陶、阮之风。未卒十年前，即置棺椁，扫除墓地，自称"南村病叟"。著有《尊水阁集》、《春秋闲说》、《读杜私言》（本名《私钞集》）等。曾祖父宗哲，嘉靖进士，光禄寺卿。

天启五年乙丑科

【宋可久】字柱石。胶州（今改市）人。少负文名，学问有根柢。为诸生时教授生徒，仿白鹿洞学规，务为实行。天启四年（1624）举人，翌年联捷三甲第八名进士。仕至吏科给事中，奏事不避权贵。崇祯时，以太监张彝宪总理户、工二部，可久力争之。弹劾阁臣周延儒剿御无策。崇祯五年（1632），李九成围莱州府援兵不至，可久与户部侍郎刘重庆屡疏请兵，以忧愤卒于官，祀乡贤。弟可发，清顺治进士，按察使。

【张　瑶】（？—1632）字天游，号海眉。军籍山东登州卫。入载《蓬莱县志》。《明史》有传。万历四十六年（1618）乡试亚魁，三甲第十六名进士。授河南开封府推官，绝请托，抑豪强，执法明允，吏民畏如神。崇祯四年（1631）行取入都，吏科宋鸣梧力援宋玫为给事中，而压抑瑶，被授府同知。瑶非常愤怒，连上七疏申辩，劾宋玫行贿。吏部尚书闵洪学劾瑶馈遗奔竞，宋鸣梧也极论之。瑶被谪河州通判，未赴任归里。次年正月，叛将李九成等兵逼登州，瑶率家众登陴拒守，城陷，瑶犹挥石奋击，被执不屈被杀。其妻女四人投井死。瑶被赠光禄寺少卿，赐祭葬。著有《持忠堂诗文集》。崇祀乡贤、忠孝祠。子一渐，清知府。

【白　楷】（？—1635）字礎之，号擎宇。军籍山东平山卫，乡贯山东莘县。少倜傥不群，喜读古人词，每遇节义事辄奋袂起舞。制义古秀高卓，脍炙人口，与闽中陈士奇齐名，号称"二难"。万历三十七年（1609）举人，三甲第十八名进士。授山西平阳府推官，击弹不避权贵，人称神明。当时，其授业之师耿如杞，以不拜权宦魏忠贤生祠，受栽赃陷害，被追赃下狱。楷仗义而出，令人公开持千金抵狱中代输，以是得脱。阉党恚之，楷被左迁浙江按察司僚属。不久，补河南卢氏县知县。邑为李自成军进军孔道，楷料理残疆，百计拒守，期年不懈，以力竭城溃，拒不投降，自经死。著有《春山瑶草》、《以虞草》行世。

【张士第】章丘县（今改市）人。万历三十七年（1609）举人，三甲第二十七名进士。授直隶长垣县知县，屡迁按察司副使，加布政司参政。兵备淮海。入清，顺治元年（1645）十月，授山西右布政使。次年七月，改江南左布政使。一年后，被罢归。

【赵秉衡】临清州（今改市）人。天启元年（1621）举人，三甲第五十二名进士。官户部郎中，总督密云粮储。

【叶廷秀】字润山，号谦斋。濮州（今属河南范县）人。天启四年（1624）举人，翌年联捷三甲第六十一名进士。初为直隶衡水、获鹿等县知县，改直隶顺天府推官。英国公张惟贤与民争田，廷秀力抗之，以田归民。崇祯中，迁南京户部主事，改京师户部主事。傅永淳为吏部尚书，廷秀言傅永淳庸才不称职，甫四月，永淳果败。黄道周被逮，廷秀疏救，皇帝怒予杖击，被逮入狱。第二年，遣戍福建。黄道周戍粤释还，特旨起廷秀故官。会李自成攻陷京城，未赴。福王弘光时，召以都察院佥都御史，被马士英所抑，授光禄寺少卿。南京陷落，福王亡，唐王召拜其都察院左佥都御史，进兵部右侍郎。事败，为僧以终。《聊城人物大辞典》载：南明亡，廷秀加入农民起义队伍榆园军，顺治八年（1651）兵败被擒，遇害于东昌，年五十一岁。著有《孝经注》一卷、《偶言》四卷、《西曹秋思》一卷、《奏稿》一卷、《诗谭》四卷、《摘批鹤林玉露》一卷、《素园遗书》等。

【张宏德】（1582—1643）字玄同，号印石。莱阳县（今改市）人。器度凝重，学博而才达，尤敦大节，与人处不苟言笑，嗜古工文。天启四年（1624）举人，翌年联捷三甲第六十七名进士。授直隶肃宁县知县，会年饥多盗，其以奖赏法捕蝗，以联络守望法治盗，高人一筹。并发仓粟，广赈贷，全活数万人。时魏忠

天启五年乙丑科

贤气焰方张，以严谴、超陟笼络朝士。魏忠贤暗使私人，对宏德以台谏美官相许，宏德拒而不附。宏德道："吾第行所学报天子知遇耳，岂忧权党哉。"崇祯元年（1628），改直隶蠡县知县，革耗羡，精听谳，严吏胥，缮堳埒，崇奖风教，修义士烈妇诸祠，诸政皆举。仅一载，柄铨者拟大用，但被忌恨者中伤，改浙江嘉兴府通判。其知直道难通，不容于时，以终养年迈之母，拂衣而归。居家教诲子侄，侄允捷（刑部郎中）、允抡（知府）先后成进士。其对守城、助赈诸事，皆捐金、输粟。崇祯十六年（1643），清兵围莱阳城，其率亲丁在南城上血战力竭，被创而殁，其妻亦自缢。著有《尚书说贯》、《四书说贯》、《印石遗稿》。

天启五年乙丑科

【赵振基】省、县志载作振业。字在新，号暨垣。益都县（今属淄博市博山区）人。万历四十六年（1618）举人，三甲第七十名进士。授直隶邯郸县知县，地当孔道，轮蹄如织，振基内恤民力，外供邮传，不劳而办。擒宿盗，抑豪猾。当道要求在邑中为魏忠贤建祠，振基找借口推辞。在任五载，以循吏第一，擢云南道监察御史，疏劾吏、兵两部钩党，语侵阁臣温体仁。本以巡漕报最，部议加寺卿，却被温体仁从中阻罢，命管阁台章奏。崇祯七年（1634），督学南畿，会温体仁密戚以童子十名，求通关节，振基拒绝。由此，未期月，被改四川布政司参议，分守川北道。振基怡然就道，既抵整治吏民巫鬼之俗。崇祯九年（1636），升湖广布政司参政，分守荆西兵备道，有战守功。以不满时政，知不可为，乃引疾归。崇祯甲申之变后，清廷授其山西布政司参议，充督粮道，兴修水利，清核废藩之产，不遗余力。转庐州兵备使。有山贼杀英山县知县，振基请督府发兵，自以禁旅千骑为前锋，并督办军饷，三月而平定。振基叹曰："吾力竭矣。"旋以疾请归，优游林下二十年。八十四岁卒。子进美，崇祯进士，清按察使；孙宪，雍正进士；曾孙执珺，康熙举人。

【张聚秀】字颖禾。平原县人。为人敏达果确，不牵于俗。万历三十四年（1606）举人，三甲第八十四名进士。首置义田、义学，以培育族党和乡里因贫而不能受教者。授河南永宁县知县，有异政。旋改安阳县知县，励志抚育，兴利剔弊，事事务求惠政于民。尤其调剂驿站，除去乡民养马之忧，甚得民心。崇祯初，擢云南道监察御史。时朝廷仍遣内臣出为监军，总揽军事。义军已起三秦，朝廷为解决军饷，加派人员四处搜刮。朝廷对义军力主招抚，养痈为患。为此，聚秀直言上陈时事七不可解。尤其对罢遣内臣、禁抚义军，反复急切上疏，但都没有得到回复，忧愤成疾而卒。祖父世亨，嘉靖举人，刑部司务。

【薛文江】滨州（今滨州市）人。万历四十三年（1615）举人，三甲第八十八名进士。授直隶河间县知县。

【成　勇】字仁有，号宝慈，晚号蜗庐居士。乐安县（今属东营市）人。生而颖异，七岁日记万言，不与群儿嬉戏，识者惊奇。天启元年（1621）举人，翌年参加会试，以试策极言宦官之祸，而被废置。后考取三甲第九十三名进士。时魏忠贤擅政，广延士类，以自张新进。登第者多伏谒，勇拒走其门，不受暗中笼络，被授江西饶州府推官。有中使以治器浮梁窑路过饶州，知府以下皆至郊外迎接，勇独不前往，且捕笞其作恶从人。又历为河南开封、归德二府推官。以卓异选取入京，时变考选例，优者得为翰林。勇虽列考选首位，但吏部尚书田惟嘉为安排私人，却将勇抑置南京吏部主事，舆论大哗。翌年二月，皇帝御经筵问讲官考选得失，詹事府谕德黄景芳讼成勇及朱天麟屈，皇帝亲策诸臣，朱天麟得翰林，勇以先赴南京未授翰林，用为监察御史。其上有救时切病诸疏，皆报可。杨嗣昌夺情入阁，一时言者皆获谴。勇愤而上疏，疏入皇帝大怒，将其削籍，提讯刑官拟杖责遣戍也不许，命追问主使，勇不为所动。其初曰天地鬼神；二曰先祖列宗；三曰周公、孔子。其狱中上言："臣十二年外吏，数十日南台，无权可招，无贿可纳，不知有党。"终被谪戍宁波卫。朝廷内外举荐者十余疏皆不召用。最后，都察院左都御史刘宗周言："用天下人，不如用勇一人。"都察院左副都御史张玮言："勇天下之大廉，用之可激扬群吏。"皇帝乃令吏部复议，又让刑部复核，皆请擢用，可复原官。皇帝以宥罪方新，不当复职，命以他官用。勇刚闻命，而京师已陷，即归里。福王弘光时，起用为监察御史，未赴任，隐居昆嵛山以终。勇学宗濂洛，著有《留台疏稿》、《消闲录》、《春秋三传释疑》、《十三经注略》、《蜗庐楼诗》、《昆嵛洞语录》、《训蒙大意》等。子：其范，顺治进士，兵部右侍郎；其愿，康熙举人。

【张盛美】字元绅，号澹居。滕县（今滕州市）人。博学多识，善属文，古奥离奇，名冠海岱。万历四十六年（1618）举人，二甲第九十四名进士。授南直隶凤阳府推官，执法如山，一以严明。时魏忠贤专权，在凤阳守皇陵的诸珰亦恶焰愈张，盛美至任严惩不贷。魏忠贤闻之愤怒，欲罗织罪名加害。崇祯帝即位，立将逆珰剪除，盛美得以无恙。丁忧，服除，又补南直隶凤阳府推官，大吏命署宿州知州，未行，会以督收逋赋引发宿州民众大哗，盛美闻变，一日驰至，即下令停征、缓狱、厘弊、汰役，百姓皆安定欢呼。请免所欠耗米八百余石，豁除漕弊陋规，宿民如去汤火。在任五年，入为贵州道监察御史，慷慨论天下

天启五年乙丑科

事，弹劾不避权贵，痛诋病国病民之时政。两年，上章百余，名重京师。尤其所上"刑宫纵奸玩旨"一疏，震动朝野。当路忌恨盛美"强项"，乘其奉命巡按三吴，刚出都即改为河南怀庆道。怀庆为郑王封地，藩王府就在怀庆城内，郑藩专擅，无人臣礼，侵夺民庐舍子女，盛美至尽揭郑王府淫虐诸项不轨行为，上请被置于法。崇祯九年（1636）五月，皇帝下旨查郑王府，世子翊钟以罪赐死。京城有"张舍命"之谣。盛美从此亦不能安其位，去怀之日，百姓焚香哭送数百里不绝。既归，优游园林，诗酒自娱，四十九岁卒。著有《署甬罪言》、《罿怀纪略》和诗集《戊已集》、《咽鹤集》、《凌虚集》三种。

天启五年乙丑科

【王万象】字新寰。掖县（今莱州市）人。万历四十年（1612）举人，三甲第九十六名进士。授河南固始县知县，升四川道监察御史，巡按江西。又掌河南道监察御史，升太仆寺少卿。入清，于顺治三年（1646），由顺天府丞升府尹。次年，罢归。

【夏梦祯】字祥凝。寿光县（今改市）人。天启元年（1621）举人，三甲第一百零九名进士。授直隶任丘县知县，邑当冲繁，其才具优长，治事精敏，有廉干声。

【张　忻】（？—1658）字静之。掖县（今莱州市）人。天启四年（1624）举人，翌年联捷三甲第一百一十八名进士。由知县擢吏部主事，以试事逆中贵，被罢归。崇祯五年（1632）春，孔友德反叛围莱州城，其倡守御，首捐数千金佐军需，以战功被重新起用。从崇祯十五年（1642）始，历太常寺卿和刑部右侍郎、左侍郎、尚书。崇祯十七年（1644）三月降李自成。清顺治二年（1645）以荐起用，授兵部左侍郎兼都察院右副都御史，巡抚天津。顺治四年（1647）三月，被降职二级调用，以疾致仕。顺治十五年（1658）卒于家，祀乡贤。父孔教，万历进士，太常寺少卿；子端，崇祯进士，翰林，入清为礼部侍郎、国史院大学士。

【萧运泰】祖籍寿光县（今改市），移籍云南昆明县。三甲第一百三十三名进士。

【秦士奇】字一水。金乡县人。万历四十三年（1615）举人，三甲第一百三十五名进士。历南直隶昆山县和直隶获鹿、固安县知县。

【宋　玫】（？—1643）字文玉，号九青。莱阳县（今改市）人。《明史》有传。天启四年（1624）举人，与族叔应亨同榜进士，位列三甲第一百四十四名。授河南虞城县知县，改杞县，皆有治绩。入为吏科给事中，曾疏论用人，建言："陛下求治之心愈急，则浮薄喜事之人皆饰诡而钓奇；陛下破格之意愈殷，则巧言孔壬之徒皆乘机而斗捷。"时人以为切中吏治之弊。丁母忧，服除，起故官，升至刑科都给事中。其上疏言："狱囚稽滞瘐死于刑死几相半，宜有矜释。"思宗采纳之。崇祯十三年（1640）十二月，迁太常寺卿。次年十一月，改工部右侍郎。崇祯十五年（1642），与大学士周延儒、客盛顺相结，希图入内阁。思宗已中流言，怀疑诸臣廷推阁臣有私，而玫入对希得帝意，侃侃敷奏，帝发怒叱退之，将其下狱，被削籍而归。次年正月，清兵破莱阳城，参加抵抗守城的玫与族叔应亨等人，一并被杀，年未四十。著有《憎草拾遗》。祖父兆祥，万历举人，府同知；父继登，万历进士，南京鸿胪寺卿；兄琮，崇祯进士，知县。

【王象云】初名象需。新城县（今桓台县）人。天启四年（1624）举人，翌年联捷三甲第一百五十八名进士。授山西大同县知县，改直隶永清县。崇祯二年（1629）冬，永清被围，象云坚守，以功升监察御史。崇祯四年（1631）春，疏劾王永光推用巡抚之谬。又劾周延儒、温体仁，谓二人辅政以来，天下有"三满五尽"之患。思宗虽未用其言，但对其也不怪罪。仕至山西布政司参议。父之都，万历进士，知府；弟象咸，光禄寺署丞，狂放不羁，嗜酒，工草书。

【武起潜】字用潜。曹州（今菏泽市）人。万历四十三年（1615）举人，三甲第一百六十一名进士。授直隶武清县知县。有诸生为人所评，纳金酒瓮中以献，起潜召学博及诸生贫者数人，置瓮庭中，谓之曰："与诸生共酌之。"酒尽金见。其人惶恐，即以金分资贫者。治县一载，兴利除弊，商民称便。改遵化县知县，将大猾徐名標毙死狱中，一邑称快。崇祯二年（1629），城破，起潜及妻范氏皆死之。

【孔闻籍】曲阜县（今改市）人。天启元年（1621）举人，三甲第一百六十五名进士。仕至直隶河间府知府，殉难。

【宋应亨】字嘉甫，号长元。莱阳县（今改市）人。《明史》有传。万历四十三年（1615）举人，三甲第一百七十九名进士。授直隶清丰县知县，锄豪强，擒巨盗，百废修举，教化大行。入为礼部主事，改吏部文选司副郎（署理选事），升稽勋司郎中。在吏部选授内外官员，一秉至公，而情法曲当。崇祯六年（1633），典试河南，多得名士。以母年逾九旬，陈请乞终养，落职而归。家居数载，乡里赖以举火者甚众。好贤喜士，食客满座，酒樽不空，有孔北海遗风。崇祯十三年（1640）大饥，人相食，应亨出粟赈饥，救活数千人。捐金数千修圣庙。崇祯十六年（1643），清兵破莱阳城，抵抗守城的应亨与侄玫（与其同榜进士，工部右侍郎）一并被杀。其被赠太仆寺少卿。曾祖父黻，天顺进士，按察司副使。子：璜，崇祯进士，明兵部主事、清府推官；琬，顺治进士，按察使。

【王　都】号介清。军籍直隶德州左卫（域属山东），乡贯山东文登县（今改市）。天启元年（1621）举人，三甲第一百九十五名进士。授直隶元城县知县，改补滑县，驭剧以静，处腴不脂，为人称颂。精吏事，老猾积蠹不敢售其奸。擒平巨盗，断毁赌具，治狱平反。其洁身自立，不事要津，拟授南京监察御史，由思宗御笔批为礼科给事中，又升工科都给事中。崇祯十六年（1643）十一月，迁太常寺卿。次年三月，被清兵所执，方释旋卒。著有《法戒编》、《棠棣客问》、《朱子漫录》。

【孙三杰】字景濂，号松石。乐安县（今属东营市）人。少倜傥，有大志。万历四十六年（1618）举人，三甲第一百九十七名进士。授陕西宝鸡县知县，请停瑞藩府大朘民力之弗急者，单骑至彼猖之王老虎贼巢谕令解散。有不该交税之田，却收岁贡五千金，三杰立除之。严备战守，治乱有为。改长安县知县，兼署咸宁县事，大猾望风去。有人以事送砚，实为重金，三杰有所知，不复开缄，即笔注九字："砚虽佳，贪墨吾不取也。"立还其人。特授兵科给事中，时天下多变故，内外文武不和，三杰疏陈利弊，指证切直。以连上五疏，劾辅臣周延儒庇奸误国，被降补上林苑监蕃育署丞，旋改太仆寺丞。三杰不以闲职缄默，仍一疏再疏，朝野重之。三杰因终不见用，即乞病告归，卒于家。

【亓　珍】亦作玮。字信卿，号还浦。潍县（今潍坊市）人。万历四十六年（1618）举人，三甲第二百名进士。授河南泌阳县知县，改陈留县，为政以抚循百姓为心，不事刑扑，而境内大治。擢江西道监察御史，厘弊摘奸，务以进贤良退不肖为己任。本县知县治潍有功，特疏荐为部主事。督学江苏，遴选皆一时名士。靖江县旧入学五名，见文风甚盛，特疏广额。卒祀苏州、扬州名宦祠。

【王鳌永】字蘅皋，号润遡。淄川县（今淄博市淄川区）人。天启四年（1624）举人，翌年联捷三甲第二百零一名进士。授湖广襄阳县知县，署宜城县事。入为户部主事。以河南按察司佥事，兵备通州。又调湖广，分巡上荆南道。崇祯十二年（1639）四月，迁都察院右佥都御史，巡抚郧阳。次年四月，以战事与督师辅臣杨嗣昌不和，解任回籍。崇祯十五年（1642）十一月，被起复，迁都察院右佥都御史，督治通州诸军。崇祯十七年（1644）二月，授户部侍郎，理钱法。是年三月，被李自成军所执囚禁不屈。四月，降清。清廷令其以原官招抚

天启五年乙丑科

山东、河南。在青州被李自成裨将赵应元用伪降计杀死。赠户部尚书，赐祭葬。著有《霏雪馆集》、《郧台奏议》。祖父崇义，嘉靖进士，知府。

【宋　果】号衡星。莱阳县（今改市）人。性朴素，奉行程朱家言，宠辱不惊，守其孤介。万历四十三年（1615）举人，三甲第二百零二名进士。授陕西富平县知县，富平厚实，知县岁例数万金，果将其全部用于百姓交赋税时的补贴，以致"庭不闻追比之声，野不见追呼之吏"。富平多健讼，喜破人财产，果一以和事，谕遣之人到官不损一钱，教化大行，几至刑法搁置不用，治声隆起。在任三载，行取考最，以空囊改南京礼部主事。以疾归，亲姻往视，见其病卧草榻，旧裳布被，清贫如洗。有寒素所不堪者，而赍志以没。果又卒无子。论者发出"天道何可问乎"的感叹。

【马之骥】字胜千。益都县（今青州市）人。幼孤，九岁知向学，寒暑不辍。与诸士结社论文，覃精经籍，不与户外事。天启四年（1624）举人，翌年联捷三甲第二百零四名进士，选庶吉士。以忤魏忠贤归。崇祯初，以翰林院检讨，充日讲起居注官，与修实录，召对称旨。典试福建，得人称盛。升国子监司业，署祭酒，以积劳成病卒。生平耻逐浮华，克敦实行。著有《四书摘义》、《素言》等书。

【张元俊】历城县（今济南市）人。万历四十六年（1618）举人，三甲第二百零六名进士。授山西曲沃县知县。

【迟大成】号之莱。莱阳县（今改市）人。博学强记，以麟经著名。万历四十六年（1618）举人，三甲第二百零九名进士。授福建南直隶江都县知县，正直清介，人不敢干以私。擢监察御史，巡按南直隶，有铁面之目。继而又巡按广西，雪冤辩枉。其屡屡不得升迁，盖棺之日，皇帝怜悯，赠太仆寺少卿。祀乡贤。

【田升年】昌乐县人。天启四年（1624）举人，翌年联捷三甲第二百一十七名进士。授福建浙江海盐县知县。子集兰，守城抗清战死。

【楚　烟】字非烟。曹州（今菏泽市）人。万历四十六年（1618）举人，三甲第二百一十九名进士。授福建龙溪县知县。会海寇起，其运筹决胜，一举平之。署海澄县事，多有惠政。后补直隶赞皇县知县，山城土瘠，民贫多盗，其殚精区划，请蠲赈民，民赖以安。擢户部主事，监督神枢营草场。逾年谢政归。崇祯十五年（1642），清军破城，烟被执不屈死，妻赵氏触柱亡，子凤苞（廪生，能诗文）亦护父而死。时称"忠臣孝子烈妇之门"。奉敕建祠。

天启五年乙丑科

崇祯元年戊辰科

本科录取：一甲三名，二甲六十七名，三甲二百八十三名。其中山东三十一名。

【黄图昌】字翼明。沂州（今临沂市）人。万历四十三年（1615）乡试亚元，二甲第二十五名进士。授山西泽州知州，惩治征收赋役中的侵羡者，课士论文娓娓不倦，仁明有声。相传为明三百年第一贤守。丁父忧归时，泽州顶香泣送者数万人，筑生祠立肖像以祀。服除，以母老家贫，请告终养，足不履城，名不刺官府。卒祀乡贤。父和，万历进士，苑马寺卿。

【李缙征】章丘县（今改市）人。天启四年（1624）举人，二甲第二十六名进士。仕至直隶保定府知府。

【宋之普】沂州（今临沂市）人。天启七年（1627）举人，翌年联捷二甲第二十七名进士，选庶吉士。崇祯十五年（1642），由都察院左佥都御史，升户部左侍郎。父鸣梧，万历进士，都察院佥都御史。

【范淑泰】（？—1642）字通也，一字大来。滋阳县（今兖州市）人。《明史》有传。其沉默有大志。天启七年（1627）举人，翌年联捷三甲第九名进士。授行人司行人。由工、吏科给事中，升工科（一说兵科）都给事中。其遇事敢言，所陈"疏理刑狱繁多"、"逋赋难以督追"、"大臣朋比行私"、"借贷之说尤不可行"、"强兵莫如行法"、"感忧时事"诸疏，皆为人称道。其对大吏多有劾奏。内阁大臣王应熊，结党为奸，被吏科都给事中章正宸率先弹劾，思宗愤怒，将章正宸下狱削籍，淑泰抗疏救之。王应熊越加横行无忌。会李自成军攻陷安徽凤阳，毁皇陵。凤阳巡抚杨一鹏，在王应熊庇护下，不以时奏，而是在将所毁皇陵修复后，才含糊奏报。淑泰连续上疏劾王应熊与杨一鹏之"欺诳之罪难辞"，并举劾其受贿之事。思宗祖护王应熊，不加追究，只是将杨一鹏斩首弃市。淑泰虽未劾倒王应熊，而举朝惮其风采。旋丁母忧，守制期间，散财赈济，并以乡兵平李青山之乱。崇祯十五年（1642），充浙江乡试副主考官。事竣，便道过家，值清兵南下，突袭兖州城，淑泰参加守城，城破与弟淑晋、淑谦皆被杀。明廷卹赠太仆寺少卿。曾祖父伸，成化进士，检讨；父廷弼，万历举人，布政司参政，曾因出使交趾加尚书衔；叔父廷辅，天启举人，太仆寺少卿。

【褚德培】字嵩华。峄县（今枣庄市峄城区）人。生而颖慧，十岁为文，令知县惊异,赞其:"大器也。"万历四十三年(1615)举人,三甲第十二名进士。授行人司行人,奉命出使剑南,事毕将要返京时,值烽火告急,将幼子寄于白沟河店,单车冲锋北上,抵都门缒城而入。擢监察御史,正色山立,所条奏悉关国家大计。有户部尚书庇奸溺职,德培连上四疏参劾,将其罢免,直声大震。奉命巡按三秦,归时囊中仅撮碑帖数百本而已。德培连上三疏乞休,不允。崇祯九年(1636),奉命巡视禁军。次年,又巡视两浙盐政,未行卒。德培性孝友,居丧哀毁几绝,兄弟和谐相处。在官顾念桑梓,有《瀰河冲地堪怜》一疏。有冤狱,为之昭雪。乡人颂其德,将其事迹刻于石。工诗文,著有《纪蠹谏草》、《奏草》及《诗集》若干卷。《峄县志》载其诗八首。

【李献明】(？—1629)字思皇。寿光县(今改市)人。《明史》有传。天启七年(1627)乡试解元,三甲第二十名进士。授直隶保定府推官,执法刚正果断,歼大盗张朴,人服其神明。崇祯二年(1629),捧檄按部至遵化,以察核官库驻城中。会有兵变,顺天巡抚王元雅等凭城拒守,将献明作为客官劝之离去。献明正色曰:"莫非王土,安敢见危避难。"其请守东门,城破而死。诏赠光禄寺少卿。

【房之骐】原籍直隶东明县(1963年划归菏泽专区),移居山东益都县(今青州市)。天启元年(1621)举人,三甲第二十二名进士。授国子监博士,擢礼科给事中。又由山东按察司副使、提学,升山东右布政使。父楠,万历进士,按察使。

【刘正宗】(1594—1661)字可宗,号宪石,赐号中轩。安丘县(今改市)人。《清史稿》有传。天启七年(1627)举人,翌年联捷三甲第二十四名进士。由直隶真定府推官,考授翰林院编修。福王弘光时,授詹事府中允。顺治元年(1644)为避战乱,携眷南下金陵。次年,清兵破金陵后返故里。顺治三年(1646)正月(《清史稿》载顺治二年),应诏到京任国史院编修。由于顺治帝的宠信,连续得到升迁。顺治十年(1653)五月,由秘书院掌院学士,授吏部右侍郎。六月,迁弘文院大学士。十一月,吏部尚书缺员,顺治帝谕以"正宗清正耿介,堪胜此任,加太子太保,管吏部尚书",并一直兼管弘文院事。为吏部尚书后,受到不少监察御史的交章参劾,言正宗昏庸衰老,背公徇私,请予罢斥。经下部议,以无实据,寝其事。给事中朱徽复劾正宗擅拟金事许宸迁通政司参议,不由会推,又未专疏题明。正宗以疏忽引咎,当罚俸,援恩诏以免。旋引疾乞休,不允。顺治帝即命辞去吏部尚书,以兼衔回弘文院,又加少

崇祯元年戊辰科

保，兼管礼部尚书事，并充武会试殿试读卷官。顺治十四年（1657），又进少傅。次年，改文华殿大学士，又充会试正主考官。之后，正宗渐失宠信。一说顺治帝晚年迷于佛学，其上疏劝谏，从而失去信任。顺治十六年（1659），顺治帝以正宗器量狭隘，终日务诗文，降旨严饬，让其痛改前非。次年，正宗自陈乞罢，不允。都察院左都御史魏裔介、监察御史季振宜乘机劾正宗用人不当、不自检举等。正宗被坐罪革职论绞。上斥："正宗性质暴戾，器量褊浅，持论偏私，处事执谬。惟事沽名好胜，罔顾大体，罪戾滋甚。从宽免死，籍家产之半，入旗，不许回籍。"康熙帝即位，以世祖遗诏及正宗罪状，当置重典，但怜其衰老而免死。未几，正宗病卒。《清史稿》论曰："正宗倾名夏，亦不免于罪，尤可鉴矣。"正宗工律诗，尤精五言古诗。爱好书法，笔法秀妙。著有《遹斋诗集》、《御墨楼诗选》、《木天草》、《雪鸿斋草》等。兄正衡，崇祯进士，按察司副使。

崇祯元年戊辰科

【韩　源】字逢之，号乾宇。淄川县（今淄博市淄川区）人。万历三十七年（1609）乡试第五名举人，三甲第四十六名进士。授河南郾城县知县，改固始县。为政薄敛轻徭，以重法惩治刁猾，与民休息。以卓异授监察御史，奉特旨以科员用。因考选吏员失上意被罢归。入清，授礼科给事中，再管大计，苞苴不行。升太仆寺少卿，转正卿。又以太仆寺卿，管右通政事。七十二岁解组归田。八十五岁卒。

【王宫臻】（？—1600）原名宫榛。字符四，一字洁修，号瑞卿。齐河县人。生而好学。为人存心祥和，砥躬贞洁。万历四十三年（1615）举人，三甲第七十一名进士。授南直隶崇明县知县，有惠政。值岁饥，力请免赋，捐俸倡赈，民赖全活。以催科不及格罢职。邑人立碑建祠，以寄思念。崇祯四年（1631），署直隶真定府教授，升国子监助教。迁南京户部员外郎，管理浦口仓，又榷税武林关。转本部郎中。崇祯九年（1636），出为山西太原府知府，改补浙江嘉兴府知府，兼署湖州府事，以廉干闻。崇祯十六年（1643），擢陕西按察司副使，分巡西宁道。因李自成军进攻陕西，道梗未得赴任。未几，甲申之变，杜门自匿，清廷征用不起。居家茅屋蓬门，布衣藿食，泊如也。凡里中童叟悉以和蔼款诚相待。其长于韵学及善城守，著有《文豹一斑》、《女四书》、《简明等韵》、《掌上金汤》、《海游草》藏于家。闲居十七年，于顺治十七年（1660）卒。

【宋继发】字华之。莱阳县（今改市）人。万历三十七年（1609）举人，三甲第七十五名进士。授南直隶长洲县知县。丁父忧归。天性孝友，疏财好施，任侠重义。以病卒，私谥"惠介"，祀乡贤。父兆祥，万历举人，府同知；兄继登，万历进士，南京鸿胪寺卿；弟继澄，天启举人。侄：琮、玫分别为崇祯、天启进士；瑚、琏皆崇祯举人。

【吕弼周】邹平县（《题名碑录》注为军籍）人。万历三十四年（1606）举人，历经二十二年，方考取三甲第八十六名进士。以布政司参议兼按察司佥事，充驿传道。

【汤维新】济宁州（今济宁市）人。万历四十六年（1618）举人，三甲第九十二名进士。历山西平陆县、直隶成安县知县。

【傅钟秀】字海峰。高密县（今改市）人。天启四年（1624）举人，三甲第一百零六名进士。授山西长治县知县，擢户科给事中。充会试同考官，会元、状元皆出其门。迁太常寺少卿。丁母忧归。崇祯十七年（1644），李自成军攻陷京城，钟秀闻变，日夜号泣，须发一夕皆白，与回籍户部郎中单崇合谋起义，擒李自成所派县令孙握玉置于狱，并致书衡王府藩王，将散家财招募勇士举义。高密城被义军攻陷，钟秀为义军所擒，与子禀初不屈并死。清廷赐谥"节愍"，祀乡贤。

【周文斗】沂州（今临沂市）人。万历四十年（1612）举人，三甲第一百一十名进士。授知县。

【杨观光】字用宾，一字葵宸，号旭仑。招远县（今改市）人。万历四十六年（1618）乡试经魁，三甲第一百二十四名进士。屡迁詹事府少詹事，兼翰林院侍读学士。曾进呈养性、养气、养体图说，甚称帝心，一时推为博雅名臣。为人和气沁人，留心桑梓，立学田赡士，诸生多待以举火。崇祯五年（1632），登莱发生孔友德兵变围城后，观光请蠲请抚不遗余力。崇祯十五年（1642），胶东发生蝗旱大灾，观光倾储赈贫，乡人赖之。据有史料称（此说待考证），观光对揭竿而起的农民起义军心存同情，在崇祯十七年（1644）打开北京城门，迎接义军入城，受李自成两次召见，封为礼部侍郎。对观光的死因，说法不一。《杨氏家谱》载："甲申殉难。"《登州府志》载："甲申明亡，归里道卒。"所著诗文称富，惜多未传。工画山水。兄觐光，万历进士，南京通政使。

【郝　晋】字康仲，号昆岳。栖霞县（今改市）人。天启元年（1621）举人，三甲第一百二十六名进士。授四川巴县知县，有巨绅纵仆侵牟，立毙杖下，当道以此怀恨，也置之不顾。升四川道监察御史，巡视太仓，上《杂派害民疏》，被采纳。崇祯十六年（1643）三月，由直隶顺天府丞升为府尹；十二月，迁刑部右侍郎，转左侍郎。入清，于顺治二年（1645），授保定巡抚。次年，被降二级调用，旋乞归。设乡塾以造寒士，成就甚众。施药施棺，以济贫民。倡义输金增修城堞三尺。岁荒出粟赈饥。喜临池。自号盂山樵隐，与文士登眺赋诗，优游林泉二十年，七十岁无疾而终。《栖霞县志》载其诗七首。子璟，清顺治举人。

【王志举】军籍武功左卫，乡贯新城县（今桓台县）。三甲第一百四十一名进士。授监察御史。入清，仕至顺天府尹（《清代职官年表》未见载）。

崇祯元年戊辰科

【相大成】字集甫。堂邑县（今聊城市东昌府区）人。天启四年（1624）举人，三甲第一百五十四名进士。授工部主事。有至性，励风节，所学皆有宗承。著有《书解》及《斯干诗》若干卷。卒祀乡贤。

【刘开文】邹平县（《题名碑录》注为官籍）人。天启元年（1621）举人，三甲第一百七十六名进士。历河南武安和直隶三河、遵化县知县，以卓异升职户部（县志未载明官职），先后出为江西南瑞道、池太道。顺治初，用为湖广按察司副使，分巡下荆南道。顺治三年（1646），王光泰叛，被执不屈而死，赠太常寺卿，赐祭葬，入祀忠义祠。子鹏翀，知州。

【葛含馨】濮州（今属河南范县）人。天启四年（1624）举人，三甲第一百八十三名进士。仕至吏部郎中。

【王与胤】一作与允、与尹。字百斯。新城县（今桓台县）人。天启七年（1627）举人，翌年联捷三甲第一百九十一名进士，选庶吉士，改湖广道监察御史，巡视河东盐政。充任应天提学。以疏劾总兵官邓玘皋，大忤内阁大臣意，被谪归，不再复出。归家九年，养亲教子，闭门读书，怡怡自乐，谓可以终天年。闻崇祯甲申之变，涕泣不食，自草圹志，拜诀其父，入室沐浴，与妻和子士和（写有《绝命词》）闭户自缢。父子二人并祀乡贤。曾祖父重光，嘉靖进士，布政司参议；祖父之垣，嘉靖进士，户部左侍郎；嗣父象贲，户部员外郎；生父象晋，万历进士，右布政使。

【江孔滋】沂水县人。万历四十三年（1615）举人，三甲第二百零四名进士。仕至按察使。

【宋　琮】字宗玉，号五河。莱阳县（今改市）人。天启元年（1621）举人，与叔父继发同榜进士，位列三甲第二百一十三名。授河南祥符县知县，任事英毅，有能声。丁母忧，服满，复补南直隶金坛县知县，值灾年，赋逋，自鬻产补三千金。其博学能文，名动一时，学者皆仰慕其风范。行取入京，方拟进词林，却以病暴卒，士林惜之。著有《五河残稿》、《蕑子草拾遗》及所选《明文续古》行世。祖父兆祥，万历举人，府同知；父继登，万历进士，南京鸿胪寺卿；弟玫，天启进士，工部右侍郎。三子（俶、仲、俲）皆有文名。

【李经世】字定宇。临清州（今改市）人。清慎俭约，不轻取与。天启四年（1624）举人，三甲第二百一十八名进士。授河南陈留县知县，多有惠政。因早作夜思，终日劳顿，以劳瘁卒于官。

【郭凝鼎】字开浒。汶上县人。生而岐嶷，状貌魁梧，敦孝友，尚气节。天启七年（1627）举人，翌年联捷三甲第二百二十六名进士。授直隶任丘县知县，邑近京师，多中贵肆行，号称难治。凝鼎执法不屈，中贵皆敛迹。遇兵变率人守御，惟豪奴不遵约束，凝鼎一以军法从事，无敢违令者，城赖以全。改直隶遵化县知县，时邑当残破，十室九空，凝鼎力请发粟赈济，民赖全活。以忤权贵被劾归里。及权贵败，复用为南直隶六合县知县。其尚未赴任，而清军临汶上，有人劝其速避，凝鼎慨然曰："此父母之邦也，可临难弃之乎？"其率僮仆登城，城陷战死。

【赵见图】平原县人。万历二十五年（1597）举人，历经三十余年，方考取三甲第二百五十六名进士。曾任本省冠县教谕。祖父焞，嘉靖进士，按察使；子琛，清顺治进士，知县。

【张文灿】字阆堂，号光斗。金乡县人。天启元年（1621）举人，三甲第二百六十一名进士。授直隶枣强县知县。由浙江通判，升户部主事，榷税芜湖关，洁己奉公，一尘不染。升至本部郎中。出为直隶大名府知府，此地"连年饥馑，流寇猖獗"，因劳累成疾，以病乞归。以才望屡征不起。诗宗少陵，书有神韵。卒祀乡贤。

【孙　谦】莱阳县（今改市）人。天启元年（1621）举人，三甲第二百六十八名进士。授南直隶长洲县知县，改河南归德府推官。入为户部主事，升至郎中。以病卒。

【陈鸣珂】字赓垣。范县（今属河南省）人。天启七年（1627）举人，翌年联捷三甲第二百七十一名进士。授中书舍人。因条奏本邑利害，为忌者中伤，被廷杖免官。未几诏复起用，鸣珂不出，遂卒。

【罗志儒】字无他。濮州（今属河南范县）人。天启七年（1627）举人，三甲第二百八十一名进士。殿试时，思宗览其策曰："真直臣也。"即授刑科给事中，其奏议无不切中时弊。旋改户科，又转吏科。先后充云南、福建乡试主考官，所拔多知名士。以布政司参议，分守安陆。未几，告归。

崇祯元年戊辰科

崇祯四年辛未科

本科录取：一甲三名，二甲六十七名，三甲二百七十九名。其中山东三十五名。

【王胤懋】一作印懋。字有怀。原籍乐安县（今属东营市），移籍直隶霸州。二甲第二名进士。累迁山西按察司副使，分守武宁。李自成军攻偏关，其与总兵周遇吉全力拒守，力屈自刭死。

【张　梧】字伯高，号掖垣。平阴县人。父早逝，由母苦节育立。天启四年（1624）举人，二甲第十七名进士。授户部山西司主事，分司宣镇粮储，整治克扣之弊，守法不阿，以忤中官落职。清初，被召用户部河南司主事，迁员外郎，榷税淮安关，减钞禁耗，设桥修路，育才恤士，息讼安民，淮人立像颂德。为漕督诬论归里。性长厚，家居以睦族和乡为事。东有陶山颇荒陬，有土寇啸聚其中，邑巨绅为故监察御史张鲤之后，有不肖子张某与土寇暗通，于崇祯十四年（1641），为土寇出谋划策，使之佯就抚而缓被剿，成为后患。梧与举人孙振图揭露其事，邑得以获全。张某大恨，知县王国柱亦与梧不和，二人合谋陷害梧等。顺治六年（1649）正月，山东提督吕某率兵剿寇至陶山下，知县王国柱强迫梧入山协剿，为埋伏的土寇所执遇害，年六十八。又以通贼诬陷孙振图，孙振图被逮以愤懑卒。梧孙恐玷与孙振图子光祀（后成清顺治十二年进士）赴都鸣冤事，经朝廷查实，知县王国柱及张某等同恶者七人遭斩首。梧入乡贤、忠义祠。孙承祖，庠生，知县。

【杨本鍼】字石生。濮州（今属河南范县）人。天启元年（1621）举人，二甲第五十名进士。授刑部主事，升员外郎。擢河南归德府知府，大有治声。改直隶顺德府知府，通河渠，除奸胥，弭盗安民，治绩称最。旋升按察司副使，督河南粮务，兵备陉口。又迁山西布政司参政，掌管驿传，清查驿递，禁止过差勒索。升按察使，凡因犯无辜牵连者，多辩明开释。入清，顺治二年（1645）七月，授官湖广按察使，卒于任。

【刘正衡】字元定。安丘县（今改市）人。天启四年（1624）举人。次年参加会试时，以对策忤魏忠贤，被罚停科。崇祯元年戊辰科未能参加会试。参加本科方考取二甲第五十一名进士。授刑部主事，谳狱平允。出为南直隶太平府知府，在任三年，以治最升浙江按察司副使。因守正不阿，遭权贵忌恨。会河南方用兵，被以按察司副使，分巡汝南道（驻信阳州）。欲将其置于危险之地。正衡至则战守无失。又忤督师某，论其不长于兵事。被改山西按察司金事，分巡冀南道，时方苦兵荒，守御赈恤，所部晏如。旋迁浙江按察司副使，整饬温处兵备道。以丁忧归里。入清，被举荐至京，以目疾告退。弟正宗，崇祯进士，官至清吏部尚书、文华殿大学士。

【张绪伦】安丘县（今改市）人。天启元年（1621）举人，三甲第二十二名进士。授直隶大名府推官，断讼、守城，皆有不俗表现。命署开州知州，又计擒巨盗。授湖广道监察御史。巡视两淮盐政，因度支告匮，上命增课，绪伦力争乃止。值岁祲，其捐六千余金赈济，又括羡金六万五千两归公帑。以病归卒。

【杨士聪】（1597—1648）字朝尹，一字非闻，别号凫岫。济宁州（今济宁市）人。幼聪慧，性端凝，敦名节，守忠孝。天启四年（1624）举人，三甲第七十二名进士，选庶吉士，授检讨。持节册封赵王，赵王以病无拜，士聪正色裁之，赵王拜如仪。充会试同考官。为经筵讲官，思宗召对时，士聪就保举、考选、盐法诸事侃侃而谈，命中时弊。思宗命指实不法官员，士聪连续上章劾吏部尚书田惟嘉等人，皆得处置。崇祯十五年（1642），思宗再次召见士聪，擢詹事府左春坊左中允，典试浙江。次年，又升左谕德，补日讲起居注官，与修《大明会典》，删纂宋六子书。周延儒再次入阁为首辅，士聪见其树权揽贿，即作诗以讽，周延儒不悦，及周延儒被勒令自尽，门人多避匿，独士聪醵金归其葬。李自成破京师后，士聪自杀不成，弃家南渡，放浪江淮吴越间，风雨播迁，饔飧弗及，恬如也。为诗歌自遣，或沽酒豪饮，醉则慷慨悲歌，北望欷歔泪数行下。未几疾卒。所撰《玉堂荟记》四卷，记载明末世局朝政物态人情。另有《济上遗闻》二卷、《甲午核真略随笔》一卷、《海记》一卷、《静远堂集》二十卷、《戊寅杂咏》四卷。父洵，万历进士，布政司参政；子通久，顺治进士，知县。

【吴　鼎】武定州（今属滨州市）人。崇祯三年（1630）举人，翌年联捷三甲第八十名进士。仕至参议。

【袁　恺】（？—1645）字伯顺。原籍临清州（今改市），移籍聊城县（今聊城市）。天启元年（1621）举人，三甲第一百零八名进士。授山西潞安府推官，改太原府。入为刑科给事中，上陈时弊五事。崇祯十三年（1640），劾内阁首辅薛国观纳贿行私事，薛国观被削籍赐死。因语侵都察院左佥都御史宋之普，为其所倾，被贬秩调外。福王在南京即位后，复起恺故官，死于赴任途中。

【杨　琦】潍县（今潍坊市）人。天启四年（1624）举人，三甲第一百一十九名进士。授直隶束鹿县知县，正当滹沱河堤决迁徙之后，水灾严重，琦抚绥安集，爱民如子。其筑城防守，悬赏捕盗，乱者相戒，不敢入境。两年，以焦劳致疾卒，士民巷哭，送葬至潍者千余人。

【任　濬】（？—1656）字海王，号汶水。益都县（今属淄博市博山区）人。天启四年（1624）举人，三甲第一百二十六名进士。初为山西芮城、榆次县知县，以卓异擢礼部主事，改监察御史。巡按苏、松，期年报政，载二鹤、二石、书画百卷以归。李自成军进攻大梁，命其至大梁监军。时李自成军有百万之众，其激励亲藩，调和文武，抚勉百姓，名信赏罚，持剑而督之，城得暂时保全。其以中铅折肱告归。崇祯十六年（1643），其又被命以兵部右侍郎，兼都察院右佥都御史，总督河南、湖广军务，兼巡抚河南。濬闻命疾驰长垣，被李自成军所执不屈，押至彰德。因义军前队已陷都城，忙于争取子女玉帛，对其放松顾及，乘间逃逸。入清，于顺治二年（1645）二月，授户部右侍郎。丁母忧，服除，于顺治八年（1651）仍授原职，改户部左侍郎，总督仓场。又授都察院右都御史，整顿漕运，革除旧弊，损耗大减，储粮大增，岁增十万有余。顺治十一年（1654）八月，升刑部尚书，凡有大狱，务得其平。以疾告归。崇祯十三年（1656）卒，赐祭葬。

【高知彰】字澹修。海丰县（今无棣县）人。万历三十一年（1603）举人，三甲第一百三十二名进士。授直隶南宫县知县，革耗羡，禁需派。改直隶真定县知县，办理军饷，安辑流民，导水利田，治绩卓异。为人伉直，遇权珰不屈。行取至京，即以丁忧归。崇祯十二年（1639），清兵南下至城下，竭力捍御，城破被害。临死前曰："吾死得正命，复何恨？"其强忍痛疼至家，穿戴衣冠而卒，乡谥"文贞"。兄知微，廪监生，亦在城破时，被执不屈，至家死于未葬母柩之旁。子嗣齐（出嗣），擅书狂草。

【王调鼎】潍县（今潍坊市）人。万历四十三年（1615）举人，三甲第一百三十七名进士。授直隶献县知县，入为吏科给事中。以浙江按察司副使，分巡金衢道。

【姚择扬】费县人。崇祯三年（1630）举人，翌年联捷三甲第一百四十一名进士。历直隶清丰、武清县知县。

【孙承泽】（1592—1676）字敬承、耳伯，号北海、退谷。先世由山东青州府籍，于明永乐中迁京师，改籍顺天府上林苑（《畿辅通志》载顺天府大兴）。崇祯三年

(1630)举人,翌年联捷三甲第一百四十五名进士。官刑科给事中。明亡,李自成授为防御使。入清,授吏科都给事中,历左通政、太常寺卿、大理寺卿、兵部右侍郎、吏部右侍郎、吏部左侍郎。顺治十年(1653)三月病免。康熙十五年(1676)卒,年八十四。著有《经翼》、《春明梦余录》、《庚子销夏记》等。

【姜　埰】(1607—1673)字如农,一字乡墅,号敬亭山人,又号宣州老兵。莱阳县(今改市)人。省志载大嵩卫人。《明史》有传。高祖淮,以战功拜怀远将军。父泻里,诸生,崇祯十六年(1643)清兵破城被杀。其生胎衣皆白色。三岁失乳,母置水酒于床头,夜起一瓴立饮之。崇祯三年(1630)举人,翌年联捷三甲第一百五十三名进士。授直隶密云县知县,未行改南直隶仪真县。为政廉仁,十年无所取于民。捐俸请托免泗州河夫和过闸粮船牵夫各五百名。入为礼部仪制司主事,大吏以贤劳举荐,擢礼科给事中。五月内,条上三十疏,疏上每采纳。以上言忤旨,触怒思宗,被以"诘问诏旨",视为大恶,将其革职,由锦衣卫拿送北镇抚司打问。思宗对埰甚恨,多次命用重刑,使其死去活来,几乎命丧。并密旨锦衣卫骆养性将其毙命于狱。骆养性不敢,将其移送刑部。崇祯十七年(1644),被遣戍宣州卫,值甲申之变,未至,福王将其释放。埰留吴门,身着僧服,不与世人相接。子安节、实节皆有才华,亦不令入仕。其临终前告二子:"吾受命谪戍,今遭世变,流离异乡,生不能守先墓,死不能正丘首,抱恨于心中。吾当待尽宣州,以终吾志。"其口吟《易箦歌》一章,呕血数升而死,年六十七。其遗命神主碑旌不题,棺用薄材,不治丧,不营佛事。私谥"贞毅"先生。著有《敬亭集》等藏于家,绝不示人。弟垓,崇祯进士,吏部员外郎。

【姜一学】字效之。滨州(今滨州市)人。天启七年(1627)举人,三甲第一百六十一名进士。授行人司行人,迁兵部主事,转员外郎。除常职常俸外,一无所营,历仕八载,不异寒士。乞归,闭户绝迹,以寿终。

【于重华】字二唐。青城县(今属高青县)人。崇祯三年(1630)举人,翌年联捷三甲第一百六十四名进士。入清,顺治二年(1645)七月,由山西布政司参议,分治岢岚道,升江南按察使,宽狱、赈荒、除奸、剔弊,所至有政声。工诗文。祖父永清,万历进士,监察御史。

【张若麒】胶州(今改市)人。崇祯三年(1630)举人,翌年联捷三甲第一百六十五名进士。为刑部主事时,受内阁大臣兼兵部尚书杨嗣昌心腹王升指使,劾黄道周"假托道学以把持朝廷",遂得擢兵部职方司郎中。其与莱阳进士沈迅尽把持山东事。洪承畴援锦州,主持重。若麒伪造捷报,屡促速成,致全军覆没。兵败后论死系狱。李自成入京师,授为山海防御使。入清,顺治八年(1651),由大理寺少卿,迁太仆寺卿。次年四月,改通政使。顺治十年(1653),乞养告归。兄若獬,崇祯进士,按察司佥事。

【吴一元】范县(今属河南省)人。崇祯三年(1630)举人,翌年联捷三甲第一百六十九名进士。入清,顺治八年(1651)五月,由浙江布政司参政,分守温处道。迁四川按察使。次年十月,升四川右布政使。

崇祯四年辛未科

【任者泰】沂州(今临沂市)人。万历四十六年(1618)举人,三甲第一百九十五名进士。授山西屯留县知县。

【苏 壮】濮州(今属河南范县)人。天启七年(1627)举人,三甲第一百九十九名进士。仕至河南按察司副使。

【丁允元】(1602—1671)字长仁(长人),号右海。日照县(今日照市东港区)人。天启四年(1624)举人,三甲第二百零一名进士。授中书舍人,擢户科给事中,立朝敢言。以日照县(省志载为青州)"力役扰民,胥吏肆虐",上疏《特申瘠邑之苦》,请求禁止签报民差,推行"一条鞭法",以减轻民众负担。该疏得到户部尚书程国祥等人赞同,一并具奏崇祯帝,崇祯帝批曰:"实行《条鞭法》一抚无扰。近来有的官司动不动就编签劳累民众,查盘其虚实,其因不独有日照是这样,命抚按一律严加追究,如有豪猾坚持不落实、不遵守执行的,应即弹劾,拿来重治。"以弹劾阉党遗孽都御史袁鲸和辅臣,被镌级调外。清顺治初,为南直隶苏州府知府,以廉惠著,百姓称其为"赔钱太守"。两任乡试考官,拔徐元文、徐乾学诸名士。以江南按察司副使,兵备庐州。时奉檄丈量土地,据实向上呈报,决不虚报邀功请赏。其大胆纠正二千余人的邪教株连冤案,使众多百姓保全性命。由此受到抚军诬陷,被免职。真相大白后,朝廷补其为陕西榆林兵备道。允元见明王朝气数已尽,以母年迈为由,未赴而归。卒祀乡贤。

【王思诚】军籍锦衣卫,乡贯山东蒲城县(今属滨州市)。天启元年(1621)举人,三甲第二百零五名进士。授山西大同府推官。祖父尔彦,隆庆举人,知县。

【张尔忠】号补衮。潍县(今潍坊市)人。其宏才大略,常怀经世之志。万历四十年(1612)举人,历经十九年,考取三甲第二百一十五名进士。授河南临漳县知县。以为政卓异不断得到升迁。崇祯十四年(1641)十一月,由陕西按察使，迁都察院右佥都御史，巡抚陕西。其慷慨世事，议论补救之谋略形于诵言。著有《知漳罪略》、《焚余摘平台召对纪略》、《阁试策论》、《砭漕八册》、《按秦疏略》、《抚秦疏略》、《去秦疏略》等书。崇祯甲申之变告归，毁家保乡里。侄率祖，崇祯举人。

【沈　迅】(1605—1647)。字羽兄，号宙泉。原籍山东蓬莱县（今改市），移居莱阳县（今改市）。天启四年（1624）举人，三甲第二百一十六名进士。初为直隶新城、蠡县知县。其与胶州张若麒同年友善，两人同入刑部为主事，相结内阁大臣兼兵部尚书杨嗣昌，得改兵部。其条奏甚多，曾在畿辅被兵时，建言于广平、河间、定州、蠡县各设兵备一人。又请以天下僧人配尼姑，编入里甲，三丁抽一，可得兵数十万。杨嗣昌称迅言可用，乃荐为兵科给事中。迅欲自结于帝，数言事，皆中旨。在考选时，为河南道监察御史王万象所抑，迅以事劾罢王万象，势焰益张，与张若麒尽把持山东事。顺天府丞戴澳诬劾平远知县王凝命、嘉兴推官文德翼贪赃，迅上疏赞颂二人廉能，戴澳被削籍。其迁礼科都给事中。其本由杨嗣昌得进，后却随众诋毁，其言："杨嗣昌死有余戮，借久案以邀攻。"时论訾薄。以保举高斗光为凤阳总督不当，被谪国子监博士，乞假归。兵部尚书陈新甲被诛，命追论兵科不纠发罪，吏部上迅名。思宗曰："迅御前驳议，朕犹识之，可复故官。"未赴而京师陷落。迅居家时，在崇祯十五年（1642），清兵攻占莱阳城后，分兵攻打孙受乡，迅与弟迓率乡民坚闭寨门，顽强抵抗三昼夜，寨暂得保全。崇祯十七年（1644）五月，清登州府派捕役捉拿迅，捕役被拒寨门十日后，迅手拿两枚铜钱"酬劳"。迅问："来者何事？"捕役答："奉命前来捉你。"迅笑道："凭什么捉我。如此说来，一个钱不能给。"知府以屯兵聚粮、意欲谋反上报京师。顺治四年（1647），清廷命朱国柱率兵讨平，派人持公文进寨劝降，迅见满文道："不知道这是何朝？"遂将公文撕碎，掷还来使。迅命发炮轰击清兵，清兵死伤众多。三日后，箭矢弹药皆尽，而清兵围攻不止。迅见大势已去，不禁仰天叹息，对母道："我全家报国的时候到了，不要因我而分心。"于是，趁夜遣弟迓携子突围。其母及全家妇女悬梁自尽，迅将亲人尸体堆积在木柴之上，放火焚烧，自己也投火自焚。全家二十七口人殉难。迅学识渊博，文才出众，著有《孝思录》、《沈诗九集》、《因树庐》等，惜多毁于战火。祖父梦骐，万历举人。

【颜胤绍】县志载作衍绍。《山东通志》载作尹绍、孕绍。字赓明。曲阜县（今改市）人。复圣六十五代孙。《明史》有传。崇祯三年（1630）举人，翌年联捷

崇祯四年辛未科

三甲第二百一十八名进士。历南直隶凤阳、江都县和直隶邯郸县知县。迁直隶真定府同知，有守城功。崇祯十五年（1642），擢直隶河间府知府，遇大饥，死亡载道，寇盗充斥，其对百姓拊循备至。十一月，清兵至，与参议赵珽、同知姚汝明、知县陈三接坚守城中。虽援兵云集，但逗留不前。胤绍知城必破，预集一家老稚于家中，积薪绕之，而身往城上策战守。城破，趋归官舍，举火焚室，衣冠北向再拜，跃入火中同死。赠光禄寺卿。

【杜嘉庆】字龙征。嘉祥县人。崇祯三年（1630）举人，翌年联捷三甲第二百一十九名进士。授河南虞城县知县，改直隶完县，刚介有声。行取南京户部主事，升员外郎，皆有颂声。榷税浒墅关，禁止漕运夹带私货，以绝偷漏赋税之弊。弃官归里后，捐资修城，倡捐赈饥，输百金搭救欠赋入狱者，对人死不能殓葬者助以棺，多有善行。

崇祯四年辛未科

【袁 葵】号河汭。直隶东明县（1963年划归山东菏泽专区）人。天启七年（1627）举人，三甲第二百三十三名进士。授山西夏县知县，以战功，受举荐，改洪洞县知县。值岁饥，请蠲租，劝富人平粜，别立社仓，以赡饥民。又调补山东寿光县知县，缓催科，誓不朘民。有在押大猾杀人者，应该抵死，但被势要从中阻挠，葵坚持不退让。会时局艰难，挂冠归里。置义田，用于大小义学。首倡修城之议。著有《渎园集》等。卒祀乡贤。

【刘 华】莒州（今属日照市）人。三甲第二百三十五名进士。授直隶元氏县知县。

【王虚白】汶上县人。三甲第二百三十九名进士。仕至庐州府知府。

【高名衡】（1583—1642）字平仲，号鹭矶。沂水县人。万历四十六年（1618）举人，三甲第二百四十名进士。授南直隶如皋县知县，改兴化县。以卓异擢云南道监察御史，在上疏中提出：选贤任能"不必循资论俸"；整顿吏治"亟严逗怯之诛"。崇祯十四年（1641）三月，由河南巡按御史，迁都察院右佥都御史，巡抚河南。前后率众固守开封，抵抗围困开封的李自成军，立有战功。次年十一月以病免，以功加兵部右侍郎，辞归。是年冬，清军攻破沂水城，与妻张氏自杀报国。工诗文，其后代搜集整理刊印《高忠节公遗集》。曾孙淑曾，雍正进士，知府。

【左懋第】（1601—1645）字仲及，号萝石。莱阳县（今改市）人。《明史》有传。崇祯三年（1630）乡试亚魁，翌年联捷三甲第二百四十五名进士。授陕西韩城县知县，举循吏第一。内阁大臣薛国观为韩城人，能阴阳术，朝野震慑，懋第不予相通，后薛国观坐法，天下识其骨鲠。崇祯十二年（1639），入为户科给事中，屡陈时弊。有四弊疏：一为民穷之弊；二为兵懦之弊；三为推诿之弊；四为虚耗之弊。崇祯十四年（1641），江南饥馑，粮输不继，奉命催督漕运，又条陈所见所闻米价等情。迁刑科左给事中。崇祯十六年（1643），大帅左良玉驻武昌，拥兵自重，阴蓄异志。朝廷举懋第参佐军政，其单骑去武昌，向左良玉陈说利害，左良玉作揖曰："何相见至晚也。"崇祯十七年（1644）五月，福王立，授兵科都给事中，改南京太常寺少卿，旋擢都察院右佥都御史，巡抚应天、徽州诸府。时清兵连破李自成，朝议欲遣使与清廷通好，而难寻其人。乃以懋第为兵部右侍郎兼都察院右佥都御使，与左都督陈弘范、太仆寺少卿马绍愉偕行，往北京与清廷议和，和议不成，被扣留。陈弘范、马绍愉早已暗通清廷被放走。懋第视死如归，誓言"生为大明忠臣，死为大明忠鬼"。堂弟懋泰本为明朝吏部员外郎，其先降李自成，后降于清，前去劝降懋第，懋第愤怒曰："此非吾弟也。"将其叱出。清兵破南京后，懋第拒降被害。著有《萝石山房集》四卷、《奏疏》一卷、《梅花屋诗草》一卷。父之龙，举孝廉方正，南京刑部郎中。

【孙似古】字还醇。平原县人。万历四十六年（1618）举人，三甲第二百五十八名进士。授山西曲沃县知县，未赴任。五世孙辉祖，雍正举人。

【王昌时】字穉公。沂州（今临沂市）人。天启七年（1627）举人，三甲第二百七十一名进士。授行人司行人，先后出为南直隶淮安、扬州府知府，升至按察司副使，充任督粮道。皆有政声。卒祀乡贤。

【蔺刚忠】字坦生。陵县人。《明史》有传。崇祯三年（1630）举人，翌年联捷三甲第二百七十二名进士。授太常寺博士，擢南京给事中。上奏保护留都六事和漕运救弊之要。山东饥荒，上疏言："民死而丁存，田荒而赋在，安得不为盗，宜清户口并里甲。"迁山西按察司副使，充任督粮道。时李自成军已陷平阳，其乃协助已被革职听勘的前山西巡抚蔡懋德固守太原城。蔡懋德招阳和兵三千守东门，而刚忠疑虑为李自成军内应，将防御移之南关外，三斩李自成军来使。果不出其所料，在李自成军攻城时，阳和兵反叛，部将张雄缒城投降，城被攻破。蔡懋德自缢，刚忠被执，拒降被杀，首既坠，复跃起丈余。李自成杀降将张雄以谢之。福王时赐恤。

崇祯七年甲戌科

本科录取：一甲三名，二甲五十七名，三甲二百四十二名。其中山东二十八名。

【黄祖年】改名世清。字叶仍，号澄海。滕县（今滕州市）人。生有异姿。少孤，家贫，与兄昌年读书论文辄解悟，嗜学不辍。工诗文，擅书法。书法柳公权，遒劲萧远。其与兄子如千，在著述上各成一家，并称"二黄"。天启七年（1627）举人，二甲第十一名进士。授户部主事，升员外郎。榷税浒墅关，关弊尽除。有清操，权要许以送金可以谋取吏部职位，祖年拒绝，毫不交接。久之，出为山西冀北道。崇祯十一年（1638），天下已动荡不安，处在多事之秋。祖年正色率属，息事安民，廉介自持，丝毫不取于民。崇祯十三年（1640），迁陕西布政司右参议，分守商雒道。祖年驻商州城，剔衙蠹，严保甲，募壮士，赈饥民，并防止客兵所过淫掠百姓。有人劝其："此地僻陋多盗，且时事日非，请公走使长安，以求善地。"祖年曰："吾安能事权贵求迁转乎？"其将幼小一子嘱友人养之，每命酒慷慨左右和歌。崇祯十六年（1643）十月，李自成军围攻商州城，拒不投降，将城下说客发炮毙之，悬其首于城上。李自成军增至十余万，昼夜攻打，援绝力穷，城被攻破。李自成军授祖年防御札，其大骂不受，与一家十三人皆被杀死。朝廷赠光禄寺卿（一说太常寺卿），骸骨葬于金凤山。后入名宦祠。父中色，万历进士，吏部员外郎；兄昌年，万历举人，未仕早卒；侄家瑞，与其同科进士，都察院右佥都御史，战死。

【朱廷焕】字衷白。单县人。崇祯三年（1630）举人，二甲第二十七名进士。授工部主事，榷关杭州。由本部郎中，出为南直隶庐州府知府，有异政。丁母忧，服阕，补直隶大名府知府。崇祯十五年（1642）十一月，清兵至，廷焕守城，清兵七日不克而去。以按察司副使，先后出为顺广、大名兵备道。崇祯十七年（1644）三月，义军日炽，廷焕为书报父曰："男生不辰，适逢危难，唯溅血城头，以报君父。"义军至，城破，廷焕被执，不屈遭杀。福王时，赠都察院右副都御史，入祀旌忠祠。

【张懋熺】胶州（今改市）人。崇祯六年（1633）举人，翌年联捷二甲第三十二名进士。授监察御史，巡按湖广。曾祖父铭，嘉靖进士，户部主事；祖父汝元，万历举人，亦户部主事。

【张允抡】(1608—1678)字并书，号季枥，明亡后更号枥里子。莱阳县（今改市）人。十岁而孤。崇祯六年（1633）举人，翌年联捷二甲第三十六名进士。授户部主事，升至郎中。榷税崇文门，正课外，有羡余悉交公。崇祯十一年（1638），出为江西饶州府知府，不惧朝叱，事有不便民辄疏以请或尤之。以受灾逋赋十余万，户部请遣重臣前去督饷，将褫允抡职。允抡深得民心，饶州民众不期而集省会万余人，愿倾家赎贤守。督饷者同意，仅三月积逋完成。时思宗锐意求治，诏举贤能，其被举清廉第一。未及用，却以戆直被罢官。崇祯十六年（1643），清兵攻陷莱阳城，张氏一门十七人遇难，其母与兄允擢、允扳、允扔皆死。明亡，允抡隐居不仕，授徒自给，布衣蔬食，安乐贫道。其工诗善琴能文，喜游山水，居崂山最久。著有《希范堂集》、《续高士传》、《廉吏传》、《诗文集》。后手自编订总名为《枥里子集》。康熙十七年（1678）病卒，年七十。叔父宏德，天启进士，知县；兄允捷，崇祯进士，刑部郎中。

【段复兴】(？—1643)字仲方。阳谷县人。生平"取与不苟，恒以忠义自矢"。天启七年（1627）举人，二甲第四十三名进士。由部郎中，出为陕西布政司参议，分守河西兵备道（驻庆阳）。崇祯十六年（1643）十月，李自成军占领陕西西安，有数万人力困孤城，诸郡望风投降，独复兴率士民以死守城，城被攻陷，复兴点燃早就备好的楼内之薪，其母与妻妾子女皆赴火死。复兴手执铁鞭，奋力冲杀，被执不屈，犹骂不绝口，义军愤而裂其尸。宣统《山东通志》载，复兴手持铁鞭，走北门击杀数敌，遂自刎。顺治二年（1645），庆阳士民立祠致祭。祀乡贤。

【王所谐】安丘县人。天启七年（1627）举人，二甲第五十七名进士。

【赵秉枢】碑作秉德。号芥须。临清州（今改市）人。万历四十三年（1615）举人，三甲第十三名进士。屡迁长芦盐运使，屏绝羡金四万余两，为忌恨者所中伤。及归，闭户著书，尤精阴阳历数之学。立咸恒书院，日与诸弟子论学不倦，从游者甚众。书院经费拮据，撤卖屋椽和典衣以给之。卒时，几不能殓。刻有《名文星集说配览》行世。

【康万民】军籍锦衣卫，乡贯山东武定州（今属滨州市）。三甲第十七名进士。

【黄家瑞】(？—1645)字祯臻，号如千。滕县（今滕州市）人。少孤，颖异绝伦。天启七年（1627）举人，三甲第三十名进士。授山西汾阳县知县，改良乡县。所至除土寇，革陋弊。当道荐举，有"才雄八面，守赓四知"之语。以卓异行取礼部主事，升员外郎。以按察司佥事，兵备扬州。张献忠军攻陷庐州，声势

崇祯七年甲戌科

震邻,家瑞创立砲台,造船练兵,加强江防,威声远播。崇祯十六年(1643),户部尚书倪元璐奏请,特命有才望大臣一人,专门镇守扬州。家瑞被超拜都察院右佥都御史,督理淮扬盐政、军饷。时边饷告急,家瑞严令督催筹集过淮军饷达数十万两。时李自成军已自山西抵河北,再调军饷过淮已不可能,即留为坚守扬州。崇祯十七年(1644)三月,京城被李自成军攻破。僚佐劝家瑞南渡守江,家瑞不听,团结义勇,毅然以守城自任。明军总兵(督师前锋)高杰,欲南下割据淮扬,将众十数万,蜂拥而至,纵兵攻掠。福王朱由崧,自立于南京,年号弘光。福王遣行人调和兵民,言当容兵入城。家瑞忧愤倍加,力持不可,坚壁两月余,才得解围而去,使城内百万生灵得以保全。家瑞乞休离去。先是侨寓无锡。顺治二年(1645)抵达平湖,沈犹龙、陈子龙诸绅,以书邀家瑞守城,誓言报国。在城陷后,家瑞率亲丁入泖湖转战至浦口,海潮大至,兵艘尽焚,家瑞赴水而死。著有《清嚼居藏稿》、《见月草堂小题》、《茹齑轩诗稿》、《督扬疏草》等。祖父中色,万历进士,吏部为官;父昌年,万历举人,未仕早卒;叔父祖年,崇祯进士,道员,战死。

崇祯七年甲戌科

【刘弘绪】县志载作宏绪。字公延。滕县(今滕州市)人。有异才,为文渊深,声名远播。至壮年,仍屡次乡试不第,更加发愤读书。崇祯六年(1633)第八名举人,三甲第三十四名进士。授河南洛阳县知县,时社会动荡,战乱频发,邑中兵马如织,驿站荒凉,弘绪整饬有法,有"官当驿站"之说。因奉命办理军需牛马百辆,为户部大吏所深知,擢兵部车驾司郎中。以忤权要归。崇祯十五年(1642),在清军南下攻陷滕县城时,不屈而死。

【王 珵】字元玉。诸城县(今改市)人。天启七年(1627)举人,三甲第四十九名进士。授陕西泾阳县知县,为人英勇,抵抗张献忠部攻城,城保无恙。总督索要赤金、狨褐、狐腋等物,珵拒不给,总督愤怒,以诖误归。久之,吏部尚书谢升以边才举荐,补直隶遵化县知县。时有诸镇马步兵十九万屯其境,大扰为害。珵单骑见大帅道:"兵有器而过市者,令请以颈血溅辕门。"大帅严饬将士,扰害得以禁止。内阁大臣刘宇亮督兵二十万至郊外,珵按巡抚奏请,立办豆刍等物。珵受到刘宇亮器重,将其举荐为兵部职方司主事。以按察司佥事,分巡湖广屯田道。又改河南按察司佥事,分巡汝宁道。以数战皆大捷,升布政司左参议,加参政。以事罢归,卒于家,年八十二。子咸炤,参将,工草书。

【何 复】(?—1644)字见元,又字见心、见山,号贞子。平度州(今改市)人。《明史》有传。崇祯三年(1630)举人,三甲第七十名进士。授河南嵩县知县,有退敌之功。以忤上官被劾谪戍。后经诸多监察御史论荐，又起南直隶英山县知县。迁工部主事，升员外郎。崇祯十七年（1644）二月，命为直隶保定府知府。时值李自成攻陷山西，遣副将军刘芳亮由固关东进，畿辅震动。真定府游击谢嘉福杀兵部右侍郎、保定巡抚徐标，遣使迎接李自成。复兼程驰入保定府城，与正在安排部署抵御守城的府同知邵宗元登城分守。此时，京师都城已陷，李自成派使至保定劝降，复等拒不投降。内阁大臣、兵部尚书李建泰率残卒数百，辇饷银十余辆，叩城求入。复与邵宗元在确信无疑后，方将其纳入城内。李自成军加紧攻城，李建泰见势不可支，倡言议降。复与邵宗元等人力持不降，誓为朝廷守土。复自点燃西洋巨炮，火发被燎几死。李自成军攻城无遗力，雉堞尽倾，所发火箭中城西北楼，复被焚死。对复战死，《山东通志》载：城陷，复被执曰："我知府也，有死而已，尔盍杀我。"义军义之，弃去。复至破庙中题其壁曰："何复死难处。"旋不食而卒。

【刘运隆】安丘县（今改市）人。崇祯六年（1633）举人，翌年联捷三甲第八十二名进士。授陕西渭南县知县。

【左懋泰】字大来，号旦明。莱阳县（今改市）人。天启元年（1621）举人，三甲第八十九名进士。初为河南陈留、祥符县知县，改兵部主事，升吏部员外郎。先降李自成，后又降清，复任原官。福王立，其堂兄懋第为福王弘光时都察院右佥都御史、兵部右侍郎，奉命前往北京与清廷议和，被扣留。懋泰前去劝降，遭到痛斥。后以罪被谪戍铁岭。著有《徂东集》。

【宋翼明】潍县（今潍坊市）人。崇祯六年（1633）举人，翌年联捷三甲第一百零九名进士。以广东按察司佥事，分守罗定道。

【赵　堪】字逊之。汶上县人。生而颖异，丰姿奇伟。以孝闻。崇祯六年（1633）举人，翌年联捷三甲第一百二十八名进士。授山西翼城县知县，邑新遭战乱，堪抚循备至，均役除蠹，与民休养，一时畏若神明。暇则课士，如同严师，文风不振。又造炮具，备器械，加强城防，以劳累过甚卒于官。入翼城名宦祠和本邑乡贤祠。弟增，顺治进士，兵部主事。

【李化熙】（1593—1669）字五弦。长山县（今属邹平县）人。天启四年（1624）举人，三甲第一百三十三名进士。授浙江湖州府推官，署德清县知县，雪奇冤，厘租弊，惠政于民。丁忧，服除，屡迁直隶河间府知府，出为天津道，岁饥煮粥，活直隶、山东、河南流民不下数十万人。崇祯十六年（1643）十月，擢都察院右佥都御史，巡抚四川，途中改巡抚陕西。未至，又迁兵部右侍郎，总督陕西三边，统理西征军务。入清，召拜工部右侍郎，疏辞不获，即转左侍郎。累迁刑部尚书，加太子太保，条奏慎刑五事，下部议行。以母老乞终养归。邑旧有荒地粮一千六百余顷，编户岁苦赔纳，化熙毅然公陈督、抚，特疏得免。为人慷慨，不修方幅，性好客，凡登门者，皆恭敬待之，乡人皆称"太保李公"。康熙八年（1669）卒，年七十六，赐祭葬，祀乡贤。弟文熙，清顺治进士，监察御史。子：因之，清盐运司运同，战死，赠布政司右参议；溉之，清知州；菜之，清知县。

崇祯七年甲戌科

【李悦心】字澹远，号桐月。曹县人。少朴诚，不事华饰。万历三十四年（1606）举人，教授生徒。历经二十八年，方考取三甲第一百四十三名进士。授行人司行人，改监察御史。疏荐孙传庭为总督。将户部尚书李待问弹劾褫职，举朝惮之。奉命巡按陕西、甘肃，兼署提学，利兴弊革，风裁凛然。复命转山西按察司副使，分巡冀南道（驻潞安）。在任二年，致仕归。著有《染柳轩集》、《修献录》。

【宋祖乙】东平州（今改县）人。崇祯六年（1633）举人，翌年联捷三甲第一百四十四名进士。授直隶唐县知县，改永年县，禁驿马签福户，擒大盗荣居，赐功尤著。又补河南祥符县知县，招徕复业者一万七千家。擢刑部主事。以丁母忧归。值李自成军攻陷京师，即隐居绝世，唯以瞿昙静业为事。

【张若獬】字义生。胶州（今改市）人。崇祯三年（1630）举人，三甲第一百五十六名进士。授直隶河间县知县，弭盗安民。以考最迁南京户部主事，擢按察司佥事，分治淮徐道，督漕防河，多著劳绩。明亡，弃官归隐于胶州南旃檀庵以终。弟若麒，崇祯进士，清通政使。

【李其茂】高唐州（今改县）人。天启四年（1624）举人，三甲第一百六十八名进士。授知县。卒祀乡贤。

【曲和声】字涵一。掖县（今莱州市）人。天启四年（1624）举人，三甲第一百七十八名进士。授直隶永年县知县，降河南布政司经历。又迁江西抚州府推官，升南京户部主事。父阶，万历举人，府同知；兄元声，万历举人，县教谕。

【高允兹】字不疑。胶州（今改市）人。家贫，孝友，廉介不妄取，以言行重于乡党。崇祯三年（1630）举人，三甲第一百八十三名进士。授直隶完县知县，擢河南道监察御史，巡按南直隶苏、松等处。丁忧归，值崇祯末义军起，允兹分守北城，并助饷以防御，城赖以全。明亡不复出。顺治十年（1653），海时行叛，其被执不屈而死。雍正间入昭忠祠，封世职。子简，崇祯进士，清知府，战死。

【李盛枝】莱芜县（今莱芜市）人。崇祯六年（1633）举人，翌年联捷三甲第一百八十五名进士。授山西临晋县知县。历刑部郎中、直隶顺德府知府。以按察司副使，分巡怀隆道；以布政司右参政，分守岭北道。

【刘祯庆】济宁州（今济宁市）人。天启七年（1627）举人，三甲第一百九十名进士。

【张幼安】字宁倩。堂邑县（今聊城市东昌府区）人。万历四十六年（1618）举人，三甲第一百九十九名进士。为举人时，父凤翔（万历进士，明、清工部尚书）于天启四年（1624）被下狱谪戍陕西，幼安上书请以身赎罪，并随父前往谪戍之地。登进士后，授直隶威县知县，提出救穷民三法和除大弊三事，实心为政，名声大震。又先后署曲周、邯郸县知县，厘剔奸弊，民为立颂德碑。崇祯十一年（1638）威县兵乱，幼安出走清河，欲借兵自救，以此受诬被逮下狱。不久昭雪，旋以疾卒，年四十七。著有《筹畴辰告》、《瓠庵小言》。

【李　植】字燕翼，号铉笃。利津县人。天启四年（1624）举人，三甲第二百零六名进士。授直隶博野县知县，改长垣县。未至，丁父忧，服除，补陕西韩城县知县。此邑人才荟萃，植极力培育，多所造就，门中俊者三十余人。编有《龙门社稿》行世。奉旨砌砖城，修芝川镇城，民不劳而事毕举。岁大饥，人相食，捐俸倡先煮粥散钱，活人数万。复给牛力、麦种，招抚流亡者一千六百九十余家。又疏通水利，从城西北山泉引水，浚渠二百四十道，灌田三百九十余顷。对无泉水可通者，引导凿井灌田，添设新井五百余。韩城百姓得利，为立碑石。擢山西道监察御史，直言敢谏，弹劾不避权要，举朝震悚。疏请蠲免山东两年钱粮。顺治元年（1644），补河南道监察御史，以母老乞终养。又诏起之，巡按河南兼理屯政，未半载，开屯地一千八百六十余顷。黄河朱源口决，严饬河道吏员，令在河岸多栽柳，以便取用民困。永宁县鹰帐山有邪教惑人，擒其魁首置于法。其还巡视怀庆、河南二府，劾文武，锄巨蠹，奖节孝，赈孤贫，多不胜举。顺治十年（1653），以丁母忧归，遂绝意仕进。居里教子课孙，不与外事，与乡党谦和相处，与物无欺。七十一岁卒。

【张宏弼】碑作张弼。字汝翼，号梦谐。沾化县人。崇祯六年（1633）举人，翌年联捷三甲第二百一十八名进士。授直隶高阳县知县，邑有两阁臣、两戚畹和内宦数家，宏弼不畏强御，有犯法者皆置之法。曾任蓟镇推官，有暮夜馈金者，宏弼峻却之。仕至南京户部主事。明亡而归。顺治初，授职不起。

崇祯十年丁丑科

本科录取：一甲三名，二甲五十七名，三甲二百四十一名。其中山东三十七名。

【王业昌】原籍山东夏津县，移籍山东茌平县。崇祯六年（1633）举人，二甲第三十三名进士。授南京兵部职方司主事。

【贾我年】定陶县人。崇祯六年（1633）举人，二甲第五十名进士。历山西绛州、直隶易州知州。

【胡振奇】潍县（今潍坊市）人。崇祯九年（1636）举人，二甲第五十三名进士。授兵部武选司主事，居心正直，处事明决。生平人不敢以私相求，亦不敢以假相欺。

【刘龙光】字昆绿，号云泽。益都县（今属淄博市博山区）人。崇祯九年（1636）乡试经魁，翌年联捷三甲第六名进士。授行人司行人。

【南洙源】字生鲁，号东山。濮州（今属河南范县）人。崇祯九年（1636）举人，翌年联捷三甲第十六名进士。授直隶大名府推官，以军功升职南京兵部。出为直隶保定府知府，值岁荒，设厂西郊，煮米赈济，全活甚众。出为井陉兵备道，抵任即遇李自成进军京城，间道归里。入清，顺治二年（1645）七月，由山西按察司副使（又加布政司参政），整饬阳和兵备道。升至湖广左布政使。卒祀乡贤。

【魏　琯】字昭华。寿光县（今改市）人。《清史稿》有传。天启七年（1627）乡试解元，三甲第十九名进士。授直隶河间府推官，擢监察御史。入清，于顺治二年（1645）二月，由监察御史傅景星举荐，授湖广道监察御史。五月巡按甘肃，上疏建议恢复自明就有的马市交易，以怀柔边远各民族人资蕃息。十二月，凉州兵以索饷鼓噪，劫持布政司参议、道员苏名世。琯疏言："西陲兵骄，皆由明季专事姑息造成，今宜严惩，有犯无赦。"得旨允行。顺治四年（1647），提督江宁学政。还京掌河南道事。顺治八年（1651）二月，漕运总督吴惟华请自输银万两，加上各项羡余九万三千两，解京助饷，借邀恩宠。琯疏言："淮阳连年水旱，吴惟华输助，皆分派属吏，克扣民间，乞赐察究。"会巡漕监察御史张中元亦揭发吴惟华贪黩之事，遂将吴惟华逮讯褫职。三月，琯劾郧阳巡抚赵兆麟遇甄别大典，荐举文武职六十余员，而仅纠劾典史、教官及老病守备四人。得旨申饬赵兆麟，并告诫督抚不得仅劾微官，苟且塞责。顺治九年（1652），擢顺天府丞。次年，迁大理寺卿。上《审明三法司旧例疏》，以明确都察院、刑部、大理寺的各自职责，并调整归属不当的职能。兵部尚书王永吉亦奏请设兵部督捕衙门，专司缉捕。奉旨允行。授瑄为兵部督捕侍郎。时清廷严逃奴之禁，瑄上疏极谏籍没窝逃，以为窝逃之罪，并不重于强盗，应示宽厚，请罢籍没之命，定窝逃之法，务期均平。又上疏遇热审窝犯应一体宽减。顺治帝责其偏私市恩，降三级调用。七月，补通政司参议。德州诸生吕煌以窝逃罪遭流徙，并牵扯地方的失察官员，瑄为其辩解，以此事被夺官，遣戍辽阳，旋病逝。顺治十八年（1661）归葬故里。

【黄图安】（？—1659）字四维。堂邑县（今聊城市东昌府区）人。崇祯九年（1636）举人，翌年联捷三甲第二十名进士。授直隶保定府推官，改南直隶庐江县知县。入为工部主事，升至吏部员外郎。屡迁山西按察司佥事，分治易州道。清军入关，率所部归降，仍任原职。以率属击灭河间"巨盗"李联考之功，于顺治二年（1645）四月，迁都察院右副都御史，巡抚甘肃。次年七月，上请乞养老母，被以故意规避罪革职。顺治十一年（1654），由范文程力请，以都察院佥都御史，巡抚宁夏。顺治十四年（1657）考满，加都察院右副都御史衔。山东济南府知府贾一奇，因贪赃被逮治，图安以举荐非人罪，于顺治十六年（1659）四月，被降五级调用。不久卒。其为官清廉，不事奢华，讲求实政，去官之日，囊中空空。

【耿章光】初字门生，改字玄度，别号徂徕。馆陶县（今属聊城市）人。父如杞，万历进士，官至都察院佥都御史、巡抚，含冤被杀。章光刺血明心，上疏鸣冤，终得昭雪，追复原官。天启七年（1627）举人，三甲第四十名进士。历曲沃、香河县知县和安州、易州知州，所至有政声。以边才迁兵部武库司员外郎，改职方司。崇祯甲申之变后，被福王以兵部职方司郎中，命督理四镇军务，旋升尚宝司卿。第二年，留都南京被清军攻破后，章光剃发为头陀，号真止和尚。曾收殓明故臣黄道周、金声等。八年后，因人告密被捕而杀，年四十七。其妻妾及仆人投井或自缢以殉。章光无子。其侄道见辑其诗文，编为《玺卿集》。弟大光，南京刑部主事，善书，著有诗文。

【陈宸诵】字咏先。济宁州（今济宁市）人。幼孤，由伯父伯友（万历进士，太常寺卿）抚养，待其犹如己子。崇祯三年（1630）举人，三甲第五十名进士。授陕西三原县知县，政尚宽和，均役赈荒。以卓异入为户部员外郎，管理中府草场供用，调剂盈虚，会计精当。山东济宁受灾，詹事府谕德杨士聪疏请蠲恤，部议免去旧有拖欠赋税。宸诵曰："是虚名，非实惠也。"尚书倪元璐听从其建议，得旨如所请。李自成军攻陷京师，宸诵改变姓名，寄居江淮，十年后归里。弟宸则与其同榜举人，博学能文，早卒。宸诵抚养其孤。堂弟宸铭，崇祯进士，礼科给事中。

崇祯十年丁丑科

【苏　京】(1592—1653) 字殿卿，号临皋。山东安东卫人。入载《日照县志》。其祖世为武职，为明王朝立有武功，封世职。京自幼聪颖，才猷敏练。崇祯六年（1633）举人，三甲第五十四名进士。授河南杞县知县，以卓异行取兵部车驾司主事，升武选司员外郎，钦命监督京营军务。崇祯十四年（1641），为陕西监军，参与镇压义军，师溃而回。次年，巡按河南。崇祯十六年（1643），充河南乡试监临官。是年底，被叛将绑献李自成，撞碑求死不成，乘机逃脱。崇祯甲申之变后，奔走南京参与筹划立君复明事宜。福王立，奉命驻庙湾以御江北，又改督师扬州，不久辞职归隐。顺治四年（1647），被清廷授陕西道监察御史，兼茶马事务，巡按真定。顺治八年（1651），以福建按察司佥事，分巡建宁兵备道，卒于任。著有《小学注解》、《笔山居艺》、《畿南纪兴诗》、《文稿》等传世。子敬生，顺治解元，候选知县，著有《周易启蒙》、《渔城诗文稿》。

【张允捷】莱阳县（今改市）人。崇祯九年（1636）举人，翌年联捷三甲第五十七名进士。授山西榆次县知县，改直隶永清县。为政宽和，断狱无枉。以卓异入为刑部主事，升至郎中。崇祯甲申之变，以忧愤疽发于首而卒。叔父宏德，天启进士，知县；弟允抡，崇祯进士，知府。

【罗国士】字尚友，号嵚瞻。德州（今德州市）人。生而瑰奇，负气节。天启七年（1627）举人，三甲第六十二名进士。授直隶固安县知县，改河南安阳县，两地为官，以"威如山立，冰清玉洁"称。以卓异擢礼部主事，旋授山西道监察御史，巡视中城。为言官正直敢言，锄强扶弱，不畏强御。虽疾恶如仇，但风过波平，不念其旧，人皆畏而怀之。告归林下，营室筑圃莳花，乐以自适。七十六岁卒于家。子：遑，廪贡，驿粮兵备道；遴，兵部主事。

【刘业嵊】乐安县（今属东营市）人。崇祯九年（1636）举人，翌年联捷三甲第七十七名进士。授直隶元氏县知县。

【袁胤隆】县志载作允隆。祖籍江西龙泉县，移籍山东胶州（今改市）。万历四十年（1612）举人，历经二十五年，方考取三甲第八十二名进士。疏请终养，未仕。

高祖父瓒，成化进士，刑部主事；祖父继业，嘉靖进士，太仆寺少卿；父学古，万历举人。

【王昌胤】县志载作昌荫。字七襄。淄川县（今淄博市淄川区）人。崇祯九年（1636）举人，翌年联捷三甲第一百零三名进士。授河南固始县知县。顺治初年，起用户部主事，擢福建道监察御史，巡按山西。顺治四年（1647）二月，为顺天学政。

【李　岩】字子潜，号圣石，晚号山樵。莱阳县（今改市）人。崇祯六年（1633）举人，三甲第一百零四名进士。授直隶曲周县知县，改滑县。滑县饥年多盗，岩亲督削平。入太仆寺（县志未载明职务），出为河南开封府知府，迁督粮道。以绩升河南按察司副使。未几，丁父忧。在崇祯甲申之变后，隐居，以吟咏自娱。著有《峨山集》。

【林起元】字斗建。文登县（今改市）人。幼聪慧，善属文。崇祯六年（1633）举人，三甲第一百零九名进士。授直隶南宫县知县，清惠著声。刚一载城陷，夫妻同死。据县志考证，起元死难似在崇祯十一年（1638），时清兵南下，而破南宫县。

【周而淳】字季玉。掖县（今莱州市）人。《明史》有传。父维翰，万历举人，为云南广南府知府，其与子而厚先后卒于赴任途中。而淳闻讣，徒步往扶两柩归里。崇祯三年（1630）举人，三甲第一百一十九名进士。授河南河内县知县，遇灾，平粜赈济，运他郡粟以食饥民。以卓异入为兵科给事中。崇祯十五年（1642）十一月，清军大举进攻，奉命与同官六人分督畿辅诸郡城守事。而淳刚至直隶河间府，城即被围，守城三日，城陷不屈被杀，且碎裂其尸，弃于城下。赠太常寺少卿。

【张勉仁】字还初。淄川县（今淄博市淄川区）人。崇祯六年（1633）举人，三甲第一百二十八名进士。未仕卒。

【刘明镆】恩县（今属德州市）人。天启四年（1624）举人，三甲第一百三十一名进士。授掌印中书舍人，奉命册封代王。充广西乡试主考官。擢贵州道监察御史，巡视漕运，巡按陕西。出为布政司参议，分守淮徐道。

【李廉仲】字墨源。诸城县（今改市）人。崇祯六年（1633）乡试亚元，三甲第一百四十八名进士。授直隶任丘县知县，和易廉洁，士民爱之。崇祯十一年（1638）冬，清军至，将城攻陷，廉仲身冒矢石死于城下，其父母和弟乾生、子廷魁皆被杀死。另一说，清军抵城下，前任知县白慧元与代者廉仲共守城，

崇祯十年丁丑科

无奈廉仲缒城逃。其弟闻变，徒行千余里，觅其尸，于南城壕冰中得之，胸背数处皆带矢，乃殓而归。知县白慧元本以守城功行取，却被权阉问罪逮治。上官为廉仲申请题奏，蒙允褒奖，但也没有结果。子廷瑗，清康熙举人，知县。

【赵士骥】字卓午，号黄泽。莱阳县（今改市）人。《明史》有传。生而端凝，天性孝友。及长博通经传，下笔数千言立就。天启元年（1621）举人，三甲第一百五十一名进士。授中书舍人，充顺天乡试同考官。以丁忧回籍。崇祯十六年（1643），清兵围莱阳城，士骥分守东南隅，北城被攻陷，家人奔告，请其速避，其勃然叱曰："吾与城共存亡，义不独生。"旋奋身撞城下以殉。被赠光禄寺少卿，谥"忠毅"。著有《春秋四传合解》、《文起楼文稿》、《感遇集》。子：崶，顺治进士，知县；嵂，顺治拔贡，知县；峇，顺治进士，礼部主事。

【王际亨】历城县（今济南市）人。崇祯九年（1636）举人，翌年联捷三甲第一百七十六名进士。授直隶南和县知县。

【左其人】字舆参，号青丘。莱阳县（今改市）人。崇祯六年（1633）举人，三甲第一百七十七名进士。授直隶清苑县知县，入为刑部主事，升工部员外郎。出为山西平阳府知府。明亡，不复出仕。著有《青丘集》。

【赵之鼎】莒州（今属日照市）人。崇祯六年（1633）举人，三甲第一百八十三名进士。授直隶无极县知县。在清兵破城时，不屈而死。

【周伯达】（？—1648）字洱如，号康岐。莱阳县（今改市）人。崇祯九年（1636）举人，翌年联捷三甲第一百八十四名进士。授直隶深泽县知县，改河间县。入为工部主事，升至虞衡司郎中，尽祛宿弊，奸富巨贾不得表里为奸，岁省公帑数万缗。崇祯十五年（1642），以边才升陕西按察司佥事，分巡关西道（驻平凉），伯达虽歃血沥酒以励将士，但诸将见长安已被义军攻陷，皆背弃许诺望风而去。伯达潜匿山谷间，备历艰辛。入清，大将军英王帅师至，伯达以戎服入见，即被超拜署理甘肃巡抚。又以都察院右佥都御史，巡抚江宁。所至忠贞勤慎，安定人心，减轻民负，惩治叛将，竭力而为。江右金声桓反叛，朝廷征兵剿抚，限三日内立提战舰八百艘，伯达俄顷筹金三十万两，如期完成。以忧劳致疾，呕血视事。临终仍念念不忘国事。

【张印立】（1609—1699）字参我。临朐县人。崇祯六年（1633）举人，三甲第一百八十六名进士。授直隶藁城县知县。以卓异入为南京户部主事，升至郎中，又出为浙江杭州府知府。顺治二年（1645），清兵大举南下，杭州城被围，印立见大势已去，弃城逃回老家。康熙初年，大学士冯溥寄书劝其至京出仕，印立以年老有病婉言谢绝。并赋诗二首以明己志,诗曰:"未能大明守城死,实感胸中独惭然。不及逢萌东都去,为避纲纪绝人寰。""命中注定无官运,强面求之亦碍身。负明挂冠空余悔,岂能再做两朝臣。"康熙十一年(1672),为《临朐县志》总裁。康熙三十八年(1699)病卒。一生著述颇多,有《程朱理学析注》十卷、《佳瓶文集》二十六卷、《西湖杂吟》三卷等。其诗清新,有唐人韵味。

【谢继迁】字禹门。掖县(今莱州市)人。崇祯六年(1633)举人,三甲第二百零二名进士。授直隶永平府推官,断狱敏捷,无冤民。丁忧归,值崇祯甲申之变,绝意仕进。入清,抚按荐章累上,迫就征召,婉言推辞。家酷贫,居草屋,蔬食以终。

【孔胤圭】县志载作衍圭。曲阜县(今改市)人。天启四年(1624)举人,三甲第二百零三名进士。授直隶曲周县知县。

【郝　絅】县志载作炯。字贲如,号木仲。齐河县人。天启七年(1627)举人,三甲第二百零六名进士。授直隶肥乡县知县,以功改永年县。擢刑科给事中,改兵科。与山东按察司佥事雷延祚,先后纠劾内阁大臣周延儒及其党吴昌时、周仲琏,直声甚著。屡迁浙江布政司参议,以病告归。居官居乡恪守祖父家训,甘心淡泊。卒祀乡贤。

【王国儒】泗水县人。万历四十年(1612)举人,历经二十五年,方考取三甲第二百零九名进士。授直隶宝坻县知县。崇祯五年(1632),在籍守城抵抗清军战死。

【匡延年】字范先,一字五如。胶州(今改市)人。崇祯七年(1634)举人,三甲第二百一十一名进士。授南京太常寺博士,改中书舍人。致仕。延年性俶傥好义。李九成之变,助守州城。又捐修文庙,煮粥赈饥。卒祀忠义祠。曾祖父翼之,成化进士,苑马寺卿;父铎,嘉靖进士,按察司佥事。

【修廷献】字芥吾。《题名碑录》载军籍山东海宁卫。《单县志》载:本济宁人,后定居单县。崇祯六年(1633)举人,三甲第二百一十二名进士。授直隶顺德府推官,滦州知州馈千金,廷献告于上官。岁饥,为民请赈贷,全活甚众。改直隶永平府,迁兵部郎中。出为山西大同府知府,未赴,补河南府知府。有军人横行扰民,竟嫁祸他人,廷献执法不避,予以杖杀之。清顺治时,为浙江宁波府知府,赎归被掠妇女数百人。未几,告归。孙映辰,清岁贡,知县;曾孙鉴,清知县。

【王　汉】(?—1643)初名应骏,因兄应豸死蓟门更名。字子房。掖县(今莱州市)人。崇祯九年(1636)举人,翌年联捷三甲第二百二十名进士。授山西高平县知县，改河南河内县。邑大灾，绘饥民图以进，请蠲贷金易粟，全活无数。募民修城隍，练壮士，屹然一方保障。有巨寇刘二欲攻济源，济源告急于汉，汉佯不应，乃出其不意，在元旦登天坛山，直捣其巢，将刘二就擒。又乘大雪破妖僧智善等。几战皆捷，皆以奇险奏功。李自成军急攻河南开封，明军外援不前，汉率亲兵至金龙口柳林，燃火施以疑兵之计，声称各路援军至，阻止李自成军渡河，开封城亦暂解之围。汉长于计谋，不惜重赏，故部属乐为之死。时论汉一县令，而知兵能出奇制胜，虽老将皆自以为不及。崇祯十五年（1642）二月，汉入京召对便殿，陈述抚剿大略，合于上意，拜为监军监察御史，监左良玉军，与督臣侯恂（兵部侍郎）救援开封。汉以为兵部所发兵，半皆空籍，悉市上菜俑，不堪一击，乃请自立标兵千人，骑二百，令一裨将督帅，随大军作战。首战范家滩，即斩杀"红甲贼首"。汉自走襄阳，督左良玉兵驰救开封，密疏左良玉兵事甚悉。崇祯帝留中，临朝太息曰："河南巡抚安得王汉者。"乃命汉巡按河南，时开封已陷，汉督诸将自柳园渡河追击李自成军余部于朱仙镇，连战皆捷。是年十一月，由监军监察御史，升察院佥都御史，巡抚河南。时值保定总兵刘超据永城反叛，汉疏请讨伐，奉密旨以策授汉，但为本兵所泄，刘超得以为备。崇祯十六年（1643）正月，汉率兵抵永城，声言招抚，刘超开门接纳，汉坐城头发免死票，刘超党与猝发，将汉杀死。所部游击马魁冒死入城，负汉尸出，殓于夏邑。上闻震悼，赠兵部尚书。崇祯帝命征伐刘超，刘超与其弟被逮磔裂，传首九边。汉被崇祀乡贤及忠义祠。兄应豸，天启进士，巡抚，被以克扣军饷论死。

【迟　矿】字鳞伯，号朴庵。莱阳县（今改市）人。崇祯九年（1636）举人，翌年联捷三甲第二百二十三名进士。授行人司行人。崇祯甲申之变后，隐居不仕。著有《锁青堂诗稿》。

【颜习孔】字心卓。沂州（今临沂市）人。天启元年（1621）举人。三甲第二百二十六名进士。授山西长治县知县，多惠政。明亡，即隐居不入城市。弟则孔，以战功命监军，战死。

【赵弘文】（？—1673）字东渊，号朴庵。泰安州（今泰安市）人。万历四十六年（1618）举人，历经十九年，方考取三甲第二百二十八名进士。顺治元年（1644）四月，李自成军一部占领泰城，弘文密结高桂等人，倡议诛杀所派官员，杀死大顺军泰安防御史及其部将十余人。不久，大顺军郭升部再次攻克泰城，高桂阵亡，弘文被俘。在押解途中，趁大顺军溃散，弘文逃脱。清顺治二年（1645），被授广东道监察御史，巡按苏、松，以荐举太滥被降调，辞官归。居泰城梅花馆，以诗文自娱。康熙十二年（1673）卒。著有《蒙难纪略》、《光碧草堂诗稿》等。

崇祯十年丁丑科

崇祯十三年庚辰科

本科录取：一甲三名，二甲五十七名，三甲二百三十六名。其中山东三十二名。

【孙一脉】字六子。沂州（今临沂市）人。貌魁梧，美丰姿，慎言寡交，性至孝。崇祯三年（1630）举人，二甲第二十五名进士，选庶吉士，授检讨，以终养归。家雄于财，广厦毗连，池馆叠起，曾凿一新池，广十余亩，池上豢养两鹤，定省之余，辄引两鹤对舞以为娱。李自成入关，一脉闻北都陷落，崇祯帝自尽，即徒步遍告亲族，痛陈大义，谋起义兵，众亲惧事败受累，讫无应者。有显官踵门求见，约其归顺，一脉拔剑逐之。族众环跽盈庭，请为宗族计，至夜忽传暴卒，所豢两鹤亦死。福王立于南京，明兵部尚书史可法等监国，督师出淮扬，一脉攀辕上书，但姓名已改，而未能用之。一脉见事不可为，遂奔福州，向唐王三上策，又未达到目的。后数年，其乡人贸易至浏阳，见一野道人，披发跣足，操沂州口音，痛哭于市。道人默不一语，出布一卷，嘱其寄家乡。商人问其寄何人，道人不答，即翻身入水而死。乡人回沂州，出其布示人，上仅血书一脉二字。祀乡贤。

【郑问玄】省志载作问元。新城县（今桓台县）人。天启四年（1624）举人，三甲第九名进士。仕至浙江按察司佥事，分巡嘉湖道。

【李谠明】德州（今德州市）人。天启七年（1627）举人，三甲第十九名进士。以山西按察司佥事，分司驿传道。兄诚明，天启举人，藩王府长史；子源，顺治进士，知县。孙：桎，康熙举人；楘，康熙进士，中书舍人。

【傅上瑞】（？—1648）武定州（今属滨州市）人。崇祯十二年（1639）举人，翌年联捷三甲第二十一名进士。授湖广武昌府推官。南明隆武时，以何腾蛟荐，累官至都察院右佥都御史，巡抚偏沅（县志载作巡抚武昌）。清兵逼沅州，不敌出降。逾年诛。

【宋　璜】字玉仲，号答昊。莱阳县（今改市）人。少负奇气，磊落不羁。崇祯九年（1636）举人，三甲第二十三名进士。授浙江杭州府推官，刚正而立，甚有威望，人不敢犯。有署理知县为贪官，夜怀饷金相送，璜正色拒之。崇祯十五年（1642）充乡试同考官，所得十七人皆名士。富贾汪某兄弟相仇讼，三十年不决。璜将两人，人各一手，以一械共关之，两人卧起便溺昼夜同住，三日后，两人悔罪。璜对其曰："兄弟犹手足也，吾今为尔联之。"两人叩头出血，流涕而去，和好如初。入为兵部主事。入清，授直隶顺天府推官。顺治三年（1646），北闱乡试，有通州杨氏兄弟三人同号舍，顺天府丞疑其有私，题参褫革，交璜讯鞫，璜认为是恒常事，力白无私，此事得止。后此兄弟三人，皆高第为显官。璜伉直刚毅，不肯少挫，与人交片言相许，不惜倾身而为。稍有不和，虽贵势亦必谢绝。以故与世寡谐，郁郁不得志而殁。父应亨，天启进士，吏部郎中；弟琬，顺治进士，按察使。

【刘濬源】曹州（今菏泽市）人。崇祯六年（1633）举人，三甲第三十名进士。授直隶邯郸县知县。

【辛广恩】直隶东明县（1963年划归山东菏泽专区）人。崇祯六年（1633）举人，三甲第三十五名进士。授山东淄川县知县，以丁忧回籍。明亡，终身不仕。著有《邂行草病吟》。

【李用质】字文含。济宁州（今济宁市）人。孝友有至性，英敏能文。天启元年（1621）举人，三甲第三十九名进士。授山西襄陵县知县，惩治奸猾，洁己爱民，兴学育才，免停滥派，垦荒赈济。署临汾县事，责成修、练、储、备四事，捐俸足其额。听讼唯务化导，不事深入钩摘。临汾、洪洞两县互争水利案，长久未结，立为剖断。三年奏最擢刑部江西司主事。入清，授直隶清河县知县，兵荒之余，残黎未集，用质加意招徕，与民休息。未几，入为兵科给事中，上疏济宁钱粮私派包赔之弊。充任乡试同考官，时称得人。卒于京邸。子壮，顺治进士，知县。

【张吉士】字松霞。平原县人。性至孝，侍老人疾，五年无怠色。崇祯六年（1633）举人，三甲第七十五名进士。授陕西苑马寺录事，改山西平阳府推官。入清，授陕西武功县知县，除山寇，强守御，抚遗黎，全邑以安。入为兵部职方司主事，升至郎中。屡迁浙江水利道，缺裁改督粮道，尽杜漕弊。再补浙江嘉湖道。以哭母卒，祀乡贤。吉士博览群书，学兼体用性理之学、通鉴史传，皆有评纂。

【马云龙】章丘县（今改市）人。崇祯三年（1630）举人，三甲第八十五名进士。授直隶武强县知县。

【任孔当】字任之。济宁州（今济宁市）人。崇祯六年（1633）举人，三甲第八十九名进士。授晋阳县知县，有直声。丁忧归里，倡议尽歼"流寇"，遂摄守御事，城赖以全。入清，总河杨方兴悉其才，欲举荐之。孔当瞿然曰："亡国遗臣，何颜复玷污清朝。"其布衣蔬食，逍遥以终。卒祀乡贤。

【俎如兰】字含馥。武定州（今滨州市）人。崇祯九年（1636）举人，三甲第一百零二名进士。授直隶东明县知县，值岁大祲，民不聊生。如兰慨然曰："吾民朝夕不保，忍言催科乎？"旋绘图入告，得旨发赈。改永平县，母丧归。入清，补浙江嘉兴县知县，清军南征，奉命修塘路四十里，不以扰民。卒之日，嘉人巷哭罢春，立祠以祀。

【连 璧】曹州（今菏泽市）人。崇祯十二年（1639）举人，翌年联捷三甲第一百零三名进士。授南直隶泰兴县知县。

【孔尚则】字仪之。曲阜县（今改市）人。天启七年（1627）举人，三甲第一百零八名进士。授河南洛阳县知县，以忤知府郭某谢病归。再补南直隶全椒县知县，地瘠民贫，多有逋赋，尚则力请汰其赋额。魏国公家奴犯法，尚则严惩不贷。巡按监察御史王雷臣举荐，擢刑部主事，升至郎中。旋解组归。

【尹 任】祖籍浙江常山县，移籍临清州（今改市）。崇祯十二年（1639）举人，翌年联捷三甲第一百二十二名进士。授山西临汾县知县。崇祯十五年（1642），与被罢归的兵部侍郎张宗衡和太常寺少卿张振秀等，在清兵至临清时，协同守将，据城坚守，城破皆被杀。

【王 生】字子凉。长山县（今属邹平县）人。崇祯九年（1636）举人，三甲第一百三十名进士。授南直隶如皋县知县。性简静，饲鹿调鹤，积书数万卷，坐卧其下。乞休归，杜门著书，有《怪石集》二十二卷行世。

【陆一鹏】字六息。东平州（今改县）人。天启四年（1624）举人，三甲第一百四十八名进士。授南直隶崇明县知县。

【孙廷铨】（1613—1675）初名廷铉。字枚先，一字道相，号沚亭。祖籍直隶冀州，移籍山东益都县（今属淄博市博山区）。《清史稿》有传。少具夙慧，读书有神解，博览群书。崇祯十二年（1639）举人，翌年联捷三甲第一百五十名进士。初为直隶魏县、抚宁县知县，改永平府推官，以世乱还乡。顺治二年（1645），起用为直隶河间府推官，分司天津卫漕务。未几，先后为吏部稽勋、验封、文选司主事和考功、文选司郎中，以清白著闻。充陕西乡试主考官。擢太常寺少卿，提督四夷馆。奉使祭告南镇禹陵。累迁左通政。顺治十年（1653）二月，超拜户部左侍郎，改兵部左侍郎，升兵部尚书，军政肃然。顺治十三年（1656）四月，迁户部尚书，政尚清简。为政务持大体，又被推为吏部尚书，充殿试读卷官，先后加太子太保、少保。在吏部六年，办事恪守规章。康熙二年（1663）五月，升为内秘书院大学士。次年十一月，以病告归，居乡十年，在山中杜门谢客，焚香著书。工诗文，精琴理。著有《颜山杂记》、《汉史臆》、《南征纪略》、《诗文集》、《琴谱指法》。康熙十四年（1675）病卒，年六十二，谥"文定"，祀乡贤。叔父景昌，与其同榜进士，知县；弟廷铎，崇祯举人，知县，著有《说研堂稿》。

【来　仪】（1609—1646）字爻先。临朐县人。尚气节，有远志。童子时，从父教授沂、莒间。监察御史莒州刘璞甚赏其文。刘璞以忤魏忠贤削职，仪欲挺身上疏劾魏忠贤，刘璞力劝乃止。崇祯三年（1630）乡试解元，三甲第一百五十六名进士。授河南兰阳县知县，时李自成已新破归德、陈留诸地，接着将陷没兰阳县。仪募民兵三千人，设奇制胜，屡败义军。李自成大怒，以号称十万之兵，攻打兰阳县，仪与战郊外，体中三矢，遂被执，拥见李自成，大骂不屈，被囚于土室。仪与同时被囚者徐准、刘应密谋刺杀李自成，但一直未得到时机，便以绝食相抗，李自成称其"不愧为义士"。在义军转战至河南荥泽县时，仪乘机逃脱。其投奔河南抚按，见其忠烈，交章举荐，称其"气节可与苏武相媲美"。未几，老母病故，奔丧归里。崇祯十七年（1644）春，朝廷命其参督抚军事。尚未赴任，京城已陷。仪在莒州举旗聚众，号召各路豪杰起兵赴难。李自成命其将姚应凤率兵突袭，仪再次被俘。姚应凤拟槛车北上，适逢义军内讧，姚应凤被杀，仪获逃归家。顺治三年（1646），仪被入家土寇杀害，年三十八。顺治十六年（1659），官府才将行凶土寇捉拿正法。仪博览群书，为文自成机杼。平生著述甚富，有《一斗诗钞》、《山房小录》等稿，惜在兰阳城破时皆失。仪被李自成囚于土室中达四个月，将所作诗题为《幽愤集》，藏于衣中，得脱后，传于世。

【郑　瑜】字伯昆。诸城县（今改市）人。性坦平，与人无豁壑。崇祯三年（1630）举人，三甲第一百六十三名进士。授南直隶仪真县知县。值岁饥，出奇救荒活数千人，百姓拥戴。修浚城池，屹若金汤。崇祯甲申之变，福王南渡，擢其浙江道监察御史，巡视京营太仓。以丁母忧归。入清，于顺治六年（1649），起用为镇江府知府，未及行，以疾卒，年五十二。

【冯士标】（1610—1655）字端明，号宗尼。临朐县人。幼负奇气，抗爽不羁。稍长，淬砺于学，读书多至深夜。崇祯六年（1633）举人，三甲第一百八十二名进士。丁忧在家，未仕。清顺治元年（1644），授兵部武选司主事，旋出为陕西按察司佥事，分巡关内道。次年冬，李自成残部贺珍率军数十万围攻西安城，士标率众昼夜坚守，直至第二年正月，贺珍久攻不下撤走。继而刘二虎部，又率兵数万破城劫掠，士标奉总督之命，率兵一一收复所陷之城。顺治四年（1647），清大军下四川，士标奉命修复被义军所毁栈道，大军顺利通过。次年，升甘肃布政司右参议，分守庄浪道，治行颇著。顺治九年（1652），以四川按察司副使，整饬建昌兵备道。因父丧归而未至。顺治十二年（1655），起补福建按察司副使，充巡海道。时士标病重，不听家人劝阻，带病赴任，于浙江途中病卒。工诗文，著有《西征记》等。高祖父裕，正德进士，按察司副使；曾祖父惟健，嘉靖举人。

崇祯十三年庚辰科

【赵开成】字尧天。胶州（今改市）人。颖异嗜学。崇祯十二年（1639）举人，翌年联捷三甲第一百八十六名进士。早孤，以孝事母。训子弟有义方。性端严，不苟言笑。为文长于性理家言，从游者多名士。未仕卒，祀乡贤。

【杨种斯】县志载作种圻。省志载作钟圻。字计伯。掖县（今莱州市）人。万历四十六年（1618）举人，历经二十二年，方考取三甲第一百九十名进士。以时世多故，志不愿仕，引疾告归。

【宋　霸】字念春。城武县人。天启七年（1627）举人，三甲第一百九十三名进士。为人清介，守祖业，不置房产。虽登第，犹食如贫时。授陕西西安府推官，风采凛然，墨吏敛避。时郑豹反叛，霸统兵擒之，招抚余党，四境获安。以才名著。

【孙景昌】字仰之，号羲侣。原籍直隶冀州，移籍山东益都县（今属淄博市博山区）。崇祯六年（1633）举人，与侄廷铨同榜进士，位列三甲第一百九十五名。授直隶清苑县知县，邑切近京都，夙称难治。时战争频繁，征调不停，但景昌独能把事办好而又不病民。战乱时刻，景昌镇静指挥，城守戒严，兵民无敢哗者。崇祯十六年（1643），以丁母忧归。清顺治二年（1645），被征补江西南昌县知县，时防帅金声桓早蓄异志，骄悍自恣，许多文吏守令见时皆跪拜，独景昌长揖不屈。以廉善行取吏部，未及行被突然反叛的金声桓乱军所获。景昌宁死不屈，金声桓欲杀之，其党曰："此民望也，舍之得民。"在扣押期间，景昌趁夜间逃脱，躲藏于庐山佛寺，后投奔征讨金声桓的大将军谭泰，谭泰望其伟仪，念其不屈，许以督粮备兵司道之职。以病请归，因思念老亲病情加剧，数日而卒。

【孙凤毛】莱阳县（今改市）人。天启四年（1624）举人，三甲第二百名进士。授中书舍人，擢南京监察御史。父必大，万历进士，户部主事；子令祚，清知县。

【张延祚】（1598—1649）字仲胤，号凫东。莒州（今莒县）人。《题名碑录》误载曹州人。少聪慧，工词章。崇祯九年（1636）举人，三甲第二百一十二名进士。初为广平府推官，在任三载，废除邯郸非法徭役，清审历年积案，擒治横行大豪，以"刚直清正"称。以卓异升永平府知府，值甲申之变，未赴，微服徒步归里。至家方知其弟抗清遇害，奉母命赴南明，途中闻南京为清兵所破，又潜回莒北东莞隐居，人称"隐君"。其闭门著述，多有善举。五十一岁郁郁而终。其著述均在战乱中焚毁无余。

【李日成】招远县（今改市）人。崇祯十二年（1639）举人，翌年联捷三甲第二百一十七名进士。授南直隶宝应县知县，改江都县。入清，改名日乾，授江西万安县知县。

【王丕修】《题名碑录》载作王丕。字如初。莱阳县（今改市）人。崇祯十二年（1639）举人，翌年联捷三甲第二百二十一名进士。廉介耿直，虽登第犹如寒素。授行人司行人。李自成攻破京师，其忧愤不食而死。曾祖父秀，正德进士，知府。

【姜 垓】（1614—1653）字如须，一字皇舆，号箬笠。莱阳县（今改市）人。高祖淮，以战功拜怀远将军。少好吟咏，属文立就，毫不加点。崇祯九年（1636）举人，三甲第二百二十六名进士。授行人司行人。充会试同考官。时关塞不靖，大太监曹某包藏祸心，垓上疏请诛，却留中不报。兄埰，崇祯进士，时为礼科给事中，被思宗以"诘问诏旨"下狱。垓周全患难，尽力营护，形容枯悴。埰受杖几危，垓口含童便活之。崇祯十六年（1643），父泻里在清兵破莱阳城时被杀，垓上疏请代兄罪，释兄治丧，阁臣不许。垓徒跣奔丧，哀毁骨立。崇祯甲申之变，福王立，垓杖策往从，擢吏部考功司员外郎，前后条奏诸疏，皆痛哭流涕之旨。充经筵讲官，凡军旅誓告之文多出其手。时镇臣某跋扈日甚，垓数次抨弹，群奸忌恨。某曾上疏曰："朝廷不杀姜吏部，某等不敢进兵。"垓即退隐于天台雁宕深处，牧豕拾橡，自号伫石山人。其闭户著书，不交宾客，有朝贵造访亦避之。后又自号不二道人和明室潜夫。工诗文，著有《流览堂全集》八卷。《中国历代人名大辞典》载：垓在京师见题名碑有崔呈秀、阮大铖姓名，拜疏请去之。去官后居苏州。弘光朝时阮大铖得志，欲杀之。垓乃变姓名走宁波。国亡，还吴中卒。卒葬苏州，门人私谥"贞文"。

【赵进美】（1619—？）字韫退，一字嶷叔，号清止。益都县（今青州市）人。幼具凤慧，读书有神解，诗文令老师避席，人称圣童。十七岁，于崇祯九年（1636）乡试解元。三甲第二百三十二名进士。授行人司行人，奉使江西宁、益二藩王府，值崇祯甲申之变，侨居转徙金陵等地。清顺治二年（1645），被召授太常寺博士，以文章盛名，都人从游者甚众。次年，充顺天乡试同考官，时称得人。顺治七年（1650），以才望推择刑科给事中，先后迁户科右给事中、礼科左给事中，居言路不为矫激，不乐弹劾，立言本经术，务持大体。顺治十一年（1654），典湖南乡试。顺治十三年（1656），出为江西按察司副使，分巡湖西道，除逆捕盗，屡立战功。顺治十七年（1660），转广西布政司参政，分守左江道。康熙四年（1665），起补陕西布政司参政，分守关西道，务与民休息。故有苏公湖，日啸咏其间。以奉裁告归故里。吴三桂举兵反清，进美慨然曰："此岂臣子避险辞难时。"于康熙十三年（1674），出补江南布政司参政，分守江镇道。又改河南布政司参政，分守河北道。康熙二十一年（1682）四月，以功擢福建按察使。康熙二十三年（1684），以疾乞归，七十三岁卒于家。诗清真绝俗，著有《清止阁集》行世。父振基，天启进士，布政司参政。

【李森先】（？—1659）《题名碑录》载作林先。字琳枝，号滟石。掖县（今莱州市）人。《清史稿》有传。少以文章名。崇祯九年（1636）举人，三甲第二百三十四名进士。授国子监博士。李自成攻克北京后，森先任农民军祠祭司从事。清军入关后，于顺治二年（1645），授江西道监察御史。森先素豪于饮，修髯长身，倜傥英伟。其耿直敢言，不避权贵，多次被罢官下狱，仍刚直不阿。在弹劾天启间谄事魏忠贤、而入清为中和殿大学士冯铨一案中，森先言辞最为激烈，被多尔衮以"结党谋害"之罪名革职归里。其将住处取名"椒雨园"，"日与酒徒酬饮其中，醉则衣白衣徒步歌呼过市"，颇有竹林之风。此间诗作颇多，有"拥妓和仙药，御杯看道书"、"倾樽浇块垒，狂啸拔笼藩"之句，既可以证明他的放荡不羁、离世脱俗，又不难看出他忧国忧民、欲经世易俗的心态。顺治帝亲政后罢冯铨，于顺治九年（1652）十月，森先官复原职。顺治十三年（1656），奉旨巡按江南，墨吏望风解绶。其清刚端劲，严惩地方豪强势力，把欺压百姓的淫僧三遮、名优王紫稼及八名豪猾胥吏当庭杖毙，大快人心。由此触怒朝中多方势力，又被罗织罪名罢官下狱。在启程被押送刑部时，吴中罢市，万民泪送，部属也相顾挥涕，送他上船。著名廉吏松江府知府李正华赶到，携一酒瓢满满斟上酒捧给森先道："吾曹期不愧天日、不愧朝廷、不愧百姓已耳，成败利钝造物司之。公今日之行，荣于登仙矣，诸君何至作楚囚相对耶。"森先一饮而尽,掀髯大笑,赴京服刑。刑讯时被重打四十一棍,险些丧命。一年后真相大白,被复原官。应顺治帝求言诏,鉴于皇帝耳目闭塞、上下之情不达,其上《请宽言官之罚疏》,指出言官动辄受罚,只能使诸臣相率以言为戒,请求顺治帝重用直臣,下诏赦免被流放的言官,受株连者给以宽慰。又被顺治帝以"市恩循情"免官下狱。三个月后,顺治帝降旨免吏部"杖赎流放尚阳堡"之判,官复原职。被派赴河南巡察灾情,卒于河南汝州。王渔洋在评价官吏时,列森先为"御史之最"。森先著有《椒雨园集》、《李森先谏草》一卷、《天中记游》二卷。

崇祯十五年壬午科

本科为"赐特用出身进士",史称御进士。共录取二百六十三名,未分甲次。其中山东五名。

【李　逊】招远县(今改市)人。崇祯六年(1633)举人,第一百四十四名进士。授宁陵县知县。崇祯十七年(1644),闻京城陷落殉难。

【蔡完梅】字君调。平原县人。第一百四十九名进士。入清,历湖广辰州、常德、衡州府推官。曾祖父可训,万历举人,知县。

【朱翌辩】益都县(今青州市)人。第二百二十八名进士。

【崔尔岹】胶州(今改市)人。第二百三十七名进士。

【孙茂槐】莱阳县(今改市)人。第二百六十三名进士。授直隶无极县知县。入清,授湖广当阳县知县。单骑赴任,至即葬遗骸,招流亡。时邑少牛,人负耒粗耕田,茂槐见之下车流涕。平定余乱,安定民心。以疾卒于官,祀安陆名宦祠。曾祖父绍先,贡生,知县;祖父旬,万历进士,都察院右佥都御史,提督操江。

崇祯十六年癸未科

本科录取：一甲三名，二甲七十八名，三甲三百一十四名。其中山东二十九名。

【纪腾蛟】字兆虬。胶州（今改市）人。幼孤，事母孝，长以学行教授，一时名俊咸出其门。崇祯十五年（1642）举人，翌年联捷二甲第七名进士。授兵部武选司主事，升户部河南司员外郎。福王弘光时，巡视两浙漕务，弁兵多骄纵，严法阻止，弊端大息。擢浙江按察司佥事，分巡宁绍道。明亡，弃官隐于扬州平山堂为僧。卒不能归葬，经商于南方的乡人，凑金归其柩。善书法，法二王和苏、米，然轻不为人书。著有《纪腾蛟遗诗》、《州志辨》各一卷。子之竹，清康熙举人，知县。

【周爱访】省、县志载作爱访。字成延。宁阳县人。七岁父卒于官，闻讣号恸哀感行路。居乡以孝友闻，稍长禀质岐嶷，潜心力学，文誉籍甚。崇祯十二年（1639）举人，二甲第十八名进士。其观政吏部，请假归里，时值明亡，未及授职。清顺治初，以征辟北上入都选授翰林，值内弘文院，一时制诏咸与属稿。先后充顺天乡试、会试同考官和典试二楚，甄摘精审，所拔皆知名寒俊士。又授编修，以疾卒于官。工诗古文辞，书法遒逸，学者得其片楮珍若拱璧。祀乡贤。父绍业，万历举人，府通判，为良吏；子仔进，增贡生，精医术，工书法。

【冯世巩】字殿公。诸城县（今改市）人。崇祯十五年（1642）举人，翌年联捷二甲第二十三名进士。授户部都水司主事。

【李呈祥】（？—1688）号吉津。沾化县人。《清史稿》有传。崇祯十五年（1642）举人，翌年联捷二甲第三十七名进士，选庶吉士。清顺治初，授翰林院编修，历国子监祭酒、詹事府少詹事，兼侍讲学士。顺治十年（1653）二月，条陈部院衙门应裁去满官，专用汉人，被劾夺官，下刑部，坐巧言乱政，论斩。上命免死，流徙盛京。居沈八年，讲学不辍。顺治十七年（1660）秋，奉旨免罪，入京疏谢归里。山居二十八年，授徒为生。著有《木斋诗》、《东村文集》行世。康熙二十七年（1688）卒，祀乡贤。

【陈宸铭】字我愚，号扬先。原籍山东济阳县，移籍山东嘉祥县。三甲第十五名进士。授山西汾州府推官，未至任，汾州已被义军攻破。入清，历陕西郏县、宜川县知县，以治乱安定为先，继而招徕逃亡，劝农更生，又葺学舍，建书院。两充乡试同考官，所取皆名宿。以奏最先后擢吏科右左给事中，知无不言，所上正国是、汰浮屠、饬法纪、禁贿赂诸条，皆甚切实。劾某侍郎"恃贵戚横索骚扰驿夫"，直声震天下。顺治十年（1663），转礼科，仍掌吏科。吏部选授官员意有所私，委众会议，展铭正色直言予以抨击，遭到嫉妒排斥，以"朴诚宜堪外用"，被谪河南布政司经历。署汲县事，平讼狱，却馈遗。再署汝州事，尽革旧弊，政简刑清。迁大理寺寺正，旋以年老告归，八十二岁卒。其诗文雅清练，著有《崇朴斋稿》二卷。父伯友，万历进士，太常寺卿；堂兄展诵，崇祯进士，户部员外郎。

崇祯十六年癸未科

【王支焘】字青芝。滨州（今滨州市）人。崇祯六年（1633）举人，三甲第十九名进士。顺治初，授河南南阳府推官，为唐县诬狱昭雪，全活不少人。曾署知府事，以战功被行取部郎中，出为浙江按察司副使，分巡嘉湖道。拒织户样金以万计。在任除逆捕盗，多有战功，各邑民刻石称颂。著有《文圃》十二卷。

【王运熙】潍县（今潍坊市）人。崇祯六年（1633）举人，三甲第二十名进士。由礼科给事中迁大理寺寺正。

【荣尔奇】一作尔期。德州（今德州市）人。省志载德州左卫人。崇祯十二年（1639）举人，三甲第三十三名进士。顺治中，由山西冀南道，左迁山西浑源州知州。刚毅明达，爱民礼士。姜瓖反叛，城陷而死，祀大同名宦祠。

【俞　璧】祖籍浙江山阴县，移籍山东滋阳县（今兖州市）。崇祯十五年（1642）举人，翌年联捷三甲第四十五名进士。授河南彰德府推官。

【姜金胤】县志载作金印。原名汝珏。字云沧。掖县（今莱州市）人。天启元年（1621）举人，历经二十二年，方考取三甲第四十八名进士。入清，授福建道监察御史，巡按淮阳。卒祀乡贤。祖父仲轼，万历进士，尚宝司卿。

【张　端】（1616—1654）字中柱。掖县（今莱州市）人。生有异才，读书过目成诵。崇祯十二年（1639）举人，三甲第五十八名进士，选庶吉士。时值战乱，奉父告归。入清授翰林院检讨，于顺治三年（1646），充江南乡试主考官，以得人称。顺治十年（1653），由礼部左侍郎，超拜国史院大学士。次年，时会秘书院大学士（署吏部尚书）陈名夏被革职逮杀，端受惊悸而卒，年三十八岁，赠宫保，谥"文安"，祀乡贤。祖父孔教，万历进士，太常寺少卿；父忻，天启进士，明刑部尚书，降清为巡抚。

【王启祚】（1610—1671）字承先，一字元锡。临朐县人。聪慧能辩，工制举业，精深简括。崇祯十二年（1639）举人，三甲第六十八名进士。授山西孟县知县，因通往山西的要道，已被义军占领，并未至山西。顺治初年，诏征天下隐逸赴京师，启祚被授吏科给事中，迁户科右给事中，转礼科左给事中。每疏皆言天下大计，多见施行。以疾致仕。康熙十年（1671）病逝。

【高　珩】（1611—1696）字葱佩，号念东，晚号紫霞道人。原籍山东蒙阴县，移籍山东淄川县（今淄博市淄川区）。崇祯十二年（1639）举人，三甲第八十五名进士，选庶吉士。入清授翰林院检讨，充江南乡试主考官。历国子监祭酒、秘书院侍讲学士、大理寺少卿、宗人府丞、都察院左副都御史、刑部右左侍郎。为大理寺少卿时，认为朝官得罪予杖，不能脱杖而毙。为刑部侍郎时，定例是如官员负官钱，应家产尽绝，家口没为官奴。但珩察知也有胥吏家产尽绝而免之例。其比例上陈，竟得旨著为令。康熙十九年（1680）致仕，八十六岁无疾而终。工诗，一生所作诗不下万首，随写随弃。文有典则。诗文风格皆近白居易。著有《栖云阁集》十六卷和《劝善》诸书行世。祖父举，万历进士，巡抚；兄玮，崇祯解元，顺治进士，府推官；弟坪，顺治进士，监察御史；子之陶，顺治进士，知县。

【高　简】字子静。胶州（今改市）人。崇祯十五年（1642）举人，翌年联捷三甲第一百零二名进士。顺治初，授福建建宁府推官，廉直有声。升至建宁府知府，属邑受水灾，全力赈济。有节妇八十余岁，继子构讼，简亲造其门，以定其嗣。顺治中，被土寇所执不屈赴火而死，百姓为治殓具，送柩归里，祀忠义祠。父允兹，崇祯进士，监察御史，战死。

【陈调元】字巽甫，号鸥盟。潍县（今潍坊市）人。有文名。崇祯十二年（1639）举人，三甲第一百一十四名进士。清顺治初，授直隶宁津县知县，歼灭寇盗，振兴文教，甚著声绩。以考最擢刑科给事中，屡迁都给事中，数陈时政，缘事降补行人司司正。遂致仕归。生平慷慨多义举，如修学宫、创烈女祠皆力为之。父所问，万历进士，监察御史。

【黄宗庠】字我周，号仪庭。即墨县（今改市）人。崇祯九年（1637）举人，三甲第一百六十一名进士。为人简重有威，远近尊信。崇祯十七年（1644），土寇环城，主守者议抚，土寇疑为诈，告曰："愿得黄进士一言可解甲去。"其为人敬服类如此。性恬淡，不乐仕进，筑镜岩楼，于别墅读陶诗，学颜楷，自号镜岩居士。未仕卒。著有《诗集》行世。父嘉善，万历进士，兵部尚书；弟宗臣，崇祯举人，善诗工书；子坩，康熙举人，擅诗古文辞，工书法。

崇祯十六年癸未科

【彭遇颸】（？—1649）字君万。军籍山东沂州卫，乡贯江西吉水县。崇祯十二年（1639）举人，三甲第一百六十九名进士。授兵部主事，巡察浙江。崇祯甲申之变后，福王立于南京，其仍留浙江。南京陷落，唐王立于福建，授其"中丞左都御史，畿内巡按，署漳州道"。唐王事败，留漳三年。顺治四年（1647），鲁王起兵长垣（据家传是郑成功起兵），郡县响应，遇颸乘之连取建宁、邵武、兴化及章浦等二十七县。时清豫王多铎在南都闻报，叹曰："真人杰也！"桂王在肇庆遥授其为东粤布政使。鲁王留之仍署漳州事。时清兵再下诸城，沦陷。遇颸守漳浦等三城而不下。顺治六年（1649），桂王授其为福建布政使。清兵大举南下，吴三桂遣使招抚，遇颸斩其使。是年十二月，清使至福建。明所设巡抚纳款具遇颸名，遇颸力辩，被拘自尽。清廷赠谥"文庄"，葬于福建。康熙十一年（1672）柩始返里。父文炳，万历武举人，中军参将，战死。

【刘允浩】字集生。掖县（今莱州市）人。崇祯十二年（1639）举人，三甲第一百七十六名进士。正值明末战乱，允浩誓死报国，奉母至金陵，授陕西建昌府推官，受事之日，嘱其母及少子于广昌陈氏家，与按察司副使王养正、右布政使夏万亨等，并力守城，日夜环甲，且守且战，城陷被执不屈，押至武昌亦不屈被杀。其母与夫人杨氏皆触石而死。被崇祀乡贤及忠义祠。

【韩昌谷】省志载作昌国。祖籍河南柘城县，移籍山东禹城县（今改市）。崇祯十二年（1639）举人，三甲第一百九十五名进士。授山西太谷县知县，入为兵部主事，升员外郎、郎中。转户部郎中。出为荆州府知府。著有《渡江草》。父养醇，天启举人，知府，著有《留余堂集》、《太末吟》。

【张丕吉】（1609—1651）字百屿（与），号见先。嘉祥县人。性敏好学，辞赋尤工。崇祯十二年（1639）举人，三甲第二百一十六名进士。观政兵部。顺治二年（1645），授编修，充会试同考官，所拔多知名人士。与修《洪武宝训》。翰林院大学士赞其："馆中有百屿，词林生色矣！"一说纂修《明史》。同辈每推之曰："此非张伯屿不能辨也。"升弘文院侍读，颁诏入闽。丁父忧，服未阕卒。著有《文集》、《诗集》三十多卷。另有《皇华偶记》一卷，为应诏入京的散记。

【沈　润】字静澜。淄川县（今淄博市淄川区）人。崇祯十五年（1642）举人，翌年联捷三甲第二百二十七名进士。授山西潞安府推官，历礼部主事、员外郎、郎中。充河南乡试主考官。以浙江布政司参议，分守宁绍台道。值岁饥，捐赈全活累万。刊有《越州赈史》行世。里居厚德载物，与人无竞。每逢春秋节序，遍祀无主孤坟。推己产与诸弟，以孝友闻。

【朱鼎延】（1604—1668）字元孚，号嵩若。祖籍直隶宿州，移籍山东平阴县。幼聪慧，性至孝，不嬉戏，端重若成人。崇祯九年（1636）举人，三甲第二百三十四名进士。入清，授礼部主客司主事，历员外郎、郎中。顺治二年（1645），改云南道监察御史，首上治平戡乱之策，请开言路、辨忠佞，直声大震。次年，巡察河东盐政，巡按宣、大（兼学政），所至颂声载道。顺治六年（1649），又提督顺天学政，整治冒滥，一秉至公，无人能干以私，士风大振。顺治九年（1652），改掌河南道监察御史。历太仆寺少卿、右通政、左通政、太常寺卿、通政使、工部右左侍郎。奉命督修乾清宫，大功告成，加工部尚书，管吏部侍郎事。顺治十三年（1656）十二月，先后改吏部右左侍郎。顺治十五年（1658）乞归养亲。鼎延潜心程朱理学，淡泊自甘，不营资产，身体力行。常自言："省得正心诚意四字，凡事方有主宰，每见谈名理者，口若天花，及临终时神色昏乱，真可笑也！"康熙六年（1667）春得心病，昼夜不寐，闻鸟语人声，即惊怖不宁，静坐数月而愈。其叹曰："此病即愈，亦不能过己酉年。"果于康熙八年（1669）二月二十日病重，召诸子弟言不及私，弥留之际，神色不变，舒徐如常，瞑目而逝。年六十五。赐祭葬，祀乡贤。著有《奏疏》《知年初集》《蓬未庵集》行世。裔孙：崇庆，道光进士，道员；学笃，咸丰进士，知府。

【钟　谔】字一士。益都县（今青州市）人。崇祯九年（1636）举人，三甲第二百四十名进士。入清，于顺治三年（1646）授河南新蔡县知县，招集流亡，不一载民皆复业。充乡试同考官，取士称得人。擒获挟仇杀人强盗，严禁邪教煽惑愚民。尤重学校培育人才。任满，两台交荐升府同知。丁忧，服阕，升户部员外郎，监督两淮税务。擢大名兵备道，以不肯迁就狱词，忤总督意，被降职而归。自少好学，至老无闲，博览群籍，涉猎广泛，日与里中耆旧、后进以诗文相倡和，远近推为大手笔。工绘山水，丘壑严密，布置得宜。著有《四书诗经制》《西乐山樵诗词集》若干卷及类书十余册。

【周　试】祖籍湖广麻城县，移籍山东蓬莱县（今改市）。崇祯十五年（1642）举人，翌年联捷三甲第二百四十九名进士。

【孙建宗】（1602—1657）字毓祺。历城县（今济南市）人。为人和易，事必躬亲。崇祯九年（1636）举人，三甲第二百五十五名进士。崇祯十二年（1639），率族人抗清兵守邑城。入清，被授山西祁县知县，充乡试同考官。入为户部主事，殚心会计，吏胥不能为奸。顺治三年（1646），充山西乡试主考官。事竣，升本部郎中。顺治七年（1650），以河南按察司金事，整饬睢陈兵备道，招流亡，善抚循，顿有起色。以卓异擢通政司参议，历顺天府丞、太常寺卿、大理寺卿，悉心平反。转都察院右副都御史，以肃纲纪为己任，所上三疏，皆蒙嘉纳。顺治十二年（1655），出为陕西左布政使，治绩卓著。顺治十四年（1657），内转太仆寺卿。以劳致疾卒于道，年五十五。父止孝，天启进士，布政司参议。

【王政敏】祖籍湖广汉阳县，移籍山东费县。崇祯六年（1633）举人，三甲第二百六十一名进士。授行人司行人。工诗。

【袁　声】号荆阳。祖籍湖广武陵县，移籍山东章丘县（今改市）。崇祯六年（1633）举人，三甲第二百九十四名进士。入清，于顺治年间授山西岚县知县。有趁战乱所结聚的山民，时常抢掠。其先是单骑招抚，各皆投诚，而对个别顽抗者，则请兵相助擒获。充乡试同考官。督抚以其勤政交章上奏，擢刑部贵州司郎中。去之日，无数士民号声震地，卧辙扳辕，并立祠祀之。在部三年多，多所平反冤案。出为太平府知府，兴利除害，一尘不染。公余即事吟咏，一时名流敬仰。著有《春秋鼎》、《麟经汇海》八十卷、《通鉴世系》、《诗词便览》藏于家。唯《荆阳诗纪》行世。卒祀乡贤。

【刘复崑】蓬莱县（今改市）人。崇祯十五年（1642）举人，翌年联捷三甲第三百零六名进士。

【张大年】胶州（今改市）人。崇祯九年（1636）举人，三甲第三百一十名进士。授南直隶华亭县知县。明亡，弃官而归。

附件一：山东明代行政区划

（据《明史》、《大明一统志》所载）

明代山东行政区划分为六府、十五属州、八十九县、十六卫。

济南府：领州四，县二十六。

历城县、章丘县、邹平县、淄川县、长山县、新城县、齐河县、齐东县、济阳县、禹城县、临邑县、长清县、肥城县、青城县、陵县、泰安州、新泰县、莱芜县、德州、德平县、平原县、武定州、阳信县、海丰县、乐陵县、商河县、滨州、利津县、沾化县、蒲台县。

兖州府：领州四，县二十三。

滋阳县、曲阜县、宁阳县、邹县、泗水县、滕县、峄县、金乡县、鱼台县、单县、城武县、济宁州、嘉祥县、巨野县、郓城县、东平州、汶上县、东阿县、平阴县、阳谷县、寿张县、曹州、曹县、定陶县、沂州、郯城县、费县。

东昌府：领州三，县十五。

聊城县、堂邑县、博平县、茌平县、莘县、清平县、冠县、临清州、丘县、馆陶县、高唐州、恩县、夏津县、武城县、濮州、范县、观城县、朝城县。

青州府：领州一，县十三。

益都县、临淄县、博兴县、高苑县、乐安县、寿光县、昌乐县、临朐县、安丘县、诸城县、蒙阴县、莒州、沂水县、日照县。

莱州府：领州二，县五。

掖县、平度州、潍县、昌邑县、胶州、高密县、即墨县。

登州府：领州一，县七。

蓬莱县、黄县、福山县、栖霞县、招远县、莱阳县、宁海州、文登县。

明代山东共有十六卫：济南卫、青州左卫、登州卫、大嵩卫、济宁卫、东昌卫、宁海卫、灵山卫、成山卫、平山卫、鳌山卫、靖海卫、安东卫、威海卫、莱州卫、临清卫。

附件二：明代主要文职官员品级表（一至九品）

品类、职类	文　职	品类、职类	文　职
正一品	三公（太师、太傅、太保）	正四品	太仆寺少卿
	宗人府宗人令		苑马寺少卿
	宗人府左右宗正		太常寺少卿
	宗人府左右宗人		鸿胪寺卿
从一品	三孤（少师、少傅、少保）		各省按察司副使
	太子太师、太子太傅、太子太保		顺天府丞
正二品	太子少师、太子少傅、太子少保		应天府丞
	各部尚书		各省知府
	都察院左右都御史		提督四夷馆少卿
	衍圣公（世袭）	从四品	国子监祭酒
从二品	各省左右布政使		各省布政司左右参议
正三品	太子宾客		都转运盐同知
	各部左右侍郎	正五品	殿阁大学士（不加其他职衔）
	都察院左右副都御史		詹事府左右春坊大学士
	通政使		翰林院掌院学士
	大理寺卿		各部郎中
	詹事府詹事		通政使司左右参议
	太常寺卿		大理寺左右寺丞
	各省按察使		詹事府左右春坊庶子
	顺天府尹		光禄寺少卿
	应天府尹		尚宝司卿
从三品	光禄寺卿		钦天监监正
	太仆寺卿		宗人府经历
	苑马寺卿		太医院院使
	各省布政司左右参政		上林苑监左右监正
	都转运盐使		王府左右长史
正四品	都察院左右佥都御史		各省按察司佥事
	左右通政使		顺天府治中
	大理寺左右少卿		应天府治中
	詹事府少詹事		各省府同知

续表

品类、职类	文职	品类、职类	文职
从五品	各部员外郎	从六品	翰林院史官修撰
	詹事府左右春坊谕德		光禄寺丞
	翰林院侍读学士、侍讲学士		光禄寺署正
	尚宝司少卿		鸿胪寺左右寺丞
	鸿胪寺左右少卿		各省布政司经历
	詹事府司经局洗马		各省布政司理问
	都转运盐副使		都转运盐判官
	盐课提举司提举		盐课提举司同提举
	市舶提举司提举		市舶提举司副提举
	各省知州		两京府推官
正六品	各部主事		各省府通判
	都察院经历		各省州同知
	大理寺左右寺正	正七品	都察院都事
	詹事府丞		六科都给事中
	詹事府左右春坊中允		十三道监察御史
	大理寺左右寺正		大理寺评事
	翰林院侍读、侍讲		翰林院史官编修
	国子监司业		行人司司正
	尚宝司丞		通政使司经历
	苑马寺丞		上林苑监左右监丞
	太仆寺丞		上林苑监典署
	太常寺丞		太常寺典簿厅典簿
	钦天监监副		工部营缮所所正
	钦天监五官正		五城兵马司副指挥
	太医院院判		王府审理副
	上林苑监左右监副		各省使司按察经历
	五城兵马司指挥		两京府所辖县丞
	王府审理正		各省府推官
	两京府通判		各省知县
	两京府所辖知县	从七品	六科左右给事中
从六品	大理寺左右寺副		六科给事中
	詹事府左右春坊赞善		翰林院史官检讨
	詹事府左右司直郎		中书科中书舍人
			行人司左右司副

附件二：明代主要文职官员品级表（一至九品）

续表

品类、职类	文　职	品类、职类	文　职
从七品	光禄寺署丞	从八品	国子监六堂助教
	光禄寺典簿厅典簿		国子监五经博士
	詹事府、太仆寺、苑马寺主簿		国子监典簿
	钦天监五官灵台郎		太常寺祀丞
	太常寺奉祀		光禄寺监事
	都转运盐经历		光禄寺录事
	盐课提举司副提举		鸿胪寺主簿厅主簿
	两京府经历		钦天监五官挈壶正
	各省布政司都事		都转运盐知事
	各省布政司副理问		王府典膳、奉祀、典宝、纪善、良医、工正等所副
	各省州判官		
正八品	部院照磨		各省布政司照磨
	国子监丞		两京府知事
	行人司行人	正九品	翰林院侍书
	翰林院五经博士		部院检校
	太常寺博士		各省布政司检校
	太常寺协律郎		詹事府司经局校书
	通政使司知事		国子监学正
	各省按察司知事		詹事府录事
	上林苑监署丞		鸿胪寺署丞
	钦天监主簿		上林苑监典簿
	钦天监五官保章正		上林苑监录事
	太医院御医		太常寺赞礼郎
	户部宝钞提举司提举		太仆寺牧监正
	工部大通关提举司提举		苑马寺牧监正
	工部营缮所所副		部寺馆、局、院、仓、库、所大使（除列从九品外）
	王府典膳、奉祀、典宝、纪善、良医、工正等所正		部、局、所、关副提举
	两京府所辖县主簿		钦天监五官监候
	各省府经历		钦天监五官司历
	各省县丞		工部营缮所丞
从八品	翰林院典籍		茶马司大使
	詹事府左右春坊清纪郎		王府典簿、典乐、典仪所所正

续表

品类、职类	文职	品类、职类	文职
正九品	各省按察司照磨	从九品	茶马寺副使
	两京府照磨		太仆寺牧监副
	各省府知事		苑马寺牧监副
	各省县主簿		苑马寺苑圉长
从九品	部、院、寺司务厅司务		工部节慎库、柴炭司大使
	翰林院待诏		光禄寺司牲司、司牧局大使
	詹事府左右春坊司谏		部寺馆、局、院、仓、库、所副大使
	詹事府通事舍人		
	詹事府司经局正字		盐课提举司吏目
	国子监学录		市舶提举司吏目
	国子监典籍		部院司狱
	内外教授		各省布政、按察司司狱
	鸿胪寺鸣赞		各省布政司库、仓、局大使
	鸿胪寺序班		各省按察司检校
	太常寺司乐		王府典仪副、伴读
	教坊司左右韶舞		两京府照磨、司狱、税课大使
	太常寺牺牲所吏目		各省府照磨
	钦天监五官司晨		各省府仓、局、司大使
	钦天监漏刻博士		各省州吏目

附件三：明清科举程序图

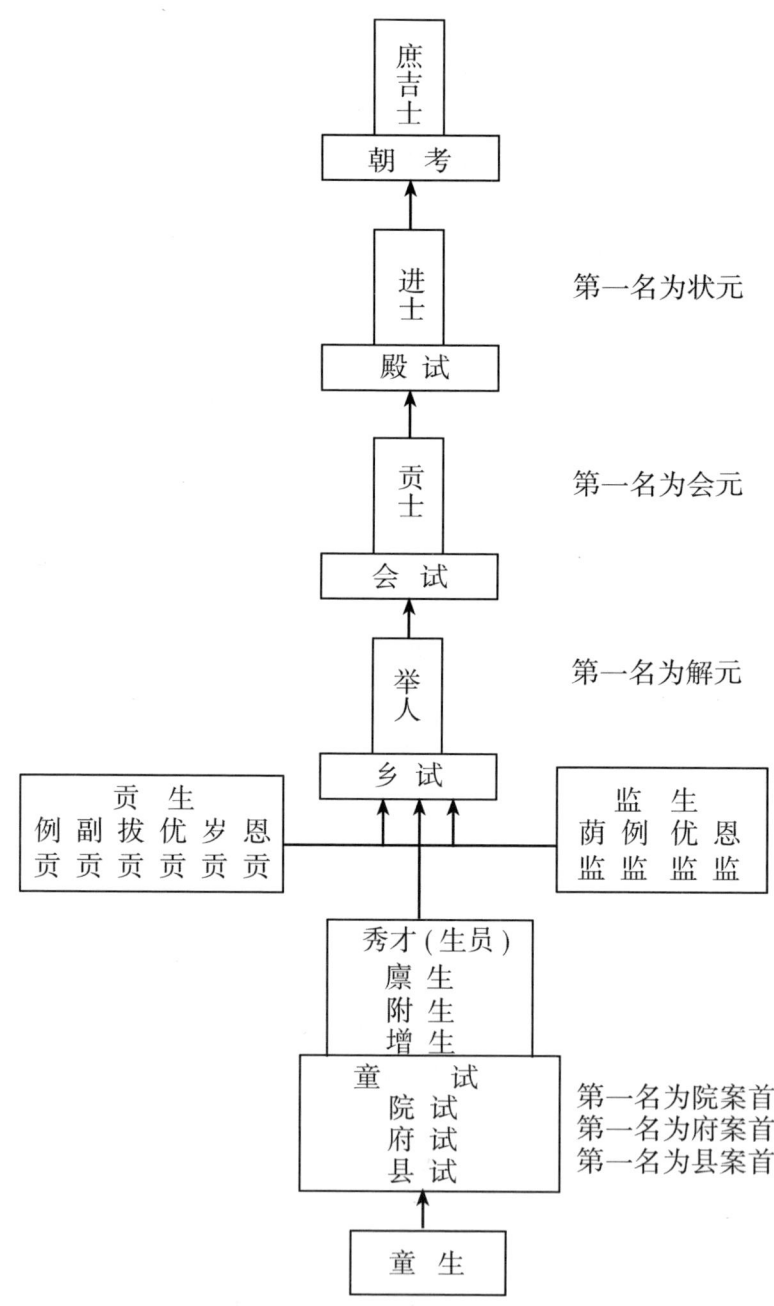

附件四：明代纪年表

(1368－1644)

年号			干支	公历	年号			干支	公历
太祖	洪武	1	戊申	1368	成祖	永乐	1	癸未	1403
		2	己酉	1369			2	甲申	1404
		3	庚戌	1370			3	乙酉	1405
		4	辛亥	1371			4	丙戌	1406
		5	壬子	1372			5	丁亥	1407
		6	癸丑	1373			6	戊子	1408
		7	甲寅	1374			7	己丑	1409
		8	乙卯	1375			8	庚寅	1410
		9	丙辰	1376			9	辛卯	1411
		10	丁巳	1377			10	壬辰	1412
		11	戊午	1378			11	癸巳	1413
		12	己未	1379			12	甲午	1414
		13	庚申	1380			13	乙未	1415
		14	辛酉	1381			14	丙申	1416
		15	壬戌	1382			15	丁酉	1417
		16	癸亥	1383			16	戊戌	1418
		17	甲子	1384			17	己亥	1419
		18	乙丑	1385			18	庚子	1420
		19	丙寅	1386			19	辛丑	1421
		20	丁卯	1387			20	壬寅	1422
		21	戊辰	1388			21	癸卯	1423
		22	己巳	1389			22	甲辰	1424
		23	庚午	1390	仁宗	洪熙	1	乙巳	1425
		24	辛未	1391	宣宗	宣德	1	丙午	1426
		25	壬申	1392			2	丁未	1427
		26	癸酉	1393			3	戊申	1428
		27	甲戌	1394			4	己酉	1429
		28	乙亥	1395			5	庚戌	1430
		29	丙子	1396			6	辛亥	1431
		30	丁丑	1397			7	壬子	1432
		31	戊寅	1398			8	癸丑	1433
惠宗	建文	1	己卯	1399			9	甲寅	1434
		2	庚辰	1400			10	乙卯	1435
		3	辛巳	1401	英宗	正统	1	丙辰	1436
		4	壬午	1402			2	丁巳	1437

续表

附件四：明代纪年表

年号			干支	公历	年号			干支	公历
英宗		正统	3 戊午	1438	宪宗		成化	13 丁酉	1477
			4 己未	1439				14 戊戌	1478
			5 庚申	1440				15 己亥	1479
			6 辛酉	1441				16 庚子	1480
			7 壬戌	1442				17 辛丑	1481
			8 癸亥	1443				18 壬寅	1482
			9 甲子	1444				19 癸卯	1483
			10 乙丑	1445				20 甲辰	1484
			11 丙寅	1446				21 乙巳	1485
			12 丁卯	1447				22 丙午	1486
			13 戊辰	1448				23 丁未	1487
			14 己巳	1449	孝宗		弘治	1 戊申	1488
代宗		景泰	1 庚午	1450				2 己酉	1489
			2 辛未	1451				3 庚戌	1490
			3 壬申	1452				4 辛亥	1491
			4 癸酉	1453				5 壬子	1492
			5 甲戌	1454				6 癸丑	1493
			6 乙亥	1455				7 甲寅	1494
			7 丙子	1456				8 乙卯	1495
英宗		天顺	1 丁丑	1457				9 丙辰	1496
			2 戊寅	1458				10 丁巳	1497
			3 己卯	1459				11 戊午	1498
			4 庚辰	1460				12 己未	1499
			5 辛巳	1461				13 庚申	1500
			6 壬午	1462				14 辛酉	1501
			7 癸未	1463				15 壬戌	1502
			8 甲申	1464				16 癸亥	1503
宪宗		成化	1 乙酉	1465				17 甲子	1504
			2 丙戌	1466				18 乙丑	1505
			3 丁亥	1467	武宗		正德	1 丙寅	1506
			4 戊子	1468				2 丁卯	1507
			5 己丑	1469				3 戊辰	1508
			6 庚寅	1470				4 己巳	1509
			7 辛卯	1471				5 庚午	1510
			8 壬辰	1472				6 辛未	1511
			9 癸巳	1473				7 壬申	1512
			10 甲午	1474				8 癸酉	1513
			11 乙未	1475				9 甲戌	1514
			12 丙申	1476				10 乙亥	1515

年号		干支	公历	年号		干支	公历
武宗　正德	11	丙子	1516	世宗　嘉靖	34	乙卯	1555
	12	丁丑	1517		35	丙辰	1556
	13	戊寅	1518		36	丁巳	1557
	14	己卯	1519		37	戊午	1558
	15	庚辰	1520		38	己未	1559
	16	辛巳	1521		39	庚申	1560
世宗　嘉靖	1	壬午	1522		40	辛酉	1561
	2	癸未	1523		41	壬戌	1562
	3	甲申	1524		42	癸亥	1563
	4	乙酉	1525		43	甲子	1564
	5	丙戌	1526		44	乙丑	1565
	6	丁亥	1527		45	丙寅	1566
	7	戊子	1528	穆宗　隆庆	1	丁卯	1567
	8	己丑	1529		2	戊辰	1568
	9	庚寅	1530		3	己巳	1569
	10	辛卯	1531		4	庚午	1570
	11	壬辰	1532		5	辛未	1571
	12	癸巳	1533		6	壬申	1572
	13	甲午	1534	神宗　万历	1	癸酉	1573
	14	乙未	1535		2	甲戌	1574
	15	丙申	1536		3	乙亥	1575
	16	丁酉	1537		4	丙子	1576
	17	戊戌	1538		5	丁丑	1577
	18	己亥	1539		6	戊寅	1578
	19	庚子	1540		7	己卯	1579
	20	辛丑	1541		8	庚辰	1580
	21	壬寅	1542		9	辛巳	1581
	22	癸卯	1543		10	壬午	1582
	23	甲辰	1544		11	癸未	1583
	24	乙巳	1545		12	甲申	1584
	25	丙午	1546		13	乙酉	1585
	26	丁未	1547		14	丙戌	1586
	27	戊申	1548		15	丁亥	1587
	28	己酉	1549		16	戊子	1588
	29	庚戌	1550		17	己丑	1589
	30	辛亥	1551		18	庚寅	1590
	31	壬子	1552		19	辛卯	1591
	32	癸丑	1553		20	壬辰	1592
	33	甲寅	1554		21	癸巳	1593

续表

年号		干支	公历	年号		干支	公历
神宗 万历	22	甲午	1594	光宗 泰昌	1	庚申	1620
	23	乙未	1595	熹宗 天启	1	辛酉	1621
	24	丙申	1596		2	壬戌	1622
	25	丁酉	1597		3	癸亥	1623
	26	戊戌	1598		4	甲子	1624
	27	己亥	1599		5	乙丑	1625
	28	庚子	1600		6	丙寅	1626
	29	辛丑	1601		7	丁卯	1627
	30	壬寅	1602	思宗 崇祯	1	戊辰	1628
	31	癸卯	1603		2	己巳	1629
	32	甲辰	1604		3	庚午	1630
	33	乙巳	1605		4	辛未	1631
	34	丙午	1606		5	壬申	1632
	35	丁未	1607		6	癸酉	1633
	36	戊申	1608		7	甲戌	1634
	37	己酉	1609		8	乙亥	1635
	38	庚戌	1610		9	丙子	1636
	39	辛亥	1611		10	丁丑	1637
	40	壬子	1612		11	戊寅	1638
	41	癸丑	1613		12	己卯	1639
	42	甲寅	1614		13	庚辰	1640
	43	乙卯	1615		14	辛巳	1641
	44	丙辰	1616		15	壬午	1642
	45	丁巳	1617		16	癸未	1643
	46	戊午	1618		17	甲申	1644
	47	己未	1619				

附件四：明代纪年表

附件五：主要参考书目

《明史》，清代国史院撰，中州古籍出版社 1996 年版。

《清史稿》，赵尔巽著，中州古籍出版社 1996 年版。

《明代职官年表》，张德信著，黄山书社 2009 年版。

《清代职官年表》，钱实甫编，中华书局 1980 年版。

《中国地方志集成·康熙山东通志》，赵祥星修、钱江等纂，《中国地方志集成》编辑工作委员会编选，凤凰出版社、上海书店、巴蜀书社 2010 年版。

《中国地方志集成·宣统山东通志》，杨士骧修、孙葆田等撰，《中国地方志集成》编辑工作委员会编选，凤凰出版社、上海书店、巴蜀书社 2010 年版。

《中国地方志集成·山东府县志辑》，《中国地方志集成》编辑工作委员会编选，凤凰出版社、上海书店、巴蜀书社 2010 年版。

《明清进士题名碑录索引》，朱保炯、谢沛霖编，上海古籍出版社 1979 年版。

《中国历代人名大辞典》，张为之、沈起炜、刘德重主编，上海古籍出版社 1999 年版。

《中国历代官制》，孔令纪等主编，齐鲁书社 1993 年版。

《清代翰林传略》，乔晓军著，山西旅游出版社 2002 年版。

《中国近现代人物名号大辞典》，陈玉堂编著，浙江古籍出版社 2005 年版。

山东地方所编写《进士传略》、《人物传记》等。

山东明清进士通览

清代卷

刘廷銮　孙家兰　编著

山东文艺出版社

前　言

　　中国的科举制度自隋草创迄清终结，经过乡试、会试、殿试等阶段的层层选拔，有案可查的，大约产生了十一万余名进士。这些人构成了封建社会知识分子的特殊群体。他们既是政治精英，协助帝王治国理民，又在文、史、哲、艺等诸多领域有所建树。记录这些精英们的史料，历代《登科录》、《题名录》仅仅简略地录入他们的姓名（明清两代字号阙如）、籍贯、榜次、科次、甲次、名次等内容，更详细的背景资料，如字号、生卒年、家族、仕历、事迹等，除诸史列传、人物总集外，大都零落散漫于方志、朱卷、档案、碑传、笔记杂著等文献中。

　　裒集残丛，献征乡里，参集证史，前代学者在进士传略的纂辑方面做出了很多的尝试和努力，但形成的著作依旧寥寥无几，并且也不够完善，仍然解决不了了解故实或查证有些相关人物时的难题。正因如此缺憾，当代史学界人士纷纷予以关注，一时间，考证性文章、总录类著作竞相呈现，渐渐几成显学之势。在这些著作中，由浙江大学龚学明教授主持编写的《中国历代登科总录》最为突出。该选题1995年立项，2003年入选"国家社会科学基金项目"，在他2008年11月发文介绍该书时，编写工作已经进行了十多个年头，并且预计到2011年"书稿可望全部完成"，但我们至今未见其书出版，可想工程之大、耗时之长、工作之繁。

　　不为生人立传，盖棺方可论定，是古代史家为史、志的编写确立的原则。编志者在志书中为贤达人士作传多冠以耆旧、先贤、士林、乡宦等类名。那些登科入仕，无至高官，历迹不彰，艺术不显，著作又不见于后世的人，正史无载，往往杂入"人物门"之中。

　　作者编著这部通览，大概缘起于对进士墨迹的兴趣。在考镜过程中，求诸史传，或为史传所未载；求诸志乘，或为志乘所未及；求诸碑记，或为碑记所未考；遍寻群籍，有的唾手可拾，有的竟日无功，东鳞西爪，或有或无，一部十七史竟不知从何说起。遂发宏愿，积沙集腋，冀成一部展卷即得之书，以绝同病疾苦。

　　作者构建此书的脉络非常清晰：举明清两朝进士《题名碑记》为纲目，系山东府州县志人物述记为内容，然后质之于史。其中在利用前代旧志上最费功力。旧志未经校勘裁正，有很多陋劣之处，诸如：逞臆而言、守凿支离、不知裁剪、言之无文、自相矛盾、弗参互考、崇尚异端、大乖志例、胪列己文、过于夸饰、考核不精、予夺不当、体例不善、叙述不详、去取不严、关系不载、版刻漶漫、字迹不清、错讹漏倒、出典晦奥、指类泥古、用语艰涩、古今干格等等，不胜枚举。这些弊病大大加深了承旧治新的难度。清人张瑛在《兴义府志序》中针对性地指出，修志"征引必著书名，稽溯必详原委，采摭必求关郡，条目必求分明，访册必求信凭，引书稍加裁节；俚言必去，晦语必芟；矛盾必无，论断必有；一事必至互考，各说必求并存；至间载己文，仅数篇见意，而扬政德，则一字不登；列传核实必严，诸志夸词必削；考核必求一是，予夺必餍众心；体例悉本前人，叙述折衷聚讼；去取俱有深意，关系尽为大书"。这些要求作者大都做到了，而且更有所发凡。

"修郡志，郡守责也"，作者夫妇无借众手，以二人之力，行郡守之责，成就百万言之著，亦贤达人也。观是书，庶可叹止。

罗燕生
2014 年 10 月 1 日

编写说明

一、《山东明清进士通览》分明代卷、清代卷，是索检明、清两代进士传略性史料的工具书。

二、依据《明清进士题名碑录》榜载籍贯，收入山东明代进士一千八百七十六名，清代进士二千二百八十五名（不含山东寄籍进士三十九名）。明代进士，籍贯有户籍、乡贯之分，户籍又有各种籍别。而清代只有户籍。由此，收入范围有所不同。根据行政区划的变化，凡当时属于山东和以后划入山东及域属山东的，均予以收入。山东地方旧志记载，而《明清进士题名碑录》不载的，且无科分甲次的，以存疑之原因，没有收入（如福山于汉津）。对本属外省误载为山东的和本属山东而误载为外省的，予以纠正。

三、明代共八十九科，清代共一百一十四科（不含博学鸿词科、经济特科、翻译科）。为整体体现山东各科所取进士数量、甲第名次，并使读者查找方便，以科甲年为先后顺序，每一科甲年，又以进士甲第名次为前后顺序，按上下两卷，分别编有明、清两代进士姓氏笔画索引及进士人名索引。如查某一名进士，可先在进士姓氏笔画索引中查到该进士姓氏笔画，依据其姓氏笔画，即可在进士人名索引中查到该进士姓名，进而按其姓名在科分中找到该进士的传略资料。

四、清代康熙以后所取"博学鸿词科"、"经济特科"者，附入当年会试所取进士之中。

五、本书所载人物的生平事迹，主要依据山东地方旧志所编写，对旧志中出于各种原因的过度赞誉、故意掩饰及错讹失实，参照各种权威资料及最新研究成果，予以纠正。对某些人物的籍贯、职务、事迹等，如记载存在争议，有两说或多说的，予以并存，以保持其客观性。

六、本书以人名为正目，所写进士，主要包括其姓名、字号、籍贯、科甲名次、授职、宦绩和著述等。对各人物一般不作学术上的评价，但对特定人物，亦寓褒贬于字里行间。

七、进士具有地域性和家族性，明、清两代尤为突出。对所写进士族亲的先辈、同辈、后辈，凡文武举人、进士，七品以上官员，有文学、书法、绘画、医术、算学等方面成就的，均在进士传略中予以扼要介绍。

八、本书人物的姓名，以常见于史籍为准，其他如早名、改名、榜名等，亦介绍于正目之中。

九、进士的生卒年，有稽可考者，一律注明。不详者，则省略，或用"？"表示。

十、进士的字号，以科甲和宦职时常用为准，其他如晚号、别号、别署等，也尽量酌情收入。对朝廷所赐进士谥号，是朝廷在进士卒后按其生前事迹评定褒贬给予的称号，事涉对其一生的评价，关系重大，故全部收入。出自民间的乡谥、私谥的称号，也尽量酌情收入。

十一、本书人物中的纪年，以帝王年号表示，并加注公元纪年。

十二、本书仅为传略，而非传记，所以提供的只是进士一些主要的参考资料。读者要更好更全面地对人物进行了解，还需查找地方志等相关书籍。

十三、本书附有明、清两代《山东行政区划》、《纪年表》、《主要文职官员品级表》、《科举程序图》、《主要参考书目》及《山东清代寄籍进士》，以供读者作为辅助参考。

刘廷銮　孙家兰

2014 年 8 月 30 日

目 录

前言 …………………………………… 1	康熙四十二年癸未科 …………… 134
编写说明 ……………………………… 1	康熙四十五年丙戌科 …………… 137
山东清代进士姓氏笔画索引 ……… 1	康熙四十八年己丑科 …………… 143
山东清代进士人名索引 ……………… 1	康熙五十一年壬辰科 …………… 148
顺治三年丙戌科 ……………………… 1	康熙五十二年癸巳恩科 ………… 152
顺治四年丁亥科 ……………………… 18	康熙五十四年乙未科 …………… 156
顺治六年己丑科 ……………………… 24	康熙五十七年戊戌科 …………… 159
顺治九年壬辰科 ……………………… 36	康熙六十年辛丑科 ……………… 162
顺治十二年乙未科 …………………… 42	雍正元年癸卯恩科 ……………… 166
顺治十五年戊戌科 …………………… 52	雍正二年甲辰科 ………………… 170
顺治十六年己亥科 …………………… 61	雍正五年丁未科 ………………… 175
顺治十八年辛丑科 …………………… 71	雍正八年庚戌科 ………………… 179
康熙三年甲辰科 ……………………… 78	雍正十一年癸丑科 ……………… 184
康熙六年丁未科 ……………………… 83	乾隆元年丙辰科 ………………… 189
康熙九年庚戌科 ……………………… 87	乾隆二年丁巳恩科 ……………… 194
康熙十二年癸丑科 …………………… 93	乾隆四年己未科 ………………… 198
康熙十五年丙辰科 …………………… 96	乾隆七年壬戌科 ………………… 202
康熙十八年己未科 …………………… 102	乾隆十年乙丑科 ………………… 207
康熙二十一年壬戌科 ………………… 108	乾隆十三年戊辰科 ……………… 211
康熙二十四年乙丑科 ………………… 111	乾隆十六年辛未科 ……………… 214
康熙二十七年戊辰科 ………………… 116	乾隆十七年壬申恩科 …………… 218
康熙三十年辛未科 …………………… 120	乾隆十九年甲戌科 ……………… 220
康熙三十三年甲戌科 ………………… 124	乾隆二十二年丁丑科 …………… 223
康熙三十六年丁丑科 ………………… 127	乾隆二十五年庚辰科 …………… 226
康熙三十九年庚辰科 ………………… 129	乾隆二十六年辛巳恩科 ………… 229

乾隆二十八年癸未科……………… 232	道光十二年壬辰恩科……………… 343
乾隆三十一年丙戌科……………… 234	道光十三年癸巳科………………… 346
乾隆三十四年己丑科……………… 237	道光十五年乙未科………………… 349
乾隆三十六年辛卯恩科…………… 240	道光十六年丙申恩科……………… 355
乾隆三十七年壬辰科……………… 244	道光十八年戊戌科………………… 359
乾隆四十年乙未科………………… 247	道光二十年庚子科………………… 363
乾隆四十三年戊戌科……………… 250	道光二十一年辛丑恩科…………… 367
乾隆四十五年庚子恩科…………… 253	道光二十四年甲辰科……………… 371
乾隆四十六年辛丑科……………… 256	道光二十五年乙巳恩科…………… 376
乾隆四十九年甲辰科……………… 260	道光二十七年丁未科……………… 380
乾隆五十二年丁未科……………… 263	道光三十年庚戌科………………… 384
乾隆五十四年己酉科……………… 266	咸丰二年壬子恩科………………… 387
乾隆五十五年庚戌恩科…………… 269	咸丰三年癸丑科…………………… 391
乾隆五十八年癸丑科……………… 272	咸丰六年丙辰科…………………… 394
乾隆六十年乙卯恩科……………… 274	咸丰九年己未科…………………… 398
嘉庆元年丙辰科…………………… 277	咸丰十年庚申恩科………………… 401
嘉庆四年己未科…………………… 279	同治元年壬戌科…………………… 404
嘉庆六年辛酉恩科………………… 283	同治二年癸亥恩科………………… 407
嘉庆七年壬戌科…………………… 287	同治四年乙丑科…………………… 410
嘉庆十年乙丑科…………………… 290	同治七年戊辰科…………………… 416
嘉庆十三年戊辰科………………… 295	同治十年辛未科…………………… 419
嘉庆十四年己巳恩科……………… 300	同治十三年甲戌科………………… 423
嘉庆十六年辛未科………………… 305	光绪二年丙子恩科………………… 428
嘉庆十九年甲戌科………………… 309	光绪三年丁丑科…………………… 433
嘉庆二十二年丁丑科……………… 313	光绪六年庚辰科…………………… 437
嘉庆二十四年己卯恩科…………… 318	光绪九年癸未科…………………… 442
嘉庆二十五年庚辰科……………… 321	光绪十二年丙戌科………………… 446
道光二年壬午恩科………………… 325	光绪十五年己丑科………………… 451
道光三年癸未科…………………… 329	光绪十六年庚寅恩科……………… 455
道光六年丙戌科…………………… 334	光绪十八年壬辰科………………… 460
道光九年己丑科…………………… 339	光绪二十年甲午恩科……………… 464

光绪二十一年乙未科…………… 468	附件三：清代主要文职官员品级表
光绪二十四年戊戌科…………… 471	（一至九品）………… 490
光绪二十九年癸卯科…………… 476	附件四：明清科举程序图………… 493
光绪三十年甲辰恩科…………… 480	附件五：清代纪年表………… 494
	附件六：主要参考书目………… 498
附件一：山东清代寄籍进士……… 483	后记………………………………… 499
附件二：山东清代行政区划……… 488	

山东清代进士姓氏笔画索引

二画　丁刁卜

三画　万于马

四画　亓井孔尹方毛牛王车邓韦

五画　丘丛仪冯卢史叶宁左归生田由申石艾龙术

六画　乔仲任伊全刘匡吕孙安寻庄成曲朱毕江汤牟米纪衣许邢阴齐阳

七画　何冷初劳吴宋张时李杜杨汪沈沙苏谷轩辛连迟邵邹陆陈邱

八画　单周孟官尚岳房杭林武法苑苗范郁郎郑金庞

九画　侯俎姚姜宫封战柏查柯段洪相祝禹胡胥茹荆荣贺赵逄郝骆柳

十画　倪凌唐夏徐栾桂班秦耿袁贾郭顾高虑聂

十一画　密崔康戚扈曹梁梅盖萧逯阎隋鹿黄

十二画　傅彭曾温游焦程葛董蒋谢韩鲁

十三画　楚窦蒲蓝解詹路靳鲍

十四画　廖慕熊管綦翟臧蔡谭赛雒

十五画　樊滕潘颜黎

十六画　冀薄薛衡霍

十七画　戴鞠魏

山东清代进士人名索引

（按姓氏笔画排列）

二 画

丁 甞	康熙六年	
丁 泰	顺治十五年	
丁 昈	康熙十八年	
丁勺曾	康熙五十七年	
丁士一	康熙四十五年	
丁元鹏	乾隆三十一年	
丁凤年	同治二年	
丁文煜	乾隆四十六年	
丁守存	道光十五年	
丁延支	乾隆七年	
丁廷植	雍正八年	
丁廷模	道光三年	
丁启豫	康熙六年	
丁应龙	顺治十五年	
丁良翰	光绪十二年	
丁述曾	光绪十五年	
丁昌燕	光绪十八年	
丁荣祚	乾隆二十六年	
丁海珊	咸丰十年	
丁培镒	咸丰二年	
丁惟彬	光绪二十九年	
丁惟禔	光绪十五年	
丁望龄	乾隆七年	
丁续曾	康熙五十四年	

丁维鲁　光绪二十四年
丁颖璞　道光六年
丁源淇　乾隆四年
丁锡祜　光绪二十四年
丁毓骥　光绪二十九年
丁麟年　光绪十八年
刁　升　顺治三年
卜　镜　康熙三年
卜宁一　乾隆四年
卜祚光　乾隆二十六年

三 画

万世馨　康熙二十七年
万惟枢　顺治三年
于　广　康熙四十八年
于　汧　雍正元年
于　棻　康熙五十一年
于　渶　康熙十五年
于　琏　顺治十五年
于　腾　同治元年
于　澧　康熙二十七年
于　濂　康熙三年
于　瓒　康熙二十七年
于中行　乾隆二年
于允中　嘉庆十六年
于元吉　康熙三十九年

于文泉　光绪三年
于文鉴　光绪十六年
于文鐄　光绪二十九年
于可托　顺治十二年
于四裳　顺治三年
于成麒　同治十年
于克襄　嘉庆十年
于沛霖　康熙九年
于沧澜　光绪三年
于良弼　道光三年
于学宗　嘉庆十三年
于宗潼　光绪十五年
于绍舜　康熙十八年
于相德　光绪十八年
于觉世　顺治十六年
于重寅　顺治十六年
于振宗　康熙三十三年
于铭训　光绪二十四年
于联璧　光绪三年
于普源　光绪二十年
于疏枚　光绪二十一年
于鹏翀　顺治九年
于鹏翰　顺治十二年
于醇儒　道光二十五年
马　光　顺治十六年

马 亮	道光六年	亓 煦	康熙四十八年	尹开勋	道光二十四年
马 骍	顺治十六年	井洛如	康熙六年	尹文泽	乾隆二十五年
马 鬻	同治十年	孔广森	乾隆三十六年	尹文麒	乾隆三十四年
马 澄	顺治十八年	孔广鉴	同治十三年	尹汇瀛	咸丰二年
马 璜	乾隆二年	孔传习	嘉庆十九年	尹廷相	乾隆三十一年
马 翩	光绪三年	孔传炯	乾隆四年	尹式芳	道光三十年
马人龙	乾隆二十六年	孔传钺	嘉庆二十五年	尹严维	顺治十六年
马元瑞	咸丰六年	孔传堂	雍正二年	尹序长	同治十三年
马长淑	雍正八年	孔传藤	道光十五年	尹济源	嘉庆十三年
马光远	顺治十二年	孔兴釪	康熙九年	尹琳基	同治二年
马廷弼	光绪二十九年	孔庆埍	光绪二十一年	尹辉宗	道光十八年
马汝舟	嘉庆六年	孔庆鉷	道光十八年	尹耀宗	咸丰三年
马汝基	康熙十八年	孔庆鏴	道光十六年	方 昂	乾隆三十六年
马邦举	嘉庆十年	孔尚先	康熙三十六年	毛 璋	同治四年
马作肃	康熙四十五年	孔宪曾	光绪二年	毛玉成	道光二十七年
马步元	光绪十五年	孔宪毂	咸丰六年	毛式玉	乾隆十九年
马秀儒	道光十五年	孔昭佶	嘉庆二十五年	毛式郁	嘉庆四年
马国翰	道光十二年	孔昭显	嘉庆十九年	毛鸿宾	道光十八年
马官龙	道光十二年	孔昭浃	咸丰十年	毛辉祖	乾隆十年
马金门	雍正元年	孔昭倩	光绪十八年	毛漪秀	顺治十五年
马树芬	光绪十二年	孔昭虔	嘉庆六年	牛元弼	康熙五十一年
马济庐	嘉庆十四年	孔昭然	道光十三年	牛天宿	顺治六年
马荫荣	光绪三十年	孔昭慈	道光十三年	牛运震	雍正十一年
马振文	道光二十一年	孔衍治	康熙四十八年	王 劝	顺治四年
马桂芳	光绪三年	孔祥霖	光绪三年	王 宁	乾隆五十四年
马翊宸	嘉庆十四年	孔继钰	同治十年	王 训	顺治四年
马新贻	道光二十七年	孔继涵	乾隆三十六年	王 臣	乾隆四十三年
马毓芝	同治十三年	孔继鸿	嘉庆六年	王 访	乾隆五十五年
马毓林	嘉庆十三年	孔继塽	嘉庆七年	王 佑	咸丰三年
四 画		孔繁朴	光绪十六年	王 宏	顺治三年
亓 保	嘉庆十三年	尹从王	顺治九年	王 寿	嘉庆十年

王 忻　顺治三年	王 铨　嘉庆十年	王大同　嘉庆十年
王 纮　康熙三十九年	王 敞　光绪二年	王大年　康熙三年
王 评　嘉庆七年	王 敹　光绪十五年	王大来　嘉庆十年
王 劼　康熙三年	王 暰　乾隆六十年	王大辂　道光三十年
王 坦　康熙四十五年	王 植　雍正五年	王广寒　同治十年
王 苹　康熙四十五年	王 鹗　顺治十二年	王与襄　顺治十六年
王 范　道光二十一年	王 橡　嘉庆十年	王中孚　乾隆二十五年
王 俊　康熙二十七年	王 楫　康熙四十五年	王为相　光绪十五年
王 俟　康熙九年	王 瑞　乾隆二年	王之卫　雍正八年
王 勋　乾隆十六年	王 简　嘉庆二十五年	王之翰　道光二十四年
王 垓　顺治六年	王 锳　顺治六年	王之麟　康熙四十五年
王 垲　道光三年	王 靖　乾隆七年	王予符　光绪十五年
王 度　顺治三年	王 塾　光绪十六年	王云岫　嘉庆二十四年
王 恒　乾隆十三年	王 寙　乾隆二年	王云铭　雍正五年
王 政　顺治十六年	王 嶙　顺治三年	王介福　道光十五年
王 洵　顺治六年	王 澄　顺治十六年	王介锡　顺治六年
王 㴚　光绪十五年	王 濂　顺治十五年	王介禧　乾隆十九年
王 埙　顺治十五年	王 璠　嘉庆十九年	王允中　嘉庆二十二年
王 晋　顺治四年	王 磻　康熙二十一年	王允谐　顺治四年
王 桢　顺治三年	王 瀛　康熙五十一年	王允善　同治二年
王 烈　康熙九年	王 懿　康熙二十七年	王允辉　嘉庆六年
王 绣　顺治六年	王 爔　道光十二年	王允楚　嘉庆十年
王 辂　雍正元年	王一元　康熙三十九年	王允灌　道光十六年
王 钺　顺治十六年	王一骥　顺治三年	王元炎　乾隆三十一年
王 垛　顺治四年	王三接　顺治三年	王元綎　光绪二十四年
王 培　嘉庆十六年	王士任　雍正元年	王元璐　光绪三十年
王 检　雍正十一年	王士炳　康熙四十五年	王元曦　顺治九年
王 清　顺治六年	王士祜　康熙九年	王天眷　顺治三年
王 章　顺治四年	王士祯　顺治十五年	王文龙　顺治十八年
王 绰　同治十三年	王士禄　顺治十二年	王文荣　同治二年
王 铤　乾隆七年	王士骥　康熙三年	王文煌　顺治十八年

王文骧	嘉庆二十四年	王延礼	康熙四十二年	王应垣	乾隆五十五年
王斗枢	顺治六年	王延年	嘉庆二十二年	王应奎	乾隆五十二年
王日升	康熙三十三年	王延庆	嘉庆十年	王应蔚	道光二十四年
王曰高	顺治十五年	王延祺	康熙三十九年	王志超	道光三年
王曰赓	乾隆十七年	王廷幹	道光二十年	王怀曾	同治十三年
王宁焯	乾隆五十四年	王廷猷	顺治三年	王我庸	顺治十六年
王丕煦	光绪二十九年	王廷赞	光绪十八年	王沛思	康熙十八年
王世荃	道光二年	王成德	同治十年	王运启	顺治六年
王世桢	光绪十八年	王有成	道光十二年	王佩文	同治四年
王世裔	顺治六年	王汝铨	道光二十七年	王叔谦	光绪二十年
王世睿	康熙五十四年	王汝瑶	嘉庆六年	王和轩	咸丰六年
王东槐	道光十八年	王考祥	顺治十六年	王国庆	光绪十二年
王以训	乾隆十六年	王芝兰	光绪六年	王国桢	顺治九年
王兰升	同治十三年	王余师	嘉庆十四年	王宝田	光绪二年
王功成	顺治六年	王余英	嘉庆十四年	王宝权	道光三十年
王圣来	道光六年	王余晋	嘉庆十三年	王宝钿	光绪六年
王玉珂	光绪十六年	王作砺	康熙四十八年	王建本	咸丰十年
王玉相	光绪二十一年	王作綍	光绪十六年	王建言	光绪二年
王甘敷	乾隆元年	王克让	康熙四十五年	王建枢	顺治九年
王立性	乾隆二年	王克昌	康熙三十年	王承广	乾隆二十二年
王立常	康熙五十七年	王克宽	康熙三十年	王承益	光绪十二年
王仲愚	乾隆三十四年	王启沃	康熙十五年	王承露	康熙三年
王会英	同治十三年	王启绪	乾隆十六年	王服经	嘉庆十三年
王兆琛	嘉庆二十二年	王启曾	道光十六年	王武曾	道光十五年
王壮图	康熙四十五年	王声溢	光绪二十九年	王泽普	同治十年
王夺标	顺治九年	王寿长	雍正五年	王玮庆	嘉庆十九年
王如辰	顺治十二年	王寿彭	光绪二十九年	王秉义	康熙四十五年
王如庠	乾隆四年	王希旦	乾隆十九年	王秉铨	顺治十六年
王孙延	康熙三十年	王应申	乾隆四十五年	王绍先	康熙五十二年
王守训	光绪十二年	王应抡	嘉庆十三年	王绍绪	乾隆四十六年
王师曾	咸丰九年	王应芬	乾隆四十六年	王经庭	同治元年

王者臣	康熙三十年	王钟玫	顺治十六年	王童蔚	康熙四十八年
王者诏	道光二十五年	王钟湉	道光二十五年	王联璧	光绪三年
王者政	道光九年	王乘燮	光绪六年	王舜年	顺治三年
王采珍	乾隆十六年	王家麟	同治二年	王赓琰	乾隆六十年
王金相	道光二十年	王宸佶	乾隆十七年	王遂善	光绪十六年
王金策	嘉庆二十二年	王桂琛	光绪九年	王道新	顺治三年
王青熙	道光十五年	王积熙	乾隆三十六年	王道凝	光绪二十四年
王飏昌	顺治十五年	王绥祖	乾隆四十五年	王鼎胤	顺治三年
王临元	顺治十八年	王莲塘	咸丰三年	王鼎冕	康熙十二年
王俞昌	康熙三年	王请轼	康熙十五年	王殿麟	道光二十五年
王厚庆	嘉庆六年	王培佑	光绪九年	王锡辅	康熙九年
王复兴	顺治十六年	王培宗	康熙三十九年	王锡蕃	光绪二年
王奎甲	乾隆五十二年	王维询	嘉庆十六年	王颖士	康熙十八年
王度昭	康熙二十四年	王敛福	康熙六十年	王颖芳	光绪三年
王思衍	光绪二十四年	王清栋	乾隆十年	王鹏翥	嘉庆十三年
王显文	嘉庆四年	王清箱	乾隆四年	王嘉禾	光绪三年
王显绪	乾隆元年	王硕人	雍正十一年	王嘉麟	道光十五年
王树玉	光绪九年	王绪曾	同治二年	王榕吉	道光二十四年
王炳昆	顺治三年	王絷绪	乾隆二十二年	王肇修	光绪十二年
王爱溇	康熙三十九年	王象瑜	咸丰九年	王肇敏	光绪十六年
王禹功	嘉庆十六年	王鸿中	乾隆四十六年	王履谦	乾隆四十年
王笃庆	顺治六年	王善泽	光绪二年	王蕙兰	光绪九年
王笃庆	嘉庆七年	王善垲	乾隆四十九年	王蕙生	康熙五十四年
王统仁	嘉庆十九年	王善壁	嘉庆二十四年	王震起	顺治十二年
王荃可	顺治三年	王敬公	顺治十五年	王寰清	光绪十二年
王荣第	道光二十五年	王景禧	光绪十六年	王燕绪	乾隆二十五年
王荣琯	咸丰十年	王景檀	光绪九年	王瞻祖	顺治十八年
王衍福	乾隆四十六年	王森文	嘉庆十年	王懿荣	光绪六年
王汧璞	光绪三年	王森长	嘉庆二十四年	王麟瑞	道光十三年
王贵省	光绪十六年	王琦庆	嘉庆十九年	车申田	道光九年
王钟吉	嘉庆六年	王祺海	道光二十四年	车克慎	道光十三年

邓汝勤	乾隆四十年	冯朝纲	雍正十一年	宁之凤	顺治三年
邓泽永	雍正二年	冯德馨	道光三年	宁云程	道光三年
邓秉恒	顺治六年	卢 诜	道光二十四年	宁云鹏	乾隆四十九年
邓钟岳	康熙六十年	卢 树	嘉庆二十五年	宁天瑞	康熙十二年
韦延秩	光绪三十年	卢 琳	道光十三年	宁自学	嘉庆七年
韦逢甲	道光十六年	卢大圻	康熙三十年	左继儒	雍正五年

五 画

		卢见曾	康熙六十年	归 琏	康熙五十一年
丘 璐	顺治十二年	卢乐戍	光绪二年	术 篑	同治七年
丘时中	顺治十二年	卢庆纶	道光二十一年	生永锡	道光二十年
丛 坛	道光二十七年	卢运昌	顺治六年	田 硕	乾隆四十年
丛 洞	雍正元年	卢秉懿	雍正十一年	田 煐	乾隆五十五年
丛大为	顺治十二年	卢金书	光绪二十四年	田 雯	康熙三年
丛中芷	乾隆七年	卢荫文	乾隆五十四年	田 需	康熙十八年
丛元灿	康熙五十一年	卢荫溥	乾隆四十六年	田云翼	康熙三十六年
仪于庭	康熙五十七年	卢荫蕙	乾隆四十五年	田元春	道光六年
冯 怡	康熙五十七年	卢道悦	康熙九年	田名征	道光九年
冯 懊	乾隆二年	卢铸鼎	顺治九年	田种玉	雍正二年
冯 愉	乾隆二年	卢锡晋	康熙二十七年	田绪宗	顺治九年
冯 源	顺治九年	卢德复	光绪二十四年	田智枚	光绪十八年
冯 溥	顺治四年	史 扬	乾隆十三年	由树甲	乾隆五十二年
冯 鋐	嘉庆二十四年	史 评	嘉庆十三年	申士秀	乾隆二十八年
冯 瀚	乾隆六十年	史 谱	嘉庆十年	石曰琮	康熙三十年
冯士铸	乾隆二年	史长昆	康熙十五年	石金声	光绪二十九年
冯云会	康熙四十五年	史炳符	道光十八年	石裕绅	同治十年
冯允煦	咸丰十年	史崇恂	顺治十二年	石誉生	顺治十六年
冯尔昌	同治二年	史毓光	顺治十八年	艾庆澜	光绪二年
冯永桢	顺治三年	叶 芸	光绪二十年	艾远征	顺治三年
冯光祚	顺治十五年	叶承宗	顺治三年	龙寿长	嘉庆十九年
冯廷樾	康熙二十一年	叶隽昌	道光十三年		

六 画

冯贞世	乾隆十年	叶腾凤	顺治四年	乔文蔚	道光二十四年
冯秉仁	乾隆二年	宁 宪	道光二十一年	乔世臣	康熙六十年

乔守仁	乾隆七年	刘 玮	康熙三年	刘元运	顺治四年
乔有豫	道光二年	刘 诗	乾隆四十三年	刘元亮	光绪十五年
仲永檀	乾隆元年	刘 俨	康熙三十三年	刘公津	康熙五十一年
仲延仕	光绪三十年	刘 恺	顺治六年	刘凤岐	顺治十八年
任 坪	康熙三十年	刘 炯	康熙十五年	刘孔昭	雍正十一年
任 玥	顺治十八年	刘 珖	顺治六年	刘开泰	嘉庆四年
任 琪	顺治十二年	刘 深	康熙三年	刘文典	道光十三年
任士瑞	康熙二十四年	刘 棨	康熙二十四年	刘曰璠	乾隆十年
任中杰	顺治六年	刘 渡	顺治十二年	刘世永	顺治六年
任孔昭	顺治十八年	刘 湄	乾隆三十四年	刘以贵	康熙二十七年
任兆坚	咸丰二年	刘 琰	康熙三十年	刘可考	乾隆十三年
任兆熙	乾隆十年	刘 辉	顺治十二年	刘尔芊	乾隆四十三年
任克溥	顺治六年	刘 慎	顺治十六年	刘尔葵	乾隆四十五年
任步月	同治十三年	刘 楷	顺治三年	刘布春	顺治十五年
任祖澜	光绪二十九年	刘 煦	乾隆三十六年	刘必显	顺治九年
任郿祐	嘉庆七年	刘 埔	乾隆十六年	刘正远	康熙五十一年
伊 桂	乾隆十六年	刘 墫	乾隆二十五年	刘兆禄	咸丰十年
伊 辟	顺治十二年	刘 藻	乾隆元年	刘延坦	光绪十六年
伊 巘	顺治十五年	刘 䜣	顺治十二年	刘廷桀	道光二年
伊允桢	同治二年	刘乃赓	光绪三年	刘廷榆	道光二十一年
伊应鼎	乾隆元年	刘大毂	康熙四十八年	刘自清	道光二十五年
全乾象	康熙六十年	刘大䮄	康熙五十一年	刘伯英	嘉庆十九年
刘 介	康熙十五年	刘广恕	乾隆五十二年	刘体元	康熙十五年
刘 坅	康熙四十二年	刘广聪	康熙十八年	刘寿梅	同治二年
刘 沄	道光十六年	刘中度	光绪三年	刘应龙	咸丰三年
刘 纬	顺治三年	刘中策	光绪二年	刘应麟	乾隆二年
刘 侃	康熙三十九年	刘之荪	康熙五十四年	刘彤光	光绪二十一年
刘 坦	道光九年	刘之浴	顺治六年	刘扶曦	康熙二十七年
刘 坦	光绪十八年	刘之骥	顺治九年	刘步亭	道光二十一年
刘 果	顺治十六年	刘允亨	光绪二十四年	刘纯炜	乾隆四年
刘 泌	乾隆五十四年	刘元声	康熙五十二年	刘芳声	顺治三年

刘其旋	乾隆七年	刘铭训	同治十年	匡兰兆	顺治三年
刘函刚	道光二年	刘鸿翥	嘉庆十四年	匡兰馨	顺治六年
刘国英	康熙三十九年	刘鸿翱	嘉庆十四年	匡圣时	乾隆元年
刘学祖	雍正十一年	刘敬德	康熙四十二年	吕 土	乾隆十九年
刘昌绪	同治元年	刘景平	乾隆十三年	吕 琨	康熙二十一年
刘松岭	道光二十年	刘朝宗	顺治十二年	吕凤梧	顺治十二年
刘秉厚	道光二十七年	刘朝宗	顺治十八年	吕曰正	康熙三十九年
刘秉清	同治元年	刘登枢	康熙九年	吕东表	乾隆七年
刘秉鈬	道光十八年	刘赐琦	光绪三年	吕正斯	光绪二十一年
刘绍武	乾隆十九年	刘鲁桧	顺治十五年	吕延庆	嘉庆二十五年
刘苞丽	乾隆十六年	刘鼎臣	乾隆四十六年	吕孚凤	康熙四十八年
刘举士	顺治十八年	刘嗣因	康熙四十五年	吕宪瑞	同治元年
刘保厚	光绪九年	刘源清	顺治六年	吕彦枚	光绪二十九年
刘思忠	乾隆七年	刘锡光	道光十八年	吕显祖	顺治十五年
刘树伦	咸丰十年	刘嘉註	顺治三年	吕崇修	道光二年
刘树棠	道光六年	刘毓桂	顺治九年	吕维祏	顺治三年
刘祚远	顺治十二年	刘毓敏	道光三十年	吕维樾	康熙六年
刘统勋	雍正二年	刘毓勤	道光三十年	孙 汶	嘉庆七年
刘胤桂	顺治十二年	刘溁符	康熙四十八年	孙 果	雍正元年
刘胤德	顺治三年	刘德元	光绪二十年	孙 炜	乾隆四年
刘铁政	康熙五十一年	刘德风	乾隆三十六年	孙 彦	咸丰六年
刘重选	雍正二年	刘德骥	咸丰三年	孙 珏	乾隆六十年
刘家龙	道光三年	刘毅志	顺治十八年	孙 继	顺治十二年
刘家麟	道光三年	刘潜之	道光十五年	孙 葵	乾隆十年
刘振斯	雍正二年	刘遵和	嘉庆二十四年	孙 楫	咸丰二年
刘继光	乾隆七年	刘耀椿	嘉庆二十五年	孙 蕱	康熙三年
刘淑因	康熙十二年	刘鐶之	乾隆五十四年	孙 嶙	乾隆二年
刘淑愈	道光六年	匡 苞	乾隆五十五年	孙 蕙	顺治十八年
刘清源	道光三年	匡 源	道光二十年	孙 镜	顺治三年
刘维垣	光绪二十四年	匡 琠	康熙五十二年	孙 默	乾隆四年
刘维焯	雍正八年	匡文炅	乾隆三十一年	孙 勤	康熙二十四年

孙 缵	顺治十六年	孙若群	康熙三年	安克宽	雍正五年
孙于螯	雍正五年	孙贯一	嘉庆十六年	寻绍舞	雍正十一年
孙大儒	顺治六年	孙星煜	光绪二十年	庄 咏	嘉庆四年
孙今莛	乾隆三十一年	孙昭锡	顺治六年	庄 瑶	嘉庆二十二年
孙元亨	康熙三年	孙炳台	道光二年	庄予桢	同治二年
孙凤翔	同治元年	孙珀龄	顺治三年	庄永龄	顺治十八年
孙升长	嘉庆十年	孙钦若	道光二十四年	庄陔兰	光绪三十年
孙友莲	光绪二十年	孙卿裕	光绪二十四年	庄清吉	光绪二十四年
孙友尊	光绪十八年	孙原吉	咸丰十年	庄锡级	咸丰六年
孙文翰	光绪二十年	孙家栋	顺治十五年	成兆丰	乾隆三十四年
孙长庆	咸丰三年	孙根深	顺治四年	成其范	顺治十八年
孙乐嘉	光绪十八年	孙起纶	康熙九年	成晋征	顺治六年
孙尔令	顺治三年	孙梦麟	同治四年	成象乾	光绪二十年
孙尔周	乾隆十年	孙绪祖	雍正八年	成瑞石	顺治十五年
孙弘诰	顺治六年	孙葆田	同治十三年	曲 楙	康熙五十七年
孙必振	顺治十六年	孙超群	康熙四十八年	曲世淳	嘉庆二十四年
孙玉泽	康熙二十一年	孙道盛	康熙三十年	曲圣凝	顺治三年
孙玉庭	乾隆四十年	孙殿甲	光绪六年	曲永文	乾隆三十一年
孙光祀	顺治十二年	孙瑞珍	道光三年	曲廷谏	乾隆二年
孙如仅	咸丰三年	孙毓汶	咸丰六年	曲江宴	光绪二十一年
孙如周	顺治九年	孙毓溎	道光二十四年	曲芝圃	道光三十年
孙式恂	康熙二十四年	孙熊兆	乾隆十六年	曲卓新	光绪三十年
孙纪云	同治四年	孙德升	道光二年	朱 传	乾隆十七年
孙含中	乾隆二十八年	孙儒卿	同治七年	朱 彤	乾隆四十五年
孙怀祖	乾隆二年	孙橘堂	光绪六年	朱 攸	乾隆三十七年
孙来贺	康熙四十八年	孙彝政	同治十三年	朱 泌	乾隆元年
孙步云	乾隆十三年	安 焕	顺治六年	朱 虚	顺治四年
孙奇峰	乾隆六十年	安 锐	顺治三年	朱 稺	乾隆十六年
孙宗元	顺治十二年	安 箕	康熙二十四年	朱 策	咸丰六年
孙官云	咸丰六年	安 镔	道光二十年	朱 彩	康熙十二年
孙念召	同治四年	安庆澜	道光二十一年	朱 蔿	雍正十一年

朱子璠	乾隆二十八年	毕忠吉	顺治十五年	米协麟	同治十三年
朱之玉	顺治三年	毕宿焘	乾隆四年	米毓瑞	光绪十六年
朱允元	康熙五十四年	毕盛青	顺治十八年	纪人龙	康熙二十四年
朱文龙	康熙四十五年	毕盛讚	顺治十八年	纪中兴	顺治十二年
朱长泰	顺治四年	毕道远	道光二十一年	纪之从	康熙五十四年
朱正锡	顺治十六年	毕瀚昭	咸丰六年	纪之健	康熙二十一年
朱训诰	顺治十六年	江　成	康熙四十八年	纪御蛟	顺治六年
朱龙光	顺治九年	江　均	乾隆四年	衣璟如	顺治六年
朱光崿	乾隆六十年	江允溥	雍正二年	许圣朝	康熙十二年
朱名炤	光绪二十四年	江起元	顺治三年	许汝盛	雍正十一年
朱廷位	顺治三年	江淑渠	乾隆五十二年	许鸿磐	乾隆四十六年
朱廷基	乾隆二十六年	江毓圻	乾隆十六年	邢曰玫	康熙五十二年
朱观我	康熙十五年	汤洞存	顺治十六年	邢维经	光绪二十一年
朱作元	雍正元年	牟　恒	康熙三十三年	阳际泛	同治四年
朱学笃	咸丰九年	牟　悫	康熙五十一年	阴丰润	道光十三年
朱学程	道光三十年	牟　雯	嘉庆二十二年	齐培元	嘉庆二十二年
朱学镺	同治元年	牟曰笏	雍正二年	齐锡智	雍正八年
朱宝晋	光绪三年	牟曰筠	乾隆十三年	**七　画**	
朱昌霖	同治十三年	牟安儒	嘉庆十年	何　广	顺治十六年
朱崇庆	道光二年	牟贞相	乾隆四十三年	何　芳	咸丰二年
朱续志	雍正五年	牟国珎	康熙二十一年	何　觐	康熙六年
朱续晔	雍正十一年	牟国珑	康熙三十年	何世瑾	康熙四十八年
朱缁衣	康熙五十四年	牟国须	康熙三年	何国玺	康熙四十五年
朱辉珏	康熙三十三年	牟昌裕	乾隆五十五年	冷开泰	顺治六年
朱熊光	乾隆四十九年	牟若鈖	乾隆十九年	冷纮玉	乾隆四十三年
朱燮元	光绪二十九年	牟荫乔	同治十三年	冷鼎亨	同治四年
毕　秀	顺治十五年	牟衍骙	道光十六年	初元方	乾隆四年
毕　涟	雍正二年	牟惇儒	嘉庆六年	初乔龄	乾隆五十二年
毕　潇	康熙五十一年	牟鸿骞	乾隆四十五年	初彭龄	乾隆四十五年
毕曰湜	雍正五年	牟朝宜	乾隆七年	劳树棠	乾隆四十九年
毕奉先	同治十年	牟颖儒	嘉庆六年	吴　坛	乾隆二十六年

吴 峋	同治四年	宋之树	康熙五十四年	张 玺	康熙二十四年
吴 焕	乾隆四十三年	宋书升	光绪十八年	张 珽	顺治十八年
吴 湘	乾隆二十二年	宋云会	雍正五年	张 铎	康熙四十五年
吴 琯	顺治十六年	宋可大	嘉庆十四年	张 堂	道光十五年
吴方文	嘉庆十六年	宋可发	顺治六年	张 堃	道光二十四年
吴立亭	光绪二十四年	宋玉珂	道光二十四年	张 寅	康熙四十五年
吴华年	同治七年	宋企适	光绪十八年	张 淳	康熙五十一年
吴式芬	道光十五年	宋庆和	嘉庆十四年	张 焘	康熙五十一年
吴式敏	嘉庆二十五年	宋良薰	咸丰六年	张 逸	顺治三年
吴式群	道光三年	宋国经	嘉庆十九年	张 铨	乾隆十三年
吴自肃	康熙三年	宋国彦	顺治四年	张 铨	道光十五年
吴步韩	道光十六年	宋备恪	道光二十四年	张 弼	道光二十四年
吴侍曾	嘉庆十三年	宋季丰	同治四年	张 楷	顺治九年
吴征士	乾隆三十四年	宋岱龄	同治十年	张 琪	乾隆四十六年
吴树梅	光绪二年	宋俊起	嘉庆六年	张 琮	康熙三十三年
吴树荣	光绪六年	宋宾王	道光九年	张 翔	嘉庆十三年
吴衷一	顺治六年	宋恩溥	咸丰九年	张 翕	康熙三年
吴象宽	雍正元年	宋培之	道光十二年	张 嵩	康熙四十八年
吴锡炤	康熙四十二年	宋嵩巘	雍正二年	张 敫	乾隆三十一年
吴毓春	同治元年	张 伟	嘉庆二十二年	张 源	嘉庆元年
吴熙曾	嘉庆六年	张 翾	乾隆四十九年	张 鉴	康熙四十八年
吴端立	乾隆三十七年	张 严	康熙九年	张 儁	光绪十二年
吴镇域	乾隆十九年	张 泌	康熙三年	张 鏊	康熙十五年
宋 珩	乾隆二年	张 洽	康熙十五年	张 镠	乾隆四年
宋 弼	乾隆十年	张 宣	康熙十八年	张 霖	康熙九年
宋 琬	顺治四年	张 峤	雍正八年	张一恒	康熙二十一年
宋 潢	嘉庆六年	张 洵	道光二年	张人崧	雍正元年
宋 潢	嘉庆七年	张 科	乾隆十年	张万绥	顺治三年
宋 熙	乾隆四年	张 荐	顺治十二年	张丰孙	康熙五十一年
宋 澍	乾隆四十六年	张 晓	康熙九年	张为仁	顺治十二年
宋士俊	顺治六年	张 梧	嘉庆十九年	张为经	康熙三十年

张予介　乾隆元年	张如绪　康熙三十九年	张贤符　光绪六年
张今第　道光二十七年	张守训　光绪六年	张述善　乾隆七年
张介孚　光绪三十年	张守岱　道光二十五年	张鸣晓　道光二十年
张介禄　光绪二十年	张守炎　光绪十六年	张庭兰　同治十年
张元亨　道光十八年	张延庆　康熙五十一年	张庭诗　光绪十五年
张元征　康熙十五年	张有年　乾隆三十四年	张庭桦　道光六年
张元杰　道光十五年	张自涵　顺治六年	张思勖　嘉庆十三年
张元镇　顺治三年	张初旭　顺治三年	张星吉　光绪十二年
张六部　顺治六年	张含辉　顺治九年	张映台　乾隆十九年
张凤羽　顺治十六年	张启钥　顺治六年	张映汉　乾隆四十九年
张勿迁　康熙六十年	张启泰　顺治三年	张柳南　道光十八年
张心浴　康熙三十九年	张希贤　乾隆三十一年	张树甲　咸丰六年
张文车　嘉庆六年	张应桂　顺治九年	张树桢　光绪二十一年
张文玺　道光六年	张彤标　康熙五十七年	张衍重　道光二十一年
张文焜　乾隆二年	张志轩　光绪二十一年	张泫熙　咸丰六年
张文翰　光绪十六年	张志奇　雍正八年	张　洽　康熙十五年
张东瀛　光绪三年	张志栋　康熙十二年	张祖厚　光绪十八年
张令璜　康熙四十八年	张志禧　顺治十五年	张禹玉　康熙二十一年
张务纳　乾隆七年	张我鼎　顺治十二年	张笃行　顺治三年
张可大　康熙四十五年	张沇清　同治四年	张荣祝　咸丰二年
张四教　顺治三年	张连茹　嘉庆十六年	张重启　康熙十八年
张四教　乾隆二年	张其抱　顺治三年	张恕琳　光绪二十九年
张尔宇　道光二十年	张国杞　顺治九年	张恩煦　咸丰十年
张尔牧　嘉庆二十四年	张学孜　康熙四十八年	张振德　嘉庆七年
张尔奎　顺治十八年	张宝埛　嘉庆二十五年	张桂芬　光绪三年
张兆辰　道光二十一年	张建勋　同治四年	张益亨　康熙九年
张兆栋　道光二十五年	张现龙　顺治九年	张继邹　道光十八年
张兆楷　同治十三年	张若梧　顺治十六年	张继前　顺治六年
张兴留　咸丰六年	张英麟　同治四年	张继鲁　道光九年
张同符　咸丰十年	张茂先　顺治六年	张继灏　道光十八年
张壮彩　光绪十六年	张范东　嘉庆十年	张翀霄　咸丰三年

张梅亭	光绪二十四年	张需讷	康熙四十八年	李 俊	乾隆十六年
张梦兰	嘉庆二十四年	张蕙圃	嘉庆四年	李 晓	道光二十年
张梦白	康熙五十二年	张蕙圃	同治二年	李 桐	雍正元年
张梦蛟	顺治三年	张濂经	光绪二十年	李 梃	乾隆五十八年
张梦蓉	道光十二年	张懋澄	光绪二年	李 涛	康熙十五年
张淑京	道光十二年	张麟文	康熙十五年	李 琪	道光三年
张淑渠	乾隆十三年	张麟莱	乾隆四年	李 育	康熙二十一年
张琅函	同治十年	时功㳺	嘉庆十三年	李 祯	康熙二十一年
张盘基	康熙三十三年	时本荣	乾隆四十年	李 素	康熙六年
张维甲	嘉庆二十四年	时式敷	嘉庆二十二年	李 莹	嘉庆十六年
张维祺	乾隆四十三年	李 兆	道光十二年	李 衮	乾隆元年
张维模	道光十五年	李 壮	顺治十五年	李 铎	乾隆二十八年
张象鼎	咸丰三年	李 汜	光绪三年	李 颂	康熙四十二年
张隆基	乾隆三十四年	李 沐	康熙四十二年	李 高	雍正八年
张曾霭	嘉庆十四年	李 灿	道光二十七年	李 勖	咸丰二年
张朝寀	康熙十二年	李 芳	顺治十八年	李 彬	嘉庆十六年
张祺恒	道光三十年	李 进	康熙十二年	李 淳	道光十八年
张禄征	康熙九年	李 性	康熙三十九年	李 渠	乾隆二十六年
张联箕	顺治十二年	李 林	乾隆二十二年	李 焕	嘉庆十三年
张谦宜	康熙五十一年	李 果	乾隆元年	李 鸿	道光十八年
张新曾	光绪二十九年	李 炌	顺治三年	李 棨	康熙三十九年
张殿栋	咸丰六年	李 玠	雍正元年	李 湘	乾隆五十五年
张源长	嘉庆七年	李 迥	康熙三年	李 焜	道光二十年
张瑞征	顺治九年	李 愡	康熙四十五年	李 琬	康熙四十五年
张瑞麟	同治二年	李 垒	道光九年	李 琬	乾隆十三年
张虞熙	康熙五十二年	李 宪	顺治四年	李 策	乾隆二十五年
张锡鸿	光绪二十一年	李 封	乾隆十九年	李 鹄	乾隆二十二年
张嘉祚	顺治十二年	李 浃	顺治三年	李 鹄	嘉庆十九年
张熙岳	顺治十五年	李 珍	康熙三十九年	李 楠	康熙二十七年
张肇铨	光绪三十年	李 适	顺治三年	李 锦	康熙五十四年
张蛰声	顺治九年	李 逊	雍正八年	李 楹	咸丰十年

山东清代进士人名索引

李　源	顺治三年	李文藻	乾隆二十六年	李庆翱	咸丰二年
李　源	乾隆三十四年	李日更	康熙四十五年	李延庆	光绪二十年
李　鹏	乾隆六十年	李曰桂	顺治十二年	李廷佑	乾隆三十七年
李　潆	乾隆元年	李月白	康熙二十四年	李廷屏	乾隆三十四年
李　穀	雍正八年	李见龙	顺治十六年	李廷荣	道光九年
李　翮	乾隆三十七年	李长庆	顺治十六年	李成龙	雍正二年
李　懋	康熙二十四年	李丕先	顺治十五年	李有基	乾隆四十六年
李　簧	乾隆三十六年	李世垣	雍正十一年	李汝为	顺治六年
李　璿	康熙四十五年	李世铎	顺治三年	李汝霖	乾隆二年
李　瀚	乾隆四十五年	李世猷	嘉庆十九年	李汝霖	道光九年
李　灏	康熙四十五年	李世锡	顺治十八年	李汝霖	同治四年
李上林	顺治九年	李世镐	顺治三年	李汝璿	道光十五年
李于培	嘉庆元年	李东垣	同治元年	李观光	康熙三年
李士田	光绪二十年	李发魁	顺治十五年	李邦庆	光绪九年
李士谟	顺治九年	李本杞	乾隆二十二年	李亨圻	嘉庆元年
李大振	康熙十八年	李本涵	康熙二十七年	李伯臣	康熙三年
李之芳	顺治四年	李本榆	嘉庆四年	李佐贤	道光十五年
李之栋	顺治十八年	李本樟	雍正十一年	李体仁	光绪二十一年
李予之	康熙九年	李永绍	康熙二十四年	李作楫	乾隆二十五年
李云青	嘉庆十九年	李生之	顺治十六年	李克敬	康熙五十四年
李允升	嘉庆六年	李让中	康熙九年	李寿彭	雍正二年
李元正	雍正十一年	李兆勋	光绪三年	李应龙	乾隆二十二年
李元坦	乾隆三十七年	李兆梅	同治十三年	李应寿	光绪三十年
李元直	康熙三年	李兆煦	道光三十年	李应辰	乾隆元年
李元直	康熙五十二年	李兆鹏	乾隆十三年	李应荐	康熙十五年
李元琦	乾隆四十三年	李光时	乾隆四十五年	李应虞	乾隆十三年
李凤书	光绪三十年	李华之	康熙十五年	李志远	康熙五十七年
李凤彩	康熙三十九年	李华庭	嘉庆元年	李步沆	光绪二十一年
李文远	康熙九年	李协中	道光十八年	李良模	康熙三十年
李文熙	顺治九年	李师中	乾隆元年	李言蔼	光绪三十年
李文潭	嘉庆二十五年	李师愿	嘉庆六年	李其昌	康熙三十年

李和雨	康熙二十四年	李席珍	乾隆五十八年	李缙明	顺治六年
李孟雨	顺治四年	李振甲	光绪十八年	李葆实	光绪九年
李宗唐	光绪十二年	李振玑	康熙三十年	李葆树	道光二十四年
李宗泰	咸丰九年	李振羽	雍正八年	李裕后	同治四年
李宜芳	雍正八年	李效曾	光绪二十四年	李裕杰	顺治十六年
李宜蕃	乾隆二十二年	李晓峦	乾隆五十四年	李超咸	道光九年
李居易	顺治十六年	李桢幹	嘉庆二十四年	李道昌	顺治三年
李岱生	顺治十五年	李珠煜	雍正八年	李嗣洙	乾隆二年
李征临	雍正元年	李牲麟	康熙三十六年	李嗣真	康熙六年
李征泰	顺治十六年	李祥麟	光绪十八年	李慎修	康熙五十一年
李承芳	乾隆十七年	李继元	光绪二十年	李瑞遇	同治二年
李承庚	乾隆十六年	李寅龄	光绪十六年	李福田	同治四年
李承瑞	乾隆十六年	李崇照	道光九年	李福泰	道光二十四年
李治国	康熙五十七年	李捷元	康熙六十年	李蒙泉	道光二十年
李泽宸	光绪二十九年	李梦斗	光绪十五年	李锡玠	嘉庆十四年
李玮堂	光绪十二年	李梦愚	道光九年	李韫英	嘉庆十四年
李经野	光绪九年	李凌霄	同治七年	李毓昌	嘉庆十三年
李金台	乾隆七年	李菡芳	道光三年	李毓英	康熙十八年
李金鳌	道光二十年	李萃吉	同治二年	李梓白	顺治十五年
李雨沾	顺治六年	李辅世	康熙十五年	李肇丰	康熙十五年
李修行	康熙五十四年	李鸿祖	嘉庆十年	李肇锡	同治七年
李南英	康熙九年	李鸿霆	康熙三年	李德立	嘉庆十四年
李春元	光绪九年	李掌圆	康熙四十五年	李德运	光绪二十四年
李栋朝	顺治十二年	李敬修	嘉庆二十五年	李德容	乾隆三十四年
李树目	康熙四十五年	李斯义	康熙二十七年	李澄中	康熙十八年
李树泽	道光二十年	李景嵩	嘉庆四年	李璋煜	嘉庆二十五年
李砚田	光绪十五年	李朝仪	道光六年	李翰屏	光绪十八年
李荣宗	顺治三年	李湘华	道光二十一年	李赞元	顺治十二年
李贻良	咸丰六年	李湘南	同治元年	李霖泽	嘉庆二十五年
李钟岳	光绪二十四年	李湘棻	道光十二年	李霖雨	康熙二十四年
李唐裔	顺治三年	李湘蕚	道光二十七年	李瀛瑞	光绪九年

杜 堮　嘉庆六年	杨士鏻　乾隆七年	杨通久　顺治十二年
杜 澋　顺治四年	杨大功　顺治四年	杨逢春　顺治六年
杜 肅　乾隆二年	杨凤翱　光绪二十九年	杨维乔　顺治十六年
杜 翰　道光二十四年	杨方江　雍正五年	杨维翮　乾隆五十二年
杜 翱　道光十五年	杨以增　道光二年	杨袭錡　康熙十五年
杜 翾　光绪十八年	杨圣清　光绪十二年	杨谭言　康熙九年
杜义山　道光三十年	杨玉相　同治十三年	杨福祺　道光十八年
杜天培　康熙五十七年	杨名寀　雍正十一年	杨虞宫　康熙十五年
杜怀英　嘉庆十三年	杨尧臣　乾隆十年	杨嘉树　乾隆十九年
杜受田　道光三年	杨延烈　同治元年	杨毓泗　光绪三十年
杜受履　道光二十五年	杨廷枚　乾隆元年	杨鼐望　嘉庆十四年
杜庭琛　咸丰十年	杨廷相　乾隆二年	杨德春　同治十三年
杜能忠　康熙三十九年	杨成爻　同治十年	汪 镛　乾隆四十年
杜墨林　咸丰九年	杨佑廷　光绪十二年	汪 灏　康熙二十四年
杨 纲　乾隆五十二年	杨作梅　嘉庆二十二年	汪万鸿　咸丰九年
杨 玠　康熙三十九年	杨克济　乾隆五十四年	汪长龄　乾隆四十六年
杨 淮　康熙六年	杨君正　顺治三年	汪以诚　同治七年
杨 渭　光绪二十九年	杨时中　雍正十一年	汪仲洵　咸丰九年
杨 鼐　顺治十二年	杨来凤　顺治十五年	汪庆长　同治十三年
杨 慰　乾隆二十八年	杨芳裔　康熙三十三年	汪宝树　光绪六年
杨 蕃　顺治十八年	杨际清　光绪二年	汪懋琨　光绪十二年
杨 蕴　顺治十八年	杨国相　顺治十二年	沈 潜　光绪九年
杨 琜　顺治六年	杨宗震　顺治三年	沈毓寅　道光十二年
杨 霞　顺治十二年	杨岳东　嘉庆十三年	沙 澄　顺治三年
杨 蘋　乾隆二十五年	杨绅世　乾隆三十七年	沙长祺　雍正二年
杨 黼　嘉庆十三年	杨绍和　同治四年	苏 伟　康熙三十年
杨乃实　道光十六年	杨受廷　嘉庆元年	苏 俊　康熙十五年
杨万春　康熙三十三年	杨树基　嘉庆四年	苏 铭　康熙三十六年
杨万选　光绪十五年	杨顺时　道光三十年	苏 綖　乾隆十九年
杨士铅　乾隆十年	杨振先　乾隆十三年	苏 璜　康熙四十八年
杨士鉴　雍正二年	杨晋笙　同治十年	苏 灏　雍正十一年

苏一圻	雍正五年	陈　岳	同治十年	陈官俊	嘉庆十三年
苏习礼	康熙五十一年	陈　昌	乾隆十九年	陈秉和	同治十年
苏元樫	光绪十六年	陈　枚	道光二十年	陈秉信	道光二十一年
苏仲山	道光二十七年	陈　恪	康熙三年	陈述芹	嘉庆十九年
苏兆登	嘉庆四年	陈　鉴	道光二十一年	陈述经	嘉庆十六年
苏敬衡	道光十六年	陈　肇	嘉庆二十二年	陈驷门	道光六年
苏襄云	乾隆元年	陈士元	嘉庆十三年	陈恒庆	光绪十二年
谷资生	顺治十六年	陈士炳	同治十三年	陈洪谏	顺治十六年
轩辕胤	顺治十六年	陈大浩	咸丰九年	陈荀会	康熙三十三年
轩辕诰	乾隆四年	陈山嵋	道光十二年	陈润璨	光绪三年
辛于镛	咸丰二年	陈介祺	道光二十五年	陈益修	顺治三年
辛文沚	嘉庆十六年	陈介猷	咸丰二年	陈继洋	光绪二十一年
辛可耀	光绪二十年	陈凤翰	嘉庆十九年	陈象沛	道光二十一年
辛本栯	道光二十七年	陈天秩	乾隆元年	陈敬修	光绪十六年
辛本椠	道光十五年	陈心澡	顺治十八年	陈熙曾	道光六年
辛有光	乾隆二年	陈文然	光绪十二年	陈蕚声	光绪三十年
连应郑	顺治十五年	陈见智	康熙九年	陈德昌	光绪二十九年
迟逢元	乾隆四年	陈世昌	光绪三十年	陈翰声	光绪二十一年
邵　攉	顺治四年	陈可经	嘉庆六年	邱　泰	顺治十五年
邵　勤	道光二年	陈龙骧	顺治十六年	邱元武	顺治十六年
邵士标	顺治三年	陈传奎	咸丰六年	邱世彦	乾隆四十年
邵士梅	顺治十六年	陈兆鸾	顺治六年	邱仰文	雍正十一年
邹子俊	道光六年	陈光甲	咸丰三年	邱应瑑	乾隆四年
邹石麟	道光三十年	陈庆彬	光绪十六年		
邹丽中	雍正五年	陈汝弼	康熙十八年	**八　画**	
邹衍泗	顺治十八年	陈孝恪	光绪十二年	单　立	康熙二十四年
邹振岳	同治二年	陈应聘	道光十三年	单　芸	乾隆二十二年
陆　宾	康熙十五年	陈怀仁	乾隆二年	单　烺	乾隆四年
陆丛桂	顺治十六年	陈时夏	康熙十五年	单　谓	雍正二年
陈　圩	道光十八年	陈宗妫	光绪六年	单　棨	光绪二十年
陈　纬	顺治十五年	陈官义	道光十二年	单　稷	乾隆四十五年
				单　夑	康熙十五年

单父令	顺治三年	周百顺	嘉庆二十二年	尚崇基	光绪三十年
单父麟	康熙六年	周志闾	乾隆四十年	岳峰秀	顺治十八年
单务孜	康熙三年	周来馨	雍正八年	岳镇东	嘉庆二十二年
单务嘉	顺治十八年	周泽深	乾隆三十一年	岳镇南	道光二年
单可瑾	乾隆四十六年	周知非	康熙六十年	庞见龙	康熙三年
单伟志	嘉庆二十五年	周虎彝	乾隆六十年	庞际云	咸丰二年
单传经	同治十年	周鸣岐	同治四年	房　嵩	康熙十八年
单作哲	乾隆元年	周鸣銮	嘉庆十四年	房于泗	康熙三十年
单言扬	乾隆七年	周祚显	康熙三十六年	房毓桢	康熙五十四年
单若鲁	顺治三年	周悦让	道光二十七年	杭齐苏	顺治三年
单梦祥	光绪二十年	周新邦	康熙十八年	林　甲	康熙四十五年
单梦龄	嘉庆十九年	周裔和	乾隆十年	林　嵘	康熙五十四年
单畴书	康熙三十六年	周嘉植	顺治四年	林大木	咸丰三年
单德谟	雍正五年	周毓桂	道光十六年	林之奕	光绪六年
周　云	光绪十八年	周毓真	康熙六十年	林兴济	乾隆四年
周　正	康熙三十年	周麟元	乾隆五十八年	林庆贻	咸丰三年
周　坊	道光二十七年	孟　班	康熙五十一年	林有骐	雍正十一年
周　垣	乾隆五十八年	孟　瑞	顺治十二年	林汝谟	嘉庆十四年
周　珹	乾隆二十六年	孟广来	光绪二十四年	林树声	光绪二十四年
周　潞	道光十六年	孟广范	光绪二十九年	林钟岱	嘉庆四年
周　潜	同治元年	孟广谟	光绪十八年	林起宗	顺治三年
周大训	顺治十八年	孟廷对	乾隆三十一年	林基逵	光绪三十年
周大赍	康熙六十年	孟宗美	康熙五十二年	武　震	同治四年
周历长	顺治三年	孟宪章	同治十三年	武　巘	雍正八年
周天爵	嘉庆十六年	孟继震	同治七年	武若愚	乾隆七年
周正岐	光绪二十年	孟椿山	同治十年	法　坛	康熙十八年
周永年	乾隆三十六年	孟毓兰	道光十三年	法伟堂	光绪十五年
周礼东	乾隆十年	孟毓藻	道光三年	法若贞	顺治三年
周兆锦	嘉庆二十五年	官靖共	顺治三年	法若真	顺治三年
周守一	乾隆十年	尚九迁	顺治九年	苑菜池	同治七年
周廷森	乾隆五十二年	尚大发	康熙六年	苑鸿绪	嘉庆四年

苗稐实	乾隆十九年	侯凤林	乾隆三十一年	柏锦林	光绪六年
范乃蕃	顺治九年	侯延爽	光绪二十九年	查莹	乾隆三十一年
范士瑾	康熙十二年	侯封公	康熙二十四年	柯劭忞	光绪十二年
范中行	道光十五年	侯赐乐	乾隆十年	柯劭憝	光绪十五年
范之杰	光绪二十九年	侯赐履	雍正五年	柳文洙	光绪三年
范廷楷	乾隆元年	俎可尝	康熙四十五年	段衮	顺治四年
范承逊	道光六年	俎如蕙	顺治十八年	段树榛	光绪十二年
范逢恩	乾隆五十二年	姚一经	康熙四十八年	洪梦龄	道光六年
范惟粹	顺治六年	姚云升	道光六年	洪毓琛	道光二十一年
郇瑜	康熙十五年	姚廷训	嘉庆四年	相有度	顺治六年
郎昀	道光九年	姚体备	道光二十七年	相启运	顺治四年
郎盼	道光十三年	姚体俨	道光二十五年	祝喻	顺治六年
郎瞵	道光九年	姚学甲	乾隆三十一年	祝寿名	康熙六十年
郎郡环	咸丰二年	姚禄龄	道光十六年	祝应晋	顺治十六年
郑杲	光绪六年	姚舒密	光绪二十年	禹建钧	道光二十七年
郑允修	道光二年	姜山	乾隆十年	胡星	雍正二年
郑州玺	顺治十六年	姜炤	顺治十六年	胡淳	乾隆元年
郑芳兰	道光二十一年	姜顺	乾隆十三年	胡清	雍正元年
郑炳麟	光绪九年	姜世升	嘉庆六年	胡壇	康熙二十四年
郑猗录	咸丰六年	姜其垓	康熙二十一年	胡万年	乾隆十九年
郑溥元	同治四年	姜宗泰	光绪二十九年	胡世藻	康熙十五年
金洙	嘉庆十四年	姜重霈	乾隆十七年	胡肃检	光绪二十四年
金寿萱	道光二十七年	姜桐冈	同治二年	胡峰一	道光九年
金绍庭	光绪三年	姜渭春	光绪二年	胡逢恩	光绪二十年
金鸿霄	光绪六年	宫廷珍	顺治三年	胡悉宁	顺治六年
九 画		宫炳炎	光绪三十年	胡梦龄	道光六年
侯纮	乾隆元年	封大受	乾隆五十五年	胡循纶	顺治十六年
侯兹	雍正八年	封宗良	嘉庆二十五年	胡翘楚	乾隆二十八年
侯垣	道光十八年	战殿邦	康熙二十四年	胡德溶	乾隆五十二年
侯封	雍正八年	柏光斗	康熙三十九年	胡懋勋	雍正十一年
侯靖	康熙五十一年	柏肯堂	顺治十五年	胥琬	顺治十八年

茹恩彬 光绪二十年	赵乃普 乾隆四十三年	赵振绪 乾隆二十五年
荆王采 康熙十五年	赵子璟 嘉庆七年	赵泰临 康熙四十二年
荆宇宁 嘉庆十九年	赵中遴 康熙五十四年	赵泰牲 康熙二十四年
荣　开 顺治十二年	赵之旦 乾隆二十二年	赵班玺 顺治三年
荣垕源 光绪三年	赵之随 康熙十五年	赵起棕 乾隆七年
贺崇禧 嘉庆十六年	赵午彤 乾隆四十九年	赵维旗 顺治三年
赵　仕 雍正二年	赵文㬎 康熙九年	赵维翰 乾隆二十五年
赵　任 道光三年	赵长龄 道光十二年	赵铭彝 嘉庆十九年
赵　旭 顺治十六年	赵尔份 嘉庆十年	赵瑞晋 康熙三十三年
赵　朴 同治元年	赵未彤 乾隆五十五年	赵鉴远 雍正二年
赵　时 乾隆五十四年	赵永禐 乾隆三十六年	赵蔚坊 光绪十五年
赵　灿 乾隆五十八年	赵光烈 嘉庆二十五年	逄希澄 道光三十年
赵　昉 顺治三年	赵执信 康熙十八年	逄润古 同治四年
赵　枚 康熙五十四年	赵汝臣 同治七年	郝允哲 乾隆四十年
赵　贯 乾隆三十四年	赵汝淑 咸丰二年	郝慎行 乾隆二十六年
赵　宪 雍正八年	赵汝湧 光绪二十四年	郝毓椿 光绪二十四年
赵　钥 顺治十五年	赵汝翰 光绪九年	郝懿行 嘉庆四年
赵　崟 顺治九年	赵似祖 道光十二年	骆　灿 乾隆六十年
赵　笏 康熙六十年	赵作舟 康熙十八年	十　画
赵　资 康熙四十五年	赵作霖 康熙九年	倪晋麟 同治十三年
赵　顾 乾隆四十五年	赵克明 嘉庆十六年	凌汉奎 嘉庆二十二年
赵　岺 顺治十五年	赵苏门 乾隆二十八年	唐　炌 顺治十二年
赵　焘 顺治六年	赵其昌 康熙十八年	唐之仪 康熙五十四年
赵　铨 乾隆三十六年	赵其星 顺治十八年	唐之材 康熙三十三年
赵　琛 顺治九年	赵国麟 康熙四十八年	唐书年 光绪十五年
赵　暄 康熙三十六年	赵录绩 光绪三十年	唐梦赍 顺治六年
赵　瑢 嘉庆二十五年	赵秉璋 光绪十五年	夏　畤 康熙六年
赵　增 顺治十六年	赵恒祚 康熙五十七年	夏联钰 光绪六年
赵　璁 康熙十五年	赵济姜 顺治十六年	徐　杆 顺治十二年
赵　蕃 康熙四十八年	赵胤振 顺治三年	徐　泮 嘉庆二十二年
赵　瞰 嘉庆十四年	赵钧彤 乾隆四十年	徐　恕 康熙四十五年

山东清代进士人名索引

徐 埝	光绪三年	秦 勷	乾隆二年	袁耀玉	康熙六十年
徐 琏	雍正二年	秦子俊	咸丰九年	贾 林	康熙三十九年
徐 鋐	康熙三十九年	秦汝谐	乾隆十三年	贾 桢	道光六年
徐士林	康熙五十二年	秦国龙	康熙三十九年	贾 琅	嘉庆二十四年
徐士楷	乾隆七年	秦奕诜	康熙五十二年	贾 煜	乾隆十七年
徐之璧	顺治十八年	秦锡镇	光绪二十九年	贾 樾	道光二十一年
徐云龙	嘉庆元年	耿文杰	康熙二十一年	贾允升	乾隆六十年
徐文骧	嘉庆四年	耿曰椿	道光十八年	贾元涛	咸丰十年
徐会沣	同治七年	耿弘启	顺治十六年	贾仲山	道光十五年
徐州牧	顺治十二年	耿克仁	康熙十八年	贾汝谦	同治十三年
徐延旭	咸丰十年	耿贤举	乾隆十年	贾声槐	嘉庆四年
徐汝升	雍正二年	耿维祜	嘉庆七年	贾蕃男	顺治十八年
徐启宇	道光十三年	耿愿鲁	康熙九年	贾讚策	同治元年
徐定邦	乾隆四十年	聂文迓	顺治六年	郭 圲	嘉庆十年
徐河清	咸丰二年	虑毓粹	顺治四年	郭 治	康熙十八年
徐金铭	光绪三十年	袁 佑	康熙十八年	郭 柯	乾隆十七年
徐宪文	乾隆五十五年	袁 良	康熙三十三年	郭 寅	乾隆三十四年
徐既同	顺治十六年	袁 炘	道光九年	郭 琇	康熙九年
徐继儒	光绪十六年	袁 浴	顺治三年	郭 翙	光绪六年
徐维城	嘉庆元年	袁 绰	顺治十六年	郭 谏	顺治十五年
徐象震	光绪六年	袁 溥	道光十五年	郭 璋	嘉庆二十二年
徐鹏扬	顺治十五年	袁 镐	乾隆三十七年	郭 藩	康熙十八年
徐履端	康熙二十七年	袁 鍊	嘉庆十六年	郭允升	康熙十八年
栾 坚	嘉庆十六年	袁叶茂	光绪二年	郭兆垣	康熙四十二年
栾 瑜	雍正二年	袁州佐	顺治十二年	郭印瑚	道光二十五年
栾以绂	咸丰二年	袁汝虔	同治四年	郭汝诚	道光二十一年
栾守纲	光绪三十年	袁志洁	雍正二年	郭怀芳	雍正十一年
栾廷鋹	乾隆十六年	袁泳锡	道光二十四年	郭知逊	顺治三年
桂 馥	乾隆五十五年	袁恩诏	同治四年	郭绍曾	道光十六年
班 联	雍正五年	袁振瀛	道光九年	郭育才	光绪二十年
秦 纯	乾隆二年	袁肇继	顺治十六年	郭皇畿	顺治三年

郭种德	道光二十七年	高居宁	乾隆十年	崔穆之	咸丰十年
郭恩赓	光绪二十四年	高岱宗	康熙四十二年	康 樵	康熙四十二年
郭梦惠	咸丰三年	高承瀛	光绪九年	康象书	道光十五年
郭梦龄	道光三年	高金藻	乾隆五十八年	康廉采	顺治十六年
郭敬佑	光绪二年	高春藻	嘉庆元年	戚延锡	顺治十八年
郭熊飞	道光二年	高种之	顺治十六年	戚良宰	顺治四年
郭肇基	顺治三年	高重光	康熙十二年	戚善勖	光绪九年
郭懋勋	顺治十八年	高容声	嘉庆二十四年	扈 泓	顺治十五年
顾仲安	光绪十八年	高淑曾	雍正五年	扈 标	顺治三年
高 山	雍正元年	高敩龄	嘉庆十六年	曹 膏	乾隆二十二年
高 运	康熙六年	高景之	顺治十八年	曹以燨	咸丰三年
高 玮	顺治三年	高集祥	道光三十年	曹申吉	顺治十二年
高 坪	顺治九年	高鹏飞	光绪九年	曹贞吉	康熙三年
高 昍	康熙三十年	高鹏南	顺治三年	曹佳和	嘉庆十四年
高 莹	康熙二十一年	高熙喆	光绪十二年	曹振邦	顺治十六年
高 爽	顺治三年	高箕承	咸丰九年	曹象恒	乾隆十三年
高 璆	康熙六年	高蔚宸	乾隆十年	曹鸿勋	光绪二年
高 熏	顺治九年	高蔚溶	嘉庆十六年	曹尊彝	道光二十四年
高 璿	雍正八年	高镜澄	咸丰二年	曹锡田	嘉庆二十二年
高中谋	道光三年	高徽翰	咸丰二年	梁 伟	乾隆七年
高之彦	顺治三年	高攀嵩	康熙四十五年	梁士鹤	同治二年
高之骥	顺治十八年	**十一画**		梁心恒	康熙九年
高曰聪	康熙十二年	密云路	道光二十五年	梁文灿	光绪二十年
高世豪	顺治十六年	崔 杰	顺治六年	梁本恭	嘉庆七年
高名图	康熙六年	崔广沅	光绪十六年	梁知先	顺治三年
高如恂	光绪二十一年	崔兆儒	康熙六年	梁萼涵	嘉庆二十五年
高守训	乾隆五十八年	崔光笏	道光九年	梁锦奎	光绪六年
高汝樽	康熙四十五年	崔承之	咸丰三年	梅光鼎	顺治十二年
高彤瑄	同治十年	崔迪吉	顺治十六年	盖 范	顺治十二年
高贡龄	道光二十五年	崔谊之	顺治九年	盖 钰	道光二年
高其召	嘉庆十年	崔培元	同治元年	盖绍曾	同治十年

盖星阶	道光三十年	隋藏珠	道光十五年	傅廷锡	康熙三年
萧 劼	康熙五十四年	鹿廷瑛	康熙九年	傅京初	康熙十八年
萧 炘	康熙六十年	鹿廷瑄	康熙九年	傅京辉	嘉庆十年
萧 润	乾隆元年	鹿维基	嘉庆元年	傅秉鉴	光绪十二年
萧九成	乾隆三十七年	黄 岩	乾隆五十二年	傅宸楹	康熙二十四年
萧树升	光绪二十一年	黄 绥	顺治十五年	傅绳勋	嘉庆十九年
萧栴年	乾隆二十八年	黄元衡	顺治六年	傅斯怿	咸丰三年
萧惟豫	顺治十五年	黄兰森	康熙十五年	傅亶初	顺治十五年
萧铭卣	道光二十七年	黄孙懋	乾隆元年	彭 軏	康熙二十四年
萧鹏程	康熙十五年	黄师阊	咸丰二年	彭云鹤	乾隆五十四年
萧榕年	乾隆十七年	黄贞麟	顺治十五年	彭凤沼	光绪二十四年
萧綦隆	顺治九年	黄来晨	道光三十年	彭以竺	道光十六年
萧麟趾	雍正十一年	黄运启	顺治十五年	曾尚增	乾隆二年
逯 蓉	光绪十二年	黄恩彤	道光六年	温 泮	顺治十二年
阎 愉	康熙三十九年	黄恩澍	道光二十五年	温秉贞	嘉庆七年
阎 羹	康熙九年	黄焘世	康熙五十二年	游百川	同治元年
阎 蓬	康熙六年	黄绪祖	光绪六年	焦云龙	同治十三年
阎世绳	康熙十五年	黄维祺	顺治十二年	焦友麟	道光十三年
阎廷佶	雍正二年	黄维翰	同治七年	焦以润	乾隆五十四年
阎学海	嘉庆二十二年	黄鸿中	康熙五十七年	焦式冲	乾隆三十七年
阎学淳	乾隆四十九年	黄敬中	康熙四十八年	焦汝翰	乾隆二十二年
阎临川	道光六年	黄敬玑	顺治四年	焦祈年	雍正元年
阎循观	乾隆三十一年	**十二画**		焦绥祚	康熙五十二年
阎循琦	乾隆七年	傅 咏	雍正八年	焦象贤	顺治四年
阎朝贵	道光二十年	傅 宸	顺治十二年	焦毓栋	康熙十八年
阎翥鹏	道光二十五年	傅 浚	道光二十四年	焦毓鼎	康熙三十年
隋 铨	康熙三十三年	傅 豫	乾隆十年	焦毓瑞	顺治六年
隋人鹏	雍正五年	傅予润	康熙十二年	焦肇骏	同治七年
隋丰修	同治七年	傅以渐	顺治三年	焦肇瀛	道光二十五年
隋振业	康熙九年	傅正揆	康熙二十一年	程 云	顺治六年
隋维烈	嘉庆元年	傅廷兰	嘉庆十年	程万善	顺治六年

程灿策 道光十二年	谢宜发 乾隆三十六年	**十三画**
葛乃衮 乾隆四年	谢宾王 顺治三年	楚登鳌 光绪二年
葛斗南 康熙四十二年	谢隽杭 光绪六年	窦　蔚 顺治三年
葛宗昶 嘉庆十年	谢景谟 乾隆二十八年	窦光鼐 乾隆七年
葛鼎元 顺治十八年	韩　冲 顺治六年	窦汝翼 乾隆四十三年
董　讷 康熙六年	韩　珏 雍正十一年	窦桂馥 乾隆四十五年
董元度 乾隆十七年	韩　烺 顺治十八年	蒲　瑞 顺治十六年
董长春 乾隆六十年	韩　理 顺治六年	蓝　润 顺治三年
董长荣 嘉庆二十五年	韩　魏 顺治九年	蓝启延 康熙三十九年
董世僖 道光九年	韩士望 顺治九年	解　芑 道光九年
董可成 乾隆元年	韩允恭 康熙四十五年	解　易 康熙二十四年
董延楷 乾隆二十六年	韩允嘉 顺治十五年	解九畴 康熙十五年
董朱衮 顺治六年	韩天骥 乾隆五十四年	詹　坪 乾隆三十七年
董观瀛 光绪二十一年	韩仲荆 光绪六年	詹锦堂 道光二十七年
董作梅 道光十三年	韩充美 顺治三年	路敬亭 光绪二年
董作模 道光三年	韩宝球 光绪十二年	路斯道 乾隆二年
董西亭 乾隆三十七年	韩肃俭 光绪二十四年	靳文锐 嘉庆元年
董思恭 康熙六十年	韩庭苣 顺治九年	靳登泰 道光三年
董思凝 康熙二十七年	韩梦周 乾隆二十二年	鲍开茂 顺治三年
董淑昌 雍正十一年	韩维基 康熙三年	**十四画**
董毓葆 咸丰九年	韩维翰 康熙十二年	廖元发 顺治九年
蒋　亮 康熙四十八年	韩绵禧 顺治三年	慕芝田 同治七年
蒋作锦 咸丰九年	韩象鼎 道光十六年	慕荣幹 同治七年
蒋继洙 道光三十年	韩厥田 嘉庆六年	慕维德 嘉庆二十四年
谢　遴 顺治十八年	韩敬所 顺治十八年	熊士伟 顺治十六年
谢乃实 康熙二十七年	韩雯焕 顺治十八年	管廷纲 光绪十八年
谢乃果 康熙二十七年	韩鼎盛 康熙二十四年	管廷献 光绪九年
谢文起 同治四年	韩锡祚 顺治九年	管廷鹗 光绪二年
谢光纪 康熙五十七年	韩镜蓉 光绪十六年	管象晋 光绪二十四年
谢体仁 道光二年	鲁　曾 康熙四十五年	管象颐 光绪十六年
谢克一 道光十六年	鲁期昌 顺治六年	綦汝楫 顺治十二年

綦思本 咸丰十年	滕嘉栋 嘉庆七年	**十七画**
翟中策 乾隆四十九年	潘好让 康熙十五年	戴 垻 顺治九年
翟云升 道光二年	潘守廉 光绪十五年	戴 璠 康熙十五年
翟文贲 顺治三年	潘体震 康熙四十二年	戴仁行 雍正八年
翟化鹏 光绪十八年	潘应宾 康熙十八年	戴元爕 乾隆二十六年
翟世琪 顺治十六年	潘志标 顺治十八年	戴名振 康熙九年
翟延初 顺治十六年	潘明祚 康熙三十六年	戴汝棻 雍正八年
翟茂嗣 乾隆十九年	潘绍烈 道光九年	戴思讷 康熙四十五年
翟宫槐 道光十三年	潘飏言 顺治九年	戴祚升 顺治九年
翟登峨 道光二十一年	潘锡荣 嘉庆二十四年	戴恩溥 同治四年
翟德先 嘉庆七年	潘鹏云 康熙二十一年	鞠 恺 乾隆十七年
臧 琮 康熙四十五年	颜士璋 咸丰九年	鞠逊行 乾隆四年
臧大受 康熙十五年	颜光敏 康熙六年	鞠捷昌 同治七年
臧济臣 同治十年	颜光敩 康熙二十七年	魏 泌 康熙五十二年
臧振荣 顺治十八年	颜光猷 康熙十二年	魏 郊 康熙三十年
臧梦元 乾隆三十六年	颜希圣 雍正元年	魏 冒 顺治六年
蔡 澍 雍正二年	颜绍标 康熙四十八年	魏 都 康熙二十四年
蔡一澧 康熙五十七年	颜绍缵 康熙五十二年	魏 钿 雍正元年
蔡文增 嘉庆七年	颜崇沩 乾隆四十三年	魏 朝 康熙五十二年
蔡永庄 顺治三年	颜锡惠 道光十二年	魏乃勷 同治七年
蔡振中 乾隆五十二年	黎民牧 顺治六年	魏云贵 同治十三年
蔡曾源 光绪十六年	**十六画**	魏尔康 顺治三年
谭再生 康熙三十九年	冀 霖 康熙三十三年	魏似韩 顺治六年
谭廷飏 光绪二十一年	冀绍芳 顺治六年	魏希征 康熙十五年
赛 璋 康熙九年	薄绍绪 光绪二年	魏来田 嘉庆七年
赛玉纮 康熙六年	薛 垲 康熙四十二年	魏起凤 乾隆十七年
赛沙敦 光绪三十年	薛 堪 康熙三十六年	魏起睿 乾隆二十六年
雒献图 顺治十五年	薛裔昌 康熙四十二年	魏照藜 乾隆十七年
十五画	衡虞衡 顺治十六年	魏睦庭 道光二十年
樊春林 光绪二年	霍 炳 顺治三年	魏锡祚 康熙三十九年
滕子玉 道光二年		

顺治三年丙戌科

本科录取：一甲三名，二甲七十七名，三甲二百九十三名。其中山东九十三名。

【傅以渐】(1609—1665) 字于磐，号星岩。聊城县（今聊城市）人。《清史稿》有传。幼时家贫，天资颖敏，手不释卷，经史过目不忘。顺治二年（1645）举人，翌年联捷一甲第一名进士，状元，授修撰。充会试同考官。顺治八年（1651），迁国史院侍讲。次年，迁詹事府左庶子。顺治十年（1653），历秘书院侍讲学士、詹事府少詹事、国史院学士。次年，授秘书院大学士，充文武殿试读卷官。顺治十二年（1655），诏陈时务，条上安民三事。被加太子太保，改国史院大学士。先后充《明史》、《太宗实录》纂修，《太祖圣训》、《太宗圣训》、《通鉴全书》总裁。又命作《资政要览》后序，撰《内则衍义》，复核《赋役全书》。顺治十四年（1657），命以渐及左庶子曹本荣合修《易经通注》。次年，充会试正总裁，加少保，授武英殿大学士，兼兵部尚书。顺治十八年（1661）七月，累疏乞休。康熙四年（1665），病卒。居官以清勤著称，学识渊博，善诗有文名。工书法，笔力遒劲。曾主持纂修《聊城县志》，还著有《易经狐白解》、《太史名编》、《中规篇》、《贞固斋诗集》等传世。

【王炳昆】字文虎，号立芝。掖县（今莱州市）人。明崇祯十二年（1639）举人，二甲第四名进士，选庶吉士，散馆授编修。由翰林院侍读，仕至江西粮储道，以清廉称。曾充会试同考官。以亲老归养，居住旧庐，耕薄田百亩，人不知曾为贵宦。多有著述。

【李世镐】字西京。胶州（今改市）人。明崇祯十五年（1642）举人，二甲第七名进士。授工部主事。乞假省亲，卒于途中，仅二十八岁。其才思逸群，工诗，人称"仙才"。著有《懒吟园古诗集》（散佚）、《瑞杏园诗集》、《滇中吟》。曾祖父太和，明正德举人，著有《致菴文集》四卷。堂弟：世锡，顺治进士，知县；世钿，顺治举人，工书法，著有《碧莲堂诗存》。

【法若真】(1613—1696) 字汉儒，号黄石，一号黄山。胶州（今改市）人。性警敏，四岁，闻诸生讲《大学》，即能相问辩。明崇祯十五年（1642），为避乱带全家到铁橛山隐居三年，仍攻读不辍。顺治二年（1645）举人，翌年联捷二甲第十一名进士，选庶吉士，授编修。顺治五年（1648），充福建乡试主考官。

擢秘书院侍读，掌管六部章奏诰敕撰文。受命参与编纂《太宗实录》。事毕，出为浙江粮储道。丁父忧，服除，补授福建布政司参政，分守福宁道。时清军征讨郑成功，若真率众抵御郑成功军队，守卫兴化城有功。顺治十八年（1661），升浙江按察使，秉公执法，明辨曲直，审结衢州府十年积案。应浙江巡抚咨询，提出治理浙江七策，均被采纳实施。康熙二年（1663），迁湖广右布政使。又迁江苏左布政使。为改变旧有催征田赋方式，创立用"风、火、雷"三种公文催征办法，受到州、县拥护，并为各省仿效。有五县遇灾歉收，民不聊生，巡抚向总督申请免征五县租税银数万两。总督不敢立即允准，便让若真复勘，若真核查后，总督同意免征五县租税。但是，免征一事遭户部阻挠，若真倾自家财产代交租税，此事才得以平息。康熙九年（1670），以未揭粮道亏币事，为漕臣所劾，被罢职。旋以丁母忧归。康熙十八年（1679）举博学鸿词科，大学士冯溥、李霨、杜立德合疏举荐若真，其时已六十七岁，至京以疾未就试。若真善诗文，书法魏晋，擅画山水，有名于时。八十四岁卒于家。其著述较多，有《黄山诗留》二十卷、《黄山文留》四卷、《病足文》一卷。父法寰，明末举人，府同知，明亡弃官，著有《毛诗义》、《春秋繁露解》。子：法樟，廪荫生，工诗，著有《又敬堂诗草》；法坛，康熙进士，大理寺评事。孙光祖，监生，善画，著有《介庐诗草》；八世孙伟堂，光绪进士，以博学能文名。

【万惟枢】（1599—1648）字区木，号瞻华。曹县人。少随边隅为官的父亲，故多识古人、山川和风烈。性聪颖，勤苦向学，追求精深。明崇祯十二年（1639）举人，二甲第十二名进士。授刑部陕西司主事，兼管江南司印务。其练达老成，有"理繁治剧"之才。因身体素弱，积劳成疾，居官年余，数告病乞休。上官重其才，挽留再三，其病愈加剧，才准许回籍调理，告之病痊赴部听用。即束装出都，途中而卒，年五十。著有《静园随笔》、《水心亭次韵》。父爱民，明万历乡试亚元，以知府衔官知州。

【翟文贲】字义图，号于园。益都县（今属淄博市博山区）人。明崇祯十五年（1642）举人，二甲第十五名进士。授刑部主事，升至郎中。出为陕西布政司参议，兼按察司佥事。由浙江学政，转按察司副使。子豫年，举人，内阁中书；孙葆中，刑部郎中。

【匡兰兆】（？—1653）字楚畹。胶州（今改市）人。顺治二年（1645）举人，翌年联捷二甲第二十名进士。授贵州道监察御史，忼直有声。奉旨巡按浙江，治绩称佳。顺治十年（1653）秋，回京复命时，便道归里省亲，值海时行之变，父如榗被胁持，兰兆赶去相救，与父一起不屈遭杀害。雍正间，入祀昭忠祠。嘉庆六年（1801），追恤世袭恩骑尉。弟兰瑞，副贡，知县；子瑾，恩贡，知县；侄璨，康熙进士，府教授。

【梁知先】（1612—1666）字朗公。邹平县人。明崇祯十三年（1640）举人，二甲第二十三名进士。授工部主事。顺治四年（1647），奉命至山东张秋镇督理河工。此间，知先与兖州知府等官员一起，一举设计粉碎叛清将领丁维岳挟持寿张道员欲里内外合夺取张秋镇城的图谋，城得保全。督河三年，清风两袖，赞颂者有"囊少余钱是水心"之句。入京升本部员外郎、郎中。顺治八年（1651），充陕西乡试副主考官。又授湖北武昌府知府，大兵南讨，往来络绎，供应繁剧，处之裕如。在任八年多，早起晚眠，听政狱，缮城郭，修堤梁，旌节义，禁残暴，治绩卓著。顺治十七年（1660），升两淮盐运使，因"商灶交困，军需繁兴"，以征收赋税不足，被贬官闲住三年。康熙二年（1663），拖欠赋税全部完成，被再补两浙盐运使。两年间，完成赋税逾百万，远远超过岁额四十万的催科数量。历拨军饷，虽紧急限期完成，但都没有耽误。闲暇，则与宾僚及贤士大夫寻访故迹，抒发情怀。性俭朴，与人虚怀退让，遇之者如坐春风。康熙五年（1666）卒，年五十四。

【高鹏南】（？—1667）字溟池，号养六。曹县人。性谦和，与人相处霭然如坐春风中。双亲丧，三年不饮酒，不茹荤。早有文名。明崇祯十二年（1639）乡试第三名举人，二甲第二十九名进士。授工部主事，分司夏镇督修运河，功成而民不劳。是时曹县遇义军攻打，门生故知接踵而至。鹏南对来者"解衣衣之，推食食之"，皆满其愿而归。丁某之妻被掠，捐俸代赎，使之完聚。差满入京，以福建布政司参议，分守福宁道。康熙六年（1667）以病卒。

【刘芳声】（1620—1664）字茂远，号起馨。鱼台县人。顺治二年（1645）举人，翌年联捷二甲第四十二名进士。授户部主事，升至掌印郎中。以"三监榷税"、"两谳冤狱"之绩，荐升甘肃巩昌府知府。顺治帝下旨要求直言上疏，芳声连上"革花红"、"禁私借"、"恤驿递"、"复孤贫"四疏，皆被采纳。在巩昌府，招流亡，劝垦荒，缮城郭，赈饥民，政绩卓著。迁广西按察司副使，分巡桂林道，以丁父忧未赴。服除，补贵州毕节道，参与镇压苗民起事。擢福建布政司参政，分守建南道。又署学政，并参与督理军务，被称有"经世大略"。值裁缺，力争告归。居家三十余年，设立义学，发放药饵，乡族多得其惠。八十四

顺治三年丙戌科

岁卒，祀乡贤。子澄，恩贡，府同知。

【官靖共】字衷寅，号方山，别号藏真居士。平度州（今改市）人。赋性耿直，砥砺廉隅。顺治二年（1645）举人，翌年联捷二甲第四十六名进士。授刑部主事，升至郎中，矢志平反冤案。出为浙江杭嘉湖道，除盗安民，百废皆举。迁浙江布政司右参议，先后两署按察使。正值海盗猖獗，谋划庶务，咸中机宜，浙赖以安。以致焦劳成疾，呕血不止。以忤上官解组归里，筑别墅读书其中，衣栉萧然，不谈仕进。工诗文。六十二岁卒。

顺治三年丙戌科

【宁之凤】（1603—1681）字德九。宁阳县人。自幼天资颖悟，父授以经，辄通大义。为文出语惊塾师。明崇祯九年（1636）举人，二甲第四十八名进士。授工部主事，升员外郎。之凤"资性刚介，伟貌修髯，具文武才，长官深倚重之"。顺治五年（1648），奉命治理黄河吕梁段决口，疏壅防溃，不满一年竣工。并用所节省二十万两白银赈农植树，筑堰固土。以治水之功，升本部郎中。顺治九年（1652），又奉命监督慈宁宫殿修造，竣工后，节省七万两白银，交予国库。顺治帝除奖赏外，还将其名记于殿柱，以示赞扬。顺治十五年（1658），出为河南知府。又历陕西按察司副使、浙江布政司参政和陕西按察使、右布政使，分巡或分守关内道、金衢道等。所到之处，整顿吏治，镇压白莲教，剿捕盗匪，澄清疑案，尊师重教，亲民利民，治绩卓异。以有疾辞归，卒祀乡贤。

【王一骥】字念石，号千里。蓬莱县（今改市）人。明崇祯十六年（1643）举人，二甲第五十四名进士，选庶吉士，散馆授编修。升詹事府左春坊左中允。顺治八年（1651），充福建乡试主考官。仕至江南按察司副使，分巡凤宿道。

【王荃可】字遇符。益都县（今青州市）人。美风仪，十岁能文。顺治二年（1645）举人，翌年联捷二甲第五十六名进士。授行人司行人，累使楚浙，所至简静不扰。授湖广道监察御史，巡按广西，时广西初定，百度草创，人情摇惑，官吏鲜知奉法，荃可至贪吏皆望风解绶而去。时遇滇寇至围桂林，荃可日夜拒守，力尽城陷，被执不屈而死。赠太仆寺少卿。祖父基，明嘉靖进士，户、兵、工部尚书。

【窦蔚】章丘县（今改市）人。顺治二年（1645）举人，翌年联捷二甲第五十七名进士。授广东道监察御史，巡按顺天。仕至山西布政司右参政。

【孙珀龄】章丘县（今改市）人。为人坦直慷慨，不立城府，不悕施予。二甲第六十名进士。授监察御史。历工、刑、礼科给事中。充会试同考官。上奏三十余疏，多见施行。又历太仆寺少卿、鸿胪寺卿、左通政使。因北闱科场案被流徙开原尚阳堡。曾祖父光辉,明嘉靖进士,翰林,部郎中;父之獬,明天启进士,翰林,入清为兵部尚书;弟琰龄,拔贡,授州同不赴,有著述。

【法若贞】字玉符。胶州(今改市)人。顺治二年(1645)举人,翌年联捷二甲第六十四名进士。授礼科给事中。曾上疏请定官员服色与收恤流民,皆蒙允行。丁忧,服除,先后转兵、吏两科给事中。外补井陉道,迁汉羌兵备道,所至有惠政,百姓立石称颂。著有《谏垣疏稿》、《廷评志略》。曾孙重辉,举人,知县,有诗文著述。

【王　桢】(1609—1688)字大木,号雨岚。长山县(今邹平县)人。博学能文,器量凝重,好奖人善。顺治二年(1645)举人,翌年联捷二甲第六十七名进士。授内阁中书,改兵科给事中,转吏科右左给事中,进户科都给事中。四历谏垣,疏数十上,皆关国计民生之大者。升太常寺少卿。以太常寺卿致仕。曾充顺天乡试、会试同考官。居林下三十年,八十岁卒。著有《邑乘续略抄本》。

【赵维旗】字介眉。榜载籍莱阳县(今属海阳市)人。顺治二年(1645)举人,翌年联捷二甲第七十名进士。授行人司行人,改浙江道监察御史。在朝中敢于直言,不肯阿附权贵。巡视两浙盐政,议事高远,处事果断,革除积弊,便利商民,当地为其建生祠。孙世奕,武进士,卫守备。

【王天眷】字龙锡,号鲁源。济宁州(今济宁市)人。明崇祯十二年(1639)举人,二甲第七十二名进士。授行人司行人,擢山西道监察御史。两次遣封安南,一无所受。历江西饶九兵备道和山西雁平、河东二道,皆有政声。返京先后任右左通政和宗人府丞。康熙十一年(1672),迁工部左侍郎。次年,降调。性孝友,抚育兄子如己子。遇大灾年,散财施粥,救人甚多。晚年,自号信天翁,著有《梦吟集》二卷。七十六岁卒,祀乡贤。

【王舜年】字永祺,号孝源。掖县(今莱州市)人。少孤,事母以孝。顺治二年(1645)举人,翌年联捷二甲第七十三名进士,选庶吉士,散馆授编修。充会试同考官。历詹事府中允、山西布政司参政(分守冀宁道)、江西按察使、山西右布政使。在江西平反数起大案,被昭雪免死者较多。以家乡旧案,被罢归。三藩叛乱起,舜年又被起用湖广按察司副使,分巡辰沅道,劳绩甚著。旋转布政司参政,充苏松督粮道。后又以过失被革职。生平风节凛然,远近推重之。著有《随录草》。

【单若鲁】字唯一,一字拙庵。高密县(今改市)人。明崇祯十五年(1642)举人,三甲第一名进士,选庶吉士,散馆授检讨。顺治六年(1649),充会试同考官。

累迁国子监祭酒。性谦和，笃友谊，教士先行后文。致仕，开垦小园于城隅，笑曰"秋水居"，召集子侄读书其中，躬自督课。著有《语石斋诗集》二卷。子：务邵，举人，内阁中书；务爽，举人。孙含，知州。曾孙：正谟，举人；言扬，乾隆进士，知州；行举，举人，知县。

【艾元征】(1624—1676) 字允沧，号长人。济阳县人。顺治二年（1645）举人，翌年联捷三甲第二名进士，选庶吉士，散馆授检讨。历詹事府左庶子和秘书院侍读、侍讲学士。顺治十五年（1658），由秘书院、东阁内阁学士，改国史院学士。康熙二年（1663），迁户部右侍郎，改左侍郎。康熙九年（1670），迁吏部右侍郎，改左侍郎。又擢都察院左都御史。康熙十一年（1672），改刑部尚书。遇事不避权贵，侃侃而言，上奏皆关宗社大计。所提筹屯田、核盐法、严左道、惩蠹棍、去浮议、戒出位等建言，皆井井有条，曲折详尽，切中机宜。其还历为会试同考官、武会试主考官和会试、殿试读卷官，教习庶吉士。康熙十五年（1676）卒于官，年五十三，祀忠义祠。著述甚多，有《易经会通》、《书经会通》、《左传详解》、《离骚合参正解》、《唐宋八大家评选》、《十二代诗选》、《待觉斋治安策略》、《备边策要》等，还写有诗赋数百篇。父馥，副贡，亦工诗赋，著有《沆川诗集》、《左氏分国》。

【周历长】字清熙。安丘县（今改市）人。有家学，兄弟九人，文名著乡里。明崇祯六年（1633）举人，三甲第六名进士。授内阁中书，改户部主事，升至郎中。性孤介，无所攀附。督查通蓟粮储，廉平尽职。为终养老父，引疾告归。居家读书自娱，与世无争。子泰生，岁贡，知州。

【李　浃】(1618—1697) 字孔皆，一字霖瞻，号陶庵。德州（今德州市）人。顺治二年（1645）举人，翌年联捷三甲第十四名进士。授延庆州知州，改茶陵州，以失察降山西芮城县知县。时值姜瓖兵变，城被攻破。其虽与进士、河津县知县李源，历尽艰辛，一起怀印请兵，力图收复，但仍被以过失罢归。晚年，游览山川，诗酒自娱。筑室名为"陶庵"，藏书数千卷，环以竹木，徜徉其中。八十岁卒。著有《陶庵集》、《年谱》。父允桢，举人，兵备道；弟涛，康熙进士，翰林，刑部右侍郎；子元瑨，贡生，知府；曾孙国柱，拔贡，著有《秋厓遗诗》。

【杨宗震】字严四。济宁州（今济宁市）人。顺治二年（1645）乡试经魁，翌年联捷三甲第十九名进士。授陕西兴安州知州，战事未除，其躬树纲纪，招徕安辑，修堞浚隍，守御渐备，民得安居。调乾州知州，惠政尤多。升工部员外郎，监督宝源局。转江南按察司佥事，充驿盐道，时江洋盗匪气焰嚣张，其督造战舰，昼夜不息，于民不扰，而军需早备。以劳疾卒于官。

【冯永桢】字介石。益都县（今属淄博市博山区）人。顺治二年（1645）举人，翌年联捷三甲第二十名进士。授顺天府昌平州知州，以事降府推官，又改黄岩县知县。

【张四教】（1602—1694）字道一，号芹沚，莱芜县（今改市）人。幼负异禀，胆识过人，文受推重。两执亲丧，哀毁成疾。在四十余岁时，由顺治二年（1645）举人，翌年联捷三甲第二十二名进士。授山西平阳府推官，有"断狱明决，案无冤滞"之赞誉。以上考行取兵部主事，升员外郎。顺治六年（1649），以按察司佥事，提督山西学政。升陕西按察司副使，分巡延榆绥兵备道。在任三年，轻徭役，招流亡，驭军绥民，边境安然。四教虽正直廉洁，严明有加，但终以不能事权贵，而被罢归。在家乡布衣草履，徜徉山水，并设馆授徒，教书度日。晚年建斗室于苍龙峡，自题曰"乐饥斋"，以见其志。著有《大榆山房诗集》、《独宦斋稿》、《榆山讲义》。四教轶闻传说很多，在当地是家喻户晓的人物。九十二岁卒，祀乡贤。孙嵩，康熙进士，府同知。

【张　逸】字二瞻。海丰县（今无棣县）人。七岁母丧，哀哭如成人。明崇祯六年（1633）举人，三甲第二十四名进士。授广平府推官，"出诬狱，清军地，伤豪贵，宽下属"。充乡试同考官，称得士。以卓异升兵部郎中，磊落正大，不阿媚上官，以忼直失兵部尚书意，被外谪河东盐运副使，又改延平府同知。卒于官。著有《拙讷居草》。

【高　玮】（1609—1668）字握之，号绳东。淄川县（今淄博市淄川区）人。少承家学，天才秀颖。其与弟为明崇祯十四年（1641）乡试同榜举人，位列元魁。三甲第二十六名进士。授直隶河间府推官。曾为乡试同考官。在河间任职未几，遇土寇陷城，被罢归。日以诗酒自娱，其诗直抒胸臆，以寄坎坷牢骚之致。著有《淄风辑略》、《三要图说》、《家塾宝训》、《规训随抄》、《南游诗草》、《留耕堂诗草》、《遗言赘语》。弟：珩，崇祯进士，翰林，刑部侍郎；玶，顺治进士，监察御史；子之騄和孙肇绩、肇翰、肇毅，皆擅诗文，有著述。

【袁　浴】字新甫。海丰县（今无棣县）人。顺治二年（1645）举人，翌年联捷三甲第二十七名进士。授浙江杭州府推官，以清操自誓。初至任，有胥吏持四十金以献，询其根由，则知为陋规，即道："是非杭民脂膏耶？急持去，奸胥将以此尝我三尺法不尔贷矣。"访其弊端，悉为禁革。在任清刑狱，理冤枉，遇

顺治三年丙戌科

有案件，不管是显要缙绅，还是上官谕托，均秉公审办，时人谓之"袁铁胆"。以卓异改授部主事，未及赴任卒。祀杭州名宦祠。

【蓝　润】（？—1665）榜名滋，旨改今名。字海重，号凫渚。即墨县（今改市）人。顺治二年（1645）举人，翌年联捷三甲第二十九名进士，选庶吉士，散馆授检讨。曾充会试同考官。顺治十年（1653）六月，由翰林院侍读差江南学政。顺治十七年（1660）四月，由福建布政司右参政，转广东布政司左参政，分守岭南道。迁江南按察使。次年四月，由山西右布政使，迁湖广左布政使。所至皆有治绩。著有《视学录》、《余泽录》、《视闽纪略》、《入粤条议》、《臬政纪略》、《聿修堂集》等。以疾归，卒祀乡贤。父再茂，贡生，知县；兄深，恩贡，知县；子启延，康熙进士，知县。

【韩充美】即墨县（今改市）人。明崇祯七年（1634）举人，三甲第三十二名进士。授礼部主事，充山西乡试主考官。其至山东昌邑县，经四知祠时，此祠早在崇祯兵变后焚毁已尽，夜忽梦杨公来访，赠以诗，末句有"使君怀古多情调，忍看秋风遍草莱"之语，即施银五十两，倡修之祠复完。

【王道新】字介公。济宁州（今济宁市）人。顺治二年（1645）举人，翌年联捷三甲第三十五名进士。授汝宁府推官，充乡试同考官。以卓异行取福建道监察御史。顺治九年（1652），黄河决堤荆隆口，山东济南、兖州、东昌三府"几为泽国"，民不聊生。道新奏请比照河南灾区救灾做法，豁免山东灾区所征钱粮，以使漕运咽喉不受影响。顺治帝颁旨：迅速勘实灾情，按灾情轻重，分别蠲免九年额赋。未几，道新出任建南道，因与上官不协，即辞归。道新性友爱，对家中老人"色养不怠"，人以为"忠孝两尽"。著有《诗集》。兄道明，明天启举人；侄宏，与其同榜进士，知县。

【王廷猷】字丹慷。潍县（今潍坊市）人。顺治二年（1645）举人，翌年联捷三甲第三十七名进士。授河南怀庆府推官，疑案山积，悉为平反。时镇兵横暴扰民，廷猷不纵不枉，依法处置，皆称平允。在任四载，积劳病卒。士民建王公祠祀之。

【李唐裔】（1621—1688）字硕果，号西林。栖霞县（今改市）人。顺治二年（1645）举人，翌年联捷三甲第三十八名进士。授甘肃平凉府推官，才优政敏，执法如山，赫赫有声。为任六载，九荐卓异，号称天下第一。擢兵部主事，升至郎中，秉公持正，开释无辜。授礼科给事中，奏陈天下利害，切中时务。以裁缺回籍，后又改补山西道监察御史，因病未赴，奉旨待病痊愈仍以给事中补用。子日更，康熙进士，翰林，道员。

【杨君正】山东临清卫人。入载《临清县志》。明崇祯三年（1630）举人，三甲第三十九名进士。授江宁府推官。

【霍　炳】青城县（今高青县）人。明崇祯十二年（1639）举人，三甲第四十二名进士。仕至通州道。

【林起宗】字德元。文登县（今改市）人。顺治二年（1645）举人，翌年联捷三甲第四十五名进士。授永平府推官，廉介自持，一尘不染，依法治理，使骄纵蛮横者敛迹，百姓得到安宁。擢江南道监察御史，条陈时务，屡奉温旨。巡按江南，骑着毛驴便装私访，三个多月，足迹几遍江南，所访查出贪吏豪强不可胜计，以严明称。升湖广布政司参议，分守宝长道。以病致仕。

【李　炌】字阐修。长山县（今邹平县）人。明崇祯十五年（1642）举人，三甲第五十七名进士。历长沙、衢州府推官。在衢州治罪大豪，捕获巨盗，人以神君称。擢刑部主事，升员外郎、郎中。以疾乞归，四十七岁卒。著有《衢游草》行世。祀衢州名宦祠和乡贤祠。

【张初旭】（1603—1671）字熹若。临朐县人。以孝闻，好施予。明崇祯九年（1636）举人，三甲第五十八名进士。授湖广辰州府推官。初旭在上任途中，由于战乱道路阻隔，滞留武昌，虽被聘为乡试同考官，但以赴任时间违限落职。初旭出于无奈，即投奔到降清的明朝兵部尚书兼蓟辽总兵洪承畴幕下，洪承畴据其"兴屯田以足军糈"的建议，使其在宁乡一带屯田开荒，开垦土地七千余亩，收获粮食三千余石，并负责从长沙征收江粮。初旭对常例羡金丝毫不取，被授为长沙府推官。洪承畴特疏举荐，朝廷将召试擢用。初旭推辞曰："士以誉而进，必以毁而退，吾不为也。"以积劳致疾告归。初旭沉默好学，博通经史，尤致力于性理诸书。著有《大易心经》、《举业家传》、《心法》、《四书宗旨》、《感应篇》、《四书集散》、《寡过录》、《崇俭广济诸约》等书及《诗草》若干卷，惜皆未付梓。六十八岁卒。

【单父令】字香苓。高密县（今改市）人。明崇祯六年（1633）举人，三甲第六十五名进士。授江苏苏州府推官，锄奸暴，平冤抑。在审理案件时得长州陆某、吴江江某，资助令其读书成名士。时漕运武弁胥科敛为民害，其告于大吏，更定斗斛清额数如初。父令未仕时，本邑有逆仆趁土寇猖獗时，将其绑缚树上，持刃索财，其被人救下，待动乱平息后，乃置之不问，众人都咸服其品行与器量。卒祀乡贤。

顺治三年丙戌科

【邵士标】字仲褎。济宁州（今济宁市）人。明崇祯十五年（1642）举人，翌年会试贡士，当年未参加殿试（省志也称崇祯十六年进士）。入清补殿试成三甲第六十六名进士。授直隶河间府推官，清积案，理冤狱，恤囚犯，所属十八县囹圄一空。上官遇有疑案，皆委其审理，无不立具。以卓异擢山西道监察御史。八旗圈地，争讼纷起，士标上请依据清册以正经界。其所奏："计典期近严禁弊端"、"兴工东便门费以巨万"、"罢禁旅捕犯人以免株连"诸疏，皆获允行。以病归，居乡恂恂，有"万石家风"，睦族恤贫，行之无倦。

【鲍开茂】（1615—1684）字夏生，号素桓。长山县（今邹平县）人。明崇祯十五年（1642）举人，三甲第六十九名进士。授江西瑞州府推官，台使交荐。豫王南征时，奏补按察司佥事（摄学政），迁布政司参议，分守湖西道。时海盗屡陷州邑，开茂献策歼其魁首，解救海盗所掠妇女一百六十余人。先后丁母、父忧，服除，历广东、陕西按察司副使，先后驻守肇庆道、西宁道、廊延道，平盗乱、勤开垦、葺学宫、减赋税、招流民，以公廉称。以裁缺归。其筑园著书，不入公府，人皆贤之。七十岁卒于家。

【李　适】字长倩。寿光县（今改市）人。明崇祯十五年（1642）举人，三甲第七十六名进士。授湖南内黄县知县，为政仁恕，与民休息。其深入村野，走访长者，了解百姓疾苦。因前任知县的放纵，有些胥吏专横跋扈，适施以重典。岁终，有胥吏以羡金三千进，适叱却之，充来岁额赋。因久积拖欠钱粮，百姓苦不堪言，上请免除。对贪财毁婚的无赖予以痛斥，并出金帛为聘资，助以完婚。以卓异调湘阴县，旋谢病归。内黄人将其崇祀名宦祠。父汝英，举人；弟迥，康熙进士，刑部右侍郎。

【蔡永庄】蓬莱县（今改市）人。明崇祯十二年（1639）举人，三甲第七十九名进士。授山西岚县知县。

【李世铎】字伯端。胶州（今改市）人。父恪，明末增生，家贫以教授为业。世铎幼承家学，顺治二年（1645）举人，翌年联捷三甲第八十一名进士。历山西交城、直隶蠡县知县，皆有治声。被三次荐举，擢户部主事，升员外郎、郎中。出为江西按察司佥事，分巡饶南九江兵备道。丁母忧，复补湖广按察司佥事，分巡辰常黎靖兵备道，厘奸剔弊，一时有神君之目。署湖广布政使，以疾卒于官，年五十九。著有《易义》、《四书当下义》。弟世钿，举人，工书法，著有《碧莲堂诗存》；子濂，岁贡，候补内阁中书。

【王三接】号康侯。曹县人，明进士、户部尚书茂之后裔。以少孤废儒业。其兄三重为岁贡,对三接尽力劝学,同入书舍,为其详解经书。明崇祯十二年(1639)举人,三甲第八十四名进士。授山西汾西县知县,充乡试同考官。其回籍后,侍母以孝,待诸妹以义。退居田园,足迹罕入城市。

【郭皇畿】字星鹑。滋阳县(今兖州市)人。幼颖敏,喜读书,事亲孝谨。明崇祯三年(1630)举人,三甲第八十八名进士。授直隶遵化县知县,冰蘗自持,政多惠爱。顺治帝知其贤,屡承召对,并赐裘马,以示旌赏。改安化县知县,以疾告归,卒于家。

【魏尔康】字蕃锡。济宁州(今济宁市)人。伟貌丰干,行谊敦笃,虽有文名,却登第甚晚。明崇祯九年(1636)举人,三甲第九十名进士。授顺天府固安县知县。邑有李自成武官杜勋,即为射书京城者,在被捕待审期间,持贿营脱,尔康欲按法诛杀,而杜勋攀附天津要员,以提讯为由,将其释放。尔康被追究罚俸。时八旗畿甸圈田,尔康留心调剂,申求拨补,曲加抚育,民众爱戴。旋调零陵县知县,因该邑刚刚攻占,道路梗塞,尔康栖迟江淮数年而归。兄尔荫,举人,亦有文誉,时人称其兄弟为"当塗二难"。

【陈益修】字伟如。济宁州(今济宁市)人。顺治二年(1645)举人,翌年联捷三甲第九十八名进士。授贵池县知县,邑处交通要道,时江南、广东战事未除,其征调军需供应,既不损民,也不扰民。以考最升户部主事,管理粮储,会计精当,宿弊尽除。命督税荆州关,千方百计改变战乱造成的凋敝状况,"商贾绝迹"之地日益繁盛。任满还乡,病卒。其诚实廉敏,平易近人,乐善好施,士林目为诚朴君子。

【张笃行】字谡绅,号石只,亦号四艺山人。章丘县(今改市)人。顺治二年(1645)举人,翌年联捷三甲第一百一十七名进士。由四川郲县知县,行取礼部主事。顺治八年(1651),充河南乡试副主考官。仕至福建按察司佥事。工诗文,善鼓琴与书画。著有《九石居遗稿》、《一弦琴谱》、《杜诗张注》。祖父汝蕴,万历进士,按察司副使。

【张其抱】字仲展。高唐州(今改县)人。幼失父,侍母至孝。兄去世,抚养其遗孤。明崇祯十二年(1639)举人,三甲第一百二十名进士。授河南虞城县知县,安民察吏,被称循良之首。以劳疾归。时值战乱,其与高唐知州协力守城。又有修文庙、整社学、恤孤寡、置义冢等善行。卒祀乡贤。

【吕维枟】字稚修。益都县(今属淄博市博山区)人。性孝友,号为长者。顺治二年(1645)举人,翌年联捷三甲第一百二十三名进士。授江西道监察御史,耿

顺治三年丙戌科

直敢言。督理九门盐法，搜奸剔弊，大便于民。巡按山西，审理冤狱，所至囹圄几空。在随驾五台山途中病卒。弟维杆，康熙进士，知县。

【江起元】字贞起，号泰邻。曹县人。五岁联对绝工，乡人称为神童。明天启四年（1624）乡试经魁，三甲第一百二十六名进士。授直隶容城县知县，有颂声。擅文章，有著述。但在战乱中，著作尽焚，所传其残编皆脍炙人口。曾祖父能，明举人，知州；父宗旺，明万历岁贡，虽为饱学之士，却十赴秋闱不第。

【赵胤振】亦作允振。字圣苞，一字麟生，号绵崑。齐河县人。性倜傥，尚气节。九岁能文，及长博览群书。顺治二年（1645）举人，翌年联捷三甲第一百二十七名进士。授直隶阜城县知县，邑称难治，其劝垦以复农业，课艺以振士风，多有惠政。改湖广衡山县知县，湖南兵燹未定，邑城废颓，其招集流亡，修筑城堞，屡破土寇，立有奇功。时李自成余部突陷湘潭，邻境望风瓦解。有人劝其弃城去，其洒泪誓死守城，城被攻陷，被执大骂不屈，以身殉难，祀乡贤。子瑞晋，康熙进士，知县。

【朱之玉】字席珍，号荆公。鱼台县人。少失父，由母励节抚育成人。事母最谨，数次被流寇所执，都以孝名得免。读书聪颖过人。顺治二年（1645）举人，翌年联捷三甲第一百二十八名进士。由刑部观政，授湖南蓝山县知县，以能孝友为治民之本。上疏自陈其母苦节，特旨给银建坊旌表。母卒，不再复仕。曾修县志。

【李　源】字星来，号江余。德州（今德州市）人。顺治二年（1645）举人，翌年联捷三甲第一百三十一名进士。授山西河津县知县。有其祖"秉性刚方"之风，称强项令。在任宽徭役，缓催科，兴学校，尤以依法处置豪右张家璧纵子掠夺乡民财产案而闻名。对上官交办的不利便民之文书，封闭退还，不予受理。在姜瓖兵变时，坚守城池五个月。叛宦张家璧趁机内变，源突围出城，与进士、芮城县知县李浹共同请兵，自己作为前驱，率兵攻克河津，将张家璧擒获，叛乱被平定。但却以功过相抵告归。居乡修整其父所建"矩亭"，觞咏其间。州人举荐其为乡饮大宾，推辞不就。七十岁卒。祖父大华，举人，知县；父诚明，举人，著有《翾翾草》、《广川人文初搜》。子：桢，国子监学正；森，国子监助教；棣，康熙进士，内阁中书；柽，举人。

【宫廷珍】蓬莱县（今改市）人。顺治二年（1645）举人，翌年联捷三甲第一百三十八名进士，历直隶元氏、桂东和湖广临武县知县。

【王　忻】章丘县（今改市）人。顺治二年（1645）举人，翌年联捷三甲第一百四十一名进士。授江西宜春县知县。孙思简,懂医术,尤精痘疹。

【赵　昉】县志载作旭。武城县人。明崇祯十二年（1639）举人,三甲第一百五十四名进士。授山西翼城县知县。其慈惠,有才略。时东山邪教倡乱,昉密请兵剿之。卒祀平阳名宦。

【王　宏】字青海。济宁州（今济宁市）人。顺治二年（1645）举人,翌年联捷三甲第一百六十名进士。授直隶迁安县知县。邑处山海交通大道,储运军需物资十分繁多,其皆能如期办妥。正值八旗圈田之役,其委曲调剂,拨补均平。改湖广攸县知县,迁安士民数千人赴都请留,而未予准许。宏曰："不避险,不辞难,臣子职也。"其与在汝宁府任推官的叔父道新（同榜进士、仕至道员）,一起便道省亲,行至商城病卒。父道明,明天启举人。

【赵班玺】（1618—1687）字受介,号余庵。益都县（今属淄博市博山区）人。顺治二年（1645）乡试经魁,翌年联捷三甲第一百六十一名进士。擢河南道监察御史,巡按四川、山西。祖父尔待,明嘉靖举人,知州。

【张万绥】字履之。邹平县人。九岁父去世,依母读书外家,终日危坐,如讲学长者,无疾言,无暴色,无机心,无械事,被学者称为"如珠在胎"。明崇祯十三年（1640）举人,三甲第一百六十二名进士。授广东博野县知县,未及赴任而卒。伯父延登,明万历进士,工部尚书,太子少保;子恪,举人。

【刁　升】即墨县（今改市）人。顺治二年（1645）举人,翌年联捷三甲第一百八十四名进士。授安徽石埭县知县。

【朱廷位】（1606—1652）字蒲生,号奥三。莱芜县（今改市）人。性格疏放,傲睨善谑,明敏强记,锐意博古,以博学鸿儒著称。明崇祯十五年（1642）举人。在清朝建立后,曾绝意仕途,但在朝廷严令下,怀着悒郁心情进京赴试,考前痛饮,临场大醉,被人挽扶进场,结果文章一挥而就,考取三甲第一百八十八名进士。授河南唐县知县,邑经兵燹,"骷髅遍野,橙榆丛生,遗黎仅十之二三"。廷位招抚流民,开垦土地,与士子饮酒谈文无虚日,对钱谷之盈余和所收往来船费均一尘不染,衙蠹豪横皆慑息。丁父忧,服阕,补江西广昌县知县,赴任资金缺乏,只好卖掉家中土地,作为路费,前去赴任。因不媚权贵,得罪时为建昌府满人知府,被诬陷贪赃一万银两,遭到革职查办,愤极而逝,其书童靠逐家乞讨,才使其得以入殓。

【王　度】字平子。泰安州（今泰安市）人。性敦厚和平。明天启五年（1625）举人,三甲第一百九十名进士。授山西大同县知县。总兵姜瓖据城叛清,时总督

顺治三年丙戌科

以下官员出城迎英王，家属陷在城内，都十分惶恐。有些人要返回城内，度大呼不可，认为姜瓖据城，若入城就是从贼。其主张莫如驰赴阳和迎接英王，而会兵剿灭姜瓖。众人听从其意见。历经十月，在将姜瓖平叛后，度被擢刑部主事。恤刑江南，多所平反。由大理寺卿，迁户部仓场侍郎。以年老原品致仕，八十余岁卒。著有《恤刑题稿》。子无间，廪生，著有《诗集》、《黄连记》（与李九德合撰）。

【王鼎胤】县志载作鼎荫。字六符。淄川县（今淄博市淄川区）人。顺治二年（1645）举人，翌年联捷三甲第一百九十七名进士。授湖南东安县知县，又历溧水、桐柏、宜阳县知县。宜阳前知县悬报荒垦二千余顷，民苦累逃亡，鼎胤誓死特疏具奏，得以豁地减粮。由此遭到中伤而被降职去官，乡民为其建名宦祠，立碑颂其德。

【张梦蛟】字季鳞。齐东县（今邹平县）人。性慧好古，树谊敦伦，有孝友声。二十二岁时，于明万历三十四年（1606）考中举人。六十二岁时，始成三甲第二百零二名进士，署东昌府教授，卒于官。著有《蒙引删次》、《管韩批评》、《清福录》、《友古编》。兄梦鲸，嘉靖进士，巡抚。

【高　爽】武城县人。顺治二年（1645）举人，翌年联捷三甲第二百零九名进士。历福建江浦、光泽、广平县知县，有能声。擢刑部员外郎。

【韩绵禧】字昌伯。莱芜县（今改市）人。幼而颖悟，文字精进。二十一岁，顺治二年（1645）举人，翌年联捷三甲第二百一十一名进士。即授江西进贤县知县，在任一年，抱病告归，抵里数月卒，仅二十三岁。

【沙　澄】（？—1696）字渊如，一字会清，号清卿。莱阳县（今改市）人。顺治二年（1645）举人，翌年联捷三甲第二百一十二名进士，选庶吉士，散馆授检讨。曾充会试同考官、殿试读卷官。历弘文院侍读、国子监祭酒、侍读学士、詹事府詹事和礼部右左侍郎。顺治十八年（1661），擢礼部尚书。康熙五年（1666），丁忧归。康熙二十一年（1682），复任礼部尚书。前后两任，任礼部尚书达十多年。康熙二十五年（1686）病休。卒赐祭葬，祀乡贤。性谨慎，熟掌故，凡有制作皆引据精详。著有《易书》、《四书讲义》。

【安　锐】字退之。淄川县（今淄博市淄川区）人。顺治二年（1645）举人，翌年联捷三甲第二百一十九名进士。授曲周县知县。

【谢宾王】字起东。临淄县（今淄博市淄川区）人。生而英敏，日诵千言。十九岁遭事变，城陷，父母兄嫂皆殉难。宾王虽流离颠沛，仍手不释卷，以文学名齐鲁。崇祯十二年（1639）举人，三甲第二百二十三名进士。授江西余干县知县，值战乱之后，安民复业，殚心兴学，颇显才干。顺治五年（1648），金声桓反清归明，将邑城攻陷，宾王衣冠拜阙，抱印投鄱阳湖，遇漂木得不死，被乡民救出。旋跟随大将军谭公泰"摧攒军需，招抚土寇"。以军功受到举荐，授南康府通判。顺治八年（1651），祖父殁于任所，夺情留任，再三陈情，始得扶棺归里，不再复出。居家二十余年，深研六经子史经典及诸大儒遗编。工古文词，尤长于诗。其同益都大学士孙廷铨、冯溥赠答尤多。著有《兰雪堂诗集》行世。

【高之彦】武城县人。顺治二年（1645）举人，翌年联捷三甲第二百二十六名进士。授江西新淦县知县。

【叶承宗】（1601—1648）字奕绳。历城县（今济南市）人。少嗜古，能文章，攻读不辍。明天启七年（1627）举人，七次参加会试不第。明崇祯十三年（1640），更正补缀县志十六卷，时以为佳史。后考取三甲第二百二十九名进士，授江西临川县知县，立香楠社，成就人才颇多。顺治五年（1648）冬，赣镇金声桓反叛攻打抚州，城破承宗被执，在狱中不屈自尽。跟随他的弟承桃，以承宗忠烈，被奏授兴安县知县，仕至西安府知府。

【扈　标】字庄临。临淄县（今淄博市临淄区）人。明崇祯三年（1630）举人，三甲第二百三十名进士。历江西永丰、陕西淳化县知县。所至剔弊端、兴学校、平巨盗、安流亡、防水患，使民风丕变，四境安定。致仕，好赈穷乏。

【于四裳】青城县（今高青县）人。顺治二年（1645）乡试解元，翌年联捷三甲第二百三十三名进士。授知县。父永清，明万历进士，监察御史；兄四印，明崇祯举人。侄：重华，明崇祯进士，按察使；重寅，顺治进士，按察使。

【刘嘉注】平原县人。顺治二年（1645）举人，翌年联捷三甲第二百三十三名进士。历高阳、永兴县知县。

【杭齐苏】字东仪，一字东侯。聊城县（今聊城市）人。顺治二年（1645）举人，翌年联捷三甲第二百三十四名进士，选庶吉士，散馆授检讨。屡迁吏科给事中，充福建乡试副主考官。

【张启泰】字开之。长山县（今邹平县）人。明崇祯十二年（1639）举人，三甲第二百三十九名进士。历为安徽凤阳、临淮（署）、淇县知县，捐粟赈济灾民，减轻百姓负担，多有惠政，民为立去思碑。以卓异行取兵部主事，升至郎中。后又出为按察司佥事，分巡颍州、岭南道。曾条议雇船月价，节省百姓烦费。

顺治三年丙戌科

以积劳成疾卒于官,祀乡贤。

【刘 楷】字式围。恩县（今属德州市）人。明崇祯十二年（1639）举人,三甲第二百四十六名进士。授户部主事,升礼部郎中。著有《大学古本解》。

【郭肇基】金乡县人。顺治二年（1645）举人,翌年联捷三甲第二百五十四名进士。授狄道县知县。

【李道昌】字大来,号匪莪。海丰县（今无棣县）人。为遗腹子。入仕后,母又卒。性旷达,善饮,诙谐,作诗高旷,高啸长吟,挥墨淋漓,龙蛇飞动,见者有李青莲之目。明崇祯十五年（1642）举人,三甲第二百五十五名进士。以赋诗称旨,擢监察御史,巡视北城。巡按河南时,邻省山西盗匪起,引起百姓惊恐,其施以方略,御寇招安,流亡者赖以复业。奉檄还都,以讦误谪职。居家三年,潇洒自乐。后又补临洮府经历,升至大理寺左寺丞。其宽慈重民,每执笔署谳,都慄慄矜慎,大狱多所平反。四十五岁卒于官,祀乡贤。著有《游履草》、《临洮草》。子尔范,增广生,工诗文书法。四世孙闳中,举人,知县。六世孙于绛,举人,知县,工书法。

【张元镇】（1622—1695）字翰白,号愚庵。单县人。顺治二年（1645）举人,翌年联捷三甲第二百六十八名进士。授江南宿迁县知县。未几,丁父忧,服阕,补浙江上虞县知县。有胆识,单骑入山招抚贼寇,未用兵而全部降服。在任二载,以为人耿直,耻附权贵,终与上官不和,而被诬下狱,诬者以不检败后,乃事白得释还里。时年方壮,亦不再复出,在乡里多有厚德之行。工诗文,著有《张愚庵诗集》。七十三岁卒。

【郭知逊】（1600—1648）字生白,号泰沧。潍县（今潍坊市）人。明天启七年（1627）举人。崇祯十五年（1642）清兵围攻潍县城时,知逊分守北城,不避矢石,堵御最力。十九年后,方考取三甲第二百七十二名进士。次年,授江南江都县知县。此地屡经战乱,百废待举,而知逊有理繁治剧之才,治绩颇显。惜在任一年卒,仅四十八岁。著有《澹宁居集》。

【孙尔令】字德闻。安丘县（今改市）人。明崇祯十五年（1642）举人,三甲第二百七十四名进士。授山西玉川县知县,讼狱立折,不畏强御。时姜瓖叛清,兵临城下。邑人惊恐,情势汹涌,欲投姜瓖。尔令对倡言者置于法,谕以大义,并在夜间乘其不备攻之,斩杀其将李际云,其余皆连夜逃走,城赖以全。著有《尊石园诗话》十余卷。孙亢宗,诸生,称奇才,善诗词,能鼓琴,尤工书法、画竹,著有《悔庵诗集》、《琴谱》行世。

【曲圣凝】字律空。宁海州（今烟台市牟平区）人。顺治二年（1645）举人，翌年联捷三甲第二百七十八名进士。历湖北确山、香河、汉阳县知县，多惠政。居仁由义，公而忘私，报捐田产数千亩，充作牟平书院义田，嘉惠士林。卒祀乡贤。

【刘胤德】亦作允德。字孟寀，号默斋。德平县（今属德州市）人。顺治二年（1645）举人，翌年联捷三甲第二百八十一名进士。授直隶盐山县知县，持重有守，造就后学，循循雅饬，为士林所景仰。著有《默斋杂俎》。

【孙　镜】栖霞县（今改市）人。顺治二年（1645）举人，翌年联捷三甲第二百八十二名进士。授甘肃清水县知县。

【李荣宗】费县人。顺治二年（1645）举人，翌年联捷三甲第二百八十四名进士。授山西垣曲县知县。时值降清明将大同总兵姜瓖又率兵反清，城陷，荣宗遇难而死，赠山西按察司佥事，封世职，祀名宦祠。

【刘　纬】字光宿。历城县（今济南市）人。明崇祯九年（1636）举人，三甲第二百八十六名进士。历安徽崇明、盱眙县知县，有能名，卒于官。曾参修本邑县志。

【王　嶙】（1605—1671）字立万，号云峤。沾化县人。明崇祯十二年（1639）举人，三甲第二百八十七名进士。授江南青浦县知县。丁忧，不再出仕，力田作苦。工诗文，喜书法，尤擅行草，人争宝之。著有《盘河诗集》行世。还著有《唐诗明解》《春秋搭繁一览》《集验方》《奇济书》等未刊行。

顺治三年丙戌科

顺治四年丁亥科

本科录取：一甲三名，二甲五十七名，三甲二百三十八名。其中山东二十七名。

【冯　溥】（1609—1692）字孔博，号易斋，一号云海。临朐县人。居住益都县（今青州市）。《清史稿》有传。其穷极经史，博学通达。山东学政见其文，特别器重，告其曰："幸自爱，他日非凡器也。"明崇祯十二年（1639）举人，顺治三年（1646）会试贡士，当年未参加殿试，后补殿试成二甲第十一名进士，选庶吉士，散馆授编修。屡迁秘书院侍读学士，值讲经筵。顺治帝赞其："乃真翰林也。"顺治十六年（1659），擢吏部右侍郎，转左侍郎。康熙六年（1667），为都察院左都御史。康熙九年（1670），授刑部尚书。次年，拜文华殿大学士。溥身居要职二十余年，向朝廷提出很多治国安民良策。康熙帝对其非常倚重，称其为"辅弼重臣"，赞扬其"端敏练达"、"勤劳素著"。康熙初年，鳌拜等辅政四大臣欲往每省派遣大臣二人，另设官署，监察督抚。溥认为此事不妥，与吏部尚书阿思哈、侍郎泰必图意见不一，各自己见。其认为此举是对督抚大臣不信任，且另建官衙也必劳民伤财。双方相持不下，于是上疏请康熙帝裁决。康熙帝认为溥说得很有道理，此事即止。康熙六年（1667），溥上疏建议，在军事上，实行边防将士轮换制；在任命官员上，选官授职，不应仅按资历，而应重视对真才实学的考察。康熙八年（1669）夏，全国大旱，溥上疏建议，为使百姓安居乐业，要省刑薄税。康熙十一年（1672），直隶、河南、山西、陕西麦季丰收，秋禾茂盛，粮价便宜。溥上疏建议丰收之时，大量积蓄粮食，以备荒年。康熙十九年（1680），溥奏请设育婴堂于崇文门外，雇人养育弃婴。溥爱才好贤，所荐士人多成名吏。其多次主持乡试、会试，故门生颇多。早在康熙十二年（1673），时已六十四岁，就上疏乞休。康熙帝批曰："卿六十四岁未衰也，俟七十岁乃休耳。"直到康熙二十一年（1682），康熙帝才批准其致仕，此年七十四。其临行时，又上疏请皇上"清心省事，与民休息"为要。康熙帝赐其"适志山东"篆章一枚，并赋诗一首赠予。康熙二十五年（1686），朝廷重修《太宗实录》成，加其太子太傅。家富藏书。著有《佳山堂诗集》等。八十三岁卒，谥"文毅"。子协一和孙又兴，均由恩荫官知府。

【宋　琬】（1614—1673）字玉叔，号荔裳，一号二乡亭主人。莱阳县（今改市）人。《清史稿》有传。明天顺进士、浙江按察司副使黻五世孙。顺治三年

（1646）举人，翌年联捷二甲第二十九名进士。由礼部观政，改户部主事，调吏部，升至郎中。分别以按察司佥事、副使和布政司参政，充陕西陇右道、永平道和浙江宁绍台道。累官浙江按察使。中年因受登州于七起义案牵连，被蒙冤革职入狱。获释后，长时期流寓吴越。康熙十一年（1672），起补四川按察使。次年，入京觐见，适逢吴三桂举兵占领成都，因家属留蜀，惊悸忧愁而卒。琬不仅政绩卓著，而且工诗古文词，文学成就显赫。其崛起于清初诗坛，才气超拔，创作甚丰，被誉为"一代诗宗"。并因诗文兼工，又被时人称为"清初海内八大家"，与安徽大诗人施闰章并称"南施北宋"。著有《安雅堂集》、《安雅堂未刻稿》、《秦州纪异》、《治蜀条约》、《治蜀谳案》、《入蜀集》、《二乡亭词》和乐府《祭皋陶》等，共三十余卷、四十余万字。山东齐鲁书社、上海古籍出版社曾分别出版《宋琬全集》、《安雅堂全集》。琬喜收藏书画，工书法。其在陕西曾集王羲之字、杜甫诗，组织人力摹刻成"二妙轩碑"，成为我国书法史上有名的集字碑。父应亨，明天启进士，吏部郎中。兄：璠，明天启例贡，光禄寺署丞；璜，明崇祯进士，兵部主事。

【王　垛】（1616—1671）字方岳。山东鳌山卫人。寄籍胶州（今改市）。入载《即墨县志》、《胶州志》。顺治三年（1646）举人，翌年联捷三甲第一名进士。授太常寺博士，迁礼部郎中。性伉直，与长官言侃侃无所挠，人重其风。出为安庐兵备道，六安西北层山中盗匪啸聚劫掠为害，垛选锐授甲，夜间突袭，将其铲除。上官欲为其记功，垛坚辞不受。先后两署按察使，疑狱多所平反。以母老归养，五十余岁卒。父文谒，岁贡，府同知；弟垓，顺治进士，道员；培，武进士，卫掌印守备。

【杜　漺】（1622—1685）字子濂，号湄村。滨州（今滨州市）人。顺治二年（1645）举人，三甲第二十一名进士。授直隶真定府推官，年甚少，执法严谨，屡决疑案。总督张存仁，委其审理诸道兵"平贼所俘"。其认为渠魁既戮，余者当使归农，以布国家威德。张存仁初疑之，既而寤谢曰："君年少，敢肩巨，如是吾不及也。"所全活数千人。擢礼科给事中。后又外任浙江、河北、江南、湖北等地，历布政司参议、按察司副使、布政司参政等职，所至以兴利除弊为己任，疏河道，筑河堤，减赋税，供军需，济贫民，治绩颇著。尤在江南任兵备道时，于扬州所属十县各置五亩土地作为公墓，以安葬无所依靠之贫民，百姓为其在扬州凤凰台建生祠。康熙二十年（1681），以病乞休。其诗作豪放而典雅，著有《湄湖吟集》。擅书法，名重一时。康熙二十四年（1685）卒，祀乡贤。王士禛为其撰写墓志铭。曾祖父诗,明万历进士,左布政使;曾孙鼐,乾隆进士,知州。

【黄敬玑】字在之,号屺云。世居济宁州,寄籍曲阜县(今改市)。顺治三年(1646)举人,翌年联捷三甲第二十四名进士。授江南安庆府推官,广置学田,以赡贫士。山有窃贼,单骑谕降。顺治十七年(1660),以大理寺右评事,充贵州乡试主考官。迁云南道监察御史。旋以终养老人告归,与进士黄维祺共立社学,造就人才颇多。著有《诗集》。

顺治四年丁亥科

【戚良宰】黄县(今龙口市)人。明崇祯九年(1636)举人,三甲第三十九名进士。授池州府推官,行取兵部主事,升员外郎。出为福建按察司副使,分巡福宁道。

【李之芳】(1622—1694)字邺园。武定州(今属滨州市)人。《清史稿》有传。明崇祯十五年(1642)举人,三甲第四十四名进士。由浙江金华府推官,入为刑部主事,升员外郎、郎中。历监察御史(广西、湖广、河南道)、都察院左副都御史、吏部右侍郎。所在正气一身,实政为民,"剔除积弊,禁革陋规","贪墨解绶,势豪屏息"。为监察御史十四年中,忠诚勤慎,悉关大计,弹劾不避权贵。举劾两广总督李栖凤柄权徇私,李栖凤引咎。奉命查实浙江盐运使杭奇、常锡胤私派诈赃罪。早在巡视两浙盐政时,就看清"三藩"必为隐患,即密陈《封疆关系非轻疏》。康熙十二年(1673)六月,以兵部左侍郎总督浙江军务。次年,耿精忠反叛。前后历时八年,之芳率不足四千人马,大小一百四十余战,打败耿精忠数万之众。之芳于康熙二十一年(1682)八月应诏回京。因其出师年逾五十,还朝须发皆白,公卿士大夫莫不相顾叹息,康熙帝也为之动容。回朝不久,即上疏请命发还难民子女,赈济战区灾民,发放耕牛和种子,使灾民迅速恢复生产。是年,升兵部尚书。不久托病告归。康熙二十二年(1683),康熙帝南巡,之芳前往迎驾。不久,又被召回京城,用为吏部尚书,又授文华殿大学士。康熙二十七年(1688),休致回籍。康熙三十三年(1694)卒于家,谥"文襄",旨列贤良祠。著有《棘厅草》十二卷。进士姐如蕙为其整理《李文襄公诗集》,传之于世。在子孙中,有文武进士各一人,官至知府以上三人,官至知县以上四人,且多工诗文、书法,有著述。

【刘元运】山东东昌卫人。入载《聊城县志》。顺治三年(1646)举人,翌年联捷三甲第四十六名进士。

【李 宪】字玉春。淄川县(今淄博市淄川区)人。好读书,虽隆冬不近火,至春脚皮脱如蝉壳，为文云蒸霞蔚，不可端倪。明崇祯九年（1636）举人，三甲第五十二名进士。授孝丰县知县，治盗有方，民得安宁。以积劳卒。著述颇丰，有《养生录》一百卷、《四香斋集》三十卷及《黄庭经集注》等。子尧臣，诸生，尤好金石文字，手勘藏书千卷，著有《百四斋文集》、《诗集》。

【杨大功】字襟海。山东安东卫人。入载《日照县志》。顺治三年（1646）举人，翌年联捷三甲第五十九名进士。授山西武乡县知县，屡经师旅，供应有方，而不扰民。三载告归，囊清如水。日与乡人饮酒，只用蔬菜两种，仍保持清廉节俭之风。

【李孟雨】一作梦雨。字钦若。安丘县（今改市）人。明崇祯十五年（1642）举人，顺治三年（1646）会试贡士，当年未参加殿试，翌年补殿试成三甲第七十六名进士。授山西潞城县知县。临行前，父告诫：'勿起无形影风波，勿受无天理金钱。"至任，将其为座右铭，并书于诸绅。有富室遗产甚丰，两子为财产争讼。为兄者夜间给孟雨送上千金，以求偏袒。孟雨晓之曰："汝轻骨肉而重资财，与其以金赌我，何如厚尔弟。"其人感悟泣谢而去。全邑按户口设三十三里，每里设有催役官吏，因难以稽查，严重殃及百姓利益，孟雨予以全部撤除，告诉百姓平等亲输，不取羡余。丁父忧，服除，补湖广桂阳县知县，赴任途中发病，即告归。其优游林下三十年卒。人称小真先生。

【王　训】（1614—1683）字敷彝。安丘县（今改市）人。少时读书，一目不忘。不问家人生计，专以学问为事。家贫不能买书，便借书阅读。读书研其精，以广其见。顺治二年（1645）举人，三甲第九十二名进士。授山西万泉县知县，此地多健讼，有诸生不自爱者，结党相证援，对簿抵赖，法不得行。训命设笔札于公堂，凡赴质者，必先课其文艺，讼乃息。顺治六年（1649），姜瓖反清，全省揭竿而起，万泉县失守，被去官归里。居家一如诸生时，废寝忘食攻读，尤嗜读左国史记及唐宋八家，补缺订伪，勾贯笺疏。自上次修邑志，已有八十年未有续者，训蒐访遗文，网罗故典，使百年文献缺而复传。七十岁卒。著有《论语日知编》、《学庸思辩录》、《孟子七篇指略》、《晦轩诗文集》等。

【王　章】字阇子，一字守约，又字瞻屺，号酉山。莱阳县（今改市）人。少有大志，不好嬉戏，读书目十行下，工古文辞。明崇祯六年（1633）乡试解元，三甲第一百零三名进士。授直隶井陉县知县，革积弊，惩豪猾，境内秩序井然。在被免职而去时，民众攀辕遮道，号呼如失慈母。有受益百姓以"公归去两袖清风，恐饥饿不能前"，跪送白金，章正色拒之。顺治十五年（1658），章南游

顺治四年丁亥科

福建为布政使幕僚，被先后委署连江、古田、武平县知县。康熙五年（1666），补石首县县丞，邑人为其建生祠。康熙九年（1670），又被委署远安县知县，时值吴三桂逆变，虽城被攻陷，但章抗节不屈，弃官而归。著有《随缘草堂文稿》、《守约堂诗集》各一卷。

【朱长泰】字大来，一字谦茹。德平县（今属临邑县）人。顺治二年（1645）举人，三甲第一百一十名进士。授江南含山县知县，以明断讼狱名驰四方，被称为清官第一。行取户部主事，奉命督查河西税务，有缺额，鬻产二百金弥补。所撰《酌财赋以裕国用疏》、《陈荒政以弭盗源疏》，为时人所重。其告归后，自号般水，究心典籍，尤精于易学。工诗文，著有《周易考》十六卷，《帝王年编》四卷及《主敬斋稿》、《步天歌》、《修真节要》、《奇方》、《集史》等。

【王　晋】字于晋。掖县（今莱州市）人。明崇祯六年（1633）举人，三甲第一百一十五名进士。授直隶东安县知县。

【邵　擢】（1623—1681）字者超，号六优。武城县人。有文名。顺治二年（1645）举人，三甲第一百二十一名进士。有人劝其登门拜访权贵，唾手可得馆职。擢拒绝道："士初进身便事干谒，异日何以教人耶？"授江南江宁县知县，肃然振砺，英姿敏识，洞悉民瘼，和乐平易，政务谙练过于老吏，上官深加推许，以强项称。充江南乡试同考官。因其负性耿介，不能婉娩取容，居官一载，即被罢归。力购异书名迹，朝夕歌咏临摹。训迪诸子曰："学者首重心术，而后才艺。"康熙二十年（1681）病卒，年五十九。

【孙根深】武定州（今属滨州市）人。顺治三年（1646）举人，翌年联捷三甲第一百二十八名进士。授知县。

【段　衮】兰山县（今属临沂市）人。明崇祯九年（1636）举人，三甲第一百二十九名进士。授湖南安仁县知县。以母老告归，居家授徒，以品节著。弟秀早卒，衮抚其孤。及母卒，哀毁庐墓，未逾年卒。

【朱　虚】字若虚，号介庵。菏泽县（今菏泽市）人。明崇祯六年（1633）举人，三甲第一百五十三名进士。授直隶衡水县知县，称循良第一。擢监察御史，巡视中城。朝廷令出师所俘妇女听家人回赎，巨奸豪猾多冒买转入娼籍。虚疏请严禁其违法行为，搏击豪强，不避权贵。又疏请按旧额，雇用漕运河夫。旋奉命巡按陕西，兼任学政，劾贪吏，定试额，选拔寒士，政教一新。后改浙江布政司参议，升甘肃按察司副使，分巡安肃道（驻肃州）。工绘画，尤善山水。著有《诗经笺》、《古今疏》、《于园集》行世。卒祀乡贤。

【王允谐】福山县（今烟台市福山区）人。家贫好学，常于驴背上读书，任其所止，在门口绊倒，方知到家。明崇祯四年（1631）举人，三甲第一百五十四名进士。由大理寺观政，改甘肃成县知县。以减轻农民负担为首务，采取诸多措施保护农民利益，鼓励商民开矿，使流民返家，安居乐业。为人性直情急，凡看不惯之陋习，大声咤斥。顺治十年（1653），因违抗知府之命，未为乞假扫墓祭祖的吏部员外郎清扫积雪道路，遭忌恨，当届满考绩时，以不称职被罢归。耕读为生，安度晚年。

【焦象贤】字公上。青城县（今高青县）人。少孤，以孝母闻名。顺治二年（1645）举人，三甲第一百六十七名进士。授陕西真宁县知县，多善政。

【王 劝】（1608—1692）字旌淑，号淮南，亦号仲子。诸城县（今属高密市）人。明崇祯九年（1636）举人，三甲第一百九十七名进士。历江南宜兴、文安县知县，不畏强御，剿灭巨盗，地方得以安宁。著有《易诂》十卷、《周易三注》十卷、《书诂》六卷、《孝友斋文集》一卷。子度昭，康熙进士，户部右侍郎；孙好礼，举人，县教谕；曾孙辂，雍正进士，知府。

【宋国彦】字美士。潍县（今潍坊市）人。顺治三年（1646）乡试第三名举人，翌年联捷三甲第一百九十九名进士。授浙江归安县知县。

【虑毓粹】直隶东明县（1963年划归山东菏泽专区）人。明崇祯十六年（1643）举人，三甲第二百零六名进士。历平利、昌化县知县，行取工部主事。

【叶腾凤】县志载姓苏。字爱止。直隶宁津县（1964年复归山东德州专区）人。顺治二年（1645）举人，三甲第二百一十九名进士。授陕西石泉县知县，上任数日即告归。居家不入城市，筑精庐读书其中，博览群籍，善为诗，常邀知己尊酒论文。卒祀乡贤。

【相启运】日照县（今日照市）人。顺治三年（1646）举人，翌年联捷三甲第二百二十二名进士。授湖北房县知县。

【周嘉植】山东鳌山卫人。入载《即墨县志》。顺治二年（1645）举人，三甲第二百二十八名进士。授直隶南和县知县。子日炘，举人。

顺治六年己丑科

本科录取：一甲三名，二甲七十七名，三甲三百一十五名。其中山东六十四名。

【安　焕】字复旦，号默斋。日照县（今日照市）人。顺治五年（1648）举人，翌年联捷二甲第二十二名进士，选庶吉士，散馆授编修。历江西布政司右参议、湖东兵备道。父重，明万历进士。

【黄元衡】改姓姜。字玉璿。即墨县（今改市）人。顺治五年（1648）举人，翌年联捷二甲第二十九名进士，选庶吉士，散馆授编修。历詹事府左赞善、弘文院侍读。顺治十一年（1654），充江南乡试主考官。顺治十三年（1656），为顺天学政。

【王　锳】（1620—1665）字伯和，号朴斋。诸城县（今改市）人。性爽慨，不事矫饰。顺治五年（1648）举人，翌年联捷二甲第三十三名进士。授户部主事，升员外郎、郎中。奉命督理江宁、通州粮仓。顺治十三年（1656），由江西饶州府知府，擢江西布政司参议，分守饶广九南道。迁广西按察司副使，分巡府江道。顺治十六年（1659），又以江西布政司参政，分守饶广九南道。旋升贵州按察使。在将起行赴贵州时，仍坚持将一起被诬陷谋叛案件处理完毕，并道："吾不可既去，而不救吾民也。"至任贵州，惩奸徒，平冤狱，并勇于担当繁重军需供给任务。康熙二年（1663），擢江西右布政使，改江南左布政使。在江南，重点整治混乱吏治，对贪官污吏严惩不贷，官员畏惧，相互告诫切勿触法。以病卒于官，年四十五。著有《破梦斋诗草》。弟钺，顺治进士，知县；子沛澄与曾孙元灵、元烺皆举人、知县。

【焦毓瑞】（1627—1685）字辑五，别字石虹。章丘县（今改市）人。顺治三年（1646）举人，翌年会试考中贡士，当年未参加殿试，后补殿试成二甲第三十八名进士，选庶吉士，散馆改监察御史。巡按漕仓，恤旗丁，免耗折。巡按宣大，兼理学政，招流亡，葺学校，劝农桑。又巡视河东盐政，酌定成规，使盐斤不盈不缩，商民称便。历太常寺少卿、左通政、太仆寺卿、太常寺卿、通政使、都察院左副都御史。康熙十八年（1679），擢刑部右侍郎，用法宽恕，多所平反。旋改兵部左侍郎，值滇黔用兵，毓瑞夜以继日，精心筹划，在对吴三桂的平叛中，功绩卓著。康熙帝赐宴乾清宫。康熙二十三年（1684），先后改户部右左侍郎，悉心任事。次年，以疾归里卒。著有《南游草》。祖父馨，明万历进士，都察院右副都御使、巡抚；父曰芬，贡生，府推官。

【张茂先】胶州（今改市）人。明崇祯十二年（1639）举人，二甲第四十一名进士。授工部主事。

【王　清】（1629—1672）字素修，号冰壶。海丰县（今无棣县）人。顺治五年（1648）举人，翌年联捷二甲第五十六名进士，选庶吉士，散馆授编修。历詹事府赞善、会试同考官、弘文院学士。康熙六年（1667），授刑部右侍郎，改左侍郎。在刑部，定条例，复旧章，力杜告密之害。康熙九年（1670），改吏部右左侍郎，务持大体。于康熙三年（1664）和九年（1670），两充会试副主考官，俱称得人。为国史馆总裁，教习庶吉士。所定留余堂铭云："留有余不尽之福，以还造物；留有余不尽之禄，以还朝廷；留有余不尽之财，以还百姓；留有余不尽之智，以还子孙。"工诗，落笔而就。所著《留余堂诗文集》，集中有格言一百三十余条，皆立身行己之要，济物利人之本。康熙十一年（1672）卒，四十三岁，赐祭葬，祀乡贤。弟澍，荫生，知县；子琮梅，荫生，授七品京官，著有《留云阁诗集》；六世孙同之，优贡，县教谕，工书法。七世孙：惟诚，拔贡，布政使；惟洵，嘉庆进士，翰林，按察使。

【李缙明】字仲卿。章丘县（今改市）人。顺治三年（1646）举人，翌年会试考中贡士，当年未参加殿试，后补殿试成二甲第六十一名进士。由大理寺评事，升至工部郎中，办事以明允称。奉命督理中河和巡察江北，厘奸剔弊，兴利惠民。充会试同考官。精心研读经史，每购得遗书，手不释卷。致仕，构筑"啸园"别墅，与诸名士歌咏其中。著有《蓄德录》、《彭门腐草》、《字学蠡测》、《啸园集》。刑部右侍郎高珩为之立传。

【王　垓】字汉京，号巢云。山东鳌山卫人。寄籍胶州（今改市）。入载《即墨县志》、《胶州志》。家贫力学，以舌耕维持生计。顺治五年（1648）举人，翌年联捷二甲第七十一名进士。授行人司行人。康熙二年（1663），值琉球请封，同官多躲避。垓慨然奉命出使琉球，历经"海水天风"入境，宣布朝廷威德，馈遗一无所受，异域耸服。累迁户科掌印给事中，值"三藩"叛清，苦心会计，以佐军需。充浙江乡试副主考官，所得皆知名士。以浙江按察司副使，分巡宁绍台道，遇海寇临境，严阵以待，加强侦察、候望，民赖以安。康熙二十二年（1683）冬，冒寒于宁波督造舰船，致病而卒。著有《给谏奏疏》二卷与《奉使琉球记》、《李嘉鱼诗录》各一卷。兄垛，顺治进士，道员；弟培，武进

顺治六年己丑科

士，卫掌印守备；子锦，贡生，知县。

【匡兰馨】(1614—1670)字九畹。胶州（今改市）人。有文名。明崇祯十五年（1642）举人，二甲第七十七名进士。本授行人司行人，以考绩优秀迁吏部主事，升文选司员外郎、郎中。清初，吏道多杂。兰馨条上铨选官吏之法则一百二十事，皆著为令。又请定行取卓异章程，以抑侥幸晋升。京察时，顺治帝亲定兰馨为上等，并屡召其询问铨选事。因兰馨奏对建言称旨，且"仪表丰硕，须眉伟丽"，顺治帝对其甚为器重，以为国华赐锦衣带和宝玉。顺治帝曾问兰馨儒者祀家庙仪式，其据朱子家礼以对，顺治帝叹许，用御前银爵赐之，并曰："用祭汝祖考。"顺治帝还曾问兰馨："行取何以多荐给事中与御史？"兰馨曰："以习知民隐耳。"山西、河南等地大饥，顺治帝命部议赈济，兰馨建言："议定而行，稽迟岁月，民死必多，不如速发内帑为便。"上立出内府金三十万两以赈济，顺治帝并命兰馨代大学士办理此事，群臣惊愕，知兰馨将有不次之擢，既而迁太仆寺少卿，且荫一子入监读书。顺治十四年（1657），充山西乡试主考官。以病免官。三年后，顺治帝思念建言旧臣，问起兰馨今安在。廷臣具奏久病归籍。时缺吏部侍郎，顺治帝欲以兰馨起用，未奉召，顺治帝去世，事遂寝。兰馨恸哭气绝，复苏后曰："先帝既弃臣民，再无知兰馨者矣。"其乃杜门不复出，六十四岁卒。著有《太仆奏疏》一卷。父如桐，工诗，著有《柳庄诗集》；甥李世锡，顺治进士，知县。

【任中杰】直隶宁津县（1964年复归德州专区）人。顺治五年（1648）举人，翌年联捷三甲第八名进士。授行人司行人。

【相有度】字一臣。堂邑县（今聊城市东昌府区）人。顺治三年（1646）举人，三甲第十三名进士。仕至通蓟道。

【赵　焘】字霞湄。胶州（今改市）人。父麟祥，苦志力学，州试童子第一，未成名而殁。其母靠纺织供焘读书。焘为伸父志，刻苦攻读。顺治五年（1648）乡试亚元，翌年联捷三甲第十六名进士。授四川宁羌州知州，清军下四川，焘供军需，而不扰民，治声甚佳。先后迁湖北为郧阳、襄阳府知府，有假冒侍郎李某，以邪教谋乱，焘侦知，将其擒获，缴印三十余颗。以贵州按察司佥事，充任贵州学政，又改广东粮储道，均劳绩卓著。以养老母告归，卒于家。子履谦，附贡，知县。

【王介锡】号振岳。临清州（今改市）人。性颖悟，行文挥笔立就，尤工古文辞。顺治三年（1646）乡试解元，三甲第二十五名进士。授浙江台州府推官，多善政。著有《明文百家萃》行世。

【衣璟如】栖霞县（今改市）人。幼承家训，攻读刻苦。明崇祯十五年（1642）举人，三甲第二十九名进士。授陕西汉中府推官。吴三桂驻汉中，兵民杂处，豪猾相依为奸，璟如为政严明，众皆相戒不敢犯。长于听讼，虽词涉两端，案积数载，皆以片言立折之。祀汉中名宦。父惟孝，明崇祯贡生，道员。

【鲁期昌】章丘县（今改市）人。顺治三年（1646）举人，翌年会试考中贡士，当年未参加殿试，后补殿试成三甲第四十九名进士。授云南府推官，改湖广孝感县知县。

【刘　玜】字四白，号兰峒。莱阳县（今改市）人。顺治二年（1645）举人，三甲第五十名进士。授河南彰德府推官，擢监察御史。顺治十四年（1657），降补江西、江南按察司照磨，又为上林苑监良牧署署丞。

【任克溥】（1613—1703）字海眉。山东平山卫人。入载《聊城县志》。《清史稿》有传。顺治二年（1645）举人，三甲第五十四名进士。授南阳府推官，以治行第一，升吏科给事中。其认为励精图治，首重守吏，上"清铨选严保举"疏，提出选人举官要秉公慎重。顺治十四年（1657）转刑科给事中，劾在顺天乡试中给事中陆贻与同考官李振邺、张我朴等交通行贿鬻举人，陆贻等七人皆坐斩。授礼科都给事中，充会试同考官。顺治十七年（1660），转太常寺少卿。翌年，丁父忧。康熙三年（1664），起补原官。历右通政、左通政、通政使、都察院左副都御史。康熙十二年（1673），先后擢刑部右左侍郎，屡以减赋、惩贪、禁奢等事上疏。康熙帝曰："人言任某强干诚然。"时有刘姓人来京首告白莲教将在东郡作乱，有官员主张派兵进剿，克溥道："这人是一个疯子，我早就认识他，此话不必当真。"因此息事，免掉聊城一场兵临城乡之灾难。康熙十八年（1679），以京察"才力不及"，拟降调，上命再议，改以"不谨"，被夺官。其在聊城北坝筑绮园和敦睦堂。康熙三十八年（1699），康熙帝顺河行进去江南，过临清，克溥前往接驾，被复原衔。康熙四十二年（1703），康熙帝再次南巡，过聊城，至绮园，赐"松桂堂"匾文，并题"绿水本无忧因风绉面，青山原不老为雪白头"联以赠，赐刑部尚书衔。克溥孝友性成，读书忘倦，急难好施。居家二十余年，捐修学宫、文庙等。著有《奏疏》。九十岁卒，赐祭葬，祀乡贤。子：彦昉，举人；俊昉，拔贡，知府；耿昉，府同知。

【陈兆鸾】字鸣瑞，号仙友。潍县（今潍坊市）人。生于潍县四大家族之一。顺治三年（1646）举人，三甲第六十五名进士。授湖广荆州府推官，执法无枉，号

顺治六年己丑科

称神君。充乡试同考官。仕至河南彰德府知府。为官正己率属，吏戢民怀，有古循良风。卒祀乡贤。子琅，廪贡生，府同知；曾孙廷珏，举人，知州。

【韩　理】字温甫，号长公。淄川县（今淄博市淄川区）人。顺治二年（1645）举人。顺治四年（1647）会试考中贡士，当年未参加殿试，后补殿试成三甲第六十六名进士。授松江府推官，监漕兑核，罢除旧例。有海警，多设方略，城赖以安，邑人立石记其功。卒于任所。工书法，兼画竹。擅诗，著有《松岭诗草》。子维翰，康熙进士，吏部主事。

顺治六年己丑科

【冀绍芳】字仿曾，一字复明。益都县（今青州市）人。幼孤，读书刻苦。顺治五年（1648）举人，翌年联捷三甲第七十六名进士。授福建漳平县知县，俗多浮厝，日久不葬，询问已无主，绍芳仍告之于众，出俸钱予葬。修学校，浚城隍，捐俸重修岁久朽折浮桥。为官清慎爱民，治行为八闽之冠。督抚廉其能，共举卓异，钦赐彩缎。绍芳乃构筑新亭于署内，题曰："迎绣"。时沿海战事不断，大兵络绎，军务纷杂。该县首当其冲，绍芳奔走供给，还要兼守邑城。历任五载，以劳卒于官，祀乡贤。祖父錬，明嘉靖进士，兵部侍郎。子旭与曮皆工绘画，尤其旭绘芦雁擅名于时。

【韩　冲】字丽宇，自署昆尼居士。淄川县（今淄博市淄川区）人。顺治五年（1648）举人，翌年联捷三甲第八十四名进士。授白水县知县，任职六载，擢广平府同知。其正直敢为，不惧邪恶，受"域射之辈"中伤，在三十五岁时，被罢职。居家杜门不出，旁涉博览，最会心于佛学之论，受戒于泰山石堂禅师，皈依佛门，七十六岁而终。著有《金刚经大义》、《箕山散著》、《功德林》。

【张六部】字京宜。汶上县人。生而英敏，千言立就。顺治三年（1646）举人，三甲第九十九名进士。授陕西宝鸡县知县。地处南北交通要道，又有少数民族不断起事，以难治称。六部刚柔相济，奸弊悉绝。被忌者中伤，挂冠归里。唯以闭户授读子弟、诱进后学为事。后以治防海盗之需，被以"才可大用"举荐为监军道，任命刚下，而已病卒。

【刘世永】字叔训。武城县人。顺治三年（1646）举人，三甲第一百名进士。授陕西兴平县知县。

【王运启】字升献。潍县（今潍坊市）人。顺治三年（1646）举人，三甲第一百零三名进士。授浙江萧山县知县。

【魏似韩】字公度，号两屏。莱芜县（今改市）人。顺治二年（1645）举人，三甲第一百零九名进士。授陕西鄠县知县，旧多弊政，予以革除。将正赋之外私派的苛捐杂税万余金，全部废止。如实申报荒田，上请豁免多加赋税。以方略守城，每战必克，所获被掠子女，令本家认领。重修学宫、程祠，立文社课诸生。被举卓异第一，擢工部主事，提督宝源局印务和署本司郎中印务。值奉命提督徐淮中河时，被陕西忌恨者，以涉冒滥驿站马夫银而检举。起因是当时驿夫定制九名半，而驿道官员却坚持九名即可，似韩遂垫支银九两，把此事应付过去，不料此事又被重新提及。似韩辞归，专心侍奉老母，后吏部多次召其进京复职，但坚辞不出。八十岁卒，祀乡贤。著有《知足说》、《安命说》、《勉学说》、《旷官论》、《训子语》、《幼学戒》等。

【董朱裒】（1612—1676）字绣章。青城县（今属高青县）人。聪明沉毅，嗜学不倦，于六经诸子百家无所不读。顺治五年（1648）举人，翌年联捷三甲第一百二十一名进士。授陕西庄浪县知县，治盗有方，不闻夜吠之犬。入京为户部主事，升工部郎中。康熙五年（1666），充四川乡试主考官。康熙九年（1670），以按察司佥事，出为山西学政。又迁布政司参议。为官清介自持，拒贿不污，以强项著称。康熙十四年（1675）居家候补时，以疾卒。孙发祥，举人，候补内阁中书。

【孙大儒】字汇洲。莱阳县（今改市）人。顺治二年（1645）举人，三甲第一百二十四名进士。授陕西安塞县知县，擢江南池州府同知。

【崔　杰】字魁六。菏泽县（今属菏泽市牡丹区）人。顺治二年（1645）举人，三甲第一百二十九名进士。授大庚县知县。

【王笃庆】（1613—1672）字克六，号海岑。武定州（今属惠民县）人。明崇祯十五年（1642）举人，三甲第一百三十九名进士。授巴陵县知县，邑遭丧乱，许多土地荒芜而田赋却如故，笃庆丈量核实土地，上请减去荒赋。值王师南征，对舟车粮草督催甚急，笃庆细心筹划，皆中机宜，当事者倚之如左右手。以卓异升工部主事，奉使到清源督理砖厂闸座时，因陶务久弛，致使运艘云集，难以供给，笃庆供给充足原料，实行严格管理，催促积蓄，剔厘夙弊，旧况为之改观，时人皆称"大能称职"。

【牛天宿】字观薇，号次月。章丘县（今改市）人。顺治五年（1648）举人，翌年联捷三甲第一百四十四名进士。授江西安远县知县，以御敌捍城功，擢工部员外郎，升郎中。两榷芜湖和龙江关，有能声。出为陕西延安府知府，又补广东琼州府知府，以礼义改变旧习俗。因病乞休。著有《四书正宗》、《安政三略》、《厚俗令》、《书海表奇观》、《百僚金鉴》、《毓秀馆草》等行世。

顺治六年己丑科

【王　洞】字大允。潍县（今潍坊市）人。明崇祯十五年（1642）举人，三甲第一百四十九名进士。授江西会昌县知县。值兵燹之后，百废待兴，洞以蓬蔽绳枢为堂，多方招徕抚集残黎，捐廉建治官廨，新修学宫，缮葺城垣，建瞭望城楼，立义仓积谷以备赈荒。在任七载，竭智尽能，裁决明断，百姓依之如父母。以卓异升工部主事，会昌人为立遗爱祠。

【张继前】字念瞻。滨州（今滨州市）人。顺治五年（1648）举人，翌年联捷三甲第一百五十五名进士。授湖南善化县知县。

【吴衷一】字敬涵。嘉祥县人。顺治五年（1648）举人，翌年联捷三甲第一百六十七名进士。授汉阳县知县，设义渡，除行税，为楚北循良第一。以病归卒，祀乡贤。

【孙弘诘】县、州志载为宏喆、弘喆。字仲吉。乐安县（今属广饶县）人。明崇祯十五年（1642）举人，三甲第一百六十八名进士。授卢江县知县。时当鼎革之初，城垣廨宇皆毁于兵火，弘诘到任，缮女墙，设重关，置县署，筑滚坝，埋葬城内外棺骸，立收养孤老的养济院，重修学宫，复立社学，又修邑志。在任数年，百废俱举。以海寇犯城，率先抵御而死，士民为之悲痛，以立主社学怀念。

【成晋征】字昭其。邹平县人。顺治五年（1648）举人，翌年联捷三甲第一百六十九名进士。授浙江衢州府西安县知县，境为"寥廓通八闽"之地，因邻边战事频繁，常为兵事而奔命。在朝京门外宽阔水面上，晋征联结三十六船为浮桥，中间架高桥，以方便舟楫行人。设立柯邑社学，以文章报国激励诸生，社中有四人成为名士。充浙江乡试同考官，得士七人，多成大吏和擅文名者。康熙三十九年（1700），大兵讨闽，养马于衢州，百姓惊恐逃亡，晋征请于大帅，禁兵士勿私行入城市，自持令箭为之巡逻，民心得安定。遇岁饥，请于上官买嘉湖米千余石赈济灾民。率兵将啸聚山林的盗首擒获。乞请督抚题请朝廷，改每年押送金陵八万石大米，为每石大米折银八钱，节省地方烦费十余万两，免除官民之累。在任五年，升山西太原府管粮同知，驻守重镇宁武关。以事忤总督，坐以非罪，被罢归。优游林下四十年，八十岁卒。著有《周易心解》等。祖父成巳，明隆庆举人，知州。

【程　云】字天翼，号松壶。莱芜县（今改市）人。性嗜酒，旷达不羁，虽博及群书，风流文雅，但对研写应试文章，并非所好。有贤者劝之，才勉强参加科举考试。顺治五年（1648）举人，翌年联捷三甲第一百八十名进士。授湖北孝感县知县，不得志，未久被罢归。从此，闭门削迹，益以诗酒自豪。虽家中贫穷，常不给朝夕，但仍终日与善饮者，甚至是素未谋面者，倾罍倒缶，尽欢而罢。被人称之"胸次洒落，脱略形骸，与东晋人近"。其诗词，天才骏发，不受拘束，读者多以旷代逸才许之。诗以五律为最佳，著有《松壶诗集》十六卷。

【李雨沽】字时若。泰安州（今泰安市）人。顺治三年（1646）举人，三甲第一百八十八名进士。由知县升至甘肃按察司副使，分巡甘凉道（驻甘州），恩威并著，边隅赖之。

【王世裔】字暨之。淄川县（今淄博市淄川区）人。顺治三年（1646）举人，三甲第一百九十一名进士。授永宁县知县。

【杨逢春】山东平山卫人。入载《聊城县志》。顺治三年（1646）举人，三甲第一百九十二名进士。

【冷开泰】字菖雪。胶州（今改市）人。性慧，以文章鸣于时。顺治三年（1646）举人，三甲第一百九十五名进士。授湖南宜章县知县，此地战事尚未平息，所邻广西"伏莽四布"，民皆避居山险，唯有空城。开泰到任，与民休息。其亲召逃民，重选胥吏，薄赋税，立社学，兴文教，除盗魁，筑颓垣，招徕商贾，使邑有生色。有争讼，付以纸牌，使其自来，就理不更遣呼，境内无鸡犬之惊。上官嘉其劳绩，擢顺德府同知。开泰一向廉谨，却因继任知县失守邑城，而同被罢免。归隐于农，茹蔬粝食，足不入城市。其座主为大学士，欲将其特荐起用，开泰力辞而止。

【王　绣】字大卿。淄川县（今淄博市淄川区）人。顺治五年（1648）举人，翌年联捷三甲第一百九十七名进士。授慈溪县知县。

【杨　琡】字荆石。青城县（今属高青县）人。顺治二年（1645）乡试经魁，三甲第二百零二名进士。授知县。

【刘之浴】字景曾，一字洗心。寿光县（今改市）人。顺治三年（1646）举人，三甲第二百零四名进士。为人坦荡平易，从未乘马进入故里之门。有次夜里，族人被盗劫，勒索金帛，之浴赶去劝导，行盗者笑曰："公恃德行来劝我耶？"中进士后，授合水县知县，卒于官。每年逢扫墓时，都有众多乡人前去私祭。孙振先，举人，知县。

【张自涵】字施普。平原县人。顺治五年（1648）举人，翌年联捷三甲第二百零八名进士。授迁安县知县。以卓异升刑部员外郎，平反大狱，执议不挠。出为山西按察司佥事，改河南布政司参议。未三月，命以按察司副使，分巡贵州安平道。以劳疾卒于官。

【宋可发】（1610—1699）字艾石。胶州（今改市）人。少孤，事母至孝，以学问自励。顺治五年（1648）举人，翌年联捷三甲第二百二十五名进士。授福建将乐县知县，以安民除患为己任，招平群盗，力除虎患，民众为立生祠。著《兴革条议六事》，大吏颁为全闽定法。顺治九年（1652），以卓异被户部尚书戴明说举荐，擢河南彰德府知府，继升福建按察司副使，兼管海巡道，值征讨郑之龙需战舰千艘，由可发监造，无贻误。升湖广布政司参政，兼管驿传盐法道。康熙三年（1664），迁山西按察使，又补四川按察使。四川故俗，乡里豪贵好强主他人聘娶，多婚姻之狱，可发惩治势魁，勒石为禁戒。其慎用刑，失当之狱多平反。康熙十一年（1672），升广东布政使，同年冬，引疾归。将兄可举三个遗孤作为己子抚养，侄世远、世厚分别成岁贡、廪贡，皆为知县。兄可久，明崇祯进士，吏科给事中。子：世显，监生，知府；世峻，举人，知县，著有《四书菁华》十四卷。曾孙潢，嘉庆进士，翰林，吏部员外郎。

【祝　喻】字完真。城武县人。早年失父，家徒四壁，刻励读书，为文标俊领异。事母至孝，明末大乱，扶母南奔，闯王兵感其孝，不忍加害。顺治三年（1646）举人，三甲第二百二十九名进士。授福建龙溪县知县，厘奸剔弊，吏民畏怀。充福建乡试同考官，拔士七人，名噪一时。后被海盗围城七月，盐绝食尽，虽经竭力捍御城得保全，但其积劳致疾，呕血数升而卒。士民雨泣如失父母，扶柩送归。

【聂文遽】长山县（今属邹平县）人。顺治三年（1646）举人，三甲第二百三十七名进士。授江西新喻县知县。

【黎民牧】字具瞻。郓城县人。其积学博物，慷慨自负，不谐于俗。明崇祯十二年（1639）举人，遇岁饥，其疏呈地方灾情，朝廷批准豁免荒地征收，百姓得到恩惠。后考取三甲第二百四十名进士。授福建晋江县知县，仅数月，以设施未竟解任归。精诗赋，有文名。

【程万善】字元夫。城武县人。顺治五年（1648）举人，翌年联捷三甲第二百四十三名进士。授河南永宁县知县，慈祥恺悌，与民休息，召集流移，民无失业，使战乱之后的萧条凄凉，有了鸡犬相闻。又捐俸修城，开渠灌溉，垦荒种植，增修文庙，以治行卓异升府同知，未赴任卒。

【王功成】字允大，号省斋。博平县（今属茌平县）人。顺治五年（1648）举人，翌年联捷三甲第二百四十五名进士。授山西长治县知县，有政声。擢兵部主事，升至郎中。顺治十八年（1661），以按察司副使，为陕西学政，力除陋习，焚掉私牍，所选拔皆苦志寒士，文风大振。升江南驿传道，值"三藩"之变，羽檄如织，功成加以整饬，又捐豆八百石赈济驿米，二百石赈济驿夫军行，一无贻误。署按察使，七月之内，平反三十余案，开释千数百人。以归养老母卒。两孙皆举人。

【邓秉恒】（？—1710）字元固，号泷江。聊城县（今聊城市）人。顺治五年（1648）举人，翌年联捷三甲第二百四十七名进士。授江苏昆山县知县，改革收赋办法，清除吏员收赋中的弊端。遇灾荒请赈，为民解难。以德惠卓著，受到士民称颂。改江西永丰县知县，前令冒功谎报开荒田亩，使百姓多交浮粮三万，经其丈量核实，浮粮得免。海盗犯境，秉恒加强守御，城得无患，伺机进击，海盗被击退。康熙十二年（1673），由户部主事，升员外郎。康熙二十三年（1684），出任福建巡海道，改湖广荆南道。正值汀州有盗焚东门桥，又有一豪右大姓聚集无赖横行市中，劫财闹事，官不能禁，人不敢问。秉恒即暂驻本城城隍庙，宣布戒流言，设夜巡，捕捉聚众闹事者，事遂平息。却因迟迟未到荆南，荆南需官急，上请另推人赴任，秉恒乞休。七十四岁卒于家。著有《石堂集》、《春秋解》及《名臣奏议钞》、《大清律笺释》、《邓氏族谱》等。子允燮，岁贡，知州；孙基圣，贡生，刑部郎中；曾孙中岳，康熙六十年（1721）状元，礼部左侍郎。

【胡悉宁】字良氅，号海若。临清州（今改市）人。顺治三年（1646）乡试亚魁，三甲第二百五十四名进士。授浙江新昌县知县，治事勤慎，戢吏抚民，咸得其善。顺治十一年（1654），充浙江乡试同考官。总督、巡抚重其才，荐举刑部主事，历户、礼、刑、工四科都给事中。曾上《淮扬灾荒疏》、《条奏人事疏》等。丁母忧，服满，补陕西甘山道，多惠政，甚有德望。子湄，由例贡官知县。

【刘源清】高密县（今改市）人。顺治三年（1646）举人，三甲第二百六十二名进士。授安徽歙县知县。

【纪御蛟】字大乾，号云崖。胶州（今改市）人。顺治五年（1648）举人，翌年联捷三甲第二百六十五名进士。

【魏　冒】字重光。利津县人。顺治三年（1646）举人，三甲第二百六十六名进士。授福建瓯宁县知县。邑有僧陈德荣为海寇魁首，劫掠邑村吉阳里。有村民张驾辂敛酒食馈海寇，大吏传檄屠杀，冒不答应，申请当令完赋，皆良民，何忍遽诛。大吏同意，冒乃告之百姓："今与尔民约，若刻期竣赋，令以身保之。若正供有违，即逆民也，令亦即以身殉之。"于是，吉阳村民叩头泣下，输税争先恐后，事遂得解决。以丁忧归。孙都、郊，皆康熙进士，知县。

【李汝为】（1619—1665）原姓吴。字伯寅，一字康功，号盘陆。沾化县人。明崇祯六年（1633）举人，三甲第二百六十七名进士。授陕西麟游县知县，邑在万山之中，数经战乱，户口仅存十分之一，好多土地荒芜，但额赋如故。汝为泣请大吏，疏请豁免荒粮盐课，又出私金四百余代偿积欠赋税，民困始得缓解。又招流移，督耕种，教纺织，修城郭，防盗贼，建学宫，兴教化，编县志，使该地得到大治。以治行第一，当行取入京任职。丁母忧，服除，补广东阳春县知县，统领民兵，直入群盗巢穴，擒杀其首领三人，罚款四百余人，释为良民，余俱解甲帖服。有巨豪据险拖欠赋税，汝为推诚劝谕，使其争先交纳。以吏册事被免职，真相大白后，补江南庐江县知县，赴任途中卒。祀麟游名宦。弟：汝弼，庠生，尤精《周易》，著有《周易揆方》二卷；汝亮，举人，知县，著有《徒水钓诗草》、《半紫楼文稿》。

【卢运昌】字骏公。陵县人。为人涉世宽温，与事无忤。性孝友，抚养兄遗孤如同己子。明崇祯十二年（1639）举人，三甲第二百七十五名进士。授安远县知县，多惠政。有"巨寇"攻城，多方固守，城赖以全。遇灾荒，力请获赈，民赖以存活。以劳疾卒，祀乡贤。

【张启钥】曲阜县（今改市）人。顺治五年（1648）举人，翌年联捷三甲第二百七十六名进士。授河南武陟县知县。

【范惟粹】（1610—1670）字完白，一作元白。泰安州（今泰安市）人。明天启七年（1627）举人，三甲第二百八十九名进士。授政和县知县，补江西新城县。新城号称难治，惟粹为政淳静，豪右敛迹，四境帖然。六十岁卒于官。著有《江上草》、《澄观堂稿》。

【孙昭锡】青城县（今属高青县）人。顺治二年（1645）举人，三甲第二百九十二名进士。授盱眙县知县，以军功行取户部主事。

【刘　恺】字令仪。邹平县人。顺治五年（1648）举人，翌年联捷三甲第二百九十六名进士。授湖北麻城县知县，以开释重罪张学吕等十一人，被罢归。事父极尽孝养，父寝疾五载，日夜侍汤药不离。父去世哀毁骨立。卒祀忠义祠。

【王斗枢】（1625—1669）字均五。诸城县（今改市）人。少奇颖，读书一过不忘。

明崇祯十五年（1642）乡试解元，三甲第二百九十七名进士。历江西崇义、进贤县知县，所至治绩卓异。在进贤，遇大饥年，斗枢将灾情绘图以进巡抚，请求减租税。由于赈济及时，遂得安宁。又建书院，与诸生讲习其中，如同布衣之交。升户部主事，督查徐州仓、凤阳仓，尽革积弊，却不持一钱归。以劳瘁致疾卒。祀南昌府名宦。著有《秀野堂诗集》二卷行世。孙延礼、延祺皆康熙进士，分别为知县、郎中。

【唐梦赉】(1627—1698) 字济武，号豹岛，一号岚亭。淄川县（今淄博市淄川区）人。其祖父、父皆当地名儒。自幼颖悟，曾私学为古文，刑部侍郎高珩见而奇之曰："异日当以文章名世。"顺治五年（1648）举人，翌年联捷三甲第三百零七名进士，选庶吉士，散馆授检讨，改监察御史。为人刚直，不阿权贵，屡屡进言直斥时弊，毫无避忌。顺治九年（1652），以言事被罢归，未三十岁。少时问父："读书以何为要？"父曰："在止于至善。"遂知求程朱之学。晚年，经史造诣愈加精深，为文左右逢源，若悬河决溜一泻千里，而莫能御也。居家肆力诗文，虽身处林泉，而不忘经世济民，著有《铜钞疏》、《禁巢说》、《备边策》等。好游名山大川，喜交友，常与文朋诗友酬唱问答。对其所著《志壑堂集》，王士祯赞称："诗近东坡，文类蒙庄。"其对方志学的研究亦颇用力，纂有《济南府志》、《淄川县志》。还著有《借鸽楼小集》与《林泉漫录》等。

【宋士俊】字东涛。高密县（今改市）人。明崇祯九年（1636）举人，三甲第三百零九名进士。授江苏山阳县知县。

顺治九年壬辰科

本科录取：一甲三名，二甲七十七名，三甲三百一十七名。其中山东四十名。

【王元曦】字伯驭。掖县（今莱州市）人。幼颖悟，稍长工诗文。顺治五年（1648）举人，二甲第二十名进士，选庶吉士，未散馆，改授监察御史。巡按浙江，浙江与福建接壤，时海寇猖獗，造成民患。元曦将其招降解散，境内获安。其才华横溢，章奏条教，下笔数千言。屡迁鸿胪寺卿，旋授山西巡抚，未抵任所以病卒，年三十九。著有《按浙文诰》。父泰交，举人，知府。

【李文熙】字野臣。长山县（今属邹平县）人。顺治五年（1648）举人，二甲第六十一名进士。授行人司行人。充顺天乡试同考官，是科主司受贿事发，同官皆被处死，唯文熙廉介得以保全。历四川、江西、浙江、山西道监察御史，所奏节省、裁汰诸疏，皆得允行。巡按广西，约束暴兵，还难民子女数千人。巡按河东盐课，奏除积弊。以疾乞归，卒于家。兄化熙，明崇祯进士，巡抚、总督，清刑部尚书。

【张应桂】字复我，号元林。胶州（今改市）人。顺治五年（1648）举人，二甲第六十九名进士，选庶吉士，散馆授编修。充会试同考官。时翰林院、詹事府诸员犹得进言，应桂以明臣左懋第子孙久徙海滨，上疏乞赦，被允赦归。改行人司行人，迁光禄寺丞。以终养老人告归。居乡有"惠济"赞誉。工诗善文，著有《奏疏》、《脱簪轩偶存草》。父若麒，明崇祯进士，通政使；子洽，康熙进士，知县；侄淳，举人，亦知县。

【张瑞征】字卿旦，号华平。莱阳县（今改市）人。顺治八年（1651）举人，翌年联捷三甲第四名进士，选庶吉士，散馆授编修。康熙十八年（1679），首设博学鸿词科，其受大吏举荐，但参试未第。为詹事府左春坊左中允，充浙江乡试主考官。以河南按察司副使，分巡南汝光道，修葺城垣，捐资赈济，扫平巨盗，办案明允。致仕，训子孙务忠厚。工书法，直逼晋人。尤工绘山水小品。著有《滋树馆稿》、《玉署集》、《足余居诗草》各一卷。祀乡贤祠与河南名官祠。孙学孜，康熙进士，知县。

【刘必显】（1597—1687）字微之，号西水。诸城县（今属高密市）人。性淳谨，不苟言笑，生有异禀，不喜征逐，人称长者。明天启四年（1624）举人，历经三十余年，在五十五岁时，方考取三甲第八名进士，成为刘氏家族中第一个进士。自其始,其家族科第蝉联,高官辈出,成为名门望族。初授行人司行人,清正廉洁,拒收馈金,并对行贿者予以告诫。改户部主事。时有人将自己与弟的产业献给旗人,并愿作旗人之奴。其人之弟坚决不从,告至官府。必显主持公道,坚持不可,予以更改。命督通州中南仓,在官舍后开荒种蔬自给,常数月无肉食。又榷芜湖关,改立进单之法。升本部员外郎,仅月余辞归。虽为官不足十年,却风裁峻著。教育子孙亦以"廉耻偶积"为吏治之本。九十岁卒。弟必大,举人;子:果,顺治进士,学政;荣,康熙进士,布政使。

【韩　魏】字又公,号海湄。胶州(今改市)人。顺治八年(1651)举人,翌年联捷三甲第十三名进士。授永州府通判。著有《海湄遗诗》。

【张蜚声】滨州(今滨州市)人。顺治三年(1646)举人,三甲第二十七名进士,授工部主事。

【高　坪】(?—1671)字在衡。淄川县(今淄博市淄川区)人。生而魁梧,意气豁如。顺治三年(1646)举人,三甲第三十八名进士。授广平府推官,处事果敢,颇显才干。顺治十四年(1657)始,先后为贵州、河南道监察御史,巡视京通仓、河南漕政、河东盐政。其奏疏甚多,尤以"严诈棍"、"复缓决"及"刍豆变价"三疏,所关吏治民生,为人所重。以疾归,授经诸子。著有《遗言赘语》等。祖父举,明万历进士,巡抚;兄:玮,顺治进士,府推官;珩,明崇祯进士,翰林,刑部侍郎。

【刘毓桂】字秋士,一字宫培。寿光县(今改市)人。三甲第五十名进士。授江苏扬州府推官。性明断,平反无数冤狱。其登城指授方略,以有备使海盗逃走。以采取二十项措施,厘剔漕粮陋规,革除旗弁积弊,皆行之有效。被荐举卓异,以诖误归。以孝闻,父殁哀毁晕死,次年卒。弟胤桂,顺治进士,知县;子大源,以捐贡生为内阁中书,著有《训后语录》。

【尹从王】字含美,一字约斋,号宪甫。乐安县(今属广饶县)人。顺治五年(1648)举人,三甲第六十六名进士。授浙江嘉兴府推官,谳狱平允,惩治奸邪,厘剔漕弊,立官收官兑之法。以失出拘囚被免职。康熙十九年(1680),起补山西芮城县知县,停除城守乡夫,禁派流民修盐池,使无家可归而呻吟呼号的灾民得以安定。升云南弥勒州知州,以疾卒于任所。著有《学圃集》五卷行世。

【王国桢】字鼎九。齐河县人。少孤苦,励志学修。为人"浑厚持己,和平遇物"。顺治三年(1646)举人,三甲第八十九名进士。授江南镇江府推官,未几病

顺治九年壬辰科

卒。子隆熙，拔贡，知府；孙元恺，恩贡，擅诗赋，工书法。

【张含辉】字蕴嶙。掖县（今莱州市）人。顺治三年（1646）举人，三甲第一百零七名进士。累迁吏部郎中。康熙七年（1668），以按察司佥事，充任四川学政。康熙十八年（1679），举博学鸿词未用。工诗词，著有《蜀草》、《东山吟》、《西行记》各一卷。

【卢铸鼎】禹城县人。顺治八年（1651）举人，翌年联捷三甲第一百一十四名进士。授淮安府推官。

顺治九年壬辰科

【朱龙光】字寿鹏。长山县（今属邹平县）人。体貌俊伟，赋性敦厚，淹贯经史，文有风格。顺治三年（1646）乡试经魁，三甲第一百二十五名进士。授江南泾县知县。以病告归，卒于家。工行草楷书。著有《笔录文萃集》。

【张国杞】武城县人。顺治八年（1651）举人，翌年联捷三甲第一百二十六名进士。授肃宁县知县。

【崔谊之】字子明，号老山。平度州（今改市）人。幼嗜学。顺治八年（1651）举人，翌年联捷三甲第一百四十名进士。授河南新野县知县，升至直隶通永道。为官勤谨，存理守法，严于吏治。及解归，以诗书自娱。工书法，能诗，著述甚多，有《龙蛇草》等。

【刘之骥】章丘县（今改市）人。明崇祯十五年（1642）举人，三甲第一百四十三名进士。授河南商丘县知县，入为刑部主事。为政安静敦朴，勤恪平恕。

【孙如周】字次公。寿光县（今改市）人。明崇祯九年（1635）举人，三甲第一百五十二名进士。授会宁县知县。

【萧綦隆】字崧如。嘉祥县人。顺治五年（1648）举人，三甲第一百五十五名进士。

【尚九迁】字非素。掖县（今莱州市）人。顺治三年（1646）举人，三甲第一百五十六名进士。由外任擢兵科给事中，遇事敢言，不避权贵，海内望之若"祥麟威凤"。所上"丈量厄要"、"选将用兵"、"饬学政"、"酌考成"、"申法令"诸疏，皆切中时弊，多所采纳。卒于京邸，贫无一金，诸子竟不能自给。祀乡贤。著有《奏疏》一卷。

【王建枢】字惟辰。益都县（今青州市）人。顺治八年（1651）举人，翌年联捷三甲第一百五十九名进士。授江南五河县知县。

【张　槽】长山县（今属邹平县）人。顺治八年（1651）举人，翌年联捷三甲第一百七十二名进士。授繁昌县知县。

【戴祚升】字曙海。平度州（今改市）人。顺治五年（1648）举人，三甲第一百八十名进士。授江苏临安县知县，多有异政。为官正直不阿，因忤上官，被降署两淮盐运司经历。到任三个月，能声大起。被起复后，政绩愈加卓异。致仕归，尤多善行，远近称长者。卒祀乡贤。弟祚冕，举人，知县。

【冯　源】字昆泉。高密县（今改市）人。顺治八年（1651）举人，翌年联捷三甲第二百零三名进士。授行人司行人。

【王夺标】字赤城。单县人。少时力学古文诗词。顺治五年（1648）举人，三甲第二百零四名进士。授江南镇平县知县，招徕因兵燹流移百姓，逐渐恢复生产。平反释放以人命案被诬陷的诸生。建立义塾，择师教授。奉命剿灭山贼。以重囚犯越狱被降调。丁母忧，服阕，补蕲州州判，听断平允，苞苴路绝。后署安陆县事。又丁父忧，卒于家。长于诗古文词，著有《南疑文集》、《南疑诗集》、《染翰堂稿》行世。

【赵　崶】（1617—1673）字长公，号眉鲁。莱阳县（今改市）人。自幼苦志励行，为人敦敏劲爽。明崇祯十五年（1642）举人，三甲第二百一十四名进士。授江西万年县知县，凡不便于民者悉除之。对旧例取之百姓的"修葺衙费"与"风波米"，坚辞不受。立敬、庄二社，日集多士，讲论德艺，虽劳不倦。当得知胞弟考中进士，便决意退出仕途。未几，以催科不中额被罢职。去之日，百姓以感激之情，遮道相送。归里后，以在任通欠赋税被责令赔偿，尽将家产变卖，才获免追究。著有诗稿。父士骥，明崇祯进士，内阁中书；弟岺，顺治进士，太常寺少卿。

【李士谟】字可庵。高密县（今改市）人。顺治五年（1648）举人，三甲第二百三十一名进士。授桐柏县知县，调卢龙县，邑当孔道，调剂得宜，民不知扰。升大理寺评事，清风介节，士林重之。性和雅，博学工诗，喜收藏古书名画。精鉴赏，士大夫家所藏翰墨皆待其品题，以此为定论。

【田绪宗】（1609—1654）字仿文，号蓼庵。德州（今德州市）人。幼颖悟，性端严，言行不苟，执经问业者履满于户。顺治八年（1651）举人，翌年联捷三甲第二百三十三名进士。授浙江丽水县知县，核赋税，兴学校，治水利，清俭仁爱，多有善政，民间有"邑侯清，鸡犬宁；邑侯廉，妇子安"之谣。四十六岁卒于官，百姓之为悲痛。祀乡贤。著有《筮仕记》。子：雯，康熙进士，巡抚、侍郎；需，康熙进士，翰林，乡试主考官。

【李上林】字培之。安丘县（今改市）人。顺治二年（1645）举人，三甲第二百三

顺治九年壬辰科

十四名进士。授翁源县知县,山寇猖獗,上林不用以兵进剿,单骑入山寇之窟,谕以大义,归命者千余人。革除官吏的"暮夜金",积习为之一变。以卓异行取刑部主事。

【廖元发】字含章。东平州(今改县)人。顺治八年(1651)举人,翌年联捷三甲第二百四十四名进士。授工部主事。工诗文。

【高　熏】沂水县人。顺治五年(1648)举人,三甲第二百五十名进士。授湖广兴宁县知县,擢郴州知州。为官刚正有骨气,不屈于势,不趋于时,多有善政。著有《郴江弦闻录》。

【韩锡祚】原姓安。章丘县(今改市)人。顺治五年(1648)举人,三甲第二百五十六名进士。授山西赵城县知县,兴利除弊,仅半载,赵城人立肖像祀之。擢刑部主事。

顺治九年壬辰科

【戴　垠】字伯吹,号云门。平度州(今改市)人。以孝亲名闻乡里。顺治二年(1645)举人,三甲第二百六十九名进士。授饶平县知县,教诗书,课农桑,息徭役,仅数载而治化一新,民气大振。再补会同县知县。行取户部主事,升至郎中。其清廉居官,贤声孚朝野。奉命巡察四川,恩信彰著。其博通经史,工诗文,著有《荆山集》、《胶水含英集》、《入蜀纪闻》、《近艺》等行世。

【于鹏翀】字圣庵。文登县(今改市)人。顺治二年(1645)举人,三甲第二百七十六名进士。因父母年高,不忍远仕,改灵山卫教授。兄:鹏翚,拔贡,知县;鹏翰,顺治进士,亦知县。弟鹏鬗,举人。

【赵　琛】平原县人。顺治三年(1646)举人,三甲第二百七十八名进士。授高安县知县。曾祖父焞,明嘉靖进士,按察使;父见图,明崇祯进士,县教谕。

【范乃蕃】字震生。黄县(今龙口市)人。顺治二年(1645)举人,三甲第二百八十四名进士。授直隶藁城县知县,入为兵部主事,升户部员外郎、郎中。充会试同考官。出为湖广永州府知府。

【张现龙】直隶东明县(1963年划归山东菏泽专区)人。明崇祯九年(1636)举人,三甲第三百零四名进士。授通渭县知县。

【韩士望】字有声。淄川县(今淄博市淄川区)人。明崇祯十五年(1642)举人,三甲第三百零七名进士。授福建崇安县知县。

【韩庭苞】(1619—1689)字燕翼。青城县(今属高青县)人。顺治三年(1646)乡试经魁,三甲第三百零八名进士,选庶吉士,散馆改工科给事中。劾罢工部侍郎傅京星。在甘肃、湖广、江西等地,分别以按察司佥事、副使和布政司参议，分巡或分守河西道、荆南道、宁夏道、金衢道、督粮道等。所在平息战乱，兴利除弊，治绩卓著。以事镌级。又于康熙二十一年（1682），以按察司副使，补天津海防道。移疾归，卒于家。著有《江漕移山记》。子逢麻，知州；孙牧吉，知县。

【潘飓言】字虞谟，号韦庵。章丘县（今改市）人。顺治八年（1651）举人，翌年联捷三甲第三百零九名进士。授直隶宁晋县知县，锄抑强暴，驱除盗贼，民获平安。尤重培养人才，常为士子解读授课。擢刑部主事。未几，以过失免职归里，赋诗自娱，徜徉山水。卒于家。

顺治九年壬辰科

顺治十二年乙未科

本科录取：一甲三名，二甲七十七名，三甲三百一十九名。其中山东四十九名。

【孙光祀】(1614—1698) 字溯玉，号祚庭。平阴县人，通籍后始迁历城县（今济南市）。二甲第六名进士，选庶吉士，未散馆，特授礼科给事中。疏陈慎铨选、核镇将、核赎锾、剔衙蠹、禁滥征、酌科议六事，皆中利弊，部议允行。又历刑、兵、户、吏四科都给事中。六年中，"疏凡二十余上，悉奉温旨褒嘉"。充湖广乡试副主考官，取士一百六十人，而考中进士者六十四人，得士称盛。擢太常寺少卿，乞假归。康熙元年（1662），补授四译馆少卿，转右通政。康熙十二年（1673），充殿试读卷官。由太常寺卿、通政使，擢兵部右侍郎。吴三桂告变，光祀密疏请诛其子吴应熊，以杜内患。康熙十八年（1679），又充殿试读卷官。坐事降职，自陈乞休。工诗文，著有《澹余轩集》。八十五岁卒。子：叔谐，举人，内阁中书；叔诒，举人，户部郎中；叔询，鸿胪寺丞。孙涵毓，工诗，善楷书，著有《焦尾集》。

【王　骘】(1614—1695) 字辰岳，号相居，一号几庵。福山县（今烟台市福山区）人。《清史稿》有传。自幼聪明敏绝，博览群书，究心于经世致用之学。顺治十一年（1654）举人，翌年联捷二甲第四十九名进士。由都察院观政，授户部主事，监督通州仓，拿获仓蠹王小槐、赵光德等。康熙五年（1666），充广东乡试副主考官。由户部员外郎，升刑部郎中，为海州知州马中矩冤案平反。康熙十九年（1680），出为四川松威道，时征云南，督运军粮，覆舟坠马，屡经险阻，师赖以济。康熙二十四年（1685）九月，其已七十一岁，改调直隶口北道未行时，正逢朝廷修太和殿，工部令四川采运杉木、楠木各四千根，经巡抚韩世琦上疏说明解送困难，减少到两千六百余根。骘向康熙帝备陈地形之险和民力之艰，康熙帝决定改用北疆松木，停止四川采运之役。未几，吏部循例疏请司道内擢京堂，骘未与，特命内升，遂授光禄寺少卿。又历通政司参议、鸿胪寺卿、太常寺卿。康熙二十六年（1687），升江西巡抚。不久，又充闽浙总督。康熙帝南巡，骘被召至镇江伴驾，赐给蟒缎、珍宝七种，又书赠"养素"二字及御制诗一首。康熙帝对其道："尔任总督，实心任事，浙闽黎庶称尔清廉，故特加优赉。"康熙帝到了苏州，又向骘叮嘱："两省事甚繁，以后省事加餐，着实休养。"再赐御笔临东坡《古风诗》一轴，以示宠爱。康熙帝回京下旨，鹭升户部尚书。其离任时，闽浙两省绅士、兵民列队数十里相送，并把其绘像分别供奉在四川、河北、浙江、福建等地。康熙二十九年（1690）元宵节，鹭在出巡中不幸坠马摔伤，因伤势较重，奏请致仕。康熙帝闻此大惊曰："他是汉官第一，个人正直，不入党，快著人去看视调治。"旋命内阁学士朱都纳、一等侍卫神医倬班，至寓审视。奉谕："卿品优长，简任司农，正资料理，贤奏患病，著在任调理，不必求罢。"康熙三十二年（1693），在康熙帝一次接见鹭时，见其下跪起立敏捷如轻，笑道："八十岁的人尚能如此轻便，真可谓福德老翁矣。"鹭乞求致仕，康熙帝不允。康熙三十三年（1694），康熙帝召大学士、九卿等同河道总督于成龙入对，上责于成龙"排陷靳辅"，并旨鹭与左都御史董纳、内阁学士李应荐等审理。但他们三人畏惧而附和于成龙，将前河督靳辅正确的治河方针掩盖。康熙帝大怒，将董纳、李应荐交部议革职，唯独对鹭以原品级休致。致仕后，其书写"有子能文何必贵，为官致富不如贫"以自勉。著有《养素堂文集》八卷、《诗集》六卷、《义圃传家集》二卷、《大司农奏议》八卷。康熙三十四年（1695）卒于家，赐祭葬，谥"文襄"。

【曹申吉】（1635—1681）字锡余，号逸庵。安丘县（今改市）人。少时与兄并有文誉。天资颖异，八岁能下笔成文。顺治八年（1651）举人，二甲第五十五名进士，选庶吉士，散馆授编修，为日讲起居注官。顺治十五年（1658），以湖广布政司参议，分守上荆南道。次年，改按察司副使，分巡睢陈兵备道。所至抑豪强、雪冤狱、治盗贼，社会秩序井然。从顺治十七年（1660）始，历左通政使、大理寺卿、礼部右侍郎、吏部右侍郎（县、省志载兵部右侍郎）。康熙十年（1671），以都察院右副都御史，充贵州巡抚。康熙十二年（1673）冬，平西王吴三桂在云南叛清。贵州兵力有限，省城失守，申吉被俘羁于阳明洞。康熙十九年（1680），申吉以蜡丸密报朝廷，事泄后被劫持云南。十二月初五，在昆明双塔寺被害，时四十六岁。康熙帝原以为他投降吴三桂，定其为逆臣。及事情昭然，雍正帝撤销其逆臣罪名，准入忠烈祠。工诗文，尤长于诗歌，清醇粹美。著有《又何轩诗集》、《澹余集》、《南行日记》、《黔行集》、《黔寄集》、《贵州通志》等。兄贞吉，康熙进士，学政。

【刘祚远】（1611—1673）字子延，号石水。安丘县（今改市）人。顺治八年（1651）举人，二甲第五十六名进士，选庶吉士，未散馆授吏部主事。历吏部郎中、吏科给事中、太常寺少卿、大理寺卿。为官廉洁尽职。在回籍待补时，山东巡抚以祚远宅第低下狭小，且被水淹，欲赠金帮助改置其他地方。祚远谢曰："先人敝庐不敢易也。"顺治十五年（1658），在为陕西乡试主考官时，有奸吏从中为弊，祚远立即立案查处。顺治帝称其"不负任使"。顺治十七年（1660），以都察院右副都御史，任直隶巡抚，旋以受株连罢职，归时行李萧然。子仁雨，工书法。

【刘　䜣】字兴尧。文登县（今改市）人。家中藏书颇丰，父辈弟兄十二人皆读孔孟之书。自幼聪颖，博学多识。顺治三年（1646）举人，与堂弟刘辉同榜进士，位列二甲第七十一名。授兵部主事，升至郎中。出为云南开化府知府。所属无州县、无城郭，处在荒茅丛棘之间。少数民族有十几种语言，对上交租赋置若罔闻。䜣在任十余年，像父母保护赤子一样，循循善诱，教化开导，收到了"久之豁然"之成效。时值吴三桂在云南擅作威福，称王称霸，朝廷号令不行于西南。䜣断然弃官而归，等到吴三桂叛乱平定后，胁从者多获罪。䜣辞官在前，得以独免，时人佩服其有先见之明。曾祖父必诏，贡生，府同知，著有《四书习录》；祖父濡恩，优贡，府同知；子一良，太学生，考授州同，精通医术，好卜筮之术，著有《周易研悦阙疑》二卷；孙孔昭，雍正进士，翰林，知县。

【刘　辉】（1624—1672）字玉函，号西山。文登县（今改市）人。幼承家学，天资颖异，立志尤专。进士赛玉纮评其文"整练华赡，在班范之间"。顺治八年（1651）举人，二甲第七十二名进士。授行人司行人，充会试同考官。顺治十七年（1660），充广东乡试副主考官。不久，迁礼部主事。辉有仁爱之心，将年老无依的老师王元升奉养家中，代交租赋；设义学以教族人；代谋聘娶者二十多人；同室遇有争讼者，必委曲排解；为邻里排难解纷。邑人以鲁仲连目之。四十九岁卒，祀乡贤。父越黉，明崇祯拔贡，知州，著有《治通政略》；子一元，贡生，考授州同。

【张嘉祚】字乔若。泰安州（今泰安市）人。顺治二年（1645）举人，二甲第七十四名进士。

【綦汝楫】字松友，号胶崖。高密县（今改市）人。顺治十一年（1654）举人，翌年联捷三甲第九名进士，选庶吉士，散馆授检讨。在朝十余年，奏对称旨。历秘书院侍读学士、国子监祭酒、弘文院学士。其博学能文，诗清丽超逸，尤工五言、七言诗。著有《四友堂诗稿》二卷行世。弟汝盐，举人，知县；侄绛，举人，诗文有汝楫之风。

【袁州佐】字左公，一字秋水。济宁州（今济宁市）人。《清史稿》有传。明崇祯十二年（1639）举人，三甲第十三名进士。授陕西乾州知州，时兵燹之余，民不聊生，州佐抚恤慰勉，遂成乐土。充陕西乡试同考官，所拔皆知名士。顺治十七年（1660），被行取工部员外郎，升郎中，有清直声，胥吏不能售其奸。以按察司佥事，分巡甘陕道，地近西海诸部，时值满汉合剿河西，入牧大草滩，舟车不通，州佐悉心运筹军需物资，士饱马腾，政绩卓著。康熙九年（1670），诏举荐天下为官之贤者，以备内升，仅得十人，州佐被列其中。转布政司参议，整饬直隶口北兵备道，此地土瘠、田荒、民贫、役重，所说"仓糈"有名无实，赋税多拖欠。州佐日夜筹划，以劳瘁卒于任。著有《孝经注解》、《奉天志余》、《植香斋集》、《词集》等行世。

【刘胤桂】府志载为尹桂。字云事，号公振。寿光县（今改市）人。顺治八年（1651）举人，三甲第十八名进士。授合水县知县，廉介不苟，与民休养，劝课农桑，使荒残之地得到恢复利用。兄毓桂，顺治进士，府推官。

【傅　宸】（1614—1684）字兰生，一字彤臣，号丽农。新城县（今桓台市）人。读书十行下，过目终身不忘。顺治八年（1651）举人，三甲第二十八名进士。授直隶河间府推官，治行为畿辅第一。以卓异擢山西道监察御史，巡按江西，舟抵彭泽，听说九江兵变，疾驰湖口逆风而渡，至向官兵相告："缺饷七月，是主管者贪占所致，当以法处置。应畏法纪，遵约束。立即发给军饷。"即命九江知府将军饷如额拨给，事得平息。不久，以养亲告归，居家二十余年，以"砥名行，厚风俗"为事。康熙十八年（1679），举博学鸿词不就。著述甚多，有《奏疏》二卷、《古赋》二卷、《诗文集》十二卷、《姓谱增补》十卷、《韵府补遗》六卷、《瀛海诗集》、《燕居诗集》、《桓台诗集》、《于役诗集》、《南游诗集》、《家居诗集》等二十五种。

【于可托】（1622—1687）字阿辅，号龙河。文登县（今改市）人。生而颖异。顺治五年（1648）举人，三甲第四十五名进士。授广西抚州府推官，访贤问士，为民除害，抚州人为立清风碑，以志遗爱。行取工科给事中，升至工科都给事中，所奏数十疏，皆忠国爱民大事，屡蒙允行。顺治帝叹为"真谏"。康熙十一年（1672），授顺天府丞，历太仆寺卿、宗人府丞、都察院左副都御史及户部右左侍郎。康熙十八年（1679），京察自陈罢职还乡。六十六岁卒，祀乡贤。著有《龙河奏稿》、《龙河诗稿》等。子：其珤，拔贡，著有《树笔堂遗稿》；其珣，副贡，按察司副使。曾孙令涝，由举人钦赐翰林院检讨，工书法，著述

顺治十二年乙未科

颇多。

【杨　鼐】临清州（今改市）人。顺治十一年（1654）举人，翌年联捷三甲第五十二名进士。仕至通政使。

【李曰桂】字丹一。山东成山卫人。入载《荣成县志》。博学经史，精研理学，能够洞悉宋代理学家的精髓。顺治三年（1646）举人，三甲第八十五名进士。授湖南长沙县知县，立身治民，勤于政务，无积案。晚年告归，终身读书自娱。

【马光远】山东大嵩卫人。入载《海阳县志》。顺治八年（1651）举人，三甲第九十三名进士。授河津县知县。

【于鹏翰】字六息，号山白。文登县（今改市）人。顺治三年（1646）举人，三甲第九十七名进士。授江西峡江县知县。时值兵革之际，南方尚有清廷尚未收复之府县。鹏翰到任见百姓受兵火之苦，与民休息。自己捐资运送军饷，而不扰民。当地多年鼠荒，不忍心摊派缴纳军粮，设法分征上缴。并将所乘之马卖掉，给百姓买牛和种子，劝其耕作。建立保甲，剿抚兼施，清除山寇。在任二年，峡江境内，百废复兴，民风日厚，士气日振。丁父忧，峡江绅民思慕不忘，将其入名宦祠供奉。有诗集传世。兄鹏翀，顺治进士，卫教授；弟鹏鬻，举人；子琏，顺治进士，郎中，以军功晋阶一品，特赠四代正一品封典。

【梅光鼎】字象三。滋阳县（今兖州市）人。顺治八年（1651）举人，三甲第一百零一名进士。授福清县知县。

【丛大为】字祥子，号尧山，晚号携雪老人。文登县（今改市）人。明尚书丛兰裔孙。颖慧绝人，读书过目成诵。崇祯十五年（1642）乡试解元，三甲第一百零六名进士。授江南句容县知县，清操骨鲠，至任不久，遭谗言罢职。寓居句容县崇明寺，与野叟老衲及邑中文士相处融洽，性淡无欲。士民为其泣诉，助其金银，供以薪米。石城名士周铭作赠《浩浩歌》，有"苍生倘命穷，吾道甘蹉跎"之句。因久未昭雪，遂绝仕进之意。其常往来诸多名胜古迹之地，赋诗见志，萧然尘埃之外。归里后，仍好学不倦，贯穿经义，博通子史，人称"东海宗匠"。著有《携雪堂诗草》。工书法，其草书得二王笔意，金沙蒋超称其书"静如深山老衲"，落笔辄为人携去。

【吕凤梧】长山县（今属邹平县）人。顺治八年（1651）举人，三甲第一百一十三名进士。授山西崞县知县。

【杨通久】字圣宜。济宁州（今济宁市）人。素尚气节，英敏博学。初与两兄游江淮，流连山水，放逸诗酒间。及归，方奋发力学。顺治八年（1651）举人，三甲第一百二十二名进士。初以母老不出仕。顺治十六年（1659）冬，方授直隶献县知县，邑处南北冲要，迎来送往颇多，且有不少意外需索。前任知县篡改册籍正额，侵没数千金，并遣蠹役交结势要人物，要迫通久代为开销，通久不从。前知县挟上官施压通久，且数次恣睢谩侮。其到任仅四十日，愤懑而死。工科给事中刘大谟参劾前知县，逮至刑部革职。其著有《诗集》。

【张为仁】（1614—1679）字致堂，号沧粟。海丰县（今无棣县）人。顺治三年（1646）举人，三甲第一百三十三名进士。授直隶内黄县知县，治行三载，以卓异擢内阁中书，充广西乡试副主考官。历刑部主事、员外郎、郎中。有八十名重囚已拟定死罪，为仁引律力争，得以改正为流放。在京任职十三年，京察连为优等，名誉籍甚。以广东按察司佥事，提督学政，政务宽大，不为苛细，教诸生以器识为主，而文艺次之。以病乞休。能文，有才名。著有《四书隅说》、《孝谱》。六十六岁卒。

【丘时中】字心尼，号拙叟。济宁州（今济宁市）人。顺治八年（1651）举人，三甲第一百三十五名进士。授仪征县知县，时疮痍未复，至则减徭役，革火耗，与民休息。又煮粥施药，以救饥疫。《仪征县志》称其："端毅明悟，作士爱民，精于吏治，邑无冤民。"丁母忧，服除，补遂溪县知县。邑三面环海，土瘠人贫，时有移民之命，力请等待夏熟后再迁，迁民拖欠赋税过千，虽节次报竣，却以盐课不足被罢免。归里，以授徒为乐，弟子将其所授经书内容，手录为《四书讲义》三十六卷。

【王震起】字省庵，号海屏。潍县（今潍坊市）人。顺治三年（1646）举人，三甲第一百四十二名进士。授太康县知县，以劝农桑、端风化为治本。治狱以中正为标准，不枉不纵。任职三载，行取刑部主事，升员外郎，迁户部郎中。以按察司佥事，充广西（县志误载福建）学政。又转布政司参议。时年已古稀，旋辞归。

【孙宗元】字柳下。淄川县（今淄博市淄川区）人。顺治二年（1645）乡试亚元，三甲第一百四十六名进士。授山西临晋县知县。《聊斋志异》中的《太原狱》一文，即记宗元授临晋县知县的轶事。又历滦州知州和开封、思恩府同知。工诗，著有《碧梧草堂遗诗》。

【李赞元】（1623—1678）榜名立。赞元之名为顺治帝所赐。字公弼，号望石。山东大嵩卫人。入载《海阳县志》。幼年丧父，家贫无力延师，由其母教读。自小事母至孝，且有恻隐之心。长从师致仕家居的府通判赵景星，刻苦攻读，造诣颇深。顺治八年（1651）举人，三甲第一百四十八名进士，选庶吉士，未散馆特授山东道监察御史。其屡屡上疏奏言，刚直不讳，被顺治帝称为"真御史"。奉旨巡按湖北、三楚和两淮盐政，捕办恶豪内多奥和作恶凶僧，捐资籴谷赈饥，倡捐筑堰护堤，减缓征收，鼓励生产，使兵燹之余的百姓得以安生。尤其在巡察两淮盐政时，疏请改革盐政，清除积弊。顺治帝批谕："所奏与盐政有裨，下户部皆议行。"顺治十八年（1661）奉诏还京，历户科给事中、右通政、大理寺卿、都察院左副都御史。在都察院复立建言牌，鼓励同僚上书建言。康熙十三年（1674），擢兵部督捕侍郎。康熙十七年（1678），病卒。赐祭葬，祀湖北名宦祠和乡贤祠。赞元家教甚严，以"四勿诗"，即"手勿释诗书，身勿著华服，心勿思邪事，行勿恃荫势"，作为教子格言。工诗文，著有《信心斋稿》、《巡楚诗稿》、《滴翠园诗稿》、《杜诗解》、《天文・河防纂》等。子孙中人才辈出。在十三子中，有一进士（本涵）三举人（本澂、本潆、本淳）；在孙中，有三进士（果、桐、椅）一举人（栏）。子孙中多有高官。果，知府；桐，按察司副使；椅，武进士，左都督。孙朴、香，皆工绘画、篆刻。

【徐州牧】字诚庵。济宁州（今济宁市）人。顺治三年（1646）举人，三甲第一百五十名进士。授直隶庆云县知县。

【伊 辟】（1622—1681）字庐源，号翕庵，新城县（今桓台市）人。《清史稿》有传。性恬退，与物无竞。顺治五年（1648）乡试解元，三甲第一百五十四名进士，选庶吉士，未散馆特授广西道监察御史，改京畿道。奉命巡按山西，清白自矢，政务宽大，尤慎治狱，前后疏请减释者七百余人。又历光禄寺少卿、通政司参议、左通政、太仆寺卿、太常寺卿、大理寺卿。康熙十九年（1680）三月，朝廷出于云南战事的急需，授其都察院右副都御史，充云南巡抚，兼辖建昌、毕节等地方，从事赞理军务。抵任后，诸路大军云集，由于所需紧急，处境窘迫，异常劳苦，头发皆白。次年，发病而卒，年五十九。著有《辑录名臣奏稿》、《按晋奏稿》。工书法，喜临晋人帖，入能品。弟巘，顺治进士，知县。

【唐 炌】（1624—?）县志载作玠。字介玉。益都县（今青州市）人。明崇祯十五年（1642）举人，三甲第一百五十九名进士。授山西洵阳县知县，实心任事，讼庭一空。补其父《训族格言》未备之处，续为一篇，勒石家塾。父焕，明万历进士，右布政使。

【任 琪】字仲玉。高密县（今改市）人。顺治十一年（1654）举人，翌年联捷三甲第一百六十一名进士。由府教授迁礼部主事，风度蔼然。康熙十七年

(1678)，监督北新关税务，顺道里门时，值饥荒年，与弟各出粟千余石赈济灾民。抵任后，厘奸剔弊，关政大肃。以卓异升监察御史，因与弟同在谏垣，按例改补礼部郎中。以病卒于官，祀乡贤。弟玥，顺治进士，监察御史；子培，知县；孙士镒与士銈皆举人、知县。

【温　泮】德州（今德州市）人。顺治十一年（1654）举人，翌年联捷三甲第一百六十二名进士。官广东按察司知事。

【黄维祺】字五先，号洸洲。山东济宁卫人。入载《济宁州志》。顺治八年（1651）举人，三甲第一百六十五名进士。授故城县知县，廉正自矢，宽徭役，恤刑囚，劝农桑，兴学校。有寡妇，家富裕，其夫堂弟欲夺其财产，行贿千金，维祺假装收下，在庭审时，询问其人曰："尔嫂有淫行乎？"其人愕然，无以回答。维祺厉声道："既然无淫行是节妇也，尔嫂为尔兄守节，忍行贿？"遂将其人赶出堂外，并将行贿之钱交给其嫂，对其嫂曰："用以旌汝杖其人。"上官以维祺才能举荐，其以老病力辞不就。去时，士民哭泣相送者数千人。精于《周易》、《诗经》，著有《易诗随记语录》、《批点性命圭旨》。八十岁卒，祀故城名宦祠。孙孙懋，乾隆榜眼，内阁学士、礼部侍郎。

【徐　杆】《山东通志》载名杆。蓬莱县（今改市）人。顺治八年（1651）乡试经魁，三甲第一百六十八名进士。敦尚廉节，秉正不阿。历直隶唐山、乡宁、定远县知县，恩威并著，吏畏民怀。前任亏空未补，慨然担当，毫无难色。告归后，与他人一起创修县志。牟祀乡贤并忠孝祠。

【王如辰】(1626—1692) 字中台，号北野。胶州（今改市）人。父柱今，廪监生，以授徒为业。如辰秉承家学，由顺治十一年（1654）举人，翌年联捷三甲第一百六十九名进士。授山西交城县知县，以计擒杀山贼魁首。擢户部主事，升至郎中。以按察司金事，提督广西学政。其倡言修复兵燹后各府破败学宫，建立省会华掌书院。著有《北野逸诗》。弟如春，举人，著有《粤游草》；子懿，康熙进士，翰林，工部右侍郎。孙与曾孙中，有举人五人，主事、知县六人，郎中、按察司金事二人。

【张　荩】字献彤。濮州（今属河南范县）人。顺治八年（1651）举人，三甲第一百七十三名进士。授舞阳县知县。

【刘　渡】字卜洲。章丘县（今改市）人。顺治八年（1651）举人，三甲第一百八十三名进士。授广东龙门县知县。致仕后，在县城北置绣江园，与诸名士唱和其中。

【荣　开】字文启。新城县（今桓台市）人。以孝义称。顺治三年（1646）举人，三甲第二百一十四名进士。授青州府教授，以文行与诸生相砥砺。迁国子监助教，擢工部主事。以京察高等，奉命督催南河工程。丁母忧，旋病卒。著有《洞门文集》《感应篇赘言》。

【丘　璐】字荆石。淄川县（今淄博市淄川区）人。明崇祯十二年（1639）举人，三甲第二百一十六名进士。授山西沁水县知县。改直隶大兴县，升扬州府江防同知。为官亲民利民，遇饥则赈济，遇疫则施药，见王赋不能完成则代补，见商民有需则制放生船，多有善政，士民赞颂。惜英年早卒。

【孟　瑞】字祯之，号丰溪渔叟。淄川县（今淄博市淄川区）人。顺治十一年（1654）举人，翌年联捷三甲第二百二十名进士。授东昌府教授，改福建宁德县知县，以病告归。为人沉静寡言笑，以厚德称。对之如坐春风，横逆不与计较。生平作诗甚多，颇散逸。著有《燕翼堂集》。

【王士禄】（1626—1673）字子底，号西樵。新城县（今桓台市）人。《清史稿》有传。明嘉靖进士、户部侍郎之坦曾孙；明万历进士、布政使象晋孙。自少能文章，工吟咏，以诗法授诸弟，咸有成就。清介有守，笃于友爱。顺治五年（1648）举人，三甲第二百二十一名进士。授莱州府教授。又历国子监助教和吏部主事、员外郎。康熙二年（1663），充河南乡试主考官，以磨勘狱牵连被革职逮捕，而士禄却坦然以对，唯写经赋诗自娱，经审讯无所得，释放为民。康熙七年（1668），起复为吏部员外郎。好持正论，又被免官归。其性至孝，母丧时，以哭母致疾而卒。乡人私谥节孝先生，入乡贤祠。一生勤于著述，有《十笏草堂集》十八卷、《燃脂集》二百三十卷、《司勋五种集》二十卷、《焦山古鼎考》《西樵诗集》《读史蒙拾》等二十余种。弟：士禧，不入仕途，精医术，著有《抱山堂诗集》；士祜，康熙进士，吏部员外郎；士祯，顺治进士，刑部尚书，一代诗宗。

【杨国相】字工亮，高唐州（今改县）人。明崇祯十二年（1639）举人，三甲第二百二十八名进士。幼失父，事母至孝，遗产全部让于兄，兄去世，扶孤成立。好施济贫困。教授生徒，多所成就。

【盖　范】字宾玠，号凤仙。莱阳县（今改市）人。顺治十一年（1654）举人，翌年联捷三甲第二百三十三名进士。授福建建阳县知县。

【纪中兴】字华西。即墨县（今改市）人。顺治八年（1651）举人，三甲第二百三十五名进士。授南召县知县。

【刘朝宗】字肖韩。章丘县（今改市）人。顺治八年（1651）举人，三甲第二百五十五名进士。授河南祥符县知县。

【张联箕】字德生，号即公。益都县（今属淄博市博山区）人。顺治五年（1648）举人，三甲第二百七十名进士。授威海卫教授，改山西乡宁县知县。力行开垦，多达千顷；革除陋规，广抚流离；尊老敬贤，温暖人心。为政十年，弊绝风清，县人为立生祠。邻邑吉州空缺知州，吉州众多百姓，至乡宁衙署伏地求请其到本邑为官。上官顺从民意，即派箕署吉州事。在吉州为政，有州人以"空庭惟落叶，闭户见秋山"之诗赞扬。遂升江宁府同知，负责军盐诸务，弊政一清。不久，又升云南澄江府知府，值朝廷征讨吴三桂，奉命购买饷米，毫不扰民。督抚欲委以缺位学政，推辞不就。致仕归，家徒四壁，靠门生周济才得以安家。著有《西征草》、《海上吟》、《清上阁集》等。父晓，明万历进士，兵部尚书兼都察院右副都御史。兄：联翼，岁贡，知县；联轸，乡试经魁。

【张我鼎】字渭璜。清平县（今属聊城市）人。顺治十一年（1654）举人，翌年联捷三甲第二百七十六名进士。授四川盐亭县知县，多有善政。擢户部主事，督查粮储，出入严明，吏不敢欺。卒于任，贫不能殓。祀乡贤。

【李栋朝】邹平县人。顺治十一年（1654）举人，翌年联捷三甲第二百七十七名进士。授安徽宣城县知县。

【史崇恂】字鲁庵。阳信县人。顺治五年（1648）举人，三甲第三百名进士。授陕西麟游县知县，升广西河池州知州。

【孙　继】字曰可，号书台。德州（今德州市）人。顺治十一年（1654）举人，翌年联捷三甲第三百零七名进士。授长洲县知县，到任查知赋税缺额五十万金，不忍百姓难堪，即延缓征收，且曰："吾已办下下考矣"。为官以公正廉洁称。其与上官据理力争，为数名受诬渔人死刑案平反。有富家怀金四千两，要求他杀其所仇恨者，被他痛斥而去。时人皆称其清介先生。终因未完成赋税定额，被罢职。礼部尚书韩菼为其作墓表时称："循而吏，可也；循而失吏，其可惜也。"继收李文科之子李勷为长子云锦之后，改名孙勷，教其读书，成康熙进士，翰林，学政；曾孙中，有一进士（于鳌）、五举人（于盛，于鼍、于盘、于鳌、于宣），荣极一时。

【杨　霞】临淄县（今淄博市临淄区）人。顺治十一年（1654）举人，翌年联捷三甲第三百零九名进士。历直隶青县、安肃县知县。

顺治十二年乙未科

顺治十五年戊戌科

本科录取：一甲三名，二甲八十名，三甲二百六十名。其中山东四十三名。

【黄贞麟】（1630—1695）字方振，号振侯，一号石步。即墨县（今改市）人。《清史稿》有传。少孤，事母至孝，刻励读书。顺治十一年（1654）举人，二甲第十名进士。授安徽凤阳府推官，除讼师，雪沉冤，释屈狱，阖郡凛然。其审办海寇、逋赋、劫掠、邪教诸大案，案涉五六省，抓捕千余人，虚心研鞫，对株连者皆予以释放。以推官裁缺，改直隶盐山县知县，惩治巨盗，抚育百姓，境内获安。行取户部主事，监督京左、右翼仓。康熙十七年（1678），以失察仓役侵盗案，而遭罢职。归里，杜门课子弟。著有《快山堂诗》一卷。六十四岁卒。其七子皆以才华闻名于时。其中有三贡生、孝廉（大中、美中、位中）、二举人（理中、奭中）、二进士（鸿中、敬中）；分别为知县、知州、知府、学政，且多有著述。孙辈中，有二举人（靖世、垂世）、一进士（焘世），分别为州学正、知县、大理寺卿。

【王　埙】（1623—1669）字宜兄。兰山县（今属临沂市）人。明末大乱，埙跟从姑丈总兵阎实翰，于淮阴追杀义军，义军胁持居民拒守，城攻破时，阎实翰欲尽除之，埙以民多贼少未可概诛劝阻，全活数百人。顺治十一年（1654）举人，二甲第十四名进士。在应殿试时，因奏对失次，被黜归。在沂州两遇大灾时，参与请赈倡捐，为救荒数献良策。康熙十一年（1672），考授内阁中书，充顺天乡试同考官。旋以母病告归，被举乡饮大宾。埙与新城王士禛为莫逆之交。家居时，值登州于七起义，为仇人诬陷，险成大狱，多亏其子"身趋禁门，叩阍鸣冤"，才获清白。卒祀乡贤。弟墫，庠生，工绘画，尤善山水人物，气势雄厚。有十子，其中：佩璃、武举；佩玿，拔贡，知县。孙：者臣，康熙进士、翰林，乡试主考官；者栋，内阁中书；者弼，优贡，知县。

【郭　谏】（1606—1673）字怀荩，号献舟。福山县（今烟台市福山区）人。自幼颖悟，诗文大雅，人以为奇。明崇祯十五年（1642）举人，选齐东县教谕。五十二岁时，考取二甲第十六名进士，选庶吉士。在登第引见时，顺治帝问及父母，因父母早已去世，谏感泣伏地不能答，顺治帝道："却是个孝子。"其在散馆后，改工部主事。榷税杭州南新关，分守夏镇河道，以卓异擢户部员外郎，转工部郎中。以广西按察司佥事，充任学政。康熙十二年（1673），吴三桂拥兵反清，众官员相投，谏拒不从，大骂吴三桂纯粹是一个"反复无常、不忠、不孝、不义、不仁的小人，为一时之叛首，实万世之罪魁。"旋弃官而去，忧愤而死。其子在收拾其遗物时，除书籍与诗稿外，别无他物。父尔池，举人，知县；兄谟，恩贡，府通判；弟诗，岁贡，知县；子元楷，监生，州同。

【王日高】（1630—1678）字登孺、鉴兹、北山，号槐轩。茌平县人。为人轻资财，敦友谊，周人之急，倾囊以济。生而聪敏，七岁能文，自为一家言，有神童之目。顺治八年（1651）举人，二甲第十七名进士，选庶吉士，散馆授编修（一说未授，散馆改主事）。康熙二年（1663），充江南乡试副主考官，所取后有"两鼎甲、五尚书、三大学士"，称识才得人。还曾充武会试同考官。历工科右给事中、兵科左给事中、礼科掌印给事中，所上疏无不切中时宜，遂有内擢京卿之命。在官二十年，回籍待补，囊中萧然，以得风疾而卒。家中藏书万余卷，工诗古文词，与王士禛兄弟相唱和。著有《槐轩集》十册刊行。祀乡贤。

【萧惟豫】又名维模。字介石，号韩坡。德州（今德州市）人。顺治十一年（1654）举人，二甲第二十七名进士，选庶吉士，散馆授编修，升国史院侍读。顺治十七年（1660），充江西乡试主考官。康熙三年（1664），提督顺天学政。遵从父为其所书"公明慎"的训诫，为官不尚华饰，不乘肩舆，朴素如平时。康熙九年（1670），在三十三岁时，以乞养老母告归，不再复出。常乘牛车，一童一杖，行于乡村中，见者不知曾为官也。被举荐为乡饮大宾，八十二岁卒。工诗，著有《但吟草》。父时享，为德州卫指挥佥事；子承洙，贡生，县教谕，善书法；曾孙炘，康熙进士，监察御史。

【吕显祖】字慈园，一字翼仍，号裕云。济宁州（今济宁市）人。顺治十四年（1657）乡试亚魁，翌年联捷二甲第三十二名进士，选庶吉士，散馆授编修。以母病告假归，因思母过度得疾，又闻顺治帝辞世，大为悲痛，遂一病不起而卒。孙芳振，举人。

【王士禛】（1634—1711）原名士禛，避世宗讳，追改为士正，高宗以字与原名不相近，又命改为士祯。字子真，又字贻上，号阮亭，晚号渔洋山人，世称王渔洋。新城县（今桓台市）人。《清史稿》有传。顺治八年（1651）举人，二甲第三十六名进士。历江南扬州府推官、江南乡试同考官、礼部主事、户部郎中，皆政绩卓异。康熙十一年（1672），充四川乡试主考官。康熙十七年（1678），以诗文兼优，康熙帝命"著以翰林官用"，由郎中改侍讲，升侍读，入值南书房，充国子监祭酒。汉臣自部曹改词臣，自士禛始。士禛以诗受知圣祖，被眷遇甚隆。康熙二十九年（1690），由詹事府少詹事，擢都察院左副都御史，充经筵讲官，兼撰修国史副总裁。十月，迁兵部督捕侍郎。次年春，充会试副主考官。康熙三十一年（1692），转户部右左侍郎，以廉洁自励，举朝皆知。康熙三十七年（1698），迁都察院左都御史，在任用官员上，秉公行事，不徇私情，绝奔竞钻营之途。次年，迁刑部尚书，绝无骄矜之气，秋审、朝审更加勤谨审慎，纠正了不少冤疑案件。康熙四十三年（1704）九月，以失出被降官。为官四十五年，归时仅数箱书籍而已。康熙四十九年（1710），上眷念旧臣，被官复原职。士祯为清初文坛领袖，创"神韵"诗说，主盟诗坛数十年，诗有一代正宗之称，而后人嫌其才力不足。又善古文，兼工词，金石、篆刻、书法亦精。著述等身，有《蜀道驿程记》、《南来志》、《北归志》、《居易录》、《池北偶谈》、《香祖笔记》、《分甘余话》、《皇华纪闻》、《菁华录》、《渔洋文略》、《带经堂全集》、《渔洋诗集》、《渔洋续集》《蚕尾集》等百余种。康熙五十年（1711）卒，年七十七，谥"文简"，祀乡贤。曾祖父之坦，明嘉靖进士，户部侍郎；祖父象晋，明万历进士，布政使。兄：士禄，顺治进士，吏部员外郎；士祜，康熙进士；子启涑，廪贡，候补知县，多著述，工书法、绘画。

【赵　钥】原名金鼎。字千门，号南金。莱阳县（今改市）人。顺治十一年（1654）举人，二甲第四十三名进士。授江西南昌府推官，改河南虞城县知县。充河南乡试同考官。

【徐鹏扬】历城县（今济南市）人。顺治十四年（1657）举人，翌年联捷二甲第五十名进士。历四川夔州府、江南淮安府推官。

【于　琏】（1630—1683）县志载作涟。字清漪，号桐江。文登县（今改市）人。幼承家学，聪明伶俐。顺治十年（1653）举人，二甲第五十三名进士。授云南楚雄府推官，擅审理疑难案件，巡抚赏其才，留之省城，遇有狱讼之难明者，悉委其审理。时吴三桂为平西大藩，专横跋扈万里之外，巡抚高某违逆其意，吴三桂特上疏劾其过失，欲置巡抚极刑。琏从容言于吴三桂："巡抚是封疆大臣，违反王意而遭受刑法，把公论置于何地？"吴三桂仔细思忖后，认为其言之有理，遂罢。又历陕西凤翔府推官和四川崇宁、浙江义乌县知县，所在兴学校、重孝悌、劝农桑、息争讼、严保甲、稽出入，政简刑清，讼盗两息，百姓颂其德。康熙十三年（1674），闽藩耿精忠反叛，叛军调集兵马进攻义乌，琏率数骑赶赴时任浙闽总督李之芳驻兵仙霞岭的大营请求援兵。李之芳拨马步兵三千人，琏亲自指挥，亲冒矢石，剿抚兼用，不数日，收复义乌故境。但义乌邻县叛军未清，琏立下军令状，单骑冒险深入峻岭，宣谕朝廷之意，施之以威，动之以情，使叛军皆倒戈归命。但其功绩，被旗官所冒，致使被压抑而不得彰显。康熙十四年（1675），琏被赐蟒服，取补户部主事，又转吏部。康熙帝为弥补旗官冒功给琏造成压抑的过失，以前军功蒙优奖，加十一级，晋阶一品，特赠四代正一品封典。又升员外郎，转郎中。琏因长期劳累，积劳成疾，不久致仕，归乡年余卒，年五十四。琏生性慷慨豪爽，为人质朴无华，不饰边幅，不拘小节，不夸己长，不形人短。为官二十三年，未曾受暮夜之金，未枉一人之命。著有《诗稿》数卷。父鹏翰，顺治进士，知县；叔父鹏翀，顺治进士，卫教授；子绍祖，举人，知县。

【伊　巇】字允陟，号听庵。新城县（今桓台县）人。顺治十四年（1657）举人，翌年联捷二甲第七十五名进士。授广西南宁府（省志载思南、宁国府）推官，谨慎治狱，以明允称。推官裁缺，补安徽望江县知县，居官七载，甚受百姓爱戴。卒祀乡贤。兄辟，顺治进士，右副都御史、巡抚。

【李　壮】《题名碑录》载作杜。号蠖庵。济宁州（今济宁市）人。少英敏，为学政施闰章所欣赏。顺治十四年（1657）举人，翌年联捷二甲第七十六名进士。授江苏苏州府推官。丁忧，服阙，起补京山县知县，以清慎称。著有《蠖庵集》。

【丁应龙】字声其。寿光县（今改市）人。顺治五年（1648）举人，三甲第一名进士。未仕。

【毕忠吉】（1636—1685）字致中，号铁岚。益都县（今青州市）人。幼承家训，数岁受五经及古文辞辄通大义。父以病失音，忠吉左右榻前视微听渺十二载无惰容。顺治十四年（1657）举人，翌年联捷三甲第七名进士。授江苏常州府推官，惩猾吏，决重案。在依法惩治以漕兑害民且桀骜难治的运弁旗军时，有不少人趁机假借诸旗至署前"大噪蜂拥"，有人劝其将此事包掩遮盖，而忠吉却道："吾为上惜纪纲，为民惜脂髓，一官非所惜也。"遂将此事急速上报部院，自己被定罪，以罢吏议罢归。在连丁父母忧后，被选补直隶蠡县知县，出都之日，即书告吏胥，勿敢以辅垫费敛民，计省民钱三千，民惠其德，输赋时皆争先恐后。他县皆虚报溢额，以图升迁，而忠吉却曰："吾不以此博晋阶也。"百姓以慈父颂扬。以治绩最佳擢刑部主事，升员外郎。充顺天府乡试、会试同考官，得人称盛，状元蔡升元即出其门。升工部郎中，奉差监督两窑，尽除陋规。康熙二十四年（1685），以按察司佥事，提督贵州学政。任满，授云南布

顺治十五年戊戌科

政司参议。又先后署粮储道、盐驿道。总督范承勋奇其才，以卓异举荐，升永昌道，卒于任。卒后，宦囊萧然，崇祀云南名宦祠，私谥"勤惠"。著有《滇南记》、《诗稿》各一卷。弟晋吉、谦吉皆武举人；子曰泠，岁贡，知县。

【连应郑】乐安县（今属广饶县）人。父士雅，潜心洙泗之学，敬诚教子，尤有义方。应郑为顺治五年（1648）举人，三甲第八名进士。授永清县知县，持躬宽厚，赋无苛急，刑多平允。其任职四载，以吏议去职归。卒祀乡贤。

【王飏昌】字子言。高密县（今改市）人。事继母以孝称。顺治十四年（1657）举人，翌年联捷三甲第二十一名进士，选庶吉士，散馆授检讨（省志载编修）。历会试同考官、侍读学士、詹事府詹事。康熙二十六年（1687），擢礼部右侍郎，改左侍郎。正色立朝，有直声，与左都御史郭琇（即墨）齐名。康熙三十一年（1692）病免。次年卒。谕赐祭葬，祀乡贤。有文名，著有《宋伯集》四卷及诗词数卷。孙立常、立性分别为康熙、乾隆进士。

顺治十五年戊戌科

【刘鲁桧】字孔植，号润山。兰山县（今属临沂市）人。顺治十一年（1654）举人，三甲第二十六名进士。授江西南安府推官，时值海滨流徙满境，鲁桧设法捐金援救，得以复生者，不可胜计。监兑全省糟米，州、县积弊剔除。时有大狱贻累无辜，鲁桧察之开释百人。

【李发魁】字经伯。定陶县人。家贫，生而嗜学，寒暑无间，得一书则记诵不忘。顺治十四年（1657）举人，翌年联捷三甲第二十八名进士。授江西南昌府推官。每谳鞫，求生之不得，中夜不安，有"青天"之誉。充江西乡试同考官。因事去官，巡抚请复其官，力辞不就；又谕以署理粮厅事，又辞不就。巡抚念其清苦，赠金三百，又有许多人各有赠金，均推辞不收。其一仆一马，萧然两袖而归，以清廉著称。著有《广见闻集》。

【傅亶初】字上生。高密县（今改市）人。其家在顺治元年（1644）土寇陷城时，遭遇悲惨打击。父钟秀为明崇祯进士，太常寺少卿，与次子禀初被土寇所擒不屈而死。时亶初奉母出避获免。土寇被平时，亶初手刃土寇，沥血取心肝告于父、弟之灵。亶初与弟奋志力学，其于顺治三年（1646）考中举人，三甲第二十九名进士。授池州府推官，以裁缺归，遂养母终身。性嗜学，居家手持一编，寒暑不辍，被举乡饮大宾。书法有时名。著有《清风堂诗》二卷、《过庭录》一卷。弟京初，康熙进士；子廷锡，康熙进士，知县。

【黄　绶】安丘县（今改市）人。顺治十一年（1654）举人，三甲第三十三名进士。仕至甘肃洮州厅同知。

【毕　秀】字华岩。新城县（今桓台县）人。顺治十一年（1654）举人，三甲第四十八名进士。授直隶清苑县知县，以廉惠仁明著称。升海州知州，抚民解困，百废俱举。去官时，士民以诗歌赞颂怀念他。

【李丕先】字有开。长山县（今属邹平县）人。顺治十一年（1654）举人，三甲第五十二名进士。授山西岳阳县知县，修学宫，建义塾，表节烈，严缉盗贼，招抚流民。每岁春，亲履乡村，教种树养畜，讲亲情和睦。在任十二年，从未懈怠，民为立生祠，建去思碑。升江西建昌府同知，旋以亲老致仕，举乡饮大宾。

【扈　泓】州志作浤。字子湛。济宁州（今济宁市）人。顺治十一年（1654）举人，三甲第六十五名进士。授济南府教授，升四川平山县知县。为官廉诚，以戆直去官。

【孙家栋】字隆吉。安丘县（今改市）人。顺治十四年（1657）举人，翌年联捷三甲第九十名进士。授浙江义乌县知县，仕至邳州知州。在义乌，果毅严明，判决如神，抑强爱民，百姓爱戴。其卒八年后，仍思慕其德，请祀名宦祠。

【毛漪秀】字公卫。掖县（今莱州市）人。顺治十四年（1657）举人，翌年联捷三甲第九十一名进士。授江苏吴江县知县，尽除兑换漕粮之弊，旗人武官喧闹于官署，被漪秀立置于法。以过失被罢职。滇南之变起，漪秀赴西凉，授平凉府同知。逆帅为太守，漪秀奉命前往晓以顺逆利害，使其泣而听命。以卓异擢刑部员外郎，升户部郎中。每当议事，其论辩侃侃，意见多被采纳。康熙二十三年（1684），充贵州乡试副主考官。旋以按察司佥事，提督云南学政。卒于云南任上。著有《秦游草》。子遵谦，知县。

【王　濂】字稚廉，号樵岚。章丘县（今改市）人。顺治三年（1646）举人，三甲第九十五名进士。授四川荣昌县知县，兵燹之后，城中士民不满百户，其招徕流亡，使之安定；扩学宫，重礼教。为政六载，治行称第一。丁忧，服除，又补河南河阴县知县，严河防，免滩租，平狱讼，治法一如在荣昌。以病告归，未几卒。子大年，康熙进士，知县。

【刘布春】字峤阳，别字青园。滋阳县（今兖州市）人。幼失父，家贫穷，事母至孝。聪敏力学，手写经史，寒暑不辍。顺治十四年（1657）举人，翌年联捷三甲第九十七名进士。授四川平武县知县，邑处万山之中，离家五千里，布春单骑抵任，见地瘠薄，民多欠赋，力白知府，疏请豁免。因俗施治，甚得民和。因思母不能迎养，忧郁致疾，卒于官。

顺治十五年戊戌科

顺治十五年戊戌科

【陈　纬】（1615—1660）字天襄。临朐县（今属青州市）人。至性仁孝，侍继母如所生，曲尽孝道。顺治十四年（1657）举人，翌年联捷三甲第九十九名进士。授广西苍梧县知县，上任不带眷属，唯有一仆一马。至任不阿上官，不欺百姓，访民苦，抚凋残，兴学校，剔奸厘弊，请托不行，馈遗羨金皆屏绝。有巨豪以奸事行毒杀一儒生，为有力者贿释之，纬鞫得其实，立置之法，人皆称快。百姓偶有灾患忧形于色。任职二载，百姓拥戴，特作歌颂扬。以劳卒于官。家贫不能迎丧，两子卖掉家产，才将其棺运回故里。祀梧州名宦。叔父恪，康熙进士，兵部主事。

【杨来凤】字羽伯。济宁州（今济宁市）人。顺治十四年（1657）举人，翌年联捷三甲第一百名进士。授甘肃成县知县，遭兵燹，残民寥落。来凤和煦慈惠，政简刑清，不弛不扰，民得安宁。邑属甘州，常因途远，解送计簿稍迟，而遭驳斥。又因县里贫困，拿不出应酬费用，遂被罢免，士民如失父母。来凤博雅多才，安贫乐道，居家以诗文自娱，督训子侄，多成名士。其还精通医术，救人甚多。

【王敬公】字尔成。商河县人。顺治八年（1651）举人，三甲第一百一十二名进士。充会试同考官。授四川屏山县知县。垦荒田，劝农桑，与民休息。边民聚众千人反抗，亲率三仆及衙役数十人奋力抵御，被箭穿腋下，仍奋勇督战，设奇计擒杀首领，事得平息。被武弁诬陷，遭到免职。留蜀四载，才冤白复官。补河南商水县知县，滨黄河多水患，而修防工程又使役民苦不堪言，力争上官撤除防夫，修小河支流疏通，使河堤永固，大大节省民力财力。以卓异擢行人司行人，刚一年，即乞假归里。著有《沛草》、《粲花集》、《吏隐草》、《蜀道难吟》、《养蒙功道格》行世。

【张熙岳】高密县（今改市）人。顺治十四年（1657）举人，翌年联捷三甲第一百二十七名进士。授武进县知县。

【张志禧】字澹修。昌邑县（今改市）人。天性孝友，多有谋略。顺治十四年（1657）举人，翌年联捷三甲第一百三十五名进士。授直隶高阳县知县，政治严明，逃盗相互告诫，不敢入境。行取督捕主事，修订条例，悉心裁酌，厘正分明。改吏部主事，升至郎中。以疾归家，设义学，恤饥民，多善举。卒祀乡贤。著有《缉逃要略》行世。弟志栋，康熙进士，翰林，大理寺卿。子：勿吝，举人，县训导；勿竞，拔贡，好琴书，且工诗，著有《补斋诗》。侄：勿迁，康熙进士，教习；勿我，举人。

【赵　崙】（？—1695）字叔公，号阆仙。莱阳县（今改市）人。为人心正，处事宽和，不宿言诺，不索利欲，坦率耿直，有古君子风。顺治十四年（1657）举人，翌年联捷三甲第一百四十九名进士。授广东琼山县知县，迁礼部主事，升员外郎、郎中，钦差榷税淮关。康熙十一年（1672），充福建乡试主考官，提督江南学政。以按察司副使，分巡兴泉永道。康熙帝命内外臣工荐举天下最优清廉官吏，崙被荐举为全国七人之一。先后为光禄寺少卿、通政司参议、提督四译馆、太常寺少卿。康熙十八年（1679），受山东巡抚钱珏案牵连，被谪戍辽左，慷慨就道。在此地七载，备尝艰难，毫不介意。康熙三十四年（1695），患病而卒。工诗文，著有《道南群藻》、《诗经大全注纂》、《因书屋诗稿》、《诗概》等。父士骥，明崇祯进士，内阁中书；兄崶，顺治进士，知县；子子泗，贡生，能诗擅画，精于篆刻，著有《雪舫遗吟》。

【黄运启】字平参，号景升。昌邑县（今改市）人。在明崇祯壬午之变中，父为邑殉难，运启冒锋镝寻骸敛葬。时家中四壁空立，运启自我振作，依庐苦读，无丝毫懈怠。顺治八年（1651）举人，三甲第一百五十二名进士。授新昌县知县，能洞察百姓艰难，力请上官豁免所征价值三千两的浮粮。擢兵科给事中，忠直敢言，有胆有识。辞归，设义田济人之急。卒入新昌名宦及本邑乡贤祠。子在中，知府。孙：德常，举人；德巽，例贡，知州；德成，知县。

【邱　泰】字静庵。济宁州（今济宁市）人。顺治十四年（1657）举人，翌年联捷三甲第一百六十六名进士。授临川县知县。

【李岱生】字莱峰。高密县（今改市）人。顺治十一年（1654）举人，三甲第一百九十七名进士。授福建长乐县知县。邑经战乱迁徙，人口多逃亡，但徭役却繁增，岱生力请除去六千余空丁，竟以此事被免官。八十多岁，犹日定课艺，教授生徒。著有《四书文稿》行世。孙：诗中，乾隆进士，翰林，学政；时中，举人；黄中，有诗名。曾孙宪曾、继曾、绪曾皆举人，分别为县教谕或知县。

【丁　泰】（1628—1680）字来公，号洛湄。日照县（今日照市）人。顺治十四年（1657）举人，翌年联捷三甲第二百二十四名进士。授河南陈留县知县，值兵燹之后，宽徭缓征，招徕逃亡，筑城修堤，与民休养生息，民困渐解。以考最擢监察御史，历吏、工科给事中，充浙江乡试副主考官。所上"升员改补"、"查追侵欺"、"豫东漕折"、"屯粮悬额"、"河工管理报地未尽"、"营兵需饷"诸疏，皆关国计民生之大事。河南、山东大旱，泰疏请发帑赈济。清廷因郑成功据台抗清，严令海禁，沿海渔民不能从事海运和下海捕鱼，生活困难。泰奏陈利害，使山东、江苏海运开禁。以疾乞归，未久卒。祀乡贤。所著《疏稿》镌刻于世。父允元，明崇祯进士，道员。

【韩允嘉】字娴石。淄川县（今淄博市淄川区）人。性倜傥，喜急人之急。顺治三年（1646）举人，三甲第二百三十四名进士。授陕西三水县知县，有惠政。再补广东东安县知县，以执法忤上官，被罢归。擅诗文，挥笔立就。喜收藏书画古玩。著述颇丰。五十九岁卒。

【冯光祚】字还生。章丘县（今改市）人。顺治十一年（1654）举人，三甲第二百三十八名进士。授虹县知县。

【雒献图】字锡文。胶州（今改市）人。有善行。父为总兵府掾史，携家居城中，时献图乃读书诸生。顺治十年（1653），海时行反叛大掠子女至淮安，只准许赎归嫡亲。令献图携金往求赎回所掠婢女，至不见婢女，有少妇邓氏闻乡音痛哭，献图素不相识，可怜她，遂冒为妹赎归，并送至家中。顺治十一年（1654）举人，三甲第二百四十六名进士，未仕卒，无子，妻也殉节。

【李粹白】字雪岚。胶州（今改市）人。顺治五年（1648）举人，三甲第二百四十七名进士。初观政兵部，改授湖北保康县知县。

【柏肯堂】临清州（今改市）人。顺治十四年（1657）举人，翌年联捷三甲第二百四十八名进士。授建平县知县，岁饥筹赈，全活数万人。查核丁粮造赤，积欠俱清。严明法纪，奸猾敛迹。著有《至乐园文集》五卷。

【成瑞石】字潭水。邹平县人。顺治八年（1651）举人，三甲第二百五十五名进士。授广西贵县知县。邑为多山"户口凋残"之地，且瑶族人居多，瑞石殚心抚育，始获稍稍恢复。瑞石力请上官题请豁除拖欠征粮三千余石，全县百姓为之欢呼。康熙四年（1665），瑞石率众入山，擒获邪教首领韦泰四人，其余皆降。总督欲尽诛降者，瑞石以死抗争，方免降人被杀。总督为此非常愤怒，不仅不为瑞石请功，反而将其降一级。新任总督金光祖到贵县，查得实情，遂解所衣貂裘奖励瑞石，赞扬其贤能，告其"昭雪有日"。不久，瑞石得疾，闻知府孙公卒，强行至府，一恸亦卒。祖父成巳，明举人，知州。

顺治十六年己亥科

本科为加科。录取一甲三名,二甲九十六名,三甲二百七十七名。其中山东六十一名。

【翟世琪】字湛持,号堪博。益都县(今属淄博市博山区)人。顺治三年(1646)举人,二甲第十五名进士,选庶吉士,改贵州黎平府推官,补陕西韩城县知县,称"关中贤令"。《清史稿》在杨三知传中载:叛党朱龙犯神木,"柳沟营游击李师膺受伪札,鼓众噪饷,世琪出谕贼,先被戕,及其二子。"

【邱元武】(1631—1677)字慎清,号榆村,又号龙标。诸城县(今改市)人。性沉毅而气豁达,触其意即怒,怒而辄自解。负才好学,于书无所不窥。顺治十四年(1657)举人,二甲第二十一名进士。授抚州府推官,改贵州施秉县知县。以卓异行取工部主事。但未及成行,遇吴三桂叛清,于混乱之中,从贵州取小道归里。从此,不思仕进,优游林下。其被称为"诸城十老"之一,工诗擅书,著有《烟鬟草亭诗集》、《柯村遗稿》、《丘民诗乘》、《武东湖倡和集》。祖父充志,明万历进士,布政使;父石常,岁贡,知县,著作甚多;兄元复与弟元履,皆工诗擅书,有著述。

【康廉采】字计庸,号继骧。陵县人。顺治十四年(1657)举人,二甲第二十六名进士。授福建兴化府推官,捐俸赈济,抚民缉盗,端正士习。用刑尤谨,禁绝株连。督修濑溪桥工,筑石堤以障木兰之水,所兴水利能够灌溉农田数百万亩。康熙七年(1668)裁缺推官,去职时士民歌诗相送,有《兰水同声录》。未几,迁灵寿县知县,免徭役,平市价,抑强扶弱,一如在兴化时。以疾告归。少时即工诗,与诸名流唱和有声。著有《爱愚轩稿》,有不少诗被采入《山左诗抄》。祖父丕扬,明万历进士,监察御史。

【刘 果】(1627—1699)字毅卿,号木斋。诸城县(今属高密市)人。果长髯大腹,磊落倜傥。幼不慧,读书辄忘。然有膂力,善骑射。后果奋发读书,睿智大开。顺治十一年(1654)举人,二甲第四十五名进士。在侍奉父母六年后,出任山西太原府推官,捐修文庙,立学兴教,引水灌田,剿抚盗匪,息讼治狱,政绩卓著。有富人为产业讼,送黄金五百,做黄鼠以进,果严词拒绝。人们传谣云:"死黄鼠瞒不了活青天。"其存心矜慎,每判一囚,必求其生于万一。康熙六年(1667)裁推官,改补直隶河间县知县。邑多盗,果"一化以仁慈",又力行保甲法,社会治安蔚然改观,颂声洋溢,达于朝廷。康熙九年（1670）,康熙帝巡视路过河间县,召见果,褒其"清廉爱民"。升刑部主事,在与修《大清律》中,于条例异同之处多所订正。康熙十二年（1673）,以劳绩升刑部员外郎,又进郎中。康熙十七年（1678）,以按察司佥事,提督江南学政。果曾给予桐城派先驱著名文学家戴名世（在康熙五十年,因刊行《南山集》,被以大逆罪论斩）以相当的鼓励和道义上的支持,受到戴名世极大感激。以丁母忧和侍奉老父告归,不再复出。七十一岁卒,祀乡贤。果工诗文书法,著有《芜园诗集》、《十柳塘诗集》行世。父必显,顺治进士,员外郎;弟棨,康熙进士,布政使。

顺治十六年己亥科

【王与襄】字龙师。新城县（今桓台县）人。顺治五年（1648）举人,二甲第五十名进士。授广宁府推官,裁缺补长乐县知县。以卓异行取入京为官,适值尚之信叛清,与襄不接受伪职而卒。著有《历亭诗选》。父象随和弟与裔皆举人。

【朱训诰】字秀多,号讷庵。聊城县（今聊城市）人。训诰本姓姜,为扬州人。幼时为乱兵所掠,时为保定营守备、后成广东总兵的朱予栋抚为己子。顺治十四年（1657）举人,二甲第五十六名进士,选庶吉士,散馆改部主事。历吏科给事中、江西驿盐道、江西按察司副使。为官清廉,有才干,擅诗文。有四子,以季子姜鳌奉姜氏后。鳌,拔贡,知县。

【马 骕】（1621—1673）榜名绣。字宛斯,一字骢卿。邹平县人。少孤,遵从祖父九功"读书修德勿缺其一"之训诫,好古力学,博览群籍,精研经史,早具文誉。顺治三年（1646）乡试经魁,二甲第六十四名进士。在进京谒选时,以才望充顺天乡试同考官。康熙六年（1667）,始任淮安府推官,奉裁改灵璧县知县,皆卓有政声。康熙十二年（1673）七月卒于官,民皆巷哭,为之制服。祀灵璧名宦祠。一生勤于治学,手不释卷,多有著述。所著《左传事纬》十二卷与《附录》八卷,将《左氏春秋》之编年体改为纪事本末体,并佐以图表,参以外录。所著《绎史》一百六十卷,对先秦史料,钩玄采微,多所创见,力图补《史记》所未备,为先秦史料总集性巨著。所著《十三代瑰书》,汇集周至隋各种书籍二百二十二种,因未刊行,书稿流失江南,现仅知此书一半目录。早年应知县所请,主修《邹平县志》,经顾炎武校订,施闰章为之序,成为地方名志。

【于觉世】（1618—1691）字子先,号赤山。新城县（今桓台县）人。顺治三年（1646）举人,二甲第七十六名进士。授归德府推官,裁缺补江南巢县知县,捐募赈饥，民赖存活。擢刑部主事，转员外郎，升礼部郎中。康熙二十年（1681），充浙江乡试副主考官。以按察司金事，提督广东学政。以卓异候补布政司参政。七十三岁卒，祀乡贤。著有《居巢集》、《燕市集》、《使越集》、《岭南集》各一卷。

【陆丛桂】字冲默。东平州（今改县）人。明崇祯十五年（1642）举人，二甲第七十九名进士。授吉安府推官，以养亲告归。精义理考据之学。工诗，著有《菘窗适梦集》、《南行集》、《李咸五真稿》。州志载其诗八首。

【孙必振】(1619—1688)字孟起，号卧云。诸城县（今改市）人。顺治三年（1646）举人。顺治十五年（1658），参加会试考中贡士，当年未参加殿试，次年补殿试成二甲第八十七名进士。授怀庆府推官，纠正三年未决在押冤案；拒收漕粮镇吏所送两千例金；在济水支流挖沟开渠扩大灌溉田地四千亩。以裁撤推官归里。康熙八年（1669），改补山西陵川县知县，以掘新井、修学宫、建书院、开山道、通行旅实惠于民。离职时，士民遮道相送。康熙十六年（1677），授河南道监察御史，巡视北城。京察第一。又奉命巡视浙江盐政，力剔宿弊。所上"河南漕粮折色之弊"，"请驰海禁，劝民出粟"，"请速撤潼关添税"诸疏，皆被允行。"三藩"平定后，必振劾遵义总兵李师膺弃城先叛、屠杀职官、劫掠良民、冒滥职务的罪行，李师膺遭罢斥，人心大快。平生识人荐贤，诸城李澄中举博学鸿儒，实系必振所推荐。以疾辞归，卒于家中。工书法。蒲松龄将其写入《聊斋志异》，名即为《孙必振》。子潍溥，监生，知县。孙：元相，附贡，监察御史；辂相，举人，知县；和相，举人。

【翟延初】字质安，号岱麓。益都县（今属淄博市博山区）人。顺治十四年（1657）举人，二甲第九十二名进士，选庶吉士，散馆授编修。曾充会试同考官。

【于重寅】青城县（今属高青县）人。顺治八年（1651）举人，参加会试为会魁，经殿试成二甲第九十四名进士。祖父永清，明万历进士，监察御史。叔父：四印，明崇祯举人；四裳，顺治进士，知县。

【王考祥】字履吉。淄川县（今淄博市淄川区）人。顺治五年（1648）举人，二甲第九十六名进士。授顺庆府推官，裁改翼城县知县，有治绩，卒于官。弟考献，恩贡生，代兄偿还任内亏帑三千余两，使兄得以豁免处分。

【王 钺】(1622—1702)字仲威，初号左庵，后取无心任运意，更号任庵。诸城县（今改市）人。性孝。少时与兄同就读于私塾，质钝于兄，但好为湛深之思。县试、府试都是兄第一，钺第二，兄弟俩并驾齐驱，如雁行之序，人以为奇事。钺顺治十四年（1657）举人，翌年会试考中贡士，当年未参加殿试，次年补行殿试，成三甲第二名进士。授广东西宁县知县，为政不示威刑。康熙十二年（1673），吴三桂叛清，广西总兵孙延龄乘机响应，派兵万余人，攻打梧州，梧州距西宁仅八十里，邻县纷纷降从。钺组织团练士兵五千人，据城防御，叛军屯兵城外三十里，相距月余，知其有备乃退去。吴三桂踞江上游，全粤震动。驻扎在梧州的总兵班际盛，素与钺相善，送来急信，告诉钺我寡敌众，有退兵不守之意。钺驰书告总兵班际盛道："梧州为东粤咽喉，无梧州是无东粤也。将军受朝廷恩，宜效死力，万万不可退水口一步，且制府援师旦夕至，可乘势恢复，树功名于不朽。"班际盛遂坚定守城信心。不数日，援师至而叛军退。两广总督金光祖知其事，大喜曰："王君一纸书，贤于十部从事矣。"与广东巡抚刘秉权交章举荐，被行取入京为官。但在其将行时，平南王尚可喜忽上疏将其留用。钺明白尚可喜留己，是怕进京揭其父子不轨之密，因为钺早就知道尚可喜的儿子尚之信与吴三桂暗通，预言其父子总有一天也要反叛。钺力辞，未获准，不愿以清白之身，陷于浊淖之中，即引病求免而归。康熙十八年（1679），召试博学鸿儒不第。居家三十年，杜门讲学，以著述为事。著有《水西纪略》、《粤游日记》、《星余笔记》、《读书蕞残》、《暑窗臆说》、《朱子语类纂》、《世德堂文集》、《别本读书蕞残》。八十一岁卒，私谥"文贞"。兄镁，顺治进士，左布政使；子中一进士（沛恩）、两举人（沛愃、沛恂）；孙中五举人（棠、柽、槃、柯、桂）。子孙中有吏部侍郎、光禄寺卿、知府等五品以上官员九人。

【耿弘启】县志载作宏启。字承哲。新城县（今桓台县）人。顺治十四年（1657）举人，三甲第八名进士。授高州府推官，刚正廉明。旋补云南广通县知县，缓催科，抚流亡，建学校，课农桑，一时有"耿佛"之称。康熙十二年（1673），平西王吴三桂叛清，弘启率官民守城七年多，待平叛后，致仕归里。父庭楣，岁贡，卫教授。

【李居易】东阿县人。顺治十一年（1654）举人，三甲第九名进士。授河南密县知县。

【胡循纶】字掌丝。新城县（今桓台县）人。顺治十一年（1654）举人，三甲第十三名进士。授汉中府推官，对冤狱多有平反。裁缺补河南卢氏县知县，请蠲荒税，安抚流亡，整修学宫，教民种植、储存，多有善政。四十岁卒于官。

【袁肇继】即墨县（今改市）人。顺治五年（1648）举人，三甲第十五名进士。授河阳县知县。父耀然,明万历举人,知府。

【张凤羽】字仲威。招远县(今改市)人。生而颖悟,尤嗜读书,虽家贫不能就师,仍日夜诵习不辍,文章令当地名士惊异。顺治八年(1651)举人,三甲第二十七名进士,观政户部,不乐仕进。善书法。邑无旧志,凤羽慨然修辑。

【赵　旭】章丘县(今改市)人。顺治十四年(1657)举人,三甲第二十九名进士。仕至四川眉州知州。

【郑州玺】临清州(今改市)人。父早逝,由母严教之。顺治十四年(1657)举人,三甲第三十三名进士。授江西都昌县知县。

【高种之】胶州(今改市)人。顺治十四年(1657)举人,三甲第三十五名进士。授江苏金坛县知县。伯父宏图,明万历进士,南明时,吏部尚书,文渊阁大学士。

【王秉铨】字如符。城武县人。顺治十四年(1657)举人,三甲第四十六名进士。授四川南江县知县,值兵火之后,与民休息,遇诉讼必多方劝和,日与民课农圃,与士子讲举子业,使四方民众安定,有依依家人之乐。抵任时,城居士民不满三十家,通过招徕抚绥,数年增至三百余家,邻县士民争相请求到南江县居住兴业。

【邵士梅】字峄晖。济宁州(今济宁市)人。顺治八年(1651)举人,三甲第五十名进士。授登州府教授,改吴江县知县,以清廉称。以疾告归。著有《诗集》行世。

【汤洞存】(?—1661)字子愿。郓城县人。天性淳厚,阔达能容。顺治十四年(1657)举人,三甲第五十六名进士。授湖北光化县知县,邑为荒僻小县,对百姓务为抚育爱护。充湖北乡试同考官。在任年余,病卒。为官清正,有古廉吏风。

【杨维乔】字岱桢,号午台。宁海州(今烟台市牟平区)人。顺治十四年(1657)举人,三甲第六十二名进士,选庶吉士,散馆授检讨。历广西、浙江道监察御史,巡视河东盐政。居台班,刚正不阿,令大吏畏惧。出为山西布政司参议,分守口北道,革积弊,抑豪梗。遇岁饥,请蠲赈。有势豪贩卖妇女越境者严禁之。有权贵挟重资购大同牲口悉留之。冀北皆赖以存活。旋以忤权贵被逮至京都,百姓如失慈母,及事白得免而归。著有《闲闲吟》、《屯具斋诗稿》。家居二十余年,多有善行。卒祀乡贤。

【李长庆】字善有。郓城县人。顺治五年(1648)举人,三甲第六十五名进士。授广东新兴县知县，务行信义。招集流亡七百余家，邑无拖欠赋税。率兵剿抚盗贼，全境安然。改陕西凤翔府通判，奉檄到宝鸡转运军饷，收解廉平，且条陈尽善，使"兵食足而民不病"。以卓异升延安府同知，署神木道事，恩威并用，边陲以肃。丁父忧，数年卒。以德行文章名。祀乡贤。

【赵　增】字无损，号讲村。汶上县人。顺治八年（1651）举人，三甲第七十名进士。授山西安邑县知县，再补福建闽县，所至抚民育士，治绩卓著。在闽县，正值战乱初平，元气未复，绥缉尤切，困黎顿苏。岁余，即擢兵部督捕主事。在兵部数年，务尚安静，不事株连，每办督捕案件，同列皆为叹服。引疾归，唯以筑囿种花、课督子弟为事，喜吟咏。八十六岁卒。入晋、闽名宦祠和本邑乡贤祠。

【吴　琯】（1621—1678）字舜玉，号西涛。长山县（今属邹平县）人。为人慷慨，好义重友。喜书法。顺治八年（1651）举人，三甲第七十五名进士。授平顺县知县，邑少水泉，有二井仅足供官用，琯于山下开挖两个池塘，以便利居民用水。又补内丘县知县，过去，送往迎来都私派民间，琯立行革除。正值滇、黔之变，虽供应繁苦，但不扰民。部例报垦荒数千亩者，即可超擢，西山旧有荒田，久在除豁之中，由山民率耕种成熟田，胥吏告诉琯，其立却之曰："吾不忍剥削贫民，图我寸进。"擢内阁中书。以病乞归，卒于家，年五十八。子长龄，武举人，府城守营参将。

【祝应晋】字蕃锡。恩县（今属平原县）人。顺治十一年（1654）举人，三甲第八十五名进士。授湖广郧西县知县。

【衡虞衡】府志载作苏云衡。字汝谐。汶上县人。生而醇正，诵读不辍。顺治八年（1651）举人，三甲第八十七名进士。授河南固始县知县，宽厚爱人，以不事上官被罢归，行李萧然。家中夜无灯火，犹时对明月吟咏。设馆授徒，成就者甚多。性嗜酒，不计美恶，酣畅为度，有元亮之风。

【李裕杰】字六超。郓城县人。顺治八年（1651）举人，三甲第九十七名进士。授浙江龙泉县知县，任职二载，雅尚恬慎，与民休息。

【李征泰】字晦修。长山县（今属邹平县）人。顺治五年（1648）举人，三甲第一百零五名进士。授江西永丰县知县，以廉惠著称。任上病卒，贫不能归葬，越数年棺木始还。

【熊士伟】字卓然。济宁州（今济宁市）人。顺治五年（1648）举人，三甲第一百一十四名进士，旋卒。侍亲尽孝，捐修学宫，遇饥荒年出粮赈济贫乏，时人以孝义称。

【谷资生】字效坤，号雪塘。陵县人。为诸生时，尤能以礼化人，推诚乐施。遇灾荒，乡里婚丧莫能举行者，竭产济之。土匪围城，佐助县令运筹捍卫，城赖以全。明崇祯十五年（1642）举人，三甲第一百一十八名进士。授四川太平县知县，兵燹之后，百姓流移，资生招徕百姓数百家，恢复生产。又补河南荥阳县知县，薄赋休民，厘奸剔蠹。邑近黄河，流河工夫柳为患，资生极意区划，公私两无相累。水坏城郭，资生重修城墙，又建桥梁，方便行人。时查近省垦荒，以给驻防兵米，旗弁屡至，资生相地安插，洞中机宜，民无所扰。在任十年，擢江南淮安府同知，未及履职，以病卒于官，祀乡贤。

【石誉生】长山县（今属邹平县）人。顺治十四年（1657）举人，翌年会试贡士，当年未参加殿试，后补殿试成三甲第一百二十九名进士，未仕。

【王我庸】字虞服。淄川县（今淄博市淄川区）人。坦介纯笃，素有文名。顺治十一年（1654）举人。顺治十五年（1658）会试贡士，当年未参加殿试，后补殿试成三甲第一百三十二名进士。授益阳县知县，抵任卧病，仅半年卒。

【赵济姜】一作济美。字钟秀。蒲台县（今属博兴县）人。顺治八年（1651）举人，三甲第一百三十三名进士，选庶吉士，散馆改户部主事。督理京仓，一尘不染。奉命监理北新钞关，改补光禄寺署正，升刑部郎中。在刑部矜慎治狱，多所平反。曾充会试同考官。出为陕西平凉府知府，帮助奋威将军王进宝平息驻军因供饷不足而发生的抗争事件。提督广东学政。迁河南按察司副使，分巡河北道。丁忧，不再复出。父国标，拔贡，知县。

【王复兴】字镇宗。堂邑县（今聊城市东昌府区）人。顺治二年（1645）举人，三甲第一百三十五名进士。授广东新会县知县。

【李生之】字德生。长山县（今属邹平县）人。顺治十四年（1657）举人，三甲第一百四十五名进士，未仕。端凝自重，不好嬉游，平生无滥交非名士，公认有德行。

【高世豪】字迈臣。淄川县（今淄博市淄川区）人。顺治五年（1648）举人，三甲第一百四十六名进士。授南郑县知县，卒于官。据王士禛《池北偶谈》载：世豪因卒后拖欠官粮折银二千余两，妻与子十三人，例当没官，靠友人捐金代输，方得获免。

【袁　绰】字裕如。淄川县（今淄博市淄川区）人。顺治十四年（1657）举人，三甲第一百五十八名进士。授黎城县知县，改临淮县。卒于官。

【孙　缵】（1612—1688）字焕哲，别号桐萝。朝城县（1956年撤县，大部划归莘县）人。顺治十四年（1657）举人，三甲第一百六十八名进士。授直隶唐山县知县，清慎明决，惠政于民。上闻，以卓异行取监察御史，升礼科给事中。正直刚方，不谐于时。致仕归，琴书自娱，与游者皆正人君子。七十六岁卒。孙来贺，康熙进士，知县。

【陈龙骧】字震生。阳信县人。其"状貌雄伟，试辄夺冠"，为文令人击节叹赏。顺治五年（1648）举人，三甲第一百七十九名进士。授浙江东阳县知县，清户口，严保甲，禁止溺女锢婢，尽除势要借贷积弊，人们将其作为仿效楷模。工诗。卒祀乡贤。

【朱正锡】号帝赉。齐东县（今属邹平县）人。顺治八年（1651）举人，三甲第二百名进士。授湖广浏阳县知县，未赴病卒。

【徐既同】滋阳县（今兖州市）人。顺治十一年（1654）举人，三甲第二百零六名进士。授河曲县知县。

【崔迪吉】字山公。茌平县人。幼失母，刻苦攻读。生平重然诺，尚节义，敦宗睦族，济困扶危。入仕前曾上书知府，免除乡人为驿递和助修河工所加重负。顺治八年（1651）举人，三甲第二百零八名进士。授白水县知县，地多荒野，捐给耕牛、种子，不责其偿还，复业者甚众。对人亡地存者，力请豁免赋税。上官重其廉明，凡有疑案悉委审究，莫不决断如神。其修学宫，利水道，兴利除弊，扶弱抑强，暇则与士子讲诗书，考课业，渐使陋习化为读书之风。在任五载，去职时，士民焚香泣送，遮道盈途，立戴德碑以志遗爱。卒于家，祀乡贤。

【何　广】字环珠。汶上县人。以孝友名。顺治十一年（1654）举人，三甲第二百零九名进士。授江西丰城县知县，明于听断，剔弊锄奸，豪猾敛迹，士民慑服。母殁，遂终身不仕。卒祀乡贤。

【马　光】字幼实。邹县（今邹城市）人。一说邹平县人。顺治八年（1651）举人，与同曾祖兄骐为同榜进士，位列三甲第二百一十五名。授云南罗次县知县，有政声。丁忧服除后，补江南宁国县知县。以治行第一，行取云南道监察御史，改河南道，巡察两浙盐政。康熙十六年（1677），因"赵高鹿马之谣"被谪戍奉天。起因是山东籍监察御史郭琇，连上劾河臣、内臣、大臣三大疏，以敢言骤升都察院左副都御史，引起被劾者与钩党的暗谋中伤。山东在京大僚赵崙、高启元、鹿廷瑛、马光和郭琇，都曾写信给山东巡抚举荐时有能名的即墨知县高上达、曹县教谕刘逢甲、成山卫教授孙熙。时会监察御史张星法劾山东巡抚，被郭琇所劾的怨家与钩党插手挑拨，致使山东巡抚以"愤嘱荐不遂"而上奏，为此，郭琇被降六级调用，而光等四人，也以"山东党魁赵高鹿马之谣"被罚守边疆，光在奉天长达十九年，未曾遇赦。康熙三十五年（1696）大军北讨，康熙下旨"允许纳资营职"，光子佩玠、佩玮出金买马若干匹运送军粮，但不愿得职，而愿赎父之罪。降旨赦光，并予子官以奖其孝。子佩玮，授正阳县知县。

【刘　慎】长山县（今属邹平县）人。顺治十一年（1654）举人，三甲第二百一十二名进士。授泰顺县知县。

【王　澄】字若水。东平州（今改县）人。顺治八年（1651）举人，三甲第二百一十三名进士。未仕卒。孝亲友弟，乡里称颂。著有《九思堂记》。

【曹振邦】历城县（今济南市）人。顺治八年（1651）举人，三甲第二百一十九名进士。历安徽定远、灵宝县知县。

【陈洪谏】字宪宸，号觉庵。德州（今德州市）人。顺治五年（1648）举人，三甲第二百二十五名进士。授四川峡江县知县，治水有功。改云南丽江府推官。康熙七年（1668）裁推官，授江南兴化县知县。时大吏驻兴化县勘察治河工程，洪谏捐出千金支应，毫不累民。邑累罹水灾，饥馑遍野，洪谏刺血书牍，连上七章，乃获赈济。历江西抚州府同知、袁州府知府。以陕西按察使副使，分巡神木道。所至慷慨任事，以才干称。年老告归，捐资修建文武阁和断桥毁道。卒祀名宦祠。

【轩辕胤】亦作辕允。字四岳。东平州（今改县）人。顺治十四年（1657）举人。三甲第二百三十一名进士。授江都县知县。

【王钟玫】字文玉。淄川县（今淄博市淄川区）人。顺治三年（1646）举人。顺治十五年（1685）会试贡士，当年未参加殿试，翌年补殿试成三甲第二百三十三名进士。授海澄县知县，为官二载，颇有政声。在任无疾而终。

【姜　炤】字楚白，号松岩。莱阳县（今改市）人。顺治五年（1648）举人，三甲第二百三十五名进士。授直隶鸡泽县知县，迁内阁中书。

【王　政】字心仁。阳信县人。早孤，由兄抚养成名。顺治十二年（1655）举人，三甲第二百五十四名进士。授直隶唐县知县。邑近河流，每年淹地千余顷，政亲履查勘，凡水涨沙压地方请豁除赋粮。递马工料，奉裁已久，自出俸金赞助，毫不累民。禁钩摄，剔繁费，收解税粮费用，自出添加。息讼，劝农，不牵累妇女。遇大饥之年,煮粥施赈。向上申请,将县学由下改中,扩大生员数额。以德为政,士信民怀,为其作《嘉绩录》。卒祀乡贤。

【张若梧】字梧凤。东平州(今改县)人。顺治八年(1651)举人,三甲第二百五十八名进士。授泰顺县知县,任职一年卒。

【尹严维】德州(今德州市)人。顺治八年(1651)举人,三甲第二百七十名进士。授彭水县知县。

【蒲　瑞】字信侯。淄川县(今淄博市淄川区)人。顺治八年(1651)举人,三甲第二百七十一名进士。授汤豀县知县。

【李见龙】蒙阴县人。顺治十四年(1657)举人,三甲第二百七十三名进士。仕至太常寺卿(《清代职官年表》未见载)。

顺治十八年辛丑科

本科录取：一甲三名，二甲七十七名，三甲三百零三名。其中山东四十五名。

【赵其星】字仲启。德州（今德州市）人。父早逝，由其母辛勤训育，纺织佐读。顺治十四年（1657）举人，二甲第九名进士。授黄州府推官，改汾阳县知县。因事罢归，居家二十余年，甘贫好学，课艺谈经，乡人重其文行，一时州卫及邻邑碑铭志传文字多出其手。工诗，著有《仲启诗集》。兄景星，举人，府通判。

【高之骃】字翼良。淄川县（今淄博市淄川区）人。为人磊落，尚义气，重然诺，有"鹏博万里之概"。顺治十一年（1654）举人。顺治十六年（1659）会试贡士，当年未参加殿试，后补殿试成二甲第三十一名进士。授贵州平越县知县。父玠，明崇祯进士，翰林，国子监祭酒；弟：之骊，举人；之骤，工诗文，著有《家模汇编》、《强恕堂诗》。

【郭懋勋】字有大。益都县（今青州市）人。顺治八年（1651）举人，二甲第四十一名进士。授湖南善化县知县。

【孙　蕙】字树百，号笠山。淄川县（今淄博市淄川区）人。顺治十四年（1657）举人，二甲第四十二名进士。授宝应县知县，聘请蒲松龄为幕宾。革除各类民负杂派，岁省费以万计。时值运河水浅，漕运艰难，浚河使欲大举速成，向其立索万夫，督促甚急。蕙念及地狭民敝，冒着被罢官风险，未即实施。浚河使发怒，欲革其职，蕙则曰："宁可削职，亦不搜括剥削吾民也。"当地百姓唯恐连累知县，有万余人，自赴河上，仅六日而竣工。以卓异升户科给事中，充福建乡试主考官。其"立朝敢言，居乡砥节"。工诗文，著有《笠山诗选》、《历代循良录》、《安宜治略》等。丁忧，卒于家。

【张尔奎】字锡公。邹平县人。《题名碑录》载籍顺天府大兴县。顺治八年（1651）举人，二甲第四十七名进士。授广宁县知县。赴任前，其母谢夫人以"宽征恤民"为训，尔奎记以诗云："慈母送西郭，临歧语意明。常思家苦税，休讳拙催征。"广宁县公役来迎接，被其遣回。以扁舟就道入婆娑河，船工以舟轻拟实以沙土，尔奎作诗云："萧然行李实无多，沙土仍防权使词。箧有诗书三百册，千金一字重如何。"抵任以母训行事，大有政声。为俗吏所困苦，竟抑郁而死。祖父延登，明万历进士，工部尚书、左都御史，加太子少保；父万选，贡生，刑部员外郎，善书法。

【王瞻祖】商河县人。顺治十七年（1660）举人，翌年联捷三甲第三名进士。授湖广远安县知县。

【任　玥】（1632—1687）字希庵，号少玉。高密县（今改市）人。顺治十四年（1657）举人，三甲第十名进士。授山西石楼县知县，在任六年，多有惠政。行取浙江道监察御史，改京畿道，巡视西城京仓和长芦盐政。所上"蠲广西逋赋"、"浚桃源河流"、"裁滇黔冗兵"诸疏，皆关国家大计。家乡遇饥荒，与兄各出粟千余石赈济灾民。为家乡助修学宫。平生酷爱书法，曾重金购买怀素、赵孟頫等人的书法真迹，善摹晋唐人书帖，其书法浓淡疏密皆有古意。著有《敬事初编》。卒祀乡贤。兄琪，顺治进士，礼部郎中。

【单务嘉】字嘉客。高密县（今改市）人。顺治十四年（1657）举人，三甲第三十一名进士。授直隶蠡县知县，治绩颇著。迁江南江宁府同知，以强硬手段，惩治荼毒善良而又聚众吵闹于军门的不法者。康熙十二年（1673），吴三桂等叛清，四川、贵州告急，要求迅速传递的羽檄交错纷杂，务嘉被以才高调任江苏常州府知府，供应邮传，兵民帖然。康熙二十六年（1687），朝廷用兵湖南，务嘉奉命督造船只，未毕工，又擢苏松道，时援闽军队络绎南下，务嘉措划精详，兵不留行。未几，闻母病逝，日夜哀号，勺糜不入口，竟以毁卒。孙绳谟，举人。

【任孔昭】字潜夫。济宁州（今济宁市）人。少颖异。居家孝友，倡率赈济。三甲第四十四名进士。授四川太平县知县，未任卒。祀乡贤。

【刘凤岐】字东美。寿光县（今改市）人。顺治二年（1645）举人，三甲第五十七名进士。

【成其范】字洪叙，一字愚昆。乐安县（今属广饶县）人。为人魁伟端重，声若洪钟，而精于算学，有预见之能。顺治八年（1651）举人，三甲第五十八名进士。授直隶保定县知县，行取陕西道监察御史，以"言路铮铮"称，有古谏臣风。巡按两浙盐政。历通政司左参议、太常寺卿。康熙二十六年（1687），擢兵部右侍郎。充会试副主考官。后被降调，七十二岁卒。父勇，明天启进士，监察御史；弟其原，举人。

【马　澄】字原思。安丘县（今改市）人。其沿袭家学，才名奕奕。在羁贯之年，于明崇祯九年（1636）考中举人。但少年气盛，有古游侠之风。直到中年，才强自克制，折节读书，跌宕风雅，驰骋翰墨。终在中举二十五年后，考取三甲第六十四名进士。尤专于诗词,其诗清澹闲肆,直追唐宋古人,受到王渔洋极力称赞。其诗集名为《援之筌句》。

【陈心澡】字秋沆。济宁州(今济宁市)人。顺治十七年(1660)举人,翌年联捷三甲第七十八名进士。授浙江太平县知县,邑三面皆海,自朝廷禁海以来,商船断绝,贸易不通,加上当地贫穷,民多拖欠赋税,流亡者众多。心澡到任,既要外防海盗,又要内养防屯之师。其对百姓加以抚慰,设法招徕流亡,与百姓订立诚约,只要先完成拖欠赋税,即申请豁免额外三千余金。由此,才使百姓贫困状况,逐步稍稍得到改变。以积劳卒于任。父宸诵,明崇祯举人;曾孙堽,知县。

【李世锡】(1637—1714)字帝侯,一字霞裳。胶州(今改市)人。生有夙慧。顺治十一年(1654)举人,三甲第七十九名进士。授嘉鱼县知县,廉正爱民。性高亢,不能俯仰上官,旋以疾辞官,筑室云溪西。游历山川,以诗交海内名士,得田雯、袁枚称颂。贫而好客,虽杯酒菜根,唱和翕然。晚年喜禅学,自号赵州庵主,以种售菊花自给,更号卖菊翁。工绘事,善画花卉。七十七岁卒。著有《绮存集》四卷、《楚中议》一卷。曾祖父太和,明正德举人,著有《致庵文集》四卷。堂兄世镐,顺治进士,工部主事;堂弟世钿,举人,工书法,著有《碧莲堂诗存》。

【胥　琬】字麓庵。潍县(今潍坊市)人。顺治十四年(1657)举人,三甲第八十名进士。授直隶任丘县知县,赋性精明,秉心廉直,遇事敢为,有理繁治剧之才。任内兴利除害,程期课士,百姓依之如父母。被以诖误降谪,乡民数百人诣部乞留,未获准许。康熙二十九年(1690),由贵州石阡府知府,以按察司副使,提督山西学政。

【李之栋】平阴县人。顺治十七年(1660)举人,翌年联捷三甲第八十一名进士。

【岳峰秀】字镇九,号克亭。汶上县人。顺治八年(1651)举人,三甲第八十二名进士。初授河南封丘县知县,在任六载,以实心行实政,颂声大作。以卓异擢礼科给事中,旋转刑科掌印给事中,上奏数十章,皆关为国为民大事。监督宝源、宝泉两局,夙弊为之一清。后引疾告归不出,筑小圃结茅其中,阅书史,阐绝学。凡利人济物之事,不遗余力。晚年,著《劝善恒言》数十则,并刻古格言以诱导他人。卒祀乡贤。

【杨　蕴】字公含。诸城县(今改市)人。父宗儒为廪生,常受豪门欺辱,蕴与兄蕃发愤攻读,以求功名。顺治十一年(1654)举人,与兄蕃同科考中进士,名列三甲第九十七名。授甘肃安定县知县。有旧定制，知县米薪之费用，皆出自向百姓摊派，蕴毅然予以革除。其组织能工巧匠，将勘察发现的当地山上出产的一种质地上佳的石头，开采制作出砚台、笔洗等，以增加百姓收入。这里文化教育落后，从来未有科举登第者，其建起学宫，亲为诸生授课，文教渐兴。驻地官兵骄横暴戾，为害百姓，蕴告之总兵，整顿军纪。为乡试同考官。援例授内阁中书，以丁母忧不再复出。六十岁卒。

【杨　蕃】字公硕。诸城县（今改市）人。父宗儒为廪生，常受豪门所窘，蕃与弟蕴发愤读书，以求功名。蕃为人检束，能甘淡泊。顺治十七年（1660）举人，翌年与弟蕴同科进士，名列三甲第一百零三名。授江苏清河县知县，邑临河，无城郭，河水常溢，又地当孔道，大吏往来如织。蕃白天迎送泥淖中，夜里听断民事，几少有闲暇。日食蔬菜，灶下以马粪为薪，百姓作诗歌赞颂。有上官不相信，暗中遣人突至查看，如同传说的一样，乃叹服曰："真清官啊！"由于性情耿直，被以讹误降级。卒于京师，年五十五。著有《分清山楼遗稿》二卷。

【毕盛谱】字芳闻。淄川县（今淄博市淄川区）人。幼读书刻苦，精于经史。顺治十四年（1657）举人，三甲第一百一十一名进士。授山西芮城县知县，充乡试同考官。致仕，卒于家。

【刘毅志】字朱霞。乐安县（今属广饶县）人。天性孝友，亲丧哀毁骨立，与兄情谊尤笃。顺治八年（1651）举人，三甲第一百一十五名进士。授广东大埔县知县，有循声。以战功得优叙，未及升上而卒。

【戚延锡】黄县（今龙口市）人。顺治五年（1648）乡试经魁，三甲第一百一十七名进士。授河南罗山县知县。

【王临元】字介初。清平县（今属聊城市）人。县志载作平山卫人。顺治五年（1648）举人，三甲第一百二十一名进士。授江西浮梁县知县，洁己爱民，从家中运粮自给，毫不累民。康熙十三年（1674），福建靖南王耿精忠叛清，临元拒不投降，对叛将道："头可断，心不可易也。"旋不屈自缢死。朝廷赠按察司佥事。子允直，知县；孙福人，举人，县教谕。

【史毓光】青城县（今属高青县）人。顺治十四年（1657）举人，三甲第一百三十一名进士。授知县。

【王文龙】黄县（今龙口市）人。顺治八年（1651）举人，三甲第一百三十四名进士。授云南新平县知县。

【李　芳】字佳木，号顺轩。济宁州（今济宁市）人。顺治十四年（1657）举人，三甲第一百四十一名进士。登第后，于城东南隅构筑小楼潜心易学。康熙十八年（1679），授湖北当阳县知县，抑豪强、剔奸蠹、完城郭、严保甲、集团练，仅两月，案牍渐稀，盗贼敛迹，兵燹后的凋敝为之改观。以卓异署襄阳府知府。某日，忽作铭授予二子，铭中有"六十年来俯仰无憾，唯愿后人率由旧宪。"其夜无病而逝。著有《周易讲义》、《玉山初记》、《玉山草》、《碌碌吟》。

【周大训】临清州（今改市）人。顺治十四年（1657）举人，三甲第一百五十六名进士。

【贾蕃男】黄县（今龙口市）人。顺治二年（1645）举人，三甲第一百六十五名进士。由浙江嘉善县知县，授户部主事。

【韩雯焕】字天章。益都县（今属淄博市博山区）人。顺治十一年（1654）乡试经魁。顺治十六年（1659）会试贡士，当年未参加殿试，后补行殿试成三甲第一百八十一名进士。授浙江云河县知县。弟雯阶，亦乡试经魁，县教谕。

【臧振荣】(1630—1694)亦载作振荣。字均仁，又字岱青。诸城县（今改市）人。顺治九年（1652），以拔贡在国子监结业，与邓汉仪、丁耀亢等二百余人创观文大社。顺治十一年（1654）举人，三甲第一百九十一名进士。授广西昭平县知县，值云南吴三桂叛清，广西桂林守将孙延龄投降吴三桂，广东、广西震动。其带病全力守城，邻县都沦陷以后，唯昭平县屹然独存。广西巡抚金镆命其办理军队粮饷时，叛军乘机攻占昭平具。巡抚金镆又委其署怀集县知县，敌将周一鄂自湖广来犯，由于力守，周一鄂无奈退去。并以攻心为上，致书劝降据城西北土寇。以患瘴疠病，请归治疗，上官动恻隐之心，予以批准成行。其在离开怀集县途中，被敌将而执，寻机逃出。康熙十六年（1677）二月，其到达江西赣州，拜见镇南将军许占魁和巡抚佟国桢，二人遂将其忠义之举上奏朝廷，康熙帝以不肯依附叛逆而将其升任江西宁州知州。在任六载，尽力为民，治绩卓著。丁母忧归，哀毁而卒，年六十五。著有《太古园诗草》行世。祖父尔劝，明万历进士，兵部左侍郎；子珊，例贡，知府。

【高景之】胶州（今改市）人。顺治五年（1648）举人，三甲第二百名进士。授崇阳县知县。

【韩　烺】临清州（今改市）人。顺治十七年（1660）乡试亚元，翌年联捷三甲第二百零四名进士。未仕卒。

【刘朝宗】高密县（今改市）人。顺治三年（1646）举人，三甲第二百零九名进士。

授电白县知县。父应擢，岁贡，府教授。

【邹衍泗】黄县（今龙口市）人。顺治十七年（1660）乡试经魁，翌年联捷三甲第二百一十三名进士。授湖广慈利县知县。

【王文煌】高密县（今改市）人。顺治十四年（1657）举人，三甲第二百三十一名进士。授浙江景宁县知县，常召集父老询问疾苦，百姓以荒田赔累相告，即毅然请于上官，豁免多征荒田赋税。以疾乞归，送行者遮道攀辕达数千人。

【俎如蕙】字拙公。武定州（今属惠民县）人。母早逝，事继母能顺其志。顺治五年（1648）举人，三甲第二百三十二名进士。授江西赣县知县。此地民性俗武悍，又多溺女婴，其手编《通俗解镂》颁行，陋俗顿革。会当编审旧例，因赋添丁，大为民害，遂申请按丁添丁。时有贿试者，立置于法。以疾告归，当地士民立石颂其德。著有《静远斋诗集》。为文华殿大学士、吏部尚书李之芳整理《李文襄公诗集》，传之于世。子可尝，康熙进士。

【毕盛青】字子山。淄川县（今淄博市淄川区）人。淡泊自甘，勤于职事。顺治十四年（1657）举人，三甲第二百三十六名进士。考授内阁中书，越六载始就职。从亲王率大军入闽七年，勤瘁狷介，治军甚严，深得亲王器重。后升赣州府佐官，抵任三月而卒，年四十八。

【刘举士】滨州（今滨州市）人。顺治十四年（1657）举人，三甲第二百三十八名进士。授江西东乡县知县。

【庄永龄】莒州（今属日照市）人。顺治十一年（1654）举人，三甲第二百六十六名进士。观政兵部。

【谢　遴】（？—1677）字秉衡，号泗湄。鱼台县人。少年刻苦力学，为文能破旧习，有奇气。顺治十七年（1660）举人，翌年联捷三甲第二百七十名进士。授河南上蔡县知县，为官清慎，以其所学为治，士民爱戴。充河南乡试同考官，以得人称。在任八载，清淡自甘，官署之内一如寒素。康熙十四年（1675），入京任职，上蔡士民攀辕泣留，百里不绝。康熙十六年（1677）病卒。上蔡有生员至千里奔赴抚棺恸哭而去。裔孙：钦宝，举人，知州，多著述，善书画；韫田，举人，县教谕。

【张　珽】济宁州（今济宁市）人。顺治八年（1651）举人，三甲第二百八十一名进士。授通山县知县。

【葛鼎元】字梅瑞。濮州（今属河南范县）人。顺治十四年（1657）举人，三甲第二百八十三名进士。授桃源县知县。

【徐之璧】字天枢。益都县（今青州市）人。顺治十一年（1654）举人，三甲第二百八十五名进士。

【韩敬所】字公肃。邹平县人。孝友淳和，德行为乡人所重。垂髫即能文。谨遵其父："勿长傲，勿习慢，勿荒于嬉"的告诫，刻苦攻读。顺治五年（1648）举人，三甲第二百九十三名进士。授江苏吴县知县，未久告归。

【潘志标】字扬欣，号仙庵。潍县（今潍坊市）人。顺治八年（1651）举人，三甲第二百九十七名进士。由举人时的高唐州学正，授江南兴化县知县，未赴任。

顺治十八年辛丑科

康熙三年甲辰科

本科录取：一甲三名，二甲四十名，三甲一百五十七名。其中山东二十八名。

【李鸿霆】字季霖，号厚余。新城县（今桓台县）人。顺治十一年（1654）举人，二甲第三名进士。授内阁中书。充浙江乡试副主考官。仕至云南元江府知府。元江主要为苗民部落散落居住地区，号称难治。鸿霆为政清和，劝农兴学，并加强戒备，以防发生边患。未几，以病卒于任，入名宦祠。著有《观海集》、《观海余则》、《滇南集》。

【田　雯】（1625—1704）字紫纶、纶霞，号山姜、漪亭，又自号山姜子，晚号蒙斋。德州（今德州市）人。《清史稿》有传。生于寒士之家。顺治十七年（1660）举人，二甲第四名进士。授内阁中书，转户部主事，升至郎中。康熙十一年（1672），充顺天乡试同考官，力举人才。康熙十九年（1680），提督江南学政，订教策十五则，所取士多异才，文风大振。康熙二十三年（1684），迁湖广督粮道，筹齐军需漕粮六万石，剔除漕政弊端十二项，惩处漕运蠹虫。历光禄寺少卿、鸿胪寺卿。康熙二十六年（1687），擢江苏巡抚，连上五疏，以解民难，受到康熙帝嘉奖。翌年，改贵州巡抚，阻止两广总督欲调三省军队会剿少数民族反抗的动议，此事得到妥善处置。康熙二十九年（1690），授刑部右侍郎。康熙三十六年（1697），充会试副主考官，为殿试读卷官。康熙三十八年（1699），擢户部左侍郎。康熙四十年（1701），以病乞归。当年十月，康熙帝南巡，"初五日，驻跸德州"，居雯家中山姜书房。康熙帝赐御书五言诗一首，并书"寒绿堂"匾文以示褒奖。雯为官清正廉明，清苦志坚，没有什么过失。其诗文博丽、造诣高深，与王士祯、宋琬、施闰章、朱彝尊并称。著述甚富，有《山姜文选》十五卷、《古欢堂集》十二卷、《黔书》二卷、《长河志籍考》十卷、《幼学编》四卷和《诗传全体备义》等。父绪宗，顺治进士，知县。弟需，康熙进士，翰林，乡试主考官；霡，拔贡，县教谕，著有《鬲津草堂诗》。子肇，荫生，郎中，著有《有怀堂诗文全集》；孙同之，举人，会试明通榜，国子监学正，著有《西圃丛辩》三十二卷等五种。

【庞见龙】聊城县（今聊城市）人。顺治二年（1645）举人，二甲第五名进士。

【李伯臣】字柱星。曹县人。生而颖悟，读书数行并下，遇有艰深难晓处，一经过目，洞彻无余。顺治十四年（1657）举人，二甲第十名进士。授府推官。丰姿秀异，仪度娴雅，为谦谦君子，时人爱而敬之。母早逝，事继母曲尽孝道，待异母弟情谊有加。工诗文书法。其书法遒劲，追踪王右军。三十三岁卒。

【李　迥】（1625—1695）字奉倩。寿光县（今改市）人。生而沉静，寡言笑，怒不形于色。顺治八年（1651）举人，二甲第三十三名进士。授内阁中书，勤于职事。康熙帝命其书字进览，应对详雅。转礼部主事，改刑科给事中。在征剿"三藩"时，所掠子女多归旗下，迥疏请开赎，得到允准。康熙十七年（1678），充江南乡试副主考官。又历都察院左佥都御史、顺天府尹、通政使、都察院左副都御史、刑部右侍郎。为官谨慎，务持大体，不为矫激之行。每以哀矜狱谳，虽九死必获一生，人以行善称之。后乞假归，以林泉自娱。康熙三十四年（1695），无疾而终，年七十岁。父汝英，举人；兄适，顺治进士，知县。子：懋，康熙进士，翰林，乡试主考官；枡，举人，候选国子监学正；樸，贡生，知县。孙：煊，举人；炎，举人，知府。曾孙：封，乾隆进士，翰林，巡抚；铎，乾隆进士，翰林，府同知；楫，举人，候补知县。

【吴自肃】（1631—1712）字在公，号克庵。海丰县（今无棣县）人。为人慷慨，有大节。顺治十一年（1654）举人，二甲第三十五名进士。授江西万载县知县，到任方三月，值湖南告变，长沙失守，人心风鹤，事势汹涌，士民欲挟自肃投降，其坚贞不屈，与僚属、绅士以忠节相砥砺，奋勇抵抗，无有陷于不义者。万载县连遭两陷，民亡田荒，自肃绘图详报，前后数万言，字字欲泣。大兵攻长沙，长夫接济，催檄如雨，自肃抗词申详，在致知府公文中，批有"领教"二字，被称为强项令。升任之日，士民为其建讲堂，以表爱戴之情。入京为内阁中书，改户部主事，升至刑部郎中，视学滇南。在充学政期间，修文庙，创书院，人才多所造就。后外任山西按察司佥事，分巡河东道，立有战功。以老告归，八十二岁卒。著有《万行草》、《我堂存稿》。子：象宽，雍正进士，知县；象弼，举人，著有《杞屋诗集》。孙绍诗，由廪生举贤良方正，官至吏部侍郎（加尚书衔）；曾孙垣，举人，巡抚；坛，乾隆进士，巡抚。

【王士骥】（1632—1680）字陇西，一字杜称。新城县（今桓台县）人。顺治十四年（1657）乡试解元，二甲第三十六名进士。授内阁中书。以母老乞归，母终未赴补，四十八岁卒。著有《听雪堂诗集》、《听雪堂词集》、《游大梁诗集》。父玫，喜收藏，尤工行草尺牍，战死，著有《宠鹅馆集》四卷。

【孙元亨】字贞子，号卢卿。莱阳县（今改市）人。性孝友，轻财尚义，博通经史，尤善骑射。顺治五年（1648）举人，二甲第四十名进士。授直隶肃宁县知县。

康熙三年甲辰科

充顺天乡试同考官。为政尚宽，振兴文教，与民休息。修筑孟长河堤。其常道："亲民如子，我之职也。"告归卒，传至肃宁，人为巷哭罢市，许多人前来祭奠。

【刘　玮】（？—1667）字荆公，号龙麓。沂水县人。性勤敏，博览群书。清初，由岁贡廷试高等，例授推官，不赴。其父在明末任吏部郎中时，有人夜间到他家行贿，玮峻拒不纳。崇祯十三年（1640），山东大饥，玮出粟千石赈济。考取三甲第十一名进士，三年后，未仕而卒。工诗，著有《龙麓诗稿》。父应宾，明末进士，入清由通政使升至都察院左副都御史；弟玠，廪贡，工诗文，著有家训《日省录》。

【王俞昌】高密县（今改市）人。顺治十七年（1660）举人，三甲第十二名进士。授垫江县知县。著有《素园诗集》一卷、《教家俚言》三卷。子童蔚，康熙进士，知县；孙立韩（知县）和曾孙清昕皆举人。

【单务孜】字予思。高密县（今改市）人。幼颖异，笃志好学。顺治十四年（1657）举人，三甲第二十五名进士。授内阁中书，改内阁典籍，守拙勤职，不事贪缘。康熙十三年（1674），佐简亲王西征，安抚逃亡，放还子女，全活西安百姓数万人。又历兵部员外郎、礼部郎中和江苏淮安府知府。淮安为天下财赋聚集处，治河转漕，岁例可得数十万，务孜一切皆予革除。以父丧归里，唯图书数卷而已。家居近十载，杜门教子，不与外事。祖父明诩，明万历举人，巡抚；父若默，拔贡，知县。孙：履晋，举人；履豫，举人，工书法，兼工墨竹，著有《遗诗》；履萃，举人，盐大使；履咸，拔贡，知县。

【张　翕】茌平县人。幼失父，依叔父成立。顺治八年（1651）举人，三甲第四十四名进士。著有《怡情集》。热心修志，曾主持重修《茌平县志》《博平县志》。

【孙若群】字公焕。淄川县（今淄博市淄川区）人。品端学赡，言动有则，乡人以小圣人称。虽平居端默，但遇问难者，则滔滔不倦。明崇祯十二年（1639）举人。顺治十六年（1659）会试亚元，当年未参加殿试，后补殿试成三甲第四十八名进士。授山西交城县知县，升云南晋宁州知州（省志载四川知州）。所至多异政。尤善论文，穷通寿夭，皆能以文决之。卒于官。

【刘　深】（1625—1707）字源长，又字惭蓼。淄川县（今淄博市淄川区）人。顺治十七年（1660）举人，三甲第六十名进士。授香河县知县，邑处京畿，为八旗屯牧之地，其民皆宗室佃人，素号梗顽，深严立科条，不畏强御，旗人皆无敢触法者。在职三年，以卓异擢行人司行人，迁湖广道监察御史，补福建布政司参议。为监察御史时，持大体，不细苛，所上"定品级以崇国体"疏，为时人所赞赏。在闽中，地处海疆，满汉兵驻守者八万人，深精心筹划，供给满足，兵将颂声大作。其将侵占他人坟地的豪右置于法，以明断称。未几，以老告归，八十二岁卒。

【王大年】号天木。章丘县（今改市）人。顺治十七年（1660）举人，翌年会试贡士，当年未参加殿试，后补殿试成三甲第六十二名进士。授江南昆山县知县，治理有方，士民赞颂。父濂，顺治进士，知县。

【于 瀘】字秋一，号阜台。宁海州（今烟台市牟平区）人。顺治十七年（1660）举人，三甲第七十九名进士。授四川纳溪县知县，赴任抵保宁，值吴三桂之变，其妻遇难，其也被逮，迫降不屈，诱以伪职也不屈，乘隙逃走南部，长达六载。及乱平，阆中南部诸生，以其抵死不受伪职，上呈大吏，欲予重用，但瀘称疾不赴，游历江湖，数载而归。著有《抗忠实迹录》、《溯洄吟》。

【卜 镜】字水心，号莲友。东平州（今改县）人。顺治十四年（1657）举人。顺治十八年（1661）会试贡士，当年未参加殿试，后补殿试成三甲第八十二名进士，候选知县。奉文截取，乃向巡抚乞请终养，以"家世清寒，并无兄弟，父年八十一，母年七十九，日在风烛中，奚可顷刻离"之语，使巡抚为之动容，叹曰："今人中古人。"遂具疏题请。知府以"天伦至乐"、"寓忠于孝"、"行重孝隐"之匾额嘉之。曾孙于洴，武举。

【曹贞吉】（1634—1698）字升六，又字升阶，号实庵。安丘县（今改市）人。《清史稿》有传。少时与弟并有文誉。康熙二年（1663）乡试解元，翌年联捷三甲第八十三名进士。授内阁中书。初出佐安徽知府，洁己奉公，逾年大治。旋署祁门县知县，废除船课、磁土、水库等苛捐杂税，士民作《却金歌》赞颂。新任知县到任，劝告戒贪不听，未几，激起民变，百姓围署罢市，知县自缢而死，但仍群情激愤，后患难料。知府请于上官曰："非曹某不能定此乱。"贞吉到后，按法处置，苛政尽除，得以安定。擢户部员外郎，迁礼部郎中。充顺天乡试、武会试同考官和广西乡试副主考官。以按察司佥事，提督湖广学政。以老病告归。生而嗜书，以歌诗为生命，词尤有名，造诣颇深，时称"康熙十子"之一。吴绮撰《名家词选》以为压卷，流传江左，一时推为绝唱。著有《朝天集》、《鸿爪集》、《珂雪诗词》、《黄山纪游诗》、《十子诗略》。弟申吉，顺治进士，翰林，巡抚、兵部侍郎。子：涵，举人，知府；霖，荫授七品京职，著有《枣花田舍诗》、《冰丝词》、《黄山纪游词》。

康熙三年甲辰科

【陈　恪】字肃揆。临朐县（今属青州市）人。事亲以孝闻。笃学力行，少怀济世之志。曾立下誓言：若能为州县官吏，为政必以端教化、正风俗为首务，奖励以启其善念，严惩以革其非心，庶仁厚之风渐染可致。顺治十七年（1660）举人，三甲第九十二名进士。授兵部主事，旋患急疾而逝。临终时，告诫其子曰："我本想为国家尽力，但命赋有限。我不怕死，遗憾的是对国家未尽忠，对你的祖父未尽孝。"工诗文，著述散佚无存。族侄纬，顺治进士，知县。

【傅廷锡】高密县（今改市）人。顺治十七年（1660）举人，三甲第一百一十一名进士。授洋县知县。祖父钟秀，明崇祯进士，太常寺少卿；父亶初，顺治进士，府推官；叔父京初，康熙进士；子维义，举人。

【牟国须】栖霞县（今改市）人。顺治十一年（1654）举人，三甲第一百二十四名进士。授河南渑池县知县。父铜，武举人。

【李元直】字敬公。濮州（今属河南范县）人。顺治十七年（1660）举人。三甲第一百二十六名进士。

【王承露】字湛生，号毅庵。益都县（今青州市）人。顺治十七年（1660）举人，三甲第一百三十二名进士。授广宁县知县。某逆之变，其宁死不屈，持将军傅鸿烈密书，间关虎穴，万里奔告，使叛乱得平。特授洧川县知县，大兴文教，暇则与诸生讲学课艺。丁忧，服除，补山西临汾县知县，行取户部主事，升至郎中。康熙二十六年（1687），以按察司佥事，提督广西学政。所至皆有善政。祀平阳名宦。

【张　泌】字绍邺。郓城县人。顺治十四年（1657）举人，三甲第一百三十六名进士。积学励志，英年有为，尤工诗赋。惜未出仕，以病卒。

【孙　渲】乐安县（今属东营市）人。顺治五年（1648）举人，三甲第一百四十四名进士。

【韩维基】字贞子。淄川县（今淄博市淄川区）人。顺治十七年（1660）举人，三甲第一百四十六名进士。历山西闻喜、博野县知县。

【李观光】字宾王。堂邑县（今聊城市东昌府区）人。顺治十四年（1657）举人，三甲第一百四十八名进士。授内阁中书。历礼部主事、员外郎和刑部郎中。以按察司佥事，提督山西学政。父之矩，明崇祯举人，府同知；兄观我，康熙进士，知县。

【王　劼】字悫献。郓城县人。顺治十四年（1657）举人，三甲第一百五十三名进士。高第后，三十余年不乐仕进，隐居独善，有子陵、元亮之风。

康熙六年丁未科

本科录取：一甲三名，二甲四十名，三甲一百一十二名。其中山东十九名。

【董讷】（1639—1707）字兹重，号默庵。平原县人。《清史稿》有传。康熙五年（1666）举人，翌年联捷一甲第三名进士，探花，授编修。初为侍讲、侍读学士。历充云南乡试主考官、顺天学政、会试副主考官，门生故旧颇多。康熙二十三年（1684），屡迁礼部右侍郎，继而改户部右侍郎、吏部右侍郎。康熙二十五年（1686），为都察院左都御史，改江南总督。为政持大体，有惠于民。康熙二十七年（1688），因河工降职五级，以翰林官补用。江南民众为立生祠。次年，康熙帝南巡，在江南见大批百姓执香跪拜在讷生祠前，向康熙帝请求恢复其职务，让其到江南任官。康熙帝南巡归来，召见讷时笑曰："汝官江南惠及民，民为汝建小庙。"当年，旋以侍读学士复出，历内阁学士、兵部右侍郎，升至漕运总督。在总督任上，一改督察漕运办法，设置交易小单票等制度，并剔除逃税奸商，堵住作弊漏洞，将漕政整肃一清。康熙三十一年（1692），又被加都察院右都御史。康熙三十三年（1694），被坐事革职，以疾卒于清河馆舍。其峭直沉雄，遇事果达，不为难易退缩求全，以其高风亮节，而在朝野赫赫有声。康熙四十一年（1702）冬，康熙帝南巡至讷故居，御书"眷念旧劳"四个大字，命悬诸墓门。讷尤擅诗，著有《柳村诗集》、《西台奏稿》、《两江疏草》、《督漕疏草》、《华馆集》等。子思凝，康熙进士，布政司参议、道员；孙元度，乾隆进士，知县。

【颜光敏】（1640—1686）字逊甫，一字修来，别号乐圃。曲阜县（今改市）人。颜子六十七世孙，与弟光猷（进士）、光敩（进士），号称"曲阜三颜"。十二岁，已能赋诗，善行草。康熙二年（1663）举人，二甲第十三名进士。授内阁中书，转礼部主事。充会试同考官。不久，出监龙江关税政。回京改吏部主事，累迁郎中。参与纂修《一统志》。一生手不离卷，博览群书，旁通律历勾股之说，对《大学》章句尤得奥旨。尤工诗，喜交游，和许多名士相互唱和赠答，共同探讨汉魏六朝唐宋元明诗家之得失。其还和宋荦、田雯等结成"十子诗社"，众推光敏为诗坛盟主，刻有《十子诗略》行世。为官时，每朝罢必制艺一篇，辑成《未信堂时艺》。还著有《旧雨草堂集》、《乐圃诗集》、《南行日记》、《训蒙家诫》。爱好金石文字，雅善鼓琴，精骑射踏鞠。康熙二十五年

(1686) 卒，年四十六。祖父允绍，为明崇祯知府，清兵破城时自焚死；子肇维，太学生，行人司行人，著有《钟水堂诗赋》、《莎斋稿》、《漫翁编年稿》。

【何　觐】字天咫，号岱舆。菏泽县（今菏泽市）人。性纯孝。十二岁，以父殉难江南，欲自缢，门客劝以扶柩归里。居母丧哀毁骨立。康熙二年（1663）举人，二甲第二十四名进士。授内阁中书。充顺天乡试同考官，称得人。卒祀乡贤。祖父尔健，明万历进士，大理寺丞；父应瑞，明万历进士，工部尚书；弟远，工诗，尤擅书法。

康熙六年丁未科

【单父麟】高密县（今改市）人。康熙五年（1666）举人，翌年联捷二甲第二十六名进士，未仕。著有《八觉录》、《联捷真稿》。父崇，明万历进士，户部郎中。兄：父令，顺治进士，府推官；父琴，举人，府教授，著有《破闷想文集》。弟父驾，拔贡，著有《文范》。

【井洛如】字冉文。东平州（今改县）人。康熙二年（1663）举人，二甲第二十七名进士。

【高　琭】(1621—1684) 字石君，号振东。淄川县（今淄博市淄川区）人。顺治十一年（1654）举人，二甲第二十九名进士。隐居不仕，弃家入崂山，居上清宫。其深得《道德经》之要旨，预知死期将至，归家坐卧一小楼，人罕梯接，白发更黑，异常满院。卒后，被称"列仙之儒"。

【丁　岩】(1634—1698) 字及庵，一字忆慈，号钝斋。日照县（今日照市）人。康熙二年（1663）举人，二甲第三十名进士。授内阁中书。大吏李蔚、冯溥对其都很器重。康熙十一年（1672），辞官归里。其乐善好施，遇亲族婚丧事贫不能举及田赋、丁徭不能完纳者，皆出资相帮。倡修《日照县志》，编写《日照丁氏家乘》。晚年，择地修筑万松别墅，与二三知己，唱酬其间。著有《半奎楼集》。六十四岁卒。无论识与不识者，都道："文献亡矣。"私谥文简先生。祀乡贤。子士一，康熙进士，布政使。

【赛玉纮】(1621—1680) 字冠夫，号勺海，一号慵斋。山东靖海卫人。读书务实学，经史子集无不研习。虽四十余岁不得一第，仍攻读不辍，教学不倦。康熙五年（1666）举人，翌年联捷二甲第四十名进士。其自甘恬退，不乐仕进，布衣蔬食，浑厚和平，以诗书授徒为娱。性纯孝，爱助族亲，多有善举。卒祀乡贤。著有《慵斋文集》。参修康熙《文登县志》，虽未付印，但所收史料多被后人编纂县志采用。卒祀乡贤。子璋，康熙进士，按察司佥事。

【丁启豫】字介子。阳信县人。幼颖异不凡，负有盛名。在邻县设教，所获报酬用于奉亲，毫不自私，一堂孝友，有古人风。康熙二年（1663）举人，三甲第十二名进士。其刚毅严肃，才能卓异，而又抑郁不平，志在除蠹匡俗，却突发狂疾而卒。著有《易疏纂微》、《四子秘拟约旨》、《半云堂集》、《深柳堂日抄》、《被莎庐杂纂》。弟启益，拔贡，知县。

【李　素】字衷淳，又字雪岩。泰安州（今改市）人。康熙五年（1666）举人，翌年联捷三甲第二十六名进士。授仁化县知县，升户部员外郎。未及赴任，遭叛逆陷城，不屈而死。

【李嗣真】字愿中。新城县（今桓台县）人。生而颖敏，读书观大意，不屑为章句之学。顺治十七年（1660）乡试解元，三甲第三十五名进士。生平不轻易承诺与人，但交义所当不顾夷险，众人以能担当大事期盼之，惜早卒。著有《文集》二十卷。

【尚大发】平度州（今改市）人。康熙二年（1663）举人，三甲第四十五名进士。授丰润县知县，升蔚州知州。工诗。

【崔兆儒】益都县（今青州市）人。顺治十一年（1654）举人，三甲第五十四名进士。

【杨　淮】字维扬。金乡县人。康熙二年（1663）举人，三甲第六十五名进士。授内阁中书，廉洁清白。康熙十三年（1674），朝廷大军征讨平西王吴三桂，淮协理军务，献计献策，屡有立功，拟将大用。以养亲告归，旋卒。崇祀忠义祠。工诗善书，著有《从戎集》。

【夏　畴】字青田。高密县（今改市）人。幼时迟钝，刻苦力学，将所读书粘于桌前，成诵后，乃易之。后高才逸藻，推重一时。康熙五年（1666）举人，翌年联捷三甲第七十三名进士。仕至工部员外郎。著有《诗稿》、《淮川集》、《易经文》行世。

【吕维榘】字仲英。益都县（今淄博市博山区）人。康熙二年（1663）举人，三甲第七十九名进士。授直隶赵城县知县，主做三事：筑土营楼以固地势；修缮学宫以育英才；修建四十里水渠以溉农田。任职五载，被嫉贤妒能者所中伤，遂弃官归里，数年卒。兄维坛，顺治进士，监察御史。

【高名图】沂水县人。顺治八年（1651）举人，三甲第八十九名进士。授山西石楼县知县，多善政。以老病辞归，一仆一马，及半途马跌致伤，与仆负囊徒步而回。

【阎　蘧】寿张县（1964年10月撤销，今属山东阳谷县、河南范县）。顺治八年

（1651）举人，三甲第九十四名进士。

【高　运】章丘县（今改市）人。顺治八年（1651）举人。顺治十八年（1661）会试贡士，当年未参加殿试，后补殿试成三甲第一百一十一名进士。

康熙六年丁未科

康熙九年庚戌科

本科录取：一甲三名，二甲五十七名，三甲二百三十九名。其中山东三十一名。

【王 俟】字陶中。长山县（今属邹平县）人。康熙八年（1669）举人，翌年联捷二甲第三名进士。以保举边才，授湖南兴国州知州。由军功升曲靖府同知，参与镇压苗民起事，巡抚称赞"铁面王俟"。升思恩府知府，改重庆府，多惠政，有能声。居官处事深筹曲算，动中机宜，称神明。其学博才富，工古文词，有诗文著述。卒祀乡贤。

【耿愿鲁】（1647—1682）字又朴，号公望。馆陶县（今属聊城市）人。襁褓中能识字。六岁丧母，痛哭感动路人。康熙五年（1666）乡试解元，二甲第四名进士，选庶吉士，散馆授编修。康熙十二年（1673），充会试同考官，所选拔状元韩菼等十一人，皆词林冠冕。其致仕后，居里创文社。诗文重于时，为诗如初日芙蓉，自然可爱。精通满文。著有《韦斋集》七卷。书法尤工，人争宝之。卒年三十六，人皆惜之。祀乡贤。

【王士祜】（1632—1681）字叔子，一字子测，号东亭，一号古钵山人。新城县（今桓台县）人。《清史稿》有传。十岁时，客或疑明万历状元焦竑字弱侯何耶？坐客未对，即应声曰："此出《考工记》'弨其幅广以为之弱'也。"咸惊其夙慧。康熙二年（1663）举人，二甲第十名进士。天性孝友，淡于名利，未仕卒。工诗文，有《古钵山人遗集》行世。曾祖父之坦，明嘉靖进士，户部侍郎；祖父象晋，明万历进士，布政使。兄：士禄，顺治进士，吏部员外郎；士禧，不入仕，精医术，著有《抱山堂诗集》。弟士禛，顺治进士，刑部尚书，一代诗宗。

【张 霖】字仲澍。金乡县人。康熙八年（1669）举人，翌年联捷二甲第二十三名进士。授石门县知县，时平逆藩，邑当交通要道，办运军需，而不扰民。招抚流亡，革除积弊。仕至吏部员外郎。致仕，以寿终。

【赵文煜】字玉藻，号铁源。胶州（今改市）人。康熙八年（1669）举人，翌年联捷二甲第四十三名进士，选庶吉士，散馆授编修。升翰林院侍讲，充实录馆纂修。康熙十四年（1675），充广东乡试主考官，所拔多名流。故宫潘某家被流寇抢掠，文煜会试出其门下，倾囊赎其家，并帮助管理家产，时人赞为义者。

工诗文，其诗苍凉闲肆，不饰雕琢，如洪涛直泻，浑浩自然。著有《粤游草》等。弟熙昊，岁贡，著有《云鹤古文稿》二卷、《千树斋诗》四卷、《清籁词》三卷。

【李予之】字又何，号缓斋。长山县（今属邹平县）人。康熙八年（1669）举人，翌年联捷二甲第五十二名进士。授内阁中书，改户部主事，升员外郎、郎中，案无留牍，廉勤有声。出为镇远府知府，兴学校、修武备、崇节俭、慎安插、省徭役、恤舟船。在任二年，备受称颂。被举卓异需次候补，以疾卒于京。

康熙九年庚戌科

【李文远】字伯含。新城县（今桓台县）人。康熙八年（1669）举人，翌年联捷三甲第六名进士。授内阁中书，升至工部郎中。出为贵州都匀府知府，又迁贵西道。居官廉正，暇以诗酒自娱。及归，两袖清风，行李萧然。

【陈见智】字体元。曲阜县（今改市）人。康熙八年（1669）举人，翌年联捷三甲第十七名进士。授陕西万泉县知县。丁母忧，服阕，补河南陈留县知县，执法不挠，有诸生犯法，行贿于知府，知府为其开脱，见智力抵不从，予以惩处。由刑部郎中，出为浙江金华府知府，严禁溺女婴，严禁女奴"白首不得出嫁"，一改歧视女性之旧俗。以论事忤上官，被解职。家居授徒，常衣食不能自给。八十五岁卒。著有《晒园吟草》、《一线天传奇》二卷。

【赛　璋】字德公，一字青崖。山东靖海卫人。入载《荣成县志》。康熙八年（1669）举人，翌年联捷三甲第五十一名进士。授山西广昌县知县，改补临汾县，有"雪冤理枉"之声。行取礼部主事，督大通桥运务，积弊尽除。迁户部郎中，督筑通惠道，商民受其利。为会试同考官。以按察司佥事，提督山西学政，革陋规，绝苞苴，所拔多寒俊之士。在为父守孝期间，选取父诗文稿付梓。卒后，与父同祀乡贤。父玉纮，康熙进士；子枝才，太学生，以贤才举知县，战死，赠按察司佥事。

【李让中】（1641—1671）字逊卿。诸城县（今改市）人。康熙五年（1666）举人，三甲第五十四名进士。让中读明代李梦阳《空同集》而爱之，开始学诗，年余大有所就，著有《荻画斋诗集》、《李杞园稿》各一卷。进士李澄中称其诗："苍澹高逸。"其未仕早卒。孙榕，好苦吟，每夜半鸡鸣时，即俯仰枕上大声诵读不已，人称之为"诗鸡"。

【阎　羹】字作梅。沾化县人。康熙五年（1666）举人，三甲第五十六名进士。授怀远县知县，有干才，勇于任事，革除诸弊。以病卒于任，棺衾无钱筹办，士民感其德，为之殡殓。私谥"文惠"。

【梁心恒】字其道。嘉祥县人。以孝闻。顺治十四年（1657）举人，三甲第六十四名进士。初亲老不忍远离，未仕。父母去世后，始授砀山县知县，有善政。

【王锡辅】字龙章。滨州（今滨州市）人。康熙二年（1663）举人，三甲第六十五名进士。授甘肃伏羌县知县。

【戴名振】字奇珍，号蜀岩。汶上县人。以孝友名。顺治十四年（1657）举人，三甲第七十名进士。授缙云县知县，有惠政。行取户部主事，未几病卒，人皆惜之。

【王　烈】字公濯。掖县（今莱州市）人。康熙五年（1666）乡试亚元，三甲第七十三名进士。子：壮图，康熙进士，知县；壮基，举人。

【张　晓】（1615—1676）字平阳。沾化县人。康熙八年（1669）举人，翌年联捷三甲第八十一名进士。授四川蒲江县知县，招抚流民，耕垦者渐多。拟任户部主事，偶得脾疾，未任归卒。

【李南英】（1633—1678）字道南，号霁峰。沾化县人。顺治十七年（1660）举人，三甲第九十四名进士。少孤，由伯父元惠收养。后伯父与三子俱亡，伯母老而无依。南英之母有长子，即命南英为伯父之后。两母同堂，孝养无间。其去市场购米，见有卖黄米（黍）熟食，念两母未食，不敢食用。其成进士后，为两母制成双寿诗屏，乡邻亲族皆感荣耀。子恒祥，例贡，府通判。

【杨谔言】青城县（今属高青县）人。康熙五年（1666）举人，三甲第九十九名进士。授知县。

【卢道悦】字喜臣，号梦山。德州（今德州市）人。明嘉靖进士、光禄寺卿宗哲六世孙。少孤，至孝。康熙八年（1669）举人，翌年联捷三甲第一百零一名进士。授甘肃陇西县知县，办理军需有方。邻县戍卒哗变，单骑谕定。以事罢归。起补河南偃师县知县，值荒年，民多流亡，经十年抚绥，民归安居乐业。时人称为名宦。七十岁告归，八十七岁卒，祀乡贤。工诗，著有《公余漫草》、《清福堂遗稿》。子见曾，康熙进士，盐运使；孙谦，道员，著有《消寒闲咏》。曾孙：荫文，乾隆进士，知县；荫惠，乾隆进士，亦知县；荫溥，乾隆进士，体仁阁大学士。

【孙起纶】字茂先，号逊庵。安丘县（今改市）人。康熙八年（1669）举人，翌年联捷三甲第一百零八名进士。授江宁县知县，时上游用兵，急需军饷，起纶马上办妥。丁忧，服除，补寿阳县知县。邑处南北冲要，理之裕如。巡抚特荐其治才第一，行取户部主事，升至工部郎中，悉心察核，无敢冒滥。出督凤阳

康熙九年庚戌科

关。以按察司佥事,提督云南学政,卒于任。

【郭 琇】(1638—1715)字瑞卿,号华野。即墨县(今改市)人。《清史稿》有传。其励志清苦,读书深山。康熙八年(1669)举人,翌年联捷三甲第一百二十四名进士。授江苏吴江县知县,在任七年,才力强干,善断疑狱,弊绝风清,循声为东南第一。康熙二十五年(1686),由部郎中,改江南道监察御史。其敢于直言,屡劾重臣,震撼朝野。康熙二十七年(1688),疏劾河道总督靳辅在户部尚书佛伦庇护下治河不力,致使江南困于水患,靳辅被革职,佛伦被降职。琇被特授都察院左佥都御史。又上"大臣结党疏",揭发大学士明珠与余国柱结党营私,权倾一时,贪污受贿等罪,明珠被革职,余国柱等人被逐归。琇直声震天下,受到康熙帝器重,连续得到升迁,先后成为太常寺卿、内阁学士。康熙二十八年(1689),又由吏部右侍郎,改都察院左都御史,充经筵讲官。又上"近臣招摇疏",劾少詹事高士奇、左都御史王鸿绪(服阕,将赴补)植党为奸,给事中何楷、修撰陈元龙、编修王顼龄依附坏法,以权谋私。高士奇等人皆被休致。不久,受到所劾吏员及党与忌恨,被借机中伤。因山东巡抚钱珏案牵连,被降五级调用。又遭佛伦弹劾,受吴江旧案牵连,被逮入狱,革职放归。康熙三十八年(1699),康熙帝在南巡时,念其"居官甚善"、"人有胆量",将其重新起用,以都察院左副都御史,充湖广总督,污吏望风解职而去。在任整顿吏治,清除弊政,减轻百姓负担,减征江夏等十三个州县田赋,豁免江夏、嘉鱼、汉阳三县有赋无田之赋,使湖广百姓大受其益。康熙四十年(1701),连上数疏,以衰老多病请求辞官。康熙帝以"以人代之不可得,能如琇者有几人"为由不允,一再慰留。翌年,以具报苗民起事情况不实,受往勘侍郎傅继祖等弹劾,被夺官。卒于故里,年七十七。崇祀吴江名宦祠。著有《疏稿》六卷。子廷鬻,举人,知府,工诗善书,精篆刻,著有《根菴诗集》;嗣子廷翼,附贡,藏书数万卷,著有《南游日记》二卷。

【孔兴釪】字绍先。曲阜县(今改市)人。康熙五年(1666)举人,三甲第一百二十八名进士,选庶吉士,散馆改江西道监察御史,上奏皆论大事。升陕西布政司参议,分守潼商道,督办军务,多有功绩。署陕西布政使,清操自守,不徇私情,严明有方,清除陋弊,豪猾敛迹。以积劳卒于官,箧中唯有图书数卷,军民为之悲痛。著有《塾训》、《石仓诗选》、《西台奏议》。

【张禄征】字曰聪,号西野。新城县(今桓台县)人。康熙八年(1669)举人,翌年联捷三甲第一百四十八名进士。授乡宁县知县,修学宫,清徭役,多为实

康熙九年庚戌科

政。尤重教化，旌善除恶。刊印《善俗约言》一书，集中向百姓讲解。对家贫孝子，旌表其门，时给周济；对作恶土豪，查得实证，立予处置。未满任期而卒。

【鹿廷瑄】(1620—1677) 字玉相，一字东儒。福山县（今烟台市福山区）人。自幼聪敏，读书过目成诵，负有盛名。康熙八年（1669）乡试第四名举人，翌年联捷三甲第一百五十八名进士。授直隶吴桥县知县，当地时有三大害：逃人拉攘一也；盗贼劫攘二也；浅夫赔累三也。均被廷瑄到任后除掉。改河南平江县知县，专门辟出一地，建造房屋，将当地大多流动散居、甚至沦为盗窃者的少数民族，从山上迁下定居，并发给耕牛种子，使其安居乐业。对此，知府大加褒奖，并上报朝廷，称为"循良第一"。调奉天承德县知县，引导旗民耕种土地，设立集市进行粮食交易，以繁荣当地经济。时有造船之役，为减轻这项公役，廷瑄出俸金先造一船，来往辽东、山东跑运输，所盈银两皆充于公役。以积劳成疾，猝死于县衙中。性至孝，母身有疮痛，其用嘴吮出脓血，毫无难色。父丧，跣足千余里，哀毁骨立。伯母孀居无依，其拿出祖田几十亩和一百两银子，用于伯母的生养死葬。康熙四十六年（1707），被乡绅、生员三百余人联名推荐入乡贤祠。兄廷瑛，同榜进士，监察御史；子永鋐，监生，知县。

【隋振业】字允大。寿光县（今改市）人。康熙二年（1663）举人，三甲第一百六十五进士。授富民县知县。

【鹿廷瑛】(1636—1695) 字生色，号芝阳，又号惕斋。福山县（今烟台市福山区）人。自幼苦学，闻鸡起舞，昼耕夜读。康熙二年（1663）举人。五十二岁时，与弟廷瑄（知县）同科进士，位列三甲第一百六十六名。授湖广宜章县知县，改奉天承德县。在宜章七载，治绩卓著。对溺女恶俗，严令禁止。折狱明决，囹圄一空。设义塚，修学宫，立书院。邑有旧锡矿一座，矿工达万人，因久采日贫，面临散矿，人心浮动，局势紧张。廷瑛胆大心细，果断处理，先断其粮道，并保证矿工遣散后，凡本邑无田种者拨予公田，凡外地人发给路费和关防证明，使知府害怕生变的棘手问题得以妥善处置。督抚特疏荐举，历四川、河南、山东道监察御史。其秉性刚直，执法不移，贪吏皆惧之。康熙二十七年（1688），以封诰阻隔上奏《封典疏》，力陈吏部办事效率低下、人浮于事之弊，提出："今日事今日毕"，"月间事月期毕"，"年间事年期毕"。此事被定为则例，积弊革除。晚年致仕，热心公益，颇有善声。

【于沛霖】字宏仁。昌邑县（今改市）人。沉静嗜学，虽遭大乱流离播迁，仍不废

康熙九年庚戌科

学，镞厉精勤，淹贯坟典。顺治十一年（1654）举人，三甲第一百六十八名进士。授内阁中书，改工部主事。其清慎自矢，在采办薪炭供应时，按法则办事，而不困扰商人。升本部员外郎。未几，以疾归卒。著有《西坡集》、《省愆录》、《日履志》、《族谱》、《家诫》等。在家置赡田，以庇族人。弟作霖，举人，知县；孙始瞻、始相与曾孙廷樾皆举人。

【张益亨】字行偕。阳信县人。康熙八年（1669）举人，翌年联捷三甲第一百七十八名进士。仕至户部郎中。子玥，贡生，知县。

康熙九年庚戌科

【刘登枢】山东复州卫人，入载《莱州府志》。康熙八年（1669）举人，翌年联捷三甲第一百九十一名进士。授江苏睢阳县知县。

【张　严】字敬孚，号肃山。莱芜县（今改市）人。顺治五年（1648）举人，三甲第二百零九名进士。由莱阳、郓城县教谕，候选内阁中书。曾经热心佛学，后受好友陈明新劝勉，并观其所著《身心图说》，遂大为叹服，尽弃佛学，以程朱理学为依归，潜心研究儒学，造诣颇深。著有《序身心图说略》、《人说略》、《大树居遗集》、《登莱旧事考》、《八阵图记》等。

【赵作霖】字敬堂，号龙图。寿光县（今改市）人。少有节操，读书以勿自欺为本。为人纯朴敦厚，闻名乡里。顺治十一年（1654）举人，三甲第二百二十八名进士。以母年老，而不乐仕进。每月召集当地能文者给予教诲，十余年从不厌倦。母去世，哀毁成疾而卒。子懿训，举人，著有《训花萼集》；孙寿元，举人，知县。

康熙十二年癸丑科

本科录取：一甲三名，二甲四十名，三甲一百二十三名。其中山东十四名。

【傅予润】字汝湄。聊城县（今聊城市）人。顺治八年（1651）举人，二甲第八名进士。

【许圣朝】字虞廷，一字慎余。聊城县（今聊城市）人。康熙二年（1663）举人，二甲第十名进士。授内阁中书，改礼部主事，升员外郎，迁户部郎中。充福建乡试副主考官。出为陕西临洮府知府。临洮地瘠民贫，圣朝加意抚恤，革除行户陋习，减免制木、制衣税。折狱详慎，力兴文教。遇饥年，捐俸救济。署盐驿道，更勤于职守。以保举属员有失，被罢归，临民千余人泣送。七十九岁卒。著有《临洮集》一卷。

【高曰聪】字作谋。胶州（今改市）人。生资颖异，读书目下数行，昼夜苦读。与兄并负盛名。康熙五年（1666）举人，二甲第十二名进士。授内阁中书。康熙二十年（1681），充广东乡试副主考官。擢刑部员外郎，迁户部郎中。康熙二十七年（1688），提督福建学政，绝弊端，拔寒俊，置学田，整修宋以来先贤墓祠。康熙帝南巡，总督王仁岳奏曰："曰聪廉明第一。"福建人将其勒铭于山。康熙四十年（1701）秋，康熙帝命诸大臣保举贤能，巡抚李光地等人交章荐举曰聪可以大用。但其竟以疾卒。入祀福建名宦祠与本州乡贤祠。著有《温泉扈从恭纪诗》。兄曰恭，举人，县教谕，著有《雪怀居士集》。

【颜光猷】（1640—1718）字秩宗，号澹园。曲阜县（今改市）人。颜子六十七代孙。与弟光敩（进士）、光敏（进士），号称"曲阜三颜"。弟光敏先于他考中进士，促其更加发愤力学。严寒，将双脚放在桌下草筐里，日夜坚持攻读。患病三年，辗转床褥之间，仍不辍学。康熙八年（1669）举人，二甲第十六名进士，选庶吉士，散馆授编修，充《明史》纂修。康熙帝命大臣以诗赋考试词臣，光猷名列前茅。不久，补行人司司正，改刑部主事，升至郎中，并充会试同考官。出为贵州安顺府知府，此地多为少数民族，光猷以德服众，注重教化，全郡大治。在任五年，未杀一人，百姓称之为"颜菩萨"。贵州提督李芳述，对部下无德惠，激起将士激烈反抗，光猷单骑入其营地，晓以利害，责以大义，众皆投戈听命。迁河东盐运使，将省、州、县设立的关防检查，改为通省只设一关，解除商民之困苦。后在陕西盐讼时，以吏牍文字偶误，而被镌级归里。生平无他嗜好，除诗文外，唯以琴棋自娱。七十八岁卒。著有《澹园文集》二卷、《易经说文》二卷、《水明楼诗》六卷、《水明楼制艺》六卷和《县志说》等。祖父允绍，为明宗祯知府，清兵破城时自焚死。

【刘淑因】字子端。菏泽县（今菏泽市）人。康熙八年（1669）举人，二甲第三十名进士。

【朱　彩】（1640—1710）字莱孺，号瞿亭。高唐州（今改县）人。康熙八年（1669）举人，三甲第三十一名进士。授内阁中书，改刑部主事，升员外郎、郎中。康熙三十七年（1698），出为湖北郧阳府知府，捐俸修筑坍塌十年之久的武阳堰、龙门堰，万顷农田得以灌溉，百姓收获倍增。公余到学宫讲学，去田间劝农。严饬所属官员，清查奸盗，禁革加派，积弊得到消除。以疾卒于官，年七十一，入名宦祠。

【范士瑾】字闻西。青城县（今属高青县）人。性至孝，事继母如所生。康熙十一年（1672）举人，翌年联捷三甲第三十五名进士。授广东阳江县知县，升监察御史，称为循吏。卒祀乡贤。

【张朝寀】（1646—1687）字采臣，号敬斋。新城县（今桓台县）人。朝寀所定亲王氏，将成年时目丧明，女家表示愿意离婚，其毅然曰："女丧明离婚，男丧明当何？"结婚之后，相敬如宾，终身无忤。康熙十一年（1672）乡试亚魁，翌年联捷三甲第三十七名进士。授河南偃师县知县，值战乱之后，朝寀召集流亡，革除私征，立学兴教，省刑罚，减徭役，通盐引，方次第举，民困渐苏。以疾卒于官，邑人如失父母。祀乡贤。

【高重光】字焕宸。馆陶县（今属聊城市）人。性聪颖，淹贯群籍。康熙五年（1666）举人，三甲第四十一名进士。授内阁中书。恬静绝俗。家居奉亲承欢，遇父丧以哀毁卒。

【韩维翰】字宁子，号蓼怀。淄川县（今淄博市淄川区）人。顺治十七年（1660）举人，三甲第六十名进士。历奉天府盖平县和湖北蒲圻县知县，以廉明行取吏部主事，未任而卒。著有《偶然草》。父理，顺治进士，府推官。

【王鼎冕】字申先，号海邻。滨州（今滨州市）人。其性淡泊，在馆课之隙，手不释卷，于诸子百家之书无所不读。为文沉雄博丽，力绝时靡。康熙十一年（1672）乡试解元，翌年联捷三甲第六十一名进士，选庶吉士，散馆授检讨。请假送亲归时卒，仅三十岁。著有《海邻集》行世。子翰垣，弱冠有文名，亦早卒。

【李　进】号敏斋。德州（今德州市）人。康熙二年（1663）举人，三甲第八十三名进士。

【张志栋】字敬修，别字青樵。昌邑县（今改市）人。生而豪岸，为人伉直，倜傥不羁。康熙十一年（1672）举人，翌年联捷三甲第八十六名进士，选庶吉士，散馆授检讨。改陕西道监察御史，所奏《赏功罚罪疏》、《请用兵后施仁政疏》等，皆切时宜。奉命巡视两淮盐政，厘剔积弊。康熙三十年（1691），由按察司副使，分巡冀宁道。擢福建按察使，旋成江苏布政使。在江苏七年，革耗羡、息刁讼、免浮粮、赈灾民。康熙三十七年（1698），擢福建巡抚，兼都察院右副都御史，以盐运解余金万两，岁修水师战舰。改浙江巡抚，奏免茶烟两税，捕惩作恶土豪。调江西巡抚，将贪婪不法的布政使参劾罢职。因违逆总督被革职。未几，又起用为大理寺卿，升刑部右侍郎。又以与刑部尚书"争执不相让"，而被诏责革职，罚修通永河，督视尽职。卒于任，年六十六。兄志禧，顺治进士，刑部郎中。子：勿我，举人；勿迁，康熙进士，教习；勿执，道员。

【宁天瑞】字聚五。章丘县（今改市）人。家贫，其妻是巨室之女，但天瑞并不依赖求助妇家，而是苦志攻读，以种瓜自给。康熙十一年（1672）举人，翌年联捷三甲第一百零九名进士。授直隶武清县知县。案牍之余，吟咏不辍，见到士人还往往说起自己过去种瓜之事。不几年，被罢职归，更加致力于文词，人咸服其品藻。

康熙十二年癸丑科

康熙十五年丙辰科

本科录取：一甲三名，二甲五十名，三甲一百五十六名。其中山东三十六名。

【魏希征】字子相。郓城县人。康熙五年（1666）乡试解元，二甲第一名进士，传胪，选庶吉士，散馆授编修。升翰林院侍讲，为东宫日讲官。充会试同考官和顺天乡试副主考官。居官清慎，有文名。卒祀乡贤。

【李应荐】（1639—1704）原名胤豸。字谏臣，一字柱三，号愚庵。日照县（今日照市）人。康熙五年（1666）举人，二甲第十一名进士，选庶吉士，散馆授编修。与修《明史》。历会试同考官、詹事府右春坊右中允、司经局洗马、日讲起居注官、侍讲、侍读、太常寺少卿。康熙二十五年（1686），提督顺天学政，杜奔竞，绝请托，正文体，培士风。并置义田数十顷，增修通州学棚，被八郡勒石赞颂。康熙三十一年（1692），升内阁学士，例兼礼部侍郎。康熙三十三年（1694），以事罢归。康熙三十五年（1696），康熙帝车驾北征，其输财助军，转粟塞外，以济军食。以功被复原官，命修永定河、南河。告归卒，御制祭文，遣官致祭，入乡贤祠。著有《四书文稿》、《宁拙堂诗文稿》等。祖父永培，岁贡，府教授；父簋；举人，知县。

【李辅世】聊城县（今聊城市）人。康熙九年（1670）举人，二甲第十五名进士。授陕西雩县知县。兄经世，拔贡，知县。

【王启沃】字心乃。新城县（今桓台县）人。康熙十一年（1672）举人，二甲第三十二名进士。授内阁中书。以乞假归，布衣蔬食，甘老林泉，兴至泼墨山水，有倪黄笔意。

【李　涛】（1645—1717）字紫澜，号述斋，一号述修。德州（今德州市）人。康熙十四年（1675）乡试解元，翌年联捷二甲第三十六名进士，选庶吉士，散馆授编修。参与纂修《明史》。充会试同考官。先后出为江西临江知府、浙江盐运使、广西左布政使，所至诛巨盗，雪冤狱，洁清自矢，庶政皆举。康熙帝在南巡时，曾为其特书"惠爱"，以资褒奖。入京后，又历左通政使、光禄寺卿、奉天府尹、宗人府丞、都察院左副都御史、刑部右侍郎等。乞假归里。七十二岁卒。父允祯，举人，道员；兄浃，顺治进士，知州；子征临，雍正进士，翰林。

【赵　璁】字荆北。章丘县（今改市）人。康熙十四年（1675）举人，翌年联捷二甲第四十六名进士。授内阁中书。

【阎世绳】(1633—1706) 字宝韶、宝诒，号丹岩、朴斋。昌乐县人。三岁失父，值明末动荡，随母田氏避乱山中，仍攻读不辍。顺治十一年（1654）举人，三甲第九名进士，选庶吉士，散馆授检讨。以御试高等，擢侍青宫，累迁詹事府左春坊左谕德，兼翰林院修撰，纂修《会典》、《鉴古集览》，校阅《日讲易经解义》。康熙十八年（1679），充会试同考官。其致仕后，杜门以课子孙。建敬业堂，设义学两区，教授来学之士。七十四岁卒，乡谥贞宪先生。在病中曾告子孙："吾位不为卑，年不为寿，身后无所忧，唯草野偷安君恩未报。"著有《文集》、《杂著》行世。子愉，康熙进士，翰林，工部主事；孙廷偡，雍正进士，知州；曾孙循琦，乾隆进士，翰林，工部尚书。

【苏　俊】(1650—1708) 字茂章，一字用章，号纯夫。武城县人。康熙十一年（1672）举人，三甲第十三名进士。授内阁中书。康熙二十三年（1684），充浙江乡试副主考官，所取多知名士。迁兵科给事中，正色立朝，直言敢谏，不避权要。所上"铨法恃有定例"、"名器不容冒滥"、"少宰奉职无状"诸疏，皆为人称道。康熙帝称其："为人所畏而不敢言者。"其致仕后，闭门不与户外事，为乡间表率，卒祀乡贤。大学士兼礼部尚书王掞为其撰写墓志铭。侄：襄云，乾隆进士，翰林，知县；鹏云，举人。

【杨虞宫】字叔华。蓬莱县（今改市）人。康熙八年（1669）乡试亚元，三甲第十四名进士。授莒山县知县。

【王请轼】县志载作请试，《山东通志》载作清试。山东灵山卫人。入载《胶县志》。康熙十一年（1672）举人，三甲第十八名进士。父经世，明末岁贡，府通判。

【杨袭錡】字友茝。益都县（今青州市）人。康熙二年（1663）举人，三甲第二十名进士。授谷城县知县。祖父毓鼎，举人，知县。

【张麟文】武定州（今属惠民县）人。康熙二年（1663）举人，三甲第二十七名进士。授安徽虹县知县。

【张元征】字长人。新城县（今桓台县）人。康熙十四年（1675）举人，翌年联捷三甲第二十八名进士。授山西灵丘县知县，虽地瘠民贫，却有胥吏从国课中捞取好处，官与民均受其害。元征抵任，首除贪吏，又劝农桑，礼高年，勤课士，多有实政。大吏交章举荐，以卓异行取礼科给事中。丁母忧，服阕，特诏起用，惜以疾卒。

【刘体元】字德先。寿光县（今改市）人。康熙十四年（1675）举人，翌年联捷三

康熙十五年丙辰科

甲第三十八名进士。由江西万载县知县，入京升至刑部郎中。康熙三十五年（1696），充山西乡试副主考官。次年，以按察司佥事，提督广西学政。为学政时，秉公校阅，奖拔单寒，以实学相鼓励，一时文风丕变。卒祀乡贤。

【陆　宾】字南池。历城县（今济南市）人。康熙十四年（1675）乡试经魁，翌年联捷三甲第四十一名进士。授户部主事。

【解九畴】（1641—1688）字克斋，号怡云。沾化县人。父为明代崇祯举人，在兵变中护母被杀，其妻也被害，人称"双烈"。九畴早岁失去双亲，由曾祖母抚养成立。其颖悟过人，当地先达称为楷模。康熙五年（1666）举人，三甲第四十四名进士，未仕而卒，仅四十五岁。九畴赋性质直，疾恶如仇，又淡于名利，不喜见权贵之人。在朝中为重臣的益都冯溥是其父的挚友，有人劝其只要求见冯溥，仕途就有希望。但九畴笑而不答。康熙初年，驻防营兵以放款为业，狰狞横暴，有学友为其所苦，其立为抵押衣物以偿还。工书法，尤擅行草，运毫如飞，顷刻数纸。

【史长昆】字子裕，号觉庵。乐陵县人。天性孝友，学识渊博。康熙五年（1666）举人，三甲第五十三名进士。授直隶赞皇县知县，安集流民，镇抚土寇，兴学校，毁淫祠，平徭赋，革陋规，多有善政。充顺天乡试同考官。致仕归卒，祀乡贤。孙尔信，举人，州学正。

【李肇丰】胶州（今改市）人。康熙十四年（1675）举人，翌年联捷三甲第五十四名进士。授永丰县知县。子宫，举人，州同。

【刘　介】字维藩。潍县（今潍坊市）人。自幼勤学，未以家贫撄其志，夜读会天降大雨，雷霆交作，若为不闻也。其夙有大志，常自言曰："古人心存天下，加志生民，吾辈得意时尚效之。"康熙十四年（1675）举人，翌年联捷三甲第五十七名进士。授广西灵川县知县，未到任改西林县。居官数月，革蠹役数人，除积弊十余事，爱民如子，为人称颂。猝染瘴气，卒于任。除图书敝盖外无长物。西林民众出资敛殡，二十余人扶柩到潍县，恸哭致祭而后返。父伟，举人，知县。

【戴　璠】（1639—1719）字夬若。《题名碑录》载籍山东金州卫。先居济宁，改迁历城，遂为历城人。入载《历城县志》。世为武职。康熙八年（1669）举人，三甲第五十九名进士。以父母年老不参加谒选，久之授太常寺博士。擢兵科给事中，旋为工科掌印给事中，稽查宝源局。疏陈马政屯田，切中利弊，皆报可。又历河南乡试副主考官、奉天府丞兼督学政、通政司右参议、太仆寺卿。奉命祭告舜陵。康熙四十九年（1710），以老告归，八十岁卒。外舅王懋慤先后赠其不下万金，及外舅罹祸，以所积尽付其家。父圣聪，按察司副使。子：文譡，拔贡，候选知县；文濲，举人，内阁中书，善笔札。孙煌，州同。

【邬　瑜】字亦惠。益都县（今青州市）人。康熙十四年（1675）举人，翌年联捷三甲第六十七名进士。授内阁中书。祖父存正，明嘉靖举人，府同知。

【黄兰森】字畹九，号静致。滕县（今滕州市）人。生而以甲科自许，人亦信为不是妄言。虽有才华，却屡试不第。好自诵所为文，琅琅之声震动左右。诵毕笑道："进士有余，独不足于举耳。"省学政至，兰森挟策质问曰："吾文所不第，原因何在？"众诸生以为其狂。顺治十五年（1658），去江南祭奠入水殉国的父亲，被挽留主讲两河书院，诸多名士为其才学倾倒，皆认为其与弟乃"真读书人"。康熙十四年（1675）举人，翌年联捷三甲第七十名进士，未仕。兰森目短视，喜豪饮，与同年饮酒杯至不却。著有《诗景堂古文》、《诗景堂诗稿》、《过闻编》等。曾祖父希周，明嘉靖进士，知州；祖父昌年，明万历乡试亚魁；父家瑞，明崇祯进士，兵备道，以身殉国；弟惠森，与其同科举人，亦喜豪饮，无日不醉，授徒自娱，著有《文集》、《诗集》。

【胡世藻】字友澄，号洁庵。章丘县（今改市）人。康熙十一年（1672）举人，三甲第七十五名进士。授福建宁德县知县，勤于吏治，政声冠八闽。康熙帝召见，赐予蟒袍。擢四川正安州知州，修学校，立课程，令诸生每月至州署课试，亲为指教，由是人才蔚起。先后为兵、户部郎中，厘奸剔弊，政务肃清。充会试同考官。康熙二十七年（1698），以按察司佥事，提督河南学政，厘正文体，甄拔者多居乡、会试前列。又为湖广布政司参议，分守岳常道，德威兼济，苗民向化，百姓感激，为立生祠。以老告归，当地父老攀辕流涕千余人。卒祀乡贤。祖父东渐，明万历进士，巡抚、都察院右佥都御史；孙予襄，举人，刑部主事。

【臧大受】寿张县（1964年10月撤销，分属山东阳谷县、河南范县）人。康熙十四年（1675）举人，翌年联捷三甲第八十名进士。康熙三十八年（1699）十二月，由刑部郎中，以按察司佥事，提督广东学政。屡迁苏松道。

【刘　炯】字浦西。文登县（今改市）人。康熙五年（1666）乡试经魁，三甲第八十四名进士。此时，其已年过六十，虽授陕西临潼县知县，却未赴任。居家教授子侄及诸生。父橚芗，贡生，知县；弟炳，举人。

【于　溁】字千水。文登县（今改市）人。伯父鹏翀、鹏翰与堂兄琏皆进士。幼承家学，在长辈教诲下，学业大进。康熙十四年（1675）举人，翌年联捷三甲第八十五名进士。授内阁中书。

【张　崟】字宗岳。滨州（今滨州市）人。康熙十一年（1672）举人，三甲第九十六名进士。授江苏吴县知县，廉洁能干，多有惠政。在任六年，却被罢免而归。当地百姓很思慕他，在珠明寺为其设长生位以祀之。

【潘好让】字允恭，号仔庵。济宁州（今济宁市）人。少孤，依靠堂兄长大成人，以友爱闻。康熙十一年（1672）乡试亚魁，三甲第一百零二名进士。授龙川县知县。值兵火之后，又俗犷悍善斗，其在任五年，捐资应服繁扰，兴修学校，民风大变。当地百姓旧食方便的潮州盐，时更改盐法，当食惠州盐，商人定价比潮州盐高出数倍，百姓相率哄闹，无赖子弟乘机为乱。好让单骑前往，对百姓道："若欲反耶，当先断吾头去。"遂得平息。其力争于上官，平其盐价，百姓帖服。以病告归，居乡授徒三十年，从游者众多，人皆乐其善诱。曾祖父箕，明万历举人，会试副榜，知县，举乡饮大宾。

【陈时夏】字襄九。益都县（今青州市）人。康熙八年（1669）举人，三甲第一百零七名进士。历湖南浏阳县、福建蒲田县知县。

【张　洽】字仲和。胶州（今改市）人。康熙十四年（1675）举人，翌年联捷三甲第一百二十五名进士。授永宁县知县，劝农桑，修学宫，行教化。以治行高等，擢山西道监察御史，遇事敢言，无所挠避。就社仓管理不善和关税滞留不便商贾上疏，皆蒙采纳。著有《谏垣草》、《吏隐堂稿》。祖父若麒，明崇祯进士，通政使；父应桂，顺治进士，翰林，光禄寺丞；堂弟淳，举人，知县。

【赵之随】（1649—1711）字和千，号泷源。长山县（今属邹平县）人。天性孝友，生而英敏，九岁即能属文。康熙十四年（1675）举人，翌年联捷三甲第一百四十名进士。授四川石泉县知县，又历署江油、安县知县，所在力除积弊，严管派定赋役，公正审理讼狱，清册籍减征额，兴学校行教化，与民休息，民得乐业。充四川乡试同考官。行取户部主事，升员外郎，凡遇民生利弊是非可否皆力争之。康熙三十五年（1696），以户部郎中（《清代职官年表》载），充湖广乡试副主考官，焚香告天，务矢公慎，得士称盛。康熙三十七年（1698），以按察司佥事，提督云南学政，禁绝苞苴，振拔孤寒，与布政使议增闱中号舍一千七百余楹，应试人员数量倍增。以卓异旨加一级，以候补道员用。在家候补十年，遂绝意仕进，乐志林泉。所得俸遍遗族亲，大歉之年出粮周恤贫乏。康熙五十年（1711）卒于家，祀乡贤。子孔德、孔超，皆廪贡、知县。

【单　燮】高密县（今改市）人。康熙十四年（1675）举人，翌年联捷三甲第一百四十二名进士。祖父崟，明万历举人，著有《紫丘文集》；父父宓，举人，府教授。堂弟立，康熙进士。

【朱观我】字素征。堂邑县（今聊城市东昌府区）人。康熙五年（1666）举人，三甲第一百四十五名进士。授山西狄道县知县。被举乡饮大宾。父之矩，明崇祯举人，府同知。

【萧鹏程】字腾九。堂邑县（今聊城市东昌府区）人。顺治十七年（1660）举人，三甲第一百四十八名进士。

【荆王采】字筠渠。高密县（今改市）人。康熙二年（1663）举人，三甲第一百五十名进士。

【李华之】（1641—1718）字秀实。诸城县（今改市）人。康熙八年（1669）举人，三甲第一百五十三名进士。授内阁中书。充顺天乡试同考官。康熙三十四年（1695），康熙帝御驾亲征噶尔丹，华之捐资运米供应军饷，升广东按察司副使，分巡肇高廉罗道，除掉黄江厂私立税项征收稻谷。琼州黎族人反抗官府，华之受巡抚之命前往安抚，独骑进营，谕以祸福，黎民愿意听命服从，但诉说原因是官逼民反，并列举当地将吏贪暴七十二事。华之查实报告巡抚，使不法将吏得到惩处。康熙四十年（1701），擢湖北按察使，改贵州按察使。值三江苗民之变，华之为巡抚所知遇，参与方略，使事得妥善处置。擢云南布政使，本省岁收，协助他省军饷八十一万两，按例可得羡余银四千两，但华之分文不取。从康熙五十二年（1713）始，又历太仆寺卿、宗人府丞、都察院左副都御史、刑部右左侍郎。在刑部，详慎核查数十项涉及叛逆案件，开释被株牵蔓引的百余人，无有枉冤者。康熙五十七年（1718）二月，充会试副主考官。甘肃平凉、巩昌等州县发生地震，华之奉命往勘核实，疏请赈济。以劳致疾，七十八岁卒，赐祭葬。兄卜之，诸生，候选州同；弟芃之，廪贡，知县；子璿，康熙进士，监察御史。孙：文驹，举人，户科掌印给事中；文骧，刑部员外郎。

康熙十八年己未科

本科录取：一甲三名，二甲四十名，三甲一百零八名。其中山东二十七名。

【田　需】（1640—1704）字雨来，一字子益，号鹿开。德州（今德州市）人。生于寒士之家。康熙五年（1666）举人，二甲第四名进士，选庶吉士，散馆授编修。康熙二十三年（1684），充河南乡试主考官，矢公矢慎。事竣，以疾告归。工诗文，著有《水东草堂集》、《潞河集》、《涉江集》、《士服堂集》、《厕垫录》。父绪宗，顺治进士，知县；兄雯，康熙进士，户部左侍郎。

【赵执信】（1662—1744）字伸符，号秋谷，晚号饴山老人。益都县（今属淄博市博山区）人。《清史稿》有传。幼颖悟，九岁捉笔为文辄以奇语惊奇长老。大学士孙廷铨奇其才，命作《海棠赋》，认为是"远大器也"。康熙十七年（1678）乡试亚元，翌年联捷二甲第六名进士，选庶吉士，散馆授编修。康熙二十二年（1683），充山西乡试主考官，旋迁詹事府右春坊右赞善，充《明史》纂修官，兼与修《大清会典》。康熙二十八年（1689），在好友洪升寓燕饮，观看《长生殿》，时值佟皇后新丧，被给事中黄六鸿所劾，遂以"国恤张乐大不敬"的罪名革职。时年二十七。其诗文兼优，尤负诗名。其诗论也颇有创见。为朱彝尊、陈维崧、毛奇龄所推重，与订忘年交。喜谐谑，读别人诗不合者则略视几行，挥手谢去，以是得狂名。娶王士禛甥女为妻。曾向士禛问古诗声调，未复，乃愤而自行探索。虽与一代诗宗王士禛的"神韵说"有不同见解，但两人之间也相互酬答。其诗自写性真，力去浮靡。主张诗"以意为主"，反映社会现实，诗作被誉为"绝去雕饰，有初日芙蓉之目"。一生著述颇富，有《饴山堂诗集》十九卷、《饴山堂文集》十二卷、《诗余》一卷、《谈龙录》一卷、《声调谱》一卷、《礼俗权衡》二卷等。亦精书法。八十三岁卒。曾祖父振基，明天启进士，布政司参议；子庆，举人。

【傅京初】高密县（今改市）人。其家在顺治元年（1644）土寇陷城时，遭遇悲惨打击，父钟秀（明崇祯进士，太常寺少卿）与兄禀初，均被土寇所执不屈而死。京初与兄亶初奋志力学。其于康熙八年（1669）中举，又考取二甲第二十九名进士，未仕。兄亶初，顺治进士，府推官。侄廷锡，康熙进士，知县。

【法　枟】（1632—1723）字舆瞻，一字书山。山东灵山卫人。入载《胶州志》。康熙十六年（1677）举人，二甲第三十二名进士。授大理寺右评事。充顺天乡试同考官和山西乡试副主考官。待迁主事，未实授，以告终养归。家居三十年不与官府事。工诗擅画。著有《书山草堂诗稿》二卷。父若真，顺治进士，翰林，布政使，著名学者；子光祖，监生，善绘画。孙：坤宏，乡试亚元，赐大理寺评事，著有《春秋取义测凡》等五种；坤振，监生，著有《怡斋诗》、《西墅词》；坤厚，监生，工绘画，著有《荫松堂诸集》、《白石居文集》。曾孙嵩龄，举人。

【郭　藩】聊城县（今聊城市）人。康熙十七年（1678）举人，翌年联捷二甲第三十五名进士，未仕。

【王沛思】（1646—1717）字汝敬，号俨若，一号何思。诸城县（今改市）人。性孝友，醇谨嗜学。为人和厚，喜怒不形于色。康熙十六年（1677）乡试解元，二甲第四十名进士，选庶吉士，散馆授编修。升詹事府左春坊左中允，参修《明史》。上疏提出平定"三藩"方略。康熙二十三年（1684），充顺天乡试副主考官。是年九月，以事革职。家藏书千卷，每年读一遍，尤邃于《易》。被举乡饮大宾。著有《经世诗文草》一册。父钺，顺治进士，知县；孙元烈（知府）、元勋皆举人。

【丁　昞】（1644—1692）字仲昭，一字桐云，号雁水。沾化县人。幼时颖悟绝伦，初行文老师避席为谢。康熙八年（1669）乡试经魁，三甲第一名进士，选庶吉士，散馆授检讨。及入馆习国书（满文），每以为苦，散馆时，欲请补外，掌院学士止之。以疾告归，四十八岁卒。《清代翰林传略》则载其官至江西吉赣南宁道。其诗古文辞雄迈卓群，士林重之。弟旭，增生，著有《表忠录》、《续表忠录》、《世德堂集》。孙望龄，乾隆进士，未仕卒。

【房　嵩】（？—1693）字申公。东阿县人。父拱极以恩贡历任山西猗氏、江南青浦县知县，因"不事"、"不合"上官，被大吏污以"侵币数万"，忧愤而卒。大吏将嵩作为抵押，催其变卖家产偿还，备受艰辛。后大吏被查获罪，朝廷命大吏全部偿还一向所有侵币，其才得以解脱。经此变故，嵩更加发愤力学。康熙十七年（1678）举人，翌年联捷三甲第三名进士。授内阁中书。迎母奉养。康熙三十二年（1693），充河南乡试副主考官。以疾卒于开封官舍，祀乡贤。

【张重启】字元公，号岱瞻。莱阳县（今改市）人。生而颖异，下笔千言立就，有"一顾空群"之誉。康熙五年（1666）举人，三甲第五名进士。初为直隶雄县知县，勤于政事，谨慎刑狱，修建学宫，筑堤修坊。其治雄五载，清介自守，未尝妄受一钱。以卓异行取刑部主事，升至郎中。在刑部，劳心殚精，于狱事

康熙十八年己未科

多所平反。刑部尚书王士禛赞其曰："西曹中如尽如张君，天下无冤狱矣。"曾充顺天乡试同考官。著有《亭山园诗》。曾祖父梦鲤，明嘉靖进士，大理寺卿。

【焦毓栋】字立庵，号吉云。章丘县（今改市）人。康熙十六年（1677）举人，三甲第七名进士。由行人司行人，历吏部主事、员外郎、郎中。在吏部考功司、验封司、稽勋司，皆能出公心、洞委曲、严执法、无徇避，同堂敬惮。所具稿陈请的清除陋规二十余事，皆被施行。其致仕后，置"露园"为游憩之所，以读书课子侄为乐。对乡党子弟贫不能读者予以资助，倾囊助建阳丘书院。优游林下二十余年。祖父馨，明万历进士，都察院左副都御使；兄毓庆，拔贡，知县，战死；弟毓鼎，康熙进士，知县；子祈年，雍正进士，翰林，顺天府尹；孙丞曾，工书法。

【潘应宾】（1653—1710）字銮客，号雪石。济宁州（今济宁市）人。康熙十七年（1678）举人，翌年联捷三甲第十八名进士，选庶吉士，散馆授检讨。康熙二十二年（1683）初，在朝廷定期举行的翰（翰林院）、詹（詹事府）翰林考试中，位列高第。充会试同考官。与修《一统志》、《明史》。康熙三十三年（1694），参加康熙帝在丰泽园所试《丰泽园赋》及理学真伪论，以应试称旨，旋入值南书房。康熙四十四年（1705），升翰林院侍讲学士。乞假归，事亲孝，倡建义仓、宗祠，急师友所难，人赞其义。卒祀乡贤。侄如，乾隆举人，县教谕。如子呈雅，工诗古文，尤工汉隶篆刻，著有《秾陵诗草》、《秾陵小词》。

【王颖士】字慧先，一字朴庵，号石居。临淄县（今淄博市临淄区）人。父于崇祯末为土寇所害，其为遗腹子。康熙十七年（1678）举人，翌年联捷三甲第十九名进士。授内黄县知县，礼高年，奖节孝，禁赌博，惩蠹役、治豪猾。岁饥，出廉俸倡赈，事无巨细，亲自而为，胥吏无所侵。尤长于听讼，数决疑狱，囹圄几空。常一车一仆行于乡间，访问民间疾苦。擢部主事，旋以疾卒。内黄士民莫不流涕，撰《治黄纪略》，汇其政绩。著有《石居诗文集》。子克宽，康熙进士，知县；侄克昌，康熙进士，刑部郎中；孙勋，乾隆进士，道员。

【郭　治】聊城县（今聊城市）人。康熙十七年（1678）举人，翌年联捷三甲第二十五名进士，未仕。

【马汝基】字岐肇，一字恭庵，号南台。阳信县人。自幼性孝友，规行矩步，动中法则。座师将其文章，列为门生"十俊"之一。康熙八年（1669）举人，三甲第二十八名进士。授福建连城县知县，在任三载，杜绝贿赂，廉明执法，修学宫，禁溺女婴，多有惠政。邑有巨姓童氏，久为蛀虫，不听警告，狡黠如故，汝基顶住当权者的插手干扰，将其以法惩处。因执法不挠，忤上官之意，被劾去职。及归，肆力学问，常道："林下余闲乃真读书得力时，天若假我以二十年得窥圣贤之堂奥，所获多矣。"著有《四书讲义》、《五经讲义》。尤其所著《麟经易簧》，尤为精深，自谓："一生精力，尽在春秋。"

【于绍舜】字克承，号湄山。长清县（今济南市长清区）人。聪慧、刚直、笃孝、乐施。读书博涉经史，旁及韵语。康熙十七年（1678）举人，翌年联捷三甲第四十五名进士。授内阁中书。不久，以奉养父母告归。康熙二十四年（1685），本地发生大饥荒，捐谷五百石，救济亲族乡邻，上官赠予"孝义足风"匾额。其还拿出二千余金，维修加固多年失修的沙河众济桥；设立义学，捐田三十亩，作为办学费用；捐修学宫、乡贤祠。著有《湄山文集》。

【耿克仁】字锡祉，号岱岩。新城县（今桓台县）人。康熙十一年（1672）举人，三甲第四十七名进士。授山西岚县知县。邑在万山中，号称难治，克仁奉明道存心利物之言，以慈惠感人。其所狱不尽依律，常道："律设大法，礼顺人情，不教以礼，而绳以律，何以措其手足？"其对士民恳切教诫，以身作则，有循良声。以养亲告归，县人泣留不成，为其立石以志遗爱。

【张　宣】字仪陆，号毅轩。滨州（今滨州市）人。幼敏悟，有绝人之姿。康熙十七年（1678）举人，翌年联捷三甲第五十三名进士。授安徽凤阳县知县，清介自持，汰革陋规，扫除强暴，爱民造士，治行为全省之最。丁忧，服除，补浙川县知县，未数月，卒于任。其性笃学，喜奖后进。著有《评选两朝文》、《制艺》、《诗稿》行世。兄宸，举人，著有《四书注释》等四种；弟寅，康熙进士，知县。

【周新邦】字景昌。济阳县人。父早逝，事母以孝闻。顺治十七年（1660）举人，三甲第五十五名进士。授镇原县知县，劝农桑，薄征收，修学宫，设塾师。旧多积欠，力请上官得以厘清，将积弊尽除。邑多旷土，少树木，其劝民植树，多达几亿万株。卒祀乡贤。

【赵其昌】字世五。淄川县（今属淄博市博山区）人。时为文沿用明季陋习，务为冗滥，其昌除积习力归清真，邑人翕然宗之。康熙八年（1669）乡试亚元，三甲第五十八名进士。授直隶雄县知县。

【陈汝弼】（1646—1707）字愧辅，又字禹庵。福山县（今烟台市福山区）人。其姿秉颖异，性格刚直。因其左边脸为白色，右边脸黑如铁色，被称为奇人。康熙五年（1666）举人，三甲第七十一名进士。授河南光山县知县，建立乡社集

康熙十八年己未科

市，设立土特产区，吸纳外地客商，以解决山区瓜果销售不畅。以卓异行取刑部主事，升员外郎，改礼部郎中，又回任刑部郎中。在刑部复查沉冤积案，惩治仗势欺人的权贵家人，缉捕盗卖妇女的罪犯，一时名声传扬。因执法如山，刚正不阿，被直隶巡抚李光地荐为吏部郎中。康熙帝特赐其《兰花诗》三首。康熙四十一年（1702），充江南乡试主考官，受到康熙帝"策题确切时事，为直省第一"的赞誉。在吏部，守正嫉邪，不少官员对其贿赂，皆被呵退。因积怨被弹劾诬陷，且罗织罪名不遗余力，已陷大辟。其子伏阙鸣冤，经康熙帝过问，才得以昭雪，原诬陷他的官员被谪罚者达四十人之多。康熙帝欲重新起用他，其却病卒。工诗文，著有《怀荆堂诗文集》二十余卷。子百香，增贡，府同知，署知府。后裔：宏中，内阁中书；驭中，知县；华源，举人，县训导。

康熙十八年己未科

【郭允升】《题名碑录》载籍滨州（今滨州市），但《滨州志》不载，入载《济宁州志》，其籍贯尚待考证。康熙五年（1666）举人，三甲第八十二名进士。授进贤县知县。

【李大振】蒲台县（今属博兴县）人。康熙十四年（1675）举人，三甲第八十三名进士，未仕。

【赵作舟】（1616—1695）字乘如，号浮山。东平州（今改县）人。县志载为大嵩卫人。嗜读书，旁通方略。乡试解元，为州学正。三甲第九十四名进士，选庶吉士，散馆改刑部主事，转户部员外郎，升刑部郎中。康熙二十六年（1687），充贵州乡试副主考官。以湖广按察司佥事，分巡辰沅永靖道。所至颇有作为，士民以"春风泽黔"、"龙图再进"颂扬。后遭谗陷，被罢职。为官勇于担当，清洁自守，及归，身无长物。卒祀乡贤。工诗文，著有《浮山诗文集》、《文喜堂诗文集》、《鲁湘春秋》等。《山左诗抄》选其诗二十二首，《海阳县志》载其诗文数十篇。

【李毓英】临淄县（今淄博市临淄区）人。康熙五年（1666）举人，三甲第一百零三名进士。授渠县知县。

【刘广聪】字颖士，号静庵。邹平县人。天性仁慈，侍母极孝。康熙八年（1669）举人，三甲第一百零七名进士。授广东程乡县知县，厘弊剔奸，惠民教士。在任二年，以不习水土北归。次年，以终养老母辞归。在母丧服满后，又起补南海县知县。著有《会心斋诗文集》一卷。嗣子之荪，康熙进士；孙卓，举人。

【袁　佑】字杜少，号霁轩。直隶宁津县（1964年复归山东德州专区）人。少警敏，善属文，下笔千言立就。由拔贡官内阁中书。康熙十八年（1679），被召试博学鸿词科，列一等第十六名，授翰林院编修，升詹事府左中允。与修《一统志》，入值南书房。康熙三十五年（1696），充浙江乡试主考官。请假归里，居二年卒，年六十六。工诗文，著有《诗礼疑义》、《老子别注》、《五鹿诗选》、《馨闻偶记》、《纪行诗》、《圃说》行世。父袁葵，明崇祯进士，知县。

【李澄中】（1629—1700）字渭清，号渔村，又号雷田，自称艮斋老人、秋水老人。诸城县（今改市）人。幼聪慧，每试皆夺冠。但二十岁以后，却屡试不第，遂专于学诗，后来又兼学赋，其赋更为人所赏，被称为奇才。顺治十八年（1661），青州兵备副使周亮工闻其名，要其去青州任职，推辞不赴。周亮工索其诗赋读后，仰天拍案惊叹道："有诗与赋如此，而不名于世，岂非持文柄者之责哉？"康熙十八年（1679），特设博学鸿词科，澄中考取二等第十六名，授翰林院检讨，奉命与修《明史》。康熙二十七年（1688），升詹事府右春坊右中允，又转左春坊左中允。不久，擢翰林院侍讲。康熙二十九年（1690）四月，充云南乡试主考官，将沿途见闻写成《滇南日记》一书。朱彝尊素知澄中学识，与曾在云南任学政的李某谈论起澄中典试云南之事，朱彝尊曰："您曾在云南任学政三年，所知道高材生有多少都十分清楚，我想检验一下李渭清从中取了多少人。"李某列举出二十二名有望中举之人，结果考中的就有十八人。二人对澄中的眼力极为叹服。康熙三十四年（1695），被列入直隶学政人选的澄中，被改部曹，旋气愤拂衣而归。除外出遍访朋友，游览名胜古迹，就广邀本地名士，在自建的缘木园中相聚，结鸡豚社，相互唱和。其精选当地名士王乘篆、丁耀亢、丘元武、刘翼明四人诗，予以校订作序和刊行。卒后，私谥"文确"。澄中的诗词，被时人评为与新城王士祯、德州田雯鼎足而立的山左三大家。除《滇南日记》二卷外，还著有《卧象山房文集》四卷、《诗集》二卷、《赋集》一卷、《艮斋笔记》八卷、《李芝庵记》、《白云村集》等。其中《滇南日记》、《卧象山房文集》、《白云村集》，选入《四库全书》。另有《五岳志》、《齐鲁纪闻》没有完稿。

康熙二十一年壬戌科

本科录取：一甲三名，二甲四十名，三甲一百三十六名。其中山东十五名。

【冯廷櫆】(1649—1700)字大木。德州（今德州市）人。《清史稿》有传。幼有奇童之目，读书一览辄记。其熟读经史，尤长于诗，清警绝俗，文名著一时。父沛，举人，时称"卓绝出众"之人，在临终前，曾谆谆告诫廷櫆："毋学谄，毋货殖，此即渔于河之志也。"廷櫆为人"性孤高，落落寡合"，不入大僚之门，平生深契者唯赵执信一人，其诗孤峭也相类。一人或得诸葛铜鼓，两人各赋长歌七百言，诸名士咸阁笔。康熙十七年（1678）举人，二甲第十四名进士。授内阁中书。康熙二十六年（1687），充湖广乡试副主考官，试毕，登黄鹤楼，俯江汉之流，南望潇湘洞庭，慨然远想，赋诗百余篇，识者以为《骚》之遗也。王士禛叹曰："近今文士之厄，未有如大木者也。"卒年五十二。其殁后诗多散佚，其孙德培搜辑得五百篇，名《冯舍人遗诗》。

【张禹玉】(1638—1719)字受闽，号伯绩。莱阳县（今改市）人。生有夙慧，长而好学，才名藉甚。敦尚气谊，远近宗仰。康熙十七年（1678）举人，二甲第十六名进士，选庶吉士，散馆被除名。及归，又以持正与本邑知县黄璋有隙，被诬以不法事，无奈避地转徙。年八十二，卒于益都。著有《历代建元录》。祀乡贤。

【李　祯】字瑞公，号彤墀。济宁州（今济宁市）人。康熙十七年（1678）与父澄同科举人，三甲第四十二名进士。授直隶玉田县知县。邑处畿辅要地，半数土地圈归旗籍。其至依法裁决，豪横敛迹。在任兴学励士，整治水患，供应军需，颇有作为。以卓异授刑部主事，升员外郎、郎中。康熙三十九年（1700），充会试提调官。后被吏议去职。归里，安贫乐道，优游林泉，以教授为业。

【孙玉泽】莘县人。康熙五年（1666）举人，三甲第五十二名进士。授直隶靖海县知县。其为清代莘县唯一进士。父肇兴，明天启进士，清工部左侍郎。

【吕　琨】字瑶甫，号星石。文登县（今改市）人。康熙八年（1669）举人，三甲第五十五名进士。授云南南宁县知县。时当兵燹水旱之后，百姓尤加穷困，其粗衣淡食，与民同甘苦，革陋规，除民害，颂声大起。在任五年，擢山东道监察御史，又转河南道。为监察御史，不激不随，从容慷慨，能言别人所不敢言不能言，令众人向慕。升右通政。工诗文，著有《星石奏议》、《山东草》、《滇游草》、《燕邸草》等。时人评其诗"大率清真宛转，洗尽铅华。有孤澹之思，沉挚之情。有担当世道撑柱天地之骨，有先忧后乐胞民与物之心"，故不雕琢而自工，不安排而自健。卒祀乡贤。兄玮，举人，知县。

【傅正揆】字华瞻。聊城县（今聊城市）人。生而秀颖，于古庙中键户诵读，经年不闻家事。康熙二年（1663）举人，三甲第七十四名进士。授山西山阴县知县，邑处雁门关外，寒冷异常，值荒旱之年，许多百姓逃亡。正揆至任，多方招徕，轻徭薄赋，出家资赈济穷困，使数千家流移百姓归业。又捐俸倡修学宫，尤严查奸宄。丁父忧，服除，补陕西醴泉县知县，未半载，又以母病挂冠归里，丧葬后，闭门教授诸孙，朝夕不倦。八十七岁卒。

【高　莹】禹城县人。康熙十一年（1672）举人，三甲第九十三名进士。授直隶献县知县。父树，明崇祯举人。

【姜其垓】字莱西。黄县（今龙口市）人。天资颖悟，读书目下数行。嗜读书，常鸡唱未寝，父母恐其过劳，让其戒之，其垓乃用衣被蔽窗掩灯默识。康熙二十年（1681）举人，翌年参加会试为第二名贡士，殿试成三甲第九十六名进士。授云南易门县知县，尤重教育，使边疆少数民族向学读书。晚年致仕北归，与诸名士尊酒论文，写有《黄县十景诗》。著有《周易古本集注》十二卷、《春秋集传折中录》四十卷、《滇游杂咏》、《从篁居集》、《既翕堂诗稿》。子宣，举人，盐运使司通判；孙重䍃，乾隆进士，知县。

【王　璲】字公佩。临淄县（今淄博市临淄区）人。康熙十一年（1672）举人，三甲第九十八名进士。其学问赅博，隐居授徒以终。

【潘鹏云】字健六，号静庵。乐陵县人。康熙二十年（1681）举人，翌年联捷三甲第一百零一名进士。授陕西临晋县知县，擢工部主事，升至刑部郎中。在刑部，廉明守法，遇有疑案，尚书多委其审办。康熙三十八年（1699），充福建乡试副主考官，所得多知名士。出为直隶顺德府知府，治尚简静。以疾告归。以忠信坦白待人，尤厚于族亲，给族弟田宅，助族侄完婚，为族兄治丧。六十七岁卒，祀乡贤。子体震，康熙进士，翰林，郎中；孙内召，举人，员外郎；曾孙同善，举人。

【张一恒】（1636—1691）字北岳。蓬莱县（今改市）人。少失父，靠母抚育成立。受知于学政施闰章。康熙二十年（1681）举人，翌年联捷三甲第一百零四名进士。授江苏沭阳县知县，轻徭缓征，与民休息。值大旱蝗灾，哀请上官奏免一半田赋，裁减屯粮运费。凡利民之事无不力为，建义塾，修学宫，息争讼，劝和睦。以疾卒于任，沭阳人为立碑以志遗爱。著有《葛广文传》。父珍，户部主事；子为政，举人，知府；曾孙振德，嘉庆进士，候补知县。

【牟国玠】栖霞县（今改市）人。康熙五年（1666）乡试经魁，三甲第一百零九名进士。举乡饮大宾。祖父道行，举人，府同知；弟国珑，康熙进士，知县。

【纪之健】字秉乾。利津县人。康熙十六年（1677）举人，三甲第一百二十名进士。授江西德化县知县，有政声。离职时，德化人为立去思碑。以卓异行取广东道监察御史，巡视中城，"不畏强御，不虐贫寡"。以终养老人告归，卒祀乡贤。弟：之复，贡生，知县；之从，康熙进士，候选知县。子梦祥，候选州同。

【耿文杰】章丘县（今改市）人。康熙八年（1669）举人，三甲第一百三十一名进士。授江西都昌县知县。

【李　睿】（1633—1698）字思行，号缄庵。沾化县人。康熙十五年（1676）举人，三甲第一百三十三名进士。授河南武陟县知县，处置累累滞狱，多所平反。有武生余承福受人诬陷，身锢囹圄，睿察其冤枉，立予释放。海丰县王澍任荥泽县知县，对其亏币，睿出结以释其累。前任知县殁于官，因欠库款，其棺木不能归里，其倡义捐，但仅完成四分之一，对剩下的欠款，都由自己担负，使其棺木得归。城北门泌水涨涌，飘没庐舍，其督役日夜筑堤，由此无患。盐商渔利，自挟无引私盐，恣意横行，殃及民众，其力为清理，但盐运使受奸商唆使偏袒之，旋辞官而归。著有《游梁稿》、《蓼莪庵小草》刊行。曾祖父咸英，明庠生，精经史，工书法；祖父元忠，明举人，知县；父呈祥，明崇祯进士，翰林，少詹事。弟颂，康熙进士，知县；孙厚枚，会试贡士，未及殿试卒，工书法。

康熙二十四年乙丑科

本科录取：一甲三名，二甲四十名，三甲一百二十一名。其中山东二十四名。

【汪　灏】(1642—1709) 字文漪，号畏庵，晚号天泉。临清州（今改市）人。生负异质，工诗文，擅书法。事亲至孝。康熙十七年（1678）举人，二甲第十五名进士，选庶士，未散馆授编修。康熙三十二年（1693），充陕西乡试主考官。又充顺天武会试主考官。升翰林院侍讲、侍读。康熙四十年（1701），提督山西学政。所至绝苞苴，谢请托，革除考试中的舞弊，人莫敢欺。康熙帝在西巡时，其奏对称旨。康熙帝问："汝杜绝贿赂供给何出？"其对曰："臣用俭，俸禄足矣。"康熙帝悦，奖谕甚佳。康熙四十三年（1704），由翰林院侍读学士，迁内阁学士，例兼礼部侍郎。次年，擢河南巡抚。在任清徭赋，严吏治，整军伍，清寇盗，化属民。康熙四十六年（1707），在督修黄河决口河工时，积劳成疾，乞归。六十七岁卒于家。所著《倚云阁集》，著录于《四库全书总目》。灏还是清代农学著作《广群芳谱》的主要作者。康熙帝命灏等人，以明朝王象晋《群芳谱》为基础加以改编而成的《广群芳谱》，共八十卷，是一部具有文艺性质的农园艺著作，对于农学与植物学有很大影响。灏爱好园艺，筑有汪家花园。

【刘　棨】(1657—1718) 字弢子，号青岑。诸城县（今属高密市）人。《清史稿》有传。少即能文，著名诗人与学者田雯奇其文，认为是大才。康熙十四年（1675）举人，二甲第二十名进士。授湖南长沙县知县，充乡试同考官。严禁"以育女为累，多弃不举"的恶习，帮助巡抚化解由裁兵讹言而引起的标营兵士哄闹风波，以廉明著称。湖广总督吴琠以循良举荐，升陕西宁羌州知州。值关中大饥，州无可发之粮。棨上请道员丁珩同意，借用厅仓粮赈灾。此地山上多槲树，宜养山蚕，棨在诸城老家招募懂养蚕、抽丝者，带回蚕种数万张，教当地人养蚕、抽丝及织绸法，百姓织出的绸子称为"刘公绸"。又创义学，亲为讲解，未几举乡试者二人。总督与巡抚共举荐其贤能，升甘肃宁夏中路厅同知，又补长沙府同知。在入京召见时，康熙帝曰："刘棨居官甚好，未知学问如何？"因试四书文一篇，蒙恩褒奖。旋授山西平阳府知府。在平阳，裁汰陋例，剔除烦苛，一切公事，立即决之。棨看到这里礼乐器械奇缺，延请曲阜孔尚任为制乐器，教授士民弹奏之技。其极重教化，纂修府志，修复当地历史名人祠堂。康熙四十八年（1709），诏请大学士和九卿荐举操守清廉、才华俱优之员，全国知府被举荐的只有荣和湘潭陈鹏年二人。次年，擢按察司副使，分巡天津道。在其参与迎驾五台山时，乞赐御书"清爱堂"额，上嘉其忠，允之。不久，升江西按察使，时值恩诏大赦，其详勘死囚，得免死者百余人。康熙五十二年（1713），升四川布政使，道经平阳、宁羌，父老夹路欢迎，声震山谷。三年期满考核，康熙帝问外官清介者，九卿共举荐四人，其中就有荣。在一次筹备军饷时，积劳成疾，卒于任所。父必显，顺治进士，户部员外郎；兄果，顺治进士，学政。有十子，其中进士三人（统勋、维焯、纯炜），举人五人（缙绍、絃熙、绶烺、綖煜、绂煜）。孙与曾孙中，亦有进士三人（埔、诗、镶之），举人十几人。

康熙二十四年乙丑科

【李 懋】字大木，号勉斋。寿光县（今改市）人。康熙二十年（1681）举人，二甲第三十五名进士，选庶吉士，散馆授编修。康熙三十二年（1693），充广西乡试主考官，号称得人。以疾告归。居家布衣敝裘，与田夫野老杯酒话桑麻，多有义举。曾出资修筑家乡弥河堤防，为他人赎出被抵押妻子。时人以为其所诗"表里空同秋水照，中边朗似夜明珠"，则是其人的真实写照。著有《文稿》及《仙霞岭诗》行世。祖父汝英，举人；父迥，康熙进士，刑部右侍郎；叔父适，顺治进士，知县。

【侯封公】字价藩。阳信县人。生而颖异，过目成诵。虽家贫穷，仍勤学不辍。为文如风雨骤至，数千言立就。康熙十四年（1675）乡试经魁，二甲第三十七名进士。授兴安县知县，改巩昌府通判。以疾卒于任。著有《南游纪胜》、《兴安余韵》、《途中吟》、《闲中吟》等行世。

【张 玺】字宝庵。邹平县人。康熙八年（1669）考中举人，署堂邑县教谕。三甲第二名进士。授河南新野县知县，务举大纲，与民休息。其汰耗羡、建书院、惩豪强，以兴农、兴商、兴学，使士民安居乐业。康熙三十二年（1693），充河南乡试同考官，多得中州俊才。时关中大饥，刑部侍郎督运湖南米二十万石赈济，地处交通要道的新野首当其冲，玺披星戴月三月之久，迎送络绎往来的楚豫诸大吏及数十万运夫，而不扰损于农。康熙三十五年（1696），遇有战事，玺捐俸解决过往军队所需车马、粮食、饲草，而百姓却不知有如此大的徭役之事。南阳大旱，在赈济之前，百姓急不可待，发生聚谋抢掠，玺多方抚恤，稳住了民心。因劳累过度致重疾。以卓异行取监察御史，北上入京便道抵家，不逾月而卒，祀乡贤。祖父毓泰，明天启进士，布政使。

【胡 瑄】字愚溪。即墨县（今改市）人。康熙十四年（1675）举人，三甲第三名进士，未仕。工诗，著有《舞鹤轩诗草》一卷。

【安 笲】字雪笲，号雪园。寿光县（今改市）人。家中藏书多达万卷。康熙二十三年（1684）举人，翌年联捷三甲第十名进士，选庶吉士，散馆改礼部主事。旋以亲老告归林下，仍讲习不辍，闭户著文自娱。每当花酣、月大、雨霁、雪飞之际，父子兄弟一起集聚酌酒吟诗。父致远与弟箕，皆为拔贡，以文名，著述丰厚，所著书共达十四种之多，且多被《四库全书》收录。

【彭 軏】县志载作軏。字元本，号恪庵。山东平山卫人。入载《聊城县志》。康熙十一年（1672）举人，三甲第十七名进士。授云南罗次县知县，仁恕爱民，却被以事罢归。居家好善乐施，人皆重之。

【李永绍】字绳其，号省庵，晚年自称痴愚老人。宁海州（今烟台市牟平区）人。康熙二十三年（1684）举人，翌年联捷三甲第二十二名进士。授乌程县知县，有奸胥于正赋之外，暗中加派三千余金，名曰"公费"，实为中饱私囊，立为革除。擢监察御史，不受苞苴。奉命巡视江南，路过乌程县，邑人绘图称颂。康熙四十七年（1708），以江南道，充顺天乡试主考官，所取皆海内名宿。擢盛京工部侍郎，修城垣，立义学，百废俱兴。奉旨为修陵差官，在所请各项物料奏折上，康熙帝亲批："尔自到盛京，一切事务，办理周详，甚属可嘉。所请之事，即依与部准行。"雍正二年（1724），擢工部尚书，任职四载，致仕。永绍素工诗，以"尤善笔墨"著称。九十岁卒。著有《约山亭集》。父挺牛，岁贡，府通判；孙承祚，部主事。

【单 立】高密县（今改市）人。康熙八年（1669）举人，三甲第二十五名进士，未仕。祖父崶，明万历举人，著有《紫丘文集》；伯父父宓，举人，府教授；堂兄燮，康熙进士。

【李月白】宁海州（今烟台市牟平区）人。康熙十七年（1678）举人，三甲第三十七名进士。

【解 易】巨野县人。康熙十七年（1678）举人，三甲第四十一名进士。

【魏 都】字美斋。利津县人。康熙二十三年（1684）举人，翌年联捷三甲第四十八名进士。授广东东安县知县，政尚宽简，日以文章教士。丁忧，不再复出。著有《奎楼柱》。祖父冒，顺治进士，知县；弟郊，康熙进士，亦知县。

【任士瑞】博平县（今属聊城市）人。康熙二十三年（1684）举人，翌年联捷三甲第五十六名进士。

【孙式恂】字元鲁。莱阳县（今改市）人。康熙十七年（1678）举人，三甲第五十七名进士。历陕西伏羌、山阳等县知县。

【王度昭】（1658—1724）字玉其。诸城县（今属高密市）人。性纯笃，与物混然若无。康熙二十年（1681）举人，翌年会试考中贡士，当年未参加殿试，后补殿试成三甲第五十八名进士。授云南浪穹县知县，值吴三桂叛乱刚刚平定，丁少役繁，百姓苦不堪言。度昭清查户籍，将死者从户籍上除去，减轻百姓负担。由此受到士民爱戴，为其建生祠、塑彩像。历监察御史（河南、浙江道）、湖北安襄郧荆道副使、光禄寺少卿、顺天府丞、大理寺少卿、河南乡试主考官、都察院左佥都御史、太常寺卿、通政使、都察院左副都御史。为湖北安襄郧荆道副使时，荆门水涨成灾，粮食颗粒不收，度昭上请免去赋税，赈济灾民。在任都察院左副都御史时，米价昂贵，奏请开太仓平粜粮米。康熙四十八年（1709）任户部右侍郎。偏沅巡抚赵申乔与总兵互相弹劾，度昭奉使往处，署理巡抚事，处理积案四百余起。事毕还京，授浙江巡抚，拒绝馈遗，力禁滥差，杜绝株连，暇则取书院诸生制文阅评。杭州西湖为天下名胜，而其三四年未曾一游。康熙五十三年（1714），为工部右侍郎，所上数疏，皆关国家大计，尤其所上"论西域屯田"之疏，颇有远见卓识。丁忧后，拜兵部右侍郎，转左侍郎，赐参千叟宴。康熙六十一年（1722）冬，奉命监督奉天粮税，上请免除诸年积欠，百姓甚为感激。次年告归，数月去世。父劝，顺治进士，知县。子：奇猷、弘猷（知县）、建猷皆举人；孙铬，雍正进士，知府，署按察使。

【赵泰甡】字鹿友。胶州（今改市）人。以孝闻。康熙十七年（1678）举人，三甲第六十三名进士。授江苏金华县知县，廉介自持，刊先贤《正学渊源》、《郑愍忠公文集》，以广其传。复修吕成公祠、胡文定书院，又建滋兰书院，设四乡义学，一时文教大兴。擢湖州府同知。丁忧，哀毁骨立，未五十岁卒。祀金华、湖州名宦祠和本州乡贤祠。

【李霖雨】字默斋。安丘县（今改市）人。康熙十一年（1672）举人，三甲第七十四名进士。

【纪人龙】直隶东明县（1963年划归山东菏泽专区）人。康熙二十一年（1682）举人，三甲第七十七名进士。授贵州震远县知县，升陕西陇州知州。

【孙 勷】（1657—1740）字子未、矛未，号莪山、诚斋。德州（今德州市）人。原名李勷，为李文科之子。进士、知县孙继赏其才，将其收为长子之后，改名孙勷。康熙二十年（1681）乡试解元，三甲第八十六名进士，选庶吉士，散馆授检讨。先后充福建乡试主考官、贵州学政。性孤高简傲，不肯依附权贵，对隆科多的拉拢许官和年羹尧的欲招为幕，都严词拒绝，不予私见。为官不以私恩负国，有请托者皆予贬斥。历通政司参议、大理寺少卿，被时人称为真正贤者。八十四岁卒。遗嘱拒入乡贤祠。工诗文，著有《鹤侣斋诗文集》三卷、《诚斋诗草》、《四书集注余论》、《使黔偶记》、《读韩秘记》等。子中有一进士（于螯）、五举人（于盛、于鼒、于盘、于蛰、于宣）；孙中有一进士（今莛）、两举人（今兰、今敬）。子孙连第，荣极一时。

【李和雨】字念云。安丘县（今改市）人。康熙十七年（1678）举人，三甲第八十八名进士。授福建建安县知县。

【韩鼎盛】字公燮。聊城县（今聊城市）人。康熙二年（1663）举人，历经二十二年，方考取三甲第九十名进士。

【傅宸楣】字文友。高密县（今改市）人。康熙八年（1669）举人，三甲第一百零五名进士。授福建长乐县知县，田赋凌杂，莫可究诘，宸楣清丈土地，两阅寒暑，积弊一清。禁止溺女婴和争聘礼嫁妆等旧俗。邑人林某，为浙江知县时，因亏币被籍没家产而死，其子天祐也被羁狱中，宸楣为之代偿得以释放。充福建乡试同考官，取九人皆知名士。以积劳卒于官。孙咏，雍正进士，知县。

【战殿邦】胶州（今改市）人。康熙二十年（1681）举人，三甲第一百一十五名进士。

康熙二十七年戊辰科

本科录取：一甲三名，二甲四十名，三甲一百零三名。其中山东十六名。

【王 懿】（1647—1723）字文子，号巨峰。胶州（今改市）人。康熙二十三年（1684）举人，二甲第十七名进士，选庶吉士，散馆授编修。充会试同考官。屡迁翰林院侍读学士，改户科给事中。性狷介，刚直敢言。以连续疏劾九门提督陶和气与姻亲刑部尚书巢可托贪赃枉法、明庇为奸而震动朝野，陶、巢二人被治罪贬官。由大理寺少卿升顺天府尹（省志误载府丞），疏请减琉璃厂民房租和运山西、河南仓米以救陕西饥民，皆蒙允行。被授大理寺卿，值三法司会狱时，对不当案件多有平反。迁工部右侍郎，充会试副主考官，蒙赐御制诗章。康熙五十九年（1720），奉命督屯田巴里坤时，正值蝗灾蔓延，当即组织人力灭蝗除灾。雍正初召还，卒于甘肃兰州。著有《奏疏》、《制艺》、《竹里楼诗集》。父如辰，顺治进士，按察司佥事；子功濯，举人，郎中。孙辈中，有举人四人，知县、主事六人，按察司副使一人。

【李本涵】（1648—1698）字海若。山东大嵩卫人。入载《海阳县志》。康熙十六年（1677）举人，二甲第三十一名进士，选庶吉士。天性孝友，父去世后，弟妹皆幼，呵护有加。侍奉继母二十余年，无微不至。乐善好施，家无长物。出钱赈济莱阳饥民，带头捐资修复倒塌的大嵩卫城墙。卒于父亲京城官邸，祀乡贤。父赞元，顺治进士，翰林，兵部右侍郎。弟：本浩，恩贡生，候补知县；本澂，举人，候选州同，著有《东溪诗草》；本潆，举人，知县，著有《甲秀堂诗文集》；本淳，举人。子栏，举人。

【谢乃果】（1661—1733）字松麓，号春函。福山县（今烟台市福山区）人。天资聪慧，手不释卷。康熙二十六年（1687）乡试第五名举人，翌年与兄乃实同科进士，位列三甲第十二名。授河南宜阳县知县，有"白面包公"之称。其任满离宜阳时，士民将其列入本邑"七贤祠"中。康熙三十五年（1696），补河南鹿邑县知县，任职八载，清廉有声。以卓异行取吏部主事。闻母疾乞假归里，不再复出。在家乡捐舟造桥、资助教育，做了不少公益善事。晚年以诗文自娱，著有《四书德解》、《玉森堂集》行世。七十三岁卒。子：光綖，监生，府同知；光经，监生，候选州同，医名远播。孙显谟，举人，县教谕；曾孙宝壇，岁贡，八旗官学教习。

【刘以贵】字沧岚。潍县（今潍坊市）人。《清史稿》有传。明嘉靖进士、兵部和刑部尚书应节五世孙。以贵遍读经史，为文奥博，海内名流推重之。康熙二十六年（1687）举人，翌年联捷三甲第十七名进士。授广西苍梧县知县，调武缘县，署思恩府事，皆以廉著声。年甫五十岁告归，杜门著述。以贵为儒学名士，造诣精深，多有独到见解。于《十三经注疏》外，还著有《周易析疑》二十卷、《古本周易集解》十六卷、《周易探原》十二卷、《古籀定尚书集解》五十八卷、《春秋集解》二百四十卷、《藜乘集》三卷、《初学正鹄》、《正命录》、《莱州名贤志》、《沧岚辨真文》等。六十五岁卒。

【万世馨】字德含。平度州（今改市）人。家贫穷，饔飧不给，苦志励学。康熙二十六年（1687）举人，翌年联捷三甲第十八名进士。授德化县知县，以丁母忧归，行李萧然。闻母病逝，哀痛呕血，赶回家中，过哀而卒。弟世安，举人。

【李斯义】（1643—1707）字质君，号静庵。长山县（今属邹平县）人。天资颖异，缜密谦和，为文得先辈法程，深受叔祖明进士、刑部尚书化熙器重。康熙二十年（1681）乡试亚元，三甲第二十六名进士，选庶吉士，散馆改监察御史。历掌浙江、京畿、河南道，为风宪官八载，小心持大体，未尝一事博示风采。又历通政司参议、提督四译馆、太常寺少卿、大理寺少卿、大理寺卿、都察院左副都御史。所在治绩颇显，尤平反冤狱较多。康熙四十三年（1704），擢福建巡抚，洁己率属，劝农督饷，清图圉，除奸猾，毁淫祠，禁溺女，立育婴堂，修建书院。在任二年余，兴利除弊，大见成效。在闽赴平江迎驾，康熙帝赐以御书对联及"寿萱"二字。康熙四十六年（1707），以劳卒于官，年六十四。入名宦、乡贤祠。著有《孝悌编》、《初学便读》、《李氏家乘》行世。祖父雍熙与父毓之，皆喜著述。弟斯让和子可寀皆举人。

【王　俊】字用章。齐河县人。康熙十七年（1678）举人，三甲第二十七名进士。授广东博罗县知县，以兴利除弊为务，煮粥赈饥，修建学校，士民赞颂。行取礼部主事，升员外郎，转户部郎中。曾以礼部主事充陕西乡试副主考官。康熙四十九年（1710），以按察司佥事，提督广东（县志载四川）学政。出为直隶口北道。旋绝意仕进，告归不再复出，八十七岁卒。

【李　楠】《题名碑录》载作枏。字让木。蒲台县（今属博兴县）人。康熙二十年（1681）举人，三甲第二十九名进士。授江南霍山县知县，以特殊治绩，行取兵部主事，升至郎中。改山西道监察御史。时江南大吏之间互相参劾，会审诸大臣率多偏袒，由康熙帝酌情降旨方有定论。而对失实者，部臣竟置之不问。

楠上《劾大臣审拟失实疏》，康熙帝予以嘉纳。在巡视中城时，对旗员王兆兴霸产欺孺事，经查实予以治罪，一时令奸猾屏息。

【颜光敦】（1659—1698）字孚山，一作学山，时称学山先生。曲阜县（今改市）人。颜子六十七代孙。与兄光猷（进士）、光敏（进士），号称"曲阜三颜"。生而奇警，仪观甚伟，专精经史，为文"抉幽出险，剑拔弩张"，无与人同。康熙二十三年（1684）举人，三甲第三十二名进士，选庶吉士，散馆授检讨。超授日讲起居注官。康熙三十二年（1693），充浙江乡试主考官。次年，提督浙江学政。在学政任上，为报皇帝知遇之恩，奋发治学，半夜方寐，以致积劳呕血，终使"士气腾踊，文风丕变"。以办事不讲情面，遭蜚语中伤，被劾镌级，引疾而去。归时，巡抚前去送行，直入卧室，见篝灯敝帐，除文籍外无长物，乃叹息而去。浙人为立清德碑。皇帝嘉其廉慎，命大学士前去视疾劝慰，不久即卒，仅四十岁。所著均未成书。祖父允诏，明崇祯知府，清兵破城自焚死。

【于　澧】字同水，号登石，宁海州（今烟台市牟平区）人。三甲第三十八名进士。授广西柳城县知县，迁户部郎中。

【刘扶曦】字起之，一字若木。滕县（今滕州市）人。幼年号称奇童，长通世务，一意潜修，为诸生中之翘楚。因居村桃麓山房，学者称桃麓先生。知县与其相交尤深，对久试不第"叹老嗟卑"的扶曦道："子非池中物，风云自应有期，倘终不第，吾当抉一目谢子。"康熙二十年（1681）考中举人，其曾祖父通星卜学，易箦时，复取扶曦干支观之，叹曰："一第不足为尔难，但忠孝二字恐未能如愿。"后考取三甲第五十五名进士。在康熙三十四年（1695），被截取为南宫县知县时，即拂衣急归，为诗二章，告别同榜诸君，有"负米垂纶"之句。归未浃旬而卒。所著《书枚俳集》、《爱景堂诗集》多散佚，独存《四书文》行世。

【徐履端】字北阳。邹县（今邹城市）人。康熙十一年（1672）举人，三甲第六十名进士，未仕卒。事继母恪尽孝道，抚训诸弟克敦友爱。被举乡饮大宾。

【谢乃实】（1652—1715）字华函，号华峰，别号峆㠠山人。福山县（今烟台市福山区）人。幼承家训，发愤苦读。生性刚正，以忠孝自励。康熙二十年（1681）举人，与弟乃果为同科进士，位列三甲第六十九名。授江苏睢宁县知县，不畏权势，风规峻整，屏绝苞苴，执法公正，减轻徭役，惩治盗贼，使该地由"萧条"变成"乐土"，士民为其立"铁面冰心"碑，以示怀念。丁父忧，服除，又补湖南兴宁县知县，革鬻妻之风，禁溺女之惨，建学宫，设书院，去私派。因力排众议，为州官索贿不成而错判"虐妻致死罪"案申辩冤情，遭谣言中伤，被劾革职。邑人涕泣如失父母。及归，奉母读书，布衣蔬食，不以升沉为念，而以诗书为乐。著有《峆峎山人诗集》、《续集》、《文集》、《睢陵漫录》、《明心录》等二十余卷。子：光纶，举人，知县；光纪，康熙进士，知县；光组，举人，主事。孙景谟，乾隆进士，知县。

【董思凝】（1663—1723）字养斋。平原县人。长身玉立，声琅琅如出金石。对老母至孝，父手书"真孝子"赐之。十二岁能为七言诗。康熙二十三年（1684）举人，三甲第七十八名进士。初授内阁中书，与修《大清律》。升刑部员外郎，转吏部掌印员外郎。康熙三十五年（1696），充云南乡试副主考官。康熙四十八年（1709），以按察司佥事，提督湖广学政。改授云南布政司参议，又出守直隶口北道。宣镇兵饷支自道库，往往存扣余羡，思凝予以革除。当地兵民全凭煤矿为生计，有旗员侵占，无人敢管问，思凝详请永禁。工诗词，著有《养斋集》、《海棠巢诗词》、《淮行草》、《滇行草》等。父讷，康熙进士，探花，两江总督；子元度，乾隆进士，翰林，知县。

【于瓒】字黄中，号迁庵。巨野县人。为人好清静，喜俭约，不乐仕进。康熙十四年（1675）举人，三甲第八十三名进士。父起潜是庠生，对瓒的庭训都是以读书明理为务，而对于富贵功名从未提及。其成进士后，多有亲故劝其出仕，但其不敢忘记父之教诲，不为所动。其理由是：不为五斗折腰，所学只不过是训诂之学，章句之末，於致用何与？其一生不慕爵禄，甘老牖下，与二三知己结诗书缘，不与流俗为伍。

【卢锡晋】字晋侯。单县人。幼从父学，枕籍经史，为文宗八大家。康熙十四年（1675）举人，三甲第九十七名进士。授山西怀仁等县知县，时值噶尔丹初平，锡晋上书山西巡抚，提出守边驻军屯田和将州县改为卫所的建议，以强化边疆防御。为知县六载，行取刑部主事，差督通州仓。擢礼部郎中。又出为真定府知府。为政清简，与民休息。以致仕归，晚年几不能自给，八十余岁时自作墓志而卒。自幼就从父研究经史，造诣颇深。为文长于论辩，著有《尚志馆文述》及《续集》各九卷。亦工诗，《民国单县志》载其诗八首。父铸，岁贡生，著有《尚志馆古文》。

康熙三十年辛未科

本科录取：一甲三名，二甲四十名，三甲一百一十四名。其中山东二十名。

【任　坪】字雨若，一字坦公，号莱峰。高密县（今改市）人。《清史稿》有传。康熙二十年（1681）举人，二甲第十六名进士。授行人司行人，升至刑部郎中。选山西道监察御史，转掌陕西道。时皇储未定，坪与同官十余人，疏请早正元良，以正天下之望。由此，被谪从征边陲忒斯河，离京师八千里，荒漠绝远，盛夏积冰雪，伐木编屋，而坪处之怡然。及归，闭户日读书临池，人罕见其面，终老于家。子士铕，举人。

【苏　伟】字茂一，一字济夫。武城县人。康熙十四年（1675）举人，二甲第二十二名进士。授掌印内阁中书。充顺天武科乡试同考官。康熙三十八年（1699），在去湖广主考乡试途中病卒。工诗文，县志载其诗文六篇。

【周　正】（1638—1697）字公端，号方山。莱阳县（今改市）人。曾因同邑宋氏有大狱，其以无辜被逮入监，坦然忍受屈辱，仍坚持读书为文。康熙五年（1666）举人。康熙二十七年（1688）会试贡生，当年未参加殿试，后补殿试成三甲第六名进士。授福建浦城县知县，为官清正，拒绝馈遗，不媚过客上官，以赈贷贫民为急务。在任宽驿传、雪沉滞、遏豪蠹、缓催科、尚文学，治绩卓卓。以病卒于官署。工诗古文，著有《取此居文集》、《偶成轩诗草》。祖父伯达，明崇祯进士，巡抚；父世祜，荫授殿前侍卫；妹淑屦，工诗，著有《峡猿草》；子星显，岁贡，著有《四书东轩精纂》；孙守一，乾隆进士，知县。

【牟国珑】字作霖，号重季。栖霞县（今改市）人。父母早逝，聪颖好学。十七岁时，受登州于七起义株连，入狱三年。康熙二十年（1681）举人，三甲第九名进士。授直隶南宫县知县，勤慎廉惠。南宫遭漳河水灾，上请免去正赋十分之三，又将百姓所积四年欠赋，用己银一千余两垫解，受到巡抚嘉奖。康熙三十五年（1696），南宫又遇饥荒，国珑设粥厂，借仓粮，赈济饥民。对难以偿还的借粮，捐俸代为补偿。康熙三十八年（1699），在为乡试同考官期间，遭人诬陷，被解职。南宫人为其立祠画像。归乡后，逍遥林泉，杜门课子，建院心亭，与知己诗词唱和。曾代输本地丁徭，百姓立石颂扬。卒时，南宫人走吊者数百人。祖父道行，举人，府同知；兄国珍，康熙进士。

【王孙延】字绵齐，号绵斋。城武县人。康熙二十三年（1684）举人，三甲第十一名进士。授直隶唐县知县,邑土瘠民贫,政繁赋重,又值兵荒之后,百废待兴。孙延至无烦令,无滥刑,勤抚育,缓催科,崇节俭,除行税,煮粥赈饥,兴学教士,与民休息,以恢复元气。奉命修筑城垣,所不足资金靠倡捐添补,而不扰民。工诗赋,县志载其诗赋七篇。

【王者臣】字元燮,号岱麓。兰山县(今属临沂市)人。康熙二十三年(1684)举人,三甲第十九名进士,选庶吉士,散馆授检讨。与修《一统志》,常抒所见闻,以补望漏。康熙三十五年(1696),充福建乡试副主考官,所取皆名俊。父去世,哀毁成疾,不数月而卒。祖父埙,顺治进士,内阁中书。

【孙道盛】即墨县(今改市)人。康熙十七年(1678)举人。康熙二十七年(1688)会试贡士,当年未参加殿试,后补殿试成三甲第二十名进士。授江南临淮县知县。

【魏 郊】字祁荣。利津县人。康熙二十九年(1690)举人,翌年联捷三甲第二十四名进士。授安徽祁门县知县。充乡试同考官,所拔多知名士。祖父冒和兄都分别为顺治、康熙进士,皆知县。

【王克昌】字燕及,号澹园。临淄县(今淄博市临淄区)人。康熙二十六年(1687)举人,三甲第四十九名进士。授贵州贵定县知县,调补永从县。所治为苗民杂处之地,宽严并用,颂声载道。以大计卓异,擢山西保德州知州,转刑部员外郎,升工部郎中,卒于官。著有《澹园文稿》。堂弟克宽与其同榜举人、进士,知县。

【李良模】(1652—1726)字子型。菏泽县(今菏泽市)人。康熙二十六年(1687)举人,三甲第五十五名进士。历鄱阳、遂平、宜君县知县,所至除暴安民,治绩颇显。行取礼部主事。以疾告归。其积学能文,从游者多名士。

【张为经】字涵六,一字公纬。山东临清卫人。入载《济宁州志》。生而颖异,孝友仁厚。康熙二十三年(1684)乡试经魁,三甲第六十一名进士。授湖广桂东县知县,禁溺女,除火耗,却馈遗,诛豪强,邑民与瑶民,待其如父母。以卓异行取吏部主事,升员外郎、郎中。康熙五十年(1711),充广东乡试主考官。旋以按察司佥事,提督福建学政,以公明称。为经卒后,所贷币金不能偿还,福建诸生为之输金代完。祀名宦。著述甚富,有《学政全书》、《汳水学吟》、《粤行草》、《粤东题吟》、《公余偶兴》、《校士草》等。子延庆,康熙进士,府同知。孙:淑龄、淑轩皆举人;淑渠,乾隆进士,知府。

【焦毓鼎】字象九,号㓁庵。章丘县(今改市)人。生有异质,笃于行谊。母早丧,抚育两幼弟成立。收养王氏夫妇遗女，及长出资嫁之。康熙二十年（1681）举人，三甲第六十七名进士。授湖广钟祥县知县，充乡试同考官。邑当水陆要冲，公务繁剧，毓鼎清驿站、减火耗、恤狱囚、除陋规、缮河堤、广赈济。尤重培养人才，选拔孤寒好学之士。为政六载，治绩颇著。祖父馨，明万历进士，巡抚、都察院右副都御史。兄：毓庆，拔贡，知县，战死；毓栋，康熙进士，吏部郎中。

【李其昌】（？—1712）字宁侯，号澹庵。长山县（今属邹平县）人。天性孝友。康熙二十年（1681）举人，三甲第七十八名进士。当授知县，以念母年高，任职道远，不得迎养，乃自请改内阁中书，赴京至德州途中，又思母而返。母去世后，授礼部主事，升员外郎，迁户部郎中。为官平心奉法，未曾苛责人过，而泾渭昭然。充顺天乡试同考官，所取二十七人皆一时知名士。康熙五十年（1711），以按察司佥事，提督云南学政，振拔单寒奇俊之士。次年卒于官。

【石曰琮】（1650—1710）字宗玉，号璞公。长山县（今属邹平县）人。幼卓荦，有奇气，素性简朴，于纷华美丽无所好。康熙二十九年（1690）举人，翌年联捷三甲第七十九名进士。居官以强项称，从不以非道阿上官，刑部尚书王士禛赞其"非容媚者"。授河南新郑县知县，厘奸剔蠹，积弊一清。巡抚特别器重他，咨以中州利弊，曰琮条上兴学校、禁锣戏、惩违法、汰冗役，数事皆举。朝廷命督抚荐举其属品行端方者，巡抚首荐曰琮，旋升陕西宁羌州知州。又以卓异擢甘肃平凉府知府。丁忧，起补福建福州府知府。曰琮以"如徇一情面，受一苞苴，神明鉴之，当令各位不昌子孙"告诫属吏。在福州二年，廉洁勤政。以病卒于官，祀名宦、乡贤祠。著有《四书诗经稿》行世。

【卢大圻】蓬莱县（今改市）人。康熙二十九年（1690）举人，翌年联捷三甲第八十一名进士。授四川垫江县知县。

【刘　琰】（1651—1712）字公琬，号介庵。阳谷县人。天性旷达，安贫乐道，工诗擅书。康熙二十六年（1687）乡试解元，三甲第八十六名进士，选庶吉士，散馆授检讨。参与纂修三朝国史，充会试同考官。康熙帝召试，进《万寿无疆赋》，受赐御书。出为江南江宁府知府，革除宿弊，发奸摘伏，有能声。康熙帝南巡时又赐冠袍。康熙四十一年（1702），以按察司副使，提督江西学政，禁请托，除陋规，有"铁面冰心"之称。任满归里，囊箧萧然。居家杜门谢客，以诗酒自豪，写有诗数百首。六十一岁卒，祀乡贤。

【王克宽】字德涵。临淄县（今淄博市临淄区）人。康熙二十六年（1687）举人，三甲第八十九名进士。授浙江於潜县知县，仅一年，以告终养归。分家产时，任诸弟取沃产及先世遗橐，独取南马场为己业。其赋诗曰："少与堂兄共砚窗，春秋桂杏又同芳。上追淡墨题名榜，下盼红绫赐饼香。弟举孝廉能侍养，房分叔季足衣粮。宦囊美产余无取，牧马场中学牧羊。"著有《毅斋诗草》。父颖士，康熙进士，知县；堂兄克昌与其同榜举人、进士，刑部郎中；子勋，乾隆进士，道员。

【李振玘】字正枢。金乡县人。博学好古，尤嗜《左传》，文章雅健。三甲第一百零二名进士。历新河、赣县、五河县知县，所至惩恶除奸，有神明之誉。在五河，值淮水秋涨，秋禾被淹，振玘上请赈济和减免赋税不遗余力，百姓特别感激。以致仕归卒，祀名宦、乡贤祠。著有《缙东稿》。

【高　旺】字旭卿，号岳东。莱阳县（今属海阳县）人。康熙十四年（1675）举人，三甲第一百零七名进士。授江西安远县知县。以卓异行取入京，由礼部员外郎，升至户部郎中。充会试同考官。出任直隶顺德府知府。卒祀顺德名宦祠。父启元，举人，郎中，著有《遗安堂诗集》；子如樽，康熙进士，知县。

【房于泗】沾化县人。康熙二十年（1681）举人，三甲第一百一十二名进士。授湘阴县知县。

康熙三十三年甲戌科

本科录取：一甲三名，二甲四十名，三甲一百二十五名。其中山东十五名。

【朱辉珏】字合璧，号雪原。聊城县（今聊城市）人。生而聪颖，性冲澹。康熙二十九年（1690）举人，三甲第九名进士，选庶吉士。以奔父丧归，时已年逾六十，不再复出。好读书，不事章句。与历代典故及四方利弊尤殚心研究，咨询造访者甚多。性喜菊，筑餐英书屋，游息其中。喜与知己饮酒，琴赋皆能。七十一岁卒。著有《餐英书屋集》若干卷。祖父鼎延，明崇祯进士，工部尚书。有五子，除续烈早亡外，一进士（续志）、三举人（续业、续泽、续京）。续京能诗工画石，且多著述。

【杨芳裔】字谷兰。寿光县（今改市）人。康熙二十九年（1690）举人，三甲第二十六名进士。授顺天府顺义县知县。著有《谷兰文钞》。弟华裔，举人，州学正。

【冀　霖】字雨亭。临清州（今改市）人。为人刚正廉介，孝友性成，好赒人急。康熙二十三年（1684）举人，三甲第三十三名进士。授四川峨眉县知县，厘正赋役，捐资葺学堂，设礼乐器。以军功署嘉定府事，兴利除害，所部五县皆为其建生祠。入京官至户部郎中。康熙四十九年（1710），以按察司佥事，提督江西学政，所拔皆名士。修鹿洞义学，捐俸置田助膏火。先后充四川乡试、顺天文武乡试同考官。致仕，主讲诚正书院。著有《省省堂集》、《蜀道吟》、《峨眉三十景》、《子戌集》等。

【王日升】（？—1695）字柘村。临朐县（今属青州市）人。家世农业，幼时专致读书，废寝忘食。家中晒麦于庭院，使其护视，日升持书就读，遇暴雨骤至，麦流溢门外，仍坐读不觉。康熙二十九年（1690）举人，三甲第三十八名进士。登第后，次年卒。为人德器温醇，为文尔雅和平，口不言，人过望而知其学养。终身不言人过。虽盛暑必衣冠肃然。教授生徒，多所造就。有著述，皆失传。

【赵瑞晋】字康侯，号升庵。齐河县人。康熙十四年（1675）举人，三甲第四十三名进士。授广西罗城县知县，抑豪强，修志书，又立明伦堂，建名宦祠，以培养世风。在任五年，治绩称最，罗城人立碑赞颂。行取入京为官，未至卒，祀乡贤。著有《启后集》。父胤振，顺治进士，知县，战死。

【刘　俨】字慎庵。安丘县（今改市）人。少以孝闻，父母去世，哀毁骨立。康熙二十六年（1687）乡试解元，五十余岁，方考取三甲第六十三名进士。授直隶赞皇县知县，政简刑清，清苦淡泊，一介不取。以卓异行取工部主事。有商人有事相求，支与工部万金，以奉给每位郎官三百金为谢，唯俨力持不署押。康熙五十年（1711），充福建乡试副主考官，矢公矢慎，以"不愧天地鬼神"称。告归，优游林下二十余年，不与外事。有张卯作九老图，俨为之首。九十岁卒。孙俊德（尤工书法）、宪德皆举人、知县。

【袁　良】禹城县人。康熙二十九年（1690）举人，三甲第六十五名进士。历长宁、襄城、垣曲县知县。

【牟　恒】（1657—1726）字圣基。栖霞县（今改市）人。自奉俭约，终身不衣帛。少颖异，工文章。康熙二十九年（1690）举人，三甲第七十六名进士。初授内阁中书，改户部主事，升至礼部郎中。监督宝泉局，革除诸弊。康熙帝见其清白，特赐《周易》、《孝经》。旋转监察御史，巡视南城。拒收寿金，一尘不染。平反冤狱，见有冤抑必抗章力救。抑豪右，豪横敛手。一时声望赫然。康熙帝嘉其"真诚不欺"。六十九岁卒。曾祖父道行，举人，府同知。

【张盘基】武定州（今属惠民县）人。康熙二十六年（1687）举人，三甲第八十三名进士。

【唐之材】字盛周。高唐州（今改县）人。幼家贫好学。康熙二十六年（1687）举人，三甲第八十五名进士。母早亡，父不再娶，侍养左右二十余年。

【张　琮】巨野县人。康熙二十九年（1690）举人，三甲第八十六名进士。授广东电白县知县。

【隋　铨】字紫衡。寿光县（今改市）人。以至孝闻名乡里。少时从父受业，父严厉，且嗜酒，每醉稍不如意，即发怒训斥，而铨承颜顺志，以婉言愉色来化解。一日天降大雪，父乘醉阅其文，斥责草率，令跪庭中。父坐而假寐，过了好长时间，才令起身，此时门外积雪已有尺许。康熙十七年（1678）举人，三甲第九十三名进士，隐居不仕，以齐家训俗为务。晚年，举为乡饮大宾。六十多岁卒。

【于振宗】章丘县（今改市）人。康熙三十二年（1693）举人，翌年联捷三甲第九十五名进士。授直隶正定县知县，迁户部主事。

【陈荀会】字星占。乐安县（今属广饶县）人。幼有异才，试必夺冠。为人刚正，常读书山寺，不管遇到怎样令人恐怖之声，亦不为所动。康熙十四年（1675）

举人，三甲第一百一十三名进士。时两亲已垂暮之年，不忍远离，绝意仕进，终养于家。著有《石琴草》、《秋风草》。

【杨万春】字嵩年。淄川县（今淄博市淄川区）人。家境贫困，天性孝友。康熙三十二年（1693）举人，翌年联捷三甲第一百二十名进士。授舞阳县知县，尤重治理水患，将"遇雨尽成江河"的洼地，整治成沃壤。建学兴教，出俸金以佐膏火。以卓异行取吏部主事，升员外郎、郎中，皆能矢公矢慎，洁清自守。数充文武会试同考官，得人称盛。康熙六十一年（1722），以按察司佥事，提督河南学政，视学方竣卒。

康熙三十六年丁丑科

本科录取：一甲三名，二甲四十名，三甲一百零七名。其中山东九名。

【田云翼】字健翎。定陶县人。康熙三十五年（1696）举人，翌年联捷二甲第二十名进士。授湖南华容县知县，将收储的湖莲税，悉捐给民。改麻阳县知县，屯稻谷，立学校，以谋民生和培育人才。又转广东普宁县知县，署湖阳县事，所至镇山贼，御水寇，民赖以安。

【单畴书】（？—1729）字惟访，号砺峰。高密县（今改市）人。康熙三十五年（1696）举人，翌年联捷二甲第三十六名进士。历靖江、延川、赣榆县知县，所至有声绩。擢湖广监察御史，风裁著朝野。出为甘肃宁夏道，转洮岷道。撰写《良法十条》，为便民之策。时年羹尧为川陕总督，因畴书不肯逢迎，故意找其短处。雍正帝知畴书操行，召入京师任职。疏参年羹尧任用私人、滥窃名器等四款。历鸿胪寺少卿、太仆寺卿、大理寺卿、刑部右侍郎、户部右侍郎。其实心效力，以劳疾卒于任所，赏银一千两为归途之用，予祭葬如例。子铎、铽、鋐与孙湘、澍皆为举人，知县。

【孔尚先】字念庵，号绳武。宁海州（今烟台市牟平区）人。自幼谨饬，每就塾经文庙必拜。康熙二十九年（1690）举人，三甲第十四名进士，选庶吉士，散馆授检讨。内蒙康熙帝召试，皆予奖赏。康熙四十四年（1705），充广西乡试主考官，常作诗自警，同官为之动容。康熙五十一年（1712），提督山西学政，训士以德行为先，阐扬忠孝节义。以亲老致仕。

【周祚显】字有声，号星岩。山东鳌山卫人。入载《即墨县志》。诸生时即有盛名。康熙二十九年（1690）举人，三甲第十五名进士。授广西富川县知县，清赋额，革科派，陋弊尽除。擢户部主事，升至部郎中，迁京畿道监察御史，所奏皆切中时政。由于旗民杂处，民构讼者，多引证旗丁代控部堂，差提骚扰，使许多百姓倾家荡产。其上《禁旗代民讼疏》，予以禁止。出为福建兴泉永道。以致仕归，著有《奏疏》一卷、《清贵堂稿》四卷。孙知非，康熙进士，知县。

【潘明祚】字超庵。齐河县人。幼年丧父，授徒以供养孀母，对前母兄与弟亦极为友爱。康熙三十五年（1696）举人，翌年联捷三甲第四十七名进士。授广西藤县知县。在藤五载，革除陋弊，淡薄自甘。以病卒于任，百姓莫不流涕。公请入广西名宦祠，立碑衙前，以志不忘。祀本邑乡贤。

【李甡麟】字丹书，号畏斋，晚号怡山老人。武定州（今属惠民县）人。好学问，以孝闻。康熙三十五年（1696）举人，翌年联捷三甲第五十九名进士，选庶吉士，未散馆，以念亲告归，不再复出。葬父时遇大风雪，哀泣墓侧十余日不忍离去，得足疾遗留终身。每痛作宛转呼号，对别人曰："吾非为疾苦，吾以痛疾所由来也。"家富有，多善行。广储书籍，开设义塾，收辑前人文献，以补志乘之阙。七十七岁卒。

【薛　堪】滨州（今滨州市）人。康熙三十五年（1696）举人，翌年联捷三甲第七十四名进士。以知县用。工诗文。

【苏　铭】定陶县人。康熙三十二年（1693）举人，三甲第七十九名进士。

【赵　暄】字寅宾。昌乐县人。康熙三十二年（1693）举人，三甲第九十六名进士。授直隶井陉县知县，改吏部主事。秉性正直，恪守儒道，遇有稍不合义者，则侃侃与上官相争。居时衣冠必整，不问生产，虽宦游积年，但归乡时惟有图书盈箧而已。

康熙三十九年庚辰科

本科录取：一甲三名，二甲六十名，三甲二百四十二名。其中山东二十五名。

【李　棟】字文众。德州（今德州市）人。康熙三十二年（1693）举人，二甲第五十八名进士，选庶吉士，改授内阁中书。康熙四十七年（1708），充贵州乡试副主考官，精于鉴裁，以劳疾卒于途中，贵州人崇祀名宦祠。为人潇洒磊落，急难好义。家居时，曾有闽人高宸，以选拔北上，于途中遇盗受伤甚重，其与孙勷知为佳士，迎回家中治疗一年多，留为诸子师，归时送赠百金。曾祖父大华，举人，知县；祖父诚明，举人，有著述；父源，顺治进士，知县；弟桱，举人，著有《苕斋集》；子宝默，监生，府同知。

【秦国龙】（1667—1739）字卧子，号丝峦，别号冰谷。日照县（今日照市）人。自幼好学，读书专心。康熙三十八年（1699）举人，翌年联捷三甲第十二名进士。授湖北郧西县知县。以卓异擢户部主事，升云南道监察御史，巡视东城。又历陕西、山东、山西、浙江道监察御史。出为福建按察使，升布政使。所至勤于吏治，厘剔奸胥，革除积弊，减轻百姓负担，以循吏称。治家慎严，立家训八则，令子侄置之座右，违者责惩。以疾致仕，优游林下十余年，七十二岁卒。工诗文，著有《卧子文集》、《冰谷咏》、《丝峦诗词集》、《郧西寄稿》、《壶中揽胜》。

【李　珍】山东复州卫人。入载《莱州府志》。康熙二十年（1681）举人，三甲第二十名进士。授工部主事，充会试同考官。

【蓝启延】字益元，号延陵。即墨县（今改市）人。康熙二十六年（1687）举人，三甲第二十三名进士。授广东乳源县知县，洁己爱民，举循良第一。丁忧，起复补为西河县知县，革除陋弊，振兴文教，受到百姓亲爱。值西陲用兵，调督军饷，以劳卒于官。贫无以殓，同事助之，始得归葬。祖父再茂，贡生，知县；父润，顺治进士，左布政使；伯父深，恩贡，知县。

【王延祺】字谦可。诸城县（今改市）人。康熙三十五年（1696）与弟同榜举人，位列第三名。后考取三甲第二十七名进士。授浙江仙居县知县，尊重当地习俗，因势利导，励精图治。以卓异升礼部郎中。因老病告归，卒于家。祖父斗枢，顺治进士，户部主事；弟延礼，康熙进士，知县。

【阎　愉】（1654—1725）字敬生，号菉园。昌乐县人。康熙三十五年（1696）乡试解元,三甲第四十六名进士,选庶吉士,散馆改浙江长兴县知县。至任防治水患,剿抚盗匪,公正断案,关心教育,颇有政绩。行取工部主事。两年后,以疾辞归。年七十二卒,私谥"孝悫"。著有《制义杂著》等。其论《营丘辩》见解精辟,为世所重。工书法。父世绳,康熙进士,翰林,詹事府左谕德;子廷俗,雍正进士,知州;孙循琦,乾隆进士,翰林,工部尚书。

【魏锡祚】(1669—1734)字子晋,号长麓。莱芜县(今改市)人。康熙三十八年(1699)举人,翌年联捷三甲第五十四名进士。授河南林县知县,升江南泰州知州。在泰州十三年,以勤勉著称。泰州濒临江海与湖泊,水患多发,人多播迁,但仍按当年粮户征收钱谷,其细心筹划,尽除积弊。视察地形,浚河筑堤,减少水患。审结疑冤案件,使囹圄几空。重修学宫及名人祠,士风大振。擢江西建昌府知府。仅年余,又以江西按察司副使,充任驿传盐法道。雍正十二年(1734),以病告归,卒于途中。其通达经史,深研理学,工诗文,著有《盱江治牍》、《海陵治牍》、《树德堂文集》等。

【王培宗】字德厚,一字春霖,号章义。诸城县(今改市)人。幼时家贫,借读外村。在隆冬季节,因冻饿病倒,以至咯血,仍坚持不辍,读书不止。康熙三十八年(1699)举人,翌年联捷三甲第五十五名进士,仍授徒自给。父母相继去世,在服除后,方授河南南乐县知县。在任革除百姓凑钱奉送的铺垫费,裁免万余养马浮丁费。发生水灾,分粟四境,老弱皆给,十日一次,胥吏无法从中侵吞。康熙五十二年(1713),由督抚特别举荐,擢礼部主事,充会试同考官。康熙五十四年(1715),选授山东道监察御史,巡视西城。又历山西、陕西、江南、浙江、河南和京畿诸道,劾吏部私改皇帝奏折,举朝为之动色。康熙六十一年(1722),赐宴乾清宫,以金杯命酒,并允许其可由子弟挽扶出入朝廷。这是一个极高礼遇。雍正二年(1724),以病告归。立家庙,置祭田三百亩。八十二岁卒。兄善宗,武进士;子令(知县)、仲和孙甲祺(府通判)、庚祺(知县)皆举人。

【李 性】字克静,号雯华。莱阳县(今属海阳县)人。康熙二十九年(1690)举人,三甲第七十五名进士。授江西新建县知县。子曰梅,举人。

【刘 侃】(1647—1726)字存庵。沂水县人。性至孝。康熙二十年(1681)举人,三甲第七十六名进士。授内阁中书,改刑部主事。康熙四十四年(1705),充山西乡试副主考官。由礼部郎中,出为福建泉州府知府,办学堂、新文庙、修祠坊和浚塘、修桥,造福于民。泉州士民为建讲堂,刻像于石。以卓异升福建盐运使，革陋规，定盐价，商民悦服。雍正元年（1723），以裁缺当改补。雍正四年（1726），赴都便道抵里，以疾卒，年七十九。著有《检身积德临民须知》、《道德经注》。祖父应宾，明末进士，清巡抚；父玠，廪贡，工诗文，著家训《日省录》。

【于元吉】字文长。汶上县人。康熙三十八年（1699）举人，翌年联捷三甲第八十一名进士。授知县。

【谭再生】字元竞，别字眉樵。淄川县（今淄博市淄川区）人。少有俊才，力学文章，名声籍甚。康熙三十二年（1693）乡试亚魁，三甲第九十七名进士。先后为湖广溆浦和直隶隆平县知县，镇静宽简，与民休息，士民赞叹："百余年来，无此贤令尹矣。"著有《制艺文稿》。子德华，举人。

【王 纮】（1669—1744）字经千，号云溪。胶州（今改市）人。少家贫，读书于崂山华严庵，为学务求根柢，文章有古人风。康熙三十二年（1693）举人，三甲第一百二十三名进士。授江南临淮县知县，充江南乡试同考官。丁忧，起复补宛平县知县。纮与大将军年羹尧进士同年，未曾一至其门，年羹尧败，坐党籍千人，纮不得染。所至执法不避权贵，行取部曹，升至吏部文选司郎中。由出任天津道起，历江苏、安徽按察使和江西、浙江布政使。在浙江，值大饥之年，奏请赈恤，命未下即开仓放赈，又发帑金十万，籴邻省米接济，数十万人得救。雍正十一年（1733），擢安徽巡抚，杜干谒，清吏治，建书院，饬营伍，昭雪冤案十余起。每上疏皆蒙旨褒奖。次年，由刑部左侍郎转礼部右侍郎。乾隆帝问其："家产几何？"纮顿首曰："频年获赐俸余，置田四百亩。"乾隆帝曰："亦穷官耳。"乾隆四年（1739），以工部左侍郎致仕，七十五岁卒于家。著有《奏疏》、《一亩园拟古》五卷、《葆忠堂文稿》二卷。子元鬯，知州；孙弈瞻，举人。

【杨 玠】字承玉，号继斋。即墨县（今改市）人。生有凤慧，六岁作《泰山颂》、《古圣赞》，以神童名。康熙三十八年（1699）举人，翌年联捷三甲第一百二十六名进士。授赣县知县，首抑豪强，遇讼即判，刁风以息。催科不用书役，置柜于庭，民争先完纳。对旧例征用民间的二千余金，全部予以罢除。尤喜陶成寒俊之士，受识选拔者多知名学者。以增盐引事，为民请甦，有忤盐运使意，挂冠归里。著有《清溪集》。祖父还吉，岁贡，曾举荐入试博学鸿词，著有《清溪文集》十卷、《即墨考》一卷。

【吕曰正】字声大。山东威海卫人。入载《荣城县志》。幼承家学，攻读不辍。康熙三十五年（1696）举人，三甲第一百二十九名进士。授江南溧阳县知县。后不知所终。曾祖父应选，举人，府同知；父从岳，举人，知县；子：璿，解元；瑶，举人，著有《纂叙四书精言》十二卷。

【杜能忠】字献肜，号坦斋。乐陵县人。颖悟夙成。康熙十七年（1678）举人，三甲第一百四十四名进士。授山西万泉县知县，充山西乡试同考官。所著《芸馥山房稿》，为士林传诵。卒后，赴执信为其撰墓志铭。

【张心浴】济宁州（今济宁市）人。康熙三十五年（1696）举人，三甲第一百五十三名进士。授曲周县知县。

【徐　鋕】字铭常。夏津县人。康熙二十年（1681）举人，三甲第一百六十七名进士。历江西永宁、广东海丰县知县。祖父超，以军功官知县。

【张如绪】字文如，号绍先。济宁州（今济宁市）人。父世思，以孝友闻，读书识大义，在九十三岁时，曾在康熙帝南巡时，扶鸠迎驾。一百零一岁时，康熙帝赐"人瑞堂"匾额，建"百岁坊"。如绪为康熙三十五年（1696）举人，三甲第一百九十名进士。授内阁中书，纂修三朝国史。康熙四十七年（1708），充湖广乡试副主考官。旋授户部主事，升至礼部郎中。以父世思百岁告终养，康熙帝召见赐家居得具奏折，时人以获知世思起居为荣。父去世，服阙，补礼部郎中，时年已七十五岁。如绪居官清慎，致仕后，九十岁而卒。父子皆亨大年，时人赞叹不已。

【刘国英】字乐三，号松园。莱芜县（今改市）人。康熙二十九年（1690）举人，三甲第一百九十四名进士。授江西泰和县知县，任职六年，兴学课士，讼狱澄清，治绩为当时赣省之最。行取吏部主事，升员外郎、郎中。时值乐亭大饥，奉命携金两万前往赈灾。事竣，回京途中，又遇饥民流徙者尚多，国英悉给资遣归，全活无数。擢户科掌印给事中，转吏科，充会试同考官。有两桩疑难案件，康熙帝交由国英审办，办理甚称旨意。康熙帝在众大臣面前赞扬道："若刘国英者，可谓老实居官矣。"故当时有"刘老实"之称。后引疾归，杜门授徒，以终其身，学者尊称松雪先生。

【李凤彩】丘县（今属河北省）人。字九苞，号紫匡。嗜学，淹贯博古。康熙三十八年（1699）举人，翌年联捷三甲第二百一十九名进士。授福建永安县知县，兴义学，除弊政，昭雪冤案。

【贾　林】亦作琳。益都县（今青州市）人。康熙二十九年（1690）举人，三甲第二百二十名进士。授福建莆田县知县。

【王一元】字生一。淄川县（今淄博市淄川区）人。康熙三十二年（1693）举人，三甲第二百二十九名进士。授直隶容城县知县，为官清正廉洁，遇有因诉讼暮夜送贿金者，立予叱之。在任减供给、除杂派、清丈量、严禁令，使"豪强斤斤奉法，胥吏不得为奸"。又注重教化，赈济饥民，政声颇佳。

【柏光斗】字蕴生，号玉泉。临清州（今改市）人。康熙二十九年（1690）举人，三甲第二百三十一名进士。曾主讲清源书院。康熙四十九年（1710），谒选德清县知县，未任归卒。积学嗜古，而以躬行实践为本。著有《立诚堂时文集》。

【王爱溱】高密县（今改市）人。康熙三十八年（1699）举人，翌年联捷三甲第二百三十六名进士。授湖南湘潭县知县。

康熙三十九年庚辰科

康熙四十二年癸未科

本科录取：一甲三名，二甲五十名，三甲一百一十三名。其中山东十四名。

【潘体震】字长元，号简斋。乐陵县人。康熙三十八年（1699）举人，二甲第十五名进士，选庶吉士，散馆授编修。康熙五十一年（1712），充贵州乡试主考官，矢公矢慎，所得多名士，前任学政登门致谢。与修《治河方略》。雍正三年（1725）饥荒，煮粥以济饥民。擢户部员外郎，改兵部郎中，皆以清勤称。以疾告归。不以名位炫耀，平易近人。有无赖子乘醉侮辱他，不予计较，次日其人惭愧登门跪地谢罪。被举乡饮大宾，七十九岁卒。父鹏云，康熙进士，知府；子内召，举人，员外郎，著有《游兴草》、《家居杂咏》；孙同善，举人。

【李　颂】字西音，号惕庵。沾化县人。幼好读书，孝友谦厚，与物无争。康熙二十三年（1684）举人，三甲第十名进士。授江南石埭县知县，为前任代完所欠库款，救灾恤患，以慈惠称。改浙江德清县知县，见课税重繁，力为详请大吏，使民不得累扰，民深感其德，著《征粮诗》以献，并刻联于堂曰"千古吏治第一，万民父母无双"。以致仕归，优游林下二十余年，琴书自娱。与嵩崿、朱同寅著有《陵阳八景诗草》。自著有《世业录》。寿至八十岁。曾祖父咸，明庠生，精经史，工书法；祖父元忠，明举人，知县；父呈祥，明末进士，翰林，少詹事；兄昚，康熙进士，知县。

【李　沐】字濯江，号浴潭。武定州（今属惠民县）人。康熙三十五年（1696）举人，三甲第二十五名进士。授知县。

【刘　圻】字旬伯。莱阳县（今属海阳市）人。康熙三十八年（1699）举人，三甲第二十六名进士，选庶吉士。

【王延礼】字孝可。诸城县（今改市）人。少颖悟，能文。康熙三十五年（1669）与兄同榜举人，三甲第三十三名进士。诸城发生大饥，变卖田园，施粥乡里。授江西龙南县知县，首先审理积案，将数年关在狱中蒙冤者全部释放，一时颂声大作。充江西乡试同考官，所取十三名举人，皆知名学子。以积劳成疾卒于官。祖父斗枢，顺治进士，主事；兄延祺，康熙进士，知县。

【葛斗南】（1680—1731）字梁公，号敬甫。单县人。康熙四十一年（1702）举人，翌年联捷三甲第四十六名进士。历山西山阴县知县、会考府左司主事、长芦运同、直隶保定府知府、山东盐法道、四川按察使、右通政。为官刚直清廉，不畏权贵，敢作敢为。在任山阴县知县时，将"吓役索妓"的驿道豪仆，押至公馆前示众。向兵部告发索贿的大臣郭氏、驿道金氏和通风报信的提塘范氏，使这些人分别受到革职和降级。在任保定府知府时，大将军年羹尧过境，督抚以下皆着朝服跪迎境外，唯斗南着常服候于唐县，并告上官道："唐县吾之属界，朝服将以见至尊，不敢亵也。"年羹尧到时怒目曰："尔即保定知府耶？"而斗南则回笑曰："吾得将军所怒其荣多矣！"斗南所至，革除陋规，为民解困；审结疑狱，平反冤案；招降"叛民"，化解危急。上官皆以为其有才干。以原任保定属县案牵连被罢归。四年后，卒于家，年五十一。

【赵泰临】字敬亭。胶州（今改市）人。生而颖异，以文章名。山东布政使和学政奇其文，招入白雪书院就学。康熙四十一年（1702）乡试解元，翌年联捷三甲第五十五名进士，选庶吉士，散馆授检讨。充云南乡试副主考官。引疾告归。为海山、龙章书院山长。两次倡言当道赈济饥民。六十三岁卒。著有《太史稿》、《制艺》行世。子钦、忻（知县）皆举人。

【薛裔昌】字鸿绪，号用拙。金乡县人。康熙四十一年（1702）举人，翌年联捷三甲第七十四名进士。历景宁、庆元、云河县知县。在景宁，革除火葬与溺女之俗；创建义塾，助以膏火；劝民开垦山间旷地，不收赋税，藏粮于民。在庆元，将书吏混淆二十多年的粮额厘剔一清，民得实惠。行取吏部文选司主事。请假归，不再复出。七十二岁卒。著有《鹤溪治谱》、《松园纪略》、《括南舆诵集》。

【薛　垲】滨州（今滨州市）人。康熙三十二年（1693）举人，三甲第七十七名进士。授山西洪洞县知县，严惩横行豪棍，人皆畏服。值灾荒，力请赈济，恐饥者急不可待，先为之设粥以济，救活灾民万余人。捐俸重修日久颓敝的题名楼。政暇课士子，使文风大振。致仕，以寿终。

【吴锡炤】字泰来。东平州（今改县）人。性至孝，少好学。康熙三十二年（1693）举人，三甲第八十三名进士。授陕西凤阳县知县，值大歉之年，向督抚力陈请赈，开仓赈济，民得免饥。充陕西乡试同考官，所首荐的溧阳任兰枝官至礼部尚书，成为名臣。又署怀远县知县，兼管正阳关税务，有勤能声。正值督抚举荐他，以丁父忧归，服阕，遂不复仕。居乡周恤族邻，建桥修路。子墫，附贡，知县。

【康　樵】（1661—1712）字友渔、牧斋，号雪涛、雪庐。陵县人。父早逝，由母教养成人。康熙三十二年（1693）举人，三甲第八十六名进士。以母老告近，授兖州府教授。在任四年，甚得士心。著有《居易堂制艺稿》。祖父溥与父懋采，均有文名，分别著有《厌阳稿》二十四卷和《万恕斋诗稿》；弟枚，尤精医术。

【高岱宗】汶上县人。康熙三十八年（1699）举人，三甲第八十八名进士。

【郭兆垣】汶上县人。康熙二十九年（1690）举人，三甲第一百零三名进士。授云南大理府云南县知县。

【刘敬德】字皇甫，号庵颖。丘县（今属河北省）人。康熙二十九年（1690）举人，三甲第一百一十一名进士。英姿绝伦，才思敏捷，为文挥笔立就。喜鼓励后进，成就甚众。

康熙四十五年丙戌科

本科录取：一甲三名，二甲五十名，三甲二百三十七名。其中山东三十四名。

【戴思讷】字理研，号礼岩。掖县（今莱州市）人。康熙四十一年（1702）举人，二甲第十四名进士，选庶吉士，散馆授编修。弟思训，举人。子：汝棻，雍正进士，知县；汝槐，解元，知府。

【王壮图】字尔居。掖县（今莱州市）人。康熙二十三年（1684）举人，二甲第二十五名进士。授行唐县知县，到任即减耗羡三分之一，又除陋规，建玉成书院，课士兴教。擢部主事，以养母告归。性至孝，遭亲丧哀毁卒。父烈，康熙进士；弟壮基，举人。

【王　坦】字易苑。山东大嵩卫人。入载《海阳县志》。八岁时，父去世，朝夕苦读，决心光大前人。康熙四十一年（1702）举人，二甲第三十七名进士。授陕西庆阳府同知，奉命赈济各县饥民，使三十余万人得以活命。以卓异升户部员外郎。督抚奏请坦以户部衔留守甘肃平庆道兼署平凉府事。后又兼署固原州、靖远卫及安化、会宁二县事。所在皆有政声，吏民共敬爱之，上官倚重之若左右手。时值大军西征，各州县胥吏在征收军需物资时，中饱私囊，民不堪其苦，激起民变。坦正在患病准备引退，却毅然前往果断处置，民变旋息。以病乞归，卒于途中，仅四十五岁。自抚军以下，无不惜其英年早逝。祀乡贤。

【张　铎】字圣宣，号木庵。齐东县（今属邹平县）人。七岁能文。康熙三十八年（1699）举人，二甲第四十二名进士。授湖北安陆县知县，历署应山、孝感县事，升德安府同知。在任缓征赋，免杂税，尤能平反冤狱，培养士气。以卓异被荐升，遇父丧，服未除而卒。

【高攀嵩】字云客。胶州（今改市）人。康熙四十一年（1702）举人，三甲第八名进士。授湖广攸县知县，除里供陋规。有盗案以微罪重处，攀嵩查其实曰："吾不忍以失中者轻民命。"遂从轻改判，得活数人。又历署湖南茶陵、湘潭县知县，荐升府同知。归部选授，试用广西，借补雒容县知县，署永宁县事，除重耗，革余米，又刊吕叔简《刑戒》以儆世，大得民心。以病卒于任，宦囊如洗，上宪助金其柩乃得归里。

【王克让】字允恭，号文思。临淄县（今淄博市临淄区）人。康熙四十四年（1705）举人，翌年联捷三甲第二十六名进士。授广东始兴县知县，充乡试同考官。在任捐廉酬夫役，捕拿海匪魁首，平反冤民案件，革除争夺风水墓穴弊俗，禁止开采金银矿打斗，设法疏通盐务，兴学以振文风，深得民心。丁忧去职时，士民攀辕泣送。改补浙江乐清县知县，邑四面环海，多以捕鱼为业，有些渔民偷运内地米盐接济海盗，获以厚利。克让拒收"渔税"三百金，明定奖罚禁约，违者畏威敛迹。治狱一秉矜慎，定罪恰当，刑不过度。时有痞棍，鼓众抗粮，声言敢有交纳者，即烧其房。县差向欠户催交多被殴击。克让亲至理论，引起"群不逞大肆咆哮，形同叛逆"，乃立擒为首者，并告当道者，请求重惩。克让清廉伉直，上官素有不满，以此为过失而免其职，士民惜之。

【王士炳】字维章。掖县（今莱州市）人。康熙四十一年（1702）举人，三甲第四十四名进士。授河南滑县知县，正值饥年，召回流亡灾民，捐资给予赈济。又请名宿教授诸生，设义学十六处。奉命督运安藏粮饷，出入南方烟瘴之中，以劳致疾。回到滑县，又值水患之际，筑堤赈饥，皆力疾从事。未几卒，滑县人十分悲痛，立祠奉之。

【张　寅】字晓谷。滨州（今滨州市）人。康熙四十四年（1705）举人，翌年联捷三甲第六十名进士。授陕西盩屋县知县，除陋规，治邪恶，兴商业。有奸诈漆商，以假货骗人，寅以追本偿还商人，众商人绘其像祀之。值西部边陲用兵，寅被调赴军前，初解骡马，继辇军粟，积劳六载，行取礼部主事，以疾乞归。著有《西征记》、《征西吟》。兄：宸，举人，有著述；宣，康熙进士，知县。孙又晓，廪生，著有《云篱漫吟》、《静悟斋草》。

【张可大】《题名碑录》载作可夫。字坤行。海丰县（今无棣县）人。明万历举人、府同知思桂五世孙。康熙三十八年（1699）举人，三甲第六十九名进士。授山东鳌山卫教授，改浙江永嘉县知县。此邑贫民多以捕鱼为业，胥吏按船出税，从中渔利。可大到江上，见"笭箵穿碎，男女褴褛"，即令立去其税。邻邑征粮引起激变，奉上官之命，前往安抚，参与者汹汹问："捕我者谁？"有吏相告："是不忍杀人者。"抗粮者闻声跪地，经可大善言劝谕，事得平息。温镇三营兵米，由县征解，连值岁歉，可大不忍索饷，借垫仓谷，值清查仓储，被以挪移解职。未几，民欠完成，即复原官。七十三岁卒，祀温州名宦祠。弟可举，解元，知县。子：镠，乾隆进士，内阁中书；镕，举人，著有诗古文辞数十篇。孙：映台，乾隆进士，兵部员外郎；映房，举人，县教谕；映纬，举人，著有《鸿雪斋稿》。

【李树目】（1654—1723）字仲明，号莪怀。单县人。性至孝，父久病，侍医药，三年衣不解带，名闻乡里。自幼颖异，有文名。同弟就读于白雪书院，人称"二难"。康熙四十一年（1702）举人，三甲第七十名进士。授内阁中书。其不乐仕进，在祖母强劝之下，才赴京就职。充顺天乡试同考官，所荐皆名宿。不久，即以乞养告归，再未复出。有德行，遇到灾年，借粮赈饥，不能偿还者，就将借据烧掉。倡修文庙。尤重关心培养寒士。六十九岁卒，门人私谥孝安先生，入乡贤祠。

【李掌圆】字十洲，号仙庵。阳信县人。生而聪敏，三岁诵古诗，十岁通制艺，专工诗古文辞，学政桑雨岚称其文"可领袖齐鲁"。康熙三十八年（1699）乡试解元。五十一岁，成三甲第七十二名进士，选庶吉士，散馆授检讨。与修《一统志》。以朴直不善俯仰，未几挂冠而去。及归，闭户研读和著述，不知老之将至，除经史外，对天文地理及医卜命相之书，亦无不心究，而会其旨趣。著有《仙奄大小题稿》、《四书格物汇编》、《易经发蒙》、《乐仙堂诗》、《古今释疑》等。八十五岁以寿终，祀乡贤。大学士赵国麟为之立传。

【朱文龙】字云宾。阳信县人。明万历进士、布政司右参议周业裔孙。幼失父，性至孝，对祖母及母备物承欢。读书务求本源，以文章德行而闻名，被举荐孝廉方正。康熙三十八年（1699）乡试亚元，三甲第七十五名进士。授浙江平湖县知县，尤重教育，立程课士，邻县有数百名诸生闻风前去请教。浙江巡抚徐元梦赞其："山东名士，当湖贤员。"其在实地查看水灾时，日夜辛劳，卒于任。牟时，因"惜民膏，捐己橐"，以致公项有亏，百姓踊跃争输。子伦、偲和孙滋玮皆举人。

【丁士一】(1665—1732) 字鹗荐，号河峰。日照县（今日照市）人。生于"祖孙父子兄弟叔侄同进士"家族。康熙四十一年（1702）乡试经魁，由官学教习授山西高平县学博。后考取三甲第八十三名进士。授四川什邡县知县，以卓异升户部主事，监督宝泉局，受到康熙帝嘉许。擢江西道监察御史。特命巡按台湾，值台湾朱一贵聚众反抗清廷，惨遭镇压，当地百姓不堪其苦。士一与民定禁约四条，加强抚绥、归化措施。尊重当地风俗，经考察绘风俗图二十四幅，以图解形式，告嘱水陆官兵禁止骚扰民众。又先后升福建按察使、江西布政使。因受查嗣庭文字狱牵连被解职。著有《北游日记》、《春余集》、《三山诗草》、《支邛集》、《双砚斋文稿》行世。工书法绘画。父旹，康熙进士，内阁中书。

【王 苹】(1661—1720) 字秋史，号蓼谷山人，又号七十二泉主人。《清史稿》有传。历城县（今济南市）人。性孝，好读书，依恃有才华，豪放不羁，人目为狂。德州田雯见其诗，十分赏识，荐与巡抚张鹏，与其成布衣之好。因其有"黄叶林间自著书"句，被新城王士祯呼为"王黄叶"。康熙四十一年（1702）举人，三甲第八十八名进士，当为知县，以母年老，改山东成山卫教授，时已五十余岁。仅年余，告归侍母，定居于济南万竹园望水泉，故又号二十四泉草堂主人。其诗"本性灵，而慷慨悲歌，一往萧槭，亦善运典故"。其文"雅洁有义法，骈体尤工"。著有《二十四泉草堂集》。善书法，尤工隶书。为好友王经国编纂《葭滨遗稿》六卷。曾孙畿，亦工书法。

康熙四十五年丙戌科

【马作肃】乐安县（今属广饶县）人。康熙四十四年（1705）举人，翌年联捷三甲第九十七名进士。授河南尉氏县知县，改补山东安东卫教授。其学识渊博，于经书疑义多所发挥，有自己的创见。著述颇富，然不轻易示人。

【俎可尝】字奉先。武定州（今属惠民县）人。幼颖悟，父以小博士呼之。康熙三十二年（1693）举人，三甲第九十八名进士。为文博大精醇，有灵性行乎其间。父如蕙，顺治进士，知县。

【何国玺】益都县（今青州市）人。康熙四十四年（1705）举人，翌年联捷三甲第一百零三名进士。授山西阳曲县知县。

【林　甲】字秀夫。掖县（今莱州市）人。性恬淡，寡言笑，与物无争。家中贫寒，读书自励刻苦。康熙四十一年（1702）举人，三甲第一百零四名进士。授福建清流县知县，教化悍俗，屡擒大奸，禁溺女婴，以仁明称。两充乡试同考官，所得皆知名士。以终养告归，怡情山水，七十二岁卒。孙树震（举人）、树寅（岁贡），皆多有著述。玄孙：庆贻，咸丰进士，翰林，知府；牟贻，乡试亚元，州判。

【王之麟】字仁趾，号振庵。阳谷县人。早失父，事母以孝闻。生而颖异，少负大志，读书寒暑不辍，且务求实学。康熙四十四年（1705）举人，翌年联捷三甲第一百一十名进士。授广西博白县知县，减杂赋，除陋规，建书院，人称循吏，以病卒。之前秋粮歉收，独自担当散发仓粮二万余石，以苏民困，但在其去世后，仍颗粒未还，应由其垫赔，百姓闻知，争相偿还。邑人将其崇祀名宦祠。

【徐　恕】临清州（今改市）人。康熙四十四年（1705）举人，翌年联捷三甲第一百一十一名进士。授陕西山阳县知县，升海防同知。著有《修敬堂文集》、《淮川课士录》等。父敏武，武举人，卫守备。

【李　琬】字公琰。郓城县人。性笃实友爱。康熙三十八年（1699）举人，三甲第一百一十二名进士。授直隶武强县知县,署定州知州。

【李日更】字皆仰,号再熙。栖霞县(今改市)人。康熙三十二年(1693)乡试经魁,三甲第一百一十四名进士,选庶吉士,散馆授检讨。充会试同考官。擢贵州贵东粮驿道,镇守苗疆。康熙帝临行召见,命以一省官方利弊随时摺奏。至贵州,除奸革弊,对"武弁行师逗遛"、"大员匿灾不报"等,皆上疏弹劾。以病乞归,康熙帝命留京调养,对其恩宠有加。父唐裔,顺治进士,礼科给事中。

【王　楫】字公济。武城县人。康熙四十一年(1702)举人,三甲第一百一十七名进士。历陕西怀远、江南铜陵县知县,清介有为。其谈到为官,曾对友人道:"为官不能有好名之心,断不可内有多欲,而外施仁义,此心不可对人也。"故所至有赞誉之声。

【李　灏】郓城县人。康熙二十九年(1690)举人,三甲第一百二十六名进士。授江南娄县知县。

【鲁　曾】蓬莱县(今改市)人。康熙四十一年(1702)举人,三甲第一百六十六名进士。授瓮安县知县。

【赵　资】字献先,号静斋。宁海州(今烟台市牟平区)人。康熙三十五年(1696)举人,三甲第一百六十八名进士。授云南嵋峨县知县,革除陋规,兴学训士,练勇平乱,无不周详。巡抚赞其孝忠。以卓异擢浙江台州府知府,断疑案,免民累。雍正五年(1727),升河南道监察御史,执法甚峻。凡奏对封章,事关军国者,脱稿即随于焚毁,而其建白台班咸惮之。

【韩允恭】胶州(今改市)人。康熙三十二年(1693)举人,三甲第一百七十二名进士。

【李　璿】(1668—1725)字斯齐,号斯庵。诸城县(今改市)人。康熙四十四年(1705)举人,翌年联捷三甲第一百八十一名进士。授户部主事,升至礼部郎中。充会试同考官。康熙五十一年(1712),擢江南道监察御史,巡视东城、北城,忠于职守,明察暗访,力除积弊。朋友托其办事,都婉言谢绝。有旗人姚老虎,索债残人肢体,璿严惩不贷。平生无所玩好,公余静坐而已,遇事毫不懈怠,殚心竭力。大学士田从典以其廉能向朝廷荐举,雍正帝正欲大用,其却得病而卒,年五十七。著有《闻礼堂联捷稿》二册。父华之,康熙进士,布政使。子:文驹,举人,户科掌印给事中;文骥,刑部员外郎。孙:嵩,知府;崟,举人;嵓,拔贡,知县。曾孙肇源、肇洪皆举人。

康熙四十五年丙戌科

【王秉义】字质庵。海丰县（今无棣县）人。幼颖悟，长有文誉。与兄秉仁同肄业于历山书院，其所著文章，远近传诵，有"十虎"之目。康熙三十八年（1699）举人，三甲第一百八十四名进士。授淳化县知县，多惠政。旋以兰州边饷之役劳苦，抱病归里，行李萧然。子志学，由廪生举贤良方正，知县。

【冯云会】字龙章。武定州（今属惠民县）人。三甲第二百一十六名进士。授云南楚雄县知县，勤政爱民，雅好课士。以疾归，士民攀辕泣送。

【李　愸】字汉玺，号文峰。莱阳县（今属海阳市）人。幼失父，家贫寒，常夜读与母纺织共用一灯。康熙四十一年（1702）举人，三甲第二百二十名进士。授广东英德县知县，摘奸发伏，平反冤狱，豪强敛迹。对倚势占田而行贿者，先假装接受，但在质讯时，将贿物掷还，判田归主。性骨鲠，不能于世浮沉，终被罢官而归。

【高汝樽】（？—1732）字介旨，号北海。莱阳县（今属海阳市）人。康熙三十八年（1699）乡试第三名举人，三甲第二百二十一名进士。授直隶威县知县，以教化改刁健之习，严惩杀人又行贿诬告无辜的奸猾之徒。对邑民要求交赋开垦的数十顷淤田，仅令薄输租谷，即使河决受灾时民也无累。告归去职之日，士民泣送。祖父启元，举人，郎中，有著述；父昍，康熙进士，员外郎。

【臧　琮】（1687—1749）字坤仪，号省斋。诸城县（今改市）人。幼承家教，聪慧异常，读书数行下。康熙四十四年（1705）举人，翌年联捷三甲第二百二十九名进士。授广东龙川县知县，升宁夏府西路同知。刚赴任即奉命去甘肃押运军粮，往返数千里，不辞劳苦。在任，革除税收中的"加收稻谷折耗费"和"加收盐碱潮湿费"，并兴水利，建驿站，使民受益。以礼部员外郎，出任福建建宁府知府。建宁有溺女婴之俗，琮作歌传唱以戒之。乾隆二年（1737），天降雨粟三昼夜，有麦、黍、红豆、黑豆四种，巡抚欲以"祥瑞"上报朝廷，琮力持不可。巡抚感叹道："贤哉太守，古社稷臣风也。"后念母年迈，辞职归里，六十三岁卒，乡谥"孝义"。其工诗文，著有《鸿雪斋诗稿》、《光裕堂文稿》行世。曾祖父尔令，明天启进士，道员；父振乾，内阁中书；子祚巩，举人，知州。

【刘嗣因】字百祥。巨野县人。康熙四十四年（1705）举人，翌年联捷三甲第二百三十六名进士，授徒为业，未仕而卒。

康熙四十八年己丑科

本科录取：一甲三名，二甲五十名，三甲二百三十九名。其中山东二十四名。

【于　广】字天如。胶州（今改市）人。早孤，家贫力学。康熙四十七年（1708）举人，翌年联捷二甲第三十八名进士，选庶吉士，散馆授编修。充顺天乡试（两次）、会试同考官，所得皆知名士。由监察御史，升大理寺少卿，屡上疏皆允行。立朝方直，毫不借助他人。康熙帝命其去湖广籴粮，以余金赏赐给他，其推惠同事。又先后提督河南、云南学政，严绝请托，拒收所赠千金。其对别人道："吾所衡者文，不论人也。"以疾卒于云南任上，云南人勒碑称颂。时称"滇中仕宦称清介者，以广为最"。工诗，著有《廷尉诗集》。

【王童蔚】高密县（今改市）人。康熙四十四年（1705）举人，三甲第三十九名进士。授怀来县知县。父俞昌，康熙进士，知县；子立韩，举人，知县。

【张需讷】字敏荅。宁海州（今烟台市牟平区）人。康熙三十八年（1699）举人，三甲第四十二名进士。授四川西充县知县。

【赵　蕃】字蓉水，号松存。济宁州（今济宁市）人。明永乐举人资后裔。康熙三十五年（1696）乡试经魁，三甲第四十八名进士。授颍上县知县。有叔杀其侄，叔与从犯皆处死。当事官员欲坐叔之二子，蕃认为其二子已居官，且慈惠，力持不可。而蕃对盗贼却不宽纵，皆予严惩。此邑田瘠，人又鲁纯，蕃亲至田间，察勤惰，为赏罚，农民粮食储藏渐多。署霍丘及颍州事，健讼者不敢欺。丁父忧，士民挽留相送者数千人。雍正初年，特命监管定州、武强赈灾。事毕，补静海县知县。前知县因赈灾虚报户米五千余石遭到斥责，蕃以"筑堤代赈"和照顾老弱者之办法了结此事。升天津直隶州知州，受命即上请借米赈济饥民。以性直被吏议未能赴任。从学者众多。八十余岁卒。弟虁，举人；子司讲（知县）、司论皆举人；孙维翰，乾隆进士，知县。

【刘大毂】字梵云，一字文茵。长山县（今属邹平县）人。兄弟三人并负文名，号称"三刘"。康熙四十七年（1708）举人，翌年联捷三甲第五十三名进士，选庶吉士，散馆授检讨。高祖父一相，明万历进士，按察司副使；曾祖父鸿训，明万历进士，翰林，文渊阁大学士；兄大勤，举人，著有《诗问》、《吹剑集》；弟大輓，康熙进士。

【何世璂】（1666—1729）字澹庵、坦园，号铁山、桐叔。新城县（今桓台县）人。

康熙二十三年（1684）乡试经魁，选莒州学正。考取三甲第六十四名进士，选庶吉士，散馆授检讨，升侍讲。与修《一统志》。改山西道监察御史。历山西乡试副主考官、江西乡试主考官和提督浙江学政。又历两淮盐运使、贵州巡抚和刑部（额外）、户部、吏部右侍郎。命署直隶总督。为官起居寒素，表里洞达，不欺所学，卓然为一代名臣。雍正七年（1729）正月，卒于保定官署，赠礼部尚书，谥号"端简"，入乡贤祠。著有《澹志堂文集》、《澹志堂诗集》、《燃灯记闻》，合成《何端简公集》十二卷。子体仁，举人，会试副榜，知县。

康熙四十八年己丑科

【亓煦】字子恒，号暄严。莱芜县（今改市）人。遵承父志，好学上进，热衷于科场功名。康熙三十八年（1699）举人，经四次会试，在六十三岁时，考取三甲第六十六名进士。授直隶青县知县。后又任职于长芦都转盐运使司沧州分司，为政游刃有余。不久告归，晚年，对道教颇有研究。

【张学孜】字辑庵，号瑶水。莱阳县（今改市）人。康熙三十八年（1699）举人，三甲第六十九名进士。由内阁中书，改江苏盐城县知县。著有《浴德堂文稿》。祖父瑞征，顺治进士，翰林，按察司副使；父重绍，恩贡，著有《介雅堂诗草》。

【赵国麟】（1675—1751）字仁圃，号拙庵。泰安州（今泰安市）人。《清史稿》有传。少颖秀，笃志于学，程朱为宗。康熙三十八年（1699）举人，三甲第八十名进士。授直隶长垣县知县，兼署内黄县事。为官清峻，以礼导民，民戴如父母。值长垣河决和内黄大饥，国麟治水患、赈灾民，表现出为政才能。世宗闻其贤，先后擢永平府知府、长芦盐运使和河南、福建布政使。在福建，力禁"女未嫁，而夫死则自缢"之风。雍正八年（1730），擢福建巡抚。雍正十二年（1734），转安徽巡抚。乾隆三年（1738），先后升刑部、礼部尚书，兼领国子监。次年，为文华殿大学士（《清代职官年表》载为文渊阁大学士），充会试主考官和殿试读卷官。山西、陕西、河北、山东多产煤处，但大都被官府封闭，国麟奏请弛其禁。乾隆六年（1741），被言官参劾降调，仍以大学士充任礼部右侍郎。次年，又升用为礼部尚书。是年八月，被革职，放还故里。旋赐礼部尚书衔。七十七岁卒。为官清廉绝尘，死后身无长物，唯古书一屋，砚十数方而已。一生潜心力学，学识渊博，著述丰厚。有《学庸困知录》、《天雄书院口授》、《调皖纪行草》、《云月轩藏稿》、《拙庵近稿》、《小园杂记》、《居岱渊源录》、《塞外吟》、《调豫唱和集》、《近游草》、《文统类稿》、《与点集》等。子：起鲁，举孝廉方正，著有《岱阳精舍言动录》；起震，太学生，工篆印。

【张　嵩】(1671—1756) 字立人。莱芜县（今莱芜市）人。康熙三十五年（1696）举人，三甲第八十三名进士。授衡阳县知县，邑有额赋五万之多，折征漕运名目也甚繁。嵩采取分限四时输纳，又革除吏胥从中作弊，民力得以宽解。始至，讼牒纷如，衙门如市，仅年余，十减其八，一时号为神明。以卓异升盐粮分发同知。以致仕归，家居二十年卒。著有《在青集》。祖父四教，顺治进士，按察司副使；孙湘嘉，州同。

【江　成】字振声。山东鳌山卫人。入载《即墨县志》。康熙三十五年（1696）举人，三甲第一百一十名进士。授益阳县知县，讼清盗息，民赖以安。

【苏　璜】字佩登。定陶县人。康熙三十五年（1696）举人，三甲第一百一十四名进士。授广东乳源县知县，洁己爱民。此地俗重礶葬亲人，人死后用薄棺暂掩埋，一二年内启出开棺，捡骨入礶，对肉腐而筋连的则用刀断之，移葬别所，亲友称贺为诗礼之家，以此为孝。璜痛恨其俗，谓其亲人无辜，却被戮尸刑，为大逆不孝，严加禁止，并律以重罪，使弊俗革除。以治绩卓异，调文昌县知县，兴学务农。此邑家中稍富裕者，就买男孩、女孩豢养，长大后，即让东家之婢与西家之仆合配，所生男女两家均分，婢仆仍各服其役，造成恃强争夺，纷纷兴讼。其陈请饬禁仆婢合配，后归一处服役，所生子女不准均分，合其父子、夫妻之伦，于人心风俗大有裨益。道员为其题赠"以泽流海"，并让其兼理安定、万州印务，事无不举。著有《玉阳治稿》若干卷。以致仕归，与诸生徒论文，数年不倦。八十五岁卒。

【孙来贺】朝城县（今属莘县）人。康熙三十二年（1693）举人，三甲第一百二十四名进士。历广西怀远县、西林县知县。祖父瓒，顺治进士，礼科给事中。在清代，全县仅祖孙二人为进士。

【姚一经】字含六。平原县人。性机警，好读书，耻为寻章摘句之学，贯串百家，文多奇气。康熙三十八年（1699）举人，三甲第一百四十名进士。授大名县知县，清保甲，勤课士，兴学校，罢应供，尤慎折狱，士民皆感服。

【孙超群】邹平县人。明洪武举人、按察使硕裔孙。康熙四十一年（1702）举人，三甲第一百五十三名进士。授内阁中书，旋卒。

【张令璜】字心友，一字又仲。东阿县人。八岁失父，母教甚严。成拔贡后，选冠县教谕，即条陈科场三事。主讲白雪书院。康熙四十一年（1702）举人，三甲第一百六十八名进士。授内阁中书，改刑部主事，所提"地方官失察逃人年限"、"挟物除军器免追"、"大刑不许擅用"三条建议，被刑部尚书认同采纳。

康熙六十年（1721），擢山东道监察御史，巡视西城、北城，厘剔积弊，酌定章程，吏不敢欺，百姓获实惠。康熙帝给予其"极陈时政"的评价。升顺天府丞，充顺天文武乡试提调官。不久，迁大理寺卿，旋转吏部左侍郎，兼顺天府尹。此时，已七十余岁，奏请辞去"事繁任重"的府尹，改吏部右侍郎，专管吏部之事。为官谙练、精明、刚强，执法不避权贵，据案决事。自奉淡薄，无声色之好。雍正四年（1726）七月，以对属员失察过失，降调致仕。八十五岁卒。著有《自订年谱》一卷。

康熙四十八年己丑科

【黄敬中】字叔直，号山淙。即墨县（今改市）人。康熙三十二年（1693）举人，三甲第一百九十三名进士。授直隶龙门县知县。邑为偏僻苦寒之地，时值军务倥偬，拮据尽力，士民不忧。受大吏推重，升河南禹州直隶州知州，洁己爱民，尤虚心研讯狱讼，务得实情。又被荐升河南开封府知府，与按察使不和，被以在禹州所平反案件诬之，解组归。在所修松园，种莳其间，日持一编，啸咏自如。八十岁以寿终。父贞麟，顺治进士，知县。兄：大中，举孝廉，知县；鸿中，康熙进士，翰林，学政；理中，举人，知州。弟奭中，举人，知县。

【颜绍标】曲阜县（今改市）人。康熙四十一年（1702）举人，三甲第一百九十五名进士。授山西文水县知县。

【蒋　亮】字理贞，号朴山。聊城县（今聊城市）人。康熙四十四年（1705）乡试经魁，三甲第一百九十八名进士。授内阁中书，改四川灌县知县。时值大军征噶尔丹，道出本县，亮精心筹划，供给无缺，事备且不扰民，受到上官传檄嘉奖。又修鱼嘴矶，建导江书院。三次充四川乡试同考官。丁继母忧，起补江西萍乡县知县，上官有清丈田亩之命，亮以此举于民不利，请上官作罢，未获准，旋乞休。居家三十年，与乡里多所周恤。其建立义学一处，施地六十亩，作为助教经费。八十五岁卒。

【孔衍治】曲阜县（今改市）人。康熙三十八年（1699）举人，三甲第二百零一名进士。工诗，著有《湖海诗集》。

【王作砺】字相悦。曹县人。为人器识俊伟，不慕权贵，饮酒赋诗，与名士相唱和。康熙四十四年（1705）举人，三甲第二百一十二名进士。授四川怀仁县知县。在任七载，去莠安良，风绝苞苴，吏畏威，民怀德，绅民颂声载道。邑有武举阎少标，武断乡曲，咆哮公堂，作砺愤怒欲遵例严办，而阎以赤金二锭贿赂，作砺曰："以不义之物货我耶，实污我也。"力却之。阎少标害怕，叩头公堂请罪，遂改过自新，不敢恃势凌人。暮年致仕家居课子。子北枢，举人。

【吕孚凤】字飞书，号条远。莱阳县（今改市）人。康熙三十八年（1699）举人，三甲第二百一十五名进士。

【刘潆符】字济源。昌乐县人。生而端悫，刻苦好学，经史子集无不淹贯。康熙四十七年（1708）乡试第五名举人，翌年联捷三甲第二百三十名进士。历浙江东阳、四川通江县知县，所至访求利弊，力图兴革，风气为之一变。力行保甲，奸宄屏息；除却恶俗，轻生之风渐止；以十甲分催之法，革禁里长勾通吏役输粮之害。雍正十二年（1734），钦差进藏，知府护送，委署府事，一无所误。行取户部主事，尚书将奏其为仓场监督，其以足疾辞归。著有《松月庐文集》、《四书制义》行世。

【张　鉴】字子明，号昌岩。莱阳县（今改市）人。康熙三十五年（1696）举人，三甲第二百三十一名进士。授内阁中书，改江苏嘉定县知县。

康熙四十八年己丑科

康熙五十一年壬辰科

本科录取：一甲三名，二甲五十名，三甲一百二十四名。其中山东二十名。

【孟　班】字兰台。兰山县（今属临沂市）人。生而颖异。十余岁时，家中败落，父也有病，但其负薪以养，刻苦攻读，毫不虚度。康熙二十五年（1686）举人，历经二十六年，方考取二甲第二十二名进士，选庶吉士，散馆授编修。虽御试高等，却不仕归里，以授徒而终。著有《诗文》四卷。

【李慎修】（？—1754）字思永，号雪山。章丘县（今改市）人。《清史稿》有传。康熙五十年（1711）举人，翌年联捷二甲第二十四名进士。由内阁中书改主事。出为浙江杭州府知府，整躬率属，吏治肃清。雍正五年（1727），迁刑部员外郎，升郎中。在刑部十余载，善断重案，治狱多有平反。乾隆元年（1736），擢河南南汝光道，有"白面包拯"之称。乾隆五年（1740），又改湖北汉黄德道，力却旧日陋规。丁忧，服除，补授江南驿盐道。康熙帝曰："李慎修老成直爽，宜言官。"旋改江西道监察御史，指陈时事，尽言无隐。又出为湖南衡永郴桂道（兼驿传），过武昌时，商人感其旧德，特奉金为寿，慎修不受。乾隆十二年（1747），以乞病归，优游林下七载卒。高密李元直为监察御史在其前，以刚直著。慎修与其齐名，为山东"二李"。京师称元直"戆李"，慎修"短李"。著有《内讼编》、《吏治厄言》、《伦理至言》、《劝民俗话》、《立继说》、《恤囚说》、《检验说》等。父昌吉，举人，府教授；兄敬修，举人，知县。

【刘大輓】长山县（今属邹平县）人。兄弟三人并负文名，号称"三刘"。康熙四十四年（1705）举人，二甲第三十四名进士。高祖父一相，明万历进士，按察司副使；曾祖父鸿训，明万历进士，翰林，文渊阁大学士。兄：大勤，举人，著有《诗问》、《吹剑集》；大榖，康熙进士，检讨。

【刘轶政】字超夫，号惕庵。昌乐县人。自幼聪慧，读书过目成诵。康熙五十年（1711）举人，翌年联捷三甲第十五名进士。授江西湖口县知县，改饶阳县。前任知县因亏库项不得归，轶政毅然承担填补。遇水灾，单骑巡视，上请赈济，百姓感激。其致仕后，依然手不释卷，著有《诗文集》。卒后，乡人私谥文悫先生。曾孙：尔芊，乾隆进士，知州；尔葵，乾隆进士，吏部主事。

【毕　潇】字清源。平阴县人。生而颖异，为文奇思，出人意表。康熙三十八年

(1699)举人，三甲第三十五名进士。授内庭教习，补授撰文内阁中书，升詹事府左春坊左中允。其滋益恪谨，常道："吾以勤补拙，毋使纤毫疏漏，始即安耳。"奉命监督赈务和巡视河务，监查无间寒暑，殚心竭力。以积劳发病致仕。著有《敬亭文稿》行世。兄涟，雍正进士，兵部主事。

【牟恧】字印宗，一字谨斋。栖霞县（今改市）人。康熙三十八年（1699）举人，三甲第三十九名进士。授江苏武进县（省志载无锡县）知县，除盗贼，决冤狱，破疑案，被誉为神人。以治行举江南第一，特旨召见，卒于途中。康熙帝特旨赐祭，并谕两江总督资送眷口回籍。由所在大吏安排其丧事，时为特例。

【于荟】字荫南，号时源居士。临淄县（今淄博市临淄区）人。康熙四十四年（1705）举人，三甲第四十六名进士。授内阁中书。著有《时源集》。

【牛元弼】章丘县（今改市）人。工诗赋。康熙四十七年（1708）举人，三甲第四十八名进士。授江西峡江县知县，充乡试同考官。以卓异改清江县知县，峡江县士民赴省告大吏挽留不成，遂立生祠祀之。

【刘公津】字百液。阳信县人。康熙四十四年（1705）乡试亚元，三甲第五十名进士。初为旗人官学教习，考核一等第八名，特授江西万年县知县，又署浮梁县事。所至勤敏廉明，减耗轻徭，赈济贫乏，筑修坡塘，建立书院，废无不举。其还剿灭馀、万二山强盗；拒纳景德镇瓷窑之利。尤其治狱有"龙图老子"之称。以卓异受到朝廷褒奖，诸多大吏也对其交口称赞。被行取进京，监督南新仓。未几，补工部员外郎，又升刑部郎中。出为河南开封府知府，拟予大用。值母去世，上闻特赐银二百两，给假一百日治丧。至家，哀毁而卒。时有"完人"之誉。

【张淳】字无怀。武定州（今属惠民县）人。康熙五十年（1711）乡试解元，翌年联捷三甲第五十四名进士，选庶吉士，散馆授检讨。

【归琏】《山东通志》载作涟。聊城县（今聊城市）人。康熙五十年（1711）举人，翌年联捷三甲第五十七名进士。

【王瀛】字文洲，号愚谷。临淄县（今淄博市临淄区）人。康熙五十年（1711）举人，翌年联捷三甲第五十九名进士。以内阁中书用，改威海卫教授，又补莱州府教授。深研经史，旁及诗古文词，皆窥其意蕴，卓然成一家之言。迁河南郾城县知县，劝农兴学，悉本经术，为吏治大有古良牧之风。以病归，结文社于萧寺，为族人培植不少科第人才。

【张谦宜】(1646—1728)碑作张宜。字稚松，号山农，晚又号山民。胶州（今改市）人。少年豪放，以诗名。中年折节读书，尤沉酣于程朱之学，多所心得。年逾六旬，由康熙三十二年（1693）举人，考取三甲第六十名进士。不仕。终身闭户著述，时称"胶州三大文人"之一。未第时，曾拟《郊社策》，设为问答，其文宏衍渊深，能探经义而折其衷。一生著述分诗文、评论、经史、地理、方志、谱牒诸类，主要有《家学堂诗钞》、《太古堂集》、《铜声集》、《茧斋诗选》二卷、《蜀道难集》、《山农文集》八卷、《茧斋诗谈》八卷、《茧斋论文》六卷、《茧斋文录》、《四书广注》三十六卷、《质言疏义》、《州志别本》、《山东盐法志》、《尚书说略》、《春秋左传摘评》、《古文从语》、《修史议法》、《川程便览》、《读志附辨》、《胶镇志》、《甲申群盗记》、《高氏传家录》、《张氏家训》、《稚松年谱》等，皆为时所重。八十三岁卒。父懋煌，岁贡，县丞，著有《胶西科第考》；子欣，著有《病中枕上吟》。

康熙五十一年壬辰科

【张　焘】字函三，号慕韦。新城县（今桓台县）人。康熙四十七年（1708）举人，三甲第六十四名进士。授内阁中书。其房考官为聊城知县金某，卒于官。其子以父亏帑入狱，因父素清苦，无余财偿还。焘捐俸代偿，金子得扶柩以归，众称焘为高义之人。

【苏习礼】武城县人。康熙四十四年（1705）举人，三甲第六十九名进士。历江西绛县、万安县知县。子綎（出嗣伯父），乾隆进士，翰林，记名监察御史。

【张延庆】字燕翼。《题名碑录》载临清州（今改市）人；州志载济宁州人；府志载临清卫人。康熙四十七年（1708）举人，三甲第七十四名进士。授湖北潜江县知县，驿中饲马草粮向取里甲，延庆立予革除。兴修水利，遂无水患。歉收之年，捐私财籴米三千余石，以助赈济。又历署沔阳、荆门二州和天门、江陵二县事，皆有治绩。擢荆州府同知，赴任之日送行者数万人。曾两次署理知府事，清积案，除奸猾，以能吏称。告归后，家虽穷，但乐于行善助人。父为经，康熙进士，吏部郎中；子中，一进士（淑渠，知府）、两举人（淑龄、淑轩）。

【丛元灿】字尊光。文登县（今改市）人。自幼苦学，挑灯夜读，常至五更鸡鸣。尤擅制艺，每当写出一篇文章，县学生员便取来当作范文，互相传抄。康熙四十七年（1708）举人，三甲第八十六名进士。授江苏高淳县知县。其任满返乡，尽享含饴弄孙之乐，有登门请教应试诗文者，均不吝赐教。

【侯　靖】字献可。堂邑县（今聊城市东昌府区）人。居家清贫，矢志力学。康熙四十七年（1708）举人，三甲第九十名进士。历广西马平、阳朔县知县。屡为广西乡试同考官,校士衡鉴公平。因忤上官所指意,而被免职。萧然四壁,贫如往昔。性好学,常手抄历代史书。去官后,放情山水,客浙江最久,所至图其山川,搜探古迹。诗宗中晚唐人,著有《冰谷诗集》四卷。

【刘正远】 字端生。临朐县人。幼聪慧,性调皮好恶作剧。成廪生后,在寿光、昌乐、安丘一带设馆授徒。年近六十岁,于康熙四十四年(1705)考中举人,三甲第一百零二名进士。县志载选庶吉士,授编修,《清代翰林传略》不载,应为误记。授江苏宿迁县知县,敢作敢为,直抒己意,县人惧之。又历州同知、府通判和广东肇庆、雷州府知府,多有惠政。康熙帝嘉赐"直朴端方"匾文。著有《诗集》一卷。年近七十岁卒于任。

【张丰孙】 堂邑县(今聊城市东昌府区)人。康熙三十八年(1699)举人,三甲第一百零五名进士。

康熙五十二年癸巳恩科

本科为清圣祖六旬万寿恩科。录取一甲三名，二甲五十名，三甲一百四十三名。其中山东十五名。

【李元直】(1686—1758) 榜名元真。字象先，号愚村。高密县（今改市）人。《清史稿》有传。康熙五十年（1711）举人，二甲第十九名进士，选庶吉士，散馆授编修。与孙嘉淦、谢济世、陈法交，以古义相勖，时称"四君子"。充顺天乡试同考官。授四川道监察御史。上奏几十疏，直声震朝野，人呼为"戆李"。有奏疏语侵大吏，引起皇帝一时生气，令其入举在朝有声绩者。在皇帝不断的诘问中，元直指陈毫无所避。皇帝对桐城相国曰："彼言虽野，心乃无他。"命其巡视台湾。以往巡视监察御史至，每自视如客，事一听于道府。元直悉反所为，在台访察时弊，问民疾苦，革除陋规多达数十项，边海肃然。督抚劾其侵官，遂镌级去。居家二十余年卒。世宗曾曰："元直可保其不爱钱，但虑事过急。""甚矣才之难得！元直岂非真任事人？乃刚气逼人太甚。"元直晚年言及知遇，辄泣下。父华国，举人，知县，以"受贿徇情，天诛地灭"两语榜于县衙，人称"李青菜"。子高，雍正进士，府同知，亦以清官著称。

【颜绍缵】字承绪。曲阜县（今改市）人。少简默，好深湛之思。对经学穷究，唯墨守程朱理学。康熙四十七年（1708）举人，二甲第四十二名进士。授内阁中书。康熙帝以疑难事询问内阁诸翰林，无人能对答，唯绍缵能独传经义，指陈利弊，中机宜人，众人皆谓其前程无量。惜以疾卒。子懋锦，乡试经魁；孙崇泗，乾隆进士，翰林，日讲起居注官。

【徐士林】(1684—1741) 字式儒，号雨峰，晚号岊山老人。文登县（今改市）人。《清史稿》有传。家贫，幼闻邻塾读书声，跪母前曰："愿送儿入塾。"乃奋志励学。康熙五十年（1711）举人，二甲第四十五名进士。历内阁中书、刑部主事、礼部员外郎、江南安庆府知府、江苏按察使、福建汀漳道（在安庆失察私铸降调）、河南布政使、江苏巡抚。士林善政养民，其认为养民之道有三大矛盾：一是人口剧增与土地相对减少之矛盾；二是贫富差别之悬殊；三是日趋浮靡之风。其提出藏富于农、勤俭节约和以人力争地力的措施。士林善于断案，对僚属再三告诫："执法过于严苛，易激化矛盾；过轻，则助长坏人坏事。"经明察详审，判明很多疑案大案，纠正一些冤案错案。文登市图书馆藏有其谳牍稿本二帙，共收案例七十四则。这些案例反映其办案求实精神和审慎态度。士林从严治吏，告诫属员：要"曲尽居官之道"，"德为善政"；要"以实心行实政，谋民事如家事"；要"禁扰累，公出纳，防侵渔"。对这些主张与措施，其不但一再向皇帝进谏，并且还在自己管辖的地区率先实行。士林廉洁自律。在京师任职时，非公务不与公卿接近。做道府时，与督抚蕃臬交往人无馈赠。任江苏巡抚时，在逢年过节时，却只向皇帝进献《二典三谟要义》一卷。为此，乾隆帝朱批："语不云乎？赠人以物不如赠人以言也。"士林厉行节俭。赴任江苏按察使时，仅随从三人和一担行李而已。在奏疏中抨击浮靡之弊，并一再发出文告，力劝乡绅富贾，厉行节约，为民表率。其自己"坐卧处布衾木榻"，曾在沧浪亭设篮粗米饭，宴请乡绅，让百姓随意观看，倡导节俭务本，人称"徐公宴"。士林敢言直言。乾隆四年（1739）进京述职时，皇帝召见问他："经山东、直隶，看小麦长势如何？"其答："大旱麦枯。"又问："若下雨如何？"其答："现在下雨也无济于事了。"皇帝又转话题问："你看如按何标准选用人才？"其答："善于望风使舵、献纳建议的人，虽然聪敏，不一定是人才；掩盖是非真非的人，好像清白高洁，实为蛀虫。"乾隆五年（1740）秋，刚任江苏巡抚不久的士林，因病重再三乞归，允准后，船行至淮安病逝。遗疏入，乾隆帝大加褒扬，命祀京师贤良祠。其著有《㠇山集》、《蟫余集》、《守皖谳词》、《巡漳谳词》等。弟士楷，乾隆进士，知县；子朝亮，举人，府同知。

【黄煮世】即墨县（今改市）人。康熙五十年（1711）举人，三甲第十五名进士。授大理寺评事。祖父贞麟，顺治进士，户部主事；伯父鸿中，康熙进士，翰林，学政；叔父敬中，康熙进士，知府。

【王绍先】（1649—1723）字揆一，号大樽。临朐县人。笃志嗜学，为文有奇气。康熙五十年（1711）举人，三甲第四十五名进士。时已六十四岁，授济南府教授。廉静寡营，清贫自守，巡抚怜其寒素，让其查办属邑案狱，欲借助诸令长久馈遗资助，绍先却婉辞曰："职教官也，学校外事非所敢知，恐越职以速官谤耳。"主讲白雪书院，著有《制艺文稿》行世。子箖，举人。故有"父进士，子举人，父子进士举人；老明经，少春秋，老少明经春秋"之誉。

【张虞熙】字圣绩。益都县（今属淄博市博山区）人。事继母以孝闻。康熙四十四年（1705）举人，三甲第五十六名进士。授陕西宜君县知县，将旧派以供官用的民银全部革除，又设义学以教寒俊，邑民为其建"众民之母"坊。后改鱼台县教谕，创文昌阁，设文社。六十二岁卒于官。曾祖父晓，明万历兵部尚书兼都察院右副都御史；祖父联翼，岁贡，知县；弟虞言，举人，府教授。

【焦绥祚】章丘县（今改市）人。康熙五十年（1711）举人，三甲第六十三名进士。授内阁中书，借补奉天府经历。历署海城、宁远、辽阳、铁岭诸县事，多惠政。有庄头侵占渔民业，绥祚夺回归还。旗人经常私役民间子女为奴婢，绥祚告之奉天府尹，予以禁止。在辽阳正当凑漕时，降雨不止，胥吏恐误期限，绥祚乃宽松之，到期时，动员车拉人担，如期完成。又署学官，以古文词教诸生，风气一变。承德知县亏帑数百金，绥祚倾囊补助。丁母忧，不再复出，啸傲林泉十余年卒。子汝益，举人。

【魏　朝】字觐光。巨野县人。初读书，苦不成诵，将经书抄写粘于几案，约三日，始尽一帙。数年，遂通诸经，旁及史事，以学识渊博称。尤以帖括见长。康熙五十年（1711）举人，三甲第七十八名进士。授毕节县知县，至任数日患疾卒。著有《敬业斋文稿》行世。

【邢曰玫】《题名碑录》载姓那。字退庵。历城县（今济南市）人。康熙四十七年（1708）举人，三甲第八十一名进士，未仕卒。性孝友，不计较钱财得失，人以为长者。

【张梦白】章丘县（今改市）人。康熙五十年（1711）举人，三甲第一百零四名进士。授广西永福县知县，以简静为治，囹圄几空。改宜山县知县，邑称难治，有些百姓选择险阻山洞居住，官吏俱不得见，征收赋税时，往往设役捕拿，不仅扰民，也无济于事。梦白告诉属员曰："此非抗顽，必先时有欺其愚矣，而无端相扰者，故窜伏不至耳。"梦白乃尽撤胥役，选择精干吏员数人，前往抚慰，自是出来者日多，就镇收租税，既不亏民，亦不扰民，人皆称其为善政者。

【刘元声】（1666—1730）字钧乐。福山县（今烟台市福山区）人。年少志高，聪慧过人。性纯孝，父母病，侍汤药衣不解带。康熙三十五年（1696）举人，三甲第一百一十二名进士。五十八岁时，授河南偃城县知县，慨然曰："吾辈读书，立志一行，作吏便侵国帑吮民膏何为也哉？"其整治驿站、平抑物价、办案亲为、治理水患、赈灾救民，政绩卓异。大吏以"清惠勤敏"疏荐，有旨著送部引见。因百姓如失父母，遮道攀留，旋奉旨著免其引见，在任候升。按察使对元声道："汝实心为官，民情复戴，但有一事自知，口硬、项硬、股硬，官场所戒也。"元声闻之不语，依然故我。在偃城六年，勤政爱民，百废俱举。雍正八年（1730）七月，积劳成疾，卒于任所。其灵柩归里时，偃城众多百姓号泣于门，着白衣白冠相送，出境五六十里外，犹不绝声。工诗文，著有《作益堂文集》一卷、《作益堂四书正宗》六卷、《大学中庸正解》二卷、《经正解》二卷。子懋泰（知县）、惇泰和孙黎焜（州学正）皆举人。

【魏　泌】字邺元，一字邺亭。东阿县人。康熙四十七年（1708）举人，三甲第一百一十四名进士。授湖南祁阳县知县，惩治不法健讼者，捕获越狱巨盗。改广东开平县知县，有民含冤入狱，力为昭雪。解任归，闭户课诵，求教者盈门。

【秦奕诜】东阿县人。康熙四十四年（1705）举人，三甲第一百二十名进士。授内阁中书，改济南府教授。为秦淮嗣子，淮举人，州学正，著有《退翁课业集》。

【匡　琜】字群玉，号公亭。胶州（今改市）人。康熙三十八年（1699）举人，三甲第一百二十四名进士。授青州府教授。工诗，有文名，著有《介亭诗草》。

【孟宗美】巨野县人。亚圣六十三代孙。康熙五十一年（1712）举人，翌年联捷三甲第一百三十八名进士。授翰林院教习。其通经粹古，著有《槙谭斋文稿》行世。在京供职三年，请假归，至家卒。

康熙五十四年乙未科

本科录取：一甲三名，二甲四十名，三甲一百四十七名。其中山东十七名。

【李克敬】（1659—1727）字子凝，号小东。峄县（今枣庄市峄城区）人。少承家学，为诸生时家贫穷，以舌耕度日，曾为同郡翰林颜光敩在浙江视学时的幕僚。康熙四十七年（1708）乡试经魁，二甲第九名进士，选庶吉士，散馆授编修。性孝友，侍母病，资诸弟，有重名，多善行。博学能词章，文名噪海内。著有《四书言》、《经解》、《大哀》、《小哀》、《浙行录》、《谐喻》、《渔书》、《随笔》、《苦为吟》、《东南雅言》等。光绪《峄县志》载其诗二十余首。

【王世睿】字道存，号龙溪。章丘县（今改市）人。康熙五十二年（1713）举人，二甲第三十五名进士。授四川庐山县知县，减赋除税，抚辑有方。跟从四川巡抚参与镇压凉山苗民起事和进藏征讨反叛势力，以出谋划策和运送兵饷之功，奉使天全州宣慰，镇抚苗民，条陈建官吏、稽户口、量地亩、清疆界、编保甲、追军器，上官从之。以卓异升泸州直隶州知州，在泸州二载，利兴弊除。曾奉委进藏办理"赍封印金帑"之事。左迁江南江浦县知县，改上海县，捕蝗恤赈，所至有声。著有《进藏纪程》、《纪遇诗》、《捕蝗记事》若干卷。

【丁续曾】字古似，号霍庵。日照县（今日照市）人。生于"祖孙父子兄弟叔侄同进士"之家。自幼敦实行，笃于孝友。康熙五十年（1711）举人，三甲第五名进士。授归安县知县，勤于吏治，尤关心民间疾苦，尽心尽力抚育百姓。告归后，课子孙，守先业。著有《寄畅斋集》。祖父昰，康熙进士，内阁中书；叔父士一，康熙进士，布政使。弟勺曾，康熙进士，知州。子萝阳，举人，州学正。

【李修行】字子乾。阳信县人。自幼颖异，八岁能文。所题于壁的绝句令人刮目相看，座师对其非常器重。康熙五十三年（1714）举人，翌年联捷三甲第四十一名进士。在都门三载为教习，公课之余，与同年诸名士分韵联诗，留下不少唱和之作。著有《四书文稿》、《葩经集义》、《家训十则》与小说《梦中缘》。

【刘之莯】邹平县人。康熙四十四年（1705）举人，三甲第四十二名进士。博雅工诗，人称桐实先生。为举人竹素之子，出嗣给广聪为子。广聪，康熙进士，知县。子卓，举人。

【房毓枕】县、府志载为毓栖。字如瑶，号惺斋。菏泽县（今菏泽市）人。康熙四十七年（1708）举人，三甲第七十名进士。授广昌县知县，清惠德民，见上官为民慷慨陈述利弊，常令上官难堪，被左迁顺德府经历。在顺德与诸生讲说程朱理学宗旨，精融晓畅，令顺德知府惊叹佩服，推为宋儒嫡派，率属僚敬重之。丁忧，不再复出。著有《四书困学编》行世。父应辰，廪贡生，著有《素庵诗文稿》。

【李　锦】字简中。邹平县人。明万历举人、府同知度裔孙。以诸生应试时，为学政所难堪，即发愤诵读，专心不二。康熙四十七年（1708）举人，三甲第七十九名进士。授山西闻喜县知县，以循良称，与县人有家人父子之谊。子大年，以草书名。

【宋之树】字鹤千，一字敬庵，号芳州。文登县（今改市）人。康熙五十三年（1714）举人，翌年联捷三甲第八十五名进士。授山西猗氏县知县，勤于政务，从不留积案。减免苛捐杂税，让百姓休养生息。虽积学有素，仍不废诵读。著有《注释二乡亭词》，征引详明，足资风雅。祖父启元，明崇祯举人，县教谕，著有《涉园诗怀》、《涉园杂著》。

【萧　劼】字毖斋。福山县（今烟台市福山区）人。幼承家学，饱读经史百家。为人立品方正，谈吐文雅，具有长者风范。康熙五十年（1711）举人，三甲第九十一名进士。授甘肃高台县知县。邑为边塞防卫重镇，每年要接待过路骑军七八万人，应之裕如，绝无觍觍态。境内有一座年可盈税千余金的盐池，新任知府劝其纳入官衙费用，劼不肯道："利所在即害所忧，将焉用此，其以贾祸也。"后来，果然知府以匿税被革职，而劼却独脱超然。劼在高台重教化、施善政、重刑典、轻民徭、安民心，治绩显著。因不肯附奉上官，被以不称职免官。晚年，以诗书自娱，任邹县教谕，主讲于福山宾阳书院，主持重修《福山县志》。著有《赴任高台日记》。父程俨，举人，知县，著有《思痦堂易说》等四种；子枏年，乾隆进士，知府；侄榕年，乾隆进士，知州。

【赵　枚】字东生。阳信县人。康熙四十七年（1708）举人，三甲第一百零九名进士。历直隶武乡、山西怀仁县知县，吏畏民怀，有能吏之声。

【王蕙生】滨州（今滨州市）人。康熙四十四年（1705）举人，三甲第一百一十六名进士。

【赵中遴】字万青，号岱峰。宁海州（今烟台市牟平区）人。康熙四十四年（1705）举人，三甲第一百一十七名进士。授江西泰和县知县。孙子璟，嘉庆进士，府教授。

康熙五十四年乙未科

【朱缁衣】字展宜。泰安州（今泰安市）人。康熙五十二年（1713）举人，三甲第一百二十四名进士。授广西富川县知县，兴学校，宽征徭，听讼务，获民情。大吏廉其能，命运送军饷，往返数月方归。旋因公被去职，囊橐萧然，寄居佛寺，日与邑人讲学论文，民众争供以米蔬。著有《沁心编》、《皇华记》、《归去来辞》、《制艺》、《迂叟吟》，士林传诵。

【纪之从】字巽甫，号忍堂。利津县人。康熙三十一年（1692）举人，三甲第一百三十二名进士。候选知县。以兄与弟在外地任官，故在籍养亲不仕，时称笃行君子。兄之健，康熙进士，监察御史；弟之复，贡生，知县。

【朱允元】直隶东明县（1963年划归山东菏泽专区）人。康熙五十年（1711）举人，三甲第一百四十一名进士。历江西石城、新建县知县。以廉明公正，行取部主事。以疾告归，被举乡饮大宾。

【林　嵘】号㠀山。栖霞县（今改市）人。康熙四十四年（1705）举人，三甲第一百四十六名进士。授江苏泰兴县知县，惩猾吏，兴文教。邑有济川等地屡遭江水浸没，百姓困苦，无力交赋，多数逃亡。嵘泣请上官奏朝廷岁免赋千余金，州民以苏。任满告归，百姓送行数百里外，仍泣不能舍。

【唐之仪】莱阳县（今属海阳县）人。康熙四十一年（1702）举人，三甲第一百四十七名进士。著有《唐梧山集》一卷。

康熙五十七年戊戌科

本科录取：一甲三名，二甲四十名，三甲一百二十二名。其中山东十三名。

【黄鸿中】字仲宣，号海群，一号容堂。即墨县（今改市）人。生平孝友，待人接物力追古人。康熙五十年（1711）举人，二甲第三十七名进士，选庶吉士，散馆授编修。充会试同考官。由侍讲升至侍读学士。雍正二年（1724），充山西乡试副主考官。翌年，提督湖南学政。总督知其钱少，迎接他时道："校士须幕客，花费很多，幕书役可得数千金，何不图之。"鸿中谢曰："使者，以老书生受主厚恩，不诸生市乃书役市乎？"总督改容称叹。所至遴寒俊，课实学，文风称盛。旋以疾告归，逾年卒。著有《容堂集》。父贞麟，顺治进士，户部主事；兄大中，举孝廉方正，知县。弟：理中，举人，知州；敬中，康熙进士，知府；奭中，举人，知县。

【丁勺曾】（1681—1773）字幼文，号稽岑。日照县（今日照市东港区）人。生于"祖孙父子兄弟叔侄同进士"之家。自幼聪颖，与兄同砚攻苦。性淳厚，人谓之有古人风。康熙五十六年（1717）举人，翌年联捷三甲第九名进士。由宿松县知县，升广德州知州，政绩卓著。著有《幼文制艺》。祖父昙，康熙进士，内阁中书；叔父士一，康熙进士，布政使。兄续曾，康熙进士，知县；子萝桂，举人，府教授。

【谢光纪】（1686—1738）字星度，号竹筠。福山县（今烟台市福山区）人。幼颖慧，笃孝友。康熙五十年（1711）举人，三甲第十五名进士。授广西富川县知县，端正不阿，重民俗，革杂税，轻徭赋，雪积案，百姓称为神君。因母突发重病，弃官归籍，侍母十余年。期间，在河南任宜阳县知县的兄光纶（举人）也乞假返乡侍母。光纪对兄道："报国大于天，母孝大于地。"劝其先赴公职，由自己留在家中侍母。其母去世后，悲伤过度，不久病逝。父乃实，康熙进士，知县；弟光组，举人，主事；子景谟，乾隆进士，知县。

【蔡一澧】宁海州（今烟台市牟平区）人。先世为武官，从浙江黄岩迁入。康熙五十二年（1713）举人，三甲第二十三名进士。

【李治国】字亮公。历城县（今济南市）人。康熙四十七年（1708）举人，三甲第二十六名进士。授宁都县知县，劝输社仓有法，成为一省之最，被巡抚荐举以知府用。历福建汀州（署）、邵武、漳州、延平府知府，赈饥兴学，皆有政声。

被人毁谤而去官，留办云南铜务。又授平原州知州，改邓州。在邓州修筑刁河、严陵河防汛溢长堤，建同文书院，民感其德，为建生祠。乾隆五年（1740）告养归，七十一岁卒。

【张彤标】字念慈，号伊蔚。观城县（今属莘县）人。幼从父读书，性敦厚，有器识，为文名噪士林。康熙五十年（1711）举人，三甲第三十四名进士。授江西新城县知县，绝请托、杜私谒、除兴耗、厘漕规、善断案、惩积蠹、锄强暴、礼贤士，政绩颇著。上官对其交口称赞，目为贤吏第一。唯新任知府对其不喜欢，有猜疑之心，事事与其为难，而其又守正不阿，遂成水火不相容，知府遇事生风，吹瘢求疵，数上诬告，俱为大僚所阻。后该知府因违法被幽居囹圄，彤标亲往探视，馈以酒馔，知府泣曰："我无面见公也。"在新城任职两年，被调往吉水县，邑"疲敝更为不支"，彤标以宽为政，修举废坠，抚辑贫苦，入乡遇老幼慰慰下询，宛如家人父子。其捐资千金，不动民间丝粟，修设坍塌南城。对逃亡未返者造成的五百税赋亏额，取出流水红簿焚烧，予以全部垫解，百姓欢声如雷。举行取大典，名列第一。离任时宦囊已空，多亏他人资助，方得以赴京。十年知县，两袖清风，闻者莫不惊叹。升刑部主事，冤案多所平反，为上官所倚重。以积劳成疾，旋给假归里。家中败落，其敝衣蔬食，如同寒士。五年后而卒。

【王立常】高密县（今改市）人。康熙五十三年（1714）举人，三甲第三十五名进士。授仙居县知县。祖父飏昌，顺治进士，翰林，礼部左侍郎；弟立性，乾隆进士，知县。

【仪于庭】高密县（今改市）人。康熙五十二年（1713）举人，三甲第三十八名进士。

【冯　怡】字和斋。武定州（今属惠民县）人。康熙五十三年（1714）举人，三甲第六十四名进士。授河南伊阳县知县，尽擒盗贼，对悬案立判曲直，未一年，讼狱衰息，文教振兴。丁父忧，县人为立去思碑于三十二镇。服除，补四川夹江县知县，治行一如伊阳。喜奖士类，见生童有可造就者，召至衙署供饮食，教诲不倦。以致仕归，所授生徒多所造就。六十岁卒。

【赵恒祚】字钟苑，号方山。沾化县人。幼聪敏，九岁通经，十三岁补诸生。康熙五十六年（1717）举人，翌年联捷三甲第七十九名进士。授陕西咸阳县知县，充乡试同考官。为官清正廉洁，刚直不阿，以误军需去官。归后，掌教济南泺源书院，一时英杰多出其门。八十三岁卒。著有《孝经说》、《四书说》、《方山文集》、《春秋同文辑要》、《劝善录》等。

【李志远】字淡明。寿光县（今改市）人。祖父域，贡生，著述甚富，受业者众多，六十多岁仍手抄经史不懈。志远从小受到良好的家庭教育，学识渊博。康熙五十二年（1713）举人，三甲第一百零一名进士。授广西溶县知县。

【曲　楙】字一斋。宁海州（今烟台市牟平区）人。康熙五十三年（1714）举人，三甲第一百零六名进士。授内阁中书，升至刑部郎中。遇有冤案，力争挽回。时有富室为巨寇所扳，已论大辟，楙力为驳正，得以昭雪。居官清峻，刚正不阿，以忤上官移礼部，旋告归。父师正，副贡，知县。

【杜天培】金乡县人。康熙三十八年（1699）举人，三甲第一百一十九名进士。嗜读书，通经史，文章高迈，时称大家。著有《宝树堂稿》。

康熙六十年辛丑科

本科录取：一甲三名，二甲四十名，三甲一百二十名。其中山东十五名。

【邓钟岳】(1674—1748) 字东长，号悔庐。山东东昌卫人。入载《聊城县志》。赋质端厚，颖敏过人，于书无所不读，尤对《易》、《礼》有深究。康熙四十七年(1708)举人，一甲第一名进士，状元，授修撰。雍正元年(1723)，充江南乡试副主考官。丁母忧，服除，提督江南学政。其刊《近思录》、《白鹿洞规》等，以教育士子。雍正七年(1729)，以少詹学士，又提督广东学政。不久，迁内阁学士，由礼部右侍郎，转左侍郎，充《一统志》总裁。以事降太常寺卿。在乾隆年间，又历浙江学政、通政司参议和礼部右侍郎、左侍郎。在乾隆九年(1744)、十二年(1747)，先后两次充江南乡试主考官。在浙江时，曾训示诸生："以耻为羞恶之本，干谒标榜，颂辞连篇，或因细故，骨肉成隙，耻何在焉？"被时人赞为学政之首。其为政清廉，谨慎守礼，所奏为政之道，首要是正风俗、杜邪讹，受到皇帝赞许。乾隆十三年(1748)，随乾隆帝东巡。当年夏，以疾致仕，七十四岁卒。工书法，能诗文，康熙帝对其有"字甲天下"之誉。著有《知非录》一卷、《寒香阁诗集》四卷、《寒香阁文集》四卷、《士范》一卷。曾祖父秉恒，顺治进士，道员；祖父允燮，岁贡，知州；弟钟叙、钟一、钟音皆举人。子：汝勤，乾隆进士，工书法；汝敏，府同知。

【王敛福】字清范，一字凝箕，亦作凝斋，号石翁。诸城县（今改市）人。康熙五十二年(1713)举人，二甲第十四名进士，选庶吉士，未散馆特授吏部稽勋司员外郎，调文选司，升考功司郎中。以浙江按察司佥事，分巡温处道。温州东南海中有玉环岛，可耕田地数百顷，而旧为海盗泊船之地，敛福请设玉环岛同知，招徕贫民，给耕牛、种子，进行开垦，未几年这里就成为重镇。改杭嘉湖道，视筑海塘工程，登尖山望海势，立即安排在万家闸准备"草盘头"（积草土为埠），以防海水侵袭。当年秋潮由万家闸袭来，因有备而没有决口，原以为敛福迂腐的属员，都叹服其有先见之明。雍正十一年(1733)，以考核卓异，分巡新议设的浙江海宁兵备道，受到与其有旧嫌某副都统的"庇护所属官员"参劾，被降级。乾隆三年(1738)，敛福受到乾隆帝召见，分发河南以知府用。丁忧，服除，改补颍州府知府，为防水患，疏沟建闸，请帑修河。尤兴文教，纂修府志，建清颍书院，甚得士心。调江宁府知府，修葺明朝忠臣汪伟祠，恤其后裔。乾隆十五年（1750），复任颍州府知府，见民为其塑像，祀于西湖上，更是奋励而为。以疾告归，六十五岁卒。精于诗文书法，著有《凤山诗集》、《凤山制艺》各二卷。

【卢见曾】（1690—1768）字抱经，一字抱孙，号澹园，别号雅雨山人。德州（今德州市）人。明嘉靖进士、光禄寺卿宗哲七世孙。聪慧绝伦，学问俱有根柢，学诗于王渔洋（王士禛）、田山姜（田雯）两先达，益究精粹。田雯曾称之曰："吾乡后起，以诗名家者，当在斯人。"康熙五十年（1711）举人，二甲第二十二名进士。授四川洪雅县知县，将苦民杂役悉数革除。升安徽六安州知州，以"水为田母"，阻止毁塘造田。调亳州知州，开沟渠除水患。又历庐州、江宁、颍州府知府，浚西湖，兴水利，抗阻上游河南以邻为壑，欲开贾鲁河，将使下游颍州造成水患的动议。乾隆元年（1736），又由饶广九南道，迁两淮盐运使，受萤语中伤，被谪戍台湾。未及两年，获赦授直隶滦州知州。至任，扭转因灾荒饥民借粮办理不善将变故的危局。又历直隶永平府知府和永定河道，复迁两淮盐运使。见曾所至，尤其两任盐运使，长达十载，"仁民爱士"，深得民心。以年老归养，在高宗追论历任盐政提引征银事伏法死，后由朝廷特旨昭雪。见曾素性清介，最恶苞苴，风裁严峻，令人望而生畏，时人评其"身不满五尺，而气雄万夫"。工诗文，好著述，被称为"海内宗匠"。且喜收藏，精鉴赏，藏书达十万卷。所刻《雅雨堂丛书》二十余种，盛行海内。著有《雅雨堂诗文集》、《雅雨堂新政》、《感旧集》、《出塞集》、《北平集》、《还山集》、《平山堂集》、《邯郸集》、《雅雨堂金石录》、《金石三例》、《山左诗钞》等。父道悦，康熙进士，知县；子谦，道员，著有《消寒闲吟》。孙：荫文（知县）、荫蕙（知县）、荫溥（体仁阁大学士）皆乾隆进士；荫长，举人，工部主事。

【祝寿名】州、府志载姓戴。德州（今德州市）人。康熙五十三年（1714）举人，三甲第二十一名进士。仕至甘肃庄浪厅同知。

【赵　笱】字景汾。直隶宁津县（1964年复归山东德州专区）人。其父以孝友闻于乡，笱袭父品。少时，与直隶景州魏廷珍同讲席，魏廷珍家甚贫，笱多有接济。后魏廷珍考取一甲第三名进士。其康熙五十年（1711）举人，三甲第四十名进士，选庶吉士。诗文皆能，著有《阙疑集》十五卷、《言志集诗稿》五卷。

【袁耀玉】蓬莱县（今改市）人。康熙五十六年（1717）举人，三甲第四十二名进士。授兖州府教授。

【乔世臣】（1675—1735）字丹葵，一字蓼圃，号萝园。滋阳县（今兖州市）人。少承家学，夙负盛誉。康熙五十九年（1720）乡试解元，翌年联捷三甲第五十七名进士，选庶吉士，散馆授检讨。充《明史》纂修官。改吏部郎中。奉命赴直隶武清县赈饥，表现卓异。出为浙江嘉兴、杭州府知府，升浙江、江苏按察使，所至廉明率属，厘奸剔蠹，民以为神。雍正九年（1731），由内迁右通政，先署后授江苏巡抚（兼都察院右佥都御使）。一年之内，由知府骤至巡抚，在清一代，实属少有。在江苏，先奏请令大、中、小诸县以次积谷一千五百石至八千石为额，仍随时出陈易新，以裕民食。又奏请京口驻防官兵一向领饷于苏州藩库，往返需要很长时间，请拨八旗仓米折价银二万两解存镇江库就近提用。两疏皆降旨允行。创筑松江海塘工程，长达二百五十余里，皆易土以石。雍正十一年（1733），由都察院左副都御史，改刑部左侍郎，又改工部右侍郎。雍正十三年（1735）三月卒于官。生平不沽名，不市恩，门无私谒，家无余财。父发，诸生，积学砥行，隐居不仕，著有《蓑笠吟》、《卧游集》；子大凯，举人，会试明通榜，知县，著有《周易观澜》若干卷和《语录》数十卷。

【周毓真】改名毓正。字衷恺，号心雪。即墨县（今改市）人。少聪颖，于书无所不读，才名冠一时。康熙四十七年（1708）举人，三甲第六十七名进士。授浮山县知县，抑奔竞，裁冗滥，民所不便，即数与上官争，当事者嫉之，大计去官。归里，建先祠，置义田，睦姻亲，多周济。尤喜陶成后进，远近以师尊之。晚年主讲济南书院，学者称心雪先生。工诗文，著有《心雪斋集》二卷。

【萧　炘】字郎甫。德州（今德州市）人。康熙五十二年（1713）举人，三甲第八十名进士。由吏部文选司官员考授监察御史。克守家风。曾祖父惟豫，顺治进士，翰林，学政；祖父时亨，卫指挥佥事。

【全乾象】兰山县（今属临沂市）人。嗜读能文。康熙五十九年（1720）举人，翌年联捷三甲第八十一名进士。授江南上海县知县，有治绩。

【周知非】山东鳌山卫人。入载《即墨县志》。康熙五十三年（1714）举人，三甲第八十四名进士。授确山县知县。祖父祚显，康熙进士，监察御史。

【周大赉】蓬莱县（今改市）人。康熙五十三年（1714）举人，三甲第九十九名进士。授莱州府教授。

【董思恭】字作肃，一字礼堂，号雨亭，又号湉川。寿光县（今改市）人。幼家贫，曾饿腹读书。为文胸有成竹，顷刻脱稿。康熙五十六年（1717）乡试解元，三甲第一百零一名进士，选庶吉士，未散馆补河南许州知州。历湖南常德、沅州府知府和湖南督粮道。为官数十年，公正廉洁，宽严相济，兴利除弊，颇有声誉。六十余岁，致仕归里，以诗文自娱。著有《拟古乐府》一卷、《新塘吟》一卷、《悔庵诗文集》二卷、《喜猎草》二卷。子根茂，拔贡，著有《南游草》、《南山草》。

【李捷元】 利津县人。康熙五十二年（1713）举人，三甲第一百零三名进士。授固城县知县。

【张勿迁】 字静思。昌邑县（今改市）人。康熙四十七年（1708）举人，三甲第一百零九名进士。授内庭教习。为人沉毅寡言，于学无不涉猎，常苦读至半夜。晚年，更手不释卷，为文汪洋恣肆，顷刻数千言，甚负文名。父志栋，康熙进士，翰林，大理寺卿；弟勿我，举人。

康熙六十年辛丑科

雍正元年癸卯恩科

本科为清世宗登极恩科。一甲三名,二甲六十三名,三甲一百八十名。其中山东十七名。

【焦祈年】(?—1733)字谷贻,号田祖。章丘县(今改市)人。《清史稿》有传。康熙五十九年(1720)举人,二甲第三名进士,选庶吉士,散馆授编修。改监察御史,历掌山西、河南、京畿、浙江、江西道,巡视南城和巡察万安及五城街道,皆洞烛情伪,无敢欺者。凡有国计民生之大事,皆详尽陈奏。授顺天府府丞,署府尹,迁右通政。雍正八年(1730),奉命为广东观风整俗使,除旧俗、建书院、捕盗贼、惩恶人。见西洋人置天主教堂愚民瞻拜,乃驱徙倡教者。雍正十年(1732),擢光禄寺卿,升顺天府尹,旋调奉天府,行之山海关以疾告归,卒于家。曾祖父馨,明万历进士,巡抚、都察院右副都御史;父毓栋,康熙进士,吏部郎中;子迪曾,工隶书。

【李 桐】(1686—1757)字东溪,号悟道人。《清代翰林传略》载:字东樊,号笏坪。山东大嵩卫人。入载《海阳县志》。康熙五十九年(1720)举人,二甲第四名进士,选庶吉士,散馆改礼部主事。由"部郎",出为甘肃平凉府知府。以陕西按察司副使,驻守平庆泾固化道(盐法道兼)。所至,皆以"清明廉洁,施恩于民"称。值西部边境有战事,其筹办军需,昼夜不停,八年如一日。在其父去世时,朝廷特颁发官银五百两,作为营葬费用。据《海阳人物暨诗文墨宝》载:桐工诗词,擅绘画,尤工山水花卉。其画作不拘泥于古法,挥洒自如,能自出机杼。祖父赞元,顺治进士,翰林,兵部侍郎;父思峤,廪贡生,候补知县。兄:毂,雍正进士,候补知县;椅,武进士,左都督,封骠骑将军;均,诸生,善属文,工书法。

【马金门】字倩仙,号二竹,一号缓堂。蓬莱县(今改市)人。康熙五十九年(1720)举人,二甲第十八名进士,选庶吉士,散馆授编修。改陕西道监察御史,巡视北城,巡察通州漕务。充会试同考官。出为湖南长沙府知府,升湖南辰沅永靖道。乾隆十年(1745),迁陕西按察使。乾隆十四年(1749),以事降改浙江温处道。

【李征临】字凤州,一字凤渚。直隶德州左卫人(域属山东)。入载《德州志》。《山东通志》载为雍正元年(1723)举人。二甲第二十六名进士,选庶吉士。省志载授编修。性至孝，工诗，擅隶书。著有《酌舫诗集》。早卒。祖父允祯，举人，兵备道；父涛，康熙进士，翰林，刑部右侍郎。

【高　山】字居东，号崎江，一号鲁瞻。历城县（今济南市）人。康熙五十六年（1717）举人，二甲第五十二名进士，选庶吉士，散馆改刑部主事。充会试同考官。以卓异授监察御史，升给事中，巡视台湾，平定番变，多有惠政。从乾隆四年至八年（1739—1743），由大理寺少卿，历四川、山西、福建布政使，所至有政声。乾隆十二年（1747），受劾被降调。弟對，知府。

【颜希圣】（1665—1734）字振玉，号志莪。德州（今德州市）人。从师进士、翰林孙勷，潜心研读宋儒之书，"雄于文，不蹈凡近"。屡试不第，以授徒为业。五十五岁，于康熙五十九年（1720）考中举人。五十八岁，方考取三甲第三十名进士。授广济县知县，多有惠民实政。勤于听讼，积案尽除。禁止酬报神灵的庙会。将儒学规格由中等请定为高等。率众加固江堤，秋水泛滥时，江岸崩坏无数，唯独广济江岸安然无恙。雍正七年（1729），被罢归，聚众讲经授业，六十九岁卒。

【孙　果】字淑仲。寿光县（今改市）人。康熙五十九年（1720）举人，二甲第五十六名进士。授湖南湘潭县知县。其与子对贫乏名儒与姻族寒俊，都不时给予赒恤。子炜，乾隆进士，知县。

【王士任】（1686—1744）字咸一，号莘（华）野。山东威海卫人。自幼聪颖好学。康熙五十三年（1714）举人，三甲第二十三名进士。初为景山教习，改新阳县知县。雍正五年（1727），擢福建汀州府知府，旋升台湾驿盐道。乾隆元年（1736），擢福建布政使。乾隆三年（1738），先署理后实授福建巡抚。乾隆五年（1740），闽浙总督德沛整顿馈讼恶习，其被劾纳贿贪赃，革职，谪戍军台，卒于贬所。

【于　汧】字陇庵，号芦瞻。宁海州（今烟台市牟平区）人。康熙五十九年（1720）举人，三甲第二十六名进士。授湖南常宁县知县。

【朱作元】字方涵，号平邨。平阴县人。奉母至孝。《山东通志》载为雍正元年（1723）举人。三甲第三十七名进士。授祁门县知县，民以竹木为业，因灾致贫，赋税多拖欠。奉命清理积欠赋税，邻县严刑催逼，民间多有鬻妻子者。作元深知民力不堪，亲历山谷宛转询问，对贫者分限期输纳，有鬻子女者予以赎回，民皆感泣，不数月，赋税为之一清。在任未两载，积劳成疾，辞官乡归。居家置田数顷以供祭祀，蓄谷数十石作为本族备荒年之用。读书为文皆有所自

雍正元年癸卯恩科

得，成就学者甚众。七十三岁而终。父景永，拔贡，著有《上达图说》，九十一岁卒。子：续晫，雍正进士，翰林，两淮盐运使；续经，举人，鸿胪寺卿，喜古金石文字，藏书数万卷；续恂，举人，赴会试遇凶落水卒。

【王 辂】字孟载，一字东同，号云客。诸城县（今属高密市）人。康熙五十六年（1717），其与父奇猷同榜举人，三甲第五十七名进士。初授景山教习，改刑部主事，升吏部员外郎、郎中。辂性孤峭，与人多不款洽，独新城何世璂（进士、直隶总督）器重之。人们畏其刚介不屈，没有敢以私事相托者。居京城六载，不携带家眷，行李异常简单，犹如寒士。其曾道："官京师者，一携家属，需费即多，往往不能所持所守，吾若此殊觉寝食甚安耳。"雍正七年（1729），出为福建延平府知府，持己清慎，一如吏部时。以卓异被荐举，未及行，丁母忧归。乾隆六年（1741），起补为安徽池州府知府，整己率属，不为烦苛，捐俸修齐山、清溪二埂，以便行人。署安徽按察使，手剖口决，积案一空。以事被罢官后，贫不能归，池州父老赠送柴米的将路都阻塞了。其感动地道："不可以久累吾民。"于是带病北行，卒于扬州旅舍，年六十九。曾祖父劝，顺治进士，知县；祖父度昭，康熙进士，兵部右侍郎。

【李 玠】亦作炌。字斯锡。诸城县（今改市）人。自幼聪敏。康熙四十七年（1708）举人。康熙五十一年（1712）会试贡生，参加殿试时，以违式被黜除名。归家，更加勤奋攻读，乡人呼为"抹进士"。雍正元年（1723），诏许历年殿试被黜者赴京候试，经御试，钦取玠等六人，续入当年会试，玠为三甲第六十九名进士。授湖南通城县知县，除秉公判决积案外，还向上官提出五项治理方略，即建书院、设社学、速赈济和立普济堂、育婴堂，皆被批准实行。以病告归，设帐授徒为乐。临终前嘱其子道："我死之后，葬我时，可在给我出殡用的棺饰上书'两登进士'。"六十九岁卒。工诗文，著有《入境庐学庸讲义》、《即山园稿》。父芃之，廪贡，知县；弟玡和孙鹍皆举人。

【吴象宽】（1680—1742）字居之，号芝园。海丰县（今无棣县）人。康熙五十三年（1714）举人，三甲第八十五名进士。授湖北黄安县知县，值岁歉，捐俸廉赈济。旧多盗贼，闻象宽至悉逃走。改咸宁县知县，筑长堤，治水患，并将唆民好讼之徒依法处置。被吏议镌秩，再补湖广黄梅县知县。有旨知县以上官员，可各保举一人，且内举不避亲。象宽保举其侄廪生绍诗为贤良方正，后绍诗官至吏部侍郎（加尚书衔）。未几，以痰症引疾归。著有《内讼篇》、《芝园诗集》、《宁远诗抄》。父自肃，康熙进士，按察司佥事。弟：象默，廪生，著有

雍正元年癸卯恩科

《半阁诗选》；象粥，举人，著有《杞屋诗集》；象义，以孝名，著有《杂诗》一卷。

【丛　洞】文登县（今改市）人。康熙五十九年（1720）举人，三甲第一百一十一名进士。授知县，仕至山西道监察御史。

【魏　铀】字钟华，号理斋。东阿县人。康熙五十六年（1717）与兄同榜举人，三甲第一百四十一名进士。授湖北咸宁县知县，升兴国州知州。江堤向属民修，豪猾包揽收取"圩费"，铀详陈利害，改由官司其事，不扰民而筑堤成。以简静坐失察镪级，旋起补云南云州知州，兴废举坠，州得大治，感瘴疠而卒。兄鉨，举人，知县，举乡饮大宾。

【胡　清】字淡庵。直隶庆云县（1964年漳卫新河以南划归山东，仍名庆云县）人。天资高迈。康熙五十七年（1718）举人，三甲第一百六十二名进士。授泾县知县，改元城县教谕。有才思，为文敏捷，人争传诵。弟淳，乾隆进士，知县。

【张人崧】字维岳。堂邑县（今聊城市东昌府区）人。康熙五十六年（1717）举人，三甲第一百六十三名进士。授新宁县知县，多有实政。因武冈盗案过失被免职，新宁士民赴本府乞留，哭声震野。上闻复官，改浙江浦江县知县。又历武义、象山县知县，所至有惠政。工诗，著有《警牙集》若干卷。

雍正元年癸卯恩科

雍正二年甲辰科

本科录取：一甲三名，二甲八十一名，三甲二百一十五名。其中山东二十四名。

【**刘统勋**】（1699—1773）字延清，号尔纯。诸城县（今属高密市）人。《清史稿》有传。康熙五十六年（1717）举人，二甲第十七名进士，选庶吉士，散馆授编修。主要历詹事府詹事、内阁学士、刑部左侍郎、都察院左都御史、陕甘总督、漕运总督（署）、国史馆总裁、工部尚书、刑部尚书（两任）、翰林院掌院学士、吏部尚书、协办大学士、东阁大学士、军机大臣、上书房总师傅、国史馆总裁、《四库全书》总裁等。其任内颇多进谏，为乾隆帝所倚重，先后加太子太保、太子太傅，赐紫禁城骑马。统勋长于治水，常年奔波于大的江河湖泊，行使勘查、监修、督察之职，曾十视河坝，两修海塘，对重大水利工程卓有建树。奉命查办十多起大吏贪赃枉法的重大案件，这些官员都分别受到革职处斩等惩处。乾隆十八年（1753），偕同尚书策楞行视江南河工，查实高邮州两闸堤坝溃决，实由河员亏帑误工所致，据实上疏，河督高斌和协办河务的安徽巡抚张师载被革职。又遇铜山小店汛河决口，统勋上疏同知李焞和守备张宾"呈报稽误"，二人被处死，且令高斌、张师载前往视刑。云南巡抚郭一裕怂恿总督恒文购金制炉，"假上贡抑属吏贱值市金"，统勋奉命前往审理得实，恒文被赐自尽，郭一裕被发军台效力赎罪。奉命查实山西布政使蒋洲贪污及冀宁道杨文龙逢迎不法，二人被按律处斩。查处西安将军都赉克扣军饷和归化将军保德贪污案，均被处死。统勋先后受到数次处分，但都由于乾隆帝的信任而很快被重新起用。在乾隆十七年（1725），因查验通州仓廪米石短少不实，被革职从宽留任，奉命在军机处行走。在乾隆十九年（1754），协办陕甘总督事务，朝廷命他巡视巴里坤、哈密驻兵，正遇睦尔撒纳（回部首领）兵扰伊犁，伊犁将军班第极力抵御，而定西将军永常却率军从木垒退至巴里坤。统勋疏请弃巴里坤，退守哈密。乾隆帝斥责他"附和永常而置班第于不问"，将他与永常一同逮捕，其子亦被拿交刑部，家资充作军用。未几，从宽免罪，命他以司员办理军需效力赎罪。时隔一年，又补授刑部尚书，发还本籍家产。统勋还先后五次充文武乡试主考官，四次充会试主考官。其七十岁时，乾隆帝赐御书："赞元介景"匾文。乾隆三十八年（1773）十一月卒，年七十四。乾隆帝亲临祭奠，晋赠太傅衔，谥"文正"。入柩归里时，诏令沿途二十里以内文武官员，均至灵前吊祭。其居官五十年，性强直，终生不失其正，"善洞察"，"励清节"，"立朝侃然，有古大臣之风"。家原有田数十亩，茅舍一处，未增尺寸。其善诗文，工书法。著有《刘文正公集》。祖父必显，顺治进士，户部员外郎；父棨，康熙进士，布政使，著名循吏；子墉，乾隆进士，翰林，体仁阁大学士，著名书法家；孙镮之，乾隆进士，翰林，吏、兵部尚书。

【毕　涟】字文源。平阴县人。幼聪颖，从父同弟共读书，有神童之目。其成拔贡后，考授正红旗教习。康熙五十三年（1714）举人，二甲第十九名进士。授兵部主事，极尽职责。先后监督通州、西城粜粮之事，使吏员不能从中为弊。其致仕后，喜为人讲诗文，凡后学请教者，必详为开导，成就人才甚多。著有《怡亭文稿》。弟潇，康熙进士，詹事府左春坊左中允。

【李寿彭】字眉洲。武定州（今属惠民县）人。天性孝友，内外无间言。康熙四十四年（1705）举人，二甲第三十八名进士。授山西介休县知县，邑俗多轻生，妇女尤甚。寿彭撰《劝戒轻生图说》，刊布晓喻，并亲为解说，陋俗渐改。邑内义棠河有战船四十艘，相沿有四十姓输金岁修，寿彭力详上官给予豁免。值西部边境用兵，办理军需而不扰民。其除积恶，理疑狱，治沟洫，引泉水，灌农田，以"善政循卓"行取户部主事，升吏部员外郎，又迁礼部郎中。六十二岁卒。祖父之芳，顺治进士，吏部尚书，文华殿大学士；弟寿瀚，府同知；子：本樟，雍正进士，知府；本梁，举人，知县。

【邓泽永】聊城县（今聊城市）人。康熙五十九年（1720）举人，二甲第五十一名进士。授安徽贵池县知县。兄泽大，举人。

【沙长祺】蓬莱县（今改市）人。《山东通志》载为雍正二年（1724）举人。二甲第五十六名进士。授刑部主事。

【杨士鉴】字宝干，号仲献。即墨县（今改市）人。康熙五十九年（1720）举人，二甲第五十七名进士，选庶吉士，散馆授编修。擢浙江道监察御史，转吏科掌印给事中。时京官尚好宴会，侈靡无度，有不少官吏借以请托。士鉴疏请禁止。以公务镌级，出为浙江温州府知府。丁母忧，服除，复补思州府知府。所至以廉能称。著有《疏稿》、《华峰集》。祖父兆鲲，明天启拔贡，知县；父琬，举人。弟：士钥，举人，知县；士鳞，乾隆进士，知县；堂弟士韶，乾隆进士，翰林，知县。

【赵鉴远】字镜朗。齐东县（今属邹平县）人。康熙五十六年（1717）举人，二甲第六十一名进士。授江苏新阳县知县,恤士爱民,政声颇著。

【宋嵩巘】字幽峰。郓城县人。《山东通志》载为雍正二年(1724)举人。二甲第七十七名进士。授山西临晋县知县。著有《求慊集》。

【刘振斯】禹城县人。康熙五十九年(1720)举人,三甲第八十二名进士。历元谋、清流、安平县知县。曾祖父中立,明隆庆进士,按察使;祖父士骥,明崇祯进士,检讨。

【阎廷佶】(1674—1747)字汝贞。昌乐县人。读书不甚敏,而志气沉毅,所作文章辄造古人深处。康熙四十七年(1708)举人,三甲第九十二名进士。时亲旧多劝谒津要,可得馆选,而廷佶不往。雍正九年(1731),授泸溪县知县,革乡保供给及沿袭积弊,立石永禁,详豁耗米百余石、耗银四十余两,民困以苏。改金溪县知县,首清漕弊,又详豁许湾落地税银,捐建仰山书院,延宿儒主讲,自出薪米资诸生。调南城县知县,时知府因公激变士民,情势危急,廷佶独往抚谕,事得平息。数充乡试同考官,所取皆知名士。以卓异擢升广西宾州知州,越二年以疾卒于官,年七十三,乡人私谥文靖先生。祖父世绳,康熙进士,翰林,左春坊左谕德;父愉,康熙进士,工部主事。子:循中,举人,著有《制义》、《诗集》;循厚,乡试亚元,著有《钝斋遗文》、《钝斋诗集》;循琦,乾隆进士,翰林,工部尚书;循彬,举人。

【江允溥】山东鳌山卫人。入载《即墨县志》。雍正元年(1723)举人,翌年联捷三甲第九十九名进士。授繁昌县知县。子毓圻,乾隆进士,知县。

【蔡 澍】字和霖。高苑县(今属高青县)人。康熙五十六年(1717)举人,三甲第一百零五名进士。授浙江江阴县知县,革弊政,除陋规,修书院,设义塾,疏河道,兴水利,颇有作为,而不扰民。邑人将其善政汇编成书,题曰《澄江治绩》。

【胡 星】字长庚,号石渠。高密县(今改市)人。幼颖悟,四岁即从为岁贡的祖父凝命读书,过目不忘,尤喜读孝经。为人至孝,祖父生病,疑为不治之疾,涕泣三日不食。雍正元年(1723)举人,翌年联捷三甲第一百一十名进士。由礼部员外郎,升吏部郎中。充会试同考官。又由外任湖南郴州、桂阳直隶州知州,授衡州府知府,所至治绩昭著。崇祀多处名宦祠。

【徐汝升】字云客。泰安州(今泰安市)人。康熙四十一年(1702)乡试经魁,三甲第一百一十一名进士。授大嵩卫教授。

【刘重选】字升如,一字文叔。文登县(今改市)人。康熙五十六年(1717)举人,三甲第一百一十八名进士。由户部主事，出为江苏扬州府同知，升广东高州府知府。重选生性忠厚，广交寒士，情意恳挚。在充顺天府乡试同考官时，看到云南考生陈大受试卷特别优异，即向主考官推荐，但却被主考官压下。陈大受后来以拔贡朝考入京，离家万里，身无分文，不能返家。重选邀其至寓所，谆谆教诲，视如自家弟子，饮食起居照顾周到。后陈大受考中进士、翰林，官至军机大臣、协办大学士。陈大受在江苏任巡抚时，值重选任扬州府同知，陈大受报以师恩，不敢用僚属身份相待，特写奏章提请将自己调至他省任巡抚。陈大受对重选馈赠没有间断，终身待以师礼。善书法，师法褚遂良，遐迩闻名。著有《粤东草》一卷。

【田种玉】范县（今属河南省）人。雍正元年（1723）举人，翌年联捷三甲第一百四十七名进士。授直隶青县知县。

【栾　瑜】字怀瑾。博兴县人。天性孝友。幼承家学，博极群书，尤擅古文。康熙五十三年（1714）举人，三甲第一百四十八名进士。授江西龙南县知县。为官清廉，政尚宽平，尤喜提携后进。致仕后，自设义塾，从师者甚多。子允修，岁贡，知县；孙作新，举人。

【赵　仕】字行可，号筮斋。宁海州（今烟台市牟平区）人。康熙五十六年（1717）举人，三甲第一百五十八名进士。授浙江永嘉县知县。

【李成龙】字剑光。宁阳县人。少时资禀颖异，有神童之誉。为文敏捷，万言立就。雍正元年（1723）举人，翌年联捷三甲第一百七十五名进士。授福建建安县知县。为人正直，不肯折节周旋应付上官。因忤大吏意被劾降职，改曹州学正，卒于任。

【孔传堂】（？—1754）字升庵。曲阜县（今改市）人。少好学，以立诚居业，动息有养。雍正元年（1723）举人，翌年联捷三甲第一百八十四名进士。历户部主事、员外郎和兵部郎中。以卓异拣发广西以知府用，奉巡抚之命参与处置百色地区农民李金星起事。授镇安府知府，请免下雷等八州进贡物品。设立学官，请汉学者教授诸生。擒诛反清势力首领，释其党与。停止土官承袭的陋规钱。乞假归养老人，起补贵州思南府知府，治沟洫，正疆界，修文庙。又署平乐府知府。跟从钦差审理疑案，不枉不纵，人称廉平。以病归，家族奉为楷模。乾隆十九年（1754）卒。著有《琴律易知》、《学修杂记》、《识字日知录》。

【单　谓】高密县（今改市）人。雍正元年（1723）举人，翌年联捷三甲第一百八十五名进士。子芸，乾隆进士，知县。

【牟曰笏】栖霞县（今改市）人。雍正元年（1723）举人，翌年联捷三甲第二百名进士。授河南光山县知县。弟：曰管，举人，县教谕；曰筥，乾隆进士。

【袁志洁】章丘县（今改市）人。康熙五十六年（1717）举人，三甲第二百零四名进士。授户部主事。

【徐　琏】字百城，一字爱山。益都县（今青州市）人。雍正元年（1723）举人，翌年联捷三甲第二百零六名进士。授河南偃师县知县，时有小典之案，以五千金赎罪，琏不为所动，按律处置。为官清廉刚正，以不阿上官去职。著有《山堂文稿》、《摹古斋诗稿》各一卷。

雍正五年丁未科

本科录取：一甲三名，二甲五十名，三甲一百七十三名。其中山东十七名。

【王云铭】字宝文，号蕉坪、惠民、西史。武定州（今属惠民县）人。雍正元年（1723）举人，二甲第二十名进士，选庶吉士，散馆授编修。历云南曲靖府知府、陕西汉兴道、河南学政。仕至浙江按察使。以病告归。恭迎皇帝东巡，钦加布政使衔。九十余岁卒。著有《清荫堂诗稿》、《毛公诗韵》未梓。

【孙于氂】字慎夫，号书佩。德州（今德州市）人。幼颖异，十一岁能文，遂有文名。父称其文"高洁古秀"。文渊阁大学士李光地也对其文甚为叹赏。雍正二年（1724）举人，三甲第九名进士，未赴选，遭遇地震而卒。父勷，康熙进士，学政；兄盛、蘁、盘和弟氃皆举人。

【邹丽中】字暾东。巨野县人。康熙五十年（1711）举人，三甲第十七名进士。县志载选庶吉士（《清代翰林传略》不载）。历河南郑州、信阳州知州，多善政。以郑州马四命案坐故出人罪落职，被谪戍松阳，以赎归里。乾隆元年（1736），起迁宝庆府通判，自陈亲老，改任彰德，未几而卒。生平不为章句之学，读书务探本原，文名闻齐鲁。为举人时，山东巡抚陈世倌，曾聘其为书院山长。被谪戍后，在松阳五载，主讲松川书院。其读书讲学，虽颠沛流离，亦不以动其心。著有《四书讲义》、《周易总论》。

【朱续志】字念修。聊城县（今聊城市）人。明崇祯进士、工部尚书鼎延曾孙。生父辉珏，康熙进士。其出嗣叔父辉瑶，事嗣父母极尽孝道。康熙五十年（1711）举人，三甲第三十二名进士。授河南唐县知县，革除陋例，整饬学校，申严保甲，案不留牍。征收赋税依期不拖。遇西北战事，办理军需，捐俸不足，鬻私产。以事被劾去职，改授咸安宫教习，效力期满，用为河南偃师县知县。在任设立书院，葺二程子祠，筑杜工部墓；修复古堤堰，植柳以遏溢流；捐奉供应过往上官，以不累民。又以各地起事哗变之风波及为官之地，被追究以过失罢归。六十八岁卒。著有《朱氏家训》。兄续业与弟续泽、续京皆举人。

【王寿长】字仁庵。安丘县（今改市）人。六岁时，塾师问其读书何为，其答"求父母欢喜"，令塾师惊奇。雍正元年（1723）举人，三甲第三十五名进士。命署福建邵武县知县，禁溺女，锄悍胥，息邪谋，却官物，风气为之一变。任职三月，以养亲乞归。对父母至孝，闻名乡里。以授徒为业，乐做善事，对贫不能葬者，邑官不能归者，有佳子不能教者，皆予实心相助。著有《白云庐诗》、《螾庵秋吟》行世。

【宋云会】字沛苍。胶州（今改市）人。家贫，以卖饼为业。十六岁方就学，刻自淬励，博极群书，尤谙本朝掌故。康熙五十九年（1720）举人，三甲第三十七名进士。授浙江云和县知县，禁止溺女之俗，违令者置于法。改江山县知县，请免荒税金八百余两，建立须江书院。云会"勤于恤下，方于事上"，任期满，竟被考核为最下等。值简亲王总督浙闽，与其相谈时，奇其才，以卓异荐升杭州府海防通判，并秘荐皇帝召见，惜旋卒于官。著有《须江近艺》、《武林近艺》、《淡秋诗草》。子牧，举人。

雍正五年丁未科

【安克宽】字敬五，号乐园。日照县（今日照市）人。雍正四年（1726）举人，翌年联捷三甲第四十七名进士。授户部主事，出为山西平定直隶州知州。

【单德谟】字充符，号渔庄。高密县（今改市）人。雍正四年（1726）乡试解元，翌年联捷三甲第七十八名进士。殿试毕，皇帝召见圆明园，大蒙恩赐。由吏部主事，升至郎中。在吏部，凡例律一览熟记，有属吏违例者，立予打杖，有"善打堂书单郎中"之目。迁给事中，充江南乡试副主考官。奉命至江南巡察杭、嘉、汀、漳诸府，所至以风节著。巡察漳州府时，革除械斗、停柩、溺女诸弊俗。并备海防船数千艘，沿海以靖。漳州人为其在邺山书院建生祠。著有《浙闽吟草》一卷。曾祖父务嘉，顺治进士，知府；子襄棋（府学教授）、襄榕（知县）皆举人。

【苏一圻】字画东。寿光县（今改市）人。雍正四年（1726）举人，翌年联捷三甲第八十三名进士。授直隶房山县知县，改安平县。丁忧，服除，补安徽旌德县知县，旋改安徽灵璧县。所至兴利除弊，教民种桑养蚕，治绩卓著。两为乡试同考官，所取皆知名士。其性傲岸，拙于逢迎，人称强项令。终因与知府政见不合，告归。著有《诗法问津》四卷。父群黎，举人，知县。

【高淑曾】（1703—1764）字鲁如，号椅园。沂水县人。崇祯进士、河南巡抚名衡四世孙。雍正元年（1723）举人，三甲第一百零二名进士。由蒙城县知县，擢江南六安直隶州知州。仕至湖南常德府知府。以微故解职。家藏书万卷。好为诗，与胶州高凤翰相切磋，格益进。著有《双介轩诗集》。父岸，知县；孙敉龄，嘉庆进士，府教授。

【侯赐履】字希尚，号浙海。掖县（今莱州市）人。幼孤，以孝称。力学能文。雍正四年（1726）与叔父兹（后考取进士，知州）同榜举人，翌年联捷三甲第一百一十六名进士。授浙江寿昌县知县，抑豪猾，清理积案二十余起。有商人涉案，暮夜私送四百金，遭到赐履直斥。祖父去世，上宪根据民意，欲为其申请免去守制而继续留任，赐履力辞回籍终制，归时囊仅有一百四十金，邑人感泣相送者数千人。再补贵州青溪县知县，值岁歉，请减价粜仓谷，以赈济饥民。邑为云湖交通要道，官置渡船三处，多有胥吏从中索利，赐履卖田以供给，禁收渡船钱，商民方便。县界与府界交错，府民倚强占夺县民财产，赐履核实通祥，公正处置，使县民免除暴侵。知府议开旧矿，赐履力陈不可，事得停止。邻府有奸夫害死本夫案，为知府牵制，案不得结，按察使委其查验，知府嘱令维护之前结论，而赐履坚持反映实际案情。以疾告归，著有《学庸论语注解》。

【杨方江】字龙九。宁海州（今烟台市牟平区）人。雍正二年（1724）举人，三甲第一百二十二名进士。历福建遂远、建宁县知县，降改济南府长山县教谕。父仔，举人。

【隋人鹏】（1703—1738）字扶九，号芸阁。莱阳县（今改市）人。天资英敏，读书过目不忘，有神童之目。于经史子集无不纵览，皆能得其体要。雍正四年（1726）举人，翌年联捷三甲第一百二十七名进士，选庶吉士，散馆授检讨。充顺天乡试同考官。雍正十年（1732），协办山东赈务，总督、巡抚联合举荐其才。历日讲起居注官、国子监司业、四川学政、侍讲、侍讲学士、詹事府少詹事。乾隆元年（1736），出为河南按察使，政绩卓卓。乾隆三年（1738），以劳累过度，咯血复发，病卒，仅三十五岁。著有《华萼堂文集》、《四书讲义》、《五经直解》、《正学类编》、《治镜录》、《祥刑要语》、《豫省前烈考》、《孝悌诗解》、《社仓记》。兄人龙，举人，知县。

【毕日湜】益都县（今青州市）人。雍正元年（1723）举人，三甲第一百四十三名进士。父晋吉，武举人。

【王　植】字绳木，号芸轩。诸城县（今改市）人。康熙五十三年（1714）举人，三甲第一百五十一名进士，选庶吉士，未散馆授直隶大城县知县。当地有人死后不葬而将棺木放置家中的习俗，植予以改除。修筑子牙河堤堰，不耗民力。县南白洋河决口，被灾四十余村，其不及上闻，即开仓发粟赈济。有杀人案，被迅速侦破，一时称为神君。丁母忧，服除，补安溪县知县。乾隆七年（1742），诏举如同唐朝马周那样的敢于极谏且能切中时政的能吏，都察院左都御史刘统勋、兵部侍郎王承尧，均向皇帝推荐植。次年，升泉州府西仓同知，但未赴任，以疾归。被举乡饮大宾。六十八岁卒。曾祖父开基，举人，员外郎；父沛忠，举人。

【班　联】字谦居。曹县人。雍正四年（1726）举人，翌年联捷三甲第一百五十五名进士。授荆溪县知县。其性谨厚，事必推诚，德政及民，一时尊为长者。去职归，设帐授徒，桃李盈门，成就者甚多。

【左继儒】字艺宗，号凤峦。莱阳县（今改市）人。康熙五十年（1711）举人，三甲第一百五十七名进士。授河南登封县知县。

雍正五年丁未科

雍正八年庚戌科

本科录取：一甲三名，二甲一百名，三甲二百九十六名。其中山东二十三名。

【戴汝菜】掖县（今莱州市）人。雍正七年（1729）举人，翌年联捷二甲第十二名进士。授礼部主事，改四川知县，以终养老人告归。父思纳，康熙进士，编修；弟汝槐，解元，知府。

【李　毅】字乐园。山东大嵩卫人。入载《海阳县志》。读书寒暑不辍，虽有很高文名德望，却非常自谦。雍正二年（1724）举人，二甲第五十五名进士。江苏候补知县。至性孝友，兄弟四人"竞爽一堂"，对同堂兄弟四十余人亦视若一体，对疏族外戚亦皆关注，被称"以仁存心，以礼存心"者。惜未及施展抱负而卒。祖父赞元，顺治进士，翰林，兵部右侍郎；父思峤，廪贡生，候补知县；弟桐，雍正进士，道员；子承祖，邑廪生，工诗词，善书颜体，著有《丈室诗集》。

【高　璿】（1684—1734）字齐光，号云亭。诸城县（今改市）人。性温和，与人无忤。康熙四十一年（1702）举人，三甲第十八名进士，选庶吉士，散馆授检讨。因迎养在京邸的母亲思乡，在散馆后告假归里，不再复出。五十岁卒。工诗文，著有《警泄堂制义》、《警泄堂诗集》。子升阶、泰阶皆举人。

【周来馨】（？—1734）字偕芳。即墨县（今改市）人。雍正二年（1724）举人，三甲第三十三名进士。授河南临颍县知县。家素贫，为官清廉，一丝一毫不取于民。有狱立判。邑东部土地瘠薄，且多水患，减其差徭，并捐俸金赈济，百姓均沾实惠。在任三载，以勤劳卒。百姓为之聚庭哭泣者数千人。著有《云壑小草》、《大梁客中吟》。

【傅　咏】字元声。高密县（今改市）人。性严正。雍正四年（1726）举人，三甲第四十名进士。分发直隶时，总督孙嘉淦与语奇之，授以《五子近思录》。历盐山、龙门、阜平、香河、高邑、故城知县。尤在香河，开盘山驰道，卓著政声。升为沧州知州，承办祭陵大差不扰民。以请终养不复出，居家益自刻励，杜门授徒，远近从游者甚众。著有《自箴录》一册。祖父宸楹，康熙进士，知县。

【赵　宪】字无愆，号芝庭。益都县（今属淄博市博山区）人。雍正二年（1724）举人，三甲第四十六名进士。历直隶深泽、东光县知县。充乡试同考官。后改济南府教授。著有《宝芝堂诗稿》行世。祖父振业，明天启进士，布政司参议。父执端，庠生，著有《宝菌堂诗集》。

【李　高】字志山。高密县（今改市）人。雍正七年（1729）举人，翌年联捷三甲第六十九名进士。授江浦县知县，行取刑部主事。又出为绛州知州，迁潞安府同知，所至称治。在绛州，革陋规一百二十八条。值河溢大饥之年，未及禀请上官，即开仓赈济，以破家产补偿，民为立生祠。卒于任。祖父国华，举人，知县；父元直，康熙进士，翰林，监察御史。其与祖父、父皆以清官著称。

雍正八年庚戌科

【刘维焊】字尔痴，号见三。诸城县（今属高密市）人。雍正七年（1729）举人，翌年联捷三甲第七十五名进士。授礼部主事，改工部。其秉公办事，以清正廉洁著称。奉命伴送安南贡使回国，拒不接受馈赠。回京时，有些人以为维焊得此美差，又见其口袋鼓起，以为里面定是黄金。其当众将口袋一解，袋内竟是一斤肉桂。其侄刘墉曾作诗记其事，有"但使远人酬白雪，不闻客囊有黄金"之句。其因海舶潮湿得足疾，二十八岁即告归。居家乡四十余年，崇尚节俭，和睦邻里。所居几间简陋茅屋，仅能遮风蔽雨。在歉年将省吃俭用节约出的粮食救济别人。其还出地数亩种穄子，收获后交社仓，以防歉年，名为"丰余仓"。七十岁卒。祖父必显，顺治进士，户部员外郎；父荣，康熙进士，布政使，著名循吏。维焊在兄弟十人中排行第七，其他兄弟九人中，有进士两人，举人五人，荫生、监生二人。子田，举人，知县。

【齐锡智】字君一。阳信县人。雍正二年（1724）乡试经魁，三甲第八十名进士。授江南蒙城县知县，以德施政，备受赞颂。以病卒于任所，灵柩归里时，蒙城人哭奠，护送出境四十余里，仍络绎不绝。

【李宜芳】字梅村，号在湄。诸城县（今改市）人。雍正元年（1723）举人，三甲第八十一名进士。授河南临漳县知县，以"敬诚"为座右铭，勤恳尽职，终日无惰容。巡抚、布政使都赞其："以儒术饰吏治，可与汉朝循吏相比。"其对后辈管教甚严，见到时以进士任河南汤阴县知县的侄子林，书信字迹稍率，便去信严厉斥责。以父年老乞归养。工诗文，著述甚多，有《家政约编》、《敬复堂诗古文集》、《惩毖日记》、《说书偶存》、《见闻笔记》。弟宜蕃，乾隆进士；子渠、樾皆乾隆进士、知县。孙：仁煜，举人，精金石学；璋煜，嘉庆进士，布政使。玄孙：肇锡，同治进士，翰林，布政使；崇锡，举人，试用知县。

【张志奇】字鸿儒，号雨亭。利津县人。原名士奇。在考中进士时，因与一河南钦犯死囚同名，被皇帝赐改今名。雍正七年（1729）举人，翌年联捷三甲第九十九名进士。授直隶内丘县知县，对河决所毁民田请免征赋，对新垦荒地争免增赋。改天津县知县，历署高邑、宝坻县事。迁涿州、冀州知州。擢宣化府知府。所至兴利除弊，防治水害，赈济贫民，兴办教育，颇有治绩。在天津时，有商人想用千金收买他，欲独霸万余贫民扫卖土盐之利，志奇以"岂以千金易万人"，严词拒绝，并向上官力言有五不可，此事即寝。因案牵扯，被降府同知。以母老告养归，七十八岁卒。子政，府同知。

【侯　兹】字美来，号东海。掖县（今莱州市）人。雍正四年（1726）与侄同榜举人，三甲第一百一十八名进士。授江南全椒县知县，奉命至凤阳督赈，不染一钱，民感其德，在村落间每树各揭红布旗大书"协理维公，甘棠致颂"字。调阜阳县，明察无冤狱。时江南有所积盗案百余起，奉旨严缉。巡抚从全省能干官员中，审慎选择，以兹为首选。经分别捕拿，擒获盗首和党与三十余人，旧案悉结。命署广德州知州，群盗忌恨他，且畏其能，故意潜聚州界，连续五夜入室抢劫九处，只拿一二微物，甚至是几本旧书，几乎什么贵重东西也没有拿走。由此，兹被罢归。阜阳人为其立德政碑。侄赐履，雍正进士，知县。

【侯　封】字价藩。掖县（今莱州市）人。雍正元年（1723）举人，三甲第一百二十名进士。历怀远、天长县知县。

【王之卫】字肃庵，号羽林。寿光县（今改市）人。雍正七年（1729）举人，翌年联捷三甲第一百七十一名进士。历河南、武安、商丘、密县、杞县知县，曾署归德府事。五次充河南乡试同考官。

【马长淑】字汉旬。安丘县（今改市）人。入仕前，以授徒为业，造就人才颇多。康熙五十年（1711）举人，三甲第二百零六名进士，乞就教职。雍正帝召见致询，对以"未娴吏治"，让其"姑试之"。以知县分发直隶保定，先署安肃县知县，又改宁津县。安肃县有八村，地百余顷，因高燥宜禾黍，上官命以水利改稻田，长淑见百姓特别艰难，力陈上官而改变之。在保定五年，因水灾曾五次赈饥，为消除水患，修筑长堤，不仅本邑受益，且惠及下游诸县。上官委其查二十个州、县的旱灾，还委其审理旗民争租案，所上开仓缓征和轻税、剔奸诸议，皆得上官批准实行，令因循观望者钦佩。长淑不躁进，为官十五载，方升磁州知州，时已七十岁，旋乞休。八十三岁卒，乡谥文穆先生。著有《肃保条议》、《括斋诗集》、《菜根斋古文辑》、《辑庆堂制义》、《渠风集略》等。父天撰，副贡，著有《西琅馆诗集》；子烁，举人，知县。

【李　逊】金乡县人。雍正七年（1729）举人，翌年联捷三甲第二百零七名进士。

分发直隶即用知县。

【戴仁行】原名景凭。字五席。济宁州（今济宁市）人。为文沉厚深博。五十岁时，于雍正二年（1724）乡试亚魁，三甲第二百一十八名进士。历为荆溪、仪征、福泉县知县，所至以忠信慈惠行政，吏民悦服。在任八载，三充乡试同考官，多得知名士。乾隆六年（1741），行取部主事，以眼疾告归。在乡授徒，弟子多通达事理的明智之士。著有《诗集》。

【武　巘】（？—1744）字原陡，号月溪。曹县人。明万历进士、太仆寺卿图功裔孙。雍正七年（1729）乡试经魁，翌年联捷三甲第二百三十五名进士。初署江南五河县知县，改凤阳县。在任九载，办赈五次，吏无侵渔，民沾实惠。所撰《赈务规条》，督抚刊行江南全省，令州县以法规遵循。两充江南乡试同考官，所得多知名士。乾隆九年（1744），升六安直隶州知州，未至任卒。凤阳百姓闻讣，耕者哭于野，祭奠者"道相望，踵相接"，买尽凤阳香烛。其灵柩出境，路祭者百余里。著有《忙里闲吟诗集》、《澡意斋诗草》。

【张　峤】字巨峰。平阴县人。赋性聪慧，读书常通宵达旦，为文顷刻而就。康熙五十三年（1714）乡试经魁，三甲第二百四十六名进士。授直隶束鹿县知县，以议事违逆上官，被劾罢职。及归，杜门不出，诗文为乐，好诱掖后学。八十四岁卒。

【丁廷植】（1686—1763）字孟发，号桐轩，人称文懿先生。诸城县（今改市）人。明嘉靖进士惟宁裔孙。弱冠屡遭大故，皆尽礼。康熙五十九年（1720）举人，三甲第二百五十七名进士。分发直隶以知县试用。时大灾之年，上官委往山海关留养流民。事毕，补授永清县知县。在雍正十二年（1734）和乾隆八年（1743），永定河两次决口，皆抢险、赈济及时得当。因其熟悉河工，被派署南岸河防同知。两年后，又改天津府通判。旋以办事过失降调。不久，官复原职。调河南南阳府通判，受上官之委，化解二十年之久的相争祭田之讼。改署洛阳县知县，在任七月，案无留牍，士民赞颂。以终养老母告归，日教子孙读书为娱，举为乡饮大宾，七十八岁卒。子：琰，由例贡捐授知县，官至知府；璨，举人，部主事。孙荣祚，乾隆进士，检讨。

【孙绪祖】县志载作续祖。字于万。历城县（今济南市）人。幼聪敏，人称神童。康熙五十九年（1720）举人，三甲第二百六十三名进士。授南乐县知县，改满城县，又回任南乐。在南乐县，善防胥役舞弊，洁己爱民。有屯田千顷，征赋高于他田数倍，力请减赋。邑人非常爱戴他，去任后，以公事路过时，百姓空城出迎，拥舆不得行。奉命修建白草沟、金钱河石闸，以资蓄洩，因劳致疾，卒于官。

【李振羽】 高密县（今改市）人。康熙五十三年（1714）举人，三甲第二百七十七名进士。授东昌府教授。

【李珠煜】 字渤光。昌邑县（今改市）人。雍正十年（1732）举人，三甲第二百八十五名进士。授青州府教授。侄信基，举人。

雍正八年庚戌科

雍正十一年癸丑科

本科录取：一甲三名，二甲九十二名，三甲二百三十三名。其中山东二十四名。

【朱续晫】字明远，号近堂。平阴县人。雍正元年（1723）举人。雍正八年（1730）会试贡士，当年未参加殿试，后补殿试成二甲第四十四名进士，选庶吉士，散馆授编修。历顺天乡试、会试同考官和广东乡试副主考官。擢京畿道监察御史，直声动一时。出为两淮盐运使，拒收盐商按旧规所给予的一切好处，严饬法纪，商人慑服。改贵州驿粮道。连丁父母忧，居家被驴蹶伤股，不再复出。其继承父志，性孝友，尚俭朴，建书院，置祭田，立社仓，周济族内贫者。闻弟续恂赴京会试遇贼入舟惊惧落水而死，遂惊恸得疾而卒，年五十九。父作元，雍正进士，知县；弟续经，举人，鸿胪寺卿，喜藏书及古金石文字，藏书数万卷。

【李本樟】字文木。武定州（今属惠民县）人。雍正十年（1732）举人，翌年联捷二甲第五十四名进士。由刑部主事，升至礼部郎中。乾隆九年（1744），充广东乡试副主考官。以鸿胪寺少卿，充送安南使官。京察一等，以道员记名。先后出为安徽宁国府、池州府知府。池州在众山中，丛莽深箐，有些人常依为盗贼，本樟单骑匹马登陟搜查清理，迫使盗贼率多改行。秋季，所属六邑有四邑遭受大水灾，本樟乘小艇，在骇浪中四处履勘，详请给赈，勤劳备至。及殁日，池州百姓巷哭不绝声，为立木主奉遗爱祠。著有《听松轩诗集》。曾祖父之芳，顺治进士，吏部尚书，文华殿大学士；父寿彭，雍正进士，礼部郎中；堂弟本梁，举人，知县。

【王　检】（1707—1767）字思及，号若斋，又号西园。福山县（今烟台市福山区）人。《清史稿》有传。少年俊才，办事果敢，颇有父㳘之风。雍正七年（1729）乡试第三名举人，二甲第五十五名进士，选庶吉士，散馆授编修。乾隆元年（1736），以大考列四等，被休致居家。乾隆十三年（1748），经召试恢复编修。次年，授直隶河间府知府。乾隆十六年（1751），伴驾南巡。不久，擢甘肃凉庄道，旋改直隶霸昌道。直隶发生蝗灾，率众引火剿灭蝗源，用减增粮税的办法，补贴灾民。乾隆十八年（1753），转通永河道，疏浚修防，悉合机宜。乾隆帝赞其"才优守洁"。乾隆二十四年（1759），调长芦盐运使，废除多年形成的衙门官员一切费用皆由盐商供应的旧例，拒收盐商贿赂的重金、玉器等。乾隆帝至热河召见检时，见其形容瘦削，笑着对其道："尔操守，朕所深知，身为盐运，何转瘦耶？"又历安徽、直隶、山西按察使。赴任山西时，检欲进京请示帝训和朝贺皇太后七十大寿，乾隆帝在其奏折上批曰："尔系朕深知之人，何必又来请训，请赴新任可也。"乾隆二十八年（1763），又擢广西布政使，旋改甘肃布政使。在甘肃赈灾有力，使灾区无一人饿死，百姓为立功德碑。次年，升湖北巡抚，设立水警，沿江缉查水匪，出现夜不闭户盛况。乾隆三十年（1765），署湖广总督，改广东巡抚，严禁一切官场宴请，严禁赌博，严打海盗，并妥善处置械斗抢夺祭田事件。以积劳成疾，病逝于抚衙。一生为官清廉，甚得乾隆帝器重。在任湖北巡抚时，乾隆帝召见时曾道："汝父子三人俱为翰林，一门多显官，皆能办事，可谓世臣矣。"工书法，著有《西园集》。父浒，太常寺卿；子：启绪，乾隆进士，翰林，道员；燕绪，乾隆进士，翰林，侍讲。孙：庆长（寄籍顺天大兴），嘉庆进士，按察使；森长，嘉庆进士，知县。

【李元正】高密县（今改市）人。雍正元年（1723）举人，二甲第七十二名进士。授汝阳县知县。父华国，举人，知县。兄元直，康熙进士，翰林，监察御史。

【刘孔昭】字视则，一字曼卿，号钟溪，又号蒿庐。文登县（今改市）人。天性颖慧，潜心经义，不落俗套。雍正十年（1732）举人，翌年联捷二甲第八十七名进士，选庶吉士，散馆改汾西县知县。任职二载，以奉养父母告归。居家授徒，从学者众多。四十六岁卒。祖父讷，顺治进士，知府；父一良，太学生，考授州同，精医术，著有《周易研悦阙疑》。

【刘学祖】字鲁桂，号东岩。掖县（今莱州市）人。性聪颖，为文不属草，顷刻千言立就。雍正十年（1732）举人，翌年联捷二甲第九十一名进士，选庶吉士，散馆改刑部主事，升员外郎。平反诬狱，裁决疑案，有能声。京察以监察御史记名。未几，被罢归。

【杨名寀】州志载作士寀。字熙载，号检斋。济宁州（今济宁市）人。八岁失父。初就塾日诵千言，稍长授徒以供养母。雍正二年（1724）举人，三甲第二十九名进士。授永淳县知县。乾隆四年（1739），以母丧归，用千金为母建旌坊。补贵州任职，历开泰、永从、龙里三县知县，署开州知州事，所至有政声。因事去官，卒于家。

【许汝盛】莱芜县（今改市）人。雍正七年（1729）举人，三甲第三十九名进士。

授刑部主事，升吏部员外郎、户部郎中，兼理钱法堂事务。又历四川雅州府知府、驿传盐茶道。兼署按察使。为官清廉，生活俭朴。八十九岁卒。

【董淑昌】（1695—1742）字景白，别字莲斋。滋阳县（今兖州市）人。五岁失父，其母矢志抚养，稍长即从外祖父受章句之学。因家贫，靠为童子师以自给。雍正元年（1723）举人，三甲第四十九名进士。历署贵州桐梓、龙里县知县，补锦屏县知县。在锦屏教民垦田种禾，荒芜渐辟。署黎平府事，适值广西洞苗石金元起事，在攻陷永从县城后，又围攻黎平府城。淑昌伐树为城，集众固守，调兵勇三千，在城门外进行伏击，城中也出兵夹击，将石金元之众击退。事后，又兼署永从县事。以劳瘁卒于官所。著有《古近体诗》一卷、《古文稿》二卷和《孟子》、《离骚》各若干卷。

雍正十一年癸丑科

【李世垣】字星门。德州（今德州市）人。孝友如其父。雍正十年（1732）举人，翌年联捷三甲第五十一名进士。授富平县知县，擢兴安直隶州知州。所至清积案、捕巨盗、建书院、创义学、筑江堤、修山湖、兴水利。总督刘统勋荐其治行第一，以知府记名。以足疾告归，课徒自给。七十四岁卒。父升，举人，内阁中书；孙昌后，知县，署知州。

【杨时中】字庸斋。宁海州（今烟台市牟平区）人。雍正四年（1726）举人，三甲第六十名进士。授江南含山县知县。

【牛运震】（1706—1758）字阶平，号真谷，人称空山先生。滋阳县（今兖州市）人。《清史稿》有传。少承庭训，学贯经史，以博洽知名齐鲁。雍正十年（1732）举人，翌年联捷三甲第七十三名进士。乾隆元年（1736），又举博学鸿词科，廷试以"赋长逾格、策多古字"而落选。乾隆三年（1738），授甘肃秦安县知县。赴任三月，将积案清理完毕，连续昭雪两起误判冤杀案；创建陇川书院，人才辈出；捐资治理陇水，新开九渠灌田万余亩，民食其利；制作农具，教民种植，产量倍增；体察百姓疾苦，整编保甲，清理田赋，废除苛捐杂税，亲撰《禁陋规碑》，永禁巧立名目向百姓索钱。乾隆六年（1741），兼署徽县、两当县事。徽县多虎患，招募壮士捕杀二十六虎，虎患大减。乾隆十年（1745），改平番县知县，秦安县送行者近万人，众人跪哭挽留。在平番亦深得民心，百姓每人捐献一文钱置"万民衣"相送，并把余钱兑银相赠，运震再三推辞，只收"万民衣"一件。乾隆十三年（1748），在将要提升时遭嫉者所劾，以受"万民衣"、"贪赃受贿"被罢官。平番民众得知，数百人聚集县衙内痛哭挽留。为官十余年，两袖清风。经人介绍，到皋兰书院讲学积蓄路费，才得返里。又先后至山西河东、晋阳两书院讲学。三年后返回，主讲于城内少陵书院。五十三岁卒。一生勤于著述，有《读史纠谬》十五卷、《孟子论文》若干卷、《尚书详注》若干卷、《论语随笔》二十卷、《史记评注》十二卷、《诗志》八卷、《春秋传》十二卷、《周易解》九卷、《空山堂文集》十二卷、《空山堂诗集》六卷。另与褚峻合著《金石经眼录》、《金石册》四册。

【韩　珏】(1675—1739) 字合璧，号切庵。莱芜县（今改市）人。幼时，父对其督教甚严，曾书训联曰："不才子弟勤家产，有志男儿读义书。"十九岁时，父母双亡，更加勤奋攻读。雍正十年（1732）乡试经魁，翌年联捷三甲第九十三名进士。授四川奉节县知县，邑内食盐向被大盐商控制，抬高盐价，民众深受其苦，珏决意查禁，大盐商以两千金求其免禁，其坚辞不受，将此弊革除。时奉节无井，居民皆吃江水，珏将久已淹没的"利民池"清淤扩展，引山泉水入地，居民吃水得到解决。该邑房屋鳞次栉比，均为木结构，多发生火灾，珏捐置大桶四百个，分置各街巷，令盛满水，并设置救火人员与器具，使灭火及时，有火无灾。其为政，先教化后刑罚，将制定的民约，公闻张贴，让民知法。在奉节五载，病逝于任所，年六十四，民众罢市巷哭。

【林有骐】字述平，号翼轩。掖县（今莱州市）人。雍正四年（1726）举人，三甲第一百零一名进士。授湖南安仁县知县。有何氏巨族，欲霸家产，设谋陷害诸弟，欲置于死地。有骐曰："其为诬告也。"又有控告盗牛者，有骐视其人不是行窃之类的人，经询问知为读书童子，乃置之不问，数日失牛者自得其牛，有骐对其予以重罚之，用罚款供此童读书。以终养老人告归。著有《潜斋文集》、《翼轩诗稿》。

【邱仰文】(1676—1777) 字襄周，号省斋。滋阳县（今兖州市）人。天资敏悟，文辞都雅。雍正十年（1732）举人，翌年联捷三甲第一百一十名进士。授四川定远县知县，力行保甲，清捕盗匪，昭雪冤案，人称神明。以才干调四川南充县知县，又补陕西保安县知县，署乾州事。所至均有治绩。坐事罢归，不入城市，尤粹于《易》，以著述为事。著有《易举义别记》、《读易记》、《楚词韵解》、《省斋古文存草》、《春秋集义》、《硕松堂诗文稿》等。孙玉麟，工诗，擅绘画。

【王硕人】直隶宁津县（1964年复归山东德州专区）人。康熙五十九年（1720）举人，三甲第一百四十六名进士。授广西恭城县知县。

【郭怀芳】金乡县人。雍正四年（1726）举人，三甲第一百四十九名进士。授山西荣河县知县。著有《梅川文稿》。

【胡懋勋】字靖臣，号慕亮。淄川县（今淄博市淄川区）人。康熙五十六年（1717）举人，三甲第一百六十一名进士。以直隶知县试用。先署新乐县教谕，旋实授赞皇县知县。为官体恤百姓，在征收钱粮时，善言喻民，民皆争先完纳。审理诉讼，案无留牍，严惩盗匪，奸宄敛迹。在任一年，百姓称颂。未几，却被以重听（耳聋）免官，百姓流涕哀之。

【寻绍舞】字虞夔，号濂亭。金乡县人。未冠即通五经，日成七艺。雍正元年（1723）举人，三甲第一百七十名进士。历直隶广平、山西猗氏县知县。在广平，秉公执法，常决冤狱，除陋规，兴教化。地濒漳水，淤出田地千顷，有人劝其升科征赋，绍舞以"水徙无常，非可据"为由，留利于民。在任十载，士民赞颂。在猗氏，锄奸抑暴，治绩更著。因忤权要被左迁莱州府教授，以乞养老人告归。著有《濂亭文稿》。

【冯朝纲】字右衡。濮州（今属河南范县）人。雍正十年（1732）举人，翌年联捷三甲第一百九十六名进士。历贵州安化、印江县知县。在印江，革除陋规，治尚宽大。邻邑出现邪教，印江人多所连染，朝纲委曲省释，全活百余人。谢病归，家无余财，以寿终。

【萧麟趾】堂邑县（今聊城市东昌府区）人。雍正七年（1729）举人，三甲第二百零六名进士。

【苏　灏】字练浦。濮州（今属河南范县）人。雍正十年（1732）举人，翌年联捷三甲第二百一十一名进士。授刑部主事。

【卢秉懿】直隶东明县（1963年划归山东菏泽专区）人。雍正二年（1724）举人，三甲第二百一十五名进士。授湖北枝江县知县。

【朱　蔼】字吉多。夏津县人。康熙五十九年（1720）举人，三甲第二百一十七名进士。授广西平乐县知县。

乾隆元年丙辰科

本科录取：一甲三名，二甲九十名，三甲二百五十一名。其中山东二十三名。

【黄孙懋】（1700—1744）字训昭，号忝斋。曲阜县（今改市）人。性静穆深沉，不苟言笑，衣冠整肃，虽盛暑亦不懈。读书"好渊玄，鄙章句"。雍正十三年（1735）举人，翌年联捷一甲第二名进士，榜眼，授编修。充顺天乡试、会试同考官。历翰林院侍读和詹事府少詹事、詹事。入值上书房，遂受上知。乾隆六年（1741），升内阁学士，例兼礼部侍郎。其侍值内廷六载，遇有清要之缺，有人劝其图谋之，但孙懋却曰："官可图耶。"以笑谢之。乾隆九年（1744），奔祖母丧，得疾卒于家，年仅四十五。书法妍劲，尤为人所宝。

【范廷楷】（1705—1762）字端植。诸城县（今改市）人。雍正十三年（1735）举人，翌年联捷二甲第二十二名进士。授户部主事，升员外郎、郎中。从乾隆九年（1744）始，历福建道、广东道监察御史和户科掌印给事中，巡视北城。其敢于直言明辩，所上有关"通筹国用"、"重大案件"的奏疏闻名朝廷内外，人称其为"范三本"。其勘狱从不趋言附会，使一些判定极刑的案件得以平反昭雪。乾隆十七年（1752），奉命巡漕通州，力剔积弊。其在通往江西、浙江等省的航运船只上，检查到陋规计簿，上面记载每个漕员索金至四五百两，被查处获罪者达一百八十多人。次年，由署抚州府知府，擢江西按察使，连续平反冤假错案七十余起。乾隆二十年（1755），廷楷因查处千总李芳春自杀案不合上意，被革职。不久，被奉旨引见，仍以户部主事用。乾隆二十二年（1757），乾隆帝下旨交直隶总督委用，补东路厅同知。次年，授直隶遵化州知州。以积劳成疾，卒于官邸，年五十七。祖父福咏，武进士，卫守备；弟廷柱（县教谕）、廷榛（知县）、廷相皆举人。

【李 衮】历城县（今济南市）人。雍正十三年（1375）举人，翌年联捷二甲第七十名进士。授礼部主事，改兵部，加三级，监督北城。

【李 果】字硕亭。山东大嵩卫人。入载《海阳县志》。性孝谨，善体父母意。其母多病，殷勤侍奉十余年，从未有丝毫懈怠。颖悟绝人，读书一览无遗忘。工诗文，有文名。擅书法，尤工欧体。雍正十三年（1735）举人，翌年联捷二甲第七十七名进士。由刑部主事，仕至山西大同府知府。为官饬躬率属，勤政爱民，其循声在山西以最称之。祖父赞元，顺治进士，翰林，兵部右侍郎；父瑄，举人；子承瑞，乾隆进士，翰林，知府。

【苏襄云】(1694—1751) 字龙起，号木斋。武城县人。雍正四年（1726）乡试经魁，二甲第七十九名进士，选庶吉士，未散馆授山西赵城县知县，改临汾县，卒于任。所至立义学、通水道、缉盗贼、修堤防，政绩颇著。曾充山西乡试同考官。叔父俊，康熙进士，兵科给事中。弟鹏云，举人；子载，举人，知县。

【李　潆】(1685—1738) 字若千，一字质庵，号砥中。安丘县（今改市）人。性好学，终生从师于进士、知州马长淑。雍正二年（1724）举人，被聘请为江南乡试同考官。在考取三甲第十八名进士后，又被名公巨卿保荐入试博学鸿词，虽未考取，但文名洋溢朝野。旋授咸安宫教习，未任而归。其受老师马长淑之命，与孙树本选订《直斋读书日记》。一生谨饬，笃内行，擅制义，工古文，喜道学。著有《金陵纪行》、《质庵文集》、《质庵随笔》。

乾隆元年丙辰科

【王显绪】(1717—1784) 字维章，号闰轩。福山县（今烟台市福山区）人。少颖异，有至性。雍正十三年（1735）举人，翌年联捷三甲第二十五名进士。历吏部主事、郎中和贵州、江南道监察御史，巡视通州漕务。乾隆十七年（1752），充贵州乡试副主考官。乾隆十九年（1754），其直言上疏，触及满族贵族利益，被降补刑部主事，监督宝源局。次年，出为云南广南府知府，为政宽大，不矜苛细。对少数民族，注重教化，实施鼓励开荒种田归己的政策。父丧，遵例守制后，补甘肃平凉府知府。又历甘肃安肃道和山西、直隶、安徽按察使。对所审案件亲自批阅，唯务平允，上报刑部，无一驳回重审。乾隆四十年（1775），升安徽布政使，亲临受灾之地，赈贷兼施，救活数以万计灾民。乾隆帝特赐参加千叟宴。晚年致仕，清贫如洗，病逝时竟为葬资所困，乡族中无不敬仰。著有《燕山诗草》、《莲城集》等。祖父浒，太常寺卿；父柔，道员，有"白面包公"之称；子庚长，府同知，著有《诗集》、《文集》。

【仲永檀】(？—1742) 字乐圃、乐园、襄溪、象溪，号东园。济宁州（今属微山县）人。《清史稿》有传。先贤仲子路后裔。性英迈，读书寓目即窥其根柢。雍正十三年（1735）举人，翌年联捷三甲第二十六名进士，选庶吉士，散馆授检讨。以作《窝窝赋》而有名，有"窝窝进士"之称。乾隆三年（1738），充任湖北乡试副主考官。升陕西道监察御史。伉直敢言，多所建白。因上疏"酌减上元灯火声乐"，乾隆帝褒扬其直言无忌。时有工部凿匠俞君弼死后，家有埋藏银甚多，但无子女，其义婿许秉义欺其嗣孙长庚年幼，以主丧之名，欲夺其家产，串通同宗内阁学士许王猷，遍邀九卿前往吊唁，连三朝元老张廷玉也差人送帖，目的都是为得谢银两千两。兵部尚书兼步军统领鄂善上奏此事，乾隆帝令其查处，所有干系人均受到惩处。永檀上奏弹劾鄂善从中受贿，并言吊唁者不止九卿，且密奏外泄，朝中有耳目。乾隆帝令彻底清查，以正人心风俗。经查实，鄂善受贿银一千两，被革职入狱，处以绞决。疏中所列礼部侍郎、詹事府詹事均被革职。乾隆帝将永檀越级擢升为都察院左金都御史。乾隆七年（1742），永檀以都察院左副都御史，充会试副主考官和武会试主考官。因指使仆人鞭打平民，被罚俸。又以把密奏留中事泄密于鄂尔泰之子鄂容安，被革职入狱。不久，在狱中忧愤而死。著有《乐园诗草偶存》。

【匡圣时】字际可。胶州（今改市）人。颖悟好学，善制义，尤熟于古今地理，以河道有迁徙、地名有沿革，乃绘禹贡山川，以今舆图释之。雍正十三年（1735）举人，翌年联捷三甲第三十九名进士。其不乐仕进，被聘请到掖县名宿家中教授子弟，从学者甚众。著有《筠心堂稿》。子：文昱，举人，殚心理学之奥妙，著有《周易遵翼大旨》、《监斋十艺》；文炅，乾隆进士，知县。孙苞，乾隆进士。

【李师中】字正甫，号蝶园，一号龙韬。高密县（今改市）人。三甲第四十二名进士，选庶吉士，散馆改部主事。擢京畿道监察御史，有清直声。曾选陪琉球贡使。贡使望之，惊为仙人。从乾隆十七年（1752）始，历福建乡试主考官、会试同考官和山西、贵州学政，所典试甄拔多当世名流。其所获俸金，多半用于赡养老人，及卒囊橐萧然。其风度端凝，书画工绝，尤擅山水，是画中"十哲"之一。祖父岱生，顺治进士，知县；子继曾、绪曾皆举人、知县。

【王甘敩】福山县（今烟台市福山区）人。天资英敏，幼即能文。为贡生时，选授莒州教谕，学政赠"春风化雨"匾额赞扬。雍正十年（1732）举人，三甲第七十名进士。授咸安宫教习，教授八旗官学生。请假省亲，暴亡于途中。孙锡珍，举人，县教谕。

【朱　泌】字长源。单县人。力学能文。雍正十三年（1735）举人，翌年联捷三甲第九十名进士。授广东翁源县知县，由于以诚信待民，拖欠赋税得以及时完成。以母老乞归，母卒，服阕，又补陕西石泉县知县，捐俸建银峰书院，并对生童优异者资以膏火，亲为讲论，文风大变。设立蚕场，教民养蚕之法。谢病归，授徒以终，所成就甚众。被举乡饮大宾。

【杨廷枚】字篆文。寿光县（今改市）人。雍正元年（1723）举人，三甲第一百二十六名进士。授泌阳县知县，为官清正，民多戴德。后改曹州府教授。及归，值知县续修县志，考证笔削多出其手。父光缙，诸生，喜著述。兄廷相，乾隆进士，府教授。

【董可成】字集大。山东威海卫人。雍正四年（1726）举人，三甲第一百二十七名进士。授陕西中部县知县，改补直隶成安县，未赴任卒。

【张予介】字济和。平原县人。雍正二年（1724）举人，三甲第一百四十名进士。授新阳县知县。父拭，举人，内阁中书，工诗文书法，著有《倚园学诗稿》。

【胡　淳】字厚庵，一字葛民。直隶庆云县（1964年漳卫新河以南划归山东，仍名庆云县）人。性疏旷，不饬边幅，读书才钝，闭户刻苦攻读十余年。雍正十年（1732）举人，三甲第一百六十七名进士。谒选蒙自县知县，未赴任卒。工诗文，力扫浮靡。著有《易观》，存入四库书目。兄清，雍正进士，知县。

【单作哲】字侗夫，号紫溟。高密县（今改市）人。生而颖异。幼失父母，家贫穷，借书抄读，一览即能记忆。雍正十三年（1735）乡试经魁，翌年联捷三甲第一百七十二名进士。由知县升池州府同知。乾隆三十年（1745），乾隆帝南巡办差称旨。其回籍后，葺宗祠，置祭田，每月一次考试族中子弟文艺，虽家室清寒，也置之不顾。著有《五经补注》、《敦学程式》、《读史琐录》、《高密诗存》、《有恒堂书抄》、《古文法式》等。

【李应辰】字西崖。高密县（今改市）人。雍正七年（1729）举人，三甲第一百七十三名进士。授浙江嵊县知县。为人尚廉隅，文品清贵。及归，杜门课子弟，族众倚赖。工绘画，山水尤佳，得四王遗意。

【伊应鼎】字元吉，别字戒平。新城县（今桓台县）人。雍正十年（1732）举人，三甲第一百七十五名进士。授河南安阳县知县，务以德化，弛刑宽征，对官税公役不加催逼。性宁静，苦于案牍，遂被去职。应鼎读书目下数行，对经传子史外集杂记，多有批解，学者借观，即不再复问。所著诗文外人借观亦然。诗得王渔洋指授，著有《精华录会心偶笔》行世。八十七岁卒。

【萧　润】福山县（今烟台市福山区）人。雍正十年（1732）举人，三甲第一百八十二名进士。历河南西平、仪封县知县。仪封因黄河改道，风沙不断，年年歉收，其上请减粮赋十年，未获准许，忤上官而辞归。以诗文自娱，著有《诗集》若干卷。亦工书法。祖父文蔚，举人，知县，著有《养木斋集》三卷。

【陈天秩】字维庸。青城县（今属高青县）人。雍正十年（1732）举人，三甲第二百一十五名进士。授神木县知县，不畏弹章，宽严相济，兴利除害，惩恶旌良，兴学校，劝农桑，恤工商，薄徭赋。尤其督理修城，固若金汤，盗贼敛迹。在任六载，政声卓著，神木人为立去思碑。

【侯　纮】直隶宁津县（1964年复归山东德州专区）人。雍正十年（1732）举人，三甲第二百四十七名进士。充安州学正。

【刘　藻】（1701—1766）初名玉麟，奉旨改今名。字麐兆，一字瀛海，号苏村，又号素存。菏泽县（今菏泽市）人。《清史稿》有传。雍正四年（1726）举人，充正蓝旗教习，授观城县教谕，主讲泺源书院。性廉孝，母书信至，必焚香开启，内有谴责语，即长跪尽一炷香始起。乾隆元年（1736），召试博学鸿词科，列二等第三名，授检讨。历左春坊左中允、侍讲、侍读、太常寺少卿、右通政、都察院佥都御史、内阁学士（例兼礼部侍郎）。曾疏请酌量停减圆明园工程，以杜奢靡之风。乾隆六年（1741），充顺天乡试主考官，提督江苏学政，拒受商人所贿数千金。以高邮诸生求赈而哄，左迁宗人府丞，告归奉养老母。乾隆十五年（1750），因孝贤皇后及长皇子定安亲王丧事入京，被加内阁学士衔。在丁母忧服除后，于乾隆二十一年（1756），补陕西布政使，又改湖北布政使。值河南大饥，立即协助赈米二十五万一千石，并碾常平谷应急，截留漕粮以补常平之额。督抚将此事上奏，乾隆帝曰："可授云南巡抚。"乾隆二十二年（1757），升云南巡抚，暂署云贵总督。乾隆二十八年（1763），改署贵州巡抚。次年，授云贵总督，仍兼署巡抚。疏请自木邦至滚弄江设卡加强防守，以防缅甸为乱犯边。乾隆三十一年（1766），改湖广总督，因误报军情，遣将失度，在用兵缅甸时败北，被降湖北巡抚。后又被革职，留云南效力，惶迫自杀。著有《观城讲义课士录》、《戒口过文》、《笃爱堂集》、《曹州府志》等。父澄清，廪贡生，著有《四书集说》、《毛诗说》。

乾隆元年丙辰科

乾隆二年丁巳恩科

本科为清高宗登极恩科。一甲三名，二甲八十名，三甲二百四十一名。其中山东二十六名。

【冯士铸】字象九。章丘县（今改市）人。雍正七年（1729）举人，二甲第六名进士。授陕西甘泉县知县，邑苦于严寒，地力未尽，教以种植肥荫之法。当地百姓不懂纺织，为制纺织工具，招募工匠教学。勤课诸生，给予奖励鼓舞，文运丕振。山里多虎，招丁擒捕，遂无虎患。洛川之交口，常骤涨山水，捐廉设渡船，方便行人。以疾解组归，病痊复原官。值岁饥，请帑赈济。未几卒于任。

【冯秉仁】字体元，号静山。历城县（今济南市）人。幼聪慧，九岁能背诵五经。乾隆元年（1736）举人，翌年联捷二甲第十六名进士，选庶吉士，散馆授编修。稽察右翼宗学。其轮进经史讲义，乾隆帝召问疏中所引典故，皆条晰以对，授侍读。擢浙江道监察御史，并署陕西、山东道，巡视北城。乾隆十二年（1747），充江西乡试副主考官。迁兵科掌印给事中，折狱精当，曲直自制。以病卒，仅三十九岁。

【路斯道】字云子。诸城县（今改市）人。祖父与父皆以耕读为业，教子有方。其初为武庠生，后弃武从文。雍正七年（1729）举人，二甲第四十九名进士，选庶吉士，散馆授编修。屡迁詹事府右春坊右赞善。通历法，工绘事，曾进呈所绘画四十幅及所撰历书，诏随从九卿班。充会试同考官。后又降编修。无疾而终，年七十八。子元禧，府同知。

【刘应麟】(1692—1767)字轩来。历城县（今济南市）人。雍正四年（1726）举人，三甲第八名进士。历山西寿阳、屯留、灵石等县知县，所至除积弊、绝苞苴、严条教，颇有作为。乾隆十三年（1748），朝廷金川用兵，要其日供马八十匹，又督治云梯，皆无误，而民不扰。其去职时，囊橐萧然，士民送者多泣下。归里仍如官前，授徒为业。晚年，嗜禅理，终日静坐，一夕无疾而卒，年七十五。

【孙怀祖】安丘县（今改市）人。雍正八年（1730）举人，三甲第二十一名进士。授襄城县知县。

【辛有光】字厚余，号白峰。日照县（今日照市）人。雍正十三年（1735）举人，三甲第三十名进士，选庶吉士，散馆改直隶正定县知县。在正定捐重资修葡萄河,邑人立碑颂德。升至镇定府知府,未任病卒。

【冯 忋】字敬安。惠民县人。博学能文,时人以异才目之。乾隆元年(1736)举人,翌年联捷三甲第四十一名进士。未几,突发病而卒,士林惜之。伯父云会,康熙进士,知县;兄愹,工书法。

【王 瑞】直隶东明县(1963年划归山东菏泽专区)人。雍正二年(1724)举人,三甲第四十四名进士。授山东新城县知县。

【王 寅】字轶千,号南溪。胶州(今改市)人。雍正四年(1726)举人,三甲第六十七名进士,选庶吉士,散馆改四川大足县知县。此地山多柞树,教民饲蚕织作。革除正税的"帮费",将纳粮减去"加五"。又开水利,崇学校,善政甚多。迁绵州知州,值金川用师,供应军需,而不劳民。升至四川顺庆府知府,卒于任。著有《剑外诗草》。

【曲廷谏】字圣从,号信亭。宁海州(今烟台市牟平区)人。三甲第九十九名进士。

【宋 珩】字有仓。胶州(今改市)人。雍正十年(1732)举人,三甲第一百名进士。授东昌府教授。子昱,拔贡,兵备道;孙达孝,岁贡,著有《折枝集》。

【秦 勷】字梦锡。安丘县(今改市)人。稚齿时,志已远大。以进士、知州马长淑为终身之师。雍正四年(1726)举人,三甲第一百一十七名进士。授浙江诸暨县知县,值岁祲,多方抚恤,民免流亡。改补密县知县,政简民淳,与民休息。尤以振兴学校为务。在任三载,以囚越狱免官。密县人挽留其修县志,并掌书院讲席,远近学者云集。归里,创义仓,设家塾,晚年仍舌耕为业,道貌端严,习处如坐春风中。遇公事侃侃有所建白。著有《桧阳讲义》诸书。

【王立性】字太初。高密县(今改市)人。弱冠后,遍游关外燕冀诸处,旅邸寺观,随在攻读不辍。为文卓逸,直逼名家。乾隆元年(1736)举人,翌年联捷三甲第一百二十名进士。授江苏娄县知县,未几告归。授徒四方,显贵累出。后设帐东吴,喜爱小峨嵋山麓幽僻,名其地"小桃园",遂居住于此。著有《小峨嵋诗集》。祖父飏昌,顺治进士,翰林,礼部左侍郎;兄立常,康熙进士,知县。

【于中行】字鲁瞻,号东皋。掖县(今莱州市)人。事继母极孝。乾隆元年(1736)举人,翌年联捷三甲第一百二十五名进士。历江苏崇明和四川隆昌县知县,所至治绩卓异,士民为立去思碑、德政碑,并以诗歌赞颂其功德。尤其在崇明时,绝苞苴,屏请托,邑人赞其"于青天不爱钱"。海潮泛溢,漂流田舍以万计。中行躬历勘视,驰见巡抚,垂泣诉民疾苦,巡抚为之动容,飞章请赈,所

乾隆二年丁巳恩科

请帑费几百万两。有吏胥想染指其中，中行慨然对同官曰："从古朝廷非无蠲恤之典，而恩泽不能不逮者，皆有司罪耳。"中行与吏胥约誓："敢有侵民粒米者，当剜肉以偿之。"奸吏缩手，闻者感泣，民困得以缓解。其又建文庙，葺书院，置膏火田，以培养人才为务。先后三次充乡试同考官，所拔取皆知名士。特授淮徐海六塘同知，专司六塘之事。中行亲督人夫，昼夜忙于建设水利工程，竟以劳瘁卒于任。崇明人至莱者，必访其家，以志不忘。

乾隆二年丁巳恩科

【孙　嶙】字岩石，济阳县人。生有异质，明慧过人。雍正二年（1724）举人，三甲第一百四十四名进士。初为咸安宫教习，授江西星子县知县，旋改青州府教授。为教授训士有方，劝率绅士修葺学宫。掌教松林书院，造就甚多。

【马　璜】章丘县（今改市）人。雍正四年（1726）举人，三甲第一百七十三名进士。

【曾尚增】（1708—1760）字谦益，号南村。长清县（今济南市长清区）人。雍正十三年（1735）举人，三甲第一百七十五名进士，选庶吉士，（《清代翰林传略》不载，待考证），散馆改安徽芜湖县知县，升郴州知州。

【陈怀仁】恩县（今属平原县）人。雍正七年（1729）举人，三甲第一百七十九名进士。授四川西昌县知县，改江南金山县。金山环三泖湖，常被埋没，水利不兴，怀仁深浚周家泖、赵家荡堵水，以便灌溉，邑人永赖。

【杨廷相】字翰臣。寿光县（今改市）人。雍正十三年（1735）举人，三甲第一百八十四名进士。授济南府教授。学问渊博，尤精性理易术，被其引接者多矫矫有风节。弟廷枚，乾隆进士，知县。

【张文焴】字斗望，号瀛宾。莱阳县（今改市）人。雍正十三年（1735）举人，三甲第一百八十七名进士。授广西容县知县。

【张四教】字圣勖。寿光县（今改市）人。其常与弟研讨先儒身心性命之学，推阐入微。雍正四年（1726）举人，三甲第一百九十四名进士。授湖南黔阳县知县，以经术整治吏治，受士民拥戴。去职时，民为立去思碑。改兖州府教授。其弟子受其熏陶，皆为知重理学之人。祖父朝谦，藏书数千卷，著有《鸿爪吟稿》；弟八士，举人，县教谕。

【秦　纯】字秋扶，号实亭。日照县（今日照市）人。幼承家学，孜孜不倦。康熙五十六年（1717）乡试经魁，三甲第一百九十五名进士。授直隶乐亭县知县，改山西岳阳县。致仕归，优游林泉。子汝谐，乾隆进士，知县。

【冯　惀】字慎思。惠民县人。性明敏和厚，从不作疾言厉色。康熙五十二年

（1713）举人。历经二十四年，奋斗不息，终于考取三甲第二百零二名进士。由授易门县知县，改兖州府教授，精勤课士，多所造就。七十岁卒于任。

【李汝霖】字相来。潍县（今潍坊市）人。乾隆元年（1736）举人，翌年联捷三甲第二百零六名进士。授江南六合县知县。

【李嗣洙】莒州（今莒县）人。雍正十三年（1735）举人，三甲第二百一十二名进士。授陕西商南县知县，改蒲城县，升商州直隶州知州，署同州府事。

【杜　肃】字羹臣，号毅亭。滨州（今滨州市）人。明万历进士、左布政使诗裔孙。性至孝，特聪慧，家居授徒成就甚众。雍正四年（1726）举人，三甲第二百三十六名进士。授江苏娄县知县，数月审结全部积案。力除漕务积弊，额外不多收粒粮，百姓爱戴如父母。丁母忧，服阕，拣发湖北委审疑难大案，不事刑求，而立得真情。大吏以治剧之才，特上疏举荐，补湖北襄阳县知县，为政廉明，一介不取，襄阳人刻石赞颂。遇旱灾，力请赈济，赈济完毕后，将剩余数千金上交。大吏将此通报全省，予以嘉奖。擢广西上思州知州，革除摊派供给之弊，创建书院，并捐购麦种，教民种植小麦，人称"杜公麦"。工书法，善诗文，著有《拙修斋集》。以病卒于任，仅四十岁。其宦囊萧然，邑民捐金助柩归里。曾祖父漺，顺治进士，布政司参政。父亮曾，贡生，知县；子彤辉，拔贡，知县。

乾隆二年丁巳恩科

乾隆四年己未科

本科录取：一甲三名，二甲九十名，三甲二百三十五名。其中山东二十一名。

【鞠逊行】字谦牧，号未峰。海阳县（今改市）人。乾隆元年（1736）举人，二甲第二十二名进士，选庶吉士，散馆授编修。祖父崇咨，宁夏道员；父鞠濂，岁贡，县训导，工古文，著有《悦轩文集》、《偶存草诗集》、《史记述评》、《史席闲话》。

【轩辕诰】字谏野。汶上县人。乾隆元年（1736）举人，任县教谕，拟升府教授。参加会试为会元，殿试成二甲第三十一名进士，选庶吉士，散馆归班，仍请教职。后改广东长宁县知县。

【刘纯炜】（1708—1778）字仰仲，号霁庵。诸城县（今属高密市）人。雍正四年（1726）举人，二甲第三十五名进士。授江西分宜县知县，整顿胥吏，减轻民负，惩奸息讼，防盗入界，颇有政声。在任三年，坐法免官，贫不能归。江西布政使王兴吾延请其主讲饶州书院。江西巡抚鄂容安素知纯炜名，准备举荐他，但因调离江西未能实现许诺。新任巡抚范时绶，用其懂水利之所长，请其指挥抢修毁坏的江堤，堤成，上奏奉旨仍以知县用。先试用为浙江海宁县知县，后又改平湖县，所至有为。在海宁，历四十日，抢修完成防海潮石坝工程。在平湖，除去过重田赋差役，以解民苦。乾隆二十七年（1762），乾隆帝南巡，视察海宁石坝工程，嘉叹其巧，予以赏赐。先后擢杭州府东塘同知、杭州府知府。奉旨裁汰八旗汉军，老幼强弱处置得宜，无以失所。乾隆三十年（1765），乾隆帝再次入浙巡视，又给纯炜赏赐，并将其升用杭嘉湖兵备道。不久，又擢浙江布政使，因外库失窃被免官。乾隆三十四年（1769）十二月，被调入京任太仆寺卿。四年之后，升顺天府尹，又因家仆盗用印纸贬秩。乾隆四十二年（1777）十月，授光禄寺卿。七十岁卒于官。工诗，著有《霁庵诗略》。祖父必显，顺治进士，户部员外郎；父刘棨，康熙进士，布政使，著名循吏；兄维焯，雍正进士，工部主事。兄弟中另有举人五人，荫生、监生两人。子：诗，乾隆进士，知县；书，监生，府同知；礼，举人，知县。

【林兴济】字东起，号南池。济宁州（今济宁市）人。乾隆三年（1738）举人，翌年联捷二甲第四十一名进士，选庶吉士，散馆授检讨。旋卒。父之蒨，知县，著有《存草堂集》。

【孙　炜】字国华。寿光县（今改市）人。乾隆三年（1738）举人，翌年联捷二甲第五十二名进士。授广东镇平县知县。其与父对贫乏儒士与姻族寒俊，都不时给予周济。父果，雍正进士，知县。

【张　镠】（？—1751）字完质，号企斋。海丰县（今无棣县）人。为明万历举人、府同知思桂六世孙。雍正十年（1732）举人，二甲第六十二名进士。仍为举人时已考授的内阁中书。居官未尝干谒而失正直。其常夜半不寐，与二三同志酌酒赋诗。诗祖少陵，文学昌黎。对宋五子书研究甚精。著有《海邑耆旧传》，与弟镕合著《敬身堂诗文存》。工书法。乾隆十六年（1751）卒于官。父可大，康熙进士，知县；弟镕，举人；曾孙于芳，增生，官知县，战死。

【卜宁一】字中三，号念亭，一号五峰。日照县（今日照市）人。雍正二年（1724）举人，二甲第七十二名进士，选庶吉士，散馆改礼部主事。擢监察御史，出为四川盐茶道。在任厘正课银，实行坍井免税，新井增税，以防止胥吏舞弊，裕国便民。被举荐贤能之首，两署四川按察使，多所平反，有清廉之声，士民立石颂扬。宁一倡捐修贡院、栈道，并完成成都、绵阳、绵川等城市工程。又署永宁道，总办东路兵差，以军功晋级。擢顺天府丞，兼督学政。七十岁，以病致仕。一生勤慎，学宗宋儒，以孝经、小学开异启发后进。著有《寻乐斋文集》。子祚光，乾隆进士，翰林，兵备道。

【葛乃寰】字仲甫，号龙九。蓬莱县（今改市）人。雍正十三年（1735）举人，三甲第三十八名进士。

【王如庠】字淑宋。金乡县人。以孝闻。髫龄入学，诸名宿见其文皆惊服。尤善制艺。一生苦研经学，造诣颇深，以授徒为乐事。雍正十年（1732）举人，三甲第三十九名进士，直到年逾六旬，方授莱州府教授。三年得封典，即曰："我愿足矣。"告归后，仍讲学不倦。八十四岁卒。著有《文稿》。

【丁源淇】字学园，一字武园。诸城县（今改市）人。秉性鲁钝，刻苦自励。雍正七年（1729）举人。三甲第四十三名进士。授曹州府教授，学行为乡人所仿效。辞归，监修《诸城县志》。九十岁卒。工诗文，著有《梦松堂稿》二册。祖父似谷，岁贡生，县训导，举乡饮大宾，著有《大端亭遗训》。

【孔传炯】（？—1779）字振斗，一字曜南，号南溪。曲阜县（今改市）人。孔子六十八世孙。乾隆元年（1736）举人，三甲第五十一名进士。初为直隶怀安（省志载迁安）、大兴县知县。由江苏江宁府管粮同知，先后调任扬州、淮安、苏州府知府。以承审段成功案诖误去职。待事明之后，复授淮安府知府，调苏州

乾隆四年己未科

府。乾隆四十一年（1776），由苏松督粮道，擢江苏按察使。两年后，又先后授福建、江宁布政使。传炯历任江南，在苏州最久，其治不求赫赫有名，而以省事宁人为务。为官风节凛然，杜绝干谒，独喜交文士，与钱塘袁枚尤凤契。性方严亦爱才。乾隆四十四年（1779），以病乞休，归里未一月卒，年六十七。曾祖父衍钰，世袭太常寺博士；祖父兴滋，知府。

【迟逢元】字正初，号坡公。莱阳县（今改市）人。雍正十三年（1735）举人，三甲第六十五名进士。由举人时的金乡县教谕，改用翰林院典籍。

【张麟莱】县志、省志均作麟瑛。字修五。掖县（今莱州市）人。雍正十年（1732）乡试亚元，三甲第七十七名进士。授四川纳溪县知县，以病卒于任，竟贫不能归葬。

【江　均】金乡县人。乾隆元年（1736）举人，三甲第八十名进士。授泰安府教授。著有《制义集》。

【毕宿煮】（1708—1793）字溥幼，号范园。文登县（今改市）人。幼承家学，端重有法度。雍正七年（1729）举人，授博平县教谕。三甲第八十二名进士。授山西万泉县知县。前任知县因发生乡民聚众殴官被革职。其到任后，对朴者抚以恩，黠者绳以法，民风大变。擢泽州府同知，分住东冶镇，为政严明，抑豪强，除奸邪，判案剖决如流。以江西袁州府知府，授吏部员外郎，升户部郎中。在部勤事无虚日，察胥吏尤严。晚年，自知古道不谐于俗，感叹道："吾老矣，安能失我故步。"旋致仕，八十三岁卒。著有《保厘堂稿》。弟宿庚，举人，知县；孙以绣，工书法，著有《听雨楼诗稿》。

【单　烺】（1708—1776）字曜灵。高密县（今改市）人。雍正十年（1732）举人，三甲第九十四名进士。历宛平县（县志载龙门）知县、西路同知、荆门州知州、广平府知府、铜仁府知府、粮驿道，所至整躬率属，从严治吏，多有除弊、清狱、赈恤、平乱之实政，而不扰民，以有勇有为称。在任督粮道时，有不法盗粮团伙抢劫拒捕，烺请往捕拿，至则向民众喻以利害，众人皆争先恐后帮助围捕抢劫者，为首抢劫者自缢而死，余党悉平。以疾归。著有《大崑嵛山人诗》。祖父赓，举人，知县。子：可瑺，乾隆进士，知县；可垚，监生，以军功候补道员；可垂，拔贡，署府同知。

【初元方】（1698—1771）字瑞崖，号峨村。莱阳县（今改市）人。雍正二年（1724）举人，三甲第一百零一名进士。由举人时的堂邑县教谕，历河南泌阳、灵宝、登封、夏邑和四川珙县、内江、遂宁、富顺、宜宾县知县。充河南乡试

乾隆四年己未科

同考官。子之春，举人。孙：彭龄，乾隆进士，翰林，兵、工部尚书；乔龄，乾隆进士，翰林，侍讲。曾孙荣熙、荣勋皆举人。

【王清箱】高密县（今改市）人。雍正十三年（1735）举人，三甲第一百零三名进士。授汤溪县知县。

【孙　默】字潜夫。掖县（今莱州市）人。乾隆三年（1738）举人，翌年联捷三甲第一百三十八名进士。授山西夏邑县知县。

【宋　熙】字维清。胶州（今改市）人。雍正十年（1732）举人，三甲第一百九十六名进士。授山西壶关县知县。祖父世元，岁贡，知县；弟京，举人；孙潢，嘉庆进士，翰林，员外郎。

【邱应璆】字珍涵，别字儒席。滋阳县（今兖州市）人。醇谨孝友，读书以观物察理为标的。为文奇异，深为大学士海宁陈公所器重。雍正十三年（1735）举人，三甲第二百一十七名进士。授河南柘城县知县，捐廉为民清交欠赋，又修葺学宫、城堞，政声蔚起。旋署商丘县事，开渠疏河，修建涵洞，创立子堰，以消除水患，方便宣泄，农田大获丰收，多有赞誉之声。以病卒于任。著有《松阳讲义补注》传世。

乾隆四年己未科

乾隆七年壬戌科

本科录取：一甲三名，二甲九十名，三甲二百三十名。其中山东二十二名。

【窦光鼐】（1720—1795）字元调，号东皋，又号荆阳。诸城县（今改市）人。《清史稿》有传。自幼才华超众，文采非凡。乾隆六年（1741）举人，翌年联捷二甲第二十二名进士，选庶吉士，散馆授编修。初为《续文献通考》纂修，历詹事府左春坊左中允、翰林院侍读。乾隆帝第一次南巡时，光鼐进呈《圣驾南巡赋》，蒙恩奖谕。乾隆十七年（1752），大考获一等第二名，特授内阁学士，在南书房行走。乾隆二十年（1755），授都察院左副都御史。乾隆帝第二次南巡时，光鼐奉命随驾江南。乾隆二十六年（1761），由都察院左副都御史，署兵部左侍郎。在与刑部会商秋审案件时，因持不同意见发生争执，光鼐言词激烈，获罪镌级留任。不久，又授内阁学士，任顺天府尹。乾隆三十二年（1767），丁父忧，对前来吊唁的山东州县官吏所送礼金皆婉言谢绝，并道："在京城为官的人，应当时时把百姓的疾苦放在心上。我从翰林到顺天府尹，从未收过别人的财物，现在哪能因为父亲辞世而获利呢？"乾隆三十五年（1770），回京仍任顺天府尹。京城一带发生蝗灾，但居住一旗庄的满洲贵族，倚势不出夫捕蝗，光鼐极为不满，但总督杨廷璋却极力袒护，二人发生争执，光鼐又因而获罪，被革职，以四品京堂留用。后乾隆帝特旨："光鼐究系迂拘，尚非大过，所有通政司副使员缺，著加恩补授。"乾隆三十八年（1773），乾隆帝巡幸热河山庄，光鼐随从，恭和御制诗篇得到褒奖。由副通政使补授宗人府府丞，专管皇族内政事物。之后又被任为《四库全书》馆总阅官。乾隆五十一年（1786），擢吏部右侍郎，署光禄寺卿。乾隆五十七年（1792），又擢都察院左都御史，为经筵讲官。乾隆六十年（1795），充会试总裁。大学士和珅素来嫉妒光鼐，借机诬奏其录取有私，被降四品休致。七十六岁卒于家。光鼐以屡掌文衡名于当时，曾三任乡试、会试同考官，五任乡试正副主考官；三任殿试读卷官，四任各省学政，直至充任会试总裁。光鼐学识精湛，风节挺劲，文词清古，乾隆帝御制诗文，常命光鼐阅示。朝廷大典礼，光鼐进诗赋铭颂，常蒙褒奖。其与纪昀、朱珪、翁方钢主持文运三十年，盛极一时。著有《省吾斋古文集》十二卷、《省吾斋文稿》四册、《省吾斋诗赋集》四册。其书法亦精，有苏轼、米芾之风韵，善写擘窠大字。父洮，举人，擅长诗文，著述丰厚；弟光铖，举人，知县；子汝翼，乾隆进士，翰林，主事；孙椿龄，举人。

【王　铤】字紫辰，号东峰。莱阳县（今改市）人。雍正十三年（1735）举人，二甲第五十二名进士，选庶吉士，散馆改户部主事，升员外郎、郎中。先后迁江南、福建、河南、浙江诸道监察御史，巡视北城、南城、西城。又历刑科给事中、太常寺少卿、副通政、太常寺卿、通政使。三次充顺天文武乡试监试官、同考官，四次充文武会试、殿试监试官、同考官、阅卷官。铤通达治体，奏疏达数十万言，皆切中时弊。在朝中唯与河间纪昀、德州卢见曾相友善。著有《疏事奏议》等。丁忧，不复仕进。父右宾，举人，知县。子：应中，举人，知州；应申，乾隆进士，内阁中书。

【阎循琦】（1709—1775）字景韩，号玮庭。昌乐县人。《清史稿》有传。自幼聪颖好学，八岁作诗，对仗工整，塾师甚为赞赏。乾隆三年（1738）举人，二甲第九十名进士，选庶吉士，散馆改工部主事，升员外郎、郎中，为政勤敏，颇显才干。曾因论河道事切合事理，兵部尚书兼署工部尚书李元亮惊起指座曰："此位终当属君。"改迁福建道、京畿道监察御史，仍兼工部行走。时京城有西山煤窑岁久淤塞，有议别营有利，而循琦独持不可，建议于旧处开凿沟隧，淤去煤畅，官不费而民不扰。此议帖呈御览，行之果验。奉命督修太和殿、中和殿、保和殿三大殿，以廉能为乾隆帝所深知，旋迁吏科掌印给事中，特命兼吏部义选司郎中。乾隆三十五年（1710），授内阁学士，署刑部右侍郎。次年迁工部左侍郎。是年充会试知贡举，对士子饮食器具亲自审视，体恤备至。乾隆三十八年（1773），擢工部尚书。其奏对一秉朴忱，无所讳饰，曾自言："任愈重心愈惧，一日无旨，亦觉有缺欠。"工部群吏也相互告诫道："勿作奸，阎尚书清勤不可欺也。"自清以来，中俄边界一直不清，事端迭起。循琦奉命赴新疆以历史成因考察国界，制定条例，昭晰边界起止处数百条。乾隆四十年（1775）十二月，循琦以患噎嗝病而卒，年六十六，赠太子太保，谥"恭定"。曾祖父世绳与祖父愉，皆康熙进士、翰林。父廷佶，雍正进士，知州。兄：循中，举人，著有《制义》、《诗集》；循厚，乡试亚元，工绘画书法，著有《钝斋遗文》、《钝斋诗集》；弟循霈，举人，知县。子：学朱，举人，试用知县；学淳，乾隆进士，道员；学海，嘉庆进士，户部员外郎。

【刘思忠】高密县（今改市）人。乾隆元年（1736）举人，三甲第二十三名进士。授兖州府教授。

【丛中芷】字沅有，号芳林，一号芥园。蓬莱县（今改市）人。为人谦直。雍正十

乾隆七年壬戌科

三年（1735）举人，三甲第二十九名进士，选庶吉士，散馆授检讨。著有《习静堂学古编》。

【赵起棕】字云株，号叔直。莱阳县（今改市）人。雍正十年（1732）举人，三甲第四十三名进士。授四川夹江县知县，擢眉州知州。曾祖父崶，顺治进士，知县。

【张述善】碑作善述。高密县（今改市）人。雍正十三年（1735）举人，三甲第四十八名进士。授安徽合肥县知县，治行有声。子樾，举人，县教谕，著有《砺坡诗草》、《砺坡词》；孙星炜，举人，州学正。

乾隆七年壬戌科

【徐士楹】（？—1751）字宁君。文登县（今改市）人。清代名吏、江苏巡抚士林弟。乾隆元年（1736）举人。乾隆六年（1741），兄士林病逝，生前僚友争相赠送财物助办丧事，士楹一概退还。翌年，士楹赴京参加会试，榜犹未发，因兄蒙恩赐给祭葬，呈请代谢皇恩。奏入蒙恩召见，礼部奉旨："徐士林任江苏巡抚时，操守廉洁，囊空如洗，身后各督抚资助丧费，弟徐士楹一概未受，是其恪守家训，克承兄志，甚属可嘉，着赏赐进士，准其一体殿试。"士楹经殿试为三甲第六十八名进士。授电白县知县，清洁持躬，衣履旧敝，视民如子。尤善培文风，见生童俊秀可造者勤为教养。惜任未一年卒。士民闻悉，围衙署哭泣。

【丁望龄】（1698—1750）字步堂。沾化县人。家中贫穷，靠舌耕奉养父母，孝名闻乡里。每携弟偕行，都要告诫自立成才。乾隆元年（1736）举人，三甲第七十七名进士。登第后，文名日盛，从学者益广，家渐富裕，父母忧虑才得解除。临近铨选时，却得疾而卒，人皆痛惜。其继妻日夜饮泣，绝粒而死。祖父昕，康熙进士，翰林，道员。

【李金台】济南府（今济南市）人。三甲第一百零一名进士。

【吕东表】字书佩，号云谷。德州（今德州市）人。生而英异，八岁学诗，即有"有情明月圆如镜，屈指今年第四回"之句。乾隆三年（1738）举人，三甲第一百零三名进士。授山西猗氏县知县，邑称难治，常发"哄堂闹县"之事。适值大旱，上请颁赈，捐俸施粥。为官俭约，如同寒士，体恤民情，勤勉不倦。尤能理讼明断，有"白面包公"之称。邻邑万泉县，因丁徭之故，激生民变，已闭城三日，连往谕知府也被控制。东表到此，对民众晓以大义，旋得平息。乾隆十五年（1750），以"应付饷车迟"被罢职，民众争先为其送去粟米和柴薪，东表皆不受。乾隆二十六年（1761），乾隆帝幸五台去热河时，东表接驾得蒙召见，写有《纪恩诗》二章。晚年，将自己的文稿大多焚烧，唯《学诗漫草》、《古文格言》尚存。

【王　靖】(1714—?)字纫兰，号柳塘。诸城县（今属高密市）人。自幼苦贫，稳重大方，胸怀大志，刻苦向学。二十八岁开蒙，过目不忘。乾隆三年（1738）乡试第五名举人，三甲第一百零四名进士。历河南修武、武陟和安徽望江县知县。所至励精图治，兴利除弊，锄暴安良，大兴文教，发展贸易，深得民心。以疾告归，卒于家。曾祖父劝，顺治进士，知县。

【杨士鳞】即墨县（今改市）人。雍正十三年（1735）举人，三甲第一百一十五名进士。授南靖县知县。著有《南溪草》。祖父兆鲲，明天启拔贡，知县；父琬，举人；兄：士鉴，雍正进士，翰林，道员；士钥，举人，知县，著有《山人瓢》、《浙游草》。

【乔守仁】字和阳，号峨峰。莱阳县（今改市）人。雍正十三年（1735）举人，三甲第一百二十五名进士。历江苏娄县、嘉定、江都、青浦、新阳、崇明、宜兴等县知县。充江南乡试同考官。

【丁延支】(1695—1746)字佐辰。日照县（今日照市）人。乾隆三年（1738）举人，三甲第一百三十四名进士，未仕。五十一岁卒。

【梁　伟】字硕士，号岳峰。滕县（今滕州市）人。明天顺进士材裔孙。性敏好学，淹通经史。乾隆六年（1741）举人，翌年联捷三甲第一百三十七名进士。充会试同考官。授四川铜梁县知县，兴学校，重教化。性骨鲠，不随人俯仰，任满三年，以老疾告归。为文朴实坚浑，参加会试的文章选入《大旬纪胜制义》。

【单言扬】高密县（今改市）人。乾隆三年（1738）举人，三甲第一百四十五名进士。授荆门州知州。曾祖父若鲁，顺治进士，翰林，国子监祭酒；父含，知州；弟行举，举人，知县。

【刘继光】字镜一，号雪庄。莱阳县（今改市）人。乾隆元年（1736）举人，三甲第一百四十六名进士。授山西平陆县知县。

【武若愚】字智斋，号琦亭。曹县人。明万历进士、太仆寺卿图功五世孙。乾隆六年（1741）举人，翌年联捷三甲第一百六十九名进士。初为陕西华阴、渭南县知县，继而升乾州、商州、郿州等直隶州知州，累官西安府知府。所至清正廉洁，兴利革弊，力绝苞苴，案无遗牍。在华阴县时，有巨盗盘踞山间，出没不定，人莫敢触犯，若愚慨然曰："豺狼在道，而坐视噬人，为民父母之谓何？"其乃率丁壮，捕杀盗首，散其余党，盗贼一空，民赖以安。其剖判奇案，摘奸除恶,毫厘不爽,时有"武青天"之称。充陕西文武乡试同考官。工诗文,著有《四书制艺》、《四书论文》、《学庸解要》、《署暇偶抒》。以病卒于府署,崇祀名宦祠。

【张务纳】《题名碑录》载务讷。福山县(今烟台市福山区)人。明洪武举人、知府璲裔孙。雍正十三年(1735)举人,三甲第一百七十一名进士。历陕西凤翔县知县、乾州知州,以擅断案著称。仕至监察御史。孙毓森,举人。

【牟朝宜】字义方,号晴岚。日照县(今日照市)人。雍正十三年(1735)举人,三甲第二百一十六名进士。授甘肃永昌县知县,改砀山县。为官清廉节俭,治乱安民,颇有口碑。

乾隆七年壬戌科

【刘其旋】字履夫,号川南。安丘县(今改市)人。年未三十,其文名已洋溢于世,与昌乐阎循观、胶州法坤宏、诸城王中孚,并称"东国四妙"。乾隆六年(1741)乡试解元。乡试主考官回京复命,乾隆帝语之曰:"此科尔所取士刘其旋,非山东之解元,乃天下之解元也。"其旋后考取三甲第二百二十二名进士。授泰安府教授,迁江苏嘉定县知县,洁己奉公,恩泽于民。其文学成就,尤为文人学士所称颂。著有《川南轩古文稿》、《制义稿》行世。

乾隆十年乙丑科

本科录取：一甲三名，二甲九十名，三甲二百二十名。其中山东二十名。

【宋　弼】（1703—1768）字仲良，别字蒙泉。德州（今德州市）人。性耿介，好直言。乾隆三年（1738）举人，二甲第二十七名进士，选庶吉士，散馆授编修。教习庶吉士。分纂《文献通考》。乾隆二十八年（1763）大考，原本以原品休致，刘墉、梁诗正重其文章品行，特奏留在馆，转詹事府赞善。出为甘肃巩秦阶道，改安肃道。伏羌、徽县等县地震，亲行勘赈。擢甘肃按察使，夜以继日，清理案牍。入觐卒于道。工诗文，著有《诗集》八卷、《文集》四卷、《山左明诗抄》、《州乘遗闻》、《州志拟稿》七册。曾祖父炳，明崇祯举人，按察司佥事。父来会，拔贡，工诗，书法入能品，八十岁犹日作蝇头小字。著有《近思斋诗》。

【毛辉祖】（1708—1774）字镜浦，号敬园，一号乃行。历城县（今济南市）人。雍正十年（1732）举人，二甲第三十一名进士，选庶吉士，散馆授编修。由福建、广东道监察御史，擢礼科给事中，累迁太常寺少卿。立朝三十年，"平居温温不妄形喜怒，遇事不矜赫赫之功"，正色端议，执法不阿，望者气肃。为监察御史十八年，巡视京城、九衢和漕运，摘奸剔弊，奸猾敛迹。其学淳行粹，曾三充（乾隆十八、二十七、三十年）福建乡试副主考官，并提督湖南学政。其受大学士刘统勋举荐，入上书房侍学八年。乾隆三十九年（1774），随扈热河，九月以病卒于承德，年六十六。子圻（知县）、垩、垾皆举人；孙式郇，嘉庆进士，翰林，礼、吏部侍郎。玄孙玉成，道光进士，翰林，知县。

【张　科】历城县（今济南市）人。二甲第四十名进士。

【任兆熙】字上林，一字浚庐。聊城县（今聊城市）人。幼嗜学，吟咏至午夜不辍。乾隆元年（1736）举人，二甲第四十二名进士。历湖南安仁、保靖和陕西醴泉县知县，在职二十年，"以文学饬吏治"，称清廉。因任内失察被罢官，去时宦囊萧然。主讲甘肃兰州书院，长达五载。返里后，仍贫不能自给，继续授徒为业。六十五岁，以呕血而卒。高祖父克溥，顺治进士，刑部左侍郎；曾祖父彦昉，举人；子郿祐，嘉庆进士，知府。

【周守一】（1704—1761）字季和，号分岳。莱阳县（今改市）人。明崇祯进士、巡抚伯达裔孙。乾隆九年（1744）举人，翌年联捷二甲第五十二名进士。授四川南部县知县。邑处万山之中，盗贼纵横，其练乡勇，编保甲，实行群防群治，盗贼望风而逃。为官清廉，拒收盐井陋规千余金，且永为禁绝。又立社仓，劝种树，亲赈灾。在揭露处置一邪恶武弁时，引发众武弁怨恨，在嫁祸不成后，以"蜚声四起"中伤之，终被免职。改授济南府教授。与德州宋弼、平原董元度，并称著名"三教授"。擅诗古文辞，著有《春草堂诗古文集》。生前以诗的形式，自志墓碣，五十八岁卒。曾祖父世祜，荫授殿前侍卫；祖父正，康熙进士，知县；父星显，岁贡，著有《四书东轩精纂》；孙习仁、澄仁皆举人。

乾隆十年乙丑科

【耿贤举】字升书。馆陶县（今属冠县）人，世居聊城。明万历进士、巡抚如杞裔孙。雍正元年（1723）乡试解元，文名震海内，但屡参加会试不第，举博学鸿词仍不中。历经二十二年，终于考取二甲第五十五名进士。授武定府教授，尽心育士，寿至遐龄，乃告归。参与修纂《东昌府志》。著有《缓斋诗草》。

【王清栋】高密县（今改市）人。乾隆六年（1741）举人，二甲第八十一名进士。祖父飏昌，顺治进士，翰林，礼部右侍郎。

【孙尔周】字怀东。昌邑县（今改市）人。明正统举人洪八世孙。乾隆元年（1736）举人，二甲第八十六名进士。历直隶庆云、吴桥、内丘和河南永城、浙江秀水县知县，所至有政声。在庆云时，尔周见地多盐碱，教民种植枣树以易土性，后田禾畅茂，而民以枣获利，实惠无穷。以卓异升四川宁远府知府。著有《易经体要》、《敬业堂文集》、《宜园诗草》。父乾元，廪贡，县训导，著有《四书体要》；子含中，乾隆进士，翰林，布政使。

【杨士铭】字俞皋，号槐亭。即墨县（今改市）人。乾隆六年（1741）举人，三甲第十七名进士，选庶吉士，散馆改知县。在山西祁县、介休县，为政慈爱简易，便利于民，治行称最。丁父忧，不再赴补。乾隆三十六（1771），县内发生旱蝗，士铭面见知县，勿烦差扰，亲自担当灭蝗任务，经七昼夜奋战，不见一吏，不费一钱，而蝗灭灾息。祖父兆鲲，明天启拔贡，知县；堂兄士鉴，雍正进士，翰林，道员。

【周裔和】济宁州（今济宁市）人。乾隆九年（1744）举人，翌年联捷三甲第三十七名进士。授湖北当阳县知县。

【侯赐乐】字六希。掖县（今莱州市）人。雍正十年（1732）举人。乾隆初，会试考入明通榜，选新泰县教谕，重修文庙，对诸生中才敏者亲为指授，文风一振。考取三甲第五十名进士，加教授衔。后改河南阌乡县知县。充河南乡试同考官。著有《中州游记》。

【高居宁】字静庵。济宁州（今济宁市）人。家贫嗜学，仿分年读书法，日不暇，夜必补。乾隆元年（1736）举人，三甲第六十五名进士。授会稽县知县，政尚平恕，以宽徭省刑为要，杜绝干谒。以病卒于任，归之日行李萧然。

【冯贞世】菏泽县（今菏泽市）人。乾隆六年（1741）举人，三甲第六十八名进士。

【周礼东】兰山县（今属临沂市）人。雍正十三年（1735）举人，乾隆七年（1742）会试贡士，当年未参加殿试，后补殿试成三甲第七十五名进士。授知县。

【姜　山】字峻烈，号岩亭。单县人。少孤，家贫，天性聪敏，读书过目不忘。乾隆九年（1744）举人，翌年联捷三甲第一百一十名进士。历广东阳春、香山县知县。居官以清廉著。在阳春，讯结疑案甚多。在香山，单骑独往，招抚平息以林六为首的反叛势力。

【高蔚宸】字枫宸，号抱庐。胶州（今改市）人。乾隆九年（1744）举人，翌年联捷三甲第一百一十五名进士。授河南延津县知县，勤于听断诉讼，以破获段姓妻卢氏被杀案而为人称道。乾隆十八年（1753），黄河溢水延津，县城几陷，蔚宸率民昼夜防堵，在退水后，又修城垣，赈饥乏。尤重教育，将砺学诸生招致署中训课。民感其德，立其肖像祀之。

【孙　荧】文登县（今改市）人。乾隆九年（1744）举人，翌年联捷三甲第一百四十九名进士。为侍养父母，不愿出省远任，告近为沂州府教授，又改莱州府。任满归，仍授徒为业。

【傅　豫】字于石，号立庵。高密县（今改市）人。家贫，与兄侍父读书破屋中，学行力追古人，阐发四子书，洞悉元本。乾隆元年（1736）举人，三甲第一百六十七名进士。授河南郾城县知县，当地苦于水患，豫督民夫筑堤，保全田庐。金川用兵，调用民马多倒毙，豫予按值赔偿。并修订《郾城县志》，颇有政声。丁忧归，服除，改兖州府教授，务崇实学。著述悉藏于家。曾祖父钟秀，明崇祯进士，太常寺少卿。

【刘曰璠】县志作曰璠。字鲁石。昌邑县（今改市）人。雍正十三年（1735）举人，三甲第一百七十四名进士。在中举后，曾任昌乐县教谕。

【杨尧臣】平度州（今改市）人。幼家贫，父使其牧牛，其将牛拴至林中，则入村听塾师讲读，入耳辄解。塾师见其端坐树荫中昂首背诵，音节和谐，十分惊异，便告知其父使从己学。由乾隆九年（1744）举人，翌年联捷三甲第二百零二名进士。授陕西甘泉县知县，又调云南为知县。在云南时，负责解铜赴都，船行江中，铜沉江底，泅者打捞索要高价报酬。尧臣自己投江打捞，须臾挟数百斤铜跃登船中,反复几次,都是如此。泅者大惊,跪而请曰:"公神人也!小人等不敢复索一钱。"乃全部投江取铜,不仅将本次沉铜捞起,而且将以前落江沉铜也打捞起来。

乾隆十年乙丑科

乾隆十三年戊辰科

本科取录：一甲三名，二甲七十二名，三甲一百八十九名。其中山东十五名。

【刘景平】字泰阶，号东原。兰山县（今属临沂市）人。乾隆六年（1741）举人，选为主持长山、邹平等县教育官员，重修学宫，协办赈务。考取二甲第六十八名进士，选庶吉士，散馆授编修。闻母丧归，以哀毁过甚，卒于丧后。

【张淑渠】字师厚，号潜斋。济宁州（今济宁市）人。少而清颖，稍长励志积学。乾隆三年（1738）举人，三甲第十名进士。授山西寿阳县知县，多有善政，折狱称神明。时用兵金川，淑渠出资办理马匹等军需物资，而不累民。奉命办理五台大差，修北台尖营及各处道路，给民夫支付报酬，不扰民而工竣。山西有板泉山跨寿阳、阳曲两县，山区居住万余家，太原城守尉，欲夺其利，指为旧牧场。山西巡抚令县追地归营，淑渠力持不可，除用公文据实详复，还面陈巡抚，以"万余家安业，无故逐之，恐滋他变"相告，巡抚见淑渠违背己意，欲参劾淑渠，但其不为所动。告曰："功名自有定数，吾岂肯殃民以自为耶。"幸新任巡抚胡宝泉至，令民起租养马，而事得平息。旋调山西永济县，以卓异被巡抚举荐为朔州知州，至见饥民载道，急查赈册，登籍者仅十之二三，立即捐资设粥厂数十处，并立留养局，以抚邻邑饥民。淑渠哀求巡抚上请普赈，并陈救荒四事，皆被采纳。乾隆二十六年（1761），由朔州知州，升山西潞安府知府，正己率属，减民负担，全郡风清。乾隆三十四年（1769），以政绩卓著被首荐，而其母卒于官署，扶柩归里。因积劳体弱，遂绝意仕进。在乡置义田十顷，名为张氏义庄，惠及乡民。乡居十余年，六十三岁卒，祀乡贤。著有《上党诗草》。祖父为经，康熙进士，吏部郎中；父延庆，康熙进士，府同知；兄淑龄、淑轩皆举人。

【刘可考】定陶县人。乾隆六年（1741）举人，三甲第三十名进士。由举人时的滋阳县教谕，改河南汜水县知县。外孙王垲，道光进士，知州，署知府。

【姜　顺】观城县（今属莘县）人。乾隆元年（1736）举人，三甲第三十五名进士。授湖南宜章县知县。

【杨振先】字克昌，号方津。乐陵县（今改市）人。性谨厚，勤于诵读制艺，少有文名。因家贫，有人诱其试场代笔，屡予拒绝。乾隆元年（1736）举人，三甲第七十二名进士。授山东兖州府教授，廉介自持，勤慎训士，未及一年卒。

【孙步云】文登县（今改市）人。乾隆十二年（1747）举人，翌年联捷三甲第九十六名进士。授莱州府教授。

【王　恒】字立斋，号方湖。郯城县人。乾隆十二年（1747）举人，翌年联捷三甲第一百一十名进士，选庶吉士，散馆改福建莆田县知县。慎海防、兴水利、置讲席、勤听断，颇有赞誉。为官五载，以疾告归。

【秦汝谐】字俞廷，号少海。日照县（今日照市）人。乾隆十二年（1747）举人，翌年联捷三甲第一百三十四名进士。历竹溪、茂名县知县。父纯，乾隆进士，知县。

【李兆鹏】字翔远，号西轩。蒙阴县人。三甲第一百四十名进士，选庶吉士，散馆授检讨。仕至江西道监察御史。

【李　琬】字廷瑞。利津县人。少孤，砺志刻苦。乾隆九年（1744）举人，三甲第一百五十六名进士。授直隶高邑县知县，惠政不可枚举。

【张　铨】字衡庵，号西园。茌平县人。幼失父母，依兄嫂成立。乾隆十二年（1747）举人，翌年联捷三甲第一百六十五名进士。初署河南林县、宜阳县知县。值御驾中岳，办理行宫，修邙山道路，旧例修路夫出民间，铨恐扰乡里，捐俸自雇人办理，百姓感其德，于锦屏山为建生祠。又历署河南永城、内黄、正阳、宁陵等县知县，皆政简刑轻，能声颇著。两充河南乡试同考官，所得皆知名士。乾隆三十三年（1768），宁陵县在乡试中考中一名解元、六名举人，尽出其门，一时传为美谈。由署光州、陕州直隶州知州，迁广西上思州知州。州有好健讼之俗，抵任严惩讼师数人，使良弱始安。为此，自撰一联云："乐其地僻民俗简，徒见山高池水清。"旋升云南昭通府知府，至任未久，以目疾告归。居家闭门谢客，布衣蔬食，如同未曾仕宦者。著有《正则引蒙》、《易知录》、《课孙草》、《西园指南》、《西园塾课》。卒祀乡贤。

【史　扬】字云亭，号西峰。高密县（今改市）人。乾隆十二年（1747）举人，翌年联捷三甲第一百七十三名进士。由广东海丰县知县，升嘉应直隶州知州。两充乡试同考官。

【李应虞】（1714—1799）字咸五，号莲亭。东平州（今改县）人。幼孤，家贫，发愤力学。乾隆六年（1741）举人，三甲第一百七十八名进士。由临城、枣强县知县，升涿州（署）、平远州知州和台拱厅同知，所至皆著循声。在临城，督众捕蝗，消除虎患，兴养蚕之利。六十九岁乞归，清贫如初。嘉庆元年（1796）参加千叟宴。八十六岁卒，门人私谥文贞先生。著有《捕蝗说》。

【曹象恒】博兴县人。雍正十年（1732）举人，三甲第一百八十三名进士。授兖州府教授。著有《苏文斋稿》。

【牟曰鼒】栖霞县（今改市）人。乾隆十二年（1747）举人，翌年联捷三甲第一百八十七名进士。兄：曰管，举人，县教谕；曰笏，乾隆进士，知县。

乾隆十三年戊辰科

乾隆十六年辛未科

本科录取：一甲三名，二甲七十名，三甲一百七十名。其中山东十四名。

【刘　墉】(1720—1805) 字崇如，号石奄，一号穆庵。诸城县（今属高密市）人。《清史稿》有传。乾隆六年（1741）举人，二甲第二名进士，选庶吉士，散馆授编修。由詹事府左春坊右中允，升翰林院侍读。乾隆二十一年（1756）九月，因父统勋在陕甘总督任中处理边防驻军事获罪，被株连革职入狱，不久获宽释，仍授编修。先后提督安徽、江苏学政。奏请江苏士习官方之弊，乾隆帝赞其"知政体"。乾隆二十七年（1762），授山西太原府知府。乾隆三十一年（1766），擢冀宁道。因在太原失察所属阳曲县知县段成功贪侵国库银两，又被革职，判以死罪。乾隆帝特加恩诏免，谪发军台效力赎罪。不久赦回，仍授编修，命在修书处行走。乾隆三十四年（1769），授江宁府知府，擢江西盐驿道、陕西按察使。乾隆四十一年（1776），授内阁学士，入值南书房，充《四库全书》馆副总裁和《西域图志》、《日下旧闻考》总裁。次年，充江南乡试主考官，复任江苏学政，迁户部右侍郎，改吏部右侍郎。乾隆四十五年（1780），授湖南巡抚，以治绩卓著，擢都察院左都御史，充三通馆总裁。奉旨偕同和珅查办山东巡抚国泰（皇妃伯父）结党营私、贪纵舞弊案。墉至山东，化装成道人，步行私访，查明山东连续三年受灾，而国泰邀功请赏，以荒报丰。在征赋税时，对无力缴纳者一律拿办，并残杀赴省为民请命者。当贪赃案发时，国泰又暗凑银两，企图抢饰罪责。墉如实报奏朝廷，以查访所获证据，历数国泰罪行，据理驳斥说情袒护者，终使国泰伏法。此案结束后，墉署吏部尚书，兼管国子监事务。不久，又授工部尚书，仍兼署吏部，并充上书房总师傅。乾隆四十八年（1783），命署直隶总督，改吏部尚书，充顺天乡试主考官。次年，授协办大学士，充玉牒馆副总裁。乾隆五十四年（1789），以管理上书房不善，被降职为侍郎。不久，又授内阁学士，提督顺天学政。乾隆五十六年（1791），又迁都察院左都御史，旋擢礼部尚书，署吏部尚书，再次兼管国子监事务。嘉庆二年（1797），授体仁阁大学士。嘉庆四年（1799），奉旨审理文华殿大学士和珅植党营私、擅权纳贿案。墉不畏权势，很快查明和珅及其党与横征暴敛、搜刮民财、贪污自肥等大罪二十条，报奏朝廷，和珅被处死。嘉庆六年（1801），加太子少保，充会典馆总裁。墉为官清正廉洁，忠于职守，遇事敢为，无所顾忌，所至"官吏皆望风畏之"。其精熟文翰，博通经史百家，擅长古文考辨，工书善文，名盛一时。著有《石盦诗集》行世。其侄孙喜海又将其诗文以名《刘文清公遗集》、《刘文清公应制诗集》刊行。书法师董其昌，兼学颜真卿、苏轼、钟繇各家，用墨厚重，貌丰骨劲，味厚神藏，自成一家，名满天下。与翁方纲、铁宝、永瑆（成亲王）等齐名。嘉庆九年（1804），病殁于京，赠太子太保，谥号"文清"，入祀贤良祠。曾祖父必显，顺治进士，户部员外郎；祖父棨，康熙进士，布政使，著名循吏；父统勋，雍正进士，翰林，东阁大学士；刘墉无子，嗣子锡朋，恩荫刑部员外郎。

【李承瑞】字班牧，号玉典。海阳县人。乾隆十五年（1705）举人，翌年联捷二甲第二十三名进士，选庶吉士，散馆授编修。乾隆十八年（1753），充湖南乡试副主考官。仕至甘肃西宁府知府。父果，乾隆进士，知府。

【李 俊】字沁亭，号鹤溪。聊城县（今聊城市）人。于书无所不读。乾隆十二年（1747）举人，二甲第四十一名进士。历署福建泰宁、崇安县知县，清严为治，遇讼立为剖决。以卓异调诸罗县，惩治地痞无赖，毫不手软。又由泉州府西仓同知，复请再任崇安县知县，百姓老幼携扶夹道相迎，以为父母重来。仕至福州府知府，卒于任。

【伊 桂】字丹木，号凤翥。新城县（今桓台市）人。幼以才称，与兄松（举人，县训导），有双璧之目。乾隆六年（1741）举人，二甲第五十二名进士。授广东普宁县知县，初至语言不通，加意习之。大兴教化，严禁滋事好斗，任内无留狱，无冤狱，百姓称其神明。补山西徐沟县知县，知无不为，兴利除弊，实政惠民。以罣误罢归。在两地去任时，邑人均攀辕遮道为其送行，并立生祠。

【王启绪】（1732—1784）字绍良，一作绍衣，号德圃。福山县（今烟台市福山区）人。幼承家学，天资聪颖，读书追求精深。乾隆十二年（1747）举人，二甲第五十五名进士，选庶吉士，散馆授编修。历贵州乡试副主考官和顺天乡试、会试监试官。改云南道监察御史，署兵科给事中，疏陈时政，切中利弊。因父遵回避例，改户部郎中。先后出为河南府、开封府知府（兼署河道），擢开归陈许郑道。在此期间，一连数月，率众抢筑黄河泛滥决口工程，不避劳险，即使在旧疾复发时，也亲自督工，终因劳累过度而卒。其精通音韵，善绘事。著有《棣华书屋集》。祖父溎，太常寺卿；父检，雍正进士，翰林，总督；弟燕绪，乾隆进士，翰林，侍读。

【王采珍】字献廷，号崑岩。滨州（今滨州市）人。乾隆十五年（1750）举人，翌年联捷二甲第五十八名进士。授四川南溪县知县，政治严明。改成都县知县，悉心剖决，积案尽除。擢合州、邛州直隶州知州，矢志清洁，单骑出入山贼巢穴，将其制服。以卓异被荐升为衡州府知府。以丁忧去职，衡州人为其立碑于合江亭韩昌黎、诸葛武侯二碑之侧，以赞颂其恩德。服阕，补授郧阳府知府，上请浚洫筑堤，以除江溢灾患。时有迷信说法，以为此举不利于仕途，而采珍却道："吾知利吾民耳，他何计焉。"遂毅然为之，而水患亦除。未几，委署施南府知府，以审办竹溪命案，被革职遣戍军台，卒于戍所。孙於藩，举人，知州。

乾隆十六年辛未科

【朱 稷】（1714—1786）字竹坪，一字菊雨，号此筠。单县人。乾隆十五年（1750）举人，翌年联捷二甲第六十名进士，选庶吉士，散馆授编修。由四川、陕西道监察御史，擢吏科掌印给事中，巡视北城。其遇事敢言，正直之声，轰动京城，有"骢马御使"之目。工诗，著有《菊雨山房诗集》。民国《单县志》载其诗五首。七十二岁卒。

【刘苞丽】字永川。金乡县人。性负异敏，博学广通，为文如不经意而汪洋渊奥，受到学政奇赏。乾隆十五年（1750）乡试经魁，翌年联捷三甲第二十二名进士。历直隶宁津、蠡县知县，为政如为文，若从容无事，而治理却井井有条，无冤民之事。竟以"狂人失查拘"而被罢免，怡然归里，优游林下，以著述终。著有《永川逸稿》。

【孙熊兆】字起渭。兰山县（今临沂市）人。乾隆十二年（1747）举人，三甲第二十五名进士。授贵州湄潭县知县，多惠政。致仕，教授生徒，多所成就。著有《映雪堂集》。父泽世，举人。

【李承庚】（1727—?）字续之，号青屿。海阳县（今改市）人。乾隆十五年（1750）举人，翌年联捷三甲第二十八名进士。授直隶武强县知县，候补主事。父棠，监生，知县。

【栾廷鈗】字侍卿，一字珠野。胶州（今改市）人。父坪，岁贡，教授生徒。廷鈗幼承家学，由乾隆十五年（1750）乡试解元，翌年联捷三甲第五十九名进士。授户部主事，升员外郎。充会试同考官。以清白自持，不媚权贵，不事营竞，有上官欲劾之。乾隆帝言及廷鈗曰"朕见其制义是能文"，遂不见有人再参劾。大学士某公兼管部务，一日适至户部，见唯有廷鈗在署手持一编不释，异而问之，答曰："以待公事。"旋值京察，户部无廉静可注者，大学士某公讲："廷鈗不奔竞，必廉吏。"遂以一等补郎中。侍郎某，以廷鈗出其门，怜其贫，使视通州漕粮。有同曹对其道:"以君贫甚,故堂官荐君,是役但言米恶,千金可立致。"廷鈊当时笑着应诺,及收米时毫无所斥。事毕,不持一钱归,同曹诘问他,廷鈊答曰:"顾米诚善,安得谓恶耶。"擢贵州石阡府知府,未及任卒,年五十五。贫不能返葬,靠门人捐资归其柩。著有《燕山诗草》。

【王以训】胶州(今改市)人。乾隆十五年(1750)举人,翌年联捷三甲第六十五名进士。授登州府教授。高祖父如辰,顺治进士,按察司佥事;曾祖父懿,康熙进士,翰林,工部右侍郎;父续先,举人,知县。

【江毓圻】即墨县(今改市)人。乾隆六年(1741)举人,三甲第七十名进士。授从化县知县。父允溥,雍正进士,知县。

【王 勋】(1708—1774)字赓堂,号愚庄。临淄县(今淄博市临淄区)人。乾隆十五年(1750)举人,翌年联捷三甲第九十四名进士。初为陕西甘泉、韩城、盩厔、大荔等县知县,皆有惠政。擢云南武定直隶州知州,署永昌府事。在滇南专为助理军务三年,以劳绩增一级。改补贵州黎平府知府。奉总督之命,镇压苗民之变,但功被他人所冒,未得升迁。后擢浙江金衢严道,旋以病归,囊橐萧然。六十六岁卒。著有《东海集》、《东莱集》、《石落山房稿》。祖父颖士和父克宽皆康熙进士、知县。

乾隆十六年辛未科

乾隆十七年壬申恩科

本科为太后六旬万寿恩科。一甲三名,二甲七十名,三甲一百五十八名。其中山东十二名。

【王曰赓】字绍南。临淄县(今淄博市临淄区)人。乾隆九年(1744)举人,二甲第二十一名进士。历兴安、凌云县知县。兴安界处楚粤之冲要,民疲于输挽,动者千余人。其尽用穷民食力者,赏予钱粮。陡河常患水浅,舟不得行,其出资疏通。岁大旱,稻失收,其助给耕牛,教以播种荞麦之法。建临源书院,捐膏火以养士。在离任去凌云时,民焚香相送,数十里不绝。卒于任。著有《茂荆堂诗稿》一册。

【鞠　恺】(1722—1760)字廷和,号吟江,一号梧浦。海阳县(今改市)人。乾隆十六年(1751)举人,翌年联捷二甲第二十六名进士,选庶吉士,散馆授编修。乾隆二十一年(1756),充浙江乡试副主考官。次年,又充会试同考官。乾隆二十四年(1759),提督广西学政。奏请查办并杜绝外地童生冒籍本地参加考试之风,所拟定之章程,经允准各省遵照执行,并载入朝廷颁发的《学政全书》。因劳致疾,加上染瘴气,卒于任。弟鞠愫,举人,知县;子广庆,举人。

【李承芳】字淑六,号谿南。海阳县(今改市)人。幼丧父母,与胞弟相依为命,不分寒暑,攻读不辍。乾隆十二年(1747)举人,二甲第五十九名进士。候选知县。研习医道,不论贫富有求必应。工诗词古文,兼工书法,尤精隶书。曾祖父赞元,顺治进士,翰林,都察院左副都御史、兵部侍郎;弟承弼,举人。子:翰宜,监生,工隶书、篆刻;恩宜,举孝廉方正,知县,亦工书法。

【萧榕年】福山县(今烟台市福山区)人。祖上在明洪武年间,以军功调防登州卫。乾隆十六年(1751)举人,翌年联捷三甲第四名进士。由广东河源县知县,擢连州知州。以断盗墓案,人以为神。晚年致仕,教读子孙,颇负盛名。著有《裕昆堂诗集》、《西湖咏古》、《裕昆堂填词选》各一卷。子燨,廪贡,府教授,著有《诗赋骈字类珠》八卷。孙:培厚,举人,知州;培元,府教授。曾孙:铭衡,举人,县教谕;铭卣,道光进士,翰林,刑部员外郎。

【魏照藜】字向明,号南轩。莱芜县(今改市)人。三甲第十八名进士。授四川开县知县,率领官兵和民团,加强防御,打击盗匪,使其不敢入境,民得安居乐业。改奉节县知县，不顾个人进退荣辱，力排众议，减免一向过重的赋税，并道："明知百姓陷于水火而不起拯之，何谓父母官耶？"其对下属约法三章：一不徇私枉法；二对犯人不轻易用刑；三对知法犯法作奸犯科者与庶民同罪。从而，煞住了徇私枉法之风。其一身正气，铁面无私，以卓异升直隶州知州，不久病逝，仅四十岁。父冉与子赞垣皆拔贡，故有"头顶拔贡，脚蹬拔贡"之说。

【魏起凤】字九苞。巨野县人。乾隆十五年（1750）举人，三甲第四十三名进士。初授八旗官学教习，升兴安县知县，后又请改沂州府教授。为官两袖清风，颇有政声。为人豪爽好义，待戚友无世俗炎凉态。在为教习时，有乡宦卒于京，贫不能殓，其为出俸米经理丧事，并出归葬之资。弟起睿，乾隆进士，知县。

【贾　煜】字蓺阁。黄县（今龙口市）人。家清贫，亦耕亦读，颖悟过人，一日成七艺，人皆惊服其敏捷。康熙五十九年（1720）举人，三甲第四十四名进士，选庶吉士，散馆改广西博白县知县，擢永宁州知州，旋卒。

【姜重霱】黄县（今龙口市）人。三甲第七十七名进士，授安徽天长县知县。祖父其埈，康熙进士，知县；父宣，举人，盐运通判。

【王宸佶】字吉人。新城县（今桓台县）人。乾隆九年（1744）举人，三甲第一百一十九名进士。授莱州府教授。著有《端谷诗草》。

【董元度】（1709—1762）字曲江，号寄庐。平原县人。性孝友，才具颖敏。家富藏书，博雅好古，为纪昀所推重。自少以春柳诗擅长，声名远播。四十岁，由乾隆十二年（1747）举人，考取三甲第一百二十二名进士，选庶吉士，散馆改江西安远县知县。仅一年，以忤时改东昌府教授。十年后，以老疾乞休。历主书院讲席。其虽口吃而心达，博学多识，诗宗王士祯，名噪海内，兴至挥毫成咏。著有《旧雨草堂诗集》八卷。祖父讷，康熙进士，探花，两江总督；父思凝，康熙进士，学政。

【郭　柯】冠县人。乾隆三年（1738）乡试解元，三甲第一百四十二名进士。授湖北兴山县知县。为清朝冠县唯一进士。

【朱　传】字唯一，一字圣绍。德平县（今属临邑县）人。乾隆十五年（1750）举人，三甲第一百五十六名进士。好学能文，将邑庠生朱履庆所撰《德平文献汇略》续编成帙。未授官卒。

乾隆十九年甲戌科

本科录取：一甲三名，二甲七十名，三甲一百六十八名。其中山东十五名。

【翟茂嗣】字练亭。齐河县人。乾隆十八年（1753）举人，翌年联捷二甲第二十名进士。授四川西昌县知县。著有《晴雪堂诗存》。

【苏　綖】字其度，号杏邨。武城县人。二十四岁出嗣伯父。早有文誉。乾隆十八年（1753）举人，翌年联捷三甲第十九名进士，选庶吉士，散馆授检讨。充武英殿功臣馆纂修，记名监察御史。充顺天乡试、会试同考官。向乾隆帝所进平定西域、祭告阙里、大阅礼成诸赋与东巡、南巡、平定回部大功告成诸赋，典茂风华，被词林推为巨笔。对荣利淡然，接人待物和厚，而律身特严。以请养老母告归，居林下十余年。尤工诗词，颇为时人推重。自撰墓志铭。卒后，大学士王杰为其撰写《祭杏邨苏夫子文》。生父习礼，康熙进士，知县。

【陈　昌】字惺文。历城县（今济南市）人。乾隆九年（1744）举人，三甲第三十二名进士。

【王希旦】字炳东，号仪园。福山县（今烟台市福山区）人。积学能文。乾隆十七年（1752）乡试经魁，三甲第四十七名进士。即用知县，改沂州府教授，倡修右军祠，筹资办义学，捐俸赈济贫生。辛劳成疾，卒于任。孙璠（改名德瑛），嘉庆进士，知县；曾孙麟瑞，道光进士，知县；五世孙丙焘，举人。

【李　封】（1724—1796）字紫绶，号松园。寿光县（今改市）人。乾隆十五年（1750）举人，三甲第五十名进士，选庶吉士，散馆改刑部主事，升员外郎、郎中。理案论事，简洁明快。出为安徽庐州府知府，破获秘密反清组织"顺刀会"，捕其首领叶虎。改调镇江、苏州，所至有声。又历江西盐驿道、浙江按察使、湖南布政使。闽浙总督被劾，其遭受株连，被革职发往河南治河效力。乾隆四十九年（1784），特旨起授四川宁远府知府，又历为福建汀漳龙兵备道、江苏布政使、湖北巡抚，兼署总督。为官清廉敢为，在由江西盐法道升任浙江按察使时，盐商欲馈赠八千金作为程仪，拒不接纳。在湖北任上，正值歉收年，州县豪猾囤积居奇，牟取暴利，百姓怨声载道。封双管齐下，既打开官仓救济百姓，又究治不法豪强。经深入访查，将十年前官吏隐匿不报的一伙盗匪绳之以法，并按律惩治历任失职官吏。宣统《山东通志》载：内迁刑部左侍郎，复以事罢职，囊橐萧然。乾隆五十四年（1789），赏按察使衔。七十二岁卒。纪昀为其撰写墓志铭，有"人以官富，公以官贫，贫则贫矣，而秋水无尘"之赞语。曾祖父汝英，举人；祖父朴，贡生，知县；父烈，府同知。在子孙中，有五人为道员、知州、知县。

【杨嘉树】字柳田。历城县（今济南市）人。乾隆十七年（1752）举人，三甲第五十一名进士。授郾城县知县。

【吴镇域】府志载为振械。字莲华。历城县（今济南市）人。乾隆九年（1744）举人，三甲第五十六名进士。授秀水县知县。

【刘绍武】字凤纶，号恒斋。沂水县人。虽出身仕宦名门，却如同寒儒，刻苦攻读。乾隆十五年（1750）举人，三甲第七十四名进士。性尤至孝，因父年迈而不为官。与兄友爱，一日不见便不乐。参与纂修《府志》，考据精核。著有《历代统系谱》、《沂水古迹陵墓考》。其与子皆乐善好施，先后捐地七十二亩，作为义地。曾祖父应宾，明末进士，清巡抚、都察院左副都御史；祖父玠，廪贡，工诗文，著家训《日省录》；父鲁洙，举孝廉方正。子：鼎燮，候选光禄寺署正；鼎和，举人。

【王介禧】字绥甫，号澹亭。济阳县人。明万历举人、廷尉良相六世孙。乾隆十七年（1752）举人，三甲第七十七名进士，旋卒。其卓荦魁奇，雅好读书，尤善属文，兴酣落笔，千言立就，四方文学之士载酒问奇。生平著述多散佚。

【牟若鈖】日照县（今日照市）人。乾隆九年（1744）举人，三甲第七十八名进士。由莘县教谕，候补知县。父朝型，举人。

【苗綸实】字东升。长山县（今属邹平县）人。人品端方，博学多识，远近宗之。雍正十三年（1735）举人。初考取乾隆十年（1745）会试明通榜，选授沾化县教谕。后考取三甲第九十名进士，授登州府教授。以疾告归。举为乡饮大宾。

【毛式玉】（？—1761）字其人，一字伊人，号肖峰。掖县（今莱州市）人。乾隆六年（1741）乡试经魁，与安丘刘其旋、诸城王中孚、昌乐阎循观并称"东省四妙"。考取三甲第一百二十一名进士，选庶吉士，散馆授检讨。性端方，不趋权要，馆中目为君子，未竟其用而卒。曾为临淄某孝子雪冤，但终身不言及。好为古文，酷嗜金石，骑驴裹粮入天柱山，遍拓元魏齐碑，道旁观者，不知其为仕宦者。著有《凤池遗稿》、《燕南草》。子在梧，举人，著有《桂轩文稿》、《赵邺杂著》。

【胡万年】字大千。高密县（今改市）人。父母相继早逝，奋发读书。乾隆九年（1744）举人，三甲第一百三十五名进士。授万安县知县。为文"縋幽凿险，横驾一时"。著有《虚白轩诗集》、《文集》各一卷。

【张映台】号海瀛。海丰县（今无棣县）人。乾隆十七年（1752）乡试解元，三甲第一百四十八名进士。历河南武安、扶沟、洛阳县知县。所至注重德化、振兴文教、捐金赈民，吏畏民怀。擢福建漳州府同知，按察使委办通省积案，未到一月，审结案件百余起。入京为兵部员外郎。为官三十年，以清白自持，挂冠归里时，囊橐萧然，仅书籍数篓而已。卒于家。祖父可大，康熙进士，知县。

【吕　土】字万成。山东威海卫人。入载《文登县志》。乾隆十二年（1747）举人，三甲第一百六十名进士。授四川铜梁县知县，未赴任病卒。

乾隆十九年甲戌科

乾隆二十二年丁丑科

本科录取：一甲三名，二甲七十名，三甲一百六十九名。其中山东十三名。

【李　林】（1731—？）字西月，号野亭。诸城县（今改市）人。少时喜吟诗，闻鸡起床，诵读不停，并刻章"明发有怀"以自励。乾隆二十一年（1756）举人，翌年联捷二甲第二十四名进士。授河南汤阴县知县，改祥符县，所在革除弊政，治绩卓异。由河南开封府同知，历汝宁、卫辉、开封府知府。其器宇端凝，时人以为"有大用才"。在开封，因坐胥吏事，被贬官，旋卒。其灵柩归时，所过百余里，士民皆迎烧纸钱。工诗文，著有《野亭诗草》、《知稼堂诗集》、《执砚堂文稿》。

【李宜蕃】（1711—1761）字荫轩，号雪圃。诸城县（今改市）人。自少以孝闻，居父丧庐墓三年。乾隆六年（1741）举人。乾隆十九年（1754）参加会试列明通榜，选茌平县教谕。考取二甲第四十六名进士，仍回任茌平县教谕，贫者多假馆受业。其学识渊博，所授生徒为文皆雅洁有法。为人品行端正，不图虚名，居家俭约，笃于族谊，乐于助人。遇有灾荒，几乎将家中所有粮食用来赈济。登第当年，邑大饥，出粟二千石赈济。五十岁卒。兄宜芳，雍正进士，知县。

【焦汝翰】字桐弦。青城县（今高青县）人。乾隆二十一年（1756）举人，翌年联捷二甲第四十九名进士，选庶吉士，散馆授编修。

【韩梦周】（1729—1798）字公复，号理堂。潍县（今潍坊市）人。《清史稿》有传。少孤力学，以"毋不敬"、"思无邪"两语为座右铭，每跬步必以礼，以耻求闻达为尚。乾隆十七年（1752）举人，二甲第五十四名进士。授安徽来安县知县，斥蠹役，劝农桑，训民节俭，整治奸商。梦周发现"北绕群山，南多圩田，民凋瘵甚"，即请家乡人教习当地百姓依山种桑养蚕，又欲开浦口黑水河，使县南之水可直达江中，圩田免受水灾，民利能增数倍。其将所著《圩田图三记》，呈给总督高晋，高晋许为奏请。时值蝗灾，恰充乡试同考官，被劾以捕蝗不力而落职。去时，士民炷香携酒，相属于道。及归，主要在程符山讲学，授业达二十七年之久，培养出众多人才。梦周是清代著名理学家，学宗程朱，勤于著述。著有《周易解》、《中庸解》、《大学解》、《阴符经注》、《理堂文集》十卷、《理堂诗集》四卷、《理堂日记》八卷、《理堂制艺》三编、《山禾集尺牍》八卷、《养蚕成法》、《文法摘抄》等。嘉庆三年（1798）卒，年七十，崇祀来安名宦祠和乡贤祠。

【王承广】字致厚，号镜浦。惠民县人。乾隆十八年（1753）举人，二甲第六十二名进士。授江苏金匮县知县。

【吴　湘】（1727—1775）字衡湘、篁村，号素轩、素卿。沾化县人。幼聪慧，五岁父口授毛诗，即能很快成诵。乾隆十八年（1753）举人，三甲第二十九名进士，选庶吉士，散馆授检讨。由监察御史，擢户科掌印给事中，奏牍侃侃，能持大体，如论勾到、议厫座和辨籍贯等事，传诸邸抄，人皆诵之。生平刚正不阿，人莫敢干以私。山东有一知州，倚势大吏，以奸诈手段获取利益，山东吏民无不怨恨，其使两婿冒郓城籍赴试中式，湘查明上奏，该知州被革职，其婿亦被斥革治罪，一时声震远近，人心称快。弟江，举人，知县，著有《四书管见》等八种。

【李本杞】（1725—1774）更名师敏。字仲坚，号允堂。惠民县人。生平有干济才。乾隆八年（1743）举人，三甲第三十三名进士。授刑部主事，升员外郎、郎中。先后十年总理秋谳，断狱称情比罪，力求平允，京察两列一等。历福建兴化、彰州、台湾府知府。所至严防奸匪，救灾赈民。在台湾，建立望楼一千四百余座，以防生番不时出没，并严禁以结社祀神为名义进行的昼散夜聚活动。见盐法壅滞，商民交病，其以不限额数多寡，从其便利。以病卒于任。

【单　芸】字文静，号修来。高密县（今改市）人。乾隆十二年（1747）举人，三甲第七十八名进士。授绥阳县知县。父谓，雍正进士。

【李应龙】历城县（今济南市）人。乾隆九年（1744）举人，三甲第九十三名进士。授江西星子县知县。

【王綵绪】（1713—1784）字成祉，一字希仁，号无馥，别号遵峰，又号五莲山人。诸城县（今改市）人。乾隆元年（1736）举人，三甲第一百二十五名进士。授四川鄨都县知县，正民风，建书院，发展江上运输，并编写《蚕说》教当地人养蚕，民得其利。乾隆四十二年（1777），升石砫厅同知，从文治入手，修建学宫，兴办教育，始有及第进士。引导农民改进作物种植，不宜种稻，劝种麦、秋，使民丰衣足食。以抚为主，扫除山中土寇余孽。以卓异升南雄府知府。以足疾告归，卒于成都，年七十二。其勤于治学，精于经史，著作丰厚，有《四书遵注》二十六册、《春秋辟谬》二十册、《周易合恭》十六册、《诗经遵序》四册、《书经讲义》、《礼记》二十六册、《古文续集》二十六册、《证实录》四册、《宋五子》、《炬余诗集》、《两程子语录》、《摘读未信编》、《汉隋唐四贤集》、《秋水山房集》、《治鄠礼略》、《增订朱子近思录》、《石砫厅志》、《滋德堂诗文集》、《家居祭礼》、《家行常礼》等。子：凤文，举人，知州；麟文，恩贡生，能诗善书；森文，嘉庆进士，知县。

【曹　膏】字思雨。汶上县人。乾隆六年（1741）举人，三甲第一百三十四名进士。授浙江奉化县知县。

【李　鹄】字鸿飞，号卢樵。诸城县（今改市）人。自幼谦恭好学。乾隆十八年（1753）举人，三甲第一百三十五名进士，以知县用。先是奉命至直隶邯郸、磁州赈灾，总督嘉其能。丁祖母忧，复补云南宣威州知州，率兵役捕治盘踞在陵谷的巨盗邓昆仑，民心大快。又历沾益、蒙自、易门县知县，以"勤于听断，善于治狱"著称。在易门，正民风，修学舍，资诸生，劝读书习礼，登第者接踵。去之日，士民泣送四十里。再先后任师宗、晋宁、安宁、马龙州知州，巡抚称其治行为滇南第一。以事罢归，卒于家。工诗，著有《卢樵诗集》一册。曾祖父芄之，廪贡生，知县；祖父玠，雍正进士，知县；弟鸥与子裕随皆举人。

【赵之旦】字汝平，号南村。单县人。精制艺。乾隆十八年（1753）举人，三甲第一百四十八名进士。未朝考，闻父病，带三日粮徒步返里，心急呕血。服阕补朝考。登第之后，更加尽心研读六经与百家之书，擅古文，宗韩愈。为人磊落，乐助人急，关心乡民疾苦，对遭遇祸殃者予以倾囊相助。三十一岁，未仕而卒，乡谥文定子。著有《四书讲义》及《安蹇赋》等。

乾隆二十五年庚辰科

本科录取：一甲三名，二甲五十名，三甲一百一十一名。其中山东九名。

【王燕绪】（1730—1800）字翼子，号贻堂。福山县（今烟台市福山区）人。乾隆十二年（1747）举人，考选内阁中书，充军机章京。又考取二甲第二名进士，选庶吉士，散馆授编修。乾隆二十七年（1762），充陕西乡试副主考官。又充会试同考官和顺天乡试同考官（两次）。历日讲起居注官、詹事府右赞善、詹事府左中允、教习庶吉士、翰林院侍读（一说侍讲）、文渊阁校理。嘉庆元年（1796），参加千叟宴。七十岁卒。工诗擅书。著有《积翠堂集》。祖父溁，太常寺卿，有著述；父检，雍正进士，翰林，总督；兄启绪，乾隆进士，翰林，道员。子：庆长（寄籍顺天大兴），嘉庆进士，按察使；绶长，举人，府教授。

【刘　墫】（1717—1801）字象山，号松庵，亦号慎斋。诸城县（今属高密市）人。乾隆十八年（1753）举人，二甲第二十二名进士，选庶吉士，散馆改吏部主事。历广东乡试副主考官、吏部员外郎、礼部郎中、陕甘学政、安徽宁太池广兵备道。乾隆四十三年（1778），擢陕西按察使，转江宁布政使。为布政使七年余。乾隆四十六年（1781），黄河决口徐州，灾民极其悲惨，而江苏巡抚无意赈灾，墫与其力争于总督前，才使灾民获得救命熟食。次年，黄河又决口，墫亲自巡察抚恤，无一失所。乾隆五十年（1785）春旱，稻秧不能按时栽插，成灾已定。江苏巡抚对此仍不介意，墫亲自往见总督，陈述旱情，旋与总督同奏，很快得到赈灾旨意。两次为民请命，致使巡抚对墫产生忌恨，劾墫"既老且病"。乾隆五十一年（1786），由署安徽布政使，召京改授鸿胪寺卿。告归，八十五岁卒。工诗文书法，著有《同善见闻录》八册行世。曾祖父必显，顺治进士，户部员外郎；父燨与孙沅皆举人。

【尹文泽】字湘南。肥城县（今改市）人。明嘉靖进士庭裔孙。自幼机警，十岁能文。乾隆二十一年（1756）举人，会试第五名贡士，殿试成二甲第四十名进士。授户部主事，升至郎中。善于辞令，断事明敏，众期大用，未五十岁，以病卒于任。兄文麒，乾隆进士，监察御史。

【王中孚】（1726—1763）字木舟，号济川，亦号蓼溪。诸城县（今属高密市）人。自幼聪慧过人，四岁学《切韵》能辨五声。十一岁随父游京师，桐城方苞问中孚九经，皆能成诵。时方苞正在著述《三礼义疏》，中孚列举礼经疑义十余条相问，方苞甚为惊讶。十三岁应童子试，学政奇其文，即补为诸生第一。十八岁，于乾隆九年（1744）乡试第四名举人。授以教职，以年少不就。父母相继殁，家甚贫，又久病不起。参加会试，为会元，经殿试成二甲第四十八名进士，选庶吉士，散馆授编修。乾隆二十七年（1762），充云南乡试副主考官。祖父去世，中孚哀感行路，饭也不吃。既葬祖父，身体不支，不久卒，仅三十七岁。中孚资禀精粹，望之修然如鹤。早年为文横肆，晚归醇洁，酷似曾巩、王安石。其认为："为诗如作史，须兼才、学、识三者，日取风花雪月数十字颠倒之，虽工不足传也。"在诸城有"王（中孚）诗、刘（墉）字、窦（光鼐）文章"之说。著有《念西斋文集》二卷、《念酉斋诗文集》四卷。父焘，举人，知县；弟中夏，举人，负文名。子：绅旦，岁贡，著有《信可庵集》；綖晋，举人，县教谕。

【李　策】（1725—1796）字仲方，号秋圃。安丘县（今改市）人。乾隆二十四年（1759）举人，翌年联捷三甲第二十八名进士。历湖北竹溪、孝感（署）和直隶安肃、武清（署）县知县，所至洁己奉公，以善断狱著称。生平刚介自持，不迎合上官意，湖广总督以凤嫌中伤之，被落职。以官亏赴湖北作人质抵押，堂弟筅卖田数百亩为其代补欠亏。及归，堂弟筅已去世，策以数年所积馆金偿还其后人，其后人不接受，策则买粮赡养族人。嘉庆元年（1796），参加千叟宴。七十　岁无疾而终。著有《文梓轩古文》二卷、《于役诗草》三卷。子：恒，举人，知县，著有《守怀事宜》、《黔游笔记》、《百二砚斋诗文集》；培，嘉庆进士，道员。孙：湘华，道光进士，翰林，记名御史；湘萼，道光进士，知州。曾孙端遇，同治进士，翰林，工部右侍郎。

【李作楫】黄县（今龙口市）人。乾隆二十一年（1756）举人，三甲第二十九名进士。授河南郏县知县。

【杨　蘋】县志载作频。字南滨。茌平县人。乾隆二十一年（1756）举人，三甲第五十名进士。授泰安府教授，砥砺士行，讲明正学，艺林称道。精绘事，画虎尤工，人得其尺幅珍逾拱璧。

【赵维翰】（1718—1792）字甘城，号退斋。济宁州（今济宁市）人。明永乐举人资裔孙。生而颖异，天性仁孝。乾隆十七年（1752）举人，三甲第八十一名进士。分发陕西以知县用，改直隶饶阳县知县。以教化民众为首务，刊布所作"重孝悌，崇节俭，畏王法，睦乡邻"教条四则，训示于民。实心办理地方之事，一切建置顺其自然，使民得实惠，而无更张之迹。听讼虚心研讯，婉言化导，息争者众多。邑有李氏女出嫁赵姓者，其姑不悦，而将李氏女遗弃，后更娶杨氏女，李氏女守节不嫁，其父告之于官，维翰谕以贤媛贞女之道，杨氏女恳求其姑迎回李氏女。维翰作《双奇传》，以传其事。在任五年，屡赴他邑勘灾和办案，所至有政声。又前后办理皇帝巡视差务六次，恩赐颇多。乾隆三十年（1765），告请奉亲终养，连遭父母之丧，服阙，补陕西郃阳县知县。每当平仓易陈出新时，胥吏多所侵渔，维翰立革其弊。值甘肃发生民变，军需络绎，维翰一身担之，而民不知扰。因公赴乡与民欢洽如家人。其治郃五年，政宽刑简，务以诚信感人，从不轻加笞杖。以年老致仕归，七十四岁卒。祖父蕃，康熙进士，知州。

【赵振绪】字绍周。诸城县（今改市）人。祖父克长为名士，曾为大学士鄂尔泰之师。其幼时，因遇荒歉之年而废读。本邑进士李宜蕃招其为弟子，按时供给薪米，赡养其母。乾隆二十一年（1756）举人，以会试第十名贡士，经殿试成三甲第八十三名进士。授直隶广昌县知县，训农兴学，以清廉称。在饥荒年，未等上官答复赈灾请求，即开仓放粮，自己负债至千余金。告归，卒于家。著有《诒谷集》。

乾隆二十五年庚辰科

乾隆二十六年辛巳恩科

本科为太后七旬万寿恩科。一甲三名，二甲六十六名，三甲一百四十八名。其中山东十二名。

【李文藻】（1730—1778）字素伯，一字茝畹，又字香草，晚号南涧先生。益都县（今青州市）人。天资俊朗，读书博览古今，为学无所不赅，不为世俗之学。乾隆二十四年（1759）乡试亚元。按察使沈廷芳向主考官钱大昕祝贺道："此子天下才也，君得人矣。"翌年会试考中贡士，当年未参加殿试，次年恩科补殿试成二甲第九名进士。授广东恩平县知县，充广东乡试同考官。又历新安、潮阳县知县，以卓异被保荐广西桂林府同知，岁余卒，年四十九。在岭南，兴教育、禁盗牛、断诬案、息械斗，以清白强干称。潮阳同海阳、揭阳俗称"三阳"，乃为官致富之地。文藻去官时，囊橐萧然，只是请人至番禺临摹了四轴光孝寺贯休所画罗汉像，并风趣地道："此我广南宦橐也。"一生呕心沥血，勤于治学，善诗文，喜鉴藏，称雄文苑，名动京师。其性好聚书，嗜书如命，每遇好书，即使典衣借债也要购买下来。除购买外，还从友人处借书抄书。经日积月累，藏书达数万卷之多，且每卷都亲手雠校。当其知道一书贩手中有其梦寐以求的《海岱会集》一书时，即用一件上好的皮袍换回借看，不顾深冬寒甚，呵冻手抄，用四十余天时间抄录完毕。对石刻搜罗尤富，凡所经过的学宫、寺院、岩洞、崖壁，如发现有碑刻题记，即让仆人拓印。一生著述甚多，主要有：《益都金石考》四卷、《泰山金石考》十二卷、《金石书录》四卷、《青社拾闻》四卷、《齐藩录》二卷、《濮雅》八卷、《河南附录补遗》二卷、《饾饤录》三卷、《南涧文集》三卷、《岭南诗集》四卷、《思平集》、《潮阳集》、《桂林集》、《毛诗本义》、《南北史考略》、《青社拾遗》、《粤西金石刻记》、《山东元碑录》、《云门碑目》、《国朝献征录》、《隶补》、《尧陵考》、《恩平程记》、《齐谚》、《粤谚》等。文藻重视地方志的编纂，参与编纂《历城县志》、《诸城县志》，且皆为名志。

【吴　坛】字紫庭，号椒堂。海丰县（今属无棣县）人。生于名门望族。乾隆九年（1744）乡试经魁，二甲第二十三名进士。授刑部主事，升至郎中。乾隆三十二年（1767），超授江苏按察使，就迁布政使，平冤案、豁民欠、清尘牍、兴水利、赈灾民。乾隆三十七年（1772），以卓异擢刑部右侍郎。后因事受牵连被革职，不久又复起，补授刑部郎中。丁忧，服除，于乾隆四十四年（1779），出为江南河库道，擢江苏布政使。适值岁歉，其禁止囤积，劝谕富人出米平粜，市价顿平。次年，擢江苏巡抚，奏免公田积欠租粮，议开秦淮下流及沿海支河，使农田收灌溉之益。坛熟谙刑律，经几十年努力著成《大清律例通考》。以积劳卒于任。祖父自肃，康熙进士，按察司佥事；父绍诗，由廪生举贤良方正，吏部侍郎（加尚书衔）；兄垣，举人，巡抚；子之勤，举人，道员，著有《叶梦楼诗滕》。

乾隆二十六年辛巳恩科

【卜祧光】字凝子，一字簣谷。日照县（今日照市）人。乾隆十二年（1747）举人，二甲第四十三名进士，选庶吉士，散馆授编修。屡迁陕西延安府知府，察吏恤民，革除仓储兵糈积弊。又先后充榆林（署）、潼商兵备道，以"金川不靖，筹饷供军"，晋阶二级。调署陕西按察使，推辞不就，以终养归。居家诱掖后进，多所成就。书法出入欧颜，学者宗之。著有《尔雅书屋遗稿》。父宁一，乾隆进士，翰林，顺天府丞；子恩垣，举孝廉方正，亦工书法。

【郝慎行】字闻斯，号奇音。高密县（今改市）人。乾隆十七年（1752）举人，二甲第五十六名进士。历山西马邑、广灵等县知县，改山东武定府教授。为人疏达，不治家产，官俸所入随散给贫乏之人，或捐修桥梁、庙宇。公余喜微服出行，与乡者攀谈，民情尽知，故无人不识其面。每离职去，当地士民都十分留恋，攀辕泣送，如失父母。为官三十年，以老致仕，督课子孙，后皆成名。六十七岁卒。

【丁荣祧】字莱斑，号蔚风。诸城县（今改市）人。幼承家教，砺志于学，且以至孝闻。乾隆二十五年（1760）举人，翌年联捷三甲第十二名进士，选庶吉士，散馆授检讨。充国史馆纂修。丁父忧，在家又侍奉祖母，居家十余年。回京，仍授翰林院检讨。以大考违式免官。不久，补授内阁中书，分校《四库全书》。乾隆五十四年（1789），充顺天乡试同考官。以疾告归，六十八岁卒。工诗文，著有《紫芝山房存稿》。祖父廷植，雍正进士，府通判；父璕，举人，主事；子锡群，诸生，知府。

【戴元夔】掖县（今莱州市）人。三甲第十三名进士。

【朱廷基】（？—1775）字朴士，号荆园。益都县（今青州市）人。乾隆二十四年（1759）举人，三甲第三十九名进士。历吉水、临川县知县，充乡试同考官。在临川，筑堰防御赣水，建漕仓节省输輓费用。所至宏奖士类，多所成就。丁忧，服除，再补湖南永定县知县，捕获巨盗，一境肃然。逾年病卒。著有《字江吟》、《荆园文稿》。父承烈与弟廷坊，皆以工诗、著述名于时。孙沅，举人，知县，著有《益都诗纪小传》、《铜鼓轩诗抄》各二卷。

【周　珹】《题名碑录》载作城。莱阳县（今改市）人。乾隆二十一年（1756）举人，三甲第五十六名进士。历浙江寿昌、安徽宿松县知县。曾祖父世求，解元，内阁中书，工书法；父兆龙，布衣，亦工书法，尤精绘画，著有《黔行日记》四卷。

【李　渠】字漪园，号南麓。诸城县（今改市）人。乾隆二十五年（1760）举人，翌年联捷三甲第五十七名进士。授四川长宁县知县，廉静爱民，决狱平恕，深受上官器重。以病告归，病瘳又补陕西扶风县知县，为政一如长宁。任职四载，告归。居家教授生徒，凡诸生馈赠酬金，一概谢绝不受。五十九岁卒。工诗文，著有《学吟草》六卷、《见山堂诗文集》四卷。父宜芳，雍正进士，知县；弟樾，乾隆进士，亦知县；子瑛煜，州同。

【魏起睿】字若研，号兰溪。巨野县人。性颖异，敦行力学。乾隆十八年（1753）举人，三甲第六十七名进士。授江苏栗阳县知县，邑多健讼，知名讼棍以百计，百姓"畏如虎蝎"。其到任查得实情，拘首恶四人，予以严惩，百姓称快。其办理案件，不媚权豪，平反冤案，百姓信赖，有"菩萨"之称，士民为建生祠。充江南乡试同考官。倡修金岭书院。所著制艺与父、堂兄合编成《集庆堂合稿》。九十一岁卒，乡谥文恪。兄起凤，乾隆进士，由知县改府学教授。

【董延楷】字端木，号龙泉。莱阳县（今改市）人。乾隆二十一年（1756）举人，三甲第九十七名进士。历陕西中部、宜川、米脂县知县。三充陕西乡试同考官。著有《关中诗草》。

【马人龙】字友夔。齐河县人。乾隆二十四年（1759）举人，三甲第一百二十四名进士，选庶吉士，散馆改刑部主事，升礼科给事中。被罢职，又起复礼部郎中。充湖南乡试副主考官。弟见龙，知县。

乾隆二十六年辛巳恩科

乾隆二十八年癸未科

本科录取：一甲三名，二甲五十五名，三甲一百三十名。其中山东九名。

【萧栴年】福山县（今烟台市福山区）人。乾隆二十四年（1759）举人，二甲第二十一名进士。由贵州独山州知州，升仁怀厅同知。先后署平越、大定府知府。所至轻徭役、宽刑典、重教化、办义学，鼓励少数民族垦荒种田，遇天灾赈济饥民，声誉颇佳。致仕归。祖父程俨，举人，知县，著述甚多；父劼，康熙进士，知县。

【胡翘楚】字迈丛。肥城县（今改市）人。性朴厚，慈祥惠爱。其潜心经学，为文不逐时趋，得先正遗法。乾隆二十四年（1759）举人，二甲第三十三名进士。历安徽东流、浙江嵊县知县，为政不任刑威。两充乡试同考官，所取皆知名士。

【李　铎】字振文，亦作震文，号琪园。寿光县（今改市）人。乾隆二十七年（1762）举人，翌年联捷三甲第十三名进士，选庶吉士，散馆授检讨。为武英殿、国史馆、三通馆纂修，充日讲起居注官。乾隆三十三年（1768）大考，改江西会昌县知县。又历彭泽、新建县知县，署饶州府同知。补山西宁武府同知，署知府。充江西乡试同考官。未四十岁卒于任。喜鉴藏，不惜重金购藏书籍和图章。藏书万卷，富甲一方。所藏图章，后人皆珍重。案牍之余，手不释卷，博学精深。工诗擅画。其绘画以"入神"、"雄壮"著称。著有《冷玉岩集》五卷、《瑶笈丛书目录》、《蕉香书屋稿》。曾祖父迥，康熙进士，刑部右侍郎；父庸，知府。

【朱子璠】字克昌，号方津。乐陵县（今改市）人。乾隆十五年（1750）举人，三甲第二十二名进士。授直隶涞水县知县。

【杨　慰】字安临。兰山县（今属临沂市）人。天资颖异，于书无所不读。敬事伯兄，抚养孤侄。乾隆二十四年（1759）举人，三甲第三十二名进士。授山西夏县知县，改福建福安县。值岁饥，请免逋赋，民赖以安。邑有数大姓恃祠堂公款余资滋讼，胥吏因缘为奸，慰为立条规，将其余资分给族内贫穷者，讼顿息。任内连破"贩户夜行遇害"与"童子被害荔枝园"疑案。曾押解重囚，在赴漳郡过龙溪县时，将重囚囚于龙溪，狱中大哗，龙溪知县不能制止，慰至，众囚惧其神明，皆伏地不敢起。又任惠安县知县，率兵擒获海盗十五人。改调诸罗县知县，此地土番杂处，号称难治，其教养兼施，仅二载，民咸便之。以卓异受到荐举，但在处置权贵与民争田界一事中，遭权贵忌恨，受诬坐罪，被削职下狱。经长子应星至刑部抗词鸣冤，才未被遣戍，释归故里。以疾终。

【孙含中】(1729—1778) 字象渊，号西林。昌邑县（今改市）人。明正统举人洪九裔孙。乾隆十八年（1753）举人，三甲第四十二名进士，选庶吉士，散馆改户部主事，升至郎中。先后充河南、贵州乡试副主考官。含中常与友谈为政之道，有言云："名义所在，利弊所关。"认为做官要讲道德，守规矩，起表率作用。乾隆三十八年（1773），由江南苏松道，擢陕西按察使。乾隆四十二年（1777），又迁浙江布政使。其当政以兴利除弊为己任，常通宵达旦，不辞劳苦。以积劳成疾卒于任。著有《居官要览》。父尔周，乾隆进士，知府。

【赵苏门】海阳县（今改市）人。乾隆二十七年（1762）举人，翌年联捷三甲第六十八名进士。授直隶沙河县知县，捐银三千，以济民困。工诗文。以疾乞归。

【申士秀】(1712—1778) 字书生，亦作书升。历城县（今济南市）人。少孤，事母以孝。母卒，舌耕自给。生而颖异，闻见不忘，博极群书，诗古文词皆足成家，而经义尤著，洗尽铅华，力追先正。乾隆二十一年（1756）举人，三甲第七十一名进士。时已五十岁。从六十岁始，历为四川庆符、安县、石泉县知县，在职六载，清慎如一，颇有政绩。六十六岁卒于任。著有《尚志轩文集》二卷、《尚志轩诗集》一卷。

【谢景谟】(1721—1785) 字云岸，号蓉江。福山县（今烟台市福山区）人。工诗赋，在乡邦有文誉。乾隆二十七年（1762）举人，翌年联捷三甲第七十六名进士。授陕西保安县知县，一直未得升迁。晚年致仕。著有《蓉江集》、《蓉江诗集》、《瓜架笔谈》、《读书余味》。为人诙谐，为文调侃、辛辣，曾在文集中描绘自己多次参加科考的情形："入场像提篮的乞丐，点名像受呵的囚犯，进号像秋天的蚂蚱，出场像出笼的病鸡，盼望报子像坐立不安的猴子，得报不中像中了毒的呆鸡。"其精通医道，以秘方济世，不收钱财。祖父乃实和父光纪，皆康熙进士、知县。曾孙应岳，举人，县教谕。

乾隆三十一年丙戌科

本科录取：一甲三名，二甲六十九名，三甲一百四十一名。其中山东十四名。

【查　莹】（1743—1803）字韫辉，号映山，别号竹南逸史。海丰县（今无棣县）人。乾隆三十年（1765）举人，翌年联捷二甲第二十六名进士，选庶吉士，散馆授编修。改监察御史，升至吏科给事中。充云南乡试副主考官、会试同考官，提督广西、湖北学政。

【张　敩】（1734—1803）字对廷。历城县（今济南市）人。乾隆二十七年（1762）举人，二甲第四十六名进士，未仕。

【阎循观】（1724—1769）字怀庭，号伊嵩。昌乐县人。《清史稿》有传。少孤，性至孝。祖坟常遭水浸，遇阴雨辄号泣不食，达夜绕墓走。初好佛事，既读宋儒书，一奉程朱理学。其学行醇正，海岱名流及当代缙绅莫不目为真儒，都想"一见以请益"。乾隆六年（1741）举人。乾隆二十二年（1757）参加会试，其文章为同考官侍读学士卢文弨所推崇，极力荐于主考官，以为此卷当列玉堂第一，并以此相左，主考官怒撤原批，循观竟落第不中。卢文弨感到非常惋惜，抱卷痛哭。卢文弨得了个"抱经先生"的雅号，并把自己的堂号亦命为"抱经堂"。循观绝意仕途，与弟子讲学于程符山麓台书院，执教以程朱为宗，以孝悌为本，又探习先儒所以用力之方，其所授者多有腾达之士。之后，循观在亲友累劝之下，再次进京应试，考中二甲第六十二名进士。授吏部考功司主事。为政一秉直道，考察吏治，毫不宽容。每事必详核比例，准情酌理，而后定稿，从不肯随方就圆，事或龃龉辄不画押。同事对其道："看堂官面，稍降心可乎？"循观曰："吾学何事，岂至是变耶，且位郎官小，凡事不得主张，吾以忠守本职即可。"并取桂林陈文恭所刻《在官法戒录》教导诸吏曰："吾不以不肖待其人，存其廉耻，使知法戒。"诸吏畏其明，而怀其德，无不敬重钦佩，敛手不敢为非。时同官会食部署，独循观自带麦饼，左右以为如此节省。循观道："吾非俭也，但恐食误公耳。"在任三年，以疾辞官。其告归时，距颁俸禄仅差三日，友人劝循观道："君资斧艰，其少留三日，禄可得也。"循观曰："吾惧怕贪位怀利以事君，若尔是怀利也。"告归一年后卒，年四十四，乡谥孝简。时人把韩梦周与阎循观并称"山左二儒"。其著述颇丰，仅《四库全书》就收录其著作达十卷，包括《尚书读记》、《西涧草堂集》四卷、《困勉斋私记》、《春秋一得》等。另外，还有《西涧制义》、《论语谱》、《毛诗读记》、《名人小传》、《见闻随笔》等。曾祖父世绳，康熙进士，翰林；祖父愉，康熙进士，翰林，主事。

【孟廷对】字叔扬，号秋崖。章丘县（今改市）人。乾隆二十七年（1762）举人，二甲第六十四名进士。授云南建水县知县，宽严相济，为苗民所爱戴。又先后改直隶庐龙、丰润县知县，所至治乱赈灾，多惠政。在丰润见徭役繁剧，捐廉置驿车，以纾民力。丁母忧，服除，补福建崇安县知县，未几卒于任。

【匡文炅】字淑辰。胶州（今改市）人。乾隆二十七年（1762）举人，翌年会试考中贡士，当年未参加殿试，后补殿试成三甲第十九名进士。历湖北保康、襄阳、天门县知县，以清静不烦为治。五十岁辞归。其不问家计，布衣蔬食，年逾八旬，仍能作蝇头小楷。著有《乐吟草》、《四余草》、《橘亭老人遗集》。父圣时，乾隆进士；兄文昱，举人；子苞，乾隆进士。

【周泽深】山东鳌山卫人。入载《即墨县志》。乾隆三十年（1765）举人，翌年联捷三甲第三十三名进士。

【侯凤林】字巢阁，号南邨。城武县人。乾隆二十七年（1762）举人，三甲第四十二名进士。授湖南安乡县知县，重教化，息争讼，除陋俗，风气为之一变。性刚直，以忤上官，移疾归。居家授徒讲学，邑人称为宗匠。著有《南邨古文》、《制义藏稿》。

【张希贤】字志伊。益都县（今青州市）人。乾隆二十四年（1759）举人。乾隆二十八年（1763）会试贡士，当年未参加殿试，后补殿试成三甲第四十七名进士。授江苏阳湖县知县。

【王元烺】字晓庄、方辂，号介亭、春海。诸城县（今改市）人。乾隆二十五年（1760）举人，三甲第六十三名进士，选庶吉士，散馆改户部主事，转吏部。乾隆三十九年（1774），充福建乡试副主考官。丁父忧归，未几卒。工诗文，著有《玉林山房诗稿》、《玉林山房文稿》、《得月楼草》。曾祖父铖，顺治进士，知县；祖父沛恂，举人，主事，著有《匡山文集》；父桂，举人，知县；兄元耿，与其同榜举人，以知县用，未赴。

【孙今莚】德州（今德州市）人。乾隆二十七年（1762）举人，三甲第八十四名进士。授江南萧县知县。祖父勷，康熙进士，翰林，学政；父于盘，举人，府通判。

【尹廷相】字仲伊，号莘野。临朐县人。乾隆三十年（1765）举人，翌年联捷三甲

乾隆三十一年丙戌科

第九十四名进士。授福建长乐县知县。

【丁元鹏】(1724—1787)字程九。黄县(今龙口市)人。乾隆十八年(1753)举人,三甲第一百名进士。授江苏义征县知县,重农劝学,甚得士民心。在告养老人后,又补浙江安吉县知县。为官清廉,以勤劳致疾卒。贫不能归葬,上官怜悯,为其归葬。著有《易经文抄》、《学庸详解》、《敦义堂诗集》、《丁氏族谱》。

【曲永文】字文兹,号年圃。宁海州(今烟台市牟平区)人。乾隆十五年(1750)举人,三甲第一百一十名进士。授四川井研县知县,改都察院经历。为人耿介,因裁减重叠官员时被降级,有人劝其乞请大吏,而永文却道:"吾老矣,苦于折腰。"旋连应得的数百俸金也弃之不问,拂衣而归。其博宗经史,治学严谨,尤精易学。著有《怡修堂时艺稿》、《大学求明录》、《中庸求明录》、《役艘偶感诗草》、《读易辑解》。

【姚学甲】字联芳,号半塘。巨野县人。乾隆二十七年(1762)举人,三甲第一百三十八名进士。授江南嘉定县知县,居官洁己,案无留牍,百务修举,士绅赋诗赞颂,并汇编成《姚公美政集》。充江南乡试同考官。被聘修《山右潞安府志》。其能文,尤工诗赋。著有《制艺二十名家选》、《公余课艺薄书》、《偶寄文稿》、《石门杂著》等。

乾隆三十四年己丑科

本科录取：一甲三名，二甲五十名，三甲九十八名。其中山东十二名。

【刘　湄】（？—1802）字芷林，号岸淮。清平县（今属聊城市）人。性颖悟，六七岁受塾中，即能深思质问疑义，稍长通六经浸淫百家之说。乾隆二十五年（1760）举人，二甲第十三名进士，选庶吉士，散馆授编修。充会试同考官。授江西道监察御史，升工科、吏科给事中，多有建白。又历侍读、侍讲学士、太常寺卿、大理寺卿。嘉庆五年（1800），擢都察院左副都御史，奉命巡视天津漕务，政绩累累。嘉庆七年（1802）卒，祀乡贤。

【尹文麒】字绍陵。肥城县（今改市）人。明嘉靖进士庭裔孙。性端严，持身廉介。乾隆十八年（1753）举人，二甲第四十三名进士。授江南道监察御史，尽心职守，不沽虚名。嘉庆元年（1796），七十五岁时，参加千叟宴，钦赐御制诗、玉如意、鸠杖、缎绫、笔墨等物。归田后，布衣蔬食，安乐自得。弟文泽，乾隆进士，户部郎中。

【张隆基】（？—1816）原名诚基，奉旨改今名。字贻哲，号晴昉。金乡县人。乾隆二十七年（1762）举人，二甲第五十名进士。授户部主事，升至郎中。从乾隆四十三年（1728）始，历贵州贵西兵备道、督粮道、按察使和四川按察使、甘肃按察使（署）、直隶布政使、江苏布政使。在四川，清理积案，严缉盗贼，平安一方。在江苏，值松、太灾情严重，奏明赈恤，并立请巡抚发库银二十四万两，按名散发，旋定民心。嘉庆元年（1796），擢安徽巡抚，改广东，密查海盗窝线，严禁海口接济，洋面肃清。又回任安徽巡抚，改调江西。订立教约十四条，堵御反清势力，上奏赏戴花翎。嘉庆七年（1802），为属吏刘光评告"冒功入奏"，被革职逮问，议罪斩监候。被发新疆伊犁效力赎罪。嘉庆十三年（1808）释回，补用刑部主事。嘉庆二十一年（1816）卒。祖父元善，庠生，府同知，署知府。

【郭　寅】字陵川。历城县（今济南市）人。乾隆三十三年（1768）举人，翌年联捷三甲第八名进士，选庶吉士，散馆授检讨。著有《啖芋草堂稿》。

【吴征士】济宁州（今济宁市）人。乾隆二十七年（1762）举人，三甲第十二名进士。由刑部主事，仕至严州府知府。

【张有年】（？—1781）字瑞书，号沁园。济宁州（今济宁市）人。生而颖异，读书敦行。乾隆三十三年（1768）举人，翌年联捷三甲第二十七名进士。授户部主事，升至郎中。京察一等，旋授河南河陕汝道。值陕西运粮协济河南，有年督理裕如，官民称便。捐俸修召南书院，人文振兴。稽查开归等处赈务，核实给放，饥民无失所。时河溢祥符，被调赴承修河工，其"不希容，不避怨"，得以顺利完工。乾隆四十六年（1781）秋，万锦滩涨漫，奉命洒泪抵工，合力抢筑，劳苦百倍，至冬十一月，青龙岗口门合龙，过日复漏水，急率众以土镶压，半夜时分，堤面渐裂，有年指挥如故，从者劝其躲避，有年叱曰："朝廷亿万币，百姓亿万命，争此一刻，吾身值几何？"终致堤溃，以身殉职。乾隆帝闻知恻然，赠光禄寺卿，赐祭葬，恤荫如制。子善保，府同知，署知府；孙继鲁、继邹皆道光进士、知县。

【李　源】字巨涛，号云鹤。利津县人。以文学著称。乾隆二十一年（1756）举人，参加会试为会魁，经殿试成三甲第三十一名进士。授福建邵武县知县，敦励儒风，游其门者日众。充乡试同考官，所取多名士。尤善通经，能荟群说，而撮其要指。著有《五经辑要》、《四书考疑》、《历代纪元》、《寓拙轩稿》行世。

【赵　贯】字传曾，号一庵。博山县（今淄博市博山区）人。乾隆十八年（1753）举人，三甲第五十四名进士。授安徽怀远县知县。著有《铁砚斋诗文集》。

【李德容】字敬斋。历城县（今济南市）人。乾隆三十年（1765）举人，三甲第五十六名进士。授直隶安肃县知县，地当南北孔道，时值金川用师，大兵过境，上官要其尽絜民车以应役，德容不许。及兵至，见供给不足，即相顾大哗。德容告曰："兵所以救民，因救民而反病之，吾官可弃，病民事不能为也。"众皆默然，既而曰："此仁厚令也。"即疾行过境。不久，移疾归，教授生徒。著有《安疏草堂诗稿》。子：廷珍，知县，为官有父风；廷芳，举人，亦知县。孙：庆翱，咸丰进士，翰林，巡抚；庆翔，举人，知县。

【王仲愚】（1736—1782）字拙安，号荫台，亦作荫泰。济宁州（今济宁市）人。秉性英锐，为文以行气为主。尤精通《周易》。乾隆三十三年（1768）举人，翌年联捷三甲第六十二名进士，选庶吉士，散馆授检讨。充方略馆纂修，协办院事。又充《四库全书》提调。乾隆三十九年（1774），京察一等，保举监察御史。乾隆四十二年（1777），又京察一等，记名以道府用。充顺天乡试同考官，得十五人皆知名士。翌年，由文渊阁校理，升詹事府右春坊右赞善。乾隆四十五年（1780），充广东乡试主考官。旋迁詹事府左春坊左赞善，复授右春坊右中允，为日讲起居注官。次年，升翰林院侍讲。以积劳成疾卒，年四十七。子贻棻，知县；孙允善，同治进士，翰林，户部郎中。

【成兆丰】(1721—1772) 字武苣。邹平县人。性至孝。乾隆九年（1744）举人。家甚贫，以教读餬口。乾隆十九年（1754），会试考取明通榜，选滕县教谕，捐俸倡修庙学，主讲县书院。时遇大水灾，承委勘灾赈济，艰苦劳瘁，目几为之失明。上官欲保举其知县，而兆丰则以未登第力辞。乾隆二十八年（1763）会试贡士，以丁母忧，而未参加当年殿试，补高唐州学正。后补殿试成三甲第七十五名进士，仍回原任，主讲鸣山书院。在候选知县时，被知府聘请参修《东昌府志》。康熙三十七年（1772）卒于任。著有《竹斋集》四卷。兄兆豫，拔贡，知府；侄启恩，举人，知县。孙：瑾，乡试亚元（县志误载为进士），著有《篛园日札》、《续札》、《余札》、《篛园医学》、《岐阳十鼓辩证》等；琅，举人，著有《锄经摭记》等。

【李廷屏】字丹宸。邹平县人。乾隆三十年（1765），与弟廷佑同科举人，三甲第八十名进士。授四川太平县知县，廉介自持，不妄取于民。在任修学宫，建书院，厚其膏火，以严师自居。听讼不恃笞杖，日夜研审，务得真情。夜间出巡，不以地之崎岖遥远、天之风雨寒暑而受影响。未及一年，以劳卒于任，囊橐萧然，士民助之，乃得归葬。父晖，举人，府同知，与千叟宴。弟：廷叙，举人，县训导，参加会试以年例钦赐国子监学正；廷佑，乾隆进士，授知县未任卒；孙昌会，举人，知县，战死。

乾隆三十六年辛卯恩科

本科为太后八旬万寿恩科。一甲三名,二甲五十五名,三甲一百零三名。其中山东十二名。

【李 簧】字以雅,一字鹿萍,号梅楼。单县人。乾隆三十三年(1768)举人,二甲第八名进士,选庶吉士,散馆授编修。座主刘统勋对其才学极赏之。其生性骨鲠,与权贵有隙,以奉养老人告归。喜游历,足迹遍江淮吴越梁楚,赏佳山胜水,寻古探幽,题咏寄兴。诗雄浑豪放。著有《史垣集》、《梅楼诗存》十六卷、《退园集》、《古诗说》三十卷。曾任北洋政府总理的周齐,喜爱其诗,曾亲自校点《梅楼诗存》,并编印作跋。一生淡泊名利,甘守田园,晚筑别墅,书有"退园"匾额,注云:"何人不咏南陔句,解印惟看此大夫。"卒祀乡贤。弟簺,亦工诗,著有《澄煦堂集》八卷、《竹雨山房诗草》一卷。

【谢宜发】(1736—1820)字萼亭,号梅溪。福山县(今烟台市福山区)人。性颖悟,十岁能文。乾隆三十年(1765)举人,二甲第二十名进士。授刑部主事,判案公允。时有盛京某高官一逃奴,系幼年被掠卖,被高官抓获,欲示官府处死。宜发力排众议,据理力争,认为不能处死。经圣裁,乾隆帝批示"依议得免死"。出为安徽滁州直隶州知州,注重教化,清理积案数十起。改补山西隰州知州,兴文学,除虎患,禁苛派,遇命案不株连一人。两州为立生祠。晚年致仕,著有《六顺斋文集》、《萼亭存草》。卒后,乡谥文贞。曾祖父乃实,康熙进士,知县;祖父光祖,举人,主事。

【周永年】(1730—1791)字书昌,号林汲山人。历城县(今济南市)人。《清史稿》有传。有夙慧,稍长于书无所不读,博学贯通,精考证之学,为时所推许。乾隆三十五年(1770)举人,翌年联捷二甲第三十一名进士。一生酷爱藏书,耗尽薪俸购藏,藏书近十万卷。时人有"堪笑石仓无粒米,乱书堆里日高眠"之句。其曾筹措建立"藉书园",作《儒藏说约》,并联络桂馥等人,在济南五龙潭修建"潭西精舍",以供借阅和传世。因其学识渊博,被举荐与邵晋涵、戴震参与征修《四库全书》。特授翰林院编修。其为搜求宋元善本,无间风雨寒暑,目尽九千巨册,凡一万八千余卷,丹铅标识,摘抉编摩,许多前人所未见古籍得以注录传世,好古之士谓其有功斯文。永年曾充贵州乡试副主考官。其善诗文,工书法,著有《先生读书诀》,参与编纂《历城县志》。乾隆五十六年

（1791）七月病卒。子震甲，举人，知县；孙宗照，监生，工诗擅书，著有《喜闻过斋诗草》、《摹古法帖》。

【孔继涵】（1739—1783）字体生，一字诵孟，号荭谷，别号南州，自称昌平山人。曲阜县（今改市）人。孔子第六十九世孙。自幼聪颖，勤奋好学。乾隆二十五年（1760）举人，二甲第四十名进士。授户部主事，兼理军需局事。充《日下旧闻》纂修。在京为官六载，与诸多士人名流交往至深，互相切磋，学识日益渊博。乾隆四十二年（1777），以奉养老母告归，集中精力校勘群籍，著述立说。其藏书极富，达数十万卷，对天文、地理、经学、数学、文学、金石考据学无不阅览，尤精研"三礼"。其收集汉唐以来金石拓本一千余种，以与经义史志相印证。凡遇藏书家的罕见之本，必精心校勘付梓，以广流传。其所著《微波榭丛书》，包括校订的《算经十书》、《五经文字》、《九经字样》、《春秋长历》、《毛郑诗考证》、《孟子注》、《考工记图》、《水经注》等，多达十八种，二百三十余卷。其自著有《春秋氏族谱》、《勾股粟米法释数》、《考工车度记补》、《杜氏考工记解》、《红榈书屋诗集》、《文集》、《水经释地》、《斫冰词》等。乾隆四十八年（1783）卒，年四十四。兄继汾，乾隆举人，户部主事；子广栻与孙昭焜（主事）皆举人，亦著述、校刻书籍颇多。

【孔广森】（1752—1787）字众仲，一字撝约，号巽轩。曲阜县（今改市）人。《清史稿》有传。孔子第六十八世孙。少时拜著名学者戴震、姚鼐为师，博览群籍，对经史、训诂、六书、九数等无不贯通，为清代著名经学家、数学家及音韵学家。乾隆三十三年（1768）举人，三甲第十名进士，选庶吉士，散馆授检讨。广森性情恬淡，轻视名利，专心于著述研究。入仕不久，即辞官归里。因仰慕东汉经学家郑玄，专修书斋一所，题名为"仪郑堂"。在经学研究上，尤通"三礼"，对《春秋公羊传》研究尤深。著有《春秋公羊通义》十一卷、《经学卮言》六卷、《礼学卮言》六卷、《大戴礼记补注》十三卷，《叙录》一卷。在数学上，继承戴震勾股定理学说。著有《少广正负术内外篇》六卷。对古代数学中解"方田"、"粟米"、"差分"、"少广"、"商功"、"均输"、"方程"、"勾股"、"赢不足"等原理，颇为精通。其对音韵学很有研究，著有《诗声类》十三卷，将古韵分为阳声、阴声各九部，明确提出"阴、阳、对、转"说。对声韵学中的"东"、"冬"提出要分部主张。其擅长文学，工骈体文，为清代"八大骈文家"之一。著有《骈俪文》三卷。其著作汇辑成《仪郑堂文集》六十卷和《仪郑堂诗稿》三十一卷。父继汾，举人，户部主事，著有《阙里文献考》

一百零一卷、《乐舞全谱》二卷、《孔氏家仪》十四卷、《匡仪纠谬集》三卷等。因著《孔氏家仪》一书，受到族人讦讼，被判充军新疆伊犁。广森四面求情借贷，赎免父罪。其父获赦后南游杭州，客死异乡。广森哀痛过度，不久亦去世，仅三十五岁。大学士阮元为其立传。兄广林，廪贡，著有《通德遗书所见录》；子昭虔，嘉庆进士，翰林，布政使，工诗擅书，亦著述丰厚。

【方　昂】（1740—1800）字坳堂，一字叔驹，又字讱庵。历城县（今济南市）人。《清史稿》有传。幼时苦读诗书，稍长则博览经史。乾隆二十七年（1762）举人，三甲第二十一名进士。授刑部主事，升至郎中，掌管秋审、律例及督办要案事宜。性耿直，每遇事有疑必与同僚、上司力争，不屈不挠。时秋审更换新条例，奉旨以金刃杀人概定为情实，秋审册内骤增至一百八十余件。昂对同事道："秋审为慎重民命而设，本于必死之中求其可生，讵得于可生之中求其必死。"其要求根据案情轻重以核罪，后乾隆帝颁旨更正此条例。由此为同僚所忌，淹滞十年。乾隆五十四年（1789），出为江西饶州府知府，时安南王阮光平新降，到朝廷觐见。所经州县、驿站皆供物，入江西境内各州县亦均有馈赠，独昂令其下属不给，并曰："国家以威德服四夷，非夸以靡丽。"翌年，擢江苏苏松道，三月清理积案三百余件。乾隆五十九年（1794），改署松太道，海盗犯境，总督、巡抚、提督会师于宝山商讨剿灭事宜，昂陈述八条策略，得以施行，祸患消除。次年，补江宁盐巡道，缉讼师，剔衙蠹，锄强暴，平盗贼，尤以砥砺风俗为先，屏绝酬酢，受到同僚敬重。嘉庆三年（1798），擢贵州按察使，迁江宁布政使。未久，以病乞归，遂卒。昂为官刚劲勤职，乾隆帝闻知曰："此人可惜！"著有《坳堂诗集》行世。子世振，诸生，工诗，著有《鸡胁集》。

【刘　煦】字曦若。直隶庆云县（1964年漳卫新河以南划归山东，仍名庆云县）人。幼颖悟，器识阔远，能以古文为时文。乾隆三十五年（1770）举人，翌年联捷三甲第二十九名进士。由顺天府教授，迁山东昌邑县知县，葺书院，筑废堤，士民多受其惠。去职后，教授乡里，从游者甚众。论文以清空为宗。善行书，作墨兰有逸致。七十五岁卒。

【王积熙】（1711—1771）字德华，一字澡航，号海源。福山县（今烟台市福山区）人。为人耿介憨直。三十九岁，于乾隆十五年（1750）考中举人，历经数次会试，在六十岁时，方考取三甲第五十七名进士。但在复试中未几答卷，即呕血而卒。子：善宝（原名善埧），乡试亚元，县训导；善至，举人，县教谕。孙：

余晋（厅同知）、余英（知县）、余师（知县）皆嘉庆进士。

【臧梦元】（1709—1779）字肇奎，号蝶亭。诸城县（今改市）人。幼颖慧。四岁，父口授《滕王阁序》，即能背诵；八岁制艺，风发泉涌，语惊四座。性至孝，十三岁时，父患疾，其衣不解带，侍奉五年，写血书以祭天，求代父死。成拔贡后，以授徒为业，所授者考中廪生、贡生者多达百余人，举人、进士亦有数十人。但自己却屡参乡试不第，遂致力于古文词研究创作。乾隆三十二年（1767）考中举人。又在六十二岁时，成三甲第六十九名进士。为候选知县，年迈不愿入仕，即告归。其母病逝，作《孺子泣》一文，三年内吟咏不止。七十一岁卒，私谥"文安"。工诗文，著述较多。有《玉蝶书屋诗集》、《玉蝶书屋文集》、《淡宁斋稿》、《靖言堂古文》行世。

【赵　铨】字南村。陵县人。乾隆二十七年（1762）举人，三甲第七十名进士。以亲老不仕。为人清廉，一介不取，所教生徒登科第者十余人，为一方学者之宗。与太仓沈起元参校著《周易孔义集说》行世。学人称鉴堂先生。

【刘德风】滕县（今滕州市）人。乾隆三十年（1765）举人，三甲第八十三名进士，未仕。

【赵永褆】滨州（今滨州市）人。乾隆三十年（1765）举人，三甲第九十名进士。仕至户部员外郎。

乾隆三十六年辛卯恩科

乾隆三十七年壬辰科

本科录取：一甲三名，二甲五十四名，三甲一百零五名。其中山东十一名。

【朱　攸】（1740—1790）字渊亭，号好德。历城县（今济南市）人。生而颖敏。少孤，家贫，备尝荼苦，而无怨尤。总角入塾，即知刻励。师从德州宋弼，"闭户研经，不见其有群居"。乾隆二十四年（1759）中举人，始得以馆谷奉母。考授国子监学正，升助教。又考取二甲第三十九名进士，选庶吉士，散馆授编修。充顺天乡试、会试同考官和山西乡试副主考官。乾隆五十五年（1790），擢江西吉安府知府，冒暑出都，感旧疾乞休，仅数月而卒，年五十一。

【萧九成】（1740—1793）字韶亭，号碧畦。日照县（今日照市）人。为拔贡时，选高苑县训导。乾隆三十六年（1771）举人，翌年联捷三甲第三名进士，选庶吉士，散馆授检讨。充国史馆纂修。乾隆四十四年（1779）与五十一年（1786），先后充广西、贵州乡试主考官。乾隆五十四年（1789），提督云南学政。为官正直无私，平易近人。精于绘画，尤擅山水，守娄东法，为山左第一。子：池，举人，知州；淦，监生。两子皆工书法、绘画。

【吴端立】单县人。乾隆三十年（1765）举人，三甲第九名进士。父瓘，举人，国子监学正，喜著述。

【杨绅世】字束琚，一字淑居，号紫庭。诸城县（今改市）人。自幼聪颖，负奇才。乾隆三十六年（1771）举人，翌年联捷三甲第二十九名进士。以请养母归，家居三十余年。在母卒服除后，已近六十岁，方授福建海澄县知县，以廉洁爱民称。在征赋时，改遣役督催，为由里正按约统一收缴。百姓采购仓谷，皆如市价。将书吏侵吞的孤贫院应得银两，坐堂当众亲自散给。常至乡村，招集耆老问疾苦、劝稼穑，士民爱戴，为立生祠。巡抚向朝廷荐举，其以不堪重任而力辞。不久，即以病卒于任所。贫不能殓，士民筹金得归葬。因接上任知县时仓库漏记未能弥补，朝廷令抄其家产以补亏，抄家官员见其家中除书籍与一张琴之外，别无值钱物品，皆为之悽然。海澄士民闻知，争相集资给予补缺。祖父瑞祥，举人，按察司副使；兄维世，举人。

【袁　镐】字西京。长山县（今属邹平县）人。少颖异，随父读书京邸。性孝友，与人交往坦白，不设城府，恬于荣利，不以贵介凌人。乾隆三十三年（1768）举人，三甲第三十七名进士。授兵部主事，升员外郎。乾隆四十五年（1780），钦命为马馆监督，力却吏役所送器币，整治马政，人不敢欺。旋升兵部掌印郎中。连遭父母之丧，悲痛成疾，竟一病不起，五十岁而卒。曾祖父景芳，按察司副使；祖父承绶，道员；父守侗，乡试经魁，户、刑部尚书。

【焦式冲】字怀谷。章丘县（今改市）人。乾隆三十三年（1768）举人，三甲第四十五名进士。授江苏仪征县知县，服强悍，赈灾黎，卓有政声。充江南乡试同考官，取士多英俊。告归后，以汲引后进为己任，其门徒多掇科第。著有《余青园诗集》。

【李元坦】字雪汀，号念堂。济宁州（今济宁市）人。弱冠勤学，以孝闻。乾隆三十五年（1770）举人，三甲第六十四名进士。历山西阳城、永济（署）、徐沟县知县，所至严束胥吏，清理积案，谳狱必得实情。在阳城逢大饥之年，元坦上请开仓放粮、倡捐廉俸，并赴河南购米接济，虽灾重而民无失所。嘉庆元年（1796），迁汾州府张兰镇同知。此镇为山西巨镇，民俗强悍，盗匪出没。元坦抵任严惩恶徒，强暴敛迹。嘉庆三年（1798），署平定州事，两年后又兼署介休县事，在任除盗安民，轻徭宽赋，一切輓输征造不牵累于民。两充山西乡试同考官，所拔多寒俊名士。又奉命署辽州事，至任未过一旬而卒。

【董酉亭】县志载作猷亭。聊城县（今聊城市）人。乾隆三十五年（1770）举人，三甲第六十五名进士。

【詹　坪】（1730—1778）字履夫，一字贞吉。诸城县（今改市）人。乾隆三十三年（1768）举人，三甲第七十九名进士。登第六年后卒于家，年四十九。父之伶（县志误载为进士），大理寺评事。

【李　翮】（1745—1810）字逸翰，一字春麓。金乡县人。乾隆二十七年（1762）举人，三甲第八十八名进士。授礼部主事，升员外郎、郎中，以清谨称。改福建道监察御史，升礼科给事中，转吏、户科掌印给事中，巡视中、东、北城。充云南乡试副主考官。为监察御史，以敢言闻名，所上"选吏杜躁进"、"禁增官署佐杂"、"严禁大臣子弟冒籍获官"诸疏，皆被允行。出为浙江杭嘉湖道，先后署布政使、按察使。辅佐协办大学士、浙江巡抚觉罗吉庆，裁省闽浙总督每年所征索公使银二十万两，总督对此抱有怨恨。在翮署按察使时，义乌发生"愚民倡邪教造违禁物"之事。翮建议巡抚不用发兵，由其前往督促州、县，立予反复清剿，将这些人擒获。总督借机报复，从福建拥兵而至，扬言要重治纵反者，且以反状上奏。翮让巡抚觉罗吉庆，驰奏乾隆帝，以让皇帝得知总督邀功。旨下令总督回福建，勿妄动。其以乞养老人归，服阕，补陕西以道员

乾隆三十七年壬辰科

用，行抵留坝厅，因忙于战事，以积劳得疾归。嘉庆十五年（1810）卒于家。著有《秋影山房诗稿》、《秋影山房词》。子：庭芬，监生，候选州同；庭禧，拔贡，南城兵马司指挥；庭业，优贡，正白旗教习；庭英，候选知县，抗击捻军战死。

【李廷佑】邹平县人。以孝友好学闻名。乾隆三十五年（1770），与兄同科举人，三甲第一百零五名进士。其淹贯经史，有来学者悉心指授。授贵州龙泉县知县，未任卒。父晖，举人，府同知。兄：廷屏，乾隆进士，知县；廷叙，举人，县训导，钦赐国子监学正。

乾隆四十年乙未科

本科录取：一甲三名，二甲五十二名，三甲一百零三名。其中山东十一名。

【汪 镛】字东序，号芝田。历城县（今济南市）人。父居敬，乾隆举人。镛兄弟五人皆由父教授成立。始入塾，读书日万言。乾隆三十六年（1771）举人，一甲第二名进士，榜眼，授编修。乾隆四十四年（1779），充广东乡试副主考官。次年，提督陕甘学政。因坐失察，降三级调用。旋奉特旨赏还编修。嘉庆元年（1796），擢湖广道监察御史，升礼、兵科给事中。充会试同考官。巡视东城、西城。与刑部右侍郎祖之望等，奉命查办金乡案、交河县科派夫马案，又审理德州等处京控案。擢通政司参议。就摊征河工帮价银两之弊、久任督抚大吏勿轻更调等上疏，皆切中时事。嘉庆十二年（1807），再提督陕甘学政。翌年授大理寺少卿，转光禄寺卿。又因事降一级调用。嘉庆十四年（1809），补顺天府丞，以老告归，八十四岁卒。弟长龄，乾隆进士，知州；孙兆侗，咸丰举人，知州。

【孙玉庭】（1752—1834），字佳树，一字嘉树，号寄圃。济宁州（今济宁市）人。《清史稿》有传。乾隆三十九年（1774）举人，翌年联捷三甲第七名进士，选庶吉士，散馆授检讨。屡迁山西河东兵备道和广西盐法道。嘉庆初年，由广西按察使，历湖南、安徽、湖北布政使。其间，参劾道员胡齐仑侵冒军费，受到朝廷嘉奖。嘉庆七年（1802）后，又历广西、广东巡抚。在广东，主张严守口岸，禁米粮淡水出海，使海盗猖獗得以平息。嘉庆十年（1805），广东总督那彦成以招抚海盗之名，与之勾结，被玉庭识破上报，那彦成获罪。嘉庆十三年（1808），英国军舰入澳门，湖广总督吴熊光未遣兵驱逐，被革职。玉庭亦因未及时奏报，被追论罢归。嘉庆十五年（1810）后，玉庭复起，先后为云南（兼署云贵总督）、浙江巡抚。嘉庆二十一年（1816），擢湖广总督，遂调两江总督。宣宗即位，特加太子少保。又授协办大学士，仍留两江。上疏言定糟耗，以禁绝浮收。道光四年（1824），拜体仁阁大学士。不久，以事被降调。适漕运受阻，受命戴罪疏浚运河，工竣告归。道光十四年（1834），加四品顶戴，重宴鹿鸣。当年病卒，年八十三。著有《延厘堂诗集》、《盐法隅说》。祖父文丹，举人，两中会试明通榜，知县；父扩图，举人，会试明通榜，知县；子：善宝，以举人荫授刑部员外郎，官至巡抚，署总督；瑞珍，道光进士，翰林，礼、兵、工、户部尚书，翰林院掌院学士，上书房总师傅。孙：毓溎，道光进士，状元，按察使，署布政使；毓汶，咸丰进士，榜眼，刑、兵部尚书，加太子太保。曾孙楫，咸丰进士，翰林，顺天府尹，署都察院左副都御史。

【时本荣】（1747—1830）字楠村，号颐亭。单县人。乾隆三十三年（1768）举人，三甲第二十三名进士。授江西福安县知县，历永新、庐陵县知县，又署九江、赣州府同知。因与知府抵触不和，被罢职。曾充乡试同考官。在福安时，处置案件数十起，士民将"铁面冰心"匾额悬于堂上。在庐陵时，劝孝劝学。被解职后，主讲于大名天雄书院。著有《颐和堂稿》、《讹字汇考》、《友恭劝小吟》。晚年所著《砭俗药言》，山东巡抚予以刊布。八十三岁卒。子履方，举人，著述甚多。孙：式玉，举人，知州；式敷，嘉庆进士，翰林，知县。

【赵钧彤】（1739—1802）字洁平，号澹园居士。莱阳县（今改市）人。幼好学，有文名。乾隆三十六年（1771）乡试经魁，三甲第四十五名进士。初授河南卢氏县知县，有政声。其任职七月，丁母忧归，服阕，改补直隶唐山县知县。到官未久，值朝廷有事陇蜀，京城禁兵过境，命县督民出车，钧彤公告于民。某人曾为莱阳典史，挟宿怨上文以"致令罪"告之，知府久恶钧彤强项，被以坐赃论，谪戍新疆伊犁。历经八年多才释归。工诗文，足迹所至，文人宿儒莫不与之唱和。以"过刚坎壈终其身"。其博通经史，著有《澹园诗稿》六卷，《止止轩文稿》四卷、《燕子笺弹词》、《西行日记》。高祖父士骥，明崇祯进士，内阁中书；曾祖父崟，顺治进士，太常寺少卿；祖父弦，举人，知县，著有《市隐斋文稿》、《用拙居诗稿》；生父（钧彤出嗣）起楠，贡生，知州。子：时，乾隆进士，知县；暄，邑庠生，著有《白庵遗草》；照，举人，主事。孙彭孙（知县）与敏孙皆举人。

【郝允哲】字圣陪，号镜亭。齐河县人。早年以诗闻名齐鲁间，除事亲和读书外不知其他。济南泺口申清川先生将其咏诗与林汲研经并称"两绝"。乾隆三十三年（1768）举人，三甲第五十三名进士。候选知县。居家建立义塾，亲自讲席。续修《齐河县志》。四十九岁卒。著有《声调谱续编》、《深柳堂诗草》、《延绿堂诗稿》、《三十二秋诗草》、《佛山同声集》等。弟允秀，廪贡，十四岁以诗名，著有《水村诗存》；女篁，亦工诗，著有《秋岩诗集》三卷、《碧梧轩吟》、《蕴香阁诗抄》、《恤纬吟》等。

【徐定邦】字建候。历城县（今济南市）人，乾隆三十年（1765）乡试经魁，三甲第六十一名进士。

【周志阃】字叔和,号北阜。即墨县(今改市)人。性沉毅,无惰容,于书无所不读,尤精于史汉。乾隆三十年(1765)举人,三甲第六十五名进士。授陕西澄城县知县,为政宽仁,减浮粮数千金。对不法者,庶民与胥吏同样一绳以法。署汉中府留坝厅同知,捕巨盗,豪猾敛迹。充陕西乡试同考官,所拔皆寒俊之士。以强项称,不俯仰上官。大吏奉差至,出语不逊,予以驳斥。督粮道索贿,予以拒绝。以此抵触告归。兄志让,举人,知州,著有《六息轩诗稿》。

【田　硕】汶上县。乾隆三十五年(1770)举人,三甲第九十五名进士,未仕。

【邱世彦】蒲台县(今博兴县)人。乾隆三十九年(1774)举人,翌年联捷三甲第九十六名进士。授直隶新城县知县。

【王履谦】长清县(今济南市长清区)人。三甲第九十七名进士。

【邓汝勤】亦名汝功。字谦诗,一字午崖。聊城县(今聊城市)人。乾隆三十五年(1770)举人,三甲第一百零三名进士。尤工楷书。以久未仕进,落落寡欢,忧愁得疾卒。著有《密娱斋诗稿》。高祖父秉恒,顺治进士,道员;父钟岳,康熙进士,状元,礼部左侍郎;弟汝敏,府同知。

乾隆四十三年戊戌科

本科录取：一甲三名，二甲五十一名，三甲一百零三名。其中山东十一名。

【颜崇泩】（？—1787）字东虞，号酌山。曲阜县（今改市）人。少负盛名，躯伟气迈，为文风发泉涌，摇笔立就。乾隆三十五年（1770）举人，会试为经魁，殿试成二甲第三十二名进士，选庶吉士，散馆授编修。在御试翰林院、詹事府诸翰林时，以二等擢升侍读，充日讲起居注官。先后为顺天乡试同考官和四川乡试副主考官。书法东坡，尤工分隶。卒于官。祖父绍缵，康熙进士，内阁中书。

【窦汝翼】（1744—1795）字右民，号芝轩。诸城县（今属安丘市）人。自幼谦和恭顺，刻苦自励。乾隆三十六年（1771）春，乾隆帝巡视山东，召试诸生，汝翼被取为第二名，钦赐举人，准予参加会试。乾隆四十一年（1776）春，乾隆帝再次巡视山东，汝翼第二次参加召试，又被取为第二名，授内阁中书。参加会试，考取二甲第五十名进士，选庶吉士，散馆授编修。授宗人府主事。乾隆六十年（1795），其父任会试总裁，因取士问题，被和珅诬陷而遭贬官休致，不久即去世，汝翼哀痛过度而致疾，卒于家中。祖父窦冼，举人，擅长诗文，著述丰厚；父光鼐，乾隆进士，翰林，都察院左都御史。

【王　臣】字荩轩，号雪山。临清直隶州（今改市）人。乾隆三十年（1765）举人，三甲第四名进士。为文有根柢，时有"文有生气远出"之誉。登第后，以养亲终于家。四方从学者两百余人。著有《敦素堂诗文稿》。子：继文，嘉庆举人，知县；显文，嘉庆进士，官云梦司马。

【张维祺】字吉甫，晚号云湄。胶州（今改市）人。自小有远志。家甚贫，与弟几乎废学，其师匡淑烈对其非常器重，免费尽其教。维祺昼夜攻读，并督课其弟。十九岁时，被学政蒋溥拔置第一，许为造诣至深之才。乾隆三十六年（1771）举人，三甲第十七名进士。授直隶肥乡县知县，前知县宽纵吏胥玩法，维祺到任择其首恶严惩，豪蠹敛迹。清理积狱，日结案件十余起。直隶总督单县刘峨知其才，将其调任号称难治的大名府大名县知县，有蠹役施文龙，倚势凌虐乡曲，把持官府短长，莫能铲除。维祺廉得其实而未发，借有控告施文龙时，即将其拘捕，乃置重法，民众大悦。大名府毗连三省，驿马不敷用，旧取民马更代，维祺出廉俸购马数十匹，永停派办民力。乾隆五十年（1785），升河间府同知，将赴任时，以大名死囚中途逃逸之事，而被免官。直隶总督刘峨请至单县教其子。晚年曾授业于河南夏邑县。著有《大名县志》、《三松草堂诗文集》。父洛，事亲至孝，参加乾隆十五年（1750）千叟宴。子：曾霱，嘉庆进士，道员；曾雯，举人。

【牟贞相】字含章，号鹤崖。栖霞县（今改市）人。明洪武循吏敬祖十四世孙。自幼由为举人的叔父绥教授。乾隆三十九年（1774）举人，三甲第三十一名进士。授直隶肥乡县知县，一切狱讼实心办理，对事关人命的案件，闻报即验，使胥吏从中不能得到一钱。某监生妾自缢，其准备多金欲馈赠于官，贞相一日结案，使其无借口再上献。调署满城县知县，邑小而穷，丝毫无所扰，就连驿站人员缺额，也雇买穷人抵任。知府委派贞相审理盗案，为受冤的六个良民平反。贞相将回肥乡县时，士民千百成群赴省乞留。卒于任。子所，道光举人，同知，以书法名。

【吴　焕】历城县（今济南市）人。乾隆三十六年（1771）举人，三甲第四十二名进士。

【刘尔芹】字春圃，号筠亭。昌乐县人。乾隆三十九年（1774）举人，三甲第四十三名进士。历湖北建始和湖南益阳、浏阳（署）县知县，所至公正断狱，擒毙巨盗，民众拥戴。调离益阳时，士民沿江相送者数千人。乾隆五十六年（1791），以考绩为湖南之最，升郴州直隶州知州，增葺东山书院，又立武馆，使学文习武蔚然成风。乾隆六十年（1795），受湖南巡抚首荐，入京觐见，由吏部记名，以知府用。其仍回郴州任职，兼署桂阳州事。因清理积案、平叛安抚、防匪除患、供给军饷等，连续劳累，卒于途中。祖父轶政，康熙进士，知县；弟尔葵，乾隆进士，吏部主事。

【刘　诗】字孟雅，号学三。诸城县（今属高密市）人。乾隆三十三年（1768）举人，三甲第四十五名进士。历福建邵武、晋江、彰化县知县。为官谨慎，兴利除弊，惩恶扬善，有惠政。四十一岁卒于任。著有《洗心亭未定草》。祖父棨，康熙进士，布政使，著名循吏；父纯炜，乾隆进士，光禄寺卿。弟：书，监生，厅同知；礼，举人。

【赵乃普】字廷则，号芦溪。海阳县（今改市）人。乾隆二十一年（1756）举人，为阳信县教谕。历经二十余年，方考取三甲第五十八名进士。以教授仍回阳信县任教谕。其工诗词，在《戊戌春捷仍之任阳信》一诗中感叹道："半生羞遂齐竽滥，一第艰于蜀道难。老拙只宜遣草泽，疏慵不合住长安。"

【李元琦】章丘县（今改市）人。乾隆三十年（1765）举人，三甲第八十二名进士。父恪，举人，县教谕。

【冷纮玉】胶州（今改市）人。乾隆三十九年（1774）举人，三甲第九十五名进士。历东城兵马司正指挥、湖北安陆府同知。工书法，绘画超秀，别有风神。著有《研经堂古今体诗》。据《山东通志》载，还著有小说《花月新闻》。父文炜，副贡，知县，亦擅绘画；弟绣瑞，岁贡，盐课大使，工草书，著有《轶园诗草》、《清朝赋选》。

乾隆四十五年庚子恩科

本科为清高宗七旬万寿恩科。一甲三名，二甲五十一名，三甲一百零一名。其中山东十二名。

【初彭龄】(1749—1825) 字绍祖，号颐园。莱阳县（今改市）人。《清史稿》有传。端直明敏，擅于文词。乾隆三十六年（1771），乾隆帝东巡，彭龄被召试为一等第一名，钦赐举人。参加会试为第五名贡士，经殿试成二甲第六名进士，选庶吉士，散馆授编修。主要历为：江南道监察御史、兵科给事中、吏科给事中、吏科掌印给事中、光禄寺少卿、光禄寺卿、通政使、提督学政（湖北、福建）、巡抚（云南、安徽、陕西及暂署贵州、山西、浙江、江苏）、内阁学士、侍郎（兵、刑、工、户部及仓场）、顺天府尹、兵部尚书、工部尚书，恩赐紫禁城骑马。并曾两为殿试读卷官和广东、顺天乡试主考官。彭龄忠直敢言，不畏权贵，先后弹劾一批重臣大吏，主要有协办大学士彭元瑞、江西巡抚陈淮、兵部侍郎（曾任云南巡抚）江兰、贵州巡抚伊桑阿、陕西巡抚秦承恩、湖广总督铁宝等，这些官员分别受到流放、革职、降调等处置。由此涉及的其余官员，也受到惩处。彭龄秉公执法，奉命查办一批重要案件。嘉庆六年（1801），彭龄时为刑部右侍郎，奉命同副都统富尼善赴贵州查办道员孙焕文滥用军帑案，并究出贵州巡抚常明拖欠官款，均被依律问处。嘉庆八年（1803），奉命同户部侍郎额勒布，赴陕西查处军需多支滥应案，自巡抚秦承恩以下黜罚有加。嘉庆十六年（1811），奉命清查洪泽湖边高堰厅河堤溃决事，对历任河防总督在指挥部署上的失误及现任河防各厅、营防守失职行为，提出处置建议。嘉庆十九年（1814），奉命查处广西巡抚成林，成林被以"恣意声色，用度侈靡"抄家充军。彭龄为官多有起伏，曾几次被革职，但都很快被重新起用。嘉庆九年（1804），因误听前任湖北巡抚高杞言，参劾湖广总督吴熊光受贿不得实，又将皇帝召见时的面奉密谕私向高杞传述，被罢职家居。逾一年，即以詹事府右庶子起用，骤迁内阁学士。在任陕西巡抚时，被河东道刘大观参劾"性情乖张，任情妄为"，以参劾前山西巡抚金应琦情节不实，被降为鸿胪寺卿。但不久，又被起用为顺天府尹。在上疏参劾两江总督百龄时，而反为其弹劾，又被革职。但不久又被启用为工部主事，直至升为兵部、工部尚书。彭龄在任云南巡抚时，曾奏请"停办官盐，改民运民销"。道光三年（1823）万寿圣节，彭龄被选为十五位老臣之一,获得宫廷赐宴,并绘画像于万寿山玉澜堂,荣耀至极。道光四年(1822),以老休致,食半俸。次年卒,诏优恤。《清史稿》论曰:"初彭龄虽亦褊躁,然实政清操,蹶而复起,克保令名,宜哉!"其能诗文,著有《乾隆辛卯銮恭进诗册》。喜藏书校补,有《遂初堂书目》一卷,著录两千余种,多有宋、元、明本。祖父元方,乾隆进士,知县。弟:乔龄,乾隆进士,翰林,侍读;尚龄,庠生,博雅好古,著有《吉金所见录》十六卷。子荣熙,举人。

【李　瀚】字云溪。济宁直隶州(今济宁市)人。乾隆三十五年(1770)举人,二甲第十五名进士。授内阁中书,升刑部员外郎,记名监察御史。弟莹,嘉庆进士,监察御史。孙:联榜,举人,县教谕;联厚,举人,候补员外郎;联坛,举人,内阁中书。

【卢荫蕙】字东桥,号荷亭。德州(今德州市)人。性钝好学,奋发读书。乾隆四十二年(1777)举人,二甲第三十五名进士。历四川巫山和河南渑池、偃师、孟县知县,所至"崇宽简,与民休息","畏之以威,怀之以德",多有惠政。丁母忧,澹泊自甘,诗书自娱,不再复出。以侍亲疾精研医学,成为名医,救死扶伤,其德行备受乡人赞颂。曾祖父道悦,康熙进士,知县;祖父见曾,康熙进士,两淮盐运使;弟:荫溥,乾隆进士,翰林,体仁阁大学士;荫文,乾隆进士,知县;荫长,举人,工部主事。

【王应申】字毓崧,号再培。莱阳县(今改市)人。乾隆二十七年(1762)举人,二甲第四十五名进士。授内阁中书。祖父右宾,举人,知县;父铤,乾隆进士,通政使;兄应中,举人,知州。

【朱　彤】字丹亭。历城县(今济南市)人。髫龄时,举止如成人。堂弟琦称其曰:"此吾雁行中第一人。"先后被主讲泺源书院的德州宋弼、钱塘桑调元拔为"八骏"、"八杰"之一。乾隆二十七年(1762)举人,选为黄县训导和掖县、巨野县教谕。三甲第二名进士。授曹州府教授,卒于任。其待父母至孝,待弟侄友爱。尤喜施予,乐于助人,后人称颂不衰。著有《余斋遗墨》。

【单　稽】字子山。高密县(今改市)人。为人豪宕多感慨。乾隆四十二年(1777)举人,三甲第二十七名进士。授刑部主事。公余日课诗古文词,以秋燕诗得名,人称"单秋燕"。著有《秋燕诗集》、《雪谿诗社偶存》。其与同邑诗人李敦澄、李鸾吟、任集相友善,均有识量才名。四人俱英年早逝,进士王宁焯为作《四亡友传》。

【王绥祖】济宁直隶州（今济宁市）人。乾隆三十年（1765）举人，三甲第三十五名进士。

【李光时】（1758—1788）字存谦，号静亭。济宁直隶州（今济宁市）人。生而颖异，读书过目成诵，为文经术湛深，继轨先正。乾隆四十二年（1777）乡试解元，三甲第四十一名进士。授浙江嵊县知县，邑有蠹胥，奸诡为害，隐匿逃避法律制裁，光时抵任予以揭露痛创，士民称快。两充浙江乡试同考官，多得越中知名士。改慈谿县知县，案无留牍。台湾有战事，被以贤能选办军需，查对考核出入，吏无侵蚀虚报。被派赴承修海塘工程，夙夜尽瘁，工固民悦。奉命承办乾隆帝南巡除道事宜，丝毫不累民。以卓异升杭州府捕盗同知，未及赴任卒，年仅三十。著有《思补斋稿》。子：业立，举人，任教职，早卒；德立，嘉庆进士，翰林，道员。

【牟鸿骞】字云程。日照县（今日照市）人。乾隆四十四年（1779）举人，翌年联捷三甲第五十三名进士。授陕西城固县知县，劝农兴学，兴修水利，筑城练兵，拒守防御，均躬临督率。邑为陕安东西要冲，战事供应应接不暇，但其能供给不误，却又不扰于民。以卓异调任渭南县，未任卒。

【赵　顾】字野王。博山县（今淄博市博山区）人。乾隆三十三年（1768）举人，三甲第九十三名进士。即用知县。

【窦桂馥】博平县（今属聊城市）人。乾隆三十年（1765）举人，三甲第九十五名进士。博学多闻，笃行孝友。

【刘尔葵】字秋圃，号临霄。昌乐县人。性嗜读，未入塾拜师，已记唐诗数百首。与兄友爱甚笃，朝夕切磋学问。乾隆三十五年（1770）举人，三甲第一百名进士。授吏部主事。居官甚谨。祖母去世，闻讣，跣足奔丧，哀感路人。服阕，回任，逾年卒于京邸。著有《蒿蔚斋制义》、《惠迪编》。祖父轶政，康熙进士，知县；兄尔芊，乾隆进士，知州，记名以知府用。

乾隆四十六年辛丑科

本科录取：一甲三名，二甲五十六名，三甲一百一十一名。其中山东十三名。

【卢荫溥】（1760—1839），字霖生，号南石。德州（今德州市）人。乾隆四十四年（1779）举人，二甲第十七名进士，选庶吉士，散馆授编修。与修《三通》及《河源纪略》。在翰林院拟进文字多出其手。乾隆五十七年（1792），御试翰林，列为三等，改为礼部主事，记名军机章京。其受到嘉庆帝所器重，于嘉庆十六年（1881），由光禄寺少卿、副通政，加四品卿衔，命在军机大臣上行走。继为通政使、内阁学士、兵部右左侍郎、户部左侍郎、礼部尚书、兵部尚书、户部尚书，加太子少保。道光元年（1821）十二月，迁吏部尚书兼管顺天府尹，罢军机大臣。次年，犹以值军机久，调任后，亦能尽心，加恩予以优叙。其任吏部尚书长达十年之久。先后成协办大学士、体仁阁大学士。以大学士总理刑部，平反诸多冤狱。在为官期间，先后一次为学政（河南）、四次为乡试正副主考官（山西、浙江、顺天）、三次为会试读卷官。嘉庆二十五年（1820），充会试主考官。屡次奉命出使按事决狱。为国史馆《明史》总裁。道光十三年（1833），以病乞休。加太子太保，在家食全俸。道光十九年（1839），年八十，重赴鹿鸣宴筵，晋太子太傅。是年病卒，赠太子太师，谥"文肃"，崇祀贤良祠。工诗文，著有《延禧堂稿》。曾祖父道悦，康熙进士，知县；祖父见曾，康熙进士，两淮盐运使；父谦，道员；兄荫惠，乾隆进士，知县。弟：荫文，乾隆进士，知县；荫长，举人，工部主事。子本，恩赐举人，员外郎；孙庆纶，道光进士，编修。

【宋　澍】字沛青，号小坡。兰山县（今属临沂市）人。乾隆三十五年（1770）举人，二甲第二十八名进士，选庶吉士，散馆改吏部主事，升至郎中。又由江南道、京畿道监察御史，迁刑科给事中。乾隆六十年（1795），充湖南乡试主考官。嘉庆三年（1798），提督陕甘学政。并先后充会试（两次）、顺天乡试同考官。嘉庆初，川陕之乱，将帅多拥兵玩寇，澍抗疏劾惠龄、景安、秦承恩等，各分畛域，怀观望乞，请议专派大臣，督帅三省，以"庶呼应灵，事权一清"。嘉庆帝嘉纳之。以终养老人告归，事亲以孝闻。著有《易图汇纂》、《诗文稿》藏于家。子：开蕤，贡生，县教谕，诗文书法篆刻皆精妙；开喆，亦善书画。

【汪长龄】（1748—1818）字西庭，号学山。历城县（今济南市）人。乾隆四十一年

(1776),乾隆帝东巡,长龄参加诸生召试,钦取二等第四名。乾隆四十二年(1777),与已近六旬的父亲居敬为乡试同榜举人。其考取二甲第三十三名进士。授四川秀山县知县。未几,丁父忧,服除,补浙江奉化县知县。以卓异候升。又丁母忧,扶柩归。起补广东惠来县知县,改番禺县,升万州知州,兼署陵水县事。所至,宽严相济,尤重课士,甚得民心。万州为烟瘴之区,于嘉庆二十四年(1819)染疾而卒,年七十一。兄镛,乾隆进士,榜眼,光禄寺卿。

【李有基】字黻升,号东圃。德州(今德州市)人。少负异才,博涉经史,多识掌故之学。性沉毅简默,好见义勇为。乾隆三十年(1765)乡试解元,二甲第五十二名进士。授连城县知县,以兴利除弊、除暴安良为己任,仅数月,即有"政简刑清"之颂。前任知县欠仓谷不能偿还,有基怜其贫困,慷慨答应代为偿还,但事情未办完而卒于官。巡抚将其二子扣押为人质,变卖家产偿补后方得解脱。工诗文,著有《德州新志考误》、《披褐吟》、《沽上吟》、《掘得集》、《南游偶吟》、《周易义象合纂》、《河渠剩语》等。子锏、录皆举人,颇有父风。

【单可瑲】字野甫。高密县(今改市)人。为人谦和,不分贵贱,以礼相待。童年即以擅诗名。乾隆二十七年(1762)举人,三甲第七名进士。历商城、洛阳、揭阳县知县,多惠政。其经常步入村墟,与父老谈孝友农桑事。以摘伏惩奸,取信于吏民。致仕,在家开辟竹石居,啸咏其中,不与外事。曾祖父赓,举人,知县;父烺,乾隆进士,道员。弟:可垚,监生,以军功候补道员;可垂,拔贡,署府同知,著有《止止轩古文》、《课心斋诗》各二卷。

【王衍福】(1741—1804)字畴五,号笠庄。诸城县(今改市)人。明举人、工部员外郎开荃六世孙。自幼积学力行,能文章。乾隆四十五年(1780)乡试亚元,翌年联捷三甲第二十五名进士。授兵部主事,升员外郎。忤大学士阿桂意,阿桂有意压之,然衍福不少屈从。阿桂谓其:"衍福坦白刚正之人也,吾试子三年,不少变,是有定力。器太刚则折,子亦戒之。"遂以监察御史荐。在记名待补时,因缮写公文有疏漏而被免职,捐资后才恢复原职。嘉庆四年(1799),升兵部郎中。嘉庆九年(1804),出为广东韶州府知府,苦心经营,得到大治。终因心力劳瘁,积成固疾,卒于任所,年六十三。工诗,著有《敛堂诗草》、《抱真阁藏稿》。子钟吉,嘉庆进士,道员;孙汝惺,拔贡,以道员衔候补知府;曾孙际相,举人,以军功保升知府。

【许鸿磐】(1757—1837)字渐逵,号云峤。济宁(今济宁市)人。以孝闻名。乾隆四十四年(1779)举人,三甲第二十八名进士。由江苏安东县知县,擢西城兵马司正指挥。又出为安徽颖州府同知，改泗州直隶州知州。其所至有循声。缘事落职。嘉庆二十一年（1816），捐复知州，补河南禹州知州。平生博及群书，不事生产。初好为骈体文，既而精研史书，尽读汉唐宋诸家三遍，《二十四史》往复阅读十数遍，多半几能成诵。因史书地志难辨，顾祖禹所著《方舆纪要》虽能纠明统志之误，而尚多沿其陋讹。鸿磐遂精究各史，旁参百家，历考古今图籍，对省、府、州、县各志搜采无遗，南北奔走数十年，精力毕注，著成《方舆考证》一百二十卷。总部为六卷，以下分省记述。还著有《尚书劄记》、《吴逆始末》、《河源述》、《金川考略》、《泗州考古录》、《参伍类存》、《考古夷庚》、《影月谭》、《颖尾集》、《炳烛杂识》、《六观楼诗文集》、《六观楼古文选》（前后集）、《博古楼文选外集》、《集唐宋八大家文选》、《词曲七种》等，共达一百六十多卷。鸿磐兼通医术、音律、乐曲，逾八十岁卒。

【王应芬】（1745—1799）字芳圃，号愉轩。诸城县（今改市）人。幼承家学。尤喜治五经。乾隆四十二年（1777）举人，三甲第四十二名进士。授户部主事，升至郎中。出为陕西兴安府知府，对累累积案，皆亲自评判。公务之暇，则对诸生论学讲艺。在任四载，以疾卒，年五十四。少时为文奇肆，晚归醇洁。著有《虚竹山房诗集》二卷、《制艺》二卷、《种槐书屋诗抄》等传世。祖父绅，举人，府同知；父癸祥，举人，州学正。弟：应奎，乾隆进士，刑部员外郎；应垣，乾隆进士，知县。兄弟三进士，传为佳话。

【丁文煜】字藜斯。聊城县（今聊城市）人。少有文名。乾隆三十九年（1774）举人，三甲第五十三名进士。授广东增城县知县，称为循吏。

【王绍绪】字缵亭。高密县（今改市）人。乾隆四十五年（1780）举人，翌年联捷三甲第六十四名进士。授兖州府教授。母老告归，筑室康河岸侧，与生徒研究性命之学。著有《四书破疑录》六卷。

【张　琰】字粟亭，号竹溪。青城县（今属高青县）人。乾隆二十四年（1759）举人，三甲第七十七名进士。授内阁中书。

【王鸿中】字举一，号云峰。福山县（今烟台市福山区）人。性和蔼，一心闭门读书，学识渊博，文章诗词有名于时。乾隆三十三年（1768）举人，三甲第一百零四名进士。授泰安府教授，倡建泰安书院，广聘饱学之士，学风大振，生徒满门，人称泰安先生。晚年致仕归里，仍以讲学授徒为业。

【刘鼎臣】字调元，号拙斋。沂水县人。自幼聪慧，性尤至孝。以"读书上进，周济穷人"为志。乾隆四十五年（1780）举人，翌年联捷三甲第一百一十名进士。授贵州普安县知县，邑称难治，其兴利除害，知无不为，为无不力。尤其是严惩狡诈贪婪的四名驿站黠吏和擒获作恶多端的巨盗，境内得以安宁。抵任仅三月，因染上瘴疾，告归。居家节俭，然见义必为，遇有捐助之事，带头倡导。兄弟分家时，对于田产相让不已。乾隆五十一年（1786），遇大饥荒，将积粟尽行散给饥民，并安排人埋葬死者尸体，收养孤儿弱女，救活灾民不计其数。有因生活所迫曾在一起读书的同案友，衣不蔽体，多次登其门，其都从一而终，热情款待，没有丝毫的冷落。其告诫其子道"故旧不可忘，勿以贫富易心也"。内阁学士、山东学政万承风，深慕其为人，专门为其立传颂扬。子鸣谦，举孝廉方正。

乾隆四十六年辛丑科

乾隆四十九年甲辰科

本科录取：一甲三名，二甲四十名，三甲六十九名。其中山东九名。

【劳树棠】（1739—1806）榜名瑾，改今名。字宝琳，号镜浦。阳信县人。乾隆四十八年（1783）举人，翌年联捷三甲第七名进士。授兵部主事，升员外郎、郎中。改江南道监察御史。先后出为江南河库道、直隶通永河道、江苏粮巡道、苏松漕运道。所在政尚简清，兴利除弊，皆有赞誉。其素性廉洁，粗食布衣，同寒儒无异。去世后，家无余资，一贫如洗，一时被称为首屈一指的廉吏。曾祖父可式，举人，知府。曾孙：乃宽，举人，候补知府、上海货捐局总办；乃宣（寄籍浙江嘉兴府桐乡县），同治进士，京师大学堂总监督，兼学部副大臣。张勋复辟时授法部尚书。著述甚富。

【赵午彤】字建南，号容堂。莱阳县（今改市）人。乾隆三十五年（1770）乡试经魁，三甲第三十名进士。由举人时的邹平县教谕，授兵部主事，升员外郎，充马馆监督和则例馆纂修。父起杲，贡生，知府，著有《青柯亭诗集》，首刻蒲松龄《聊斋志异》；弟未彤，乾隆进士，翰林，顺天府丞；子曒，嘉庆进士，知县。

【张　翿】字叔举，号牧村。平原县人。沉毅果敢，不苟言笑。乾隆四十二年（1777）举人，三甲第三十一名进士，选庶吉士，散馆授检讨。充顺天乡试、会试（两次）同考官和陕西、贵州乡试副主考官及云南乡试主考官，得人称盛。嘉庆元年（1796），入值上书房，为詹事府右中允。历河南怀庆府知府、粮储盐法道，并屡署按察使，所在侦匿匪、破盗案、平冤狱、除水患、忙押运、赈贫民，收养弃童，政绩多多。仕至光禄寺少卿。以老乞归卒。子敫、璈皆道员。

【阎学淳】（1759—1829）字浩特，号茼园。昌乐县人。自幼聪慧，读书过目不忘。性端悫沉敏，受业于潍县名儒韩梦周，学识大进。乾隆四十八年（1783）举人，翌年联捷三甲第三十七名进士。在刑部六年，升至郎中。先后出为江南江防同知、徐州府知府、淮扬道。因公镌级，补用河南彰德府知府，改安徽庐州府。为政洁己爱民，谋划善断，尤能抉发疑狱。每次审案，详察其情，依次分析解决，从不用苛酷严细之法条。在任宁国府知府时，因督修河工，日夜立于泥水潮湿之地，而得足疾，后多次复发，告归。道光九年（1829）病逝，年七十。著有《宝燕》、《秀远》、《静役》诸集。高祖父世绳，康熙进士，翰林；曾祖父愉，康熙进士，翰林，詹事府左谕德；祖父廷佶，雍正进士，知州；父循琦，乾隆进士，翰林，工部尚书；弟学海，嘉庆进士，知府。

【宁云鹏】字博九，号瀛海。蓬莱县（今改市）人。祖父与父皆武官，运鹏雅好儒术。乾隆四十八年（1783）举人，翌年联捷三甲第四十三名进士。授直隶赤城县知县，关心百姓疾苦，抚恤周至。其按额征收牛羊驼马税，毫不滥取，塞外牧贩皆迂程出其途。捐廉修书院，资给膏火。治邑十载，风俗大变，囹圄草满。上宪为之惊讶，令其先后署宣化、万全县知县。历办谒陵及巡幸大差，皆妥速无误。又由蓟州、霸州知州，升冀州直隶州知州，越加勤勉，常对属吏道："居官戒贪利，尤戒近名，近名必多事扰民。"丁忧，服满，又历署顺天府治中（两次）、宣化府同知、大名府知府等职，所至清洁自守，勤政利民，声誉颇佳。直隶总督赞其"老成吏也"。为官四十年，竟无以治装归家。居家时，乐为善行。曾告诉后辈曰："居官所食皆民脂膏，吾生平无他长，但不瘠民肥己，勉为清白吏耳。"七十岁卒，乡谥"端恪"。

【翟中策】字殿飏，号清溪。章丘县（今改市）人。乾隆四十二年（1777）举人，三甲第四十四名进士。历江南仪征、江西高安县知县，重文教，善治狱，改陋习，戒溺女。在抵任仪征县时，正值河决于徐州，中策将分摊治理的河段设法疏导，四十余日功成，费金二万余两，未曾丝毫扰民。丁母忧，服阙，补授四川万县知县，除盗赈火，筹划明敏，所治为诸邑之最。七十岁卒于任。子登峨，解元；孙亮采，举人。

【张映汉】号筠圃。海丰县（今无棣县）人。乾隆四十四年（1779）举人，三甲第四十五名进士。授户部主事，升至刑部郎中，总办现审处。有在旗要人谋夺民产，映汉讯明断归业主，总理欲偏袒，但映汉坚持不可，连呈四稿申辩，终维原断。出为直隶衡永道，以文闱过失革职。嘉庆初，值川楚白莲教尚未平息，总督委办军需，支应无误。又被授湖北督粮道，历山西按察使和湖北、山西布政使。两年后，升至湖北巡抚。在处理教乱中，除对为首者治罪外，将所逮被胁诱数百人，待详为审讯后，不搞株连，概请免罪。乾隆帝召见多有赞誉，曾有"各省教案皆照此办"之谕。旋授湖广总督，德威并著。道光元年（1821），入京为刑部侍郎，转仓场总督。以霉变豆子案被罢归。自任封疆大吏二十年，功显于朝，泽被于野。被去官后，室无长物，唯赐书数百卷而已。著有《读诗类编》十八卷、《毛诗汇参》十二卷、《毛诗韵考》八卷、《韵学弟子训》四卷、

乾隆四十九年甲辰科

《奏疏》三十卷、《诗稿》若干卷。卒于家,年七十八。祖父可举,解元,知县;父键,拔贡,知县;兄映斗,举人,府通判。弟:映蛟,举人,道员,著有《桃坞随笔》;映玘,盐运使,署按察使、布政使;映台,乾隆进士,兵部员外郎;映衡,贡生,知县;映奎,知县。子汲,荫生,知府。

【朱熊光】字渭占,号衡浦。平阴县人。少颖异,好读书,一览无遗,对经史以外兵法、算学、星学诸子书,无不究览。乾隆四十五年(1780)举人,三甲第五十八名进士。署广西雒容县知县,随时判断纷集案件,士民无不欢欣鼓舞。广储积,教民开垦荒地,并借资助耕种。迁荔浦县知县,政简刑清,囹圄为空。时台湾有战事,遂被调署居水路要冲的昭平县知县,办理军务,安戢士民,四境帖然。熊光有谋略,对战事的判断,皆得到验证,时人服其卓识。后补岑溪县知县,未及到任,受案件牵连被罢职。济宁人孙玉庭聘其为家庭塾师,去济宁后,卒于馆。

【王善垲】(1733—1809)字密思,号金田。福山县(今烟台市福山区)人。五十岁时,由乾隆三十九年(1774)举人,考取三甲第六十九名进士。历礼部主事、员外郎和刑部郎中。充会试同考官。出为云南澄江、普洱府知府,署迤南道。在云南,"抚绥安辑,悉得其当",与少数民族水乳交融,休戚与共,各族百姓得以安居乐业。以积劳成疾,猝死于任所,民皆怀之。著有《贻后庸言》、《金田诗草》各一卷。父积光,拔贡,县教谕,著有《雷波钓叟集》;子余枚,解元,知县,有文名。

乾隆五十二年丁未科

本科录取：一甲三名，二甲四十五名，三甲八十九名。其中山东十三名。

【范逢恩】字紫泥，号荫亭。直隶东明县（1963年划归山东菏泽专区）人。幼禀庭训，崭然头角。乾隆四十四年（1779）举人，二甲第十四名进士，选庶吉士，散馆改户部主事，升至郎中。监督通州仓、海运仓、大通桥仓，清除积弊，胥吏营私之习顿除。为人耿介，不迎合权贵，受和珅从中阻碍，而未能得到重用。后京察列一等，擢四川川东道，行抚恤，严保甲，除盗匪，劝游民归田务农，全境安定。每年，川东道都要负责护送途经云南、贵州运铜六百余万斤，以往数年，滋弊很多，逢恩制定沿途护送条例，积弊得以清除，国与民两便。嘉庆十八年（1813），因战事大军入川，逢恩负责总督粮饷，数年未出现一次贻误。以劳卒于任。孙：承露，举人，工绘画；承霖，例贡，知州，亦工绘画；曾孙笃庆、嵩庆皆举人。

【初乔龄】（1751—1816）字景房，号云峤。莱阳县（今改市）人。乾隆四十二年（1777）举人，二甲第三十八名进士；选庶吉士，散馆授编修。充会试同考官。历詹事府左右赞善和翰林院侍讲、侍读。祖父元方，乾隆进士，知县；兄彭龄，乾隆进士，翰林，兵、工部尚书；子荣勋和孙庆牲皆举人。

【周廷森】（？—1821）字尉赡，号霁坪。金乡县人。乾隆四十八年（1783）举人，二甲第四十二名进士。历刑部主事、员外郎、郎中，擢浙江道监察御史，授兵科掌印给事中。其廉介自守，正义自安，不俯仰随俗。在刑部，承办秋审，严却陋规，剔奸厘弊，吏不能欺。所上章奏，务持大体，凡关国计民生者，知必言，言必力，持议侃侃，无所回忌。其稽查仓务，巡视东城、西城，秉公执法，人不敢以私相求。在京师三十余年，家无长物，风清介节，无愧古人。道光元年（1821）卒。著有《手批史记集评》。子维熻，廪生，好古善诗赋，工楷隶，守城战死。

【江淑渠】字慎斯，号抑堂。即墨县（今改市）人。性颖悟，特嗜学，读书深山中，废寝忘食。乾隆四十八年（1783）举人，二甲第四十五名进士。初为直隶平乡、邯郸县知县，为政便民，盗贼屏迹。擢易州知州，地属陵寝重地，差徭络绎，酌量调剂，民不忧劳。署顺德、天津府知府，革除陋规，属吏畏服。以病卒于任。

乾隆五十二年丁未科

【王应奎】字文圖，号春溪。诸城县（今改市）人。少负奇才，肆力于古文诗歌。乾隆三十六年（1771）举人，三甲第十一名进士。历江苏新阳、昆山县知县和常州府通判。为明太仆寺卿归有光立墓碑，置祭田，存恤其子孙。授工部主事，升刑部员外郎。任京职三年告归。喜藏书，多达万卷以上。著有《话语山房诗集》、《话语山房文集》。祖父绅，举人，府同知；父癸祥，举人，州学正；兄应芬，乾隆进士，知府；弟应垣，乾隆进士，知县；子晋法，举人，候选郎中。

【刘广恕】字可亭。性狷介。幼聪慧，家贫力学。直隶庆云县（1964年漳卫新河以南划归山东，仍名庆云县）人。乾隆四十八年（1783）举人，三甲第十二名进士。授工部主事，升员外郎，监督京仓。居官廉静，人品峻杰。殚心制举，不染时习。其去职后，掌教古棣书院，科第多出其门。七十七岁卒。著有《如心堂文稿》。子进曾，举人。

【王奎甲】字敏轩，号聚五。福山县（今烟台市福山区）人。少有俊才，文赋为一时所推重。乾隆五十一年（1786）举人，翌年联捷三甲第三十五名进士。授浙江武义县知县，在清军与台湾林爽作战中，奎甲负责武义县兵源和粮食筹集，在征集途中猝死。其殉职后，乾隆帝以"军中第一"予以褒奖，并旨赠府同知衔。父鲁贯，举人，铨选知县。

【杨维翻】（1749—1838）字渐迓。金乡县人。父觐光，文行纯粹，人称文康先生。少从父学，除读书为文外一无嗜好。乾隆五十一年（1786）举人，翌年联捷三甲第六十二名进士。授户部主事，升员外郎、郎中。在户部十三年，公暇唯用于读书，服物起居一如当初。出为江西建昌府知府，勤慎清廉，从不接受州县官吏所送之物，作为陋规悉除之。为政宽和，吏民相安。其任满谢政告归，士民饯送者千余人，僚属、文士多赋诗送行，独喜"一生经济归平淡，十亩田园远是非"之句。居家唯与故旧及后进士子讲学论文为乐。一日晨起，命笔自为墓志，一纸脱稿，即微笑而逝，年八十九。

【杨　纲】字宪文。海丰县（今无棣县）人。明进士、吏部尚书巍裔孙。乾隆四十四年（1779）举人，三甲第七十名进士。授湖北南漳县知县，强防御，济流民，惠声载道。又署宜昌县知县，因山地多争讼，纲亲视其地势，划分立界，讼息民悦。生平爱才如命，曾掌蒲城书院，原王相国为鼎贫之士，纲对其特别器重，时加周恤，当其立极相国后，对纲终身铭记师恩。工诗，有诗载《山左诗抄》。祖父兆煊，副贡，县教谕，著述尤富。

【胡德溶】高密县（今改市）人。乾隆四十八年（1783）举人，三甲第七十一名进士。授广西融县知县。

【黄　岩】字大詹。蓬莱县（今改市）人。乾隆三十六年（1771）举人，三甲第七十三名进士。由举人时的禹城县教谕，授广西平南县知县。充广西乡试同考官。

【蔡振中】字松若，一字嵩岳，号莅沅。日照县（今日照市）人。为优贡时，选镶黄旗官学教习。乾隆五十一年（1786）举人，翌年联捷三甲第八十四名进士。授湖南祁阳县知县，时值缅甸战事，兵差络绎，供应有方。调湖北云梦县知县，除暴安良，兴修水利，并捐俸筹费，修建书院。平邪教，不株连无辜。民怀其德，为建生祠。又改钟祥县知县，虽军需浩繁，但绝不累民。后到滇南负责采铜事宜，三年后回任。其报请朝廷拨款，三年修竣襄水溃堤。四次充乡试同考官。以病乞归。七十一岁卒。崇祀云梦、钟祥县名宦祠。工诗文，喜著述。著有《循勉斋文集》、《秋舫斋诗集》、《滇南诗草》、《昆海联吟》、《郢中唱和》、《苏诗选评》、《元明诗选评》行世。子埛，县丞，工绘画，有诗名。

【由树甲】海阳县（今改市）人。乾隆四十二年（1777）举人，三甲第八十七名进士。授江西雩都县知县。

乾隆五十四年己酉科

乾隆五十五年，值清高宗八旬万寿，改为恩科，正科提前在本年举行。本科一甲三名，二甲三十三名，三甲六十二名。其中山东十名。

【杨克济】历城县（今济南市）人。乾隆四十五年（1780）举人。乾隆五十二年（1787）会试贡士，当年未参加殿试，后补殿试成三甲第八名进士。

【李晓峦】海阳县（今改市）人。乾隆五十一年（1786）举人，三甲第十二名进士。授贵州安平县知县。

【韩天骥】字逢伯，号云皋。沾化县人。生而颖异，未十岁过目成诵。乾隆四十五年（1780）举人，三甲第十四名进士。授江苏沭阳县知县，到任将盐枭督捕无遗。听讼时曲意开导，不用鞭笞。遇水旱灾害，加意抚恤，百姓称颂。充江苏乡试同考官，所得多一时知名士。去任时，士民绘《花满河阳图》送之。家居课士，以科目显者六十余人。著有《式穀堂制义》、《百篇集杜》、《姓氏新编》各二卷行世。子宝锷，拔贡，知州。

【刘　泌】字卫川。诸城县（今属高密市）人。乾隆五十三年（1788）举人，翌年联捷三甲第十八名进士。授云南呈贡县知县，其虽淡于仕途，但为官却能恪尽职守，尽心尽力。奉命运铜抵川江，遭遇大风，船翻落水，被人救起后，遂得惊悸之病，卒于途中，年五十。

【赵　时】字后杨，号及庵。莱阳县（今改市）人。明崇祯进士、内阁中书士骥七世孙。乾隆四十五年（1780）举人，三甲第十九名进士。历河南登封、南阳和四川大足、荣县知县。充河南、四川乡试同考官。工诗，著有《及庵吟草》。曾祖父玹，举人，知县；祖父起南，贡生，知州；父钧彤，乾隆进士，知县；弟照，举人，户部主事。

【王宁焴】改名王焴。字熙甫，号直庵。高密县（今改市）人。为人精严纯厚，且务实行。工诗文，不事浮靡，其与李诒经、单鼎及弟宁𤐌被称为"四灵"。乾隆五十三年（1788）举人，翌年联捷三甲第二十一名进士。由吏部主事，升至郎中（省志载员外郎），无敢以私谒者。改监察御史，遇事敢言，清直有声。所举奏得大体，多被采行。著有《奏议》一卷、《直庵诗稿》四卷。弟宁𤐌，举人，州学正。

【刘镮之】（1760—1821）字佩循，号信芳。诸城县（今属高密市）人。《清史稿》

有传。父堪早逝，由其叔父体仁阁大学士墉抚育。乾隆四十四年（1779）举人，三甲第二十三名进士，选庶吉士，散馆授检讨。历侍读、侍讲学士、詹事府詹事。嘉庆五年（1800）升内阁学士。嘉庆七年（1802）正月，迁兵部右侍郎。七月改左侍郎。嘉庆九年（1804），由兼署吏部左侍郎，遂实授，并充经筵讲官。嘉庆十年（1805），转户部右侍郎。嘉庆十六年（1811），升兵部尚书，加太子少保。嘉庆十八年（1813），署刑部尚书，兼顺天府尹。不久，发生天理教（亦称八卦教）教主林清与震卦教教主李文成联合起事事件，镠之以坐罪失察，应降职，嘉庆帝加恩留任。嘉庆十九年（1814），任户部尚书，仍兼顺天府尹。嘉庆二十二年（1817）秋，嘉庆帝因对顺天府事一时不满，在召见其时无端发问，故使镠之难于对答，由此被责以"玩愒"，降为兵部左侍郎。嘉庆二十三年（1818），升都察院左都御史。嘉庆三十五年（1820），任兵部尚书，改吏部尚书，又加太子少保。其还历为顺天乡试同考官、副主考官和浙江乡试主考官，提督浙江、直隶、江苏学政。嘉庆七年（1802）会试知贡举，武会试主考官。四充会试读卷官。道光帝知其廉政，曾云其"明白敢言"。六十一岁卒，谥号"文恭"。镠之工书法，善画山水。高祖父必显，顺治进士，户部员外郎；曾祖父荣，康熙进士，知县；祖父统勋，雍正进士，翰林，东阁大学士。子：喜海，举人，布政使，署巡抚，金石学家，多有著述；华海，恩赐举人。

【卢荫文】 字景范，号海门。德州（今德州市）人。性沉邃，学问宏通。乾隆四十八年（1783）举人，三甲第二十七名进士。历安徽建平、舒城、泾县等县知县。所至明断讼狱，尽除积案；严明赏罚，革除溺女婴恶俗。每离职民众皆攀辕焚香，泣送不忍舍。其淡泊仕途，安于退让，四十七岁辞归。优游林下三十余年。兄弟友爱，乡人称颂。曾祖父道悦，康熙进士，知县；祖父见曾，康熙进士，两淮盐运使；父谦，道员。兄：荫惠，乾隆进士，知县；荫溥，乾隆进士，翰林，体仁阁大学士；弟荫长，举人，工部主事。

【彭云鹤】（？—1789）字甸与，号秋圃。历城县（今济南市）人。幼颖敏绝人，九岁能文。文辞敏捷，挥毫立就。乾隆四十四年（1779）举人，三甲第三十八名进士，旋卒。工诗，文稿多散佚，仅存《箧中诗草》一卷。

【焦以润】 字玉甫，号绿轩。章丘县（今改市）人。幼颖悟，工诗古文词。乾隆四十四年（1779）举人，三甲第四十四名进士。历河南虞城、涉县、淮宁县知县，所至勤听断、除陋规、敦士习，与民休息，百姓称其"焦青天"。在虞城，有濒河滩地千余亩，徙不常有，久已成荒，而仍负担租赋，以润力争上官得免除。邑旧俗计里出车供徭役，以润减其征用数量，以纾民困。以病卒于官。著有《竹涛偶吟》、《候鸣草》。高祖父馨，明万历进士，巡抚；曾祖父毓栋，康熙进士，吏部郎中；父尔厚，乾隆举人，知府，著有《朴村诗草》八卷；子友麟，道光进士，翰林，学政。

乾隆五十五年庚戌恩科

本科为高宗八旬万寿恩科。一甲三名,二甲三十三名,三甲六十一名。其中山东十名。

【封大受】字仲可,号荻塘。德州(今德州市)人。性孝友,谦虚,平易近人。乾隆五十四年(1789)举人,翌年联捷二甲第十七名进士。待铨知县,竟不谒选。居家授徒,不收报酬,且资助贫者,多所造就。博雅工诗,究心《说文解字》,名噪海右,一时"巍然负山斗之望",地方碑版之文多出其手。平生谨恪,不论人优劣,除诗书外无他所好。孙星衍督粮山东,重其学欲一见,也未能如愿。喜收采地方文献,著有《德州文摭》、《德州诗摭》、《柳舫日抄》、《柳舫集印》、《玉雨书屋遗稿》。工书法、篆刻。七十一岁卒。

【田　煐】碑作瑛。字英玉,号怀丽。德州(今德州市)人。性谨饬,而学宏通,诗文韶秀。乾隆五十一年(1786)举人,三甲第二名进士。授内阁中书。屡充乡试、会试同考官。在国史馆担任校勘,截取府同知,未掣签而病卒。入仕前,虽家况清贫,但乐于助人,曾在赴试途中,以旅费四十二金助鬻女葬亲者。曾祖父需,康熙进士,翰林,乡试主考官;子本治,善书画。

【牟昌裕】(1747—1808)字启昆,号松岩。栖霞县(今改市)人。乾隆四十二年(1777)举人,二甲第六名进士,选庶吉士,散馆改礼部主事。又由工部主事,升员外郎、郎中。在工部时,值省兵营各有公费开支,以制军器火药,但令报工部时,而价格多虚浮,按例议令兵丁赔补。昌裕道:"兵丁钱粮,赡养妻子尚不足,安能赔补。"而长官却大多不以为然,此后结果,正如昌裕所言。先后擢江南、云南、河南道监察御史,署户科、吏科给事中,巡视南城。昌裕疏陈能言人所不敢言,所上《请禁指名请员疏》、《请罢议叙新班疏》、《请禁匿名讦告疏》、《请酌增抽查漕粮章程疏》、《条陈时政疏》等,皆切中利弊,被时人称为"真御史"。充会试同考官。著有《行素堂奏疏全稿》。卒祀乡贤。父牟暄,乡试经魁;子略,附贡生,著有《艺文》、《牟氏家谱》。

【徐宪文】字郁亭,号石渠。滕县(今滕州市)人。幼聪慧。父弥留之际嘱其:"汝能勉力一第,庶慰我泉下心。"营葬后,自携几砚入千山古观中,键户苦读,寒暑不辍。乾隆五十一年(1786)举人,三甲第十九名进士。授内阁中书。充会试同考官。旋监督南北新仓,受皇帝召见,以知府用。历署福建龙岩州和延平、邵武府事，清理积案数以百计。嘉庆十八年（1813），年近六旬，补授台湾南路理番同知。八百里海洋，人多畏惮。有人劝其可乞上官留内地，宪文却道："官无大小，皆秉朝命以忠直从。"履任年余，循例晋知府候选，遂买船告归。宪文素嗜图章、古籍，所得以千百计。居家修茅屋，名为"澹香书屋"，喜吟咏，常曰："诗道性情，自鸣天籁，不论工拙。"其亦精医术。著有《四书一解》。手抄丛书百余册，曰为《澹香随笔》。八十岁卒。

【匡　苞】字桑于。胶州（今改市）人。乾隆五十四年（1789）举人，翌年联捷三甲第二十六名进士。家居不仕。性简默，嗜读书，终日危坐不出户庭，与人交往久敬不衰。其训子侄辈曰："汉儒经学，宋儒理学，皆以身体力行为先。即白鹿、鹅湖各有精诣，学者毋以一知半解自分门户，以议前贤。"晚年，目不能披阅书籍，每言："吾于诸经唯《春秋》未能上口。"因令童孙雏诵听而熟之。著有《春秋辑解》。祖父圣时，乾隆进士；父文炅，乾隆进士，知县。

【李　湘】字楚航。历城县（今济南市）人。乾隆五十一年（1786）举人，三甲第二十八名进士。历安徽英山、四川大邑等县知县，均有循声。善吟咏，喜禅学，遇物察机形诸诗歌，深刻而令人省悟。以寿终。著有《槐荫书屋诗钞》。

【赵未彤】字六滋，号序堂。莱阳县（今改市）人。一生无他嗜好，唯有努力读书著述。乾隆三十九年（1774）举人，三甲第二十九名进士，选庶吉士，散馆授检讨。历上书房行走、日讲起居注官、文渊阁校理、武英殿纂修、实录馆总裁、詹事府左右春坊赞善、咸安宫总裁、实录馆复校官、湖广道监察御史、工科给事中、户科给事中、顺天府丞兼学政。为监察御史，曾巡视西城、北城。其还历充会试、顺天乡试同考官和顺天武乡试副主考官（两次）及四川乡试主考官。未彤善时文，所上条陈，皆得大体，其养民、教民二疏，尤关国家大计。曾上疏："山东教匪有义和拳、神拳等名目，类聚避引，宜遏患于未萌。"其致仕后，主掌于保定莲池书院。著有《四书粗说》六卷、《使蜀草》、《退思轩草》、《南游草》、《澄怀园诗集》、《园中直日诗存》等。父起杲，贡生，知府，著有《青柯亭诗集》，首刻蒲松龄《聊斋志异》；兄午彤，乾隆进士，兵部员外郎；子暄，举人，著有《排闷诗草》。

【王　访】兰山县（今属临沂市）人。乾隆五十四年（1789）举人，翌年联捷三甲第三十七名进士。官知县（县志未载明何地）。弟评，嘉庆进士，知县。

【王应垣】字紫庭。诸城县（今改市）人。乾隆五十一年（1786）乡试第三名举人，三甲第四十一名进士。授陕西榆林县知县，以"威惠而治"。在朝廷派兵征讨白莲教时，奉命运送军粮，在赶赴汉川路上突遇山贼，应垣屹立山口，大义凛然，山贼慑于其威力，竟不敢骚扰而驰去。改调三原县知县，自出数千金交给商人生息，所获利息用于救济贫饥之人。前任知县盘剥侵蚀，造成国库空缺，应垣如数予以追偿。告归，又加捐以知府用。六十七岁卒。应垣好学工诗，著有《雨萝山房集》二卷和《南行吟草》、《制艺》各一卷。祖父绅，举人，府同知；父癸祥，举人，州学正。兄：应芬，乾隆进士，知府；应奎，乾隆进士，员外郎。子：珣庆，乡试副榜，以知县用，未赴任；琦庆，嘉庆进士，道员；玮庆，嘉庆进士，都察院左副都御史、侍郎。

【桂　馥】（1736—1805），另说（1733—1802）。字东卉，一字冬卉，号未谷，别署老苔、紫云仙馆等。曲阜县（今改市）人。《清史稿》有传。家中藏书颇丰，题藏书处为"十二篆师精舍"。其于书无所不览，尤精金石六书之学，为清代训诂学家和书法家。乾隆五十四年（1789）举人，翌年联捷三甲第六十名进士。授云南永平县知县，为官十载，政简刑清。其早入国子监读书时，得与著名金石家翁方纲交游，所学愈加精深。在为长山县训导时，与济南明士周永年结为好友，共同出资在济南购地修筑"藉书园"和"潭西精舍"，以诱导后进，振兴文教。受清代训诂学家戴震影响颇深，潜心研究文字学，尤精许慎《说文解字》。历时四十年，写成《说文义征》五十卷，被誉为清代北方文字学的典范。其能诗，精通音韵学，爱好编剧。除所著《说文义征》外，还著有《札朴》十卷、《缪篆分韵》五卷、《晚学集》八卷、《未谷诗集》四卷及《毛诗音》、《东莱草》、《行笈草》、《南征草》、《老苔剩稿》、《说文谐音谱考证》、《历代石经考略》等。善书画，尤精分隶，窥汉人堂奥，片札只字海内宝之。

乾隆五十八年癸丑科

本科录取：一甲三名，二甲二十九名，三甲四十九名。其中山东七名。

【周　垣】字紫围，号雪泉。金乡县人。乾隆四十八年（1783）乡试解元，二甲第十名进士。历江苏溧水、山阳、上元县知县，升松江府川沙厅海防同知，所至以循能著。在川沙，捐置义冢十八区，捐棺木埋葬浮厝柩一万余具，民间有泽被枯骨之谣。子：舒锦，副贡，守城战死，著有《研香书稿》；兆锦，嘉庆进士，知州，署知府。孙：洺，举人，会试明通榜；潞，道光进士，知州，为公殉职。

【赵　灿】字彩含，号庚圃。聊城县（今聊城市）人。乾隆五十四年（1789）考中举人，学习益苦，日作一篇制艺，从不间断。考取三甲第五名进士。历直隶乐亭、河间县知县和滦州知州，多惠政。存有制艺数百篇。父大利，举人。

【周麟元】字绣绂，号芷田。金乡县人。乾隆四十八年（1783）举人，三甲第十一名进士，选庶吉士。

【高守训】字觐甫，号拙斋。潍县（今潍坊市）人。七岁入塾读书不忘，十二岁六经悉能成诵。喜读唐宋八家文。时人评其"为文纵横奇变，于制义入黄金之室，故近三苏"。师从垂名清史的儒学名士、进士韩梦周，被韩梦周称为"此奇才也，老夫襟怀当传于子"。乾隆五十一年（1786）举人，留京三次会试不第，即回故里教授生徒。后考取三甲第三十七名进士。授江苏宜兴县知县，除积弊，捕盗匪，绝贿赂，理积案，修书院，颇有政绩。丁忧归，未再仕。秉承尊师之志，在程符山教授生徒。有人荐其掌教潍阳书院，辞不就。所教弟子皆奋起之士。著有《拙斋文集》。九十一岁卒。

【李　梴】（1765—1816）字松溪，号雨樵。诸城县（今改市）人。八岁时，父母双逝，由兄长抚育成人。乾隆五十四年（1789）举人，三甲第三十九名进士。授直隶衡水县知县，值漳水大堤决口，率属官和民夫日夜抢筑，使决口尽快得到合拢。改补河南罗山县知县，邻邑盗贼李玉贵聚数百人四处抢掠，梴奉命剿捕，率兵直捣其巢，将其扫平。以病告归，新到知县以仓库存谷不足而不接任，县人争相输纳。去时，以酒肴相送者数十里不绝。家有藏书三万卷，皆亲自校阅，且将遇到的赏心悦目之处，摘录手抄成册，名之曰《袜线集》。著有《研绿山房诗抄》。父宜芳，雍正进士，知县；兄渠，乾隆进士，亦官知县。

子：仁煜，举人，喜金石古籍鉴藏，多著述；璋煜，嘉庆进士，布政使。

【高金藻】海阳县（今改市）人。乾隆五十七年（1792）举人，翌年联捷三甲第四十一名进士。授广西桂平县知县。

【李席珍】字立斋。寿光县（今改市）人。乾隆三十六年（1771）举人，历经二十二年，方考取三甲第四十九名进士。授泰安府教授。著有《授经堂稿》、《云霭诗抄》。

乾隆五十八年癸丑科

乾隆六十年乙卯恩科

本科为清高宗禅位清仁宗之恩科。一甲三名，二甲十八名，三甲九十名。其中山东十一名。

【王赓琰】（1762—1824）县志载作赓言。字赞虞，号簣山。诸城县（今改市）人。王氏家族，以军功起家，全族尚武，家境衰落后，乃弃武就文。赓琰幼负大志，美髯伟躯，严毅有为。乾隆五十七年（1792）举人，翌年会试第五名贡士，当年未参加殿试，后补殿试成三甲第七名进士。历吏部主事、员外郎、郎中，监督宝泉局。其刚正廉明，剔除积弊，吏不敢欺。嘉庆十四年（1809），出为广信府知府，凡五年调任时，送者相望于道，邑士赋诗赠行，成集曰《去思留咏》。又历江西南昌府知府、江西督粮道，先后迁江西按察使和江苏布政使，分巡常镇通海兵备道。所至清积案，平冤狱，诛巨恶，兴教育，修水利。赓琰治刑狱特别审慎，素有"冰心铁面"之称。曾对诸子道："赵清献居官，每夜焚香告天，吾愧古人。然若曹勉之，无忘我所企慕矣。"以积劳成疾，六十三岁卒。好学工诗，喜汲后进。一生著述丰厚，有《簣山堂诗集》二十一卷、《车中吟》二卷、《四书释文》六册。其还搜罗乡邦文献，编纂《东武诗存》十卷，收录明、清两代诸城籍二百七十八位诗人的诗作三千五百零二首，达三十多万字。六子中，有举人（履亨、履正）二人，五品以上官员五人；孙辈中，有举人一人（志诰），进士一人（志超），五品以上官员六人。

【孙　珏】字符美。临清直隶州（今改市）人。乾隆五十九年（1794）乡试解元，翌年联捷三甲第八名进士。授江苏娄县知县，以廉惠称，民为立生祠。擢柘林同知，未赴任卒。

【骆　灿】济宁直隶州（今济宁市）人。三甲第三十五名进士。

【朱光曧】字太石。聊城县（今聊城市）人。乾隆五十一年（1786）乡试经魁，三甲第四十二名进士。授河南巩县知县，有政声。两充河南乡试同考官，得人称盛。致仕，巩县人感德不忘，制赞颂牌匾亲送至家。工书法。父续胄，优贡生，县训导，工书画，精音律，尤以诗名。

【李　鹏】（1763—1834）字南池。邹平县人。赋性谦冲，诚厚待人，乐闻人善。乾隆五十一年（1786）举人，三甲第四十七名进士。授内阁中书，改吏部主事。丁忧，服除，升户部员外郎。道光七年（1827），授江南道监察御史，稽查海运仓。为政慎密，奏疏内容虽家人亦不能知。所上"浚吴淞江水道"、"正途教习铨选酌议疏通"诸疏，皆被允行。以卓异补授福建福州知府，未抵任以过失降一级调用。三充顺天乡试同考官，所得皆知名士。其兄弟六人，除长兄景岩早卒外，其他五人皆中科第，上官书"五子登科"匾文以荣其门。弟：景岱，举人，知县；景峰，举人，知府；鹄（乡试名峥），进士；景嵩（后改名震廷），进士，知县。

【贾允升】（？—1833）字猷廷，号东愚，一号之岩。黄县（今龙口市）人。父早逝，家贫如洗，其母依外家抚孤成立。乾隆五十四年（1789）举人，三甲第六十四名进士，选庶吉士，散馆授检讨。历国史馆协修、提调兼总纂。充会试同考官。擢陕西道监察御史，稽查禄米仓，查处蠹役，陈请革除仓庾积弊。冬季，山海关有饥民受阻不得出关，允升据情奏陈，朝廷令副都统放行。嘉庆九年（1804），充湖北乡试副主考官，临行时，发现崇文门监督所派丁役在广渠门外需索凌虐行旅，按律予以惩治。迁刑科给事中，巡视北城，将逃逸数年的以聚众赌博致酿命盗案的罪犯拿获。嘉庆十二年（1807），巡视天津漕务，奏请疏浚德州等地淤塞的四条引河，以利船运。嘉庆十七年（1812），山东饥荒，登州、莱州两府尤甚，允升奏请仓谷改粜为借，并奉旨发帑赈济。历升鸿胪寺少卿、光禄寺少卿、内阁侍读学士、太常寺少卿、副通政、宗人府丞。嘉庆二十二年（1817），在提督安徽学政期间，授都察院左副都御史。道光三年（1823），迁兵部右侍郎，改左侍郎。道光十年（1830），七十一岁致仕。子桢，道光进士，榜眼，体仁阁大学士；橚，道光进士，编修。孙致恩，布政使。

【王　晌】县志载作晅。字觐光。高密县（今改市）人。乾隆五十九年（1794）举人，翌年联捷三甲第七十二名进士。历河南新乡、五河县知县，所至以文学导引后学。屡充河南乡试同考官，榜首皆出其房。

【孙奇峰】滨州（今滨州市）人。乾隆五十七年（1792）举人，三甲第七十八名进士。仕至四川绥定府知府。

【周虎彝】改名虎拜。字广庭。莱阳县（今改市）人。乾隆五十四年（1789）举人，三甲第八十一名进士。历福建浦城、江南宝山县知县，多惠政。在浦城，有豪猾郑德元，称霸一方，霸占民间妇女和田宅，田赋半入其家，且无人敢去责问。前任知县虽奉旨查办，但究未能将其拿获。大吏也以其人已死对上搪塞。虎彝到任后，正值交赋税，百姓说只要其人得到惩治，即可交输。虎彝亲率勇士，费尽周折，终将其捕获，并交大吏在省城处死，百姓为此欢呼，将赋税上交无缺。子坊，道光进士，翰林院典籍；孙曰庠，举人。

【董长春】字大椿。寿光县（今改市）人。性端悫，常语古人忠节之事。乾隆四十四年（1779）举人，教授为业。历经七次会试，在六十六岁时，考中三甲第八十二名进士。授云南恩乐县知县，多有善政。旧有滇南运铜之役，僚属中无人愿往。长春慷慨曰："此事有何难，国家依赖需要，有臣去做。"遂毅然率人乘船而去，在风涛雪浪中，跋涉万余里，途中疽发于臂而卒。

【冯　瀚】聊城县（今聊城市）人。乾隆五十七年（1792）举人，三甲第九十名进士。

嘉庆元年丙辰科

本科为清仁宗登极恩科兼正科。一甲三名,二甲四十名,三甲一百零一名。其中山东十一名。

【靳文锐】(?—1801)字敏斯,号荣甫,一号绩山。聊城县(今聊城市)人。家贫嗜学,冬夜寒冷,双足纳草簪中,攻读不辍。乾隆四十二年(1777)拔贡,充《四库全书》馆誊录。乾隆五十九年(1794)举人,二甲第十五名进士,选庶吉士,散馆授编修。充国史馆修纂。嘉庆六年(1801),充陕西乡试主考官,考试未竣,突发病卒。居官以清白自守,不奉迎干谒,不收受贿赂。卒时,蒙恩赏给回差路费三百两,大吏也给以资助,其灵柩始得归里。兄文钟,举人,官学教习,以知县用,未谒选而卒。侄:春泰,举人,国子监学正;登泰,道光进士,以知县用,未赴任卒。

【鹿维基】(1751—1814),字定宇,号赟谷,一号鹤汀。福山县(今烟台市福山区)人。为康熙进士、名宦廷瑄世孙。为人沉默端严,除读书外,无他嗜好。为文文理清晰,意境高远。四十二岁时,于乾隆五十一年(1786)考中举人,又考取二甲第四十名进士。授刑部主事,以善断疑案著称。先后出为云南景东直隶厅、昭通府大关厅同知。在任六载,不畏艰难,清白自守,以保证当地民族团结为己任,重视教化,"大布德惠,藏番悦服",尊重少数民族习俗,鼓励少数民族到山区垦荒,化解少数民族之间贸易争端,少数民族与官府的对立情绪得到缓解,安定业兴。以水土不服患病告归。

【李于培】(1765—1817)字滋园。安丘县(今改市)人。生平赋性严肃,不苟言笑。年轻时,曾代父留质直隶安肃县。乾隆五十九年(1794)举人,三甲第十六名进士。授刑部主事,升至郎中,总办秋审时,每遇案有可疑,即危坐斗室,凝思终夜,务得其情而后已。嘉庆六年(1801),充广西乡试主考官。在奉旨跟从刑部侍郎处置边陲游牧少数民族结怨激成兵端一事中,单骑进入部垒劝解有功,受到嘉庆帝嘉奖。历直隶正定、保定府知府和通永兵备道、永定河道。时永定河堤漫决,且久雨不止,于培督率官役昼夜抢堵,立泥淖中,遂染风湿之疾卒于官,年五十二。著有《秋谳分类条辩》数十卷。父策,乾隆进士,知县;兄于恒,举人,知县,多著述。

【隋维烈】字永清,号毅庵。寿光县(今改市)人。事继母以孝闻。乾隆五十三年

(1788)乡试解元,三甲第三十七名进士。隐居不仕,教授终生。通经学,尤精邃《周易》。平时恂恂似不能言,唯与门下谈论程朱理学,剖析极其细微,而不涉迂腐。晚年,为传其衣钵,将家中藏书尽给爱徒。

【杨受廷】字咸之,号虚谷。历城县(今济南市)人。幼颖异,稍长文行皆知名。乾隆五十三年(1788)举人,三甲第四十五名进士。授江南如皋县知县,在任四载,"实心爱民,勤劳无稍暇","巨盗凶肆,悉力捕之","城垣圮毁,捐廉修之"。两充江南乡试同考官。告归,书卷之外别无长物。著有《庐山集》三卷。书法王右军、颜平原,而自成一家。自奉俭约,俸金大多助亲族,闻名乡里。子:致祺,喜金石,工书法,著有《天畅轩仅存草》;祜祺,善画;思祺,工篆刻,著有《天赐轩忆得偶存诗稿》。

嘉庆元年丙辰科

【李华庭】字清远,号莲塘,一号莲溪。昌乐县人。父中和为隐居讲学名儒。幼承家训,力学苦读。乾隆五十三年(1788)举人,三甲第五十三名进士,选庶吉士,散馆改吏部主事。出为广东罗定直隶州知州,历署南雄、惠州、肇庆府事。所至厘剔积弊,爱民如子。尤重教育,每到一地,必先整修书院,捐廉课士,振衰式靡,以端其本。常对僚属道:"吏治之坏,源于士习不端,斯世风日漓,民情遂益以伪。兴学育材,有以植其根基,而接之以诚,则根固民亲而化为行矣。"在惠州时,有奸民挑动百姓闹事,逮捕多株连无辜,华庭告知大吏,除惩治首恶外,其胁从、良民,或从轻处置,或予以释放。以终养老人告归。

【高春藻】号菊隐。海阳县(今改市)人。家贫穷,早丧父。自幼聪颖,初承母教,稍长跟胞兄读经史、习书法。乾隆五十九年(1794)举人,三甲第五十八名进士。授青州府教授。晚年致仕,仍乐于舌耕,设馆于济南、莱阳等地,多所成就。其秉性严正,乡人奉为师表。

【徐维城】字固庵。临清直隶州(今改市)人。少时家贫,贩粮为业,不废吟读,常于驴背上作文,至家书之,积诗千余首。三甲第八十名进士。授户部主事。充会试同考官。卒祀乡贤。

【徐云龙】字蕴辉。寿光县(今改市)人。乾隆三十九年(1774)举人,三甲第八十一名进士。授安徽含山县知县。

【李亨圻】惠民县人。乾隆五十七年(1792)举人,三甲第九十四名进士。授广东大埔县知县。

【张　源】字蒙泉。历城县(今济南市)人。乾隆五十三年(1788)举人,三甲第九十六名进士。授直隶知县。

嘉庆四年己未科

本科录取：一甲三名，二甲七十四名，三甲一百四十三名。其中山东十五名。

【苏兆登】(1768—1847) 字晏林，号朴园。沾化县人。嘉庆元年（1796）举人，一甲第二名进士，榜眼，授编修。先后充云南乡试主考官、会试同考官和顺天乡试同考官。嘉庆九年（1804），由浙江道监察御史，改京畿道，"修奏十数上，均关国计民生"。奉命巡视通州漕务，持躬以正，拒纳漕仓官吏馈遗。嘉庆十三年（1808），出为江西南安府知府，因公罣误降一级调用，南安百姓泣送者填路。回京后，改补户部员外郎，充军机章京，升至本部郎中。嘉庆二十一年（1816），提督陕甘学政。改直隶永平府知府，严治捕役豢盗之弊。旋迁江苏淮扬海道。兆登每事务求精详，往往不遑假寐。道光元年（1821）冬，擢福建按察使，以疾未赴任。丁父忧，服阕，乞告奉母，不再复出。著有《寄生偶存》、《睡余吟》、《诗稿平心集》等。子敬衡，道光进士，探花，按察使。

【李本榆】字星白，号晴岚。长山县（今属邹平县）人。乾隆五十七年（1792）举人，二甲第二十三名进士，选庶吉士，散馆授编修。改河南道监察御史。历顺天乡试同考官、湖南乡试主考官和会试同考官，号称得人。由刑部郎中，出为广东惠潮嘉道。

【毛式郇】(？—1844) 字伯雨，号雨甘，一号朴园。历城县（今济南市）人。嘉庆三年（1798）举人，翌年联捷三甲第五十二名进士，选庶吉士，散馆改吏部主事。升至宗仁府丞。式郇目短视，口微吃，而持正如山，不可动摇。道光二年（1822），提督顺天学政，上疏参奏布政使屠之申，在直隶差徭过重，对所加之赋，自应议减。道光帝命交直隶总督查办，屠之申被降知府。又历江西乡试副主考官，浙江、江苏学政，副通政，光禄寺卿，都察院左副都御史，礼部左侍郎，吏部右侍郎。道光二十三年（1843）病免。次年卒。祖父辉祖，乾隆进士，翰林，太常寺少卿；父圻，举人，知县；子健，由荫生官知府，战死；孙玉成，道光进士，知县。

【庄　咏】字赓堂。莒州（今莒南县）人。乾隆五十三年（1788）举人，三甲第五十九名进士。性慷慨沉毅，朴实无华，劝人为善，与人交往率直而宽容，识顾大体。初授直隶知县（未载明何县），又调署任丘县。至任发现积欠租粮一万五千余担，禀报获准，全部豁免，消除数年积患。其又发现驿站差徭所需车马，皆取于乡里，为减轻民众负担，首捐俸银，购买车马，续捐千金，交盐当生息，作为岁修喂养费用，永除此弊。重修桂岩书院，对优生给予奖励。以卓异升沧州知州（《日照进士录》载，嘉庆二十一年又升河间府知府，待考证），未几以亲老告归。对儒学造诣颇深，多有著述。著有《学庸困知录》四卷、《春秋题解》、《杜律浅说》上下卷、《慎守堂文稿》、《笔花园课儿草》、《劝惩编》、《慎守堂家训》、《南窗琐言》、《家居琐言》、《菊香亭诗草》等。

【李景嵩】改名震廷。邹平县人。乾隆六十年（1795）举人，三甲第六十四名进士。授直隶深泽县知县，邑多豪猾宿贼，经密访全部收捕。当地俗好设赌，其每夜以一骑二仆巡查，抓捕惩治赌徒。遇县试，察其才堪造就者，予以资助，招至县署，令潜心攻读，晨夕训诲不倦。父病逝，其葬父未久亦卒，仅三十七岁。其兄弟六人，除长兄景岩早卒外，其他皆中科第，上官书"五子登科"匾文以荣其门。兄：鹏，乾隆进士、知府；景岱，举人，知县；景峄，举人，知府；鹄（乡试榜名嶂），嘉庆进士，知县。

【杨树基】字裕光、蓼雅，号吉村、瀛宾。蓬莱县（今改市）人。乾隆五十四年（1789）举人，三甲第七十六名进士。授礼部主事，升员外郎、郎中。两充会试提调官。以京察一等，出为江苏松江府知府，裁陋规，汰冗费，清狱讼，请帑赈济受水灾饥民。未几，改江西赣州府知府，以安定为务，编查保甲，收销兵器，严防反清势力渗透，严禁盐枭抢夺恶习。又被委署饶州府知府，旋补南康府知府，严拿讼师，振兴文教，整修白鹿书院。为官守正不阿，剔弊除奸，所至皆有政声。卒后，乡谥"清恪"。弟丕基，举人。

【徐文骧】字子耘。长山县（今属邹平县）人。乾隆五十七年（1792）举人，翌年会试考中贡士，当年未参加殿试，补殿试成三甲第七十七名进士。授刑部主事。

【姚廷训】字文溪，号敬棠。历城县（今济南市）人。乾隆五十九年（1794）举人，三甲第八十三名进士，选庶吉士，散馆改广东博罗县知县。以亲老告近，转江苏昆山县知县，缉拿盗贼，境内以安。丁忧归，数千士民扶老携幼焚香相送。补署广东番禺县知县，不辞劳怨。旋回任博罗县知县，该地多发悔嫁赖婚陋习，经严禁痛惩，此风顿息。修葺书院，添置膏火。在三里长堤种竹，两岸垂荫，以解生童冒暑往返县学之维艰。善政不可枚举，故一邑颂神明。

【林钟岱】（？—1815）字子詹，号实庵。文登县（今改市）人。自幼聪敏，兼承家学，博学强记，自经史外，旁览百家之言，挈其要领，参合时务。常言："师心而不师古，与泥古而不知时者，皆俗学也。"其为文务达己见，耻为抄说浮词。乾隆六十年（1795）举人，三甲第九十六名进士。在兵部十四年，历主事、员外郎、郎中。事有未妥时，则于堂上执稿剖辩，言论侃侃，长官熟知其性耿直，都能宽容而不怪罪，论者以为有直臣之风度。廷臣奏请查办满汉例，既多不同，又无旧例可循。钟岱乃约二三同事，至军机处方略馆，检查国初以来旧式，酌定章程，奏著为例。福建弁兵调至台湾戍守，因渡海危苦而不想去，请求在台湾当地招募，有以为便宜可行的官员，欲批准这一请求。钟岱道："台湾人非不足为兵，而拨内兵行戍者，乃所以控制之也。台湾自隶版图以来，经朱一贵之乱，又经林爽文之乱，有叛民无叛兵，则其防在民而不在兵，若一旦将内兵撤回，易以土著，惧将来有不可问者。"长官惊道："这是老成之见。"遂予以驳回。山东巡抚以白莲教起事，请调文登营副将移驻曹州。钟岱曰："国家分兵驻守，各有远图，文登沿海今遽撤兵，若海洋有警，何以御之。且随贼起处率行移镇，亦不成政体也。"长官深以为对。钟岱后补江南道监察御史，又转湖广道。嘉庆二十年（1815）卒于任，祀乡贤。著有《花屿堂诗集》。父培选，举人，知县；子汝楷，举孝廉方正，考授六品职衔。

【贾声槐】（1767—1845）字阁闻，号艮山。乐陵县（今改市）人。乾隆五十九年（1794）举人，三甲第九十九名进士。授户部主事，升至郎中。在户部十五年，稽查严明。擢监察御史，转给事中。性刚直，知无不言，章奏累上，洞悉利弊。对山东章丘县因收漕粮杖毙九命之案和沂州府匪徒抢劫七十二案，俱奏明查办。巡视江南漕运，漕运船只因河浅受阻，有道员欲截留，声槐亲往查看，命将河道挑浚，遂使船只全部通过。又历河南南汝光道与浙江温处道，所全审办案件不徇情面，立判曲直；遇水灾，缓减征赋，捐廉抚恤灾民；礼待文士，捐廉增加书院膏火。以不阿附上官，被寻找借口参劾罢职。居家闭门著述，有《四书思辨录》、《周易解》、《论语孟子解》、《学庸思辨》、《约我斋偶录》等。七十九岁卒。子亨晋，知府，战死。

【张蕙圃】碑作惠圃。字芳园。寿光县（今改市）人。幼虽质钝，但读书痴迷。夏日，在庭院中晒麦，家人让其看护，以防雀啄，大雨倾注，漂麦满庭中，却仍执卷吟哦不知。四十岁才成秀才。乾隆五十四年（1789）举人，所授徒多通达事理、声名显赫人士，大学士陈官俊即其门生。其后考取三甲第一百零四名进士，授江苏萧县知县，抵任未久卒。

【郝懿行】（1755—1823）字恂九，号兰皋。栖霞县（今改市）人。《清史稿》有传。清代著名经学家，被山东学政誉为"栖霞四杰"之一。为人谦和，廉公自守，不轻与人交接。遇非素知者，相对竟无一言。每谈论经义，则喋喋忘倦。乾隆五十三年（1788）举人，三甲第一百一十名进士。在户部任主事达二十余年。身为穷官，唯潜心学问，尤长于名物训诂考据之学。为买书不惜"典却寒衣"，为著书坚持"漏下四鼓者，四十寒暑"。一生著书五十余种，近四百卷。有《尔雅义疏》十九卷，为懿行的代表作。始撰于嘉庆十三年（1808），完稿于道光二年（1822）。该书对我国最古老的辞书《尔雅》详加辨析，疏通证明，博得同时代著名学者阮元、王念孙等人的赞赏。懿行从三十六岁起撰写《春秋说略》，历时二十载，三易其稿，终成佳作。时为《四库全书》总纂官的纪晓岚评价："吾见历代论《春秋》者无虑数百家，惟兹划尽千秋藤葛。"所著《山海经笺疏》，也以"精而不凿，博而不杂"，被推为同类著述的上乘。光绪年间，《尔雅义疏》、《春秋说略》、《山海经笺疏》、《易说》、《书说》、《诗说》、《礼记笺》等郝氏遗著，由淄博人毕东河等进奉朝廷，降旨交翰林院留览。此外，懿行还著有《宝训》、《晏子春秋》、《蜂衙小记》、《竹书纪年校正》、《晋宋书故》、《荀子补注》及笔录之类的杂文，集为《晒书堂集》。懿行夫人王照圆是一位热爱经史和癖好校书之士，著述颇多。曾以"平生要做校书女，不负乌衣巷里人"诗句自勉。同丈夫如师如友，疑难共析。懿行去世时，只留下满屋图书和手稿，家境贫苦，连夫人王照圆扶柩回乡也手无存银，好友牟庭为其叹道："不可生无书，哪可死无钱。"

【王显文】字承序，号右亭。临清直隶州（今改市）人。少承家学，与兄相砥砺。嘉庆三年（1798）举人，翌年联捷三甲第一百一十三名进士。官湖北云梦司马。充山西乡试同考官。工诗文，著有《群经》、《宫室图考》、《学制随笔》、《名香斋诗文集》。父臣，乾隆进士；兄继文，举人，知县，著有《清旭斋诗》。

【刘开泰】字起元，号庐庵。宁海州（今烟台市牟平区）人。乾隆四十八年（1783）乡试亚元，三甲第一百二十四名进士。授莱州府教授。其致仕后，三十年不入城市，被乡人称为"厚德醇儒"。

【苑鸿绪】（1749—1807）字麟瑞。诸城县（今改市）人。师从窦光鼐。乾隆三十九年（1774）举人，三甲第一百三十一名进士，时年已五十。五十八岁时，授云南宜良县知县。以诱进诸生、振起士风为先务。值发生旱灾和瘟疫，其开沟渠灌溉田地，请名医为民治病，又惩蠹役，褒贞孝，一时循声大起。大吏见其文学功底深厚，请其前去考校文章，以劳累过度而卒。居官仅五月余。终年五十九。著有《居易堂存稿》、《梅轩讲义》。

嘉庆六年辛酉恩科

本科为清高宗九旬万寿恩科。一甲三名,二甲九十八名,三甲一百七十四名。其中山东十九名。

【宋 潢】(1761—1826)字星溪,号小岚。兰山县(今属临沂市)人。为拔贡时,选郓城县训导。乾隆五十九年(1794)举人,二甲第十九名进士。授户部主事,升至郎中,先后兼理军需局、钱法堂、现审处、则例馆等事。充会试同考官。其供职勤慎,上官器重。多次跟随朝廷大员查办和会审大案。出为安徽颍州府知府,讯结大案十余起。改庐州府知府,暹罗贡使携带内地子女,俱禀截留。擢苏松粮储道,署江安粮储道,所至厘剔弊端,声绩炳然。奉委办海运事,而不扰民。以劳成疾卒。善书法。其与兄洪合著《明恕堂诗稿》。族兄澍,乾隆进士,刑科给事中。

【孔昭虔】(1775—1849)字元敬,号荃溪。曲阜县(今改市)人。恪承家学,恭谨自守,博学多识。二甲第二十一名进士,选庶吉士,散馆授编修。充顺天乡试(三次)、会试同考官。历监察御史、礼部员外郎、台湾道员和陕西、浙江按察使。道光十一年(1831),擢福建布政使,又改贵州布政使。次年病免。所至政绩卓著。昭虔对儒学颇有造诣,著有《经进稿》。尤精韵学,曾著《古韵》、《词韵》,惜未完稿。工诗词及戏剧,著有《镜虹吟室诗集》、《绘声琴雅词》、《扪舷小草词》及杂剧《荡妇秋思》、《葬花》等。喜游名山大川,足迹几遍国内,其记游诗尤为奇警,被称为"才大法细,力追古人"。善隶书。祖父继汾,举人,户部主事,多有著述;父广森,乾隆进士,翰林,著名经学、数学、音韵学家。

【王允辉】字蕴之。历城县(今济南市)人。嘉庆三年(1798)举人,二甲第二十二名进士。历内阁中书、内阁典籍、宗人府主事、礼部员外郎、江南道监察御史。充会试同考官。性伉爽,不拘绳墨,为官务尽其职。力除京师商人所兴土木左右需索积弊,募捐修治广宁门内沟渎窒塞。嘉庆二十四年(1819),擢刑科掌印给事中,改礼科,巡视天津漕务和北城。京城近郊发生水灾,允辉凑金专设一区,容纳灾民,严加管理,以避瘟气。凡关朝廷大计,知无不言。所上"参步军统领司员刑伤致毙以慎民命"、"查办工部书吏冒销以重帑项"、"严禁顺天冒籍以杜幸进"、"特参刑部堂官滥保劣员以肃官常"、"清查黑龙江凯旋军携带幼童以恤孤幼"等,皆得施行。以疾卒于任。兄允中,武举,守备。

【吴熙曾】字缉文,号穆斋。海丰县(今无棣县)人。少倜傥,多所不屑。天性过人,居丧哀毁骨立,事兄敬爱如孩提。嘉庆五年(1800)举人,翌年联捷二甲第三十三名进士,选庶吉士,散馆授编修。为国史馆纂修,在实录馆致力尤甚。充会试同考官。为官后更加谦谨,与人交往无冰棱,然落落难合,但对志同者,则倾倒不厌。为诗文刻至切深,归于自然,不喜声气。著有《少颐诗稿》。高祖父自肃,康熙进士,学政;曾祖父绍诗,吏部侍郎(加尚书衔);祖父垣,举人,巡抚;父之承,举人,府同知;兄侍曾,嘉庆进士,吏部主事;侄式敏,嘉庆进士,编修,乡试主考官。

嘉庆六年辛酉恩科

【王钟吉】字蔼人,号述岩。诸城县(今改市)人。幼承家训,发奋攻读。嘉庆五年(1800)举人,翌年联捷二甲第四十名进士,选庶吉士,散馆授编修。充会试同考官。参与纂修《高宗皇帝实录》。由湖广、江南道监察御史,升兵科给事中,奉命稽查万安仓。出为甘肃庆阳府知府,革除一向纳赋"由甲长实皆蠹役充之"的积弊,百姓立碑颂扬。请假侍母之后,改补河南光州知州,以修筑河堤功,加道员衔。历河南陈州、开封府知府和南汝光道,所至勤政爱民,恪尽职守,治绩卓异。以终养老母告归,六十三岁卒。父衍福,乾隆进士,知府;子汝惺,拔贡,以道员衔候补知府;孙际相,举人,以军功保升知府。

【杜 堮】(1764—1859)字次崖,号石樵。滨州(今滨州市)人。明万历进士、左布政使诗和清顺治进士、布政司参政溦裔孙。少英迈好学,为学政所赏识。乾隆十五年(1750),乾隆帝东巡,杜堮以拔贡迎銮召试,名列一等,钦赐举人。考取二甲第六十三名进士,选庶吉士,散馆授编修。在京城十几年,初历武英殿、实录馆、文颖馆纂修和文渊阁校理、教习庶吉士,又历詹事府右春坊右赞善、翰林院侍讲、日讲起居注官、侍讲学士、咸安宫总裁、总办起居注、侍读学士等,成为皇帝身边重要的文苑词臣。嘉庆二十二年(1817),提督顺天学政。擢内阁学士,例兼礼部侍郎。嘉庆二十五年(1820),充会试知贡举。道光元年(1821),为兵部右侍郎。次年,改吏部右侍郎。这期间,主要为学政督学浙江。道光七年(1827),改吏部左侍郎。三次充会试读卷官与殿试读卷官。道光皇帝对其非常宠信,赐给《巡幸盛京诗》、《御制诗初集》、《御制文初集》等。道光十三年(1833),其已七十一岁,改礼部左侍郎。次年奏请去职,颐养京寓。其工书,善画山水,著述尤富。著有《遂初草庐诗集》、《时文举隅》、《时文辩体》、《选唐律赋》等。重赴鹿鸣宴筵,赏给头品顶戴,加太子太保。咸丰帝登极，又晋加太傅、礼部尚书。九十五岁卒，谥"文端"。咸丰帝亲往杜府祭奠，追赠大学士，入祀贤良祠。祖父荩，乾隆进士，知州；父彤光，教子有方，塄为其撰《述训》一卷。子受田，道光进士，帝师，刑部尚书，协办大学士。

【李师愿】字淑桐，号介舟。长山县（今属邹平县）人。乾隆五十九年（1794）举人，二甲第八十一名进士。授内阁中书，改建德县知县。

【牟颖儒】福山县（今烟台市福山区）人。幼家贫，兄弟三人读书，得到叔父倾力相助。嘉庆元年（1796）举人，三甲第四十八名进士。历内阁中书、宁州知州、邵武府同知。捐俸修筑堤坝。尤擅断案，执法不避权贵。在塞外多年，引疾告归。父端，举人，县训导。兄：安儒，嘉庆进士，知县；惇儒，嘉庆进士，知府。一门兄弟三进士，传为佳话。

【牟惇儒】《山东通志》载作淳儒。福山县（今烟台市福山区）人。幼时家贫如洗，生活艰难，兄弟三人读书，全靠叔父倾力相助。乾隆六十年（1795）举人，三甲第五十一名进士。由工部主事，屡迁云南大理府知府，洁己奉公，民呼为佛。父端，举人，县训导；兄安儒，嘉庆进士，知县；弟颖儒，嘉庆进士，府同知。一门兄弟三进士，传为美谈。

【马汝舟】字济川，号春帆。章丘县（今改市）人。嘉庆五年（1800）举人，翌年联捷三甲第六十九名进士。授襄垣县知县。勤于听断，狱无冤滥。勤课诸生，多所造就。汝舟常平仓谷，岁歉平粜，秋成还仓，从不以官价赢利，以解民困。充乡试同考官。居官六载，安民利民。以目疾乞归，七十六岁卒。著有《贻谷堂诗文集》。子绍援，拔贡，知府。

【王厚庆】（1772—1826）字谷以，号幼海，一号右海。福山县（今烟台市福山区）人。幼承家学，博览群书。嘉庆三年（1798）举人，三甲第七十七名进士。授内阁中书，充军机章京。嘉庆十九年（1814），由宗人府主事，升刑部员外郎。先后出为云南澂江、东川府和浙江台州府知府，旋署宁绍台兵备道。居官清直，善断狱。工诗文，著有《幼海文稿》、《黄山房诗抄》行世。父余菖，解元，知县，以"强项不阿"著称，著有《迎晖堂诗集》二卷；弟绂庆（府学教授）和佑庆（知县）皆举人。

【韩厥田】字禹甸，号望垣。淄川县（今淄博市淄川区）人。嘉庆三年（1798）举人，三甲第八十二名进士。授湖北利川县知县，首治啸聚山林的盗匪，连续擒获二十余人，境内获安。尤重兴办教育，一改旧无举人、进士科第的历史。政

嘉庆六年辛酉恩科

尚宽简，颇有治绩。以疾致仕。著有《杜诗详注》、《廿一史集要》、《十三经集解》、《性理摘要》。

【宋俊起】(1754—1835)字赞候，号鹤汀，一号六愚。兰山县（今属临沂市）人。少时兄弟七人相互师友，未弱冠入泮。嘉庆五年(1800)举人，翌年联捷三甲第一百零七名进士。授河南林县知县，正值荒旱，经理赈务，衣不解带，并自捐谷二千石以济之。惩治凶顽，疑狱多所平反。充河南乡试同考官，得士甚盛。以终养老人告归，教授生徒。手录《汉书》及宁都《魏氏文集》。八十二岁卒。

【李允升】字晋阶。文登县（今改市）人。乾隆五十八年（1793）举人，以会试第三名贡士，经殿试成三甲第一百二十名进士。授国子监学正，改济南府教授。嗜学好古，但不墨守章句，取诸家之说而折中，不自托正宗，不专守一途，阐以己意，多有建树。对后学教诲不倦，一些贫穷诸生，在其周济抚育下，荣登科第。著有《诗义旁通》十二卷、《四书证疑》八卷、《论语补遗》二卷。孙厚恺，举人，州学正。

【王汝瑶】(1757—1810)字维玉，一字棣村，号柳亭。诸城县（今属高密市）人。乾隆五十一年（1786）举人，选莘县训导，"善教士，多兴起"。考取三甲第一百二十二名进士，未及授官，卒于京邸。著有《秋渠斋文稿》二册。

【姜世升】字羽清，号柏园。莱阳县（今改市）人。乾隆五十七年（1792）举人，三甲第一百二十三名进士。历江西乐平、庐陵、赣县和江苏甘泉县知县。子晗，邑庠生，书法右军，得其神韵。

【孔继鸿】字渐逵。曲阜县（今改市）人。嘉庆三年（1798）举人，三甲第一百三十名进士。历直隶枣强、永年县知县，所至理繁治剧，裁减徭役，政声颇著。去官时，永年人赋诗相颂，赞其："舆情拟叩九重天，留得神君闭户眠。愿似杭州白太守，皇恩也许住三年。"并联牍相留，甚得民心。

【陈可经】字维久，号青麓。博山县（今淄博市博山区）人。自幼聪颖，十岁能属文。嘉庆五年(1800)举人，翌年联捷三甲第一百四十七名进士。例授知县，以不想远行，改补东昌府教授。以父有疾，乞养告归。性至孝，连遭父母之丧，哀毁骨立。在服丧后，仍原缺题补，以疾不再复出。晚年治学益勤，自守甚严，与物无忤。好赈乐施，家无储粟，而赈穷常不及。七十四岁卒。

【张文车】昌邑县（今改市）人。乾隆四十八年（1783）举人，三甲第一百六十三名进士。授陕西白河县知县。

嘉庆七年壬戌科

本科录取：一甲三名，二甲八十四名，三甲一百六十一名。其中山东十七名。

【张源长】字方济，号秋圃。乐陵县（今改市）人。嘉庆五年（1800）举人，二甲第二十名进士，选庶吉士，散馆授编修。两充会试同考官。由监察御史，升兵科给事中，出为河南南汝光道。

【宋　潢】字星海，号仍吉，一号岸堂。胶州（今改市）人。乾隆五十四年（1789）举人，二甲第七十三名进士，选庶吉士，散馆改湖南临武县知县。擢吏部员外郎。充会试同考官。工书法。祖父熙，乾隆进士，知县。

【孙　汶】（1763—1820）字宗岱，一字望山。胶州（今改市）人。性颖异，少喜读书，笃内行。嘉庆三年（1798）举人，考授内阁中书。二甲第七十九名进士，选庶吉士，散馆授编修。为武英殿协修和《词林典故》分校官。授刑部郎中，兼理秋审事务，谳狱持公正。嘉庆十八年（1813），迁陕西道监察御史，充福建乡试主考官。次年，改京畿道监察御史，疏请清理外省京控案件数百起。嘉庆二十一年（1816），巡视东城，巡查淮安漕务。次年，升工科给事中，转掌印给事中，稽查户部内仓和丰益仓。疏请申旧律，严禁奸商，并提出清理仓谷三种方法。又有除河工积弊、清理营伍、严查匪徒三疏。嘉庆二十三年（1818），充乡试内监试官，巡视中城。次年，外授湖南粮储道，除旧弊，绝苞苴，清悬帑，有德有威。督抚嘉其劳，合奏保荐，未及升迁，丁父忧卒于家，年五十七。

【梁本恭】字味愚。聊城县（今聊城市）人。为人沉潜缄默，不善言辞，才智高人。乾隆五十九年（1794）举人，三甲第六名进士。授安徽东流县知县。对狱讼及时听断，狱无重囚。有流民入境，按人口给以安置。有百姓因贫鬻女，助以百金，免使骨肉分离；捕治为乱奸民，百姓获安。以丁忧归，遂告降授沂州府教授，重风化，励名节。六十八岁卒于任。

【魏来田】字西园，号野修。寿光县（今改市）。乾隆六十年（1795）举人，三甲第六十七名进士。历山西寿阳、临汾、太原、交城等县知县，所至购米赈灾、整治陋规、捐助书院，民得实惠。在交城，平反错判的谋杀冤案，原承审官员皆被问罪。为官清廉，"不牟一时之利，遗百姓累世之害"，拒绝从盐业经商中获取利益。著有《清雅斋集》。致仕归卒。其门人户部尚书祁寯藻为其撰写墓志。

【翟德先】字祇台。昌邑县（今改市）人。嘉庆六年（1801）乡试第三名举人，翌年联捷三甲第七十五名进士。初授高阳县知县，自以为绌于吏治，改任泰安府教授，与诸生讲伦不倦，成就者颇多。以疾卒于任。其学问渊博，文宗名家，平生著述多散佚，仅存《蝶阶百咏序》。

【耿维祜】亦作维祐。字对于，号显亭。新城县（今桓台县）人。嘉庆六年（1801）举人，翌年联捷三甲第七十八名进士。初为浙江宣中、石门县知县，历江西南安、南昌府知府和江西督粮道、两广盐运使、广东臬司。所至兴利除弊，庶政俱举。"杜粮船沿途洒卖"，"陈盐斤加价不可"。尤善折狱，摘奸发伏，平反大狱甚多。以疾卒于官。子曰恂，举人，知府，署道员。

【任郿祐】（1765—1835）《词林辑略》载作郿祜。字礼斋，号淑渠。聊城县（今聊城市）人。家贫力学。乾隆五十九年（1794）举人，三甲第八十名进士，选庶吉士，散馆改湖北公安县知县。值岁饥，对百姓抚恤备至。以卓异升荆门直隶州知州，勤于治理，数载几无讼。特擢安陆府知府。所至之地，以慈惠为主，必崇学校，与诸生相敦勉。引疾告归，主讲启文书院，成就人才甚多。高祖父克溥，顺治进士，刑部左侍郎；父兆熙，乾隆进士，知县。

【赵子璟】字朗如，号奈古。宁海州（今烟台市牟平区）人。乾隆五十四年（1789）举人，三甲第九十名进士。授武定府教授。工古文词，善抚琴。祖父中遴，康熙进士，知县。

【王 评】字品轩，别号半塘。兰山县（今属临沂市）人。嘉庆六年（1801）举人，翌年联捷三甲第九十五名进士。授浙江淳安县知县，平反冤狱，以神明称。时浙江漕政刊弊，民欠累积，州县曲为挪借，适逢国庆豁免，遂成亏空，查抵监追，多成大狱。评向上官提出"宜分限摊赔"的建议，巡抚听从其意见，入奏得旨狱尽免除。其三充浙江乡试同考官，所得多知名士。以病乞休。著有《塞北游草》、《瘦香亭集》、《环翠山房外集》、《归耕呓语》藏于家。兄访，乾隆进士，知县。

【滕嘉栋】蓬莱县（今改市）人。嘉庆五年（1800）举人，三甲第一百零五名进士。即用知县。

【蔡文增】字维华。滋阳县（今兖州市）人。以孝友称。好读书，不问家人生产。有仲文焕者，能成其志，为其构建精舍于南园，且购置典籍，供应饮膳，使其精专诵习其中。文增偶然入家，犬争吠之，乡里人也罕识其面目。嘉庆六年（1801）举人，翌年联捷三甲第一百一十名进士。授沂州府教授，课士有程，不计脩脯，屡出俸钱周济贫士。任满归，以疾卒。著有《四书讲义》。

【宁自学】字殖亭。章丘县（今改市）人。嘉庆六年（1801）举人，翌年联捷三甲第一百二十九名进士。授甘肃秦安县知县。减轻百姓负担，免除额外加税；修书院，增义学，广施教化；所用防御土匪的战备工具、甲士糗粮、驿站饲草，皆捐俸偿还。乞假告归，秦安士民攀辕流涕以送。晚年，改沂州府教授，多所陶成。著有《论语析解》、《学庸汇成》。

【王笃庆】字省山。聊城县（今聊城市）人。恪守家学，努力苦读，有文名。嘉庆六年（1801）举人，翌年联捷三甲第一百四十一名进士。历云南永善、昆明县知县，仕至迤南兵备道。因其须长尺余，仪容奇伟，嘉庆帝在召见时，竟以为异人。祖父用明，举人，知县；弟衍庆，举人，知府，署道员。

【张振德】蓬莱县（今改市）人。乾隆五十九年（1794）举人，三甲第一百四十二名进士。为直隶候补知县。曾祖父一恒，康熙进士，知县；祖父为政，举人，知府。

【孔继埭】（1763—1813）字阜村，号叔方。曲阜县（今改市）人。孔子六十九世孙。生父传煜为圣庙五品执事。继埭十二岁时，出嗣伯父传源。以孝亲闻名。谨慎谦让，寡言笑，与朋友交坦白相示，急人之急。乾隆五十九年（1794）举人，三甲第一百四十六名进士。初观政户部，授主事。持正不阿，稽核关税，吏不敢欺。公务之余以书史自娱。五十一岁卒。著有《文集》一卷。

【温秉贞】茌平县人。嘉庆六年（1801），嘉庆帝南巡召试钦赐举人。翌年考取三甲第一百五十四名进士。授青州府教授。

嘉庆十年乙丑科

本科录取：一甲三名，二甲九十六名，三甲一百四十四名。其中山东二十一名。

【史　谱】(1776—1837) 字荫堂，号荔园。乐陵县（今改市）人。生而颖异，力学励品。乾隆五十七年（1792）举人，选授官学教习。考取二甲第十二名进士，选庶吉士，散馆授编修。充广东乡试主考官和湖北乡试副主考官，所得皆寒俊之士。由监察御史，升户科掌印给事中，巡视北城。举奏颇多，俱得旨允行及留中。道光元年（1821），出为浙江宁绍台道，改督粮道。又由浙江盐运使，旋迁江西按察使，清理庶狱，皆称明允。擢云南布政使，清理铜务，大有起色。捐廉倡修贡院号舍，以惠士子。改陕西布政使，兼署巡抚，遂实授巡抚。值全省不少地方遭受大水灾和旱灾，其委员查勘抚恤，上请缓征以纾民力，自己捐廉三千两赈济灾民。道光十三年（1833），改贵州巡抚。不久，入京任光禄寺卿，旋转詹事府詹事，升内阁学士和兵部左侍郎，并充殿试读卷官、武会试知武举。以积劳成疾，卒于京邸。工书法，偶作山水，笔墨苍劲。弟评，嘉庆进士，翰林，内阁学士、礼部左侍郎。

【于克襄】原名克家。字莲亭，一字贻芬，号晋斋。文登县（今改市）人。嘉庆五年（1800）举人，二甲第二十七名进士，选庶吉士，散馆改刑部主事，升员外郎。充顺天乡试同考官。历贵阳府知府、贵东兵备道、湖北盐茶道兼署按察使。为贵阳府知府时，捐资疏通贯穿城内的淤塞河道，命名"太平河"。又用疏通河道剩余资金修建义仓四处，买谷分储，以备凶荒之年。当地名胜雪崖洞，旧有诸葛武侯、王阳明祠等，早已坍塌，又募资修复一新。在任湖北盐茶道时，主张对盐匪一案中被株连无辜平民予以释放，但总督周天爵则坚持一并惩治。克襄据理力争，总督便对他诋毁侮辱，其愤怒地道："士可杀不可辱，出言粪土，真愧疆臣。吾不与鄙秽者同事也。"即拂衣而归。工诗文，著有《铁槎山房闻见录》十卷、《铁槎山房诗存》六卷。父天泽，知府，工书法，有《临十七帖石刻》行世。

【葛宗昶】字贻绵，号悟亭。蓬莱县（今改市）人。嘉庆六年（1801）举人，二甲第二十八名进士，选庶吉士，未散馆。

【王　寿】原名元寿。字海禅。兰山县（今属临沂市）人。少好学，有文名。刘凤诰视学山左时,对寿亟拔之。嘉庆九年(1804)举人,二甲第七十名进士。初为官广西,历柳城县知县、龙胜厅通判和平乐府同知,迁云南镇雄州知州,署大理府知府。所至有政声。奉委解铜,舟行遇风涛,同舟人皆变色呼号,唯寿从容无惧意。宦游四十年,解任归。以诗酒自娱,书法笔致峭逸,人争宝之。舅宋澍,乾隆进士,翰林,学政;族兄:访,乾隆进士,知县;评,嘉庆进士,知县。

【王允楚】字汉南。新城县(今桓台县)人。嘉庆三年(1798)举人,二甲第七十七名进士。授河南临漳县知县,清积案,教种植,抑强暴,士民赞颂。前任知县卒于官,亏帑很多,莫敢受代,允楚为其如额补清,且资助其家扶柩归里。以卓异累升山西泽州府知府,正吏员,修书院,办平粜,杜苞苴,息讼端,民为立生祠。并条陈山西利弊,深得上官赞许。以全省知府廉能第一,擢冀宁道。以病卒于官。

【孙升长】字允甫,号荆溪。蓬莱县(今改市)人。少失母,事继母以孝称。兄弟之间特别友爱。虽家贫,却攻读不辍,座师蒋丹林称其为"璞玉浑金"。嘉庆九年(1804)举人,翌年联捷二甲第七十九名进士,选庶吉士,散馆授编修。充会试同考官,得人之盛甲于他房。为江南、福建道监察御史,巡视北城,弹劾嫌怨不避。嘉庆十八年(1813)秋,白莲教蔓延遍布三省,山东曹县、单县尤为严重。升长举劾退缩主兵者。所上《条陈时宜疏》、《劾逗遛疏》、《严禁会匪疏》、《严拿讼师疏》、《严绝考试诸弊疏》,皆切中时务。出为贵州安顺府知府,任职八载,正己率属,体察舆情,惩治劣绅,仓无浮收,税无滥取。去之时,苗民老幼攀辕号泣相送。五十余岁病卒,乡谥"端惠"。著有《芸馆赋抄》、《芸窗试草》、《谏垣遗稿》。好友何凌汉为其立传,赞其"入为名臣,言在谏职,出为循吏,功在边陲"。

【王大同】乐陵县(今改市)人。嘉庆五年(1800)举人,三甲第五名进士。授江苏上海县知县。

【王森文】字春林。诸城县(今改市)人。性狷介,博览群书,凡天文、舆志、勾股、乐律靡不心究,尤精于《三礼》。凡家中房屋、庭院、衣冠、器物等,皆有绘图。乾隆五十七年(1792)举人,三甲第十名进士。授陕西镇安县知县,值"五郎兵变"之后,以"务为安静无扰"而治,颂声大作。有外地白莲教者,被捕后供词牵连镇安县一些民众,大吏飞檄令其捉拿。森文调查后,认为纯属虚构诬陷。其道:"我能解印绶去耳,不忍见人以无罪死也。"经其力辩,这些无辜者得以获释。森文虽被改调安康县,但仍被坐法免官。离去时,全城百姓扶老携幼,泣送至百余里。其幽居长安,专事著述,修《长安志》、《武功志》,作《汉唐都城考》。两年后,上察知其无过错,诏起以知县用。历略阳、雒南、蒲城县知县。六十五岁卒。贫无以殓,刑部尚书王鼎买棺相送,同官资助棺归。还著有《冠裳图》、《禹贡图》、《王氏制义》、《文抄》、《诗抄》。父紫绪,乾隆进士,知府。兄:凤文,举人,知州;麟文,恩贡生,善书能诗。

嘉庆十年乙丑科

【牟安儒】福山县(今烟台市福山区)人。幼时家庭贫困,兄弟三人读书,全倚仗叔父的经济支持。嘉庆五年(1800)举人,三甲第二十七名进士。授直隶临城县知县。为政几载,颇有声誉。父端,举人,县训导。弟:惇儒,嘉庆进士,知府;颖儒,嘉庆进士,府同知。一门兄弟三进士,荣耀至极。

【王　铨】初名前。字居先,平度州(今改市)人。性豪放,颖悟异常,读书数行并下,作制举文,有先辈名家之风规。嘉庆五年(1800)举人,选栖霞县等县教谕。考取三甲第三十二名进士。授直隶赤城县知县,尤善治狱,人称"阎罗包老"。以丁忧去官,民众焚香相送。服满,改补甘肃隆德县知县,为政一如赤城。上官对其很器重,准备举荐他,其却道:"昔渊明不为五斗米折腰,吾岂郁郁久居此乎?"旋以疾告归。遇饥荒年,解囊助赈。其文思敏捷,下笔万言,著有《席荫堂文稿》。

【傅京辉】聊城县(今聊城市)人。嘉庆五年(1800)举人,三甲第三十八名进士。

【郭　圢】(1768—1814)字兰畦。潍县(今潍坊市)人。以孝闻,父病旦夕侍。嘉庆三年(1798)乡试第三名举人,三甲第四十四名进士。授云南恩安县知县,赴任卒于途,年四十七。所学务求实践,不尚浮靡,尤贯通经术,作文以发明义理为先。善诗文,门人为刻《兰畦制艺行世诗》。著有《易经集异》、《礼耕堂文抄》。祀乡贤。

【马邦举】号卧庐。鱼台县人。幼时读书稍迟,及长颖悟顿开,壮游江南,博及群书。嘉庆五年(1800)举人,三甲第五十二名进士。由选授知县,改曹州府教授,从学者甚众。工诗文,热衷考证著述,著有《周易考略》、《尚书考略》、《春秋考略》、《竹书纪年考略》、《楚辞等字声考略》、《汉石经考略》、《古香书屋诗》、《杂体诗》等十六种。妻孙氏,娴吟咏,精书画,著有《垚居书屋诗赋集》;弟邦玉,乡试经魁,授府学教授未赴,著述颇多;侄星房、星翼为同科举人,皆喜著述;孙延淇,贡生,精舆地之学,著有《山东地理志》。

【王　椽】（1747—1825）字钜颖，号砚亭。郯城县（今属临沭县）人。自幼勤奋好学，强记博闻，以诗词歌赋闻名乡里。二十三岁时，于乾隆三十五年（1770）考中举人，先是授徒为业，又历为城武、博兴、沾化等县教谕。虽屡赴会试不第，仍勤学不辍。终在五十八岁时，考取三甲第六十一名进士，以"即用知县"候补。在六十七岁时，授湖北京山县知县，以卓异候补河南府同知。在任正民风，除陋习，礼贤下士，勤政为民，深受百姓拥戴。致仕，七十八岁卒。

【张范东】济阳县人。家贫，吃糟糠读书，经常饿肚子，由兄受雇他人予以帮助。嘉庆六年（1801）举人，三甲第六十五名进士。历河南柘城县知县，直隶深州知州，直隶真定、保定府知府，陕西邠凤盐法道、云南兵备道。为官明决仁恕，民情毕达，政绩颇显。孙兆辰，道光进士，兵备道，署布政使。

【高其召】潍县（今潍坊市）人。嘉庆九年（1804）举人，翌年联捷三甲第七十二名进士。授国子监监丞。

【李鸿祖】字诵亭。文登县（今改市）人。幼承家学，聪明伶俐，有文誉。乾隆五十七年（1792）举人，三甲第一百零五名进士。先后为直隶定兴、灵寿县知县，任满告归。其诗作优游平和，蕴藉风雅。著《自娱诗稿》，有古近体诗五百余首。父凤书，附贡生，著有《爱菊堂诗稿》；孙厚恺，举人，州学正。

【王延庆】（1781—1852）原名冀庆。字诰以，号白海，又号香梅、及人、述人。福山县（今烟台市福山区）人。幼小丧父，靠母扶孤成人。嘉庆九年（1804）举人，翌年联捷三甲第一百一十八名进士。历青州、莱州、兖州府教授，授国子监博士，被称为"盛负奇气，洽闻强识，经学渊深"的饱学之士，与郝懿行、牟庭并称"三雅师"。其在住家门上撰联曰："仕宦止一千里处，文章著廿四科前。"晚年致仕，以"小示现山人"自号，著有《史臆》、《马氏绎史年表补正》、《学半斋文集》、《驳牟庭周公年表》、《聊斋注解》等。擅画，尤长于画竹，但仅供好友观赏，少有外传。亦精医术。父余䝉，举人，以拣选知县用，赴京参加会试染病而卒。

【赵尔份】济阳县人。嘉庆九年（1804）举人，翌年联捷三甲第一百一十九名进士。

【傅廷兰】字馨谷，又作欣谷。潍县（今潍坊市）人。乾隆六十年（1795）举人，三甲第一百二十一名进士。授河南新郑县知县，未半载，以丁忧去职。又历江苏宝应、吴江县知县。所至矢勤矢慎，吏畏民怀。撰有《治河方略说》与《禁鸦片烟说》，二说虽颇有建树，但皆未见施行。致仕归。

【王大来】（1741—1823）字审斋，号渔村。济宁直隶州（今济宁市）人。幼承家学，读书锲而不舍。乾隆四十四年（1779）举人。六十七岁时，考取三甲第一百三十一名进士。授青州府教授。考古著录，穷年不倦。八十二岁卒。著有《周礼贯解》、《四书口授编》。

嘉庆十年乙丑科

嘉庆十三年戊辰科

本科录取：一甲三名，二甲一百一十五名，三甲一百四十三名。其中山东二十名。

【陈官俊】（1782—1849）字伟堂，号吁尊。潍县（今潍坊市）人。《清史稿》有传。嘉庆五年（1800）举人，二甲第二名进士，选庶吉士，散馆授编修。初充顺天乡试同考官，屡迁詹事府左右春坊赞善，入值上书房。嘉庆二十三年（1818），大考二等，迁司经局洗马，升翰林院侍讲。次年，充陕西乡试主考官，旋提督山西学政。其间，转翰林院侍读，升詹事府右春坊右庶子，仍留学政任。其受宣宗密谕，令其留心察访官吏贤否、政治得失，自恃为宣宗所眷，意气甚张，上即命回京，仍值上书房。山西巡抚成格劾其在学政任上殴差买妾、妄作威福、大开奔竞、荐人不当等，被降编修，罢值上书房。从道光八年（1828）起，又连典贵州、江西乡试，历国子监祭酒、侍讲学士、詹事府詹事、内阁学士。道光十六年（1836），擢礼部右左侍郎，调吏部。道光十九年（1839），擢工部尚书。因对东陵郎中庆玉侵帑案，在闲谈中漏泄，且奏复讳饰，诏斥失大臣体，连降六级调用。从道光二十年（1840）起，又历通政使、户部左侍郎、吏部左侍郎、礼部尚书、工部尚书、吏部尚书，协办大学士，上书房总师傅，恩准紫禁城骑马。并充会试主考官和会试、殿试读卷官。道光二十七年（1847），上以官俊母夏氏年九十岁，御书"耆臣寿母"匾文，及"福""寿"字。编修童福承素无行，值上书房授皇子读，为官俊妻所作祭文措辞过当。经给事中陈坛所劾，童福承被谴黜。诏斥官俊容隐不奏，罢总师傅，议降三级调用，从宽留任。道光二十九年（1849），郁闷而卒。上谕曰："陈官俊性情直爽，表里如一，学问贯通，慎勤供职。"赠太子太保，入祀贤良祠，谥号"文悫"。官俊之所以能够多次复起，主要因为其在上书房授读时，宣宗在上书房读书，及至登极后，又让皇长子奕纬从其读书，教授认真。皇长子不幸年轻早逝，故宣宗对他礼遇特厚，虽屡次获咎，仍对他恩礼始终不衰，始得官运亨通。官俊工书法，刚劲有力，自成风格。子：介祺，道光进士，翰林，侍读学士，著名金石学家；介猷，咸丰进士，翰林、知府。孙厚钟，钦赐举人。

【尹济源】字东汜，号竹农。历城县（今济南市）人。幼嗜读书，一过目辄成诵。嘉庆四年（1799）举人，二甲第七名进士，选庶吉士，散馆改礼部主事，升员外郎。嘉庆二十五年（1820），嘉庆帝于滦河病逝，礼部长官委派济源前往襄事。济源悉心擘划，酌古准今，条奏一百六十余事，悉得体要。道光元年（1821），充河南乡试副主考官。由礼部郎中，改江南道监察御史。翌年，提督云南学政。奉旨仍回原任监察御史，奏陈来京控告案件多，系有讼棍把持架词耸听，且有蠹吏奸胥勾通容隐，请密访严惩，以正讼源，而安良善。道光三年（1823），出为福建建宁府知府，升四川成绵龙茂道。奉命赴嘉定等府采办木材，旧例有陋规若干，承办官露其意，济源指江水为誓，乃不敢再言。道光七年（1827），出为湖北按察使，捕治沿江盗匪九十余名，清理积案三百余起，撰写《告诫》十条，民风为之一变。道光十二年（1832），由四川布政使，擢山西巡抚，捐廉银二千两助赈，督捕巨盗。次年改湖北巡抚。五月入京，道光帝召见四次，每见必赐食，谕曰："汝之操守，朕所素知，湖北难治，倍于山西，汝当悉心筹办。"时湖北连年遭受水灾，有灾民四万余人，济源全力赈济，并咨会直隶、河南、山东各省，对流离外省者，按口授粮，护送回籍。道光十六年（1836），积劳成疾，再三申求，恩准回籍。常语子孙："无关荣辱者功名，有益身心者学问，信能孝悌忠信，虽布衣何妨。"时以为名言。其工书法，擅行书。

【史　评】字衡堂，号松轩。乐陵县（今改市）人。幼颖悟异常，长工文翰。嘉庆五年（1800）举人，二甲第十九名进士，选庶吉士，散馆授编修。屡掌文衡，充顺天乡试同考官和四川乡试主考官，所取皆知名士。道光十四年（1834），提督浙江学政，劳心校士，禁止陋规，弊绝风清。历詹事府少詹事、詹事和内阁学士、礼部右侍郎，又转左侍郎。以病免。六十岁卒于官邸。工书法。兄谱，嘉庆进士，翰林，兵部左侍郎。

【吴侍曾】字泰孙。海丰县（今无棣县）人。生于名门望族。嘉庆六年（1801）举人，二甲第五十名进士。授吏部主事。被罢官后，随子就养都门。其诗清新俊逸，著有《竹泉诗抄》、《人海丛谈》。高祖父自肃，康熙进士，按察司金事；曾祖父绍诗，由廪生举贤良方正，吏部侍郎（加尚书衔）；祖父垣，举人，巡抚；父之承，举人，府同知；弟熙曾，嘉庆进士，编修；子式敏，嘉庆进士，道员。

【于学宗】字因亭，号云溪。文登县（今改市）人。聪明好学，过目成诵，尤擅制艺，文名乡里。嘉庆九年（1804）举人，二甲第五十三名进士，选庶吉士，散馆改威县知县。任满归，仍读经不辍，教诲子侄。

【马毓林】字西园。商河县人。嘉庆三年（1798）举人，二甲第六十二名进士。授刑部主事，升至郎中，仁恕居心，精勤莅事，多平冤狱，为能干之材。县志载：嘉庆二十三年（1818），充湖南乡试主考官。查无此科，《清代职官年表》亦不载，应为误记。出为云南丽江府知府，旋改云南府知府。抵任半载，积案一空。有张大鹏等大案，日夜研鞫，悉得实情，立释无辜，不枉一人，狱无冤抑。引疾告归，著有《鸿泥杂志》、《万里吟》等。

【亓　保】《题名碑录》载姓元。字守安。商河县人。童时天姿颖异，受知学政赵佑，有国士之目。以拔贡选乐安县训导。嘉庆六年（1801）举人，又选乐安县教谕。二甲第九十二名进士。授直隶保定县知县，秉公持正，兴学爱民，尤耻干谒。补临城县知县，仅五月而卒。著有《琅槐遗编》。

【王鹏翯】字云程，号晓山。兰山县（今属临沂市）人。学政翁方纲赏其文，称为"东省理学第一名"，名噪四方，从游者众多。嘉庆三年（1798）举人，二甲第九十四名进士，发广东任用。总督百龄委其去沿海饶州办团练，其使七十余乡"联指臂，修战守"，海盗闻风而逃。百龄列其策檄通全省，并补其为阳春县知县。百龄统兵由县境往剿海盗，船三百余只，役五千余人，所费万金，鹏翯皆自行捐办，无一毫取于民。任职三载，屡决疑狱，兴办学校，与阳春人如家人父子。百龄欲将其调任繁巨之地新会县，推辞不赴，遂以病免。告归后，以教读为业。著有《经说》、《诗文稿》等。弟鹏翔，举人，县训导。

【张　翔】（1781—1854）字仞千。潍县（今潍坊市）人。嘉庆六年（1801）举人，三甲第十一名进士，初授阜城县知县，旋改献县。以军功受嘉庆帝召见，升直隶河间府知府。不久，又改广平府知府，捐资整复久废书院，延请名宿为掌院，使文风丕振，科第称盛。年未四旬，以告终养老人归，家居授徒，不再复出。七十三岁卒。

【李　焕】巨野县人。嘉庆六年（1801）举人，三甲第十九名进士。授江苏吴江县知县，未久病卒。嗜诗书，不理家人产业。文章与书法皆为世所推重。

【张思勖】碑作思勛。原名是勋。字晋臣。莱阳县（今改市）人。明嘉靖进士、大理寺卿梦鲤九世孙。嘉庆十二年（1807）举人，翌年联捷三甲第三十七名进士。授福建仙游县知县，迁东城兵马司指挥，改青州府教授。著有《静安堂古文》。

【李毓昌】（？—1809）字皋言。即墨县（今改市）人。《清史稿》有传。少有至性，父未食不敢食，未寝不敢寝。对母、祖父极尽孝道。乾隆五十九年（1794）举人，三甲第四十八名进士，分发江苏以知县用。是年冬，奉总督铁宝之命去山阳县勘赈，所查户口与知县所报不符，将对冒赈据实上报。山阳县知县王伸汉以金贿赂，而其不为所动。王伸汉即命人以毒置汤中，将其杀害，并伪装成自缢。事发，上震怒，将王伸汉立斩，对直接参与谋杀者包祥、顾祥、马连处以极刑，总督以下贬谪有差。嘉庆帝为其题写《悯忠诗》三十韵，刻石表墓，赏加知府衔，祀乡贤。毓昌无子，诏为立后，嗣子希佐赐举人，为毓昌申诉的族叔泰清亦赐武举。

嘉庆十三年戊辰科

【时功旃】济宁直隶州（今济宁市）人。嘉庆九年（1804）举人，三甲第五十二名进士。授浙江鄞县知县。

【王余晋】（1675—1848）原名余芬。字迪上，号芸村。福山县（今烟台市福山区）人。嘉庆九年（1804）举人，三甲第五十七名进士。由国史馆誊录，出为陕西麟游、蒲城县知县，署陕西定远厅同知。两充陕西乡试同考官。为人耿直，恪尽职守，清廉有声。晚年改兖州府教授。致仕，诗文自娱，卒于家。著有《静香移屋诗集》、《静香移屋试帖》等。祖父积熙，乾隆进士；父善在，著有《周易证象》、《朝闻编》、《古雪堂诗集》；弟余师，嘉庆进士，厅同知；子阶庆，乡试亚元。

【杨岳东】字晓岩，一字愚山，号凤皋。宁海州（今烟台市牟平区）人。自幼沉潜经籍，著《愚山史抄》以广学识。乾隆五十四年（1789）乡试经魁，三甲第八十六名进士。历直隶新安、迁安和四川营山等六县知县，并署合州知州事。在任十八载，治绩卓著。在新安，因此地三面距河，又处九河下流，水灾频繁。岳东在查灾筹赈的同时，筑修水利工程，以防水患，邑人刻碑颂其德。晚年致仕。著有《惜荫亭诗文稿》。子兆奎，举人。

【杜怀英】字筠谷。邹县（今邹城市）人。嘉庆九年（1804）举人，三甲第九十八名进士。授直隶肃宁县知县，改丰润县，署景州事。所至破疑案，平冤狱，民有"杜母"之称。父崇礼，举人，知县。

【杨　黼】字佩冕，别字子爷，号静存。滕县（今改市）人。生而端谨，深沉敏果，达于世务，事不轻发，发必当机。十七岁丧父，精心事母四十余年，母丧致哀须发顿白，既葬居墓侧，每食必祭而哭，偶尔出入则焚香再拜。嘉庆三年（1798）举人，三甲第一百零六名进士。授青州府教授，不久病卒。其懂医术，药方不过数味，然而奇效，救人众多。平生不作戏言，对别人谤人与谈闺阁之事，而不应和。常训子曰："稳之一字，可以读书，可以保家，可以经世，如不然，动辄得咎矣。"著有《诗》、《古文》各一卷，《家乘》十卷。

【王服经】（1724—1816）字获古，号筵亭。陵县人。生资敏粹。孝友廉隅，自饬谨实朴诚。十八岁时，即为有名诸生，但屡次参加乡试不第。嘉庆九年（1804），其年已八十，再次参加乡试，循例钦赐举人。弟子劝其即去参加会试，服经不应，但愈加刻苦攻读，尤如少时一样。几年后赴京会试，竟考取三甲第一百二十名进士，选庶吉士，未散馆，特授检讨。嘉庆帝万寿庆典时，服经献诗十四首，赏赐有加。未几，以目疾告归，九十二岁卒。祀乡贤。

【陈士元】字万资。曲阜县（今改市）人。有孝行。幼承家学，读书不厌精思，反复体验。诱掖后学，孜孜不倦。乾隆五十三年（1788）举人，三甲第一百二十六名进士。初署莱州府教授，未几，铨选直隶新河县知县，勤于吏治，尽除积案。常访查民间利弊，革除陋规。邑有护城堤，旧例轻举催民修筑，胥吏从中为奸获利，士元下令暇时修筑，民多争赴。邻邑有监毙巨案，久不能结，奉命前往验查，经反复详察，遂得实情。因公务中暑，卒于官邸。著有《学庸一贯录》二卷、《论语讲义》十二卷。

【王应抡】字彦升。郓城县人。嘉庆五年（1800）举人，三甲第一百三十一名进士。授直隶衡水县知县。学问渊邃，于四子书和《易经》、《春秋》多有探究。父宏嗣，增生，精医学。

嘉庆十四年己巳恩科

本科为清仁宗五旬万寿恩科。一甲三名，二甲一百名，三甲一百三十八名。其中山东十八名。

【张曾霭】(1768—1824) 字次丰，一字铁峤。胶州（今改市）人。幼颖悟，五岁口授唐人诗，一过能复诵。十七岁，侍祖父洛赴京参加千叟宴，见者皆推为造诣至深之才。嘉庆五年（1800）举人，二甲第五十二名进士，选庶吉士，散馆改刑部主事。尚书金光悌奇其才，对其非常重用。尚书和瑛、文孚、刘镮之等人，治狱甘肃、天津、福建等地，皆让其跟从。道光元年（1821），升至刑部郎中。充顺天乡试同考官。以京察一等，记名道府用。出为湖南常德府知府，亲理积狱，依法制裁不法胥吏和驻军骄卒。其从容相约，与提督及中军共行饮射礼，由是文武和兵民相处和谐。在任四年，以卓异迁福建汀漳龙道，有士民数千人相送。抵闽未久，因前在刑部失察同人被革职，月余以病卒，年五十六。著有《怡云楼诗集》。父维祺，乾隆进士，府同知；弟曾雯，举人；子祖樾，监生，知县，著有《胶州文存》。

【王余师】(1771—1848) 字求之，一字宗范，号微村。福山县（今烟台市福山区）人。嘉庆五年（1800）举人，考授八旗官学教习。九年后，考取二甲第八十六名进士。授直隶宁津县知县，改莱州府教授，"朝乾夕惕，忠于阙职"。七十八岁卒于任所。著有《求六轩文集》数十卷和《啸岩草》。祖父积熙，乾隆进士；父善在，著有《周易证象》、《朝闻编》、《古雪堂诗集》；兄余晋，嘉庆进士，厅同知。

【宋庆和】(1781—1825) 字育堂。潍县（今潍坊市）人。嘉庆十三年（1808）举人，翌年联捷三甲第三名进士。授广西武缘县知县，率兵镇压谋叛有功，升顺州知州。大吏奇其才，省中巨案委其审办。其虽身无余资，仍为已故日照籍临桂知县萧某代补亏空库帑三千金，使被质留的萧妻得归故里。被大吏越次奏保升用泗城府知府，行将大用而旋卒，年四十五。工诗。子玉垿，道光进士，翰林，试用道员。

【金　洙】字文波，号五泉。历城县（今济南市）人。生有异禀，读书识大义。乾隆五十五年（1790）銮辂东巡，以献赋赐优贡。先后被选用文登、福山、黄县、青城县训导。嘉庆十二年（1807）乡试第三名举人，三甲第七名进士，选庶吉士，散馆改用知县。由直隶深泽县调清苑县。值开州、滑县之变，大吏督师过境，洙将军中所需超前完备。设计密擒"逆匪"冯克善。擢易州直隶州知州，署保定府知府，又移任保阳府，清理积案五百余起，有十之三案件得以平反。旋补广平府，改正定府，捕获晋州巨盗，在滹沱河筑坝捍水。道光七年（1827）春，擢河间兵备道，兼署长芦盐运使，请免积欠数百万两。丁忧，服除，补直隶大顺广兵备道，以失察降调。捐复拣发浙江监修钱塘工程。道光十六年（1836），补授浙江督粮道。次年，因勘孝丰大案，积劳成疾卒。子寿萱，道光进士，知县。

【杨鼐望】宁海州（今烟台市牟平区）人。乾隆五十四年（1789）举人，三甲第四十九名进士。授河南临漳县知县，居官廉介，民有"清白吏"、"慈惠师"之称。著有《爱吾庐诗稿》。

【李锡玠】费县人。少孤家贫，刻苦攻读，手不释卷。嘉庆十三年（1808）举人，翌年联捷三甲第五十八名进士。历直隶南皮、龙门县知县。居官廉洁，大吏对其有"貌古"与"心古"之赞誉。致仕，行李萧然，唯有书籍数箧。

【刘鸿翱】（1779—1849）字蜚英，号次白，又号黄叶老人。潍县（今潍坊市）人。鸿翱与其兄鸿翯（官知县）为同科举人、进士，堪称"艺林盛事"。鸿翱为嘉庆十二年（1807）举人，三甲第七十一名进士。其读书不务考据，求古人义理所在。喜古文辞，嗜读《左传》成癖，所作论辩、序记、传志，文笔精妙。姚文田评其文章："得天地真气，欧苏复出矣。"初授内阁中书，典试湖北。道光六年（1826），为江苏太湖司马，审案公正，狱无积案。道光十二年（1832）秋，黄河水盛涨，将要倒灌徐州城，其率属督众，立于堤上七个昼夜，筑堤防洪，且在洪水退后，又捐金请帑赈饥。以功升徐州府知府，未赴，又升广东南韶连兵备道，旋调台湾道兼台澎学政。台湾俗重秀才，每逢考试，多以贿赂进取。鸿翱指海为誓，杜绝此风。在台湾任职三载，清屯田屯饷以养屯兵，设隘楼以御外邦入侵，建炮台以防海寇，储谷储金以防不测。其严惩贪官，政明官廉，风气日新。因为官清正，治理有方，深受官民敬畏。又先后为陕西按察使、云南布政使，皆政绩卓著。道光二十年（1840），擢福建巡抚。当时鸦片战争已起，沿海告警。其驰赴任所，因闽督颜伯焘驻节厦门，由其居省兼代总督事。道光二十一年（1841），厦门被英军攻陷，省垣震惊。其部署军民坚守，用石头填塞屿隅海港，使敌舰难以进港。并训练乡勇，准备与英军陆战。因防守森严，迫使敌舰越境而过，使福建避免了战祸。道光二十二年（1842）冬，改署闽浙总督。道光二十三年（1843），专任福建巡抚。道光二十五年（1845），以腿疾复发告归。在家置黄叶楼庄，自号"黄叶老人"。著有《绿野斋文集》、《绿野斋诗集》、《绿野斋制艺》、《绿野斋外集》、《山左文抄》等。子曦，举人，工诗词书法。

【马济庐】字登俊。昌邑县（今改市）人。幼嗜学。嘉庆十三年（1808）举人，翌年联捷三甲第七十六名进士。授武定府教授。以卓异迁原武县知县，改怀柔县，因治盗有方，士民以"慈明"称颂。又转宝坻县知县，前任知县亏空万金，济庐见其清贫不堪，而将亏空接受下来。由此，违背上官之意，而被罢归。教授乡里，受到学者尊崇。道光十七年（1837），济庐冤情得到昭雪，准备重新启用，但其已早卒。乡谥"文英"。

【刘鸿翥】（1768—1824）字汉仪。潍县（今潍坊市）人。鸿翥与弟鸿翱（官巡抚，署总督）为同科举人、进士，荣耀至极。鸿翥为嘉庆十二年（1807）举人，三甲第七十七名进士。授安徽芜湖县知县。其性和乐平易，鞫狱不忍加刑，民众感激，讼亦衰息。前任知县造成亏欠，鸿翥虽俭苦自持，但任职二载，债亦累累。大吏闻芜湖有土豪，令其审问，经查不实。大吏又派员共同审问，欲无中生有，罗织罪名。鸿翥道："吾不能杀人以媚人。"大吏怒责鸿翥办事迂钝，被改教职。之后此案审结，正如鸿翥所审结果，士民赞颂。

【李德立】字升斋，号崇园。济宁直隶州（今济宁市）人。嘉庆十二年（1807）举人，三甲第八十七名进士，选庶吉士，散馆授检讨。初充福建、湖南乡试副主考官，升江南道监察御史，巡视西城。其正直敢言，弹劾不避权贵，以陈弊政、挽颓俗为己任。历江苏常州和直隶广平、保定府知府。历署天津道、长芦盐运使。擢通永道，署按察使，调大顺广道。捕开州巨盗。磁州地震，捐廉请赈。引疾归。教授生徒，多所造就。七十岁卒。父光时，乾隆进士，府同知；族兄业立，举人，早卒。

【林汝谟】字慎人。文登县（今改市）人。嘉庆十三年（1808）举人，翌年联捷三甲第九十一名进士。授安徽铜陵县知县，修筑江坝、治理河道、整修学宫、清理狱讼、除暴安良。任满三年，致仕。居家倡导捐资修筑文庙、节烈祠等。遇有饥荒，施舍衣食。三十余年，每到青黄不接时，便煮粥赈济饥贫。祖父培由，举人，知县，重赴鹿鸣宴筵。

【赵　瞰】字敬日，号谷虚，一号晓岩。莱阳县（今改市）人。嘉庆十二年（1807）举人，三甲第九十二名进士，分发河南以知县用。著有《慎余堂诗草》一卷。

祖父起杲，贡生，知府，著有《青柯亭诗集》，首刻蒲松龄《聊斋志异》；父午彤，乾隆进士，兵部员外郎。

【王余英】(1768—1819)，字再成，一字怀仁，号菊潭。福山县（今烟台市福山区）人。幼承家学，秀外慧中。嘉庆五年（1800）举人，三甲第九十五名进士。授湖南宁乡县知县，又改善化县。以教化为己任，捐献和筹集银两，修缮、扩建岳麓书院，并常到书院讲学。两充湖南乡试同考官。以疾卒于任。工诗文，著有《四书求是》、《镜山草堂四书文集》、《镜山草堂诗集》。祖父积熙，乾隆进士；父善宝（原名善埫），乡试亚元，县训导，有著述；弟余萃，举人，府教授。

【李韫英】州志载蕴英。字鸿藻，号浣泉。济宁直隶州（今济宁市）人。嘉庆十二年（1807）举人，三甲第一百二十五名进士，选庶吉士，散馆改主事，升至户部郎中。

【曹佳和】字而介，号厚庵。淄川县（今淄博市淄川区）人。嘉庆三年（1798）举人，会试第三名贡生，殿试成三甲第一百二十七名进士。授兵部主事，改云南大姚县知县，力行教化，依法处置苗民因"以货物赊苗"而积怨发生的聚众杀死江西、湖北客民案件。道光三年（1823），负责解铜北上。四年之后归任，废寝忘食处理"案牍垒积"，以劳得中风病卒。著有《鉴古斋稿》。父炳文，举人，知县，著有《史书类抄》、《耳食录》、《退食稽古录》、《自怡堂诗草》、《澹斋诗抄》。

【马翊宸】榜名苔。字次溪。商河县人。性情恬淡，文行兼优。嘉庆五年（1800）举人，三甲第一百三十二名进士。授太平县知县。因不喜仕禄，乐于自我喜好，未几致仕。主讲麦丘书院十余年，多所造就。八十岁而终。工诗，著有《滨海集》、《江上吟》、《湖上吟》。亦工水墨卉石，着笔不多，生机活泼，人皆珍爱。

【宋可大】字雨受，号澹园。莱阳县（今改市）人。嘉庆十二年（1807）举人，三甲第一百三十五名进士。历福建宁洋、四川垫江县知县。父准，举人，知县。

【周鸣銮】(1779—1826) 字舆和，号晓坡。单县人。为人端重，性格刚毅。嘉庆十二年（1807）举人，三甲第一百三十八名进士。以主事分发刑部，升员外郎，充秋审处总办。其精通律例，理案慎刑，遇有疑案，反复核查，敢与上官据理力争。故每遇速议案件，皆委其核议。嘉庆二十一年（1816），京察一等，擢河南道监察御史。次年，充会试监试官。嘉庆二十三年（1818），转户科给事中，充贵州乡试主考官。次年，奉命巡视北城，转吏科掌印给事中。所上奏章，皆切中时弊。道光元年（1821）七月，出为广东雷琼兵备道，遇大灾之年，饿死人很多，其在请示上官后，鼓励商人到外地采购粮米，只要是米粮船入关，应纳的厘金一概裁免，并惩治私自勒索米商的衙役，使贩米船只源源不断而来，成千上万的饥民得以存活，百姓在海门为其建报恩祠。当地的黎族百姓，常因客商和吏目的盘剥取利，而激起抗争，其力除此弊，并防患于未然。有驻扎崖州营的清兵，以放债激起民变，其立即将营武官惩办，使事得平息。道光六年（1862）卒于任，年四十七，崇祀名宦祠。著有《公暇墨余录》等。弟鸣凤，举人，知县；子毓桂，道光进士，知府。

嘉庆十四年己巳恩科

嘉庆十六年辛未科

本科录取：一甲三名，二甲九十二名，三甲一百四十二名。其中山东十八名。

【王维询】（1782—1825）一作名惟询。字星源，号小华。海丰县（今无棣县）人。顺治进士、翰林、吏部侍郎清裔孙。才明敏而性谦退，有知人之哲而口不置可否。擅书法。嘉庆十二年（1807）乡试解元，二甲第十名进士，选庶吉士，散馆授编修。两充顺天乡试同考官。道光元年（1821），充贵州乡试主考官。由詹事府右赞善，出为福建建宁府知府，以讲学兴士为治，被闽中称为贤守。擢江西督粮道。道光三年（1823），升两浙盐运使，未抵任，迁湖北按察使，又转浙江按察使。维询经遣人密访，发现德清县徐蔡氏命案，系为冤案，其情急予以平反，而巡抚及原检各官，却众口一腔，力持不可。维询身体素弱，因忧愤至极而卒（《清代翰林传略》载自杀），仅四十三岁。巡抚上奏其事，道光帝震怒，命重臣驰驿往查，经查确系冤案。受此案牵连，巡抚以下诸多官员，受到褫职、遣戍等处理。父同之，优贡，县教谕，工书法；兄惟诚，乡试经魁，太仆寺卿。子：毓琪，优贡，县训导，著有《春祺堂杂吟录》；毓珍，廪贡，与其子需均战死。

【王　培】字因之，号厚田。乐陵县（今改市）人。嘉庆十五年（1810）举人，翌年联捷二甲第二十三名进士，选庶吉士，散馆改户部主事。

【陈述经】字子郢，号筦堂。潍县（今潍坊市）人。孝友正直，盟心淡泊。十六岁时，应县试有："养成瑚琏器，耻作斗筲才"之句，令知县大奇。嘉庆五年（1800）举人，二甲第二十五名进士。授内阁中书，改内阁典籍。出为浙江温州府同知，又转衢州府峡口同知。居官清正，砥节砺行，不阿权贵。同年好友林则徐，在过衢州时，曾造访其于破寺中。有查办两广钦差大臣过衢州，知府坚邀其奉陪，其以大臣为权要，避而不赴。其勤政为民，讼词亲批，有闽商感德赠匾不受，惟与三二学子讲研诗古文词。以母年迈告请终养。衢州人赞其："山左天酬将母愿，江阳人颂爱民心。"及归，家居三十余年，杜门谢客，笔墨自娱。咸丰十年（1860）重赴鹿鸣宴筵。同治十年（1871）重预恩荣宴筵，恩赏四品衔。九十一岁卒。弟：述芹，嘉庆进士，知县；述贤，举人，知县。子象枢，解元，县教谕。

【孙贯一】字又鲁，号仲鲁。长山县（今属邹平县）人。嘉庆十二年（1807）举人，二甲第八十五名进士，选庶吉士，散馆授编修。充顺天乡试同考官。由河南道监察御史，升工科给事中。仕至直隶清河道。素性刚直，不畏权贵，以"忠孝诚敬"称。

【辛文沚】字宗海，一字云洲，号简亭。蓬莱县（今改市）人。幼颖悟，好学能文。嘉庆十二年（1807）举人，二甲第八十六名进士，选庶吉士，散馆改知县。历直隶庐龙、内丘、清苑（署）、大名县知县，所至疏修河道，办赈缓征，民得实惠。在庐龙查办安家楼教案时，与大吏严正力争，使案犯妻小数十人遵例免坐。擢顺天府东路同知，建桥梁，疏池沼，疑谳冤狱多所平反。尤以兴教劝学为急务，捐廉移修书院。擢大名府知府，捐钱两万，用半年时间，修竣府城。磁州地震，讹传民变，城下聚集数千人，文沚处变不惊，黄昏登城，进行安抚，方定人心。又调保定府知府，升直隶清河道，以实心行实政。旋被罢归。重新起用时补为内丘县知县，但文沚泰然处之，为政一如既往。后又被任为知府。所至受到士民拥戴，送其德政匾额十二块。为官二十余载，公余以读书吟诗自娱。其致仕后，仍手不释卷，晚年愈加勤奋。居乡有捐粟、赈饥、倡修庙宇等诸多善行。五十七岁卒，乡谥"端明"。子：本枬，拔贡，战死；本桷，道光进士，道员，战死；本检，举人，知县。

【王禹功】字甸南，号于亭。长山县（今属邹平县）人。元朝开国勋臣宣裔孙。嘉庆九年（1804）乡试亚元，三甲第一名进士。授内阁中书。

【贺崇禧】字吉人。历城县（今济南市）人。嘉庆十三年（1808）举人，三甲第十六名进士。以知县分发浙江，告近，改补江苏六合县知县。正值大旱，"矜悯枯黎，不忍催科"，被劾去职。不久，予以开复启用，初奉命审理积案。又历为如皋、六合（回任）、华亭、南汇、吴县等县知县。期间，曾数年赴浙江监修海塘工程，力除近海淤河"民占为田，水阻不行"的积弊。所至请赈恤、兴教育、修水利、除弊害，善政尤多。每当调任时，士民攀辕卧辙相送不舍。因军务需要，调署江苏海防同知，奉命办理上海局务。之后又回吴县任知县，遇差办军务，积劳成疾卒于任，年六十一。

【袁　鍊】字冶池。沂水县人。嘉庆十三年（1808）举人，三甲第三十名进士。授国子监助教，升奉天府新民厅抚民同知。子振瀛，道光进士，厅同知，署知府。

【吴方文】文登县（今改市）人。勤奋攻读，博览群籍。嘉庆五年（1800）举人，三甲第六十名进士。授内阁中书，办事勤勉。仕至浙江总捕同知。致仕，以读书吟诗自娱。

【张连茹】昌邑县（今改市）人。嘉庆六年（1801）举人，三甲第六十五名进士。历江南永嘉、含山、昆山县知县。充江南乡试同考官。仕至海门厅同知。

【高蔚溶】字霁园。胶州（今改市）人。嘉庆五年（1800）举人，三甲第六十七名进士。授直隶灵寿县知县。

【李　彬】乐陵县（今改市）人。嘉庆五年（1800）举人，三甲第七十五名进士。授陵川县知县。

【高敦龄】字悟庵。沂水县人。嘉庆三年（1798）举人，三甲第八十五名进士。授登州府教授。曾祖父岸，举人，知县；祖父淑曾，雍正进士，知府；父葵，举人，知县。

【于允中】字传一，号乔东。昌乐县人。自幼英敏，读书过目成诵。其就读于程符山麓台书院，每作一艺，传诵四方，诸名宿莫不为之击节。嘉庆十二年（1807）举人，三甲第八十七名进士。授户部主事，改直隶深泽县知县。此邑民贫，却官府杂税繁重，百姓苦不堪言。允中对杂税供给等一应停免。吏属告其曰："吾辈官俸及衣食，皆仰杂税供给，今若停免，何以度日？"允中答道："吾知为官当泽民，那虑其他。"在深泽三年，政声大著。又改湖南宜阳县。不久告归，行李萧然，唯一书童相随。途中允中咏句云："两袖清风犹故我，三年惠政许泽民。"七十八岁卒。著有《乔东诗古文词》。

【李　莹】（1764—1820）字锦泉，号朗亭，又号缙云山人。济宁直隶州（今济宁市）人。性端重。嘉庆三年（1798），遵例为员外郎。嘉庆五年（1800）举人，三甲第一百二十一名进士。补户部员外郎，勤慎尽职。又补江南道监察御史，仍如寒素书生。两月中，二十四次上疏，言及兴教育、严吏治等，皆切中时宜。公务之暇，手不释卷，对四书五经无一日不讽诵披阅。五十六岁卒于任。著有《缙云山人诗集》。兄：瀚，乾隆进士，监察御史。子：联坛，举人，藏书三万卷，对理学颇有造诣；联埙，附贡生，助进士许鸿盘撰成《方舆考证》一百二十卷，自著《古懽书屋诗文》若干卷。

【赵克明】字峻翁。博山县（今淄博市博山区）人。嘉庆三年（1798）举人，三甲第一百二十二名进士。授武义县知县，改登州府教授。

【周天爵】（1773—1852）字敬修，号檀荪。东阿县（今属阳谷县）人。《清史稿》有传。少以艰苦自立，笃信王守仁之学。为官尽心民事，廉介绝俗，以忠勤著。嘉庆十二年（1807）举人，三甲第一百二十九名进士。授安徽怀远县知县,改阜阳县。因"以猛济宽",被监察御史以"非刑毙命"弹劾,经江南总督奉旨严查,回奏有"天爵爱民如子,疾恶如仇,古良吏也"之语。道光帝朱批:"此等不避嫌怨之员,最为难得,小过可宥之。"旋擢宿州知州。不久,连续升庐州府知府、庐凤颖泗道、江西按察使、安徽按察使、陕西布政使、漕运总督(署)、湖广总督、河南巡抚、闽浙总督。在道光二十年(1840),复调湖广总督时,以犯庇护罪遭弹劾,被查办革职,遣戍新疆伊犁。次年,天爵奉命赴广东听候靖逆将军奕山差遣,遂免罪,留粤效力,参与抗英斗争。道光二十二年(1842),奕山等以其"任劳任怨"上奏,天爵被调赴清江办理对英人的防务,予二品顶戴,署漕运总督,兼署南河总督。次年,又被以失察漕书私镌关防等,连被吏议,疏请去职,命以二品顶戴致仕。天爵居家八年,于咸丰元年(1851),被朝廷重新启用,在广西、安徽一带参与镇压太平军、捻军。因其战绩有胜有负,其职务也有升有降,甚至被革职,但朝廷一直没有放弃对他的使用,仍以代理广西巡抚、代理安徽巡抚,或以总督衔、兵部侍郎衔,甚至是代理钦差大臣等,参与督军作战、操办军务等。咸丰二年(1852)九月,时七十九岁,以疾死于军营,追赠尚书衔,谥"文忠"。

【栾　坚】字孟固。栖霞县(今改市)人。嘉庆九年(1804)举人,三甲第一百三十四名进士。授安徽舒城县知县,清慎勤敏,政举其要。邑为九省通衢,差使络绎,轮派丁夫,民不堪命,坚首革此弊,民力得以保护。

嘉庆十九年甲戌科

本科录取：一甲三名，二甲一百名，三甲一百二十四名。其中山东十九名。

【王琦庆】（1779—1838）《题名碑录》载作绮庆。字景韩，号蓉塘。诸城县（今改市）人。幼聪慧，性刚毅。嘉庆十五年（1810）举人，二甲第二十七名进士。授户部主事，升员外郎、郎中。京察以道府用。旋改浙江道监察御史，又为福建道，协理京畿道。充武乡试监试官。疏纠仓吏放米和五城捕盗之弊，皆蒙允行。雄县知县胡钧丢失粮饷，诬陷他人致死，总督屠之申从中袒护包庇。琦庆劾其"祖庇属员，草菅人命"，屠之申被降三级，知县胡钧被革职。道光九年（1829）十月，出为直隶霸昌道，以善办大案著称。其连续查办永清讼棍刘清柱擅用火器伤人案、宛平赵十儿挟仇杀人抛尸案、惠郡王府三等护卫梅世英倚势横行抗欠雍和宫香火地租案和霸州高起田、平谷郭元功两富豪健讼贿赂官员案。有案犯惊叹道："此白面阎罗包老也。"道光十七年（1837），调补广东督粮道。其乞假省母，次年三月将赴任，以疾卒，年五十九。工诗文，著有《蓉槎诗稿》一册、《筠碧斋诗文集》四卷、《诗余》一卷。祖父癸祥，举人，州学正；父应恒，乾隆进士，知府；弟玮庆，与其同榜进士，刑部右侍郎；子锡畴，举人。

【王统仁】字公弼，号右邻，一号椿圃。乐陵县（今改市）人。嘉庆六年（1801）举人，二甲第四十一名进士，选庶吉士，散馆授编修。充云南乡试副主考官。

【张　梧】字季伟，号莑轩。蓬莱县（今改市）人。嘉庆十三年（1808）举人，二甲第四十三名进士。历内阁中书、宗人府主事、兵部郎中，出为湖南衡州府知府。以老告归。父廉泉，举人；弟柯，举人，县教谕。

【傅绳勋】字接武、和轩，号秋屏、秋坪、古村。聊城县（今聊城市）人。家贫，父早丧，受母严教，读书自励刻苦。嘉庆十八年（1813）举人，翌年联捷二甲第四十七名进士，选庶吉士，散馆改工部主事，升至郎中。以京察一等，出为广东琼州府知府，转四川夔州府知府，升陕西潼商兵备道，迁广东盐运使。时潮州有洋人入城，百姓起哄闹事，绳勋奉命前往处理，以恩谊结百姓，以威德慑洋人，事得和平了结。道光二十二年（1842），擢陕西按察使。道光二十四年（1844），擢云南布政使。次年，改调江宁布政使。道光二十八年（1848），擢浙江巡抚。又先后改江西、江苏巡抚。在江西，所辖德化等二十余县遭水灾，其倡捐赈济，自出俸银三千两，并奏请借库款救灾，灾民赖以全活。咸丰元年（1851）以病免。归里后，奉旨办团练防御义军。晚年，主讲泺源、启文书院。卒祀乡贤。曾祖父以渐，顺治进士，状元，武英殿大学士；祖父永绺，举人，会试明通榜，府同知；弟继勋，贡生，知府，保以道员用，能诗善画，尤以书法名。子浚，道光进士，吏部郎中。

【王玮庆】（1786—1842）《题名碑录》载作伟庆。字藕塘，号袭玉。诸城县（今改市）人。幼嗜诗，风雅闳丽，论者谓得渔洋神韵。嘉庆十五年（1810）举人，二甲第四十八名进士，选庶吉士，散馆改吏部主事，升员外郎。历福建道监察御史、礼科给事中、光禄寺少卿、内阁侍读学士、顺天府丞、大理寺少卿、光禄寺卿、都察院左副都御史、礼部右侍郎、刑部右侍郎（署）、户部右侍郎。其还先后充顺天乡试主考官、文武会试副主考官、会试知贡举。其性沉毅，遇事敢言，文章经济炳耀一时，称其"有古大臣之风"。立朝二十余年，所上奏章三十余，皆关国计民生。其泽遗桑梓、惠及黎庶者，尤在"请禁加派钱粮"、"请定采买仓谷章程"诸疏。为监察御史，在巡视东城、西城时，一身正气，除刁雪冤，世人称快。奉命查办刑部审案迟延，请查户部伪造假照印文，裁革州县白役顶充扰累良民，都不徇私情，按律严办，朝内官吏对其皆畏而敬之。道光二十二年（1842）病免，五十六岁卒。玮庆喜金石鉴藏，悉心收集古代绘画、书法、碑帖、封泥等，专门编有《蕉叶山房书画碑帖目》三卷。其他著述亦甚丰，主要有《藕塘文集》四卷、《藕塘诗集》十五卷、《蕉叶山房馆课诗抄》二卷、《蕉叶山房赋抄》二卷、《藕舲诗话》四卷、《沧浪诗话补注》一卷、《沈阳随扈纪程》一卷、《兰台奏议》二卷、《芸香馆制艺》二卷、《年谱》一卷。其夫人单为娟，亦工诗，夫妻二人相唱和，著有《单宧楼碧香阁遗稿》。祖父癸祥，举人，州学正；父应垣，乾隆进士，知府；兄琦庆，与其同榜进士，道员；子锡荣（刑部郎中）、锡苇（刑部郎中）和孙绪祖（内阁中书），皆喜金石收藏鉴赏，著述较多。

【李云青】字岱霖，号讷生。掖县（今莱州市）人。读书好博览，家贫无力买书，多借书自己抄录。作诗喜逞才情，而不失风雅。嘉庆三年（1798）乡试亚元，二甲第五十二名进士，选庶吉士，乞假还里。不久卒，年四十三。

【陈凤翰】（1780—1839）字翔千，号延平。潍县（今潍坊市）人。少时力学，乾隆帝至五台召试文学士，凤翰以献颂称旨，钦取二等。嘉庆十八年（1813）举人，翌年联捷二甲第九十名进士，选庶吉士，散馆授广东封川县知县，改署阳江县事。因父年迈，加捐郎中，在工部行走。父去世后，服除，又先后出为福建福州、建宁、泉州、延平、兴化、邵武府知府，署盐法道。其政尚简，所至有声。在兴化修水道，在建宁储义仓。道光十九年（1839），以疾告归，卒于家。其每调任一处，就在故里家门前面竖立一支旗杆，一连八任共竖起八支旗杆，所以在当地称"八支旗杆底陈"。家中宅院修建的金碧辉煌，张灯结彩，人称其居住的地方叫"金巷子"。由此而论，颇显张扬。弟凤嗜，拔贡，知州。

【陈述芹】字擢轩。潍县（今潍坊市）人。性孝友。嘉庆十八年（1813）举人，翌年联捷三甲第十八名进士。授广东会同县知县，任职三载，政举民怀。嘉庆二十五年（1820），大计保举卓异，奉文给咨引见。时接兄述经（进士、府同知）信函，请改教职。兄述经言："与权党晋接其罪小，兄弟三人皆服官远省，不遑将母其罪大。"其年未三十，辞官而归。在三十八岁时，选授登州府教授，教士有方，士多归之。

【孔昭显】字瑞堂。曲阜县（今改市）人。嘉庆十三年（1808）举人，三甲第三十三名进士。授江苏镇洋县知县。

【赵铭彝】字位六，号来滨。海阳县（今改市）人。嘉庆十三年（1808）举人，三甲第三十五名进士。历河南修武、武陟县知县，升广西西隆州知州。

【荆宇宁】县、府志载为宇恙。字人安，号鹤峰。莱阳县（今改市）人。嘉庆六年（1801）举人，三甲第三十七名进士。授内阁中书，改内阁典籍。晚年致仕，主讲济南泺源书院。

【王　墦】（1774—1832）改名德瑛。字念池、一字玉堂，号莲墅。福山县（今烟台市福山区）人。幼承家学，品学皆优。嘉庆十二年（1807）举人，三甲第四十名进士。历河南扶沟、舞阳、安阳县知县。所在治政宽大，理讼平允；拔俊才，恤孤贫；完国税，无苛求；遇差遣，无派累。两充河南乡试同考官。道光十二年（1832），调开封县知县（五品衔），赴任途中猝死，士民泣送四十余里。著有《养正篇》、《顺正篇》、《日省斋读曲礼内则注》、《孝谱类编》、《格致易简录》、《初学辨字》、《常谈》等。喜藏书，传有文天祥手批《十七史》。祖父希旦，乾隆进士，府教授。

【宋国经】字尧农，一字麟图。益都县（今青州市）人。嘉庆十八年（1813）举人，翌年联捷三甲第五十八名进士。初为宜都、江夏县知县，迁荆门州知州，先后升武昌、宁国府知府。仕至杭嘉湖兵备道。兄国典，举人，县教谕。

【李世猷】菏泽县（今菏泽市）人。嘉庆九年（1804）举人，三甲第六十八名进士。

嘉庆十九年甲戌科

历安徽建德、休宁县知县。

【龙寿长】字海岳，号汇川。莱阳县（今改市）人。嘉庆十三年（1808）举人，三甲第七十六名进士。授直隶新乐县知县，改兖州、泰安府教授。

【刘伯英】字育才。潍县（今潍坊市）人。嘉庆十三年（1808）举人，三甲第八十四名进士。授四川巫山县知县，改灌县，颇有循声。同治六年（1867），重与鹿鸣宴筵。兄伯蕴，举人，知县，署知州。

【李　鹄】乡试时名噂。邹平县人。嘉庆六年（1801）举人，三甲第九十七名进士。由举人时的金乡县教谕，授高安县知县。其兄弟六人，除长兄景岩早卒外，其他五人皆中科第，上官书"五子登科"匾文以荣其门。兄：鹏，乾隆进士，知府；景岱，举人，知县；景峄，举人，知府。弟景嵩（改名震廷），嘉庆进士，知县。子树泽，道光进士，知县。

【单梦龄】高密县（今改市）人。嘉庆三年（1798）举人，三甲第一百一十一名进士。

【孔传习】曲阜县（今改市）人。嘉庆九年（1804）举人，三甲第一百一十三名进士。授广东和平县知县，仕至琼州府知府。父毓檀，举人，知县。

嘉庆二十二年丁丑科

本科录取：一甲三名，二甲一百名，三甲一百五十二名。其中山东十八名。

【庄　瑶】(1791—1865) 字琪园，号漱泉。莒州（今属莒南县）人。嘉庆二十一年（1816）举人，翌年联捷二甲第二十九名进士。授工部主事，升至郎中。剔厘积弊，吏不敢欺。充顺天乡试同考官。出为湖北荆宜施道，旋调河南彰怀卫道。道光帝召见，赞其"办事朴实"。到任河南，适逢天降大雨，黄河大堤发生漏水，其督率兵役雨中抢护，沿河民众幸免于难。又河决祥符，其负责管理引河，着短衣草履，与夫役同甘苦，所到之处化险为夷。其动员民众沿河植柳，数年岸柳成林，堤岸得固，又备木材，人皆呼为"庄公柳"。以治理河务，吏民信服，政声上达。道光帝在召见将要赴任河南的官员时说："尔等到官日，做事用心如庄瑶，则朕信汝。"瑶与林则徐交往甚密，道光十九年（1839），林则徐受命去广州禁烟，其去信表示支持。林则徐因禁烟被撤职查办后，其又上疏要求惩办卖国贼。瑶为官严明廉干，对关系国计民生之大事，必慷慨力争，常触怒大吏，但从不退却改变主张。终以忼直屡忤上官，称病辞归。咸丰十一年（1861），奉旨在家乡督办团练，修筑围圩，坚壁清野，抵抗捻军。同治四年（1865）卒，赠太仆寺卿，祀乡贤。工诗文，著有《式古编》二卷、《声韵易知》一卷、《小琅玕馆古近体诗》一卷。子：锡级，咸丰进士，知府；锡禛，拔贡，以知府用。

【时式敷】字肩圃，号松石。单县人。嘉庆二十一年（1816）举人，翌年联捷二甲第四十七名进士，选庶吉士，散馆改江西大庾县知县，先后署抚州、南康府通判。又调南城县知县，因患病未至。以卓异候升。居家主讲鸣琴书院。道光十五年（1835）夏，赴补江西，充乡试同考官。历署临川、广丰、宜广、新昌、兴国、南城县知县，兼署建昌府知府。所至尤重"整风易俗"，有人送以"草偃风行"匾额。著有《知还斋集》八卷、《劝化俚歌》十二首。祖父本荣，乾隆进士，府同知；父履方，举人，著述甚多。兄式玉，举人，知州，著有《竿木试吟》、《鸡肋余味诗稿》。

【徐　泮】潍县（今潍坊市）人。嘉庆十五年（1810）举人，二甲第五十三名进士。授户部主事。

【岳镇东】字卓五，号青峰。利津县人。嘉庆二十一年（1816）乡试经魁，翌年联捷二甲第五十七名进士，选庶吉士，散馆改广东吴川县知县。其廉而有惠，察讼明允，士民亲之。以疾归。又起补长乐县知县，力止发生轻生命案。改署奉天广宁县知县，恤商便民。补盖平县，兴学劝农，狱讼咸理。以终养老人归，服阕，补授青州府教授，以振兴士风为务。三年去任。著有诗文数卷。八十八岁卒。弟镇南，道光进士，翰林，布政使。

【王金策】(1774—1823) 字中之，号香杜。诸城县（今改市）人。性英敏，六岁能诗。为文才思迅发，下笔千言立就。嘉庆二十一年（1816）举人，翌年联捷二甲第六十四名进士，选庶吉士，散馆改湖南黔阳县知县。在任十余年，重教化，兴农桑，恢复育婴堂，增建书院，解决诸生资用，循绩卓然。丁父忧，服除，补甘肃陇西县知县，以强项称。三年以疾卒，年四十九，士民哀之。工诗文，著有《芷凤星游》二卷、《湘帆纪程》四卷、《读十六国春秋随笔》、《史拾遗游山诗册》、《岷州笔记》、《香杜轩杂著》等行世。父缙绅，举人，县教谕。

【陈　肇】字履元，号涤瀛，又号篆云，亦作篆瀛，别号青野山人、四留山人。平度州（今改市）人。自幼聪慧，十二岁能文。嘉庆二十一年（1816）举人，翌年联捷二甲第六十六名进士，选庶吉士，散馆授编修。充会试同考官。授江南道监察御史，改湖广道，巡视西城。陈奏时政，知无不言，上有《今日民生吏治大概情形摺》、《盐商浮春盐斤暗侵国课摺》、《东省庙工生息银两专款存贮摺》、《调补人地相需各员请定限制摺》等。尤以"钱粮积弊"、"吏治民生"两疏为著。出为江苏常州府知府，免除陋税数万金，清理积案一千五百余起。在任一载，因双亲年老而告归，去时，唯图书数箱。时未满四十岁。士民夹河焚香，泣送数百里。家居闭户授徒二十一年，足迹不入公府。专励躬行，以式后学，从学者三百余人。以"孝于亲，疏于财"为立身基础。其卒之日，朝服束带端坐，先忧国事，次及祖墓、祭田，终训子弟守家法，从容谈笑而逝，年六十二。著有《求谦斋古文》、《奏议》、《辩惑说》及《四留山人自记》。工书法。兄敷，举人，选县训导未赴。

【王允中】字精一。黄县（今龙口市）人。嘉庆九年（1804）举人，二甲第七十一名进士。由举人时的内阁中书，授吏部主事，升员外郎、郎中。出为天津河间兵备道，加盐运使衔。对习教传徒、剽掠杀人的李林贵及其党与百余人擒获置法。将长期踪迹诡秘的盗魁捉拿归案。捐资助书院。设立救民粥厂。查获销毁鸦片八千斤。以卓异升湖南按察使，署湖南布政使，破解疑难大案无枉纵。仅三月引疾归。居家十余年，多为"息争讼，赒贫乏"之事。七十四岁卒，祀乡贤。巡抚为其撰写墓志铭。祖父克预，举人，知县；孙守训，光绪进士，翰林，武英殿纂修。

【王兆琛】（1786—1852）原名兆玺。字叔玉，号西舶，又作西坡。福山县（今烟台市福山区）人。嘉庆十二年（1807）乡试经魁，二甲第九十名进士，选庶吉士，散馆授编修。充会试同考官。道光七年（1827），擢江南道监察御史，改掌湖广道，所上十余疏皆称旨。历四川成都、重庆知府，江西督粮道，安徽宁池太广道，甘肃按察使，四川布政使。六十岁时，以在四川治水有功，于道光二十六年（1846），擢山西巡抚。道光二十八年（1848），奏请将司库银存款生息，以备练兵赏需之用。山西萨拉齐厅发生水灾和洪同、襄陵、定襄、陵川四县发生旱灾或雹灾，奏请缓征本年粮钱。以上所请皆被恩准允行。道光二十九年（1849），其提出"晋省要务二十项"的治晋方略，正当抚晋兴革时，受到监察御史"有赃污款迹"的弹劾，道光帝命户、刑部大臣到山西查问，并交军机大臣会同刑部复审，兆琛被革职，遣戍新疆伊犁，且抄没家产。咸丰二年（1852），病死戍所，年六十七。因家中无资发丧，棺柩一直存放异地。在同治四年（1865），才由时任四川龙安府知府的儿子祖源，措资将灵柩运回故里安葬。其长于书法，著述颇多，有《经义测海》、《正俗字通用备解》、《重韵辨义》、《御史奏议》、《巡抚奏议》、《眲堂书屋文集》等。祖父景绪，举人，知州，著有《曜圃诗集》；生父允长（兆琛出嗣），著有《滇南诗草》。有五子：伯润，知县；伯涛，知州；伯平，州同知；伯淳，知县；祖源（原名伯廉），按察使。孙懿荣，光绪进士，翰林，国子监祭酒；懿榮，候补知府。

【杨作梅】济宁直隶州（今济宁市）人。嘉庆十五年（1810）举人，二甲第九十六名进士。仕至山西河东同知。

【牟　雯】字云图。栖霞县（今改市）人。嘉庆十二年（1807）举人，三甲第二十一名进士。由陕西三水县知县，升邠州知州。在三水时，为数名军犯平反，对其救命之恩都感激不已。每谓："安静之吏，悃愊无华。法久弊生，去其弊补其偏也。动辄更张，百病丛生矣。死者不能复生，刑狱尤不可率意。"

【周百顺】字备堂。宁阳县人。虽家贫困，但天禀颖异，诵读不辍。十八岁补诸生，益自砥砺，遂以文行著名。学政阮元、戴均元、刘凤诰都对其才华非常赏识，以国士看待。性孝友，胸无城府，表里如一。嘉庆十二年（1807）举人，三甲第四十一名进士。历河南林县、江苏金山县和湖南耒阳县知县。因俗施政，所莅有声。充河南、湖南乡试同考官。以七十四岁致仕，数载卒于家。百顺学识通达，为文以雅正为宗，尤精通科举应试文章。著有《更事良言》、《从吾堂时文》、《为邻轩试贴》、《墨式举隅》、《举业新模》、《前模》等书，并刊行。父先馨，贡生，工书法。

【阎学海】（1773—1846）字星持，号雨帆。昌乐县人。三岁孤，六岁受读若成人。嘉庆三年（1798）举人，因家贫亲老，舌耕十余年，选授文登县教谕。历经八次会试，终于考取三甲第四十六名进士。出仕时，母嘱其："吾子显达有日，努力前进，勿坠家声。"初授内阁中书，署侍读，撰述票拟殚心力为之，精确得当，前后辈莫及，论俸当升侍读，因其介节自持，而不得升补。学海毅然曰："吾守吾职，以行吾义而已，勿营营为也。"后改日讲起居注官，越六年，升户部员外郎。道光二十六年（1846）冬，被奏派宝泉局监督，因往返劳顿而卒，年七十四。著有《带砚堂诗古文词》。曾祖父愉，康熙进士，詹事府左谕德；祖父廷佶，雍正进士，知州；父循琦，乾隆进士，翰林；工部尚书；兄学淳，乾隆进士，知府。

嘉庆二十二年丁丑科

【王延年】原名延，以礼部榜误加年字，遂改名为延年。字绪远，号鹤汀。潍县（今潍坊市）人。嘉庆十三年（1808）乡试亚元，三甲第六十七名进士。授山西长子县知县。以母病告归，授徒而终。晚年于春秋、三传、史汉之文精研不息。从学者中，有四十六人成举人，八人成进士。平生以守身事亲为本，备受乡人称赞。子之翰，道光进士，翰林，都察院左副都御史、礼部左侍郎。

【张　伟】字逊夫。掖县（今莱州市）人。性和厚，刻苦读书。嘉庆十二年（1807）举人，三甲第六十八名进士。授兴宁县知县，邑瑶山一带，多为瑶族人居住，常因耕地与汉族人互相争讼，案牍累累。伟抵任后，用心治理，亲为勘验，公允处置，使瑶汉各相安。改零陵县知县，以卓异候升，因疾辞归，不再复出，卒于家。父永泰，举人；子尔牧、尔宇分别为嘉庆、道光进士；孙弼，道光进士，翰林，候选兵部员外郎。

【齐培元】字养和，号东野。潍县（今潍坊市）人。嘉庆二十一年（1816）举人，翌年联捷三甲第七十三名进士。登第十二年，方授广东平远县知县，办书院，兴教化，促耕织，拿盗贼，受到百姓拥戴，民众悬灯书写"官清民乐"四字以颂扬。旋因狱遭火灾，囚徒多被烧死，而被入狱三年，后又被遣戍新疆乌鲁木齐。在此地四年，为开屯田出谋划策，驻哈密大臣重其劳，奏请得旨赐还故里。著有《莒村集》、《西戍日记》、《诗草》、《东野新录》。八十二岁卒。

【郭　璋】潍县（今潍坊市）人。嘉庆三年（1798）举人，三甲第一百零五名进士。

授直隶束鹿县知县，改沂州府教授。

【**曹锡田**】字建福。安丘县（今改市）人。性孤介，笃学好古，不谐世俗。嘉庆九年（1804）举人，三甲第一百二十八名进士。授湖北巴东县知县，邑涉巴江，过去新令授事船埠例有陋费，锡田予以革除。在任勤恤民情，为方便百姓诉讼，于附近沱渚间连桴设幕，随时决断讼狱。自己常号帆下琴舫，每至夜深，吏散月明，击棹悠然恬吟，与短笛渔歌相应答。其宦情甚淡，不到数月，改署兴山县知县，旋乞归，囊箧萧然。既归，杜门不出，唯以吟咏自怡。著有《琴舫文集》、《随分堂诗集》。

【**凌汉奎**】平阴县人。嘉庆十二年（1807）举人，三甲第一百三十一名进士。

嘉庆二十四年己卯恩科

本科为清仁宗六旬万寿恩科。一甲三名，二甲九十九名，三甲一百二十二名。其中山东十五名。

【王文骧】（1777—1824）字云子，号梦洋，一号西坪。诸城县（今改市）人。幼颖悟，工诗文。嘉庆十八年（1813）乡试第四名举人，二甲第七名进士，选庶吉士，散馆改广东开平县知县。邑旧无志，文骧博采遗文，年余成书。在任三年，卒于官邸，年四十八。著有《西坪诗抄》二卷。弟文进，举人，亦工诗；子祺海，道光进士，知府；孙绰，同治进士，道员。

【慕维德】（1778—1842）字淇澹，号如山，别号松龛、笠舟。蓬莱县（今改市）人。幼甚慧，四岁默诵《千字文》点画无讹。举止端严。嘉庆十五年（1810）举人，二甲第十名进士，选庶吉士，散馆授编修。历湖广、广东、河南、京畿道监察御史，升礼科给事中。充会试同考官，得贡士十二人，无一列三甲。其举奏不避权贵，所上绝奔竞、清滥委、杜贪缘、慎保举、严勒派、禁浮收、遣员朦损原官、五城审案迟延、民间私藏火器诸疏，皆蒙允行。出为福建汀州府知府，以清勤多惠政，士民为建生祠。补四川川北兵备道，升光禄寺少卿，以疾告归。喜收藏，所存书籍、书画极丰。著有《松龛古今体诗存》、《松龛馆赋存》、《如山奏议》及所选试帖四编，皆刊刻行世。还著有《国朝诗选》、《山左诗选》、《古文制义文选》、《墨选》、《赋汇》、《修治良规》藏于家。六十四岁卒，乡谥"端敏"。子荣幹，同治进士，翰林、侍讲、学政。

【高容声】（1776—1848）字佩苍，号又樽。利津县人。嘉庆五年（1800）举人，由教习选直隶唐县知县，未赴任。二甲第三十七名进士。授吏部主事，升至郎中。铨衡公慎，群吏惮之。以京察一等，出为江苏镇江府知府，洁己率属，理雪冤抑。原江口所设救船，专拯溺人，旧例拯一生者与银一两，死者倍之，奸徒趋利，往往生者而致死，容声更例，无论生死皆与银一两五钱，弊端皆除。其治匪"不忍玉石俱焚"，惟治其魁，余者皆免死。任职三年，以疾告归。七十三岁卒。

【王云岫】字雯谷，号翕堂。临淄县（今淄博市临淄区）人。有俊才，博览强记，经术湛深。嘉庆十八年（1813）拔贡，选福山县训导。嘉庆二十一年（1816）举人，二甲第九十六名进士，选庶吉士，散馆授编修。充顺天乡试同考官。擢福建道监察御史。生平务经世之学，并熟于历代名臣奏疏，故所上有关海防诸疏，皆得允行。奉命稽查裕丰仓，举劾"隐漏不实"和宗室抢夺麦车者。为官孤介自持，素恶奔竞，杜请托，绝苞苴，由是升迁蹇滞，而贫几无以自存。患病后，屏居野寺，行李萧然。四十四岁卒于京城。大学士卢荫溥对其非常痛惜，倡捐资金助棺归里。子：绪曾，同治进士，翰林，知府，加盐运使衔；怀曾，同治进士，刑部主事。

【冯　鋐】字金声。临清直隶州（今改市）人。其母工诗文，对其督教甚严。三甲第三名进士。授福建邵武县知县，充乡试同考官。其淡于荣利，告归，授徒以终。

【张维甲】蓬莱县（今改市）人。嘉庆二十三年（1818）举人，翌年联捷三甲第十二名进士。授福建永定县知县。著有《古筠山房诗稿》。弟维模，道光进士，知县。

【潘锡荣】字锦堂，号南轩。乐陵县人。嘉庆九年（1804）举人，三甲第十三名进士。授孟津县知县。

【张尔牧】字刍之。掖县（今莱州市）人。天资明敏，学力精纯，文以意胜。嘉庆二十三年（1818）乡试经魁，翌年联捷三甲第五十三名进士，未仕。凡放赈、修工、劝捐等大事皆督察之。咸丰年间，捻军进攻莱州城，尔牧出资雇用丁勇三百名，厚其饷犒，勤其训练，造军装、器械，为守城抵御捻军所费甚大。父伟，嘉庆进士，知县；弟尔宇，道光进士；子粥，道光进士，翰林，候选兵部员外郎。

【李桢幹】榜名廷幹。字立山。直隶庆云县（1964年漳卫新河以南划归山东，仍名庆云县）人。年逾五旬，仍刻苦攻读不懈。嘉庆九年（1804）举人，三甲第七十名进士。授户部主事，升员外郎、郎中。为官勤政，忠于职守。以疾告归。教授生徒，造就颇多。七十六岁卒。

【贾　琅】字青圃。历城县（今济南市）人。嘉庆二十三年（1818）举人，翌年联捷三甲第七十六名进士。截取知县，改沂州府教授。

【王善璧】字奎东，号乙峰。福山县（今烟台市福山区）人。少时苦读，过目成诵。嘉庆六年（1801）举人，三甲第七十九名进士。历广东翁源、和平县知县。充广东乡试同考官。居官清廉，宰治有方，除陋规，重刑恤，讼事不羁滞、不株连，有古循吏风。晚年致仕，裁成后学，循循善诱，一时名流多出其门。

【张梦兰】观城县（今属莘县）人。嘉庆二十三年（1818）举人，翌年联捷三甲第八十七名进士。授福建光泽县知县。

【曲世淳】字朴园。掖县（今莱州市）人。为人淳谨沉静，博闻强记，有儒雅之称。年逾五十岁，于嘉庆九年（1804）考中举人。后又考取三甲第九十九名进士，归班候选，卒于家。

【刘遵和】字子中。沂水县人。明末进士、清巡抚、都察院左副都御史应宾裔孙。嘉庆十三年（1808）举人，三甲第一百零二名进士。授户部主事。加三级，军机处行走。著有《求友堂小题制艺》，并刊刻。弟遵侨，举人。

【王森长】（1771—1846）原名绥长。字怡庭，号松涛。福山县（今烟台市福山区）人。嘉庆六年（1801）举人，选海丰县教谕。三甲第一百一十六名进士。授陕西凤翔县知县，改蒲城县。充陕西乡试同考官。以礼仪治县，重视教化，修缮书院，倡植草木，筑堤防洪，颇有政声。晚年致仕。祖父检，雍正进士，翰林，总督；父景绪，举人，知州，著有《周易遗鉴》、《曜圃诗集》。

嘉庆二十五年庚辰科

本科录取：一甲三名，二甲一百名，三甲一百四十三名。其中山东十九名。

【吴式敏】字平山，号逊甫，一号春巢。海丰县（今无棣县）人。生于名门望族。性敏慧，笔墨异凡，工书善画。嘉庆二十四年（1819）举人，翌年联捷二甲第十三名进士，选庶吉士，散馆授编修。充顺天乡试同考官和山西乡试主考官。改监察御史，升给事中。出为湖北施南府知府。大吏知其才，委署武昌府知府，百务纷集，处之裕如。擢甘肃巩秦阶道，调湖北安襄郧荆道。刚过服政之年，以疾殁。其为康熙进士、按察司金事自肃六世孙。高祖父绍诗，吏部侍郎（加尚书衔）；曾祖父垣，举人，巡抚；祖父之承，举人，厅同知；父侍曾，嘉庆进士，吏部主事。

【梁萼涵】字心芳，号棣轩，一号君蘅。荣成县（今改市）人。初由拔贡考授七品小京官。嘉庆二十三年（1818）举人，二甲第二十四名进士，选庶吉士，散馆授编修。充顺天乡试同考官和河南乡试副主考官。历监察御史（福建、京畿道）、户科给事中、光禄寺少卿、浙江按察使和甘肃、云南布政使，仕至山西、云南巡抚。为官三十年，革除吏弊，减轻徭赋，务实不求名。为云南巡抚时，因镇压农民起义不力而被革职。咸丰三年（1853），奉命督办山东团练，以病卒。生前常告诫子孙曰："居官纵有善政，莫非职分所当为，若身后刻墓志述行谊，俱非我志。所存诗文亦不得刊布。"兄兰滋，拔贡，道员。

【李璋煜】（1784—1857）字方赤，号月汀，一号礼南。诸城县（今改市）人。幼承家训，积学力行。嘉庆十八年（1813）举人，参加会试中式贡士，当年未参加殿试，后补殿试成二甲第二十七名进士。授刑部主事，升至郎中。道光十七年（1837），出为江苏常州府知府，署扬州府。提倡节俭，力除婚丧大操大办之陈规陋俗。严惩"刮儿"（扰乱社会的地痞无赖）、"刮妻"（壮男穿戴妇人衣饰、作奸犯科）、"马批"（举行迎神赛会时，男女扮演角色，赤身裸体跳舞骇人）诸恶行，风化大治。又署江宁府知府，惩治借收漕粮之机，巧立名目，敲诈勒索，从中牟利的不法之徒，使刁恶之人销声匿迹。补苏州府知府，实行三禁（禁夜游淫纵、禁重利盘剥、禁供奉邪神）。以治行报最，升江南盐巡道，署江苏按察使、江宁布政使。所至惩讼棍、拿盗贼、禁讹诈。将恶人姓名张榜公布，令其改悔。禁止尼庵邪诱青少年。禁抑欺行霸市行为。丁母忧，服除，补授广东惠潮嘉道。潮州所谓"花会"组织，以开赌场引诱良家子弟、深闺妇女，结会树党，逞忿械斗，造成"坏人心，酿巨祸"之恶果。璋煜捕其魁首，将"花会"取缔，根绝后患。立治潮六法，以俚语歌谣和古循吏导良化莠之事进行教化，使潮州得到大治。潮州人以前有韩昌黎，后有李璋煜赞颂。擢浙江按察使，转广东。又由广东布政使，转江苏。所至仍以"绥贤良，除强暴，敦教化"为务，政绩卓然。道光三十年（1850）五月，以疾告归。璋煜工诗文、擅书法、嗜金石、喜藏书。所收藏品，储于扫叶山房和爱我鼎斋。著有《爱吾鼎斋藏器目》一卷、《灵鹣阁丛书》数卷、《南牖日笺》七卷、《洗冤录辨证》一卷、《视已成事斋官书》六卷、《月汀诗文集》四卷、《律例撮要》十二卷。其女婿陈介祺，自幼受李仁煜（璋煜兄，举人，金石家）和璋煜影响，成为著名金石学家。祖父宜芳，雍正进士，知县；父梃，乾隆进士，知县。

嘉庆二十五年庚辰科

【孔传钺】字秉虞。曲阜县（今改市）人。家贫力学，以孝行称。擅诗词，与省内和当地名士往来唱和，赏奇析疑，盛极一时。嘉庆九年（1804）举人，二甲第三十五名进士。授吏部主事。著有《错余诗文集》、《片云词》。

【卢　树】改名丙垣。字德田，号南轩。蓬莱县（今改市）人。嘉庆十八年（1813）举人，二甲第五十七名进士。授内阁中书，改内阁典籍。又由吏部主事，升员外郎。天资慎静，不事征逐，不为干谒，有古贤士大夫之遗风。致仕归，主讲瀛州书院。咸丰五年（1855），家乡办团练，率先倡捐。父之薰，举人。

【刘耀椿】（1785—1858）字庄年，号朣鹤。安丘县（今改市）人。嘉庆二十三年（1818）乡试亚元，二甲第八十七名进士，选庶吉士，散馆改安徽颍上县知县。性峭直，不爱钱，不媚上官，锄暴绥良，循声大著。调阜阳县知县，平反冤狱，百姓呼为"青天"。在其山中饮水处，百姓建亭于上，名曰"刘泉"。大吏以循良第一举荐，嘉庆帝召见时，见其甚悉吏事，即授六安州知州，改泗州知州，升安庆府知府。安庆每年江水上涨，田地多被淹没，耀椿捐俸倡筑大堤，从此无水患，百姓曰"刘堤"。有巡抚署吏欲舞文，嘱以枉法，耀椿怒曰："汝恃中丞吏乎？"立予杖击，人称强项。道光二十二年（1842）七月，由福建兴泉永道，擢四川按察使。以英人陷厦门，未赴而被削职。大吏留掌军需，节省帑金数十万。虽受举荐，辞病不出。以办团练功，赏六品衔。主讲济南泺源书院十年，提倡朴学，士多宗仰之。七十四岁卒。著有《青州府志》、《神器图说》、《海南归棹词》、《吹剑一映》、《庄年治兵书》等。孙恩长，举人，知县。

【周兆锦】字延鸿，号古渔。金乡县人。嘉庆十八年（1813）举人，二甲第九十五名进士，选庶吉士，散馆改知县。历河南南召、甘肃镇番县知县。擢甘肃泾州直隶州知州，署巩昌、平凉府知府，所至有政声。喜吟咏，著有《我石斋诗集》。父垣，乾隆进士，府同知；兄舒锦，副贡，守城战死，著有《研香书稿》；子洺，举人，会试副榜；侄潞，道光进士，知县，因公殉职。

【赵光烈】字雪坡。安丘县（今改市）人。天才亮拔，文章敏赡。所为时文亦以诸大家古文之法行之，每脱稿即传诵一时。嘉庆十八年（1813）举人，二甲第九十八名进士。授刑部主事。未几，卒于京师。著述多散佚，识者惜之。子璧，举人，亦以文行著。

【孔昭佶】曲阜县（今改市）人。嘉庆二十一年（1816）举人，三甲第九名进士。

【董长荣】字向村。邹县（今邹城市）人。嘉庆六年（1801）举人，三甲第二十七名进士。授广东澄迈县知县，署乳源、英德等县事，卓有政声。以积劳卒于任。

【赵　瑭】碑作塘。字温伯。利津县人。嘉庆十二年（1807）举人，三甲第四十五名进士。授直隶完县知县，政平讼理，狱无系囚乡民。旋改广昌县知县，捐俸捕蝗，躬临阡陌，乡人为作《捕蝗歌》。调庐龙县知县，捐建义仓，民勒石以志。又调大兴县知县。丁忧归里，以疾卒。

【李霖泽】聊城县（今聊城市）人。嘉庆二十三年（1818）举人，三甲第六十三名进士。

【王　简】字素园。安丘县（今改市）人。嘉庆二十四年（1819）举人，翌年联捷三甲第六十九名进士。历甘肃陇西（署）、镇原、皋兰县知县和固原州知州。在陇西，以摘奸发伏有名，邻邑有疑狱，上官即委其审办。在皋兰，遇大旱之年，粮食价格贵，有中军副将查获十几个囤积粮食者，交由其惩办，其不仅将这些人释放，还采取增高粮价的办法，引诱囤积粮食者大量购进粮食，随即开仓平粜粮价，使粮价而降低。时集饥民四万余，所设置的一个粥厂已不能满足，其力请上官于黄河北岸新增设一个粥厂。因浮桥已撤，河水激冲，船工不敢渡河，请求等五日。简曰："迟五日民饿矣，将以我一之命，为此数万民命争耳。"其遂冒冰而渡，措置厂务，饥民欢声雷动，得以全活。在镇原和固原，曾先后命掌西宁、喀什噶尔粮台事，办理军需粮草。以卓异历升西宁、岳州府知府，湖南辰沅永靖兵备道，河南按察使、布政使。以失察属吏，而被罢归。咸丰三年（1853），山东巡抚张亮基，奏派简率领兵勇，联合乡团，驻军齐河，防堵北进太平军，以军功赏加知府衔。卒于家，乡谥"贞毅"。父驭超，举人，知州；兄筠，举人，著述极富。弟：范，道光进士，授知县未赴；籍，举人，授知县亦未赴。子彦侃，以军功官至知府；孙瑞麒，附贡，工部主事，工书法，尤精医术。

【吕延庆】字洽南。掖县（今莱州市）人。嘉庆十三年（1808）举人，三甲第八十一名进士。以知县分发浙江，因母老改河南，署上蔡县知县，听讼明断，剔除积弊。有兄弟俱为诸生，因家产而兴讼，延庆责以不孝不友之罪，并举古人让产之例进行教育，两人痛哭悔过，一时传为美谈。丁母忧，服除，复署浙江长兴县知县。时遇秀水县水手滋事，上官令其缉捕，擒其首领。补授秀水县知县，捐置墓地，创建育婴堂，收养稚女，溺女之风渐息。修朱竹垞曝书亭，并访其后裔赒恤之。有水手滋事，白昼提刀相残杀，延庆将渠魁和要犯皆擒获。在秀水五载，援例捐升知府，历署四川成都、宁远、雅州、叙州、重庆府知府。又升署永宁兵备道。在蜀中十年，因屡发变乱，做事多被牵制留难，谋划难以实现。卒于任，年六十四。孙箴光，光绪举人。

【张宝墭】蒲台县（今属滨州市）人。嘉庆二十三年（1818）举人，三甲第八十二名进士。仕至直隶保定府同知。

【李文潭】（1759—1821）字广文，号学海。蓬莱县（今改市）人。父为庠生，以授徒为业。文潭秉承家学，于书无所不读，为文无体不备。四十余岁时，于嘉庆九年（1804）考中举人，选临邑县教谕。六十岁时，方考取三甲第九十九名进士，仍回原任候选。道光元年（1821），为诸生案件，赴省对薄，染疾而卒，年六十二。时人以"一生坎坷，迟及暮龄未展抱负"而惜之。

【李敬修】字钦斋，号兰滋。阳信县人。博通经史，制艺精深。嘉庆九年（1804）举人，三甲第一百零九名进士。授登州府教授，未及任而卒。尤工诗，古今体俱擅，著有《简一集》十三卷。

【单伟志】高密县（今改市）人。嘉庆二十四年（1819）举人，翌年联捷三甲第一百二十名进士。授直隶青县知县。

【封宗良】字弼亭。德州（今德州市）人。少警敏，博通经史，以经训为食粮，以文章为性命。嘉庆十八年（1813）举人，三甲第一百三十五名进士。其将"澹泊明志"作为座右铭，不仕，日与兄谈经讲易，研求性理之学，以体察道理自娱。卒于家。兄宗禽，举人，县教谕，著有《敦悦堂稿》。

道光二年壬午恩科

本科为清宣宗登极恩科。一甲三名,二甲一百名,三甲一百一十九名。其中山东十八名。

【岳镇南】字衡山,号文峰。利津县人。幼读书寓目成诵,博涉群籍,以文章负名。嘉庆十二年(1807)举人,二甲第五名进士,选庶吉士,散馆授编修。充会试同考官。授江西道监察御史。道光十一年(1832),充湖南乡试副主考官。旋提督湖南学政。回京,钦派抽查漕粮,宿弊尽革。出为江西九江府知府,在任三载,擒治巨盗,修葺书院,德化大行,俗知廉让。擢江安督粮道,对取利于民的兵弁水手,立治其罪。道光二十年(1840),由浙江盐运使,擢甘肃按察使,旋改直隶。查清文安县"调奸未成,因嫌毒毙一家三口"之狱。次年,迁云南布政使,清正率属,有官吏馈金,则曰:"此民膏,余不忍受也。"对这些人除严责外,还革去其职。抚军对其以"古之遗直"称之。以积瘁成疾,卒于任。祀乡贤。著有制艺、诗赋、骈体文数百卷行世。兄镇东,嘉庆进士,翰林,知县。子云溪,附贡,督粮道加盐运使衔。

【滕子玉】(1786—1837)字青田,号蓝村。昌乐县人。自幼敦笃惇谨,好学不倦,与兄弟相为师友,专心苦读,至夜不疲。嘉庆十三年(1808)举人,二甲第四十四名进士,选庶吉士,散馆改知县。历湖南嘉禾县、福建平和县知县。其从容坐镇,仁厚居衷。为官清明廉洁,每次审理案讼,谆谆婉劝,以释怨消忿,从不用酷刑。有时吏属议论其迂缓,过于仁慈,其道:"民所相争,非财则气。为官贪财受贿是导民纵火,官以盛气激其间,是为民添薪。百姓如吾子,平常不教,遇事骤责,心何安也。"在平和县,整修九和、奎文书院,以教学养民风,民心翕然。其后因事镌级,仍留闽补用。不久,其在围剿海匪、押解军饷中有功,又被用为光泽县知县,加知州衔。因与知府就利洋商亏民钱发生陈争,而被免官。逾岁复职,重任平和县知县。又因上年赈灾亏光泽县库粮千余石,旨命还清库粮再去平和上任。光泽百姓闻知,待收割新粮后,慨然代还。因历年操劳,上任途中忽发重病而逝,年五十二。其灵柩运往漳州,平和县千余人赶其灵前攀挽呼号,灵柩七日方能出境。光泽百姓闻讣,即立其灵位于书院中,哭之甚哀,并集资为其重置归乡棺木。著有《卮言新书》。

【盖　钰】蒲台县(今属博兴县)人。嘉庆二十三年(1818)举人,二甲第四十五名进士。仕至陕西佛坪厅同知。

【翟云升】（1776—1860）字舜堂，号文泉，别署东林掖人。掖县（今莱州市）人。天资过人，弱冠属文，令塾师避席。童子试时，山东学政阅其文，称赞有加。云升端谨仁厚，淡泊名利，无意仕途。嘉庆五年（1800）举人，二甲第七十五名进士。初授广西知县，以母老告归。被举荐国子监助教，亦婉言谢绝。其人生座右铭是："鸠鸟安空谷，萤光怯晓晖。"晚年，云升更加避世清孤，深居简出，远离官场，专心读书治学，钻研书法。从青年时期，就广交金石文字名家，并以当时有名的经学家、书法家桂馥为师，在隶书上极得桂馥神韵，师法古人，直追秦汉。其隶书，以魄力制胜，写得端庄、古拙、雄强、舒展、飘逸，堪称隶书楷模。一生勤于著述，著作等身，有《古韵证》、《焦氏易林校略》、《海岱人物志》、《复校穆天子传》、《古今人物表》、《古文杂著》、《韵字鉴》、《读余札录》、《掖海杂志》、《说文辨异》等三十余种，共二百多卷。尤其是共四十五卷的《隶篇》、《续隶篇》、《再续隶篇》，集秦汉以来各种流派之大成，成为研究隶书的经典之作。八十四岁卒。子齐，优增生，精于绘画昆虫；孙熙典，以诗著，酷类贾岛，著有《听缘山房诗钞》。

【杨以增】（1787—1855）榜名以曾。字益之，一字至堂，晚号东樵。聊城县（今聊城市）人。幼而颖异，博览群书。嘉庆二十四年（1819）举人，二甲第八十三名进士。即用贵州知县，至贵州，署长寨厅同知。又历荔波、贵筑县知县。两充贵州乡试同考官。擢松桃直隶厅同知、贵阳府知府。所至先教化，后刑政，清积案，明冤狱，对夫讼遗弃妻者婉言劝和，对贿买顶凶者释冤主而将真凶正法，治绩颇著。道光十四年（1834），擢广西左江道，旋调湖北安襄郧荆道。丁父忧，复补河南开归陈许道，升两淮盐运使，未就任，改甘肃按察使。道光二十六年（1846），擢陕西布政使。与陕西巡抚林则徐有深知，林则徐曾举荐其来代替自己。不久，擢陕西巡抚，署总督。一年后，改江南河道总督，兼署漕运总督。咸丰初，以丰工漫口，革职留任。为官"勤以律身，诚以报主"。咸丰五年（1855）十月卒于任所，晋赠都察院右都御史，谥"端勤"。以增嗜藏书，搜罗达数十万册，多宋元珍本，建海源阁以储，列清代四大藏书楼之一。著有《退思庐文存》、《杨端勤公奏疏》及《海源阁珍存尺牍》等。父兆煜，举人，县教谕；子绍和，同治进士，翰林，日讲起居注官。

【邵 勷】字彤宾，号莲土。济宁直隶州（今济宁市）人。道光元年（1821）举人，翌年联捷二甲第九十二名进士。勷为官后，其父大松，随居官署，对其为政行

道光二年壬午恩科

为给予监督、规劝和勉励。勤遵从父训，勤谨尽职。初授湖北江夏县知县，迁汉阳府同知。奉命赴湖南军营效力，以军功擢四川嘉定府知府。

【张　洵】字裔苏，号雨农。海丰县（今无棣县）人。嘉庆十八年（1813）举人，二甲第九十七名进士，选庶吉士，散馆改知县。历浙江太平、兰溪县知县，多惠政，循声四起。升玉环府同知。以病卒于官。著有《桐华山馆诗抄》。祖父键，拔贡，知县；子衍福，举人，知县，战死。

【孙炳台】字星阶，号季堂。安丘县（今改市）人。道光元年（1821）举人，翌年联捷三甲第五名进士。授山西浮山县知县。父树闳，钦赐翰林院检讨。

【郭熊飞】（1789—1847）字次虎，号兰垞。潍县（今潍坊市）人。嘉庆十三年（1808）举人，三甲第三十九名进士。历陕西延长、略阳、泾阳县知县，皆有政声。在任滁州知州时，修欧阳文忠祠，以振兴文教。以镇压农民起事有功，治狱、捕盗卓著，连续得到升迁。又历夔州府知府、榆林道和湖北按察使、江苏按察使，升直隶布政使。道光帝两次召见其曰："直隶不设巡抚，布政使即巡抚也。"以劳卒于官，年五十九。

【谢体仁】字云樵。郯城县人。嘉庆二十四年（1819）举人，三甲第四十三名进士。由云南宜良等县知县，署威远厅同知等职。威远向无志书，其依据前人未成志稿，组织人采访旧闻，核查史料，详加考订，纂成八卷志书，时评为志书中上乘之作。

【刘廷榮】字戟门。安丘县（今改市）人。道光元年（1821）举人，翌年联捷三甲第五十九名进士。署河南原武县知县，亲民吏畏，以强项称。邑有沙压土地数十顷，所征粮额未除，廷榮请于大吏免其赋。知府至境，其仆恃势作威，廷榮愤怒，立予杖之。书院久废，捐廉给膏火，士风以振。又补郏县知县，旧案山积，手判口讯，不到十日，积牍一清。其惩处乡霸，擒获盗首，百姓得以安然。邑俗结社媚神，甚至有诸生也参与，每遇旱灾，即有自称旱魃者，被众人迎入庙祠供奉。廷榮命将自称旱魃者拘捕，并杖击、上枷，带至城门示众。对此举士民皆十分害怕，而次日却降下沾足之雨，众人都特别佩服。大吏亟称其才，将特疏举荐，旋以疾卒，仅三十七岁。柩归，士民哭送者数百人。弟廷栻，举人。

【朱崇庆】字峻生。聊城县（今聊城市）人。明崇祯进士、工部尚书鼎延裔孙。道光元年（1821）举人，翌年联捷三甲第六十名进士。授吏部主事，升至郎中。出为广东粮储道。致仕，尽心教授子弟。弟羲庆，举人，早卒；子学笃，咸丰

道光二年壬午恩科

进士，传胪，知府；侄学箓，同治进士，户部主事。

【郑允修】（？—1831）字永夫，号蓉坡，滕县（今滕州市）人。性严正嗜学。嘉庆二十三年（1818）举人，翌年会试贡士，因母丧未参加殿试，后补殿试成三甲第六十一名进士。分发云南以知县用。初署云南、易门、禄丰县事，后授永善县知县，所至有政声，士民感怀。充云南乡试同考官，所取皆知名士。受督抚保荐，允修解铜抵京，奉旨加一级回任候升。未赴任，以亲老乞养归。道光十一年（1831）卒。著有《四书集解》《易书集解》《诗赋文稿》。

道光二年壬午恩科

【王世荃】字叶传，号纫兰。济宁直隶州（今济宁市）人。嘉庆二十四年（1819）举人，三甲第六十四名进士。授浙江乐清县知县。

【乔有豫】字象九，号润斋。滋阳县（今兖州市）人。嘉庆九年（1804）举人，三甲第八十名进士。授清流县知县。

【吕崇修】字筠浦。德州（今德州市）人。乾隆五十九年（1794）举人，选城武县训导。以率众守城功，欲赏加一级，崇修乃不接受。中举二十八年后，考取三甲第九十二名进士。历直隶怀来、迁安、高邑等县知县。居官廉静慈祥，自奉俭素，俸金散尽，皆以贤达称。六十六岁卒于官，宦囊萧索，所遗唯破屋数间和故书数箧而已。著有《西园集》。

【孙德升】改名绍揆。字叙唐，号筠亭。莱阳县（今改市）人。嘉庆十三年（1808）举人，选郓城县教谕。三甲第九十五名进士。历河南阳武、固始县知县，升禹州知州。

【刘函刚】省、县志载函纲。字史林。潍县（今潍坊市）人。性简略，尚义气，嗜学，喜饮酒。家贫穷，贫愈甚，嗜酒亦愈甚，自诩无害。嘉庆二十三年（1818）举人，三甲第一百一十五名进士。历陕西保安、吴堡、高陵县知县，治事之外，日饮酒。为官清正廉洁，力除积弊。常言："有所取，必有所徇，设富家有官事，将何以处，吾岂醉不醒事者。"丁忧，服阙，改补湖北郧县知县，知府谓其不娴礼节，被羁勒半载方上任。函刚感到受屈抑，非常气愤，以疾告归。其昼夜饮酒，六十岁以酒卒。时人称其："居官服政之际，大节较然。"

道光三年癸未科

本科录取：一甲三名，二甲一百零七名，三甲一百三十六名。其中山东二十名。

【**杜受田**】（1788—1852）字芝农，号锡之。滨州（今滨州市）人。《清史稿》有传。明万历进士、左布政使诗与清顺治进士、布政司参政漈裔孙。儿时，与众不同，无争亦无忤。长遵庭训，立品植学。嘉庆十五年（1810）举人，参加会试为会元，经殿试成二甲第一名进士，传胪，选庶吉士，散馆授编修。初为詹事府中允、司经局洗马。道光十二年（1832），充云南乡试副主考官，继而提督陕甘、山西学政。道光十五年（1835），被召回京入值上书房，选为四阿哥（即后来的文宗）师傅，且连升侍讲学士、侍读学士、内阁学士（例兼礼部侍郎）、工部左侍郎。道光帝明示其专心培育皇子读书，无须到内阁办理奏章。道光二十年（1840），充会试阅卷官。次年，受命为会试副总裁。不久，又兼户部左侍郎。受田为帝师十七年，在授读之余，经常陈述自己的主张，提出许多治国安邦的建议。曾疏荐林则徐、周天爵、向荣赴广西围剿太平军。道光二十三年（1843），大考翰林院、詹事府官员时，任命受田为阅卷大臣。次年，升都察院左都御史，改工部尚书，为翰林院庶吉士散馆阅卷官、顺天乡试主考官、会试副主考官。道光二十五年（1845），负责承修东陵工程。道光二十九年（1849），为上书房总师傅。文宗即位，加太子太傅，兼署吏部尚书，改刑部尚书，授协办大学士，充殿试读卷官。咸丰元年（1851），以协办大学士，充顺天乡试主考官。次年，以病解刑部尚书之职，命以协办大学士管理礼部。奉命与新任福州将军怡良前往山东、江南办理赈灾事务，并请截留江、广漕米六十万石赈济灾民。是年七月卒于途中，年八十六。咸丰帝命恭亲王祭奠，继而又亲临祭奠，赠太师、大学士，谥"文正"，入祀贤良祠。曾祖父薰，乾隆进士，知州；父堮，嘉庆进士，翰林，吏部左侍郎。子：翰，道光进士，翰林，军机大臣；翾，道光进士，吏部左侍郎，督办山东团练大臣。

【**靳登泰**】字子高，号谷民。聊城县（今聊城市）人。幼失父母，由祖母、叔父教养。其诗文名于时。嘉庆二十四年（1819）举人，二甲第六名进士。因未得馆选，郁郁不得志。署山西寿阳县知县，未赴任而卒，仅三十四岁。父文钟，举人，以教习拟用知县，未任而卒。叔父文锐，嘉庆进士，翰林，乡试主考官；

兄春泰，八十四岁时，钦赐举人、国子监学正。

【董作模】字梓亭。邹县（今邹城市）人。嘉庆二十四年（1819）举人，二甲第二十四名进士。授吏部主事，升至郎中。

【孙瑞珍】（1773—1858）字储英，一字符卿，号寄庵，又号安敦老人。济宁直隶州（今济宁市）人。嘉庆十五年（1810）举人，二甲第二十五名进士，选庶吉士，散馆授偏修。父母相继去世，在家守制近十年，回京命在上书房行走。历国子监司业、詹事府右春坊右庶子、日讲起居注官、翰林院侍讲学士、太仆寺卿。道光十八年（1839）与二十三年（1843），先后提督陕甘与江西学政。其间历升内阁学士（例兼礼部侍郎）和兵部右左侍郎。道光二十六年（1846），学政任满，回京仍入上书房，历经筵讲官、户部左侍郎、都察院左都御史，兼署兵部尚书、武英殿总裁。从道光二十九年（1849）起，历任礼、工、户部尚书，为翰林院掌院学士，上书房总师傅。咸丰初，曾应诏荐举起用前任云贵总督林则徐，被允行。其还先后充任会试同考官、湖北乡试副主考官、顺天乡试主考官和庶吉士散馆阅卷大臣、会试阅卷大臣、殿试读卷大臣。瑞珍作为三朝元老，尤得道光、咸丰帝的宠信，关系国计民生之大事，都征询或委派瑞珍办理。皇帝赞其"持躬谨慎，学问优长，恪尽职守，任劳任怨，不为习气所染"，赠"安士敦仁"匾文以示褒扬。瑞珍所上有关漕运、盐课、兵额、缉私、战事诸疏，皆得施行。虽曾遭到几次参劾与议论，但皇帝对其至多也仅是"罢上书房行走"、"斥之不识大体"而已，并未影响对其重用，甚至视参劾他的监察御史为"冒昧"，予以申饬。咸丰四年（1854），因病开缺。咸丰八年（1858）病逝，年八十五，赠太子太保，谥"文定"。父玉庭，乾隆进士，两江总督，体仁阁大学士；子毓汶，咸丰进士，榜眼，军机大臣；侄毓溎，道光进士，状元，按察使，署布政使；孙楫，咸丰进士，顺天府尹，都察院左副都御史。

【郭梦龄】（？—1854）字文与，号小房。潍县（今潍坊市）人。嘉庆二十四年（1819）举人，二甲第四十八名进士。历直隶龙门、香河、三河、大兴诸县知县。又由府同知（顺天南路、湖北黄州、湖南长沙），屡迁四川顺庆府知府。旋为甘肃兰州道，署按察使。时林则徐署总督，凡捕逆党命梦龄复审，"罪有可原，多所开释"，被林则徐以"仁人"称之。擢陕西按察使，改河南，署布政使。咸丰元年（1851），擢山西布政使。次年，署山西巡抚。在与太平军的战事中，以防务不力而革职。逾年卒。宣统二年（1910）复原官。入山西名宦祠，乡谥"文贞"。弟：梦惠，咸丰进士，编修；梦星，举人，内阁中书，喜

道光三年癸未科

鉴藏。子：襄之，举人，兵备道；简之，兵部郎中；杭之，举人，著有《诗集》十卷；绥之，以转运军粮功授知县；薰之，以守城功授内阁中书。孙恩赓，光绪进士，翰林。

【高中谋】字亿堂，号镜霞。淄川县（今淄博市淄川区）人。生有异质，幼年苦学，即通经史大要。嘉庆三年（1798）举人，选阳信县教谕。历经二十五年，方考取二甲第九十二名进士。初署贵州玉屏县知县，清廉为民，力却私谒者所送千金，民众中传有"一官但饮平溪水，万口争传廉吏名"的赞颂。越三年，改署清溪县知县，补余庆县。又为松桃（署）、台拱厅同知。任内，擒诛臣猾杨昌礼，倡建嵩高书院，重修考试号舍，抢救、赈济被水冲坏家园的灾民。工诗文，著有《亿堂诗文稿》、《训俗俚语》、《燕京日记》、《黔游日记》等。六十岁卒。弟丙谋，拔贡，以军功候补知府；子箕承，咸丰进士，知县。

【吴式群】字季文，号雁舟。海丰县（今无棣县）人。自幼聪颖绝伦，讨论古文别有神悟，为文根柢六经，士林传诵。道光元年（1821）举人，二甲第一百零二名进士。授户部主事，办理军需报销，严剔弊窦。善鼓琴，工书法。著有《家训记闻》、《雁舟吟草》。

【孟毓藻】字子鉴，号涧南。长清县（今济南市长清区）人。道光二年（1822）乡试解元，翌年联捷二甲第一百零七名进士。历直隶宁晋、故城、青县知县，所至治绩美不胜举，以廉明慈惠称。因堂兄卒于官而悲痛，不再乐意为官，旋告归。为人凤敦孝友，乐于培植后进。其将难以生计的业师刘炎请至家中，恭敬有加，细心照料。著有《省吾斋赠言前后集抄》。堂兄毓兰，亦为乡试解元，进士，知县。兄弟皆解元、进士，巡抚等大吏贺赐"一室太和"匾额，并为其家塾题写"翼教维风"，以示褒扬。

【李菡芳】字莲塘，号信余。博兴县人。道光二年（1822）举人，翌年联捷三甲第十八名进士，选庶吉士，散馆改刑部主事。

【赵　任】字春潭，一字肩吾。德州（今德州市）人。十七岁丧父。家中清贫，饥则饮泣，恐伤其母，发愤读书。嘉庆十五年（1810）举人，三甲第二十名进士。授官安徽，贫不能行，友人为其治装才赴任。初为含山县试用知县。丁母忧，服除，又补署湖北光化县知县，仅八个月，大显廉能之声。改竹溪县知县，其装成樵夫，到深山查访到官兵屡捕不获的盗魁踪迹，率兵入穴将其拿获。大吏让其督造军器，限五日完成，而仅三日即造好。竹溪遇灾，庄稼无收，有不少人饿死，向上官请赈，巡抚不上报，忧愤成疾，辞官而归。抵家租屋居住，未几卒。著有《山中吟》、《皖中吟》。

【刘家麟】章丘县（今改市）人。嘉庆二十一年（1816）乡试解元，三甲第三十五名进士。授湖北长阳县知县。

【刘家龙】章丘县（今改市）人。嘉庆十二年（1807）举人，三甲第四十一名进士。授河南新安县知县。

道光三年癸未科

【丁廷模】《题名碑录》载廷谟。字伦楷。潍县（今潍坊市）人。道光元年（1821）举人，三甲第八十名进士。仕至工部郎中。其乐善好施，对戚族中，贫不能学者，为之延聘老师、供给膏火；婚嫁丧祭不能办者，助以资金；老病无依者，送以米粮。一时内外亲戚举火者常数十家。道光十六年（1836），以养亲告归，值邑大饥，捐三千金设粥厂，亲为放签放饭。春末，遇疫病流行，病死者很多，又舍药饵、施棺木，竟以积劳染疫而卒，乡谥"文惠"，旨建坊，祀乡贤。祖父善宝，以巨款助军饷，恩赏举人，授内阁中书；父克成，捐职都察院都事。弟：廷举，举人，刑部郎中；廷珍，例贡，亦为刑部郎中。以上皆以善行、义举闻名乡里。

【冯德馨】（？—1857）字桂山，号东鲁。济宁直隶州（今济宁市）人。道光元年（1821）举人，三甲第八十二名进士。授户部主事，升员外郎、郎中。以京察一等，截取以知府用。历贵州粮储道、山西河东道。道光二十五年（1845），擢广西按察使，兼署布政使。道光二十七年（1847），土寇雷在浩勾结广西群盗侵扰新宁，德馨奉命率兵堵剿，以歼其魁首功，擢江宁布政使。道光二十九年（1849），升湖南巡抚，值新宁土匪李沅发杀官据城，德馨派兵剿办，以克复新宁、消灭土匪上奏，优叙部下。旋知土匪实为弃城远飞，即上疏劾所属谎报，并自请严处。上责德馨"迁延贻误，奏报失实"，被革职入狱，遣戍新疆。咸丰三年（1853），加恩释回，奉旨回籍办团防，以防堵出力，赏加四品顶戴。后主讲任城书院，士多成就。咸丰七年（1857）卒。著有《四书汇参摘要》、《南路行程记》、《东路行程记》。

【李　琪】字恭甫。济宁直隶州（今济宁市）人。道光元年（1821）举人，三甲第八十六名进士。授四川郫县知县，值岁饥开仓赈济。邑有刁猾之徒，倚仗富绅，横行凌民，琪将其立拘到案，予以治罪。邑有寒士，颇有才华，蕴心悯之，予以首拔。其诛除豪强、扶掖寒俊之举，令士民称颂不已。著有《棣花老屋文集》、《棣花老屋诗集》。祖父钟淳，知府，署兵备道；父大浚，兵部郎中。

【于良弼】字柳溪。安丘县（今改市）人。嘉庆十八年（1813）举人，三甲第九十名进士。即用知县。

【王志超】字子班，号倬庵。诸城县（今改市）人。道光元年（1821）举人，翌年会试贡士，当年未参加殿试，后补殿试成三甲第一百零八名进士。授户部主事，有才干，未几得急病卒。祖父赓琰，乾隆进士，布政使。其弟中，有五品以上官员四人。

【刘清源】（1797—1880）字星桥。临朐县人。道光二年（1822）举人，翌年联捷三甲第一百一十六名进士。即用知县，以亲老告近，历登州、武定府教授。致仕，主讲三台、凤山书院。有才略，敢于任事。居家曾纠众守城抵御太平军，告揭藏匿山中图谋不轨的白莲教徒。勤于著述，有《四书讲义》、《五经撮要》、《韵府新语》等，皆已散佚。所著说唱小说《巧奇冤全传》（俗称鼓儿词）得以付梓。工书法。八十四岁卒。

【宁云程】字鹏九。宁阳县人。资性英敏，仪表奇异。嘉庆九年（1804）举人，三甲第一百二十八名进士。历署江南高淳、如皋县知县。丁母忧，服除，复为江西上高、临川县知县。所至因俗施治，清积牍，剔宿弊，擒奸猾，兴学校，恤灾民，得到士民赞誉。在为官多年后，忽发感慨道："吾闻知足不辱，知止不殆，宦成不退，必有后悔。"旋上书引疾告归。祖父鳌，拔贡，知县，署知州；弟云鹤，附贡生，能文善书。

【王　垲】字爽斋。定陶县人。为乾隆进士刘可考外孙。幼聪慧，有文名。道光元年（1821）举人，三甲第一百三十名进士。历河南郾城、舞阳、固始、新蔡、密县知县，所至治乱兴教，颇有政绩。以军功升河南裕州知州，改信阳州，署归德府知府。卒于任。子：联标，知县；联奎，举孝廉方正。

道光六年丙戌科

本科录取：一甲三名，二甲一百一十名，三甲一百五十二名。其中山东十九名。

【贾　桢】（1798—1874）原名忠桢。字筠堂，一字伯贞，号艺林。黄县（今龙口市）人。《清史稿》有传。道光五年（1825）举人，翌年联捷一甲第二名进士，榜眼，授编修。道光十三年（1833），大考一等，擢翰林院侍讲。道光十六年（1836），入值上书房，为恭亲王奕䜣的授读师傅。历翰林院侍读学士、詹事府少詹事、内阁学士（例兼礼部侍郎）、工部右侍郎、户部右左侍郎、都察院左都御史、礼部尚书、吏部尚书。咸丰二年（1852），授协办大学士。翌年，疏请开办山东团练，以镇压太平军和捻军。题孝和睿皇后神主礼成，加太子太保，充上书房总师傅，兼管顺天府尹。咸丰四年（1854），又兼翰林院掌院学士。时顺天府书吏范鹤等与户部井田科银库书吏，交结营私，以钞票抵库银，桢受命查办此案，察其污弊，除其害患，秉公处置。咸丰五年（1855），拜体仁阁大学士，管理户部、工部，又晋武英殿大学士。咸丰十年（1860），英法联军侵入北京时，受命为留守团防大臣。其职责在身，端坐天安门外，拒阻侵略军进入大内，慷慨不屈。咸丰帝死后，桢等人上疏，列举历代皇后协助幼帝听政的历史，赞成两宫皇太后听政，深受慈禧宠信。同治元年（1862），奉命监修《文宗实录》、《圣训》。一生历经道光、咸丰、同治三朝，官位显赫，备受恩宠。其还先后三次充乡试、会试同考官，九次充乡试、会试正副主考官，十二次充会试阅卷官、殿试读卷官、朝考阅卷官、四次充庶吉士散馆和翰（翰林院）、詹（詹事府）官员大考阅卷官，门生故旧遍布朝野。同治七年（1868），以病致仕。同治十三年（1874）病逝，年七十六。诏称"持躬端谨，学问优长"，赠太保，谥"文端"，入祀贤良祠。工诗善古文词，有《咸丰朝筹办夷务始末》八十卷。父允升，乾隆进士，翰林，兵部左侍郎；弟樾，道光进士，翰林，武英殿协修；子致恩，布政使。

【胡梦龄】字介眉。历城县（今济南市）人。其负才不羁，人不见其伏案而经史满腹。嘉庆二十三年（1818）举人，二甲第二十九名进士。由户部主事，刚升员外郎而卒。兄典龄，举人，知县。

【田元春】字寅卿。德州（今德州市）人。康熙进士、刑部侍郎雯裔孙。嘉庆二十一年（1816）举人，二甲第四十名进士。授甘肃平罗县知县，多有惠政。办理青海后路军务有功升知府。以疾归，教授诸弟，均有文名。

【黄恩彤】（1801—1883）榜名丕范。字绮江，号石琴，别号南雪。宁阳县人。《清史稿》有传。道光二年（1822）举人，二甲第四十四名进士。授刑部主事，随从刑部大臣前往江苏、安徽、浙江等地办案，升至本部郎中。充顺天乡试同考官、广西乡试主考官。道光二十年（1840），出为江南盐法道，监销官盐。因严拿走私盐贩有功，升江苏按察使，署江宁布政使。鸦片战争时，恩彤参与办理对外交涉，力主妥协。道光二十二年（1842），恩彤随耆英、伊里布与英国侵略军谈判议和事宜，与英国全权代表璞鼎查签订丧权辱国的《南京条约》。清廷以议和有功，授予二品职衔。有英军调戏中国妇女，遭中国人痛殴。恩彤不仅登船前往向英军献媚，而且抓捕了数名参与痛殴英军的人，以示谢罪，并伪称"夷人为乞抚而来，非求战也"。南京缔约后，恩彤又随耆英、伊里布赴广东与英国签订中英《五口通商章程》。道光二十三年（1843），经时任两广总督耆英保举，恩彤先后出任广东按察使、布政使和兵部侍郎。道光二十五年（1845），以都察院右都御史，出任广东巡抚，直接参与对外交涉。这期间，面对英国侵略者数次提出进入广州城的无理要求，以"欲靖外患，先防内变"，主和不主战，一味退让，阻止镇压广东人民的抗英斗争，激起广东人民的极大义愤和反抗，受到媚外的痛骂。恩彤遭到时论斥责，被人参劾镌秩。道光二十九年（1849），恩彤归籍养亲。咸丰八年（1858）五月，恩彤又受命赴天津协办英法联军攻陷大沽炮台后的议和与交涉，及抵天津，《天津条约》已定，仍回籍养亲。咸丰十年（1860）九月，奉旨在家乡举办团练，抵抗捻军，朝廷授予三品封典。光绪八年（1882），重逢乡举之年，奉旨赏还二品衔，准与重宴鹿鸣。其勤于读书著述，工诗文。著有《知止堂集》、《知止堂续集》、《知止堂补集》、《使粤诗草》、《忘余诗草》、《监评别录》、《两汉史断》、《稀龄追忆录》、《抚远纪略》、《憩亭诗》、《读史漫录》、《蚕桑录要》、《河干赘语》、《大清律按语根源》等一百余卷。并主修《宁阳县志》、《滋阳县志》等。工书法。七十八岁卒。弟恩澍，道光进士，以知县用。子：师闾，咸丰进士，翰林，知府；师侃，贡生，内阁中书，加员外郎衔。

【陈熙曾】字竞生，号卓堂。济宁直隶州（今济宁市）人。幼承家学，攻读不辍。道光二年（1822）举人，二甲第五十三名进士，选庶吉士，散馆改刑部主事。充会试同考官。历云南乡试副主考官、京畿道监察御史和四川重庆府同知、陕

道光六年丙戌科

西夔州府知府,所至皆有政声。

【陈驷门】字启斋,号固山。蓬莱县(今改市)人。自幼简朴无华,嗜读,博览群书。嘉庆二十一年(1816)乡试亚元,二甲第七十六名进士,选庶吉士,散馆充武英殿协修、国史馆纂修。

【张庭桦】号兰台。滋阳县(今兖州市)人。性孝友,酷嗜书,甫成童能默写十三经。道光元年(1821)举人,三甲第十一名进士。授刑部主事,升员外郎。历河南、江南、京畿道监察御史,升工科给事中。屡有举劾,不避权贵。出为浙江严州府知府,历署台州、湖州、金华府知府,皆以诱掖士子为先务。刻有《金针衣钵》一编,得其指授者,率擢高第。改四川雅州府知府,兼署建昌道,大案多有平反。在雅州浴血奋战,守城有功。又改署四川川北道、潼川府知府,政声卓卓。升甘肃平庆泾道,未赴病卒。堂兄庭榆,贡生,知县。

道光六年丙戌科

【刘淑愈】(1796—1863)字亦韩。费县人。县志因其反清未予记载。家庭贫穷,世代务农。自幼聪慧,过目成诵。嘉庆二十五年(1820)举人,三甲第二十二名进士。授直隶房山县知县,以强项称。因生性刚直,忤上爱民,被以"不谙政体,难膺民社"奏报,朝廷以"该员文理尚优,可任教职",将其降为泰安县教谕。不到半年,又触忤权贵,被以"有文无行,难司风化"弹劾去职。既归,于岐山寺设帐授徒。咸丰十一年(1861),淑愈响应太平军,与廪生李宗棠竖旗反清,同驻地清军以及当地团练展开激烈的武装斗争。同年六月,遭到清兵与团练的联合围攻,血战后向西突围,与岐山农民起义首领孙化祥会师,共建岐山幅军,任幅军军师,曾与捻军联合作战,沉重打击清兵。同治二年(1863)春,清兵大举进攻,岐山失陷,淑愈兵败被俘,英勇不屈,被费县团总王殿麟(亦为进士)怂恿知县长赓杀害。著有《砚山堂文集》四卷与《砚山堂制艺》一卷。工书法。

【张文玺】字蓝田。利津县人。嘉庆十八年(1813)举人,三甲第五十名进士。主讲青州松林书院。授东昌府教授。擢广东海康县知县。至任除恶务尽,将鱼肉乡民的蠹役、讼棍置于法,境内肃然。卒于官。

【刘树棠】字荫南,别字爱村。滋阳县(今兖州市)人。才敏嗜学,以文行著。所作《四书义根柢传注》,每脱稿远近传抄。嘉庆十五年(1810)举人,三甲第六十一名进士。在选庶吉士时,山东十九名进士中,唯有贾桢(榜眼、武英殿大学士)、陈熙曾(翰林,知府)和树棠三人为合格者,但因其齿长,外用为贵州荔波县知县。先后署玉屏县知县和正安、独山州知州,转都匀府都江厅、镇远府清江厅通判。所至皆有循声,以廉惠为民称颂。以劳瘁卒于任。归丧,士民哭奠相属于道。

【邹子俊】黄县(今龙口市)人。嘉庆二十四年(1819)举人,三甲第六十三名进士。授济南府教授。

【阎临川】字镜泉。定陶县人。家世传经,早负文誉。道光二年(1822)举人,三甲第八十九名进士。授户部主事,升员外郎。擢江南道监察御史,敢于言事,有《疏稿》存于家。告归,六十六岁卒。弟惟桢,举人,官学教习,议叙知县。

【洪梦龄】字锡九。临清直隶州(今改市)人。世有善行。三甲第九十一名进士。授贵州余庆县知县,循规蹈矩,兴学重农,多有惠政,号为循良。

【丁颖璞】(1787—1872)《题名碑录》载作颖璞。字昆麓,号朴斋。日照县(今日照市)人。嘉庆二十三年(1818)举人,三甲第一百一十九名进士。授云南恩安县知县。为官谨慎,厌恶奔竞,意欲告归。时布政使刘鸿翱(后升福建巡抚)重其人品,令其任镇雄州知州,旋改南安州,未赴任。委管泸州铜局,厘剔陋弊。丁忧,以未能侍亲疾为遗憾,不再复出。优游林下三十年,八十五岁卒。

【姚云升】潍县(今潍坊市)人。嘉庆二十四年(1819)举人,三甲第一百二十名进士。授江苏金山县知县。

【马 亮】字信甫,号愚庵。昌乐县人。攻苦力学,博雅淹贯。道光五年(1825)举人,翌年联捷三甲第一百三十九名进士。候选知县。家中甚贫,衣食常不自给,廉洁自持,一介不苟。为诸生时,常有富室让其顶替入场,以重金作酬。亮正色道:"此何事,而可以利诱耶。"予以拒绝。有人劝其少迁就可不贫,亮又道:"贫富命也,吾安吾贫而已。"成进士后,隐居授徒,讲诵不倦。著有《愚庵制义》行世。

【范承逊】字伯让,号退轩。沾化县人。道光元年(1821)举人,三甲第一百四十三名进士。授直隶房山县知县,邑当四陵大差之通道,凡桥梁、馆驿、饮食、供帐之类,皆布置周密,民得不忧。值英夷骚动,上宪以承逊有应剧之才,将其调任天津,修城郭,完器械,民恃以安。时有传英夷将至者,上官命拆附城民房,以防乘越。承逊曰:"贼未至而先虐吾民,未可。且津邑海口平浸,巨船不能入,夷无所施其技,持久则粮绝当遁去。"此事旋罢休。擢景州知州,又调蓟州,遇荒年,捐廉赈贷,全活甚众。以疾卒于任。父谷贻,举人,知

道光六年丙戌科

县。弟：承愿，举人，知县；承俊，举人，著有《苏山文稿》、《苏山诗草》。

【李朝仪】字公度，号鹭堂。单县人。嘉庆十八年（1813）举人，三甲第一百四十四名进士。授登州府教授。其学识令士子折服，请业者踵接于门。致仕，主讲鸣琴书院，造就人才尤众。著有《补过斋文集》、《耕余堂偶存》、《片玉集》。子方秀，举人。

【王圣来】东平州（今改县）人。道光五年（1825）举人，翌年联捷三甲第一百四十七名进士。授白鹤县知县，同知衔。

道光六年丙戌科

道光九年己丑科

本科录取：一甲三名，二甲一百零六名，三甲一百一十二名。其中山东二十一名。

【潘绍烈】（1796—?）字子骏，号西邺。莱芜县（今改市）人。幼时，家庭贫困，被迫辍学，由其堂弟供其重新入学。幼负异禀，下笔千言立就，尤长于制义。师从何凌汉（绍基之父），精通制艺。道光八年（1828）举人，翌年联捷二甲第二十五名进士，选庶吉士，散馆改直隶元氏县知县。邑俗崇巫觋，有很多淫祠，绍烈严行禁止，予以捣毁。奉命督役修筑驰道，有内监先至，在驰道上骑马横冲直撞，不仅不听禁止，反而恶言顶撞绍烈，其怒不可遏，将内监杖打，大吏闻知，以其是强项令，也置之不问。改福建瓯宁县知县。丁母忧，及服阕，因其生性伉直，不能取媚上官，遂不起用，未再出仕，时方四十余岁。工诗文，尤对古文造诣精深，为文雅洁渊懿，根柢盘深，直入古人堂奥，一时后进仰如泰斗文士。其楷书遒媚，深受何绍基推重。晚年，主讲汶源书院。子宪瑞整理其父著述为《潘太史遗稿》。

【李超咸】字次班，号堌云。单县人。道光元年（1821）举人，二甲第四十一名进士。历浙江建德、镇海、仁和县知县，兼署严州府同知。充浙江乡试同考官。升海宁州知州。所至以兴利除弊为己任，赈灾救民，改变陋俗，办理讼狱，实心为政，受到士民赞誉。曾被委办海塘工程，以"工坚料实"，被大计卓异。为官地处沿海，为防御外侵，"躬亲守陴，多方设备"，以积劳成疾卒。

【刘　坦】原名坖。字次臣。直隶庆云县（1964年漳卫新河以南划归山东，仍名庆云县）人。自幼读书以才敏称。为诸生时，知县贾懋功极为赏识，及官天津时，携担同往，加以训课。二十四岁，于嘉庆二十三年（1818）考中举人，二甲第七十六名进士。授山西右玉县知县。充乡试同考官。丁忧，服除，补江苏江浦县知县，改山阳县，加府同知衔。所至勤于职守，五十二岁卒于任。

【董世僖】字乐亭。宁阳县人。少承家训，敏而嗜学。受业于邑进士周百顺，为文独崇法则，讲究章法。嘉庆二十一年（1816）举人，二甲第九十八名进士。初署河南伊阳县知县，旋补永宁县，所至廉明有声绩。两充河南乡试同考官。丁父忧，服阕，改发江苏。又丁母忧，旋卒于家。

【袁振瀛】字星峤，号仙洲。沂水县人。自幼颖悟好学。嘉庆二十四年（1819）举人，三甲第十七名进士。授直隶广昌县知县，改奉天府承德县。升奉天新民厅同知，委署锦州府事。省志载，署奉天开原县知县，以"匪骑仓猝变起"，振瀛殉难。奉旨以四品官阵亡例议恤，并于开原建立专祠。父鍊，嘉庆进士，厅同知。

【崔光笏】直隶庆云县（1964年漳卫新河以南划归山东，仍名庆云县）人。道光二年（1822）举人，三甲第二十一名进士。授山西乡宁县知县，升代州直隶州知州。又擢松江府知府，署镇江府事。丁忧，服阙，补授江西九江府知府，擢云南粮储道，加按察使衔。两充乡试同考官。父旭，举人，知县，多著述。兄兆第、兆典皆举人。

【田名征】潍县（今潍坊市）人。道光五年（1825）举人，三甲第三十二名进士。授湖南江华县知县。

【张继鲁】字少宇，号周辅。济宁直隶州（今济宁市）人。性慈善，好急人所难，诱掖后进，乡人以善人称。道光元年（1821）举人，三甲第四十一名进士。初署甘肃敦煌县知县，日坐厅堂，分别曲直，不事敲扑，几致刑具摺置而不用。改署甘州府抚彝厅通判，补隆德县知县。未二年，以臂疾乞归，未离任卒，民皆哭之。祖父有年，乾隆进士，道员，为公殉职；弟继邹，道光进士，知县。

【李廷棨】（？—1849）字戟门，号萼村。章丘县（今改市）人。道光八年（1828）举人，翌年联捷三甲第四十四名进士。初为直隶新城、宛平县知县，升深州直隶州知州。又历广州、雷州知府，升湖北荆宜施道。道光二十六年（1846），由霸昌兵备道，擢顺天府尹。视事六日，奉旨以道员用。授直隶通永道。为官廉明慈惠，自奉极俭，所至以除水患、速赈恤、清积案为急务，以贤员称。卒于任。喜藏书著述，有《纫香草堂集》、《夏小正诗纪》等。

【李梦愚】字润堂，号南谷。博兴县人。道光八年（1828）举人，翌年联捷三甲第四十九名进士。授陕西兴平县知县，调宝鸡县，所至恤民养士，勤于职事。擢佛坪厅同知，此地自嘉庆十七年（1812）战乱之后，既无官长，也无学校。梦愚报请上官，设置教育官员，捐俸倡立学宫，兴办义学，修建考棚，增加文武诸生名额，从此文教兴起。

【袁　炘】字幅千。曹县人。道光元年（1821）举人，三甲第五十二名进士。授八旗教习。

【李崇照】字宗山，号晓轮。利津县人。以俊才名。道光二年（1822）举人，三甲第五十七名进士。以即用知县分发直隶，善听狱讼，不久病卒。其夙研经史，多有发挥和创见。所撰《史鉴精益》、《四书讲义》，提要钩元，皆前未发之蕴存。还著有《宗山文稿》。诗得唐音，书法秀劲。弟丰照，优贡，知县，有著述；侄煜奎，举人，亦精经史。

【郎　晴】潍县（今潍坊市）人。道光二年（1822）举人，三甲第六十七名进士。

【车申田】更名宝南。海阳县（今改市）人。嘉庆二十四年（1819）举人，三甲第七十二名进士。授四川定远县知县，改宜宾县，捐升吏部员外郎。在籍办团练，以过劳卒。追赠知府衔。

【郎　昀】字晓屏。潍县（今潍坊市）人。其与弟盼，互相师友，昼夜苦读，一时号为文章巨子。嘉庆二十三年（1818）举人，三甲第七十三名进士。授江西分宜县知县，严行禁止溺女恶俗。改庐陵县知县，闻刘绎有才家贫，助以膏火，亲为品骘文字，后考中状元。又历南安府知府（署）、定南厅同知、赣州府知府（署），擢江苏候补兵备道。在南安时，捐修道源书院。致仕，六十一岁卒。弟盼，道光进士，知县。

道光九年己丑科

【宋宾王】字雍西，号鹭洲。莱阳县（今改市）人。道光五年（1825）举人，三甲第七十八名进士。历山西太平、岚县和浙江武义县知县。

【王者政】字春舫。文登县（今改市）人。家贫穷，其父以为人苦房谋生。塾师见其聪明伶俐，求学心切，便免费教其读书。道光二年（1822）举人，三甲第七十九名进士。授四川仪陇县知县，为政七年，治绩卓异。由巴州知州，迁宁远府越巂厅同知。在越巂施以恩礼，惩治挑唆者，使少数民族之间经常兵戎相见的争端，较快得到化解。建立书院和私塾，使各族子弟读书明理。又历雅州、嘉定、龙安府知府。咸丰四年（1854），调宁远府，严察铜弊，并代输淹田粮款，士民称颂。以乞养父母告归。著有《蜀道联辔集》、《蜀道绣草》。

【李　垒】（1796—1861）字畏岚，号固村。金乡县人。道光五年（1825）举人，三甲第八十三名进士。授湖北通城县知县。湖北漕取事繁多弊，垒亲与百姓定斗斛，不取羡余，乡民争先恐后交纳。垒闻知邻县崇阳群盗四处劫掠，便招募丁勇，守城三日，盗匪半夜突至，垒率绅勇进行巷战，终因寡不敌众而城陷。通城人诉于知府，称垒政治清勤，乞留乞赎皆不果。道光二十二年（1842），被遣戍新疆。放归，主讲兰山书院。居家训子，勤于著述。著有《新疆小记》、《历代年号纪略》、《偶然诗草》、《四书殊一》、《诸子集语》、《明史纪略》、《固邨杂记》、《金乡志略》等。父鏻，举人，府教授；弟台，增生，工书法。

【胡峰一】字对山。宁阳县人。自幼天资颖异，为文出语令塾师惊叹。但其性情豪放，不循规矩，行为散漫。成年后，受学于岳父王颖灏，从此一改平日志向，刻苦自励。嘉庆十五年（1810），与岳父王颖灏一起考中举人，更加尽力用心文章，为文"出入经史，长于议论"。道光六年（1826），参加会试考取贡士，因母丧而归，未及殿试。三年后，补殿试成三甲第九十八名进士。署河南永城县知县，抵任清理积案三百余起，百姓赞其神明。不久病逝。

道光九年己丑科

【李汝霖】（？—1888）字澍卿，号筠舫。聊城县（今聊城市）人。自幼聪颖，十余岁读完十三经。二十岁时，前四史可以背诵。道光八年（1828）举人，翌年联捷三甲第一百零七名进士。历署浙江奉化、嘉兴、钱塘等县知县，所至以慈惠为主，勤政爱民，振兴文教。以卓异升乍浦海防同知。又擢衢州府知府，署杭嘉湖道，兼理嘉庆府事。值海疆不靖，经其采取安抚防御措施，境内得以安定。在办理善后上拂上官之意，旋引疾辞官。主讲于清江、崇实诸书院。以母丧归，又主讲济南、尚志两书院，所教多所造就。光绪十四年（1888），获准重赴鹿鸣宴筵，未及参与而卒。弟汝霨，知府。

【解　芑】字念丰。东平州（今改县）人。道光五年（1825）举人，三甲第一百一十二名进士。授山西交城县知县。

道光十二年壬辰恩科

本科因清宣宗五旬万寿,改正科为恩科。一甲三名,二甲一百名,三甲一百零三名。其中山东十六名。

【李湘棻】(1798—1865)号云舫。安丘县(今改市)人。道光五年(1825)举人,二甲第五十二名进士,选庶吉士,散馆改户部主事,升员外郎。道光二十一年(1841),英国侵略军在广州寻衅扰乱。湘棻随从参赞大臣隆文等,到广东处理有关事宜。以功擢湖北郧阳府知府,改安徽宁国府,命署太常寺少卿。会同总督麟庆办理淮安、扬州一带防务,亲自带兵防堵江北。道光二十二年(1842)十二月,特命署漕运总督,先后三次奏陈大江南北防务部署,受到道光帝赞赏,旋实授漕运总督,兼都察院右副都御史。道光二十四年(1844)春,被劾"贻误国事"罢职。咸丰三年(1853),重新起用帮办地方团练,恢复漕运总督衔。又因防御太平军失败遭罢免,遗戍军台。由于僧格林沁亲王力保,被暂留其营效力。咸丰八年(1858),被调赴天津办营务,因增修炮台,加强海防,抵御英、法侵略军有功,赏四品顶戴。同治四年(1865),奉命回原籍督办团练防御捻军,不久病逝,朝廷追赏二品封典。子麟遇,监生,候补道员。

【程灿策】字炳藜,号酉山。泰安州(今泰安市)人。天性孝友,读书颖悟过人。道光八年(1828)举人,教授四方。二甲第七十七名进士。历江西丰城、广昌、会昌、南昌县知县,所至有声。筑修兰江大坝,江外之田遂成膏腴之地。以卓异升至广西庆远府知府。致仕归,值捻军起,于夏村村北筑土圩,邻村赖以安。其施地六十亩于祠堂,以为祭田、塾师之用。

【赵似祖】字诒度,号秋客。海阳县(今改市)人。嘉庆二十一年(1816)举人,二甲第八十七名进士。授刑部主事。其聪颖超群,诗文出众,著有《希音阁诗集》。光绪《海阳续志》载其诗作十首。尤其是所作《老农歌》流传较广。

【张淑京】观城县(今属莘县)人。师从举人王仲房。道光二年(1822)举人,二甲第九十六名进士。授浙江乐清县知县。

【赵长龄】(1797—1872)字静庵、玉斑,号怡山、松岩。利津县人。少嗜学,有文行。道光五年(1825)举人,三甲第一名进士,选庶吉士,散馆授检讨。由监察御史,出为广东肇庆府知府,奉檄扫尽广州海盗。以监察御史任内失察,被降调以主事用。未几,两广总督耆英举荐长龄到广州办理五口通商事宜。其不卑不亢，力争主权，处理与五十多个国家的通商之事。历升广东督粮道、肇罗道、盐运使、按察使。丁忧，服满，奉旨回籍办团练，以防御义军。四川总督骆秉章奏调长龄入蜀，授四川按察使。其折狱明允，时有"赵公铁案"之称。不久，升陕西巡抚，旋调山西巡抚，未到官，命赴泾州办理重案。在山西，因镇压捻军兵败而被贬谪。两年召还，长龄自陈衰老，告归。七十五岁卒。弟朋龄，拔贡，知县。

【陈山嵋】字雪堂。益都县（今青州市）人。道光八年（1828）举人，三甲第七名进士。历刑部员外郎、河南道监察御史。子子端，拔贡，知县。

【陈官义】潍县（今潍坊市）人。道光元年（1821）举人，三甲第二十三名进士。授江西丰城县知县，署南康府同知。

【李　兆】字立民，号逸鹤。峄县（今枣庄市峄城区）人。道光八年（1828）乡试经魁，三甲第二十六名进士。历广西阳朔、荔浦、灌阳县知县，皆有政声。以母老乞归，服阕，改补安徽芜湖县知县，仅一载，被罢归。

道光十二年壬辰恩科

【颜锡惠】曲阜县（今改市）人。道光十一年（1831）举人，翌年联捷三甲第三十名进士。初为大理寺推审官和钱法堂监督官，皆以廉明称。升户部员外郎，多次被钦派商办河务。仕至江苏淮安府知府。因杜怀英（邹县，进士）督修淮河工程被劾，锡惠以同乡涉嫌疑牵连案内，处境危险，所幸道光帝素知其品格，特恩赦免。之后又下旨起用，锡惠托病谢绝。临终嘱家人，不得办理旌谏之事。

【宋培之】丘县（今属河北省）人。道光十一年（1831）举人，翌年联捷三甲第三十一名进士。

【张梦蓉】观城县（今属莘县）人。道光元年（1821）举人，三甲第四十一名进士。授直隶迁安县知县。

【沈毓寅】（1793—1848）字宾谷。新泰县（今改市）人。未仕前，曾主讲泰安岱麓书院，对金石文字颇有研究。工诗文，泰安知县徐宗干曾邀其为泰山普照寺筛月亭题写楹联。沈联曰："收拾岚光归四照，招邀明月得三分。"王联曰："高筑西橡先得月，不安四壁怕遮光。"堪称泰山佳联。道光十一年（1831）举人，翌年联捷三甲第五十名进士。授广西天保县知县。盗匪入境劫掠，毓寅率兵捕剿，兵败遇害。其为新泰县清代唯一进士。

【王有成】（？—1866）字化行，号兰江。夏津县人。道光十一年（1831）举人，翌年联捷三甲第六十四名进士。授江西新城县知县，改广昌县。丁父忧，服阕，又历甘肃镇番、西宁等县知县。为官有胆识，颇受上官赞赏。在西宁，发生回番械斗，其一车两马，直入其境，晓以大义，为判曲直，使双方握手言和。陕甘总督布彦泰、陕西巡抚林则徐进剿饷绝，饥军闹饷，情势危急，上官委其为粮台总办，其走进兵营，答复"欠饷日后由县领取"，众兵应声而退。之后历升泾州、秦州直隶知州，乡民送"王青天"匾额。以母丧归，倡办团练，抵御捻军。卒祀乡贤。

【马国翰】（1794—1857）字词溪，一字竹吾。历城县（今济南市）人。家贫好学，自为诸生起，每见异书，手自抄录。道光十一年（1831）乡试经魁，翌年联捷三甲第六十七名进士。历陕西洛川、石泉、泾阳县知县和陇州知州，后引退家居。其平生嗜书，廉俸所入，悉以购书，殚心搜求，不遗余力，藏书达五万七千余卷。其工诗文，晚归林下，奋发著述。怜悯今世学者不见古籍，乃遍校唐以前诸儒撰述，分经、史、诸子为三编，名曰《玉函山房辑佚书》，多达六百余卷，且随编随刊。自著有《玉函山房文集》五卷、《续集》五卷、《玉函山房诗集》八卷、《目耕帖》三十一卷、《竹如意》二卷，以及《玉函山房藏书簿》等。父名锦，知县。

【马官龙】章丘县（今改市）人。道光十一年（1831）举人，翌年联捷三甲第七十六名进士。分发安徽以知县用。

【王 燨】字乔南。益都县（今青州市）人。嘉庆二十四年（1819）举人，三甲第九十六名进士。授山西岳阳县知县。为政宽大仁惠，民风朴实。暇与诸生谈艺，口指手画，娓娓不倦。邑旧无举人，至始才有考取者。三充乡试同考官，得人称盛。大吏很看重他，欲将其改署太平县，其以不胜繁剧而力辞。未几，以疾归。著有《于役郑陇竹枝词》一卷。父承基与弟灼皆举人。

道光十二年壬辰恩科

道光十三年癸巳科

道光十二年壬辰科值清宣宗五旬万寿，改为恩科，正科推迟至本年举行。一甲三名，二甲一百名，三甲一百一十七名。其中山东十五名。

【焦友麟】字子恭，号苙泉。章丘县（今改市）人。明万历进士、巡抚馨裔孙。道光八年（1828）举人，二甲第十一名进士，选庶吉士，散馆授编修。两充顺天乡试同考官。擢监察御史。道光二十年（1840），提督山西学政。高祖父毓栋，康熙进士，吏部员外郎；祖父尔厚，举人，知府；父以润，乾隆进士，知县。

【孟毓兰】字子征，号湘南。长清县（今济南市长清区）人。嘉庆二十三年（1818）乡试解元，二甲第十二名进士。授直隶灵寿县知县，改江苏宝应县知县，未几，卒于任。堂弟毓藻，亦为乡试解元，进士，知县。兄弟皆解元、进士，巡抚等大吏贺赐"一室太和"匾文，并为其家塾题写"翼教维风"，以示褒扬。孙继震，同治进士，内阁中书。

【陈应聘】（1800—1864）字觉民，一字肇莘，号莲史。潍县（今潍坊市）人。道光八年（1828）举人，二甲第三十三名进士。先后授四川新都、岳池县知县，有循声。丁忧，服阕，补广东曲江县知县，为政勤慎，民有讼者，剖毫析芒，无疑牍，称良吏。又改新会县知县，以平乱守城功，候补知府，署韶州府知府，兼署南韶连兵备道。乞休归。孙德昌，光绪进士，知县。

【车克慎】字意园。济宁直隶州（今济宁市）人。祖父授徒为业，常教谕孙辈："人言读书无三世困，吾家困二世矣，虽甚困不悔也，汝曹勉之。"克慎受其激励，发愤苦学。道光十一年（1831）举人，二甲第四十五名进士，选庶吉士，散馆授编修。历河南乡试主考官、詹事府赞善、安徽学政、国子监祭酒。道光二十九年（1849）六月，擢内阁学士。次年，充殿试读卷官。咸丰帝登极，克慎应诏陈言上十愿之疏，被褒嘉升工部左侍郎。丁父忧，在籍办理济宁赈务和团练捐输。咸丰五年（1855）回京，署兵部右侍郎，改礼部右侍郎，转左侍郎。咸丰七年（1857），被去职。

【卢　琳】字南珍，号宝岩。泰安县（今泰安市）人。嘉庆二十三年（1818）举人，二甲第八十七名进士。仕至江西瑞州府知府。著有《味琴轩稿》。

【阴丰润】肥城县（今改市）人。道光十二年（1832）举人，翌年联捷三甲第一名进士。授吏部主事，升至郎中，改礼部。

【董作梅】字臞仙。邹县（今邹城市）人。道光五年（1825）举人，三甲第八名进士，选庶吉士。

【叶隽昌】聊城县（今聊城市）人。道光十二年（1832），其与弟林昌同榜举人，翌年联捷三甲第二十八名进士。授顺天府平谷县知县，升广东化州知州。以医术名于时。父锡龄，拔贡，工书法，精医理，尤长于诗，著有《抱琴书屋草》。

【郎　盼】碑作盻。字晓岩。潍县（今潍坊市）人。其与兄昀，互相师友，昼夜攻读，一时号为文章巨子。道光十二年（1832）举人，翌年联捷三甲第六十三名进士。授河南淇县知县，倡兴文教。尤以戢盗贼、除棍徒、清讼狱受士民称道。宦游十余年，告归。咸丰三年（1853），邑有捐输银数万两者，其向众人建议："与其请奖自荣，何如为学校广额数乎？"按其意见，所请得广文武生员各九名。七十一岁卒。兄昀，道光进士，知府。

【孔昭慈】（1795—1862）字云鹤。曲阜县（今改市）人。《清史稿》有传。孔子七十一世孙。道光元年（1821）举人，三甲第七十七名进士，选庶吉士，散馆改广东饶平县知县。大学士阮元对昭慈很器重，称其："他日必以干济风节显。"丁母忧，服除，补署福建莆田、沙县知县，改授古田县知县，摄兴化府通判。道光二十八年（1848），改闽县知县，升邵武府同知。所至兴利剔弊，不遗余力。尤擅捕盗，并兴农桑之利。咸丰四年（1854），以在台湾鹿港航海赴援歼擒敌甚众的战功，擢台湾府知府，迁台澎兵备道，兼提督学政，并以助饷加二品衔。在台五年，威信大著。同治元年（1862），镇压彰化戴万生起事，昭慈在巷战中，力竭不支殉节，年六十八。追赠按察使，谥"刚介"。曾祖父传炳，乾隆进士，布政使；祖父广禧，候补知县。子：宪曾，光绪进士，翰林；宪高，举人，知县。

【徐启宇】字东侯。潍县（今潍坊市）人。少颖悟，夜读书常达旦，严冬倦欲睡，则跣足忍冻以耸精神。嘉庆二十一年（1816）举人，选德州学正。有文名，从学者众多。此地旧无斋署，其取旧存捐款三百余贯，并借库道银百两，买吕氏宅一区，创建斋署。后考取三甲第八十三名进士，以知县签分安徽，被委署巢县知县，未到任卒。

【王麟瑞】字崇洋，号振庵。福山县（今烟台市福山区）人。早年丧父，由母含辛茹苦抚养成立。少聪颖，读书勤苦，八九岁能出口为诗。有诗文名。嘉庆二十四年（1819）举人，三甲第九十一名进士。历直隶柏乡、武邑县知县。操守清洁，不名一钱。有一百姓在刚买进的房中挖出一窖金，四邻要分而均之，且威

道光十三年癸巳科

胁如不分将报官充公。麟瑞查明真相后，大怒道："此非盗泉，稍取何妨。"在任三年，以不合上官，改沂州府教授。曾祖父希旦，乾隆进士，府教授；子大辂，道光进士。

【刘文典】字徽五。潍县（今潍坊市）人。道光元年（1821）举人，三甲第九十九名进士。授内阁中书。居乡和平，多有善行。大吏为之详请，敕建"乐善好施"坊。

【孔昭然】曲阜县（今改市）人。嘉庆二十四年（1819）举人，三甲第一百零九名进士。仕至直隶景州知州。

【翟宫槐】原名芳桐。字荫堂。寿光县（今改市）人。道光十二年（1832）举人，翌年联捷三甲第一百一十五名进士。历永清、南宫等县知县。

道光十五年乙未科

本科录取：一甲三名，二甲一百一十七名，三甲一百五十二名。其中山东二十二名。

【张　铨】（1795—1872）字寅阶，号翼南。利津县人。性肫诚，嗜学不厌，笃孝名。道光十一年（1831）举人，二甲第二十二名进士。授刑部主事，升至郎中。出为江苏常州府知府，先后署苏松太仓道和常镇通海道。丁忧，未再出仕。工诗，论者谓其胎息盛唐。著有《爱山堂诗存》。七十七岁卒。

【吴式芬】（1796—1856）字子苾，号诵孙。海丰县（今无棣县）人。生于名门望族，被称为"祖孙父子兄弟叔侄进士之家"。顺治进士、按察司佥事自肃六世孙。道光二年（1822）举人，二甲第三十七名进士，选庶吉士，散馆授编修。出为江西南昌府知府，补南安府。值粤东用兵，转输军饷，以南安为后路，措置裕如，不扰民，而供应无误。式芬于南安城外捐廉置义山，以葬多年停柩百姓。旋擢广西右江道，署按察使。未几，先后升河南按察使、直隶布政使。调贵州，又调陕西。参加防堵太平军，筹运军饷，并以倡捐军饷，赏戴花翎。历鸿胪寺卿、浙江学政、内阁学士兼礼部侍郎、都察院左都御史。以病归，抵里数月卒，年六十一。式芬为金石学家和考古学家。生平专攻训诂之学，长于音韵，精于考订，凡鼎彝、碑碣、汉砖、唐镜之文，皆拓本收录。精鉴赏古代书画。工诗文，善书法，能鼓琴。著有《捃古录》、《捃古录金义》、《金石汇目分编》、《陶嘉书屋钟鼎彝器款识》、《双虞壶斋日记八种》、《海丰吴氏双虞壶斋印存》、《寰宇坊碑承校本》、《昭代名人尺牍》、《唐宋元明人摘句》、《缀锦集》、《陶嘉书屋诗赋稿》等。式芬还是封泥的最早发现者和研究者，与潍县陈介祺合著《封泥考略》。高祖父绍诗，吏部侍郎（加尚书衔）；曾祖父坛，乾隆进士，巡抚；祖父之勷，举人，道员。子：重周，廪贡生，通判，著有《惺惺斋诗集》；重憙，举人，巡抚，署直隶总督、北洋大臣；孙：峋，同治进士，监察御史；尉，监生，道员，署盐运使；㘅，举人，厅同知，署知府，喜金石。

【范中行】字复詹。海丰县（今无棣县）人。制艺为一时宗匠。道光八年（1828）乡试经魁，二甲第五十四名进士。授安徽盱眙县知县，清结积案三百余起，讼狱衰息。邻县蝗起，境内却不为灾。民众歌曰："草青青生讼庭，我公尚德不尚刑，善政刑民身，善教刑民心，民心不坏民身好，那用阎罗与老包。"又改铜陵县知县,所治一如盱眙。以病卒于官。棺木归时,士民遮道号泣,为其立祠岁祀之。

【李佐贤】(1807—1876)字仲敏,一字竹朋,号石泉。利津县人。生于一个"诗书盈库、累世为官"的家族,家有藏书三万余卷。道光八年(1828)乡试解元,二甲第六十八名进士,选庶吉士,散馆授编修。充会试同考官。道光二十四年(1844),充江西乡试副主考官。擢福建汀州府知府,在任六载,循声卓著。以祖墓临河宜迁,告归。性嗜书好古,深求理学之旨,兼涉考据之学,凡金石、书画、钱币、砚石、印章皆能剖析微茫,别其真赝,且工书画,书宗柳颜,有金石之美,画得董思白意。琴弈亦称善。在家乡,捐赈救饥、捐修书院,皆为首倡,被赏戴花翎加道员衔。佐贤是清末著名钱币学家、金石学家、收藏鉴赏家,著述甚富,共达三百余卷。所著《古泉汇》,共六十四卷,收入古钱拓本六千余种,钱范七十五个,为历代之冠,是一部集钱学大成之书。后又著有《续泉汇》十六卷(与鲍康合著)、《观古阁续泉说》。其他著述还有《石泉书屋制艺》、《武定诗续抄》、《石泉书屋类稿》、《书画鉴影》、《吾庐笔谈》等。其妻张畹芳,为进士、翰林、府同知张询之女,对书法、绘画亦造诣颇深。祖父华,知县;父桂,知州;子贻良,咸丰进士,刑部郎中。

【刘潜之】字沁庵,号句农。东平州(今改县)人。道光八年(1828)举人,二甲第七十一名进士。授山西永济县知县。

【杜翮】(1808—1865)碑作翻。字汉升,号云巢,一号筠巢。滨州(今滨州市)人。生于名门望族。道光十二年(1832)举人,二甲第七十二名进士,选庶吉士,散馆授编修。历会试同考官、詹事府右赞善、国子监司业、司经局洗马、侍讲学士、文渊阁正阁事、国史馆提调。道光二十九年(1849),擢詹事府少詹事、詹事,并充江西乡试副主考官。道光三十年(1850),升内阁学士兼礼部侍郎,为殿试读卷官。咸丰元年(1851),迁兵部右侍郎。次年,充会试副总裁,殿试读卷官。咸丰五年(1855),由署吏部左侍郎,改礼部右侍郎。次年,改户部右侍郎。咸丰七年(1857),奉命赴盛京奉天负责承修皇陵。次年,又奉命赴通州仓验收海运物资。咸丰十年(1860),为督办山东团练大臣。同治四年(1865)病逝于京寓。著有《筠巢诗稿》。祖父堮,嘉庆进士,翰林,吏部左侍郎。父受田,道光进士,翰林,帝师,刑部尚书,协办大学士。兄翰,道光进士,翰林,军机大臣;子庭琛,咸丰进士,翰林。

【王青熙】(1799—1865)字春明,号心潭。清平县(今属聊城市)人。幼聪慧。道光八年(1828)举人,二甲第七十八名进士。署江西永宁县知县,补东乡县,以廉明勤慎称。丁忧,起授广西富川县知县,未抵任,改京城兵马司正指挥。旋告终养。居乡授徒,主讲夏津书院十余年,造就颇多。持身严正,教家有法,多善举。同治四年(1865)卒,年六十六,祀乡贤。子庆阶,举人,县训导。

【张　堂】字镜川。安丘县(今改市)人。道光五年(1825)举人,二甲第八十五名进士。初署四川清溪县知县,有守城功。补岳池县知县,以伦理教民为先,有兄弟争家产,诉讼二十年不息,其责以义、动以情,兄弟受感动,即罢诉讼。遇岁祲,捐二千金赈济。闻父病请急归,中途闻讣,终身憾之。服阕,不再复出,居家奉母。生平笃于学问,为文必宗大家,一时学者奉为楷模。祖父重舆,举人,知县,精于诗文、书画、篆刻,著有《西城吟》、《静俭堂稿》;弟堃,道光进士,翰林。

【袁　溥】字幼泉,号礼山。惠民县人。明万历疏劾魏忠贤被害死狱中的进士、太仆寺卿化中八世孙。溥性孤傲,善书法,以教读为业。嘉庆十四年(1809)举人,二甲第九十六名进士,选庶吉士,散馆改礼部主事,升至郎中,监督宝泉局,厘剔积弊。擢吏科给事中,充顺天乡试同考官。其风骨凛然,举劾不避权贵。尤不喜酬应,公暇唯以临池为娱,求书者甚多,然有挟而求虽长官亦拒之。父学乾,举人,县教谕。子树,拔贡,知县,亦有父风。

【孔传藤】字馥园。宁海州(今烟台市牟平区)人。道光八年(1828)举人,二甲第一百名进士。初为安徽望江、铜陵县知县。以加知州衔,调补阜阳县,署和州直隶州知州。以儒术为政,大得民心。晚年致仕,德望隆重,邑人对其皆敬仰之。

【马秀儒】字艺林。安丘县(今改市)人。嘉庆二十四年(1819)举人,二甲第一百零九名进士。由举人时的夏津教谕,授安徽建平县知县,立除前任浮收耗羡之弊。以听讼无遁情,民呼"青天"。改歙县,值蛟水为灾,不待报请,开仓救民。大吏以其廉能举荐,道光帝召见时,以"实心任事"褒扬。擢河南开封府同知,迁浙江绍兴府知府。未行,值河南饥荒,被朝廷派遣察赈大臣奏留随办赈济。事竣,连升四川成绵道、四川按察使、湖北布政使。在湖北,秀儒尽出囊金,充实军饷,率众抗击进犯襄阳的土寇,使全城保全。咸丰七年(1857),暂署巡抚,旋回原任。第二年,以病乞归,优游林下八年,唯以书史自娱,七十六岁卒。著有《晚香堂诗集》四卷、《晚香堂文集》八卷、《芸窗笔记》三十二卷、《宦游杂记》一百六十卷。子:云逮,贡生,府同知;步元,光绪进士,编修,乡试主考官。

【张元杰】字英甫,号古田。馆陶县(今聊城市)人。二甲第一百一十五名进士。

【贾仲山】字次生,一字松甫。历城县(今济南市)人。道光十二年(1832)举人,二甲第一百一十六名进士。授兵部主事,升员外郎。兄辉山,举人,知县;子元涛,咸丰进士,知县。

【隋藏珠】(1813—1866)原名藏朱。字松心,号亦亭,别号龙渊。乐安县(今属高青县)人。道光十四年(1834)举人,翌年联捷三甲第四十四名进士。授户部主事,升至郎中。时议添铸当千大钱,裁减原铸工料,藏珠力争不可;又议设官银号谋利,藏珠又力争不可。时委藏珠到设局山西的河底镇监督铸铁钱,其严禁扰民,民大悦,回京饯送者六十里不绝。充会试同考官,所得十三人多名宿。出为建昌府知府,杜绝苞苴,有首富馈筵丰盛,藏珠拒绝曰:"留与难民数月吃着不尽。"闻者感泣。其设策调兵败退攻城的太平军。理讼狱准情酌处,不专以法,非大罪不欲寻辱以官刑。曾国藩知其才,特邀总办粮台,百姓闻其去,如婴儿失母攀留饯送,行之太平桥,留衣话别,以此改名"留衣桥"。其到军营后,发现军饷严重不足,藏珠悉心筹划,将士得以不挨饥饿。曾国藩举荐以道员用。藏珠积劳成疾,以丁父忧辞职,曾国藩以军例再三挽留,三起三辞,病发而卒,年五十四。藏珠性严正,恶言利,独爱书成癖,积至数万卷。著有《四书举隅》、《史屑》、《与石居诗文草》、《铸错堂稿》、《建昌学治录》、《寒柏草堂诗稿》及词曲若干。祀乡贤。有三子:两子为庠生,一子为举人。

【丁守存】(1812—1883)字心斋,号竹溪,晚号石涛钓叟。日照县(今日照市)人。《清史稿》有传。道光十一年(1831)举人,三甲第五十三名进士。初授户部主事,充军机章京。道光二十九年(1849),以户部主事充广西乡试副考官。历户部员外郎、礼部郎中、湖北督粮道、署湖北按察使,加布政使衔。其通天文历算、风角壬遁之术,善制火器。时英军犯沿海数省,船炮之利为中国所未有。守存慨然讲求制造,西学犹未通行,凡所谓力学、化学、光学、重学皆无专书,其覃思每与暗合。大学士卓秉恬举荐,命缮进图说,赴天津监造地雷火机等器,试之皆验。咸丰初,从大学士赛尚阿赴广西参与军事,其设计一匣,曰手捧雷,内藏机关炸药,欲谋杀太平天国领袖洪秀全。咸丰三年(1853),从兵部尚书孙瑞珍赴山东治沂州团防,设计石雷、石炮以御捻军,杀伤力很大。遂调直隶襄办团练,上战守十六策。咸丰十年(1860),其返回故里,与地方官绅大造石雷、石炮,创议筑堡日照要塞,曰涛雒,其堡垒战术,对太平军构成很大威胁。同治初，守存又被调至直隶留治广平防务，筑堡二百余所，配置大量石雷、石炮，以阻挡太平军北上。在湖北任职时，创制以竹筒引江水注围堤中，濒江诸省率仿行之。后以事罢归，倡修县志，成就后学。著有《丙丁秘籥》（有称《丙丁秘籥进程》）、《造化究原》、《制火器说》（有称《火法本论》）、《详覆用地雷法》、《自来火铳造法》、《筹河议》、《旷视山房文集》、《编年自记》等。七十一岁卒。有"一门三进士，父子九登科"之誉。子：凤年，同治进士，知县，加知府衔；麟年，光绪进士，知府。

【康象书】字笏廷，号渭园。章丘县（今改市）人。道光十二年（1832）举人，三甲第七十八名进士。

【辛本棨】字梁辀，号鸥乡。蓬莱县（今改市）人。道光八年（1828）举人，三甲第八十九名进士。历云南定远县知县、蒙化府同知和普洱、丽江府知府。在丽江，俗多火葬，力为革之；民多游惰，教以纺织；建立米局，以备荒岁。以病卒于官，柩不能归，择地以葬，士民春秋祭祀。

【王武曾】（1782—1851）字矩存，号迪甫，一号珊樵。福山县（今烟台市福山区）人。嘉庆五年（1800）乡试中副榜，选授巨野县教谕。道光八年（1800）举人，三甲第一百零四名进士。历浙江东阳、慈溪县知县。以卓异升宁波府同知。两充浙江乡试同考官。晚年，身患顽疾，辞归。曾祖父检，雍正进士，翰林，总督；祖父燕绪，乾隆进士，翰林，侍读；父庆长，嘉庆进士，按察使。

【张维模】蓬莱县（今改市）人。道光二年（1822）乡试经魁，二甲第一百零九名进士。历云南丘北县、江西兴国县知县。著有《古藤书屋诗稿》。兄维甲，嘉庆进士，知县。

【王嘉麟】（1798—1890）字孚吉，号金泽。费县人。幼聪慧，志向远大。为文"原本经术，务为深纯"。嘉庆二十四年（1819）乡试经魁，大挑授教职，选峄县训导。十六年后，考取三甲第一百三十一名进士。初署江西新淦县知县，又历奉新县、义宁州、宜春县，所至除暴安良，兴办教育，奖拔人才。尤其坚持以"朝廷设法不得自我出入"为原则，纠办错案。道光二十一年（1841），改署德化县，筹办军差，以卓异调补临川县。至任捐廉倡修久圮城垣，议叙加知州衔。道光二十六年（1846），充江西乡试同考官。旋署安南府同知。咸丰二年，丁忧服满后，仍回江西坐补，被委赴龙泉防堵太平军，以守城功第一，署瑞州府知府。咸丰五年（1855），瑞州城被石达开率军攻陷，嘉麟虽跳水获救，但被朝廷革职，戴罪图功，以观后效。翌年，因跟随胡林翼、曾国藩督办军务和

道光十五年乙未科

参与抗击太平军有功，奉旨开复原官。咸丰九年（1859），请养回籍。山东团练大臣杜翙奏请，以嘉麟督办团练抗击幅军，赏加道员衔。晚年淡于仕进。光绪五年（1879），在其考中举人六十年后，重赴鹿鸣宴筵，恩赏按察使衔。著有《留余堂誊稿》一卷。堂弟殿麟，道光进士，知府；子肇赐，附贡，知县，著有《养吾真斋诗稿》。

道光十五年乙未科

【王介福】字备卿。费县人。明万历进士、光禄寺卿雅星裔孙。其学问深邃，以文章名。道光元年（1821）乡试经魁，三甲第一百三十五名进士。授贵州裕庆县知县，修水利，劝农桑，开银矿，办学校，并惩治恶僧。因秉性耿直，在与大吏论文时发生争执，得罪上司，赴任仅一年，告归。为官廉洁，开销几不能自给。离职时，乡民以银相赠，拒绝收受。因说了一句："唯有西花厅三块太湖石，外通而心实，我所敬也；园中花木，是我栽培浇灌，我所爱也。"待其领家人徒步就道数月至家时，见太湖石等，已先期达到，不胜感慨道："上有好者，下必甚焉，当官慎言啊！"居家设帐授徒，多有造就，进士李焜、举人陈步若等皆出其门下。

【李汝璿】改名钧策。字惺原。惠民县人。性果毅，有济世之才。道光八年（1828）举人，三甲第一百四十名进士。历安徽英山、太湖、铜陵县知县，所至剔蠹除暴，不避权贵，大吏以强项目之。值英兵侵犯金陵，督办军需，以功保升直隶州知州。署泗州知州，洪泽湖向为盗贼出没之地，访擒盗魁，全境安然。依法惩治讼师巨猾，并训抚其子，使有劣迹者改行，而绅耆相庆，出现了百余年未有的清平景象。解任时，泗州百姓思慕不已，为其共立生祠。数年后，汝璿奉命赴泗州勘察河道，泗州百姓顶香迎送百余里，一时传为佳话。道光二十九年（1849），署安徽宁国府知府，江水泛滥，经数月勘察，弄清水势土性后，督工兴筑江堤，与夫役共辛苦，堤工赖以永固。又先后署滁州直隶州知州和凤阳府知府，调集兵勇，击溃在凤、庐、颖诸郡活动的捻军。奉旨以知府留安徽补用。咸丰三年（1853），太平军北进，汝璿奉命襄办军务，征剿捻军，五个多月不离鞍马，染时疫而卒。

道光十六年丙申恩科

本科因太后六旬万寿,改正科为恩科。一甲三名,二甲七十二名,三甲九十七名。其中山东十六名。

【苏敬衡】(1801—1867)字伯兴,号蕉林。沾化县人。道光十四年(1834)举人,一甲第三名进士,探花,授编修。道光十七年(1837),充陕甘乡试副主考官。擢直隶天津府知府,改宣化府,刁徒畏其明威俱敛迹。道光二十六年(1846),迁广东雷琼兵备道,训练兵勇,授以方略,将盘踞海岛聚众万余劫掠商旅的海寇首领擒获。旋升甘肃按察使,改补四川,执法严平,案无留牍,搜剔积弊,不遗余力。又调浙江按察使,被猾吏杨得质、盛朝辅诬告罢职,真相大白后,杨、盛被褫职。敬衡以继母年近七旬,请假归养,继母去世哀毁卒,年六十七。父兆登,嘉庆进士,榜眼,按察使;孙官懋,拔贡,保荐知县,善行草书,尤工大小篆。

【彭以竺】字雪嵋,号敬之。历城县(今济南市)人。道光十二年(1832)举人,二甲第四名进士,选庶吉士,散馆改江苏如皋县知县。虽素有文誉,但不能谄事上官,官久不迁。旋罣吏议,继续留在军营效力。同治三年(1864),在克复金陵中,以军功开复原职。仕至苏州府海防同知。卒于官。

【孔庆鎔】(1805—1859)字诚甫,一字稷臣。曲阜县(今改市)人。孔子七十三世孙。曾祖父广棨、祖父昭焕俱袭衍圣公。父宪均,恩贡,圣庙六品执事官。生有凤慧,五岁即能为擘窠大书。道光八年(1828)举人,二甲第二十一名进士,选庶吉士,散馆改工部主事,充军机章京。以入值勤慎为王公大臣所推重,升工部员外郎、郎中。充会试同考官。道光二十八年(1848),京察一等,道光帝召见时赞其:"汝品学俱好。"授甘肃甘凉兵备道,赴任途中,改补山西按察使。至任案无留牍,大小案件无不悉心办理。巡抚以"品端学粹,公正廉明,办事实心,有才有识"专折保奏。道光三十年(1850),改调贵州按察使,署布政使。其严令各府对邻省湖南太平军的进攻加强防御,把延揽人才作为当务之急,率兵镇压苗民起事,剿灭乘乱而起盗贼,妥善处置百姓聚众抗粮,平反诸多冤狱。咸丰四年(1854),以戎事焦劳,目几失明,遂告退。五十五岁卒。著有《省香斋诗集》六卷、《天台志书》、《毓文斋文集》。

【吴步韩】(1798—1866)字锦堂,号小岩。郯城县(今临沭县)人。博学多识,才思敏捷，对辞赋、古文、经义、试律，均有很深造诣，被誉为"东省第一才子"，文名齐鲁淮海间。二甲第四十五名进士。初署直隶深泽县知县，建小莲池书院。署冀州知州，裁冗员，节经费。补望都县，案无留牍，专志提倡文风，以严师称。丁父忧，在守制期间，饱览家乡山川风景、名胜古迹，著文赋诗，留下大量作品。服满，改兖州府教授。时山东巡抚李惠奇其才，使襄军务。著有《七十二砚斋集》、《七岌山房弃余草》、《少作小题偶存》、《虫吟小草》、《续虫吟》、《百石山房印存》、《四端斋楹联诗品印谱》等。所作《曹庄八景诗》，至今传诵。喜收藏，精鉴赏。藏书达数万卷，名人书画数百帧，古砚百余方，汉以来印章以千计，古今碑帖钟鼎文字各数百种。工书法，初学欧、柳，晚年醉心于北朝墓志及罗聘、郑板桥诸体，自成面貌，深为艺林称道。性孝友，视荣利泊如也。同治五年（1866）卒，年六十八。

道光十六年丙申恩科

【王允灌】字愚泉，号荔乡。新城县（今桓台县）人。道光五年（1825）举人，二甲第四十八名进士。授内阁中书，充军机章京。充会试同考官。以积劳致疾卒。著有《王氏诗源》二卷、《心恭编》一卷、《王氏世科录》一卷、《王氏合集书目考略》一卷、《双梧轩日札》二卷、《诗集》三卷。

【姚禄龄】蓬莱县（今改市）人。道光元年（1821）举人，三甲第六名进士。历江苏崇明、吴县、震泽、金山县知县。两充江南乡试同考官。

【王启曾】（1802—1880）字贻孙，号秋浦。蓬莱县（今改市）人。聪颖博学，工书法，通经典，能诗词。嘉庆二十三年（1818）举人，三甲第八名进士。授刑部主事，升至郎中。在刑部二十余年，执法不避权贵，对不当案件多有平反。出署直隶广平府知府，值岁饥，以工代赈，将淤塞城濠浚之极深，安全无虞。咸丰十一年（1861），在山东烟台新设东海关，特派启曾前往经理开关榷税事宜，事成后加盐运使衔。旋转直隶总办发审局，审理任丘富豪马儒泰纠众杀人案，马儒泰诬告其索贿不成而刑毙其眷属，都察院以此入奏并提讯启曾，经直隶总督上奏为其辩证，方还以清白。又由署深州知州，补正定府知府，修城垣以保护百姓。每遇疑案，必亲自提讯，常通宵达旦。裁汰陋规，杜绝馈遗。直隶总督曾国藩以"清正廉明"密荐以道员用。左宗棠驻军正定，知其贤能，命办粮饷，转运军需，皆悉中机宜。以疾告归，囊橐萧然，唯法帖、砚石而已。卒祀乡贤。

【刘沄】（1798—1861）字文涛，号性斋。长山县（今属邹平县）人。学识渊博，颇有文名。道光十二年（1832）举人，三甲第三十二名进士。历湖南桂阳、蓝山、宜章、桃源、浏阳县知县，升府督粮同知。为官十载，在四十八岁时，以终养老人告归。居家主讲于博山、齐东书院，著有《寻乐草堂文集》。咸丰十一年（1861），上官委其为本县南路团防总办，率乡勇抵御捻军，战败，投水而死。

【牟衍駼】字麟石。日照县（今日照市）人。道光十五年（1835）举人，翌年联捷三甲第四十三名进士。历山西繁峙、长治、寿阳、高平（署）县知县，又署岢岚州知州。所至吏治有方，民众为建生祠。

【韩象鼎】章丘县（今改市）人。道光十二年（1832）举人，三甲第四十六名进士。授直隶清丰县知县，缉拿盗匪，境内悉平。改永年县知县，安良除暴，利兴弊革。直隶总督保荐，道光帝召见，赐以"循良入觐"四字，旋升大名府知府，因象鼎赋性刚方，不能迎合大吏，未几，被降为府同知。奉命参办军务，带兵镇压北进太平军，有勇有谋。其时仅四十余岁，上禀告归，长吏慰留，朋友相劝，但象鼎不为所动，答曰："莫道封侯无远志，谁云久客不当归。"回籍之后，曾率领本邑数十村乡勇防御捻军，起到了鼎力作用。晚年，于梭山山麓购地修筑茅屋草亭自号"湛虚子"，名其园"半弓"，匾其室"行窝"，自作一联云："老至何曾还好事，归来不过且闲居。"日与友人登山饮酒，谈诗论文，遂绝尘世之迹。

【周毓桂】字仙芳，号云圃。单县人。道光五年（1825）举人，三甲第五十三名进士。授兵部主事，升员外郎、郎中。出为广东雷州府知府。在任八载，修城赈饥，循声大著。离任时，士人作诗赞颂，集成《雷郡攀辕诗》一卷，以不忘其遗爱。先后又任潮州、惠州府知府，卒于任。父鸣銮，嘉庆进士，兵备道；叔父鸣凤，举人，知县。

【郭绍曾】字鲁堂。蓬莱县（今改市）人。生于书香世家，以敦品厉学为家训。绍曾博及群籍，深于理学。道光十五年（1835）举人，翌年联捷三甲第五十四名进士。历直隶成安、赞皇、盐山、天津县知县和沧州知州。以卓异升天津府、正定府同知，署正定、大名等府知府。在赞皇时，绍曾迎父于署内，父向其提出为官三戒：一戒，作好官当自清廉始，勿忘寒素家风；二戒，作好官尤以德化为先，勿失读书人本色；三戒，最当谨慎处，在用刑上尤不可逞才气，与人争胜负。绍曾至孝，一秉家训，循声四起。所至克敦实行，皆以重学校、整书院、育人才、表节孝为先务，除暴安良，力绝苞苴，严管吏役。以体弱多病告归，巡抚仰其文名，延请主讲莲池书院，连续四载，造就人才颇多。著有《大

道光十六年丙申恩科

学中庸说》。

【韦逢甲】（？—1842）字毓春。齐河县人。《清史稿》有传。少为文英气勃勃，识者目为大器。道光八年（1828）举人，三甲第七十一名进士。初署浙江宣平、余杭、浦江等县知县，政清行卓。道光二十一年（1841），调赴镇海，督铸火炮，以御英人侵犯。命署乍浦同知，办理支应局务，练乡勇，募船只，以备堵剿。道光二十二年（1842），英人进攻乍浦，屯兵皆溃。逢甲率乡勇御于西行汛，其奋不顾身，中伏击而亡。入祀昭忠祠，封世职，赐"永垂为鉴"匾额。

【杨乃实】县志载作乃滨。字伯持。长清县（今济南市长清区）人。道光二年（1822）举人，三甲第七十四名进士。历江苏铜山、兴化和江南江宁县知县。

【谢克一】丘县（今属河北省）人。道光二年（1822）举人，三甲第八十三名进士。

【周　潞】字仲文，号春舫。金乡县人。道光十五年（1835）举人，翌年联捷三甲第九十五名进士。初署贵州知县，有惠政。补定番州知州，有巨匪号王半山，横行劫掠，远近为患。潞亲率夫役将其擒获，立毙杖下，并捣毁其巢穴。改清江府通判，奉命沿江解铅北上，抵达巴县，有人报告，山水徒发，将漕运船只冲碎。其急易小船，督夫役进行捞取，时水大风猛，随从劝其少等。潞道："王事也，敢趋避乎？"终致浪涌船覆，潞落水而卒，仅二十九岁。祖父垣，乾隆进士，府同知；父舒锦，副贡，守城战死，著有《研香书稿》。

道光十六年丙申恩科

道光十八年戊戌科

本科录取：一甲三名，二甲八十二名，三甲一百零九名。其中山东十八名。

【张继邹】字小和。济宁直隶州（今济宁市）人。一生嗜读，博览群籍。其常道："读书为人不可判为两事，读书能博闻强识，必先辨明是非，为人必先打破义利关，方有著处。"道光八年（1828）举人，二甲第二十二名进士，授广东东莞县知县，以廉明称。两充广东乡试同考官。旋署儋州知州，补南海县知县，风裁益峻，便利于民，政令一新。有市侩以苞苴进求，企图实现所愿，其力持不允。因有些事难违良心，背离知府意图，几被参劾，士民知其诚实，将实情反映上官，才得以保全。终因不得行其志，具牍乞退。在广东为官的济宁州进士李福泰，延请其教授子弟。四年之后归里卒。祖父有年，乾隆进士，道员，为公殉职；兄继鲁，道光进士，知县。

【李　淳】字伯忠，以字行，号筠坨。日照县（今日照市）人。道光十七年（1837）举人，翌年联捷二甲第二十四名进士。授江西铅山县知县，除弊安民，禁设花会。有浙人至铅山传邪教，蛊惑民心，予以驱逐。其还造义船、固水口，造福百姓。咸丰二年（1852），太平军进攻省城南昌，其率兵卒前往援助，并平息乘机所发滋扰事件。乞养归，以办团练加运同衔。父华文，廪贡生，府教授。

【李协中】益都县（今青州市）人。道光十五年（1825）举人，二甲第四十九名进士。授河南尉氏县知县。

【耿曰椿】（?—1887）字寿彭，号雨桥。新城县（今桓台县）人。道光十七年（1837）举人，翌年联捷二甲第五十七名进士。历户部主事、员外郎、郎中。监理东直门工程。充顺天武乡试同考官。以京察一等，出为福建彰州府知府，旋改泉州府。在泉州，趁太平军进攻时，有天地会乘机而起，巨奸土豪亦趁机违法作乱。曰椿擒杀魁首，镇定谣言，庶政俱举，纲纪肃然。以道员候补，署督粮道，分巡福州、福宁海防等，辛劳卓著，病卒于官。父维萸，拔贡，著有《四书会心解》、《敬恕堂文集》。

【杨福祺】字子厚，号润生。历城县（今济南市）人。道光十七年（1837）举人，翌年会试第五名贡生，殿试成二甲第七十名进士，选庶吉士，散馆授编修。道光二十四年（1844），充福建乡试副主考官。屡迁安徽凤阳府知府。工书法，颜体尤佳。

道光十八年戊戌科

【毛鸿宾】（1806—1868）字寄云，号寅庵、翊云、菊隐。历城县（今济南市）人。道光十一年（1831）举人，二甲第八十名进士，选庶吉士，散馆授编修。充顺天乡试、会试同考官。擢江南道监察御史，升礼科、兵科给事中。鸿宾极具洞察力，奏陈皆军国大事，深得朝廷器重。所疏"严禁各省流摊名目"和"山东捕务废弛"等，皆被允行。尤其在镇压太平军战事中，所上"重宪典，明咸刑，严惩拥兵纵寇观望退避大吏"和"调兵布防堵截围剿太平军"诸疏，震撼朝中。曾国藩称其："在谏垣所陈，关系天下安危。"胡林翼题其疏稿："以为可谓凤凰一鸣，必任天下事，天下之民其有托乎。"咸丰三年（1853），奉命回籍办理团练事宜，举劾钦差大臣胜保在山东"玩寇靡帑"的十二大罪，请严旨查办。咸丰五年（1855），鸿宾被授湖北荆宜施道。次年改安襄郧荆道。在襄阳三年，胡林翼以"有胆有识，调度合宜"保奏，又密疏称其："好善嫉恶，存心公正。"咸丰十年（1860），连擢安徽按察使、江苏布政使。翌年春，奉命署湖南巡抚，旋即实授。在湖南多次派遣文武官员，并提供援兵、粮械围剿进入湖北、湖南等地的太平军。同治二年（1863）夏，以助曾国藩、胡林翼讨伐太平军有功，升任两广总督，劾罢巡抚及布政使等不称职大吏，墨吏望风解绶去。鸿宾所至必力筹全局，邻省请兵请饷，无不悉索以应。鸿宾识人荐才，左宗棠、丁宝桢、郭嵩焘、恽世临、吴昌寿、李福泰等，皆经其保荐。以坐湖南巡抚任内失察同僚事，下部议革职，被降调回籍。山东巡抚丁宝桢，用鸿宾建议，于省城外创修石圩以防捻军。同治六年（1867），捻军至，鸿宾率民团协守，捻军未能破城。翌年病卒。先后经山东巡抚袁树勋和孙宝琦奏请，准其免除降调处分，入祀乡贤祠。其著有《奏议》十六卷和《澹虑斋诗文集》若干卷。工书法。子：庆澄，二品荫生，候选道员；承霖，举人，亦候选道员。

【刘秉钰】（1804—1877）字惠庵，号柳堂。沂水县人。道光十四年（1834）举人，三甲第三十五名进士。授吏部主事，出为萧南厅同知，知府衔。善书法。弟秉铨，举人，户部员外郎，亦工书法，善篆刻；侄，中策，光绪进士，翰林，候补道员。

【张继灏】字钦之，号廉泉。临清直隶州（今改市）人。三甲第五十名进士。由内阁中书选授江西建昌府同知。以办理赈济粮运和防堵义军有功，备受上官倚重，旋以知府升用。未几，丁忧归。祖遗田产悉让于兄。教授生徒多知名士。著有《清余堂文稿》、《野趣园集》、《纪事诗》及日记、笔记等。八十六岁卒。父汉超，精医术，有厚德。

【张柳南】高密县（今改市）人。道光十七年（1837）举人，翌年联捷三甲第五十九名进士。授山西屯留县知县。

【尹辉宗】字润山。诸城县（今改市）人。性端方，善属文，尤工诗赋。道光十七年（1837）与弟同榜举人，翌年联捷三甲第六十五名进士。历陕西宜君、蓝田、宜川、镇安、麟游、凤县、三水等县知县。所至皆有政声。在宜川，依法惩治纠众闹盐的盐枭，盐务获安，民受其益。在三水，为改变文教久弛，捐出养廉银建立石门书院，先后有数人考中举人。积极筹办米粮，填充本地仓库，以备饥荒之年。并将米粮捐送上级官仓，朝廷特赏其四品封典。以疾告归，卒于家。弟耀宗，咸丰进士，员外郎。

【史炳符】乐陵县（今改市）人。道光十四年（1834）举人，三甲第七十一名进士。授刑部主事。

【刘锡光】字觐堂。安丘县（今改市）人。少孤，以孝友闻。道光八年（1828）举人，三甲第七十五名进士。初署河南济源县知县，邑多健讼，取其罪过大者，予以严惩，其余皆慑服。时黄河决口，奉委赴王屋地区勘察灾情，辛苦跋涉，常与流民杂处，写感赋二章，闻者动容。奉命办理引河工程，不仅竣工速度快，而且节省费用，奖加府同知衔。补巩县知县，每遇黄河水浸灌，即依地势疏水绕城而去，遂不为灾。值连年重饥，请赈筹捐，昼夜策划，救活百姓无数。被以卓异举荐，以积劳致疾卒。著有《四书集义》、《慎修堂诗稿》。

【张元亨】惠民县人。道光十四年（1834）举人，三甲第七十七名进士。授广西兴安县知县。

【孔庆鎜】字菊农，号仪甫。曲阜县（今改市）人。少颖异，有文名。对母极尽孝道。道光五年（1825）举人，三甲第八十六名进士。授直隶平乡县知县，邑地瘠民贫，数遇荒旱。三年变换知县十二人。庆鎜到任，三历寒暑，倾心抚育，百废兴举，生意盎然。又改交河县知县，太平军将县城攻陷，庆鎜率团练丁勇进行巷战，不屈被杀。其子举人繁渥也同殉。朝廷褒以"一门忠烈"，追赠知府，建立专祠。其著述大都销毁无存，仅存《种芝山馆遗集》一卷。孙祥霖，光绪进士，翰林，布政使。

【陈　圩】（？—1870）县志载作阡。字云谷。潍县（今潍坊市）人。生而岐嶷，七岁入塾，目下数行，令塾师惊叹不已。长从学邑名宿姚云升，学识益加精深。道光二年（1822）举人，选金乡县教谕。又考取三甲第九十三名进士。初历福建仙游、闽县知县，以朴诚化刁悍，实政惠民，民皆悦服。被送部引见，先后

道光十八年戊戌科

升用鹿港同知和广信、吉安府知府。在吉安，未三载，政简刑清，阖郡为建生祠。去之日，士民卧辙攀辕，苦苦挽留三日。由是受宣宗之知，不数年，又由福建按察使，迁江苏布政使，擢为江西巡抚。其以微过被劾，上命江西学政张芾秘密察奏，二人互相参揭，而被革职归里。时值太平军北上，奉旨分办莱州府所属团练，以积劳卒。

【王东槐】（1802—1852）原名乐箸。字荫之，一字树声，号次郾。滕县（今滕州市）人。《清史稿》有传。少孤嗜学。道光十七年（1837）举人，翌年联捷三甲第一百零四名进士，选庶吉士，散馆授检讨。充顺天乡试同考官。道光二十五年（1845），授江西道监察御史，劾山东地方官"玩纵盗贼，措置乖方"，查办得实，巡抚崇恩等俱受惩处。钦命东槐以给事中补用。道光二十八年（1848），升户科给事中，旋转工科掌印给事中。道光三十年（1850）三月，应咸丰帝登极求言诏，奏陈停止捐输、封禁矿场、筹划仓储三条，虽有行有不行，不为无益之言。是年九月，由内阁侍读学士，出为湖北衡州府知府。帝面谕云："汝朴诚，故任外事。"未至，又升福建兴泉永道。咸丰元年（1851），迁湖北盐法道，未赴，命署福建按察使。未几，被调防湖南岳州，参与堵御太平军，并与提督率兵击溃乘机滋事湘县土匪，擒其首领。在武昌城被太平军攻陷后，东槐偕妻萧氏对缢死，其女投井死。上谕对东槐加官阶一级，在地方建立专祠，恤世职。同治九年（1870），山东巡抚丁宝桢奏请于本籍建立专祠，谥"文直"。所著考证《周易》、《大学》等书，以及《养心书屋文稿》都散佚，仅存诗数十首、奏牍数篇。子宜勋（候补知县）、宜励（候补知县）、宜勰（知县）、宜劼（知县）均钦赐举人。

【侯　垣】 字星野。郓城县人。道光四年（1824）举人，三甲第一百零六名进士。授广东广宁县知县，调陵水县。

【李　鸿】 邹平县人。嘉庆二十四年（1819）举人，选朝城县教谕。三甲第一百零八名进士。授浙江云和县知县，清除邪恶，民无冤抑，有神君之目。祖父晖，举人，府同知。

道光十八年戊戌科

道光二十年庚子科

道光二十一年辛丑科值清宣宗六旬万寿，改为恩科，正科提前在本年举行。一甲三名，二甲八十七名，三甲九十名。其中山东十六名。

【陈　枚】（？—1865）字简甫，号琴山。昌乐县人。道光十四年（1834）举人，二甲第九名进士，选庶吉士，散馆授编修。充国史馆纂修。道光二十三年（1843），充湖南乡试主考官。又两充会试同考官。迁浙江道监察御史，升刑科给事中、兵科掌印给事中。为监察御史，奏陈皆侃侃正言无所忌讳。出为四川永宁道，以防御太平军之功，命署四川按察使。虽其离永宁已数月，但仍以属吏失守城池被罣误镌级。未几，补授贵州铜仁府知府，又以抚剿时顺时叛的苗民起事，升为贵东道。在往贵东途中，遇到数百人络绎持呈控告豪猾李东狗结交抚宪抢掠财物，欺男霸女，横暴一方。因有上官所护，官府莫敢捕拿。枚抵任之后，立即查清事实，设计将其捕获置于法，人心大快。革除械斗、溺女之陋俗。其虽宦游数千里，但仍频寄家书，劝谕族人莫与邻村他族争斗，莫做贩卖私盐违法之事。枚性刚毅，不喜诡谀，终因与上峰不和，以病告归。同治三年（1864），卒于青江旅次。枚去世多年，贵州兵道经潍县，全军将士前往其墓前祭奠，多有泣下者。著有《琴山诗抄》、《军中笔记》、《读史随笔》等。子文然，光绪进士，府教授。孙：祖基，拔贡，县训导，著有《松鹤亭诗抄》；祖墒，举人，知县，著有《燹年吟草》、《蒙古纪程》、《治青案牍》）。

【匡　源】（1815—1881）字本如，号鹤泉。胶州（今改市）人。幼聪敏好学，才思敏捷，文采卓异，以诗文名。少有大志，题写"世人多白眼，吾独上青云"以自勉。道光十九年（1839）乡试第三名举人，翌年联捷二甲第三十六名进士，选庶吉士，散馆授编修。充江西、山西乡试副主考官，两充会试同考官。擢翰林院侍讲学士，充日讲起居注官。道光二十八年（1848）二月，入值上书房，为皇子奕詝讲经学。咸丰元年（1851），奕詝登极，源得以重用。咸丰四年（1854），升至内阁学士，继而为兵部右侍郎、吏部右侍郎、吏部左侍郎，署礼部尚书。并充经筵讲官、殿试读卷官。咸丰八年（1858），入值军机处，赐紫禁城骑马。立朝无所攀附，深感知遇之恩，"入则备陈时务，出则博访人才"，忠心侍主。有条陈军务一疏，筹划甚悉。又有纠弹户部尚书肃顺庇私误公疏，留中不下。咸丰十年（1860），英法联军进犯北京，源力主固守。咸丰帝出逃热河，源驰骑以从，途中批谕、章奏、拟旨皆出其手。英法议和，咸丰帝病危，临床托孤，源为赞襄政务八大臣之一。咸丰十一年，慈禧太后与恭亲王奕䜣发动政变，源被罢职，险遭遣戍。源贫不能归，留寓济南，主讲泺源书院。讲学十七年，弟子多达三千余人。同治三年（1864），入都祝皇太后万寿，恩赏三品衔。光绪七年（1881）以病卒，诸生于泺源书院建教思碑以纪之。源身为帝师，学识渊博，工诗善文，又以书画见长。著有《珠云仙馆诗文抄》、《名山卧游录》、《画学先贤》、《制艺卮言》等。还与姬风举同编《胶州诗抄》二十卷。

【张尔宇】字启之。掖县（今莱州市）人。笃志好学，以身体力行为先，经义考据莫不融贯，文入名家之室。道光十五年（1835）乡试解元，二甲第七十名进士。以直隶知县用，不就，家居养亲。禀性谦退，不喜名誉，著述虽富，而刊传绝少，唯有所著《四书考》为弟子所抄传行世。自号"懒翁"，作《懒翁歌》，以自述略云："勤于守，懒于争；勤于事，懒于功；勤于实，懒于名。"暮年构精舍于白云山，藏书数万卷，诵读其间，不与世事，而硕德重望，为后学所景仰。父伟，嘉庆进士，知县；兄尔牧，嘉庆进士；子鼎，举人，内阁中书；侄粥，道光进士，翰林，候选兵部员外郎。

【魏睦庭】济宁直隶州（今济宁市）人。道光十九年（1839）举人，翌年联捷三甲第十九名进士。仕至工部郎中。

【李树泽】邹平县人。三甲第二十四名进士。授福建长乐县知县，"士陶其教，民歌其功"，未几，卒于任。父鹄（乡试名罇），嘉庆进士，知县。

【李金鳌】字冠山。安丘县（今改市）人。道光十九年（1839）举人，翌年联捷三甲第四十一名进士。历署直隶栾城、赤城、怀来县知县，补龙门县，兼理宣化县事。所至勤政爱民，不急声誉，士民爱戴。丁父忧归，服除，拣选兵马司指挥，又改江苏震泽县知县。赴任未久，又丁母忧归。居家率乡民拒守汶上，以防捻军进攻。之后未再复出，设帐授徒汶潍之间，以成就后进为乐。生平淡于荣利，在家庭孝谨雍睦，与乡人相处循循恭让，德望颇高。

【李　焜】费县人。幼师从进士王介福。道光十二年（1832）举人，三甲第四十七名进士。历署直隶成安、安肃县知县和景州知州，补献县知县。

【李蒙泉】字麓源，号午桥。历城县（今济南市）人。道光十五年（1835）举人，三甲第五十五名进士。授江苏吴县知县。

【安　镔】原名砺金。字冶亭，号铁樵，又号研山。日照县（今日照市）人。道光八年（1828）举人，三甲第六十名进士。授工部主事，升员外郎，监督名木仓。承祖父遗泽，以济物为心，年饥出粟全活甚众。为官二十余年，耻于奔竞，济贫拯厄，同僚重其义气。有书吏舞弊，造成银两亏空，按例同官共偿，其慨然独自担当，一时清廉耿直之名，惊动京师。丁母忧，服阕，不再复出，与兄弟欢聚一堂，优游林下，以孝悌称。

【生永锡】字梦龄，号学海。平阴县人。为诸生时，读书之暇即务农。道光十九年（1839）举人，翌年联捷三甲第六十二名进士。历直隶南和、献县、唐县知县，所至惩豪强、断疑狱、除积案，颇有治绩。在唐县时，有富僧侵民田，讼累年莫决，永锡为清丈之，判归原主。又有新嫁女回门，婿家馈礼至启椟视之，见里有新产娃，其家以为己女所产，顾意为辱，即将刚下车的女儿刃杀之，及婿至，告其家女并未产子。经永锡密访，乃查明途中有兔起，众皆追赶。有尼姑托人将私产子代为抛弃，代弃者见无人，即启椟将馈物取走，而将娃放置其中。永锡将偷梁换柱的代弃者置于法。丁父忧，服除，改莱州府教授，日与诸生讲学谈文。卒于官。著有《内省记》一卷。

【王廷幹】（？—1853）字西村，号子桢。安丘县（今改市）人。初负才不羁，年逾冠折节力学。家贫，手自磨麦，且磨且读。道光十九年（1839）举人，翌年联捷三甲第六十三名进士。授四川清溪县知县，改福建台湾府嘉义县。以捕盗功升府同知，加知府衔。咸丰三年（1853），在署台湾府凤山县时，海盗纵横，其募勇严剿，屡擒魁首。有盗匪伪装成乡勇，冲进衙署，廷幹与妻遇害，同时遇害戚属幕客以及婢仆三十七人。道光帝闻知此事，恤给世职。

【李　晓】字鹤汀。诸城县（今改市）人。幼承家教，攻读不辍。道光十五年（1835）举人，三甲第六十七名进士。历广西荔浦、宜山、西林知县。充广西乡试同考官。在荔浦，捐廉倡修城垣，以军功保同知衔。在宜山，调集兵民击溃张满为首的土寇。为清剿土寇的官兵，捐廉供给军需，并将缴获金帛变价犒劳军士，而不扰民。以疾告归，在家办团练、筹军饷，以抵御捻军，被赏运同衔。七十七岁卒，乡谥"端毅"。高祖父璂，康熙进士，监察御史；曾祖父文驹，举人，户科掌印给事中；父肇沣，工隶书；子观轼，举人，县教谕。

【刘松岭】济阳县人。道光十九年（1839）举人，翌年联捷三甲第六十八名进士。授湖南湘阴县知县。

【王金相】（1807—1887）字兼玉，号琢章。莒州（今莒南县）人。道光十九年（1839）举人，翌年联捷三甲第七十名进士。分发直隶以知县用，历房山、密云、滦州、昌平、通州等地知县或知州。又升西路厅督捕同知,兼署通州运河兵备道。金相"俭以持躬,勤以治事,视民事如家事"。在房山时,因当地虎狼多,非明炬秉械不敢夜行,金相常因公夜出,未携火具,百姓主动聚众护送。在密云,将朝廷拨付的修整祭扫陵墓道路的多达万两余银,不按惯例留作自用,全部捐出用于慈善事业。通州多富商,仗势王公贵戚,滥制又薄又小的不合国家标准的钱币,强迫交易,致使假钞充斥市场,百姓痛恨之。金相至任发出告示,并绘图定制,不符合标准的钱币,不准流通使用,违者重罚,市场恢复正常秩序。以事去官。在乡出家财招募乡勇抵御幅军;率乡绅提议反对知州"加钱粮火耗";监修孔庙、文昌宫和二贤祠。以劳绩复原官,辞不就。

【张鸣晓】滨州(今滨州市)人。道光十五年(1835)举人,三甲第七十四名进士,授江苏青浦县知县。

【阎朝贵】字锦堂。德州(今德州市)人。性敏朴,识大义。道光十七年(1837)举人,三甲第七十八名进士。历祁门、石棣、休宁、金匮、昌化等县知县,皆有惠政。同治元年(1862),署浙江归安县知县,参与抵抗太平军,守城三月,粮尽援绝,城陷战死。子鹤龄也被杀。朝廷恤赠道员衔,封世职。

道光二十一年辛丑恩科

本科因宣宗六旬万寿，改正科为恩科。一甲三名，二甲九十六名，三甲一百零三名。其中山东十九名。

【贾桢】原名忠杰。字仲翰，号树堂，一号荫轩。黄县（今龙口市）人。道光五年（1825）举人，二甲第十三名进士，选庶吉士，散馆授编修（《清代翰林传略》载未散馆）。充武英殿纂修、国史馆协修。父允升，乾隆进士，翰林，兵部左侍郎；兄桢，道光进士，翰林，武英殿大学士。父子三翰林荣耀乡里。

【洪毓琛】字璟南，号润堂。临清直隶州（今改市）人。二甲第二十一名进士，选庶吉士，散馆改福建沙县知县。又署建安、同安县知县，调闽县。擢福建台湾府海防同知，抚育番黎，整顿屯社，惠政及民。以收复凤山功，迁湖北汉黄德道，未赴改台湾道，参与平定彰化戴万生起事，积劳成疾，卒于任。

【李湘华】原名汉鋐。字子蔚，号研农。安丘县（今改市）人。道光十七年（1837）举人，二甲第五十九名进士，选庶吉士，散馆授编修（《清代翰林传略》未载授编修）。记名监察御史。祖父策，乾隆进士，知县；父于恒，举人，知县；弟湘萼，道光进士，知州；子端遇，同治进士，工部右侍郎、团练大臣。

【刘廷榆】字孟白，号星实，一号紫垣。茌平县人。以拔贡朝考一等，授蒙阴县训导。道光十九年（1839）举人，二甲第六十一名进士，选庶吉士。曾自属联云："无事何须投笔起，此生原为读书来。"著有《馆课诗赋抄》、《课弟文草》。

【陈象沛】字吉农。荣城县（今改市）人。道光二十年（1840）举人，翌年联捷二甲第七十一名进士。由刑部主事，升员外郎。仕至湖南衡永郴桂道。性慈和，有善断才。屡随亲王、大臣查办要案，甚受倚重。尤在甘肃、湖南对义军的征讨中，以胆略过人称。其"揭奸狯不轨之罪，申良民盗劫之诬"，必力争平允。

【卢庆纶】改名光燮。字理堂，号伴鹤，一号和庵。德州（今德州市）人。性安和，学问渊雅。道光十九年（1839）钦赐举人，二甲第八十一名进士，选庶吉士，散馆授编修。历武英殿协修、国史馆总纂、功臣馆纂修、文渊阁校理。在馆时，每遇编纂拟稿进呈御览，多合上意。为文俱有渊源，精理湛深，妙绪泉涌，时人称"真阁苑才"。惜天不永年，五十二岁卒。曾祖父见曾，康熙进士，盐运使；祖父谦，道员；父荫溥，乾隆进士，翰林，体仁阁大学士，太子太保。

【张衍重】字子威，号任叔，一号松岩。海丰县（今无棣县）人。生于书香世家。道光十九年（1839）举人，三甲第四名进士，选庶吉士，散馆授检讨。咸丰二年（1852），充贵州乡试主考官。出为福建汀州府知府。到福建后，即奉檄赴军，解除兴化府被围。又命署仙游府知府，将仙游收复，使被阻外郡的巡抚得以旋省。衍重回任汀州府之后，以父病乞终养，大吏挽留不可，乃委其赴天津交米，借机归省抵家。改授江西饶州府知府。一时大营缺饷，岌岌可危，衍重借饶防兵饷万两接济之。在太平军进攻饶州时，防堵有力。统兵大臣对其非常器重，赞其"非近今大吏所及"。丁母忧归，旋卒。祖父映蛟，举人，道员，著有《桃坞随笔》；父求，举孝廉方正，兵马司指挥；弟衍度，拔贡，知县，保升知州。子：守训，光绪进士，知县；守龙，举人。

【郑芳兰】章丘县（今改市）人。道光元年（1821）举人，三甲第十五名进士，分发河南即用知县。在抵御捻军时战死。

【王　范】一名箴。字模山。安丘县（今改市）人。幼颖慧，读书外无他嗜好。长而综贯群籍，学识深博，而归本于六经，尤深于《易》。道光十一年（1831）举人，三甲第二十八名进士。以知县分发河南，不赴。居家四十年，研经授徒，裁成后进，循循不倦，从游者常数十百人。生平笃实，衣冠古朴，远近仰之如山斗。七十八岁卒。著有《序卦图说》、《易经集解》等。父驭超，举人，知州，著有《弊讼录》、《三元通记》、《海岱史略》。兄：筠，举人，自著述五十余种，勘订他人著述六十余种；简，嘉庆进士，布政使；籍，举人，会试明通榜，授知县未赴。

【毕道远】（1810—1889）字仲任，号东河。淄川县（今淄博市淄川区）人。明万历进士、辽东巡抚自肃八世孙。道光十九年（1839）举人，三甲第四十七名进士，选庶吉士，散馆授检讨。自登第至咸丰七年（1857），主要历国史馆修纂、日讲起居注官、司经局洗马、咸安宫总裁、文渊阁校理、侍讲学士、侍读学士、国子监祭酒，并先后充顺天乡试同考官和山西、广西乡试主考官。咸丰八年（1858）至十一年（1861），由内阁学士，历署礼部左侍郎、兵部左侍郎、户部右侍郎，迁兵部右侍郎，并充顺天乡试副主考官。同治元年（1862）至光绪七年（1881），除短暂时间在兵部、户部侍郎任上，主要充任仓场侍郎。其间连丁父母忧，先后归籍守制，前后三任，为仓场侍郎达十年之久。光绪八年（1822），擢都察院左都御史，兼管顺天府，并再次充任顺天乡试副主考官。光绪十年（1884），迁礼部尚书。光绪十三年（1887）病免。其在朝期间，还历充经筵讲官、武英殿总裁、玉牒馆副总裁。道远遇事敢言，廉以持己，居官清正。咸丰十年（1860），英法联军兵临北京城下，众大臣依违两可，唯独道远"以死社稷时，大忤肃相之意"。在为山西乡试主考官时，将所得俸禄大部资助贫寒学士。为仓场侍郎，奏请改革江浙漕粮海运天津办法。其治家俭朴，夫人三十年布衣荆钗，自己担水舂米。其历经四朝，尤为咸丰、同治、光绪三朝皇帝所青睐。光绪帝准其在紫禁城骑马。道远性情倜傥，风趣幽默，精于经史，工诗擅书。书法米芾，名重一时，为晚清有名书法家之一。著有《致用堂稿》、《昭代尺牍小传》等。其卒于光绪十五年（1889），年七十九。子念承、孙颖先，分别官至知府、主事。

【刘步亭】乐安县（今属广饶县）人。道光二十年（1840）举人，翌年联捷三甲第四十九名进士。即用知县，改武定府教授。

【张兆辰】字北垣，号莱香。济阳县人。少孤，生长于富贵之家，但其恪守祖训，力学不辍。道光二十年（1840）举人，翌年联捷三甲第五十一名进士。历甘肃文县、张掖县知县和云南曲靖府知府、云南储粮道、四川川北兵备道，并署云南布政使。所在多惠政，卓有建树，上官甚倚重。以病卒于任。祖父范东，嘉庆进士，道员。

【陈　鉴】字镜人，一字鉴人，号蓉轩。历城县（今济南市）人。道光十九年（1839）举人，三甲第五十三名进士，选庶吉士，散馆改刑部主事，升至郎中。出为江西瑞州府知府，未到任病故。

【马振文】字际云，号朴园。清平县（今属聊城市）人。五岁丧父，由母教成立。幼颖悟，学有根柢。道光五年（1825）举人，三甲第五十四名进士。历山西偏关、宁武、稷山、阳城、洪洞县知县，所至政简刑清，扬良善，抑豪强，尤重振兴文教。丁母忧，服阕，改补湖南任职，遂无意仕进，家居授徒。其与地方名士结嘉平诗社。著有《易经证读》、《敦朴堂制艺试帖》、《棠荫书屋诗文稿》等。

【郭汝诚】字立庵，号葵圃。济宁直隶州（今济宁市）人。生而颖异。与父贞乾为道光二十年（1840）同榜举人，翌年联捷三甲第六十二名进士。历广东封川、澄海、潮阳、东莞、新宁、顺德诸县知县。所至捕盗魁、修书院、建义学、禁械斗、革陋俗，甚得民心，颇有治绩。大吏知其才，令署罗定州知州，旋迁肇庆府知府，兼署肇罗道。以守城和战事，得咯血疾，积劳卒于任。祖父忱，举人，县训导。孙树榕，举人，知县，工书法。

【陈秉信】荣成县（今改市）人。道光十五年（1835）举人，三甲第七十八名进士。授湖南知县，改直隶知县。

【安庆澜】（1800—1850）原名锡龄。字子恬，号镜秋，聊城县（今聊城市）人。少读书刻苦自励。奉母极孝。道光十七年（1837）举人，三甲第七十九名进士。初署湖北谷城县知县，首重学校，捐廉金作为书院经费，又筹设"宾兴费"作为士子应试之用。提倡节孝，关心民间疾苦。治狱清简，不事刑求。严里保守望之法，盗风敛迹。在任七年，囊无余资。以卓异调天门县知县，未到任，移署孝感县事。仅一年，以疾卒于任。崇祀谷城名宦祠及本邑乡贤祠。

【宁　宪】字时田。宁阳县人。少受业于叔父、进士云程，为文"风格遒整，藻采映发"。道光十七年（1837）举人，三甲第八十一名进士。历署四川清溪、仪陇、射洪等县知县。所至劝农课士，剔蠹厘奸，清除盗匪，设立义学，政绩卓著。又奉命赴鱼通、穆坪察勘土司互控重案，责以大义，争讼双方皆以惧怕而听从。知府以其才能，遂实授万县知县，至任白天清理案牍，夜间便装私访，对违法者予以惩处，并编查保甲，操练乡勇，不逾月，境内肃然。因公赴省，以疾卒于旅邸。

【翟登峨】字眉峰。章丘县（今改市）人。《清史稿》有传。嘉庆二十三年（1818）乡试解元，三甲第九十七名进士。授广西藤县知县。咸丰四年（1854），在太平军进攻时，率乡团固守城池，城被攻陷，仍进行巷战，被执不屈，大骂不止而被杀死，弃尸于河。

道光二十一年辛丑恩科

道光二十四年甲辰科

本科录取：一甲三名，二甲一百零六名，三甲一百名。其中山东十九名。

【孙毓溎】《题名碑录》载作毓桂。字犀源，号梧江。济宁直隶州（今济宁市）人。家学渊源，著称齐鲁。道光十一年（1831）举人，一甲第一名进士，状元，授修撰。道光二十六年（1846），提督云南学政，时永昌回汉两族发生矛盾冲突，致使滇西道路梗塞，总督林则徐督师剿办，毓溎劝以和解之法，其策一举而定。咸丰元年（1851），受大学士文庆举荐，擢江西吉安府知府，尚未赴任，超迁山西按察使，转浙江按察使。次年，鄞县因征粮引发聚众辱官，四境鼎沸。又有奉化恶人与石山盐枭乘机蜂起。毓溎带兵相机剿抚，惩首散从，事得平息。又兼署布政使，助饷赏戴花翎。以劳致疾归，值捻军兴起，大学士贾桢荐举毓溎办理本省团练，力疾视事，凡筹资、募勇、储粮、制械及训练校阅，事必躬亲，州城赖以保全。其随子（棠，工部郎中）就医京邸，卒于寓所。一生勤于著述，有《读左随笔》、《一松斋兵智集要》、《碧桐吟馆诗草》、《回春集》、《自述诗》、《卧云山房诗话》。曾祖父扩图，明天启举人，会试明通榜，知县，著述颇多；祖父玉庭，乾隆进士，翰林，体仁阁大学士；叔父瑞珍，道光进士，翰林，礼部尚书。兄毓汶，举人，内阁中书，著有《晚香草堂随笔》、《古今尺考》；堂弟，毓汶，咸丰进士，榜眼，军机大臣。

【王之翰】（1819—1885）字次屏，号湘筠。潍县（今潍坊市）人。道光十九年（1839）举人，二甲第三名进士，选庶吉士，散馆授编修。咸丰初，因连遭亲丧，居家守制，教授生徒。同治三年（1864），充河南乡试副主考官。光绪二年（1876），以侍读学士，充广东乡试主考官。两充顺天乡试同考官。在国史馆十余年，以学识渊博，熟悉典章制度，且为人厚重简默，不务赫赫名，胸襟洒落，被后辈人奉为楷模。光绪四年（1878），由通政使，升内阁学士，相继署礼部左侍郎和都察院左副都御史。光绪八年（1822）乞休，先后主讲顺德龙冈书院、广平清辉书院、济南泺源书院，造成人才颇多。精书法，小楷尤妙。所作《九九消寒歌》，曾在故里民间广为流传。卒后，门人私谥文敏先生。父延年，嘉庆进士，知县；子曾裕，举人，擅书法绘画。

【卢　诜】原名昆，会试时改今名。字诜圃，号云樵。单县人。少孤奋志力学。以拔贡朝考二等，选临朐县训导。道光十一年（1831）举人，二甲第十五名进士。历山西五台和安徽旌德县知县，皆重整理书院，振兴教育。其经常深入乡间，了解粮价低昂，而自己则"蔬菜一盂，不求兼味"。两县士民向其献送"械朴作人"、"冰清玉洁"匾额。以卓异候补晋升时，巡抚见其忠诚可靠，委守万级岭，以防御太平军。其已绝意仕进，甫一年引疾告归。

【尹开勋】字素书，一字竹民，号竹艇。兰山县（今属临沂市）人。道光二十三年（1843）举人，翌年联捷二甲第二十六名进士。授刑部主事，升员外郎、郎中。两次京察一等，以知府用。历福建福宁、福州知府，以清理海疆要案功，擢福建汀漳龙兵备道，署福建按察使。为兵备道时，有贡生王化约众罢考，学政欲上报，开勋竭力维持，治罪首恶，概不株连，保全士子无数。漳州俗素好械斗，乃编保甲、行教化、立义学、建义仓，皆用捐廉为之，械斗之风遂息。请假修墓，终于里第。著有《静远堂诗文集》。子文翰，拔贡，候升知府，加运同衔，著有《清意斋诗文集》；孙耀庚，由监生授县丞，藏书甚富，著有《星江寄游草》、《龙眠梦痕录》。

【曹尊彝】原名纯一。字醴堂。安丘县（今改市）人。少颖异，读书过目不忘，为文力追先进，不为时俗章句之学。道光十七年（1837）举人，二甲第三十一名进士。授刑部主事，治狱矜慎。其退食之暇，肆力于诗古文词。尤喜奖拔后进，经其指授者，多知名于时。值壮年，以疾卒于京师。著有《爱思楼古文》一卷、《古近体诗》六卷和《诗余》、《杂说》各一卷。

【张　弼】字云村，一字梦予，号佐廷。掖县（今莱州市）人。早岁积学，尤擅为文。道光二十年（1840）乡试经魁，二甲第四十一名进士，选庶吉士，散馆改兵部主事，候选员外郎，供职有能名。以养亲告归。其肆力于兵书研读，奉旨总办莱州府团防，率领团丁数次与捻军作战，以战功钦加四品衔，赏戴蓝翎。以劳瘁致疾，六十七岁卒。著有《用兵论》、《捻匪围莱日记》。生平非公事不谒长吏，性慷慨，多义举，凡族戚急者，皆周济之。自幼癖嗜书法，临鲁公帖，得古人用笔真诀，书法奇拙苍劲。何绍基赞其书法"高出余上"。亦善绘画。祖父伟，嘉庆进士，知县；父尔牧和叔父尔宇分别为嘉庆、道光进士；弟鼎，举人，内阁中书。

【张　堃】字希载，号文川。安丘县（今改市）人。道光十七年（1837）举人，二甲第五十二名进士，选庶吉士，未散馆，以母年高乞归侍养。十余年后，母终服阕也不复出。居家以授徒为业，多所造就。咸丰十一年（1861），捻军再至，其倡修城垣，置办守械，筹划颇为精审。事兄甚谨，兄殁，抚其子如己出。兄堂，道光进士，知县。

【傅　浚】聊城县（今聊城市）人。道光二十年（1840）举人，二甲第七十四名进士，仕至吏部文选司郎中。父绳勋，嘉庆进士，翰林，巡抚。

【李葆树】济宁直隶州（今济宁市）人。道光十九年（1839）举人，二甲第八十名进士。授湖北远安县知县。

【王应蔚】胶州（今改市）人。道光十四年（1834）举人，二甲第八十四名进士。即用湖南知县。

【宋玉珂】字次山，一字映山，号佩声。潍县（今潍坊市）人。道光二十三年（1843）乡试第三名举人，翌年联捷二甲第一百零四名进士，选庶吉士，散馆授编修。充会试、顺天乡试同考官。咸丰二年（1852），充河南乡试副主考官。仕至河南试用道。父庆和，嘉庆进士，知府。

【杜　翰】（1806—1866）字季园，一字继园，号鸿举。滨州（今滨州市）人。生于名门望族。道光十五年（1835）举人，三甲第八名进士，选庶吉士，散馆授检讨。道光二十九年（1849），提督湖北学政。咸丰三年（1853），文宗念其父受田旧劳，数月间，其由詹事府右庶子，升内阁学士，授工部左侍郎，命在军机大臣上行走，办理京城巡防事宜。翰有才干，勇于任事，颇得咸丰帝倚重。咸丰六年（1858），充会试读卷官。咸丰九年（1859），署吏部右侍郎。咸丰十年（1860），充会试副主考官。随咸丰帝出逃承德，旋署礼部右侍郎。次年七月，其与怡亲王载垣等，被咸丰帝命为赞襄政务八大臣之一。咸丰帝崩，反对两宫垂帘听政。咸丰十一年（1861）十一月，慈禧太后勾结恭亲王奕䜣在外国势力支持下，发动政变，拘押了包括翰在内的八位大臣，并宣布解除他们的职务。翰被以"载垣等窃夺权柄，翰不能力争"的罪名，交由廷臣议罪，革职，发往新疆赎罪，未及成行，便遇特恩免其发遣。从此家居，闭门不出，于同治五年（1866）郁郁而终。翰具有极高文学天赋，但生前不以诗示人，所留下的诗很少。祖父塄，嘉庆进士，翰林，吏部左侍郎；父受田，道光进士，翰林，帝师，刑部尚书，协办大学士。弟翮，道光进士，翰林，吏部左侍郎。子：庭珏，钦赐举人；庭璞，刑部主事。

【袁泳锡】字祉轩、次山、纯之，号雪舟。历城县（今济南市）人。道光十一年（1831）举人，三甲第十二名进士，选庶吉士，散馆授检讨。咸丰二年（1852），充山西乡试主考官。次年，又提督广西学政。改授江西广信府知府。以事被吏议去职，在本省办团练，因防剿出力，奏保开复，仍以知府发往广东

道光二十四年甲辰科

补用。被委署连州直隶州知州，治行卓异。有劣绅武断乡曲，泳锡绳之以法。大吏赞曰："广东州县若均能如此，事无难理矣。"永锡却自谓："为二千石时，数月不坐堂，为寂寂也。"其工书法，在翰苑有声。六十岁卒于广东。

【乔文蔚】字豹园。高密县（今改市）人。性端重，寡言笑。道光十五年（1835）举人，三甲第三十一名进士。初授直隶肥乡等县知县，赈饥民，除积盗，倡文教，抑豪强。以卓异擢直隶顺天府西路同知，又调署广平府治中，掌管军事。在咸同间，捻军北进，奉命办理粮台及团练事宜，皆能实心筹划。仕至广东盐运司运同，卒于任。

【王祺海】字观廷，号琴舫。诸城县（今改市）人。明万历举人、知县家栋九世孙。幼沉静，读书颖悟。道光二十三年（1843）乡试解元，翌年联捷三甲第三十五名进士。授吏部主事，升员外郎、郎中。在吏部二十余年，办事精细，长官倚重之。记名监察御史。咸丰三年（1853），充广西乡试副主考官。京察以知府用。咸丰五年（1855），出为河南归德府知府。此地自兵燹后，疮痍未复，民众困苦不堪。祺海整躬率属，治以宽平，与民休息，数月颂声大起。接见僚属，悉心讲求吏治，实事求是，和易近人，属吏莫不敬服。五十五岁卒于官。父文骧，嘉庆进士，翰林，知县。子：绳，举人，内阁中书；绰，同治进士，翰林，员外郎。

【孙钦若】字敬之，号兰斋。茌平县人。幼沉静，家贫好学。道光八年（1828）举人，主讲馆陶书院，选历城县教谕。三甲第五十七名进士。历浙江新昌、萧山县知县，皆有廉明声。由宁海州知州，擢杭州府东塘海防同知，改严州府同知，署上虞、仁和等县知县和金华府通判。两充乡试同考官。咸丰十年（1860），太平军进攻杭州，其与巡抚、道台、知府协谋守城，两月后力穷城陷，钦若嘱亲眷逃生，其与妻路氏着命服端坐堂上，义军至，钦若手指大骂不屈，在伤其指后，其骂声更厉。忽有一首领曰："城内有孙青天者，即此公也。"遂众皆下拜，并宣于众道："任其怒骂，有敢害青天者，杀无赦。"钦差大臣左宗棠收复浙江后，闻其清廉，将其官复原任，旋署金华府通判，授严州府同知。因其有德政，士民为建生祠。以年老致仕归，去之日，攀辕相送者甚众，其门生送至百里外，犹依依不忍离去。门生曰："吾师旋里，囊中萧然，将何以自给。"钦若笑曰："吾生唯以诗书自娱，何以忧贫。"福建巡抚徐宗干赠联"两袖清风归故里，一轮明月照严州"。著有《兰斋诗集》。

【李福泰】（1807—1871）字星衢。济宁直隶州（今济宁市）人。道光十五年

(1835)举人，三甲第六十四名进士。由广东潮阳、番禺县知县，升广州府海防同知。咸丰五年（1855），跟随盐运使沈棣辉剿办盘踞在番禺、南安、安固一带的盗匪，立有战功。父病逝，署理总督柏贵上奏以军务吃紧，暂留广东军营差遣委用，待军务办完，再令回籍守制。咸丰九年（1859），总督黄宗汉以福泰"通达治理，沉毅有为，堪膺艰巨之任"举荐，得旨以知府用。咸丰十一年（1861），以捐输军饷，得到优先起用，旋署广州知府，补潮州知府。同治二年（1863），受总督劳崇光举荐，历盐运使、按察使、布政使。同治四年（1865）十二月，闽浙总督左宗棠以福泰"虚报追剿之功"上疏，被降三级调用。次年，撤除降调处分，仍授广东布政使，升福建巡抚，创建福建正谊书院。同治六年（1867），调补广东巡抚。次年，福泰奏请补行守制，赏假百日，回籍补行穿孝。是年十二月，回任广东巡抚，调署广西巡抚。同治十年（1871）病卒。

【宋备恪】乐陵县（今改市）人。道光十五年（1835）举人，三甲第七十五名进士。授阳湖县知县。

【王榕吉】（1840—1874）字荫堂。长山县（今属邹平县）人。元朝开国勋臣宣十六世孙。道光十七年（1837）举人，三甲第八十八名进士。初为直隶延庆、望都、雄县、天津、青苑等县知县和定州直隶州知州，振文教，行保甲，浚河渠，惩奸宄，无事不举。以卓异升直隶顺德府知府，擢大顺广道，准专折奏事，命办畿南防务。其力主调兵防卫京城，参与镇压捻军。又历升山西按察使和直隶按察使、布政使。复调山西布政使，兼署巡抚，奉命查勘边防，帮办军务。在山西，禁种罂粟，停止捐输，清除盐务积弊，创建太原书院。改任顺天府尹，增设贡院号舍。为大理寺卿，疏请从严治盗。以风疾卒于官，举朝惜之。

道光二十五年乙巳恩科

本科为太后七旬万寿恩科。一甲三名,二甲九十八名,三甲一百一十六名。其中山东十七名。

【陈介祺】(1813—1884)字寿卿,一作受卿,号簠斋,别署齐东陶父,晚号海滨病史,亦作病叟。潍县(今潍坊市)人。性端严公谨,绝娱乐,无妄言,以诗文名天下。道光十五年(1835)举人,二甲第三名进士,选庶吉士,散馆授编修。仕至翰林院侍读学士。乞假在籍时,以防御太平军和捐资赈饥,连续被赏加三品衔和二品顶戴。因无意仕途,渴望"乐无事,日有喜,宜酒食"的隐居生活,旋于咸丰四年(1854),借故辞官而归。介祺自幼随父居住京城,十九岁时已经"诗文名都下",受大学者阮元影响,青少年时期就萌生鉴古嗜好,认为"所谓搜求文物,意在传古,志在为国"。介祺历时四十余年,锲而不舍地重点搜求、探究商周古器物文字,成为晚清金石界如雷贯耳的金石大家。一生集藏三代及秦汉古印万余方,辑成《十钟山房印举》,计一百九十四册,对后世印学研究产生巨大影响。其收藏封泥五百七十五方,加上吴式芬收藏的二百七十一方,二人同辑著成《封泥考略》十卷,为封泥研究的最早专著。其所得金文拓片多达九百余种,又得楚公三钟、僖伯钟、兮仲钟、虢叔旅钟等青铜重器。其镇室之宝,为世界闻名的毛公鼎,腹内有铭文四百九十七字。其建"万印楼",自号"万印楼主",专门储存钟鼎、印玺、古陶等文物。其无所不收,无所不富,无所不真,无所不精,就私藏而言,堪称盖世。其与吴云、潘祖荫、吴大澂、王懿荣等金石爱好者,文字之交尤密。著述甚多,除《十钟山房印举》、《封泥考略》外,还有《伏庐藏印》、《簠斋金石文字考释印集》、《万印楼印谱》、《传古别录》、《簠斋吉金录》等。后人集其讨论金石信函印为《陈簠斋尺牍》。其还著有《家塾五言记》、《诸经论文》、《说文统释》、《汉书地理志校释》等。其还能书善画精制印,其作品多蕴涵浓郁的金石之气。光绪十年(1884)病逝,享年七十一。生前为子孙立下三条规矩:"一不许做官;二不许经商;三不许念佛信教。"希望后辈安分守己,潜心学问。父官俊,嘉庆进士,翰林,工、吏部尚书,协办大学士。弟介猷,咸丰进士,知府,工书法。

【郭印瑚】字树珊,一字宝琳。滕县(今滕州市)人。始为文稍钝,乃馈不食、寝不寐,三日乃大省悟,每试必夺冠。道光二十三年(1843)举人,二甲第二十八名进士。分发四川以知县用。初至按察司，命清积案，一日结案二十四起。历秀山、遂宁、蒲江县知县。在蒲江，减夫马、平起事、停三费（官员向民间收取的相尸费、解役费、圜土费），为政无累民。政有暇，则以官衙为学舍，说经讲艺，振兴文教，连出数名进士、解元、举人。在蜀六年，民怀其德，将其铸铁像于署外。后为舞文者所陷害，印瑚头触壁帽裂以卒。工诗，尤精骈体文，著有《行素堂诗赋抄》四卷。

【王殿麟】（1808—1888），字伯銮，号骧南。费县人。生而聪慧，天性纯笃，学有根柢，为文下笔辄千言。道光十五年（1835）举人，二甲第五十七名进士。历广西武缘（署）、昭平（署）、隆安、宣化等县知县。任内组织团练，对起事饥民残酷镇压，严加杀伐。丁母忧，服满，改补江苏任职，借故未赴。咸丰末年，听从充任沂州府团练总督的堂兄嘉麟劝告，充任费县团总兼本村保安团长，并令其子肇鼎（后被幅军杀死）、侄肇震（后官至知州）为团练队长，参与镇压幅军。同治二年（1863），将幅军战败，殿麟以军功晋升知府，怂恿知县长赓，将捕获的反清进士、幅军军师刘淑愈，未经朝廷批准，而入狱虐杀。殿麟工诗文，擅书法，精篆刻。著有《觚园诗》、《觚园词》各一卷。八十岁卒。堂兄嘉麟，道光进士，知府；弟兴麟，拔贡，知州。

【张守岱】字奉山，一字星农，号东岩。海丰县（今无棣县）人。道光二十三年（1843）举人，二甲第六十二名进士，选庶吉士，散馆授编修。咸丰五年（1855），充云南乡试副主考官。先后为监察御史、吏科给事中。外任陕西陕安道，驻汉中，奉命从事办军械、修城池、巡要隘的战事。在与"川匪"作战中，身经大小十余战，均能亲冒矢石，奋勇向前。在驰救沦陷平阳关后，仍回汉中筹款筹防。当数十万"川匪"进攻郡城时，固守三月，以积劳而卒。巡抚上奏，对其恩加光禄寺卿衔。至秋八月，郡城失陷，其妻妾与幼子三人均殉难。长子树桢，光绪进士，知县。

【王荣第】字云楣，号春潭，一号春泽。乐陵县（今改市）人。道光二十年（1840）举人，二甲第六十四名进士，选庶吉士，散馆授编修。擢监察御史，巡视北城，稽查仓务。所在必尽其职，上奏十余疏，皆焚其稿。咸丰四年（1854），出为河南归德府知府，抵御捻军守城有功，以道员用。咸丰八年（1858），署开归陈许道。咸丰十一年（1861），由彰卫怀道，擢河南按察使（《山东通志》载，又升布政使，护理巡抚。《清代职官年表》未见载）同治元年（1862），以丁忧免。弟荣瑄，咸丰进士，翰林，道员。

道光二十五年乙巳恩科

【杜受履】滨州（今滨州市）人。道光二十四年（1844）举人，翌年联捷二甲第八十八名进士。授安徽桐城县知县。

【王钟澍】字洛源，号香海。福山县（今烟台市福山区）人。幼读书过目成诵。道光十四年（1834）举人，三甲第十名进士。历甘肃西和、渭源、宁远县知县。在渭源，捕获数百巨盗，民得安宁；审理诉讼，案无积牍；遇旱灾，捐廉购米赈济；捐银修筑河堤，以防水患。宁远为咽喉重地，发动兵民团结一体，抗击边族侵扰，守城有功。擢肃州直隶州知州，未抵任卒。著有《分类左氏编珠》四卷。祖父绳矩，举人，县教谕，著有《东园存草》、《四书塾解笔记》各四卷。

【张兆栋】（1821—1887）字伯隆，一字伯龙，号友山。潍县（今潍坊市）人。《清史稿》有传。生于潍县四大家族之一。道光二十三年（1843）举人，三甲第十八名进士。授刑部主事，升至郎中。出为陕西凤翔府知府。以守城功，超拔四川按察使。咸丰四年（1854），迁广东布政使。在左宗棠军队供应阻绝时，经其殚心筹划，给馕不乏。旋为安徽、江苏布政使。咸丰九年（1859），擢漕运总督，上《治河济运状》，称旨。同治十年（1871），升广东巡抚，疏请禁赌，被获准，而两广总督英翰却要"请弛其禁"，兆栋将其参劾，英翰被革职。上命兆栋署总督事，推行禁令更加严厉。在任广东巡抚时，曾由海道运粮赈济潍县饥荒。光绪八年（1882），被调福建巡抚，兼署总督。光绪十年（1884），法军入侵，因马尾失守，其被革职。光绪十三年（1887），在福建寓所病卒，年六十七，私谥"文端"。宣统元年（1909），开复原职。弟兆楷，同治进士，知县。子：仔，荫生，刑部主事；僖，光绪进士，知府。

【高贡龄】（1803—1868）字次封。利津县人。道光十四年（1834）举人，三甲第二十名进士。初授户部主事，升员外郎、郎中。同治四年（1865），出为浙江绍兴府知府，为政清勤，治水先治海塘工程，上请大吏借库钱十万抢修要工，治绩卓著。以劳致疾，告归。去之日，士民饯行有泣者。同治七年（1868）卒于家，年六十五。子彤瑄，同治进士，工部主事。

【阎赢鹏】字图南，号海樵。德平县（今属德州市）人。性嗜读，长于词赋。道光十九年（1839）举人，三甲第二十三名进士，选庶吉士，散馆改刑部主事（省志载观政比部）。以母老乞归，历主讲禹城、齐河、商河书院，一时英俊多所造就。著有《玉晖堂制艺》、《绿雨山房试帖》各一卷行世。

【于醇儒】字前峰。平度州（今改市）人。少家贫，精于文。道光二十三年（1843）

道光二十五年乙巳恩科

举人，三甲第三十八名进士。历江苏桃源、金匮、清河县知县，升海州、高邮州知州，所至有政声。在太平军攻陷常州时，拒降而死。

【密云路】字仙坡，号得轩。兰山县（今属临沂市）人。元定远大将军珍裔孙。十三岁而孤。道光十五年（1835）举人，三甲第四十名进士。历浙江乐清、临海、龙游、钱塘、兰溪、诸暨等县知县，所至得民心，有政声。咸丰初，太平军起，浙江戒严，云路适署钱塘县事，练兵筹饷，昼夜不懈。有土寇数百人啸聚，立擒为首者杖毙，余党敛迹。在兰溪，兵氛益炽，督办民团，声势大振，适台勇守常山者哗溃，乘机抢掠至境，云路督勇登舟，生擒五十余人，皆斩之，境赖以安。补玉环厅同知，擢金华府知府，督海运赴天津，卒于旅次。著有《溉兰轩文稿》、《续群辅录》、《敦德堂文集》。

【刘自清】黄县（今龙口市）人。幼以孝友名。道光八年（1828）举人，三甲第六十五名进士。授江西长宁县知县，鼓励风化，革除积弊，严惩奸胥，屡伸冤狱，士民感激。改龙泉县知县。丁忧，归过长宁，见为其立有生祠，大惊曰："以生人而受享祀，不详莫大焉。"即拂衣而去。

【焦肇瀛】字海峰，号持之。章丘县（今改市）人。三甲第八十六名进士。仕至江苏邳州知州。

【黄恩澍】初名丕节。字竹泉。宁阳县人。自幼才高嗜学，文名大起。赋性醇笃，以孝称。恩澍潜心经史之学，诗文独具匠心，不肯蹈袭前人片语。学政吴慈鹤对其多有奖誉，以其诗句作为诸生学习榜样。道光十四年（1834）乡试经魁。以会试第五名贡士，经殿试成三甲第八十七名进士。以知县用分发四川。大吏知其才，即委任处理疑难案件，多所平反。时有重犯潜踞山中，恩澍奉命前往追捕，倾其巢穴，连其妻子儿女都一起俘获。因是隆冬之夜，走幽谷，感寒疾而卒。生平慷慨，喜欢交游，肝胆照人。著有《澹如菊斋文稿》等。兄恩彤，道光进士，巡抚。子宝书，举人，州学正。

【姚体俨】字西楼。巨野县人。道光十四年（1834）举人，三甲第九十九名进士。以知县用，改东昌府教授。著有《西楼诗抄》、《听雨山房诗话》。卒祀乡贤。弟体备，道光进士，光禄寺卿。

【王者诏】字凤诺，号西桥。济阳县人。聪慧绝人，家贫力学。道光二十年（1840）举人，三甲第一百零三名进士。初为直隶宝坻、永庆县知县，后改山西左云等县知县，署朔平府知府。所在多有德政，士民怀念。以病告归，卒于家。

道光二十七年丁未科

本科录取：一甲三名，二甲一百一十名，三甲一百一十八名。其中山东十八名。

【苏仲山】字重亭、又浦，号海村、砚西。山东安东卫人。入载《日照县志》。道光十九年（1839）举人，二甲第十名进士，选庶吉士，散馆授编修。改浙江道监察御史。咸丰二年（1852），充陕西乡试主考官。

【萧铭卣】字伟侯，号松坡。福山县（今烟台市福山区）人。少有文名。为人方正不阿，宽厚能容。道光十五年（1835）乡试亚元，二甲第三十一名进士，选庶吉士，散馆改刑部主事，保升员外郎。赴两广查禁鸦片。晚年，不屑官场，以病乞归。工词赋，以书法自娱，然轻不示人。主修《福山县志》。曾祖父榕年，乾隆进士，知州；子鸿浩，举人。

【金寿萱】字慈华，号静旃。历城县（今济南市）人。少负俊才，工书能诗善文。道光二十年（1840）举人，二甲第四十四名进士。在廷试时，适肃顺监试，以盛气凌辱士子，寿萱与之忤，被诬以怀挟，交刑部治罪，褫革出身，准许复以原名应试，时论冤枉。寿萱被释归之后，奉亲课子，不再作进取之想。其博涉群书，常手执一卷，闭户不闻外事。喜诱掖后进，从游者众。有延请书院主讲席者，皆谢不应。其优游林下数十年，人无不景其行而悲其遇。父洙，嘉庆进士，道员；兄凤藻，副贡，知县。子：绍先，知县；绍庭，光绪进士，知县。

【周悦让】（1809—?）字孟伯，一字梦伯，别号梦得。莱阳县（今改市）人。明进士、巡抚伯达七世孙。幼失母，由姐抚养。栖霞郝懿行亲授其学。道光二十年（1840）乡试亚元，二甲第五十六名进士，选庶吉士，散馆改户部主事，升礼部员外郎。清廉自持，羞谒权门，闭户著书。在户部，奉派监督常平仓，馈遗无所受，库吏十分恐惧，竟暗中遣贼夜往刺杀他，刺杀未中，其称病疏辞。又被奉派山西监铸铁钱，不肯浮报亏空万金，所缺依靠知交帮助得以补齐。咸丰十年（1860），咸丰帝逃奔热河，京僚走避，郎署一空，唯独悦让不去，坦然如平日。悦让博闻强识，嗜书如命，学无不通，尤邃于经学，著述宏富。所著《倦游庵椠记》最精辟，对经史子集的疑难名物考据达四千余条、六十一万字，为清代朴学的鸿篇巨制。其还著有《倦游庵诗文稿》、《周太史遗稿》、《史通》、《子通》、《续修登州府志》。晚年，为蓬莱瀛州书院山长。高祖父正，康熙进士，知县。曾祖父守一，乾隆进士，知县。

【李湘萼】字棣生，号柯亭。安丘县（今改市）人。道光二十四年（1844）举人，二甲第五十九名进士。仕至云南云州知州。祖父策，乾隆进士，知县；父于恒，举人，知县；兄湘华，道光进士，翰林，记名监察御史。

【刘秉厚】字仁山。章丘县（今改市）人。嘉庆二十四年（1819）乡试解元，二甲第六十六名进士。仕至户科掌印给事中。充会试同考官。

【马新贻】（1821—1870）字谷山，号燕门，别号铁舫。菏泽县（今菏泽市）人。道光二十六年（1846）举人，翌年联捷三甲第六名进士。历安徽太和、宿松、亳州、建平、合肥、定远（署）县知县，所至沉敏善断，以勤明称。以参与镇压太平军、捻军，得到升迁。咸丰六年（1856），署庐州府事，补安庆府知府。未行，以平乱功记名以道员用。次年，署按察使。在平乱中兵败，遗失印信，革职留任。自咸丰九年（1859），相继丁母父忧，服阕，被调补安徽办理粮饷事务，为通省贤员第一。同治二年（1863），以庐凤颖泗道，迁安徽按察使。旋以督守蒙城之功，升安徽布政使。次年，擢浙江巡抚。同治六年（1867）春，升闽浙总督，至秋又调补两江总督，兼通商事务大臣。所上数十章，皆军国急务。在巡抚、总督任上，每至一地，都将规划要办的大事上奏皇帝。防灾救灾，安抚黎民；修筑海塘、海盐工程，以求永固；除弊强兵，巩固海防；蠲逋赋，减浮收，罢漕运无名之费；奏罢不称职属官，就连巡抚之子纵仆杀人也按律治罪。同治九年（1870）秋，其赴箭道阅兵，被张汶祥刺伤右胁，不治而卒。赠太子太保，谥"端愍"，入贤良祠。

【郭种德】字迈庵，号秋岩。恩县（今属平原县）人。幼孤贫，事祖母以孝闻。道光十二年（1832）举人，三甲第十三名进士。历署湖北京山、监利县知县，所至有政声。改补嘉鱼县知县。咸丰三年（1853），太平军北进，盗匪熊光宇乘机进犯，嘉鱼无城垣，种德率乡团扼要防堵于县东三十里外，盗匪自他道潜入，劫狱焚署，肆行杀掠，种德子女均遇害，闻警驰归，盗匪已逃走。即日，种德会同防者，直捣盗匪老巢，按名拿获，民赖以安。著有《楚俗杂咏》一卷。

【辛本椿】字芬堂，号蘅浦。蓬莱县（今改市）人。道光二十三年（1843）举人，三甲第三十三名进士。历安徽英山、铜陵、霍丘、贵池县知县。值捻军兴起，本椿随李鸿章营中转输军饷，积功以道员用，赏戴花翎。皖北战役中，本椿被剑刺中，伤发而卒。父文沚，嘉庆进士，翰林，道员；兄本杶，拔贡，县训

道光二十七年丁未科

导,战死;弟本检,举人,知县。

【李　灿】(1819—1852)字尧章。诸城县(今改市)人。性憨直,与人无谑语。道光二十六年(1846)举人,翌年联捷三甲第三十四名进士,分发广西以知县用。历养利、义宁、罗城、融县、马平等州县。所至以安民除暴为先,士民称颂。在罗城(已调任将行),奉命协助新任知县清剿三千之众的强盗之乱,乱首逃遁后投降。在马平县,其与守备舒增招募丁勇八百人,抵抗入境的太平军李士雄部,杀死义军三百余人,其亦被义军所杀,年三十三。咸丰帝闻知此事,特派大臣对其家属予以恩恤。著有《云轩笔记》和《所见略记》各一册。

【张今第】字联甲。夏津县人。道光十四年(1834)举人,三甲第五十名进士。授河南襄城县知县,府同知衔。

【周　坊】莱阳县(今改市)人。道光二十年(1840)举人,三甲第七十八名进士。授东昌府教授,改翰林院典籍。父虎彝,乾隆进士,知县。

【禹建钧】原名建碑。乐陵县(今改市)人。道光十九年(1839)乡试亚元,三甲第八十四名进士。分发河南为知县。

【毛玉成】字希铭。历城县(今济南市)人。道光二十六年(1846)举人,翌年联捷三甲第九十名进士。历云南河阳、南宁、平彝县(未赴任)、太和县知县,以捐输军饷,加知州衔。充云南乡试同考官。有忤逆子,玉成撰《劝孝文》,令其跪读,其人涕泣请罪,变为孝子。其在参加镇压"滇南回酋滋事"中,被杀死。高祖父辉祖,乾隆进士,翰林,太常寺少卿;曾祖父圻,乾隆举人,知县;祖父式郇,嘉庆进士,翰林,礼、吏部侍郎;父健,荫生,知府,战死。

【詹锦堂】字晓斋。直隶宁津县(1964年复归山东德州专区)人。为文雄厚,有俯视一切之气象。道光二十四年(1844)举人,三甲第九十二名进士。历署云南宜良、嶍峨县知县。以耿直忤上官,改直隶保定府教授,与诸生论文,皆令力追先正。精性理数学,著述多散佚。

【王汝铨】州志作汝洤。济宁直隶州(今济宁市)人。道光二十年(1840)举人,三甲第九十八名进士。授甘肃张掖县知县。

【丛　坛】字杏庄,号石泉。文登县(今改市)人。道光十一年(1831)举人,三甲第一百零二名进士。先入国子监主管成均考试,后历东安、鸡泽、临榆等县知县。力行节俭,以儒术临民。居官数十年,家徒四壁,子孙至不能自给。

【姚体备】字万子,一字诚叔,号秋浦。巨野县人。道光二十三年(1843)举人,三甲第一百一十八名进士。历署江西德安、新淦、庐陵等县知县和吉安府水利同知。充江西乡试同考官。以卓异补直隶州知州，优先候补知府。曾国藩檄调祁门大营总理两江总督营务处，兼行营粮台。体备为官，一直从事与太平军的战事，屡立战功。曾国藩以"器识恢宏，不惮艰险"奏荐，请以道员留安徽补用，督办团练事务。江西巡抚亦以"深明治体，兼谙兵略"奏保。遂以按察使衔，署池宁太广兵备道。以出巡感疾，卒于任。赠光禄寺卿。崇祀江南忠义祠、安徽名宦祠。工诗文，著有《姚氏诗文稿》十卷、《匪我草》一卷。兄体俨，道光进士，府教授。弟：体休，优廪生，战死，著有《荔山诗抄》、《南遊日记》；体份，举人，知府，著有《制艺文稿》；体俍，增贡生，府同知，著有《循庐诗草》；体隽，解元，著有《云伯诗集》。子豖，廪贡生，候补知府，升用道员。

道光三十年庚戌科

本科录取：一甲三名，二甲一百零四名，三甲一百零五名。其中山东十七名。

【蒋继洙】《题名碑录》载作继珠。字蕉林，号止盦。曲阜县（今改市）人。生而颖异，沉默好学，专意于经史。道光二十四年（1844）举人，二甲第五名进士。授工部主事。以供职矢勤矢慎，补军机章京，充方略馆提调。升工部员外郎、郎中，兼总理各国事务衙门行走，并办神机营文案。同治七年（1868），充会试同考官，得士子十七人，皆积学之儒。从次年起，先后出为江西广信、吉安、南昌府知府，常以"士为四民之首，欲施教化必端士习"告诫僚属，在任政简刑清、正己率属、整饬书院、培植士类、清理庶狱、平反冤抑，口碑载道。以卓异擢吉南赣宁兵备道，监督赣关税务，加盐运使衔。捐廉千金，作为久废赣州书院膏火。既遵守成规，又不失宽大，弊绝风清。以疾辞归，多有善举。素工书法。著有《间云馆诗文集》四卷。八十一岁卒。

【张祺恒】字寿臣。安丘县（今改市）人。道光十九年（1839）举人，二甲第五十五名进士。授刑部主事，缘事罢归。咸丰十一年（1861），在捻军进攻退走后，其总领修复城垣、举办团防、筹备守具等事宜。至秋，捻军又至，因守御严密，捻军未敢轻易攻城，众人皆以为祺恒有全城之功。父德经，举人，知县，著有《师古堂稿》。

【邹石麟】字叔东，一字翼生。聊城县（今聊城市）人。祖籍浙江会稽县。其才思踔厉风发，文名噪一时。道光二十三年（1843）举人，会试考取会元，殿试成二甲第七十三名进士，选庶吉士，散馆授编修。咸丰八年（1858），充顺天乡试同考官。致仕，主讲启文书院，一年卒。

【刘毓勤】字补之，号励斋。茌平县人。颖异好学。道光十四年（1834）举人，三甲第十三名进士。授户部陕西司主事，兼理云南司主事。咸丰三年（1853），太平军北进，京师戒严，征调转运，国帑日绌。又忽传圣驾热河，同列者纷纷作准备出京打算。毓勤晨起至户部，尚闲无人，乃令部吏照常办事，两司诸多皆取决于毓勤，大吏依赖之。未几，辛劳成疾，卒于京邸。工书法，宗颜柳。弟毓敏，与其同榜进士，官至二品。

【杜义山】字玉溪。邹县（今邹城市）人。道光二十年（1840）举人，三甲第三十三名进士。授工部主事。咸丰十年（1860），英法联军进犯京城，同官多移家远避，而义山独留排日进署治事，毫不懈怠。事后，擢工部郎中，出为福建汀漳龙道。

【尹式芳】字菊田。历城县（今济南市）人。道光二十四年（1844）举人，三甲第三十八名进士。历直隶盐山、庆云、清丰县知县，勤政爱民，用严刑峻法惩治盗风。以终养老人告归。咸丰中叶，式芳在籍督率团丁筑圩防御北上太平军。晚年主讲景贤书院。性至孝，母去世时，其已七十岁，哀泣感动乡里。卒祀乡贤。祖父廷兰，举人，州学正，"历下三诗人"之一，著有《华不注山房诗集》；子绪曾，候补知县。

【杨顺时】字春台。茌平县人。道光二十三年（1843）举人，三甲第四十三名进士。历署四川清溪、永宁、威远县等县知县，擢崇庆、广安州知州。以获盗有功，保直隶州知州。在威远，有青峰书院，岁久废弛，文风衰落三十年，没有科第者。顺时召诸生肄业其中，吏治之暇，至书院讲授文理，贫者供以膳食，乡试中式者多至九人，士民送旗伞并勒石以纪之。其拟作课艺三十篇，名《清峰课艺》刊行。

【朱学程】字伯庭，号维泉。平阴县人。道光二十四年（1844）举人，三甲第五十五名进士。

【王大辂】字朴园，号文峰。福山县（今烟台市福山区）人。道光二十四年（1844）举人，三甲第六十名进士。在铨选知县期间，因病未到任，又遇母丧守制，旋卒。性好施济，热心公益，积极参与立宗祠、建义学和捐银修桥等，乡民称颂。曾祖父希亶，乾隆进士，府教授；父麟瑞，道光进士，知县。

【李兆煦】莱阳县（今改市）人。道光二十三年（1843）乡试亚元，三甲第六十七名进士。授江西星子县知县。

【逄希澄】《题名碑录》载姓逢。字镜秋。黄县（今龙口市）人。道光二十四年（1844）举人，三甲第八十二名进士。初授贵州安平县知县，以亲老告近，改安徽萧县知县。以在徐州行营粮台出纳清慎和在萧县办团练剿灭盗匪用力，累功加级以知府用，赏顶戴花翎。父琇，举人，县教谕。

【刘毓敏】字逊之，号易农。茌平县人。性孝友笃学。道光二十四年（1844）乡试经魁，三甲第八十五名进士。充会试同考官，所得皆海内名士。擢安徽徽州府同知，署知府，倡办团练，竭力堵御太平军，城得无恙。丁父忧，在籍办团练，防御捻军。钦差大臣李鸿章奇其才，调管粮糈，以绩保道员，加盐运使衔。两江总督马新贻将其奏调江苏办理金陵保甲总局，其编查户口，清理房产，判讼，督巡，百废俱举。又先后被奏派督办正阳关盐务和金陵厘捐总局，皆骤为起色。陕甘总督左宗棠为其奏保二品顶戴，派办两江营务处轮船支应各差。以积劳成疾卒。兄毓勤，与其同榜进士，户部主事；子燕臣，庠生，民国县知事，善尺牍，工书法。

【高集祥】字麟阁，号瑞峰。寿张县（1964年10月撤销，分属山东阳谷县、河南范县）人。性至孝，为人谦和。道光二十四年（1844）举人，三甲第八十八名进士，即用知县，以亲老告终养。主讲安平、谷山两书院。咸丰十一年（1861），与族孙连升举办团练，率两千余名团丁，参与抵抗捻军，以战功受荐举，恩赏蓝翎运同衔。因积劳成疾，乞改青州府教授，任满归，六十六岁卒。著有《述愚堂文稿》。

【王宝权】字秉中，号公衡。聊城县（今聊城市）人。道光二十三年（1843）举人，三甲第九十八名进士。授直隶密云县知县。

【盖星阶】蒲台县（今属博兴县）人。道光二十九年（1849）举人，翌年联捷三甲第一百名进士。分发四川任知县。

【曲芝圃】字宝山。宁海州（今烟台市牟平区）人。道光二十九年（1849）举人，翌年联捷三甲第一百零一名进士。

【黄来晨】（？—1869）字铸海。滕县（今滕州市）人。道光十七年（1837）举人，三甲第一百零二名进士。授江西泸溪县知县，旋告归。好直言，郝家寨误杀勇弁，总兵陈国瑞欲将全寨人尽歼之。来晨力请得免，全活数千人。同治八年（1869）卒，入乡贤祠。著有《桧月山房诗文集》等。

咸丰二年壬子恩科

本科为清文宗登极恩科。一甲三名,二甲一百零八名,三甲一百二十八名。其中山东十八名。

【李庆翱】(1811—1888)原名綖。字公度,一字小湘。历城县(今济南市)人。道光二十年(1840)举人,二甲第十五名进士,选庶吉士,散馆授编修。奉旨回籍会同给事中毛鸿宾办理团练,抵御太平军。以功升山西大同府知府,改蒲州府,迁山西河东道,时有李青天之目。丁母忧,山西巡抚以河防吃紧飞章奏请,夺情留任。疏中有"得将难,得将于晋省尤难"等语。同治九年(1870),擢山西按察使,次年升布政使,在与太平军的战事中表现不凡。光绪元年(1875),迁河南巡抚,正身率属,用人行政一秉大公,期年之间,百废俱举。光绪三年(1877),以地方迟报灾事,被降三级调用,引疾归。庆翱慧眼识才,任内曾荐拔广西巡抚高崇基、马丕瑶和湖南按察使沈晋祥、仓场侍郎俞廉三。宣统元年(1909),经山东巡抚袁树勋奏请开复原级。工诗,著有《来青馆诗集》二卷。祖父德容,乾隆进士,知县;父廷芳,举人,知县,著有《清爱堂赋抄》、《诗抄》;弟庆翔,举人,知县,著有《鲁经》、《齐谐山馆文集》、《铜荫轩诗赋钞》。

【孙 楫】(1830—1910)字济川,一字子舟,号驾航。济宁直隶州(今济宁市)人。幼聪敏,读书即得理解。对朝廷典章仪制博考详稽,备悉朝中掌故。咸丰元年(1851)举人,翌年联捷二甲第二十名进士,选庶吉士,散馆改内阁中书。历翰林院侍读、礼部郎中、监察御史(福建、陕西道)、给事中(工、兵、户科)。巡视东、西、北城,办理五城团防,稽查海运仓。充四川乡试副主考官、会试同考官(两次)。所奏皆关国计民生,切中时宜。同治六年(1867),补授广东高廉道,兼署高州府事。丁母忧,服除,仍补高廉道,旋署广东按察使,饬纪整纲,并充文武乡试监试官。以盐运使衔,两署督粮道。又历广东雷州、广州府知府和广西右江道、湖南按察使,改补顺天府尹,署都察院左副都御史,"整躬率属,吏治日隆"。光绪二十年(1894)去职,以诗酒自娱,卒于京城,年七十二。著有《郙亭诗稿》。曾祖父玉庭,乾隆进士,两江总督,体仁阁大学士;祖父瑞珍,道光进士,翰林,礼、工、户部尚书,翰林院掌院学士,上书房总师傅。

【陈介猷】字莪卿，号赓臣。潍县（今潍坊市）人。道光二十六年（1846）举人，二甲第二十四名进士，选庶吉士，散馆授吏部员外郎。仕至安徽池州府知府。工书法。父官俊，嘉庆进士，翰林，礼、工、吏部尚书，协办大学士；兄介祺，道光进士，翰林，侍读学士，著名金石学家。

【丁培镐】（1806—1864）字简安，一字默之。黄县（今龙口市）人。性敏好学。道光十五年（1835）举人，二甲第二十五名进士，选庶吉士，散馆授编修。上请乞养老父不许，告之曰："尔昆弟多人，汝尽臣职亦孝也。"奉旨上书房行走。在丁父忧期间，奉旨办团练，筹款设防。同治二年（1863），奉召还京，历授翰林院侍讲、詹事府左右庶子、日讲起居注官、国子监祭酒。同治三年（1864），充福建乡试副主考官，未至而卒。著有《恩荣日记》、《课馆诗集》、《古今存体》等。

【庞际云】原名震龙。字省三。直隶宁津县（1964年复归山东德州专区）人。幼具异禀，聪明绝顶，九岁能背诵五经。学政告其父"汝子当成大器"。道光二十三年（1843）举人，二甲第三十名进士，选庶吉士，散馆改刑部主事。其精明强干，为曾国藩等大吏所倚重。时曾国藩督师安徽，际云以京员参赞军事，留办营务，每出奇策，以定大功。金陵攻克后，曾国藩奏留江苏，先署后实授江宁盐巡道。又署两淮盐运使，加按察使衔。又以功加二品顶戴。光绪四年（1878），授淮扬海道，运河涨水，迟启闸，以保护下游早稻、中稻收获。光绪六年（1880），迁湖北按察使，创立清理积案局，旧牍一空，平反冤狱九千余起。次年，升湖南布政使。光绪十年（1884），奉命署湖南巡抚，将向有缉私经费万余金，变私橐为充公，以助治饷筹兵。光绪帝予以褒奖，赏给头品顶戴，令各省大吏仿效。旋调云南布政使，以积劳成疾，卒于任所。为官四十余年，刚正不阿，尤留心于人才，识拔许多才德兼备的官员。好读书为文，著有《十五芝山房文集》。

【黄师阄】（？—1897）字阄如，号小琴。宁阳县人。道光二十三年（1843）举人，二甲第五十四名进士。选庶吉士，散馆授编修。由记名监察御史，迁詹事府右春坊右赞善。以京察一等，出为广西思恩府知府，调署桂林府，为候补道。遂告归卒。父恩彤，道光进士，巡抚；叔父恩澍，道光进士，知县；弟师侃，贡生，内阁中书，加员外郎衔。

【赵汝淑】（1812—1853）蓬莱县（今改市）人。字蕴清，号秋岳。道光二十年（1840）举人，二甲第八十一名进士。授工部主事。咸丰三年（1853）回籍省亲，途经青县兴济镇，突与义军遭遇，因大骂不屈，与子乐庚一起被杀。

【尹汇瀛】字福山，号仙峤。肥城县（今改市）人。自幼读书刻苦，端重若成人。道光二十四年（1844）举人，二甲第九十五名进士。授工部主事，在总理各国事务衙门行走，加四品衔。请假归里，遂不复出。其涉猎经史、天文、占卜、舆地、星相之书，无所不究。肆力于诗古文词，晚年尤通医理。六十二岁卒。

【郎郡环】字皆山。潍县（今潍坊市）人。咸丰元年（1851）举人，翌年联捷二甲第一百零四名进士。授内阁中书，出为苏州府督捕同知。充江南乡试同考官。居官清慎，为上官所器重。未几，丁母忧，以悲伤过度而卒，仅四十四岁。弟郡章，举人。

【任兆坚】字芸台，号希庭。高密县（今改市）人。咸丰元年（1851）举人，翌年联捷三甲第十六名进士，选庶吉士，散馆授检讨。充顺天乡试同考官。改江西道监察御史，迁工科给事中。又由顺天府丞（兼学政），升鸿胪寺卿。立朝侃侃，有古大臣风。为监察御史时，上陈：为故大学士柏葰昭雪；起用在籍提督傅振邦；围剿山东、河南等地捻军、幅军和教乱；旌恤山东高密等五州县殉难绅民妇女。所奏均下部议行。其才能和文章，被士林奉为楷模。以疾归，卒于家。著有《树德堂奏议》。孙祖澜，光绪进士，知县。

【徐河清】（？—1868）原名镁。字华冶，号华野。昌邑县（今改市）人。道光二十三年（1843）举人，三甲第四十七名进士。初署贵州瓮安县知县，以平乱积功署镇宁州知州。又以剿"苗匪"、擒"教匪"首要人物，升补思南府知府。旋带兵守江防，历经大小百余战，战功卓著。但任知府仅一年，即被罢归。贵州巡抚韩超接到上谕："有人奏称思南府知府徐河清，以谋勇著称，历任思南府杀贼无算，因性耻逢迎，不为上司所喜，旋即掣任。韩超在黔有年，务将该员官声政绩，据实复陈。"同治元年（1862），河清重被起用，委署贵东道，兼理思南府事，办理洋务和督办云贵粮饷。河清才高学博，诗文绝伦，喜谈兵。胡林翼称其有"将帅器"。曾国藩见之大奇，有为国得人之庆。同治七年（1868），以疾辞归，卒于舟次。著有《养志堂诗文集》、《齐东韵语》、《海市赋》刊行。

【张荣祝】（1826—1874）字介堂。济宁直隶州（今济宁市）人。咸丰元年（1851）举人，三甲第四十名进士。授工部主事。以父母俱年逾八旬，欲乞终养。正值太平军北进，荣祝害怕以逃避涉规，乃循例捐郎中以归。旋杜门不出，专事侍奉父母。受为官同年之邀，主讲任城书院。四十八岁卒。著有《致曲轩文集》、

咸丰二年壬子恩科

《诗集》。兄荣泰，举人，著有《木樨香斋诗文稿》、《词集》。

【栾以绂】字晓坡，号孟麟。茌平县人。道光二十四年（1844）举人，三甲第五十一名进士。授工部主事，升员外郎。出为山西朔平府知府。值光绪三年（1877）大灾之后，民力凋敝，务使休养生息，以恢复元气。其整治所属，凡事勿妄轻举，以课农耕、息争讼为务。而巡抚年轻气盛，常以经世济民才自负，好事更张，恐其年老才短，有让其去职之意。以绂以巡抚浮躁，不甘居下，旋告假而归。山东巡抚张曜慕其贤能，邀其到济南帮办河工，未及任事，以疾卒于家。

【高徽翰】（1799—?）字式南，号艾坡。胶州（今改市）人。二十岁，于嘉庆二十四年（1819）考中举人，选郓城县教谕。历经三十余年，在其五十三岁时，方考取三甲第八十三名进士。以知县用，改泰安府教授。捻军入胶州，徽翰适家居，与邑绅督办团练，备加防御，城赖以安。

【李　勖】诸城县（今改市）人。道光二十六年（1846）举人，三甲第八十七名进士。分发湖北以知县用，改武定府教授。

【高镜澄】字虚斋。海丰县（今无棣县）人。道光十七年（1837）举人，三甲第一百零七名进士。授湖南安化县知县，值太平军兴起，镜澄将本县暗通太平军抗粮劣绅诱捕处死，从者皆隐匿不敢再动。朝廷命捐旧赋、课新征，镜澄以经战乱多流亡为由，力陈上官得以减免。对讼狱秉公讯决，苞苴不行。在任三年告归。

【辛于镛】汶上县人。道光二十年（1840）举人，三甲第一百一十四名进士。授江苏宝山县知县。

【何　芳】字方玉，号云舫。历城县（今济南市）人。道光三十年（1850）举人，三甲第一百二十名进士。授直隶龙门县知县。

咸丰三年癸丑科

本科录取：一甲三名，二甲一百零七名，三甲一百一十二名。其中山东十六名。

【孙如仅】（1820—1880）字亦何，号松坪。济宁直隶州（今济宁市）人。道光二十九年（1849）举人，一甲第一名进士，状元，授修撰。先后三次充会试同考官。咸丰五年（1855），提督陕甘学政。同治元年（1862）七月，由翰林院侍读学士，提督云南学政，转江苏学政。是年十二月，擢内阁学士，例兼礼部侍郎。同治四年（1865），被去职。在陕甘任内，著有《曲徙粗议十六策》，多被左宗棠督办西北边务时采用。六十岁卒。

【林庆贻】字福泉。掖县（今莱州市）人。康熙进士、知县甲玄孙。少孤，事母以孝闻。攻读诗书，无晨夕间。道光二十六年（1846）举人，二甲第四名进士，选庶吉士，散馆改礼部主事，升至郎中。京察一等，记名监察御史。同治四年（1865），充会试同考官，所取十四人皆知名士。出为福建福州府知府，查办巨案，区别首从，无枉无纵。其捐廉购船，以搭救落江者。历办华洋交涉事，均能公平处置。巡抚奏保以道员留用，其年已六十九，引疾告归。家居十三年卒。一生手不释卷，著有《读史所见辑韵编》五卷、《读史附录疆域编》二卷、《论孟类衍经传集》五卷、《论孟类衍史集》五卷。孙鸿诰，举人。

【郭梦惠】字小连。潍县（今潍坊市）人。道光十七年（1837）举人。道光末，太平军兴起，时梦惠为户部主事，总办各路军需，上宪倚为左右手。考取二甲第十五名进士，选庶吉士，散馆授编修。为功臣馆纂修。咸丰八年（1858），充顺天乡试同考官，科场狱起，同事多被株连，但梦惠超脱之外。以疾告假归，凡防捻军、建宗祠、置祭田、修城垣、赈饥民，都乐为首倡，不惜资财相助。兄梦龄，道光进士，布政使，署巡抚。

【陈光甲】字鼎甫，号鼎文。蓬莱县（今改市）人。道光十九年（1839）举人，二甲第三十二名进士，选庶吉士。工书法。

【张翀霄】字伯昂，号扶青。齐河县人。道光二十六年（1846）举人，二甲第六十八名进士。授刑部主事，升员外郎。记名监察御史。晚年，掌教于济南泺源书院。

【尹耀宗】（？—1861）字怡堂。诸城县（今改市）人。为人端方，善属文，尤工诗赋。道光十七年（1837）与兄同榜举人，二甲第一百零五名进士。授礼部主事，随大学士瑞麟赴河间大营办文案，事竣回京，经瑞麟向咸丰帝保荐，升本部员外郎。据诸城市政协《文史资料》载，在咸丰十一年（1861），耀宗在籍与弟兴宗（诸生），奉命自立知防团，在与捻军作战中，均被杀死。兄辉宗，道光进士，知县，赏四品封典。

【崔承之】茌平县人。道光二十四年（1844）举人，三甲第十一名进士。授内阁中书。祖父壮临，举人，府教授；族弟穆之，咸丰进士，翰林，道员。

【刘应龙】字梯云。乐安县（今属广饶县）人。英毅质实，见义勇为。道光二十九年（1849）举人，三甲第四十二名进士。授甘肃陇西县知县，以亲老未赴。同治六年（1867），捻军进攻太合庄围圩，掠去邻村男妇数十百人，胁以换马，无马者皆杀之。应龙乘捻军不备，率团丁绕捻军背后击之，捻军惊恐逃走，所掠男女获救。捻军退走后，盗贼频发，应龙督捕，将所擒盗首送交乡邑。丁忧，服满，至甘肃署文县知县，有循声。以伉直不合于时，被吏议萧然而归，授徒以终。

【王莲塘】字吏香，号雨舲。为人坦易，沉毅敢为。诸城县（今改市）人。道光二十六年（1846）举人，三甲第六十三名进士。分发河南以知县用，所至称神君。初谒巡抚，被视为"济变之才"。首署河南汜水县知县，设计将杀害前任知县的盗匪头目孙定国归案斩首。先后改新安、渑池县知县。在渑池，设计拿获巨盗黄六，大吏以能员第一上奏朝廷。又转杞县知县，协助在山林剿匪有功，升裕州知州。三充河南乡试同考官。莲塘为官，以恪尽职守、惩恶扬善、清正廉洁被时人称道。咸丰十一年（1861），诏候补直隶州知州。同治四年（1865），擢河南郑州直隶州知州，以筑堤治河功，蒙恩褒奖，诏候补知府。以年六十余告归，七十六岁卒，乡谥"文靖"。工诗文，擅绘画书法。著有《雨萝山房诗文集》八卷。弟梦塘，监生，候补同知，著有《燕堂诗草》、《粤游纪程》；嗣子荣绶，候补主事。

【张象鼎】潍县（今潍坊市）人。道光二十六（1846）乡试经魁，三甲第八十一名进士。授河南长葛县知县。

【傅斯怿】字用之，一字豫斋。聊城县（今聊城市）人。顺治状元、武英殿大学士傅以渐七世孙。一生学行笃实，读书能识古人之意。为人端凝沉毅，有才识气度，遇事谋定坚不可易。咸丰二年（1852）举人，翌年联捷三甲第九十名进士。历署浙江瑞安、嘉善等县知县，兴利除弊，百废俱举。太平军攻陷浙江，浙江巡抚命其办团练防阻义军，以收复枫泾、西塘有功，补嘉善县知县。嘉善与嘉兴、秀水为邻，由于区划变动，从明代起造成土地交混，进行重新丈量，嘉善实缺田二百三十九顷，经其力请，使多征银两得以豁免。同治六年（1867），丁母忧，在籍期间，适值捻军出入齐鲁间，其协办团防有功，留浙江候补知府用。在浙江办漕运七年，历保道员，加盐运使衔，督理海运事。从光绪九年（1883）起，历署湖州、杭州府知府，在杭州仅三月，以病卒。戚族有难，均倾其所有相助。子乐鳃，内阁中书，早卒。

【王　佑】恩县（1956 年撤销，分属平原县和夏津县）人。道光二十四年（1844）举人，三甲第九十五名进士。历陕西清涧县、安徽英山县知县。

【曹以爔】（1801—1871）字映遐。定陶县人。道光十一年（1831）举人，历经二十二年，方考取三甲第九十九名进士。授浙江桐庐县知县，邑地瘠穷苦，到任后教养兼施，期年化洽。改镇海县知县，此地"海盗出没，案又积山"，到任后，擒海贼巨魁置于法，又用四十日，将积案尽清，颂声隆起。大吏保举府同知。上官以其廉能，委用嘉善县知县，此邑赋重，以爔以拙于催科推辞，上官异之曰："此缺优也，他人谋不得，而汝辞唯此正可了。"其到任后，抑豪强，惩讼棍，为治一如之前。因捐款助军饷，议叙以知府用，加四级。充浙江乡试同考官。以"为宰最造孽，亦难培佳子弟"，乞休告归，抄书论文以自娱。工书法，老尤工楷体。七十岁卒。子垣，举人，知府，保道员；孙缊键，举人，知县，保知州。

【林大木】字东轩。德州（今德州市）人。嘉庆六年（1801）举人，三甲第一百零二名进士。历河南中牟、鹿邑县知县，有政声。

【刘德骥】昌邑县（今改市）人。道光十五年（1835）举人，三甲第一百零三名进士。仕至刑部员外郎。

【孙长庆】字觉亭。蓬莱县（今改市）人。道光二十三年（1843）举人，三甲第一百零五名进士。历江西上高、铅山、峡江、瑞金、吉水县知县，所至以清讼狱、缉盗贼、正风化为先，民皆敬爱之。性孝友，兄弟誓不分居，同居四十余年，友爱终身。

咸丰六年丙辰科

本科录取：一甲三名，二甲一百名，三甲一百一十三名。其中山东十七名。

【孙毓汶】（？—1899）字莱山，号汇溪，一号迟庵。济宁直隶州（今济宁市）人。《清史稿》有传。咸丰二年（1852）举人，一甲第二名进士，榜眼，授编修。充实录馆协修。咸丰八年（1858），在丁父忧回籍办团练期间，值僧格林沁剿捻驻兵济宁，毓汶抗缴捐饷，为僧格林沁所劾革职，遣戍新疆。同治元年（1862），以捐输兵饷，开复原职。同治五年（1866），在翰林院、詹事府官员大考中，列一等第一名，旋由侍读升侍讲学士。充四川乡试主考官，提督福建学政，升侍读学士。光绪元年（1875），丁母忧，服除，授詹事府詹事，升内阁学士，又提督安徽学政。光绪七年（1881），擢工部右左侍郎。光绪十年（1884），奉命巡察江南、安徽、河南、湖北等省，毫无徇庇，所奏皆切时宜。回京后，深得醇亲王奕譞信任，命在军机大臣上行走，兼总理各国事务大臣。光绪十五年（1889），由吏部右侍郎，擢刑部尚书，加太子少保。光绪十九年（1893），改兵部尚书。曾历为会试副主考官、正主考官和顺天乡试副主考官。中日甲午战争后，李鸿章签《马关条约》，毓汶以"毁约伤国体"为借口，赞同李鸿章对日妥协，力主议和，遭到翁同龢、李鸿藻等大臣的反对，于光绪二十一年（1895）称病乞休。光绪二十五年（1899）卒，谥"文恪"。工书法，喜鉴赏，富收藏。著有《迟庵集杜诗》、《游盘山诗》各一卷。祖父玉庭，乾隆进士，两江总督，体仁阁大学士；父瑞珍，道光进士，翰林，礼、工、户部尚书，翰林院掌院学士，上书房总师傅。

【张洐熙】字子缉，号文岩。海丰县（今无棣县）人。咸丰五年（1855）举人，翌年联捷二甲第十九名进士。授刑部主事。以侍养老人告归。十年后，回京仍供职刑部，淡于荣利，勤事尽职，守正不阿，随流平进。为历任刑部尚书所器重，升员外郎、郎中。出为陕西凤翔府知府，三载告归。居里沉默寡言，无亲疏长幼，相待如一。祖父映蛟，举人，道员，著有《桃坞随笔》；父泉，拔贡，知县；兄衍寿，副贡，知县。

【孔宪毂】字玉双，号阆仙。曲阜县（今改市）人。咸丰元年（1851）举人，二甲第三十二名进士，选庶吉士，散馆改户部主事，升员外郎。充会试同考官。擢吏科掌印给事中。出为广东广肇罗道。其清操自持，伉直敢言，不畏权要，与朝中大臣相抗衡，一时台阁生风。工诗古文辞，著有《玉双诗稿》、《别灯炊经堂支谱》、《参订圣门礼乐志》。

【李贻良】字继明，号枚卿。利津县人。生于"诗书盈库，累世为官"家族。咸丰五年（1855）举人，翌年联捷二甲第四十三名进士。由内阁中书，升至刑部郎中。曾祖父华，知县；祖父桂，知州；父佐贤，道光进士，翰林，知府；母张畹芳，工书法绘画。

【马元瑞】字符斋，号云占。临清直隶州（今改市）人。会试为会元，殿试成二甲第四十七名进士，选庶吉士，散馆授编修。由监察御史，升吏科给事中。充顺天乡试同考官。元瑞每语人曰："给谏一职，宜择有益国家者言之。不要誉亦不避谤。"其既不阿奉上官，亦不轻弹劾人。出为河南河北道，未赴任卒。

【庄锡级】字晋阶。莒州（今属莒南县）人。咸丰二年（1852）举人，二甲第八十九名进士。授刑部主事，升员外郎、郎中，廉明有声。出为山西大同府知府，以"明敏仁慈、矜持大体"称。驻地清军因被克扣军饷，引发躁动，几乎为乱。锡级驰往劝谕，依照律章供给军饷，事得平息。山西大灾，大同尤重，锡级及时赈济，民得实惠。以功绩加三品衔，赏戴花翎。丁母忧，服除，补江西赣州府知府，署吉南赣宁道。外宽内严，属吏不敢谋私。赣州税源主要依靠木商，货物往来，门税重于关税，时议欲以关税改为门关之税，致使商人罢市。锡级与当局据理力争，认为必不可取，旋使动议停止。因雩都票匪谋乱，多牵连无辜，锡级将冤者释放。又秘闻匪首匿名联络，密谋纠集袭城，锡级及时将其拿获。因积劳成疾，卒于任，年六十八。父谣，嘉庆进士，道员；弟锡缜，拔贡，以知府用。

【孙　彦】字美堂。掖县（今莱州市）人。天姿秀发，尤长制艺，经其授者，多成才智超众之才。咸丰五年（1855）举人，翌年联捷三甲第一名进士。授吏部主事，刚一年，父母相继去世，丁忧在家卒，年四十三。

【宋良薰】堂邑县（聊城市东昌府区）人。咸丰二年（1852）举人，三甲第十名进士。

【张树甲】（1814—1879）字耦堂。文登县（今改市）人。家有藏书数万卷。咸丰二年（1852）乡试解元，三甲第十六名进士。授户部主事。咸丰十一年（1861）秋，树甲省亲在籍，其与当地士绅共同谋划组织团练，率团丁数万人，以昆嵛山为屏障，将东进捻军败退。其与文登进士毕翰昭等人，商议动用文登、荣成两县民力修筑长达一百六十余里的昆嵛山防护石墙，以防后患。回京得补主

咸丰六年丙辰科

事，加员外郎衔。以疾告归，六十五岁卒。著有《诗经论文》、《颐志堂杂著》。

【陈传奎】（1816—1885）字星五，号斗瞻、紫垣、蘅伯。潍县（今潍坊市）人。咸丰二年（1852）举人，三甲第三十名进士，选庶吉士，散馆改刑部主事。咸丰十一年（1861），奉命回籍办团练，修东关城堡，保加员外郎衔。丁母忧，服除，入京继续在刑部供职。光绪七年（1881），改工部主事，自以为"在刑部六年读律功夫尽付东流矣"。光绪十四年（1888），升员外郎、郎中。京察一等，记名以道府用。以疾卒于京邸，年六十九。

【毕瀚昭】（1811—1888）字星源，号伯彦。文登县（今改市）人。自幼聪颖，十岁即通经史，为文有奇气。道光二十年（1840）举人，三甲第三十四名进士。授工部主事。在太平军攻占金陵建为天京后，瀚昭跟随侍郎杜翱出京，加员外郎衔，负责登州府所属各县成立团练局，训练团丁，以抵御义军。差事办完之后，以母老请假归养。同治六年（1867），捻军东进，瀚昭倡议各县令复兴团练，据守昆嵛山口，将捻军败退。其与文登进士张树甲等人，商议动用文登、荣成两县民力修筑长达一百六十余里的昆嵛山防护石墙，以防后患。光绪二年（1876）大饥，其与知县筹贷放赈，并上请开仓放谷救济灾民。其还与知县劝办社仓七十余处，以备荒年。著有《不知编》。弟茂昭，举人，以知县用，未赴。

【孙官云】字近斋，一字仲霖，号紫峰。历城县（今济南市）人。父早逝，幼家贫不能从师，与弟自相师友。性嗜读，至忘寝食。咸丰二年（1852）举人，三甲第六十名进士，选庶吉士，散馆授检讨。改刑部主事。在刑部二十余年，勤以治狱，慈以待人，虽为刑官，而有菩萨之目。其精于例案，屡次参加秋审。光绪五年（1879）升员外郎。不久，以足疾致仕。官云素负文望，归立"梯云文社"，邑中文风称盛。主讲济南书院，成就后进尤多。五十七岁卒。弟纪云，同治进士，知府，署道员。

【张殿栋】字德如，号漪堂。昌邑县（今改市）人。笃学力行，一生谨饬。道光二十四年（1844）举人，三甲第七十五名进士。授礼部主事。咸丰十一年（1861），奉命在乡办团练，抵御义军。

【朱　策】字次方。安丘县（今改市）人。咸丰元年（1851）举人，三甲第八十二名进士。授四川渠县知县。

【郑猗菉】字淇瞻。日照县（今日照市）人。少有文名，喜诱掖后进。道光二十六年（1846）举人，三甲第八十八名进士。署江苏宜兴县知县。著有《爱吾庐课艺》。

【王和轩】字养斋，号致堂。夏津县人。咸丰二年（1852）举人，三甲第一百零六名进士。授湖南知县，以侍养老母告归。授徒为业，以"器识为先，文艺后之"教人。

【张兴留】（1824—1894）字房农。肥城县（今改市）人。咸丰二年（1852）举人，三甲第一百零八名进士。授内阁中书，补典籍。先后为顺天乡试同考官、山西乡试副主考官。选江西建昌府同知，历保候补知府，俟补缺后，以道员用。丁母忧，服除，赴江西候补署督粮道。奉委榷河口茶税及义宁州厘局，例得羡金悉却弗受，以佐公用，时称廉吏。光绪二十年（1894），卒于南昌。

咸丰六年丙辰科

咸丰九年己未科

本科录取：一甲三名，二甲八十六名，三甲九十一名。其中山东十四名。

【朱学笃】字祜堂，号实甫，一号莲舫。聊城县（今聊城市）人。明崇祯进士、工部尚书鼎延裔孙。性沉毅，有孝行，读书以培养性情为主。道光二十九年（1849）举人，二甲第一名进士，传胪，选庶吉士，散馆授编修。时太平军北进山东，奉旨回籍办本省团练进行抵御。回京，加侍读衔，擢湖广道监察御史，风节自励，上疏言事，无所顾忌。同治四年（1865）充会试同考官。京察一等，记名道府用。授甘肃宁夏府知府。至省，被留办军营粮台，加盐运使衔。告归奉亲，开设"笔花馆"文社。主启文、洙源书院讲席，多所成就。工书法，苍劲圆润。卒后，乡谥孝义先生。父崇庆，道光进士，道员。

【陈大诰】字荔邨。德州（今德州市）人。生而奇警，聪慧绝伦，诸史百家无不研读。初以拔贡考取刑部小京官。咸丰八年（1858）举人，翌年联捷二甲第六名进士。以不阿权要，未与馆选，自请归部，旋以主事用，升至郎中，监督宝泉局。以京察一等，出为江苏常州府知府，操持清洁，整躬率属。未几，卒于任。工书，尤善颜体，为时人所珍。

【王师曾】字鲁堂，号少沂，一号省斋。聊城县（今聊城市）人。咸丰元年（1851）举人，二甲第十一名进士，选庶吉士，散馆授编修。两充会试同考官。为广西乡试副主考官。仕至工科给事中。

【董毓葆】碑作毓保。邹县（今邹城市）人。咸丰八年（1858）举人，翌年联捷二甲第十四名进士。授刑部主事。

【王象瑜】字莲洲。潍县（今潍坊市）人。咸丰八年（1858）举人，翌年联捷二甲第四十五名进士。授刑部主事。工书法。

【蒋作锦】（1818—1864）字裁庵，号云裳。东平州（今改县）人。曾祖父、祖父、父皆为县教谕，幼承家学，孝友性成。咸丰元年（1851）举人，二甲第五十四名进士。授兵部主事。其倡修龙山书院，所撰条规十六则皆明体达用之语。咸丰十一年（1872）捻军东进，由上官为其代奏《经略三省上藩神京策》，被皇帝嘉纳。又以当时海运危险、河运为要务，条陈《束黄引卫之议》，先后两次奉命前往山东详察和复勘黄河治理工程，提出改道危险、堵口好处，建议以积淤补凹，抬高涝区洼地，从根本上防涝。旋奉旨留办山东黄河防务。又因署粮食转运局赈抚河南饥民有方，特以三品升阶，补任黄沁厅同知。同治二年（1863），改调安徽怀庆府知府，次年卒于任。著有《星槎纪要》、《砖坝说》、《奉使日程记》、《东原考古录》、《导河引卫通运图说》等。子毓濂，举人，县训导。

【汪仲洵】（1824—1886）字雪帆。历城县（今济南市）人。咸丰元年（1851）举人，二甲第五十八名进士。授吏部主事。在丁母忧期间，曾在籍与邑绅举办团练，率团丁筑土圩防御太平军。服阕，荐升本部郎中，旋改江南道监察御史，转京畿道，升兵科给事中。正直敢言，不避权贵，每有建白，皆关民生大计。为巡城御史，风规整肃。稽查禄米仓、旧太仓，精勤自矢，不为烦苛。光绪十二年（1886），以病卒于京师。身后萧然，几无以为殓。

【高箕承】字竹淑。淄川县（今淄博市淄川区）人。咸丰元年（1851）举人，三甲第十七名进士。署陕西石泉县知县，补郿县知县，以清静为治，讼庭常闲。又改定边县，以病卒于任。祖父中谋，道光进士，府同知。

【颜士璋】字聘卿，号信庵。曲阜县（今改市）人。为颜子后裔。幼颖异好学，为文朴实说理，不逐时趋。其成廪生后，家贫授徒。咸丰五年（1855）举人，三甲第二十九名进士。授刑部主事。奉命回籍办团练，抵御北上太平军，论功加员外郎衔。回京，先后两次京察一等，升员外郎、郎中，且记名以道府用。在刑部十年，对法律精熟过人。历充秋审处总办、律例馆提调，勤于听断，尤能平反疑狱，深为刑部尚书郑敦谨所倚重。奉命跟从佐助查办"山西疏防捻军名员"和"两江总督马新贻被刺"案件，在办案中起到至关重要作用。出为直隶河间府知府，值河水涨溢成灾，筹办赈抚，救治饥民。补甘肃兰州府知府，充甘肃乡试监试官。转巩昌府知府，招垦土地，惩治蠹吏，建立学宫，集巨资以助学。在职十年，吏畏民怀，杜绝馈遗，革除积弊，以廉介称。以修墓开缺归里，居乡多有善举。著有《周易卦象释义》、《四勿斋诗文抄》、《集兰亭序对联》。六十七岁卒。子锡均，举人。

【李宗泰】字子卓，号少林。聊城县（今聊城市）人。咸丰二年（1852）举人，三甲第四十二名进士。授曹州府教授。

【宋恩溥】（？—1882）改名观炜。字润生，号幼海。胶州（今改市）人。博学能文。咸丰八年（1858）举人，翌年联捷三甲第六十名进士。授礼部主事，加四品衔。奉敕参与编撰《佩文韵府》，为侍郎庞钟璐所嘉许。尚书徐桐每有题奏，即要恩溥主稿。因为官勤慎，"部务纷繁，目不暇给"，由是积劳成疾，光绪八

咸丰九年己未科

年（1882）卒。著有《鸡肋集》一卷。

【汪万鸿】碑作姓江。济宁直隶州（今济宁市）人。咸丰八年（1858）举人，翌年联捷三甲第六十四名进士。授陕西定远厅同知。

【杜墨林】字西园。直隶宁津县（1964年复归山东德州专区）人。善属文。咸丰二年（1852）举人，三甲第七十五名进士。以知县用，不就。家道渐落，以教授生徒自给，士有贫者，必不受其脩脯。后授直隶天津府教授，竟以病卒。著有《知命录》两卷，与门生合著《赏欣集》四卷。

【秦子俊】字雪舫。蒙阴县人。咸丰元年（1851）举人，三甲第八十六名进士。

咸丰九年己未科

咸丰十年庚申恩科

本科为清文宗三旬万寿恩科。一甲三名,二甲八十名,三甲一百零六名。其中山东十六名。

【崔穆之】字清如,号肃堂。茌平县人。六岁,常窃听塾师所读书文,即能从头到尾背诵无伪。咸丰八年(1858)举人,二甲第六名进士,选庶吉士,散馆授编修。充国史馆协修、功臣馆纂修。从同治三年(1864)起,历河南道、广东道监察御史,又迁兵科给事中、工科掌印给事中。其间,曾充顺天乡试和会试同考官。为监察御史十年,未曾以意气加人。所上"为以身殉国者旌恤建祠"、"整顿仓储以备凶荒"、"考察州县吏以肃官箴"、"整治蠹役以除民害"诸疏,皆切中时弊,俱蒙嘉纳。光绪四年(1878),出为湖南岳常澧道,将临行两宫召见时垂泪相告"破除情面,实事求是"之言,录悬左右,清苦尽职。两充湖南乡试提调官,镇定处置因誊录官员苛刻而引发的考生哄闹之事。之后,又历署湖南布政使、按察使、两淮盐运使、巡抚。为官正直,有人讥其"北人居官拙信",穆之将其视为无耻小人,不再相见。穆之拒受贿赂,将某知县所送"辰砂",视为"尘沙"。光绪十五年(1889),赴京见驾,舟行至东昌府,忽起退归之心。其曰:"世道诚忧,非大力者不能挽回,余老矣,不可恋栈负朝。"旋让山东巡抚张曜代疏乞退,数日而卒。祖父壮临,举人,府教授,著有《洪范五行表》、《读史随笔》、《三国志补注》;堂兄承之,咸丰进士,内阁中书。

【王荣琯】字玉文,号献西,一号笕溪。乐陵县(今改市)人。咸丰九年(1859)乡试解元,翌年联捷二甲第二十五名进士,选庶吉士,散馆授编修。同治六年(1867)与光绪元年(1875),先后充江南、云南乡试副主考官。擢山西道监察御史,转贵州道,升工科给事中,上疏力言各州县收漕粮之弊。迁河南彰卫怀道,未及到任病卒。兄荣第,道光进士,翰林,按察使。

【贾元涛】字松诞。历城县(今济南市)人。咸丰八年(1858)举人,二甲第三十七名进士。历甘肃秦安、皋兰县知县。父仲山,道光进士,兵部员外郎。

【杜庭琛】字芸泉。滨州(今滨州市)人。生于名门望族。咸丰二年(1852)钦赐举人,二甲第四十名进士,选庶吉士,散馆授编修。曾祖父堮,嘉庆进士,翰林,吏部左侍郎;祖父寿田,道光进士,翰林,帝师,刑部尚书,协办大学士;父翮,道光进士,吏部左侍郎,督办山东团练大臣;兄庭璆,钦赐举人,知州。

【冯允煦】莒州（今属日照市）人。咸丰八年（1858）举人，二甲第四十八名进士。

【李　楷】（？—1888）字觉堂。高密县（今改市）人。咸丰五年（1855）举人，二甲第六十二名进士。屡至礼部郎中。出为陕西榆林府知府，地处边陲，俗朴少文，楷为增书院膏火，课士精严，文风一振。又改西安府知府，旋补盐法道。大吏两次保荐，推为治行第一。数充乡试监试官。光绪十四年（1888），以劳疾卒于任。

【丁海珊】（1829—1867）字铁夫，号石生。日照县（今日照市）人。咸丰八年（1858）举人，二甲第六十六名进士。授广东乐昌县知县。三十九岁卒。

【刘树伦】字叙之。莒州（今日照市）人。咸丰二年（1852）举人，二甲第七十七名进士。授户部主事，升至郎中。大学士倭仁欲聘树伦为师教其子孙，树伦婉辞，并道："攀高门余方深恶之。"有户部掌印郎中，欲将"例有陋规，为数甚巨"的银两私分，树伦严拒不受。为官期间，树伦因家父年迈，多次提出回家尽孝，其父不许。数年后，父染疾，派人告知，树伦大惊失色，家信未启，即先昏厥。自奉俭约，归无余资。其到家后，其父病已痊愈，而己却伤神失明，数月而卒，年四十九。

【徐延旭】（？—1844）字晓山。临清直隶州（今改市）人。《清史稿》有传。道光二十三年（1843）举人，选福山县训导，未赴。考取三甲第七名进士，分发广西即用知县。山东巡抚留办团练，加知州衔。同治二年（1863），改广西容县知县，善治盗。以参与平浔州之乱有功，署太平府知府，兼龙州厅同知，加道员衔，深受上官信赖。旋擢梧州府知府。光绪三年（1877），迁湖北安襄郧荆道，审结积案七十余起。光绪八年（1882），擢广西布政使，命督办海防，得专奏事。受命与广西提督黄桂兰筹办中越边防。以"晓畅军事"，擢广西巡抚，为东线清军北宁前敌指挥。其实，他是一个徒有知兵虚名，实际上不懂军事的老官吏，却被巡抚张之洞、侍读张佩纶等官员以"兵事边才"大力荐举，推上援越抗法统帅地位。光绪十年（1884）中法战争时，因战备不力，指挥调度无能，法军三路进攻北宁时，清军不战而溃。清廷震怒，将延旭革职，押至刑部审讯。是年底有旨，拟斩监候。左宗棠、李鸿章、丁宝桢等交章驰救，至翌年十一月蒙恩改发新疆军台效力，但未及起行，已死在狱中。由此受到延旭的牵累，举荐和重用他的一大批官员，或贬或罢。著有《越南世系沿革》、《中越交界各隘卡略》、《越南道路略》。有说还著有《越南纪略》，专家论证不存在。祖

咸丰十年庚申恩科

父学采，举人，知府，著有《塞外吟稿》；父维清，举考廉方正，知府；子坊，学部国子丞，清亡后，为废帝师，正一品封典，加太子少保衔。

【张同符】（1807—1872）字竹卿。平阴县人。幼凝重，读书聪颖过常人。十余岁时，家中由素丰变成赤贫，几乎废学。由岳父招致家中与子同师读书。学政奇其文。其以授徒为业。五十二岁，于咸丰九年（1859）考中举人，翌年联捷三甲第九名进士。授户部主事，以品节著。时浙江大吏建议岁征以钱抵银之法，同符力持不可，认为名为便民，实为病民，遂使此议终止。在京任职十余年，"清操雅望，见重一时"，而文名尤重，研读宋五子书造诣颇深，其著述多毁于兵燹，仅存《愿治堂诗集》、《缘香书屋尺牍》、《试贴》。六十五岁卒于京邸。

【王建本】字树堂。淄川县（今淄博市淄川区）人。咸丰五年（1855）举人，三甲第十名进士。授刑部主事。被奏调奉天将军衙门所设谳局办事，差满回京，以卓异升员外郎、郎中。请假归卒。

【刘兆禄】高密县（今改市）人。咸丰五年（1855）举人，三甲第四十二名进士。授登州府教授。

【张恩煦】字墨林。福山县（今烟台市福山区）人。少工诗赋，为士林推重。道光二十九年（1849）举人，三甲第四十三名进士。历直隶高阳、乐亭县知县。宽刑典，重教化。未久，卒于任。著有《储云馆诗草》、《记事珠》。

【孔昭浃】曲阜县（今改市）人。为孔子后裔。咸丰八年（1858）与兄昭渠同榜举人，三甲第六十名进士。授知县，派往广东待补。充乡试同考官。不久，相继署饶平、澄海、顺德县知县，以卓异升阳江直隶州知州。将前任以强盗错捕拟处死刑的十三名平民，全部予以释放，并将十余名真正强盗捉拿归案，依法惩处。为此声名鹊起。巡抚准备奏请以知府用，以病推辞告归，卒于家。

【綦思本】平度州（今改市）人。咸丰元年（1851）举人，三甲第九十七名进士。授龙泉县知县。

【孙原吉】字迪甫，号晓岩。商河县人。幼家贫，恒日不举火。原吉坚决哀求父母入塾就读，食用糟糠之物，饮用溪水。其聪敏过人，过目成诵，有神童之目。咸丰八年（1858）举人，三甲第一百零二名进士。例铨湖北即用知县，因亲老告近，历山东泰安、东昌府教授，两郡学者多所造就。七十九岁，卒于东昌学署。无子，贫不能归，东昌门人凑金运柩至家，宦囊空虚，唯余旧书数簏而已。

同治元年壬戌科

本科录取：一甲三名，二甲七十二名，三甲一百一十八名。其中山东十六名。

【游百川】（1811—1883）字汇东，号梅溪。滨州（今滨州市）人。《清史稿》有传。咸丰二年（1852）举人，二甲第十一名进士，选庶吉士，散馆授编修。充顺天乡试同考官。同治六年（1867），擢福建道监察御史，巡视西城。有宗室宽和、宽亮等所行多不法，百川奏劾惩治，一时贵近敛迹。同治七年（1868），百川上围剿捻军、禁种罂粟和革除内外官署胥吏积弊诸疏，上皆采纳。同治十二年（1873），穆宗亲政，命重修圆明园，奉慈禧太后驻跸。百川上疏谏阻，穆宗震怒，召百川诘责，其侃侃申辩而不退让，穆宗为之动容，遂改初衷。一时刚直敢谏之名轰动朝野。光绪五年（1879），由刑科给事中，出为湖南衡永郴桂道，升四川按察使。未几，擢顺天府尹，迁仓场侍郎，所至均以勤政廉洁为人称道。光绪九年（1883），受命赴山东督办治理黄河工程与灾后赈务，所奏筑修黄河堤岸与疏浚小清河，皆被允行。光绪十七年（1891），以仓廒火灾，被革职。晚年主讲济南泺源书院、东昌府书院。七十二岁卒。子汝贤，兵部主事；炳贤，举孝廉方正。

【朱学篯】聊城县（今聊城市）人。父早逝，自幼在叔父崇庆（道光进士、道员）教诲下刻苦攻读。咸丰九年（1859）举人，二甲第三十四名进士。授户部主事。

【于　腾】（1832—1890）字飞卿。郯城县（今属苍山县）人。幼时家贫，给人放猪，每经村塾，窗外听讲，久之能诵，塾师见其聪敏好学，让其免费读书，并时常给予资助。自此发愤攻读，博学多识。咸丰二年（1852）举人，二甲第五十三名进士。历四川宜宾、铜梁县知县，署成都府知府。喜收藏，精鉴赏。所得薪金大都购买书画，藏有不少珍贵宋代书画，并逐件考释。热心整理编印古籍，在成都主持刊刻《盛宋文选》。工诗擅书。书法潇洒柔媚，自成风格。尤善笔札。光绪十六年（1890），病逝成都。其妻王氏想到丈夫幼时读书不易，便献出金镯一对和土地百亩，办起一所义学，被地方官奏报朝廷，慈禧太后降旨，赐金凤冠一顶，封为一品夫人。山东巡抚杨士骧书赠"撤环兴学"匾文，以示褒扬，人称"女武训"。

【周　濬】字巨川。直隶宁津县（1964年复归山东德州专区）人。资禀灵敏，七八岁能诗。为文波澜壮阔，每有新作，竞相传写。咸丰九年（1859）乡试解元，会试为会元，经殿试成二甲第六十七名进士，选庶吉士，散馆改刑部主事。著有《梅花书屋诗赋草》。四十八岁卒。

【赵　朴】字敦夫，号汉宗。德州（今德州市）人。咸丰八年（1858）举人，三甲第十七名进士。授刑部主事，称贤明。屡充乡试、会试同考官。升吉林理刑司官员，廉洁自持，杜绝请托，谳狱多所平反。遇事执法以净，上官疑有贿嘱，甚至发怒想弹劾他，既而察其听断明决，仍重倚如左右手。其政简刑清，士民皆以赵青天称。闻知父丧，一恸几绝，旋卒于任。贫不能归丧，僚友凑金相助，灵柩才得以还乡。

【孙凤翔】（1823—1887）字文起，一字梧冈，号棣园。潍县（今潍坊市）人。咸丰八年（1858）举人，三甲第三十三名进士，选庶吉士，散馆授检讨。充顺天乡试同考官。考补江南道监察御史，举劾主使李光昭借营办木植侵贪银三十万两的内务府大臣贵宝，贵宝被革职。又署山西道监察御史，奏请停止礼部已经议行的奉天府丞、学政分别提出的"请定应乡试人数"和"请科试随棚录遗"之事。出为江西南昌府知府，又调广信府，实仓廪，浚沟洫，赈灾黎，兴文教，被沈葆桢、彭玉麟称之为"古之廉吏也"。又历广东督粮道（署惠潮嘉道）、安徽按察使、河南布政使。以头品顶戴，护理河南巡抚，兼署漕运总督。以贤劳致患目疾，逾岁益剧，乞归，未几卒于家。

【吕宪瑞】字辑堂，号芝岩。莱芜县（今改市）人。为人爽直，长于干略。咸丰九年（1859）举人，三甲第四十二名进士。历湖北黄坡、东湖、江陵、汉阳、蕲水、黄冈和河南登封等县知县，所至办赈务、劝农桑、擒巨盗、建书院、筑堤防、严保甲、宽刑罚，务持大体，颇有政声。擢礼部主事，旋以京察记名，分发河南任许州直隶州知州。在任四年，以积劳卒。生平自奉俭约，自己所用卧具三十年都没有更换，而捐出建义塾、书院的廉俸金却数以万计。著有《菊花诗》一卷。父传诰和兄弟宪春、宪和、宪秋皆举人。子相曾，知县。

【李湘南】长山县（今属邹平县）人。道光二十九年（1849）举人，三甲第四十九名进士。授湖南桂东县知县，未赴卒于京。书法劲秀。

【吴毓春】原名汝亭。字雨轩。历城县（今济南市）人。天资颖悟，于书无所不读，尤工帖括。咸丰二年（1852）举人，三甲第五十六名进士。授刑部主事，升员外郎、郎中。为官洁己奉公，不妄干谒。在秋审中，平反江苏巨案，人以"东海于谦"比之。乐于诱掖后进，虽未秉文衡，然满门桃李，得士独盛。晚年，

同治元年壬戌科

虽两子皆擢巍科入词馆，门庭烜赫，毓春泊如也。曾取朱用纯家训"守分安命；顺时听天"两语，自题画像以见其志。子：树梅，同治进士，翰林，户部左侍郎；树棻，光绪进士，编修，道员，署按察使；树枟，知县；树桐，候选知州。

【贾谟策】乐陵县（今改市）人。咸丰九年（1859）举人，三甲第六十九名进士。

【杨延烈】章丘县（今改市）人。道光二十六年（1846）举人，三甲第七十九名进士。授直隶房山县知县。主修《房山县志》。

【刘秉清】章丘县（今改市）人。道光二十六年（1846）举人，三甲第九十一名进士。授福建德化县知县。

【王经庭】昌邑县（今改市）人。咸丰九年（1859）举人，三甲第九十二名进士。历署福建惠安、连江、永福县知县，又先后补上杭、大田县知县。

【刘昌绪】清平县（今属聊城市）人。咸丰元年（1851）举人，三甲第九十六名进士。授湖北黄陂县知县，升兴国州知州。

【李东垣】字掖亭。博山县（今淄博市博山区）人。道光十九年（1839）举人，三甲第一百零六名进士。授湖北黄陂县知县。

【崔培元】莒州（今属日照市）人。咸丰元年（1851）举人，三甲第一百一十名进士。为湖北宜都、咸宁县知县，降县教谕。

同治二年癸亥恩科

本科为清穆宗登极恩科。一甲三名，二甲七十八名，三甲一百一十九名。其中山东十七名。

【庄予桢】碑录载子桢。字幹霖。莒州（今属日照市）人。性沉毅，有孝行，攻读不懈。咸丰八年（1858）举人，同治元年（1862）会试贡士，当年未参加殿试，次年补殿试成二甲第九名进士。授礼部主事，升员外郎、郎中，充军机章京。其尽职勤勉，为大吏所器重。迁江南道监察御史，转掌四川道。屡陈军国要务，严正不阿。光绪十六年（1890），出为湖南宝庆府知府，以平武冈之乱，论功擢道员。在宝庆，断结积案一空，大力兴办教育，厘剔税关积弊，政声颇著。光绪二十五年（1899）冬，不顾上宪慰留，请假修墓，优游林下，阅数年卒，年七十七。工诗文，著有《东云课草》四卷、《宦游诗抄》二卷、《直庐笔记》二卷。

【王绪曾】字柳亭。临淄县（今淄博市临淄区）人。八岁丧父，奉母训唯谨。自幼颖悟绝人，谈吐不凡，文有华贵气。五岁时曾侍父京邸，诸翰（翰林院）、詹（詹事府）官员宴集，使诵唐诗，至"低头思故乡"句，某太史戏谓之曰："君故乡在何处，亦解思否？"绪曾正容对曰："山东我所诞生地，岂敢忘耶。"皆称吐属不凡，必为大器。肄业于济南泺源书院。咸丰八年（1858）参加乡试，诗题为"湖田稻熟雁来时"，绪曾试卷中有："啄残鹦鹉粒，飞破鹭鸶烟"之句，主考官叹其工绝，以文有微疵，而列副榜第一，后知为誊录所误，惋惜不已。咸丰九年（1859）举人，二甲第十四名进士，选庶吉士，散馆授编修。充湖南乡试主考官。旋擢福建道监察御史，有伉直声。出为河南怀庆府知府，以修河道功加盐运使衔。遇大饥，以赈济积劳卒。父云岫，嘉庆进士，翰林，监察御史；弟怀曾，同治进士，刑部主事。

【邹振岳】（？—1894）字岱东。淄川县（今淄博市淄川区）人。少颖悟，喜读书。在济南泺源书院就读时，得到主讲何绍基的赏识与指教，书法工行草，遒劲潇洒。同治元年（1862）举人，翌年联捷二甲第三十六名进士，选庶吉士，散馆由授湖南桂阳县知县，以亲老告近，改直隶怀安县知县。又转饶阳、清苑县。以办海运有功，升易州直隶州知州。其才优守洁，严察署吏，育士爱民，振奋有为，受到大吏左宗棠、曾国藩、李鸿章的赞赏或荐举，擢宣化府知府，调保定府，补天津府，以道员用，加二品衔。以积劳成疾卒。

【李萃吉】字荟坪。宁海州（今烟台市牟平区）人。咸丰五年（1855）举人，二甲第四十一名进士。授吏部主事。

【尹琳基】(1838—1899) 字琅若，号竹轩。日照县（今日照市）人。咸丰九年(1859)举人，二甲第五十名进士，选庶吉士，散馆授编修。历国史馆纂修、功臣馆总纂、文渊阁校理。充湖南乡试副主考官、陕西乡试主考官。两为会试同考官。为官清廉，敢于直言。在朝廷议论修圆明园事时，曾协助监察御史游百川上疏劝谏，痛陈此为劳民伤财之举。因与权贵不和，被监察御史诬劾罢职。家有藏书万卷。居家以诗自娱。博览群书，精于书画。著有《焚余笔记》、《楚南乘轺笔记》、《秦轺日记》、《日下见闻录》、《日照旧志考证》、《陈将军归骨记》等。

【冯尔昌】字友文、玉雯，号钟山、仲山。安丘县（今改市）人。幼承家学，咸丰五年（1855）举人，二甲第五十六名进士，选庶吉士，散馆授编修。由监察御史，升给事中。数次上疏，皆关民生利弊之大事。擢鸿胪寺少卿，提督广东学政，力杜舞弊，以廉谨称。光绪十一年（1885），充江南乡试主考官，得人称盛。历至大理寺卿，署都察院左副都御史。卒于官。

【李端遇】(1832—1901) 字筱研。安丘县（今改市）人。少倜傥，不拘小节，逾弱冠之后，改变初衷，奋发力学。同治元年（1862）举人，翌年联捷二甲第六十八名进士。由吏部主事，升至郎中，精勤奉职，洞悉案例，尚书倚之如左右手。擢内阁侍读学士，历鸿胪寺卿、副通政、通政使、都察院左副都御使、工部右侍郎。曾为江南、浙江乡试主考官和安徽学政，皆称得人。光绪二十六年（1900），义和团兴起，八国联军入侵，两宫西逃，端遇奉命为团练大臣，虽时在病中，但仍力疾从事。次年，卒于京师。曾祖父策，乾隆进士，知县；祖父于恒，举人，知县；父湘华，道光进士，翰林，记名御史。

【王文棨】字柳庄。海丰县（今无棣县）人。同治元年（1862）举人，翌年联捷三甲第四名进士。初署台湾嘉义县知县，改台防厅同知，又补台湾彰化县知县，署噶玛兰通判。所至除匪害，办重案，有惠政。以卓异提补福建邵武府同知，升台湾台北府知府，未赴任卒。兄文楷，岁贡，工书法。

【张瑞麟】字梦绂，号莲舫。高苑县（今属高青县）人。三甲第六十五名进士。

【王允善】字膺之，号雨艓。济宁直隶州（今济宁市）人。幼笃学。咸丰八年（1858）举人，以在籍办团练奖授内阁中书。考取三甲第六十九名进士，仍以内阁中书用。历国史馆校对、宗人府主事、玉牒馆纂修。玉牒告成，授户部员

【袁汝虔】字敬一，一字奉山。滋阳县（今兖州市）人。幼颖悟，孝友性成。咸丰二年（1852）举人，三甲第七名进士。初署江西乐安县知县，洁己爱民，并捐廉倡修文庙，增加书院膏火，以兴教化。两充江西乡试同考官，所得多知名士。补广昌县知县，勤听讼，培士风，尽心便民，惩治豪强，士民称颂。以卓异调署南城县知县，未赴而发病卒。为官二十余年，家中寒素，行李萧然。

【周鸣岐】县志载作铭旗。山东鳌山卫人。入载《即墨县志》。咸丰九年（1859）举人，三甲第十三名进士。授大荔县知县。

【王佩文】（1838—1879）字韵轩。寿光县（今改市）人。天资英迈。同治三年（1864）举人，翌年联捷三甲第五十五名进士。署福建晋江县知县，邑常发械斗，命案累累。佩文抵任，立决重囚，余令赎归。又用罚资募兵巡查，对制造械斗为首者予以严惩。有匪首马三宝纠集千余人，攻打乡寨。佩文亲率二百人，施疑兵之计，捣其巢穴，生擒三宝，其余皆降。督抚奇其才，将其调任泉州府建安县知县。时福建提督罗大椿驻军此处，有些兵弁严重骚扰地方，被佩文绳之以法。提督罗大椿怒责佩文道："你要怎么办，这难道不是我管辖的地方？"佩文笑对提督曰："将军误会，您拥有重兵，有跋扈之嫌，今若认为由此受到委屈，如朝廷知道，岂结果难道还是将军管辖的地方吗？"提督顿悟，转怒为喜，且共饮尽欢而别。丁忧，服阙，改补浙江黄岩县知县。未几，以病卒，年四十一。子兰芳、兰芬皆举人。

【戴恩溥】（1827—1911）字瞻原。平度州（今改市）人。父金鼎为乡试解元。幼承家学，学识渊博。咸丰九年（1859）举人，三甲第五十八名进士。授兵部主事，升员外郎。迁陕西道监察御史，转浙江道，升工科掌印给事中。又出为广西右江兵备道。凡上奏进言，皆关国计民生之大事，尤以"请禁浮收"和"胶澳划界"两折著名。光绪二十三年（1897），德国强占胶州湾。次年划界时，又想违约占界外数百里土地，平度南境也被包括在内。平度知州潘民表等上书山东巡抚力主拒绝。恩溥也同另一平度籍监察御史王培佑联名合奏，要求清廷坚决拒绝德国的侵略行径。后经外交交涉，终于迫使德国按原来规定如约划界。其在任兵备道不久，即因办事多受牵制，而致仕归里。工诗善书。著有《见山楼诗文选》、《灾民行》等。书法宗二王，秀逸有致，名重一时。居乡以诗文书法自娱，八十四岁卒。

【袁恩诏】（1824—1885）字金门，号观堂。长山县（今属邹平县）人。咸丰十一年（1861）举人，三甲第六十九名进士。授江苏宝应县知县。充江南乡试同考官。

丁父忧，服阕，改莱州府教授。

【宋季丰】（？—1868）字小南。胶州（今改市）人。天性孝友。幼嗜读，初应童子试，州、府、院皆第一，时有"小三元"之称。其博闻强记，学问渊博，躬行实践。道光二十九年（1849）乡试解元，三甲第七十八名进士。即用知县，改授沂州府教授。尤善诱掖后进，执经请业者众多。值捻军进入山东，沂州府被攻陷，又加盗贼聚集出没，季丰屡受惊悸，染痢疾卒于任所。著有《阴阁文律赋》行世。

同治四年乙丑科

【张沈清】字济源，号东溁。莱阳县（今改市）人。咸丰十一年（1861）举人，三甲第八十三名进士。历江苏昭文、句容、清河县知县。

【张建勋】字介臣，号苊臣。蓬莱县（今改市）人。咸丰五年（1855）举人，三甲第九十三名进士。分发河南以知县用。

【孙念召】金乡县人。同治元年（1862）举人，三甲第一百二十三名进士。历福建安溪、连城县知县。

【毛　璋】字礼南。潍县（今潍坊市）人。咸丰五年（1855）举人，三甲第一百三十八名进士。授直隶武清县知县，数决奇案，有贤能声。在未第时，同族某夫妇，相继病逝，所遗二幼女，因家贫入庵为尼。其出资百计赎回收养，视如已出，出嫁时，厚奁之。

【冷鼎亨】（？—1884）字镇雏。招远县（今改市）人。咸丰五年（1855）举人，三甲第一百四十一名进士。历署江西瑞昌、德化、新昌、彭泽诸县知县，又补新建县，调鄱阳县。所至恪尽职守，除暴安良，兴利除害，皆有实政。在瑞昌，惩治讼师及猾吏，以改健讼之风；在德化，以费省工速，整修濒江堤塘，称为"冷公堤"。德化、瑞昌、黄梅三县，因争利芦洲，多年相斗杀，鼎亨公平处置，晓谕化解。在附省首邑新建，一改前官"昕夕伺上官，不遑治民事"，先与上官相约，屏酬应，亲听断，得到士民赞颂。在鄱阳，先后两次抗水灾、赈灾民，常乘小舟行驶骇浪中，屡濒于危，湿疾遍体。侍郎彭玉麟巡江过境，寄书巡抚曰："某所至三江五湖数千里，未见坚刚耐苦如冷知县也。"鄱阳俗好械斗，鼎亨曰："化民有本，未教而杀之，非义也。"以《考经》证《圣祖圣谕广训》为浅说，妇孺闻之皆感动。历官十几年，食无兼味，妻子衣履皆自制。以廉率下，胥吏几无以为生。俸入辄捐为地方兴利，训士以气节为先；治案必持公平，对"军之凌民者"也敢于惩防。任内屡遇教案，甚至有人欲借以鼓众而毁坏教堂，民教双方，都考虑怕遗祸好官而停止。光绪十年（1884），升江西南昌府同知，旋乞归，卒于家。著有《凤翔山房文集》二卷。

【孙梦麟】聊城县（今聊城市）人。同治元年（1862）举人，三甲第一百四十二名进士。授桃源县知县。

【李裕后】字佑堂。历城县（今济南市）人。同治元年（1862）举人，三甲第一百四十八名进士。分发湖北以知县用。初为发审局员，讯谳多所平反。历宣恩、南漳、广济、兴山等县知县，所至以关心民生为务，多有惠政。在兴山县仅任职一年，以疾告归，卒于途中，年六十二。

【李福田】（1816—1886）原名恒坫。字心农。长山县（今属邹平县）人。明嘉靖户部尚书士翱裔孙。同治三年（1864）举人，翌年联捷三甲第一百六十名进士。历直隶饶阳、青县、任县、沙河县知县，所至多善举，百姓拥戴。以卓异候升，钦加府同知衔。以年老致仕，主讲济南书院。七十岁卒。

同治四年乙丑科

同治七年戊辰科

本科录取：一甲三名，二甲一百二十七名，三甲一百四十名。其中山东十七名。

【吴华年】（1843—1900）字呆仙，号俊峰，一号西蕚。德州（今德州市）人。性孝友，聪敏过人。初由拔贡朝考第一，授七品小京官。同治六年（1867）举人，翌年联捷二甲第十一名进士，选庶吉士，散馆授编修。同治十二年（1873），提督广西学政。李鸿章重其才，奏请其襄办文案，筹备海军事务。受李鸿章举荐，为直隶候补道。旋以疾告归，五十七岁卒。工诗文，著有《西蕚诗草》。其书法清劲秀润，出入颜欧，日写小楷万余。

【焦肇骏】字友鸿，号亦山。章丘县（今改市）人。同治三年（1864）举人，二甲第十七名进士，选庶吉士，散馆改知县。历广西富川、贵县知县。

【李肇锡】一作肇玺。字子嘉，号锦航。诸城县（今改市）人。同治六年（1867）举人，翌年联捷二甲第二十四名进士，选庶吉士，散馆授编修。为国史馆、武英殿纂修。两充会试和两充顺天乡试同考官。擢监察御史。时山东各州县征收赋税时，督催吏役乘机舞弊，以代民交纳为由，勒索加息，民不堪重负。肇锡奉命查办，据实上奏，一批不法官吏受到惩处。光绪八年（1882），肇锡上奏：顺天府房山县长沟峪村有人开办煤窑，设局诱赌，逼令劳作虐毙人命，请饬拿办。经查明，一干罪犯被严讯究办，并将煤窑封禁。以卓异升贵州贵西兵备道，改云南迤东道。后辞归。高祖父宜芳，雍正进士，知县；曾祖父樾，乾隆进士，知县；祖父璋煜，嘉庆进士，布政使。

【苑棻池】字秋舫。诸城县（今改市）人。咸丰五年（1855）乡试第五名举人，同治二年（1863）会试贡士，当年未参加殿试，直到五年后，才补行殿试成二甲第三十七名进士，选庶吉士，散馆授吏部主事，升至郎中。出为浙江温处兵备道，署浙江按察使。告归，总纂《增修诸城县志》。著有《晚香书屋课存》。

【慕荣幹】字贞甫，号子荷，一号慈鹤。蓬莱县（今改市）人。咸丰九年（1859）举人，二甲第四十三名进士，选庶吉士，散馆授编修。升翰林院侍读。同治十二年（1873），充顺天府乡试同考官。光绪元年（1875），充福建乡试副主考官。光绪八年（1882），提督陕西学政。父维德，嘉庆进士，翰林，光禄寺少卿。

【隋聿修】（？—1885）字笠庄。乐安县（今属广饶县）人。生而异敏，性倜傥，工制艺。初以选贡试用知县，不就。同治三年（1864）举人，二甲第四十八名进士。初授刑部主事，以亲老捐分山西。山西巡抚曾国荃对其非常器重。时遇饥荒，曾国荃以救荒要求在省官员各抒己见。某候补知县，乞求聿修帮忙，聿修援笔立就，洋洋二三千言，大意谓周礼救荒十二政，以保富为先，而赈民以粥，不如赈民以粟，赈民以粟，不如赈民以钱，其于利弊通塞之交。曾国荃且读且赞叹曰："此必吾笠庄所为，庸庸者不独无此见解，抑无此手笔也。"旋通告各州县，照此办理。论者谓："聿修所言，真能见其大，而消患于无形中。"一时，诸名公臣卿间亦无不知有聿修也。聿修历大同、右玉等县知县。时值朝廷有旨，要求中外臣工保荐人才。太仆寺卿冯尔昌首以聿修保荐。有官员询问前巡抚曾国荃，便谓："其家藏政谱，勤慎廉能，洞悉民间疾苦，实晋省第一好官。"聿修被特旨引见，未几，以疾卒。著有《行军密钥》、《救荒策》。

【徐会沣】（1837—1905）又名汇沣。字东浦（甫），号渭筠。诸城县（今改市）人。幼聪慧过人，喜读书，善辞令。同治六年（1867）举人，翌年联捷二甲第一百零七名进士，选庶吉士，散馆授编修。历国子监司业、司经局洗马、日讲起居注官、侍讲、侍读、侍讲学士、侍读学士，入值上书房。从光绪十七年（1891）至三十一年（1905），又历詹事府少詹事、光禄寺卿、詹事府詹事、内阁学士、工部右侍郎、礼部右侍郎、礼部左侍郎、都察院左都御史、工部尚书、兵部尚书兼管顺天府尹事。在这期间，还先后充江南乡试主考官、顺天学政、会试副主考官（两次）。会沣虽曾在光绪二十四年（1898）戊戌变法中被一时革职，旋起吏部右侍郎。但由于其办事谨慎，善于应对，处事圆滑，深得光绪帝和慈禧太后的认可，并未影响重用。光绪帝称其"持躬谨慎，学问优长"。慈禧太后则为其书写"养兵蓄锐"匾文。会沣通经史，工诗善书。其书法雍容典雅。著有《仿古粹编》。六十八岁病逝于北京官邸。

【鞠捷昌】字子联，号少俨。海阳县人。同治三年（1864）举人，三甲第二十二名进士。初为河南汝阳、祥符县知县，升补汝州知州，以治狱、平盗、赈灾，受到两任巡抚赞赏。先后擢南阳、开封府知府，整躬率属，吏治称最。迁开归陈许道，并署按察使，专司黄河河务，汛官、兵夫莫不敬畏。因急于郑州处河决要工开工，其剀切上陈，而为同僚所忌，长吏即以执拗，密劾开缺，送部引见，遂引疾归。光绪二十七年（1901）卒于家。

【魏乃勤】（1843—1900）字吟舫。德州（今德州市）人。学问渊博，文章雄沉隽雅。性忠梗，有古烈士风。初以拔贡朝考一等，授内阁中书。同治元年（1862）乡试经魁，三甲第二十五名进士。授刑部主事，听断明决，力持公道，冤狱多所平反。改礼部主事，升员外郎、郎中。又调礼部掌印郎中。以京察一等，记名府道用。擢江南道监察御史。其直言敢谏，屡弹权要，不畏强御。尤其所上《纠参户部堂官疏》，以户部书吏被抢而越权捕盗一事，弹劾户部官员，直声震天下。为此，遭权要诽谤，受到贬谴。被罢职后，主讲涿州鸣泽书院十余年，闲暇，以赋诗植菊自娱。光绪元年（1875），抱病归里，眼见国家败落，忧愤而卒。工诗文，著有《延寿客斋遗稿》、《奏疏遗稿》。

【孙儒卿】字彦臣，号让泉。平度州（今改市）人。幼承家训，刻苦攻读。咸丰十一年（1861），其率乡人抵御义军时中矛伤脖子，伤愈后更加奋励向学。同治元年（1862）举人，三甲第二十九名进士。由部曹改湖南知县。初为湖南祁阳县知县时，有盗魁李回风，横行已久，将其捕置于法。又历湘阴、衡山、湘乡、溆浦、湘潭等县知县，所至聪察决断，捕惩盗匪，吏民畏怀。以卓异调长沙县，兼署善化县。时邵阳县盗起，名曰"飘匪"。其奉大吏之命，前往清剿，历经三月，搜杀内奸，剿抚兼施，得以平定。晋秩知府，以劳瘁卒。

【孟继震】字慎修。长清县（今济南市长清区）人。咸丰八年（1858）举人，三甲第六十三名进士。授内阁中书，委署侍读，截取同知。父毓兰，道光进士，知县。

【慕芝田】字仙圃，号苣洲。蓬莱县（今改市）人。同治元年（1862）举人，三甲第七十一名进士。授刑部主事。

【赵汝臣】字枚卿，号铁珊。黄县（今龙口市）人。为拔贡时，曾任刑部主事。同治六年（1867）举人，翌年联捷三甲第八十四名进士，选庶吉士，散馆授检讨。充国史馆协修、实录馆纂修，记名监察御史。光绪元年（1875），充顺天乡试同考官。弟汝翰，光绪进士，编修，詹事府右赞善。

【黄维翰】字西园，号邺村。章丘县（今改市）人。咸丰十一年（1861）举人，三甲第一百零三名进士。授江西建昌县知县。

【汪以诚】字衡芳。历城县（今济南市）人。同治三年（1864）举人，三甲第一百一十名进士。

【李凌霄】（？—1821）字星槎，号菊谱。城武县人。道光二十四年（1844）举人，历经二十四年，方考取三甲第一百一十七名进士。

【术其冀】章丘县（今改市）人。字雷堂，号墨泉。三甲第一百二十名进士。

同治十年辛未科

本科录取：一甲三名，二甲一百二十名，三甲二百名。其中山东二十一名。

【王成德】滨州（今滨州市）人。同治九年（1870）举人，翌年联捷二甲第七十一名进士。

【杨成爻】字子詹，号如坡，一号拜经。诸城县（今改市）人。秉承家训，攻读不辍。同治九年（1870）举人，翌年联捷二甲第七十七名进士，选庶吉士，散馆改直隶龙门县知县。抵任勤理民事，劝农桑、修水利、兴文教、惩奸顽，得以大治。上官命其代管蔚州事。未启程前，民众于夜间用麻袋装上沙土将县衙大门和邑城四门屯起，以此来挽留他。到蔚州，首先革除向有所属吏员为新官上任所凑集二千金寿礼的陋习。十多年，蔚州从未放过正任，原因是这里有一个三个大户争过继案件，为争夺继承一笔巨额财富，各自不惜代价，竞相行贿，以致成为直隶闻名官场的蔚州大悬案。历来委任代理官员，都是上官亲近之人，在接受三家行贿后，不等结案，就改调而走，上官也从中分赃。成爻上任未逾月，就依法秉公判决了这个所谓悬案，这无疑断了贪官的财路。未久，成爻即被委署昌黎县知县，又改补新河、盐山等县。以积劳成疾，卒于任。其工诗词，著有《古禅子诗抄》，写有大量抨击现实、针砭时弊的诗词。所写诗中，有"天公枉把人才降，不识金钱会做官"，"文章只许成荣贵，笔墨何能当炮枪"，"始知官场少廉吏，谁识孔门尽盗跖"之句。弟成雯，举人；孙壮夫，济南政法学堂毕业，善诗词，嗜书画，尤擅篆隶。

【臧济臣】（1846—1920）字未斋，一字景傅，号湄东逸叟。诸城县（今改市）人。幼家中贫困，刻苦自砺，矢志求学。同治九年（1870）举人，翌年联捷二甲第九十名进士，选庶吉士，散馆授编修。历詹事府左中允、国子监司业和翰林院侍讲、侍读。为人有气节和胆识，居京官二十年，恪尽职守，廉洁奉公，不谋私利，有名于时。光绪三年（1877），充会试同考官。光绪五年（1879），提督湖北学政。其任满将回京，值军人哗变，上官无计可施，皆藏匿。济臣挺身而出，喻以大义，军士帖服。其谒见巡抚，申明军人哗变原因是官府扣留军饷，使克扣军饷的官员受到查办。不久辞归。光绪二十五年（1899），诸城遭受历史上罕见蝗旱灾害，济臣上书官府，要求开仓赈济灾民，被横遭拒绝。济臣率饥民数百，向城里大户借粮，并命大地主丘浚恪管饭。丘不从，暗报官府。巡抚派道员前来查处，责问济臣："世身为朝廷命官，却公然煽动民众滋事要挟官府，是何居心？"济臣大义凛然，慷慨陈词："蝗旱连年，庄稼颗粒无收，民命如悬丝，官府坐视不救，只知催科，民起自救，以求活命，岂能算是不法？"道员无言以对。朝廷遂以"聚众滋事，要挟官府"之罪，将济臣"着即革职，永不录用"。时济臣已七十岁左右，断然剪发，高唱反清。诸城成立革命军，公推其任总司令。失败后，济臣带领子孙，头戴假发到处流浪。民国成立后，创办有志国民学校，从事教育事业。民国九年（1920），以病辞世。

同治十年辛未科

【高肜瑄】字子衡，号叔玉，一号六斋。利津县人。同治元年（1862）举人，二甲第一百一十七名进士。授工部主事。素性淡泊，不尚奔竞，沉滞工部三十余年。每公闲暇，即闭户著述，著有《瑞竹轩文集》数十卷，又有杂诗多卷。六十九岁卒于京邸。父贡龄，道光进士，知府。

【王广寒】字桂府，号韶臣。寿张县（1964年撤销，分属山东阳谷县、河南范县）人。同治元年（1862）举人，三甲第十七名进士。授吏部主事，以员外郎衔任官学教习，调署安徽全椒县知县，补舒城县。卒于官。

【宋岱龄】字鲁瞻。胶州（今改市）人。少孤，事母以孝。性聪敏，倜傥不群。学政器重其才。同治元年（1862）举人，三甲第二十名进士。历河南宁丘、祥符、鹿邑、怀宁等县知县，所至政声洋溢，士民怀思。充河南乡试同考官，荐拔皆知名士。以母老告归，母殁哀毁成疾，卒于家。

【陈秉和】（1835—1909）字梅村，号石卿。曲阜县（今改市）人。幼承家学，酷爱经史，为文深入浅出。同治元年（1862）举人，三甲第三十一名进士，选庶吉士，散馆授检讨。赋性刚直，不畏权贵。历国史馆纂修、詹事府左中允、国子监司业（署）。光绪十五年（1889）之后，西方教会势力在中国大力扩展，奉教者往往倚仗教会为害乡里，秉和上陈凡涉教案者，不容各国使臣袒护。朝中官员皆认为所论事关重大。又历咸安宫总裁、文渊阁校理、司经局洗马、詹事府右庶子，特旨命署顺天府尹。在任矢勤矢慎，革去一切陋规。光绪二十年（1894），奉命在籍督办团练。返京后，擢日讲起居注官和翰林院侍读学士。秉和劾山东巡抚张汝梅用私人、误河工、废捕务、蚀赈款诸事，张汝梅被降级，其属下四人革职。其刚直之声震动朝野。光绪二十六年（1900），义和团兴起，将入北京时，其面谒大学士徐桐提出"未闻有以邪术成大事者，宜慎重之，及今尚可挽回"，以图阻止清廷利用义和团攻打洋人，而坐享侥幸之利。徐桐置若罔闻。不久，八国联军侵入北京，皇室西逃。秉和追赶两宫行在，途中得腹疾，步行返里。至德州时，得知被晋升内阁学士，例兼礼部侍郎。但因回籍后久病不愈，遂请求辞职，七十三岁卒。著有《禹贡水道考》一卷、《居易斋诗集》二卷。高祖父士元，嘉庆进士，知县；祖父子玮，举人，县教谕；父得明，乡试亚魁，著有《论语讲义》、《有不为斋诗》；弟秉同、秉均皆举人。

【张庭兰】（1828—1892）字汉台，一字孝畹，号澄溪。莱芜县（今改市）人。自幼聪颖嗜学，多智好义。在家乡担当寨主，率众阻击过境捻军，又籴谷碾米助饷僧格林沁，论功赏五品顶戴，以知县录用。但其耻于非正途不肯接受，发奋读书，不改初志。咸丰二年（1852）举人，三甲第三十二名进士。以知县分发江苏，但"公候补六载，怀才不得一试"，经上官考查，认为其"此真学道矣"。光绪三年（1877），先后署江苏宿迁、青浦县知县。光绪五年（1879）加同知衔，奏补丹阳县知县。光绪十年（1884），移寓淮扬，为漕运总督办理文案，帮助总督校正《奏议》若干卷。光绪十四年（1888），改任嘉定县知县。翌年，继母病逝，扶柩归里。庭兰居官多年，"一丝不苟取"，"从未以私于人"，所至兴利除弊，权养兼施，民颂其德。著有《历代名臣录》、《唐诗解》等。工书法，造诣较高。六十四岁卒。

【单传经】高密县（今改市）人。咸丰五年（1855）举人，三甲第三十九名进士。授贵池县知县。

【杨晋笙】诸城县（今改市）人。同治九年（1870）举人，翌年联捷三甲第五十名进士。授户部主事，升员外郎。

【盖绍曾】字唯我，号凤西。莱阳县（今改市）人。同治元年（1862）举人，三甲第六十名进士。先后署四川黔江县知县、合州知州，补雅安县知县，改南充县。居官廉能，总督丁宝桢称其才堪大用，曾道："州县官若尽如盖令，督抚等官可弗用也。"弟绪曾，举人。

【毕奉先】字润璋。新城县（今桓台县）人。同治九年（1870）举人，翌年联捷三甲第六十三名进士。由刑部主事，改署江苏震泽县知县，兴利除弊，严吏治，明断狱，立书院，助义学，修邑志。充江苏文武乡试同考官。为政几年，百废俱举，时称良吏。著有《静庵诗抄》。

【孔继钰】字润生，号选楼。曲阜县（今改市）人。同治九年（1870）举人，翌年联捷三甲第八十六名进士，选庶吉士，散馆改广东乐会县知县。

【马煮】字右轩。德州（今德州市）人。同治九年（1870）举人，翌年联捷三甲第一百零六名进士。授河南荥泽县知县，值岁歉，赈急勤劳，民免饿殍。改镇平县知县,"勤听断,绝苞苴",对盗贼弹压抚授,不遗余力。以事免官。著有《病起余笔》。堂弟翮,光绪进士,知府。

【刘铭训】福山县(今烟台市福山区)人。道光二十九年(1849)举人,三甲第一百零七名进士。授直隶静海县知县,邑有静山寺,乃为乾隆帝所钦赐,寺中和尚不法,铭训上请予以严惩。改济南府教授。

【王泽普】乐陵县(今改市)人。三甲第一百二十三名进士。

【张琅函】城武县人。同治三年(1840)举人,三甲第一百五十一名进士。

【石裕绅】字艻堂,号拙农。蒙阴县人。三甲第一百六十六名进士。

【陈　岳】字云峰,号雨人。菏泽县(今菏泽市牡丹区)人。同治元年(1862)举人,三甲第一百六十八名进士,署内黄县知县。

【于成麒】字仲平,号静斋。莱阳县(今改市)人。同治三年(1864)举人,三甲第一百九十六名进士。

【孟椿山】益都县(今青州市)人。道光二十六年(1846)举人,三甲第二百名进士。授莱州府教授。父传经,举人。

同治十三年甲戌科

本科录取：一甲三名，二甲一百三十二名，三甲二百零二名。其中山东二十四名。

【**牟荫乔**】（？—1894）字梓南。福山县（今烟台市福山区）人。幼承家学，博学多识。同治元年（1862）举人，二甲第九名进士，选庶吉士，散馆授编修。其不通私谒，以故宦途蹉跎。到晚年始得补监察御史，所上疏皆能洞察时弊。山东在京经商者，以登州、莱州为最多。旧有宝应寺一片义地，房产甚多，原有山东在京为官者管理其事，后行年既久，无人过问，被商人侵占，遂致废弛。荫乔约集同乡京官，悉心整理，订立章程，使贫无资者死后皆得归骨于家。光绪十七年（1891），出为广西柳州府知府，倡教化，施善政，以善断案著称。光绪二十年（1894）卒于任所。工词赋。父锓之，举人，著述甚多。子嘉保，廪贡，候补知府。

【**王兰升**】（1829—1880）字芷庭，亦作芷廷，号秋湘。莱阳县（今改市）人。少有志于功名。同治六年（1867）乡试解元，二甲第六十七名进士，选庶吉士，散馆授编修。年逾四十始通籍，为国史馆协修，加三级。其躯干伟岸，志向远大，慨论中外事，辄涕泗交颐。曾为人上书左宗棠，左奇其文，亟欲一见，辞不往。辞归，应聘济南教授，半生教学，誉满乡里。莱阳县知县陈恩涛之子陈冕受其教授，考中状元。其文章、书法为时人所重，被誉为有经世济民之才。生平著作多散佚，仅存《诗钞》一卷。光绪六年（1880），五十二岁卒于京师，乡谥"文孝"。子：垿，光绪进士，翰林，弼德院顾问大臣；塾，光绪进士，翰林，知府。时称"父子三翰林"。

【**孙葆田**】（1839—1909）字佩南。荣成县（今改市）人。《清史稿》有传。同治六年（1867）举人，二甲第七十三名进士。授刑部主事，改知县。为安徽宿松县知县时，勤政爱民，日坐堂皇，其妻纺织，室中萧然如寒士。调合肥县，大学士李鸿章弟子之傔人（随从佐吏）横行于乡，以逼债殴人致死。葆田检验尸伤，观者数万人，恐县令为豪强迫胁所验不实。葆田命作作曰："敢欺罔者论如律。"经查验，确系殴打致死，遂成定案，人皆欢呼，谓包龙图复出。有监察御史劾葆田"误入人死罪"，葆田遂自免归，名闻天下。逾数年，安徽将清丈民田，巡抚福润疏调葆田主其事，辞不赴，贻书当事，言清丈病民。历主山东尚志、河南大梁书院,学者奉为大师。被聘大学堂监督,并充古学堂教务长。其精研古诗文辞,著述颇多。曾主山东通志局,编纂《山东通志》达二百卷。著有《校经室文集》、《校经室文集补遗》、《孟子编略》、《曾南丰年谱》等。巡抚张曜疏陈其学行,赐五品卿衔。朝廷内外大臣迭荐之,诏征不出。宣统元年(1909)卒,年七十。父福海,举人,知州。

【王　绰】字孝宽,号薇轩。诸城县(今改市)人。明万历举人、知县家栋裔孙。幼承家训,沉静老成,勤谨好学。同治九年(1870)举人,二甲第七十九名进士,选庶吉士,散馆改刑部主事,升员外郎。出为浙江金衢严道。以老病告归,卒于家。祖父文骧,嘉庆进士,知县;父祺海,道光进士,知府;兄绳,举人,内阁中书。

【杨玉相】(1840—1932)字子瑜。宁海州(今属乳山市)人。自幼"天才绚烂",善诗文书法,青年时即文名大噪。咸丰八年(1858)举人,二甲第八十五名进士。授礼部主事。以不满慈禧太后专权跋扈辞归。自称"半瓠散人"。晚年设帐乡里,变卖家私、土地,兴办教育,远近从游者众多。民国初年,学生吴佩孚多次请其出山任职,均被拒绝。其常告诫子孙:"一不当官,二不经商,做耕读之家。"九十二岁卒。著有《观我堂文集》、《观我堂诗集》。

【陈士炳】字霞仙,号闰兰。历城县(今济南市)人。同治九年(1870)举人,二甲第一百一十九名进士。授兵部主事。

【孙彝政】字芦丹,号梅农。胶州(今改市)人。咸丰九年(1859)举人,二甲第一百二十五名进士。授户部主事,旋乞假归。其冲龄失父,事母至孝。主讲灵山、珠山两书院,诱掖诸生各视其才而造就之,一时登第者皆出其门。尤乐于为善,岁歉或水灾,其与诸兄首倡捐赈,煮粥、筑室以济之。请恤战乱殉难者,具棺葬战乱枯骸。其曾有言:"一切敬父母之遗体,万勿留子孙以余殃。"六十七岁卒,乡人私谥"孝端"。

【米协麟】字瑞符,号景韩。济宁直隶州(今济宁市)人。同治元年(1862)会试第二名贡士,殿试成三甲第二十二名进士。以知县分发福建,亲老告近改直隶,直隶总督李鸿章以能干之才委办营务处,派赴各属审讯上控案件,名声大震。补授直隶东明县知县,时遇饥荒,上请停征颁赈,并捕杀盗首朱龙、孟三等。旋改安平县,未赴任。连丁父母忧,归籍八年,服除,补甘肃文县知县。因地制宜,民安其政,俗渐更新。又改新疆平番县知县,悬赏缉获匪首马标等十余人,抢劫之风敛迹。驻藏大臣过平番,询其藏中大计,协麟以道路险远,用兵不便，宜和平办理相告。大臣约其赴藏，力辞不就。光绪十六年（1890），署甘肃静宁州知州，为蜚语中伤免职。年中甄别，以改教职归。居家著述自娱，不与外事。著有《辽左陇右边防记》、《西藏时势说》、《辽左陇右铁路线》、《时务说》、《忧时处士问答》、《海山刍言》、《保护朝鲜论》。

【朱昌霖】蓬莱县（今改市）人。咸丰二年（1852）举人，三甲第二十三名进士。署江苏靖江县知县。

【王怀曾】字德亭。临淄县（今淄博市临淄区）人。自幼失父，备受艰辛。十八岁始奋志读书。其考中秀才后，先是笔耕为业，后游历四方，复从兄居京师，以得与贤士大夫游，文乃越工。考取国史馆誊录，《文宗实录》告成，以盐大使分发四川，未赴。同治十二年（1873）举人，翌年联捷三甲第八十名进士。授刑部主事。兄殁，灰心仕进，请改教职，补泰安府教授。启迪有方，从学者甚众。捐俸倡修文庙。父云岫，嘉庆进士，翰林，监察御史；兄绪曾，同治进士，翰林，知府加盐运使衔。

【贾汝谦】字益轩，号菊仙。费县人。同治九年（1870）举人，三甲第九十七名进士。历江苏崇明和甘肃皋兰、宁远、张掖县知县。

【孔广鉴】字次衡。宁海州（今烟台市牟平区）人。同治九年（1870）举人，三甲第一百零五名进士。授安徽凤台县知县。

【张兆楷】（1825—1879）字叔则。潍县（今潍坊市）人。生于潍县四大家族之一。同治元年（1862）举人，三甲第一百零七名进士。授江苏兴化县知县，岁遇旱蝗，躬亲督捕，并捐俸赈济民困。又遇运河水涨，督众卜堤昼夜防御，匝月不得息。在任二载，积劳病殁，民皆痛惜。兄兆栋，道光进士，巡抚，署总督。

【王会英】（1829—1909）字薇卿，一字静庵，号愚村。利津县人。以孝闻。幼嗜读，过目不忘，及长益肆力于诸子百家，士林目为博学之士。同治十二年（1873）举人，翌年联捷三甲第一百一十一名进士，选庶吉士，散馆授检讨。改监察御史，升至兵科给事中。先后疏劾山东巡抚福润"玩视民瘼"、李秉衡"刚愎自用，不恤民隐"，人皆以骨鲠称之。迁甘肃平庆泾固化盐法兵备道，治绩卓著。年余致仕。著有《鸿雪轩诗集》八卷、《荆华书屋课艺》十二卷及《馆阁诗集》、《律赋论策》各若干卷。七十八岁卒。

【尹序长】字西庚。肥城县（今改市）人。同治十二年（1873）举人，翌年联捷三甲第一百二十三名进士。授户部主事，升至郎中。在京供职十余年，清正廉洁，不随流俗，谙练勤慎，屡蒙召对，条陈部务纤悉无遗。出为江西九江府知府，正己率属，善体民隐，以劳卒于任。

【李兆梅】（1826—1894）字和生。历城县（今济南市）人。咸丰进士、巡抚李庆翱胞侄。同治元年（1862）举人，以率领团练抵御捻军守城有功，保候选县教谕。考取三甲第一百四十七名进士。历直隶唐县、邯郸（署）、抚宁（署）县知县，所至皆有作为。在唐县，捐廉倡修文庙、东西陵御道和衙署。在邯郸县，时滏阳河坝久废，筑长堤十余里，以障长沟之水。又向下疏猪龙河十余里，以利宣泄，沿河数千顷农田得无水患。捕获邻境巨盗十三名，民得安宁。在抚宁县，时值用兵朝鲜，运送军火兵车过境络绎不断，兆梅事得办理，而无扰民。六十八岁卒于任。著有《锄月山房诗稿》、《劝民稼穑歌》。

【任步月】字绍文，号西坪。临清直隶州（今改市）人。同治十二年（1873）举人，翌年联捷三甲第一百五十二名进士。以安徽知县用，旋归。主讲于临清书院。在家乡办团练和赈济饥民。工诗文，著有《带经堂集》、《诗古文词》、《大小题制艺》。

【倪晋麟】（1833—1909）字小裴，号午桥。海阳县（今改市）人。同治九年（1870）举人，三甲第一百五十七名进士。铨选期间，在潍县知县荐举下，在莱阳一大户人家为塾师多年。后授安徽建德县知县，加同知衔，为政颇有建树。

【孟宪章】一作宪璋。章丘县（今改市）人。同治九年（1870）举人，三甲第一百五十八名进士。授河南扶沟县知县。

【焦云龙】（1840—1901）字雨田。长山县（今属邹平县）人。同治十二年（1873）举人，翌年联捷三甲第一百七十一名进士。历陕西长安、咸宁、富平、临潼、安康、三原、米脂等县知县，先后升商州、绥德州知州，两任潼关厅同知。在陕西为官三十年，所至严保甲、清户口、捕匪首、劝农桑、修河道、建书院，民心悦服。在三原时，民间有"公在池阳，视民如伤，五日在城，五日在乡"的赞颂。光绪二十六年（1900），关中大旱，饥民环泣街巷，朝不保夕。云龙时任职潼关厅，冒罢官之风险，不待上请批文到达，即率属顶风冒雪，开仓施赈，饥民得救。以劳致疾卒。贫无以殓，靠僚友及绅民出资相助才得以归葬。潼关人为其建专祠。著有《崇俭斋诗文集》。

【汪庆长】字云之。泰安县（今泰安市）人。同治六年（1867）举人，三甲第一百七十二名进士。授河南沈丘县知县。

【马毓芝】字瑞六，号芦村。寿光县（今改市）人。咸丰十一年（1861）举人，三甲第一百八十二名进士。历山西浮山、山阴、应州、猗氏等知县、知州，所至以兴利除弊为己任，访民疾苦，请免赋税，疏修河道，平粜市价，赈贷灾民，设立育婴堂，颇有政声。尤尽心于听讼，以伦理化解民间矛盾。三充乡试同考官。公余为诸生论文讲经，经其指授者多成名。丁父忧，哀毁而卒，年六十四。

【杨德春】字峻亭，号晓岚。诸城县（今改市）人。同治三年（1864）举人，选博平县训导。三甲第一百九十二名进士。授兖州府教授。为振兴文教，创立"丛桂山房文社"，远近从游者常百余人。五十七岁卒。

【魏云贵】（1819—1882）一作云桂。字香岩，号屏山。临朐县人。同治九年（1870），五十一岁考中举人。三甲第一百九十九名进士。以候补府学教授用。在家五六年，授徒为生。光绪六年（1880），授沂州府教授，未满任病卒。

光绪二年丙子恩科

本科为清德宗登极恩科。一甲三名,二甲一百五十六名,三甲一百六十五名。其中山东二十一名。

【曹鸿勋】(1846—1910)字仲铭,一字竹铭,号兰生。潍县(今潍坊市)人。家中贫寒,勤奋好学。著名金石学家陈介祺收其为义子,专门邀请翰林王之翰授读。光绪元年(1875)举人,翌年联捷一甲第一名进士,状元,授修撰。其所居住的城南关新巷子,之后又出了状元王寿彭,人称"状元胡同",传为美谈。光绪五年(1817),充湖南乡试副主考官。两年后,又提督湖南学政,开办书院,选送优秀学员深造,使边区学风大变。光绪十三年(1887),入值上书房,教奕祥子载润读书。光绪十五年(1889),充陕西乡试主考官(一说旋改江西乡试副主考官。《清代职官年表》不载)。回京后,由教习翰林院庶吉士,复做上书房授读师傅。光绪二十年(1894),以四品衔充日讲起居注官。入翰林升转之地詹事府,先后为右春坊右赞善、左春坊左赞善。光绪二十二年(1896),出为云南永昌府知府,又改云南府。所至明断讼狱,平反数起大冤案。尤关心百姓疾苦,凡有益于民生者,无不竭力而为之。以卓异迁云南迤东道,继而又署云南粮储道。光绪二十七年(1901),擢云南按察使,未及两月,断结上控大案十余起。光绪二十九年(1903),擢贵州布政使,并署贵州巡抚。光绪三十一年(1905),调补湖南布政使,旋升陕西巡抚。光绪三十三年(1907),奉旨还朝协理开办资政院事务。宣统二年(1910)病卒。擅书法,宗欧阳询,亦工汉隶。偶作墨笔兰竹,流传甚少。著有《益坚斋诗文》。莱阳进士、书法家王垿,乃其入室弟子。祖父孚中,知县,工楷书。

【吴树梅】(1844—1911)字燮臣。历城县(今济南市)人。同治六年(1867)举人,二甲第一名进士,传胪,选庶吉士,散馆授编修。历迭主文衡,得士称盛。分别在光绪五年(1879)、八年(1822)、十四年(1888),以编修充江西乡试副主考官、河南乡试主考官、浙江乡试副主考官。并充会试同考官。光绪九年(1883),被特旨南书房行走,以忠肫深受上知。历国子监司业,詹事府右春坊右中允,司经局洗马,翰林院侍讲、侍读,詹事府右春坊右庶子。光绪二十四年(1898)八月,由国子监祭酒,擢内阁学士,任户部左侍郎。是年十月,提督湖南学政。光绪二十七年(1901),以风湿病奏请开缺回籍。居家十年,大学士瞿鸿机时致函问疾,促其回都,以救时艰。树梅曰:"食禄而不能治事,吾不敢欺心为之也。"不赴。宣统三年(1911)秋,武昌事起,树梅对独立和共和持反对态度,携家人遁入山中,旋卒,年六十七。工诗,著有《浙使纪程诗》。父毓春,同治进士,刑部郎中。弟:树棻,光绪进士,翰林,道员;树枃,知县;树桐,候选知州。

【刘中策】(1842—1905)更名纮襄。字蓉芳、蓉舫、坎方、次方,号菊溪。沂水县人。同治元年(1862)举人,二甲第五名进士,选庶吉士,散馆授编修。两充会试同考官,两充顺天乡试同考官。擢河南道监察御史,刚直不阿,敢于直谏。《光绪东华录》中载有其许多奏章。光绪十六年(1890),文廷式中榜眼三个月后,中策上疏劾翁同龢等阅卷大臣,指出文廷式策论卷中,"闾阎"误为"闾面",并未签出。翁同龢等阅卷大臣均交议处,俱罚俸。光绪十七年(1891),中策专疏奏明沂水县苛政盐务,光绪帝令山东巡抚查办,使沂水盐税有所减轻。光绪十七年(1891),以忤吏部尚书麟书遭罢官,被邀到济南讲学。光绪二十年(1894),被恭亲王起用为山西候补道,卒于任。工诗文,擅书法。其诗清新雅韵,有浓厚乡土气息。其行书如行云流水,潇洒飘逸,独成一体。叔父秉钵,道光进士,府同知(知府衔);秉铨,举人;兄中瀚,知府;弟中濂,贡生,以军功候补知县。

【王锡蕃】(1850—1921)字季樵,号雅兰。黄县(今龙口市)人。光绪元年(1875)举人,翌年联捷二甲第十八名进士,选庶吉士,散馆授编修。两充顺天乡试同考官。光绪十七年(1891),充湖南乡试主考官。又历詹事府右春坊右中允、翰林院侍读学士、詹事府少詹事、礼部左侍郎(署)、福建学政。光绪二十四年(1898),被革职。祖父鸿中,嘉庆武解元、武进士,官侍卫;父文田,举人,知府。

【管廷鹗】(1854—1907)字士一,号荐秋。莒州(今属五莲县)人。幼颖悟,善属文,工楷法。光绪元年(1875)举人,翌年联捷二甲第三十五名进士,选庶吉士,散馆授编修。历湖北乡试副主考官,河南、陕西乡试主考官,山西学政,国子监祭酒,光禄寺卿,太常寺卿。升至大理寺卿,署都察院左副都御史。俱能称职。光绪三十三年(1907)卒,年五十四,私谥"端介"。为官三十年,秉性介特,持躬廉俭,不尚结纳,绝迹津要。在充乡试考官时,秉公取士。在都察院时,曾就学堂事宜,向光绪帝提出融合满汉、政艺分科等建议,被采纳施行。擅长文学,古近体诗风华典雅。著有《凤山堂诗集》、《凤山堂塾课》、

《晋阳党门诸集》、《晋韶吟草》等。兄廷献，光绪进士，探花，道员；弟廷纲，光绪进士，知县。侄：象颐，光绪进士，翰林，度支部左参议、江南财政监理官；象晋，光绪进士，翰林，知府。有"一门五进士，叔侄三翰林"之赞誉。

【孔宪曾】字以鲁，号筱云。曲阜县（今改市）人。孔子七十二世孙。同治九年（1870）举人，二甲第八十七名进士。民国《续修曲阜县志》载为翰林（《清代翰林传略》未载）。著有《凝祉堂诗》。高祖父传炯，乾隆进士，布政使；父昭慈，道光进士，翰林，兵备道，战死；弟宪高，举人，知县。

【王　敞】字尚文，号娄村。安丘县（今改市）人。少孤，事母至孝。其博闻强记，淹通经史，文名早著。同治十二年（1873）举人，二甲第一百四十一名进士。授户部主事。为人坦率，不事营逐，不攀附权贵。改真如县知县，以卓异保举直隶州知州，并被委办泾县厘金局，商旅皆称其不苛。丁母忧，服阕，旋卒。著有《客游吟草》、《还山集》、《倦游录》、《归田草》各一卷。弟敷，光绪进士，刑部主事。

光绪二年丙子恩科

【杨际清】（1850—1878）字子会，号镜海。胶州（今改市）人。少有宿慧，美丰姿，诗赋、书法俊秀天成。从学于济南泺源书院，为院长匡源所奇赏。初举优贡廷试第一，名噪京师。同治九年（1870）举人，二甲第一百五十六名进士，选庶吉士，散馆改刑部主事。供职仅数月告归。主讲于济宁任城书院。未二年卒。所著《古近体诗文》，刊入泺源书院《课艺三编》之中。

【张懋澄】栖霞县（今改市）人。同治十二年（1873）举人，三甲第九名进士。授户部主事。

【艾庆澜】济阳县人。同治十二年（1873）举人，三甲第二十二名进士。由刑部主事，升员外郎。改监察御史。仕至户、礼等科给事中。

【路敬亭】字笑山，号一峰。历城县（今济南市）人。幼聪颖，强识博闻，有文名。咸丰八年（1858）举人，三甲第六十六名进士。以知县分发江苏，非其愿，又遭父母相继去世，遂绝意仕进，归里授徒。主讲章丘绣江书院与省垣景贤书院，诱掖后进，唯恐不及。无后而卒。

【卢乐戍】（1838—1910）县志载作乐戍。字和堂，号汇宾。莱芜县（今改市）人。同治十二年（1873）举人，设帐讲学于泰安大汶口，文名大著。三甲第八十八名进士。授广东东莞县知县。当地因争沙田经常发生械斗，其遇案悉心研鞫，务求公平，此风为之改变。虎门为东莞重镇和沿海门户，有法国传教士李默为械斗者接济军火，乐戍查清实事，拿到证据，据实禀报大吏，经照会交涉，李默被召回国。改南海县知县，时有洋教士将华人推入水中溺死，引发众怒，焚毁教堂，发生骚乱，其闻讯驰往解决，办理得宜。以秉公办案，得罪豪绅，遭受诬陷，经朝廷派员查明真相，还以清白，改曹州府教授。告归，隐居泰山之麓，以寿终。

【王善泽】字兰居，别号谷山居士。东阿县人。幼禀庭训，嗜学善悟。成拔贡后，朝考一等，以知县用。呈请改教职，由临邑县训导，授青州府教授。同治三年（1864）举人，三甲第九十一名进士。授户部主事。因父母相继去世，连续归里守丧，先后主讲阳谷、平阴、东平、泰安、沂州等地书院。以河工抢险功，山东巡抚荐举保升河南知府，至河南奉委办理税局，卒于任。善泽淡泊自持，不慕荣利，以文章经史自娱，书法颜鲁公，兼喜画兰竹，世人珍如拱璧。乐行善事，对有难者倾囊相助。热心办学，倡捐巨资，解决延师课士经费。工诗文，民国《续修东阿县志》载其诗文四十余篇。

【郭敬佑】字康臣，号芸书。乐陵县（今改市）人。三甲第九十五名进士。

【樊春林】字杏桥，号静轩。长清县（今济南市长清区）人。少失父母，家贫嗜学，由廪生举孝廉方正。同治九年（1870）举人，三甲第一百名进士。授部主事，自告降改青州府教授。知府聘其为云门书院山长，送"教泽孔长"匾额。春林品端学粹，赋性慈和，请托和馈遗一概谢绝，一时文人学士受业门下者络绎不绝。大吏保举国子监学正。在任候升直隶州知州，因年近古稀，无意仕进，唯以灌花观鱼和教子课孙为娱。著有《治家琐言》、《读书必要》、《训蒙俗语》。

【王宝田】即墨县（今改市）人。三甲第一百零二名进士。工书法，结体严谨，挥洒遒劲，凝重而不失秀润。

【姜渭春】（1835—1897）字晴川，号树雨。历城县（今济南市）人。同治六年（1867）举人，三甲第一百一十二名进士。初署直隶东光县知县，改新城县知县，升祁州知州，所至有政声。以在按察司办案有功，由保升直隶州知州，再保升知府。旋患痰喘，引疾告归。主讲曹州重华书院，因材施教，多所裁成。晚年，著述甚富，多散佚，如《留余堂诗文集》、《公集日记录》等均不存，唯《黄河归故道策》为山东巡抚张曜所赏识，留于署中。六十二岁卒。

【薄绍绪】利津县人。同治九年（1870）举人，三甲第一百二十二名进士。分发广东即用知县。

【楚登鳌】（1825—1902）字笔峰。历城县（今济南市）人。咸丰八年（1858）举人，三甲第一百三十名进士，分发安徽以知县用。初充发审局副办，治狱详

光绪二年丙子恩科

审，为知府所倚重。旋奉委专理京控案件。两充江南乡试同考官。补黟县知县，召集抚育，使兵燹后的百姓安居乐业。丁母忧，以父年老，不愿仕进，遂隐居不出，优游山水，以读书赋诗自娱。七十七岁卒。

【王建言】字次斋。博山县（今淄博市博山区）人。同治元年（1862）举人，三甲第一百三十一名进士。授广西河池州知州，改上林县知县。

【袁叶茂】（1848—1902）字仲玉，号梦池。长山县（今属邹平县）人。光绪元年（1875）乡试解元，翌年联捷三甲第一百三十六名进士。授安徽太湖县知县。

光绪三年丁丑科

本科录取：一甲三名，二甲一百三十一名，三甲一百九十四名。其中山东二十二名。

【李兆勋】字汾生，号勋夫。历城县（今济南市）人。光绪元年（1875）举人，二甲第十九名进士，选庶吉士，散馆授编修。精楷法，尤工汉隶。父崇蟠（拔贡，知府，署道员），官山西，奔父丧，主讲山西书院，卒于太原。

【荣垕源】直隶宁津县（1964年复归山东德州专区）人。光绪二年（1876）举人，翌年联捷二甲第五十三名进士。授内阁中书。

【孔祥霖】（1852—1917）字少沾，号恫民。曲阜县（今改市）人。孔子七十五世孙。祖父庆鎞（道光进士，知县）、父繁渥（举人）皆死于和太平军交战中，朝廷褒以"一门忠孝"。祥霖由其母守节抚育成人。少颖悟，赋性仁厚。尤嗜程朱之学，广览群籍，博淹旁通。光绪元年（1875）举人，二甲第六十四名进士，选庶吉士，散馆授编修。充国史馆协修、功臣馆纂修。充顺天乡试同考官。光绪十四年（1888），为甘肃乡试主考官。光绪十七年（1891），提督湖北学政，提出经、史、理、文分科教士建议。中日甲午战争后，祥霖以忧国之心，在丁母忧回籍期间，积极倡办实业和教育。在家乡创办曲阜算学馆、农桑局、工艺场。受山东巡抚周馥聘请，筹办山东学务及实业，并护送中国留学生赴日本，实地考察日本学务及实业。在山东各地筹设师范学堂和实业学堂。兼任兖、沂、曹、济各道农桑会总办。从光绪三十二年（1906）至三十四年（1908），祥霖先后在河南充任学政（署）、按察使、布政使（加二品衔），大力兴办新式学堂，设置阅报所、实验厂及省图书馆等。还办起省学务公所，下设劝学所。开办师范学堂和教育官员训练所。辛亥革命后第二年，辞官返回曲阜，被选为曲阜孔教总会总理，担任曲阜经学会会长。组织曲阜尚实社，独资捐办尚实小学，开辟桑园，开设实业课。民国六年（1917），以病去世，年六十五。著有《经史考说》二卷、《曲阜清儒著述记》二卷、《曲阜碑碣考》四卷、《四书大义辑要》十卷、《东游条记》二卷、《强自宽斋杂著》数卷。

【王联璧】字星瑞，号兰生。高密县（今改市）人。家贫穷，课蒙度日。同治九年（1870）举人，二甲第九十九名进士。历刑部主事、浙江道监察御使和贵州遵义、贵阳、黎平府知府。其天性孝友，刚正不阿。在刑部，悉心谳狱，多所平反。为监察御史，见山东多盗，疏劾大吏隐瞒盗情，直声震一时。在贵州，不畏难治，勤求民情，剔除积弊，痛抑豪恶，故所至有声，为大吏所倚重。庚子之乱时，贵阳消息梗阻，又值旱荒，饥民积聚于省城，有万人之多，情势汹汹，当局欲派兵强制解散。联璧以为如此非恤民之道，必酿巨变，力主赈济，并请躬亲其事。其昼夜不眠，数日须发皆白，历经三月，方才毕事。以劳致疾，卒于黎平任所。

【刘赐琦】字企翰，号拙农。历城县（今济南市）人。光绪元年（1875）举人，二甲第一百零二名进士。授刑部主事，改署四川郫县知县，有循绩。父登桂，举人，县教谕，著有《青州诗草》、《燕赵游草》、《杂咏》。赐琦兄弟五人，学行皆重于时。兄：赐麟，咸丰举人，教授诸弟；赐璋，咸丰举人，县教谕。弟：赐疆，副贡，候选县教谕；赐骏，光绪举人，县训导。巡抚丁宝桢额其门曰："读书孝友之家。"

【张东瀛】字震山，号秋泉。临清直隶州（今属河北临西）人。光绪元年（1875）举人，二甲第一百零九名进士，选庶吉士，散馆改知县。历江苏震泽、宝山（署）、娄县（署）知县，所至法成令修。左宗棠赞其才能。在娄县时，前七任知县未破之疑案，被其迅速审理判明，罪犯伏法。平生于经史、性理、词章、算学，无不淹贯。其倜傥有奇气，不屑俗吏之为。被议去职。其嗜酒工书，每醉乘兴挥毫，所书淋漓、润劲、苍浑，人以为有长史之风。

【王嘉禾】（1851—1920）字书田。文登县（今改市）人。自幼聪明好学，异于常儿。光绪二年（1876）举人，翌年联捷二甲第一百一十四名进士。授吏部主事，充军机章京，升员外郎、郎中，加二品衔，以候补道用。出为广东高州知州，迁吉林依兰知府。后御任归。文登辛亥革命失败后，其被保清势力推为副主事。不过一月，文登再次光复，其被捕入狱，翌年获释。子炳奎和孙有坛，在清末至民国年间，分别任天津铁路局长和济南火车站站长。

【徐　堉】（1850—？）字仁甫，号易园，一号东鹤。诸城县（今改市）人。性和厚，待人诚恳。光绪元年（1875）举人，二甲第一百二十一名进士，选庶吉士，散馆改礼部主事。仕至陕西候补道。工书法，书风潇洒大方，笔力雄劲，不落俗套。

【于沧澜】（1845—1921）字海帆。平度州（今改市）人。父镒，因幼孤失学，特别重教，延师教子孙，且成立"敦睦文社"，对优学者奖励。沧澜由光绪元年（1875）举人，考取二甲第一百二十六名进士。以知县分发河南，初署上蔡、滑县、兰封、固始县知县，补鹿邑县知县，升至卫辉府知府。光绪末年，署河南开归陈许道，改南汝光兵备道。屡充河南乡试同考官。为知县时，严而不酷，宽而不滥，雪冤狱，戢豪强，惩巨盗，兴水利，吏民畏服。任知府时，正值兴新政，身兼数局，筹划精密，被誉为干练之才。任道员时，破解难治，措置裕如。清亡后，引疾归，七十六岁卒。弟沧洲，工绘画，富收藏，精鉴赏。

【刘乃赓】昌邑县（今改市）人。光绪二年（1876）举人，翌年联捷三甲第三名进士。授福建清流县知县。丁忧，服除，补广西兴安县知县，署修仁县事。

【李 沄】字稚臣，号爽斋。诸城县（今改市）人。光绪元年（1875）举人，三甲第十六名进士。授吏部主事。光绪二十六年（1900），八国联军入侵北京，其随慈禧太后和光绪帝去西安避难，途中过一深谷狭桥，因车夫疲劳瞌睡，车外轮紧擦桥边而过，险些坠入深谷，沄大惊失色。事后，他禀告慈禧太后，慈禧命为辕骡记功，并命沄将此"功骡"养至终老。回京后，沄升吏部员外郎，加四级。以老病告归，卒于家。祖父堃，主事。

【朱宝晋】字锡三。安丘县（今改市）人。光绪元年（1875）举人，三甲第三十七名进士。分发广西即用知县。

【马 翙】字季骞，号琴航。德州（今德州市）人。光绪元年（1875）举人，翌年会试贡士，当年未参加殿试，后补殿试成三甲第六十二名进士。以内阁中书截取府同知。初署四川长寿县知县，迁四川理番直隶厅抚民同知，升用知府。勤慎耐劳，民怀其惠。堂兄鬻，同治进士，知县。

【王颖芳】字栗轩。临清直隶州（今改市）人。同治九年（1870）举人，三甲第八十一名进士。授湖北公安县知县，改监利县。去任之日，宦囊萧然。卒于湖北，其子典质扶柩以归。

【金绍庭】字叔寄。历城县（今济南市）人。幼聪颖，有志气。因父不以功名终，其常与诸兄弟约曰："吾兄弟读书必当力求上进，方足为严亲吐气。"同治元年（1862）举人，选巨野县训导。三甲第八十五名进士。授河南延津县知县，以明敏称。祖父洙，嘉庆进士，道员；父寿萱，道光进士。据县志载，其在廷试时，被监试肃顺诬以怀挟，褫革出身。兄绍先，知县。

【刘中度】字璧臣，号东山。章丘县（今改市）人。三甲第八十九名进士。仕至广平府知府。

【柳文洙】字迁全，号如荃，一号鱼筌。历城县（今济南市）人。少负奇气，有侠士风，既而折节读书。同治十二年（1873）举人，三甲第九十七名进士。分发四川以知县用。初办理盐务，举办荒政，政绩卓异。补四川开县知县，调岳池县，亲擒盗首。三充四川乡试同考官。以卓异受举荐，会有忌者，文洙因输饷，以道员用，并加二品衔归。解组后，徜徉于湖山之间，以书画自娱，尤善画兰。工诗文，精音律。著有《在堂试律诗存》、《如荃诗文存》、《喜猎偶笔》、《雕虫要语》、《鱼筌试律诗续存》、《晚学斋古文诗存》等。父培和，举人，著有《棣萼轩诗文集》，兄文沅，举人，县教谕，著有《训蒙臆说》、《芷香诗文存》；侄廷诏，光绪举人。

光绪三年丁丑科

【王衍璞】黄县（今龙口市）人。光绪元年（1875）举人，三甲第一百一十六名进士。授刑部主事。

【张桂芬】乐陵县（今改市）人。同治九年（1870）举人，三甲第一百二十七名进士。

【于文泉】蓬莱县（今改市）人。光绪二年（1876）举人，翌年联捷三甲第一百三十一名进士。署河南密县知县。

【马桂芳】字香五，号月笙。栖霞县（今改市）人。光绪二年（1876）举人，翌年联捷三甲第一百三十二名进士。分发福建以知县用。

【陈润璨】字香雪。宁阳县人。光绪二年（1876）举人，翌年联捷三甲第一百三十六名进士。历陕西朝邑、安康、定边县知县。

光绪六年庚辰科

本科录取：一甲三名，二甲一百三十三名，三甲一百九十三名。其中山东二十二名。

【王懿荣】(1845—1900) 原名贻桀。字正孺，亦作正儒；又字廉生，亦作莲生；晚号养潜居士。福山县（今烟台市福山区）人。自幼颖慧，天资卓越，有神童之目。从十八岁始，连续参加八次乡试，方于光绪五年（1879）考中举人，翌年联捷二甲第十七名进士，选庶吉士，散馆授编修。为光绪帝恭办大婚庆典撰写典文，升至翰林院侍读。光绪十九年（1893）秋，充河南乡试主考官。次年，在南书房行走，为日讲起居注官，署国子监祭酒。中日甲午战争爆发，奉旨以登州团练大臣，回籍办团练。光绪二十一年（1895），回京补授国子监祭酒，蒙恩赏赐"福寿"、"松寿"字幅。以充会典馆总纂，赏加二品顶戴。性嗜古，酷爱鉴藏金石文物，凡书籍字画，三代以来之铜器、印章、泉货、残石、片瓦，无不珍藏秘而玩之。用以钩稽年代，补证经史。搜先达所未闻，通前贤所未解。与当时著名金石学家陈介祺、潘祖荫、吴大澂等一起切磋学术，对文物鉴定和文字考释有很高造诣。曾上《请重申旧章封禁天下古墓疏》，建议清廷加强对古墓葬与古代文物的保护。尤其在光绪二十五年（1899），第一个认识并有意识地购藏殷墟甲骨文，"公定为殷商故物，购得数千片，是为吾国研究甲骨文开创之始"。自此，殷墟甲骨文才从"龙骨"变成珍贵的古代文化研究资料，对保护我国古代文化遗产和甲骨学的建立做出了不可磨灭的贡献。由此，被誉为甲骨文之父。光绪二十六年（1900），八国联军侵入北京，年已五十六的懿荣，临危受命为京师团练大臣，其见大势已去，自知不可为，对夫人道："吾义不可苟生。""吾可以死矣！"命家人取来笔和纸，写下绝命词："主忧臣辱，主辱臣死。于止知其所止，此为近之。"其与夫人谢氏、长儿媳张氏更衣，先吞金，后仰药，未果。这时，"家人环跪泣劝，力斥之"，纵身跳入井中，夫人谢氏、长儿媳张氏相继也跳入井中壮烈殉国，成为一位视死如归的爱国主义者。赠侍郎衔，谥"文敏"。懿荣著有《汉石存目》、《南北朝存石目》、《求阙文文存》、《福山金石残稿》、《墨翠园语》、《正读亭诗》、《正读亭文》、《古泉精拓本》、《天壤阁瓦当》、《经进稿》等，计三十余种。懿荣工书法，诸体皆擅。祖父兆琛，嘉庆进士，翰林，巡抚；父祖源，拔贡，道员；弟懿煐，候补知府。子：崇燕，举人；崇烈，举人，候补道，著有《种瓜亭笔记》；崇焕，新中国成立后任天津铁路学校校长。

【吴树棻】一作树芬。字移香，号适庵，一号郁卿。历城县（今济南市）人。光绪二年（1876）举人，会试为会元，殿试成二甲第三十名进士，选庶吉士，散馆授编修。充会试同考官。转监察御史，迁给事中，多所建白。提督河南、四川学政。截取陕西补用道。历署陕安道、潼商道按察使。卒于陕西。工书法，宗董其昌。父毓春，同治进士，郎中；兄树梅，光绪进士，翰林，内阁学士，户部左侍郎。弟：树垣，知县；树桐，候选知府。

【王乘燮】（？—1883）字季阳，号理堂，一号荔塘。福山县（今烟台市福山区）人。一生孝友，好义急公。幼承家学，负有文名。光绪二年（1876）举人，二甲第三十四名进士，选庶吉士，散馆改安徽铜陵县知县，未抵任途中卒。居家多有善举。为防家乡水患，提议在河岸植柳，数年树茂堤固，水患顿息，乡人无不夸其"才德流芳"。工书法。祖父钟泰，举人，府同知，有著述。

【柏锦林】（1859—1900）字云卿，一字畇清。济阳县人。家本寒素，刻苦力学。幼年寄居济南就学，九岁能默抄《论语》，塾师目为神童。二十岁，于光绪五年（1879）考中举人，翌年联捷二甲第四十六名进士，选庶吉士，散馆授编修。历充顺天府乡试同考官和湖南、陕西乡试主考官。以权贵当道朝事，日闭门读书，不与士大夫游。工书法，少抄写《十三经》等书，均系正楷，一笔不苟。著有《能知止斋文抄》、《能知止斋诗集》及日记等。值庚子国难，乱军入宅，书籍尽被毁弃，数十年心血手泽全部损失，受惊得病，竟不能起，当年冬卒，仅四十二岁。

【郭　翊】（1846—1885）原名翊廷。字荩卿，号侠卿。历城县（今济南市）人。家贫穷，人称"卖浆家"。少时恃才倨傲，不见容于侪偶，众咸目为狂生。其有"惊才骏发，矫迈无匹，诵言彻理，若出天授"之才华，为文"抗厉高爽，宕逸刻峭，清切自然，藻绮交作"，抗论今古，语辄惊人。同治十二年（1873）乡试解元，二甲第五十八名进士。授刑部主事。但为官后，境与原别，"敛才就范，抑然自下"，词翰遂希。其工书擅绘，偶然作画，一脱绳墨之外。仅四十岁，竟落寞而卒。其诗作，时人评价甚高，所传仅《大风楼诗稿》。

【梁锦奎】字紫垣，号荩卿。历城县（今济南市）人。同治元年（1862）举人，选益都县教谕。二甲第六十二名进士，选庶吉士，散馆授编修。

【谢隽杭】（1841—1916），字澹卿，号南川。福山县（今烟台市福山区）人。为人平和廉洁，不喜交游，唯喜读书，夙夜不懈。光绪五年（1879）乡试亚元，翌年联捷二甲第七十一名进士，选庶吉士，散馆授编修。记名监察御史。历湖南、山西乡试副主考官，顺天乡试同考官，会试、武科殿试监考官。先后擢湖广道、福建道监察御史，巡视东城、西城，稽查西仓事务。洁己奉公，弹劾不避权要。以京察一等，记名以道府用。旋授刑科给事中，转吏科。光绪二十三年（1897），出为云南曲靖府知府。其注重教化，重修文庙；革除苛捐杂税，鼓励商贩经商；破除陋习，严令每村建立产房，供产妇使用；带头捐俸为"清节堂"购置公田，奉养孤寡老人；办案无冤枉，不株连无辜。在职四年，离任时，绅民相送者数千人。晚年致仕，家居十余载，自奉勤俭，乐于善举，对穷苦人借粮、借钱，有求必应。工诗文，擅书法，享有盛名。著有《槐荫书屋文集》、《退思斋诗集》等。

【林之荟】省、县志与《词林辑略》均载作元荟。字炳如，号慕韩。历城县（今济南市）人。同治九年（1870）举人，二甲第九十名进士，选庶吉士，散馆改知县。历湖北通山、黄陂、光华县知县，卒于任。祖父浚原，拔贡，府同知；父基，拔贡，知县，著有《尚友谱》。

【陈宗妫】一作宗沩。字麓宾。东阿县（今属平阴县）人。光绪五年（1879）举人，翌年联捷二甲第一百零三名进士。授户部主事，升员外郎、郎中。京察一等，户部尚书翁同龢以"品端学正，心细才长"奏保，记名以道府用。光绪二十六年（1900），八国联军进犯北京，两宫太后西逃，宗妫被调赴跟随办理财政事务，所问及之处对答如流，有"天下财政在陈部郎一人胸中"之誉。次年，随慈禧太后回京，由河南巡抚于荫霖以"才堪大用"保荐，命以五品以上京堂候补，以在行在办事勤劳加二品衔。在丁忧期间，被户部尚书张百熙专电调京，奏派调查江南财政，赴上海开办国家银行。光绪三十二年（1906），补授度支部左丞。经大学士张之洞奏保，奉旨以人才交军机处存记。监修德宗景皇帝陵工。充大清银行监理。宗妫性耿介，器识宏通，居官清操自持，一尘不染，廉介之声朝野皆知。辛亥革命后挂冠归里，不问时事，自娱于读书课孙。七十岁卒。

【韩仲荆】字二州。安丘县（今改市）人。生有夙慧，九岁能诗，稍长肆力于古文词。同治十二年（1873）举人，二甲第一百一十一名进士。授山西高平县知县，县故有铁冶私税，仲荆予以革除。勤恤民艰，尤留意讼狱。以至诚感人，不事刑威。数年后，民化其德，囹圄一空。以卓异被荐举府同知，卒于官。其

光绪六年庚辰科

学以毋自欺为主,以躬行实践为归,每论多有发挥,有独得之见。著有《经史杂记》四卷、《杂体诗文存稿》六卷、《泫署日记》三十卷。

【孙橘堂】字苏亭,号筱陆。宁海州(今烟台市牟平区)人。光绪二年(1876)举人,三甲第二十八名进士。授户部主事,升员外郎,钦加四品衔。天性孝友,忠厚谦谨,宗族乡党称颂。

【黄绪祖】字子纶。夏津县人。光绪五年(1879)举人,翌年联捷三甲第三十七名进士。授广西马平县知县,未赴卒。

【张贤符】荣成县(今改市)人。光绪二年(1876)举人,三甲第五十五名进士,即用知县。

光绪六年庚辰科

【王芝兰】(?—1900)字伯芳,号绳轩。长清县(今济南市长清区)人。生性严肃,不苟言笑。天资高明,读书过目不忘。入仕前,因家庭贫困,以舌耕为业。光绪五年(1879)举人,翌年联捷三甲第六十三名进士。历江苏丹徒、上元、长洲县知县(省志载还曾署吴县知县),所至兴利除弊,多有惠政。尤其在丹徒,连续三任,廉勤诚信,始终一迹。其善政被称几为"百余年之冠"。光绪二十六年(1900),八国联军入侵,芝兰将所储万两薪金捐助军饷,并上书表达:"自恨宿疾缠绵,不能囊笔荷戈,以偿上马杀贼下马作露布之志。"由此,愤恨填膺以疾卒。生平为文华丽典瞻,著有《兰室制艺》二卷、《丹柿轩诗稿》三卷、《古体文约稿》三卷、《双桂轩稿》三卷行世。弟蕙兰,与其孪生,光绪进士,知县,亦工诗文。

【夏联钰】字寿如,号笠舟。济宁直隶州(今济宁市)人。光绪二年(1876)举人,三甲第七十八名进士。历河南武陟、太康、郏县知县。工书画,尤善松石,劲健恣肆。

【汪宝树】(?—1909)字谢阶,号东溪,亦号东渠。泰安州(今泰安市)人。幼秉庭训,多闻而达。咸丰年间,捻军攻陷宁阳县城,宝树与邑人谋募敢死人士数百人,乘捻军不备,将捻军击溃,收复宁阳县城。光绪五年(1879)乡试经魁,翌年联捷三甲第八十六名进士。以知县分发直隶,为李鸿章所器重。在庆云、饶阳县任知县时,拯困振乏,兴修水利,颇有治绩。庚子之变,李鸿章以直隶总督留京议和,受李鸿章指派,宝树奉旨冒死到江西调解驻广昌总兵万本华与德军的军事冲突,使早已开战、互有伤亡的局面得以解决。遂被留江西广昌办理防御事,并任东光县知县。事竣,还任饶阳县,又改武强县。在职四月引疾去。隐居天津,候选道员。宣统元年(1909)卒,乡谥惠毅。著有《东渠文存》、《东渠诗存》。

【张守训】字念曾。海丰县（今无棣县）人。咸丰八年（1858）举人，三甲第一百零一名进士。授陕西郃阳县知县。性眈风雅，为官非其所好，任满三年告归。工诗，常拈毫长吟，抒写性灵，不尚雕琢。著有《味闲堂诗稿》。曾祖父映蛟，举人，道员，著有《桃坞随笔》；父衍重，道光进士，翰林，知府；弟守龙，举人。

【王宝钿】省、县志载作宝田。字仪山，号铁农。峄县（今枣庄市峄城区）人。光绪二年（1876）举人，三甲第一百一十名进士。授内阁中书。

【孙殿甲】字竹泉。蓬莱县（今改市）人。同治十二年（1873）举人，三甲第一百二十二名进士。即用知县，分发贵州，又改安徽。

【金鸿霄】字罗仙，号少泉。平度州（今改市）人。为文有奇气。知州吉灿升对其很器重，称其文"天资学力，绝俗冠时"。光绪二年（1876）举人，三甲第一百二十四名进士。授浙江泰顺县知县，对胥吏约束很严。以事被罢归，家中拮据，以教读终生。

【郑 杲】（1851—1900）字东父，亦作东甫。祖籍河北迁安县，因父鸣冈任即墨知县，改籍即墨县（今改市）。《清史稿》有传。光绪五年（1879）乡试解元，翌年联捷三甲第一百三十二名进士。授刑部主事。为官耿直，敢言别人未敢言。其淡泊仕进，肆力于学，以读经为正课，旁及朝章国故。治学广博，经学、训诂、史传等无不涉，尤精于《春秋》，以会通《三传》为主，多有建树，有名丁时。丁母忧，主讲于济南泺源书院。服除，补刑部员外郎。光绪二十六年（1900），上疏乞归，未被获准。未几，病卒。著有《春秋说》二卷、《东父笔记》一卷、《郑东甫遗书》六卷、《杂记》一卷。工书法。

【徐象震】字纯生。德州（今德州市）人。性巽才高，博通经史，尤嗜诸子百家以及方技、佛学、道学，朝夕研究不辍。为文以汉魏为宗，不规规于唐宋八家，而气息沉实，独标真谛。同治十二年（1873）举人，三甲第一百九十二名进士。授沂州府教授，所授弟子，多有成名。所作诗文，大多散佚。

光绪六年庚辰科

光绪九年癸未科

本科录取：一甲三名，二甲一百二十四名，三甲一百八十一名。其中山东十八名。

【管廷献】（1846—1914）字士修，号石夫。莒州（今属五莲县）人。英年奇特，读书治事明敏通达。同治九年（1870）举人，一甲第三名进士，探花，授编修。两充顺天乡试同考官。擢江南道监察御史，署兵、刑、工科给事中。出为永平、承德府知府。为监察御史六载，数十次上疏，直言诤谏，为人称道。甲午战争后，上疏建议裁减机构，下放闲员，节约开支。任永平知府时，所属迁安县百姓不堪教会压迫，聚众反抗，知县请求出兵镇压，廷献为使百姓免遭杀戮，派人前往调解，将事平息。因刚直不阿，为直隶总督袁世凯所压制。经热河都统奏请，以直隶候补道用。辛亥革命后，回乡闲居。其博学好文，著有《莒州志稿》、《梅园奏议》、《梅园诗文集》等。六十九岁卒。祀永平、承德名宦祠和乡贤祠。弟：廷鹗，光绪进士，翰林，大理寺卿，署都察院左副都御史；廷纲，光绪进士，知县。子象颐，光绪进士，翰林，度支部左参议、江南财政监理；侄象晋，光绪进士，翰林，知府。有"一门五进士，叔侄三翰林"之赞誉。

【李葆实】字秋畹，号雅川。历城县（今济南市）人。幼孤，家贫，偕弟葆华昼夜苦读。工书法。光绪五年（1879）举人，二甲第九名进士，选庶吉士，散馆授编修。光绪十五年（1889），充河南乡试副主考官。葆实精衡鉴，喜奖掖后进。丁祖母忧归，主讲济南书院，成就尤多。回京，大考二等，记名监察御史。皇太后六旬万寿，掌院学士选派翰林四人撰联，其为之一。以病卒于京师，年四十五。

【王培佑】字保之，号星斋。平度州（今改市）人。咸丰八年（1858）举人，二甲第十六名进士，选庶吉士，散馆授编修。充会试与顺天乡试（两次）同考官。擢江南道监察御史，巡视西城。所上奏章多论大事，在戊戌政变前，其奏陈变法为起弱图强之要，诏下其章宣示中外。在庚子赔款后，清廷裁撤厘金局时，其上奏《裁厘预防流弊摺》，提出防止"恤商之美意，竟转为厉民之虐政"。其还与掌印给事中戴恩溥联衔上奏"胶澳划界"摺，痛斥德国在强占胶州湾后，违约扩大划界的行为，在外交努力下，迫使德国按原来规定如约划界。在处置

"德兵至即墨文庙毁圣像"、"法兵入寺劫祭器"等事件中，陈述己见，进行交涉，显示出才干。其在擢升给事中后，又历顺天府丞、顺天府尹、太常寺卿。以事忤荣禄，被改宗人府丞。因主张对义和拳"当分良莠，剿抚兼施"，被忌者谓为"庇拳"。又因致书荣庆反对裁撤监察御史，遭到惧其升迁为左副都御史的一些大员的打压，遂借京察之机，将其原品休致，一时公论惜之。卒于京寓。工书法。子锡鸣，举人，州学正。

【赵汝翰】（1857—1920）字西屏，号云卿。黄县（今龙口市）人。光绪二年（1876）举人，二甲第二十名进士，选庶吉士，散馆授编修。充功臣馆、文渊阁、国史馆、武英殿协修，擢詹事府右赞善，为日讲起居注官。通晓多国语言。工书法，尤长于小楷。兄汝臣，光绪进士，翰林，记名监察御史。

【沈　潜】（1853—1910）字兰秋，号小洲。历城县（今济南市）人。光绪五年（1879）举人，二甲第四十二名进士，选庶吉士，散馆改户部主事，总办北档房捐纳房。庚子之变，奔赴陕西西安行在，充户部提调处总办。两宫回銮，升员外郎、郎中。以京察一等，于光绪三十二年（1906），擢山西道监察御史，所上"助剿山东曹州土匪以清积患"、"陆军部奏改汉员离任守制之非"、"修浚运河以广邮政"、"防止学界流弊以宏造就而遏乱萌"诸疏，皆切中时弊，旨令部议。宣统元年（1909），由陕西陕安道，旋擢湖北按察使，将赴任，感寒疾卒于汉中。子廷骏，监生，法部员外郎。

【李春元】字捷南。历城县（今济南市）人。少失父，事母以孝称。同治九年（1870）举人，考授咸安宫教习，期满例用知县，辞不就。考取二甲第五十七名进士，以主事分工部，改沂州府教授。其高兴地道："琅琊为人文渊薮，此去得一二同志，可与共学，不胜于渊明乞食耶？"为学不立宗旨，而律身必师宋儒，所授殷殷善诱，一如其教读及主讲书院时。两弟先后病逝，抚其子女如所生。关心家乡公益事业，所提家乡条系山水故道及所坏田庐治理方案，为督办水利的候补道陈锦所称道，赞其："除民害而不事更张，是真有经济者。"以病卒，门人私谥贞懿先生。著有《守拙斋文存》、《守拙斋诗稿》。

【王桂琛】字淮珍，号宝生。诸城县（今改市）人。光绪八年（1882）举人，翌年联捷三甲第十六名进士。授内阁中书。性耿介，从不以私事晋谒上官和本籍显官。宣统二年（1910），山东歉收，奉命到山东赈灾，开仓粜粮，平粜粮价，饥民赖以得救。以赈灾功升宗人府主事。患疾告归。弟：桂瑶，举人；桂琼，诸生，善书。

光绪九年癸未科

【郑炳麟】字绂庭，号振之。莱阳县（今改市）人。光绪二年（1876）举人，三甲第二十名进士，选庶吉士，散馆改刑部主事，升员外郎、郎中。擢江西道监察御史，巡视南城。光绪二十六年（1900），兼充军机处章京头班。庚子事变中，在军机处参与国事。在义和拳早期兴起时，力主收编义和拳，编为团练以备国防。在朝廷对外宣战后，其坚决主战，但上疏认为"义和团不足恃外"，时论有先见之明。八国联军进犯京城时，炳麟和恽毓鼎、甑曾源三名监察御史，首先祈请两宫太后移驾西安，躲避烽烟。是年秋，炳麟殉难。工书法。

【戚善勋】字懋斋，号贞庵。黄县（今龙口市）人。光绪八年（1882）举人，翌年联捷三甲第三十二名进士。授户部主事，升员外郎。在庚子之变时，与密云知县共守城，城破，被攻城义和团所杀。诏赠太仆寺少卿。

【李瀛瑞】（1843—1889）字仕仙，号海屿。莱阳县（今改市）人。积学能文。光绪元年（1875）举人，三甲第四十八名进士。授刑部主事。光绪十三年（1887）七月，钦派赴欧西各国考察，撰写《欧西风土记》，并翻译西方制造工业之书。回国后，卒于烟台芝罘旅舍，仅四十岁。赠员外郎衔。

【李邦庆】平阴县人。同治十二年（1873）举人，三甲第八十一名进士。分发安徽以知县用。

【刘保厚】字子纯，一字旨莼。济宁直隶州（今济宁市）人。天资英迈，读书有夙慧。光绪元年（1875）举人，三甲第八十八名进士。授工部主事，改贵州普安县知县。奉命将久捕不获的盗贼刘燕飞擒拿，巡抚予以嘉奖，赏加同知衔。改遵义县知县，兼署遵义府事。值贵州布政使被劾，其作为属下亦被追究，以过失免官。居乡主讲任城书院，捐资增加士子膏火。捐钱修路架桥。六十四岁卒。

【李经野】（1855—1943）字草夫，自称曹南遁士。菏泽县（今曹县）人。光绪五年（1879）举人，三甲第九十一名进士。授户部主事，升员外郎、郎中，兼财政处提调、内仓监督。经野秉公执法，不避权贵。光绪二十四年（1898），山东办理股票，当权者按田亩硬性摊派，经野以"此乃扰民之法"上奏，被严令禁止。出为廉州府知府，时邮局由外国人秉政，洋人拟强行处理一工作失误的华籍职员，经野据理力争，维护国权，要回此人，由中方处理。其在此地豁免苛细杂捐，大力兴办学校，并集资修建"惠民桥"。三年任满，被改任湖北造币总厂。辛亥革命后，深居简出，袁世凯和民国要员，请其出山辅政，均遭严词回绝。抗战期间，日伪多次请其"主持地方"，始终拒绝，并严戒子孙与他们

光绪九年癸未科

来往，保持了民族气节。其关心百姓疾苦，每逢春荒，就告诫家人道："如遇穷人上树采叶，要视若不见，千万勿大声呵斥，免得受惊吓而摔伤。"其还多次利用庙会放饭赈济灾民。喜著述，其与当地名士组织曹南诗社，集成《唱和集》十二卷、《曹南诗社传观稿》十卷。并参与编修曲阜、单县县志，指导门生姜儒卿编写《汉儒学案》。工书法。

【王蕙兰】字仲芳，号湜轩。长清县（今济南市长清区）人。性宽和，笃孝友。光绪二年（1876）乡试亚元，三甲第一百零四名进士。历直隶阜平、武强、抚宁、任丘县知县。终日危坐堂上，讼者各陈实情，判以曲直，民无冤狱，吏去奸贪。尤重兴学，捐廉金助以膏火，培养贫寒俊才。庚子之变，义和拳压境，八国联军入侵，蕙兰千方百计保护百姓，全邑无恙。忧劳成疾，致仕告归。为文不尚声调，朴茂浸古，尤精于易学。著有《兰室制艺》三卷、《周易衍翼》十五卷、《东圃诗稿》、《古体文约》、《漫成随笔录》、《试文小体》。弟芝兰，与其孪生，光绪进士，知县。

【高鹏飞】昌邑县（今改市）人。光绪五年（1879）举人，三甲第一百二十七名进士。分发河南即用知县。

【王树玉】字璞斋，号岘峰。莱阳县（今改市）人。光绪八年（1882）举人，翌年联捷三甲第一百四十四名进士。授济南府教授。

【高承瀛】潍县（今潍坊市）人。光绪元年（1875）举人，三甲第一百五十名进士。授四川井研县知县。

【王景檀】黄县（今龙口市）人。光绪八年（1882）举人，翌年联捷三甲第一百七十五名进士。

光绪十二年丙戌科

本科录取：一甲三名，二甲一百三十名，三甲一百八十六名。其中山东二十三名。

【张星吉】（1852—1911）字景垣，号翼辰，一号鹤峰。菏泽县（今菏泽市牡丹区）人。光绪八年（1882）举人，二甲第五名进士，选庶吉士，散馆授编修。光绪二十年（1894），充顺天乡试同考官。光绪二十九年（1903），充云南乡试主考官。先后出为广西右江道和云南迤南道。所至秉公办事，刚正不阿，惩治贪官污吏。对吏治曾提出："枢臣须用正人，一正人进，众正人俱进，国事可有为。"宣统三年（1911）卒于家，年五十九。

【柯劭忞】（1850—1933）字凤孙、凤荪、凤笙、奉生，号蓼园。胶州（今改市）人。精于经史、金石、天文等。同治九年（1870）举人，受聘主讲山西、广东、辽东等地书院。考取二甲第四十五名进士，选庶吉士，散馆授编修。光绪二十七年（1901），提督湖南学政。历国子监司业、贵胄学堂教习、翰林院侍读，日讲起居注官等。光绪三十三年（1907），受命赴日本考察教育。回国后，署贵州学政。光绪三十四年（1908）五月，召京派在学部丞参上行走，入值南书房，充京师大学堂（经科）监督。宣统二年（1910），清政府成立资政院，劭忞出任议员，并受资政院委派，出任山东宣慰使兼督办山东团练大臣。回京后，为典礼院学士，赐紫禁城骑马，伴宣统皇帝溥仪读书。民国建立，任约法会议议员、参政院参政。民国三年（1914），出任清史馆总纂兼代馆长，并分撰天文、时宪、灾异三志和儒林、文苑、畴人列传。《清史稿》所成，多赖其力。民国十四年（1925），为北京大学国学导师的劭忞，又担任东方文化事业委员会委员长，主持编写《四库全书提要》，亲自整理编辑出经部易经类提要一百五十二条。其对元史钻研尤深，撰成《新元史》二百五十七卷，徐世昌赞其"可作正史用"。晚年，又精心纂注《春秋谷梁传注》十五卷。此外，还著有《新元史证》、《译史补》、《尔雅注》、《文献通考校注》、《文选补著》、《说经札记》、《蓼园文集》等。民国二十二年（1933），病逝于北京。祖父培元，举人，知府；父蘅，庠生，著述丰厚；兄劭憼，光绪进士，候补知府；母李长霞，亦博学工诗，著有《锜斋日记》、《锜斋诗集》、《校文选李注》；妹劭惠，亦著有《岁寒阁诗存》、《治家格言》。

【张　僖】(1855—1898) 字韵舫，号迟园居士。潍县（今潍坊市）人。少嗜吟咏，以孝闻。光绪八年（1882）举人，翌年会试贡士，当年未参加殿试，后补殿试成二甲第五十三名进士。由户部主事，外署福建漳州和泉州府知府。在泉州，值中日战争起，修筑炮台，筹办团练，全境得以安全。以卓异补兴化府知府，捐俸修义仓，设局施医药，民有疾，延医为之调治。工诗词，其诗"高淡寡俦，随物写意"。对自己的诗作，精益求精，虽平时写诗很多，但经反复删修，仅剩卷许，仍以为不足存世。以劳卒于任，年四十三。临殁犹以不得终养为憾。父兆栋，道光进士，巡抚，署总督。

【李玮堂】字玉亭，号雪桥。胶州（今改市）人。光绪十一年（1885）举人，翌年联捷二甲第五十四名进士，选庶吉士，散馆改江西安仁县知县。后又转福建、广西任知县。

【高熙喆】(1854—1938) 字仲瑊，一字迪兹，号亦愚。滕县（今滕州市）人。幼失父，家贫穷，受母训，勤奋向学。三岁能诵《千字文》，五岁能诵四书五经，以神童称。其叔父文宝为峄县典史，因办案拒贿不纳忤知县被谋杀，年少熙喆赴京告状，皇帝特派钦差查清此案，该知县被处以极刑。光绪八年（1882）举人，二甲第六十四名进士，选庶吉士，散馆授编修。充山西乡试主考官和会试同考官。先后擢贵州、湖广道监察御史，署工科给事中。历直隶宣化府、大名府和甘肃宁夏府知府，所在皆有政声。光绪三十二年（1906），以母丧奉枢归里。其时已五十二岁，遂不复出。家居以赈贫施药、修筑城垣为常事。工古文诗词，著有《周易注》、《毛诗注》、《春秋左氏传注》、《四书说》、《高太史文集》。另著有《滕县乡土志》、《续滕县志》、《章丘新志》。八十四岁卒。

【杨圣清】字希夷，号竹坡。平度州（今改市）人。同治十二年（1873）举人，二甲第六十五名进士。由部主事升至郎中。擢福建道监察御史，条陈练兵事宜。出为四川保宁府知府。旋乞归，终于家。

【丁良翰】字佑宸，一字佑臣，号竺生。潍县（今潍坊市）人。家贫，性孝友，与弟读书不出庭户，文名冠一时。光绪八年（1882）举人，二甲第七十八名进士，选庶吉士，散馆改以知县用。历浙江嵊县、富阳（署）、於潜（署）、汤溪（署）、庆元县知县。其为官清廉，所至断狱公平、惩治盗匪、购书兴文，颇有政声。弟良幹，举人，知县。

【王承益】字菊丞，号又梅。乐陵县（今改市）人。光绪五年（1879）举人，二甲第八十四名进士。

【陈恒庆】（1844—1919）字子久。潍县（今潍坊市）人。身躯魁梧，性格豁达，年未及冠已遍读十三经。同治十二年（1873）举人，二甲第一百零六名进士。授工部主事，升员外郎、郎中，委以专司万寿大婚与两宫回銮等大事。以京察一等，记名道府用。改河南道监察御史，巡视中城。授兵科给事中，补掌印给事中。其忠君爱国，陈奏颇多，而谏草多避人焚之。光绪三十四年（1908），出为辽宁锦州府知府。时总制东三省的徐世昌，与恒庆夙相亲信，委其代理巡警道事，兼办全省垦务。恒庆既期利国，复思便民，指屈心计，常深夜秉烛不寐。被保以在任候补二品之职。但未逾一载，恒庆忽动归思，辞归故里。终日与故友以文为乐，常同当地一些学者名流宴饮于十笏园内，诗词酬答，觞咏流连，世事遂不问矣。著有《谏出》、《稀庵文草诗草随笔》、《归里清草》、《清季野闻》等。书法颇见功力。七十五岁卒。弟有庆，副贡，知县。

【段树榛】字西圃，号岑皋。济宁直隶州（今济宁市）人。光绪五年（1879）举人，二甲第一百零八名进士。授安徽婺源县知县，洁己爱民，以循吏称。充安徽乡试同考官。丁母忧，服除，补湖南发审局谳员，署道州知州。以威慑理谕之法，除却每遇命案相互打斗之刁弊。未几，以臂疾请假归里，被聘为任城书院山长。

【杨佑廷】（1839—1906），字翊宸，号莱峰。费县人。自幼好学，博闻强记。光绪元年（1875）举人，选恩县教谕。考取三甲第二十六名进士，截取知县。其淡泊仕途，乐育英才，仍归籍主讲崇文书院。参与编著《费县志》。著有《费邑古迹考》，辑成《费邑艺文存》。由此受通志局褒奖，授同知衔。

【傅秉鉴】字蘅塘，号晓湖。清平县（今属聊城市）人。幼承家学，早有文名。为人慷溉，有气节。光绪元年（1875）举人，三甲第三十四名进士。授户部主事。庚子之变时，奔赴两宫西逃处，奉派办理漕运仓储有功。光绪三十年（1904），外署甘肃兰州府知府，承办发审局事，处结大案数十起。又赏加四品衔，充任新疆财政局正监理，改署甘肃宁夏道，虽时局艰难，却能强力支撑，多有实政。辛亥革命后，眼见大厦将倾，自知处境危险，急流勇退，告归故里。撰有《新疆政见》二十一篇和《甘肃财政说明书》四册八卷。弟秉珏，武举人。

【逯　蓉】直隶东明县（1963年划归山东菏泽专区）人。光绪二年（1876）举人，三甲第四十四名进士。历山东博山、寿张、鱼台、肥城等县知县。

【陈文然】字斐卿。昌乐县人。光绪五年（1879）举人，三甲第五十二名进士。由即用知县，改沂州府教授。著有《种兰小草》。祖父汝庚，举人，府同知；父枚，道光进士，翰林，道员署按察使。

【李宗唐】字虞臣。博山县（今淄博市博山区）人。光绪十一年（1885）举人，翌年联捷三甲第六十六名进士。授内阁中书。子景洛，优贡，知县。

【王国庆】字秉之，号梅岭。潍县（今潍坊市）人。光绪十一年（1885）举人，翌年联捷三甲第八十一名进士。授刑部主事。

【韩宝球】字贡先，号少鹤。堂邑县（今聊城市东昌府区）人。光绪八年（1882）举人，三甲第九十二名进士。

【汪懋琨】字瑶庭，号小航。历城县（今济南市）人。光绪二年（1876）举人，三甲第一百零一名进士。以亲老告近，由分发四川知县，改江苏桃源县知县。至任力兴文化，重修文庙文昌阁，复建淮滨书院，以致疾去职。光绪二十年（1894），调补甘泉县知县，革除征收钱粮向为胥吏劣绅把持的积弊。时值中东战事，兵差络绎，日则供徭役，夜则理词讼，不畏疲劳。丁继母忧，服阕，补江苏长洲县知县。时值尚书铁良驻苏清理田赋，长洲为首邑先行清理，其日夕规划，不辞劳瘁，田赋骤增数十万，而未扰民。光绪二十六年（1900），调补江苏上海县知县，正值八国联军侵入京津，上海为华洋荟萃之区，商民惊恐，其商承兵备道余联沅，采取安商措施。日俄之战，有俄船由吴淞口满载溃兵突来上海，游行租界内外，酗酒滋事，其毅然登船，据理力争，俄人理屈，允照中立国监护办法，缴纳枪械，泊船浦江东岸，无特别照会不得过江。日本无所借口，城内遂安。光绪三十年（1904），商民以美国虐待华工引起抵制外货的风潮，其以两方兼顾之法，进行妥善处置，地方秩序井然。在任六年，保举府道用，以积劳咯血，具牍乞退。归里后，值尚书吕海寰督办津浦铁路，委以中段购地事宜。又以本地商人推举，总理山东商务总会。旋以心力交瘁，触发咯血旧疾而卒。

【陈孝恪】字宾三，号凫村。滋阳县（今兖州市）人。光绪八年（1882）举人，三甲第一百零六名进士。授户部主事。

【马树芬】字兰圃，号梦松。蓬莱县（今改市）人。光绪二年（1876）举人，三甲第一百一十二名进士。

【王守训】（1845—1897）字仲彝，号松溪。黄县（今龙口市）人。自幼笃志好学。光绪十一年（1885）举人，翌年联捷三甲第一百一十五名进士，选庶吉士，散馆授检讨。充国史馆协修、武英殿纂修。光绪二十年（1894），奉旨协助翰林院侍读王懿荣回乡办团练,王懿荣赞其"合郡第一"。后掌教瀛州书院,主张德育、智育并重,学以致用。其沉酣经籍,博学多才,一生著述不疲,有《毛诗传补正》、《适斋经说》、《习言考义》、《登州诗话》、《汉碑异文录》、《春秋地理补考》、《称谓杂考》等,多达十七种、一百卷。性喜聚书,曾质妻丁氏金饰以佐购书,藏书数十万册。明进士、御史张子立曾刊《唐诗纪事》,但传本甚少,王守训苦求三十年以重金购得。又搜集登州府各县人著述稿本、孤本数十种,均为珍籍。五十二岁卒。祖父允中,嘉庆进士,按察使,署布政使。

【王肇修】费县人。光绪五年(1879)举人,三甲第一百六十八名进士。授刑部主事。工诗。

【王寰清】字镜海,号秋航。莱阳县(今改市)人。光绪元年(1875)举人,三甲第一百七十八名进士。授直隶望都县知县。

光绪十五年己丑科

本科录取：一甲三名，二甲一百三十二名，三甲一百六十一名。其中山东十九名。

【丁惟禔】（1862—1895）字亦康，号静簃。日照县（今日照市）人。光绪十四年（1888）举人，翌年联捷二甲第五名进士，选庶吉士，散馆授编修。光绪十九年（1893），充陕西乡试主考官。一年后病卒，仅三十四岁。

【马步元】原名调元。字梅生。安丘县（今改市）人。光绪十一年（1885）举人，由工部七品小京官，升主事。考取二甲第五十二名进士，选庶吉士，散馆授编修。充顺天府乡试、会试同考官。光绪二十年（1894），充甘肃乡试主考官。其学识渊博，热心修志，先后纂修《安丘新志》、《续安丘新志》、《安丘乡土志》。其还是宣统《山东通志》四总纂之一。祖父秀儒，道光进士，布政使。

【法伟堂】（1843—1907）字容叔，号小山，一号筱山。胶州（今改市）人。顺治进士、布政使若真八世孙。《清史稿》有传。生有夙慧，博学好古。光绪五年（1879）举人，二甲第五十四名进士。不喜为官。初以知县用，改武定府教授，以疾力辞不就。山东学政裕德雅重伟堂学行，力荐于朝，钦加国子监学正衔。盛昱典试山东时，倡建青州海岱书院，邀请伟堂主讲书院。在青州十余年，造就人才一时称盛。山东巡抚周馥闻伟堂名，举其入试经济特科，又力辞不赴。伟堂博极群书，于诸子百家无不浏览，对音律、天文、地理、算法及碑帖都极有造诣。尤精研音韵之学，考订陆德明《经典释文》，多前人所未发。晚年，在济南充任优级选科师范学堂总教习和山东师范传习所所长。山东巡抚杨士骧，聘其为《山东通志》总纂之一，撰写人物、金石、艺文志。著有《益都县图志》五十四卷、《校经室文集》、《所训馆韵书》、《山左访碑目》等。六十五岁卒。

【丁述曾】（1856—1897）字缵臣，号少樵。黄县（今龙口市）人。光绪十一年（1885）举人，二甲第六十五名进士。由内阁主事，改农工商部任职，诰授中议大夫。

【赵蔚坊】字雯青。黄县（今龙口市）人。光绪十四年（1888）举人，翌年联捷二甲第七十四名进士。授吏部主事。

【王为相】字景西，号芍园。诸城县（今改市）人。光绪八年（1882）乡试亚元，二甲第九十名进士。授刑部主事。喜收集当地名士遗文、遗物。工诗文。

【赵秉璋】诸城县（今改市）人。出身农家。其父母受大户人家欺凌，决心卖地、卖牲畜也要花钱供秉璋、秉琛两子读书，以将来出人头地。专门聘请秀才丁楫教授。光绪八年（1882）举人。光绪十二年（1886）会试考中贡士，当年未参加殿试，后补殿试成二甲第一百零七名进士，选庶吉士，散馆改兵部主事。仕至广东道监察御史。清亡，告归故里。弟秉琛，庠生，曾任北洋政府铸钱局局长和湖北监察厅厅长。

光绪十五年己丑科

【王 敟】字典文。安丘县（今改市）人。光绪五年（1879）举人，二甲第一百二十七名进士。授刑部主事。有文名。兄敞，光绪进士，知州。

【柯劭憼】字敬儒，号麟伯。胶州（今改市）人。《清史稿》有传。幼随母李长霞寓居潍县，其母博学工诗，多有著述，劭憼承母教，学业大进。咸丰九年（1859）举人，二甲第一百二十八名进士。由署安徽贵池县知县，补江苏太湖县知县。充江南乡试同考官。所至为治清简，断狱明决，百姓拥戴。在贵池时，值兵燹之后，地丁册为吏所匿，征赋由吏包纳，十不及四五，而浮收日甚，百姓苦不堪言。劭憼知其弊，令花户自封投柜，吏百计挠之，不为所动。百姓交纳争先恐后，增收银二万余两，且百姓节省数倍。巡抚邓华熙初听浮言欲举劾劭憼，总督刘坤一曰："柯令，皖中循吏，奈何登于弹章？"邓华熙顿悟，遂疏荐送觐，晋秩直隶州。其学识渊博，善为古今体诗，著有《二珠山人诗集》，时与孙葆田并称儒吏。祖父培元，举人，知府；父薰，庠生，尤长于诗，著述颇多。弟劭忞，光绪进士，翰林，侍读、学政，著作等身。妹劭惠，著有《岁寒阁诗存》、《治家格言》。

【刘元亮】（1861—1908）字鞠民，一字菊农，号陶庵。章丘县（今改市）人。光绪十四年（1888）举人，翌年联捷二甲第一百二十九名进士，选庶吉士，散馆授编修。光绪二十三年（1897），提督广西学政。四十八岁卒。工书法，圆润俊秀，为世所珍视。

【李梦斗】字月东，号蜓南。诸城县（今改市）人。同治九年（1870）举人，选郯城县教谕。三甲第五名进士。授福建上杭县知县。以病归，卒于家。

【潘守廉】字洁泉，号节园。济宁直隶州（今济宁市）人。光绪五年（1879）举人，三甲第二十名进士。仕至候选邓州知州。

【于宗潼】（1860—1934）字梓生，号西园。福山县（今烟台市福山区）人。天资聪慧，博学强记。光绪十一年（1885）举人，三甲第三十七名进士。授工部主事。光绪二十一年（1895），中日战争爆发，北洋大臣李鸿章借助沙皇俄国对日本施压，俄国借机侵占东北，宗潼毅然上疏，痛斥所谓以夷制夷的卖国外交政策，谴责沙俄的侵略行径。其极力支持姻亲王懿荣回乡筹办团练，并随王懿荣返籍参赞团练军务。光绪二十六年（1900），八国联军入侵北京，其随驾西逃。返京后，愤然上疏，揭穿洋人逼迫清政府实行"以税代厘"和裁撤各地厘金局的阴谋。又冒着被杀头的危险，上疏《条陈时事摺》，直陈朝廷在用人理财上之种种弊端。光绪三十三年（1907），以京察一等，出为四川夔州府知府，按当时朝廷洋务规定，对无护照不守法规的洋民，责令辖属各县全部遣送出境，先后遣送出英、法、德、日等国打着传教幌子，实为搞间谍活动的洋人三十余名。光绪三十四年（1908），四川奉节县三角坝天主教堂，一名传教士外出活动，在涉水过河时，被洪水卷走淹死。三角坝教堂司铎借机挑起事端，诬蔑丁神甫为异徒所谋杀，借口扣押与教堂发生过纠纷的民众百余人，激起当地民众的极大义愤，上千民众拿起武器，在当地团总周阳辉指挥下，准备给教堂以血还血、以牙还牙的反击，双方对峙，大战一触即发。督抚委派宗潼负责此案，经其亲赴现场验尸，证明丁神甫确系淹死。教堂在证据面前理屈词穷，只得将扣押民众释放，一场流血械斗被制止。在宣统三年（1911）的"四川保路"运动中，此时担任四川劝业道道员的宗潼，公开表示支持四川保路同志会联合举行的请愿活动，并率当地知县史久龙及其他地方官员几十人联名致电清廷内阁，陈诉川民争路争约，志坚理足，是爱国行动，应予以保护。在四川总督赵尔丰派兵镇压，并准备用红衣大炮炮轰请愿群众时，宗潼挺身而出，用胸膛挡住炮口，且大声哭喊："愿与众俱碎。"赵尔丰无奈撤炮，避免了一场流血事件。当时，宗潼被宣布削官为民。辛亥革命爆发后，四川宣布独立，有人力请宗潼出任总督，其坚辞不就。离川时，百姓攀辕哭挽者，护送百里不绝。其返里后，带领四乡民众疏河修堤，免除水患。其出资在烟台筹建齐鲁大药房。受邀对《山东通志》进行修订补撰。出任烟台商会会长。担任《福山县志稿》总纂。筹资创办福山初级中学，自任校长。著有《浣薇书屋遗稿》、《西园居士文集》等。祖父公槐，拔贡，知县。

【王　埩】（1858—1933）字觉生，一字爵生，号杏村，晚号昌阳寄叟。莱阳县（今改市）人。光绪五年（1879）举人，三甲第四十八名进士，选庶吉士，散馆授检讨。由国史馆协修、文渊阁校理，转詹事府右赞善、左赞善、右中允，充日讲起居注官、翰林院侍讲学士、国子监祭酒、翰林院学士、云南学政。光绪三十二年（1906），升内阁学士，署法部右侍郎，为西陵岁修工程大臣。袁世凯组阁时，任弼德院顾问大臣。宣统皇帝大婚，其予祝贺，得赠"清标玉彻"匾文。其书法闻名海内，为状元曹鸿勋入室弟子，有"有匾皆为垿，无腔不学谭（京剧大师谭鑫培）"之说。亦善诗文，著有《墨香斋诗文集》。其在青岛期间，写诗千余首，其后人编印《王垿诗选》，收诗四百二十九首。七十五岁卒，碑题"一代完人"，谥"文贞"。父兰升，同治进士，翰林，国史馆协修；兄塾，光绪进士，翰林，知府。时称"父子三翰林"。子昌澄、昌霖皆为主事。

光绪十五年己丑科

【张庭诗】字二南，一字伯训，又字亦庐。黄县（今龙口市）人。光绪十一年（1885）举人，选日照县教谕，参与纂修《黄县志》（人物志部）、《日照县志》。考取三甲第一百一十六名进士。授四川昭化县知县。充四川乡试同考官。任职六年告归。著有《校乡党图考补证札记》、《汉十四博士字法考》、《尔诗释诗异文记》、《炳烛录》（手稿本）、《古诗平仄集说》、《五古平仄略》、《黄县志续录》及辑《黄县诗征》、《士乡诗征》等。

【王予符】字星阶。益都县（今青州市）人。光绪二年（1876）举人，三甲第一百一十八名进士。授莱州府教授。父桐，举人，县教谕。

【唐书年】字史云。宁海州（今烟台市牟平区）人。三甲第一百二十三名进士。

【杨万选】字子青。阳谷县人。光绪元年（1875）举人，三甲第一百三十三名进士。授云南丘北县知县。

【李砚田】字端溪。齐河县人。性醇笃，幼嗜学，家贫无以供膏火，常在村前石桥上借月光以照读，非达旦不休。十六岁即为人师，从学者较多，有"少先生"之称。光绪八年（1882）考中举人，无力参加会试，在别人资助百金后，赴京考取三甲第一百三十八名进士。分发四川以知县用。以亲老告近改直隶，又以家庭窘迫，请改武定府教授。其勤恳督课，人才济济。值皇族溥良奉旨至山东巡查吏治、巡勘河工，路经武定至学署与其谈河防，所谈甚详，被大加激赏，谓回京请旨超级擢用。未几，以病告归。

光绪十六年庚寅恩科

本科为清德宗亲政恩科。一甲三名,二甲一百三十六名,三甲一百八十七名。其中山东二十三名。

【徐继儒】(1857—1917)字幼稺,一字又雅,号悔斋,又号苏门山人。曹县人。自幼聪颖端重。光绪十四年(1888)举人,二甲第四名进士,选庶吉士,散馆授编修。光绪十九年(1893),充陕西乡试副主考官。次年,提督河南学政。光绪二十四年(1898),为山西清源局总办,专司清理库银。光绪二十六年(1900)冬,擢太原府知府,对连续发生的教士欺民案,继儒认为:"洋人目无法纪,嚣张已极,欺压百姓,当杀无赦。"其正巧接巡抚手谕:"今有太原府德国神甫畏罪潜逃,敕该府派干员截杀,切切勿误。"继儒当夜捕杀外国传教士七人。事发,朝廷屈服于德人压力,欲将继儒终身戍边。在巡抚密告之下,继儒隐居河南辉县苏门山上,自号"苏门山人",后又潜归故里,伪报死亡。一生勤于著述,主要有《曹南文献录》及《附录》八十八卷、《曹县艺文志》十卷、《梓里见闻录》八卷、《新学辩惑》二卷、《西学溯源》八卷、《国朝文学绪论》六卷、《师友赠言录》八卷、《悔斋鉴往录》八卷、《悔斋日记》十八卷、《悔斋文集》与《续集》八卷、《悔斋文存》十二卷、《悔斋诗存》三十八卷,共计二百余卷,约三百万言。继儒还受邀审定十几个县的县志。民国五年(1916),主持曹县团练事务,遭盗匪伏击偷袭而身亡。

【蔡曾源】(1854—1918)原名蓬海。字仙峰,一字撰辰。日照县(今日照市)人。少时家境贫寒,考取廪生后以授徒为生。光绪八年(1882)举人,为旗人官学教习。考取二甲第四十四名进士,选庶吉士,散馆授编修。充国史馆协修、会典馆纂修。历浙江、福建、云南道监察御史,其同情和支持戊戌变法。京察一等,出为福建建宁府知府,修水利,兴农桑,政绩颇显。为官清廉,致仕归家,仅有茅屋数间和薄田数亩。工书法。六十五岁卒。曾祖父振中,乾隆进士,知县;祖父坪,郡增生,善书画。父锦城,举乡饮大宾。

【管象颐】(1867—1926)字养山,别号梅痴居士。莒州(今属五莲县)人。光绪十一年(1885)举人,二甲第五十五名进士,选庶吉士,散馆改户部主事,升员外郎、郎中。户部改度支部,升任左参议。象颐善理财政。宣统三年(1911),清廷清理各省财政时,以三品卿衔,被委任江南财政监理官,不徇私情,制裁允当，为人称道。山东水患、陕西旱灾，其倡办义赈数百万金，自亦捐款万金，救济灾区百姓，并道："为善最乐，活人便佳。"辛亥革命爆发后，江苏革命党人邀其任新政府财政长，坚辞不就。民国建立，其被选为众议院议员。袁世凯任总统时，让其任财政次长，亦被拒绝。民国十五年（1926）病逝，年六十。工书法。父廷献，光绪进士，探花，道员。

【李寅龄】荣成县（今改市）人。光绪十四年（1888）举人，二甲第六十一名进士。

【王景禧】（1867—1932）字燕泉，号石荪。费县人。光绪十四年（1888）举人，二甲第八十八名进士，选庶吉士，散馆授编修。充国史馆协修。在戊戌变法前后，被派任八旗官学教习。充顺天乡试同考官。又为直隶学习司总办、普通教育处兼编译局总办及官印局会办。光绪二十九年（1903），被派赴日本考察教育，并护送二十二名留学生入日本宏文学院学习。回国后，充任直隶学务处参议，兼直隶高等学堂监督。光绪三十三年（1907），改任山东优级师范学堂及山东高等农业学堂监督。宣统元年（1909），又为山东咨议局副参议长、公立法政学堂总理、中央教育会会员、各省咨议局联合会代表。景禧笃信教育可以救国，致力于教育事业，亲自拟定学校章程及各科课程，聘请品学兼优的教员，并邀请美、日等外籍人士到校教授数、理、化等自然科学。辛亥革命后，辞职隐居兖州，与康有为交情较深，康有为曾专程到兖州看望他，为其养花小园题写"蒿园"。民国八年（1919），其抱着"但使出山能润物，何须泾渭太分明"的心态，受北洋政府总统曹锟、国务总理靳云鹏之约请，赴京任国务院秘书长。这二人倒台后，其仍在天津英租界充当靳云鹏的私人秘书兼家庭教师，以教书和给人看病、写寿屏等为生活贴补。曾想弃文经商，在天津集股办炼盐制碱公司，以失败而告终。伪满洲国成立，郑孝胥写信劝其到长春任职，其愤而撕信，大骂郑孝胥是无耻汉奸。当年冬天，因患急性心脏病而卒。景禧博闻多识，在诗文、书法、金石等方面皆有造诣。著有《足吾所好斋金石文字考》、《汉瓦当文字考》、《瀛谈剩语》、《游程纪略》、《日游日记》、《省斋日记》、《宫井词》、《蒿园墨册》、《蒿园诗录》等，多散佚。其还曾校订翻译多种国外农学书刊，汇编为《农学丛书》七册，以推动改良农业。父薪传，举人，知县，工书法。母牛氏，为滋阳雍正进士牛运震玄孙女，精通经史。

【米毓瑞】济宁直隶州（今济宁市）人。二甲第一百三十五名进士。

【王肇敏】费县人。同治九年（1870）举人，三甲第一名进士。授户部主事。

【张壮彩】（1848—1907）字子俊。峄县（今枣庄市峄城区）人。光绪十一年

（1885）举人，三甲第十七名进士。为官清正，历安东、清河、上元、泰兴县知县，升泰州知州。子玉珩，曾任奉军张作霖副官。

【王作绎】字芝庵。蓬莱县（今改市）人。光绪十一年（1885）举人，三甲第二十九名进士。工书法，善行草。

【陈敬修】郯城县人。光绪十四年（1888）举人，三甲第三十六名进士。

【张守炎】字星伻。海丰县（今无棣县）人。同治三年（1864）举人，考授内阁中书。考取三甲第四十三名进士。初授礼部主事，参修《会典》书成后，优叙以知府用。出署河南怀庆府知府，整治僚属，治讼有方，修筑险工，颇有政声。其卸任之后，又署禹州厘税局事务，洋商抗不纳税，守炎以约章反驳，皆唯唯如命。未几告归，七十一岁卒。生平笃内行而重廉介，与人交往温厚平和，不露圭角。其诗笔俊逸，暮年所作出以真挚，充满乡土气息。高祖父可举，解元，知县；曾祖父键，拔贡，知县；祖父映蛟，举人，道员，著有《桃坞随笔》。

【王　塾】（1852—1902）字远大，号通侯。莱阳县（今改市）人。光绪十五年（1889）举人，翌年联捷三甲第九十名进士，选庶吉士，散馆授检讨。历国史馆协修、武英殿纂修、顺天乡试磨勘官和镶白旗、镶红旗官学考官等。出署广西桂林府知府。所至勇于决事，治盗尤显。因染时疫，卒于任，年五十。著有《王文勤遗稿》。父兰升，同治进士、翰林，国史馆协修；弟垿，光绪进士，翰林，弼德院顾问大臣。父子三人皆以书法名。

【苏元樫】字次杉，号蔚东。日照县（今日照市）人。光绪十四年（1888）举人，三甲第九十七名进士。授福建尤溪县知县，抵任张贴出《禁革公帮告示》，严禁和打击当地纸、米欺行霸市行为，受到百姓拥戴。

【王遂善】（1854—1917）字念绪，号季良。长山县（今属淄博市周村区）人。光绪八年（1882）举人，三甲第一百一十三名进士。历直隶平山、南皮等县知县。所至行保甲，办学校，兴实业，戒烟毒，推广植桑养蚕，竭力改善民生，政声显扬。虽以五经四书起家，但却注意研究"西学之根"，钻研西方数学，与朋友研讨微积分。对裹足深恶痛绝，曾撰写《女子裹足穿耳考略》，带头让正值出嫁年龄的女儿放足。其对辛亥革命持反对态度，拥护袁世凯复辟帝制，是山东上书劝进六十人之一。入民国，其参与周村地方自治，创办女子小学，担任周村商会会长，为发展地方实业谋划奔走。六十三岁卒。

【王贵省】字子鲁。茌平县人。幼失父母，事继母以孝闻。家贫力学，天资颖敏，为文清高绝俗。光绪八年（1883）举人，三甲第一百三十二名进士。分发湖南以知县用。性嗜酒，常日夜连饮为乐，竟以此致疾，未及赴任，卒于家。

【王玉珂】字相里。高密县（今改市）人。光绪九年（1883）举人，三甲第一百三十三名进士。授直隶武邑县知县，兴学校，减讼狱。适义和团兴起，玉珂严行禁止，并下乡劝导，以理譬解，百姓多听从。被罢归后，优游林下，以诗歌自娱。九十九岁卒，乡谥文和。

【崔广沅】（1862—1927）字寿蘅，号子湘。峄县（今枣庄市峄城区）人。生于豪绅世家。自幼聪颖。光绪十五年（1889）举人，翌年联捷三甲第一百三十五名进士，选庶吉士，散馆改主事。曾宣扬君主立宪，与康、梁有交往。戊戌政变后，惧祸离京，改任广东遂溪县知县。三年后，以父病告归。光绪三十二年（1906），曾上书清政府反对中兴煤矿公司修筑临枣铁路及在齐村建站，多次控告均遭清路政大臣驳斥。善书法，能诗文，工绘花鸟。居家有妻妾六人，婢仆六十余人，拥有土地四十余顷。民国十六年（1927）病卒。

【张文翰】字西园。安丘县（今改市）人。幼聪慧，有胆识。咸丰十一年（1861），叔父映箕抵御捻军被杀，时文翰仅十余岁，号泣奔走寻找叔父尸体，为捻军所掳，毫无惧色，乘间自脱，得叔父遗骸而归。光绪五年（1879）举人，三甲第一百四十一名进士。以湖北知县用，历充安陆等多地厘差。其介然自守，不事干谒，未曾以脂膏自肥。以劳卒，身后萧然，闻者悲伤。著有《望鹤轩诗集》二卷。

【刘延坦】济宁直隶州（今济宁市）人。光绪二年（1876）举人，三甲第一百五十五名进士。历湖北监利、蒲圻县知县，升沔阳州知州。

【陈庆彬】字子均。曲阜县（今改市）人。自幼仁厚，笃于孝友。光绪十五年（1889）举人，翌年联捷三甲第一百五十六名进士。初署直隶安平县知县，交卸任职后，被赵州直隶州知州聘充发审委员，以听讼有才干，遂署定州直隶州州同，兼署宁津县事。又改充天津县发审委员，年余，补授吴桥县知县。在吴桥拒贿赂，捕盗首，颂声大起。旋创建高等小学、蒙养小学二百余所。创办巡警局，改良监狱，新办犯人工艺所。在任四载，以卓异保升直隶州知州。隆平县知县以征捐苛急，酿成枪杀警士，庆彬奉总督之命，带兵前往处置，先是撤惩知县，又将乱首斩决，遂事得平息。晚年归隐故里，七十四岁卒。

【于文鉴】掖县（今莱州市）人。光绪二年（1876）举人，三甲第一百七十九名进士。授兖州府教授。

【韩镜蓉】武城县人。光绪十一年（1885）举人，三甲第一百八十名进士。授济南府教授。

【孔繁朴】字厚庵，号质生。曲阜县（今改市）人。孔子七十四世孙。光绪十一年（1885）举人，三甲第一百八十二名进士。以知县归部铨选。适值合肥李经方出使日本，奏请繁朴为长崎正理事官。三年任满，奏保以直隶州知州用，加四品衔。先后充陕西乾州、商州、绥德直隶州知州。以卓异补同州府知府。辛亥革命后，回籍葬亲，被公推为曲阜孔教总会会长，曾单独出入枪林弹雨，力为保护"三孔"古迹。值大成节开十八次孔教大会，赴奎文阁讲经，因连日奔走积劳，又因孔教会址发生纠葛，患痰雍气厥而卒，年六十八。

光绪十六年庚寅恩科

光绪十八年壬辰科

本科录取：一甲三名，二甲一百三十二名，三甲一百八十二名。其中山东二十二名。

【田智枚】（1860—1921）字介臣，号简轩。潍县（今潍坊市）人。光绪十五年（1889）举人，二甲第九名进士，选庶吉士，散馆授编修。光绪二十六年（1900），充贵州乡试副主考官，未成行，旋提督云南学政。以翰林院撰文学士，被任为弼德院秘书长。与徐世昌互感知遇，交谊颇深。告归后，曾办小学，使贫困学童有求学之所。在济南、潍县两地开设德和堂中药店，对穷苦患者施舍成药。晚年专志研究经学。擅书法，结体严谨，尤以行书雅致流畅。入民国，杜门不出，求书者接踵于门。祖父名撰，举人，县训导，著有《种蕉轩文抄》、《东邹随笔》。

【翟化鹏】（1857—1926）字溟南。平阴县人。光绪十一年（1885）举人，二甲第三十九名进士，选庶吉士，散馆改刑部主事。以记名总理衙门章京，升外务部员外郎。辛亥革命后，闲居北京。著有《柳泉唱和集》、《樵语》、《鹿樵诗存》等。

【丁昌燕】（1863—1937）字师汝，一字师雨，号剑虹居士。诸城县（今改市）人。清初著名文学家、戏剧家耀亢裔孙。自幼聪慧好学，胸有大志。诗文、书法有名于时。光绪十四年（1888）举人。光绪十六年（1890）会试贡士，当年未参加殿试，后补殿试成二甲第五十一名进士，选庶吉士，散馆改四川大足县知县。抵任时，正值"灾荒频繁，饿殍遍野"，昌燕冒极大风险，未及上请即开仓赈济。上官惊惧，急呈报内阁大臣李鸿章。李鸿章亦惊恐，急奏光绪帝。光绪帝不但未予指责，反而欣然朱批："为人不敢作而作，明断果决，忧国忧民，奇功可嘉。"清帝退位后，归隐。武昌起义后，应知县之邀，招募壮丁，成立防御会，自任会长，督率守城。诸城县宣告独立后，设立防御团，担任团长。军民政府成立，被推举为县议会副议长。民国四年（1915），任山东省议会议员。又任淄博煤矿董事，兼矿务采办。民国十九年（1930），充省志馆馆长。告归，以病卒。

【周　云】字世臣，号折鹿。东阿县人。光绪十七年（1891）举人，翌年联捷二甲第九十六名进士，选庶吉士，散馆改主事。出为河南永城县知县，仕至湖北汉黄德道。

【张祖厚】字宏斋，号镜渠。安丘县（今改市）人。光绪六年（1880）举人，二甲第一百名进士。授吏部主事，升员外郎。祖父柏恒，举人，州学正，著有《金乡乡贤传》、《式训集》、《书航集》等。

【杜　翮】字鹤云，号桐巢。滨州（今滨州市）人。光绪八年（1882）举人，二甲第一百零三名进士，选庶吉士，散馆改甘肃环县知县。

【王廷赞】（1847—1927）字子襄，号若谷，一号排云。泗水县人。光绪二年（1876）举人，考授正蓝旗官学教习。考取二甲第一百一十七名进士。由四川知县，仕至直隶州知州。辞归。工书法，各体皆能。

【李振甲】字乙山。乐安县（今广饶县）人。少家贫，天才卓异，读书过目成诵，属对脱口而出，令长老惊叹。弱冠游历下，与一时名俊角文泺源、尚志各书院，皆以国士目之。光绪十七年（1891）举人，翌年联捷二甲第一百二十七名进士。在殿试时，邻号惶骇失措，策卷缮毕出现越幅，振甲阅其前后文意计字，依意缀文，进行桥接，构成天衣无缝。此考生以五百金答谢，振甲峻拒之。登第后，授工部主事，与康、梁等组织强学会，谋革新政。在京都与吏部尚书徐郙相友好，徐郙见其临财不苟，付以巨金，委其回县挑滩晒盐。振甲尽心经营筹划，开发规模宏大，眼见获益稳操胜券，但突遭黄水淤没。振甲愧无以对知己，遂忧愁致病，四十八岁卒。其诗文高古，惜多散佚。

【孙友荸】（1855—1924）字华楼。郯城县人。同治十二年（1873）举人，考选内阁中书。三甲第九名进士。历江苏桃源、坯州、安东、阳湖、元和、金坛、江阴、丹阳、无锡等县知县，颇有政声。辛亥革命后，解职回籍。民国三年（1914）秋，郯城遇大水灾，沂、沭河决口三十多处，友荸力请义赈，修堵决口，周济饥民，请除附捐。其为民请命，耿介直言，深受地方人士赞誉。后避居济南，七十岁而终。父锡辂，举人；兄友莲，光绪进士，知县。

【孙乐嘉】蓬莱县（今改市）人。三甲第十名进士。

【丁麟年】（1870—1930）字绂臣，一字绂宸，又字苕庼，号幼石，又号栘林。日照县（今日照市）人。自幼聪颖过人，勤奋好学。光绪十四年（1888）举人，三甲第二十二名进士。以户部郎中，先后出为陕西兴安、同州府知府。为官清廉，治绩显著，百姓送万民伞。民国元年（1912）春，弃官归里。民国九年（1920），出任山东省图书馆馆长，勤于搜集文物，并进行分类鉴定与考证。收集到珍贵图书二百八十六种，计六千八百七十五册，其中明刻精本较多。一生

光绪十八年壬辰科

勤于著述，主要有《柳林馆吉金图录》、《柳林馆丛书》、《三代铭器文字拓片集录》、《柳林馆钟鼎款识浅释》、《日照丁氏藏器目》、《殷周铭器考证》、《出土文物分类集录》、《山左乡贤书画甄录》等。工书法，尤擅隶书。六十岁病逝于青岛。父守存，道光进士，按察使，加布政使衔；兄凤年，同治进士，知县。

【顾仲安】字籑庭。聊城县（今聊城市）人。幼嗜读，勤奋自励，善事父母。登第前，授徒为业，迭主书院讲席，从学者甚众。光绪八年（1882）举人，三甲第三十七名进士。署安徽青阳县知县，有政声。两充乡试同考官。丁母忧，精力顿减，服满，重回安徽，以急病卒。

【王世桢】字笃臣，号梧村。诸城县（今改市）人。光绪五年（1879）举人，三甲第四十二名进士。分发福建以知县用。

【宋书升】（1843—1915）字晋之，号旭斋。潍县（今潍坊市）人。出生时，父亲已去世数月，由母亲含辛茹苦抚育成人。自幼聪慧绝伦，殚心于经术，尤精推步之学。有"小康成（郑玄）"之称。光绪五年（1879）举人，三甲第四十四名进士，选庶吉士。因所著《宋氏周易要义》尚未定稿，怕以仕废学，未散馆，即远离仕途，继续潜心著述。近七十岁，将该书写定。充任山东书院山长，为袁克定业师，声望甚高。历经巡抚、学政推荐，为光绪帝召见，赏加五品卿衔。袁世凯任山东巡抚时，即仰慕其学识。袁世凯当总统后，先后两度派员赴鲁欲以重金招致起用，书升以病危坚辞不就，唯日夜饮苦蘖，声称治病。先是在败纸上咄咄乱书，行草杂糅莫测，且写了烧，烧了又写，秘不示人。之后又找出所著《论语义征》、《春秋分类考》、《周礼明堂考》、《二十四史正伪》及诗古文辞十余种，全部烧掉。不数日，药发卒于章丘高婿家，年七十三。书升曾参与修订《山东通志》，著述宏富，有《旭斋文抄》等二十余种。

【孟广谟】章丘县（今改市）人。三甲第五十二名进士。授刑部主事。

【宋企适】字南宫。胶州（今改市）人。幼家贫，刻苦励学。工文章，援笔立就数千言。性洒脱，皆推为名士。光绪十五年（1889）举人，三甲第九十六名进士。授云南易门县知县，署剑川州知州。为官有谋略，常对人曰："害民者莫如贼，吾莅任后必严刑治贼，为民除害可耳。"居官有政声，民感其德，送牌伞者络绎不绝。惜在知州任上仅年余而卒。

【李翰屏】（1852—1926）字藩西，号述庵。日照县（今日照市）人。光绪十七年（1891）举人，翌年联捷三甲第一百零九名进士。以同知衔分发四川，历宜昌、彰明、石泉县知县。

【李祥麟】日照县（今日照市）人。光绪十四年（1888）举人，三甲第一百一十二名进士。

【于相德】字树滋，号梅轩。泗水县人。光绪八年（1882）举人，三甲第一百一十五名进士。即用四川知县。

【孔昭倩】曲阜县（今改市）人。光绪八年（1882）举人，三甲第一百三十四名进士。江苏候补知县。

【刘　坦】字醴泉。蒲台县（今属博兴县）人。同治九年（1870）举人，三甲第一百六十名进士。

【管廷纲】（1859—1911）字季张。莒州（今属五莲县）人。光绪十四年（1888）举人，三甲第一百七十八名进士。初授广西怀集关税务监收官，升省城警察总巡。以忤上官，被降调雒容县知县。在任首捕巨盗，严惩通匪者。任满，改任东兰州，赴京引见途中，闻辛亥革命爆发，旋回故里。宣统三年（1911）冬病逝。工书法。兄：廷献，光绪进士，探花，道员；廷鹗，光绪进士，翰林，都察院左副都御史。侄：象颐，光绪进士，翰林，度支部左参议，江南财政监理；象晋，光绪进士，翰林，知府。有"一门五进士，叔侄三翰林"之赞誉。

光绪十八年壬辰科

光绪二十年甲午恩科

本科为太后六旬万寿恩科。一甲三名,二甲一百三十二名,三甲一百七十九名。其中山东二十二名。

【于普源】(1868—1922) 字弗航,号湘芸。潍县(今潍坊市)人。光绪十七年(1891)举人,二甲第二十五名进士,选庶吉士,散馆改安徽来安县知县。遵父严嘱,谨慎为政。改署太湖县,补灵璧县,均著政声。以卓异引见,山东巡抚杨士骧留办全省学务。山东咨议局成立,被选为副议长。充法政学堂监督。咨议局取消后,又选为山东省各界联合会副会长。入民国,署青州府知府,推行新政不遗余力。裁缺后又任新城县知事。因新城与外省属县同名,拟改名,普源引经据典,拟桓台二字,得以允纳。晚年,辞职家居,遇地方公益,均能先倡。善书法,尤工汉隶。民国十一年(1922)卒,年五十五。父铭书,庠生,亦工书。

【姚舒密】字仲周,号师云,一号释筠。巨野县人。光绪十七年(1891)举人,二甲第三十三名进士,选庶吉士,散馆授编修。充山西乡试副主考官和会试同考官。擢监察御史。历浙江衢州、宁波府知府。辛亥后告归。

【郭育才】(1856—1930) 字木初,号升生。潍县(今潍坊市)人。光绪十五年(1889)乡试第四名举人,二甲第四十名进士,选庶吉士,散馆改兵部主事。外署安徽六安直隶州知州,遂补池太府同知。擢邮传部郎中,襄办船政。性恬澹,为官迭获优差,洁身自好,不名一钱。在京为官时,有家乡邻县在保定一官员,病逝后撇下一孤女,愿卖为人妾,筹钱送父归葬。育才得知,在帮助处理完丧事后,遂将其女迎归寓所抚养,视如己出。工书法,老年益苍秀婀娜。亦善绘画,然轻不示人。晚年居上海,名擅一时。

【张濂经】字翰东。文登县(今改市)人。家世务农,自幼好学,博览经史。以拔贡考授户部七品小京官。光绪十九年(1893)考中举人,授户部主事。翌年联捷二甲第五十二名进士,呈请仍回原班,补为户部广西司主事。因母病故,离任在家守孝。甲午战争后,英国强租时属文登管辖的威海卫,英人借勘划租界之地,肆意扩大租地范围。由此激起民众强烈反抗,将英人几次埋下的界石砸碎。文登秀才于冠敬顺势组织民众进行有组织的反抗英人强划租界活动,找到濂经寻求对策,濂经主张要把事情闹大,使之轰动朝野,又要不失事态。一方面要组织民众阻止英人埋界石，另一方面要本呈上官，经县、府、道、省上达朝廷。按濂经的策划，于冠敬等组织千人抗英集会，与勘界官员展开搏斗。英人开枪打死抗英群众二人，愤怒的民众将英人团团围住，并将清廷陪勘官员李希杰从轿子里揪出来，打倒在地，英人趁机逃走。文登民众反划界斗争惊动了清朝政府，中英勘界事务一时处于停顿状态。英领事多次威逼清廷追究带头起事的清廷官员。光绪帝询知濂经参与策划事实，为平息事端，讨好洋人，令刑部对濂经处以磔裂之刑。其工书法，端方秀丽。

【茹恩彬】蓬莱县（今改市）人。二甲第一百零二名进士。工书法。

【孙文翰】蓬莱县（今改市）人。光绪五年（1879）举人，二甲第一百一十八名进士。署广东合浦县知县。

【梁文灿】字质生，一字灸笙。潍县（今潍坊市）人。幼聪颖，文笔裔皇典丽。自参加应试，每试必捷，毕生不知落第为何事。光绪十九年（1893）举人，翌年联捷二甲第一百二十八名进士，选庶吉士，散馆授编修。擢浙江道监察御史。其倜傥不羁，服御虽华，尚能清贫自守。其见清末国是日非，难以挽回，即以"寒蝉噤声"，不再上疏言事。唯精研宋元人词，以排遣时光。辛亥革命后，遨游大江南北，以抒其牢骚不平之气。因终无所遇，坎坷以殁，靠世友帮助才得以殡殓。著有《蒙拾堂诗稿》、《蒙拾堂词稿》、《宋金元怀古词辑》。所作《潍县十二月鼓子词》，描绘了潍县一年中每月的风俗，有浓厚乡土气息。

【张介禄】字受百。安丘县（今改市）人。光绪十七年（1891）举人，二甲第一百三十一名进士。历署浙江临安、兰溪、镇海、临海、归安县知县，补宁海县知县。由同知候补知府。祖父鹤龄，举人。

【孙星煜】蓬莱县（今改市）人。光绪十七年（1891）举人，三甲第二十名进士。

【王叔谦】（？—1901）字益山。胶州（今改市）人。光绪十七年（1891）举人，三甲第二十九名进士。初署福建上杭县知县，禁火葬，平讼狱。丁父忧，服阕，补署长乐县知县，仅半年卒。曾充乡试同考官。其乐于助人，有同年子为官卒于任，叔谦见其家贫，帮其归柩，并将余金尽送其家。

【成象乾】字字健，亦字自鉴。乐安县（今广饶县）人。其祖父希忠与父芳泽，皆为积德行善、见义勇为之人。其沉毅谦慎，亦勇于为义。学以古人为期，尤究心于当世之务。幼苦贫，先采樵后入塾，十三岁时辍学，赴青州做打绳雇工餬口，在父力劝之下，才得以复读。以馆谷养亲，笃尽孝道。光绪十五年（1889）举人，三甲第三十九名进士。分发福建以知县用。竟以伉直，不为疆吏所喜，抱负难以实现。其游学历下，与当世名流角胜词坛，声名甚高，前后主讲席者，皆以国士相待。象乾又去福建、广东乃不获一试所学，学人甚惜之。著有《宦闽日记》四册。

【李继元】县、府、省志均载作继沅。字沄生，号蓉台。济宁直隶州（今济宁市）人。光绪十五年（1889）举人，三甲第四十六名进士。仕至刑部员外郎。

【叶　芸】字帙香。历城县（今济南市）人。光绪十五年（1889）举人，三甲第五十四名进士。授江苏山阳县知县。

【单梦祥】黄县（今龙口市）人。三甲第六十一名进士。历广东长宁、丰顺等县知县，署嘉应州事。

【胡逢恩】（1856—1921）字仲原，一字敬瑗。胶州（今改市）人。少有俊才，家贫力学。光绪十九年（1893）举人，翌年联捷三甲第七十一名进士。授内阁中书，侍读衔。庚子之乱时，各署官吏散亡殆尽，逢恩奔赴柴市文信国祠，全家拟殉国难，探悉两宫太后无恙乃止，被奉派留京办事处行走。光绪二十九年（1903），充会试同考官。是年，因缮皇史宬圣训告成，被派管诰敕房事务，兼方略馆校对。被保准以知府分发安徽补用，加盐运使衔，升用道员。光绪三十二年（1906），委办安徽街口厘金局。在驻地多善举，做了一些方便百姓船渡和医病之事，并惩治偷漏税的不法土豪王藩，一乡称快。在任被记功七次。宣统元年（1909），丁忧，隐居不出，以授徒为业。六十五岁卒于家。

【李士田】字经畬，号梦梨。博兴县人。性孝友，工诗文。光绪十九年（1893），与弟义田同榜举人，翌年联捷三甲第八十二名进士。授内阁中书，改任知县。历直隶涞水、高邑、元氏、唐山、肃宁、阜平、卢龙县知县，所至操履清约，颇有声誉。著有《东游日记》。

【辛可耀】蓬莱县（今改市）人。光绪十一年（1885）举人，三甲第九十八名进士。

【孙友莲】（1844—1924）字幼青。郯城县人。自幼从父读书。同治九年（1870）举人，历为泰安、乐安、肥城等县训导。二十四年后，考取三甲第一百零一名进士。授户部主事。不久，以母病告归，不再复出。母病故后，哀毁成疾，四十九天后亦卒。父锡辂，举人；弟友尊，光绪进士，知县。

【单　荣】高密县（今改市）人。光绪十四年（1888）举人，三甲第一百一十四名进士。仕至四川泸州知州。父祜，举人，县训导。

【刘德元】肥城县（今改市）人。光绪十七年（1891）举人，三甲第一百六十二名进士。

【李延庆】聊城县（今聊城市）人。光绪十一年（1885）举人，三甲第一百六十七名进士。授安徽灵璧县知县。

【周正岐】即墨县（今改市）人。光绪十七年（1891）乡试解元，三甲第一百七十四名进士。

光绪二十年甲午恩科

光绪二十一年乙未科

本科录取：一甲三名，二甲九十九名，三甲一百九十名。其中山东十八名。

【于疏枚】字卜臣，号卧庐。临淄县（今淄博市临淄区）人。九岁能文，诗尤俊拔，语必惊人。疏枚出嗣伯父，家中较富裕。其对欲进取者，力予资助，对亲朋有求，倾囊相助，以致家计中落，但从无后悔。笃于友谊，与诸名士诗文唱和，夙有深契。光绪十五年（1889）举人，二甲第五十三名进士，选庶吉士，散馆授编修。充国史馆协修。同年康有为，向疏枚三次投刺拜会，均拒之不见。疏枚道："吾非恶新学也，自古疏逖小臣，谋倾耆旧而夺之权，鲜不败者，党狱将兴，吾为免祸计耳。"未几政变起，人服其先见。八国联军侵京，两宫西逃，疏枚护驾至西安，辞受护驾者概给的每月数十金的夫马费。回京后，充编书处协修、武英殿纂修，并充顺天乡试同考官、会试磨勘官、殿试收掌官。疏枚耿介自持，耻于奔竞，仕途沉滞，宦囊空虚，甚至朝夕不给。历官八年，召对称旨，遵例截取知府用，未及补授，构疾而卒，年四十五。贫无以殓，门生凑钱将其棺运回故里。

【陈翰声】字蓉生。潍县（今潍坊市）人。幼失母，家贫力学，孜孜不倦。光绪十七年（1891）举人，二甲第九十二名进士，选庶吉士，散馆改知县。以亲老告近，授河南舞阳县知县，并署延津县事。丁父忧，服满，补甘肃华亭县知县。其本是文学之士，自揆薄书钱谷非己所长，在任不数年，抑郁以殁。工书法。

【曲江宴】黄县（今龙口市）人。光绪十九年（1893）举人，三甲第九名进士。由吏部主事升至员外郎。出为浙江督粮道。

【邢维经】新城县（今桓台县）人。光绪二十年（1894）举人，翌年联捷三甲第十名进士。授工部主事，充军机章京。

【李步沆】（1858—1912）字幼匏。金乡县人。光绪十一年（1885）举人，三甲第二十二名进士。授刑部主事，升法部掌印员外郎。遇有大狱，执法如山，不徇私情。宣统三年（1911），以发生辛亥革命忧愤而死。著有《荷轩诗草》、《荷轩文集》、《学书韵语》、《谈艺一得》。

【董观瀛】邹县（今邹城市）人。光绪十九年（1893）举人，三甲第四十三名进士。工画山水。兄观潮，工画人物。

【萧树升】原名懋林。字翰香。历城县（今济南市）人。早岁即有文誉。光绪十四年（1888）举人，三甲第四十四名进士。授户部主事。旋以奉老母请假告归，主讲济南书院，成就者甚多。年逾六十，无疾而终。父衡，廪贡，县教谕，工书法，著有《诗义说约》、《以约斋诗文集》。

【谭廷飏】县志载廷扬。字乃庚。历城县（今济南市）人。光绪十五年（1889）举人，三甲第七十三名进士。授刑部主事，改大理院推事。

【王玉相】鱼台县人。光绪十五年（1889）举人，三甲第八十三名进士。

【高如恂】海阳县（今改市）人。三甲第八十九名进士。

【吕正斯】文登县（今改市）人。光绪十四年（1888）举人，三甲第一百一十一名进士。授工部主事。民国元年（1912）一月，丛琯珠、林基逵等响应孙中山领导的辛亥革命，组织文登进步人士百余人，攻入文登县衙，驱逐知县岳宝树，建立文登临时军政分府。作为清朝遗臣的正斯极力反对辛亥革命，坐镇指挥，纠集对辛亥革命尚不理解的民众，打着"葛吕团练分局"旗号，攻打文登县城，酿成文登辛亥革命五十九名烈士案。民国初，正斯病故于家。

【孔庆墴】曲阜县（今改市）人。光绪十九年（1893）举人，三甲第一百一十二名进士。江苏即用知县。

【张锡鸿】字鹤村。历城县（今济南市）人。光绪十五年（1889）举人，三甲第一百二十五名进士。历直隶赤峰和奉天本溪县知县。

【张树桢】字毅朋。海丰县（今无棣县）人。平日留心时政，论说成帙。光绪十九年（1893）举人，三甲第一百三十三名进士。授广东英德县知县，孜孜求治，有商民开办林木，刁民阻挠，因山界涉及曲江县，即与曲江县知县同往会勘，许多百姓持械鸣铳阻路，曲江知县噤无一言，树桢挺身而出，予以痛斥，并缉捕数人，事乃得平。未一年，卒于任。父守岱，道光进士，翰林，道员。

【陈继洋】曹县人。光绪十五年（1889）举人，三甲第一百三十五名进士。

【李体仁】字心海。郓城县人。光绪十四年（1888）举人，三甲第一百四十六名进士。工诗。参修光绪《郓城县志》。

【张志轩】平阴县人。光绪二十年（1894）举人，翌年联捷三甲第一百四十九名进士。

【刘彤光】（1847—1908）字雪鸥。巨野县人。光绪十七年（1891）举人，三甲第一百七十八名进士。授户部主事。光绪二十五年（1899），因河决武定受灾甚广，山东京官募义赈，推举彤光前往施放，沐雨栉风九十余日方回。翌年，以知县分发山西，署永宁州知州。教士乔某倚势纵其家人及护兵下乡捉人，讹诈不成,则诬为"拳匪",牵扯数百人。彤光愤然道:"头颅可断,小民不可欺。"遂举教士恶迹上报巡抚,巡抚许以撤换主教,在主教撤换后,彤光又上报巡抚将跟随主教作恶多端的三名为首者,斩首示众。上官告诫彤光:"到任看管言词甚厉。"彤光道:"彼因公也。"光绪二十八年(1902),先后调任安邑、文水县知县,裁去筑堰费二千余两,使堰长无从取利借以肥己。巡抚以"廉勤质朴,嫉恶爱民"保奏,奉旨嘉奖。光绪三十一年(1905)改曲沃县知县,被上官借事中伤撤职。光绪三十三年(1907),又回任文水县知县,至则处理杀伤多命的水渠案,严缉凶手,将恃教肇事为首者监禁,事得平息。宣统元年(1909),巡抚奏保在任候补直隶州知州。是年二月,补平遥县知县。宣统二年(1910),文水县武树福等人,以借种洋烟为名,聚众二三千人,省城常备军到文水弹压,武树福等人恃众抗拒,至有格杀。为此,山西巡抚被劾,查办者却归罪知县,彤光被罢职,时论冤之。其去沈阳,被奉天将军锡清弼留充要差。不久,卒于奉天督署,年六十一。彤光博闻强记,才力过人,著有《梦蝶草堂杂著》四种,作诗数百首,有"万劫不磨尊孔氏,九原虽死是清臣"之句,从中可见其志节。

光绪二十四年戊戌科

本科录取：一甲三名，二甲一百五十名，三甲一百九十三名。其中山东二十六名。

【庄清吉】(1863—1914) 字绍尹，号一泉。费县人。光绪十七年（1891）举人，二甲第十九名进士，选庶吉士，散馆改山西华阳县知县。以父母年老告近，改直隶柏乡县知县。以"清慎勤"为座右铭，政简刑清，尤重教育，颇有政声。在请假探亲后，本不愿再出仕，因迫于父命，而又赴任，不久染病乞归，遂不复出。曾参修《费县志》。子达中，曾任山东省学生联合会会长、省议员、宾县知事等。

【赵汝湧】(？—1936) 榜名汝勇。字伯江。蓬莱县（今改市）人。家中贫寒，靠做豆腐维持生计。汝湧读书刻苦，聪颖过人，被誉为神童。光绪二十年（1894）举人，二甲第二十二名进士。授户部主事。辛亥革命后，仕途受挫，隐居于京城，靠卖字为生。卒后，靠同乡吴佩孚周济，才得以归葬故里。酷爱书法。书宗颜、米，尤善行楷，用笔果敢犀利，圆浑洒脱，体势宽博，丰韵毕至，为世人所重。早年京城酱园鼻祖"六必居"之招牌，就出自汝湧之手。

【丁维鲁】(1871—1954) 字揆野，号素画。日照县（今日照市东港区）人。光绪十七年（1891）举人，二甲第二十六名进士。朝考一等第二名，选庶吉士，散馆改知县。仕至直隶候补道。参与"公车上书"，主张维新变法，改革帝制。《清宫十三朝演义》中曾提到维鲁的维新事迹。被奉调北洋襄办直隶学务，参与筹拟各类学校章程。历任直隶学校总办、北洋大学堂总办和直隶、山东留日学生监督等职。北洋政府时，为山东济西观察使。民国四年（1915），因反对复辟帝制，被选为国民代表。次年冬，日本在山东设立民政署，引起民愤，其和王讷赴京交涉。晚年弃官归里，闭门读书著述，偶有达官贵人来访都被拒之门外。著有《日本学制纂要》、《新式万国地理》、《医学管窥录》、《揆野诗集》等。书法工颜，尤擅小楷。亦通医术。八十三岁卒。

【管象晋】(1870—1920) 字康锡。莒州（今属五莲县）人。幼而颖异，少有远志，为文奇警，语必己出，有神童之誉。光绪十九年（1893）举人，二甲第五十二名进士，选庶吉士，散馆授编修。依例分发安徽任知府。对事关地方利害之事，敢言人所不敢言，无所顾忌。象晋虽异地为官，但关心家乡。山东巡抚欲设沿海十八滩盐官，势在必行。各县居民闻之大恐，象晋为文数千言，向巡抚慷慨陈述利害，使此议遂罢。山东黄河决口，流民遍野，象晋力筹义赈，集款达数十万。其伯父廷献带头响应，连续三次向山东、安徽出钱赈灾。象晋官至三品衔，历充要职，因与同僚不和，志不得行，辞官而归。以郁愤而得神经分裂症卒，仅四十岁。

【李效曾】字成甫。安丘县（今改市）人。光绪十九年（1893）举人，二甲第九十二名进士。授度支部主事。

【郭恩赓】字松存。潍县（今潍坊市）人。生于潍县四大家族之一。幼承庭训，以乡试副榜，考授内阁中书。光绪十四年（1888）举人，二甲第九十六名进士，选庶吉士，散馆授编修，加侍读衔。入民国，隐居，以诗文、书法自娱，终身不复出。著有《蒚斋诗存》一卷。祖父梦龄，道光进士，布政使，署巡抚；父薰之，以守城功，官内阁中书。

【韩肃俭】滋阳县（今兖州市）人。光绪八年（1882）举人，二甲第一百二十六名进士。

【卢金书】蓬莱县（今改市）人。光绪五年（1879）举人，二甲第一百四十名进士。

【孟广来】字镜符。济宁直隶州（今济宁市）人。亚圣孟子后裔。光绪二年（1876）举人，主讲金乡山阳书院，纂修《曹县志》。二十二年后，考取二甲第一百四十二名进士。授户部主事。庚子之变，两宫西逃，广来与妻相约同殉，继而得知和议已成，十分感愤，遂改补教职归，授沂州府（一说登州府）教授，未及赴任而卒，年五十八。

【王思衍】《题名碑录》载作恩衍。字仲蕃，号源亭，又号老龛、用虚、亦嚣子。兰山县（今属临沂市）人。光绪二十年（1894）举人，三甲第一名进士。授刑部主事。思衍博学宏才，在丹青、诗文、金石、篆刻等方面，均有较高造诣，尤工书法。曾补写被八国联军所毁之清宫匾额，被慈禧太后誉为"铁笔王思衍"，由此声名远播。著有《亦嚣诗存》、《嚼雪斋印谱》等。晚年，在家设塾，教读后辈，也曾远到江苏邳县授徒。参订民国《临沂县志》。

【王道凝】字聚亭。巨野县人。光绪十一年（1885）举人，三甲第七名进士。授湖南永顺县知县，署永顺府事。旋丁忧，卒于家。

【丁锡祜】字秩生。潍县（今潍坊市）人。光绪十一年（1885）举人，三甲第九名进士。授户部主事。出为山西候补直隶州知州。时值岁饥，巡抚以其贤能，委派赴各州县办理赈灾事宜。丁忧，不再复出。祖父彝绶，举人，署兵备道。

【朱名炤】（？—1949）字潜斋。平阴县人。光绪十五年（1889）举人，三甲第十一名进士，选庶吉士，散馆改刑部主事，转河南长葛县知县。入民国，历河南项城、陈留和山东济宁县知事，以及山东省长公署秘书、河南省长公署高等顾问。为项城县知事时，袁世凯的族叔袁六私种鸦片烟苗四十亩，名炤秉公执法，限期拔除，并将袁六捉拿归案。后辞归闲居，常为县内小学讲学。民国二十四年（1936）纂修《平阴县志》（成稿未印）。工书法。

【卢德复】（1858—1917）字次渊、绍光，号来庭、震初。福山县（今烟台市福山区）人。卢家世袭军籍。少时，"公体卓伟"，有"卢潘安"之誉。天资聪颖，负有文名。光绪二十年（1894）举人，三甲第十二名进士。历户部主事、员外郎、郎中和度支部厘金科科长（加四级）。光绪二十六年（1900），八国联军入侵时，曾随王懿荣同守团防局。为官十载，性澹泊，廉以奉公，俭以持己。辛亥革命后，无意仕途，隐居北京，曾帮助本家在北京料理几处大饭庄。六十岁卒。

【孙卿裕】诸城县（今改市）人。光绪十七年（1891）举人，三甲第二十一名进士。

【刘维垣】沂水县人。光绪十四年（1888）举人。进京应考时，即让身为举人的父亲将举人旗杆撤去，以准备竖进士旗杆，抱有志在必得之信心。考取三甲第二十五名进士。授安徽青源县知县。子德鏊，擅画十八罗汉图。孙玉泰，擅制作影子戏，费尽十余年心血，完成八十一回《西游记》的影子戏巨作。

【于铭训】（1850—1916）字式之，号帛园。莱阳县（今改市）人。少时家贫不能自给，由邑老儒张瑞庭资助其学。性质粹，无城府，为学知务根本，宗宋、明诸儒。光绪五年（1879）举人，大挑一等，分发河南以知县用。又考取三甲第四十三名进士，分发江宁以知县用。江宁布政使令其管理义仓及附郭三县储谷事。光绪二十六年（1900），两宫西逃长安，铭训奉布政使恩寿之命，解银七万两赴山西，日夜兼程不避艰难，至渭南迎驾两宫。两宫传见，温语慰劳，安排其办理下关厘捐事。到任后，以除积弊、惠商民为事。不久，眼见积弊难除，其志难行，以不能胜任自辞。充江西保甲及江北发审局事，先后署阜宁、沭阳县知县。在沭阳，遇涝灾，上请布政使发银四千两赈灾，布政使限五日赈毕，因淮阳道没有及时拨付，没能按期发放，被诬以"不放急赈，意欲开征"而罢职。总督端方知其冤枉和廉洁，委任其办理芜湖盐务分销局兼总巡缉私事。三年告归，六十七岁卒。著有《四书集解》、《酌雅堂诗草》、《酌雅堂文稿》、《帛园年谱》。

【张梅亭】(1858—1933) 字雪安，一字松庵，号对溪。莱芜县（今改市）人。幼承母教，九岁能诗文。为诸生时，家中贫困，以授徒奉养老人。光绪十五年（1889）举人，三甲第四十七名进士，观政礼部。充齐鲁大学堂教习，教授史地。生平还逢迎，不干谒，淡泊自甘，不慕荣利。在戊戌变法改制破格用人时，京师内外竞争奔走，如蚁慕膻，独梅亭耿介自守，屹然不动。辛亥革命后，挂冠归里，对社会变革持反对态度，称之为"今日之祸"。一生以潜心研究经史为务。在故里，将其旧室名为"一松山房"，闭户读书，写诗作文，并以少量授徒为娱。其能保持气节，拒绝敌伪政权的名利引诱，将邀请书信掷地而唾之。历经四载，自修民国《莱芜县志》，达二十二卷。对该志《续修四库全书提要》评价"在地志中，殊为罕见杰构也"。其还著有《中庸劄记》二卷、《历代史学讲议》十五卷、《万国地理学讲议》若干卷、《一松山房存稿》四卷、《一松山房随笔》十卷。七十五岁卒。

【郝毓椿】(1861—1946) 新城县（今桓台县）人。光绪十九年（1893）举人，三甲第四十八名进士。授浙江海盐县知县，补府同知，有善政。工书法。

【李钟岳】(1855—1907) 字崧生，又字申甫。安丘县（今改市）人。家贫力学。光绪十五年（1889）举人，三甲第五十八名进士。初署浙江江山县知县，旋补山阴县，不媚上官，以廉干称。光绪三十三年（1907）七月十三日，绍兴知府贵福命钟岳率兵围攻女革命党人秋瑾所在的进行推翻清朝统治活动的大通学堂。钟岳一面往见贵福为秋瑾说情，一面促使秋瑾速离。秋瑾未及离去，清兵蜂拥而至，钟岳急中生智，密告差役捕男释女。但不知秋瑾已女扮男装，与少数学生持械抵抗，差役不识秋瑾面目，将其逮捕。钟岳万般无奈，只好消极对抗，奉命到秋家搜查时甚为草率，审讯秋瑾时像好友相叙，会审时反对动用酷刑，千方百计为秋瑾开脱，但终未奏效。秋瑾遇害，钟岳也被解职。自此，钟岳便郁郁不乐，悔恨不已，自缢于寓所。浙江人追思他，及秋案昭雪后，乃为立祠西湖，岁时祀之。

【吴立亭】昌邑县（今改市）人。光绪十七年（1891）举人，三甲第一百零二名进士。由举人时的滕县训导，授陕西三水县知县。

【彭凤沼】潍县（今潍坊市）人。光绪十七年（1891）举人，三甲第一百零七名进士。授河南孟津县知县。

【刘允亨】字次元。寿光县（今改市）人。性避喧嚣，为人醇谨，与人相交无疾言遽色。少承家学，追求精深。为文不追求奇异，以静穆之气泌人心脾。光绪十七年（1891）举人，以授徒为业。考取三甲第一百二十一名进士。被分发河南候补知县，以不善逢迎，未得到实任。宣统二年（1910）回籍，不数年病卒。

【王元綎】字文夫。宁海州（今烟台市牟平区）人。三甲第一百三十五名进士。授安徽歙县知县。著有《野蚕录》行世。

【林树声】又名树森。字季伯。宁海州（今烟台市牟平区）人。光绪十七年（1891）举人，三甲第一百七十七名进士。授广西马平县知县，诸政更新，民心悦服。未三月病卒，年五十七。其柩至无以归，绅民助资哭送之。

【李德运】高密县（今改市）人。光绪十七年（1891）举人，三甲第一百八十九名进士。

光绪二十四年戊戌科

光绪二十九年癸卯科

光绪二十七年辛丑科值清德宗三旬万寿，原定改为恩科，正科则推迟一年，于次年（壬寅）举行。但因北京贡院于庚子被毁，二科均暂停，至本年始合并补行。一甲三名，二甲一百三十八名，三甲一百七十四名。其中山东二十二名。

【王寿彭】（1875—1929）字眉轩，号次篯。潍县（今潍坊市）人。幼承祖训，刻苦砥砺，且极富天赋。与其共居一巷的曹家，出了状元曹鸿勋，这无疑对其产生了深刻影响。光绪二十八年（1902）举人，翌年联捷一甲第一名进士，状元，授修撰。入进士馆学习法政。光绪三十一年（1905），被派赴日本考察政治，回国后，撰写《考察录》，倡导改良教育和兴办实业。宣统二年（1910）八月，充湖北提学使（《清代职官年表》载署），又署湖北布政使，代理湖北巡抚，创设两湖优级师范学堂。辛亥革命爆发，被革职逃走。民国成立后，任黎元洪总统府秘书（一说秘书长）。在张宗昌督办山东时，任山东教育厅长，改组山东省立农、工、矿、医、法、商各专门学校，为公立山东大学，并增加文科，其兼任校长。其中状元后，社会上传说，正值七十大寿的慈禧太后乃取"寿齐彭祖"之意，才钦点为状元。其闻知写了一首打油诗："有人说我是偶然，我说偶然也甚难，世上纵有偶然事，岂能偶然再偶然。"其实，从考中举人到考中状元，没有真才实学是不可能的。民国十七年（1928），居住天津至终。其工书善画，名重一时。其所画人物深得古法，山水繁密层峦叠嶂。其书法"端庄雄伟，圆润厚重"。著有《靖盦诗文稿》。民国十八年（1929）病逝，终年五十四。祖父景尧，举人，县教谕。

【张恕琳】（1875—1919）字心如，号新畚，一号云门。掖县（今莱州市）人。光绪二十八年（1902）举人，翌年联捷二甲第九名进士，选庶吉士，授编修。清末新政，恕琳至进士馆学习时务。入京师督学局，历充齐鲁学堂及京师第一女校监督，加侍读衔。为官清廉，洁身自好。清帝逊位后，其感叹"世局奇创"，洒泪离京而返。在家杜门不出，不闻时事，作《遯石诗》以铭其志。其与志同道合者，切磋诗书。工书，隶尤入古。绘画山水，宗法娄东，涉笔超隽。诗近汉魏乐府之风。著有《遯石吟草》。

【范之杰】（1872—1957）又名询炎。字显庭、俊丞，号瘄公、历山农、悔道人等。历城县（今济南市）人。光绪二十八年（1902）举人，翌年联捷二甲第十一名进士，选庶吉士。入进士馆学习，授编修。擢安徽道监察御史，任山东高等学堂校长。辛亥后，历山东提法使、江西省高等检察厅检察长、湖南省高等审判厅厅长、湖北省江汉关监督。新中国成立后，与沈尹默等同为上海文史馆馆员。工诗文，擅书法，书宗苏东坡。著有《苏东坡生平》、《云馨词》及《范氏书法》等。

【杨　渭】字竹川，号慕曾。潍县（今潍坊市）人。幼失父母，励志读书。光绪二十八年（1902）举人，翌年联捷二甲第十七名进士，选庶吉士。入进士馆学习，以最优等毕业，授编修，赏加四品衔。以提学使记名。其受学部推荐，派为八旗第六高等学堂堂长，旋考充军机章京，勤劳卓著。辛亥革命起，对内廷机密缄口不言，去职归。工书法。五十岁，以风痰疾卒。

【任祖澜】字紫溟。高密县（今改市）人。光绪二十八年（1902）举人，翌年联捷二甲第五十一名进士。授吏部主事。宣统三年（1911），裁部组阁，充内阁叙官局科长，补一等佥事。入民国，历山西垣曲及山东泗水、长山县知事，所至有声。垣曲人为立生祠。著有《古本大学说略》、《梦觉庐诗草》。祖父兆坚，咸丰进士，翰林，鸿胪寺卿。

【侯延爽】字雪舫。东平州（今改县）人。光绪二十八年（1902）举人，翌年联捷二甲第六十四名进士。授刑部主事。赴日本学习法政三年。回国后，为民国临时参议院议员，第一届众议院议员，监督滨江关税务。

【张新曾】字焕宸，号梦松。博山县（今淄博市博山区）人。光绪二十三年（1897）举人，二甲第八十五名进士。入进士馆学习。授工部主事，改直隶肥乡、昌黎县知县。入民国，任博山县商会会长。善书法，专攻颜体楷书，尤善榜书。

【朱燮元】诸城县（今改市）人。光绪二十八年（1902）举人，翌年联捷二甲第九十四名进士。

【王丕煦】（1860—1932）原名凤喈。字次雍，一字揆尧，号楸园，一号韬谷。莱阳县（今改市）人。光绪二十年（1894）举人，三甲第十四名进士。授内阁中书。被派赴日本政法大学学习，以优等毕业。回国后，改授浙江桐庐县知县，署桐乡县事。入民国，历山东布政使、黑龙江财政厅长。工书法。总纂民国《莱阳县志》。

【丁毓骥】黄县（今龙口市）人。光绪二十三年（1897）举人，三甲第二十七名进士。授法部主事，加四级。

【吕彦枚】（？—1931）文登县（今改市）人。光绪十四年（1888）举人，三甲第三十二名进士。授度支部主事。精于天文数学,著有《天文数学明理》。文登辛亥革命爆发,彦枚组织保清势力,成立乡团,围攻文登县临时军政分府。文登再次光复,并未受到追究。卒于家。

【陈德昌】字绍庭。潍县(今潍坊市)人。父早逝,性夙坚忍,淬励无前。光绪二十八年(1902)举人,翌年联捷三甲第七十八名进士。以知县分发广东。初署广东前山同知。此地逼近澳门,华洋交错,德昌不畏强御,力保民族商业。先后改新会、河源县知县。在河源,威德兼施,将"私斗酿祸",变成"化仇为助"。入民国,又先后被委署山东曹县和山西应州事。在山西因惩治恶少,而被上宪撤职。大吏知其耿直,欲再起用,但其屡经挫折,已绝宦游之意。以胃疾卒于旅舍。祖父应聘,道光进士,知县。

【李泽宸】字润民。利津县人。少嗜学,喜考据。光绪二十八年(1902)举人,翌年联捷三甲第一百零三名进士。历直隶庆云(署)、永年县知县,裁陋规,兴学校,严治盗,恤狱囚,措置井然。听讼时平心审断,不改其缜密雅度,众皆佩服。去职时,士民攀辕遮道焚香恭送,为立去思碑。

【杨凤翱】金乡县人。三甲第一百一十六名进士。授江西信丰县知县,以亲老未赴。后补署万年县知县,时新政繁兴,凤翱怕生事扰民,不阿上官,事分轻重缓急,不求赫赫之名,而使百姓得以实惠。四十八岁卒。著有《退思斋集》四卷。

【于文镳】新城县(今桓台县)人。光绪二十六年(1900)举人,三甲第一百三十名进士。分发河南即用知县。

【姜宗泰】(1868—1910)字子安,一字芝庵。莱阳县(今改市)人。其母为"知书明大体"之人,余暇课子读书。自幼采经摭史,涉猎广博。光绪二十八年(1902)举人,翌年联捷三甲第一百四十名进士。历直隶项城、容城、行唐、故城、河间等县知县。所至微服私访,对吏蠹民隐洞悉靡遗。以清廉勤慎、断狱明决、惩奸锄猾、岁祲捐赈、安民利民受到士民爱戴。每调离,民众都以"如此好官,何忍失之",攀辕相送。四十三岁,卒于天津寓邸。其囊橐空空,多方掫挡,始获枢归。子佐唐,华北大学经济科毕业。

【石金声】字骏卿。博山县(今淄博市博山区)人。光绪二十八年(1902)举人,翌年联捷三甲第一百四十七名进士。入进士馆学习。授户部主事。民国元年(1912),充任山东省劝业道河工上游督办。

【丁惟彬】(1861—1922)字璘圃,号松坪。日照县(今日照市)人。光绪二十年

(1894)举人，三甲第一百五十二名进士。即用四川知县，后改安徽，为政体恤民情，政绩斐然。辛亥革命爆发后，弃官回乡。任山东大学国文教师，笃行教书育人，不闻时事。病逝于济南。

【孟广范】曲阜县（今改市）人。光绪二十八年（1902）举人，翌年联捷三甲第一百五十五名进士。授东昌府教授。

【马廷弼】字子良。安丘县（今改市）人。光绪十五年（1889）举人，三甲第一百六十四名进士。广东即用知县。

【王声溢】招远县（今改市）人。光绪十五年（1889）举人，三甲第一百六十五名进士。

【秦锡镇】字锦帛。乐安县（今属广饶县）人。有天赋，读书摒弃世俗，以博通致用为务。光绪十九年乡试解元，考授内阁中书。被举荐参试经济特科，获一等第七名。补江苏淞江府海防同知。四十一岁卒于任。著有《竹园诗文稿》数卷。

光绪二十九年癸卯科

光绪三十年甲辰恩科

本科因太后七旬万寿,改正科为恩科。一甲三名,二甲一百二十名,三甲一百五十名。其中山东二十一名。

【庄陔兰】(1870—1946)字心如,号春亭,亦号春苔。莒州(今属日照市)人。光绪二十九年(1903)举人,二甲第十四名进士。入进士馆学习,授编修。由国史馆协修,升至侍读学士。光绪三十二年(1906),被选送日本法政学堂学习法律,加入孙中山领导的同盟会。光绪三十四年(1908)毕业回国,充山东法政学堂监督。辛亥革命期间,被推举为山东省各界联合会总会副会长,致力于营救革命志士。为促成山东独立,全力组织反正活动。民国初年,先后任山东省民政长公署总务厅长、省图书馆馆长、省临时参议会副议长、国会参议院议员、国政商榷委员会委员等职。孙中山逝世后,陔兰脱离政界,居青岛崂山广善寺研读佛经。民国二十三年(1934)春,总纂《重修莒志》。应孔府之邀,至曲阜为孔德成汉文教师,历时十年。民国三十五年(1946)九月,在曲阜病卒,葬于孔林。喜鉴藏,工书法。其书尤擅颜体行楷,肥硕严整而不失苍劲。

【杨毓泗】(1864—1921)字润东,号子泉。济宁直隶州(今济宁市)人。光绪二十九年(1903)乡试解元,翌年联捷二甲第三十七名进士,选庶吉士。入进士馆学习,授编修。光绪三十一年(1905),被选送日本留学,学成回国,授翰林院侍讲学士。宣统元年(1909),为山东省咨议局议长,向清廷上书,建议"振兴教育"、"兴修水利"、"省刑薄赋"和"学习欧美创办实业"等。辛亥革命时,山东巡抚孙宝琦等宣布独立,拥护共和。毓泗被选为山东都督,但面对混乱局面,只好回乡,以诗书自娱。民国三年(1914),应绥远都统之请,参赞军务,提出"军民分治"主张。年余,因不适边远苦寒,辞职回籍。在家乡办理地方公益事务。著有《世界经济政策须知》、《抱膝轩诗文集》。

【陈蜚声】(1864—1945)字翼如,号鹤侪,一号和斋。潍县(今潍坊市)人。光绪十七年(1891)举人,二甲第五十五名进士。授礼部主事,升员外郎,后补典礼院恩恤科科长。辛亥革命后,随母定居安丘,被聘为当地富绅家塾教师。曾参与纂修《潍县志》。抗战时期,拒为日伪做事,避往青岛,以鬻字为生。自幼酷爱书法,临摹各种名碑古帖,各体皆能,行笔稳健,有方整严峻之气。状元王寿彭在家书中称:"鹤侪写作俱好,在潍人中一时无两。"著有《伏乘》

等。

【李言谒】字春如。安丘县（今改市）人。光绪二十八年（1902）举人，二甲第六十四名进士。授度支部主事。

【徐金铭】字庚生。历城县（今济南市）人。光绪二十九年（1903）乡试亚元，翌年联捷二甲第八十四名进士。入进士馆学习。授度支部主事。

【马荫荣】字樾庵。茌平县人。光绪二十九年（1903）举人，翌年联捷二甲第九十八名进士，选庶吉士，未散馆，以办学务授编修。入民国，任参议院议员。

【陈世昌】字凤五，号绳孙。潍县（今潍坊市）人。光绪十七年（1891）举人，二甲第一百一十五名进士。由工部候补主事，调吏部主事。

【张介孚】字子中。安丘县（今改市）人。光绪十九年（1893）举人，二甲第一百一十九名进士。授法部主事。祖父鹤龄，举人。

【曲卓新】字荔斋。宁海州（今烟台市牟平区）人。三甲第十七名进士。历内阁中书、度支部主事。入民国，历河南、浙江财政厅长，财政部会计司司长，山东省财政厅厅长，山东咨议局议员，安福国会众议院议员。

【宫炳炎】字文光，号润生。宁海州（今烟台市牟平区）人。三甲第五十六名进士。署陕西石泉县知县。

【栾守纲】历城县（今济南市）人。光绪二十六年（1900）举人，三甲第五十八名进士。授度支部主事。

【尚崇基】利津县人。光绪二十九年（1903）举人，翌年联捷三甲第六十六名进士，即用知县。

【赵录绩】字孝陆。安丘县（今改市）人。光绪二十三年（1897）举人，三甲第七十一名进士。授内阁中书，升宗人府主事，改民政部主事。

【林基逵】（1869—1912）字达九，号仲宾。文登县（今改市）人。幼时家贫，父亲早逝，随兄读书。光绪十三年（1887）乡试第三名举人，其试卷由聚奎堂以"山东乡试朱卷"刊行。考取三甲第七十五名进士。授浙江宣平县知县。其生性耿介，倜傥不羁，有忧国忧民之心。因屡次冒犯上官而被革职。去职后，遍游江南各省，接受孙中山民主革命思想。返乡后，多次与革命党人丛琯珠秘密筹划革命，于宣统三年（1911）十一月三十日夜，赶走了清政府文登县知县岳宝树，声援武汉，成立文登县临时革命军政分府，被推举为临时审判厅长。在遭受文登复辟势力猖獗围攻时，基逵拍案大呼："当年郭子仪就是我的榜样，可不前去劝说疏导他们呢？"于是带着侄儿钧宝出城交涉，途中即被"葛吕

光绪三十年甲辰恩科

团练分局"的乡兵捆绑，受尽凌辱殴打，与二十名志士同被杀害，仅四十三岁。

【张肇铨】字子衡。章丘县（今改市）人。光绪二十八年（1902）举人，三甲第八十二名进士。入民国，任山东省财政厅厅长。

【李应寿】字仁生，号洋川。栖霞县（今改市）人。光绪二十八年（1902）举人，三甲第八十七名进士。授甘肃高台县知县。

【李凤书】（1865—1906）字管圃。莒州（今属日照市）人。光绪二十九年（1903）举人，翌年联捷三甲第九十二名进士。分发广东以知县用。因时事日非和健康原因，未赴任。两年后去世。凤书读书重实用，"读史常深究治乱往复所由，以达于当世之务"。在光绪二十二年（1896），亲谒沂州府知府丁立钧，并上书七千言，陈述了治国的政治主张。尤其是其提出的对内发展经济、对外强兵的建议，体现了变法图强的思想，与后来的戊戌变法中康、梁等人的主张，有许多共同之处。凤书居家时，有兴办义学和设置义仓之举。其博学，为文磊落，自恣有奇气。著有《易诗萃说》《读史考遗》等。

【王元璐】字佩珊，号慕倪。济宁直隶州（今济宁市）人。光绪二十三年（1897）举人，三甲第九十五名进士。历四川懋功厅抚民同知、高县知县。

【仲延仕】字清臣。宁阳县人。光绪二十九年（1903）举人，翌年联捷三甲第九十六名进士。以知县分发广西。惜享年不永，士林惜之。

【赛沙敦】镶白旗人，驻防青州府。光绪二十三年（1897）举人，三甲第一百零一名进士。

【韦延秩】字清揆，号殿禾。曹县人。光绪二十八年（1902）举人，三甲第一百零八名进士。子昌麟，善书法。

附件一：山东清代寄籍进士

据不完全查考，共有寄籍进士三十九名，以科甲年和甲第次为序。

【刘泽芳】字德馨。原籍沂水县，寄籍直隶宛平县。顺治三年（1646）丙戌科三甲第八十六名进士，选庶吉士，散馆授检讨。充会试同考官。县志载其典试江南（《清代职官年表》不载）。仕至两淮盐运司同知，将骄横不法者捕杖之。致仕居江宁。著有《嫩诗稿》。

【谢　泰】号建侯。原籍临清州（今改市），寄籍直隶宛平县。顺治六年（1649）己丑科三甲第九十一名进士。授竹山县知县。以守城功升军前管饷同知。著有《廖集编集》、《廖集编吟》、《客中吟》、《学说题》等。

【张希颜】字又渊。原籍曹县，寄籍蓝旗汉军。顺治九年（1652）壬辰科三甲第一百四十一名进士。授直隶雄县知县。

【张　基】原籍临朐县，寄籍江南上元县。顺治九年（1652）壬辰科三甲第一百四十四名进士。

【张完臣】字良哉。原籍平原县，寄籍顺天府宛平县。顺治五年（1648）举人。顺治十二年（1655）乙未科三甲第二百三十二名进士。授兖州府教授，改威海卫，升国子监助教。著有《周易滴露集》等。

【刘广誉】字令闻，号孚远。原籍鱼台县，寄籍正红旗。家甚贫，性聪慧。明末奉父避难江陵。清兵南下，改籍正红旗下。顺治十一年（1654）举人，翌年联捷乙未科三甲第二百五十名进士。授六合县知县，有惠政。卒于官，无资归葬，士民捐钱得归故里。

【马　骥】字嗣光，以字行。原籍临朐县，寄籍河南仪封县。明崇德状元愉后裔。顺治十七年（1660）举人，翌年联捷辛丑科三甲第二百五十八名进士。仕至吏部郎中。

【倪长犀】原籍临朐县。流寓南京，寄籍江苏赣榆县。康熙九年（1670）庚戌科二甲第十九名进士。

【李　玠】字封荃，号周锡。原籍潍县（今潍坊市），寄籍正白旗汉军。康熙九年（1670）庚戌科三甲第二百零四名进士，选庶吉士，散馆改刑部主事，升员外郎。曾为会试同考官。仕至天津道。

【冉觐祖】字永光，号蟫庵。原籍曹县，改籍河南中牟县。康熙二年（1663）乡试解元，历经二十八年，方考取康熙三十年（1691）辛未科三甲第十三名进士，选庶吉士，散馆授检讨。充会试同考官。旋归，主讲嵩阳书院，问业者云集。潜心理学，殚精著述，有《四书详说》、《五经详说》、《正蒙训补》及诗文、杂著二十余种。八十二岁卒。

【杨万程】字扶九，号南溪。原籍临清州（今改市），寄籍正黄旗汉军。康熙三十八年（1699）举人。康熙四十二年（1704）癸未科三甲第六十一名进士，选庶吉士，散馆授检讨。充会试同考官。仕至洗经局洗马。

【冯元钦】原籍安丘县（今改市），寄籍江南长洲。雍正十一年（1733）癸丑科二甲第八十名进士。

【郭世谊】原籍直隶庆云县（1964年漳卫新河以南划归山东，仍名庆云县），寄籍直隶大兴县。乾隆二十一年（1756）举人，翌年联捷丁丑科三甲第一百二十九名进士。授大和县知县。

【陈世荣】原籍临清州（今改市）人，寄籍贵州平远州。乾隆二十一年（1756）举人，乾隆二十五年（1760）庚辰科三甲第一百零四名进士。授贵州长葛县知县。

【唐仲冕】字六枳，号陶山居士。原籍肥城县（今改市），寄籍湖南善化县。父焕官平阴县知县，客居肥城。乾隆五十八年（1793）癸丑科二甲第十六名进士。授荆县知县。历海州、通州、松江、苏州府知府。嘉庆九年（1804）由候补道擢按察使。所至兴利除弊，振兴教育，修治古迹。子鉴，嘉庆进士，翰林，太常寺卿。

【朱玉林】字荫涂，号立斋。原籍恩县（1956年撤销，分别划归平原县和夏津县），寄籍顺天府宛平县。嘉庆七年（1802）壬戌科二甲第六十三名进士，选庶吉士，散馆改主事，又授广西昭平县知县。两充乡试同考官。为政廉平，不尚苛察。丁母忧归。

【王庆长】原籍福山县（今烟台市福山区），寄籍直隶大兴县。嘉庆七年（1802）壬戌科三甲第八十二名进士。由中书舍人仕至福建按察使。祖父检，雍正进士，翰林，总督；父燕绪，乾隆进士，翰林，侍读学士，日讲起居注官；子武曾，道光进士，知县。

【唐　鉴】（1778—1861）字翁泽，号镜海。原籍肥城县（今改市），寄籍湖南善化县。精勤嗜学，储书甚富。嘉庆十二年（1807）举人。嘉庆十四年（1809）己巳恩科三甲第三十五名进士，选庶吉士，散馆授检讨。改浙江道监察御史。历广西平乐府知府和浙江、江宁布政使。升太常寺卿。英军入侵时，上疏弹劾琦善、耆英误国，有直声。致仕，主讲金陵书院。精深理学，并善画梅。著有《国朝学案小识》、《畿辅水利书》、《四砭斋省身日录》、《朱子年谱考异》、《唐恪慎公诗文集》。八十三岁卒，谥"恪慎"。父仲冕，乾隆进士，按察使。

【傅文炳】原籍昌邑县（今改市），寄籍直隶栾平县。道光二年（1822）壬午恩科三甲第一百零八名进士。授广西融县知县。

【马裕霖】榜名玉麟。字石斋。原籍直隶庆云县（1964年漳卫新河以南划归山东，仍名庆云县），寄籍直隶武清县。道光五年（1825）举人，翌年联捷丙戌科三甲第五十六名进士。官四川庆符县知县，为政尚严，有政声。

【巴从周】原籍福山县（今烟台市福山区），寄籍奉天盖平县。道光八年（1828）举人。道光十五年（1835）壬辰恩科三甲第一百名进士。授江南知县，善书法。

【孔继鑅】（1802—1858）字宥函，号廓甫。原籍曲阜县（今改市），寄籍直隶大兴县。孔子第九十六世孙。道光十六年（1836）丙申恩科三甲第一名进士。由刑部主事，出为南河同知。工诗文，治学不名一家。著有《心向往斋集》。

【姚辉第】原籍巨野县，寄籍河南辉县。道光十八年（1838）戊戌科二甲第十八名进士。授怀柔县知县。

【于凌辰】原籍潍县（今潍坊市），改籍奉天府吉林厅。道光二十四年（1844）甲辰科二甲第八十二名进士。仕至通政使。

【周相焯】（1800—1881）字荣甫，号九梧。原籍胶州（今改市）。为诸生屡试不第，遂入籍直隶承德。道光二十三年（1843）举人，次年甲辰科二甲第五十四名进士。初为陕西长武、白水、宜川、渭南等县知县，以强项称，政声载道。又由孝义厅同知，历乾州直隶州知州、凤翔府知府（署），钦加二品衔，赏戴花翎。丁忧，杜门不出，以书史自娱，八十一岁卒。

【于荫霖】（1838—1904）字越亭、次棠，号悚斋。原籍潍县（今潍坊市），寄籍奉天府伯都讷厅。咸丰九年（1859）己未科二甲第三十二名进士，选庶吉士，散馆授编修，累迁至湖北荆宜施道。光绪十一年（1885），升广东按察使，改云南，因与同僚不协落职。居京师，甲午战争中，召集团练配合清军作战。光绪二十一年（1895），经张之洞保荐，任安徽布政使。光绪二十五年（1899），擢湖北巡抚。次年，改河南巡抚，后又任广西巡抚。辞官后隐居南阳。著有《悚斋遗书》。

【韩宝鸿】原籍福山县（今烟台市福山区），寄籍直隶大兴县。道光十九年（1839）

举人，咸丰九年（1859）己未科三甲第七十八名进士，选庶吉士，散馆改礼部主事，转吏部，升至礼部郎中。著有《两水文抄》、《两水诗抄》。

【李向阳】 原籍昌邑县（今改市），寄籍奉天铁岭县。咸丰十年（1860）庚申恩科三甲第二十一名进士。

【李绪昌】 字衍堂。原籍福山县（今烟台市福山区），寄籍奉天金州。同治元年（1862）举人。同治四年（1865）乙丑科二甲第七十九名进士，选庶吉士，散馆改工部主事。出为江宁县知县。

【劳乃宣】 （1843—1921）字季植，号玉初，又号矩斋。原籍阳信县，寄籍浙江桐乡县。同治十年（1871）辛未科三甲第一百九十一名进士。登第后，受李鸿章之聘，参与编纂《畿辅通志》，深受总纂黄彭年影响，笃信程朱理学。光绪五年至二十六年（1879—1900），历直隶南皮、完县、蠡县、吴桥、清苑等县知县。撰有《变法论》、《淡瀛漫录》等文，抵制资产阶级改良主义，鼓吹"古胜于今"的儒家复古思想。光绪二十五年（1899）义和团运动兴起，著有《义和拳教门流考》、《奉禁义和拳汇录》等，称义和团"实系邪教，久奉明禁"。在为官之地吴桥县杀死当地义和团首领九人。其在致袁世凯禀文中称八国联军出兵是"迫于不得不然"，主张"剿拳和洋"。光绪三十四年（1908）初，清廷筹备立宪，其受两江总督推荐进京，向慈禧建议推广汉语拼音字母（时称简字）。升四品京堂。宣统二年（1910），出为江宁提学。武昌起义后，在《民视报》发表《共和正解》一文，称起义是"为少数无知妄人所煽动，不轨军人所劫持"。主张实行"君主立宪"。是年回京，充任京师大学堂总监督，兼署学部副大臣及代理大臣。辛亥后，辞官寓居河北、青岛、济南、曲阜等地，以清朝遗老自命。在此间写成《续共和正解》、《君主民主评论》，与前著《共和正解》一并刊印，并请将著作转交袁世凯，建议袁世凯制定宪法，十年后还政于宣统皇帝，此举引发社会舆论的广泛谴责。在张勋复辟中，溥仪授为法部尚书，未敢到京就职。复辟失败后，其被北洋政府下令逮捕，从曲阜潜往青岛。协助德国人尉礼贤将《论语》译成德文。其通音韵之学，撰《等韵一得》、《简字丛录》。主张推广简字拼音。民国二年（1913年）"读音统一会"制定注音字母时，多采其说。其还长期从事古代数学研究，著有《古筹算考释》、《古筹算浅释》等。七十八岁卒。曾祖父树堂，乾隆进士，道员。兄乃宽，举人，候补知府。

【于蘅霖】 原籍潍县（今潍坊市），寄籍奉天府伯都讷厅。同治十三年（1874）甲戌科三甲第二十八名进士。授束鹿县知县。

【萧宪章】原籍福山县（今烟台市福山区），寄籍奉天复州。同治九年（1870）举人。同治十三年（1874）甲戌科三甲第四十八名进士。授云南丽江县知县，改禄丰县，皆有惠政。久居边陲，不适水土，卒于任。

【于钟霖】字幼堂，号雨舟。原籍潍县（今潍坊市），寄籍奉天府伯都讷厅。光绪三年（1877）丁丑科二甲第十六名进士，选庶吉士，散馆授编修。改监察御史。充顺天同考官。

【于观霖】原籍潍县（今潍坊市），寄籍奉天府伯都讷厅。光绪三年（1877）丁丑科三甲第十八名进士。授工部主事。

【李尚卿】原籍海阳县（今改市），寄籍直隶承德府（县志载又改回原籍，但碑录仍载为承德府）。同治九年（1870）举人，光绪三年（1877）丁丑科三甲第一百一十五名进士。分发湖南即用知县。

【齐耀珊】原籍昌邑县（今改市），寄籍奉天伊通州。光绪十六年（1890）庚寅恩科三甲第二十五名进士。仕至湖北荆宜道。

【齐绅甲】原籍昌邑县（今改市）人，寄籍奉天通州。光绪十八年（1892）壬辰科三甲第十四名进士。山西即用知县。堂弟忠甲，光绪进士，翰林，监察御史。

【齐忠甲】亦作中甲。字迪生，号慎之。原籍昌邑县（今改市），寄籍奉天通州。光绪二十年（1894）甲午恩科二甲第七十五名进士，选庶吉士，散馆授编修。改江南道监察御史。光绪二十九年（1903），充浙江乡试副主考官。民国时，任北京临时参议院议员。堂兄绅甲，光绪进士，即用知县。

【齐耀琳】（1863—?）字震岩，亦作镇岩。原籍昌邑县（今改市），寄籍奉天通州。光绪十六年（1890）举人。光绪二十一年（1895）乙未科二甲第十名进士，选庶吉士，散馆授编修。历天津知府、天津道员、直隶提法使、安徽按察使和江苏、河南布政使，升河南巡抚，充盐务大臣。曾阻挠河南独立，镇压革命。辛亥后，历任吉林省民政长、江苏巡按使、江苏省省长兼代督办、北京古学院经史研究会研究员。

附件二：山东清代行政区划

（据《清史稿》所载）

至清末，清代山东行政划分为十府、三直隶州、七散州、九十六县。

济南府：领州一，县十五。

历城县、章丘县、邹平县、淄川县、长山县、新城县、齐河县、齐东县、济阳县、禹城县、临邑县、长清县、陵县、德州、德平县、平原县。

东昌府：领州一，县九。

聊城县、堂邑县、博平县、茌平县、清平县、莘县、冠县、馆陶县、高唐州、恩县。

泰安府：领州一，县六。

泰安县、肥城县、新泰县、莱芜县、东平州、东阿县、平阴县。

武定府：领州一，县九。

惠民县、青城县、阳信县、海丰县、乐陵县、商河县、滨州、利津县、沾化县、蒲台县。

临清直隶州：领县三。

武城县、夏津县、丘县。

兖州府：领县十。

滋阳县、曲阜县、宁阳县、邹县、泗水县、滕县、峄县、汶上县、阳谷县、寿张县。

沂州府：领州一，县六。

兰山县、郯城县、费县、莒州、沂水县、蒙阴县、日照县。

曹州府：领州一，县十。

菏泽县、单县、巨野县、郓城县、城武县、曹县、定陶县、濮州、范县、观城县、朝城县。

济宁直隶州：领县三。

金乡县、嘉祥县、鱼台县。

登州府：领州一，县九。

蓬莱县、黄县、福山县、栖霞县、招远县、莱阳县、宁海州、文登县、荣成县、海阳县。

莱州府：领州一，县三。

掖县、平度州、潍县、昌邑县。（光绪三十一年前，胶州、高密县、即墨县也属莱州府）

胶州直隶州（光绪三十一年设立）：领县二。

高密县、即墨县。

青州府：领县十一。

益都县、博山县、临淄县、博兴县、高苑县、乐安县、寿光县、临朐县、安丘县、昌乐县、诸城县。

附件三：清代主要文职官员品级表（一至九品）

品类、职类	文　职	品类、职类	文　职
正一品	三公（太师、太傅、太保）	从三品	光禄寺卿
	内阁大学士、协办大学士		太仆寺卿
	衍圣公		都转盐运司盐运使
从一品	三孤（少师、少傅、少保）	正四品	通政副使
	太子太师、太子太傅、太子太保		太仆寺少卿
	各部院尚书		大理寺少卿
	左都御史		太常寺少卿
	各省总督		鸿胪寺卿
正二品	太子少师、太子少傅、太子少保		詹事府少詹事
	内务府总管		六科掌印给事中
	漕运总督		顺天、奉天府丞
	河道总督		各省道员
从二品	各省巡抚（不含加衔）	从四品	内阁侍读学士
	内阁学士		翰林院侍读学士
	各部院左右侍郎		翰林院侍讲学士
	翰林院掌院学士		国子监祭酒
	各省布政使		各省知府
正三品	左副都御史		土知府（土官）
	宗人府丞		都转盐运司运同
	通政使	正五品	各部院郎中
	大理寺卿		六科给事中
	詹事府詹事		通政使司参议
	太常寺卿		詹事府左右春坊庶子
	武备院卿		宗人府左右司理事官
	上驷院卿		光禄寺少卿
	奉宸苑卿		钦天监监正
	顺天府尹		太医院院使
	奉天府尹		各省府同知
	各省按察使		各省直隶州知州
	军机处领班章京		土同知（土官）

续表

品类、职类	文　职	品类、职类	文　职
从五品	各部院员外郎	正七品	内阁典籍厅典籍
	翰林院侍读、侍讲		各部院寺司库
	詹事府洗经局洗马		大理寺评事
	鸿胪寺少卿		翰林院编修
	都转盐运司运副		国子监监丞
	监察御史		太医院御医（给六品冠带）
	各省知州		通政司经历
正六品	内阁侍读		各部院衙门七品笔帖式
	各部院主事		太常寺典簿
	都察院经历、都事		太仆寺主簿
	国子监司业		五城兵马司副指挥
	宗人府主事、经历		京县县丞
	大理寺左右寺丞		各省按察司经历
	钦天监监副		各省知县
	五城兵马司指挥		府学教授
	詹事府左右春坊中允	从七品	内阁中书
	太仆寺寺丞		国子监博士、助教
	太常寺寺丞		銮仪卫经历
	太医院左右院判		光禄寺署丞、典簿
	各省布政司经历		詹事府主簿
	各省府通判		翰林院检讨
	京县知县		中书科中书
	各省通判		钦天监天文科五官灵台太郎
从六品	翰林院修撰		各省布政司都事
	詹事府左右春坊赞善		顺天府、奉天府经历
	钦天监时宪科五官正		各省州判
	各省布政司理问所理问		土州判（土官）
	都转盐运司运判	正八品	各部院司务
	各省州同		翰林院五经博士
	土州同（土官）		国子监学正、学录

续表

品类、职类	文职	品类、职类	文职
正八品	钦天监主簿	正九品	各部院衙门九品笔帖式
	各省布政司照磨		宝泉局、宝源局大使
	各省布政司及盐运司库大使		太常寺赞礼郎
	按察司知事		按察司照磨
	各省府经历		钦天监监侯
	州学学正		各省府知事
	各省县丞		县主簿
	县教谕	从九品	翰林院待诏
	土县丞（土官）		鸿胪寺鸣赞、序班
从八品	翰林院典簿		刑部司狱
	国子监典簿		钦天监博士、司晨
	钦天监漏刻科挈壶正		国子监典籍
	鸿胪寺主簿		各省布政司仓大使
	布政司照磨		各省按察司司狱
	盐运司知事		各省府照磨、司狱
	各省府州县训导		各省州吏目
	太医院吏目		各省巡检

附件四：明清科举程序图

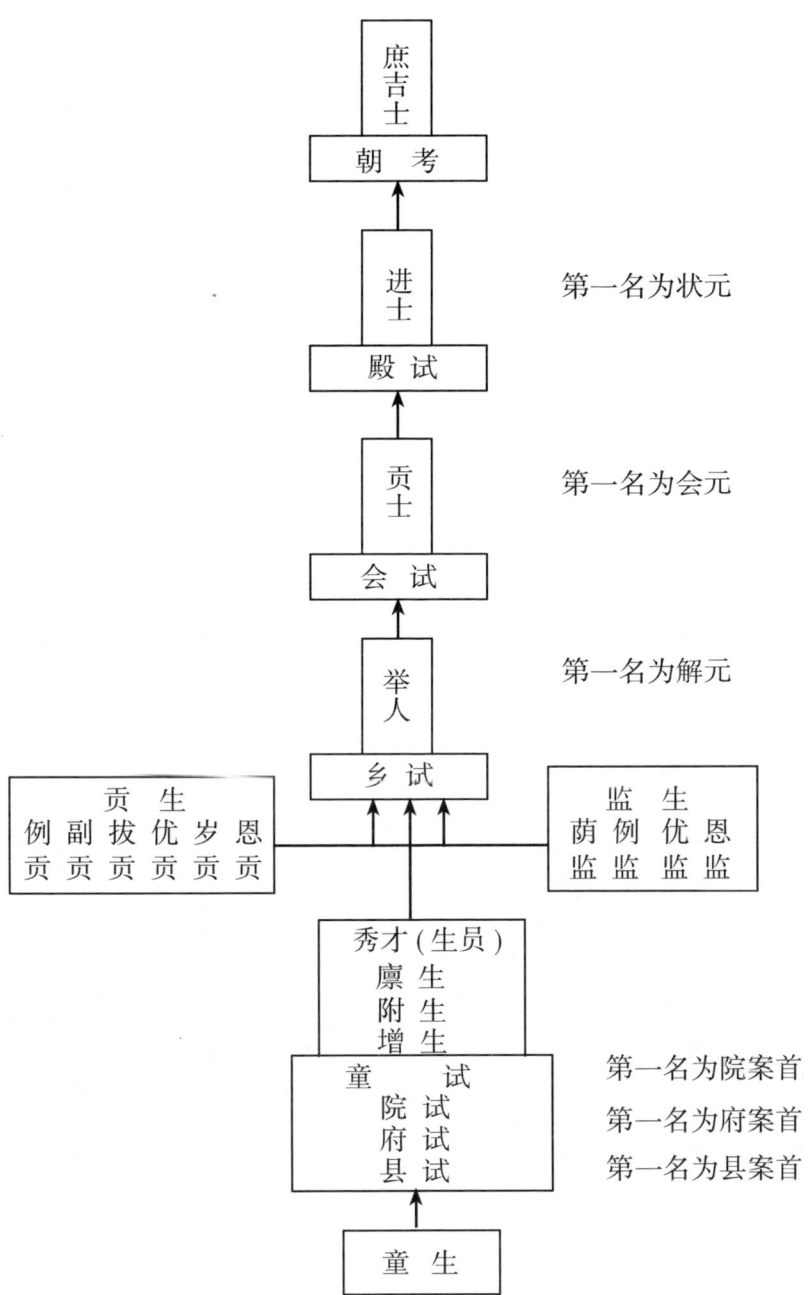

附件五：清代纪年表

（清建国于1616年，初称后金，1636年始称清。1644年入关）

年号			干支	公历	年号		干支	公历
世祖 顺治		1	甲申	1644		18	己未	1679
		2	乙酉	1645		19	庚申	1680
		3	丙戌	1646		20	辛酉	1681
		4	丁亥	1647		21	壬戌	1682
		5	戊子	1648		22	癸亥	1683
		6	己丑	1649		23	甲子	1684
		7	庚寅	1650		24	乙丑	1685
		8	辛卯	1651		25	丙寅	1686
		9	壬辰	1652		26	丁卯	1687
		10	癸巳	1653		27	戊辰	1688
		11	甲午	1654		28	己巳	1689
		12	乙未	1655		29	庚午	1690
		13	丙申	1656		30	辛未	1691
		14	丁酉	1657		31	壬申	1692
		15	戊戌	1658		32	癸酉	1693
		16	己亥	1659		33	甲戌	1694
		17	庚子	1660		34	乙亥	1695
		18	辛丑	1661	圣祖 康熙	35	丙子	1696
圣祖 康熙		1	壬寅	1662		36	丁丑	1697
		2	癸卯	1663		37	戊寅	1698
		3	甲辰	1664		38	己卯	1699
		4	乙巳	1665		39	庚辰	1700
		5	丙午	1666		40	辛巳	1701
		6	丁未	1667		41	壬午	1702
		7	戊申	1668		42	癸未	1703
		8	己酉	1669		43	甲申	1704
		9	庚戌	1670		44	乙酉	1705
		10	辛亥	1671		45	丙戌	1706
		11	壬子	1672		46	丁亥	1707
		12	癸丑	1673		47	戊子	1708
		13	甲寅	1674		48	己丑	1709
		14	乙卯	1675		49	庚寅	1710
		15	丙辰	1676		50	辛卯	1711
		16	丁巳	1677		51	壬辰	1712
		17	戊午	1678		52	癸巳	1713

年号			干支	公历	年号		干支	公历
圣祖	康熙	53	甲午	1714		18	癸酉	1753
		54	乙未	1715		19	甲戌	1754
		55	丙申	1716		20	乙亥	1755
		56	丁酉	1717		21	丙子	1756
		57	戊戌	1718		22	丁丑	1757
		58	己亥	1719		23	戊寅	1758
		59	庚子	1720		24	己卯	1759
		60	辛丑	1721		25	庚辰	1760
		61	壬寅	1722		26	辛巳	1761
世宗	雍正	1	癸卯	1723		27	壬午	1762
		2	甲辰	1724		28	癸未	1763
		3	乙巳	1725		29	甲申	1764
		4	丙午	1726		30	乙酉	1765
		5	丁未	1727		31	丙戌	1766
		6	戊申	1728		32	丁亥	1767
		7	己酉	1729		33	戊子	1768
		8	庚戌	1730		34	己丑	1769
		9	辛亥	1731		35	庚寅	1770
		10	壬子	1732		36	辛卯	1771
		11	癸丑	1733	高宗 乾隆	37	壬辰	1772
		12	甲寅	1734		38	癸巳	1773
		13	乙卯	1735		39	甲午	1774
高宗	乾隆	1	丙辰	1736		40	乙未	1775
		2	丁巳	1737		41	丙申	1776
		3	戊午	1738		42	丁酉	1777
		4	己未	1739		43	戊戌	1778
		5	庚申	1740		44	己亥	1779
		6	辛酉	1741		45	庚子	1780
		7	壬戌	1742		46	辛丑	1781
		8	癸亥	1743		47	壬寅	1782
		9	甲子	1744		48	癸卯	1783
		10	乙丑	1745		49	甲辰	1784
		11	丙寅	1746		50	乙巳	1785
		12	丁卯	1747		51	丙午	1786
		13	戊辰	1748		52	丁未	1787
		14	己巳	1749		53	戊申	1788
		15	庚午	1750		54	己酉	1789
		16	辛未	1751		55	庚戌	1790
		17	壬申	1752		56	辛亥	1791

附件五：清代纪年表

年号			干支	公历	年号			干支	公历
高宗	乾隆	57	壬子	1792	宣宗	道光	11	辛卯	1831
		58	癸丑	1793			12	壬辰	1832
		59	甲寅	1794			13	癸巳	1833
		60	乙卯	1795			14	甲午	1834
仁宗	嘉庆	1	丙辰	1796			15	乙未	1835
		2	丁巳	1797			16	丙申	1836
		3	戊午	1798			17	丁酉	1837
		4	己未	1799			18	戊戌	1838
		5	庚申	1800			19	己亥	1839
		6	辛酉	1801			20	庚子	1840
		7	壬戌	1802			21	辛丑	1841
		8	癸亥	1803			22	壬寅	1842
		9	甲子	1804			23	癸卯	1843
		10	乙丑	1805			24	甲辰	1844
		11	丙寅	1806			25	乙巳	1845
		12	丁卯	1807			26	丙午	1846
		13	戊辰	1808			27	丁未	1847
		14	己巳	1809			28	戊申	1848
		15	庚午	1810			29	己酉	1849
		16	辛未	1811			30	庚戌	1850
		17	壬申	1812	文宗	咸丰	1	辛亥	1851
		18	癸酉	1813			2	壬子	1852
		19	甲戌	1814			3	癸丑	1853
		20	乙亥	1815			4	甲寅	1854
		21	丙子	1816			5	乙卯	1855
		22	丁丑	1817			6	丙辰	1856
		23	戊寅	1818			7	丁巳	1857
		24	己卯	1819			8	戊午	1858
		25	庚辰	1820			9	己未	1859
宣宗	道光	1	辛巳	1821			10	庚申	1860
		2	壬午	1822			11	辛酉	1861
		3	癸未	1823	穆宗	同治	1	壬戌	1862
		4	甲申	1824			2	癸亥	1863
		5	乙酉	1825			3	甲子	1864
		6	丙戌	1826			4	乙丑	1865
		7	丁亥	1827			5	丙寅	1866
		8	戊子	1828			6	丁卯	1867
		9	己丑	1829			7	戊辰	1868
		10	庚寅	1830			8	己巳	1869

续表

年号		干支	公历	年号		干支	公历
穆宗 同治	9	庚午	1870	德宗 光绪	17	辛卯	1891
	10	辛未	1871		18	壬辰	1892
	11	壬申	1872		19	癸巳	1893
	12	癸酉	1873		20	甲午	1894
	13	甲戌	1874		21	乙未	1895
德宗 光绪	1	乙亥	1875		22	丙申	1896
	2	丙子	1876		23	丁酉	1897
	3	丁丑	1877		24	戊戌	1898
	4	戊寅	1878		25	己亥	1899
	5	己卯	1879		26	庚子	1900
	6	庚辰	1880		27	辛丑	1901
	7	辛巳	1881		28	壬寅	1902
	8	壬午	1882		29	癸卯	1903
	9	癸未	1883		30	甲辰	1904
	10	甲申	1884		31	乙巳	1905
	11	乙酉	1885		32	丙午	1906
	12	丙戌	1886		33	丁未	1907
	13	丁亥	1887		34	戊申	1908
	14	戊子	1888	宣统	1	己酉	1909
	15	己丑	1889		2	庚戌	1910
	16	庚寅	1890		3	辛亥	1911

附件六：主要参考书目

《明史》，清代国史院撰，中州古籍出版社1996年版。

《清史稿》，赵尔巽著，中州古籍出版社1996年版。

《明代职官年表》，张德信著，黄山书社2009年版。

《清代职官年表》，钱实甫编，中华书局1980年版。

《中国地方志集成·康熙山东通志》，赵祥星修、钱江等纂，《中国地方志集成》编辑工作委员会编选，凤凰出版社、上海书店、巴蜀书社2010年版。

《中国地方志集成·宣统山东通志》，杨士骧修、孙葆田等撰，《中国地方志集成》编辑工作委员会编选，凤凰出版社、上海书店、巴蜀书社2010年版。

《中国地方志集成·山东府县志辑》，《中国地方志集成》编辑工作委员会编选，凤凰出版社、上海书店、巴蜀书社2010年版。

《明清进士题名碑录索引》，朱保炯、谢沛霖编，上海古籍出版社1979年版。

《中国历代人名大辞典》，张为之、沈起炜、刘德重主编，上海古籍出版社1999年版。

《中国历代官制》，孔令纪等主编，齐鲁书社1993年版。

《清代翰林传略》，乔晓军著，山西旅游出版社2002年版。

《中国近现代人物名号大辞典》，陈玉堂编著，浙江古籍出版社2005年版。

山东地方所编写《进士传略》、《人物传记》等。

后　　记

　　老来闲居，尚有余趣，学编此书，寓娱其中。

　　近些年来，出于爱好，喜欢研究科举，尤对故土山东明清两朝进士情有独钟。故作系统梳理，以了心愿。

　　凡属写史，简而言之，无非记事记人。以事叙人，以人述事。在整理中，只要占有资料，力戒"简历式"、"概括式"之写法，防止千人一面，失掉各自独特。在整体内容上，以成败得失作为主线，试图给人以借鉴和启示。

　　本书历时四年，三易其稿。编写中，虽极为谨慎，以免留下笑柄，但学识浅薄，有力不从心之感，亦难免讹误遗漏。恳望大雅方家，不吝赐教，以便有机会增删更正。

　　付梓之际，感谢山东文艺出版社社长李宁先生和齐鲁书社社长宫晓卫先生给予的关注支持。赵镇琬先生与史斌、刘文、杨智、孙运宋、李楠、马明秀、孙秀芹等同事，给予诸多指教帮助，其情其谊，难以忘怀。

作者
2014 年 9 月 18 日

图书在版编目（CIP）数据

山东明清进士通览 / 刘廷銮，孙家兰编著 . —济南：山东文艺出版社，2015.1
ISBN 978-7-5329-4196-4

Ⅰ . ①山… Ⅱ . ①刘…②孙… Ⅲ . ①进士 – 列传 – 山东省 – 明清时代 Ⅳ . ① K827=4

中国版本图书馆 CIP 数据核字 (2014) 第 300064 号

山东明清进士通览

刘廷銮　孙家兰　编著

主管部门	山东出版传媒股份有限公司
出版发行	山东文艺出版社
社　　址	山东省济南市英雄山路 189 号
邮　　编	250002
网　　址	www.sdwypress.com
读者服务	0531-82098776（总编室）
	0531-82098775（市场营销部）
电子邮箱	sdwy@sdpress.com.cn
印　　刷	山东临沂新华印刷物流集团
开　　本	720 毫米 ×1000 毫米　1/16
印　　张	61.75　插页 /4
字　　数	960 千字
版　　次	2015 年 1 月第 1 版
印　　次	2015 年 1 月第 1 次印刷
书　　号	ISBN 978-7-5329-4196-4
定　　价	198.00（全二册）

版权专有，侵权必究。如有图书质量问题,请与出版社联系调换。